JOURNAL DES PERCEPTEURS,

DES RECEVEURS DES FINANCES, ET DES RECEVEURS DES COMMUNES, HOSPICES, BUREAUX DE BIENFAISANCE, ETC. DES SURNUMÉRAIRES, ET DES ASPIRANTS.

RECUEIL ADMINISTRATIF HEBDOMADAIRE

PUBLIÉ PAR M. GALLETIER, Avocat à Paris;

ET UNE SOCIÉTÉ D'ADMINISTRATEURS, DE COMPTABLES ET DE JURISCONSULTES.

2e SÉRIE (2e VOLUME)

TOME XII (DE LA COLLECTION) ANNÉE 1867.

PRIX 10 fr.

Payables au Bureau.

PARIS,

AU BUREAU DU JOURNAL, 8, RUE D'ANJOU-DAUPHINE.

1867.

JOURNAL DES PERCEPTEURS,

DES RECEVEURS DES FINANCES, ET DES RECEVEURS DES COMMUNES

HOSPICES, BUREAUX DE BIENFAISANCE;

DES SURNUMÉRAIRES, ET DES ASPIRANTS.

PARIS. — TYPOGRAPHIE DE GAITTET
rue du Jardinet, 1.

JOURNAL

DES PERCEPTEURS,

DES RECEVEURS DES FINANCES, ET DES RECEVEURS DES COMMUNES,

HOSPICES, BUREAUX DE BIENFAISANCE, ETC.

DES SURNUMÉRAIRES, ET DES ASPIRANTS.

RECUEIL ADMINISTRATIF HEBDOMADAIRE

PUBLIÉ PAR M. GALLETIER, Avocat à Paris.

ET UNE SOCIÉTÉ D'ADMINISTRATEURS, DE COMPTABLES ET DE JURISCONSULTES.

2e SÉRIE (2e VOLUME)

TOME XII (DE LA COLLECTION) ANNÉE 1867.

PRIX 10 fr.

Payables au Bureau.

PARIS,

AU BUREAU DU JOURNAL, 8, RUE D'ANJOU-DAUPHINE.

1867.

JOURNAL DES PERCEPTEURS,

DES RECEVEURS DES FINANCES, ET DES RECEVEURS DES COMMUNES, HOSPICES, ETC.;

DES SURNUMÉRAIRES, ET DES ASPIRANTS.

2e Série. — 10 fr. par an. Un numéro toutes les semaines. 12e année. — No 1.

Avant-Propos

A NOS LECTEURS.

Le *Journal des Percepteurs* vient d'accomplir sa onzième année, carrière assez longue pour des êtres moraux, qui ont, comme les autres, leurs tribulations à traverser. Si ce Recueil a dû sa naissance à de graves et nombreux encouragements, et s'il a été immédiatement accueilli par de vives sympathies qui ne l'ont jamais abandonné, il a eu souvent des luttes à soutenir contre un compétiteur; le monopole n'aime pas à ce que l'on vienne l'éveiller de sa quiétude; il s'imagine vivre sur un terrain qui est son patrimoine. Mais si le monopole plaît aux privilégiés qui l'exploitent, il accommode moins le public qui souffre de ses abus, et bientôt un nombre considérable d'adhérents est venu se grouper autour de nous. C'est ici le moment d'adresser des remercîments publics à tous ces Comptables, Receveurs des finances, Percepteurs et Employés des Recettes, qui nous ont soutenu dans notre entreprise, en nous aidant à la propager autour d'eux. Pendant onze années nous avons échangé avec eux les rapports les plus agréables dans une Correspondance fréquente (et parfois un peu lourde pour nous), nous leur réitérons ici l'expression de notre gratitude.

Chaque année a vu augmenter graduellement le développement de notre œuvre, non pas dans des proportions rapides, mais enfin de manière à former un noyau d'adhésion assez considérable pour assurer son existence. Des capitaux importants y sont, du reste, engagés, et si elle ne nous a jamais donné la fortune qui a enrichi certains autres, elle va au moins commencer à rémunérer ses auteurs. Nous sommes heureux de pouvoir l'annoncer à nos souscripteurs, dont beaucoup prennent à cœur comme une sorte de devoir de reconnaissance et d'intérêt professionnel, de nous propager parmi leurs collègues.

Nous croyions devoir la confidence de ces détails intimes à bon nombre de nos lecteurs, qui nous honorent d'un intérêt particulier.

II. En nous décidant à publier un Numéro chaque semaine, nous avons entrepris une besogne très-pénible; on a vu, par l'expérience de cette année, que nous l'avons accomplie vaillamment, de manière à satisfaire les plus exigeants, par l'exactitude de nos émissions, et le soin que nous avons pris de fournir chaque Numéro de matières intéressantes. Reconnaissons aussi que nous avons été soutenu par d'éminents encouragements : de tous côtés on apprécie vivement les avantages de porter ainsi d'une manière incessante, sous les yeux des Comptables, les actes officiels à l'exécution desquels ils doivent concourir, et de les provoquer ainsi fréquemment à l'étude de leurs fonctions. Nous avons même eu la satisfaction de voir revenir à nous des souscripteurs qui avaient été effrayés dès l'abord par notre changement de format et par la crainte de voir nos travaux sortir de leur gravité accoutumée. L'agrandissement que nous avons donné à notre cadre, qui a été plus que doublé, nous a permis d'augmenter dans la même proportion le nombre des documents que nous recueillons; nous formons ainsi un corps complet de documents où tous les Comptables en général peuvent puiser toutes les notions relatives à leur service et dont un grand nombre ne se trouvent pas dans d'autres recueils. En outre de cette supériorité sur les autres Recueils, nous avons publié un nombre considérable d'Études approfondies sur divers points du service, qu'il sera souvent fort utile de consulter.

Nous avons présenté aussi plusieurs Études critiques importantes sur différentes questions qui ont attiré l'attention de plusieurs chefs de service et qui auront peut-être la bonne fortune d'amener un jour des réformes avantageuses pour les comptebles.

III. Des vœux que nous n'avons cessé de faire entendre en toute occasion, en faveur des Comptables, dans le cours des onze années de notre œuvre, s'il n'y a qu'un petit nombre qui ait été encore exaucés, nous pouvons au moins, — d'accord avec ceux de nos lecteurs qui nous ont suivi jusqu'ici — nous rendre cette justice, que nous n'avons rien négligé pour que le service de la perception et celui des communes atteignît le rang des administrations régulières et organisées. Nous nous sommes fait l'écho des réclamations des Comptables et de leurs projets de réforme; dans ce but, nos *Études* ont fouillé maintes et maintes parties du service. Sans prétendre jamais imposer nos vues, nous croyons avoir courageusement rempli notre mission, en dirigeant nos critiques avec conscience sur tous les points qui nous semblaient les mériter.

Assurer l'avancement hiérarchique des Percepteurs de toutes les classes; régulariser le travail en le faisant dériver d'une direction unique; poursuivre énergiquement la suppression des comptabilités occultes, cette plaie du service; simplifier les écritures; restituer aux Contrôleurs les fonctions pour lesquelles ils ont été créés; élever la position des Comptables au niveau des exigences de la vie actuelle (dont la progression est toujours ascensionnelle), au moyen de la révision du tarif des remises ou autrement et de la rétribution de certains travaux non rétribués; leur donner dans certains cas des auxiliaires utiles; leur assurer des retraites suffisantes à la fin de leur carrière; les déterminer enfin à organiser des réunions collectives pour s'entendre entre eux sur les questions professionnelles qui les intéressent le plus, telles sont les principales mesures qu'il nous a paru urgent de provoquer dans l'intérêt des Percepteurs et les Receveurs municipaux.

On sait que malheureusement de mesquines considérations de rivalité ont souvent contrarié nos efforts, et nous nous sommes trouvé subitement arrêté au moment décisif... Nous rappellerons, notamment, notre *Projet d'Organisation des Employés des Recettes*, dont la position est restée (1) si précaire, en général; notre *Publication des Produits des Perceptions*, subitement interrompue et exploitée plus tard par d'autres, mais qui est dûe à notre initiative; notre *Publication du Mouvement du Personnel des Perceptions*, entreprise par nous depuis plusieurs années, et qu'à l'aide d'efforts persistants nous sommes parvenu à donner d'une manière presque complète — et cela en dépit d'un concurrent jaloux qui, après avoir tout tenté pour entraver cette publication, a été obligé de s'exécuter et de nous imiter, entraîné malgré lui par l'élan que nous avions donné.

Il est aussi un point important sur lequel nous avons insisté en son temps et sur lequel nous ne saurions nous dispenser de nous appesantir encore : c'est la *Restitution des 25 centimes par article de rôle* allouée aux Percepteurs par les Arrêtés du 1852 et du 2 février 1858 et qui leur a été enlevée par l'arrêté du 20 septembre 1861, sans compensation aucune, et seulement pour élever le salaire des Porteurs de contraintes. L'expérience n'a-t-elle pas démontré la nécessité de revenir sur cette réduction? On trouve généralement cette mesure aussi injuste que décourageante. C'est, en effet, une singulière manière de récompenser les Comptables d'avoir, par leurs efforts, leur zèle et leur activité, réduit la proportion des frais de poursuites à un chiffre imperceptible, tellement imperceptible que l'allocation des agents de contraintes devenait presque nulle! Cette dépense, évidemment, incombait à l'État, puisque c'est pour lui que ces agents travaillent. Tout au moins eût-il été équitable d'imposer en retour aux porteurs de contraintes l'obligation de distribuer les premiers avertissements et les sommations gratis; comme nous avions présenté la mesure dès 1856 (1). Par ce moyen, la position des Percepteurs ne serait plus amoindrie : certes on ne doit pas désespérer de voir l'Administration revenir sur l'Arrêté de M. Forcade.

N'oublions pas, en terminant, la question des *Retraites des Percepteurs*. Lorsqu'on songe au chiffre si minime de ces retraites, on ne peut s'empêcher de l'envisager avec tristesse : un grand nombre de Comptables qui, pendant de longues années, ont rendu des services au pays, et ont vieilli dans les pénibles fonctions de la perception, un grand nombre restent sans rémunération suffisante pour vivre. Dans l'état de choses actuel, ils n'ont qu'un moyen de s'assurer une retraite efficace : c'est de se constituer partout en *Sociétés de secours et de prévoyance*, ainsi que leurs collègues du Bas-Rhin viennent de leur en donner un exemple, imité aussi par ceux des Basses-Pyrénées. Que dans chaque Département un Comptable en prenne donc l'initiative; l'administration ne saurait que favoriser ces efforts; car, il faut avouer qu'on ne peut lui demander moins.

Les Percepteurs, au résumé, en contact quotidien et de tous les instants avec toutes les classes des populations, sont des agents d'une immense utilité pour les Finances de l'État et même pour la tranquillité; à tous égards ils méritent que l'État s'occupe d'eux. Intelligence et capacité, vues sages, moralité, aménité, telles sont les qualités de ces fonctionnaires, qualités qui, sans doute, les recommandent suffisamment à l'intérêt de l'Administration.

---

(1) Notre volume de 1863 contient un travail très-long et très-complet sur cette question, auquel on se reportera forcément lorsqu'on voudra sérieusement résoudre ce point.

(1) Voir *Journal des Percepteurs* 1856, page 126.

ÉTUDES SUR LE SERVICE

Revue de l'année 1866.

L'année qui vient de finir a été marquée par des améliorations importantes au service de la comptabilité, améliorations dont les Percepteurs-Receveurs ont lieu de se féliciter.

La plus considérable et la plus vivement attendue par eux, est la modification du système de présentation des *comptes de gestion*. Elle a réalisé les vœux dont nous nous étions maintes fois rendu l'écho (1); et, si elle n'a pas été aussi radicale que nous l'aurions désiré avec un très-grand nombre de préfectures et de comptables expérimentés, elle n'en constitue pas moins un progrès vers la simplification des écritures. En effet, malgré la conservation de la division du compte d'exercice en deux gestions distinctes, elle a entraîné un ensemble de mesures qui ont diminué, dans une notable proportion, le travail de la préparation matérielle.

Le payement mensuel des *Remises des Percepteurs* ordonné par l'arrêté ministériel du 31 janvier 1866, nous paraît un premier pas vers l'amélioration si nécessaire de la position des Percepteurs-Receveurs. L'administration supérieure semble convaincue de cette nécessité, et il faut espérer qu'après la réorganisation du service des comptables supérieurs, aujourd'hui achevée, elle arrivera à s'occuper de la position de leurs subordonnés.

La répression des *gestions occultes*, le grand antagoniste des comptables, et que nous avons tant de fois combattu, est entrée dans une excellente voie, à la suite de la circulaire ministérielle du 25 février 1865. Il ne dépend plus, pour y mettre fin, que de la volonté énergique des receveurs municipaux. Les circulaires de MM. les Préfets de la Seine et de la Seine-Inférieure, de 1866, témoignent hautement de la résolution prise par l'administration, de ne plus tolérer les malversations inséparables des opérations soustraites au contrôle de l'autorité supérieure.

Les difficultés que les comptables éprouvaient chaque jour dans l'application des principes sur les droits de *Timbre des quittances*, ont été levées par de nombreuses solutions provoquées par M. le Directeur général de la Comptabilité publique, à l'intelligente initiative duquel nous avons déjà reporté les heureux changements que nous esquissons en ce moment. (Circ. 1er déc. 1865, 22 janv., 20 et 26 juin, 22 juill., 12 sept. et 10 nov. 1866.) Il ne reste sur ce point qu'à déterminer s'il est permis de réunir sur une quittance non timbrée, deux ou plusieurs créances séparément inférieures à 10 fr., mais qui, réunies dans une même quittance en seul contexte, excèdent ce chiffre. Chacun de nos abonnés sait combien de soins nous apportons à éclaircir ces difficultés, autant qu'il dépend de nous (1)

Les dispositions de la circulaire du 1er déc. 1865, sur la dépense des *imprimés à l'usage des Receveurs municipaux*, prises incontestablement dans leur intérêt, pourraient être considérées comme un bienfait réel, si nous ne savions que quelques Préfectures, en méconnaissant les intentions, les considèrent comme une défense d'admettre dans les budgets des communes une allocation inscrite nominativement pour cet objet par les conseils municipaux (2).

Nous trouvons dans cette même circulaire l'extension de la modération de taxe aux *Avis de mutations foncières* expédiées par la poste, en outre, deux mesures très-favorables aux Percepteurs et à leurs familles : la création de *Caisses de secours*, et l'exonération, en faveur des veuves de Percepteurs, du *Versement des retenues* prescrites par la circ. du 29 février 1864; enfin, les modifications apportées au *Journal à souche des Percepteurs*, modifications dont on s'accorde partout à reconnaître les avantages, car on nous a parlé souvent, dans le cours de l'année 1866, de la solidité de ce journal, de la bonne qualité du papier laissant jusqu'ici beaucoup à désirer, et de la disposition générale de ce livre. Les comptables n'ont plus à souhaiter que d'en voir réduire la hauteur du format et le nombre de quittances, et d'obtenir le pointillage, au moins vertical, pour détacher les quittances de la souche. Malgré les affirmations contraires du *Mémorial*, nous persistons à considérer cette dernière amélioration comme très-utile sinon indispensable; les vives réclamations que nous avons reçues contre l'opinion exprimée sur ce point par notre confrère, de plusieurs correspondants dont nous estimons les conseils, nous prouvent que notre appréciation répond aux nécessités des principes et de la pratique (3).

La circulaire du 26 juin 1866, relative à l'*Annotation à l'article principal* d'un contribuable de tous les articles payés par lui, va donner de grandes facilités aux comptables pour le recouvrement des divers titres de perceptions. Nous avions indiqué depuis longtemps l'utilité de cette modification de la disposition des rôles (4).

Le concours des Percepteurs au payement des différentes natures de *Rentes sur l'État*, a été déclaré obligatoire par les circulaires des 7 et 14 avril 1866(5). Le travail et la responsabilité de ces comptables s'en trouvent augmentés, sans compensation malheureusement.

Enfin, M. O'Quin, Trésorier-Payeur général des Basses-Pyrénées, vient d'inaugurer une pratique qui, si elle est suivie par ses collègues et si M. O'Quin y persiste, comme nous en avons la conviction, est

(1) Voir notre *Journal* de 1865, p. 177, 320 et 367. Voir aussi 1858, p. 61, 118, 142, 223 et 253; — 1859, p. 216, 271 et 291; — 1860, p. 17 et 46; — 1862, p. 22 et 102; — 1864, p. 6.

(2) *Id.* 1865, p. 99; — 1866, p. 81, 83, 92, 193, 277, 345, 361 et 375.

(1) Voir notre *Journal* de 1866, *passim*.

(2) *Id.* *id.* p. 12 et suiv., et 123.

(3) *Id.* de 1859, p. 259; — 1865, p. 239, et 1866, p. .

(4) Voir notre *Journal* de 1860, p. 17; — et 1866, p. 229.

(5) *Id.* 1866, p. 154.

pleine d'espérances, non-seulement pour la *Simplification des écritures*, mais encore pour la *Position des Percepteurs-Receveurs*. En effet, quelle voix plus autorisée que celle des chefs de service des départements, peut faire entendre à son Exc. M. le Ministre des finances les vœux et les besoins de leurs subordonnés (3) ?

JURISPRUDENCE.

CONSEIL DE PRÉFECTURE DE LA SEINE.

TAXE SUR LES CHIENS.

§ 1er. *Matière imposable.*

CHIEN DE GARDE LAISSÉ EN LIBERTÉ PENDANT LE JOUR. — Le chien qui, pendant la nuit, est affecté à la garde d'un atelier séparé de l'habitation de son maître, doit être taxé comme appartenant à la 2e catégorie. La circonstance qu'il ne serait pas tenu à l'attache pendant le jour ne doit pas être considérée comme suffisante pour lui enlever le caractère de chien de garde ou même pour lui donner le caractère mixte à raison duquel il devrait être classé dans la 1re catégorie, aux termes du § 4 de l'art. 1er du décret du 4 août 1855. (19 octobre 1865.)

CHIEN LEVRIER. — Un chien lévrier qui, pendant le jour, circule dans l'appartement et dans le jardin de son maître, est un chien d'agrément en raison de sa race et de ses habitudes. Dans tous les cas, il ne peut être considéré comme exclusivement consacré à la garde, et doit dès lors être taxé comme appartenant à la 1re catégorie, par application des dispositions du § 4, art. 1er. du décret du 4 août 1855. (15 janvier 1865.)

§ 2e — *Décisions diverses.*

CHIEN N'ETANT PLUS EN LA POSSESSION DU CONTRIBUABLE A L'OUVERTURE DE L'EXERCICE. *Défaut de déclaration. Décharge.* La disposition du décret du 3 août 1861 qui décide que la taxe établie sur un chien continuera d'être payée jusqu'à déclaration contraire, doit être entendue, non comme édictant une fin de non recevoir analogue à la déchéance, mais comme établissant la présomption que le chien est encore en la possession du contribuable à qui incombe, dès lors, l'obligation de prouver que la matière imposable a cessé d'exister. Entendue comme édictant une fin de non recevoir, cette disposition serait en contradiction avec l'art. 6 de la loi du 2 mai 1855, d'après lequel le recouvrement de ces taxes doit avoir lieu comme en matière de contributions directes ; dès lors, le droit de réclamation étant ouvert, d'une manière absolue, par toutes les lois sur les contributions directes, durant les trois mois qui suivent la publication du rôle, le contribuable qui a cessé, avant le 1er janvier, de posséder le chien pour lequel il a été imposé, et qui a omis d'en faire la déclaration, est recevable à former une demande en décharge contre son inscription au rôle. Le décret du 3 août 1861 rendu pour régler la formation du rôle, n'a pu établir une déchéance qui n'est pas écrite dans la loi, surtout lorsque cette déchéance a pour conséquence de maintenir une taxe quand la matière imposable n'existe plus. (25 mars 1865.)

(3) Voir notre *Journal* de 1866, p. 393.

DÉCLARATION AU GARDE CHAMPÊTRE. Le contribuable qui a fait la déclaration de son chien au garde champêtre de la commune chargé de constater le nombre des chiens existants, doit être considéré comme ayant suffisamment rempli l'obligation que lui imposait la loi du 2 mai 1855, et il n'est pas passible de la triple taxe pour défaut de déclaration (*Soubit contre la commune d'Ivry*, 4 octobre 1865).

DOUBLE TAXE. *Réclamation tardive. Bonne foi. Déchéance.* Il n'y a pas lieu d'opposer la déchéance pour tardiveté de la demande au contribuable qui, imposé en double emploi à la taxe sur les chiens à son domicile actuel et à un précédent domicile, a pu se croire imposé à une seule taxe, et a regardé l'avertissement concernant son domicile actuel comme n'ayant d'autre objet que la substitution d'une taxe régulière à la taxe irrégulièrement établie à son ancien domicile. (8 avril 1865.)

QUESTIONS DIVERSES

TIMBRE. QUITTANCE DE LA PRIME D'ASSURANCE SUR PAPIER LIBRE. MANDAT SUR QUITTANCE TIMBRÉE.

Le timbre pour quittance d'un mandat équivaut-il au timbre d'une quittance spéciale jointe à ce mandat sans être timbrée ?

On nous adresse cette question — à propos des bulletins de prime détachés d'un livre à souche sur papier libre que les compagnies d'assurances ont l'habitude de délivrer — en nous faisant remarquer que le *Mémorial* de 1866, p. 90, répétant une solution qu'il avait déjà traitée dans le même sens, dans son volume de 1863, p. 63, a enseigné la négative sur ce point. Le rédacteur de ce recueil qui ne brille pas par la modestie, prétend « avoir démontré par des raisons péremptoires que la quittance séparée sur papier libre constituait une contravention qui expose inévitablement le receveur à un procès-verbal de la part des agents du domaine... »

Nous pensons que cette opinion est erronée, et, sans suivre notre confrère dans ses longs et ténébreux développements, nous nous contenterons de rappeler la solution suivante émanée de l'Administration du timbre et de l'enregistrement, à la date du 29 mars 1864, que nous avons recueillie dans le *Journal des Percepteurs* (1) de la même année, page 273.

(1) A cet égard nous signalerons à l'attention des Comptables le soin que nous prenons de colliger dans notre Recueil tous les Actes de l'administration du Timbre et de l'Enregistrement qui peuvent les intéresser. Ce soin, que nous prenons seuls parmi les Journaux administratifs de notre genre, a donné dans cette branche de la jurisprudence administrative une réputation spéciale au nôtre, que nous sommes jaloux de lui conserver.

« Si le créancier d'une somme supérieure à 10 fr.
« acquitte un mandat timbré et donne en même
« temps une quittance particulière sur papier libre,
« cette dernière pièce n'est pas sujette au timbre.
« — Du moment que le créancier a donné son ac-
« quit sur un mandat timbré, il est aussi impossible
« de soumettre encore à la formalité la quittance
« spéciale qu'il y joint que d'exiger le payement
« du droit de timbre d'un mandat acquitté pour
« ordre quand la quittance est timbrée. Dans les
« deux cas, la pièce écrite sur papier libre est un
« simple document d'ordre intérieur dispensé de
« l'impôt. »

Entre une solution officielle de l'Administration du Timbre et de l'Enregistrement et l'avis du *Mémorial*, nous laissons les comptables choisir eux-mêmes leur guide.

Puisque nous sommes en voie de rectifications, sans sortir de la question de timbre, relevons une autre erreur du même journal, volume 1866, p. 120; il y est soutenu qu'une seule quittance timbrée ne peut contenir le détail de diverses dettes communales payées par un seul et même débiteur. Dans nos commentaires des Actes Officiels, par lesquels nous cherchons dans notre *Journal* à aplanir les embarras partiels d'exécution que les Instructions, dans leur généralité obligée, n'ont pu prévoir, nous avons enseigné l'opinion contraire, comme on peut le voir aux pages 11 et 157 de notre volume de 1866. Bientôt une circulaire de la Direction générale de la comptabilité publique, du 26 juin 1866, s'est expliquée sur ce point et la fixé définitivement dans notre sens. Devant un tel désaveu, le *Mémorial* a dû faire son *meâ culpâ.*

PERCEPTEUR. Démission a prix d'argent.

Quelle est la valeur de la convention par laquelle un Percepteur donne sa démission sous la réserve d'une part des émoluments?

Cette question, très-délicate, se présente sous plusieurs formes : soit qu'un percepteur ait donné sa démission moyennant la souscription de divers billets en sa faveur, soit qu'il ait stipulé une réserve viagère dans les produits de la perception. On demande quelle est la valeur d'une pareille convention.

Déclarons d'abord en ce qui regarde l'Administration, qu'elle ne saurait envisager favorablement un marché semblable et que les contractants s'exposent sérieusement vis à vis d'elle.

En ce qui concerne la valeur légale de la stipulation nous ne pensons pas que la position des contractants soit meilleure. La cession d'un emploi public ne peut être faite à prix d'argent, elle constitue une vente illicite d'une chose qui n'est pas dans le commerce. On doit la considérer comme un pacte immoral, et partant nul d'après les principes du droit civil (art. 900 et 1598 C. Nap.) Nous n'ignorons pas qu'il a été jugé en sens contraire dans certaines espèces où l'on avait établi qu'il ne s'agissait pas d'une démission avec engagement de la part du démissionnaire d'agir par des influences pour procurer la nomination de la personne avec laquelle le traité a été fait. Mais de pareilles décisions toutes de fait, et reposant, d'ailleurs, sur des considérants peu solides ne doivent pas être proposées comme une base de jurisprudence sur laquelle on puisse se reposer. On cite une espèce particulièrement favorable où il s'agit d'un père cessionnaire en faveur de son prix moyennant une rente viagère, et ce, avec la tolérance de l'administration. Même en ce cas nous ne saurions donner notre approbation au point de vue de la valeur légale, à une pareille convention. Il serait plus régulier alors que le fils consentît purement et simplement en dehors de toute condition, une pension viagère en faveur de son père.

RECETTE D'UN BUREAU DE BIENFAISANCE.— Réunion a la recette de l'hospice ou a la recette municipale.

Est-ce à la recette municipale ou à la recette hospitalière que doit être réunie la recette d'un bureau de bienfaisance, lorsqu'il y a lieu à la jonction?

Lorsque les revenus d'un bureau de bienfaisance d'une ville sont inférieurs à 30 000 fr., la comptabilité de cet établissement doit être jointe à celle de l'hospice de ladite ville et non à la recette municipale du même lieu. C'est un point réglementaire incontestable et établi formellement dans la circulaire du Ministre de l'Intérieur du 15 décembre 1837, contenant des instructions relatives à l'exécution de l'ordonnance du 17 septembre 1837, sur les Receveurs municipaux. Un Arrêt du Conseil d'Etat du 7 mai 1842 a repoussé la prétention contraire élevée par le Receveur municipal de la ville de Tours.

En est-il de même lorsque les receveurs de l'hospice et de la ville dépassent chacun 30 000 fr. ? Le receveur de l'hospice reste encore, de droit, receveur du bureau de bienfaisance d'après l'article 1220, § 2 de l'Instruction Générale, qui comprend implicitement ce cas.

Ainsi, il est positivement établi qu'il s'agit d'un droit appartenant au receveur de l'hospice et qu'il n'a qu'à revendiquer en quelque circonstance que l'occasion se présente. L'administration supérieure ne pourrait méconnaître ce principe et la règle qu'elle a elle-même établie. Un comptable qui se trouverait lésé dans la jouissance de ce droit n'aurait qu'à réclamer à l'autorité pour que justice lui soit rendue. On pressent, du reste, que c'est au préfet qu'il y aurait lieu d'adresser la réclamation, puisque, depuis le décret du 25 mars 1852 sur la décentralisation, c'est au préfet qu'il appartient de statuer sur la nomination du receveur des établissements charitables. L'appel de cette décision, s'il y avait lieu, serait porté devant le Conseil d'Etat.

ÉTUDE SUR LES RÈGLES DU PAYEMENT DES MANDATS ET ACQUITS DU TRÉSORIER-PAYEUR-GÉNÉRAL

(ANCIEN SERVICE DU PAYEUR)

PAR LES PERCEPTEURS ET LES RECEVEURS DES ADMINISTRATIONS FINANCIÈRES

CHAPITRE PREMIER

CONCOURS DES PERCEPTEURS A L'ACQUITTEMENT DES DÉPENSES PUBLIQUES.

Les Receveurs des finances, les Percepteurs de contributions directes et tous autres Receveurs de revenus publics, sont tenus de faire, sur le produit de leurs recettes, tous les paiements concernant les dépenses publiques, pour lesquels le Trésorier-Payeur Général réclame leur concours. Mais ce n'est qu'à défaut de fonds chez les Percepteurs, que les Receveurs des autres administrations financières sont appelés à concourir à ces paiements. (Ins. gén. Min. Fin, 20 juin 1859, art. 661.)

L'intervention des Percepteurs, dans l'acquittement des dépenses publiques, est souvent, pour ceux-ci une cause d'embarras et de désagréments. Les règles tracées par l'Instruction générale, ne sont ni assez développées ni assez précises sur les conditions des paiements et sur la part de responsabilité des Percepteurs, pour que ceux-ci soient fixés sur la validité de leurs paiements et du versement qu'ils en font à la Recette des finances.

Nous essaierons de réunir dans cette étude et de présenter sous une forme méthodique les différentes formalités dont l'observation peut engager cette responsabilité. Nous suivrons, du reste, le cadre tracé dans un ouvrage publié, il y a une dizaine d'années, par un Payeur (1). Mais, selon notre usage, nous ne présenterons que les parties essentielles du sujet, en les accompagnant des observations pratiques qui nous paraîtront les plus propres à guider les comptables dans l'accomplissement de leurs obligations, en ce qui concerne cette partie importante, délicate et aride de leurs fonctions.

Disons d'abord que les Percepteurs ont accueilli, avec satisfaction, la réunion des attributions des Receveurs Généraux des finances et des Payeurs du Trésor, dans les mains d'un seul fonctionnaire qui prend la dénomination de Trésorier-Payeur-Général. Ils puisent, dans la réalisation de cette mesure, l'espérance d'une amélioration dans le service qui fait l'objet de cette étude. Leur concours en recevra, il est vrai, plus d'extension ; mais les conditions en deviendront moins onéreuses. Qui ne sait, en effet, avec quelle rigueur un mandat régulièrement acquitté d'après le jugement du Receveur des finances, était rejeté par le Payeur, sous le plus futile prétexte ?

(1) *Code des Payeurs*, par M. Fasquel ; 1 vol. 10 fr.

CHAPITRE II

RESPONSABILITÉ RESPECTIVE DES TRÉSORIERS-PAYEURS GÉNÉRAUX ET DES PERCEPTEURS.

Le *vu bon à payer* apposé par le Trésorier-Payeur Général, sur les mandats qui sont soumis à ce visa, suffit pour sauvegarder la responsabilité du comptable qui a effectué le paiement de dépenses publiques, relativement aux formalités et conditions de l'ordonnancement et de la liquidation de ces dépenses, et relativement à la régularité des pièces justificatives produites. Mais, qu'on y prenne garde, le comptable n'échappera à la responsabilité des paiements qu'il sera appelé à faire, qu'en observant ponctuellement, de son côté, les règles d'acquittement régulier, prescrites par les règlements et instructions. (Instr. gén., art. 661, 11e alinéa.)

§ 1er. Mandats soumis à la formalité du visa préalable.

Les paiements ne peuvent être valablement faits par les Percepteurs qu'autant qu'on leur présente des ordonnances, lettres d'avis, mandats ou quittances, légalement délivrés au nom des créanciers et revêtus du vu bon à payer apposé par le Trésorier-Payeur général du département, lorsque ces mandats, quittances, etc., ne sont pas exempts de ce visa. (Instr. gén., art. 661.) (1).

Le paiement est effectué par le comptable désigné par le Trésorier-Payeur général, et celui qui acquitte des mandats non revêtus du bon à payer, quoique susceptibles de ce visa, est responsable des effets que peuvent produire les oppositions ou toute autre cause d'empêchement s'appliquant aux personnes qu'il a payées. La règle du payement par le comptable désigné par le visa est généralement peu observée. Pour mettre sa responsabilité à couvert, le comptable auquel sera présenté un mandat visé payable sur une autre caisse, ne devra acquitter ce mandat que sur la présentation d'une déclaration émanant du Percepteur spécialement chargé du paiement et constatant l'insuffisance de fonds dans sa caisse. Nous ne saurions trop recommander aux Percepteurs de restreindre autant que possible l'oubli de cette règle dans leur propre intérêt et dans celui du comptable sur lequel les mandats sont tirés. Car, si une saisie-arrêt ou opposition, signifiée au Trésorier-Payeur, après le visa d'un mandat par ce

(1) Voir *Journal* 1858, p. 96. — 1861, p. 137.

dernier, et portée à la connaissance du comptable spécialement chargé du paiement, restait sans effet parce que ce mandat aurait été acquitté par un autre Percepteur que celui-ci, la responsabilité du comptable qui aurait payé, serait engagée par ce fait. (Instr. gén., art. 661, 4e alinéa.) D'un autre côté, le créancier peut être débiteur de contributions envers le comptable chargé du paiement. Ce dernier est ainsi privé d'un moyen d'action contre ce redevable, auquel il aurait pu retenir les sommes dues pour contributions privilégiées, si la créance était saisissable, et, dans le cas contraire, par voie de compensation légale pour les contributions non privilégiées, si ce droit lui était acquis (1). Aussi nous pensons que les Percepteurs feront sagement de *renvoyer devant le Percepteur de leur résidence, les porteurs de mandats* payables à la caisse de ce comptable; car, si les créanciers trouvent plus de commodité à se faire payer par un autre comptable, ils ont la faculté de demander le visa sur une caisse de leur choix. (Instr. gén., art. 661, 3e alinéa.) S'ils cherchent à obtenir leur payement ailleurs que dans leur résidence, c'est qu'ils ont presque toujours un motif d'en agir ainsi : on doit donc s'en défier.

Le vu bon à payer est donné sur les mandats, etc., par le Trésorier-payeur général ou par son Fondé de pouvoirs. La signature ne peut être apposée à l'aide d'une griffe. Cette prescription est applicable à toutes les signatures à apposer sur des pièces portant décharge ou pouvant faire foi en justice. Le visa donné pour autoriser le payement d'une dépense ne doit jamais être conditionnel, sauf, s'il y a lieu, l'obligation de faire timbrer les mandats. Telles sont les prescriptions de l'Instr. gén. (art. 661, 2e alinéa). Cependant, pour éviter aux créanciers les retards qu'entraînerait une régularisation de pièces, s'il fallait soumettre de nouveau cette régularisation à l'approbation du Trésorier-payeur, il paraît rationnel que celui-ci autorise le payement, lorsque les irrégularités sont faciles à réparer, pourvu toutefois qu'il spécifie ces irrégularités et le moyen d'y remédier. Cette considération avait prévalu sous l'ancien régime des Payeurs. A cette considération puissante s'ajouteront bientôt d'autres raisons qui feront un devoir aux Percepteurs, d'accepter des mandats revêtus de ce visa conditionnel, et de faciliter aux parties, autant qu'il dépendra d'eux, la régularisation des pièces reconnues informes.

Un mandat, quoique portant le visa d'autorisation de payer, ne peut être acquitté, lorsque le titulaire de ce mandat est décédé, ou lorsqu'il ne se présente pas personnellement pour toucher le montant de ce mandat. Il y a, dans ces cas, des pièces à produire, dont l'examen n'appartient qu'au Trésorier-payeur responsable. Nous traiterons plus loin ces cas, en détail, lorsque nous nous occuperons des règles d'acquittement. (Voir chap. III, IX et X.)

Les pensions et subventions annuelles sur les fonds de la liste civile, sont soumises à la formalité du visa. Cependant il est entré dans la pratique de les payer sans visa. (Voir Annexes, ch. IV.)

(1) Voir *Journal* 1859, p. 315.

2. Mandats non assujettis au visa préalable.

Peuvent être acquittés sans visa préalable :

1° Les mandats pour la *Solde des troupes* dépendant des Ministères de la Guerre et de la Marine, soit en station, soit en marche. (Voir chap. VII);

2° Les mandats ou états effectifs ayant rapport au *Personnel dans les ports militaires* où ne réside pas le Trésorier-payeur;

3° Les mandats, soit individuels, soit collectifs, pour *Indemnités de route* ou *avances* à des militaires isolés, ou pour fournitures d'effets de petit équipement, qui sont délivrés aux militaires de passage. (Instr. gén., art. 692. Voir aussi chap. VII et VIII.)

L'ordonnateur doit inscrire avec sa signature et son cachet, et avec indication de la nature de la dépense, sur les feuilles dont les militaires sont porteurs, les mandats qu'il a délivrés. En conséquence, le comptable qui paie, est tenu, sous sa responsabilité, de s'assurer de cette mention pour les mandats qu'il acquitte, ou d'en refuser le payement. (Instr. gén., art. 692.) Lorsqu'un militaire est absent de son corps, par congé, mission, etc., et qu'il a été autorisé à toucher sa solde isolément, le titre en vertu duquel il s'est absenté, est considéré comme *Livret de solde*. Les comptables n'ont pas à vérifier, avec rigueur, la forme des feuilles de route produites avec les mandats. Ils se bornent à reconnaître, si elles sont signées par les fonctionnaires de qui elles doivent émaner; si elles mentionnent exactement la délivrance des mandats qui leur sont présentés; enfin si cette mention est régulièrement établie d'après les indications qui précèdent. Le reste leur est étranger. (Instr. gén., art. 691. — Voir chap. III, 9°.) Les mandats d'indemnité de route ou avances à des militaires isolés, ou pour fournitures d'effets de petit équipement, soit individuels, soit collectifs, ne peuvent être acquittés que par les comptables sur lesquels ils sont émis. Ils sont payables *à vue*, dans le délai fixé par l'ordonnateur. L'intervention de tout intermédiaire officieux, est formellement interdite pour ce payement. (Instr. gén., art. 692.) La partie prenante, pour les fournitures d'effets, met son acquit sur les mandats délivrés en sa faveur, excepté toutefois les officiers et soldats; ceux-ci n'ont à quittancer que les mandats pour les Avances en argent. Si le titulaire ne sait pas signer, il en fait la déclaration au Sous-Intendant militaire qui la mentionne sur le mandat; cette déclaration tient lieu de quittance. (Instr. gén., art. 662 et 690. — Voir chap. VIII.) Les mandats pour ce dernier payement, délivrés aux militaires, doivent être présentés au comptable chargé de les acquitter, dans *le jour même*, ou au plus tard, *le lendemain*, de leur délivrance aux parties prenantes. Cependant, ce délai est de *dix jours*, pour les mandats d'indemnité de route, lorsque le titulaire se trouve rendu au lieu de sa destination. (Instr. gén., art. 690, 2e alinéa.)

Les mandats destinés au payement du prix des effets de petit équipement livrés aux militaires de passage, doivent être présentés par le distributeur à la caisse du Trésorier-payeur ou de ses suppléants, au plus tard *l'avant-dernier jour du mois* pendant lequel ils sont délivrés. (Instr. gén., art. 690, 3e alinéa.)

Un comptable ne peut payer les mandats pour indemnités de route, avances ou fournitures, s'ils lui sont présentés après les délais fixés ci-dessus, autrement que sur la réquisition du Sous-Intendant militaire. Si le retard n'a pas une cause indépendante de la volonté du titulaire, il doit en être référé à l'Intendance qui, selon le cas, prescrit l'acquittement, prononce la déchéance ou en réfère au Ministre. (Instr. gén., art. 691.)

Lorsqu'il existera des Oppositions sur les personnes désignées aux mandats ou états, l'Agent de la recette chargé du payement, en sera informé par le Trésorier-payeur (Instr. gén., art. 661, 4e alinéa); il déduira du montant du mandat la retenue indiquée, et en fera note sur ce mandat qu'il versera pour le Net payé. Si une opposition venait à être signifiée directement au comptable chargé d'effectuer le payement, celui-ci devrait déférer à l'opposition et refuser l'acquittement du mandat, attendu que les comptables ne sont pas juges du mérite des oppositions formées entre leurs mains. (Voir chap. XII.)

Les Receveurs et Percepteurs sont tenus, sous leur responsabilité, d'inscrire sur les feuilles de route, les payements de toute nature qu'ils font à des officiers sans troupe, militaires, employés comptables de la guerre, ou à des corps ou détachements. Ils doivent, ainsi que nous l'avons déjà dit, refuser l'acquittement de tout mandat dont la délivrance n'est pas mentionnée sur la feuille de route de la partie prenante. En outre, il leur est interdit de remettre par avance des fonds aux commis ou plantons des Sous-Intendants militaires, pour le payement des indemnités de route. (Instr. gén., art. 691 et 692.)

Les mandats pour indemnités de route ou avances, doivent être remis au Trésorier-payeur, par les comptables qui les ont acquittés, pour en obtenir le remboursement, dans le mois où ils ont été payés, et, au plus tard, dans les premiers jours du mois suivant; autrement, ces payements restent à la charge de ces comptables. La rigoureuse observation de cette prescription est recommandée aux Percepteurs, par l'obligation où se trouve le Trésorier-payeur général de demander, à son tour, le remboursement de cette avance, dans le mois qui suit celui pendant lequel le payement a eu lieu.

Les payements relatifs aux Fournitures de pain dans les gîtes d'étape, s'opèrent par l'entremise des comptables des subsistances militaires, auxquels les fonds sont remis à titre de dépenses effectuées en régie. Les Trésoriers-payeurs délivrent, pour cet objet, des mandats payables aux caisses des Receveurs particuliers et des Percepteurs sur les *premiers fonds disponibles de la recette*, ou à dix jours de date, si les Receveurs des finances le jugent indispensable. (Instr. gén., art. 693, 747, 1144 et suivants.)

Fin du chapitre II.

CHRONIQUE.

Dans presque toutes les Administrations, les *Notes* périodiques fournies par les supérieurs sur leurs subordonnés sont communiquées aux intéressés pour recevoir, s'il y a lieu, leurs observations. Indépendamment des avantages que présente cette communication pour fixer sur le mérite de chaque fonctionnaire, le jugement de l'Administration centrale, laquelle se trouve ainsi en présence d'un document discuté, nous croyons que l'application de cette mesure libérale aux percepteurs-receveurs municipaux contribuerait sensiblement à soutenir le zèle et l'activité des comptables qui méritent des éloges, et serait un stimulant efficace sur ceux qui, moins exacts, verraient la manière défavorable dont leur gestion est jugée.

Nous prions les personnes auxquelles il *manque des Nos à leur collection du Journal* de 1866, de nous les demander aussitôt; car une fois le travail d'emmagasinage opéré, nous ne pourrons pas les expédier sans qu'on nous en envoie le prix qui est toujours de 30 c. Pour le moment nous les expédierons *gratuitement* à tous les abonnés qui nous enverront en même temps le montant de leur abonnement.

Avis de l'Administration.
Nous prions instamment MM. nos Abonnés de nous envoyer directement le montant de leur Abonnement.

Directeur, H. GALLETIEL, Avocat à la Cour impériale de Paris.

8 Janvier 1867. 8

JOURNAL DES PERCEPTEURS,

DES RECEVEURS DES FINANCES, ET DES RECEVEURS DES COMMUNES, HOSPICES, ETC.;

DES SURNUMÉRAIRES, ET DES ASPIRANTS.

2e Série. — 10 fr. par an. Un numéro toutes les semaines. 12e année. — N° 2.

SOMMAIRE.

ACTES OFFICIELS

CIRCULAIRE DU MINISTRE DE L'INTÉRIEUR *réduisant le maximum de la durée des Emprunts de la caisse des Dépôts et Consignations à 15 années.*

27 octobre 1866.

Monsieur le Préfet, depuis que la Caisse des dépôts et consignations a successivement étendu de douze à quinze et à vingt ans la durée du remboursement de ses prêts aux départements et aux communes, le nombre des emprunts à longue échéance s'est sensiblement accru, et ces opérations financières ont, pour la Caisse des dépôts et consignations, l'inconvénient d'engager et de paralyser trop longtemps ses fonds de roulement.

Cette considération a déterminé la commission de surveillance de la Caisse à réduire le maximum de la durée des prêts de vingt à quinze ans, à moins de circonstances tout à fait exceptionnelles.

Il n'est rien changé d'ailleurs au taux de l'intérêt, fixé, comme vous l'a annoncé ma circulaire du 28 octobre 1865, à 4 1/2 p. 0/0 pour les emprunts dont le remboursement ne dépasse pas quinze ans et à 5 p. 0/0 au-delà de ce terme.

Je vous prie de porter ces dispositions à la connaissance des administrations municipales de votre département.

DÉCISIONS ET SOLUTIONS ADMINISTRATIVES

ÉGLISES. RECONSTRUCTION. SOL ET MATÉRIAUX DE L'ANCIEN ÉDIFICE. CESSION PAR LA COMMUNE. CONDITIONS DE NE PLUS CONTRIBUER AUX FRAIS DU CULTE. ILLÉGALITÉ.

MATÉRIAUX DE L'ANCIENNE EGLISE. PROPRIÉTÉ. RESTRICTION.

Lorsque, pour concourir aux frais de reconstruction, par la Fabrique, des bâtiments de l'église paroissiale, une Commune offre de céder à l'établissement religieux le sol et les matériaux de l'ancien édifice, elle ne peut valablement stipuler, comme condition de cette cession, qu'elle sera pour toujours affranchie de tout concours tant à l'entretien et aux réparations de l'église et du presbytère qu'aux dépenses concernant le culte.

Il ne peut être dérogé, par les conventions particulières, aux lois qui régissent les obligations des Communes envers les Fabriques.

La Commune n'a pas sur les matériaux de l'église supprimée un droit de propriété absolu; elle ne peut pas s'opposer à ce que la Fabrique les emploie à la construction du nouvel édifice (1).

La Fabrique de Verlhac-Saint-Jean et la Commune de Lacourt-Saint-Pierre (Tarn-et-Garonne.)

Ces solutions résultent des deux décisions ministérielles ci après de M. le Ministre de l'Instruction publique et des Cultes et de M. le Ministre de l'Intérieur.

LETTRE DE M. LE MINISTRE DE L'INSTRUCTION PUBLIQUE

5 janvier 1854.

« Monsieur le Préfet, la Fabrique de l'église succursale de Verlhac-Saint-Jean, qui comprend dans sa circonscription les territoires des Communes de Lacourt-Saint-Pierre, de Montauban et de Montbeton, a résolu de faire reconstruire l'église de cette succursale sur un emplacement plus central dépendant de la Commune de Montauban. Pour faciliter l'exécution de ce projet, le Conseil municipal de Lacourt-Saint-Pierre a, suivant une délibération du 13 août 1847, déclaré céder à cette Fabrique les matériaux, le sol et toutes les dépendances de l'église actuelle, avec la réserve très-expresse toutefois « que la Commune à tout jamais ne contribuera en rien au déplacement ni aux nouvelles constructions qui seront faites, et qu'elle ne sera jamais appelée, dans aucune circonstance, à l'entretien et aux réparations des nouveaux édifices, et aussi qu'elle sera dispensée de toutes les dépenses relatives au culte. »

La Fabrique de l'église de Verlhac-Saint-Jean demande l'autorisation d'accepter le bénéfice de cette cession, afin de pouvoir aliéner ultérieurement les objets qui lui sont ainsi abandonnés.

Les conditions que le Conseil municipal de Lacourt-Saint-Pierre a opposées à la cession par lui consentie en faveur de la Fabrique de Verlhac-Saint-

(1) Une décision du Min. de l'int. de novembre 1853, rapportée dans notre volume 1856, page 228, portait aussi que le produit des matériaux appartient d'abord à la commune, si elle a fait des avances pour les réparations; car l'obligation de la commune est subsidiaire à celle de la Fabrique.

Jean ne sont pas admissibles, comme étant contraires aux lois; elles ont, en effet, pour but d'affranchir pour toujours la Commune de tout concours, tant à l'entretien et aux réparations des nouveaux édifices projetés qu'aux dépenses concernant le culte. La Commune de Lacourt-Saint-Pierre et les diverses Communes qui dépendent, sous le rapport religieux, de la succursale de Verlhac-Saint-Jean, sont assujetties, sous ce double rapport, aux obligations déterminées par les articles 37, 92 et suivants du décret du 30 décembre 1809, la loi du 14 février 1810 et l'article 30, nº 14, de la loi du 18 juillet 1837. Il n'est pas possible dès lors de déroger à la législation en faveur de la Commune de Lacourt-Saint-Pierre, quels que soient les sacrifices qu'elle s'impose en ce moment.

Du reste, rien n'indique si la Fabrique de Verlhac-Saint-Jean a fait dresser ou non les plans et devis de l'église à construire, et au moyen de quelles ressources elle pourra assurer le payement intégral de cette dépense.

Dans tous les cas, au lieu de donner suite au projet de cession du sol et des matériaux de l'église de Verlhac-Saint-Jean, la Commune de Lacourt-Saint-Pierre pourra être autorisée à les aliéner, à la charge d'affecter le produit de la vente à la dépense de construction d'une nouvelle église.

J'ai l'honneur de vous renvoyer ci-joint le dossier de l'affaire. Je vous prie, Monsieur le Préfet, de vouloir bien communiquer ces diverses observations aux parties intéressées. »

Les observations ci-dessus de M. le Ministre ont été communiquées par M. le Préfet de Tarn-et-Garonne au Conseil municipal de Lacourt-Saint-Pierre; mais ce Conseil a persisté à demander qu'au moyen des matériaux de l'ancienne église et du sol de l'emplacement, la Commune fût exonérée de toute obligation. En transmettant la délibération du Conseil, M. le Préfet a ajouté que l'église de Verlhac-Saint-Jean était entièrement reconstruite, et que la Fabrique de cette église et la ville de Montauban pourvoyaient à ses besoins.

Dans cet état de choses, M. le Ministre de l'Instruction publique et des Cultes a cru devoir communiquer le dossier de ce affaire à M. le Ministre de l'Intérieur, afin de le mettre à même de l'examiner au point de vue de l'intérêt communal.

M. le Ministre de l'Intérieur a fait connaître à son Collègue le résultat de cet examen par la lettre ci-après :

LETTRE DE M. LE MINISTRE DE L'INTÉRIEUR.

le 28 mai 1856.

« Monsieur le Ministre et cher Collègue, la paroisse de l'église succursale de Verlhac-Saint-Jean comprend dans sa circonscription les communes de Lacourt-Saint-Pierre, de Montbeton et une partie du territoire de la ville de Montauban (Tarn-et-Garonne)

L'église, qui était située sur le territoire de Lacourt-Saint-Pierre, vient d'être reconstruite sur celui de la ville de Montauban, aux frais de cette dernière et de la Fabrique, et le Conseil municipal de Lacourt a pris à cette occasion une délibération par laquelle il consent à abandonner à celle-ci l'emplacement et les matériaux de l'ancien édifice, sous la condition que la Commune sera dispensée de concourir, non-seulement aux dépenses de la reconstruction actuelle, mais encore, dans l'avenir, à celles du culte en général.

Des observations ont été adressées au Conseil municipal de Larcourt, d'après vos instructions, sur l'impossibilité d'admettre une semblable réserve qui tendrait à soustraire la Commune aux obligations éventuelles que lui imposent les lois sur la matière. Mais ce Conseil a cru devoir persister dans sa première délibération, et il s'est appuyé sur ce que les conditions en ont été acceptées par la Fabrique, puisque celle-ci a employé pour la construction de la nouvelle église les matériaux provenant de l'ancienne.

Dans cet état de choses, Monsieur et cher Collègue, M. le Préfet de Tarn-et-Garonne vous a consulté et vous m'avez vous-même demandé mon avis sur la manière dont il serait possible de régulariser la cession de terrain consentie en principe par le Conseil municipal de Lacourt en faveur de la Fabrique de Verlhac-Sain-Jean.

Je pense, Monsieur et cher Collègue, que cette cession ne saurait être autorisée qu'autant que la Commune de Lacourt renoncerait à la condition qu'elle y a attachée.

D'une part, en effet, l'Administration supérieure ne peut pas admettre qu'il soit dérogé par des conventions particulières aux lois qui régissent les obligations des Communes en matière de dépenses du culte. D'une autre part, il ne dépend pas d'elle de contraindre le Conseil municipal de Lacourt à faire l'abandon pur et simple de l'emplacement de l'ancienne église, attendu que, d'après ces mêmes lois, la Fabrique, en cas d'insuffisance de ressources, serait seulement fondée à réclamer de la Commune un concours en argent, et que, par conséquent, tout concours d'une autre nature doit être volontairement consenti.

Il y a lieu, dès lors, suivant moi, de ne pas donner suite à l'offre faite à la Fabrique de Verlhac Sain-Jean par la Commune de Lacourt, qui restera naturellement soumise aux mêmes obligations que les annexes, en ce qui concerne les dépenses du culte.

Quant aux matériaux de l'ancienne église qui ont été employés à la construction du nouvel édifice, j'estime qu'à raison de leur destination primitive, la Commune de Lacourt n'avait pas sur ces matériaux un droit de propriété absolu; qu'elle n'aurait pu s'opposer à ce que la Fabrique les utilisât comme elle l'a fait; et que, par conséquent, cette circonstance n'est par de nature à soulever une difficulté. »

Cet avis ayant été adopté par M. le Ministre de l'Instruction publique et des Cultes, de nouvelles instructions, fondées sur les motifs exposés dans les deux lettres ci-dessus, ont été adressées à M. le Préfet de Tarn-et-Garonne pour lui faire connaître que la cession de terrain dont il s'agit ne sera susceptible d'être approuvée que lorsque la condition stipulée par le Conseil municipal de Lacourt-Saint-Pierre aura été entièrement supprimée.

ÉTUDES SUR LE SERVICE

Titres de recette.

EXERCICES AUXQUELS ILS SE RATTACHENT.

Nous avons avancé, en thèse générale, dans le *Journal* de 1866, page 193, que les titres de recette doivent être appliqués à l'année pendant laquelle ils sont remis aux comptables. Nous nous sommes appuyé principalement sur les articles 813, 824, 830, 988 et 1004 de l'Instruction générale du 20 juin 1859. Puis, nous avons dit que les titres reçus par les comptables postérieurement à la date du 31 décembre, et ne se rapportant pas au complément des opérations faites du 1er janvier à cette date du 31 décembre, devaient être affectés à l'exercice suivant.

Nous croyons devoir revenir sur ce sujet d'une manière spéciale et nous citerons les Instructions d'où partent les principes généraux qui régissent l'imputation des titres.

Le budget d'un exercice est, d'abord, le titre principal comportant les recettes et les dépenses de cet exercice. L'exercice commence le 1er janvier et finit le 31 décembre de l'année qui lui donne son nom ; néanmoins, il est accordé, pour en compléter les opérations, un délai qui est fixé au 31 mars de l'année suivante : à cette époque, l'exercice est clos définitivement (art. 813 de l'Instruction générale) Le décret du 31 mai 1862, article 4, étend également la période d'exécution des services d'un budget. Cette définition confirme celle donnée par l'instruction générale du 20 juin 1859. L'article 6 du même décret est ainsi conçu : Sont seuls considérés comme appartenant à un exercice les services faits et les droits acquis du 1er janvier au 31 décembre de l'année qui lui donne son nom. Cet article est la reproduction presque textuelle de l'article 3 de l'ordonnance du 31 mai 1838 ainsi conçu : Sont seuls considérés comme appartenant à un exercice les services faits et les droits acquis à l'État et à ses créanciers pendant l'année qui donne sa dénomination audit exercice.

De l'interprétation saine et bien entendue de ces expressions *services faits* et *droits acquis* résulte l'attribution normale des recettes et, par conséquent des titres de recettes à tel ou tel exercice. Une circulaire de M. le Directeur de la comptabilité publique, en date du 26 juin 1855, reconnaissant qu'aux termes des instructions en vigueur, les titres de perception à recouvrer par les receveurs des finances doivent être imputés à l'exercice qui prend son nom de l'année pendant laquelle ils sont remis aux comptables, a décidé qu'à partir de cette époque les titres de perception seraient rattachés à l'*exercice* pendant lequel ils seraient remis aux comptables. Ainsi, depuis l'émission de cette circulaire, les rôles supplémentaires de patentes du quatrième trimestre d'une année, qui, depuis l'Instruction du 17 juin 1840, étaient attribués à l'année suivante ont été, de nouveau rattachés à l'exercice que ces rôles concernent et non à l'exercice pendant lequel ils sont remis aux comptables, dispositions qui subsistent encore aujourd'hui. Il en est de même des rôles de redevances de mines, des rétributions relatives aux poids et mesures ainsi que des divers autres produits publics, quand, toutefois, les titres de perception sont remis avant la clôture de l'exercice ; passé le 31 mars ces titres sont appliqués à l'exercice alors en cours d'exécution.

La première dérogation à ces principes fondamentaux fut apportée par la circulaire du 26 janvier 1860, en ce qui concerne l'attribution du quatrième trimestre d'arrérages des rentes 3 p. 0/0 à l'exercice qui commençait, au lieu de l'être à l'exercice qui finissait. Nous nous plaisons à reconnaître que notre confrère, le *Mémorial des Percepteurs*, alors bien inspiré, fit comme nous avions fait en 1862 (*Journal*, page 98), les efforts les plus méritants pour repousser cette malencontreuse imputation d'exercice, en ce qui concerne les communes et les établissements de bienfaisance. Les mauvais effets et les perturbations apportés dans cette partie du service financier, suites naturelles de la nouvelle mesure, furent démontrés par notre confrère avec une vigueur et un talent de dialectique incontestables. Comme nous venons de le faire, il citait la circulaire du 26 juin 1855, et, dans une note remarquablement accentuée, combattait vivement l'attribution très-intempestive de l'arrérage de la rente acquise pendant le 4e trimestre de 1862 au profit du 1er trimestre de l'exercice 1860 qui ne demandait pas à la prendre, tandis que l'exercice 1862 comptait sur ce produit pour payer ses dettes. Pourquoi faut-il qu'aujourd'hui ce même *Mémorial*, chantant la palinodie, et se faisant fort de la circulaire du 26 janvier 1863 qu'il a combattue, et aussi de celle du 30 janvier 1866, vienne décider qu'en se référant aux deux exemples ci-dessus, la date de l'échéance, en d'autres termes la recouvrabilité d'un produit doit être seule composée pour la détermination de l'exercice, même quand le recouvrement du même titre se trouve scindé entre deux exercices? (*Mémorial* de 1866, page 377.) Et, partant de là, notre confrère, que nous proclamons encore cette fois très-mal inspiré, en conclut que la location des droits de pesage aux halles, dont le prix est exigible par trimestre, le 1er jour du trimestre suivant et dont, par conséquent le 4e trimestre n'est dû que le 1er janvier, doit être imputée toute entière à l'exercice suivant.

Ainsi le 4e trimestre de 1866 de ce produit, échu le 31 décembre 1866 et payable le 1er janvier 1867, doit, selon notre confrère, être attribué à l'exercice 1867. Mais alors, cher confrère, vous qui étiez en 1863 si embarrassé de savoir comment, en faisant passer d'un exercice à l'autre un simple trimestre de rente, on ne rompait pas l'équilibre des budgets, veuillez nous dire aujourd'hui comment seront payés les services faits et les droits acquis pendant le 4e trimestre de 1866 quand les recettes à faire pendant le 1er trimestre de 1867, comme complément des opérations de 1866, seront ainsi, que vous le décidez, transportées à l'exercice 1867. Et si vous êtes d'avis que le 4e trimestre de location des droits de pesage aux halles doive être reporté à l'exercice suivant, il en sera de même pour le 4e trimestre de location des places aux halles, foires et marchés ou abattoirs, des droits d'octroi, des droits de mesurage et jaugeage, des prix de ferme des maisons, usines et biens ruraux communaux et de tous les autres produits dont le 4e trimestre, ou une partie quelconque, n'étant payable qu'après le 31 décembre, doit, selon vous, être attribué à l'exercice suivant. Comment, nous le répétons, payerez-vous alors les dépenses résultant de services et de droits acquis pendant le dernier trimestre de l'année? Que de virements ne vous faudra-t-il pas faire pour empêcher que le compte de l'exercice qui finit ne se close en déficit, tandis que celui de l'exercice pendant lequel vous ferez l'essai de votre système regorgera de ressources.

Quoi qu'il puisse en être et au risque de ne pas plaire au *Mémorial*, nous ne sommes pas de l'avis que la circulaire du 26 janvier 1863 et celle du 30 janvier 1865, mais surtout la première, puissent être considérées comme la règle d'imputation d'exercices à faire en ce qui concerne les recettes des communes et établissements. Gardons-nous, surtout, de dire que, parce que les deux exceptions existent, il faudra changer et bouleverser, dans le sens de ces exceptions, l'ancien système réglementaire des budgets, des exercices et des opérations qui assurent le payement des dépenses de ces mêmes exercices. Laissons enfin attribuer, comme cela a eu lieu jusqu'à ce jour, à l'exercice qui finit les recettes complémentaires de cet exercice, faites, pendant le premier trimestre de l'exercice suivant, quand ces recettes résultent de titres remis pendant l'année expirée ou que ces titres confirment des recettes faites pendant cette même année.

Nous avons lieu de penser que l'administration supérieure des finances partage sur ce point, comme beaucoup d'autres, notre manière de voir, et n'a jamais voulu que la *recouvrabilité* d'un produit fût *seule* comptée pour la détermination de l'exercice, surtout quand le recouvrement d'un même titre se trouve scindé, pour obéir aux instructions, entre deux années. A moins de changer complètement les errements actuels et de faire attribuer à l'exercice qui commence le payement des dépenses de l'exercice qui finit, ainsi que le ministre veut qu'on le fasse pour les recettes, notre opinion nous paraît être la seule naturelle et soutenable.

QUESTIONS DIVERSES

GÉRANT INTÉRIMAIRE. REMISES. PERCEPTEURS. RECETTE MUNICIPALE SPÉCIALE.

Quelles sont les remises revenant à un Percepteur qui gère par intérim une recette municipale spéciale?

Le Receveur municipal d'une ville étant venu à décéder, le Percepteur de cette ville a été nommé gérant intérimaire de ces fonctions. On nous demande, dans cette situation, s'il doit avoir les mêmes remises que le receveur spécial. On sait, en effet, que ces fonctionnaires en prélèvent sur centimes communaux et dans d'autres cas où les percepteurs non receveurs municipaux n'en perçoivent pas.

Disons, dès l'abord, que la question nous est posée d'une manière irrégulière. En principe, un Gérant intérimaire n'a droit à aucune remise, il n'a droit qu'à une *indemnité*, laquelle est toujours fixée par le Ministre des finances, d'après l'art. 1330 de l'Instruction générale du Ministre des finances, du 20 juin 1859. Cette indemnité est prélevée sur les bénéfices de l'emploi et est réglée sur la proposition du Trésorier général; mais l'intérimaire ne profite pas des remises allouées au fonctionnaire qu'il remplace. Du reste, comme cet agent exerce les fonctions de la charge aux lieu et place du titulaire décédé, et succède à toutes ces attributions, il va de soi que les opérations qu'il exécute conservent toujours leur nature, et que dans notre cas, par exemple, ce sont toujours des opérations de receveur municipal *spécial* qui sont accomplies. La comptabilité est celle d'un receveur spécial, et elle est régie par les principes particuliers de cette comptabilité, notamment en ce qui concerne les remises, comme sur les autres points. Il est donc certain qu'alors les remises à prélever pour le Trésor (car c'est au Trésor que reviennent ces allocations), sont celles fixées en faveur des Receveurs municipaux spéciaux.

A propos des gestions par intérim nous avons déjà examiné au cours du *Journal* les questions suivantes: 1° Par qui doit être fixée l'indemnité due à un gérant intérimaire, nommé par suite de la maladie d'un percepteur qui ne pouvait même instituer un mandataire, et qui est mort des suites de cette maladie, 1860, p. 238; — 2° A qui incombe le remboursement des remises perçues en trop par un gérant intérimaire, et à qui profite le rappel des remises perçues en moins, 1858, p. 211; — 3° Lorsqu'un percepteur est payé par une indemnité fixe et non proportionnée aux remises, doit-il être tenu de rembourser un trop perçu de remises dont le Trésor a profité? 1857, p. 348; — 4° Y a-t-il lieu d'opérer la retenue pour les pensions civiles sur l'indemnité allouée par une commune à un percepteur qu'elle a chargé de l'intérim de la recette municipale par suite du décès du receveur spécial? 1859, p. 221; — 5° La gestion du receveur sortant se continue-t-elle pendant l'intérim, et le gérant doit-il comprendre dans un seul *compte de receveur remplacé*, rendu à la fin de l'intérim, les opérations de ce comptable et celles de son intérim ? Ou bien doit-il présenter un compte spécial pour sa gestion intérimaire? 1856, p. 75.

EGLISE INCENDIÉE. INDEMNITÉ. REMISES.

Une commune reçoit d'une Compagnie d'assurances une indemnité par suite d'une incendie qui a eu lieu dans l'église de cette commune : cette somme doit être versée dans la caisse de la fabrique à titre de secours.

Est-il dû des remises au receveur municipal sur la recette et la dépense?

En ce qui concerne la recette, l'affirmative ne peut faire aucun doute, puisque l'église est affectée à un service public et n'est pas productive des revenus.

La dépense, il en est de même : le payement de la subvention faite à la fabrique est passible de remises au profit du receveur : Voir notre *Traité des remises*, pages 90 et 115.

TITRE DE PERCEPTION. — PRODUCTION REFUSÉE OU TARDIVE DE CE TITRE.

Comment obtenir d'un notaire l'expédition d'une vente d'arbres faite au profit d'une commune, et que ce notaire paraît ne pas vouloir délivrer, ou tarde à délivrer ?

Aucune recette de l'espèce ne doit être effectuée par un receveur municipal avant qu'il ne soit saisi officiellement du titre, conformément à l'article 1288 de l'Instruction générale. S'il en avait été ainsi, le Receveur qui nous consulte ne se trouverait pas aujourd'hui fort embarrassé pour obtenir cette pièce qu'il est forcé de fournir à l'appui de son compte de gestion.

Le soin d'obtenir le titre de recouvrement appartient au maire de la commune : c'est par lui que le titre est transmis hiérarchiquement à l'approbation du Sous-Préfet et ensuite au visa du Receveur des finances. C'est donc au maire de la commune que doit s'adresser le Receveur pour obtenir la délivrance du titre en question : mais, nous le répétons, cette difficulté ne se présenterait pas, si le Receveur avait, en principe, refusé de recevoir le montant de la vente des mains du notaire, sans avoir en même temps l'expédition qui lui était destinée.

PERCEPTEURS SURNUMÉRAIRES. POINT DE DÉPART DU SURNUMÉRARIAT.

Est-ce le jour de la nomination, ou celui de la prestation de serment, ou bien celui de l'entrée en fonctions, qui fait le point de départ du surnumérariat?

Il paraît que cette question n'est pas sans intérêt et qu'il s'écoule quelques fois un intervalle de temps assez considérable entre l'époque de la nomination et celle de l'entrée en exercice du Percepteur surnuméraire. Il a pu ainsi se présenter des difficultés pour le calcul de la durée des trois années de surnumérariat, et partant, pour fixer l'époque précise où un candidat surnuméraire pouvait se présenter et revendiquer ses droits à la nomination aux perceptions.

Nous pensons que ce point de départ ne commence qu'au jour de l'entrée en exercice du surnuméraire, parce que ce n'est réellement qu'à partir de ce moment qu'il y a services utiles, effectifs et susceptibles d'être reconnus par l'administration. Il en doit être de même que pour le calcul des pensions de retraites : il y a une telle analogie dans ces deux cas que la règle à suivre semble être la même. Dans les deux cas on ne saurait rémunérer que le travail qui a profité à l'administration.

ALLOCATION DE FRAIS DE BUREAU A UN RECEVEUR. CONSEIL DE PRÉFECTURE. REJET DE DÉPENSE.

Un conseil de préfecture peut-il rejeter la dépense des frais de bureaux accordés au receveur par une commune ou un établissement public ?

Les conseils municipaux, ainsi que les commissions administratives des hospices, ont la faculté d'élever d'un dixième le tarif des remises de leurs receveurs, sauf l'approbation du Préfet. Certaines villes usent de ce droit en présence des émoluments précaires qui reviennent à ces fonctionnaires. D'autres accordent à leurs receveurs des frais de bureau plus ou moins considérables, et malheureusement ce ne sont que des actes de justice isolés qui ne sont pas encore devenus une pratique régulière et générale. Sans doute aucune disposition législative ou réglementaire ne confère aux receveurs de communes et d'établissements le droit d'exiger qu'il leur soit fourni par les établissements dont ils gèrent la recette, des subventions spéciales à titre de frais de bureau; mais l'administration supérieure autorise les commissions administratives et les conseils municipaux à comprendre dans leurs budgets un article relatif à cet objet. Lorsque des allocations semblables sont votées et qu'elles ont reçu l'approbation de l'autorité préfectorale, nous cherchons vainement sur quoi se fonderait un conseil de préfecture pour les contester.

Il est vrai que le *Mémorial* (vol. de 1843, p. 192) soutient que dans ces cas il ne peut être donné suite aux propositions des communes et établissements de bienfaisance « qu'autant qu'il serait justifié que les « remises résultant de l'application des ordonnances « des 15 avril et 23 mai 1839 de donnent pas une « rémunération suffisante... » Mais cette restriction est tout à fait personnelle aux rédacteurs de ce recueil, nous ne la trouvons indiquée nulle part, et nous espérons, dans l'intérêt des comptables, qu'elle ne sera pas suivie par les conseils de préfecture. Nous pensons, au contraire, que quand un crédit de ce genre aura été voté et approuvé par le préfet, le conseil de préfecture ne saurait être fondé à rejeter la dépense des comptes du receveur, attendu qu'au lieu d'appliquer seulement les règles du droit administratif, comme le veut sa mission, il ferait acte d'immixtion dans l'administration et sortirait de sa compétence. Aussi le *Mémorial* est revenu à cet avis en 1864.

ÉTUDE SUR LES RÈGLES DU PAYEMENT

DES MANDATS ET ACQUITS DU TRÉSORIER-PAYEUR-GÉNÉRAL

(ANCIEN SERVICE DU PAYEUR)

PAR LES PERCEPTEURS ET LES RECEVEURS DES ADMINISTRATIONS FINANCIÈRES

CHAPITRE III.

RÈGLES D'ACQUITTEMENT

Les obligations imposées à un comptable chargé de payer des mandats ou acquits du Trésorier-Payeur Général, sont les suivantes :

1° Exiger, à l'appui des mandats ou acquits, les *pièces justificatives* qui y sont énumérées, à moins que ces mandats, etc., ne contiennent l'indication qu'elles ont été conservées par le Trésorier-Payeur, ou qu'elles ont été jointes à un autre mandat. (Instr. gén., art 661, 6e alinéa.)

2° S'il y a dans le libellé du mandat, dans la partie imprimée ou dans la partie manuscrite, des *ratures* ou des *surcharges* frappant sur la désignation des créanciers, sur l'objet de la créance ou sur la somme à payer, n'acquitter ce mandat qu'après approbation par l'ordonnateur des ratures ou surcharges. Cette approbation ne peut être interlignée au-dessus de la signature principale de l'ordonnateur; elle exige toujours l'apposition d'une nouvelle signature. Cependant, si les altérations ne concernaient que les indications d'ordre, telles que celles de numéros, de chapitres ou d'exercices, il suffit que les surcharges soient faites d'une manière claire. (Régl. Min. Int., 30 nov. 1840, page 183. Voir chap. VI et VII.)

3° Faire *signer en sa présence*, au-dessous des mots « Pour acquit », sur le mandat, et, s'il y a lieu, sur les pièces justificatives, pour lesquelles cette formalité a été indiquée par le trésorier-payeur, la quittance du créancier, avec indication du lieu et de la date du payement; et s'assurer qu'il y a parfaite conformité entre la signature donnée et le nom écrit au mandat. En conséquence, en cas de non concordance entre la signature et le nom, et lorsque la signature apposée sera réellement celle du créancier, renvoyer la partie prenante devant l'ordonnateur, pour faire régulariser le mandat. (Voir chap. VI et VII.)

On comprend qu'il n'y aurait pas défaut d'identité de personnes et que dès lors l'acquit serait régulier, dans le cas où la partie prenante, désignée au mandat sous un nom composé de deux parties, tels que les noms « BAUDRY DE JANVRY » et « LEFEBVRE-DURUFLÉ », n'aurait apposé que l'un de ces noms, le seul qu'elle a l'habitude de comprendre dans sa signature. Il en serait de même du nom précédé de la particule, si la partie prenante ne s'en sert pas ordinairement, et *vice versâ*, si le créancier faisait précéder sa signature d'une particule, quand même le mandat ne la mentionnerait pas. (Instr. min. de 1805). En effet, il faut considérer que l'objet que l'on a en vue, en faisant quittancer un mandat, a été atteint : car il s'agit uniquement de pouvoir opposer au créancier, en cas de réclamation de sa part, la preuve irréfutable du paiement qui lui a été fait. Cette preuve existera, puisqu'on possédera la signature que le créancier a l'habitude de donner. Il n'y aurait de doute à cet égard, qu'autant que le comptable ne connaîtrait pas la partie prenante. Il conviendrait alors de se référer à ce que nous disons plus loin, chap. VI, au sujet de l'individualité des parties

Mais il arrive souvent, avec les créanciers qui savent à peine signer, que la signature apposée pour acquit par ceux-ci, ne concorde pas avec le nom porté au mandat. Cette concordance existerait cependant, s'ils signaient comme ils le font habituellement; leur ignorance, plutôt que l'inadvertance, a produit cette différence. Avec ces parties prenantes presque illettrées, lorsque la première signature sera inexacte, il faudra la biffer par un trait, et en faire donner une nouvelle dont le comptable surveillera avec soin la composition. Il désignera au créancier, si cela est nécessaire, et une à une, les différentes lettres dont sa signature se compose. Il n'y aura pas lieu de faire approuver, par une seconde signature régulière, la nullité de celle qui aura été biffée. (Voir chap. VI et VII).

4° Quand la *somme à payer n'excède pas* 150 *fr.*, et que la partie annonce ne savoir ou ne pouvoir signer, recevoir sa déclaration en présence de deux témoins, la signer et la faire signer à ces deux témoins. La formule le plus usitée pour cette déclaration est la suivante : « La partie prenante ayant déclaré ne savoir (ou ne pouvoir) signer, a été payée en présence des témoins soussignés. » (Voir chapitre VIII).

5° Mais si la *somme à toucher* est *supérieure à* 150 *francs*, rapporter à l'appui du mandat une quittance notariée ou une procuration devant notaire à un tiers, lequel, alors, signe l'acquit comme mandataire. (Voir art. 6° ci-après). Cette règle au sujet de quittances de sommes supérieures à 150 francs, admet pourtant des exceptions que nous ferons connaître dans le chap. VIII, qui traitera plus longuement des conditions de paiement à des parties illettrées. En matière de dépossession de terrains pour cause d'utilité publique, on peut admettre une quittance administrative, au lieu d'une quittance notariée. (Instr. gén., art. 709 et 1005. Voir aussi chapitre VIII).

6° Lorsque le *paiement* est *fait à un fondé de pouvoirs*, n'admettre la procuration que si elle est spéciale pour recevoir. Cette procuration est soumise à l'enregistrement, au droit fixe de 2 francs. Nous en faisons connaître, au chap. X, la forme et les conditions.

7° Si *le mandat* ou une pièce justificative *porte les mots « A timbrer »*, n'effectuer le paiement qu'après que cette formalité a été remplie, par l'apposition du timbre extraordinaire ou d'un timbre mobile (1). Nous rappellerons à cette occasion, que les percepteurs n'ont le droit d'appliquer des timbres mobiles que sur les quittances qu'ils délivrent ou qu'ils reçoivent, et non sur les pièces justificatives contenant facture ou mémoire de fourniture, etc., pour lesquelles la formalité du timbre serait indiquée. Ces dernières pièces ne peuvent être timbrées que par les Receveurs de l'enregistrement. Le droit de timbre de toutes les quittances émanant d'autres parties prenantes que les comptables de deniers publics, est de 50 cent., sans égard à la dimension du papier. Les quittances de ces derniers ne sont assujetties qu'à un droit de timbre de 20 cent., acquitté au moyen d'un timbre mobile de cette valeur. (Lois des finances, 1862 et 1865.— Décis. Dir. c. pub. 29 sept. 1865. — Instr. gén., art. 847, 1008, 1013 et 1015. — Tableau des modif. — Journal 1866, n° 8.)

8° Quand un *mandat* est *délivré pour la solde*, ou autres dépenses payables comme la solde, soit au profit d'un corps de troupe, soit au profit d'un officier, sous-officier ou soldat appartenant à un corps de troupe, exiger que l'on produise un double quittancé de l'état de solde, qui prend le nom de déclaration de quittance. (Ord. 25 déc. 1837.)

9° Mentionner avec date et signature, sur les *livrets, feuilles de route* ou *congés* des militaires de la guerre ou de la marine, les sommes payées à ces militaires (voir en outre chap. II, § 2e); inscrire aux livrets des Conducteurs des ponts-et-chaussées et des Inspecteurs du télégraphe, lorsque le vu bon à payer indique cet enregistrement, les sommes comptées à ces agents pour les services en régie.

10° Inscrire, lorsque le visa le réclame, sur les bulletins que doivent représenter les *étrangers réfugiés* en France, les payements faits à ces étrangers, en vertu des mandats dont ils sont porteurs. (Voir Chap. VI, Réfugiés politiques.)

11° Si le *mandat* est *délivré au nom d'un Receveur municipal* ou d'établissement de bienfaisance, ou de tout autre comptable, joindre au mandat payé la quittance à souche (timbrée lorsque cette formalité est exigée. Voir l'art. 7° ci-dessus, et Instr. gén., art. 843 et suivants); et malgré cette production ou l'annexion d'un état émargé, quittancer le mandat pour ordre. (Instr. gén., art. 709, 3e alinéa.)

12° Ne point acquitter un *mandat* qui sera *présenté* au payement, *après le délai* indiqué sur ce mandat pour sa présentation avant la clôture de l'exercice. La mention du dernier jour du payement y ayant été indiquée, en exécution des règlements, un tel mandat resterait à la charge du comptable. (Instr. gén., art. 661, 8e et 9e alinéa.) Les Percepteurs devront en outre veiller soigneusement à ce que les mandats acquittés par eux, dans le délai prescrit, parviennent au Receveurs des finances, dans le délai fixé pour la présentation à la caisse de ce dernier. (Voir Chapitre II, § 2e, et Chap. VII.)

13° Annoter sur les *certificats d'inscription de cautionnement*, ou sur le certificat de privilége de second ordre, ou, en cas de transport, sur la grosse de l'acte de transport, le payement des intérêts annuels; et certifier, avec signature, sur la quittance de la partie, visée préalablement par le Trésorier-Payeur, que l'inscription de ce payement a été faite sur le titre représenté, dont le n° sera indiqué sur la quittance. Les comptables qui omettraient cette mention, s'exposeraient à une peine disciplinaire. (Instr. gén., art. 695 et 696.)

Une exception à cette règle a été faite en faveur des employés des administrations financières qui ont changé de résidence, ou qui, par quelque circonstance, auraient été dans la nécessité d'envoyer à Paris leur certificat d'inscription. Dans ce dernier cas, les intérêts peuvent être payés sur le vu d'un certificat délivré par le chef de service dont dépend le titulaire, et attestant la situation exceptionnelle dans laquelle il se trouve. Dans le premier cas, les employés qui craindraient de ne plus se trouver dans le département qu'ils quittent, à l'époque du payement des intérêts, pourraient, avant leur départ, laisser un pouvoir à l'effet de toucher pour eux la somme ordonnancée, ou demander au Trésorier-Payeur une formule de quittance pour la signer à l'avance, et la laisser entre les mains du chef de service départemental ou de tel autre agent désigné à cet effet, pour être produite au moment de la réception de l'état de payement. (Instr. gén., art. 697.)

La quittance d'après laquelle s'effectue le payement, doit porter en toutes lettres, de la main du titulaire ou du bailleur de fonds, ou du possesseur d'un transport, la somme reçue. Si la somme a été écrite par le Trésorier-Payeur, le comptable qui paie doit s'assurer qu'elle concorde avec le chiffre d'intérêts mentionné dans la quittance préparée par le Trésorier-Payeur. (Instr. gén., art. 695.)

En cas de *décès* d'un titulaire, de *démission* ou de *destitution*, le payement doit être suspendu. Il ne peut être fait, si le titulaire est décédé, qu'à ses héritiers, après que ceux-ci ont fourni au Trésorier-payeur des pièces régulières d'hérédité, et que celui-ci a, de nouveau, autorisé le payement; il en est de même s'il s'agit d'un bailleur de fonds décédé. (Instr. gén., art. 702.)

(1) Voir *Journal* 1865, p. 354 (Mandat ou quittance à souche à timbrer.

Ce qui précède s'applique aux intérêts échus le 31 décembre qui a précédé le décès, la démission ou la destitution. Mais les intérêts n'étant payables qu'aux agents en fonctions, un titulaire démissionnaire, destitué ou nommé à un autre poste ou emploi, ou les héritiers d'un titulaire décédé, ne touchent les intérêts échus depuis le 1er janvier de l'année pendant laquelle ces faits se sont produits, que lorsqu'ils obtiennent le remboursement du capital. (Instr. gén., art. 699.)

Le Trésorier-payeur général doit se faire rendre, par les Receveurs des finances et Percepteurs les quittances préparées au nom des parties qui ne se seraient pas présentées pour toucher dans les deux premiers mois de l'année, afin d'établir le relevé des intérêts restant à payer au 1er mars. (Instr. gén., article 700, 2e alinéa.)

14° Ne point acquitter les *Taxes à témoins*, dans les affaires poursuivies à la requête de l'Administration forestière, que sur la production de mandats émis sur le Trésorier-payeur et revêtus du vu bon à payer de celui ci. (Instr. gén., art. 708.)

15° Enfin, les décomptes des arrérages de *Pensions ou rentes viagères* sont payés au porteur du titre et du certificat de vie du titulaire. (Voir Annexes.) Mais les arrérages dûs au décès des titulaires ne seront payés qu'aux ayants-droits ou à leurs représentants. Toutefois, lorsque la somme à payer n'excède pas 50 fr., l'acquit peut être donné par un seul des ayants-droits, pourvu qu'il déclare se porter fort pour ses cohéritiers. Cette déclaration sera insérée dans la quittance (Voir relativement aux *secours viagers* dûs aux anciens militaires de la République et de l'Empire, ou d'un pensionnaire de l'ancienne liste civile: Titres d'hérédité, Chap. IX, § 1er.) Les dispositions qui précèdent sont applicables aux pensions ou rentes viagères de la Caisse de la vieillesse. (Instr. gén., art. 701.)

Tel est le résumé des conditions d'un acquittement régulier des dépenses publiques, par un comptable appelé à payer un mandat revêtu du vu bon à payer. Nous pensons qu'il ne sera pas sans utilité d'exposer d'une manière plus développée quelques-unes des règles que nous venons d'indiquer. Car ce n'est pas seulement dans l'acquittement des dépenses publiques qu'elles trouvent leur application; leur connaissance n'est pas moins nécessaire pour les payements à faire pour le compte des Communes et Etablissements publics. Ce sera le sujet des chap. VI, VII, VIII, IX et X.

Pour compléter l'énumération des règles à observer pour le payement des mandats sur le Trésorier-payeur général, nous devons dire que les *Acquits constatant les payements* faits par les Percepteurs, doivent être compris dans le plus prochain versement qu'ils effectueront à la Recette des finances. Les Percepteurs sont tenus, avant de faire l'envoi des mandats, de faire connaître, par une déclaration signée dont la formule est imprimée sur ces mandats, que le payement a été opéré par eux. Cette déclaration peut être valablement remplacée par l'application d'un timbre portant le mot « payé » et la désignation de la perception (1). [Instr. gén., art. 661, 5e alinéa. Voir chap. VI.]

Indépendamment de la mention de payement ci-dessus, les Receveurs des finances doivent, au moment même où les pièces de dépenses leur sont versées pour comptant, y apposer le cachet de la recette particulière, afin d'empêcher qu'il ne puisse être fait un double emploi frauduleux de ces pièces. La même mesure doit être prise par les Trésoriers-payeurs généraux pour les pièces acquittées dans l'arrondissement du chef-lieu. (Instr. gén., art. 709, 5e alinéa.)

Les Receveurs particuliers transmettent au Trésorier-payeur, au moins une fois par dizaine, les acquits dont les Percepteurs et les autres comptables de deniers publics ont fait le versement à leur caisse. (Instr. gén., art. 717.)

(1) Voir *Journal* 1860, p. 102.

Fin du chapitre III.

Correspondance.

On nous écrit de Charolles (Saône-et-Loire) :

« J'ai l'honneur de vous accuser réception du *Coffre-fort*, que vous m'avez expédié ; vous assurant, en outre, qu'il est arrivé sans aucune avarie, et qu'il remplit d'une manière parfaite mes convenances.

« Je puis ajouter même que mes espérances ont été dépassées, et que la comparaison que j'ai faite de ma caisse, avec celles qui existent à Charolles, a été tout à l'avantage de celle que vous m'avez expédiée.

« Veuillez en agréer, monsieur, mes remerciments. »

CHRONIQUE.

DEMANDES D'EMPLOI.

Un jeune homme de 23 ans, employé depuis quelques années dans une Recette Particulière, et connaissant parfaitement le service, dans toutes ses parties, désire se placer, comme Fondé de pouvoirs, dans une Recette Particulière, aux appointements de 1500 à 1800 fr.

Il peut produire les certificats nécessaires.

S'adresser, pour renseignements, à la Recette Particulière de Romorantin. (Loir-et-Cher.)

Un Employé d'une Trésorerie générale, muni d'excellents certificats, désire se placer dans une Recette particulière du Nord de la France.

Plusieurs Fondés de pouvoirs de recette particulière cherchent à permuter.

Plusieurs Commis de Perception sont disponibles en ce moment.

Avis de l'Administration :

MM. les Abonnés sont instamment priés d'envoyer directement le montant de leur Abonnement.

Directeur, H. GALLETIER, Avocat à la Cour Impériale de Paris.

JOURNAL DES PERCEPTEURS,

DES RECEVEURS DES FINANCES, ET DES RECEVEURS DES COMMUNES, HOSPICES, ETC.;
DES SURNUMÉRAIRES, ET DES ASPIRANTS.

2e Série. — 10 fr. par an. Un numéro toutes les semaines. 12e année. — N° 3.

SOMMAIRE.

ACTES OFFICIELS

LOI SUR LES COURTIERS DE MARCHANDISES (Extrait). *Promulguée le 14 juillet 1866.*

Nous ne publions de cette loi que la partie qui concerne nos lecteurs.

ARTICLE 20.

Les patentables qui sont actuellement compris dans la législation des patentes sous la dénomination de commissionnaires en marchandises, courtiers de marchandises, facteurs de denrées et marchandises et représentants de commerce, ainsi que tous les individus qui prêtent leur entremise pour l'achat et la vente des marchandises, ou qui achètent ou vendent des marchandises pour le compte de tiers, et dont la profession n'est pas spécialement dénommée dans les tableaux annexés aux lois de patentes, seront assujettis, à partir de 1867 aux droits de patentes fixés comme il suit :

A Paris. . . . . 400 fr.
Dans les villes de 50 000 âmes et au-dessus. 300
Dans les villes de 30 000 à 50 000 âmes et dans les villes de 15 000 à 30 000 âmes qui ont un entrepôt réel. 200
Dans les villes de 15 000 à 30 000 âmes et dans les villes d'une population inférieure à 15 000 âmes qui ont un entrepôt réel . . 150
Dans les autres communes. 75
Droit proportionel au quinzième.

Si les opérations que font les patentables ci-dessus énumérés ou auxquelles ils prêtent leur entremise, ont pour objet habituel la vente aux marchands détaillants et aux consommateurs, les droits de patentes seront ceux de 4e classe du tableau A annexé à la loi du 25 avril 1844.

Voir le *Journal des Percepteurs* de 1865. où nous avons donné les Lois des Patentes, et surtout notre *Code Pratique des Patentes*, mis au courant jusqu'en 1866. Prix : 3 francs 50 cent.

CIRCULAIRE DE M. LE DIRECTEUR GÉNÉRAL DE LA COMPTABILITÉ PUBLIQUE, *relative au service des payements.* (Extrait) (1).

7 décembre 1866.

I. *Responsabilité des Trésoriers généraux en matière de payement. — Nécessité d'apporter le plus grand soin dans le service de la dépense.* — Monsieur, l'importance du service de la dépense dont les Trésoriers-payeurs généraux sont aujourd'hui chargés, exige, dans l'intérêt de leur propre responsabilité, que cette partie de leurs attributions soit soumise à un contrôle très-sérieux. Il doit porter principalement sur l'emploi successif des crédits délégués aux ordonnateurs, et sur la manière dont les dépenses sont justifiées au point de vue, tant de la validité des créances que de leur constatation régulière. C'est également aux Trésoriers généraux qu'incombe le soin de s'assurer des droits des parties et d'examiner les pièces d'hérédité ou les preuves judiciaires, lorsque des mandats sont payables par voie de représentation ou d'opposition. En un mot, le Trésorier-payeur, dont les fonctions sont entièrement distinctes de celles de l'ordonnateur, est seul responsable, envers la Cour des comptes, des payements qu'il effectue pour le compte de l'État ou des départements. Il serait donc de l'intéret des comptables de réserver, soit à eux-mêmes, soit à leur fondé de pouvoirs, l'examen des pièces qui présenteraient des difficultés contentieuses.

Mais indépendamment de ces règles générales, il existe plusieurs points sur lesquels je crois devoir appeler spécialement l'attention des Trésoriers généraux. J'ai, à cet effet, résumé dans la présente circulaire les principaux cas où leur responsabilité pourrait être sérieusement engagée, si les règlements et les instructions n'étaient pas rigoureusement exécutés. Les explications qui vont suivre ont d'ailleurs pour but, non de dispenser les comptables de recourir au texte de ces règlements et instructions, mais de leur permettre au contraire de le faire avec plus de facilité.

III. *Payement sans justifications ou sur pièces qui ne constatent pas régulièrement la dette de l'État.* — Les pièces qui doivent appuyer le payement des créances sur l'État sont de deux natures :

Les unes, *administratives* (comprenant les dépenses

(1) Bien que cette Circulaire s'adresse spécialement aux Trésoriers-Généraux, nous croyons essentiel de la recueillir pour compléter notre *Étude sur les Payements*, dont nous avons commencé la publication.

du personnel et du matériel), sont destinées à démontrer la validité de la créance et à désigner le créancier au nom duquel cette créance est ordonnancée ou mandatée ;

Les autres, *contentieuses*, justifient du droit des tiers qui se présentent comme mandataires, cessionnaires ou ayants cause du créancier qui a exécuté le service.

L'indication des pièces à exiger suivant ces circonstances se trouve dans les instructions des 1er janvier 1810 et 8 novembre 1826, dans les règlements des différentes ministères et dans les circulaires adressées aux payeurs.

IV. *Payements sur quittances fausses ou irrégulières.* — Les Trésoriers généraux sont tenus, sous leur responsabilité personnelle, de s'assurer de l'identité des créanciers avant de les payer, et d'en retirer quittance (circulaires aux payeurs des 26 janvier 1832, 24 janvier 1839 et 5 mai 1849 ; décret du 31 mai 1862, art. 10. Ils doivent faire signer les parties en leur présence, et ils peuvent, au besoin, exiger la justification des signatures qui ne leur sont pas suffisamment connues.

L'administration laisse d'ailleurs aux comptables une grande latitude pour s'assurer de l'individualité des parties prenantes. Par cela même, elle n'hésiterait pas à mettre à leur charge tout payement qui serait fait sur une fausse signature, et qui serait le résultat de la négligence ou de trop de confiance.

V. *Payement à des régisseurs en retard, en cas de déficit de ces derniers.* — Aucune nouvelle avance ne peut être faite au même régisseur, si la limite en ce qui concerne soit la somme, soit le délai, est dépassée. En outre, les Trésoriers généraux sont, à l'expiration du mois, et sauf l'exception relative au service des remontes, obligés de réclamer *par écrit* auprès de l'ordonnateur la production des justifications en retard. L'inexécution de ces dispositions compromettrait la responsabilité du comptable, en cas de déficit d'un agent chargé d'un service régi par économie (circulaire aux payeurs, n° 90, du 20 août 1835, § 3) (1).

VI. *Payements au préjudice des opposants, cessionnaires et autres, ou avec omission des retenues ordonnées.* — L'instruction aux payeurs du 27 août 1845, émanée de la division du contentieux, a résumé d'une manière complète les principes et les dispositions concernant les oppositions, saisies arrêts, significations de transport, etc. J'invite les Trésoriers généraux à étudier cette instruction avec beaucoup de soin, parce qu'ils supporteraient seuls, vis-à-vis des tiers, les conséquences de l'omission d'une signification faite directement à leur caisse ou qui leur aurait été notifiée par le Conservateur des oppositions, à Paris.

Ils pourront aussi consulter utilement à cet égard : 1° le décret du 18 août 1807, portant règlement sur les oppositions faites entre les mains des caissiers publics; 2° l'instruction générale du 1er janvier 1810, sur le service des dépenses; 3° les circulaires de la division du contentieux, en date des 30 octobre 1837; 24 juillet 1839, 31 mars 1846 et 9 août 1853 ; les circulaires de la direction générale de la comptabilité publique (série des payeurs), nos 93, 93, 97, 104, 107, 111, 124, 126, 141, 176, 205, 210, 212, 220 et 238.

IX. *Payement du prix d'acquisition d'immeubles en vertu de la loi du 31 mai 1841 sur l'expropriation pour cause d'utilité publique. — Payements à des femmes mariées.* — En matière de cession de terrains pour cause d'utilité publique, il importe que les Trésoriers généraux s'assurent que toutes les formalités prescrites par la loi du 31 mai 1841 ont bien été remplies. Je signale particulièrement à leur attention les dispositions à prendre pour les payements à faire à une femme mariée sous le régime dotal et qui sont indiquées dans la circulaire n° 194, du 25 mai 1852, § 6. Ils trouveront aussi, dans les circulaires nos 103, 113, 125, 154, 157, 200, 210, 219, 231 et 232, d'utiles explications au sujet du prélèvemsnt des frais judiciaires, de l'application du timbre, des formalités de publication et de transcription, etc.

X. *Refus de payement.* — Aux termes de l'article 91 du décret du 31 mai 1862, les Trésoriers généraux peuvent, lorsqu'il y a omission ou irrégularité matérielle dans les pièces produites, recourir au refus de payement; mais, dans le cas prévu au dernier alinéa de cet article, c'est-à-dire en l'absence de crédits (excepté pour la solde d'activité), ou lorsqu'il n'y a pas la preuve du service fait (excepté pour les avances), ou enfin quand les droits du créancier réel, qu'il appartient au Trésorier seul d'apprécier, ne sont pas suffisamment justifiés, les comptables doivent en référer au ministre avant d'obtempérer à la réquisition.

Je ne saurais trop recommander aux Trésoriers généraux d'user avec ménagement et réserve du droit de refus de payement, d'abord, parce qu'ils ne doivent pas arrêter le service ou compromettre les intérêts des créanciers de l'État, sans un motif grave ; ensuite, parce qu'ils affaiblisssent l'autorité de leur contrôle en soulevant des difficultés qui seraient mal fondées; enfin, parce qu'ils pourraient s'exposer à des plaintes et même à des poursuites en dommages et intérêts, ainsi qu'un exemple récent l'a prouvé.

La marche à suivre pour les refus de payement et pour les réquisitions est tracée au paragraphe 5 de la circulaire aux payeurs du 20 novembre 1841. J'invite les comptables à en étudier les dispositions.

XII. *Consignations.* — En ce qui concerne les consignations, dont le service est déjà dans les attributions du Trésorier général, en sa qualité de préposé de la Caisse des dépôts et consignations, il convient seulement d'indiquer sommairement les pièces qui doivent être conservées dans la comptabilité de la trésorerie (service de la dépense), et celles qui doivent être mises au soutien de la consignation.

L'art. 513 de l'Instruction générale rappelle que

(1) Nous ferons remarquer que cette disposition est aussi applicable aux travaux communaux et hospitaliers régis par économie. (Art. 993, § 3, de l'Instr. Gén.)

les sommes ordonnancées ou mandatées sur la caisse des payeurs et qui sont grevées d'oppositions, sauf toutefois les appointements et les traitements civils et militaires consignés d'office, ne peuvent être versées à la caisse des dépôts et consignations que lorsque le dépôt en a été autorisé par la loi (Voir pour les cautionnements l'exception indiquée au paragraphe 10), par la justice ou par un acte passé entre l'administration et ses créanciers (comme par exemple, dans le cahier des charges d'une adjudication de travaux ou dans un marché contracté avec un entrepreneur).

Les Trésoriers généraux continueront de souscrire, sur le registre mentionné à l'article 510 de l'Instruction générale, une déclaration distincte pour chaque consignation, quel qu'en soit le motif : ils se conformeront, d'ailleurs, aux autres dispositions prescrites par cette instruction, et notamment par les art. 513 et 525.

Tel est le principe général qui régit les consignations. Toutefois, il est des cas où les pièces que conserverait le Trésorier général dans sa comptabilité (service de la dépense) pourraient être utiles ou même indispensables au retrait de la consignation ; il devrait alors joindre ces justifications à la consignation, sauf à les remplacer par des extraits certifiés dont il appuierait l'extrait d'ordonnance ou le mandat de payement.

La perte d'un mandat ou le refus par le titulaire de s'en dessaisir ne sont point un obstacle au versement du montant de ce mandat à la Caisse des dépôts et consignations. Les comptables auraient, dans ce cas, à en demander un duplicata à l'ordonnateur ou à remplir eux-mêmes une formule manuscrite qui en tiendrait lieu.

Quant au timbre des récépissés pour consignations, il sera utile de consulter, outre l'Instruction générale et le volume des annexes, les circulaires aux payeurs des 20 décembre 1843 et 15 janvier 1852.

Les payements par voie de consignation ne doivent être appuyés que des pièces justificatives de la réalité de la créance et de la régularité de sa liquidation ; on ne doit pas y joindre les pièces justifiant les droits des intéressés qui peuvent prétendre au payement, puisque le payement n'est point fait à ces intéressés, et que le récépissé souscrit pour la consignation tient lieu de la quittance du créancier et libère, à cet égard, définitivement le Trésor.

Deux exemples feront mieux comprendre ces explications :

1er EXEMPLE. *Consignation du prix d'acquisition d'immeubles.*

La consignation doit être appuyée, indépendamment de la déclaration, savoir :

1° D'une expédition de l'arrêté préfectoral prescrivant la consignation. (NOTA. S'il s'agit d'acquisitions à l'amiable ou d'expropriations concernant le ministère de la guerre ou celui de la marine, le versement a lieu sur une copie de l'ordre du ministre) ;

2° De l'état spécial des inscriptions hypothécaires qui grèvent l'immeuble exproprié ;

3° Enfin, de l'état présentant les noms et qualités des parties opposantes, s'il existe des significations contre l'exproprié ou le vendeur.

Toutes les autres pièces administratives qui accompagnent l'ordonnance ou le mandat, et qu'indiquent les nomenclatures faisant suite aux différents règlements ministériels, doivent rester dans la comptabilité du Trésorier général (service de la dépense) et être accompagnées de son récépissé, délivré comme préposé de la caisse des dépôts et consignations, ainsi que d'une reconnaissance indicative des pièces remises à ladite caisse. J'ajouterai que le titre qui autorise le versement (ordonnance de référé, cahier des charges, marché, etc.) doit également appuyer le payement administratif, et qu'une copie doit en être mise à l'appui de la consignation.

(*Le 2e exemple n'a pas d'intérêt pour les percepteurs-receveurs municipaux.*)

XV. *Projet de réunion, sur une seule quittance, des quatre trimestres d'une même pension se rapportant au même service.* — Un grand nombre de Trésoriers généraux ont, en outre, demandé que, conformément à la marche suivie pour les rentes sur l'État, les comptables aient la faculté de comprendre dans une seule quittance plusieurs trimestres d'une même pension se rapportant au même exercice. L'administration serait disposée à autoriser cette simplification, qui paraît, en effet, devoir alléger sensiblement le travail des comptables, attendu que lorsqu'un pensionnaire touche plusieurs trimestres à la fois et ne produit naturellement qu'un seul certificat de vie, ils sont obligés d'établir autant d'extraits de ce certificat qu'il y a de trimestres arriérés.

Mais l'adoption de la mesure proposée doit nécessiter une entente préalable avec le département de la justice et des cultes, parce que, d'une part, la formule de certificat de vie a été donnée par un décret, et que, d'autre part, les notaires ont sans doute un approvisionnement considérable de formules. Il convient donc de ne rien modifier pour le moment à l'état actuel des choses. La question va être mise à l'étude, et les comptables seront ultérieurement informés de ce qui aura été décidé à cet égard.

XVI. *Visa des pièces de dépenses. — Faculté d'employer un timbre spécial.— Interdiction de faire usage d'une griffe.*— Plusieurs Trésoriers généraux ont appelé l'attention de l'administration sur les inconvénients qui résultent des instructions en vigueur, en ce qui concerne le *vu bon à payer* à mettre sur les pièces de dépenses payables par les receveurs particuliers et par les percepteurs. En effet, ni les comptables ni leur fondé de pouvoirs ne peuvent, attendu le nombre considérable de ces pièces, les vérifier toutes eux-mêmes ; ils sont donc nécessairement obligés de s'en rapporter entièrement à celui de leurs employés qu'ils chargent de ce service, et les signatures qu'ils donnent ensuite sont une simple affaire de forme.

On a fait remarquer encore avec raison que le visa ne fait nullement partie intégrante de la pièce de dépense; qu'il n'ajoute ni n'ôte rien aux justifications; que c'est une formalité tout intérieure, au moyen de laquelle le Trésorier général autorise ses subordonnés à payer pour son compte; enfin que, lors même qu'un acquit aurait été payé en l'absence du visa, le payement serait régulier du moment que le Trésorier général, seul responsable, aurait admis cet acquit en dépense et en aurait compris le montant dans ses comptes.

Il a paru, dès lors, que la signature du Trésorier général ou de son fondé de pouvoirs pourrait être remplacée par un *timbre*, d'une forme spéciale à chaque département, portant les mots : *vu bon à payer*, et le *nom* ou le *numéro du département*, sans préjudice des indications à fournir dans le cas où le mandat devrait être timbré ou payé à une autre personne que le titulaire. Les Trésoriers généraux qui useront de cette faculté devront préalablement notifier à tous les comptables du département, chargés d'acquitter les dépenses pour leur compte, l'*empreinte* du timbre qu'ils auront adopté.

Il est entendu, d'ailleurs, que si des Trésoriers généraux préféraient, dans l'intérêt de leur responsabilité, déléguer à un de leurs employés autre que le fondé de pouvoirs la *signature* du visa des pièces de dépenses, toute latitude leur serait laissée à cet égard. Ils auraient seulement à notifier la signature de cet employé aux comptables de leur département.

En aucun cas, il ne devra être fait usage d'une *griffe*. Il y aurait, en effet, cet inconvénient qu'un agent infidèle pourrait être tenté de s'en servir pour un objet autre que les pièces de dépenses, comme par exemple les mandats tirés sur le Trésor (1).

QUESTIONS DIVERSES

SYNDICAT. — REMISES DES RECEVEURS NON CENTRALISATEURS.

Un receveur qui verse annuellement une somme de 15 000 fr. dans la caisse de son collègue, trésorier d'un syndicat, à raison de travaux de redressement du cours d'une rivière, a-t-il droit à des remises de 3 0/0 aux termes de l'article 124 de l'Instruction générale, ou à des remises d'après le tarif municipal aux termes de l'article 1240?

Le comptable qui nous consulte est chargé du recouvrement d'un rôle pour une association syndicale dont il n'est pas receveur centralisateur et dont le siège est en dehors de sa perception; il lui est dû des remises à 3 p. 0/0, aux termes de l'article 124 de l'Instruction générale, et ainsi que nous le disons dans notre Traité des remises, au mot *Syndicat*. Cependant un arrêté du Préfet a fixé à 2 p. 0/0, selon le tarif municipal, les remises à percevoir par le receveur en question : il a donc pour lui perte réelle et annuelle de 200 fr.

(1) Cette disposition apporte dans le service du *Payement des dépenses pour le compte des Payeurs* une modification notable à l'art. 661 de l'Instruction Générale.

Aux termes du décret du 13 avril 1861 et de la circulaire du 3 mai 1861 (voir journal de 1861, pages 149 et 188), MM. les Préfets ont le droit de fixer les remises des *receveurs centralisateurs* d'une association syndicale, dans le cas où il n'est pas dérogé au tarif municipal : mais le décret et la circulaire n'ont, en rien, dérogé aux dispositions virtuellement exprimées par l'article 624 de l'Instruction Générale du 20 Juin 1859, et il faut remarquer que l'allocation de 3 0/0 aux receveurs non centralisateurs était une disposition nouvelle introduite dans le régime des remises par cette Instruction. L'allocation de remises, suivant le tarif municipal, au receveur qui nous consulte, nous paraît donc avoir été indûment fondée : les remises ne devaient pas être tarifées à 2 0/0 mais à 3 0/0, aux termes de l'art. 624 de l'Instruction Générale, ni être imputées sur le fonds même de cotisations.

Pour obtenir le supplément de remises qui lui est dû, le receveur devra, d'abord, s'adresser au Préfet qui a statué en principe, en le priant de vouloir bien revenir sur son premier arrêté. Si la nouvelle décision préfectorale est contraire aux prétentions du receveur, celui-ci pourra déférer cette décision à S. Exc. M. le Ministre de l'Intérieur, afin d'obtenir une solution plus favorable et définitive. Mais les termes de l'article 624 de l'Instruction Générale sont tellement clairs et précis qu'il suffira, nous le pensons du moins, d'appeler l'attention particulière du Préfet sur la nouvelle réclamation du receveur, pour qu'il y soit fait droit immédiatement.

LIBÉRATION DES CONTRIBUABLES.—PRODUCTION DES ANCIENNES QUITTANCES.

Un percepteur peut-il exiger qu'un contribuable qui prétend s'être libéré, produise la quittance à souche établissant sa libération?

Le Percepteur qui nous consulte paraît attacher à la production de la quittance une importance assez sérieuse, non pas au point de vue de la prétention mal fondée du contribuable, mais au point de vue de la validité et de l'authenticité de cette quittance. Nous comprenons parfaitement que si un contribuable de mauvaise foi avait altéré une ancienne quittance et voulait se servir de ce moyen frauduleux pour se libérer de ses contributions actuelles, il serait du devoir du percepteur de tendre à la répression de cet acte coupable. Mais nous ne trouvons dans les instructions aucun texte qui puisse l'autoriser à exiger la production de cette quittance.

Amener officieusement le contribuable à présenter la quittance suspecte et venir compter devant un tiers ayant autorité, soit pardevant le Maire de la commune, et, si la quittance en question est réellement altérée, la faire mettre sous scellé et adresser au Procureur impérial, tel est, selon nous, le premier moyen d'arriver à quelque résultat : et encore si le contribuable, se sentant coupable, refuse d'accéder à l'invitation du comptable, c'est alors à celui-ci de poursuivre, vigoureusement et selon les voies ordinaires, les contributions dues et lorsque le contribuable présentera sa quittance (s'il la présente et si le percepteur est confirmé dans ses soupçons) de déclarer formellement et par exception, au débiteur qu'il ne comptera avec lui que par devant le maire de la commune. Nous admettons que le contribuable continuera à vouloir exciper de la pièce que le comptable a de sérieuses raisons de croire altérée. Mais le contribuable, s'il en est ainsi, préfèrera payer immédiatement que de se servir d'une pièce dont la production serait si compromettante pour lui.

VOITURIERS. — COMMISSIONNAIRES DE TRANSPORT. — RESPONSABILITÉ.

On nous adresse la question suivante :

Les Percepteurs qui ne résident pas au chef-lieu d'arrondissement ont lieu de faire de fréquents envois d'argent par les voitures publiques.

Les entrepreneurs de ces voitures ne sont-ils pas astreints à la tenue de livres parafés pour l'enregistrement des valeurs qui leur sont confiées?

Les voituriers par terre et par eau sont assujettis, pour la garde et la conservation des choses qui leur sont confiées, aux mêmes obligations que les aubergistes, (Code Napoléon, art. 1782).

Les voituriers, comme les aubergistes, sont donc responsables des effets apportés ou confiés par les voyageurs : le dépôt de ces sortes d'effets doit être regardé comme un dépôt nécessaire : la remise de fonds à transporter rentre, évidemment, dans cette catégorie de choses. Les voituriers sont responsables du vol ou du dommage des effets du voyageur, soit que le vol ait été fait ou que le dommage a été causé par les domestiques et préposés du voiturier ou par des étrangers ; ils ne sont pas responsables des vols faits avec force armée ou autre force majeure. (Code Napoléon, articles 1952 et suivants). Les voituriers sont responsables de la perte et des avaries des choses qui leur sont confiés, à moins qu'ils ne prouvent qu'elles ont été perdues et avariées par cas fortuit ou force majeure (Code Napoléon, art. 1884). Les entrepreneurs de voitures publiques par terre et par eau et ceux des roulages publics doivent *tenir registre* de l'argent, des effets et des paquets dont ils se chargent. (Code Napoléon, art. 1785). Les entrepreneurs et directeurs de voitures et roulages publics, les maîtres de barques et navires, sont en outre assujettis à des règlements particuliers qui font la loi entre eux et les autres citoyens (Code Napoléon, art. 1786). Les obligations des voituriers sont encore réglées par les articles 103 et suivants du Code de commerce; celles des commissionnaires pour les transports, par les articles 96 et suivants du même Code.

En cas de contestation et dans les limites de l'article 3 de la loi du 25 mai 1838, il est de jurisprudence usuelle que les actions contre les voituriers soient portées devant le juge de paix du lieu où est la résidence ordinaire des entrepreneurs de voitures publiques. Les actions contre les commissionnaires de transports sont intentées devant le tribunal de commerce de leur résidence.

ACHAT D'UNE HORLOGE. — FONDS RECEUILLIS PAR LE MAIRE. — COMPTABILITÉ OCCULTE.

Un certain nombre d'habitants de la commune de..... ayant obtenu du maire de cette commune le renouvellement anticipé de la location de diverses chasses, louées au profit de ladite commune, ont promis, verbalement, le versement d'une somme de fr. 1800, comme preuve de leur satisfaction. Au moyen de cette somme et d'un supplément réalisé comme la somme principale elle-même, en dehors du concours du receveur municipal, une horloge dont le prix peut être évalué à fr. 2400, a été commandée par le Maire.

Le receveur est-il en droit de provoquer le versement dans sa caisse de la somme induement perçue et d'exiger que le payement de l'horloge soit fait par ses soins?

Cette question est, encore et toujours, la question sans cesse agitée des comptabilités occultes. Le Maire de la commune de..., en s'immisçant volontairement dans le maniement des fonds de la commune s'est constitué, par cela même, comptable de deniers publics et encourt, en outre, les mesures auxquelles les comptables en titre sont assujettis. (Ord. Royale du 23 avril 1823. — Loi du 18 juillet 1837, art. 64. Arrêt du Conseil d'Etat du 8 mai 1831. — Arrêt de la Cour des comptes du 21 février 1843) (1).

Le receveur de la commune se trouvera donc, pour obéir aux prescriptions de l'arrêté du 19 vendémiaire an XII, forcé de signaler la perception et l'emploi de fonds induement faits par le Maire de la commune de..... A cet effet, il biffera la certification par laquelle est terminée la formule du compte de gestion et de laquelle il résulte que les recettes et dépenses portées dans ce compte sont *sans exception*, toutes celles qui ont été faites pour le service de la commune. Il ouvrira dans ce compte, aux recettes, chapitre 2, un art. de *Recettes accidentelles*, et, dans la colonne d'observations, il expliquera que le produit de cette recette consistant en un don manuel fait par divers a été perdu par le Maire. Dans le même compte aux dépenses, il ouvrira également au chapitre 2, un article *achat d'une horloge*, et dans la colonne d'observations, il mentionnera que la dépense a été faite par le Maire.

Comme pièce à l'appui de ces articles, le receveur joindra sous les numéros du compte, une feuille de renseignements concernant la recette, et une autre feuille concernant la dépense. Ces renseignements mettront le Conseil de préfecture en mesure de juger la comptabilité occulte et de prononcer son arrêté. Quant à la question des dommages-intérêts auxquels le comptable peut avoir droit pour avoir été privé des remises sur les opérations faites directement par le Maire, cette question a été décidée dans l'intérêt des comptables, par M. le juge de paix de Wassigny (voir *Journal des Percepteurs* de 1866, page 83. — Voir aussi la circulaire très-importante de M. le Préfet de la Seine, même *journal*, page 81).

(1) Voir *Journal des Percepteurs* de 1866, p. 81.

ÉTUDE SUR LES RÈGLES DU PAYEMENT

DES MANDATS ET ACQUITS DU TRÉSORIER-PAYEUR-GÉNÉRAL

(ANCIEN SERVICE DU PAYEUR)

PAR LES PERCEPTEURS ET LES RECEVEURS DES ADMINISTRATIONS FINANCIÈRES

CHAPITRE IV.

PERTES DE MANDATS, TITRES DE RENTE ET CERTIFICATS DIVERS D'INSCRIPTION.

Lorsqu'un mandat délivré par un ordonnateur a été perdu, il peut en être demandé un *duplicata*, en produisant : 1° Une déclaration motivée, sur timbre, faite par la partie intéressée, affirmant la perte qu'elle a faite, avec obligation de rembourser la somme ordonnancée, dans le cas où il y aurait double payement; 2° Une attestation du Trésorier-payeur. portant que le mandat n'a pas été acquitté par lui ni par ses préposés. (art. 710, 753 et 754 de l'Instr. gén.)

Les pièces indiquées ci-dessus sont adressées à l'ordonnateur de la dépense, qui délivre à la partie un duplicata du mandat égaré. Les pièces produites sont jointes à ce duplicata.

Le titulaire qui a perdu son *Certificat d'inscription de rente sur l'État*, déclare cette perte devant le Maire de son domicile, en présence de deux témoins, attestant son individualité. Le modèle de cette déclaration est donné par le décret du 3 messidor an XII. Le Ministre des finances (Direction de la dette inscrite), à qui cette pièce est adressée, fait opérer au Trésor, après que la régularité en a été reconnue, un transfert de forme, en faisant porter la rente à compte nouveau; il est ensuite remis au rentier un extrait de la nouvelle inscription, après l'échéance du trimestre ou du semestre. (Voir plus loin, Annexes.)

En cas de perte d'un *Certificat d'inscription de cautionnement*, ou d'un certificat de privilége de second ordre, le titulaire du cautionnement ou le bailleur de fonds adresse au Ministre des finances une déclaration constatant cette perte. Cette déclaration est rédigée sur papier timbré; la signature du déclarant est légalisée par le Maire, et celle du Maire par le Sous Préfet ou le Préfet. Sur la présentation de cette pièce, il est délivré par la Direction de la dette inscrite, un duplicata du titre adiré.

Lorsqu'un *Pensionnaire de l'État* a perdu son certificat d'inscription, il adresse au Ministre des finances la demande d'un duplicata; il joint à cette demande une déclaration faite devant le Maire de sa résidence, attestant la perte. Cette déclaration fait connaître le dernier trimestre payé, et contient la promesse de remettre au Trésor le certificat primitif, s'il se retrouve. Le titulaire produit, en outre, un certificat du Trésorier-payeur constatant le dernier payement effectué. Sur la production de la déclaration de perte et du certificat du Trésorier-payeur, il est délivré au pensionnaire une copie de son inscription, portant un numéro de série de duplicata. Les arrérages sont payables sur ce nouveau certificat, et c'est sur cette pièce que le timbre trimestriel est apposé à chaque payement. Si, après avoir obtenu un duplicata de son titre, un pensionnaire déclare de nouveau avoir perdu cet acte, il ne lui est pas délivré de duplicata; mais, sur sa déclaration nouvelle, la Direction de la dette inscrite autorise le payement sur la seule production du certificat de vie; chaque payement est estampillé sur la lettre d'autorisation produite. Un titulaire ayant perdu le certificat d'inscription de sa pension, peut adresser au Trésorier-payeur une demande d'opposition au payement. Elle est rédigée sur papier libre; la signature du pensionnaire est légalisée par le Maire, et celle du Maire par le Sous-Préfet ou Préfet.

CHAPITRE V.

REFUS DE PAYEMENT.

Les percepteurs ne sont pas juges de la regularité de l'ordonnancement des mandats et de celle des pièces produites à l'appui; et leur responsabilité relativement à cet objet, se trouve couverte par le visa du Trésorier-payeur, apposé sur ces mandats. Aussi, ils ne pourront refuser d'acquitter un mandat que dans les cas suivants :

1° Lorsque le créancier désigné au mandat ne se présentera pas en personne, pour en toucher le montant; ou que la personne qui se présentera à sa place ne sera pas nantie de pouvoirs réguliers, ou lorsque ce mandat sera présenté après le délai fixé. (Voir Chap. III, art. 3°, 6° et 12°.)

2° Quand la partie prenante ou ses représentants ne produiront pas les pièces indiquées au mandat de payement, ou que ces pièces n'auront pas été régularisées conformément aux prescriptions du visa du Trésorier-payeur. (Voir Chap. III, art. 1°, 2°, 7° et 8°.)

3° Quand la partie prenante ou, à sa place, ses ayants-droit ne voudront pas fournir quittance régulière et représenter les pièces dont la production est prescrite, telles que livrets, feuilles de route, certificats d'inscription, etc. (Voir Chap. III, art. 3°, 4°, 5°, 6°, 11°, 13°, 14° et 15°.)

4° Enfin, si le produit de leurs recettes est insuffisant pour leur permettre d'acquitter le mandat présenté à leur caisse. (Instr. gén., art. 661, 1er alinéa, et 1376, 2e alinéa.)

En cas de refus de payement, les comptables sont tenus de remettre immédiatement au porteur du mandat délivré sur leur caisse, la *déclaration écrite et motivée de* leur *refus*. Ils en adressent copie, sous la même date et le même jour, à leur chef hiérarchique. Si le mandat dont le payement est refusé a pour objet des subsides aux étrangers réfugiés en France, il doit être donné avis au Préfet, par l'intermédiaire du Trésorier-payeur, de la cause du refus de payement. (Instr. gén., art. 661, 7e alinéa.)

La déclaration exigée peut être faite en ces termes :

« Le Percepteur de la réunion d... déclare, en exécution de l'art. 69 de l'ordonn. royale du 31 mai 1838, qu'il ne peut acquitter le mandat n°... (Ministère de..., chap..., exercice...) délivré le... par M. le ..., au profit de m..., pour la somme de... due pour ... (énoncer l'objet de la dépense).

« Les motifs qu'il donne à son refus sont les suivants :

(Indiquer ces motifs et les règlements qui les justifient. Voir à cet égard, Chap. III.)

« En présence de dispositions aussi formelles, le comptable ne pourrait, sans engager sa responsabilité, acquitter le mandat dont il s'agit. En conséquence, il remet la présente déclaration contenant et motivant son refus.

« A..., le... 186 . »

Le refus verbal ne peut, dans aucun cas, suppléer à la déclaration écrite exigée par les règlements.

Si, malgré la déclaration de refus, le Trésorier-payeur requiert par écrit et sous sa responsabilité, qu'il soit passé outre au payement, en ce qui concerne les trois premiers cas de refus, le comptable y procède sans autre délai.

A l'égard de l'insuffisance de fonds, reconnue dans la caisse du comptable qui a délivré le refus de payement, le Receveur des finances, au vu de la copie du refus de payement qui lui a été adressée par son subordonné, examine s'il convient d'assigner au créancier le payement sur une autre caisse, ou s'il y a lieu, d'envoyer à ce comptable des fonds de subvention. L'envoi de ces fonds est fait sans frais à ce dernier, conformément aux dispositions des art. 658, 1128, 1363, 1377 et 1486 de l'Instr. gén. (1).

La quittance de cet envoi n'est délivrée que le jour de la réception des fonds transmis par le Receveur des finances. Pour mettre celui-ci en état de constater l'insuffisance de fonds, le Percepteur devra accompagner l'envoi de la copie de son refus, d'une situation sommaire des recouvrements et des versements sur les contributions directes et les autres revenus publics. (2e Section du livre des comptes divers.)

(1) Voir *Journal* 1863, p. 105, et 1866, p. 116.

Les créanciers de l'État supportent avec peine les retards apportés au payement des mandats dont ils sont porteurs ; et, plutôt que de les attribuer à l'accomplissement par les Percepteurs des obligations qui leur sont imposées, ils trouvent souvent plus naturel de les imputer au mauvais vouloir de ces derniers. Cependant, que d'incriminations de l'espèce seraient épargnées aux comptables qui réunissent aux fonctions de Percepteur celle de Receveur municipal, si l'administration supérieure se montrait moins rigide sur l'emploi momentané aux dépenses de l'État, des fonds en caisse appartenant à la recette municipale ! (Instr. gén., art. 1376, 2e alinéa.) Si l'on considère, en effet, que ces fonds de réserve peuvent ne pas recevoir d'affectation avant un délai de 10 à 15 jours, on comprendra que le comptable pourrait en faire servir une partie à l'acquittement des mandats du Trésorier-payeur général, sans nuire à la régularité du service municipal. Ce comptable sait d'avance que, dépourvu aujourd'hui de fonds appartenant à l'État, il sera néanmoins, dans un délai de 8 à 10 jours, par les rentrées qu'il opérera, en mesure de régulariser cette avance de peu de durée (1). Nous souhaitons qu'une plus grande latitude soit accordée sur ce point aux Percepteurs-receveurs, et qu'on leur laisse la responsabilité de cette nature d'avances, tant qu'il ne s'agira que de sommes dont le Receveur des finances n'aura pas prescrit le placement au Trésor public.

(1) Voir *Journal* 1864, p. 363.

Fin du chapitre V.

ERRATUM.

Une faute d'impression nous a fait dire « Trois années » au lieu de *Deux années* (dans le dernier N°, page 13, en parlant de la durée du Surnumérariat. C'est bien assez qu'une foule de circonstances prolongent le temps de ce stage au-delà du terme légal, sans admettre ce retard comme principe...

NOMINATIONS ET MUTATIONS.

ONT ÉTÉ NOMMÉS PERCEPTEURS :

A Barisis (Aisne), M. Huot, surnuméraire;

A Valbonne (Alpes-Marit.), M. Figbiéra, surnuméraire;

A Limoux (Aude), 4e cl., M. Bordelongue, de Lasseube (B.-P.);

A Vedrines (Cantal), M. de Chazelles, surnuméraire;

A Arces (Charente-Inf.), M. Mussé, percepteur de Soubise;

A La Roche-Chalais (Dordogne), M. Moynier, surnuméraire;

A St-Paul-Trois-Châteaux (Drôme), M. Humbert, de Montredon (Tarn);

A St-Gorgon (Doubs), M. Mourot, surnuméraire;

A Morainville (Eure), 5e cl., M. Brunet;

A St-Chaptes (Gard), 4e cl., M. Ser, de Thémines (Lot);

A Montréal (Gers), 3e cl., M. Castan;...

A Pézénas (Hérault), 2e cl., M. Du Cos de La Hitte de Maugnio;

A Maugnio (do), M. Souriguière, de Montréal (Gers);

A Sellières (Jura), M. Bon, de Censeau;

M. Pernot, percepteur de Sellières, est mis à la retraite;

A Censeau (do), M. Ecoiffier, d'Orgelet;

A Orgelet (do), M. Landry, percepteur d'Authume;

A Authume (do), M. Brugnot, de Commenailles;

A Commenailles (do), M. Destaing, des Petites-Chiettes;

A Les Petites-Chiettes (do), M. Cordier, de La Chassagne;

A Pezou (Loir-et-Cher), M. Chatou, surnuméraire;

A St-Géry (Lot), M. Celse, surnuméraire;

A Meilhan (Lot-et-Garonne), 4e cl., M. de Brives;

A Valmy (Marne), 4e cl., M. Herblain;...

A Doujeux (Hte-Marne), M. Mérentie, de Thuir (Pyr.-Orient.);

A Laval (Mayenne), M. Faugeyron, Payeur;

A Jumeaux (Puy-de-Dôme), M. Martin, de Giat;

A Thuir (Pyr.-Orient.), 4e cl., M. Dechau, de Pontacq;

A Lucenay (Saône-et-Loire), 3e cl., M. Langlade;...

Au Bard (H.-Savoie), 4e cl., M. Coirier, de Pionsat (Puy-de-D.);

A Paris (Seine), M. Noyon, Conseiller de préfecture de la Seine, est nommé receveur municipal de la ville de Paris;

A Choisy (Seine-et-Marne), 3e cl., M. Royer, de Fontenay;...

A Montmorency (Seine-et-Oise), 1re cl., M. de Lavenay, s.-chef aux Finances;

A Airvaux (Deux-Sèvres), 4e cl., M. Dobigny;...

A Hyères (Var), M. de Carbonnel;

A Vouvent (Vendée), M. Chaigneau, surnuméraire;

A Monts-s.-Guesne (Vienne), M. Fauquet, perc. de Verrue.

DEMANDES D'EMPLOI.

Un jeune homme de 23 ans, employé depuis quelques années dans une Recette Particulière, et connaissant parfaitement le service, dans toutes ses parties, désire se placer, comme Fondé de pouvoirs, dans une Recette Particulière, aux appointements de 1500 à 1800 fr.

Il peut produire les certificats nécessaires.

Un Employé d'une Trésorerie générale, muni d'excellents certificats, désire se placer dans une Recette particulière du Nord de la France.

Plusieurs Fondés de pouvoirs de recette particulière cherchent à permuter.

Plusieurs Commis de Perception sont disponibles en ce moment.

CHRONIQUE.

Le prix d'Abonnement du recueil mensuel, le *Mémorial des Percepteurs, vient d'être élevé à dix francs*, à partir de cette année.

Les Percepteurs de l'arrondissement de Marmande ont l'habitude de se réunir annuellement dans un banquet. Cette année, MM. Lafaurie, Trésorier-Général de la Haute-Savoie, de Lespinasse, ancien Receveur des finances et M. de Séroka, Receveur particulier de Marmande, assistaient à cette fête.

Cet exemple pourrait être suivi dans toute la France, avec avantage, surtout si les Comptables mettaient à profit ces réunions pour traiter des questions d'intérêt professionnel, ainsi que nous le disions l'année dernière, volume 1866, p. 344.

Nous lisons dans un journal de la Meuse : « Un affreux malheur vient de frapper une ancienne et honorable famille des Paroches. M. Hutin, Percepteur à Vanconcourt, a été retiré de la Meuse, mardi dernier, en amont des écluses de Banoncourt. M. Hutin avait l'habitude de venir tous les soirs aux Paroches, son village natal, qu'il habitait avec sa famille. Parti de chez lui le lundi à huit heures moins un quart, il causait vers huit heures et demie, avec un cantonnier, aux environs du moulin de Cheppe, écart de Dompcevrin. Au-delà, personne ne l'a aperçu. Ce funeste événement ne peut être attribué qu'à un accident, d'autant plus probable que M. Hutin était sujet à des éblouissements. »

Les émoluments d'un Maréchal de France s'élèvent à 175 000 fr. (Cent-soixante-quinze mille francs), ainsi composés : Loyer de leur hôtel, 12 000 fr.; — Traitement de Maréchal, 30 000 fr.; — Traitement spécial de commandement, 40 000 fr.; — Frais de représentation, 48 000 fr.; — Frais de bureau, 12 000 fr.; — Traitement de la Légion d'honneur, 3000 fr.

Nous donnons gratuitement, à toute personne qui nous demandera la *Petite instruction*, en nous en envoyant le prix, un exemplaire de la TABLE ALPHABÉTIQUE DE L'INSTRUCTION GÉNÉRALE, format de l'édition officielle.

Nous prions les personnes auxquelles il *manque des Nos à leur collection du Journal* de 1866, de nous les demander aussitôt; car une fois le travail d'emmagasinage opéré, nous ne pourrons pas les expédier sans qu'on nous en envoie le prix qui est toujours de 30 c. Pour le moment nous les expédierons *gratuitement* à tous les abonnés qui nous enverront en même temps le montant de leur abonnement.

Les personnes, qui prennent quelque intérêt aux opérations financières, liront avec curiosité LA SPÉCULATION DEVANT LES TRIBUNAUX, — *pratique et théorie de l'agiotage*, par Georges Duchêne (1 vol. in-18, de 10 feuilles, prix : 3 fr. 50 cent., à la Librairie Centrale, 24, boulevard des Italiens, à Paris).

Voici la division de l'ouvrage de l'éminent collaborateur de Proudhon. — Introduction : La Féodalité financière; — 1re partie : La Spéculation devant les Tribunaux. — 2e partie : L'agiotage; — Conclusion : Résumé de la situation; conseils pratiques.

Avis de l'Administration :

MM. les Abonnés sont instamment priés d'envoyer directement le montant de leur Abonnement.

Directeur, H. GALLETIER, Avocat à la Cour impériale de Paris.

JOURNAL DES PERCEPTEURS,

DES RECEVEURS DES FINANCES, ET DES RECEVEURS DES COMMUNES, HOSPICES, ETC.;

DES SURNUMÉRAIRES, ET DES ASPIRANTS.

2e Série. — 10 fr. par an. Un numéro toutes les semaines. 12e année. — N° 4.

SOMMAIRE.

JURISPRUDENCE.

COUR DE CASSATION.

LEGS UNIVERSEL. COMMUNE. AUTORISATION AVEC RÉDUCTION DU LEGS. SAISINE DES BIENS A PARTIR DU JOUR DU DÉCÈS DU TESTATEUR (1).

Le décret impérial, qui n'autorise que jusqu'à concurrence d'une quotité déterminée l'acceptation d'un legs universel fait à une commune, n'a point pour effet de modifier le caractère de ce legs et de le transformer en un legs universel. En conséquence, s'il n'y a pas d'héritiers réservataires, la commune, instituée légataire universelle, est saisie de plein droit des biens légués, sans être tenue d'en demander la délivrance; elle a la jouissance des fruits de ces biens à partir du jour du décès du testateur.

(ARRÊT du 4 décembre 1866.)

COUR IMPÉRIALE DE METZ.

ÉGLISE. DONATION A LA COMMUNE AVEC AFFECTATION EXCLUSIVE AU LOGEMENT DU DESSERVANT. DROITS DE LA COMMUNE. DROITS DE LA FABRIQUE. DISTRACTION D'UNE PARTIE DU DOMAINE PRESBYTÉRAL. PRESCRIPTION.

La donation faite à une commune d'une maison et dépendances pour servir de logement au desservant constitue une nue-propriété au profit de la commune et un droit d'usage au profit de la fabrique. L'administration et la conservation des biens ainsi donnés doivent donc être confiées au conseil de fabrique.

Il n'est pas nécessaire que la fabrique ait été portée dans la donation, il suffit qu'elle ait manifesté son intention d'en profiter en prenant possession de la maison curiale.

La commune est sans droit pour distraire une partie quelconque du domaine presbytéral. — On ne saurait voir une confirmation valable d'une première distraction dans une ordonnance royale postérieure, autorisant un nouveau retranchement, à moins qu'on ne rencontre dans la teneur des actes relatifs à cette dernière distraction, l'accomplissement des conditions prescrites par l'art. 1338 C N.

Le droit d'usage de la fabrique peut se perdre au profit de la commune, par la non-jouissance prolongée pendant trente ans. — Mais, lorsqu'il s'agit d'un ensemble clos et formant, à proprement parler, un domicile, l'usage du principal emporte l'usage de l'accessoire; en d'autres termes, l'occupation de l'ensemble conserve le droit sur toutes les parties (1).

(ARRÊT du 8 Mai 1866.)

COUR IMPÉRIALE D'ANGERS.

BUREAU DE BIENFAISANCE. ACTION EN JUSTICE. EXISTENCE LEGALE.

Doit être déclarée non recevable l'action intentée par un bureau de bienfaisance qui n'a reçu l'existence légale d'aucun acte émané du Souverain, mais a été simplement autorisé par un arrêté préfectoral (Edit de déc. 1666 et d'août 1749; av. cons. d'Etat. 17 janv. 1806, décr. 25 mars 1852).

Peu importe que ce bureau de bienfaisance ait été autorisé à plaider par le Conseil d'Etat, sur son recours contre la décision du conseil de préfecture qui lui avait refusé cette autorisation, alors que son existence légale n'étant pas en question; le Conseil d'Etat n'a pas eu à se prononcer sur ce point

(ARRET du 9 mai 1866.)

COUR IMPÉRIALE DE GRENOBLE.

HOSPICES. PHARMACIE. EXERCICE ILLÉGAL. CONCURRENCE DES RELIGIEUSES. DOMMAGES-INTÉRÊTS. ADMINISTRATEURS. RESPONSABILITÉ.

Les religieuses chargées de la préparation des médicaments d'un hospice commettent le délit d'exercice illégal de la pharmacie, lorsqu'elles vendent ou distribuent au dehors des remèdes ou médicaments spécialement destinés aux malades de l'établissement.

Le pharmacien établi dans la ville où les religieuses commettent ce délit, a le droit de se porter partie civile et de demander des dommages-intérêts pour le préjudice que cette concurrence illégale a pu lui causer.

Les administrateurs sont en leur dites qualités ci-

(1) Cette décision de la Cour suprême a l'autorité d'un *arrêt-principe*, elle confirme un arrêt de la Cour de Bordeaux que nous avons recueilli dans notre volume de 1866, p. 52. On doit la considérer comme une règle à suivre.

(1) Le Ministre de l'Intérieur, conjointement avec le Ministre des Cultes, a décidé, au contraire, que la commune a seule qualité pour conserver les titres de propriété et la gestion d'un immeuble, lorsqu'il a été légué à la condition d'en employer le revenu à l'entretien et aux réparations de l'église. (*Journal* de 1866, p. 140.

vilement responsables, en ce qui touche les dommages-intérêts du préjudice causé aux pharmaciens locaux par les religieuses exerçant illégalement la pharmacie dans l'hospice qu'ils dirigent.

(ARRÊT du 18 Mai 1866.)

CONSEIL D'ÉTAT

IMPOSITION COMMUNALE. FRAIS DE PROCÈS. *Rôle d'imposition communale. Partie gagnante* (1).

Une commune qui a dû s'imposer extraordinairement pour subvenir aux frais d'un procès perdu par elle, n'est pas fondée à faire participer à cette imposition un des contribuables qui ont obtenu condamnation contre elle, alors même que ce contribuable se serait assuré contre les frais dudit procès par une convention particulière avec l'un de ses cointéressés.

(Décret du 24 février 1866).

JUSTICE DE PAIX DU 3e ARRONDISSEMENT DE MARSEILLE.

DROITS D'INHUMATIONS. RECOUVREMENTS. RÈGLEMENTS ET TARIFS. DÉFAUT D'APPROBATION PRÉFECTORALE ET IMPÉRIALE. PERCEPTION ILLÉGALE (2).

Doivent être considérés comme illégalement perçus, tous droits qu'une régie de pompes funèbres exige en vertu de règlements et tarifs approuvés par délibération du conseil municipal, mais non revêtus de l'approbation du Préfet et du chef de l'Etat. (Décret du 23 prairial an XII).

Vainement, en ce cas, la régie prétendrait-elle que les règlements et tarifs, en vertu desquels elle perçoit, ayant reçu la plus grande publicité soit par les journaux, soit par les affiches apposées dans ses bureaux, et ayant été ainsi acceptés et exécutés pendant un assez long temps par le public sans opposition, ne peuvent plus être exécutés.

(JUGEMENT du 10 Août 1866.)

QUESTIONS DIVERSES

CAISSE D'ÉPARGNE. — DÉFICIT. — RESPONSABILITÉ.

A qui incombe la responsabilité d'un détournement opéré dans une caisse d'épargne par le caissier?

En prenant possession de ses fonctions, le nouveau caissier de la Caisse d'épargne de.... a constaté le détournement d'une somme de 160 000 fr. opéré par son prédécesseur, aujourd'hui décédé. Ces malversations remontent à plusieurs années; mais elles ont échappé aux vérificateurs, aux inspecteurs et aux administrateurs. On demande à qui incombe cette perte, et l'on nous prie d'autant plus instamment de donner notre avis à cet égard, que notre confrère, consulté sur le même point, a refusé de faire connaître le sien.

Pour nous, qui n'avons aucun motif pour nous récuser, et qu'aucune considération étrangère n'empêchera jamais de publier une opinion juridique, nous rechercherons volontiers quels principes doivent prévaloir en ce cas, sans fuir la question agitée et sans la traiter à côté.

Reconnaissons d'abord, en thèse générale, que d'après les règlements sur le service et la comptabilité des deniers publics, chaque comptable principal est responsable des recettes et des dépenses de ses subordonnés (Déc. 31 mars 1862 sur la compt. pub.). Mais cette obligation générale est précisée par des instructions particulières pour chaque cas; ainsi, pour les receveurs généraux et particuliers, leur responsabilité vis-à-vis de la gestion des percepteurs pour les divers services dont ils sont cumulativement chargés (responsabilité imposée en principe par de nombreuses lois), est déterminée spécialement par l'Instruction générale du Ministre des Finances du 20 juin 1859. L'art. 1285 de cette Instruction ne place sous la responsabilité du receveur des finances que la gestion des *percepteurs* des contributions directes pour tous les services dont ils peuvent se trouver chargés; c'est seulement « en cas de débit ou de déficit des comptables réunissant la fonction de percepteur de l'impôt direct et de receveur du denier des communes et des établissements de bienfaisance » que le receveur des finances de l'arrondissement est tenu d'en solder immédiatement le montant avec ses deniers personnels. Aussi a-t-il été organisé tout un système de garanties pour les receveurs des finances contre les effets de la responsabité qui leur est imposée, dans les 8 § de l'art. 1286 de l'Instruction.

En ce qui concerne la gestion des *receveurs spéciaux* des communes et des établissements de bienfaisance, les receveurs des finances ne sont tenus qu'à la surveillance de la caisse et de la tenue des écritures de ces comptables, d'après la loi du 18 juillet 1837, art. 67, sans qu'il y soit attaché aucune sanction ni responsabilité matérielle. Aussi leur action à l'encontre de ces comptables est-elle plus limitée qu'envers les autres, qui relèvent directement d'eux : en exerçant leur surveillance à l'égard des receveurs spéciaux, ils doivent se renfermer dans les termes des règlements qui déterminent les attributions respectives et des administrateurs et des comptables; ils ne peuvent, en ce qui concerne la partie administrative du service, que *proposer* les mesures dont ils reconnaîtraient la nécessité; leur intervention et leur devoir à cet égard se bornent à appeler l'attention de l'autorité locale sur les faits qui réclameraient leur examen, suivant ce que prescrivent les art. 1296 et 1309 de l'Instruction Générale.

La loi en appelant les receveurs des finances à surveiller la gestion des receveurs spéciaux, a eu surtout en vue d'offrir aux administrateurs un *concours* éclairé pour faciliter la marche du service par d'utiles directions, mais non de fournir à ces éta-

(1) Une Décision du Ministre de l'Intérieur rapportée dans notre *Journal* de 1863, p. 288, se prononce en sens contraire.

(2) Dans les lieux où les Fabriques ne jugent pas à propos de faire par elles-mêmes les fournitures relatives aux funérailles, cette entreprise peut être affermée par les communes; on peut y stipuler une remise au profit des Fabriques. (V. le *Guide des Fabriques* de MM. Larade et Caugé, p. 314.)

blissements un garant de la gestion de leurs employés.

Elle a pensé que les administrations spéciales organisées près des communes et des établissements de bienfaisance (Maires et Conseillers municipaux. — Commissions administratives des Hospices), munies d'ailleurs de pouvoirs spéciaux, pouvaient et devaient se garantir elles-mêmes de la gestion de leurs employés.

Toutefois, l'exactitude des recouvrements et des payements, la tenue des écritures, l'intégrité des caisses, la reddition et l'apurement des comptes des receveurs spéciaux, doivent être l'objet d'une surveillance directe et sérieuse de la part des receveurs des finances. L'administration supérieure y tient fermement la main, et récemment encore (Circ. du 25 février 1865 *) le Ministre des finances adressait à MM. les receveurs des finances des recommandations pressantes en ces termes : « L'article 67 de la loi du 18 juillet 1837 assujettit à votre surveillance la gestion des receveurs spéciaux de communes et d'établissements de bienfaisance, et les Instructions déterminent les formes et les limites dans lesquelles vous devez exercer votre contrôle. Bien qu'elle n'ait pas pour sanction une responsabilité matérielle, comme à l'égard des Percepteurs-Receveurs municipaux, cette disposition législative n'en constitue pas moins une de vos obligations les plus importantes; la méconnaître c'est non-seulement engager votre responsabilité morale devant l'administration, c'est encore vous placer sous le coup d'une *répression pour manquement au service*. Je prends occasion pour vous rappeler sur ce point à la rigoureuse observation des règles, d'une mesure de sévérité à laquelle j'ai dû recourir récemment, et qui, je l'espère, sera d'un salutaire effet pour l'avenir. A la suite d'un débit considérable commis par un receveur spécial au préjudice d'une commune, dans des conditions qui attestaient de la part du receveur des finances un oubli complet des plus simples moyens de contrôle et des règles les plus élémentaires en matière de surveillance, j'ai décidé que ce chef de service subirait une retenue disciplinaire de quinze jours de traitement... Je vous répète, en terminant, que je n'hésiterais pas à user de sévérité à l'égard des Receveurs des finances qui n'apporteraient pas dans cette partie de leurs attributions tous les soins et tout le dévouement qu'elle réclame. »

Voyons maintenant qu'elles règles doivent être appliquées au service des Caisses d'Epargne.

Les Caisses d'Epargne sont des établissements d'utilité publique, régis par l'Instruction du 4 juin 1857, qui porte règlement pour l'exécution du décret du 15 avril 1852 relatif au mode de surveillance de leur gestion et de leur comptabilité. Leur surveillance est soumise au contrôle de l'administration des finances; en outre des vérifications des Inspecteurs des finances, cette surveillance est confiée d'une manière toute spéciale au contrôle des Receveurs des finances : ceux-ci « peuvent vérifier par eux-mêmes « ou par leurs Fondés de Pouvoirs (1) les écritures « et la situation de la caisse toutes les fois qu'ils le « jugent convenable. Ces vérifications doivent avoir « lieu au moins une fois par trimestre. En commençant leurs vérifications les receveurs des finances « doivent en donner avis au Président du Conseil des « Directeurs et des Administrateurs ou à celui qui « le remplace, afin qu'il puisse, s'il le juge convenable, assister à la vérification conjointement avec « l'administrateur rendu dépositaire d'une des clefs « de la Caisse. Ils reconnaissent l'existence matérielle des fonds et des inscriptions de rentes déclarées par les écritures. Ils s'assurent de la régularité de la comptabilité dans ses diverses parties. Ils examinent si les règlements et instructions « ont été observés. Ils communiquent leur rapport au « comptable vérifié, les observations sont inscrites « en marge; enfin ils peuvent prendre provisoirement « toute mesure d'urgence jugée nécessaire. (Décret « du 15 avril 1852, art. 19.)

(*) Voir *Journal des Percepteurs* de 1865, p. 99.

Certes, ces obligations de la part des receveurs des finances sont minutieuses et étroites, et montrent l'importance que l'administration a attachée au contrôle de ces fonctionnaires, plus aptes en effet que tous autres a saisir la situation d'une comptabilité et à éclairer sur ce point les intéressés; et un Receveur des finances qui néglige ses devoirs se compromet sérieusement vis-à-vis de ses chefs; c'est bien alors qu'il encourt les peines dont parle la circulaire du Ministre des Finances dont nous avons rapporté les termes plus hauts. Vraisemblablement, (bien que nous ignorions le détail des faits de l'espèce que nous examinons) le Receveur des finances, dans notre cas, a des torts à se reprocher qui ne resteront pas impunis du côté de l'administration. Mais, enfin, y a-t-il lieu, oui ou non, à prononcer une responsabilité pécuniaire contre lui en raison de cette grave négligence? Tel est le principal objet de notre examen actuel. Nous ne pensons pas qu'il soit soumis à aucune responsabilité pécuniaire, puisque aucune loi n'a édicté cette pénalité à l'égard de la surveillance; c'est un fonctionnaire public qui a seulement à répondre vis à vis de ses chefs de la manière dont il a rempli ses devoirs, et qui est couvert vis à vis des tiers par sa qualité de fonctionnaire; un Receveur des finances se trouve simplement vis-à-vis des caissiers de caisses d'épargne dans la même situation que vis-à-vis des receveurs spéciaux des communes et des hospices, sa responsabilité n'est que morale et non matérielle.

Nous n'en saurions décider de même de l'*Administrateur de service* de la caisse d'épargne, à qui il a été fait par la loi une position toute particulière auprès du caissier. « D'après l'art. 9, du décret du 15 avril 1852, les fonds et le portefeuille contenant les inscriptions de rente doivent être renfermés dans une caisse à deux clefs; l'une des deux clefs reste au caissier et l'autre est déposée dans les mains

(1) D'où il appert évidemment que ces Employés ne peuvent remplir les fonctions de Caissiers des Caisses d'Epargne.

d'un administrateur. Cette disposition exige que l'administrateur de service assiste à l'ouverture et à la fermeture de la caisse toutes les fois qu'il y a lieu d'y procéder. Chaque établissement ne peut d'ailleurs conserver en caisse que la somme jugée indispensable pour assurer le service jusqu'au plus prochain jour de recette. Ainsi cette somme ne peut dépasser le montant des remboursements demandés et promis pour être effectués *avant* ou *à* la plus prochaine séance de recette. Pour assurer l'exécution de cette disposition, il est, conformément à l'art. 4 du décret, dressé, après chaque jour de recette ou de payement, un procès-verbal constatant et résumant les opérations de la journée ainsi que l'état de la caisse et du portefeuille. Le procès-verbal est vérifié et arrêté, séance tenante par l'administrateur de service. Il est également dressé, à la fin de chaque jour de recette, un état de situation sommaire faisant ressortir le solde en caisse sur lequel doit être imputé le versement à faire à la Caisse des dépôts et consignations. Le décret indique avec précision les renseignements qu'il y a lieu d'y présenter. Cet état de situation est visé par l'administrateur. » (Art. 96 de l'Instruction du 4 juin 1857.)

On avouera qu'il faut que les administrateurs de la Caisse aient mis une bien grande incurie à remplir leurs obligations pour avoir pu laisser commettre des détournements de 160 000 fr., alors que la loi leur impose des formalités de surveillance aussi précises et une assiduité de tous les instants. Voilà les personnes responsables du détournement de fonds par le caissier; sans connaître les faits, on peut assurer que les règles légales n'ont pas été observées par les Administrateurs, qu'ils ont oublié leurs obligations, leurs devoirs, si minutieusement tracés dans les Instructions. Ces mandataires ont commis une faute lourde au premier chef. D'ailleurs l'enquête qui sera ouverte sur les faits, établira facilement, sans doute, la part de responsabilité qui incombe à chacun d'eux par proportion avec les détournements commis chaque jour de leur assistance officielle. Mais les déposants n'ont qu'à s'unir pour poursuivre collectivement ces mandataires obligés et si singulièrement négligents; nul doute que ceux-ci ne soient condamnés, quoique mandataires officieux, pour les fautes graves commises dans la gestion de leur mandat légal, d'après les règles ordinaires du droit civil et les principes du mandat tels qu'ils sont établis dans le Code Napoléon. Il ne nous paraît pas possible qu'ils puissent échapper à la responsabilité que la loi impose aux mandataires.

On pourrait peut-être demander encore quelle est la part de responsabilité de l'État, en la circonstance, à l'égard de ces utiles établissements destinés à recevoir et à faire fructifier les petites économies des pauvres gens. Pour les sommes versées par la Caisse d'Epargne à la Caisse des dépôts et consignations, assurément la responsabilité en repose toute sur l'Etat tant que cette dernière Caisse les retient; mais en dehors de là, il n'en n'est plus ainsi. C'est qu'en effet les Caisses d'Epargne sont considérées comme des établissements d'utilité publique et non des établissements publics (*Voir*, en ce sens un arrêt de la Cour de Paris du 17 mars 1854 et un autre de la Cour de Caen du 18 mai 1854, rapportés au *Journal des Percepteurs* de 1856. p. 10*); or l'Etat n'est jamais responsable des opérations des établissements de la première catégorie dont nous parlons, parce qu'ils ne sont pas placés pour l'administration de leurs biens sous la tutelle de l'autorité. Ils sont censés libres de s'administrer comme ils l'entendent.

LIVRETS DE CAISSE D'EPARGNE. TIMBRE. VENTE DE LA RENTE SUR L'ÉTAT. PIÈCES A FOURNIR.

Les pièces à fournir pour la vente des rentes provenant des livrets de caisses d'Epargne, sont-elles assujetties au Timbre?

On nous expose qu'une Recette des Finances exige formellement l'accomplissement des formalités du Timbre a l'égard des différentes pièces nécessaires pour la vente des Livrets de Caisses d'Epargne. Nous considérons cette exigencè comme mal fondée en la circonstance.

La loi du 21 novembre 1848, qui dispense du timbre et de l'enregistrement les pièces à fournir pour la vente des rentes provenant des livrets des caisses d'Epargne, n'a pas été abrogée; elle n'a pu l'être par la décision ministérielle qui change la série de ces rentes. Nous pensons qu'une demande au Ministre des Finances ferait cesser la résistance de la Recette des Finances, en provoquant un avis dans le sens de l'affranchissement du Timbre.

Un Employé supérieur de l'enregistrement, à qui nous avons soumis la question, est entièrement de cet avis. Nous pouvons invoquer aussi l'autorité de M. Garnier, *Rép. d'enregist.*, n° 2348.

VENTE DE TERRAINS COMMUNAUX IMPRODUCTIFS DE REVENUS. REMISES.

On nous demande si ce receveur municipal ne doit pas percevoir des remises sur la vente de terrains communaux dont divers particuliers s'étaient emparés et retiraient divers produits, tels que menus bois, fagots de fougères, etc., sans payer aucune redevance à la commune.

La vente de terrains communaux non productifs de revenus ne donne pas droit à des remises au profit du Receveur, encore bien que des particuliers, sans aucuns droits reconnus, aient usé de ces terrains en récoltant des bois, fougères et autres produits.

La Circulaire ministérielle du 12 février 1840 est formelle à cet égard, nous l'avons dit maintes fois et notamment dans le *Journal* de 1866, page 366.

* Il existe cependant un Arrêt de la Cour de Cassation du 3 avril 1854, qui décide que les Caisses d'Epargne sont des Etablissements publics, mais qu'elles n'ont pas besoin de l'autorisation préalable pour procéder en justice, parce que la loi du 5 juin 1835, constitutive de ces établissements, ne les a pas soumises à cette autorisation. Mais l'administration ne suit pas l'esprit de cette décision. (V. *Journal des Percepteurs* de 1856, p. 9.)

ÉTUDE SUR LES RÈGLES DU PAYEMENT

DES MANDATS ET ACQUITS DU TRÉSORIER-PAYEUR-GÉNÉRAL

(ANCIEN SERVICE DU PAYEUR)

PAR LES PERCEPTEURS ET LES RECEVEURS DES ADMINISTRATIONS FINANCIÈRES

CHAPITRE VI.

INDIVIDUALITÉ DES PARTIES PRENANTES.

Les mandats de payement doivent être quittancés par les parties au nom desquelles ils ont été délivrés. Le comptable qui effectue le payement doit mettre tous les soins à s'assurer que la personne qui lui présente un mandat est bien le *créancier véritable* de l'État. Il est tenu de faire signer la partie en sa présence; et, si elle ne lui est pas suffisamment connue, il peut exiger, au besoin, la justification de la signature qui lui est donnée, par la légalisation du Maire du domicile de la partie prenante. (Instr. gén., art. 661, dernier alinéa.) Mais il est rare qu'un Percepteur ne connaisse pas, d'une manière suffisante, les droits de la partie à toucher le mandat qui lui est présenté par elle. Si cela n'était pas, il devrait, sous peine d'engager sa responsabilité, s'informer des titres du porteur du mandat à en toucher le montant. D'ailleurs, l'obligation imposée aux ordonnateurs de s'assurer que les mandats sont remis aux créanciers réels, rend assez rares les cas où le comptable aurait à craindre de ne pas payer à ceux qui ont réellement droit de recevoir.

Une décision du Ministre des finances, en date du 19 décembre 1818, a déclaré valables les payements effectués sur une *lettre d'avis* ministériel, alors même que la signature apposée à l'acquit n'est pas celle de la partie, attendu que la lettre d'avis, seule, prouve au comptable l'identité de la personne qui lui présente cette pièce, et à laquelle elle tient lieu de certificat d'individualité, pourvu toutefois que la signature donnée soit conforme au nom porté au mandat.

Un mandat délivré sur une caisse publique n'est pas un billet au porteur, ni un effet négociable. Il n'est payable qu'à la partie qui y est désignée, et le comptable qui doit l'acquitter, répond de la validité de la signature apposée à la quittance. En conséquence, une personne qui n'a pas des pouvoirs suffisants et réguliers, ne peut servir d'intermédiaire officiel entre le créancier et le comptable chargé de payer. Il est du devoir de ce dernier de repousser tout intermédiaire officieux, attendu que cette intervention est presque toujours onéreuse. En empêchant les agents d'affaires de s'interposer entre le Trésor et ses créanciers, il prouvera qu'il est complaisant pour tous et accessible pour tout ce qui se rapporte à l'accomplissement de ses devoirs.

Toutefois, il est des cas où les parties sont dans l'impossibilité de se transporter à la caisse d'un comptable pour y toucher le montant d'un mandat ordonnancé en leur nom.

Exiger de ces personnes, lorsque le chiffre de la créance est peu élevé, la remise de pouvoirs réguliers, serait porter un grave préjudice à leurs intérêts. Nous pensons que, dans le cas de maladie ou d'empêchement légitime des créanciers, l'administration supérieure verrait sans peine un comptable se départir, à leur égard, des rigoureuses prescriptions des règlements; et qu'elle tolèrerait les payements de ce genre, par l'intermédiaire d'un tiers connu, pourvu que ce tiers, agréé par le comptable responsable du payement, présentât, au moment du payement matériel, la quittance régulière du créancier réel. Mais alors la signature de ce dernier devra être légalisée par le Maire de son domicile, si elle n'est pas suffisamment connue du comptable. Et si la partie prenante était illettrée, le Percepteur à qui un créancier se trouvant dans cette position ferait demander l'autorisation de présenter son mandat par un tiers, inscrira sur ce mandat la mention du payement fait en présence de deux témoins. Les signatures de ces derniers seront légalisées, lorsque cette formalité aura été jugée nécessaire par le Percepteur.

En dehors de ces cas, il y aura lieu d'exiger la production de pouvoirs en bonne forme.

Aucun émargement ne peut être donné pour des *personnes absentes*, notamment sur les états trimestriels du traitement des magistrats, que dans le cas d'empêchement légitime clairement exprimé; et, aucun payement ne devant s'effectuer que sur la quittance de la partie désignée au mandat, cette condition est sous-entendue, chaque fois que, pour abréger, elle n'aurait pas été exprimée dans l'énonciation des pièces à produire.

Lorsqu'un mandat a été délivré au nom d'une *compagnie* ou d'une *maison de commerce*, le porteur de la lettre d'avis est tenu de déposer une expédition d'un acte de notoriété, ou l'acte de société indiquant le nom des personnes associées et le nom de celles ayant la signature. Il doit, en outre, justifier de la durée de la société, si l'acte n'en fait pas mention. Une circulaire signée et légalisée peut être produite, si elle donne ces justifications. (Voir chap. X, § 2.)

Les mandats pour *frais de capture* de déserteurs, dus à des gendarmes, doivent être quittancés par le conseil d'administration de la gendarmerie. Ces mandats ne peuvent donc être payés qu'à ce conseil.

Un *adjoint au maire* d'une commune, pendant le

temps qu'il est appelé à exercer les attributions du Maire, peut suppléer celui-ci, toucher, en cette qualité, le montant d'un mandat délivré au nom du Maire, et faire pour cet objet tous les actes et délégations que ferait le Maire lui-même. Son intervention s'exprime comme il suit :

« Pour le Maire, absent, ou empêché, etc.,

« L'adjoint, Maire par intérim. »

Mais un *Conseiller de préfecture* ne pourrait suppléer le Préfet pour acquitter un mandat, qu'en vertu d'une délégation spéciale. L'arrêté de délégation, ou la déclaration analogue du Ministre de l'intérieur, doit être jointe à l'appui du premier payement.

Lorsque des *indemnités* ayant été accordées aux habitants d'une commune, pour *logement des troupes* ou pour *secours* par suite *de pertes* causées par grêles, incendies, épizooties, etc., les états collectifs ont été émargés par chacun des individus secourus, le comptable qui a remis les fonds est tenu de signer, pour ordre, le mandat délivré par le Préfet. A l'égard des individus illettrés, auxquels des secours ou indemnités ont été alloués, le payement n'est régulier qu'autant que l'état collectif est revêtu, vis-à-vis de leurs noms et dans la colonne destinée à recevoir l'émargement pour acquit, de la signature de deux témoins présents à la déclaration faite par eux qu'ils ne savaient ou ne pouvaient signer, et de celle du comptable qui a reçu cette déclaration et qui a payé. Ces dispositions sont applicables à tous les payements faits sur états collectifs, notamment pour les travaux exécutés par régie (1).

Les mandats de l'espèce payés par les Percepteurs, doivent être renvoyés dans le mois, lors même que la personne chargée de la distribution des fonds n'aurait pas entièrement payé aux individus la somme qui leur a été accordée. En effet, du moment que le Percepteur possède l'acquit régulier de la personne qui doit faire la répartition des secours alloués, son payement est régulier. Comme cela se pratique pour les travaux en régie, c'est directement au Trésorier-payeur et à la diligence de celui-ci, que devront être remis les états collectifs d'émargement, lorsque la répartition ne sera pas achevée avant le renvoi du mandat. Si le payement des états nominatifs n'a pu être fait en totalité, dans le délai d'un mois de la remise des fonds aux régisseurs ou distributeurs, par suite d'absence ou de décès, le Trésorier-payeur se charge en recette, à titre de recette accidentelle, des sommes non payées, et il en souscrit un récépissé qu'il joint aux états d'émargement (2). [Instr. gén., art. 711, 2e alinéa.]

Les subsides mensuels accordés aux *Réfugiés politiques* ne doivent être payés aux titulaires indiqués sur ces mandats, que lorsque ces titulaires se présentent en personne à la caisse pour toucher, et qu'ils sont munis de l'extrait de leur bulletin individuel. La date de chaque payement est mentionnée dans le cadre disposé à cet effet sur le bulletin. Il doit être

(1) Voir *Journal* 1861, p. 184.

(2. *Id.* 1859, p. 314 (créanciers débiteurs de contributions.)

donné avis au Préfet, par l'intermédiaire du Trésorier-payeur, de la cause du refus de payement. (Instr. gén., art. 661, 7e alinéa.)

Lorsque des capitaines de navires ont des sommes à toucher pour le prix de *frêt ou nolis*, les sommes peuvent être payées sur les quittances que donnent les courtiers, si les connaissements de ces capitaines ont été passés à l'ordre de ces courtiers. Le connaissement, dans ce cas, est annexé au mandat. (Code comm., art. 281.)

Le traitement d'un *employé* absent pour cause d'*altération de facultés mentales*, et qui se trouve dans un établissement public, peut être acquitté jusqu'à concurrence de trois mois, au chef de cet établissement, sur la présentation d'un certificat délivré par ce chef et par le Maire, pour constater l'état de l'individu. La signature du Maire doit être légalisée. (Voir ci-après : Etat d'interdiction.)

On ne peut payer un mandat fait au nom d'*un seul entrepreneur*, si le certificat de payement ou toute autre pièce produite à l'appui d'un mandat, indique qu'il y a deux personnes intéressées, à moins que le droit de toucher seul n'ait été confié à l'un d'eux ; ce dont il doit être justifié.

Quand une *personne* est *décédée*, le payement d'un mandat délivré à son profit est suspendu, et il ne peut plus être fait qu'aux héritiers ayant justifié de leurs droits par la production des actes d'hérédité. (Voir Chap. IX.)

Lorsqu'une créance est payable à *plusieurs héritiers*, et que tous ne produisent pas leurs titres, celui d'entre eux qui se présente avec des pièces régulières peut être admis à recevoir la portion qui lui revient. Cette portion sera indiquée sur les titres produits par lui, ou résultera des dispositions de la loi. (Code Nap., art. 731 et suivants.) Le surplus est conservé par le Trésor jusqu'à ce que les autres héritiers aient justifié de leurs droits. (Voir cependant Chap. III, art. 15e ci-dessus.)

Tout mandat de payement au nom d'un *Établissement public* est payable à l'agent comptable de cet établissement, lequel délivre une quittance à souche de la somme touchée. Aucune autre quittance ne peut être admise. Si cette quittance est assujettie au timbre, c'est la quittance à souche qui devra être timbrée et non le mandat, quoique celui-ci soit acquitté par cet agent comptable. (Voir Chap. III, article 7e et 11e.) (1).

Le comptable qui reconnaît que la partie désignée au mandat destiné à acquitter le prix d'un immeuble vendu, est une *femme sous puissance de mari*, se fait justifier que cette femme a été autorisée à consentir l'aliénation du bien dont il s'agit, à moins que cette justification ne résulte des pièces jointes au mandat. (Code Nap., art. 1555.) La signature du mari apposée à la quittance, équivaut à l'autorisation. Si le mari était condamné à une peine infamante, l'autorisation devrait émaner de la justice. (Code Nap., art. 221 et 776.)

(1 Voir *Journal* 1865, page 264 Mandat ou quittance à timbrer).

La femme peut toucher seule, si elle justifie qu'elle est séparée de biens. Dans les autres cas, c'est le contrat de mariage qui détermine les justifications à produire. S'il s'agit d'un immeuble dotal, il peut y avoir à justifier du *remploi*, si ce remploi est prescrit par le contrat de mariage. (Code Nap., art. 1550) (1). S'il s'agit, au contraire, d'objets mobiliers, il peut généralement suffire que la femme soit assistée de son mari signant avec elle le mand at, ou bien qu'elle produise une autorisation de lui ou de la justice. (Code Nap., art. 217 et 219.) L'autorisation du mari devra être donnée devant notaire, afin que celui-ci puisse y mentionner les clauses du contrat de mariage; si l'autorisation émane de la justice, il devra être justifié des clauses du contrat de mariage par un extrait de ce contrat (2).

Si le mandat a été délivré au nom d'une *femme faisant le commerce*, et que le mandat ait pour objet des fournitures faites par elle, la femme a qualité pour recevoir et acquitter le mandat, seule et sans assistance ni autorisation de son mari, attendu que, d'après la loi, la femme commerçante a le droit de faire et de signer tous actes relatifs à l'exercice de son industrie. (Code Nap., art. 220, et Code comm., art. 4, 5 et 7.)

Un *mari* qui, sous le *régime de la communauté*, a vendu avec le concours de sa femme un bien personnel à celle-ci, peut, quoique sa femme figure au mandat de payement, recevoir seul, comme chef de la communauté, la somme due pour le prix de cette aliénation. Il y aura lieu, néanmoins, de distinguer la nature de l'immeuble, et lorsqu'il sera dotal, de connaître si le remploi du prix est exigé. Cette condition résultera de l'extrait du contrat de mariage, extrait que le comptable se fera remettre (3). Mais, lorsque le remploi ne sera pas exigé, le payement pourra être fait au mari seul, sans autre justification que cette preuve et sa quittance régulière. (Code Nap., art. 1549 et 1550.)

Un *tuteur* de mineur, même le père ou la mère, ne peut toucher ce qui revient à ce mineur, pour une cession de terrain, sans y avoir été autorisé par une délibération du conseil de famille, homologuée par le tribunal civil, ou par délibération de ce tribunal, s'il s'agit de ventes faites pour cause d'utilité publique. (Code Nap., art. 450 et 457, et loi du 3 mai 1841.) (4).

Le *mineur émancipé* ne peut toucher le prix d'une vente d'immeubles sans l'assistance de son curateur qui donne quittance concurremment avec lui, et qu'après justification de l'accomplissement des formalités qui précèdent. (Code Nap., art. 482 et suiv., et loi du mai 1841.)

Une personne en *état d'interdiction* est assimilée au mineur pour sa personne et pour ses biens (Code Nap., art. 509); les dispositions de l'art. 457 du Code Napoléon lui sont applicables, si un mandat délivré à son profit a pour objet le payement d'une vente de biens lui appartenant. (Voir Tuteur de mineur.)

Lorsqu'une personne à qui il est dû une solde de non-activité, un secours, une gratification, etc., est *décédée dans un hospice*, les sommes qui lui reviennent peuvent être payées à l'hospice, s'il y a eu abandon; dans tous les cas, elles ne sont payées aux héritiers qu'autant qu'il est justifié qu'il n'est rien dû dans l'établissement où le décès a eu lieu.

Si une *personne ayant obtenu un secours*, ne se présente pas elle-même, pour toucher, et que ce secours doive être payé à un porteur de procuration, le comptable ne peut acquitter au mandataire la somme allouée, que sur l'exhibition d'un certificat de vie du titulaire du mandat.

Les lettres d'avis ou mandats sur lesquels les *noms* des parties ou les *sommes* paraissent *altérés ou raturés*, sont réputés nuls, s'il n'y a approbation avec nouvelle signature, et si les sommes mandatées ne sont pas écrites en toutes lettres par le signataire de ces pièces. (Voir Chap. III, art. 2°, et chap. VII.)

Nous avons dit (Chap. III) que si le *nom* de la partie désignée au mandat n'est pas entièrement conforme à celui apposé au pour acquit, il y a alors *défaut d'identité*. Le payement doit être différé jusqu'après la rectification régulière du mandat, à moins que le créancier ne préfère produire, pour la justification de ce défaut de concordance, une expédition d'un acte de notoriété établissant que la partie désignée dans le mandat et celle qui s'est présentée pour en toucher le montant, ne font qu'un seul et même individu. Mais, à moins de cas exceptionnels, il sera plus avantageux pour la partie prenante de recourir à la rectification du mandat par l'ordonnateur. Au besoin, il n'y a pas d'inconvénient à ce que le comptable lui offre son concours pour cette régularisation. (Voir cependant ce que nous avons dit, au Chap. III, art. 3°.)

Fin du chapitre VI.

ERRATUM.

A la page 6, ligne 22, colonne 1, c'est *in*observation au lieu d'« observation » qu'il faut lire.

(1) *Id.* 1857, page 117 (femme dotale) et 316. — 1858, p. 112 et 247. — 1859, p. 183 et 192.

(2) La production du contrat de mariage n'est pas exigée, lorsque le prix de l'immeuble ne dépasse pas 150 fr. (Déc. Min. fin. 31 Janv. 1862. — *Journal* 1863, page 88). Le payement est fait, dans ce cas, sans justification du remploi.

(3) Voir *Journal* 1857, p. 316.

(4) *Id.* p. 107.

NOMINATIONS ET MUTATIONS.

RECEVEURS DES FINANCES :

M. Couderc de Saint-Chamant, nommé Trésorier-Payeur-Général du Bas-Rhin, est maintenu en cette qualité dans la Moselle;

M. Curnier, nommé Trésorier-Payeur-Général de l'Eure, est nommé en la même qualité dans le Bas-Rhin;

M. Lafaurie, Receveur particulier à Marmande (Lot-et-Garonne), est nommé Trésorier-Payeur-Général de la Haute-Savoie, en remplacement de M. Dubourget, mis en disponibilité,

M. Barsalou, Receveur particulier à Bergerac (Dordogne), est admis à la retraite;

M. Chouri, ancien Payeur de la Dordogne. est nommé Receveur particulier à Draguignan (Var).

ONT ÉTÉ NOMMÉS PERCEPTEURS :

A Vériat (Ain), 5e cl , M. Puvilant;
A Brusles (Aisne), 4e cl., M. Abraham, d'Homblières;
A Hombllères (d°), 4e cl., M. Gronier, de Brusles;
A Epaux (d°), 5e cl., M. d'Aschem, de Barisis;
A Chéry-les-Pouilly (d°), 4e cl., M. Boré, d'Epaux;
A Puget-Théniers (Alpes-Mar.), 4e cl., M. Conso, de St-Alban;
A Villasavary (Aude), 4e cl., M. Dat, de Lauragel;
A Lauragel (d°), 4e cl., M. Rauzier;...
A Sombacour (Doubs), 3e cl., M. Louisgrand, de St-Gorgon;
A Verneuil (Eure), 3e cl., M. Leroux, de Cormeuil;
A Pézénas (Hérault), 2e cl., M. Ducos de la Hitte, de Maugulo;
A Mauguio (d°), 3e cl., M. Souriguière, de Montréal (Gers);
A Montcuq (Lot), 4e cl., M. Dulac, de Cazals;
A Cazals (d°), 4e cl., M. Hug, de St-Géry;
A Bétheniville (Marne), M. Balazue, de Longni (Orne);
A Bar-le-Duc (Meuse), 8e cl., M. Basset, de Montmédy;
A Faulquemont (Moselle), 3e cl., M. Mathis, de Longeville;
A Longeville (d°), 3e cl., M. Verdenal, de Seingbouze;
A Seingbouze (d°), 4e cl., M. Clautaux, de Volmunster;
A Volmunster (d°), M. Chardon, surnuméraire;
A Cons-la-Grandville (d°), M. Champigneule, surnuméraire;
A Trélon (Nord), 4e cl., M. Stoquelet, de Cauroir;
A Wormhoudt (d°), 2e cl., M. Dissard, d'Haussy;
A Loberghe (d°), M. Baude est élevé à la 4e cl.;
A Bulles (Oise), 3e cl., M. Boutet, de Chamant.
A Chamant (d°), 5e cl., M. Bénard, surnuméraire;
A Longni (Orne), M. Tisseron ;
A Samer (P.-de-Calais), M. Tonel, percept. des Pujols (Ariège);
A Garris (Basses-Pyrénées), M. d'Etchepare, de Carresse;
A Montfort (Sarthe), M. D goulet, de Parigné-Lévêque;
A Château-du-Loir (d°), M. Gallet, de Mansigné;
A Mansigné (d°), M. Bertron, de Montmirail;
A Poncé (d°), M. Normand, de Changé;
A Jouarre (Seine-et-Marne), M. Liénard, de St-Ouen;
A Le Havre (Seine-Inf.), 1re cl., M. Célice, Payeur;
— — (d°), M. Chertier (d°);
— — (d°), M. Chollet (d°);
A Ailly-s.-Noye (Somme), M. Letellier, de Mailly;
A Noyelles-s.-Mer (d°), M. Boulenger, surnuméraire;
A Cordes (Tarn), 4e cl., M. Bonsirven, de Villefranche;
A Cuq-Toulza (d°), 5e cl., M. Olombel, d'Aylans;
A Montredon (d°), 4e cl., M. Salgnes, de Murat;
A Murat (d°), 5e cl., M. Fosse, surnuméraire;
A Villefranche (d°), 5e cl., M. Tétillart du Ribert;
A Aylans (d°), 5e cl., M. Clergué;
M. Emile Decool est nommé surnuméraire dans le Nord;
M. Braud est nommé surnuméraire dans la Charente-Infér.

DEMANDES D'EMPLOYÉS.

On demande pour une recette particulière du Midi dont le service est important et très-chargé, un Fondé de pouvoirs connaissant à fond toutes les parties du service.

***

Un Fondé de pouvoirs d'une recette particulière, marié et âgé de 29 ans, désirerait se placer dans le département des Deux Sèvres, ou dans les départements voisins. Excellentes références.

***

Un Percepteur de la Seine demande un Commis expérimenté, et parfaitement au courant du service municipal. Appointements immédiats : 1800 fr., et mieux plus tard.

AVIS CONCERNANT LES COMMIS DE PERCEPTION.

MM. les Comptables n'ignorent pas combien il est essentiel que leurs Commis soient parfaitement au courant de *la Recette Municipale*; cette partie du service, qui est évidemment la plus difficile, est souvent mal connue de ces employés. Aussi, nous les engageons à faire munir leurs Commis de notre *Petite Instruction* sur le Service Municipal, qui est le seul ouvrage traitant spécialement le sujet, au point de vue tout à fait pratique.

Le prix modique de ce volume (2 fr. 50 cent.) permet à chaque Commis de se le procurer sans difficulté.

Le *Moniteur* publie un rapport de M. Forcade de la Roquette à S. E. le Ministre des travaux publics, au nom de la Commission des secours aux victimes des inondations.

Nous y relevons la statistique des départements atteints par le fléau, et des pertes subies par les inondés.

Le nombre des départements qui ont plus ou moins souffert des dernières inondations, est de 31. Dans ces départements, 1702 communes ont été atteintes; le montant des pertes paraît moins elevé qu'on ne craignait ; il est évalué à 43 753 234 fr., qui se décomposent de la manière suivante :

PERTES DE REVENUS ET D'OBJETS MOBILIERS.	
Récoltes	13 147 283 fr.
Objets mobiliers	7 170 615
Loyers	126 832
PERTES EN CAPITAL.	
Terrains disparus	1 482 601
Propriétés détériorées	19 700 842
Propriétés bâties	2 125 061
(Détruites, au nombre de 477.)	
Total égal au montant des pertes de nature	43 753 224 fr.

Le nombre des perdants s'élèvent à 101 370; mais, comme ce chiffre ne représente que les chefs de famille, les victimes sont en réalité plus nombreuses que ne l'indique le chiffre ci-dessus indiqué.

Il est essentiel que MM. les Comptables nous préviennent exactement de leurs *changements de résidence*, afin que nous puissions changer leur adresse en conséquence, et qu'ils n'éprouvent pas de retard dans la réception de leur Journal. (Joindre 40 cent. à la lettre.)

Avis de l'Administration :

MM. les Abonnés sont instamment priés d'envoyer directement le montant de leur Abonnement.

Directeur, H. GALLETIER, Avocat à la Cour Impériale de Paris.

JOURNAL DES PERCEPTEURS,

DES RECEVEURS DES FINANCES, ET DES RECEVEURS DES COMMUNES, HOSPICES, ETC.;
DES SURNUMÉRAIRES, ET DES ASPIRANTS.

2e Série. — 10 fr. par an. Un numéro toutes les semaines. 12e année. — N° 5.

SOMMAIRE.

ACTES OFFICIELS

CIRCULAIRE DE LA DIRECTION GÉNÉRALE DE LA COMPTABILITÉ PUBLIQUE *relative à différents points du service.* (Extrait).

21 janvier 1867.

Dépenses publiques. Obligation de faire dater et signer les quittances par les parties prenantes. — Il a été remarqué que, dans quelques départements, la date des quittances n'était pas toujours mise sur les pièces de dépenses par la partie prenante, ce qui est contraire aux dispositions des circulaires du 17 décembre 1834, 18 janvier 1837 et 19 janvier 1863, et à celles de l'article 66 de l'Instruction générale.

Je crois devoir rappeler que c'est dans le seul cas où les parties sont illettrées, que le comptable qui acquitte la dépense doit remplir la date du payement, au moment même où il signe la déclaration prescrite par l'article de ladite Instruction. Il importe que les receveurs des finances se conforment strictement à cette règle (1).

(1) Il nous semble que, pour l'exécution des prescriptions renouvelées par la circulaire ci-dessus, il convient d'établir deux catégories parmi les parties prenantes qui *savent signer*, et qui, pour ce motif, sont considérées comme n'étant pas illettrées.

Les Comptables n'éprouveront aucune difficulté, pour se conformer aux dispositions de l'art. 709 de l'Instr. Gén., avec les porteurs de mandats qui sont en état d'inscrire eux-mêmes le lieu et la date où le payement est effectué. Dans ce cas, ils seraient sans excuse s'ils négligeaient d'obéir aux prescriptions de l'article précité.

Mais l'accomplissement de cette formalité, il faut le reconnaître, n'est pas possible avec tous les créanciers porteurs de mandats. Il en est qui ne savent que signer leur nom, et sont, dès lors, incapables de dater leur quittance. Cette catégorie de créanciers doit être rangée au nombre des illettrés dont il est parlé ci-dessus. Telle est, sans doute, la pensée de l'Administration, et nous serions étonné d'apprendre que des mandats sur lesquels le Percepteur aurait été obligé de mettre lui-même le lieu et la date du payement, par suite de l'ignorance de la partie prenante, aient été rejetés du versement de ce Comptable. La preuve de cette ignorance apparaîtra presque toujours aux yeux des Comptables supérieurs, de la manière dont la signature aura été faite.

(*Note de la Rédaction.*)

QUESTIONS DIVERSES

ASSOCIATIONS SYNDICALES. RECETTE. PERCEPTEUR. REFUS.

Un Percepteur peut-il refuser les fonctions de receveur d'une association syndicale?

Un comptable du Midi nous expose qu'il est chargé des recouvrements des taxes d'un syndicat de sa circonscription; que ces opérations, qui n'ont qu'une importance modique, sont plutôt onéreuses que profitables pour lui; qu'en effet, malgré que la Commission lui ait alloué 3 p. 0/0 de remise, le Préfet les a réduites à 2 p. 0/0; et qu'il prescrit en outre le versement à la Caisse des dépôts et consignations d'un cautionnement dont le retrait nécessitera des frais supérieurs aux remises allouées.

Nous avons déjà eu occasion d'établir (*Journal* 1861, p. 303) qu'un Percepteur constitué trésorier d'une association syndicale n'était pas tenu de faire les rôles des taxes de ladite Société, alors qu'il ne perçoit pas de remises pour ce travail; — et qu'un Percepteur étranger à un syndicat n'était pas tenu d'émettre des contraintes extérieures contre des contribuables résidant hors de sa perception pour le recouvrement de leurs taxes syndicales (*Journal* 1865, p. 276).

Pour la question spéciale qui nous occupe, nous ne pensons pas qu'on puisse instituer d'office un Percepteur Trésorier d'un syndicat sans son assentiment. D'abord, nul réglement ni instruction administratifs ne l'y oblige; ensuite, la loi spéciale sur les associations syndicales, (loi du 21 juin 1865) ne comporte aucunement cette obligation. On nous cite, il est vrai, une opinion contraire émise dans le *Mémorial*, mais nous nous hâtons d'ajouter qu'elle a été formellement repoussée par les jurisconsultes les plus considérables dans les matières administratives. Ainsi M. CHAUVEAU ADOLPHE, qui a publié un Commentaire spécial très-approfondi et fort étendu de la loi du 21 juin 1865 dans son *Journal du Droit administratif*, s'exprime sur ce point comme il suit au n° 302 dudit Commentaire :

« ARTICLE 21. Les syndics élisent l'un d'eux pour remplir les fonctions de directeur, et, s'il y a lieu, un adjoint qui remplace le directeur en cas d'absence ou d'empêchement. Le directeur et l'adjoint sont toujours rééligibles. »

« C'est la rédaction de la Commission.

« Le vote de cet article a été précédé d'observations

« à la suite desquelles a été constaté le droit pour les « associations syndicales autorisées de choisir leur « caissier. — Ce droit, incontestable avant la loi de « 1865 d'après la jurisprudence administrative, l'est « aujourd'hui bien plus, s'il est possible, à cause de « l'esprit libéral de notre loi. Nous ne saurions donc « nous rallier à l'opinion de MM. les rédacteurs du « *Mémorial des Percepteurs*, 1865, p. 235, note 2, « qui persistent à penser qu'il serait plus conforme « à l'esprit de la loi et notamment au texte de l'art. « 15, de charger d'office le Percepteur de la comptabilité des associations *autorisées* (1). »

On doit donc tenir pour certain qu'en principe les Percepteurs ne sont pas obligés d'accepter d'office la charge de Trésorier des associations syndicales de leur circonscription, et ils feront sagement de s'en abstenir toutes les fois qu'ils auront à craindre d'aggraver ainsi leur position et de se surcharger de travaux sans rémunération. Nul ne peut être tenu de faire sa position pire, dit un sage axiôme juridique.

A l'égard de diverses questions de timbre que nous pose notre consultant, nous avons démontré au *Journal* de 1866, p. 15, que la minute du compte destinée au comptable est soumise au timbre pour les associations syndicales autorisées; mais que les quittances à délivrer en étaient exemptes, à quelque sommes qu'elles s'élèvent.

PURGE. EFFET DE LA TRANSCRIPTION.

Quel est l'effet de la simple transcription de l'acte de vente?

La *simple* transcription de l'acte de vente, par l'acquéreur, peut-elle, depuis la loi 23 mars 1855, art. 6, purger l'immeuble vendu, *sans les autres formalités* du Code Napoléon? Le *Mémorial* enseigne cette doctrine dans plusieurs articles et en dernier lieu au n° d'octobre 1866, p. 297. Telle ne peut avoir été la conséquence de la loi de 1855, car un créancier pourrait ne pas avoir été informé de la vente ni de la transcription, et, dans l'ignorance de ces faits (certes excusables si l'acquéreur n'est plus tenu *à aucune signification aux créanciers*), le créancier hypothécaire perd ses droits, puisque, d'après le *Mémorial*, l'effet de la seule transcription est de rendre nulles les inscriptions prises contre l'ancien propriétaire depuis l'accomplissement de la simple transcription. Cela ne peut être, car cela répugne à la justice et au simple bon sens.

Ajoutons qu'en droit, c'est une hérésie formelle : la jurisprudence des Tribunaux ainsi que la doctrine des auteurs sont opposées à l'opinion malencontreuse que nous combattons.

INCOMPATIBILITÉ. FEMME DE PERCEPTEUR. OPÉRATIONS DE COMMERCE.

La femme d'un Percepteur peut-elle se livrer à des opérations de commerce?

Pour décider ce point, il convient de se rendre un compte exact de ce qu'on entend par incompatibilité. Ce mot exprime simplement que certaines fonctions ne peuvent pas être réunies dans la même main; et l'incompatibilité est fondée sur trois idées : 1° sur ce que la même personne ne peut pas remplir deux fonctions dont l'une doive surveiller l'autre; 2° sur ce que la même personne ne peut pas s'occuper convenablement de plusieurs fonctions différentes; 3° sur ce qu'il n'est pas juste que la même personne remplisse plusieurs fonctions.

Il faut chercher principalement dans la deuxième idée, c'est-à-dire dans les convenances, le motif qui a fait défendre aux Percepteurs, comme à d'autres fonctionnaires de l'État, toute profession et toute opération qui pourrait, en les détournant des occupations auxquelles ils sont tenus de se consacrer, compromettre la dignité de leurs fonctions. Ce n'est pas, d'ailleurs, une loi qui porte prohibition aux Percepteurs de faire du commerce, ainsi qu'il en existe une à l'égard des instituteurs et institutrices, mais seulement une circulaire administrative, c'est l'Instruction générale du Ministre des finances du 20 juin 1859, d'après une décision du 28 octobre 1856.

Mais dès que le Percepteur est resté entièrement étranger aux travaux commerciaux qu'une personne de sa famille, sa femme, exerce dans sa maison, il n'apparaît pas qu'il y ait inconvenance pour ce fonctionnaire dans cet état de choses.

On pourrait encore trouver le motif de la défense faite aux Percepteurs de se livrer à des opérations de commerce, dans la crainte qu'a eue l'administration de voir un receveur de deniers publics exposer sa fortune dans les chances des négociations commerciales et industrielles; l'État, en effet, a cru devoir, pour sa propre sécurité, empêcher les comptables de s'exposer à ces éventualités dangereuses. D'où l'on pourrait conclure que le Percepteur ne peut faire

(1) Nous profitons de l'occasion pour signaler une autre erreur essentielle du *Mémorial*, à propos d'Associations Syndicales, relevée par le *Journal du Droit Administratif* dans les termes suivants :

« N° 304. C'est avec raison que M. Duvergier, *Lois, Décrets*, etc., 1865, p. 311, note 6, enseigne que pour le retrait « de l'autorisation (accordée à l'Association Syndicale), il n'est « pas nécessaire que l'inaction de l'Association ait des conséquences nuisibles à l'intérêt public; qu'il suffit que l'association « mise en demeure, n'entreprenne pas les travaux en vue desquels elle a été créée; qu'au contraire, dans le cas du troisième paragraphe, il faut que l'interruption ou le défaut d'entretien puisse nuire à l'intérêt public pour que le préfet ait le « droit non pas seulement de provoquer ultérieurement la dissolution du syndicat, mais de faire exécuter d'office à la charge « de ce syndicat les travaux nécessaires pour prévenir ou faire « cesser les conséquences nuisibles au public; car c'est à cela « que les pouvoirs du préfet sont limités; il n'a pas mission de « suppléer à l'action syndicale dans l'ensemble des travaux qui « ont été confiés à l'Asssociation, mais uniquement de sauvegarder l'intérêt public; aussi, alors même que la loi fût restée « muette, le Préfet aurait trouvé ce pouvoir dans ses attributions générales. M. Bioche, *loc. cit.*, est du même avis, p. 234, « note 48.

« MM. les rédacteurs du *Mémorial des Percepteurs*, 1865, « p. 236, note 1, expriment une opinion erronée, quand ils ne « font aucune distinction dans les dispositions de l'art. 25, qu'ils « déclarent applicable aux Associations autorisées et non aux « Associations libres, comme si celles-ci, qui présentent moins « de garanties que les premières, pouvaient compromettre l'intérêt public sans que le Préfet eût le droit d'intervenir. »

indirectement par sa femme, son associé légal, ce qui lui est défendu de faire personnellement, puisque les mêmes inconvénients pourraient en résulter pour la sécurité des fonds publics. — Alors, le Percepteur n'a qu'à autoriser sa femme à faire le commerce pour son propre compte; il se rend ainsi étranger pécuniairement, comme il doit l'être personnellement et moralement, aux actes et travaux de sa femme. Il nous semble que, dans ces conditions, il n'y a pas d'inconvénient à ce que la femme d'un Percepteur se livre à un commerce ou à une industrie quelconque.

Au résumé, nous conseillons au comptable de prendre préalablement l'avis de ses chefs.

OBJETS MOBILIERS. CLOCHE. ACHAT. VENTE. ÉCHANGE.

Lorsqu'une commune achète une cloche et vend celle qui servait jusqu'alors, au même individu, doit-il être fait recette de la valeur de la cloche vendue, et dépense du prix de celle achetée, ou seulement recette ou dépense de la différence résultant de la compensation du prix d'achat avec le prix de vente?

La commune de La B... a fait l'acquisition d'une cloche qui lui a coûté fr. 3666 80. Le fondeur a pris l'ancienne pour fr. 1777 50, et le Maire lui a délivré un mandat de la différence, fr. 1889 30, imputable sur un crédit de pareille somme ouvert au budget.

Est-ce ainsi que les choses doivent se passer, ou le Receveur doit-il faire recette de fr. 1777 50 et dépense de fr. 3666 80?

Les articles 1018 à 1023, 1091 et 1092 de l'Instr. gén. déterminent les conditions des acquisitions, échanges, travaux et fournitures faits pour le compte des communes et établissements publics. Les dépenses qui excèdent 300 fr. ne peuvent être faites par les Maires qu'après adjudication des travaux ou fournitures autorisés, suivant le cas, par le Préfet ou le Sous Préfet, ou qu'après avoir obtenu la dispense de l'adjudication et sur traité de gré à gré approuvé. Le Receveur municipal de la commune de La B... n'a donc pu effectuer le payement de la somme de fr. 1889 30, que sur la représentation du procès-verbal d'adjudication ou du marché relatant les conditions de l'entreprise. La manière dont ce document est conçu, doit servir de base à la solution de la question.

1. Si l'adjudication ou marché porte l'engagement de fournir une cloche dont le poids sera payé à raison de tel prix le kilogr., ou moyennant fr. 3666. 80, et impose au fournisseur l'obligation de prendre, en contr'*échange*, l'ancienne cloche dont le prix sera fixé à raison de tant le kilogr., il est certain qu'il ne doit être fait dépense que de la *soulte*. Celle-ci donnera lieu à remises (1). Le payement ne peut avoir lieu que sur la production : 1° du procès-verbal d'adjudication ou du marché; 2° d'un certificat constatant l'inscription de la nouvelle cloche sur l'inventaire des objets mobiliers de la commune; 3° du certificat de la réception qui en a été faite par le Maire et deux membres du Conseil municipal, délégués; 4° enfin, du décompte de la livraison de l'ancienne et de la nouvelle cloche, faisant ressortir la somme formant la soulte (Instr. gén., art. 1542, n° 54.)

2. Mais, s'il a été passé avec le fondeur deux conventions distinctes, c'est-à-dire par deux actes séparés, l'un relatif à la fourniture d'une cloche neuve, et l'autre ayant pour objet la vente à celui-ci, de l'ancienne cloche; ce sont là deux opérations différentes, qui doivent être décrites dans la comptabilité communale, telles qu'elles se sont passées : D'un côté, l'*achat* pour fr. 3666 80, d'un objet mobilier affecté à un service public; et de l'autre, la *vente* pour fr. 1777 50, d'un objet de même nature. Ces deux opérations produisent des remises. De ce que le vendeur de la cloche neuve et l'acheteur de l'ancienne est un même individu, ce n'est pas là un motif pour éluder les principes de la comptabilité des communes, qui excluent la compensation des dettes avec les créances. Les dettes des communes ne peuvent être acquittées qu'après que le créancier a justifié de ses droits, liquidés, mandatés et dont il aura fourni quittance pour la totalité. Nous citerons à l'appui de cette dernière opinion un arrêté du Conseil de Préfecture de l'Orne, du 6 septembre 1850, recueilli dans le *Journal* de 1859, page 12, qui prononce l'interdiction de compenser des recettes avec les dépenses. Une autre marche que celle de l'opération de recette et de dépense ne serait suivie que dans le seul but de priver le Receveur de remises sur la totalité des deux opérations. Celui-ci pourrait faire observer au Maire que ce serait là un acte injuste, car il est déjà privé de rémunération sur un trop grand nombre d'opérations : ce dont le Maire peut se convaincre par l'examen des décomptes de remises soumis à son visa. Dans le cas qui nous occupe, le Receveur doit provoquer l'ouverture d'un crédit de fr. 3666 80 dû au fondeur, et lui faire verser la somme de fr. 1777 50, au moment où il le payera, ou à l'époque stipulée pour le payement du prix de l'ancienne cloche. Car il ne pourrait valablement, de sa propre autorité et sans mandat du Maire, faire dépense de la somme de fr. 3666 80.

3. La question serait nécessairement résolue dans le premier sens, s'il ne s'agissait que de la *refonte* d'une cloche avec diminution de matière. Dans ce cas, l'adjudication ou le marché conclu avec l'homme de l'art, énoncerait la somme totale qui lui est due pour le travail de refonte, et indiquerait la base du prix à payer en déduction de l'entreprise, par chaque kilogr. de métal, non représenté par le poids de la nouvelle cloche. Les justifications à produire seraient les mêmes que dans le premier cas. Le certificat de réception devrait contenir le décompte de la somme restant due par la commune, à moins que ce décompte ne fût établi sur une pièce séparée.

---

(1) Voir notre TRAITÉ DES REMISES, page 81, art. 2 et 3 n° 3.

SOUSCRIPTIONS VOLONTAIRES. POURSUITE. COMPÉTENCE.

Un tribunal civil est-il compétent pour connaître d'une contestation qui s'élève au sujet d'une souscription volontaire établie par une liste rendue exécutoire dans les formes prescrites?

Aux termes de l'art. 63 de la loi du 18 juillet 1837 et de l'art. 464 de l'ord. du 31 mai 1838 (Instr. gén. art. 852), les oppositions formées aux poursuites ayant pour objet des créances dont le recouvrement s'effectue en vertu d'états dressés par les Maires, lorsque la matière est de la compétence des tribunaux ordinaires, sont jugées comme affaires sommaires et la commune peut y défendre sans autorisation du Conseil de préfecture.

La compétence se détermine par la nature de la contestation. Ainsi le Conseil de Préfecture serait seul compétent, pour juger une opposion formée à l'exécution de l'état des souscriptions, par le motif, par exemple que les engagements souscrits par divers propriétaires et acceptés par le Préfet pour l'établissement d'un chemin vicinal de grande communication, constituent des contrats administratifs dont l'interprétation, ainsi que l'appréciation de faits administratifs qui les ont motivés et suivis, appartiennent à l'autorité administrative. (Arrêt du Conseil d'État, du 1er mai 1846 (Berlin); — que les offres de concours faites par des particuliers sous forme souscription pour l'établissement d'un chemin vicinal, et l'acceptation de ces offres par l'administration constituent un contrat administratif ayant pour objet l'exécution d'un travail public; et en conséquence c'est au Conseil de préfecture qu'il appartient aux termes de l'art. 4 de la loi du 28 pluviôse an VIII, de statuer sur les contestations auxquelles le contrat peut donner lieu. (Arrêt, du 23 mars 1850 (Montcharmont); — que le Conseil de préfecture est compétent pour statuer sur la validité et l'interprétation des offres de concours faites par un particulier pour l'exécution de travaux sur un chemin vicinal, même alors que la validité ou de l'interprétation des dites offres dépend la solution d'une question d'indemnité à raison de terrains pris pour l'exécution desdits travaux. (Arrêt, du 3 août 1851 (Chambord); — que les offres de concours faites par un particulier, sous forme de souscription pour l'établissement d'un chemin vicinal d'intérêt commun et l'acceptation de ces offres par le Préfet constituent un contrat administratif ayant pour objet la confection d'un travail public; et en conséquence c'est au Préfet qu'il appartient de rendre ce contrat exécutoire et au Conseil de préfecture de statuer sur l'opposition faite par le particulier au payement du montant de sa souscription. (Arrêt, du 23 décembre 1852 (Soubeyrand); — ou que la souscription consentie pour l'exécution d'un chemin vicinal intéressant plusieurs communes, est régulièrement acceptée par le Préfet qui a réglé les travaux ainsi que la répartition des dépenses de ce chemin et se trouve obligatoire, bien qu'elle n'ait pas été acceptée par délibération des Conseils municipaux, sous la forme indiquée par la loi du 18 juillet 1837. (Arrêt, du 12 juillet 1855 (Duclos).

Mais, toutes les exceptions tirées du droit commun que les parties s'opposent respectivement, sont de la compétence des tribunaux judiciaires. Cela résulte d'un arrêt du conseil d'État, en date du 3 décembre 1828, motivé comme il suit: « Sur le rapport du comité du contentieux; considérant que les parties « s'opposent respectivement des exceptions tirées du « droit commun, dont l'appréciation appartient aux « tribunaux.

« Art. 1er. La requête du sieur Dekemblay, Percepteur, est rejetée, dans le chef de ses conclu- « sions relatives à la disposition de l'arrêté du Con- « seil de Préfecture de la Seine, qui déclare à sa « charge les frais de poursuites exposés. — La re- « quête des héritiers et représentant Masson, huis- « sier, est également rejetée. Art. 2. L'arrêté sus- « énoncé est annulé dans la disposition qui statue « sur les *exceptions de droit commun* et dans celle « qui prononce sur les frais; les parties sont à cet « égard renvoyées devant les tribunaux. »

Voir au *Journal* de 1861, page 156, un arrêt de la Cour de Cassation, du 11 juillet 1860. Voir aussi *Journal* de 1866, p. 174 et 348.

Le visa du Sous-Préfet, apposé sur l'état de souscription dressé par le Maire et certifié par les personnes chargées de recueillir les souscriptions, ne préjuge rien sur le fond même de la créance. (Arrêt du Conseil d'État, du 21 avril 1832 et arrêt de la Cour d'appel d'Orléans, du 22 mars 1851.) Les actions en inscriptions de faux (1), en désaveu (2) ou en rescision (3) restent donc ouvertes aux individus désignés dans cet état. Le Maire poursuivant au nom de la commune devant les tribunaux civils, ou le juge, d'office, peut déférer le serment décisoire (C. Nap. art. 1357 à 1369) au souscripteur qui conteste son engagement, quel qu'en soit le chiffre; mais la preuve testimoniale ne peut être admise pour les sommes supérieures à 150 fr. (C. Nap., art. 1341). Lorsque ce moyen de preuve pourra être employé, le témoignage des personnes chargées de recueillir la souscription (4), pourra être invoqué contre le souscripteur illettré ou qui n'aura pas apposé sa signature sur la liste d'engagement (5). La liste revêtue de la signature du souscripteur fait pleine foi, tant que la signature n'est pas déniée formellement. (C. Nap., art. 1322 et 1323. Cass., 24 juin 1806, 28 mars 1810; et 7 janv. 1814.)

(1) Voir C. proc. civ., art. 14, 214 à 223 et suiv., 226 à 229, 233, 236, 238 à 241, 246 à 251.
(2) — id., — art. 352 à 362.
(3) Voir C. Nap., art. 1101 à 1108 et suiv., 1304 et suiv., 1311 et 1328.
(4) Voir C. proc. civ., art. 212, 234 et 235.
(5) Cette liste doit être timbrée, à moins qu'il ne s'agisse de souscriptions pour les chemins vicinaux. (Loi du 21 Mai 1836.)

ÉTUDE SUR LES RÈGLES DU PAYEMENT

DES MANDATS ET ACQUITS DU TRÉSORIER-PAYEUR-GÉNÉRAL

(ANCIEN SERVICE DU PAYEUR)

PAR LES PERCEPTEURS ET LES RECEVEURS DES ADMINISTRATIONS FINANCIÈRES

CHAPITRE VII.

QUITTANCES DES PARTIES PRENANTES.

La quittance que donne une partie prenante sur un mandat, doit être signée au moment même où a lieu le paiement, et porter *le lieu et la date* du jour où le paiement est fait. Si un mandat n'est pas payé le jour où il est quittancé, la date de la quittance doit être rectifiée, et la rectification approuvée par celui, de la partie ou du comptable, qui aura écrit la date et le lieu du paiement [Instr. gén., art. 661, 11e alinéa, et 709, 4e alinéa.] (1).

La date de l'acquit doit être remplie par la partie prenante; si cette partie, capable d'ailleurs de tracer les caractères dont se compose sa signature, ne peut pas écrire les mots nécessaires pour indiquer la date et le lieu, le comptable qui paie peut suppléer le créancier, en mettant cette date et ce lieu, à la condition de le faire personnellement et au moment même de la remise des fonds. (Instr. gén., art. 709, 4e alinéa.)

Si la quittance que donne le titulaire d'un mandat est produite séparément, comme quittance à souche, ou acquit au bas d'une facture ou mémoire de fournitures, etc., le mandat n'en doit pas moins être quittancé pour ordre, par celui au nom duquel il a été délivré. Lorsque les titres, factures ou mémoires portant quittance, sont timbrés, ou que la quittance est fournie séparément sur papier timbré, l'acquit donné pour ordre au bas du mandat n'entraîne pas la nécessité de timbrer le mandat. (Inst. gén., art. 709, 1012 et 1013.)

Quand des mandats expriment des *retenues* faites, parce qu'il y a eu un trop payé sur un mandat précédent, la quittance de la partie est donnée pour le brut. Il n'y a pas de quittance à apposer au pied d'un mandat, si la somme qui le compose doit revenir en entier au Trésor, à titre de premier mois de traitement, attendu que la compensation s'en opère de plein droit, et que le récépissé du Trésorier-payeur tiendra lieu de quittance.

Un mandat ne peut être payé, dans les arrondissements autres que le chef-lieu, *après le 20 du mois* à l'expiration duquel l'exercice est clos. (Instr. gén., art. 661, 8e et 9e alinéa.) Un payement fait postérieurement à cette date, pourrait rester à la charge du comptable qui l'aurait effectué. En conséquence, si un créancier se présente après ce délai, mais assez tôt pour qu'il puisse se faire payer à la caisse du Trésorier-Payeur, avant la clôture de l'exercice, le Percepteur devra refuser le payement et engager la partie prenante à se transporter à cette caisse, à moins qu'elle ne préfère supporter les délais d'un renouvellement du mandat sur l'exercice suivant. (Instr. gén., art. 661, 10e alinéa.) Les dispositions de l'art. 1144 de cette même Instruction offrent encore un autre moyen d'éviter la prescription d'un mandat et les formalités de son renouvellement, lesquelles entraînent d'assez longs retards. Cet article porte qu'il pourra être délivré aux créanciers de l'État, des mandats sur les divers comptables de deniers publics; et, d'un autre côté, l'art. 661 fait une obligation aux Receveurs des finances et aux Percepteurs, « d'offrir leur entremise aux parties intéressées, « pour faire parvenir les mandats dont elles désirent « le changement d'assignation. » Aussi, il nous semble qu'il conviendra, dans le cas qui nous occupe, de faire quittancer régulièrement, mais sans désignation de lieu et de date, le mandat qui est à la veille d'expirer; et ensuite, de l'adresser sans délai au Trésorier-Payeur-général auquel on demandera, en échange, un mandat sur la caisse le plus à proximité du créancier, ou toute autre, de son choix.

Mais s'il arrivait qu'un *mandat payé par le Percepteur*, dans le délai indiqué sur ce mandat pour la présentation à sa caisse, n'eût *pas été transmis* au Trésorier-Payeur-général jusqu'au dernier jour du mois, il est certain que la responsabilité de ce payement ne pourrait retomber que sur le Percepteur, si ce retard provenait de son fait (1). Il ne serait pas fondé à exiger le remboursement de la partie désignée au mandat, puisque le payement aurait été fait à celle-ci dans le délai voulu; et que, dès lors, celle-ci ne pourrait pas être responsable de la négligence ou de l'oubli de ce comptable. Celui-ci devra donc demander le renouvellement et l'obtenir à ses frais. Il est probable que le créancier, déjà désintéressé, consentira à quittancer le nouveau mandat et à faire rentrer ainsi, dans ses avances, le comptable qui lui a déjà payé le montant de ce mandat. Mais s'il s'y refusait, le Percepteur n'aurait aucun droit de l'y contraindre. Nous pensons que, dans ce cas et dans toute autre circonstance où cet acquit ne pourrait pas être obtenu, le Percepteur pourrait demander le renouvellement en son propre nom, la quittance apposée sur le premier mandat pouvant être considérée

(1) Voir *Journal* 1860, page 209. (Payem. à des parties illettrées. Rature. Ne doit être approuvée que par le comptable.)

(1) Voir *Journal* 1864, page 364.

comme substituant le comptable à ses droits envers le Trésor.

L'exposé des embarras que peut occasionner l'inobservation de cette règle d'acquittement, fera comprendre combien il importe que les acquits payés par les Percepteurs, parviennent au Receveur des finances de leur arrondissement dans les délais indiqués ci-dessus. Lorsque leur versement a été effectué avant l'époque de ces payements, et lorsque le délai fatal expire avant le jour du versement le plus prochain, il conviendra de faire, dès le 21 du mois, des acquits payés dans ces conditions, un envoi spécial dont il leur sera tenu compte, lors du premier versement ou par tout autre moyen à leur convenance et à celle du Receveur des finances.

On éprouve dans quelques Recettes des finances, les mêmes difficultés au sujet des mandats des *cantonniers des chemins vicinaux* de grande communication. Ces mandats portent qu'ils doivent être payés, sous peine de déchéance, dans les 25 jours de la date du visa du Trésorier-Payeur, et être versés dans les 15 jours suivants. (Instr. gén., art. 703, 704, 705 et 706.) Nous ne nous sommes jamais expliqué l'urgence de ce prompt renvoi, pour des mandats dont la date n'approche pas de l'époque de la clôture de l'exercice. Ils ne constituent pas non plus, pour les Trésoriers-Payeurs, des avances qu'il y a nécessité de faire rembourser promptement par une autre caisse. Nous connaissons assez les difficultés qui peuvent surgir du court délai accordé pour la rentrée de ces mandats, surtout lorsque le peu d'importance des recouvrements dispense d'un versement, pendant la quinzaine qui suit l'époque de l'acquittement de ces mandats, pour que nous ne souhaitions pas voir appliquer dans toutes les Recettes des finances, la juste tolérance, relativement à ces mandats, que nous avons trouvée dans une recette d'arrondissement. « La date du visa peut être modifiée par le Trésorier-Payeur, nous a-t-on fait observer. » Cette tolérance ne nous a point étonné; car, dans cette Recette modèle du genre, si on n'y supporte pas la négligence ou seulement le manque de zèle, on n'y trouve pas non plus l'application des règlements dans le sens étroit des mots. Lorsque le titulaire d'une *créance* est décédé, la somme qui lui revient, *léguée* par lui à une commune ou à un établissement public, ne peut payée à l'établissement légataire, que s'il est justifié que cet établissement a été régulièrement autorisé à accepter le don fait, en sa faveur, des biens meubles ou immeubles du décédé.

La *solde des troupes en station* ou tout autre dépense payable comme la solde, ne peut être payée qu'autant qu'elle a été régulièrement mandatée par l'Intendant militaire ou par un officier de l'Intendance, sauf le cas prévu par l'art. 344 du règlement de la guerre du 20 décembre 1837 pour le payement à faire à une troupe en marche ou devant partir inopinément, lorsque dans le lieu de départ ou de passage, il n'existe pas d'intendant ou de sous-intendant militaire. Dans ce cas, les officiers de l'intendance peuvent être suppléés par les commandants et majors de place, les sous-Préfets, les conseillers de Préfecture et les Maires. Les comptables appelés à payer la solde, sont tenus de pourvoir à son acquittement, les dimanches et jours fériés, mais seulement si la caisse des corps n'offre pas de suffisantes ressources pour l'effectuer; ce dont ils doivent être informés à l'avance par l'ordonnateur qui leur indique, dans ce cas, l'importance des payements à faire, de manière à ce qu'ils puissent se procurer les fonds nécessaires la veille ou l'avant-veille du jour du payement. Les états de solde aux officiers des corps de troupes, ne pouvant être payés que le 1er du mois qui suit celui pour lequel ces états sont formés, les quittances que donnent les membres du conseil d'administration de chaque corps, ne doivent pas porter une date antérieure à celle du jour où le payement peut avoir lieu.

L'émargement à donner par des ayants-droit sur des états nominatifs joints dans certains cas aux mandats, peut toujours être suppléé par des *quittances séparées*, qui, alors, sont annexées aux états produits aux Trésoriers-Payeur. [Circ. c. publ. 1er déc. 1865, § IX.] (1).

Nous rappelons ici que les *signatures griffées* sur les mandats et sur toutes les pièces à l'appui, sont absolument interdites et qu'elles doivent être rigoureusement refusées. Les *signatures au crayon* n'ont aucune valeur; elles ne peuvent être acceptées par les comptables.

Les *Trésoriers des Invalides de la marine*, ont qualité pour toucher des sommes mandatées au profit de marins ou autres personnes appartenant à l'administration de la marine; mais ils ne peuvent donner des quittances pour des individus qui ne font pas partie du corps de la marine. Il est interdit aux comptables d'admettre des pièces qui seraient quittancées pour ces personnes.

CHAPITRE VIII.

PARTIES PRENANTES ILLETTRÉES.

Les mandats doivent être quittancés par les parties au nom desquelles ils ont été délivrés; mais il peut arriver que ces parties ne puissent ou ne sachent pas signer. Voici les règles de ce payement, selon que la créance n'excède pas la somme de 150 francs ou est supérieure à cette somme :

1° Lorsque la *somme* à toucher *ne dépasse pas 150 fr.*, et que les parties prenantes étant illettrées, ne peuvent donner quittance sur le mandat ou état collectif, la déclaration en est faite au comptable chargé du payement, qui la transcrit sur ces pièces, la signe et la fait signer par deux témoins présents comme lui au payement. Cette signature du comptable est indépendante de la mention de payement à consigner sur les mandats en conformité de l'article 661 de l'Inst. gén. (Voir chap. III.) Le comptable est responsable de l'exécution de ces dispositions. (Instr. gén., art. 709.)

(1) Voir *Journal* 1861, p. 246.

Il est interdit aux commis des comptables de signer, comme témoins, la quittance d'un payement effectué à une partie prenante illettrée venant toucher ses fonds à la caisse près de laquelle ils sont placés (circ. 15 juillet 1833). Ne peuvent également servir de témoins, les parents ou alliés du comptable, jusqu'au dégré de cousin issu de germain inclusivement; les parents et alliés de sa femme, au même dégré; et ses serviteurs ou domestiques. (Code proc. civ., art. 39 et 283.)

Le comptable qui effectue le paiement doit veiller à ce qu'il ne soit pas constaté par deux témoins que la partie prenante ne sait pas signer, quand, dans la réalité, celle-ci sait signer.

Ces formalités doivent être observées par les agents des *services régis par économie*, sur toute pièce qu'ils présentent, comme sur tout état destiné à recevoir des émargements. Ces agents doivent mentionner la déclaration prescrite à l'égard des parties prenantes illettrées auxquelles il est fait des paiements en leur présence. On a généralement l'habitude de faire apposer une croix par les parties illettrées. Cette formalité nous paraît inutile à observer, attendu qu'une croix n'a aucun caractère probant. L'attestation de deux témoins sera donc seule nécessaire.

2° Mais lorsque le *paiement* à faire *excède la somme de* 150 *fr.*, le comptable doit exiger qu'il soit produit une quittance notariée, ou, à défaut, une procuration devant notaire au nom d'une personne sachant signer. Dans les quittances notariées, il doit être exprimé que la somme a été reçue du Trésorier-Payeur-général du département, par les mains de M. N..., Percepteur de la réunion de...; il faut aussi rappeler l'objet du paiement, la date et le numéro du mandat.

La quittance donnée en présence d'un notaire, est admise à l'enregistrement gratis; elle est seulement assujettie au timbre. [Instruction générale, art. 709, 2e alinéa.] (1).

Le comptable n'est pas tenu de se transporter chez le notaire, pour recevoir quittance; et il ne doit livrer les fonds que sur la remise de la quittance en due forme (acte en brevet ou expédition de l'acte, enregistré gratis et revêtu du sceau du notaire.) Lorsque la quittance pourra lui être remise en échange des fonds, le paiement matériel sera opéré en presence du notaire qui aura retenu cette quittance, et au bureau du comptable, si les occupations de celui-ci ne lui permettent pas de se transporter ailleurs, ou si un motif quelconque l'empêche de se déplacer. Cependant, il ne devra pas se prévaloir de ce droit, d'une manière absolue; il conviendra, au contraire, qu'il accorde toutes facilités aux créanciers, chaque fois qu'une pareille démarche ne devra pas nuire à ses autres obligations et aux exigences de son service.

Néanmoins la preuve testimoniale de l'acquittement peut être admise pour une somme supérieure à 150 fr., si le paiement a pour objet des *secours*, à titre gratuit, pour grêle, incendie, épizootie, ou tous autres, et s'il s'agit du pécule d'un *condamné libéré*, ou d'achat de chevaux pour le service de la *remonte de l'armée*. Le mandatement individuel ne change rien à ces dispositions; mais cette exemption ne s'étend pas à leurs héritiers. (Instr. gén., art. 709, 2e alinéa.)

La quittance notariée peut être remplacée par une *quittance* donnée *dans la forme des actes administratifs*, lorsque le paiement concerne le prix d'un immeuble ou une indemnité de terrains, si le bien a été acquis pour cause d'utilité publique, en exécution de l'art. 56 de la loi du 3 mai 1841 et conformément à cette loi. Cette disposition s'applique aux acquisitions faites pour chemins vicinaux. Cette quittance administrative est donnée devant le Préfet ou le sous-Préfet, sans pour cela, que le paiement soit fait en leur présence. L'acte exprime seulement qu'il est destiné à donner quittance à M. N..., Trésorier-Payeur-général du département, représenté par M. N..., Percepteur à..., pour tel objet et suivant mandat, à telle date et à tel numéro; et que sa remise entre les mains de ce comptable vaudra libération. Cette quittance est enregistrée et visée pour timbre gratis, conformément à l'art. 58 de la loi précitée. (Instr. gén., art. 709, 2e alinéa.) Mais cette quittance administrative, n'étant admise, comme authentique, que jusqu'à inscription de faux, il conviendra pour plus de sûreté, de faire certifier sur le mandat, par deux témoins, le payement fait en leur présence, de la manière usitée pour les payements ordinaires faits aux parties illettrés (1).

(1) Ces dispositions sont applicables aux payements concernant les dépenses communales de la même nature. (Instr. Gén., art. 1005 et 1018.) La quittance administrative est délivrée par le Maire; elle est timbrée et enregistrée gratis. (Circ. c. publ., 26 Juin 1866, *Journal des Percepteurs*, page 231.)

MODÈLE.

Commune de........

Désignation de la dépense.

QUITTANCE ADMINISTRATIVE.

Nous, Maire de la Commune d....., soussigné,

Vu l'article 56 de la loi du 3 Mai 1841;

Vu les articles 709 et 1005 de l'Instr. Gén. du 20 Juin 1859;

Attendu qu'il résulte de (désigner le titre et la date de la vente), que le sieur (indiquer les nom, prénoms et domicile des vendeurs), a vendu (ou cédé) à ladite Commune..... (désigner l'immeuble vendu ou cédé) moyennant la somme de fr.....;

Et attendu que ledit sieur N... ne sait pas signer et ne peut pas dès lors donner quittance au Receveur municipal, de la somme qui lui est due;

Déclarons que le présent acte est destiné à donner quittance à M. N..., Receveur municipal, de ladite somme de... (en toutes lettres), due audit sieur N..., pour indemnité de dépossession de... (désigner l'objet cédé, ou vendu ou exproprié). Cette somme a été ordonnancée à son profit, par mandat du...

La remise du présent acte, entre les mains du Receveur municipal par le créancier, vaudra libération à ce comptable.

Fait à......, le...... 186

(Sceau de la Mairie.) Le Maire, N...

(Légalisation de la signature du Maire, par le Sous-Préfet.)

(Visé pour timbre et enregistré gratis.....)

(1) Le droit de timbre de cette quittance, lorsqu'il s'agira de *dépenses communales*, sera seul supporté par la commune, à moins qu'aux termes de l'art. 1017 de l'Instr. Gén., le créancier n'en ait été chargé par convention expresse. Mais les honoraires du notaire doivent être supportés par la partie prenante illettrée, attendu que ces frais sont occasionnés par sa seule ignorance. (Circ. Caisse des Dépôts, 16 Août 1856 et 22 Juin 1859.)

Lorsque, dans le nombre de propriétaires ayant vendu indivisément et conjointement des parcelles de terrains pour travaux publics, sans énoncer les droits respectifs de chacun dans la propriété de ces immeubles, l'un de ces propriétaires, illettré, donne quittance du prix de vente, cette pièce (notariée ou administrative, suivant le cas) doit être signée par tous les vendeurs conjointement.

A l'égard des mandats payés à des militaires pour *avances* à eux faites *en argent*, l'Intendant ou le Sous-Intendant qui délivre ces mandats, doit, si ces militaires sont illettrés, y mentionner qu'ils ne savent signer. Cette mention tient lieu de quittance. (Instr. gén. art. 662 et 690.) Mais, ainsi que nous l'avons dit au sujet des payements effectués sur la remise d'une quittance administrative, il sera prudent de faire certifier le payement par deux témoins ; on se mettra ainsi à l'abri d'une réclamation ultérieure.

Fin du chapitre VIII.

CHRONIQUE.

Il est indispensable que MM. les Chefs de service et Employés nous préviennent dès qu'ils sont pourvus d'Employés ou d'Emplois.

Le prix d'Abonnement du recueil mensuel, le *Mémorial des Percepteurs*, *vient d'être élevé à dix francs*, à partir de cette année.

On nous signale un usage suivi dans quelques départements, par les Employés de Préfecture et qui nous parait un peu abusif : c'est l'abonnement obligatoire, de chaque Percepteur, au Recueil des Actes Administratifs de la Préfecture, et la retenue de 3 fr. à cet effet. Cette exigence nous semble trop grande, puisque les Percepteurs peuvent consulter ce Recueil à la mairie de toutes les communes de leur circonscription.

Cette pratique passe sans doute inaperçue des Préfets ; nous pensons qu'il suffirait aux Comptables, pour s'en exonérer, de s'adresser à leurs chefs immédiats.

Nous recevons, de divers endroits, des félicitations sur notre Etude concernant les *Règles des Payements* ; on en apprécie beaucoup l'à-propos, en ce moment qu'une récente instruction de la Comptabilité Publique vient d'appeler l'attention des Comptables sur ce point. Nous pouvons dire que ce travail a été préparé avec soin et qu'il formera une œuvre complète : on lui a donné tous les développements que comporte le sujet, tout en le restreignant, suivant notre usage, dans des observations pratiques.

Nous avons déjà fait savoir à nos lecteurs que nous accueillerons toujours avec plaisir, tous les *Documents et Communications* d'intérêt professionnel qu'ils voudront bien nous adresser. Nous leur répétons qu'à cet égard leur concours nous est nécessaire ; c'est en secondant ainsi nos efforts qu'il sera possible de maintenir constamment notre Journal au degré d'utilité et d'importance qu'on s'accorde généralement à lui reconnaître aujourd'hui.

Avis de l'Administration :

MM. les Abonnés sont instamment priés d'envoyer directement le montant de leur Abonnement.

Directeur, H. Gallefier, Avocat à la Cour Impériale de Paris.

JOURNAL DES PERCEPTEURS,

DES RECEVEURS DES FINANCES, ET DES RECEVEURS DES COMMUNES, HOSPICES, ETC.;
DES SURNUMÉRAIRES, ET DES ASPIRANTS.

2e Série. — 10 fr. par an. Un numéro toutes les semaines. 12e année. — N° 6.

SOMMAIRE.

DÉCISIONS ET SOLUTIONS ADMINISTRATIVES.

HOSPICES. TRAITÉS A FORFAIT AVEC LES SŒURS.

En principe, les hospices ne doivent pas passer de traités avec les Sœurs pour la fourniture des aliments et objets de consommation.

L'attention de son Excellence a été appelée à plusieurs reprises par l'inspection générale des établissements de bienfaisance sur des traités passés par quelques commissions administratives d'hospices avec les congrégations desservant ces établissements, pour la fourniture des aliments et objets de consommation nécessaires au service hospitalier.

Le conseil des inspecteurs généraux des établissements de bienfaisance, consulté sur la question de savoir si ces traités sont conformes aux principes d'une bonne administration, a émis l'avis suivant : « Considérant que les traités à forfait avec les congrégations hospitalières ont le grave inconvénient de supprimer un des éléments les plus essentiels du contrôle sur les fournitures faites aux établissements, c'est-à-dire le contrôle exercé par les sœurs hospitalières vis-à-vis de fournisseurs étrangers ; que, malgré les garanties spéciales que présente pour la fidèle exécution des marchés le caractère des sœurs, il y a toujours inconvénient à placer les meilleurs agents entre leur intérêt et des devoirs quelquefois onéreux à remplir ; que, dans l'intérêt même du maintien de l'autorité morale des sœurs, si nécessaire pour assurer l'ordre intérieur des établissements, il importe de ne pas rabaisser les religieuses au rang d'entrepreneurs de fournitures ; que le principe général de toutes les lois qui régissent l'administration hospitalière est évidemment le principe de la surveillance du service par les commissions administratives ; que cette action des commissions administratives, déjà sujettes à des défaillances, deviendrait à peu près illusoire dans le système du traité à forfait ;

« Considérant que l'article 15 *de la loi du 7 août* 1851, soumet à l'approbation préalable des préfets l'exécution des traités passés par les commissions administratives, d'accord avec le conseil municipal ; que le droit des préfets en cette matière est d'autant plus fermement accusé par le texte même de la loi, que le droit beaucoup plus restreint réservé à ces magistrats dans le cas prévu par l'article 8, est formulé d'une manière très-différente ;

« Par ces motifs, le conseil est d'avis :

« Qu'au point de vue de la bonne administration des hospices, le système des traités à forfait ne doit être accueilli qu'avec une extrême réserve ;

« Que les préfets sont armés du droit d'interdire les traités de ce genre par un simple refus d'approbation et qu'ils devront à l'avenir se refuser au renouvellement de ces traités. »

Son Excellence a adopté cet avis. (Déc. Min. Int. Bull. 1866, n° 63).

(1) Nous nous proposons d'accompagner dorénavant chaque document de ce genre d'une notice analytique résumant l'objet de la décision, car on sait combien cette Jurisprudence ministérielle est confuse.

SECTION DE COMMUNE ÉRIGÉE EN COMMUNE DISTINCTE. PROPRIÉTÉ D'UN CHAMP DE FOIRE.

Lorsque le territoire d'une même commune a été divisé en deux par l'érection d'une nouvelle commune, à qui revient la propriété du champ de foire?

Une fraction de la commune de A... en a été distraite par une loi qui forme aujourd'hui la commune de B... Au moment de régler les conditions de cette séparation, un difficulté s'est élevée au sujet d'un terrain compris dans la circonscription de la nouvelle commune et sur lequel se tiennent annuellement deux foires.

B... prétend que ce terrain doit être considéré comme un immeuble affecté à un usage public, et qu'à ce titre il est devenu sa propriété exclusive en vertu du deuxième paragraphe de l'article 6 de la loi du 18 janvier 1837. A... soutient, au contraire, qu'elle en est restée propriétaire par indivis avec B... ; elle consent d'ailleurs à céder à celle-ci son droit de copropriété et réclame de B... non-seulement le prix de cette cession, mais encore une indemnité pour le préjudice que lui causerait l'attribution à B... des deux foires qui se tiennent sur l'emplacement en litige.

Le préfet a proposé de décider : que ledit emplacement est la propriété indivisée des deux communes ; que les deux foires seront attribuées à B... ; que celle-ci n'aura à payer aucune indemnité à A... à raison de cette attribution, mais qu'elle sera tenue d'acquérir le droit de copropriété de A... sur le terrain litigieux.

Le ministre de l'intérieur n'a pas cru devoir donner suite à ces propositions. Les observations que Son Excellence a adressées au préfet, après s'être concertée avec le ministre de l'agriculture, du commerce et des travaux publics, peuvent se résumer ainsi :

1° Les prétentions de B... à la propriété exclusive du terrain en litige paraissent, sans aucun doute, dénuées de fondement; ce terrain sert à la vérité depuis longtemps à la tenue des foires, mais ces réunions commerciales n'ont lieu que deux jours par an, et n'empêchent pas de l'affermer comme pâture; l'usage qui en est fait momentanément comme champ de foire ne suffit donc pas pour lui donner le caractère des immeubles auxquels s'applique l'article 6 de la loi de 1837, et c'est avec raison, dès lors que A... le considère comme étant demeuré indivis entre elle et B... Toutefois, comme leur débat soulève une véritable question de propriété, il n'appartient pas à l'autorité administrative de s'en constituer juge, et il n'y a que les tribunaux qui pourraient le trancher si B... persistait dans ses prétentions.

2° Le ministre de l'agriculture, du commerce et des travaxx publics reconnaît que les deux foires qui se tiennent sur le terrain litigieux devront être attribués à B..., aucun emplacement aussi convenable n'existant sur le territoire de A...; mais il n'y a pas lieu de statuer à cet égard par décret, et il suffit de modifier le tableau général du département. Il n'est pas douteux, d'ailleurs, qu'aucune indemnité ne peut être réclamée par A... à B... pour la privation de ces deux foires. L'autorisation de tenir des foires est accordée dans l'intérêt du commerce et de l'industrie, et non dans le but de procurer des ressources plus ou moins considérables. Cette autorisation est, en outre, essentiellement précaire, c'est-à-dire susceptible d'être retirée à chaque instant. Dès lors, l'acte qui en opère le retrait pour la transférer d'une commune à une autre commune ne peut rendre la seconde passible d'une indemnité envers la première.

3° Il n'appartient pas à l'administration supérieure de contraindre une commune à acquérir d'une autre commune un droit de copropriété, l'initiative en pareille matière étant exclusivement réservée par la loi aux conseils municipaux. C'est donc seulement par la voix de la persuasion qu'il y aurait lieu d'agir sur la commune de B... pour l'amener à s'assurer la propriété du terrain litigieux dans le but de prévenir les difficultés que pourrait faire naître la possession indivise de ce terrain, notamment dans le cas où A... se prévalant de sa qualité de copropriétaire, s'opposerait à ce que les foires se tinssent sur cet emplacement. (Déc. Min. Int. Bull. 1866, n° 64).

Vaine pature. Réglements. Initiative des conseils municipaux.

L'initiative des règlements sur la vaine pature appartient aux conseils municipaux.

Il est intervenu en 1841, sur la réclamation d'un propriétaire de la commune de..., une décision du ministre de l'intérieur indiquant la Saint-Martin, c'est-à-dire le 11 novembre, comme l'époque à laquelle les agneaux doivent être assimilés aux moutons dans la fixation du nombre des bêtes à laine admis par hectare à la vaine pâture.

Cette décision a servi de règle jusqu'à présent dans le département dont fait partie la commune de..., mais un certain nombre de conseils municipaux ont exprimé le vœu que les agneaux fussent dorénavant comptés comme moutons à partir du 22 juin; et le préfet a consulté, par suite, le ministre de l'intérieur sur le point de savoir si la décision de 1841 est un obstacle à ce que leur demande soit accueillie.

Son Excellence a répondu : Aux termes de l'article 19 (n° 8) de la loi du 18 juillet 1837, l'initiative des règlements sur la vaine pâture appartient aux conseils municipaux. L'administration supérieure tient seulement de son pouvoir-tutelle le droit d'intervenir par voie de persuasion, d'accorder ou de refuser son approbation, en vertu de l'article 20 de la même loi, aux délibérations qui lui sont soumises (arrêts du conseil d'État du 5 mai 1857, commune d'Avensan, et 1861, commune de Kœur-la-Grande). Dès lors, si la modification proposée par quelques conseils municipaux du département de... semble justifiée, rien ne s'oppose à ce que l'autorité préfectorale y donne son approbation. Dans le cas contraire, et si les observations du préfet tendant au maintien de l'ancienne règle demeuraient sans résultat, ce fonctionnaire devrait se borner à refuser sa sanction aux délibérations intervenues. (Déc. Min. Int. Bull. 1866, n° 66).

Communes. Acquisitions. Main-levée de l'inscription.

Lorsqu'une commune a fait une acquisition, il n'y a pas lieu de produire à l'appui de chaque payement d'à-compte un certificat de main-levée partielle d'inscription.

Le préfet du ... a consulté le ministre de l'intérieur sur le point de savoir si, lorsqu'une commune a fait l'acquisition d'un immeuble dont le prix est exigible par fractions à diverses époques, le receveur municipal est tenu de produire, parmi les pièces justificatives du payement de chacune de ces fractions, un certificat de main-levée partielle de l'inscription du privilège du vendeur.

Son Excellence, après s'être concertée avec le ministre des finances, a répondu : L'inscription sera prise pour assurer la conservation du privilège du vendeur ne saurait être réduite malgré ce dernier. On ne peut pas exiger que, dans tous les cas, le receveur d'une commune qui a fait l'acquisition d'un immeuble, produise à l'appui de chaque payement opéré à titre d'à-compte un certificat de main levée partielle de l'inscription. Cette production, d'ailleurs, serait sans utilité réelle pour la commune; elle n'aurait d'autre résultat que d'entraîner des frais frustratoires assez considérables, et on ne voit pas de motifs, par conséquent, de l'exiger, alors même que le vendeur consentirait à la réduction de son privilège.

Il suffit, pour sauvegarder les intérêts de la commune, que le receveur justifie de la main-levée totale de l'inscription lors du payement *pour solde* de l'acquisition. (Déc. Min. Int. Bull. 1866, n° 67).

Communes. Distribution de l'affouage.

Les communes ne peuvent substituer aux anciens usages que les règles établies par l'article 105 du Code forestier.

Les membres du conseil municipal de ... ont déféré au ministre de l'intérieur un arrêté par lequel le préfet du ... a suspendu l'exécution de deux délibérations portant que la totalité de l'affouage (taillis et futaie), sera répartie par égales portions entre tous les chefs de ménage.

Son Excellence a rejeté ce recours et motive ainsi sa décision : Il est constant que dans la commune de ... le partage de la coupe affouagère a été, jusqu'à ces dernières années, opéré en vertu d'un usage immémorial, à savoir : pour un tiers entre les propriétaires de bâtiments et pour deux tiers entre les chefs de ménage. Le préfet a donc eu raison de rappeler au conseil municipal qu'il devait, ou continuer à appliquer cet usage, ou y renoncer, pour se conformer exactement aux dispositions de l'article 105 du Code forestier, d'après lequel, s'il n'y a titre ou usage contraire, le partage du bois de chauffage seul se fait par feu, tandis que les arbres délivrés pour constructions ou réparations sont estimés à dire d'experts et payés à la commune ; mais que l'on ne saurait autoriser à remplacer l'usage existant par un autre mode de distribution contraire à la loi. (Déc. Min. Int. 1866. Bull. n° 68).

Communes. Travaux. Règlement des mémoires.

Le règlement des mémoires des architectes peut être fait par les agents-voyers cantonaux, par des entrepreneurs, ou par des maîtres ouvriers.

Les communes peuvent faire exécuter, sur les crédits ouverts régulièrement à leurs budgets, et sans autorisation préalable, les travaux de réparation ordinaire et d'entretien dont la dépense n'excède pas 300 francs. Elles ont également la faculté de traiter de gré à gré, sauf l'approbation du préfet, pour les autres travaux et fournitures, quel que soit le chiffre de la dépense, dans les cas exceptionnels prévus par l'article 2 de l'ordonnance du 14 novembre 1837. Mais les mémoires de ces travaux et fournitures doivent, aux termes de l'article 1542 (n° 59 et 60 de l'instruction générale du 20 juin 1859 sur la comptabilité), être soumis à un règlement avant d'être visés par le maire.

Un certain nombre de communes du département de ... ayant réclamé au sujet des frais qu'entraîne ce règlement, lorsque les architectes en sont chargés, le préfet a autorisé les administrations municipales à le faire opérer, soit par les agents-voyers cantonaux, soit par des entrepreneurs ou par des maîtres ouvriers. Mais le conseil de préfecture a refusé d'admettre les mémoires réglés par ces derniers au nombre des pièces justificatives que les receveurs municipaux doivent produire à l'appui de leurs comptes.

Consulté par le préfet sur le point de savoir si ce refus est fondé, le ministre de l'intérieur s'est prononcé pour la négative, et a motivé ainsi son opinion : En principe, rien ne paraît s'opposer à ce que des maîtres ouvriers soient chargés par les communes du règlement des travaux qu'ils n'ont pas exécutés eux-mêmes. Il suffit d'exiger, pour sauvegarder les intérêts des communes, que l'opération soit faite avec exactitude et impartialité. Dès lors, quand les mémoires ont été réglés par un maître ouvrier offrant des garanties de capacité et de moralité, le conseil de préfecture ne devrait point, par la seule considération de la personne qui a procédé au règlement, rejeter ces mémoires du nombre des pièces justificatives produites à l'appui des comptes qu'il est appelé à juger, et tout porte à croire qu'une semblable décision serait annulée par la Cour des comptes, si elle lui était déféré. (Déc. Min. Int. 1866. Bull. n° 69).

Société de secours mutuels. Timbre et enregistrement *des actes qui les concernent.*

L'article 11 du décret du 26 mars 1852 exempte des droits de timbre et d'enregistrement tous les actes intéressant les sociétés de secours mutuels approuvées.

Cet article crée une exception au droit commun en faveur de chaque société prise collectivement et formant une personne morale, mais non au profit des des individus qui la composent. Ainsi tout acte relatif à une donation, à une acquisition, etc., peut être dressé sur papier non timbré et enregistré gratis. D'après les termes du décret, l'exception qui résulte de l'article 11 devrait rigoureusement se borner à ces actes Cependant les sociétés de secours mutuels sont intéressées à connaître l'âge exact de leurs membres, soit au moment de l'admission, soit lorsqu'il s'agit de répartir entre eux les livrets de retraite ou d'établir une statistique destinée à modifier les statuts. Elles ont également intérêt à s'assurer que leur sociétaires sont légitimement mariés pour accorder, le cas échéant, aux veuves les secours promis par les statuts. Comment se procurera-t-on la pièce probante si le sociétaire refuse de la produire ou n'a pas l'argent nécessaire pour l'obtenir ? Ce ne peut être que par l'intervention de la société. Il faut reconnaître aussi que, dans ce cas, l'acte intéressant l'individu n'intéresse pas moins l'association. Il était donc nécessaire que la faveur accordée par l'article 11 du décret de 1852 aux actes concernant la société, fût étendue aux expéditions des actes de l'état civil délivrées par les sociétaires. D'après l'avis de la commission supérieure d'encouragement et sur la demande du ministre de l'intérieur, M. le ministre des finances a décidé, le 23 février 1851, que les expéditions d'actes de naissance et de mariage, lorsqu'elles seront délivrées aux présidents des sociétés, dans l'intérêt des associations, seront visées pour timbre gratis, pourvu qu'elles contiennent la mention expresse de leur objet et de leur distination spéciale.

Une autre question s'est prodnite au sujet de l'interprétation du même article. On a demandé si une donation en faveur d'une société de secours mutuels devait être enregistrée au droit fixé ou si elle est soumise au droit proportionnel.

Quelque nombreux que soient les privilèges accordés aux sociétés de secours mutuels approuvées, l'exemption des droits, prévue dans l'article 11, ne s'applique cependant pas aux *transmissions* de biens, même lorsqu'elles sont constatées par des actes; c'est ce qui résulte d'une décision du ministre des finances du 6 juillet 1852.

Cette décision est fondée sur la jurisprudence antérieure de la Cour de cassation, qui a reconnu, par deux arrêts des 13 janvier et 6 juillet 1818, qu'en principe, la loi sur l'enregistrement établit une distinction radicale entre les *mutations* et les *actes;* d'où la conséquence, lorsqu'une loi spéciale affranchit du payement des droits les *actes* concernant un établissement public, cette disposition ne peut être étendue aux *transmissions* de biens qui s'opèrent au profit de cet établissement. Il résulte de cette doctrine que, du moment que le décret de 1852 n'a accordé l'exemption des droits qu'aux actes intéressant les sociétés de secours mutuels, sans parler des *transmissions* de biens ou valeurs, c'est qu'il n'a pas entendu faire la même faveur à ces transmissions et que, dès lors, elles doivent être soumises au droit proportionnel d'enregistrement, qu'elles aient lieu par suite de vente, de donation ou de succession. (Déc. Min. Int. 1866. Bull. n° 70).

JURISPRUDENCE SPÉCIALE.

CONSEIL D'ÉTAT.

DÉLAI DE RÉCLAMATION CONCERNANT LES DROITS DE PATENTE ÉTABLIS AU NOM D'UN INDIVIDU DÉCLARÉ EN FAILLITE.

Le délai de réclamation concernant les droits de patente établis au nom d'un individu déclaré en faillite, ne court pas du jour de la déclaration de faillite par le tribunal de commerce, lorsqu'il a été interjeté appel de ce jugement, mais seulement du jour où la cour d'appel a statué définitivement. (Décr. 7 avr. 1866. Barbier (1).

CONTRIBUTION FONCIÈRE.

GARES DE CHEMINS DE FER. *Embarcadère des voyageurs considéré comme une construction imposable à la contribution foncière.*

Dans les gares des chemins de fer, un embarcadère pour les voyageurs, qui est couvert d'une toiture, constitue un bâtiment qui doit être compris, sous la déduction de la surface occupée par la voie ferrée, dans l'évaluation du revenu cadastral applicable aux constructions. (Décr. 21 mars 1866. — Chemin de fer du Nord (1).

GARES DE CHEMINS DE FER. *Locaux imposables ou non imposables.*

On doit comprendre dans la valeur locative servant de base au droit proportionnel de patentes *les voies pavées affectées à la circulation des voitures dans l'intérieur des halles aux marchandises;* mais on ne doit y comprendre ni *les quais destinés à l'embarcadère ou au débarcadère des voyageurs*, alors même qu'ils sont couverts, ni la *toiture* qui sert à les couvrir. (Décr. 21 mars 1866. — Chemin de fer du Nord).

CONTRIBUTION DES PORTES ET FENÊTRES.

GARES DE CHEMINS DE FER. *Locaux dont les ouvertures ne sont pas imposables. Portes à imposer comme portes cochères.*

Ne sont pas imposables à la contribution des portes et fenêtres, dans une gare de chemin de fer : 1° les ouvertures des locaux spécialement destinés à remiser les wagons et les locomotives, alors même que ces locomotives et wagons y reçoivent ordinairement les réparations les moins importantes; 2° les châssis vitrés placés dans la toiture des bâtiments, lorsqu'ils n'éclairent pas des appartements habitables.

On doit imposer comme portes cochères toutes les portes ayant la dimension nécessaire et ouvrant sur la halle pour le transbordement des colis, sur celle des expéditions et sur celle des arrivages. (Décr. 21 mars 1866. — Chemin de fer du Nord).

PORTE COCHÈRE D'UN USAGE COMMUN A UN ÉTABLISSEMENT PUBLIC ET AU LOGEMENT PERSONNEL DU DIRECTEUR DE CET ÉTABLISSEMENT.

Une porte cochère qui donne à la fois accès à un établissement du télégraphe public et au logement personnel du directeur de cet établissement, est imposable au nom dudit fonctionnaire, non par fraction de taxe, mais en totalité. (Décr. 21 mars 1866. Le Français).

Nota. — Un Arrêt très-remarqué du 10 février 1835 (*Maurice Duval*), avait déjà décidé qu'une porte cochère, d'un usage commun au bureaux d'une préfecture et au logement du préfet, était imposable au nom de ce magistrat (2).

(1) Nous avons rapporté dans notre volume de 1863, p. 218, un Décret du 6 août 1857, qui décide que la demande en décharge devait être formée dans les 3 mois de la fermeture des magasins. — Nous avons décidé, sur une question qui nous était soumise, que si le syndic n'a pas fait sa réclamation dans les délais utiles, il était tenu de payer la cote en entier, et que le Trésor était privilégié sur le prix de la vente des meubles du failli avant toute autre créance et sur l'actif de la faillite. (*Journal* de 1856, p. 263 et 337.)

(1) Pour ce qui concerne le revenu net imposable et les locaux non imposables des Chemins de fer, Voir au *Journal* de 1866, p. 219, l'état actuel de la Jurisprudence du Conseil d'État.

(2) Pour les locaux non destinés à l'habitation des hommes et les magasins dans les gares de Chemins de fer, Voir au *Journal* de 1868, p. 240, la Jurisprudence du Conseil d'État.

ÉTUDE SUR LES RÈGLES DU PAYEMENT
DES MANDATS ET ACQUITS DU TRÉSORIER-PAYEUR-GÉNÉRAL
(*ANCIEN SERVICE DU PAYEUR*)

PAR LES PERCEPTEURS ET LES RECEVEURS DES ADMINISTRATIONS FINANCIÈRES

CHAPITRE IX.

TITRES D'HÉRÉDITÉ.

Section 1re. — *DISPOSITIONS GÉNÉRALES.*

Dans le cas où le créancier au profit duquel un mandat aurait été délivré, serait décédé, ses héritiers ne peuvent toucher en son lieu et place, qu'en justifiant de leurs droits. Car le comptable, lors même qu'il connaîtrait personnellement les héritiers, n'est pas légalement juge de leur qualité. Il devra donc exiger de ceux-ci, qu'ils justifient de leurs droits de succéder à l'ancien possesseur d'une créance ordonnancée, par la production d'actes propres à les faire reconnaître, soit que les mandats aient été expédiés en leur nom, soit qu'ils l'aient été au nom de celui qu'ils représentent. Nous avons déjà dit que le Trésorier-Payeur-Général étant responsable des payements effectués pour son compte, c'est à lui qu'appartient l'appréciation des actes établissant les droits des réclamants, et non au comptable chargé du payement matériel. En conséquence, celui-ci devra différer le payement jusqu'à ce qu'il soit autorisé à l'effectuer, par le Trésorier-Payeur, après que celui-ci aura examiné les pièces produites et reconnu leur régularité.

Les héritiers de tout créancier ont droit au payement des sommes dues à celui dont ils ont hérité. (Code Nap., art. 732.) Il n'y a d'exception que pour les arrérages échus au décès d'un ancien militaire de la République et de l'Empire, ou d'un pensionnaire de l'ancienne liste civile, titulaire d'un *secours viager*. Ces arrérages et les sommes non acquittées lors du décès de ce titulaire, ne sont pas payables à leurs héritiers, à moins qu'une décision de M. le Grand Chancelier de la Légion d'honneur, pour les anciens militaires, et du Ministre, pour les pensionnaires de l'ancienne liste civile, faisant connaître la personne autorisée à recevoir, n'en ait ordonné le payement. (Règl. fin. 20 mars 1852, art. 9 et circ. c. gén. 30 juin 1856) (1).

Les titres d'hérédité à produire par les héritiers d'un créancier, décédé, pour obtenir du Trésorier-Payeur les sommes revenant à ce créancier, sont les suivants :

1° L'acte de décès de la personne au profit de laquelle a été délivré le mandat ; (voir ci-après, section 2e).

2° Un certificat de propriété, constatant le nom et la qualité des héritiers ayant droit de toucher ; (voir ci-après, section 3e).

Ou s'il n'est pas fourni de certificats de propriété, des actes notariés ou jugement établissant les droits des réclamants ; (voir section 4e.)

3° Et si l'un des créanciers se présente seul pour toucher en son nom et au nom de ses cohéritiers, une procuration en bonne forme de ces derniers. (Voir cependant chap. III, art. 150 et chap. VI.)

Les titres à produire par les héritiers des rentiers viagers de la caisse de retraite de la vieillesse, sont exempts de timbre et d'enregistrement, ainsi que ceux produits par les ayants-droit des pensionnaires des douanes, lorsque, pour ces derniers, le décompte des arrérages réclamés ne dépasse pas 50 francs.

Section 2e. — *ACTE DE DÉCÈS.*

L'acte de décès à produire par les héritiers d'un créancier de l'État, doit être délivré sur papier timbré, et être légalisé par le Président du tribunal civil ou par le juge de paix. L'acte de décès produit, pour obtenir un décompte d'arrérages d'une rente viagère de la caisse de retraite de la vieillesse, d'une pension militaire, d'une pension civile (douanes), de veuve, de donataire, ou pour récompense nationale aux anciens militaires et aux pensionnaires de l'ancienne liste civile, est exempt de timbre, quand il indique l'emploi auquel il est destiné. Il peut être légalisé par le Sous Préfet. Les héritiers de cantonniers et d'ouvriers employés sur les routes impériales ou départementales, ou sur les chemins vicinaux de grande communication, qui ont à recueillir des sommes ne s'élevant pas à plus de 50 francs, provenant de décomptes de salaires de leurs auteurs, et dont les droits ne reposent pas sur des actes notariés, tels que testament ou extraits d'inventaire, sont dispensés de fournir l'acte de décès sur papier timbré. La même exemption existe en faveur des héritiers de militaires décédés, lorsque la somme qui leur revient ne dépasse pas 150 francs. Dans ces cas, l'acte de décès produit doit exprimer qu'il a été délivré pour cette destination. Mais quand la justification des droits des héritiers est faite par des extraits d'un testament, d'inventaire, de partage, de liquidation, d'abandon et autres, l'acte de décès doit être fourni sur papier timbré et être légalisé par le Président du tribunal ou par le Juge de paix. Car, il y a lieu de supposer, dans ce cas, que la succession a d'autres ressources que le décompte de salaires qui doit lui être payé.

Il y a dispense de produire l'acte de décès, quand

(1) Voir *Journal* 1865, p. 273.

la date précise du décès n'est pas nécessaire pour déterminer la somme qui est due au défunt ; il suffit, dans ce cas, que la date du décès soit relatée dans le certificat de propriété. Toutefois, il serait indispensable de le produire, si le certificat de propriété était délivré par le Juge de paix.

Dans le cas où l'acte de décès contient une erreur dans le nom du défunt, on doit, s'il n'est pas possible de rectifier cette erreur par un certificat de notoriété, la faire constater par un jugement du Tribunal civil, là où la succession a été ouverte. Le Maire qui a délivré l'acte de l'état civil, mentionnera en marge la rectification prononcée par ce jugement ; sa signature doit être légalisée. Si l'erreur n'existe que dans les prénoms, l'identité peut être établie par un acte de notoriété que délivre un notaire.

Section 3e. — *CERTIFICATS DE PROPRIÉTÉ.*

1er Dispositions générales.

Le certificat de propriété à produire par les héritiers, est destiné à établir le nom et la qualité des héritiers aptes à recevoir les sommes dues au créancier décédé. Il est délivré par le Juge de paix du domicile du décédé et dans quelques cas par le Maire, s'il n'y a pas eu inventaire, partage ou autre acte translatif de propriété ; dans le cas contraire, il est rédigé par un Notaire, et dans certains cas, par le Greffier du tribunal civil. (1)

Dans ces certificats, les officiers ministériels qui les délivrent, doivent *indiquer* avec soin : les noms, prénoms et domiciles des témoins et des héritiers (si le domicile est dans une grande ville, le nom de la rue et le n° de la maison ; pour les militaires, le corps auquel ils appartiennent, etc.) ; les qualités des héritiers et à quel titre ils le sont ; s'ils sont majeurs ou mineurs, et si les femmes sont mariées ; pour les mineurs, ils indiquent les noms, prénoms et domiciles des tuteurs (pour les mineurs émancipés, des subrogés-tuteurs) ; si le tuteur n'est ni le père, ni la mère, ils doivent rappeler la délibération du conseil de famille qui l'a nommé, ainsi que l'acceptation qu'il a faite de cette mission ; pour les femmes mariées, ils désignent les noms, prénoms et domiciles de leurs maris, de qui elles doivent être assistées et autorisées.

Le certificat de propriété est admis comme *justification suffisante* des droits des héritiers qu'il désigne, aux sommes dues à la mort d'un créancier. Les parties peuvent donc se borner à produire cet acte, et le Trésorier-Payeur ne doit pas en exiger d'autre, dans l'intérêt des parties ; si cependant, celles-ci persistent à vouloir produire, au lieu de l'acte de propriété, les copies ou extraits des actes qui établissent leurs droits, ces pièces ne peuvent être refusées ; mais le comptable qui paye ne les admet qu'autant que le Trésorier-Payeur a reconnu, après examen, que les diverses formalités prescrites par les règlements ont été rigoureusement observées. (Voir section 4e.)

Le certificat de propriété est admis, quand bien même l'examen de ce titre ferait reconnaître que les droits respectifs des parties n'ont pas été établis exactement par l'officier ministériel qui l'a rédigé. Les notaires, juges de paix, etc., ont seuls à supporter, vis-à-vis des tiers, la responsabilité de leurs actes. D'ailleurs c'est aux parties et non au Trésorier-Payeur qu'il appartient d'en demander le redressement, et ce dernier doit les admettre, tant qu'ils ne sont pas critiqués par les intéressés.

Un certificat délivré à des *mineurs*, même émancipés, doit donner à ces mineurs la qualité d'héritiers bénéficiaires. Toutefois l'omission de cette qualité dans l'acte, ne fait pas obstacle au payement, les mineurs tenant cette qualité des dispositions de la loi, et aucune garantie n'en pouvant résulter pour le Trésor. (Cod. Nap., art. 461.)

Lorsque dans un certificat de propriété, il existe des erreurs portant sur la différence entre les noms et les prénoms, les dates des décès ou de naissance, ces erreurs peuvent être rectifiées par de simples renvois, dûment approuvés et signés par celui qui a délivré l'acte. Si, au contraire, l'erreur a été commise par un notaire et provient d'indications erronées qui existaient à d'autres actes, la rectification s'opère au moyen d'un acte de notoriété dont le notaire conserve la minute, puis rectifie les erreurs au certificat de propriété.

Le certificat de propriété délivré par le notaire ou par un juge de paix, doit être légalisé par le Président du tribunal civil. Cependant le certificat du notaire ne doit être légalisé que lorsqu'il en est fait usage, savoir : pour les notaires placés à la résidence des Cours d'appel, hors du ressort de ces cours ; et pour les autres, hors du département.

Les certificats de propriété délivrés par les notaires ou autres officiers publics, pour servir à la justification des droits des héritiers, en ce qui concerne les sommes dues par l'État à titre de pension, de rénumération ou de secours, sont affranchis de la formalité de l'enregistrement. (Instr. gén., art. 702. — Voir cependant § 2e ci-après.) Ils sont seulement assujettis au timbre ; mais ils sont exempts de timbre et d'enregistrement pour les pensions de la caisse de retraites de la vieillesse. (Instr. gén., art. 701.)

§ 2e — Certificat de propriété à délivrer par un notaire.

Le certificat de propriété délivré par un notaire, exprime s'il a été fait, ou non, un inventaire à la mort du créancier ; quels sont les héritiers ; et, en cas de décès de ceux-ci, s'il a été fait, ou non, un inventaire ; quels sont les héritiers de ces derniers et quelle est la portion de créance qui revenait aux prétendants décédés qu'ils représentent. Les représentants des héritiers décédés ont à produire eux-mêmes des actes qui justifient de leurs droits.

Ce certificat peut être délivré par un notaire, en

(1) Voir au *Journal* de 1865, p. 148, le modèle de ces divers certificats, donné à l'appui du décret du 18 sept. 1806.

exécution de la loi du 28 floréal an VII et du décret du 16 septembre 1806 :

1° Lorsque celui-ci est détenteur de la minute des actes qui constituent les droits des héritiers, tels qu'un acte de donation entre vifs, un testament, un inventaire ou un acte de partage ou d'abandon ;

2° Sur la déclaration de deux individus majeurs, établissant qu'il n'a pas été fait d'inventaire et indiquant les héritiers du défunt ;

3° Et, s'il n'y a pas eu d'inventaire et que l'un des héritiers soit décédé postérieurement au décès du créancier, d'après la minute ou l'expédition d'un acte de notoriété qu'on lui aura déposé, constatant l'absence d'inventaire, le nom des héritiers laissés, ceux décédés et ceux qui représentent ces derniers. Ce certificat devra présenter les indications énoncées au paragraphe des dispositions générales.

Le certificat de propriété produit pour toucher une créance, autre qu'une pension, une rémunération ou un secours, n'est pas soumis à la formalité de l'enregistrement, s'il n'est signé que par le notaire, sans l'intervention de témoins. (Voir en outre le § 1er ci-dessus, en ce qui concerne les droits de timbres et d'enregistrement.)

Quand le certificat de propriété est délivré au profit d'un *exécuteur testamentaire*, il y est fait mention, que la saisine de la succession lui a été donnée. Mais on doit se rappeler que les pouvoirs de l'exécuteur testamentaire expirent après l'an et le jour, et que, d'un autre côté, les héritiers peuvent faire cesser cette saisine avant l'expiration de ce délai. (Code Nap., art. 1026 et 1027.)

Le certificat délivré au *curateur* d'une *succession vacante* ou d'un interdit, doit énoncer que ce curateur a accepté les fonctions qui lui ont été déférées par jugement. Les comptables ne peuvent faire de payements au curateur d'une succession vacante ; les sommes dues à cette succession sont versées à la Caisse des dépôts et consignations ; les récépissés qu'ils reçoivent de cette caisse opèrent la libération du débiteur. (Code Nap., art. 539, 768, 811 et suivants et Instr. gén., art. 1019 et 1542, §§ 55 et 58. — Voir 4e section ci-après.) Mais les sommes dues à un interdit peuvent être payées au tuteur ou curateur, après qu'il aura été justifié de l'accomplissement des formalités prescrites par les art. 450 et suiv. du Code Nap.

Lorsque le certificat est délivré à la veuve et aux héritiers d'un créancier marié sous le régime de la *communauté légale*, il doit y être attribué à la veuve, la moitié des sommes dues ; l'autre moitié appartient aux héritiers. Si un créancier laisse à son décès une *veuve enceinte*, ils convient de se reporter aux dispositions des art. 393 et 458 du Code Nap., (1) ; et si une veuve a refusé la tutelle de ses enfants mineurs, le certificat doit l'attester. Pour les enfants mineurs admis dans un hospice, à raison de leur indigence, le certificat doit constater qu'ils sont sous la tutelle d'un administrateur de cet hospice. (Code Nap., art. 461.)

Si les droits des héritiers résultent seulement d'une donation ou d'un testament, le notaire spécifie dans le certificat, que le créancier n'a laissé ni ascendant, ni descendant au profit desquels la loi établit une *réserve* ; (Code Nap., art. 913 et suiv.) parce que, dans le cas contraire, il y aurait lieu de justifier que le montant du legs n'excède pas la quotité disponible. (Code Nap., art. 920 et suivants.)

Lorsque les héritiers d'une succession auront été *envoyés en possession* par la justice, en conformité des art. 723 et 724 du Code Nap., leurs droits résultant alors d'un jugement, ce ne sera plus à un notaire à délivrer le certificat, mais bien au greffier du tribunal du lieu de l'ouverture de la succession.

Si la créance consiste en arrérages dûs à un *pensionnaire civil* décédé à l'étranger, il doit être justifié que ce pensionnaire n'avait pas perdu la qualité de Français.

Le certificat de propriété et tous autres actes, de quelque nature qu'ils soient, délivrés en brevet par un notaire, doivent être empreints du sceau de cet officier ministériel ; ces actes sont légalisés par le Président du tribunal civil, s'il en est fait usage, hors du département où réside le notaire. (Voir ci-dessus, § 1er.)

(1) Voir *Journal* de 1866, page 150.

Coffres-forts à l'usage des comptables,

Fournis par le *Journal des Percepteurs*.

Bien que nous ayons adressé aux Comptables des Circulaires détaillées concernant nos Coffres-forts, on nous demande journellement des explications à cet égard. Ce n'est pas ici le lieu d'entrer dans des développements ; nous dirons seulement que nous nous contentons d'un bénéfice tellement modique, que les Comptables ne sauraient trouver ailleurs des conditions aussi avantageuses, et que nous pouvons adresser en toute confiance les Comptables qui nous interrogent à tous ceux de leurs Collègues qui nous ont acheté un de ces meubles.

Ces Coffres, où l'on s'est attaché surtout à rechercher la solidité et la bonne confection, sont d'une forme simple, sans aucuns ornements d'élégance. Toutefois, ils forment un assez joli meuble, et peuvent très-bien être utilisés comme *Écrit-debout*, pour placer des registres.

CHRONIQUE.

PERMUTATIONS.

Un jeune homme de 23 ans, employé depuis quelques années dans une Recette Particulière; et connaissant le service dans toutes ses parties, désire se placer comme Fondé de pouvoirs dans une Recette Particulière, aux appointements de 1500 à 1800 fr.

Il peut produire les certificats nécessaires.

DEMANDES D'EMPLOI.

Un Percepteur de 2e classe, dans le Haut-Rhin, belle résidence, chef-lieu de canton, désirerait permuter avec un de ses collègues du Bas-Rhin, même de 3e classe, mais avec émoluments supérieurs.

* * *

Plusieurs Fondés de pouvoirs de Recette Particulière cherchent à permuter.

* * *

Plusieurs Commis de Perception sont disponibles en ce moment.

* * *

Un Commis percepteur, connaissant à fond le service municipal et celui des contributions, désirerait se placer dans le département de la Seine, aux appointements de 1500 fr. Il pourrait faire seul le travail d'une Perception de 1re classe.

Le prix d'Abonnement du recueil mensuel, le *Mémorial des Percepteurs, vient d'être élevé à dix francs*, à partir de cette année.

Nous publierons, à la fin du volume de notre Journal de la présente année 1867, une *Table alphabétique*, comprenant les 2 années 1866 et 1867, que nous réunirons ainsi pour simplifier les recherches.

Nous avons déjà eu l'occasion de remarquer l'aggravation de dépenses qui résulte souvent de l'application de la circulaire du 1er décembre 1865, déterminant les *Imprimés à la charge des communes*. (Voir Journal 1866, p. 123.) Cette nomenclature laisse encore des lacunes regrettables; ainsi, il est nombre d'états pour la confection desquels on réclame le concours des Percepteurs, et pour lesquels aucun Imprimé ne leur est fourni. Afin d'éviter des embarras et des pertes de temps, les Percepteurs sont obligés de les comprendre dans leurs demandes, et, partant, de les payer. Citons notamment les états de sommes payées à titre de secours aux voyageurs indigents, et aux forçats et condamnés libérés, dont l'imputation des frais n'est pas nettement déterminée.

Il semble qu'il serait équitable de prescrire à chaque Comptable la demande de ses imprimés, en lui en donnant la désignation précise.

L'ouverture des Chambres vient d'être fixée au 14 février. Il faut espérer que la révision de la *Loi sur les Pensions de retraites*, dont il est parlé depuis deux années, passera à cette session. Nous tiendrons soigneusement nos lecteurs au courant de ce qui sera fait sur ce point qui les intéresse vivement.

La *Banque de France* a été autorisée à créer des *Succursales* à Auxerre, Lorient, Montauban, Perpignan, Rodez, Saint-Brieuc.

Les *Billets* de 100 fr. *de la Banque de France* viennent d'être l'objet de plusieurs *modifications*. La vignette à dessins imprimés en bleu, le papier et les filigranes de la date restent les mêmes, à première vue du moins, mais le texte a été changé. Il n'y a plus de lettres de séries ou numéros écrits à la main. Ces lettres et ces numéros, répétés et opposés, sont timbrés par un numéroteur mécanique. La réforme la plus intéressante est sans contredit celle qui donne à chaque billet un numéro d'ordre particulier.

☞ Il est généralement admis pour les recueils judiciaires administratifs et même littéraires, que l'abonnement est virtuellement continué, à moins d'avis contraire, à l'expiration. Cet avis se donne par lettre ou par le simple retour du 1er N° de la nouvelle année, avec la mention : *Refusé*. — Mais il arrive parfois que quelques personnes, qui veulent discontinuer, se laissent adresser 2 Nos, 3 Nos et même davantage. Il est bon qu'ils sachent qu'alors l'éditeur est parfaitement fondé à réclamer le prix des Nos ainsi expédiés : des tribunaux ont même accordé en ce cas le montant de l'abonnement entier. Pour nous qui en sommes à l'impression du 6e N° de notre Journal, nous pensons que nous avons laissé une assez grande latitude pour les refus, et nous prévenons qu'à partir de ce moment nous n'en accepterions plus gratuitement, sans user de nos droits.

En nous faisant parvenir le montant de leur abonnement, une foule de Comptables nous témoignent leur satisfaction sur la marche de notre Journal; cet assentiment nous est très-précieux, et nous engage à continuer nos efforts. Puisque nous sommes encore à l'époque de l'année où l'on contracte des abonnements, qu'il nous soit permis de compter sur les sympathies de nos lecteurs pour nous attirer des souscriptions de la part de leurs collègues. MM. les Comptables savent quel genre d'influences arrêtent le développement régulier que devrait prendre notre Journal dans toutes les Recettes; leur concours actif nous est plus que jamais nécessaire; d'ailleurs, les intérêts que nous représentons ne sont-ils pas les leurs?

Directeur, H. GALLETIER, Avocat à la Cour impériale de Paris.

PAYEMENT DE L'ABONNEMENT.

Malgré les frais et les efforts véritablement considérables (et imprévus) qu'a exigés la publication hebdomadaire du Journal des Percepteurs, nous voulons tenir compte de la position de beaucoup de comptables, et nous n'avons pas l'intention d'élever le prix de l'abonnement — comme vient de le faire un autre recueil. Nous désirons seulement que chacun, sans être obligé de dépenser plus pour cela, nous prête son assistance à notre œuvre d'utilité générale; ainsi nous demandons seulement à nos abonnés de nous payer directement, dans le courant du mois de février, l'abonnement par mandat ou timbres-poste.

Nous pensons que tous se feront un devoir de conscience de remplir ce petit acte d'obligeance, d'ailleurs facile à exécuter dans le délai d'un mois.

JOURNAL DES PERCEPTEURS,

DES RECEVEURS DES FINANCES, ET DES RECEVEURS DES COMMUNES, HOSPICES, ETC.;
DES SURNUMERAIRES, ET DES ASPIRANTS.

2e Série. — 10 fr. par an. Un numéro toutes les semaines. 12e année. — N° 7.

SOMMAIRE.

ACTES OFFICIELS

CIRCULAIRE DU DIRECTEUR GÉNÉRAL DE LA COMPTABILITÉ PUBLIQUE *relative à différents points du service.*

1er février 1867.

I. *Envoi du nouveau règlement sur la comptabilité des dépenses du ministère des finances en date du 26 décembre 1866.* — Monsieur, un nouveau règlement relatif à la comptabilité des dépenses du Ministère des finances, en date du 26 décembre 1866, vient d'être publié en exécution de l'article 88 du décret du 31 mai 1862 sur la comptabilité publique. Il vous en sera incessamment adressé trois exemplaires pour la Trésorerie générale, ainsi qu'un exemplaire pour chaque recette particulière.

Le nouveau règlement doit être mis à exécution à partir de l'exercice 1867 : mais, comme à l'époque où il vous parviendra, vous aurez déjà acquitté des dépenses sur cet exercice, il pourra arriver que quelques-unes des justifications produites à l'appui des payements, ne soient pas tout à fait conformes aux nouvelles prescriptions. Vous devrez donc vous entendre avec les ordonnateurs pour obtenir les compléments de justifications qu'exigeraient les opérations commencées ou consommées avant la réception du règlement.

Une circulaire ministérielle, placée en tête de ce document, adressée aux liquidateurs et ordonnateurs secondaires, résume quelques-unes des dispositions qui ont été récemment introduites, tant dans le règlement que dans le décret dont il est l'exécution. J'invite, en conséquence, les comptables, non-seulement à se bien pénétrer de ces nouvelles dispositions, mais encore à étudier avec le plus grand soin toutes les parties, sans exception, du règlement lui-même.

II. *Versements à la caisse des retraites pour la vieillesse. Nouveau mode de constatation des versements des intermédiaires.* — Aux termes des articles 558 et 559 de l'Instruction générale, les versements faits par les intermédiaires pour le compte de la Caisse des retraites de la vieillesse devaient être portées à un compte transitoire, et c'est seulement après que les sommes ont été *inscrites et visées sur les livrets*, et que lorsque livrets sont rendus au receveur des finances, que les versements sont appliqués définitivement en recette au compte de la *Caisse des dépôts et consignations.* D'un autre côté, les livrets déposés par les intermédiaires devaient être annotés, remis à la préfecture ou sous-préfecture, et rendus au receveur des finances, *au plus tard à la fin de la dizaine pendant laquelle ils ont été déposés*, de telle sorte que le montant en soit appliqué au crédit de la Caisse des dépôts dans la dizaine du versement et que *le compte transitoire soit toujours soldé en fin de dizaine* (1).

L'exécution simultanée de ces diverses règles est souvent difficile, parfois même impossible, dans les arrondissements où les versements des intermédiaires sont très-nombreux, ce qui arrive principalement dans la dernière dizaine de chaque trimestre, à raison de l'intérêt qu'ont les déposants de n'effectuer les versements qu'en fin de trimestre. Le système actuel présente donc les inconvénients ci-après : Ou les comptables se conforment strictement à la règle qui

(1) Une Circulaire de la Comptabilité Générale du 30 septembre 1862, portait, § 14 : « L'article 47 de l'Instruction de la Caisse des Dépôts et Consignations du 30 septembre 1861, sur le service des Caisses de retraites pour la vieillesse, en rappelant aux Receveurs des Finances que les *versements des intermédiaires* doivent être faits au commencement des dizaines (art. 558 de l'Instr. Gén. du 20 juin 1859), leur prescrit de faire soumettre d'avance à leur examen, quand il y a lieu, les pièces justificatives relatives aux premiers avertissements, c'est-à-dire principalement les déclarations de versement et les actes de naissance, afin de ne laisser figurer sur les bordereaux des intermédiaires que les recettes admissibles et de pouvoir ainsi transporter avant l'expiration de la dizaine au compte de la Caisse des Dépôts toutes les sommes comprises dans ces bordereaux. — Ces règles sont très-importantes et leur inobservation entraîne de nombreux inconvénients en ce qui touche la liquidation des pensions et l'ordre des écritures de la Caisse des dépôts. Cependant elles ont été perdues de vue dans un certain nombre de départements : dans quelques-uns, le compte des intermédiaires, qui devrait toujours se trouver balancé en fin de dizaine, a même présenté un solde créditeur pendant un mois ou deux. Je ne puis donc que recommander expressément aux Receveurs des Finances de veiller à ce que la marche tracée ci-dessus soit strictement suivie. — La Circulaire du 17 mai 1860 a prescrit l'ouverture d'un compte où sont provisoirement portées les retenues exercées sur les agents forestiers communaux et destinées à être versées à la Caisse des retraites pour la vieillesse. Des agents communaux de plusieurs autres catégories (agents-voyers, gardes-champêtres, etc.) ayant depuis lors été admis à participer à cette institution, d'après une marche semblable à celle qui a été adoptée pour les gardes forestiers, il a paru que les retenues versées pourraient être toutes portées à un même compte. Ce compte prendra, en conséquence, le titre de *Divers agents communaux L/C de retenues pour la caisse des retraites de la vieillesse.* »

= Une autre Circulaire de la Comptabilité Générale du 18 décembre 1856, porte (§ 7) que les versements des intermédiaires de la Caisse de la vieillesse doivent donner lieu dorénavant à la délivrance de récépissés à talon.

prescrit de ne créditer la Caisse des dépôts que des sommes inscrites et visées sur les livrets; — ce qui entraîne pour les déposants une perte d'intérêts et, par suite, de nombreuses réclamations;

Ou bien, pour prévenir ces réclamations, ils croyent devoir déroger à la marche sus-mentionnée; d'où il résulte un défaut d'uniformité qui nuit à la régularité du service et à la prompte exécution des affaires.

Il a paru que le renvoi des livrets visés par les Préfets ou Sous-Préfets n'était pas absolument nécessaire pour effectuer le transfert du compte transitoire à celui de la Caisse des dépôts, attendu que le récépissé collectif à talon, délivré aux intermédiaires en exécution de l'article 558 précité, assure le contrôle immédiat de la recette totale, et que l'extrait du registre des visas, qui est adressé à la Caisse des dépôts, permet de vérifier ultérieurement l'imputation des sommes aux comptes individuels des déposants dénommés dans les bordereaux des intermédiaires.

J'ai, en conséquence, décidé, de concert avec M. le directeur général de la Caisse des dépôts et consignations, qu'à l'avenir les receveurs des finances devront, lors même que les livrets visés ne leur auront pas été rendus par la préfecture ou la sous-préfecture, appliquer, *le dernier jour de la dizaine*, au compte de la Caisse des dépôts et consignations (*versements à la Caisse des retraites de la vieillesse*) tous les versements qui leur auront été faits par les intermédiaires pendant cette même dizaine, lesquels continueront d'être portés chaque jour au compte transitoire *Caisse des retraites de la vieillesse S/C de versements des intermédiaires*.

D'un autre côté, et afin de prévenir les demandes de production de pièces complémentaires ou les rejets pour cause de régularisation, il serait à désirer que les intermédiaires remissent à la recette des finances leurs bordereaux de versement et les pièces à l'appui, quelques jours avant le versement matériel des espèces, afin que les comptables pussent s'assurer de leur exactitude avant d'en passer écriture au compte transitoire, et, par suite, au compte définitif. Je prie, en conséquence, les receveurs des finances de s'entendre avec la préfecture ou la sous préfecture pour que des recommandations soient faites à cet égard aux intermédiaires, et je les invite notamment à ne jamais recevoir de versements au compte de la Caisse des retraites de la vieillesse, sans avoir préalablement examiné, et, par conséquent, *sans avoir reçu les bordereaux des intermédiaires*. L'exécution de cette dernière disposition est très-importante, car l'expérience a démontré que, lorsque les comptables ont accepté des versements non accompagnés de bordereaux, ils ne les ont obtenus plus tard qu'avec peine des déposants retardataires.

III. *Récépissés délivrés aux soumissionnaires de travaux, et timbrés à 20 centimes. Ne sont pas soumis à un nouveau droit de timbre, lors du remboursement des dépôts.* — La question s'est élevée de savoir si les récépissés délivrés aux soumissionnaires de fournitures et travaux, lesquels sont revêtus du timbre de 20 centimes, doivent, lorsqu'ils sont rendus au receveur des finances pour obtenir le remboursement de la somme déposée, être assujettis à un nouveau timbre de 50 centimes à raison de la quittance que la partie est obligée de donner au verso du récépissé lors du remboursement.

La direction générale de l'enregistrement, des domaines et du timbre, consultée sur ce point, a fait connaître que les récépissés dont il s'agit étant un titre de créance à la suite duquel la quittance de remboursement peut-être inscrite sans contravention dans les conditions de l'article 23 de la loi du 18 brumaire an VII, ces pièces, quoique n'ayant supporté que le droit spécial de 20 centimes, sont régulièrement timbrées et la quittance à la suite ne donne pas ouverture à un nouveau droit de timbre (2).

IV. *Frais de reliure des circulaires de l'administration des forêts. Mode de perception.* — Les agents forestiers sont tenus de supporter les frais de reliure de la nouvelle série de circulaires dépendant des archives de chaque poste. Pour assurer l'exécution de cette disposition, l'administration des forêts se charge de faire relier les volumes, sauf à recouvrer le montant des frais, évalué à 1 fr. 15 cent. ou à 1 fr. 25 cent. par agent, au moyen de retenues individuelles sur les traitements. Ces retenues ne seront effectuées qu'une fois par an, et pour la première fois sur le traitement du mois de mars prochain.

La perception des frais de reliure s'opèrera suivant le mode prescrit par la circulaire du 5 août 1865 § 3 pour les frais de séjour dans les hôpitaux militaires, et par celle du 30 mai 1866 § 2 pour l'abonnement aux circulaires de l'administration des forêts, c'est-à-dire au moyen d'une déduction, sur le mandat, de la somme à payer et à porter en dépense, sans toutefois affecter la retenue pour pensions civiles qui continuera d'être faite sur l'intégralité du traitement. Je prie les receveurs des finances de prendre note de cette disposition.

V. *Date des acquits, en cas de payement, à des parties qui savent signer simplement leur nom.* — La circulaire du 21 janvier dernier (3), qui a rappelé l'obligation de mettre la date des quittances par les parties prenantes, à moins qu'elles ne soient illettrées, paraît n'avoir pas été bien comprise. On a demandé, en effet, ce qu'il y avait lieu de faire lorsque les parties sont simplement capables de signer leur nom. Il est évident que, dans ce cas, la date de la quittance doit être inscrite par le comptable qui effectue le payement. Ce point est d'ailleurs réglé explicitement par la circulaire n° 203, en date du 1853 § 4.

VI. *Chiffre numérique du département à mettre sur tous les documents envoyés au Ministère.* — Les rece-

(2) Nous avons eu l'occasion d'établir, *Journal* de 1862, p. 24, que les récépissés des fonds déposés volontairement chez les Receveurs Généraux étaient assujettis au timbre de dimension.

(3) Les annotations dont nous avions accompagné cette Circulaire (page 33 ci-dessus) avaient précisément cette question pour objet. Nous sommes heureux de voir l'avis de l'Administration confirmer celui que nous avions émis.

veurs des finances ont été invités à plusieurs reprises à apposer le chiffre numérique du département sur les documents de comptabilité adressés au Ministère et susceptible d'être réunis en un dossier comprenant tous les départements. Malgré ces recommandations, un grand nombre de comptables omettent souvent de remplir la formalité dont il s'agit. Elle est cependant essentielle à l'administration centrale pour permettre le classement des pièces et de la correspondance, ainsi que leur distribution régulière dans les bureaux. Je crois devoir rappeler que le chiffre numérique du département doit être placé en *haut de la première page* et dans *l'angle à gauche.*

En conséquence, tout document qui ne sera pas revêtu du chiffre numérique, ou sur lequel ce chiffre ne sera pas placé à l'endroit indiqué, sera renvoyé au comptable qui ne se sera pas conformé aux instructions ci-dessus rappelées.

Circulaire de M. le Directeur Général de la Comptabilité publique, *relative à différents points du service.* (Extrait.)

29 décembre 1866.

I. *Révision des clauses et conditions générales imposées aux entrepreneurs des travaux des ponts et chaussées.* — Monsieur, un nouveau cahier des clauses et conditions générales imposées aux entrepreneurs des travaux des ponts et chaussées, en date du 16 novembre 1866, vient d'être arrêté par le ministère de l'agriculture, du commerce et des travaux publics, en remplacement de celui du 25 août 1833. Le nouveau cahier, ainsi que la circulaire du 21 novembre 1866 par laquelle il a été notifié aux Préfets, étant imprimés ci-après comme annexes, je me bornerai à appeler l'attention des Trésoriers-Généraux sur l'article 7 qui prescrit le versement à leur caisse, par les entrepreneurs des travaux, du montant des frais du marché. Ces frais, dont l'état est arrêté par le Préfet, ne peuvent être autres que ceux d'affiches et de publication, ceux de timbre et d'expédition du devis, du bordereau des prix, du détail estimatif et du procès-verbal d'adjudication, ainsi que le droit fixe d'enregistrement de un franc.

Pour l'exécution de ces nouvelles dispositions, les Receveurs des Finances devront, au vu de l'autorisation préfectorale, recevoir en dépôt le montant approximatif des frais à payer; ils en délivreront, au nom de l'adjudicataire, un récépissé à talon au timbre de 20 centimes, et ils porteront les sommes ainsi reçues en dépôt au crédit du compte *divers L/C de recettes à placer.*

Les frais spécifiés à l'article 7 susmentionné seront ensuite acquittés par la Trésorerie Générale et portés en dépense au débit du même compte. L'excédant des fonds déposés sera, s'il y a lieu, restitué à l'adjudicataire, et les dépenses seront appuyées : 1° des pièces justificatives du payement des frais; 2° de la quittance de l'excédant remboursé à l'adjudicataire.

III. *Suppression du nom des communes dans les décomptes placés au dos des mandats de restitutions de centimes communaux.* — L'article 199 de l'Instruction Générale prescrit de désigner, dans les décomptes placés au verso des mandats de restitutions de centimes communaux (modèles nos 29 à 34), les noms des communes composant chaque perception, sauf à les réunir sous une accolade pour que les liquidations puissent être faites sur l'ensemble des communes de la perception. D'un autre côté, les sommes revenant à chaque commune doivent (art. 201) être détaillées par les receveurs municipaux au dos de la quittance à souche annexée au mandat. Il paraît donc possible de dispenser les Receveurs des Finances d'inscrire sur ce mandat le nom des communes. Par suite, la colonne 2 des décomptes susmentionnés devra, à l'avenir être intitulée : « Noms des perceptions. »

VIII. *Partage de commissions entre les Receveurs des Finances et les Percepteurs, lorsque ces derniers ont concouru au recouvrement des produits divers.* — D'après l'article 489 de l'Instruction Générale, la remise du tiers de centimes allouée pour le recouvrement des *produits divers*, autres que les redevances des mines, la taxe des biens de main-morte et les droits de vérification des poids et mesures, devait être partagée entre les Receveurs des Finances et les Percepteurs, lorsque ces derniers comptables avaient concouru au recouvrement des produits divers. Aujourd'hui, que les émoluments des Trésoriers-Généraux et des Receveurs particuliers sont calculés au moyen de tarifs décroissants, les Percepteurs n'ont droit qu'à la moitié de la commission perçue par les Receveurs des finances (déduction faite des frais de bureau et de la retenue de 5 p. 100). * Cette commission doit être réglée d'après la division du décompte dans laquelle se trouvent les recouvrements qui en sont la base.

* Dans notre *Journal* de 1861, p. 189, nous avons déjà eu occasion de signaler l'exiguïté de la remise des Percepteurs sur ces Produits Divers, émolument si insignifiant que le plus souvent ils n'en demandaient pas le règlement aux Receveurs des finances. Nous remarquions que pour le recouvrement des fonds de concours aux travaux d'intérêt commun les Percepteurs ayant droit à une remise de 3 0/0, alors que les titres à recouvrer et le travail du recouvrement sont les mêmes que pour les produits éventuels départementaux, par exemple, il serait équitable qu'ils n'eussent pas moins pour les Produits Divers. La mesure actuelle rend l'anomalie encore plus inexplicable.

CAISSE DES CAUTIONNEMENTS

On nous demande pourquoi nous ne parlons de cette Caisse, à laquelle notre confrère consacre plusieurs pages. Ce n'est pas faute d'avoir été sollicité par le Directeur de cette caisse, qui nous a adressé un imprimé à cet effet; mais nous n'avons pas voulu prêter légèrement notre publicité à une entreprise de ce genre, dont les conséquences peuvent être graves pour les comptables. Nos lecteurs se rappellent que nous leur avons signalé déjà, mais avec toutes réserves, une entreprise intitulée : *Banque des Cautionnements.* Or, nous n'avons eu qu'à nous féliciter de notre retenue, car cette caisse a complétement sombré, et se trouve aujourd'hui en faillite.

QUESTIONS DIVERSES

COMPENSATION. Percepteur-Receveur d'hospice. Entrepreneur de l'hospice redevable de contributions.

Un Percepteur, receveur d'un hospice, peut-il retenir par compensation les contributions qui lui sont dues par un entrepreneur de travaux pour l'hospice, sur les sommes à payer par cet établissement à l'entrepreneur?

Si le comptable qui nous consulte n'avait pas perdu de vue les principes que nous avons établis dans notre volume de 1862, p. 186, n° IV, au cours de notre Traité des poursuites, il eût trouvé facilement la solution de la question qu'il nous pose. Il est bien clair qu'il ne peut y avoir compensation dans le cas dont il s'agit, puisque la compensation ne peut s'établir qu'entre deux personnes respectivement débitrices l'une de l'autre. (Art. 1289 du Code Nap.). Or, d'un côté c'est l'hospice qui doit, et de l'autre c'est à l'État et non à l'hospice qu'il est dû. Il n'y a donc pas lieu ici à une compensation dans le sens légal. La solution serait différente s'il s'agissait de telle ou telle indemnité accordée par l'État à un contribuable, et qu'un Percepteur, en sa qualité de receveur municipal, serait chargé de payer. Il se produirait alors naturellement l'effet légal nommé compensation, c'est-a-dire que l'État cesserait de devoir l'indemnité au contribuable dans la proportion de contributions que celui-ci devrait, car il n'y a aucune raison pour refuser au Trésor cette compensation, mode de payement qui résulte du droit commun.

Dans les faits qui nous sont exposés, la question est compliquée de cette circonstance que le Percepteur-Receveur de l'hospice se trouve tiers-saisi par des créanciers du contribuable, son redevable. En admettant même qu'en principe la compensation pût être opposée dans ce cas par le Percepteur, remarquez qu'il y aurait encore à examiner si, en raison de la nature des cotes, la créance du Trésor serait privilégiée.

Nous avons traité, et assez longuement dans notre volume de 1865, p. 298, une question de compensation : celle de savoir si le Percepteur peut retenir par compensation sur le supplément de traitement payé par une commune à un curé, le montant des prestations dues en argent par ce desservant. Nous l'avons résolue dans le sens de l'affirmative, contrairement au *Mémorial* qui s'est rangé du côté de l'autorité religieuse.

SYNDICAT. Remises des percepteurs non centralisateurs.

Un receveur qui verse annuellement une somme de 15 000 fr. dans la caisse de son collègue, trésorier d'un syndicat, à raison de travaux de cette association, a-t-il droit à des remises de 3 0/0, ou à des remises de 2 0/0?

Un de nos correspondant nous écrit : « Le *Journal des Percepteurs* de cette année contient à la page 20 un article relatif aux remises d'un Percepteur recouvrant pour le compte d'un de ses collègues, trésorier d'un syndicat, une partie des sommes appartenant à cette association.

Vous émettez cette opinion, qu'aux termes de l'article 624 de l'Instruction générale, ces remises doivent être de 3 0/0.

L'article 624, que je viens de relire attentivement, traite des contingents communaux ou *des souscriptions particulières* centralisées par les receveurs des finances à titre de *cotisations*. Les Percepteurs sont quelquefois appelés à recouvrir ces souscriptions particulières ou même des taxes contributives, relatives au même objet et il leur est en ce cas alloué une remise de 3 0/0. Mais l'article ne traite en aucune façon des recouvrements à faire pour le compte des syndicats.

L'article 636, qui est seul, je crois, relatif à la question, dispose qu'un Percepteur ne peut être nommé trésorier d'un syndicat qu'à la condition de se conformer aux règlements qui régissent la comptabilité communale. Il ne parle pas des remises; mais il résulte nécessairement de la disposition précédente, que les remises doivent être calculées, comme celles des receveurs de communes. On ne voit pas dès lors, pourquoi le Percepteur recouvrant pour le compte de son collègue percevrait des remises à raison de 3 0/0, quand le titulaire n'aurait droit qu'à des remises de 2 0/0 au plus sur les recettes opérées directement par lui.

Mais parvînt-on même à expliquer d'une manière satisfaisante cette faveur faite à l'un des comptables, que l'on ne saurait l'admettre, attendu qu'elle n'est consacrée par aucune disposition des règlements. »

Après examen, nous accueillons volontiers cette critique de l'opinion émise par un de nos collaborateurs, et nous reconnaissons la valeur des observations qui précèdent: pour notre part, nous nous rangeons du côté de l'opinion de notre correspondant. *(Avis du Directeur du journal)*.

ASILE D'ALIÉNÉS. Fournitures et marchés. Directeur. Économe.

Est ce au Directeur ou à l'Économe qu'il appartient de faire les marchés de fournitures diverses dans les Asiles d'aliénés?

Nous ne pensons pas que le Directeur d'un Asile départemental puisse faire en son nom des marchés pour fournitures de vins et farines, alors qu'il existe un Receveur-Économe dans cet hospice, et surtout lorsque (comme dans l'espèce agitée) la commission administrative a décidé que ce dernier fonctionnaire était autorisé à traiter de gré à gré pour ces fournitures. Après l'approbation de cette délibération, elle doit être exécutée dans sa teneur, sans aucune ingestion de la part du Directeur. Sans doute, aux termes de l'art. 4 de l'Ord. du 18 déc. 1839, c'est le Directeur qui fait les actes d'administration intérieure, exerce la gestion des biens de l'établissement; mais c'est la commission qui donne son avis sur ces points et trace le mode d'opérer tous les actes qui en découlent. Le Directeur ne peut qu'assurer l'exécution de la décision arrêtée en définitive par le Préfet. La Commission a le droit de conseil et aussi le droit de surveillance : ainsi lorsqu'après avoir émis un avis que le Préfet a sanctionné, si la commission s'aperçoit que la mesure est exécutée dans des termes différents par le Directeur, elle a le droit, disons-mieux, elle a le devoir, d'en référer au Préfet. Autrement ce serait une *Commission de Surveillance* qui ne surveillerait pas, et qui, partant, n'aurait plus de raison d'être. Quant au Directeur, il commettrait un abus de pouvoir en procédant d'une manière contraire à la décision du Préfet.

A un autre point de vue encore, nous trouvons le Directeur en question mal fondé en ses prétentions de vouloir passer les marchés de fournitures de l'asile d'aliénés. On sait, en effet, qu'aux termes de l'art. 18 de la loi du 18 juin 1838, ces sortes d'établissements sont assimilés aux hospices et aux autres établissements de bienfaisance pour ce qui concerne les services financiers, la gestion du receveur et les formes de la comptabilité. Or, la circulaire du 6 août 1839 porte expressément que « c'est l'Économe qui fait les achats de denrée et objets mobiliers ; » il est donc plus naturel que ce soit ce fonctionnaire qui en soit chargé dans les Asiles, et non le Directeur, dont les attributions sont, du reste, circonscrites par l'ordonnance du 18 déc. 1839, sur des points très-différents de ceux-ci.

JURISPRUDENCE SPÉCIALE.

CONSEIL D'ÉTAT.

CONTRIBUTION MOBILIÈRE.

BUREAUX DE LA COMPAGNIE IMMOBILIÈRE. *Maintenus à la contribution mobilière.*

Les locaux où sont établis à Paris les bureaux de la COMPAGNIE IMMOBILIÈRE sont passibles de la contribution mobilière comme locaux meublés, du moment qu'ils n'ont pas déjà été soumis au droit proportionnel de patente. (Déc. 21 mars 1866. — Comp. Immobilière).

CONTRIBUTION DES PATENTES.

CHAPEAUX DE FEUTRE GROSSIER (*Fabricant de*).

Est imposable à la patente, non comme fabricant de chapeaux de feutre (4e classe), mais seulement comme chapelier en grosse chapellerie (6e classe), celui qui se borne à fabriquer, pour les vendre en détail, des chapeaux de feutre grossier. (Décr. 21 mars 1866. — Latouche).

APPAREILS POUR L'ÉCLAIRAGE ET LE CHAUFFAGE D'UN ÉTABLISSEMENT. *Droit proportionnel.*

Il y a lieu de comprendre comme éléments du droit proportionnel de patente applicable à l'ensemble d'un établissement industriel, les appareils pour l'éclairage et le chauffage dudit établissement (Décr. 21 mars 1866. — Diétrich).

FABRIQUE A MÉTIERS. *Moyens matériels de production à comprendre dans la valeur locative. Droit proportionnel.*

Le droit proportionnel de patente, pour une fabrique à métiers, doit être calculé d'après la valeur locative tant des bâtiments que des moyens matériels de production qui y sont contenus. (Décr. 21 mars 1866. — Heuzey-Dencirouze.)

DROGUISTE ET PHARMACIEN. *Établissements multiples.*

Il y a lieu de considérer comme ayant deux établissement distincts celui qui exerce, sous des conditions particulières distinctes, les professions de droguiste en demi-gros et de pharmacien dans des magasins séparés qui, bien que communiquant intérieurement, ont chacune une entrée spéciale sur la voie publique. (Décr. 7 avril 1866. — Guichard).

GROS (MARCHAND EN), *de dentelles et non marchand en demi-gros.*

Celui qui vend habituellement des dentelles à d'autres marchands, et qui se borne à faire quelques ventes à des consommateurs, est imposable à la patente comme marchand en gros et non comme marchand en demi-gros. (Décr. 7 avril 1866. — Guichard (2).

(1) On trouvera dans notre volume de 1866, p. 209 et suiv. le tableau complet de la dernière jurisprudence du Conseil d'État en matière de contributions directes.

(2) Nous avons rapporté dans notre *Journal* de 1856, p. 326, un autre décret du 9 janvier 1856 statuant dans le même sens.

ÉTUDE SUR LES RÈGLES DU PAYEMENT DES MANDATS ET ACQUITS DU TRÉSORIER-PAYEUR-GÉNÉRAL

(*ANCIEN SERVICE DU PAYEUR*)

PAR LES PERCEPTEURS ET LES RECEVEURS DES ADMINISTRATIONS FINANCIÈRES

CHAPITRE IX.

TITRES D'HÉRÉDITÉ.

Section 3e. — CERTIFICATS DE PROPRIÉTÉ (suite).

§ 3e. — Certificat de propriété à délivrer par le juge de paix.

La loi du 28 floréal an VII et le décret du 7 septembre 1807 portent que le certificat de propriété sera délivré par le juge de paix, lorsqu'il n'y a point eu, après le décès du créancier, ni inventaire, ni partage, ni aucun acte de transmission gratuite, à titre entre vifs ou par testament; car, dans ce dernier cas, ce serait au notaire détenteur de la minute a rédiger cet acte.

Le certificat rédigé par le juge de paix est fait dans la même forme que celui d'un notaire; il contient les mêmes énonciations sur les témoins, les héritiers, les mineurs, les interdits, les absents, les femmes mariées, etc. (Voir §§ 1 et 2); mais le juge de paix ne peut y relater aucun acte translatif de propriété, puisque, dans ce cas, il serait incompétent. Cependant la mention générale, pour une veuve, qu'elle est commune en biens, suivant son contrat de mariage, sans une stipulation spéciale qui lui confère des droits particuliers résultant de cet acte, n'est pas une cause qui empêche le juge de paix de délivrer le certificat de propriété.

Si le mandat a pour objet le payement d'arrérages dûs à un pensionnaire, décédé dans un hospice auquel il avait cédé sa pension, pour recevoir des soins, le certificat de propriété peut être délivré au profit de la commision administrative de cet hospice dont le receveur touche, alors, ce qui est dû pour les arrérages de la pension jusqu'au jour du décès du titulaire.

Le certificat délivré par un suppléant doit exprimer que c'est en l'absence ou par empêchement du juge de paix.

Le certificat de propriété rédigé par un juge de paix doit être légalisé par le Président du tribunal civil, ou par le Préfet ou le sous-Préfet; il est établi sur timbre et il n'est exempt de la formalité de l'enregistrement, que s'il doit servir à toucher une pension, une rémunération ou un secours; mais il est exempt de timbre et d'enregistrement pour les pensions de la caisse de retraites de la vieillesse. (Instr. gén., art. 701 et 702.)

§ 4e. — Certificat de propriété à délivrer par un greffier.

Lorsque les droits et la qualité des héritiers ont été constatés par un jugement, le greffier dépositaire de la minute de ce jugement, est autorisé, par la loi du 28 floréal an VII, à délivrer ce certificat. Il donne dans cet acte les énonciations dont il est parlé au paragraphe 1er ci-dessus.

Si, à défaut d'héritiers légitimes, les enfants naturels, l'époux survivant ou l'État ont été envoyés en possession, conformément aux art. 723 et 724 du Code Nap., le greffier délivre le certificat, en vertu du jugement qui a envoyé en possession. (Code Nap., art. 768. — Loi du 28 floréal an VII, art. 6.)

Voir au sujet des droits de timbre et d'enregistrement de cet acte, les dispositions du § 1er ci-dessus.

§ 5e. — Certificat de propriété à délivrer par le Maire.

Dans quelques cas particuliers, notamment lorsque les parties prenantes sont indigentes, ou lorsque la somme à payer est peu élevée, le certificat de propriété peut être rédigé par le Maire du domicile des parties. Les mandats de payement, ou les pièces à l'appui, indiquent toujours les circonstances où ce certificat peut être admis.

Le certificat de propriété du Maire est formé sur papier libre et est exempt de la formalité de l'enregistrement. Il ne peut être fait usage de ce certificat, que lorsque la production en est explicitement autorisée par les mandats de payement, livrets ou autres documents fournis à l'appui de ces mandats. La signature du Maire est légalisée par le sous-Préfet.

Le certificat doit présenter les mêmes indications que celles du certificat du juge de paix, (voir §§ 1 à 3 ci-dessus.) Il peut être conçu dans les termes suivants :

Certificat de propriété faisant connaître le nombre et la qualité des ayants-droit du Sr N..., décédé.

Nous, soussigné, N..., Maire de la commune de..., arrondissement de..., département de..., certifions, sous notre responsabilité personnelle et sur l'attestation des sieurs... (deux témoins majeurs), que le sieur N... (nom, prénoms, qualité (célibataire ou marié), profession et domicile du défunt), né à... le..., est décédé, *ab intestat*, à... le...; qu'après son décès, il n'a pas été fait d'inventaire; et qu'il a laissé pour seuls et uniques héritiers :

(Désigner avec soin les noms, prénoms, qualités, professions et domiciles de tous les héritiers, ainsi que le degré de leur parenté avec le décédé.)

En conséquence, les dénommés ci-dessus ont seuls

droit de toucher et recevoir le payement de la somme de... provenant de...

En foi de quoi nous avons délivré le présent certificat pour servir aux héritiers du sieur N..., à toucher ladite somme de .. due à ce dernier, suivant mandat délivré en sa faveur le.., sous le n°... par M. le...

A... le... 186 .

Le Maire.

Section 4e. TITRES D'HÉRÉDITÉ AUTRES QUE LE CERTIFICAT DE PROPRIÉTÉ.

Indépendamment des mandats et autres pièces servant à justifier la légalité de la créance d'une personne décédée, le Trésorier-payeur-général, avant d'acquitter cette créance aux héritiers réclamants, doit exiger, à défaut de la remise d'un certificat de propriété, (voir ci-dessus, 3e section, § 1er) un extrait de l'intitulé d'*inventaire* fait après le décès d'un créancier. (Code Nap., art. 113.) Dans cet extrait sont dénommés : 1° le survivant des époux, s'il y en a un, avec la qualification de commun ou non commun en biens ; 2° et tous les héritiers avec la qualification de seuls habiles à succéder, présents ou absents, majeurs ou mineurs ou interdits. Cet extrait doit être légalisé par le Président du tribunal civil.

Le survivant des époux, à moins de preuve de non-communauté, à droit à la moitié ; l'autre moitié appartient aux héritiers. La non-communauté se justifie par une copie de l'acte (contrat de mariage) qui établit que cette communauté n'existe pas. L'époux survivant, s'il y a communauté, et les héritiers donnent quittance au pied du mandat ; l'officier civil autorisé, pour les absents ; le tuteur, pour les mineurs non émancipés ; et le curateur, pour les interdits (voir ci-après, absents.) Les mineurs émancipés signent également l'acquit, mais avec l'assistance de leur curateur (Code Nap., art. 481 et 482), lorsque la créance n'a pas uniquement pour objet les revenus de leurs biens.

La tutelle, après la mort d'un des époux, appartient, de plein droit, au survivant des père et mère (Code Nap., art. 390.) Quand le survivant a choisi un tuteur, l'acte de nomination de celui-ci est exigé. Il y a à examiner si le survivant avait qualité pour faire ce choix. (Code Nap., art. 398 et suiv.) Si au dernier mourant la tutelle revient à l'aïeul paternel, cette circonstance doit être rappelée dans l'intitulé d'inventaire. Pour les mineurs sans parents, on réclame l'avis du conseil de famille (Code Nap., articles 119, 155 et 402.) Si les héritiers sont des mineurs émancipés, on demande la remise de l'acte d'émancipation ; on exige pour les interdits la sentence d'interdiction ; et pour les adsents, on doit fournir : 1° l'acte de nomination du notaire ; 2° le jugement d'enquête ; 3° le jugement de déclaration d'absence et d'envoi en possession. C'est seulement quand la déclaration d'absence est prononcée, que le payement peut avoir lieu. (Code Nap., art. 119 et 155. Voir ci-dessus, chap. VI et IX, 3e section, § 2e, curateur de succession vacante.

Dans le cas où le survivant des époux, ou quelques-uns des autres héritiers prétendraient à une plus forte portion dans le payement, que celle qui leur est accordée par la qualité qui leur a été donnée dans l'inventaire, il devrait être justifié de ces droits, par un extrait de liquidation, de partage ou d'abandon par tous ceux qui pouvaient le faire, (le notaire autorisé, pour les absents ; le curateur pour les interdits ; le tuteur, pour les mineurs, etc.) Et si la partie dont les droits sont constatés par un acte d'inventaire, de partage ou d'abandon, etc., est une femme sous puissance de mari, celui-ci, s'il est marié sous le régime de la communauté, pourrait donner seul quittance, comme chef de la communauté, d'une somme même mandatée au nom de sa femme, pourvu que le contrat de mariage ne s'y oppose pas, à moins que la femme ne soit séparée de biens ; dans ce cas, en produisant l'acte qui établit cette séparation, elle est admise, seule, à toucher la somme mandatée. (Voir chap. VI.)

Le comptable doit se faire remettre un extrait de toutes les procurations mentionnées dans les actes qui lui ont été produits ; et tous les actes remis doivent être revêtus des formes authentiques, être légalisés, etc.

Quand il s'agit d'une succession acceptée sous bénéfice d'inventaire, il doit être produit, outre l'intitulé d'inventaire, la sentence qui a conféré aux réclamants la quotité d'héritiers bénéficiaires. (Code Nap., art. 782 à 803)

Un usufruitier par testament ne peut recevoir une somme due au testateur, sans avoir fait dresser auparavant un inventaire et donné caution, à moins que le nu-propriétaire n'ait consenti au payement (Code Nap., art. 578 à 624)

Lorsqu'un curateur, pour gérer, a été nommé à la diligence du ministère public, soit à défaut d'héritiers, soit par suite de leur renonciation à une succession, et que ce curateur réclame une créance due à la personne décédée, le Trésorier-Payeur, après avoir reuni les pièces qui forment le titre de la créance, se fait remettre un extrait du jugement qui déclare la vacance. Au lieu de payer au créancier, il verse le montant du mandat à la Caisse des dépôts et consignations. (Voir ci-dessus, 3e section, § 2e.)

Fin du chapitre IX.

Nous engageons les personnes auxquelles il *manque des Nos à leur collection du Journal* de 1866, de nous les demander aussitôt ; car une fois le travail d'emmagasinage opéré (au 1er Mars), nous ne pourrons pas les expédier sans qu'on nous en envoie le prix qui est toujours de 30 cent. Pour le moment, nous les expédirons *gratuitement* à tous les abonnés qui nous enverront en même temps le montant de leur abonnement.

Nous offrons gratuitement la *Table Alphabétique* de l'*Instruction générale*, format de l'Édition Officielle, à toutes les personnes qui nous font la demande de la Petite Instruction, en nous en adressant le montant.

RÉPONSE AU MÉMORIAL, 1re LIVRAISON DE 1867,

(Pages 7 et suivantes)

Un de nos amis nous adresse le tableau suivant, que nous ne nous sommes pas décidé à insérer sans hésitation ; nous n'avons cédé que devant l'observation qui nous a été faite, que nous avions tort de trop négliger les attaques impudentes du *Mémorial*; que ses représentants, intéressés par lui à exploiter les comptables, se targuaient de ces audacieux mensonges pour nous enlever des adhérents. Nous devons avouer, en effet, que cette année, par des manœuvres que nous dénoncerons bientôt à la conscience de nos lecteurs (en attendant que nous soyons en mesure de les atteindre autrement), on est parvenu à entraver le développement de notre *Journal*.

Nos lecteurs voudront donc bien excuser la puérilité de l'exposé ci-après :

ÉPOQUES COMPARATIVES DE LA PUBLICATION DES ACTES OFFICIELS dans le *Journal* et dans le *Mémorial* des Percepteurs (1).

Actes officiels publiés	*Dates de leur publication* dans le *Journal*	dans le *Mémorial*	*Actes officiels publiés*	*Dates de leur publication* dans le *Journal*	dans le *Mémorial*
Compt. publ. du 22 Janv. 1866	4 Févr.	15 Févr.	Instr. publ. du 22 Juin et 4 Juil.	12 Août	15 Août
Décret imp. du 21 Juil. 1865	25 —	-	Décret impér. du 14 Juillet	2 Sept.	15 Oct.
Admin. centr. du 21 Oct. 1865	—	—	Loi du 18 Juillet	9 —	15 Nov.
Compt. publ. du 30 Janv. 1866	4 Mars	10 Mars	Min. Intér., du 4 Août	—	*Non publiée*
Min. fin. du 31 —	11 —	15 —	Loi des finances de 1867	16 —	15 Oct.
Compt. publ. du 1er Mars	18 —	15 Avril	Loi, etc. du 14 Juillet	—	—
— 17 —	1er Avril	—	Min. fin., du 25 —	—	—
Min. fin. du 13 —	8 —	15 Mai	Compt. publ., du 27 —	—	—
Compt. publ. du 30 —	15 —	—	Dir. gén. Cont. Dir. (L. du 18 Juil.)	23 —	*Non publiée*
Dir. gén. Enreg. du 1865	22 —	15 Juin	Instr. publ., du 17 Avril	7 Oct.	—
Compt. publ. du 22 Mars 1866	—	15 Avril	Dir. gén. forêts, du 4 Juillet	—	15 Oct.
Dir. gén. Enreg. du 28 —	20 Mai	15 Mai	— 20 Août	28 —	*Non publiée*
Dette inscrite, du 7 Avril	—	*Non publiée*	Min. Intér., du 23 Juillet	—	15 Oct.
Dir. gén. Enreg. du 7 Mars	10 Juin	*Non publiée*	Compt. publ., du 22 Septembre	—	—
— 24 —	20 Mai	15 Juin	— 3 Octobre	—	—
Sénat, du 25 Mai	10 Juin	*Non publié*	Instr. publ., du 30 Juillet	4 Nov.	25 Jer 1867
Compt. publ. du 22 Juill. 1865	1er Juil.	15 Juillet	Dir. gén. forêts, 15 Mai et 17 Oct.	25 —	—
— 30 Juin 1866	15 —	15 Sept.	Compt. publ., du 10 Novembre	9 Déc.	15 Déc.
— 26 —	22 —	—	— 8 —	—	—
— 5 Juill.	5 Août	—	Min. Intér., du 27 Octobre	8 Janv.	*Non publiée*
— 20 Juin 1866	12 —	15 Août	Compt. publ., du 7 Décembre	15 —	25 Janv.

Devant ces chiffres qui parlent d'eux-mêmes, nous nous abstiendrons de toute autre réponse à ce recueil, qui ne fait plus que se traîner à notre remorque ; qui se soutient au moyen d'abus de pouvoirs de la part d'Employés assez peu délicats pour l'imposer d'autorité aux comptables sous leur surveillance, et au moyen d'insinuations contraires à la vérité; car nous ne craignons pas de déclarer hautement ici qu'il est inexact que le *Mémorial* ait aucun caractère officiel ou semi-officiel. L'Administration ne patronne aucun Journal, elle entend réserver entièrement son libre arbitre et laisser à tous les comptables le choix du guide qui leur convient le plus pour s'éclairer dans leurs fonctions. Nous sommes fondé à faire cette déclaration, à laquelle les circonstances nous obligent.

(1) Nous paraissons exactement, chacun le sait, au jour fixe indiqué sur le *Journal* ; — le *Mémorial*, au contraire, sans aucune régularité.

DEMANDE D'EMPLOI.

Il est indispensable que MM. les Chefs de Service et Employés nous préviennent dès qu'ils sont pourvus d'employés ou d'emploi.

*
* *

Un Trésorier-Payeur Général d'un département du Midi demande :

1° Un Employé capable de diriger le service de la Dépense à la Trésorerie.

2° Et un autre pour le service de la Recette particulière.

*
* *

Les demandes relatives aux emplois, causant des dérangements et des frais de Correspondance, doivent être accompagnées de 2 fr. 50 c. de timbres-poste pour qu'il y soit donné suite.

Directeur, H. GALLETIER, Avocat à la Cour Impériale de Paris.

JOURNAL DES PERCEPTEURS,

DES RECEVEURS DES FINANCES, ET DES RECEVEURS DES COMMUNES, HOSPICES, ETC.;
DES SURNUMÉRAIRES, ET DES ASPIRANTS.

2e Série. — 10 fr. par an. Un numéro toutes les semaines. 12e année. — N° 8.

LOI RELATIVE A L'APPLICATION DE L'IMPOT DES MUTATIONS AUX BIENS DE MAIN-MORTE.

Du 20 Février 1849.

Art. 1er. Il sera établi à partir du 1er Janvier 1849 sur les biens immeubles passibles de la contribution foncière, appartenant aux départements, communes, hospices, séminaires, fabriques, congrégations religieuses, consistoires, établissements de charité, bureaux de bienfaisance, sociétés anonymes et tous établissements publics légalement autorisés, une taxe annuelle représentative des droits de transmission entre-vifs et par décès. Cette taxe sera calculée à raison de 62 centimes 1/2 pour franc du principal de la contribution foncière.

Art. 2. Les formes prescrites pour l'assiette et le recouvrement de la contribution foncière seront suivies pour l'établissement et la perception de la nouvelle taxe.

Art. 3. La taxe annuelle établie par la présente loi, sera à la charge du propriétaire seul, pendant la durée des baux actuels, nonobstant toutes stipulations contraires.

COMMENTAIRE.

RÈGLES GÉNÉRALES.

Recherches des erreurs dans la personne imposée. — Il arrive souvent que des propriétés sont imposées sous le nom d'habitants qui en jouissent temporairement ou à vie, quoique le fond ne cesse pas d'appartenir aux communautés; que des biens possédés depuis longtemps par des établissements de main-morte, sont demeurés inscrits aux articles des anciens propriétaires, ou sont imposés sous le nom d'un membre des établissements, ou sous celui d'un fidéi-commissaire; que des propriétés, et notamment des maisons portées dans les articles concernant les établissements et à tort considérées comme exemptes de la contribution foncière, — ne sont pas soumises à l'impôt. Les Percepteurs peuvent recueillir ces renseignements près des Maires ou des Receveurs des établissements, etc., et doivent les inscrire sur leur cahier de notes, afin que les propriétés qu'ils auront découvertes comme appartenant à des établissements, soient portées au nom du véritable propriétaire, et que tous les changements qui ont pu survenir dans la consistance des biens dont il s'agit, par suite de donation, acquisition, aliénation, échanges, etc., soit compris dans la mutation.

Formes du recouvrement. — Les rôles, rédigés par les directeurs des contributions directes, d'après les relevés formés par les contrôleurs, sont homologués par les Préfets, transmis, avec les avertissements, aux contrôleurs, aux agents de perception, publiés et recouvrés comme ceux des contributions directes; les Percepteurs doivent présenter, dans les mêmes délais que pour ces contributions, les états de cotes indûment imposées et de cotes irrécouvrables. (Instr. gén. art. 251).

Les cotes de 15 cent. et au-dessus ne couvrant pas les frais d'assiette et de perception ne sont pas comprises dans les rôles. (Circ. des Contrib. Dir. 31 mars 1850; Intr. gén. art. 250).

Rôles supplémentaires. — Les rôles supplémentaires d'une année doivent être émis avant le 31 janvier de l'année suivante. (Circ. des contr. dir. 25 nov. 1859).

On y porte les articles qui auraient été involontairement omis dans les rôles primitifs. Quant aux biens qui, dans le courant de l'année, deviennent passibles de la taxe des biens de main-morte, ils ne sont imposés à cette taxe qu'à partir du 1er janvier de l'année suivante (Circ. 10 mars 1849, § 7) (1).

Annualité de la taxe. — La taxe légalement établie du 1er janvier est due intégralement pour l'année entière comme pour les autres contributions. En conséquence, la vente, dans le cours de l'année, des propriétés soumises à cette taxe ne peut donner lieu à réduction. (Déc. 13 avr. 1853).

Demandes en décharges ou en réduction. — Ces demandes doivent être présentées dans les trois mois de la publication du rôle. (Déc. 13 déc. 1854). Les décharges et réductions donnent lieu à la délivrance d'ordonnance de dégrèvement dans la même forme que celles des contributions directes. (Instr. gén. art. 256). Du reste, cette taxe ne peut donner lieu à remise ou modération, attendu qu'elle représente un

(1) Cette Circulaire porte des instructions détaillées pour l'établissement de la taxe du bien de main morte.

droit déterminé de transmission (1) et ne constitue pas, comme la contribution foncière, un prélèvement sur le revenu.

L'administration n'est pas tenue d'indiquer la date de la publication sur les avertissements. (Déc. 13 déc. 1851).

La vacance momentanée d'une maison, le chômage d'une usine, etc., ne peuvent donner lieu à aucun dégrèvement, attendu qu'il n'existe pas de fonds de non-valeurs pour les biens de main-morte. (Déc. 12 déc. 1851).

Lorsqu'un établissement passible de la taxe a vendu avant le 1er janvier un immeuble à un particulier, l'acquéreur a qualité pour réclamer décharge en son nom, et sans mandat de l'établissement. (Décr. 31 janv. 1856).

CAS PARTICULIERS.

Fermiers. — Bien que la loi du 20 février ait déclaré que la taxe était à la charge du propriétaire seul, à moins de stipulation contraire, — les fermiers peuvent toujours être tenus de payer à la décharge des propriétaires, lorsque le Percepteur le requiert.

Nous pensons que la taxe des biens de main-morte n'est pas divisible entre les fermiers, à l'instar de la contribution foncière, parce qu'en principe l'impôt n'est dû que par celui au nom duquel il est inscrit. Or la taxe en question n'étant due que par des établissements, c'est à eux de payer, sauf recours contre les premiers, si cette charge leur a été imposée par le bail; le Percepteur n'a pas à se préoccuper de cet arrangement particulier; il ne doit considérer que le propriétaire porté au rôle, et non d'autres personnes. Il doit s'adresser à l'établissement propriétaire.

Communes. — Les biens appartenant aux communes sont imposables en leur nom; mais en cas d'insuffisance de revenus communaux, nous pensons que la taxe peut être répartie, par voie de contribution extraordinaire, entre les habitants qui ont droit à la jouissance des biens.

CAS D'IMPOSITION.

On impose à la taxe :

Les biens possédés par les établissements même seulement en nue-propriété; mais alors la taxe n'est que de 62 cent. 1/2 pour franc *de la moitié* du principal de la contribution foncière. (Décr. 28 déc. 1850, Bureau de Bienf. de la Chapelle; 13 août 1851, Hospice d'Albi).

Les biens possédés à bail emphythéotique; on applique en ce cas la totalité de la taxe. (Déc. 13 août 1851, Hosp. de Chat.-du-Loir. — 5 mars 1852, ville de Vic). C'est le propriétaire et non l'emphytéote qui est imposé. (Déc. 3 fév 1853, ville de Bordeaux);

Les sociétés anonymes, même celles qui achètent des biens destinés à être revendus, et qui se trouvent en état de liquidation. (Déc. 28 déc. 1850, Caisse hypothécaire), et celles dont les usines, par suite de chômage, sont momentanément non productives de revenus. Déc. 12 déc. 1851, Société de la Vieille-Montagne);

Une maison donnée aux frères de la Doctrine Chrétienne, à condition qu'elle serait affectée à perpétuité à la tenue d'une école primaire dirigée par les frères, alors même que l'école serait considérée comme destinée à un usage public. (Déc. 22 fév. 1857);

Les salle de spectacle et les édifices affectés aux halles et marchés appartenant aux communes et passibles de la contribution foncière. (Déc. 10 mai 1851);

Les biens appartenant à un établissement pour un temps limité même lorsqu'ils doivent être aliénés dans un délai prochain (Déc. 16 mars 1859, ville de Paris), et qu'ils ne sont échus à l'établissement qu'à la charge de les vendre. Déc. 13 août 1851, ville d'Avignon);

Une maison appartenant à un évêché qui la concède gratuitement pour le logement du curé et des vicaires de la paroisse. (Déc. 30 mars 1859).

EXEMPTIONS.

D'après les règles, ne sont pas soumis à la taxe, en principe, les biens affectés à un objet d'utilité générale, tels que :

Les immeubles des Compagnies de chemin de fer et celles de leurs dépendances qui font partie du domaine public, c'est-à-dire la voie, les terrains compris dans les clôtures, et les bâtiments nécessaires à l'exploitation. (Déc. 8 février 1851. Cie du chemin de fer du Centre). Quant aux autres terrains et bâtiments qui ne doivent pas faire retour à l'État et que les Compagnies peuvent hypothèquer et aliéner sans autorisation de l'administration des travaux publics, ils doivent être imposés au nom des Compagnies, comme biens immeubles leur appartenant et ne faisant pas partie du domaine public. (Circ. des Contrib. Dir. 14 avril 1851, Décr. 6 janv. 1853. Comp. du Chemin de fer du Nord);

Les buffets établis dans les gares des chemins de fer. (Déc. 22 août 1853);

Les canaux de navigation, soit qu'ils appartiennent à des particuliers, soit qu'appartenant à l'État, ils aient été concédés temporairement à des Compagnies. (Déc. 22 mars 1851. Comp. du canal du Midi);

Les biens des sociétés civiles ou autres, non constituées en la forme anonyme, et n'ayant pas le caractère d'un établissement public légalement autorisé. (Déc. 7 juin 1851, Comp. des Mines de Douchy et Comp. d'éclairage au gaz de Laval; Décr. 28 juin 1851. Comp. des Salines de Frontignan, etc.).

De même, les biens appartenant à un groupe d'individus, mais non à un établissement, à une personne civile, ne sont pas imposables. Ainsi une congrégation religieuse ne doit pas la taxe à raison d'un immeuble appartenant à quelques-uns de ses membres individuellement, et dont elle n'a pas encore été autorisée à accepter la rétrocession. (Décr. 14 janvier 1858, Dames de l'Assomption). Cette situation est nécessairement celle de toutes les congrégations non autorisées. (Déc. 15 déc. 1852, Grémeict.) Nous

(1) La taxe des biens de main-morte a pour but de compenser le droit proportionnel d'enregistrement qui atteint les biens par période moyenne de 20 à 25 ans, lorsqu'ils sont dans le commerce ordinaire, et ne sont pas détenus par des gens de main-morte, qui eux, aliènent rarement et ne meurent jamais.

pensons qu'on doit décider de même pour des biens indivis appartenant privativement à quelques habitants d'un village ou d'une commune, et qu'ils ne peuvent constituer des biens de main-morte.

ETUDES SUR LE SERVICE

De la patente des Commissaires-Priseurs.

L'application de la loi du 15 mai 1850 donne lieu à des difficultés qui ne sont point encore résolues. Les commissaires-priseurs ont, dans certaines villes, fait des réclamations qui nous ont engagé à étudier la question qu'ils ont soulevée.

L'art. 16 de cette loi du 15-22 mai 1850 dit : « Les tarifs et tableaux annexés à la loi du 25 avril 1844 sur les patentes sont modifiés et complétés conformément aux tableaux D. E. F. G. annexé à la présente loi. » Le tableau G est ainsi conçu :

« *Professions assujetties seulement au droit proportionnel.* (Le droit proportionnel du 15e). « Architectes, avocats inscrits aux tableaux des cours et tribunaux, avoués....... commisssaires-priseurs, docteurs en chirurgie, etc. »

C'est donc là le point de départ de la discussion, et la question à résoudre est celle-ci : La loi de 1850, en disant que les personnes exerçant l'une des professions énumérées au tableau G payeront comme patente un droit porportionnel fixé au 15e de la valeur locative, entend-elle que l'art. 9 de la loi du 25 avril 1844 sera applicable aux commissaires-priseurs, c'est-à-dire que le droit devra s'établir sur leurs maisons d'habitation et leurs dépendances, comme aussi sur l'hôtel des ventes? Nous ne le pensons pas, et pour le prouver, il n'y a qu'à étudier l'esprit, qu'à interroger l'idée que les législateurs avaient en votant cette loi de 1860.

La loi de 1844 avait, après une assez longue discussion à la Chambre, écarté de la liste des patentables, les avocats, les médecins, officiers ministériels, en se basant sur une raison plausible et très-judicieuse : « C'est que, disait M. le rapporteur, il y a une sorte de contradiction entre l'essence même du droit de patente, et la condition privilégiée de titulaires d'offices (1). » En effet, la patente a surtout une essence commerciale : c'est, pour ainsi dire, le produit que rapporte à l'Etat, non pas, comme l'ont dit certains économistes, les peines, les soucis du marchand, du négociant, mais bien la qualité ellemême de marchand ou d'industriel ; c'est presque le prix du diplôme de la profession qu'on exerce.

Cependant en 1850 des nécessités de budget que nous n'avons pas à envisager ou à interroger forcèrent le Gouvernement à proposer à la Chambre de frapper d'une patente les individus exceptés par l'article 13 de la loi de 1844. Ce n'est pas que, de nos jours, les professions reprises par cet article soient devenues plus commerciales, plus lucratives ; non, au contraire, et ce fait était même constaté par M. le rapporteur ; mais ce qu'on voulait, c'est que tout le monde payât le droit d'exercer sa profession, c'est qu'on considérait la patente comme un impôt de quotité, et le projet du 17 mars fut adopté. On fit le tableau G qui fut ajouté à ceux rédigés par la loi de 1844.

(1) *Moniteur* du 17 mars 1850, supplément au n° 76.

Néanmoins c'était une loi parfaitement spéciale aux professions reprises dans ce tableau G que l'on venait de voter, et le législateur avait eu l'intention de créer aux médecins, officiers ministériels, etc.... une position exceptionelle à celle des négociants, des marchands. Si nous ouvrons le *Moniteur* du 17 mars 1850, nous lisons que M. le rapporteur disait : « Devions-nous perdre de vue que des droits d'exa-« men et de diplômes payés à l'État, des cautionne-« ments dont l'intérêt n'est servi qu'à 3 0/0, des « droits de mutation de 2 0/0 qu'il faut acquitter à « chaque transmission d'office, sont des charges spé-« ciales à ces professions? » et il en tirait cette conclusion : « Nous vous proposons donc de ne point « introduire dans le tableau A les professions dites « libérales que l'art. 13 de la loi de 1844 avait « exemptées ; mais de les faire figurer par ordre « alphabétique sur un tableau spécial (1). »

Il nous semble que l'intention du législateur de créer à toutes les professions reprises au tableau G une position particulière, spéciale, éclate dans ces quelques lignes ; il nous semble que jamais pensée n'a été plus nettement formulée ; on voulait les classer dans le tableau A ou dans le tableau B, où se trouvent les agents de change et les banquiers, et comme là encore elles auraient pu se trouver confondues avec les gens de commerce, « qu'on nous permette cette expression, » on a fait une classification à part, et on les a imposées d'un droit proportionnel du 15e sans qu'elles soient soumises à aucun droit fixe.

Si, au reste, ces paroles déjà si fortes et si évidentes du rapporteur de la commission en 1850 ne suffisaient pas, lisons encore un passage de ce rapport, expression des sentiments de la commission, et qui devint loi par le vote de la Chambre : « Les professions dont « il s'agit, dit M. Gouin, ne peuvent être incorporées « dans le tarif. Elles ont un caractère qui leur est « propre, toute tentative de les classer par vue d'as-« similation doit donc nécessairement échouer, et si « l'on veut les taxer, il n'y a qu'un moyen, c'est de « créer pour elles une taxe spéciale (2). »

On le voit, cette taxe spéciale, cette position particulière à faire dans la loi aux professions reprises dans le tableau G, font l'objet des préoccupations constantes du législateur. Il ne voulait « ni les classer « entre elles par catégories hiérarchiques, ni les con-« fondre par assimilation directe avec des professions « non moins honorables assurément, mais qui repo-« sent sur des principes, et représentent des carac-« tères d'une nature entièrement différente (3) ; » alors il les classe à part, il en fait une catégorie de

(1) *Idem.*
(2) *Idem.*
(3) *Idem.*

privilégiés, en compensation des sacrifices qu'ils ont dû, et doivent tous les jours s'imposer; il les classe, eu égard à leur caractère, à leur responsabilité. Eh bien, cela étant, pourquoi vouloir appliquer aux commissaires-priseurs des dispositions d'une loi qui avait refusé elle-même de les atteindre et qui ne voulait et ne veut que s'appliquer à ceux qui font du négoce ou du commerce?. . Ce n'est pas en vertu de la loi de 1844 que ces officiers ministériels ont la patente; voilà ce que l'administration des contributions directes semble oublier; c'est en vertu de la loi de 1850, et elle ne dit pas, celle-ci, que la taxe proportionnelle sera basée sur les maisons d'habitation et sur les locaux servant à l'exercice de la profession, elle ne pouvait pas le dire.

En effet, les avocats, les avoués, les médecins, payent-ils et pouvaient-ils payer pour les locaux servant à l'exercice de leurs professions? si cette loi de 1844 était applicable aux professions reprises au tableau G, outre la valeur locative de la maison qu'ils habitent, on prendrait, on devrait prendre la valeur estimée du Palais-de-justice où les avocats et les avoués exercent leurs professions, des hôpitaux ou cliniques où les médecins font leurs cours, et alors peut-être serait-on en droit de demander aux commissaires-priseurs de payer leur patente, et d'après le loyer de leurs maisons d'habitation, et aussi d'après la valeur locative l'hôtel des ventes.

Et puis, les avocats ne plaident pas seulement en première instance, ils plaident à la justice de paix, il plaident à la cour, à tous les locaux où ils exercent habituellement leur profession. De même, les commissaires-priseurs; ils ne vendent pas qu'à leur hôtel; il vendent surtout chez les particuliers, chez ceux que la mort ou qu'une décision judiciaire a frappés. Comment calculer leurs patentes sur les locaux qui servent à leur profession?

Voilà à quelles conséquences, contraires au bon sens, on arriverait si on suivait la voie dans laquelle l'administration des contributions directes est entrée.

Pourtant, si l'on décide que la loi de 1844, art. 9, est applicable aux commissaires-priseurs, il faut en même temps dire qu'elle l'est aux avocats, avoués, médecins, ce qui n'est pas praticable.

Nous sommes tellement dans le vrai, que parmi les patentables repris au tableau G, les maîtres de pension pouvaient, sous quelques rapports, dans l'esprit du législateur, soulever des difficultés, et le législateur les a résolues en faveur des chefs d'institution, en décidant que les locaux affectés au logement et à l'instruction des élèves ne seront pas compris dans l'estimation de la valeur locative. Cependant ne sont-ce pas là les locaux servant à l'exercice de la profession, n'est-ce pas là le gain du chef d'institution? Mais la loi de 1850 a fait aux personnes qu'elle frappait une position exceptionnelle, et elle a voulu que toutes, sans exception, puissent jouir des mêmes avantages, des mêmes prérogatives.

Disons plutôt que l'art. 9 de la loi de 1844 n'était que la reproduction de l'art. 26 de la loi du 26 mars 1831, de cette loi qui vint heureusement mettre un terme aux discussions qui se reproduisaient précisément sur la même question; avec cette différence, que c'était les négociants seuls qui la soulevaient.

Cet article était conçu en ces termes : « Tous les locaux servant à l'habitation et au commerce des patentables. » Oui au commerce, que la loi de 1844 voulait atteindre partout; mais non aux professions libérales sous la loi de 1850.

Disons avec une ordonnance du Conseil d'État rendue sous l'empire unique de la loi de 1844 et pour des individus dont la profession était patentée par le tableau B, pour des courtiers commissionnaires; disons que « l'hôtel des ventes doit être considéré comme local public, exempt du droit proportionnel. »

Disons, avec une récente décision du Conseil d'État, encore rendue à propos de la Chambre des Notaires Paris, que « ce local qui sert à des réunions de la compagnie, aux séances du syndicat, doit être considéré comme local public. »

Disons que cet hôtel des ventes n'est rien, pour les commissaires-priseurs, qu'un magasin où l'on porte des objets qui ne leur appartiennent pas, à propos desquels ils payent, chez eux, une patente encore assez élevée, des droits qui vont jusqu'à 4 0/0, pour lesquels ils ont, en définitive, donné un cautionnement qui ne leur rapporte que 3 0/0, et acheté une charge qui ne leur vaut pas autant qu'on veut bien le dire, qu'un local qui est moins pour eux que ce que le Palais-de-Justice est pour les avocats, moins certainement que les locaux servant au logement et à l'instruction des élèves, pour les chefs d'institution.

Les difficultés qu'on rencontre dans l'application de cette prétention du fisc viennent encore augmenter notre conviction. Qui impose-t-on, la plupart du temps? Ce ne sont pas les commissaires-priseurs, qui déjà personnellement payent une patente pour leur habitation, qui ont un numéro sur le rôle des contributions; c'est l'hôtel lui même.

Or, l'article 1er de la loi du 25 avril 1844 porte que « tout individu français ou étranger qui exerce en France un commerce, une industrie, une profession non compris dans les exceptions déterminées par la loi, est assujetti à la contribution des patentes. »

Tout individu, dit le législateur; c'est qu'en effet la patente est une contribution qu'on pourrait appeler personnelle. C'est, nous l'avons déjà dit, un impôt de quotité, c'est par conséquent un droit qui ne peut être payé par une chose, car il n'y a pas une chose exerçant un métier, et ce n'est que l'exercice de telle profession, dont on retire des bénéfices plus ou moins considérables, qui donne lieu à l'application de la patentes.

Mais, nous objectera-t-on, les sociétés! — Prenez-garde; la société est un être fictif, c'est ce qu'on appelle, en droit, un être moral, et c'est cet être moral, et non jamais les bâtiments où siègent les associés, qui sera imposé, quand ce ne seront pas les associés eux-mêmes.

C'est le payement d'un numéro dans l'espèce du rôle qu'on réclame, c'est-à-dire la patente de l'*hôtel des Commissaires-Priseurs*. Ce n'est pas même l'association des commissaires-prireurs. Ce n'est pas Me tel ou Me tel, ou tous nommativement, non, ils eussent produit leur feuille de patente et auraient dit : Nous ne pouvons être tenus de payer deux patentes, c'est l'une ou l'autre que nous devons acquitter, mais jamais l'une et l'autre. Alors on a trouvé un autre système, en laissant de côté le principe même de l'art. 1er de la loi sur les patentes, on impose l'*hôtel des Commissaires-priseurs*.

Ce n'est pas tout : toute loi doit avoir une sanction pour être utile et valable. Ainsi, la loi punit les délits, les crimes, comme les contraventions; et le Code pénal enseigne la gradation que le juge doit suivre dans l'application de la peine.

Les lois civiles ont aussi leurs sanctions qui se traduisent le plus souvent par des condamnations pécuniaires, quelquefois corporelles. Le rôle des patentes, des contributions directes, est pour ainsi dire une loi : il lui faut une sanction, qui est la poursuite dans les termes permis. Eh bien! qui poursuivrait-on? l'hôtel des commissaires-priseurs? cela n'est pas possible. Jamais l'hôtel Bouillon, jamais le numéro 9 de la grande place à Lille, ne pourra ou constituzr avoué ou faire opposition à un jugement par défaut : et, qui viendra payer le montant d'une condamnation?

Peut-on s'empêcher de remarquer l'étrangeté de la doctrine de l'administration des contributions directes? Vous imposez, pourrait-on lui objecter, d'un droit de patente un être qui n'existe pas, qui ne peut exister, et qui, si vous lui donniez la vie, ne pourrait être, par vous, poursuivi d'aucune façon pour nonpayement de ce que vous réclamez; c'est donc que vous l'imposez à tort.

Enfin qui doit payer cette patente, et chacun des commissaires-priseurs est-il tenu pour la totalité de l'impôt réclamé? On comprend toute la gravité de cette question qui peut être soulevée aussi.

En présence des difficultés qu'on rencontre dans l'application du système de l'administration des contributions, ne doit-on pas se dire, avec la décision du conseil d'État que nous rappelions tout à l'heure, « que les locaux qui servent aux ventes des commissaires-priseurs, comme ceux qui servent aux courtiers commissionnaires, doivent être considérés comme local public, et dès lors exempt du droit proportionnel? »

Qu'on nous permette, en terminant, de nous résumer : L'application aux commissaires-priseurs de l'art. 9 de la loi du 25 avril 1844 nous semble contraire à la loi et à son esprit, parce que la loi de 1850, et surtout le tableau G, est une loi spéciale, en dehors des dispositions de la loi de 1814, et qui, par conséquent, ne peut tomber sous l'application des articles propres à cette loi du 25 avril; parce que l'on assimile à des marchands ceux que le législateur a eu la volonté formelle d'en séparer, ceux pour qui il a voulu faire une position exceptionnelle. Elle nous semble être contraire aux principes du droit, en ce qu'elle rend la loi inapplicable, qu'elle force à patenter un objet qui n'est animé ni réellement ni fictivement, une chose qui ne peut payer l'impôt dont on a la charge.

VARIÉTÉS.

EXPOSÉ DE LA SITUATION DE L'EMPIRE.

CONTRIBUTIONS DIRECTES.

Le produit des quatre contributions directes pour l'année 1866 dépasse de 7 258 000 fr. le produit des mêmes impôts en 1865. Dans cette somme, celle de 3 300 000 fr. représente l'accroissement du principal des impôts. Le surplus, près de 4 millions de francs, se compose des centimes additionnels. Le Trésor ne participe au produit de ces centimes que dans une faible proportion (moins d'un dixième); la presque totalité, c'est-à-dire plus des neuf dixièmes, sauf une faible portion affectée au service des dégrèvements, revient aux départements et aux communes. On voit donc que, dans l'accroissement du produit de l'impôt, la plus forte part provient des centimes additionnels pour dépenses locales et est provoquée par les conseils généraux et municipaux.

L'augmentation du principal des contributions directes en 1866, comparativement à l'année 1865, est de 0,80 0/0 pour les impôts de répartition (contributions foncière, personnelle et mobilière, et des portes et fenêtres), et de 2,31 0/0 pour l'impôt des patentes. Ces proportions, un peu plus faibles que celles de l'année précédente, se rapprochent sensiblement de celles des années antérieures. L'assiette de la contribution des patentes est poursuivie avec vigilance et en même temps avec l'esprit de modération qui est la règle de l'Administration.

Aux causes générales qui ont pesé en 1865 et 1866 sur le commerce, l'industrie et l'agriculture, se sont ajoutés cette année des sinistres, inondations, orages, maladie des vers à soie, qui ont donné lieu à des dégrèvements d'impôts considérables. Sans parler ici des dégrèvements ordinaires, les remises d'impôts accordées sur demandes collectives formées à l'occasion de pertes amenées par des événements extraordinaires, s'élèvent déjà, pour l'exercice 1866, à près de 2 millions, dont 420 000 fr. par suite des inondations et plus de 300 000 fr. pour l'industrie séricicole.

La situation du recouvrement de l'impôt direct est des plus favorables; elle présentait, au 31 décembre dernier, une anticipation de 66 centièmes de douzième, soit de 29 132 000 fr.; quant à la proportion des frais de poursuites, elle n'est que de 1 fr. 30 c. pour 1 000 fr. de recouvrements réalisés.

ÉTUDE SUR LES RÈGLES DU PAYEMENT
DES MANDATS ET ACQUITS DU TRÉSORIER-PAYEUR-GÉNÉRAL
(ANCIEN SERVICE DU PAYEUR)
PAR LES PERCEPTEURS ET LES RECEVEURS DES ADMINISTRATIONS FINANCIÈRES (8e *article*).

CHAPITRE X.
PROCURATIONS ET SUBSTITUTIONS.
§ 1er. — Dispositions générales.

Lorsque la partie désignée sur un mandat, ne peut en toucher elle-même le montant, elle peut donner pouvoir de recevoir en son nom. L'acceptation du mandat peut n'être que tacite, et résulter seulement de l'exécution qui lui a été donnée par le mandataire. La procuration ne devra donc pas nécessairement contenir l'acceptation du mandataire. (Code Nap., art. 1985.)

La procuration ne peut être donnée que par la personne ayant le droit de recevoir les fonds, c'est-à-dire par le créancier réel que désigne le mandat. Les mineurs et les interdits ne peuvent donner procuration pour toucher les sommes qui leur sont dues. Leur tuteur ou curateur ont seuls qualité pour agir en leur nom, et faire toucher ce qui leur revient. Mais si la procuration émane de ceux-ci, l'acte de leur nomination doit être rapporté, à moins que le tuteur ne soit le père ou la mère. Une femme mariée ne peut donner procuration qu'en justifiant de l'autorisation de son mari, ou en prouvant qu'elle est séparée de biens, soit par son contrat de mariage, soit depuis le régime de la communauté qui existe entre eux. S'il s'agit d'une femme abandonnée de son mari, il faut qu'elle justifie qu'elle a été judiciairement autorisée à administrer ses biens.

Un mandataire a la faculté de s'en substituer un autre, mais il répond envers le mandant des actes de celui qu'il s'est substitué, suivant les conditions établies par la loi. (Code Nap , art. 1994.)

Le pouvoir doit être spécial pour toucher la somme à payer, ou, au moins, général pour le recouvrement de toutes les sommes qui pourront être dues au mandant. Une procuration conçue en termes généraux n'embrasse que les actes d'administration. (Code Nap., art. 1988.) Il est insuffisant pour toucher des fonds à une caisse publique.

La procuration en vertu de laquelle un individu se présente, doit être déposée entre les mains du comptable qui paie. Si elle est destinée à toucher une créance payable par à-comptes, elle est jointe au mandat de premier à-compte ou de payement définitif. Le Trésorier-payeur en donne un extrait qui lui est représenté lors des payements subséquents (1).

(1) Les Receveurs municipaux mentionnent au Carnet des dépenses à payer en plusieurs années, l'article de leur compte de gestion auquel est jointe une procuration, donnée pour toucher le payement des dépenses de cette nature.

Elle sert pour tous les payements à faire au commettant, pourvu qu'elle les ait prévus, spécialement ou généralement.

§ 2. Forme des procurations.

La procuration peut être donnée, par acte public, par acte sous-seing privé, ou même par lettre; elle peut aussi être donnée verbalement, si la preuve testimoniale est admise, c'est-à-dire si la somme due ne dépasse pas 150 francs. (Code Nap., art. 1985.)

La procuration *notariée* est faite au choix de la partie, en brevet ou en minute. Mais le mandant aura intérêt à la donner en brevet, toutes les fois qu'elle ne sera donnée que pour une seule créance, alors même que cette créance serait payable par à-comptes. Car, dans ce cas, il suffirait de joindre la procuration au premier mandat d'à-compte. Pour les payements ultérieurs, le comptable se bornerait à indiquer le mandat auquel cette pièce a été jointe précédemment. La procuration notariée est signée d'un notaire et de deux témoins, ou de deux notaires. Le sceau du notaire doit être apposé sur les procurations en brevet. Cette procuration est soumise à l'enregistrement, au droit fixe de 2 francs; et la légalisation de la signature du notaire est nécessaire, si cet officier ministériel habite hors du département où il est fait usage de cette pièce.

Quand une procuration est faite *sous-seing privé*, la signature du mandant doit être légalisée par le Maire de la commune qu'il habite, et celle du Maire par le Sous-Préfet. Cette procuration doit être sur timbre et être enregistrée. On sait que le délai pour l'enregistrement des actes sous-seing privé est de trois mois, à compter de leur date. (Loi du 22 frimaire an 7, art. 22.)

Une *lettre* peut servir de procuration, pourvu qu'elle remplisse les conditions exigées pour les procurations sous-seing privé, que le pouvoir soit spécial ou général pour toutes les sommes dues; que la lettre qui donne ce pouvoir ait été soumise au timbre et à l'enregistrement; et que les signatures aient été légalisées. Ce que nous avons dit pour les procurations notariées, en brevet, s'applique aux procurations sous-seing privé. La production n'en est faite que la première fois, s'il s'agit d'une dépense qui soit de nature à se renouveler, comme, par exemple, un traitement ou une créance payable par à-comptes; en ce cas, il suffit pour les payements subséquents, qu'il soit fait mention de la procuration donnée et de l'époque à laquelle elle a été remise au comptable.

Quand une procuration n'est pas spéciale pour le mandat présenté, et qu'elle est conçue *en termes généraux*, les comptables ne doivent s'en contenter qu'avec beaucoup de réserve, attendu que l'étendue d'un pouvoir qui n'est pas spécial dans son objet, peut trop souvent être contestée. Les procurations conçues en termes généraux, par cela même qu'elles ne précisent rien, laissent dans le doute, si l'opération dont il s'agit a bien été comprise par le mandant, parmi celles pour lesquelles il donnait pouvoir. De l'examen seul de l'acte, considéré dans son ensemble, on peut induire une solution. Et les comptables doivent aussi bien se garder, d'une exigence nuisible aux intérêts des parties, que d'une trop grande facilité, capable de compromettre leur propre responsabilité. Aussi, pour éviter les difficultés qui pourraient en résulter, et pour la parfaite régularité de leurs payements, les comptables devront examiner rigoureusement le contenu et la forme des procurations. Il conviendra même qu'ils soumettent à l'examen du Trésorier-payeur général, avant d'effectuer le payement, les procurations générales qui leur seront présentées. Ils mettront ainsi leur responsabilité à couvert, par l'acceptation ou le refus d'admission de ces pièces, qui en sera fait par ce fonctionnaire supérieur.

Lorsque la *procuration verbale* pourra être reçue, le comptable qui doit effectuer le payement fera signer par les deux témoins en présence desquels cette procuration aura été donnée, une déclaration ainsi conçue :

« Nous, soussignés (indiquer les noms, prénoms et domicile des témoins), déclarons que le sieur N... (créancier réel) a donné pouvoir, en notre présence, au sieur N... (mandataire), de toucher en son nom, le montant du présent mandat. »

Cette déclaration pourrait aussi être fournie séparément, mais qu'elle soit donnée sur le mandat ou qu'elle soit délivrée à part, on voit qu'il n'y aurait pas économie pour les créanciers sachant signer à donner une procuration verbale. Cette forme de délégation de pouvoirs ne saurait être mise en pratique que par les parties prenantes illettrées auxquelles elle évitera les frais d'un acte notarié, autres que ceux de timbre et d'enregistrement, attendu que tous les pouvoirs, quelle qu'en soit la forme, sont passibles de ces droits, dès qu'il sont convertis en actes écrits. Les signatures des témoins devront être légalisées.

Les pouvoirs donnés par les *conseils d'administration* à un capitaine-trésorier, pour recevoir la solde, peuvent être faits sur papier libre; ils ne sont pas soumis à l'enregistrement, mais ils doivent être visés par l'Intendant ou le Sous-Intendant militaire. Celui-ci y appose son cachet. Le même mode est suivi, pour les pouvoirs donnés par des militaires isolés.

Les procurations données à l'*étranger* sont soumises au visa de l'Agent français qui y réside. Elles doivent ensuite être légalisées au Ministère des affaires étrangères et être timbrées et enregistrées. Si elles sont en langues étrangères, la traduction en est faite par un traducteur juré dont la signature est légalisée par le Président du tribunal civil.

Une personne appartenant à *une compagnie* ou raison sociale, n'a pas qualité suffisante pour donner quittance sur une lettre d'avis du Ministre, ou sur un mandat. Elle doit produire un acte de notoriété faisant connaître les noms et prénoms des personnes composant la compagnie, et désignant celle d'entre elles qui a la signature. Si une circulaire est remise pour donner ces indications, les signatures y apposées doivent être légalisées. On doit justifier, en outre, de la durée de la société. Il ressort de ces explications, que le payement ne pourra être fait qu'à la personne qui a la signature, ou au fondé de pouvoirs de celle-ci. (Voir Chap. VI.)

Les pouvoirs donnés par les *pensionnaires* de l'ancienne liste civile et de la caisse de retraite de la vieillesse, soit en France, soit à l'étranger, pour recevoir les secours et rentes viagères que la loi leur accorde, sont exempts de timbre et d'enregistrement. (Circ. 30 mai 1846 et décret 18 août 1853. Pour les pouvoirs donnés à l'étranger. voir ci-dessus.)

§ 3. Révocation et cessation d'une procuration.

L'effet d'une procuration cesse naturellement :

Par la révocation du mandataire,

Par la renonciation de celui-ci au mandat,

Et par la mort naturelle ou civile, l'interdiction ou la déconfiture, soit du mandant, soit du mandataire. (Code Nap., art. 2003, 24, 501 et suiv., 1373, 1991, 2004 et suivants.)

Le mandant peut révoquer sa procuration quand bon lui semble, et contraindre, s'il y a lieu, le mandataire à lui remettre, soit l'écrit sous-seing privé qui la contient, soit l'original de la procuration, si elle a été délivrée en brevet, soit l'expédition, s'il en a été gardé minute. (Code Nap., art. 2004.)

La révocation notifiée au seul mandataire, ne peut être opposée au comptable qui a payé dans l'ignorance de cette révocation, sauf au mandant son recours contre le mandataire. La révocation devra donc être notifiée aux tiers, afin qu'ils puissent y avoir égard. (Code Nap., art. 2005.)

La constitution d'un nouveau mandataire, pour la même affaire, vaut révocation du premier, à compter du jour où elle a été notifiée à celui-ci. Mais cette révocation ne pourra être opposée au comptable qui aura payé de bonne foi, qu'autant que le nouveau pourvoi lui aura été notifié avant le payement à l'ancien mandataire révoqué. (Code Nap., art. 2005 et 2006.)

De son côté, le mandataire peut renoncer au mandat, en notifiant sa renonciation au mandant. Néanmoins si cette renonciation préjudicie au mandant, il devra en être indemnisé par le mandataire, à moins que celui-ci ne se trouve dans l'impossibilité de continuer le mandat, sans en éprouver lui-même un préjudice considérable. (Code Nap., art. 2007, 1146 et suiv., 1372 et suiv., 1991 et 2010.)

Si le mandataire ignore la mort du mandant, ou l'une des autres causes qui font cesser le mandat, ce qu'il a fait dans cette ignorance est valide. Dans les cas ci-dessus, les engagements du mandataire sont valablement exécutés à l'égard des tiers qui sont de bonne foi. (Code Nap., art. 2008 et 2009.)

En cas de mort du mandataire, ses héritiers doivent en donner avis au mandant, et pourvoir, en attendant, à ce que les circonstances exigent pour l'intérêt de celui-ci. (Code Nap., art. 2010.)

Les procurations produites cessent encore d'être valables, quand elles ont dix années d'existence. Le Trésorier-Payeur doit, dans ce cas, en réclamer de nouvelles ou une nouvelle expédition en bonne forme, des mandataires qui ont des fonds à toucher à sa caisse. (Ord. 1er mai 1816 et 9 Janv. 1818, et Notes du Ministre des Finances.) Cette nouvelle production est rendue nécessaire, par la faculté accordée à la Cour des Comptes, de détruire les pièces de comptabilité dix ans après la remise des comptes; car il pourrait arriver que les procurations jointes à ces pièces eussent été détruites à l'expiration de ce laps de temps (1).

(1) Ces dispositions sont applicables aux procurations remises aux Receveurs municipaux, lors du premier payement. Cependant une nouvelle production ne serait pas nécessaire, si, conformément aux dispositions de l'Instr. Gén. du 20 Juin 1859 (art. 1365 et 1543, 5e alinéa), il n'avait été fourni par le comptable, à l'appui du mandat du 1er à-compte, qu'une copie sur papier libre, de la procuration en due forme, qu'il aura conservée, pour être jointe au compte de l'année pendant laquelle l'opération sera terminée.

Fin du chapitre X.

DEMANDES D'EMPLOI.

Il est indispensable que MM. les Chefs de Service et Employés nous préviennent dès qu'ils sont pourvus d'employés ou d'emploi.

***

Plusieurs trésoreries générales demandent en ce moment des employés pour diverses fonctions.

On a besoin d'un bon Fondé de pouvoirs dans une Recette particulière.

Un Percepteur de la Seine, banlieue de Paris, demande un commis capable de faire un bon Fondé de pouvoirs. Appointements de 2 000 à 3 000 francs.

Les demandes relatives aux emplois, causant des dérangements et des frais de correspondance, doivent être accompagnées de 2 fr. 50 c. de timbres-poste pour qu'il y soit donné suite.

PERMUTATIONS.

Le titulaire d'une perception des environs de Toulouse, tout près du canal et du chemin de fer du Midi (Remise, 3700 à 3800 fr.), désirerait permuter avec un Percepteur de troisième classe du Gard, ou départements voisins. S'adresser à la Recette de Villefranche (Haute-Garonne).

NOMINATIONS ET MUTATIONS.

M. de Roussy, Directeur Général de la Comptabilité Publique, a été promu au grade de Commandeur de la Légion-d'honneur.

RECEVEURS DES FINANCES :

M. le Comte Michel, ex-Préfet, est nommé Trésorier-Général à Nice;

M. Cahouet de Marolles, est nommé Trésorier-Payeur à Mayotte;

M. Michel, Receveur particulier à Alais, est nommé Trésorier-Général de la Corrèze;

M. Pontal est nommé Receveur particulier à Sisteron;

M. de Laveyssière est nommé Receveur particulier à Mauriac;

M. de Vigent, Payeur de la Loire, est nommé à Nérac;

M. Adéma, Payeur de la Hte-Garonne, est nommé à Alais;

M. Becquet, Payeur de la Meuse, est nommé à Sédan, en remplacement de M. Gibert, décédé;

M. Pollet, Trésorier-Général de la Dordogne, passe dans la Marne, en remplacement de M. de Ratisbonne, démissionnaire;

M. le Comte de Begonen, Trésorier-Général de la Haute-Saône, passe dans la Dordogne;

M. Dorient de Bellegarde, Trésorier-Général de la Corrèze, passe dans la Haute-Saône;

M. Worms de Romilly, Receveur particulier à Saint-Dié, passe à Saumur, en remplacement de M. Dumas, retraité;

M. Conneau, Receveur particulier de Lunéville, passe à St-Dié;

M. de Chauny, — de Ste-Ménehould, — à Lunéville;

M. Blondin, — de Sisteron, — à Ste-Ménehould;

M. Doazan, — de Vervins, — à St-Omer, en remplacement de M. Gossein, décédé;

M. Verdier de Latour, Receveur particulier de Cosne, passe à Vervins;

M. Blauquet de Rouville, — de Nérac, — à Cosne;

M. Louet, — de Parthenay, — à Lure, en remplacement de M. Giraud, démissionnaire;

M. Fontaine de Fontenay, Receveur particulier de Mauriac, passe à Parthenay.

Directeur, H. GALLETIER, Avocat à la Cour impériale de Paris.

PAYEMENT DE L'ABONNEMENT.

Malgré les frais et les efforts véritablement considérables (et imprévus) qu'a exigés la publication hebdomadaire du Journal des Percepteurs, nous voulons tenir compte de la position de beaucoup de comptables, et nous n'avons pas l'intention d'élever le prix de l'abonnement — comme vient de le faire un autre recueil. Nous désirons seulement que chacun, sans être obligé de dépenser plus pour cela, nous prête son assistance à notre œuvre d'utilité générale; ainsi nous demandons seulement à nos abonnés de nous payer directement, dan le courant du mois de février, l'abonnement par mandat ou timbres-poste.

Nous pensons que tous se feront un devoir de conscience de remplir ce petit acte d'obligeance, d'ailleurs facile à exécuter dans le délai d'un mois.

JOURNAL DES PERCEPTEURS,

DES RECEVEURS DES FINANCES, ET DES RECEVEURS DES COMMUNES, HOSPICES, ETC.;
DES SURNUMÉRAIRES, ET DES ASPIRANTS.

2e Série. — 10 fr. par an. Un numéro toutes les semaines. 12e année. — N° 9.

SOMMAIRE.

ACTES OFFICIELS

CIRCULAIRE DE M. LE DIRECTEUR GÉNÉRAL DES CONTRIBUTIONS DIRECTES, *relative aux modifications apportées aux droits de patente de quelques professions par la loi sur les courtiers de marchandises.*

25 juillet 1866.

La loi du 18 juillet 1866, sur les courtiers de marchandises, contient, dans son article 20, les dispositions suivantes :

« Les patentables qui sont actuellement compris « dans la législation des patentes sous la dénomina- « tion de commissionnaires en marchandises, cour- « tiers de marchandises, facteurs de denrées et mar- « chandises et représentants de commerce, ainsi que « tous les individus qui prêtent leur entremise pour « l'achat et la vente des marchandises, ou qui achè- « tent ou vendent des marchandises pour le compte « de tiers et dont la profession n'est pas spéciale- « ment dénommée dans les tableaux annexés aux lois « de patentes, seront assujettis, à partir de 1867, aux « droits de patente fixés comme il suit :

« A Paris. . . . . 400 fr.

« Dans les villes de 50 000 âmes et au- « dessus. 300

« Dans les villes de 30 000 à 50 000 âmes, et dans « les villes de 15 000 à 30 000 âmes, qui ont un en- « trepôt réel. . . . . 200 fr.

« Dans les villes de 15 008 à 30 000 âmes, et dans « les villes d'une population inférieure à 15 000 « âmes, qui ont un entrepôt réel. . . . 150 fr.

« Dans les communes. 75

« Droit proportionnel au quinzième.

« Si les opérations que font les patentables ci-des- « sus énumérés ou auxquelles ils prêtent leur entre- « mise, ont pour objet habituel la vente aux mar- « chands détaillants et aux consommateurs, les « droits de patente seront ceux de la 4e classe du « tableau A annexé à la loi du 25 avril 1844. »

Ces dispositions règlementent à nouveau l'assiette des droits des patentes des contribuables qui servent d'intermédiaires pour le commerce, soit en achetant ou en vendant pour le compte de tiers, soit en se bornant à mettre en relation les vendeurs et les acheteurs. Elles désignent spécialement les quatre professions qui caractérisent le mieux les intermédiaires commerciaux ; elles s'appliquent également aux professions analogues qui ne se trouvent pas dénommées dans les tarifs.

Quant aux professions qui ont pour objet des opérations d'entremise commerciale et qui, en dehors de la désignation spéciale faite par la nouvelle loi, figurent déjà dans la nomenclature des patentables, elles continueront d'être imposées comme par le passé. Cette exception ne s'applique, du reste, qu'à un nombre restreint de professions, telles que celles de commissionnaires en grains et farines, courtiers de bestiaux, etc.

Il existe des individus qui, exerçant réellement la profession d'intermédiaire que la loi a en vue d'atteindre, sont actuellement imposés sous d'autres dénominations ; tels sont certains patentables inscrits aux rôles avec la qualification d'agents d'affaires, de commissionnaires entrepositaires de vins, et qui sont véritablement des agents commerciaux prêtant leur entremise aux commerçants et aux consommateurs pour l'achat ou la vente des marchandises. Il est recommandé aux agents de les rechercher avec soin et de les imposer suivant les nouvelles dispositions législatives.

La loi établit une distinction importante entre les droits de patente des intermédiaires commerciaux, suivant que les opérations auxquelles ils se livrent ont pour objet la vente à des marchands en gros ou en demi-gros, ou bien la vente à des marchands détaillants ou aux consommateurs.

Aux patentables dont les opérations ont lieu avec des marchands en gros, sont applicables les taxes mentionnées au premier paragraphe de l'article 20 précité. Les autres intermédiaires, qui n'opèrent habituellement qu'avec les marchands détaillants et les consommateurs, seront imposés aux droits de la 4e classe du tableau A annexé à la loi du 25 avril 1844.

On remarquera que les taxes de la première catégorie ne sont autres que celles actuellement imposées aux commissionnaires en marchandises ; il en résulte que ces derniers n'auront à subir aucune augmentation et auront même, dans certains cas, l'avantage de profiter du tarif de la 4e classe du tableau A.

La patente des courtiers en marchandises, dont le droit fixe variait de 50 à 250 francs, éprouvera, selon la nature des opérations, une augmentation ou une atténuation.

Quant aux facteurs de denrées et marchandises

(partout ailleurs qu'à Paris) et aux représentants de commerce qui figurent dans la 4e classe du tableau A, ils seront passibles de taxes plus élevées, si les ventes, auxquelles ils prennent part se font dans les conditions de la première catégorie, c'est-à-dire à des marchands en gros et en demi-gros.

Aux termes du dernier paragraphe de l'article 20, la différence des droits de patente est déterminée à raison du caractère des ventes. Pour ne pas imposer des taxes trop élevées, de même que pour assujettir aux nouvelles taxes les contribuables qui doivent légalement les acquitter, les agents des contributions directes devront apporter des soins particuliers dans l'appréciation de la situation des patentables. Ils devront recueillir toutes les informations propres à les éclairer : ils auront pour se guider, indépendamment de la notoriété et des recherches auprès des administrations publiques, les renseignements qu'ils pourront obtenir des tribunaux et des Chambres de commerce sur les actes habituels de commerce des patentables dont il s'agit.

Les dispositions de la nouvelle loi recevront leur première application dans les rôles de 1867.

Les contribuables qu'elles concernent seront inscrits sur les matrices, selon la nature de leurs opérations et d'après les dénominations actuelles.

Pour mettre la direction à portée d'appliquer aux patentables de chaque catégorie les taxes qui leur incombent, les contrôleurs indiqueront sur la matrice, après la profession imposable, la nature des opérations du patentable donnant lieu à l'application de l'une ou de l'autre de ces taxes ; ils formuleront ce renseignement conformément à l'exemple ci-après :

1re *Catégorie.* Facteurs de denrées et marchandises (opérations en gros et en demi-gros); ou bien : Représentants de commerce (opérations en gros ou en demi-gros).

2e *Catégorie.* Facteurs de denrées et marchandises (ventes aux marchands détaillants ou aux consommateurs). Représentants de commerce (ventes aux marchands détaillants ou aux consommateurs).

La loi qui modifie les droits de patentes des intermédiaires de commerce, est promulguée à une époque où un certain nombre de matrices de rôles sont déjà rédigées. MM. les directeurs auront à examiner si, dans ces matrices, se trouvent des contribuables auxquels les nouvelles taxes sont applicables, et, le cas échéant, ils régulariseront ces documents en y effectuant les rectifications nécessaires ; ils ne perdront pas de vue que, dans le cas où la modification des bases de cotisation entraînerait une augmentation de taxe, il y aura lieu d'opérer un nouveau dépôt des matrices dans les mairies.

Les articles 18 et 19 de la loi dont il s'agit contiennent d'autres dispositions qui intéressent également le service des patentes, mais dont l'exécution est subordonnée à un règlement d'administration publique. Des instructions seront données ultérieurement pour assurer, à cet égard, l'application uniforme de la loi.

QUESTIONS DIVERSES

TAXE SUR LES CHIENS. CATÉGORIES ET ACCROISSEMENT.

Un conseil municipal a-t-il le droit de n'établir qu'une seule catégorie de chiens, soit une taxe unique de 5 francs ?

On nous informe que les conseils municipaux de deux communes de la réunion de..., ont décidé que tous les chiens de la commune, chiens de chasse ou d'agrément, ou servant uniquement à la garde, seraient imposés d'une taxe unique de 5 fr., qui est le montant de la taxe fixée par décret impérial pour les chiens de 1re catégorie de la commune. On nous demande si ce droit est accordé aux conseils municipaux, et si les répartiteurs et les contribuables sont tenus de se soumettre au vote de ces conseils municipaux.

On nous a souvent signalé d'autres infractions au texte de la loi du 2 mai 1855. Certains administrateurs, ou trop zélés, ou trop faciles, trouvent tant de motifs pour étendre ou pour adoucir les prescriptions de la loi, qu'ils se croient autorisés à admettre les combinaisons agréant le plus à leurs vues personnelles. Nous conseillons au comptable qui nous consulte, de rappeler aux conseils de répartition que nul n'a le droit d'éluder les dispositions de la loi. Or, celle du 2 mai 1855, concernant la taxe sur les chiens, a établi deux catégories dont elle a spécifié la nature, et n'a laissé à aucune autorité la faculté de confondre, à son gré, tous les chiens dans une seule catégorie. Il est du devoir du Percepteur qui assiste les répartiteurs dans le travail de rédaction de l'état-matrice, d'expliquer à ces derniers les prescriptions de la loi. Lorsque ses représentations ne les ramèneront pas à la rigoureuse observation des règles posées en cette matière, il devra informer l'autorité supérieure de ces infractions.

Il est un moyen sûr de convaincre le conseil municipal et celui des répartiteurs de l'illégalité de la mesure qui nous est signalée : c'est de faire présenter une réclamation en réduction de cote par un contribuable possédant un chien de la 2e catégorie et imposé à la taxe de la 1re catégorie. Le conseil de Préfecture ne pourra que prononcer cette réduction.

Si, au contraire, au lieu de ranger tous les chiens dans la 1re catégorie, l'autorité locale voulait les faire tous classer dans la dernière (chose plus irrégulière encore), le Percepteur devrait obtenir des répartiteurs le retour à une plus juste appliaction de la loi, ou accompagner l'envoi de l'état-matrice d'un rapport qui mettrait le Directeur des Contributions directes en état d'apprécier les divergences d'interprétation qui se sont élevées entre les répartiteurs et lui.

On nous a également entretenu de la circonstance où les possesseurs de chiens n'ont pas fait la déclaration voulue par la loi. Certains conseils de répartition, pour épargner l'*accroissement de taxe* à ceux qui s'en sont rendus passsibles, exigent que les chiens soient inscrits comme ayant été déclarés, afin qu'ils ne subissent pas la taxe simple. Cette marche a deux inconvénients : 1° Elle engage les contribuables à ne faire aucune déclaration, en assurant l'impunité à ceux qui omettent volontairement cette déclaration, et fait ainsi complice de ce mensonge le Percepteur qui a pu constater l'absence de déclaration; 2° elle enlève le moyen de réclamer, avec quelque apparence de vérité, au contribuable compris à tort sur le rôle dans ces conditions, puisqu'on peut lui opposer la déclaration que les répartiteurs ont certifié être faite par lui.

Aussi nous ne saurions trop engager les Percepteurs à faire respecter partout et toujours les dispositions de la loi, lesquelles ne peuvent se prêter aux vues de personnes plus ou moins intéressées à ce que ces dispositions ne soient pas exécutées.

PRESTATIONS EN NATURE. JEUNES GENS FAISANT PARTIE DE LA CLASSE DE L'ANNÉE.

Un conscrit doit-il la prestation ?

Un conscrit appartient-il au Gouvernement? dans l'affirmative, doit-il sa prestation? s'il n'appartient au Gouvernement qu'après avoir tiré, doit-il aussi en être affranchi?

Les jeunes gens qui, par suite du tirage au sort et des opérations du conseil de révision, ont été désignés comme faisant partie soit de l'armée active, soit de la réserve, doivent être rayés des rôles de la prestation pour l'entretien des chemins vicinaux : pour nous servir des termes de notre correspondant, ils appartiennent au Gouvernement. Ils ne peuvent plus être imposés à la prestation en nature, ni personnellement, ni comme employés ou serviteurs chez des tiers; les militaires renvoyés en congé illimité, sont dans le même cas.

Mais un jeune homme appelé à tirer au sort en 1866 et qui, lors de la tournée des mutations de 1865, a été compris ou maintenu sur son rôle de prestation, a été bien et dûment imposé, parce qu'à l'époque où la matrice du rôle a été dressée ou révisée, ce jeune homme n'appartenait pas *encore* à la catégorie des exceptions dont nous venons de parler. Aussitôt que la position du jeune homme dont il est question a été fixée et que sa nouvelle condition de *soldat* a pu être réellement constatée, il lui était loisible de présenter et d'obtenir une demande en dégrèvement. Mais avant la constatation de cette position, que rien ne pouvait faire pressentir en 1865, il était du devoir des répartiteurs de maintenir ce prestataire sur les rôles; c'est donc avec raison qu'il a été compris sur ceux de 1866 et que la prestation peut être exigée, soit en nature, soit en argent, s'il n'y a des empêchements d'une autre nature.

LEGS. EXIGIBILITÉ. VERSEMENT PAR LES HÉRITIERS.

Les légataires universels sont-ils fondés à retenir un legs particulier fait à une commune après que celle-ci a été autorisée à accepter, sous prétexte que l'emploi du legs n'est pas effectué ?

Un legs fait à la commune de L... est ainsi conçu : Je donne et lègue une somme de 2000 fr. à la commune de L... à la condition de l'employer à due concurrence, en achat ou édification d'une maison d'école pour les sœurs de l'ordre de la Sainte-Famille qui sont chargées de l'éducation des jeunes filles à L... Cette somme de 2000 fr. sera payée quitte et libre de tous droits de mutation par mes héritiers bas nommés, mais sans intérêts, lorsque la commune sera en mesure de recevoir... La commune de L... est-elle en mesure de recevoir et d'exiger le versement du legs, maintenant que l'acceptation définitive de ce legs a eu lieu par devant notaire, en conséquence de l'autorisation préfectorale ? Ou bien les héritiers sont-ils fondés à détenir la somme léguée jusqu'au moment où l'autorisation d'acheter ou d'édifier une maison d'école aura été donnée par l'autorité supérieure à la commune de L... ?

L'intention du testateur que la somme de 2000 fr. soit *employée* à l'achat ou à l'édification d'une maison d'école de filles est expresse; il en est de même en ce qui concerne la possession de la somme léguée, par les héritiers et sans intérêts, jusqu'au jour de cet *emploi*. Or, pour pouvoir justifier de l'accomplissement de cette condition, il faut que la commune de L... ait été autorisée par l'autorité supérieure à acquérir ou à édifier la maison d'école dont il est question. Cette autorisation est distincte et indépendante de l'acceptation du legs, et se trouve subordonnée à cette acceptation. Nous estimons que les héritiers sont fondés à détenir, sans intérêts, la somme de 2000 fr. légués à la commune de L... jusqu'au jour où cette commune, autorisée à acheter ou à édifier une maison d'école de filles, dans les conditions posées par le testateur, sera définitivement en mesure de recevoir.

TITRES DE RECETTES. IMPUTATION D'EXERCICE.

A quel exercice appartient le produit des troncs, quêtes, aumônes, etc., lorsque les troncs qui les contiennent sont vidés le 2 janvier 1867, par exemple ?

Un Bureau de Bienfaisance a été fondé, en 1865, au moyen de diverses ressources : au nombre de ces ressources figure le produit des dons, aumônes, quêtes, etc. Les troncs destinés à recevoir ce dernier produit ont été vidés le 2 janvier 1867 et le montant, s'élevant à 114 fr. 25, a été versé le 8 entre les mains du receveur de l'établissement. A quel exercice appartient ce produit? Est-ce à l'exercice 1866? Est-ce à l'exercice 1867?

Le budget de la commune de C... a comporté, en 1866, pour la première fois, une recette inscrite sous le titre de Produit de l'enlèvement ou de l'affermage des boues. Les boues ont été recueillies et réunies en tas vendables pendant le mois de décembre 1866; mais, par divers motifs, l'adjudication de ces boues n'a été passée qu'au commencement de 1867 : à quel exercice appartient cette recette?

Des poursuites sur contributions ont été exécutées dans le courant de décembre 1866; mais les états de payement de ces frais de poursuites n'ont pu être autorisés et rendus exécutoires que dans les premiers jours de janvier 1867 : à quel exercice appartiennent les titres de recettes? il est d'observation que le plus grand nombre des redevables s'est libéré avant le 31 décembre, avant la réception des états taxés et que ces recettes ont figuré au Livre de Comptes divers comme appartenant à l'exercice 1866. Faudra-t-il, nous demande-t-on, attribuer le titre entier à l'exercice 1866 ou le fractionner en deux parties, en attribuant à l'exercice 1866 ce qui a été reçu en 1866 et à l'exercice 1867 ce qui a été reçu en 1867?

Ces questions nous semblent comporter une seule et unique réponse: les quêtes ont été versées dans les troncs en 1866, les boues ont été recueillies en 1866, les frais de poursuites ont été faits en 1866. Les *services faits* et *les droits acquis* appartiennent donc à l'exercice 1866. L'inscription des produits aux budgets de 1866 et leur affectation au payement des dépenses de cet exercice, est encore une autre raison d'attribuer ces produits à l'exercice 1866. Nous persistons donc à dire, ainsi que nous l'avons dit dans le *Journal* de cette année, page 11, que l'imputation des titres dont on nous parle doit être faite, sans division, à l'exercice 1866.

COTE PERSONNELLE. SŒURS GARDE-MALADES OU INFIRMIÈRES. IMPOSITION.

Des sœurs garde-malades ou infirmières installées en communauté dans une ville, sont-elles imposables à la cote personnelle?

La taxe personnelle, on le sait, est due par chaque habitant de tout sexe jouissant de ses droits et non réputé indigent. On demande présentement si des religieuses installées en communauté dans une ville, qui donnent des soins aux malades de la localité ou aux malades d'un établissement (tel qu'un séminaire) et travaillent à la lingerie et à l'économat de cet établissement, si ces personnes sont passibles de la cote personnelle. Pourquoi en seraient-elles affranchies? On a souvent, mais toujours sans succès, présenté comme « ne jouissant pas de leurs droits » les religieux et religieuses qui vivent en communauté. Ils ne peuvent échapper à la règle générale et qui est la même pour tous, de la taxe personnelle, qu'au moyen d'une désignation du conseil municipal qui les considère comme indigents. En l'absence d'une telle désignation, le Conseil d'Etat a maintenu la taxe personnelle à laquelle avaient été assujetties les soixante et une religieuses chargées de l'éducation des pensionnaires dans la maison impériale d'Ecouen. (Décr. 31 mai 1856, Daussy.) Des sœurs hospitalières ont été également déclarées passibles de l'impôt. (Décr. 21 avril 1858, Sœurs de Saint-Charles.) Et enfin on l'a jugé de même pour des sœurs converses vouées aux soins de la domesticité, et qui se présentaient comme dénuées de moyens d'existence. (Décr. 11 déc. 1856, Sœurs de la Sainte-Enfance.) Ces décisions, rigoureuses en apparence, sont, au fond, parfaitement équitables, puisque les associations dont il s'agit subviennent à leurs besoins au moyen de ressources qui leur sont propres, et que le droit du conseil municipal permet de ménager toutes les situations dignes d'intérêt.

ÉMARGEMENTS. — PRÉSENCE DES PARTIES. OBLIGATIONS DES PERCEPTEURS.

Les Percepteurs doivent-ils toujours emporter les rôles des diverses communes dans leurs tournées?

On nous pose la question suivante : Lorsqu'un contribuable a des impôts à payer sur plusieurs communes et que ce contribuable prétend se libérer dans la commune de sa résidence, lors de la tournée mensuelle du Percepteur, celui-ci est-il obligé d'emporter les rôles de ces diverses communes afin de satisfaire à l'obligation imposée aux Percepteurs par l'article 74 de l'Instruction générale, de procéder aux émargements en présence des parties payantes? Ou bien, le contribuable, pour être témoin de l'émargement immédiat de son payement, peut-il être contraint à venir payer ses impôts dans la commune résidence du Percepteur?

Les termes de l'article 74 de l'Instruction générale sont formellement impératifs à l'égard de l'émargement des sommes payées par les contribuables : les émargements doivent être faits en la présence de ces derniers, et, toute contravention à ces dispositions peut entraîner, pour les Percepteurs, des poursuites et une amende correctionnelle. Nous serions disposés à croire que si le Percepteur ne peut être astreint à porter avec lui, dans la commune de la résidence d'un contribuable, les rôles quelquefois très-volumineux de toutes les communes dans lesquelles ce contribuable peut-être imposé, ce même contribuable ne peut pas, non plus, être astreint à se rendre dans la commune de la résidence du Percepteur, afin de juger, par lui-même de l'accomplissement du devoir imppsé à ce dernier.

Mais nous pensons que le Percepteur est autorisé à refuser le payement des contributions portées sur des rôles autres que ceux appartenant à la commune dans laquelle il se rend, et qu'il peut exiger que le contribuable se transporte successivement dans les diverses communes où il est imposé, s'il veut s'assurer par lui-même de l'exactitude et de l'inscription immédiate des émargements qui le concernent.

Nous pensons encore que si l'émargement immédiat des payements faits par les contribuables est, avec raison, prescrit aux comptables comme règle générale, cette règle générale peut être modifiée par des circonstances exceptionnelles, comme celles dont il s'agit en ce moment. Cependant en présence des termes précis de l'article 64 de l'Instruction générale, les comptables feront sagement, avant de déroger en quoi que ce soit, aux dispositions de cet article de prendre, par écrit, l'assentiment de leurs chefs de service.

ÉTUDE SUR LES RÈGLES DU PAYEMENT
DES MANDATS ET ACQUITS DU TRÉSORIER-PAYEUR-GÉNÉRAL
(ANCIEN SERVICE DU PAYEUR)

PAR LES PERCEPTEURS ET LES RECEVEURS DES ADMINISTRATIONS FINANCIÈRES (9e *article*).

CHAPITRE XI.
DÉLÉGATIONS ET TRANSPORTS.

Le mandat de payement peut être présenté par un cessionnaire. Le comptable, chargé du payement, doit faire joindre aux pièces ordinaires qui doivent accompagner le mandat, une expédition authentique de l'acte de transport. Il pourra arriver que le transport ait été signifié au comptable par exploit d'huissier; mais cette signification, valable pour prévenir ce comptable qu'il ne doit pas payer au créancier primitif, ne suffira pas pour établir la preuve que la cession a été bien régulière. Il faut pour ce dernier objet, que le transport lui-même soit produit. Une expédition est donc nécessaire, si le transport a été fait par acte notarié, elle est naturellement timbrée et enregistrée, et la signature du notaire, légalisée, s'il est fait usage de cette pièce hors du département où habite cet officier public. Si la cession a lieu par acte sous seing-privé, elle est écrite sur papier timbré et enregistrée. Les signatures doivent être légalisées par le Maire et par le Sous-Préfet. (Instr. 1er janv. 1810, art. 75.) [1].

Le transport d'une créance s'opère légalement par la remise du titre; mais le cessionnaire n'est saisi à l'égard des tiers, que par la signification du transport faite au débiteur, ou l'acceptation de ce dernier par acte authentique. (Code Nap., art. 1689 et 1690.) [2].

Un transport non signifié est considéré, s'il n'existe pas d'oppositions ou d'autres transports signifiés, comme une simple procuration.

Les dispositions qui suivent concernent plus spécialement les Trésoriers Payeurs, attendu que les oppositions, pour atteindre plus sûrement leur effet, doivent être signifiées à ceux-ci, et que, dès lors, c'est à ces derniers à déterminer les sommes à payer, sur la créance transportée et saisie, à chacun des cessionnaires ou opposants. Mais nous avons cru devoir donner, d'une manière aussi complète que possible, l'exposé des principes qui régissent les cessions de créances. Car, si ces principes ne trouvent pas leur application, dans le concours des Percepteurs pour le payement des dépenses de l'Etat, les Receveurs municipaux pourront y trouver d'utiles enseignements, toutes les fois qu'une cession concernera le service municipal ou hospitalier.

Le cessionnaire se trouve saisi de l'objet délégué, dès le moment où une cession ou transport sont signifiés au tiers, et s'il n'existe encore aucune opposition; le comptable ne peut plus payer le créancier de l'Etat que sur la quittance de ce cessionnaire, à moins de rétrocession. Mais il sera valablement libéré, s'il a payé le cédant, avant la signification du transport par le cédant ou par le cessionnaire. (Code Nap., art. 1690 et 1691.) Les traitements bruts des fonctionnaires publics et employés civils, n'étant saisissables que dans les proportions déterminées par la loi du 21 ventôse an IX, la portion insaisissable doit toujours rester libre pour le titulaire. En conséquence, toute signification d'un acte de transport de tout ou partie d'un traitement, ne doit être reçue que pour la portion saisissable. (Instr. Gén., art. 519, 2e alinéa. — Voir chap. XII, § 3e, Aliments.) Le visa en est fait en ces termes : « Vu et reçu pour valoir sur la portion saisissable seulement. »

Le cédant qui rentre dans son droit par une rétrocession, court les mêmes chances que celles auxquelles se trouve exposé le cessionnaire, par le défaut de signification de sa cession ou délégation; c'est-à-dire qu'en cas de non signification de cette rétrocession, le payement aura été valablement opéré entre les mains du possesseur de la dernière cession signifiée au comptable.

S'il existe déjà une opposition au moment de la signification d'un transport ou délégation, cette signification produit le même effet qu'une opposition. Dans ce cas, à moins que le mandat ordonnancé n'excède le montant de l'opposition et du transport, le comptable ne peut plus effectuer de payement, ni au cédant, ni au cessionnaire, jusqu'à ce que l'opposition antérieure ait été levée. Il procède comme il est expliqué ci-après :

1° S'il existe, concurremment avec des transports, des oppositions dont les unes priment et les autres suivent les transports, et que le montant du *mandat excède toutes ces charges*, le comptable chargé du payement retient le montant des diverses oppositions jusqu'à ce que leur validité ait été prononcée par jugement, et paye le montant des transports. Il ne remet à la partie désignée dans le mandat, que l'excédant des oppositions et transports. (Instr. Gén.,

(1) Voir *Journal* 1856, page 312.

(2) Le transport d'une créance sur une Commune doit être signifié au Maire ordonnateur. (Arr. C. Imp. Douai, 20 Avril 1861 — *Journal* 1862, p. 36. — 1864, p. 220 et 350. L'original de la signification doit donc être remis par le cessionnaire au Receveur mun., afin d'établir la preuve de cette signification. Mais si cette signification n'a été faite qu'au Maire, le Receveur n'encourt aucune responsabilité en payant au premier créancier dans l'ignorance du transport. (*Journal* 1863, p. 54.)

art. 519.) S'il s'agit d'un traitement, il y a lieu de distraire du montant du mandat la portion non saisissable. C'est le reste seulement qu'il faut comparer avec le total des oppositions et transports, pour appliquer les dispositions qui précèdent ou celles qui suivent.

2° Si, au contraire, les *oppositions et transports excèdent* le montant de la créance ordonnancée, le comptable retient les oppositions qui priment les transports, paye les transports qui suivent, puis retient le montant des oppositions subséquentes, et ainsi de suite jusqu'à l'emploi total de la somme saisissable. Il ne paye aucun des opposants, à moins que leurs droits ne soient jugés avec tous les opposants; les oppositions antérieures et postérieures aux transports étant supérieures aux sommes retenues pour les opposants, il y a lieu de faire prononcer judiciairement sur leurs droits respectifs. (Code proc. civ., art. 656 et suiv. — Voir chap. XII.) Il paye le montant des transports venant en ordre utile, sans s'occuper des transports ou oppositions qui les suivent et pour lesquels les fonds manquent; attendu que les oppositions qui les priment et pour lesquelles il a été fait une retenue, n'ont, de fait et de droit, saisi que la somme réservée, et ont laissé libres les sommes suivantes, transportées, dont la saisie est valablement acquise aux cessionnaires. Ceux-ci sont affranchis des oppositions postérieures, par la signification faite de leurs transports. (Déc. min., 16 août 1820.) [1].

Cependant, s'il est formé opposition à l'exécution d'un transport, le comptable retient la somme de ce transport, jusqu'à ce qu'on lui rapporte une main-levée ou un jugement exécutoire, avec les certificats de non-opposition ou d'appel. Il surseoit à tout payement demandé par le cessionnaire, lorsque le commettant fait opposition à l'exécution de son transport, jusqu'à ce qu'il ait été statué judiciairement sur cette opposition ou que le cédant ait donné main-levée de son opposition.

Quand le transport d'une créance est fait sans aucune réserve, et que des intérêts sont liquidés et ordonnancés cumulativement avec le capital, le payement du capital et des intérêts peut en être fait au cessionnaire, attendu que, d'après l'art. 1692 du Code Nap., la cession d'une créance, sans réserve, comprend les accessoires. (Code Nap., art. 1615 et 2112.)

CHAPITRE XII.

SAISIES-ARRÊTS OU OPPOSITIONS.

Section 1re. *DISPOSITIONS GÉNÉRALES* (2).

La saisie-arrêt ou opposition est un acte par lequel un créancier arrête, dans les mains d'un tiers, les sommes dues à son débiteur, et empêche que ce tiers ne s'en dessaisisse, jusqu'à ce qu'on lui rapporte une main-levée de l'opposition, ou que le saisissant ait fait ordonner par la justice, que les deniers qu'il a arrêtés lui seront remis en déduction ou jusqu'à concurrence de sa créance. (Code proc. civ., art. 557.) Toutes saisies-arrêts ou oppositions sur des sommes dues par l'Etat; toutes significations de cession ou transport de ces sommes; et toutes autres ayant pour objet d'en arrêter le payement, sont faites, sous peine de nullité, entre les mains des Trésoriers-Payeurs. A Paris, elles sont faites entre les mains du Conservateur des oppositions, au Ministère des Finances. (Loi du 9 Juillet 1836.) Il n'y a d'exception que pour les capitaux et intérêts de cautionnements. Les oppositions, pour arrêter le remboursement du capital d'un cautionnement, doivent être faites au greffe du tribunal civil du lieu, où exerce le comptable (poste pour lequel le cautionnement a été fourni); mais, pour arrêter le payement des intérêts, il faut qu'elles soient signifiées au Conservateur des oppositions, au Ministère des Finances. (Loi du 12 Août 1807. Voir Annexes, Cautionnements, Oppositions.)

Les Trésoriers-Payeurs-Généraux reçoivent les saisies-arrêts ou oppositions sur les sommes dues pour travaux des chemins vicinaux de grande communication, pour le traitement des commissaires de police, et, en général, sur toutes les sommes qu'ils sont chargés d'acquitter sur les ressources centralisées à leur caisse, à titre de *cotisations* municipales et particulières. Les frais de bureau et de tournée des commissaires de police ne sont pas saisissables.

Mais ils ne sont conservateurs que des oppositions formées entre leurs mains ou celles de leurs agents et préposés, et sur les sommes payables à leur caisse; ils ne peuvent se charger d'oppositions qui leur seraient officieusement transmises, même par des collègues. S'il arrive, qu'après avoir revêtu un mandat du Vu bon à payer, une saisie soit pratiquée entre leurs mains contre le titulaire de ce mandat, ils doivent, sur-le-champ, avertir leur délégué de ne pas payer, quand le porteur de l'acquit se présentera à la caisse de ce délégué. (Instr. Gén., art. 661, 4e alinéa. Loi du 9 Juillet 1836, art. 13. — Voir chap. II, § 2e)

Au fur et à mesure que les oppositions faites au payement des sommes dues, acquièrent cinq années de date sans avoir été renouvelées, les Trésoriers-Payeurs les rayent d'office de leur registre, et elles ne sont pas comprises dans les états ou extraits qui sont délivrés conformément à ce qui va être dit. Mais les significations de cession et de transport n'étant pas soumises au renouvellement, doivent être considérées comme subsistant toujours, tant que la main-levée n'en a pas été rapportée (art. 80 de l'Ins. sur les consign.). Le délai de cinq ans ne court que du

(1) Voir *Journal* 1857, page 92. — 1858, p. 181.

(2) Le salaire des ouvriers est insaisissable, lorsqu'ils sont payés à la journée; il est saisissable en totalité, lorsqu'ils sont payés à la quinzaine, au mois ou à l'année (*Journal* 1857, p. 78, 130 et 216). Cependant la justice peut autoriser la saisie des gages et salaires insaisissables et déterminer la quotité saisissable (Code pr. civ., art. 582), ou refuser d'autoriser la saisie des gages et salaires saisissables, mais reconnus nécessaires à l'entretien du saisi et de sa famille. (Arr. Cass., 1er Avril 1860. — *Journal* 1861, p. 7.)

jour de la consignation à l'égard des oppositions existant au moment où elle a lieu. Celles qui auraient été renouvelées restent inscrites au registre, et elles n'en sont rayées qu'à mesure qu'elles acquièrent cinq années de date sans renouvellement. Les Trésoriers-Payeurs doivent, lorsqu'ils en sont requis par la partie saisie par l'un des créanciers opposants, leurs représentants ou ayants-cause, délivrer extraits ou états des oppositions ou significations grévant les sommes dues et consignées, à la charge, par la partie, de fournir le papier timbré nécessaire. Sont toutefois dispensés du timbre les extraits ou états délivrés sur la demande et dans l'intérêt de l'administration (Ins. gén. art. 516 et 517).

Le consentement donné verbalement ou par écrit, par la partie saisie, à ce qu'une opposition périmée soit valable, ne suffit pas pour la faire conserver, quand même il n'existerait pas d'autres oppositions entre les mains du trésorier-payeur ou du Conservateur. Une opposition périmée ne peut être remplacée que par une opposition nouvelle et régulière.

Les Trésoriers-Payeurs-Généraux et les Receveurs municipaux acquittant les mandats émis sur eux, *sous leur responsabilité*, ils n'ont pas à recevoir d'instructions de l'administration sur l'application qu'ils ont à faire des règles du droit commun. L'application et l'interprétation des lois rentrent dans l'exercice de leurs fonctions. Ils n'ont à recevoir ces instructions que sur ce qui s'applique à l'interprétation des règlements; seulement, ils s'exposent, par une fausse application ou interprétation de ces lois, aux demandes en dommages-intérêts des parties lésées par leurs actes.

Section 2e. — DISPOSITIONS SPÉCIALES.

§ 1er **Oppositions sur les rentes sur l'Etat.**

Il ne peut être reçu aucune opposition au payement des arrérages de rentes. Ces rentes sont insaisissables. Toutefois, il y a exception pour les oppositions que formeraient les propriétaires des inscriptions. L'opposition d'un propriétaire d'inscription est faite par une déclaration signée de lui ou d'un fondé de pouvoir spécial. Elle est annulée de la même manière.

Le Directeur de la dette inscrite et l'Agent judiciaire du Trésor peuvent, de leur côté, former des oppositions entre les mains des Trésoriers-Payeurs, soit sur la demande des propriétaires d'inscriptions pour obtenir le renouvellement des titres, soit pour arrêter le payement des arrérages.

§ 2. **Oppositions sur les adjudicataires et entrepreneurs de travaux publics (1).**

Les fonds remis aux Entrepreneurs, pour l'exécution de travaux, sont la propriété de l'État. Pendant le cours des travaux, l'État remet des à-comptes aux entrepreneurs, afin qu'ils payent les *ouvriers* qu'ils emploient *et les matériaux* qui entrent dans la confection des ouvrages. Ces à-comptes sont insaisissables par les créanciers particuliers de ces entrepreneurs; les ouvriers et les fournisseurs des matériaux peuvent, seuls, former sur ces à-comptes des saisies-arrêts ou oppositions, pour être payés de leur salaire ou de leurs fournitures. (Loi du 2 pluviôse, an II. — *Voir* plus loin, l'action des créanciers particuliers des entrepreneurs).

Ce privilège accordé aux ouvriers et fournisseurs, est spécial à l'entreprise à laquelle les ouvriers et fournisseurs ont concouru. Si un même entrepreneur est chargé d'entreprises ou adjudications distinctes, les ouvriers et fournisseurs de l'une des entreprises, privilégiés sur cette entreprise, ne sont plus que des créanciers ordinaires à l'égard des autres entreprises. Si l'un des entrepreneurs solidairement adjudicataire de travaux publics, tombe en faillite, les créanciers privilégiés ne sont pas moins admis à former des oppositions sur les mandats d'à-compte, attendu qu'ils sont créanciers de l'entreprise plutôt que de l'entrepreneur. Et, lorsque par suite de la déconfiture ou de la faillite d'un entrepreneur, les travaux qui lui étaient adjugés sont confiés à un gérant institué par les syndics ou la caution, les sommes pour à-comptes, ordonnancées au nom de ce gérant, sont passibles d'opposition de la part des ouvriers et fournisseurs privilégiés, ce gérant étant la continuation de la personne de l'entrepreneur. Mais si, après la déconfiture ou la faillite, ou pour toute autre cause, les travaux sont confiés à un régisseur nommé par l'administration (1) pour les continuer aux risques et périls de l'entrepreneur, les sommes ordonnancées au nom de ce régisseur ne peuvent pas être arrêtées par les ouvriers et fournisseurs que cet entrepreneur a employés antérieurement à la mise en régie; car ces sommes n'appartiennent à aucun titre à l'entrepreneur.

Les saisies-arrêts ou oppositions faites pour toutes *autres causes* que salaires d'ouvriers ou fournisseurs de matériaux se rapportant à l'entreprise, ne peuvent être pratiquées que sur les sommes qui restent dues aux entrepreneurs, après la réception des travaux et ouvrages. Les sommes qui forment les soldes peuvent être saisies, et par les ouvriers et fournisseurs, et par les créanciers particuliers. Le Trésorier-Payeur doit examiner, lorsqu'une opposition lui est signifiée par un entrepreneur, si la créance pour laquelle elle est faite emporte le privilège établi en faveur des ouvriers et fournisseurs; dans le cas où elle est faite pour toutes autres causes, il la vise comme il suit :

« Vu pour valoir seulement sur la somme qui pourra rester due après la réception des travaux (2). »

Les Trésoriers-Payeurs généraux ne sont pas tenus d'assurer les faits des oppositions pratiquées entre leurs mains, contre les tâcherons, ouvriers et fournisseurs employés dans les régies. Le régisseur seul doit recevoir les significations d'oppositions contre les créanciers qu'il a à désintéresser. Les Trésoriers-

(1) Voir *Journal* 1856, page 48 et 302.

(1) Voir *Journal* 1863, page 166. — 1864, p. 85.

(2) *Id.* 1864, p. 85. (Transport de créance par un Entrepreneur de travaux.)

Payeurs doivent y rester étrangers, et refuser toute signification qui leur serait faite dans cet objet (1).

Lorsqu'un payement d'à compte est fait à un entrepreneur contre lequel des oppositions existent de la part des ouvriers et fournisseurs, et si la forme ordonnancée est suffisante, le comptable retient, jusqu'après jugement, le montant des oppositions et paye le surplus à l'entrepreneur. Si, au contraire, les oppositions excèdent le montant du mandat, tout payement est refusé jusqu'à ce qu'on lui rapporte mainlevée ou jugement de distribution des sommes saisies. A l'égard de la somme ordonnancée pour solde, après la réception des travaux, le Trésorier-Payeur doit tenir compte des oppositions formées par les créanciers particuliers; et selon que le mandat sera inférieur ou supérieur au montant des oppositions, il se conformera aux dispositions qui précèdent. (*Voir* chap. XI).

(1) Voir *Journal* 1856, p. 30.

NOMINATIONS ET MUTATIONS.

ONT ÉTÉ NOMMÉS PERCEPTEURS :

A Séchault (Ardennes), M. Lambinet, surnuméraire;

A Seuil (d°), M. Mauduy; de Séchault;

A Lacourt (Ariège), 5e cl., M. de Guilhem;

A St-Girons (d°), M. Signorel, percepteur de Prat;

Au Mas d'Azil (d°), 4e cl., M. Bourges, de Lacourt;

A Caudebronde (Aude), M. Arnaud, surnuméraire;

A Marseille (B.-du-Rhône), M. Bousquet, de Nîmes;

A St-Jean-le-Blanc (Calvados), 5e cl., M. Laumonier;

A Riom-ès-Montagnes (Cantal), 4e cl., M. Ponthot, de la Courtine (Creuse);

A Néré (Char.-Inf.), M. Peyramalle, de St-Pardoux (Creuse);

A Loulay (d°), M. Routier, de Thénac;

A Saujon (d°), M. Cicutat, de Loulay;

A St-Pardoux (Creuse), M. Legland;

A St-Auban (Drôme), M. Pallier, de Montauban (Drôme);

A Morainville (Eure), 5e cl., M. Reautey, de St-Germain (et non M. Brunet, comme nous l'avions indiqué par erreur, p. 24);

A Nîmes (Gard), 1re cl., Sud, M. Allard, Payeur;

A St-Quentin (Isère), M. Bachasson, surnuméraire;

A Villetrun (Loir-et-Cher), M. Tardivon, surnuméraire;

A Thémines (Lot), 4e cl., M. Auguié, d'Uzech;...

A Mézin (Lot-et-Garonne), M. Reynaud est élevé à la 3e cl.;

A Allemam (d°), M. Lamat, surnuméraire;

A Montrevault (Maine-et-Loire,) 3e cl., M. Aupy;...

A St-Sauveur (Manche), 4e cl., M. Montier de la Haye-Pesnel;

A Autrécourt (Meuse), M. Royer, surnuméraire;

A St-Palais (Morbihan), 4e cl., M. B. de Cachard;...

A Caurois (Nord), M. Delclève, surnuméraire;

A Bulles (Oise), M. Boulet, percepteur de Chamant;

A Bresles (d°), 4e cl., M. Bouffard, de Torcé (Sarthe);

A Tinchebray (Orne), 2e cl., M. Debaize;...

A Olby (Puy-de-Dôme), 4e cl., M. Juving;...

A Murols (d°), M. Laroche, surnuméraire;

A Conchez-de-Béarn (B.-Pyrénées), M. Bon, percepteur;

A Vieille-Aure (H.-Pyrénées), 4e cl., M. Soulé;...

A Laloubère (d°), 3e cl., M. Vachenheim;...

A Lyon (Rhône), M. Duclos, de Nîmes;

A Torcé (Sarthe), M. Perrot des Gachons, surnuméraire;

A Montcel (Savoie), 4e cl., M. Berthé de Brides-les-Bains;

A St-Ouen (S.-et-Marne), M. Carnier, surnuméraire;

A Granges (Vosges), 5e cl., M. Couraux;

A Mouchamp (Vendée), M. Béguin, percepteur de St-Juire;

A Grange-le-Bocage (Yonne), 4e cl., M. Quittard d'Olby (Puy-de-Dôme).

DEMANDES D'EMPLOI.

Il est indispensable que MM. les Chefs de Service et Employés nous préviennent dès qu'ils sont pourvus d'employés ou d'emplois.

Plusieurs Trésoreries générales demandent en ce moment des Employés pour diverses fonctions.

On a besoin de Fondés de pouvoirs pour des Recettes particulières.

Un Percepteur de la Seine, banlieue de Paris, demande un commis capable de faire un bon Fondé de pouvoirs. Appointements de 2000 à 3000 francs.

Les demandes relatives aux emplois, causant des dérangements et des frais de Correspondance, doivent être accompagnées de 2 fr. 50 c. de timbres-poste pour qu'il y soit donné suite.

CHRONIQUE.

On nous communique l'observation suivante à propos d'une remarque que nous avons faite dans notre *chronique*, p. 40 :

Dans certains départements, les Percepteurs-Receveurs municipaux ne recevaient, il y a quelques années, du *Recueil des actes administratifs*, que les circulaires à l'exception desquelles ils doivent concourir d'une manière directe, et dont la notification leur était due gratis. Les Receveurs généraux de ces départements reconnaissant l'utilité qu'il y avait, *au point de vue du service* dont ils étaient les Directeurs, à ce que les comptables sous leurs ordres reçussent ce Recueil en entier, en avaient fait l'objet d'une demande à laquelle les Préfets s'empressèrent d'acquiescer. Mais on comprend que cet envoi devait être fait sous une redevance d'abonnements quelconque, et que personne n'avait le droit d'imposer aux comptables, que cette publication n'intéressait pas *personnellement*.

Avis de l'Administration :

MM. les Abonnés sont instamment priés d'envoyer sans retard le montant de leur Abonnement.

Directeur, H. GALLETIER, Avocat à la Cour impériale de Paris.

JOURNAL DES PERCEPTEURS,

DES RECEVEURS DES FINANCES, ET DES RECEVEURS DES COMMUNES, HOSPICES, ETC.;

DES SURNUMÉRAIRES, ET DES ASPIRANTS.

2e Série. — 10 fr. par an. Un numéro toutes les semaines. 12e année. — N° 10.

SOMMAIRE.

JURISPRUDENCE SPÉCIALE.

CONSEIL D'ÉTAT.

PENSIONS CIVILES. ANCIEN PERCEPTEUR. SERVICES DANS UNE PRÉFECTURE. CONDITIONS D'ADMISSIBILITÉ.

Pour constituer les douze ans de services, dans la partie sédentaire, qui doivent permettre, aux termes de cet article, de compter les services rendus dans les bureaux d'une préfecture, un ancien Percepteur ne peut-il réunir ses services militaires à ses services civils soumis à retenue depuis le 1er janvier 1854? — (Il faut, au moment de la mise à la retraite, douze ans complets de services civils soumis à retenue.)

Voici une affaire qui confirme tristement ce que nous disions en commençant l'année, page 1 ci-dessus, dans notre *Avant-Propos :*

Percepteur depuis le 1er août 1833, le sieur Delaunay a été admis à la retraite le 6 février 1865, et il lui a été liquidé une pension de 361 fr. pour ses onze ans et un mois de services postérieurs au 1er janvier 1854, et pour un an et six mois de services militaires, en 1813 et 1814.

Il a réclamé contre cette liquidation, prétendant qu'on devait lui tenir compte, en outre, de seize ans et dix mois de services rendus par lui comme employé à la Préfecture de l'Eure, du 1er octobre 1816 au 31 juillet 1833.

Comme il comptait onze ans un mois de services civils soumis à la retenue et un an six mois de services militaires, le Ministre des finances a cru pouvoir le considérer comme réunissant plus de douze années de services tant civils que militaires, rémunérés en vertu de la loi du 9 juin 1853, et, par suite, lui tenir compte de ses services à la préfecture de l'Eure, par application de l'art. 9 de ladite loi; en conséquence, il a été préparé à son profit une liquidation nouvelle tendant à élever sa pension à 1147 fr.

Mais la Section des finances du Conseil d'Etat, par un avis du 16 janvier 1866, a repoussé cette seconde liquidation dans les termes suivants :

« Considérant qu'aux termes de l'art. 9 de la loi du 9 juin 1853, pour qu'il soit tenu compte, dans la liquidation, des services des employés de préfecture, il faut que la durée des services rémunérés conformément aux dispositions de la loi de 1853 ait été au moins de douze ans dans la partie sédentaire;

« Considérant que la loi du 9 juin 1853 n'a eu pour objet de rémunérer que les services qui ont été rétribués par l'Etat et qui ont donné lieu à la perception de la retenue au profit du Trésor;

« Considérant que, si le sieur Delaunay a rempli, depuis le 1er août 1833 jusqu'au 1er février 1865, les fonctions de Percepteur, ce n'est qu'à dater du 1er janvier 1854 que ces fonctions ont été assujetties à la retenue; qu'ainsi, il ne compte que onze ans un mois de services rémunérés conformément aux dispositions de la loi du 9 juin 1853; que, dès lors, c'est avec raison que la pension du sieur Delaunay a été liquidée par le décret du 30 août 1865 à la somme de 361 fr., en ne faisant pas entrer en ligne de compte les services rendus dans la Préfecture de l'Eure;

« Est d'avis qu'il y a lieu de maintenir la liquidation du sieur Delaunay à la somme de 361 fr., et de ne pas donner suite à la nouvelle liquidation proposée. »

Le Ministre des finances, ayant revêtu cet avis de son approbation, le sieur Delaunay s'est pourvu contre le décret du 30 août 1865, qui fixait sa pension à 361 fr. Il fait remarquer que c'est là une rémunération bien minime, presque dérisoire, pour les cinquante années de sa vie qu'il a consacrées au service de l'administration, et il ne peut admettre, pour l'art. 9 de la loi du 9 juin 1853, une interprétation restrictive dont l'effet serait de le réduire à cette insuffisante pension. S'il n'a pas complété, d'ailleurs, sous l'empire de ladite loi de 1853, les douze ans de services qui lui donneraient un droit incontesté au bénéfice de l'article précité, ce n'est pas à lui qu'il faut l'imputer; il a été mis d'office à la retraite, sans l'avoir demandé, alors que son âge et sa santé lui auraient très-bien permis de conserver utilement son emploi pendant les onze mois encore nécessaires pour compléter ses douze ans. C'est une raison de plus, suivant lui, pour lui permettre aujourd'hui de compléter ses douze ans à l'aide de ses services militaires. On arrivera, par ce moyen, à lui tenir compte de tous ses services et à le rémunérer convenablement, tandis que, dans le système contraire, on ne lui assure même pas du pain pour prix d'une longue existence passée tout entière au service de l'Administration.

Le Conseil d'Etat a statué comme suit :

Vu la requête présentée par le sieur Delaunay (Charles), ancien Percepteur des Contributions directes à Beuzeville (Eure), demeurant à Evreux... tendant à ce qu'il nous plaise — rapporter la disposition de notre décret du 30 août 1865 qui a fixé à 361 fr. la pension de retraite dudit sieur Delaunay; — Ce faisant, attendu que, dans la liquidation des services du requérant, on n'a pas fait entrer en ligne de compte les services qu'il avait rendus, pendant seize ans et dix mois, comme employé dans les bureaux de la Préfecture de l'Eure; que cependant il comptait, au jour de sa mise à la retraite, le 5 février 1865, plus de douze ans de services, tant civils que militaires, rémunérés conformément aux dispositions de la loi du 9 juin 1853, renvoyer ledit requérant devant notre Ministre des finances pour qu'il soit procédé à une nouvelle liquidation de sa pension de retraite, dans laquelle entreront les services rendus dans la Préfecture du département de l'Eure;

Vu les observations du Ministre des finances par lesquelles il déclare s'en rapporter à notre justice;

Vu la loi du 9 juin 1853;

Considérant qu'aux termes de l'article 9 de la loi du 9 juin 1853, les services des employés des Préfectures ne peuvent être réunis, pour l'établissement du droit à pension et pour la liquidation, aux services rémunérés conformément aux dispositions de ladite loi, que si la durée de ces derniers services a été de douze ans au moins dans la partie sédentaire;

Considérant qu'au moment où il a été admis à la retraite, le sieur Delaunay ne comptait que onze ans et un mois de services civils soumis à retenue; que, dès lors, c'est avec raison que, dans la liquidation de sa pension, on n'a pas tenu compte audit sieur Delaunay des seize ans et dix mois de services rendus par lui dans les bureaux de la Préfecture de l'Eure;

Art. 1er. La requête du sieur Delaunay est rejetée. (Décr. du 4 août 1866. — Delaunay).

Nota. Sur la question des Pensions, v. *Journal* 1866, p. 338; — et tous nos volumes antérieurs.

ÉTAT DES COTES INDUMENT IMPOSÉES. PERCEPTEURS. DÉLAI.

Faut il nécessairement que les états des cotes indûment imposées formés par les Percepteurs aient été enregistrés à la Sous-Préfecture dans les trois mois de la publication des rôles? — (Res. nég.) — Il suffit qu'ils aient été adressés dans ce délai au receveur des finances.

Vu la requête présentée par le sieur Ambrosini, Percepteur à Bastia, tendant à ce qu'il nous plaise annuler — un arrêté du 22 août 1865, par lequel le conseil de Préfecture de la Corse a rejeté, pour cause de déchéance, sa demande en décharge des cotes indûment imposées, pour 1865, sur le rôle de la commune de Bastia; — *Ce faisant*, renvoyer le sieur Ambrosini devant ledit conseil, pour sa réclamation y être instruite et jugée conformément à la loi.

Vu les observations du Ministre des finances, tendant à l'*annulation* de l'arrêté attaqué;

Vu la loi du 3 juillet 1846;

Considérant qu'aux termes de l'article 2 de la loi du 3 juillet 1846, les Percepteurs des contributions directes forment, s'il y a lieu, pour chacune des communes de leur perception dans les trois mois de la publication des rôles, des états présentant par nature de contribution les cotes qui leur paraissent avoir été indûment imposées, et adressent ces états aux Préfets et aux Sous-Préfets par l'intermédiaire des receveurs des finances;

Considérant qu'il résulte de l'instruction que le rôle de la contribution personnelle et mobilière et le rôle de la contribution des patentes ont été publiés dans la commune de Bastia le 30 janvier 1865, et que l'état concernant ces cotes a été déposé à la recette particulière par le sieur Ambrosini le 28 avril suivant; que, dès lors, c'est à tort que le conseil de Préfecture, se fondant sur ce que cet état n'a été enregistré que le 3 mai à la Sous-Préfecture de Bastia, a décidé qu'il avait été présenté après l'expiration du délai fixé par l'article 6 de la loi du 3 juillet 1846. [Arrêté annulé; percepteur renvoyé devant le conseil de préfecture.] (Déc. du 26 juil. 1866. Ambrosini).

Nota. Le conseil d'État avait déjà statué dans le même sens. Voir sur la question des cotes indûment imposées, *Journal* de 1866, p. 51 et 4: — de 1861, p. 183; — 1860 p. 273: — 1859, p. 183 et 167.

COMMUNES. — BUDGET APPROUVÉ PAR LE PRÉFET. — REFUS D'APPROUVER UNE LOCATION DONT LE PRODUIT FORMAIT UNE DES PRÉVISIONS DE CE BUDGET. — RECOURS POUR EXCÈS DE POUVOIRS.

Un bail fait par une commune (dans l'espèce, bail de droits de chasse et de pêche) expirait dans le cours d'une année; — avant le commencement de cette année, le maire a consenti, par adjudication, un nouveau bail; — dans l'intervalle entre cette adjudication et le commencement de l'année, le budget communal a été dressé pour cette même année; il a été approuvé par le Préfet, et on y voit figurer le produit de la location dont il s'agit (comme si elle devait courir pendant toute l'année): — Le Préfet peut-il encore user du droit qui lui appartient, en vertu de l'art. 47 § 2 de la loi du 18 juillet 1837 et refuser son approbation au nouveau bail — ou bien — doit-on dire qu'il se trouve lié par son approbation donnée au budget, et que son refus d'approuver le nouveau bail constitue un excès de pouvoirs? — (Résolu dans le premier sens, que l'inscription au budget n'était qu'une simple prévision de recette semblable à celle des années précédentes et n'impliquait pas l'approbation d'un bail nouveau dont la validité était contestée.)

Vu les requêtes, pour les sieurs Labitte et Alexandre Berthier de Wagram, tendant à ce qu'il nous plaise annuler — une décision du 15 septembre 1865, par laquelle notre Ministre de l'Intérieur a rejeté le recours qu'ils avaient formé contre un arrêté, du 29 juillet précédent, par lequel le Préfet de la Somme avait refusé d'approuver l'adjudication prononcée à leur profit, par acte public du 3 septembre 1863, du bail pour neuf années commençant le 1er août 1865, des droits de chasse et de pêche dans le marais communal de Noyelles-sur-Mer, moyennant un prix annuel de 1500 fr., ensemble ledit arrêté du Préfet de la Somme; — Ce faisant, attendu que le Préfet de la Somme, ayant implicitement approuvé l'adjudication du 3 septembre 1863, en arrêtant le budget communal pour l'exercice 1865 dans lequel figurait le prix de la location des droits de chasse résultant de cette adjudication, ne pouvait sans excéder ses pouvoirs, rétracter ladite approbation par son arrêté, du 29 juillet, 1865; — dire que le bail du 3 septembre 1853, sortira son plein et entier effet;

Vu les observations du Ministre de l'Intérieur tendant à ce qu'il nous plaise rejeter le pourvoi, comme non recevable, attendu que la décision attaquée et l'arrêté préfectoral qu'elle confirme sont des actes de pure administration qui ne sont pas susceptibles de nous être déférés en notre Conseil d'État par la voie contentieuse, et, en tous cas, comme mal fondé, attendu que l'inscription au budget de 1865, voté en mai 1861 et arrêté par le Préfet le 18 novembre suivant, sous l'empire de l'ancien bail qui n'expirait que le 1er août 1865, d'une somme de 1500 francs égale au montant du fermage annuel résultant de ce bail, était une simple prévision de recette semblable à celle de l'année précédente et ne pouvait impliquer l'approbation d'un bail nouveau dont la validité était contestée; que dès lors, en refusant d'approuver l'adjudication du 3 septembre 1863, par l'arrêté du 29 juillet 1865, le Préfet n'a fait qu'user d'un droit qui lui appartenait en vertu de l'article 47, § 2 de la loi du 18 juillet 1837;

Vu le mémoire en réplique par lequel les sieurs Labitte et Berthier de Wagram, tout en persistant dans leurs précédentes conclusions, demandent subsidiairement qu'il nous plaise, dire que l'arrêté préfectoral du 29 juillet 1865 ne fait pas obstacle à ce que la question d'approbation de l'acte de bail de 1863 soit porté devant les tribunaux compétents :

Vu les délibérations du 17 mai 1863, par lesquelles le conseil municipal de Noyelles-sur-Mer émet l'avis qu'il est dans l'intérêt de la commune de demander à l'autorité supérieure l'autorisation spéciale de procéder au renouvellement pour neuf années du bail de la chasse de jour dans le marais communal qui expirait au 1er août 1865, et arrêté les charges, clauses et conditions du nouveau bail; — Vu l'arrêté, du 20 juillet 1863, par lequel le Préfet de la Somme autorise le maire de la commune de Noyelles-sur-Mer à amodier pour neuf années, à partir du 1er août 1865, le droit de chasse pendant le jour, dans le marais communal, aux charges, clauses et conditions arrêtétées par le conseil municipal; — Vu l'acte reçu le 3 septembre 1863, par Me Blériot, notaire à Nouvion, portant location par adjudication aux enchères au profit des sieurs Labitte et Berthier de Wagram, pour neuf années consécutives à partir du 1er août 1865 et moyennant un fermage annuel de 1500 francs des droits de chasse et de pêche dans le marais communal de Noyelles-sur-Mer; Vu l'arrêté, du 29 juillet 1865, par lequel le Préfet de la Somme déclare ne pas approuver l'acte ci-dessus visé reçu le 3 septembre 1863, par Me Blériot, notaire à Nouvion;

Vu le budget de la commune de Noyelles-sur-Mer, pour 1865, ledit budget dressé au mois de mai 1864 et arrêté par le préfet de la Somme, le 18 novembre suivant;

Vu l'acte reçu le 20 juillet 1856 par Me Grisel, notaire à Nouvion, portant location, par adjudication aux enchères, au profit du sieur Labitte, du droit de chasse dans le marais de la commune de Noyelles-sur-Mer, pendant neuf années consécutives, à partir du 1er août 1856, moyennant une redevance annuelle de 1500 francs;

Vu la loi du 18 juillet 1837; — Vu le décret du 25 mars 1852; — Vu la loi des 7-14 octobre 1790;

Considérant qu'il appartient au Préfet de la Somme, en vertu de l'article 47 § 2, de la loi du 18 juillet 1837, de rendre exécutoire l'acte en vertu duquel le maire de Noyelles-sur-Mer avait loué pour neuf années le droit de chasse et de pêche dans le marais communal; que si le produit de ces mêmes droits résultant d'un bail ancien, qui expirait au 1er août 1865, arrêté par le Préfet le 18 novembre 1864, cette inscription, qui n'était qu'une simple prévision de recette semblable à celle des années précédentes, n'impliquait pas l'approbation d'un bail nouveau dont la validité était contestée;

Considérant que le Préfet de la Somme en refusant, par son arrêté du 29 juillet 1865, d'approuver ce nouveau bail, n'a fait qu'user du droit qui lui est conféré par l'art. 47 § 2, de la loi du 18 juillet 1837; qu'il suit de là que les sieurs Labitte et Berthier de Wagram sont non recevables à se pourvoir devant nous, par la voix contentieuse, contre ledit arrêté et contre la décision de notre Ministre de l'intérieur qui l'a confirmée;

Article 1er. La requête des sieurs Labitte et Berthier de Wagram est rejetée. (Décr. du 14 août 1866, Labitte.)

Percepteurs surnuméraires.

PROGRAMME DE LA NIÈVRE.

L'épreuve écrite se compose :

1° D'une dictée d'orthographe sur les principales difficultés de la langue française;

2° D'une composition française sur un sujet donné (concernant le service administratif).

Une écriture nette et courante sera rigoureusement exigée.

L'épreuve orale consiste :

1° En questions sur l'arithmétique élémentaire, théorique et pratique, comprenant la numération, les quatre règles applicables aux nombres entiers, aux fractions ordinaires et aux fractions décimales, la théorie des fractions, le système métrique décimal et les proportions;

2° En questions sur la géographie de la France et de la Nièvre en particulier, sur l'Instruction Générale du 20 juin 1859, notamment en ce qui concerne le Recouvrement de l'impôt direct, le règlement relatif aux Poursuites et le Service municipal et des établissements publics.

VARIÉTÉS.

ASSOCIATION DES PERCEPTEURS.

Un Percepteur nous communique le projet suivant que nous voudrions voir accueillir et mis à profit par ceux qu'il intéresse.

Monsieur le Rédacteur,

Votre *Journal des Percepteurs*, qui est le seul organe véritablement digne de ce nom et qui prenne au sérieux la mission qu'il s'est tracée, au lieu d'être simplement une exploitation des comptables, comme on en voit d'autres, votre excellent Journal a déjà émis l'idée de projets qui présentent une haute utilité et qui seront vivement appréciés lorsqu'on songera à les exécuter. C'est ainsi que vous avez préconisé l'année dernière les réunions de Perçepteurs, par département ou par arrondissement, pour traiter des questions d'intérêt professionnel, et notamment pour s'entendre afin de réprimer les comptabilités occultes, cette lèpre qui nous ronge une part notable de nos émoluments.

Cette idée m'en suggère une autre qui devrait, ce semble, être adoptée avec faveur par tous les Percepteurs-Receveurs municipaux.

Il s'agit 1° de procurer le moyen à tous les comptables de n'être plus privés d'avancement par la difficulté de fournir de nouveaux cautionnements (il n'est pas accordé à tous d'être riches), et de pouvoir parfaire toujours les conditions pécuniaires exigées par l'administration, alors qu'aujourd'hui souvent d'excellents sujets et de fort bons comptables végètent dans les dernières classes, et, rebutés, se relâchent de leur zèle en voyant que tout avancement leur est ainsi interdit; 2° De venir en aide aux comptables dont les retraites sont insuffisantes, à ceux dont leur carrière est interrompue par accident ou par maladie, et aux veuves et aux orphelins, etc.

Le moyen, il est simple et se pratique aujourd'hui dans une foule d'administrations : il consiste à créer une association entre les Percepteurs-Receveurs municipaux. Une pareille Société établirait entre eux des liens de solidarité et de camaraderie, sans arrêter l'émulation qui doit animer ces fonctionnaires. L'association pourrait être ainsi basée : chaque Percepteur verserait 20 francs par an pour la cinquième classe, et 10 francs de plus par classe supérieure, ce qui donnerait une moyenne de 40 francs par an. Comme il y a environ six mille cent vingt Percepteurs-Receveurs, la totalité des cotisations serait de 260 000 francs par an, ce qui produirait au bout de dix années, en déduisant 30 000 francs par an pour les frais de gestion de la Société, la somme 2 223 000 francs ; au bout de quinze années, 3 785 000 francs ; et, dans trente ans, 11 782 000 francs. Si la cotisation paraissait insuffisante en commençant, on pourrait la doubler pendant dix ans pour obtenir de suite un meilleur résultat, ce qui permettrait, dès la première année, de pouvoir prêter 2000 francs à cent ou à cinquante Percepteurs, suivant le chiffre admis, et ainsi de suite en progressant.

Les cotisations étant ainsi établies, on prêterait chaque année la moitié du capital disponible, ou plus suivant les demandes, à ceux qui auraient besoin de fournir des suppléments de cautionnement ; ces emprunteurs auraient à payer les intérêts comme on l'indiquerait, et amortiraient le capital emprunté par annuité et dans le délai qu'ils désigneraient. Le reste du capital serait employé à augmenter les retraites insuffisantes et à venir en aide à toutes les souffrances. La gestion des fonds serait confiée à une administration chargée spécialement de ce service; les Percepteurs choisiraient un des leurs par département pour assister chaque année au compte-rendu des opérations, et où chacun d'eux pourrait présenter les demandes de son département et les observations qu'il jugerait convenables pour l'amélioration de l'association.

Pour connaître le nombre des adhésions, il suffirait, Monsieur, d'une insertion du projet dans votre journal, avec prière à tous vos abonnés qui désireraient l'approuver de manifester leur intention en vous écrivant, étant observé que tous ceux qui auraient à proposer d'autres améliorations aient à les soumettre. Lorsque le nombre suffisant d'adhésions serait arrivé, on demanderait l'autorisation de former la Société et de mettre de suite le projet à exécution. Assurément le bienveillant acquiescement de l'Administration ne fera pas défaut.

EXPOSÉ DE LA SITUATION DE L'EMPIRE.

FORÊTS (Extrait).

L'opération du reboisement et du gazonnement des montagnes, mieux appréciée par les populations pastorales, se poursuit avec un succès croissant sous l'influence des dispositions libérales de la loi du 8 juin 1864. La contenance des terrains reboisés ou regazonnés, qui était de 50 000 hectares à la fin de 1865, s'élève actuellement à 61 000 hectares.

L'impulsion donnée par l'Administration aux travaux de fixation des dunes du littoral maritime ne se ralentit pas ; 3530 hectares ont été plantés ou ensemencés, et il a été établi 54 kilomètres de palissades de défense contre l'invasion des sables.

La construction des routes forestières, qui influe si puissamment sur le succès des ventes, est l'objet des constantes préoccupations du Département des finances. En 1866, il a été construit 88 kilomètres de routes empierrées, et la viabilité a été améliorée sur 133 kilomètres de routes anciennes. En outre, il a été accordé à des départements et à des communes des subventions s'élevant ensemble à 265 330 francs pour l'établissement de chemins destinés à faciliter le transport des produits de cinquante-huit forêts domaniales.

ÉTUDE SUR LES RÈGLES DU PAYEMENT
DES MANDATS ET ACQUITS DU TRÉSORIER-PAYEUR-GÉNÉRAL
(ANCIEN SERVICE DU PAYEUR)

PAR LES PERCEPTEURS ET LES RECEVEURS DES ADMINISTRATIONS FINANCIÈRES (9e *article*).

§ 3. Oppositions sur les traitements civils, etc.

Les traitements des fonctionnaires publics et employés civils sont saisissables dans les proportions suivantes :

d'un cinquième sur les premiers 1000 fr.;

du quart sur les 5000 fr. suivants (1001 à 6000 fr);

et du tiers sur la portion excédant 6000 fr.; à quelque somme qu'il s'élève, et ce, jusqu'à l'entier acquittement des créances. (Loi, 21 ventôse, an IX).

Les traitements militaires ne sont saisissables que pour un cinquième, si ce n'est sur l'ordre du chef du corps, pour dettes ayant pour objet leur subsistance, leur logement et leur habillement. (Loi 19 pluviôse, an III. — Ord. 25 déc. 1837).

Les traitements ecclésiastiques sont insaisissables en totalité. (Arr. du 18 nivôse, an II, art. 1er (1).

La retenue est calculée sur le traitement brut entier, sans déduction prélevée pour les pensions civiles ou pour cause de congé. La portion restée libre, après la retenue de la quotité saisissable, peut être saisie elle-même pour pension alimentaire (Code civ. art. 203, 205 et 214). Mais les oppositions pour cause d'aliments ne sont reçues qu'autant qu'elles sont faites en vertu d'un jugement ou avec la permission du juge qui déterminent la quotité saisissable (Code pr. civ. art. 582).

Les indemnités, gratifications, indemnités de logement et autres allocations accordées aux fonctionnaires salariés, sont considérées comme des accessoires des traitements fixes, alors même qu'elles seraient mandatées séparément, et sont, dès lors, comme eux, susceptibles d'oppositions : dans ce cas, l'indemnitée est cumulée avec le traitement; la retenue est opérée sur le tout (2).

Nous avons dit au chap. XI ci-dessus, que la portion insaisissable d'un traitement doit toujours rester libre pour le titulaire, aucune cession ou transport ne pouvant être reçus que pour la partie saisissable. Cette dernière partie peut être payée au délégataire, lorsqu'il n'existe aucune opposition au préjudice du fonctionnaire ou employé; dans le cas contraire, le payement ne pourra en être fait que dans les conditions spécifiées au chap. XI. Il est fait exception à la disposition qui concerne la portion insaisissable, lorsque la délégation est faite par le titulaire, pour cause d'aliments. Alors, la signification est visée purement et simplement; toute la portion insaisissable est payée au délégataire, sans préjudice de la quotité qui pourra lui être attribuée en justice, lors du jugement avec tous, sur la portion saisissable. Toutefois, cette portion saisissable est retenue et réservée tout entière, jusqu'à la production d'un jugement de distribution entre tous les opposants et cessionnaires, ou d'un arrangement amiable. Les sommes retenues sont versées, à la fin de chaque mois, à la Caisse des dépôts et consignations (Instr. gén., art. 513 et 520).

(1) Voir *Journal* 1856, p. 261.
(2) Voir *Journal* 1866, p. 93.

§ 4. Oppositions sur les secours (1).

Les secours sont considérés comme provisions alimentaires, et à ce titre, ils sont incessibles et insaisissables (Code pr. civ. art. 581. — *Voir* chap. VI). Aucune opposition ou délégation ne peut donc être reçue sur les secours. Ceux accordés pour grêle, inondation, incendie et autres désastres, sont également insaisissables. Cependant, aux termes de l'article 582 du Code proc. civ., les tribunaux peuvent donner l'autorisation de les saisir et fixer la portion saisissable, si les créanciers sont porteurs de titres d'une date postérieure à la décision qui a alloué ces secours.

Ceux accordés aux réfugiés politiques ne peuvent être saisis. Mais l'Administration supérieure se réserve la faculté d'ordonner des prélèvements fixés au dixième de la somme allouée. La répartition en est faite par le Préfet à qui les retenues sont versées en fin de mois. Les réfugiés politiques qui n'ont pu être admis gratuitement dans les hôpitaux, sont tenus de rembourser les frais de leur traitement. Néanmoins, il leur est réservé, pour leur entretien, un cinquième de la journée de subside. (Règl. 1er juin 1848).

§ 5, Oppositions sur les pensions civiles, militaires et ecclésiastiques (2).

Les pensions payées par l'État, sont incessibles et insaisissables. Il ne peut être reçu aucune opposition à leur payement, que celle qui seraient formées par le propriétaire du brevet de pension. Cette opposition est faite de la même manière que pour les arrérages de rentes sur l'État (§ 1er ci-dessus). Toutefois, il y

(1) Voir *Journal* 1862, page 108.
(2) *Id.* 1856, p. 31. — 1864, p. 329. Aux termes de l'art. 5 de la loi du 18 Juin 1850, les pensions et rentes viagères de la caisse de retraites de la vieillesse sont incessibles et insaisissables jusqu'à concurrence de 360 fr.; mais, lorsque la rente a été créée à titre gratuit par un donateur, cette rente est incessible et insaisissable en totalité, d'après les règles du droi commun, si le donateur a stipulé cette condition. (Avis de la Commiss. 30 Mai 1864.)

a exception pour les oppositions ou saisies-arrêts pratiquées, en vertu d'un jugement ou avec permission du juge, et pour la portion qu'il déterminera : 1° pour cause d'aliments (Code pr. civ., art. 582) ; 2° pour débets envers l'État ou envers un établissement subventionné par l'État, et pour créances privilégiées. (Décis. 27 avril 1850. — Code Nap., art. 2101). La retenue à opérer est d'un tiers dans le premier cas, et d'un cinquième dans le deuxième cas[1]. (Loi, 9 juin 1853, art. 26).

Aucune signification de transport, cession ou délégation, sous quelque forme qu'elle soit présentée, ne peut être reçue par le Trésorier-Payeur. Cependant, à la mort d'un pensionnaire de l'État, tout ce qui est dû à sa succession peut être saisi par les créanciers, quels que soient les titres qu'ils produisent (Arr. 7 thermidor, an X).

Section 3e. — DISPOSITIONS COMMUNES AUX NATURES D'OPPOSITIONS QUI PRÉCÈDENT.

Toutes les dispositions relatives aux dispositions en général, et à leur renouvellement, sont applicables aux saisies pour retenues sur traitements. Les Trésoriers-Payeurs cessent toute retenue, dès que la péremption est acquise par l'expiration du délai de cinq ans. (*Voir* Section 1re ci-dessus)[2]. Si un jugement attributif rendu avec tous les opposants, est signifié au Trésorier-Payeur, avant qu'il n'ait versé la retenue exercée, ce comptable exécute ce jugement; mais l'excédant qui resterait entre ses mains après le payement fait, devrait être versé en fin de mois. Dans le cas où la retenue est insuffisante pour payer entièrement une somme attribuée par jugement, le Trésorier-Payeur acquitte cette somme sur les retenues ultérieures, à moins qu'il ne survienne de nouveaux opposants. Il devient alors nécessaire que le jugement soit rendu en commun avec eux. (*Voir* Section 8e ci-après).

Section 4e. — FORME ET LIBELLÉ DES OPPOSITIONS.

Indépendamment des formalités communes à tous les exploits, tout acte de saisie-arrêt ou opposition faite, en vertu d'un titre ou d'une permission du juge, entre les mains des comptables de deniers publics, doit contenir et exprimer clairement :

La copie ou l'extrait en forme du titre ou de l'ordonnance qui détermine la somme à saisir;

Les noms, qualités et demeures du saisissant et du saisi;

La somme pour laquelle l'opposition est faite;

Et la désignation de la créance saisie.

L'exploit contiendra aussi élection de domicile, dans le lieu où demeure le tiers-saisi, si le saisissant n'y demeure pas; le tout à peine de nullité. (Décr. 18 août 1807, art. 1, 2 et 3. — Code proc. civ., art. 557 et suiv. — Instr. gén., art. 519).

(1) Voir *Journal* de 1856. (Caisse de retraites de la vieillesse, page 31.

(2) Cette disposition ne s'applique pas aux saisies-arrêts ou oppositions faites sur les sommes dues par les communes ou établissements publics aux caisses de ces communes et établissements. Les significations faites sur les sommes dues par ces caisses conservent leur effet pendant trente ans.

Section 5e. — DÉPÔT DES OPPOSITIONS ET VISA.

Toute opposition ou signification doit rester déposée pendant vingt-quatre heures au bureau ou à la caisse où elle est faite, et doit être visée sur l'original par le conservateur ou le comptable. (Instr. gén., art. 518). Celui-ci inscrit cet acte sur le registre à ce destiné, et vise l'original comme il suit : « Vu et reçu copie (avec date en toutes lettres). » (Instr. gén., art. 516 (1).

La saisie-arrêt ou opposition ne sera point valable, si l'exploit n'est fait à la personne ayant qualité pour le recevoir, et s'il n'est visé par elle sur l'original, ou, en cas de refus, par le Procureur impérial de leur résidence, lequel en donnera de suite avis aux Chefs des administrations respectives. (Décr. 18 août 1807, art. 4 et 5. — Code pr. civ., art. 561). Les saisies-arrêts ou oppositions n'ont d'effet que pour les sommes portées en l'exploit. En conséquence, lorsque la somme saisie ne sera pas désignée, ou lorsque l'exploit contiendra des réserves indéfinies, soit pour intérêts, soit pour frais, le Trésorier-Payeur, après avoir invité l'huissier à exprimer les sommes saisies ou à évaluer en sommes les réserves faites, et en cas de refus de celui-ci, vise l'original en ces termes :

« Refusé, attendu que... (dire le motif et le spécifier avec soin). » Ou « vu pour le capital seulement, les accessoires n'étant pas déterminés. » (Instr. gén., art. 519.)

Section 6e. — DÉNONCIATION DES DEMANDES EN VALIDITÉ.

Dans la huitaine de la saisie-arrêt ou opposition, outre un jour pour trois myriamètres de distance entre le domicile du tiers-saisi et celui du saisissant, et un jour pour trois myriamètres de distance entre le domicile de ce dernier et celui du débiteur saisi, le saisissant sera tenu de dénoncer la saisie-arrêt ou opposition au débiteur saisi, et de l'assigner en validité.

Dans un pareil délai, outre celui en raison des distances, à compter du jour de la demande en validité, cette demande sera dénoncée, à la requête du saisissant, au tiers-saisi, qui ne sera tenu de faire aucune déclaration avant que cette dénonciation lui ait été faite. (Aucun délai fatal n'est imposé au tiers-saisi; il peut faire sa déclaration en tout état de cause. — Ar. cass. 28 déc. 1813.)

Faute de demande en validité, la saisie ou opposition sera nulle : faute de dénonciation de cette demande au tiers-saisi, les payements par lui faits jusqu'à la dénonciation seront valables, (pourvu qu'ils aient été faits après l'expiration du délai accordé pour cette dénonciation.)

En aucun cas, il ne sera nécessaire de faire précéder la validité par une citation en conciliation.

La demande en validité et la demande en main levée formée par la partie saisie, seront portées devant le tribunal du domicile de la partie saisie.

Le tiers-saisi ne peut être assigné en déclaration,

(1) Voir *Journal* 1859, page 83. — 1864, p. 85. (Entrepreneurs de travaux.)

s'il n'y a titre authentique ou jugement qui ait déclaré la saisie-arrêt ou l'opposition valable.

(Code proc. civ., art. 563, 564, 565, 566, 567, et 568.)

Les fonctionnaires publics (Receveurs, dépositaires ou administrateurs de caisses ou deniers publics) ne peuvent être, dans aucun cas, appelés en déclaration affirmative. Ils délivrent lorsqu'ils en sont requis par le saisissant ou un autre créancier opposant, un certificat qui tiendra lieu, en ce qui les concerne, de tous autres actes et formalités prescrits, à l'égard des tiers-saisis, par les articles 570 et suivants du Code de procédure civile. S'il n'est rien dû au saisi, le certificat l'énoncera; si la somme due au saisi est liquidée, le certificat en déclarera le montant; et si elle n'est pas liquide, le certificat l'exprimera. Dans le cas où il serait survenu des saisies-arrêts ou oppositions sur la même partie et pour le même objet, les tiers-saisis, Receveurs, dépositaires ou administrateurs de deniers publics seront tenus, dans les certificats qui leur seront demandés, de faire mention des dites saisies-arrêts ou oppositions, et de désigner les noms et élections de domicile des saisissants, et les causes desdites saisies-arrêts ou oppositions. (Instr. gén., art. 519. — Code proc. civ., art. 561 et 569. — Décret 18 août 1807, art. 6, 7 et 8.)

S'il arrivait qu'un saisissant, au mépris des dispositions qui précèdent, dénonçât à un comptable la demande en validité avec assignation en déclaration affirmative, cette signification serait refusée de la manière suivante :

« Refusé par le motif que les fonctionnaires publics ne peuvent point, aux termes de l'art. 569 du Code de proc. civ., être assignés en déclaration affirmative. »

Section 7e. — MAIN-LEVÉE DES OPPOSITIONS.

Tout Receveur, dépositaire ou administrateur de deniers publics, entre les mains duquel existera une saisie-arrêt ou opposition, ne pourra vider ses mains, sans un consentement des parties intéressées, appelé main-levée amiable, ou, sans y être autorisé par justice, c'est-à-dire par main-levée judiciaire. (Décret 18 août, art. 9.)

Un acte d'abandon de la part d'un débiteur saisi, ou une délégation par lui donnée à son créancier, ne peut tenir lieu de main-levée de l'opposition pratiquée contre ce débiteur. La main-levée, dans tous les cas, doit être remise au tiers-saisi. (Voir § 1er ci-après.)

§ 1er. — Main-levées amiables.

La main-levée amiable ne peut être donnée que par acte notarié, enregistré et légalisé; l'objet de l'opposition y est rappelé. Si l'acte est en minute, la production de l'expédition suffit; mais s'il est en brevet, on apporte, en outre, l'exploit original de l'opposition.

La main-levée doit être pure et simple, sans aucune restriction ni réserve. Le Bureau des oppositions a fait connaître, dans plusieurs circonstances, qu'il considérait comme insuffisant le consentement amiable de main-levée, *donné sous la condition* que tout ou partie des sommes saisies-arrêtées seraient ordonnancées au profit de l'opposant ou lui seraient comptées au moment du payement à faire au saisi.

Cependant il résulte d'une instruction de la Division du contentieux, que le consentement de main-levée est valablement donné, par l'intervention du titulaire de la créance saisie dans la quittance de payement au saisissant; c'est-à-dire, que lorsque le saisi quittancera, concurremment avec le saisissant, le mandat de payement dont le montant sera payé à celui-ci jusqu'à concurrence de son opposition, ou lui donnera pouvoir de toucher à sa place, l'opposant n'aura pas à donner main-levée de sa saisie-arrêt, puisque, par suite de cet arrangement amiable, la saisie pratiquée, jugée ou non jugée, devient sans objet. Au surplus, lorsqu'on croira pouvoir se dispenser de produire une main-levée notariée, il conviendra de consulter le Ministre des finances. — Bureau des oppositions — (par lettre non affranchie, avec timbre-poste pour la réponse); car, à lui seul, il appartient d'apprécier, si une main-levée sous seing-privé peut suffire, ou si l'intervention du saisi dans le payement au saisissant ou une procuration ou transport en faveur de ce dernier, peuvent tenir lieu de main-levée.

§ 2e — Main-levées judiciaires.

Les jugements *contradictoires* qui prononcent une main-levée, un payement ou quelqu'autre chose à faire par un tiers, ne sont exécutoires par les tiers ou contre eux, même après les délais de l'opposition et de l'appel, que sur la production :

1° De la grosse du jugement;

2° Du certificat de l'avoué de la partie poursuivante, visé par le Président du tribunal et contenant la date de la signification du jugement, faite au domicile de la partie condamnée;

3° Et de l'attestation du greffier, constatant qu'il n'existe contre le jugement ni opposition, ni appel.

Sur la remise du certificat de non-opposition et d'appel, les sequestres, dépositaires, conservateurs et tous autres seront tenus de satisfaire au jugement. Mais, en cas de dénonciation d'appel, avant le payement, les comptables doivent s'abstenir de payer, bien que le jugement soit exécutoire nonobstant appel. (Code proc. civ., art. 156 et suiv., 548 et suivants.)

Si le jugement a été rendu *par défaut*, contre la *partie seule*, faute de comparaître, la partie poursuivante qui a obtenu ce jugement, doit remettre, indépendamment des pièces désignées ci-dessus :

1° L'original de la signification faite à la personne ou à domicile réel, et, en cas de domicile inconnu, au parquet du Procureur impérial;

2° Un acte d'exécution contre la partie condamnée, ou un procès-verbal de perquisition ou de carence, qui en tient lieu quand le domicile est inconnu.

Ce jugement est périmé s'il n'a été exécuté dans les six mois de son obtention. Le comptable devra le considérer comme non avenu et se refuser à son exécution, car la péremption peut être opposée par des tiers comme par le défaillant. (Code proc. civ., art. 155 et suiv. — et rejet, 10 novembre 1817.)

Cependant si ce jugement *par défaut* a été obtenu contre une *partie ayant constitué avoué*, l'opposition contre ce jugement n'est recevable que pendant la huitaine de la signification de ce jugement faite à l'avoué. Le comptable peut exécuter ce jugement, si on lui rapporte avec les certificats de signification à avoué et à partie, celui de non-opposition et d'appel, délivré après l'expiration de la huitaine de cette signification. (Code proc. civ., art. 157 et 548.)

L'exécution des *arrêts des Cours d'appel* est soumise aux mêmes formalités que celle des jugements; il doit être exigé les mêmes justifications, selon que l'arrêt est contradictoire ou par défaut, sauf l'attestation de non appel, le pourvoi n'étant pas suspensif. Néanmoins, si le demandeur a fait signifier au comptable son pourvoi en cassation, avec défense d'exécuter l'arrêt, celui-ci surseoit au payement, à moins que le porteur de l'arrêt n'ait fait ordonner, contradictoirement avec l'opposant, qu'il sera passé outre à l'exécution de l'arrêt d'appel. Les tribunaux de 1re instance jugeant en dernier ressort, dans les contestations dont l'objet n'excède pas 1000 fr. du capital, il n'y a pas lieu, pour ces jugements, de recevoir des appels ni oppositions; seulement, pour les exécutoires de dépens, les certificats de non-opposition doivent être exigés. (Décret, 16 févr. 1807.)

Nous n'avons pu répondre à une dizaine de lettres relatives aux demandes et offres d'emploi, parce qu'on n'y avait pas joint les 2 fr. 50 cent. en timbres-poste dont nous avons parlé dans nos numéros précédents. Nous répétons encore une fois que sans cette condition nous ne saurions donner suite aux demandes innombrables que nous recevons.

NOMINATIONS ET MUTATIONS.

ONT ÉTÉ NOMMÉS PERCEPTEURS :

A Ambronay (Ain), M. Favre est élevé à la 4e classe;
A Nouzon (Ardennes), 2e cl., M. Velpry, de Rumigny;
A Rumigny (d°), 3e cl., M. Lesur, de St-Germain-Mont;
A St-Germain-Mont (d°), 4e cl., M. Joly, de Seuil;
A Oust (Ariège), M. Raymond est élevé à la 4e cl.;
A St-Lizier (d°), 3e cl., M. Rouget, de St-Girons;
A Prat (d°), 5e cl., M. Galy, de St-Lizier;
A Luxac (Aude), 5e cl., M. Sicard, de Caudebronde;
A Beaumont (Calvados), 3e cl., M. Ragiot, de Palais;
A Condé (d°), 4e cl., M. Delalande, de Moult;
A Moult (d°), 5e cl., M. Luart, de St-Jean;
A Vuillafons (Doubs), M. de Germain a été élevé à la 2e cl.;
A St-Germain (Eure), 5e cl., M. Brunet, de Morainville;
A St-Pargoire (Hérault), M. Boyer, percepteur du Poujol;
A Menneton (Loir-et-Cher), 4e cl., M. Martin de Lunay;
A Lunay (d°), 4e cl., M. Gaillard, de Velletrun;
A Gien (Loiret), M. de Chasseloup-Laubat;...
A Montagnac (Lot-et-Garonne), 4e cl., M. Bonnis, d'Allemans;
A St-Hilaire-du-Harconet (Manche), M. Lerebourg, de St-Sauveur;
A Haye-Pesnel (d°), 4e cl., M. Carra, de St-Jean-des-Baisants;
A Mont-s.-les-Côtes (Meuse), 4e cl., M. de Widranges, d'Autrécourt;
A Haussy (Nord), 2e cl., M. Delpature, de Gommegnies;
A Giat (Puy-de-Dôme), 4e cl., M. Rozet;...
A Berment (d°), 5e cl., M. Chanal;
A St-Cirgues (d°), 5e cl., M. Poisson, de Murols;
A St-Laurent (H.-Pyrénées), M. St-Laurent, de St-Pé;
A Lyon (Rhône), 1re cl., M. Chenevat passe à la 1re division;
— — M. Garde — à la 2e —
A Lans-le-Bourg (Savoie), 3e cl., M. Beauregard, de Montcel;
A Brides-les-Bains (d°), 4e cl., M. Dumorcal, de Ste-Foy;
A Brie (S.-et-Marne), 2e cl., M. de Foudras, de Moissy;
A La Chapelle-s.-Dun (Seine-Inf.), M. Defaix, percepteur d'Yerville, en remplacement de M. Gauger mis à la retraite;
A Yerville (d°), M. Lepicard, percepteur de Motteville;
A Motteville (d°), M. Bonterre;
A La Roche-Posay (Vienne), M. Chénier, surnuméraire;
A Ponant (d°), M. Guichard, percepteur de La Roche-Posay;
A Brentigny (Vosges), 4e cl., M. Pente-côte, de Ste-Marguerite;
A Jeuxey (d°), M. Gérard est élevé à la 2e classe;
A Le Val d'Ajol (d°), M. Martin est élevé à la 4e classe.

Avis de l'Administration :
MM. les Abonnés sont instamment priés d'envoyer sans retard le montant de leur Abonnement.

Directeur, H. GALLETIER, Avocat à la Cour Impériale de Paris.

JOURNAL DES PERCEPTEURS,

DES RECEVEURS DES FINANCES, ET DES RECEVEURS DES COMMUNES, HOSPICES, ETC.;
DES SURNUMÉRAIRES, ET DES ASPIRANTS.

2e Série. — 10 fr. par an. Un numéro toutes les semaines. 12e année. — N° 11.

SOMMAIRE.

ACTES OFFICIELS

CIRCULAIRE DU DIRECTEUR GÉNÉRAL DES CONTRIBUTIONS DIRECTES, *relative à l'Appréciation des effets du nouveau dénombrement de la population, en ce qui concerne les Contributions des portes et fenêtres et des patentes.*

15 février 1867.

Il a été procédé dans le cours de l année 1866, en exécution du décret du 28 mars de ladite année, à un nouveau recensement de la population de l'empire.

Le décret du 15 janvier 1867, inséré au *Bulletin des lois*, n° 1464, déclare authentiques pendant cinq ans, à partir du 1er janvier 1867, les tableaux présentant les résultats du nouveau dénombrement.

Les rôles des contributions directes de 1807 étant déjà émis en grande partie ou très-avancés dans leur confection, il n'est pas possible de modifier conformément à ces résultats les taxes des communes dont la population a changé de catégorie. Les modifications n'auront lieu que pour 1868. Il conviendra, dès lors, d'établir les rôles supplémentaires des patentes de 1867 d'après l'ancienne population, afin d'éviter que les contribuables à porter dans ces rôles ne soient assujettis à un tarif autre que celui appliqué, dans les rôles primitifs, aux patentables de la même profession et de la même classe.

Aux termes des instructions sur la matière, MM. les Préfets doivent remettre aux Directeurs des Contributions directes une copie par commune des tableaux de population. J'invite les Directeurs à comparer ces tableaux avec ceux du dénombrement précédent et à apprécier les effets qui doivent en résulter, soit au point de vue de la contribution des portes et fenêtres, soit au point de vue de l'impôt des patentes.

Je leur adresse deux exemplaires du cadre destiné à présenter les résultats de leur appréciation, et je les prie de me renvoyer, avant la fin du présent mois, l'un de ces exemplaires rempli conformément aux prescriptions des circulaires nos 46, 71 et 245, et des articles 10, 11, 12 et 13 de l'Instruction générale sur les patentes. Dans le cas où la position contributive d'aucune commune n'aurait changé, il me serait transmis un tableau négatif.

QUESTIONS DIVERSES

DÉPARTEMENTS ANNEXÉS A LA FRANCE

Il nous a été adressé, dans ces derniers temps, de nombreuses lettres par les comptables des trois nouveaux départements annexés à la France ; nous grouperons, en un seul article les réponses faites aux questions qui nous ont été posées.

1° *Est-il dû des remises sur l'encaissement de capitaux provenant de legs, acquis avant l'annexion, et qui ne sont jamais entrés dons la caisse communale?* — *Réponse affirmative.*

Une recette des finances d'un des départements récemment annexés à la France, *et dont le personnel vient d'être entièrement renouvelé* par le décès du Receveur des finances et le remplacement du fondé de pouvoirs, refusait des remises aux Percepteurs-Receveurs sur l'encaissement de capitaux provenant de legs acquis aux communes avant l'annexion.

Nous avons examiné cette grave question dans notre volume de 1866, p. 148, et engagé les comptables, à qui des réductions semblables avaient été opérées, à maintenir, dans leurs décomptes, ces recettes comme passibles de remises, et à attendre avec confiance la décision soit du Conseil de Préfecture, soit de la Cour des Comptes, décision qui ne pouvait que leur être favorable.

On nous communique, aujourd'hui, une lettre du Receveur-Général d'un de ces départements adressée au Receveur des finances, en réponse des réclamations des Percepteurs; nous sommes heureux de voir que cette lettre, que nous reproduisons ci-dessous, est, en tous points, conforme à l'opinion que nous avons émise :

Monsieur le Receveur des Finances,

« Les réclamations des Percepteurs que vous m'a-
« vez transmises, et par lesquelles ces comptables
« revendiquent l'allocation de remises sur le mon-
« tant des legs en argent encaissés par eux, posté-
« rieurement à 1860, sont fondées.

« On ne saurait s'appuyer, pour éliminer les re-
« cettes de cette nature des opérations donnant lieu
« à des remises, sur ce que le Conseil de Préfecture
« aurait retranché des comptes de 1860 les remises

« prélevées par les Receveurs pour les encaissements « de legs, même postérieurs à l'annexion, attendu « que si ces éliminations ont eu lieu, elles sont dues « à la décision ministérielle qui détermine que les « comptes de la gestion 1860, toute entière, seraient « jugés d'après les lois et règlements sardes.

« Les Percepteurs qui auront opéré des recettes « de l'espèce de celles dont il s'agit, postérieurement « au 1er janvier 1861, devront donc être autorisés à « prélever les remises qui leur reviennent. »

Il est donc décidé que les capitaux provenant de legs acquis avant l'annexion, et qui entrent pour la première fois dans la caisse communale, sont passibles de remises.

2° *Est-il dû des remises sur l'encaissement des capitaux ayant la même provenance, dont, avant l'annexion, le Receveur encaissait annuellement les intérêts et qui ont été remboursés et remployés, sous la surveillance de l'administration municipale? — Réponse négative.*

Pour pouvoir juger en connaissance de cause le cas qui nous occupe, il est nécessaire de faire l'historique de ce qui se passait à l'époque dont il s'agit :

Avant l'annexion, de nombreuses fondations avaient été faites pour l'instruction des enfants des deux sexes, autrement dit pour *les régences :* les unes étaient administrées par le conseil de la commune, sous la surveillance du syndic (Maire), les revenus étaient perçus annuellement par le Receveur, en vertu d'un rôle, et les capitaux remboursés étaient remployés directement par le conseil communal, sans l'intervention du Receveur; les autres qui étaient faites au profit de communes ou sections de communes étaient administrées par les notables, établis en comités, et les recouvrements d'intérêts et de capitaux, les payements, les remplois, se faisaient par un des membres qui avait le nom de *procureur de la régence.*

Il est hors de doute que, dans le premier cas, le Receveur n'a pas droit à des remises sur l'encaissement des capitaux qui avaient déjà été remboursés et remployés par les soins de l'administration communale. En effet, d'après la législation de l'époque, les remplois ont eu lieu également et si les capitaux n'ont pas été versés à la caisse, de fait, l'opération n'en est pas moins consommée et elle équivaut et à un remploi, qui alors ne donnait pas lieu à des remises.

3° *Est-il dû des remises sur l'encaissement de capitaux provenant de legs, acquis avant l'annexion à des communes ou des sections de communes, et dont toutes les opérations étaient faites par un comptable pris en dehors de l'administration?—Réponse affirmative; ces opérations sont de véritables gestions occultes et il est dû des remises sur les fonds de caisse, quelle que soit leur provenance, versés à la caisse communale par les comptables occultes.*

Dans le cas qui nous occupe, le Receveur ne percevait pas même les revenus, tout se passait en dehors de l'administration municipale ; ces opérations faites par des procureurs à la nomination des comités de régences, doivent être assimilés à des gestions occultes ; les remboursements et les remplois qui ont été fait doivent être considérés comme nuls, et l'encaissement de ces capitaux provenant de legs, dont les intérêts étaient perçus par les procureurs, qu'ils aient été remboursés ou remployés, même plusieurs fois, doivent donner droit à remises.

L'administration supérieure fait de louables efforts pour faire disparaître ces comptabilités occultes, si préjudiciables aux comptables, et en même temps qu'elle fait remettre les titres aux Percepteurs-Receveurs, elle fait verser le fond de caisse que les procureurs ont entre leurs mains; ces fonds doivent produire des remises, qu'ils proviennent ou non, de capitaux remboursés ou d'intérêts; car, au moment où ils sont versés, ils constituent une recette soumise à toutes les règles de la Comptabilité, et, d'après les principes posés ci-dessus, les capitaux provenant de legs n'étant jamais entrés dans la Caisse communale sont passibles de remises. Il en est de même des intérêts, on n'a pas à se préoccuper depuis combien de temps et par qui ces recettes ont été effectuées, il faut seulement considérer le versement à la Caisse, c'est-à-dire la recette faite par la commune.

4° *Le remboursement de capitaux, provenant de legs, placés en rentes d'obligations notariées ou de simples billets, avec échéance limitée, peut-il être accepté à l'échéance par le Receveur, sans l'autorisation prescrite par l'art. 953 de l'Instruction générale du 20 juin 1859? — Réponse affirmative.*

Moyens d'achever le rachat de rentes non exigibles.

L'art. 953 de l'Instruction générale du 20 juin 1859 n'a trait qu'aux rentes perpétuelles et aux capitaux non encore exigibles, et a pour but de faciliter la surveillance des Receveurs des finances. Quant aux obligations et aux simples billets, ils doivent se rembourser à leur échéance. Les Receveurs des Finances doivent prendre note de ces échéances sur leur carnet, et tenir la main, à ce que ces remboursements, qui sont des produits exigibles, aient lieu exactement.

Nous terminerons en engageant les Receveurs à activer le plus possible le remboursement de ces capitaux exigibles, qui ne peuvent qu'engager leur responsabilité.

Les comptables faciliteront aussi le remboursement des capitaux non encore exigibles, et le rachat des rentes perpétuelles, en mettant au courant les débiteurs de ce qu'ils ont à faire dans cette circonstance; un moyen d'atteindre ce but est d'employer le modèle d'avis que nous donnons ci-après :

PERCEPTION
de

Monsieur,

Veuillez payer, avant huit jours, la somme de fr. formant, y compris le timbre de la quittance, le montant des intérêts échus le 185 *que vous devez à*

Un plus long retard vous exposerait à un Commandement par huissier.
Le Percepteur.

NOTA ESSENTIEL.

Vous pouvez, si vous le désirez, rembourser le Capital dont vous êtes débiteur, en remettant, un mois à l'avance, à M le Maire, une demande, en deux expéditions, rédigée sur papier timbré.

Le Capital remboursé sera immédiatement placé en rentes sur l'Etat. (Art. 959 de l'Inst. Gén.)

FRAIS DE POURSUITES SUR PRODUITS COMMUNAUX. CONTRAINTE UNIQUE.

On nous écrit de ... :

« En parcourant la précieuse collection de votre Journal (vol. de 1866, p. 653), je viens d'y relire une Etude sur le Service, à propos de laquelle je ne puis m'abstenir de vous adresser mon vif assentiment et mes observations sympathiques.

« Il me paraît, comme à vous, que la circulaire du 15 décembre 1864, permet de ne dresser qu'une seule contrainte comprenant indistinctement les contribuables dont la dette la plus forte est celle des contributions directes, et des individus débiteurs d'une plus forte somme sur les produits municipaux assimilés. Mais, si vous voulez bien considérer que l'établissement d'une contrainte spéciale pour chaque service dont la dette est la plus forte, ne donne guère plus de travail que la confection d'une contrainte unique pour les deux services, vous reconnaîtrez combien sont justes là où elles se présentent, les exigences sur ce point des Receveurs des finances. Les porteurs de contraintes ne sont pas généralement aussi perspicaces que vous semblez le croire. L'établissement d'une seule contrainte obligera le Percepteur à un examen plus attentif de l'état des frais dressé par l'agent de poursuites ; la vérification de cet état par la Recette des finances, sans parler d'autres inconvénients, sera également plus laborieuse.

Vous vous êtes donné pour mission, nous le savons, de recommander les pratiques de comptabilité les plus claires et les plus méthodiques. Aussi bien déjà, dans votre *Tableau des modifications à l'Instruction générale*, avez-vous fait ressortir les avantages de la formation de deux contraintes distinctes. J'en ai fait mon profit et suis persuadé que ce mode de procéder était dans l'esprit de la circulaire précitée. »

COMPTABILITÉS OCCULTES. RECONSTRUCTION D'ÉGLISE. ENCAISSEMENT DES SOUSCRIPTIONS.

N'y a-t-il pas gestion occulte dans le fait d'encaisser, en dehors du Receveur municipal, des souscriptions pour la reconstruction d'un église ?

On nous soumet l'arrêté suivant qui décide de la négative.

CONSEIL DE PRÉFECTURE DU GERS.

29 octobre 1866.

« Vu, sous les dates des 20 janvier, 24 mars et 31 mai 1866, les lettres par lesquelles le Receveur municipal de Lupiac se plaint de ce qu'une souscription ayant été ouverte par M. le desservant de cette commune et le sieur Matignon, ancien Maire, le produit de cette souscription s'élevant à 3500, au lieu d'être versé dans la caisse municipale, aurait été déposé entre les mains dudit sieur Matignon, ce qui, d'après lui, constituait une gestion occulte;

« Vu, en date du 26 septembre 1866, une lettre de M. le Receveur particulier des finances de l'arrondissement de Mirande ;

« Vu une délibération en Conseil municipal de Lupiac, en date du 11 juin 1865 ;

« Vu l'avis de M. le Sous-Préfet de Mirande ;

« Ouï M. le Conseiller rapporteur;

« Ouï M. le Commissaire du Gouvernement;

« Vu les lois du 18 germinal, an X et 18 juillet 1837 ;

« Vu le décret du 30 décembre 1809 ;

« Considérant qu'il résulte de l'instruction que les sommes dont il s'agit et qui proviennent de dons volontaires, ont été sollicitées et recueillies par le Conseil de fabrique de Lupiac, en vue de pourvoir à la restauration du clocher de l'église ;

(*Premier motif*). — « Considérant que les fabriques, aux termes du décret du 30 décembre 1809, sont chargées de veiller à l'entretien et à la conservation des églises, et qu'au nombre des revenus légaux des fabriques figurent les oblations faites à ces établissements pour subvenir aux frais du culte ;

(*Deuxième motif*). — « Considérant que dans les faits signalés il n'y a eu aucune intervention de la commune de Lupiac, que par une délibération en date du 11 juin 1865, le Conseil municipal de ladite commune a formellement refusé de concourir aux frais de la reconstruction projetée, qu'il n'y a eu d'ailleurs, de sa part, ni demande de secours à l'État ou au département, ni aucun acte de nature à l'engager dans une dépense quelconque ; considérant que la fabrique ayant pris à sa charge la totalité de la dépense, il lui appartient de centraliser, dans sa caisse, les fonds destinés à l'exécution desdits travaux ;

« Considérant que dans ces circonstances, il n'existe aucune trace de comptabilité occulte ;

« Par ces motifs, arrête :

« La demande en reddition de compte formée contre le sieur Matignon est rejetée. »

On nous demande notre avis sur cet Arrêté :

Nous voilà en présence d'un de ces actes qui prouvent, une fois de plus, combien les autorités locales se laissent entraîner facilement par des considérations étrangères, en ces questions délicates, jusqu'au point d'en arriver à juger contrairement à la jurisprudence de l'Administration, contrairement à l'éminente juridiction du Conseil d'État, contrairement aux lois et aux principes les plus constants. Ce résultat doit exciter les comptables à poursuivre avec de plus en plus d'énergie le fléau qui les ronge de tous côtés et qui se dissimule sous tant de formes...

L'illégalité de l'arrêté du Conseil de Préfecture du Gers est manifeste; nous ne nous arrêterons pas longtemps à le démontrer. Il eût suffi au Conseil, pour juger autrement, de se conformer aux récentes instructions de l'Administration. On peut lire en effet dans le Bulletin officiel du Ministère de l'Intérieur de l'année 1865 (1), une décision (portant le n° 5) ainsi énoncée :

« *Reconstruction d'église. Difficultés relatives à* « *l'encaissement de souscriptions recueillies pour cette* « *dépense*. M. le Préfet de ... avait autorisé le trésorier de la fabrique de ... à encaisser et à dépenser « les sommes provenant de souscriptions recueillies « par le desservant pour la reconstruction de l'église « de la commune. M. le Préfet s'appuyait principalement dans son arrêté, sur ce que le Conseil municipal avait lui-même demandé que lesdites sommes fussent remises entre les mains du Trésorier « de la fabrique, selon le désir des personnes qui les « ont fournies. — M. le Ministre des Finances ayant « signalé cette décision au Ministre de l'Intérieur « comme contraire aux règles établies, son Excellence a fait remarquer au Préfet qu'une délibération « municipale, pas plus que le désir exprimé par des « souscripteurs, ne saurait infirmer les dispositions « de l'article 62 de la loi du 18 juillet 1837, aux termes desquels les Receveurs municipaux ont seuls « le droit d'effectuer les recettes et les dépenses des « communes. Or, un décret rendu au contentieux le « 15 avril 1857 (abbé Chevraux (2)) ne permet pas « de douter que les sommes provenant des souscriptions recueillies dans l'espèce, ont le caractère « de deniers communaux. Elles doivent donc être « encaissées par le Receveur municipal..... »

Voici un des considérants des plus catégoriques de l'arrêt de l'abbé Chervaux : « Considérant qu'il résulte de l'instruction que les souscriptions recueillies par lui (ledit abbé) ont été sollicitées en vue de « la reconstruction de l'église de la commune de Vireaux, propriété communale, et pour suppléer à « l'insuffisance des ressources de la commune composées de... etc., que les fonds recueillis dans ces « circonstances doivent être considérés comme deniers communaux ; »

Rien n'est donc plus certain : la restauration d'une église constitue une dépense communale ; car restauration ou reconstruction, c'est tout un, en ce sens qu'il s'agit dans les deux cas de grosses réparations qui incombent aux communes. Les fonds recueillis pour cette construction forment donc une recette communale, des deniers communaux, dont nul n'a le droit de faire le recouvrement que le comptable spécial institué à cet effet par la loi sous le titre de *Receveur municipal*. Conséquemment, les fonds recueillis de cette façon par un tiers, de quelque caractère qu'il soit revêtu, ces fonds doivent être versés par lui dans la caisse municipale, à peine d'être soumis aux résultats d'une entreprise de comptabilité occulte, puisqu'il n'avait aucune qualité pour agir.

(1) Recueillie dans le *Journal des Percepteurs* de 1865, p. 107.

(2) Cet arrêt de *l'Abbé Chervaux* que nous recommandons au souvenir des Comptables — a été recueilli avec soin, dans le *Journal des Percepteurs* de 1858, p. 34, et accompagné d'observations.

Cependant, que dit notre Arrêté du Conseil du Gers ? — Dans son 1er *motif* il constate d'abord que « les Fabriques sont chargées de *veiller* à l'entretien « et à la conservation des Eglises. » — Elles sont chargées d'y veiller, oui, mais non pas d'y *pourvoir* (1) ; ce soin des édifices communaux appartient aux Maires. — Puis l'arrêt établit « qu'au nombre des revenus légaux des Fabriques figurent les oblations faites à ces établissements pour subvenir aux besoins du culte, » ce qui est un peu vague et ne paraît pas très-décisif dans l'affaire ; on veut sans doute induire de là que les 3500 fr. de la souscription sont des *oblations*. Or, personne n'ignore qu'on appelle de ce nom des offrandes légères, purement volontaires, faites à l'autel ou hors de l'autel, à la quête ou au tronc, par dévotion ou pour quelque cause pieuse (2). En un mot, cette expression comporte essentiellement le sens de sommes modiques ; par quel abus de langage pourrait-on l'appliquer à un rôle de souscriptions (volontaires dans le principe, mais obligatoires dans la suite) qui s'élève en totalité à 8500 fr., et dont il a été recueilli au 1er terme 3500 fr. !

— Enfin, passons au 2e *motif*. « Il n'y a pas eu intervention de la commune, le Conseil municipal a refusé de concourir aux frais de la reconstruction projetée. »

Mais nous avons vu que le Ministre de l'Intérieur, dans sa décision ci-dessus rapportée, fait excellemment remarquer qu'une délibération municipale, — bien plus : le désir exprimé par les souscripteurs, — ne saurait infirmer les dispositions de la Loi, qui est formelle : *les Receveurs municipaux ont seuls le droit d'effectuer les recettes et les dépenses des communes* (art. 62 de la loi du 18 juillet 1837).

Le Conseil ajoute « qu'il n'y a eu, d'ailleurs, de la part du Conseil municipal ni demande de secours à l'Etat ou au département ni aucun acte de nature à l'engager dans une dépense quelconque. » Qu'importe ! La situation était bien la même dans l'espèce résolue par les Ministres, que nous rapportons plus haut ; les ministres répondent simplement en citant l'arrêt de l'abbé Chervaux : « *Les sommes provenant des souscriptions recueillies ont, à n'en pas douter, le caractère de deniers communaux.* »

Considérant que la Fabrique, continue l'arrêté, ayant pris à sa charge la totalité de la dépense, il lui appartenait de centraliser dans sa caisse les fonds destinés à l'exécution des travaux... Cette dernière partie de l'argumentation du Conseil de Préfecture du Gers n'est plus d'aucune valeur, après ce que nous venons de voir établi ci-dessus. Elle est même inexacte, car ce n'est pas la Fabrique qui prend en charge les dépenses, mais bien les citoyens de la commune, auxquels on fait un appel public par voie de souscription.

Il est facile de voir que cet arrêté n'a aucune base

(1) Voir notre *Guide des Fabriques des Eglises*.

(2) Il y a un autre genre d'oblations, qui sont les droits que les Ministres du culte sont autorisés à percevoir pour l'administration des sacrements. On sent qu'il ne s'agit pas de celles-là.

légale, et que le Comptable intéressé dans cette décision peut se pourvoir contre elle avec toute chance de succès. C'est aussi ce que nous l'engageons à faire.

PRESTATIONS. Ouvriers compagnons travaillant a la journée, nourris et couchant dans la maison.

Des ouvriers compagnons qui travaillent à la journée et sont payés au jour, sont ils imposables à la prestation, alors même qu'ils seraient nourris et logeraient dans la maison du maître ? Un charron-forgeron, dans une localité de 3000 habitants, ne confectionnant que des instruments ou voitures pour les besoins de l'agriculture, occupe cinq ouvriers dits compagnons. Ces ouvriers restent plus ou moins dans l'atelier ; ils sont payés à la journée et non à l'année ; ils occupent dans la maison du patron une chambre ou dortoir, séparée des appartements du maître, et qui leur est spécialement destinée; ils sont nourris par le patron moyennant une somme de ... qu'ils payent sur le prix de leur journée. Peut-on les regarder comme faisant partie de la famille du patron, et, à ce titre doivent-ils être imposés en son nom à la prestation pour autant d'hommes qu'ils sont d'ouvriers?

Nous ne le pensons pas, parce qu'on ne peut ranger ces ouvriers dans la catégorie des membres ou *serviteurs* de la famille, seul cas où ils seraient imposables; aux termes de l'art. 66 du règlement du 21 juillet 1854, en effet, on ne considère pas comme serviteurs les ouvriers qui travaillent à la journée ou qui ne sont employés que pendant le temps d'un travail temporaire. Il faut, au contraire, que ces ouvriers soient loués à gage à l'année, nourris et couchés chez leur maître, pour rentrer dans cette classification. Nous avons déjà recueilli dans notre *Journal* de 1861, page 163, un Décret du Conseil d'Etat, du 27 janvier 1859, qui se prononce très-nettement en ce sens.

VARIÉTÉS.

ASSOCIATION DES PERCEPTEURS (2e article).

Nous publions la lettre suivante qui nous est arrivée pendant que l'article sur le même sujet, publié dans dans notre dernier numéro, p. 76, était à l'impression :

« Dans le premier numéro de 1867 de votre estimable journal, vous rappelez très-heureusement les Sociétés de secours et de prévoyance pour les fonctionnaires dépendant du Ministère des finances, et dont le département du Bas-Rhin a donné l'initiative. Il serait à désirer que chaque département suivît cet exemple, bien que ce ne soit qu'un premier pas vers une Société *générale* de secours mutuels, qui seule remplirait avantage le but qu'on se propose en établissant ces Sociétés. Je me permets donc de vous adresser mon appréciation sur ce sujet, qui pourra peut-être être goûtée par plusieurs de mes collègues.

« Malgré tous les avantages d'une Société particulière à un seul département, on ne saurait remarquer quelques défectuosités que je vais tâcher d'expliquer. En premier lieu, une Société aussi restreinte ne pourrait former un capital assez fort pour accorder des secours viagers suffisants à ceux de nos collègues qui seraient dans la position d'y recourir. Ce ne pourrait être tout au plus que des secours temporaires, inefficaces par leur exiguité forcée.

« D'autre part, comme les Percepteurs sont sujets à changer de département, il serait à craindre que ceux qui auraient été éloignés du siége de la Société soient négligés par la commission qui ne les aurait plus sous les yeux, ou bien qu'eux mêmes, dans cette pensée, cessent de faire partie de la Société, et perdent par là le fruit des versements qu'ils auraient pu faire. Dans une Société générale, au contraire, ces divers inconvénients n'existeraient plus, attendu que les fonds centralisés deviendraient considérables au bout de quelques années, et que tous les départements auraient un droit égal et sans partialité à la sollicitude du conseil administratif

« Presque sans toucher à son capital, une pareille Société pourrait, avec les intérêts seulement, accorder des secours viagers pour élever la faible retraite de certains d'entre nous à une somme suffisante pour vivre ou pour aider leurs veuves ou leurs orphelins.

« Le placement même du capital par l'administration de la Société pourrait, sans nuire à ses intérêts, venir également en aide aux Percepteurs en fonctions; car vous n'ignorez pas que beaucoup d'entre nous sont très-embarrassés pour fournir leur cautionnement; que, quelquefois, ils sont dans l'obligation de rester dans les classes inférieures, faute de trouver des fonds pour leur cautionnement, ou bien ils sont obligés de l'emprunter à un taux d'intérêts très onéreux. La Société pourrait donc, avec son capital, leur fournir leur cautionnement à un taux ordinaire, avec condition d'amortissement par annuités fixées d'après le produit de leurs remises; par là, les Percepteurs ne seraient plus embarrassés pour demander l'avancement auquel ils peuvent avoir droit, et le remboursement de leur cautionnement les obligerait en quelque sorte à faire des économies dont le résultat serait pour eux l'acquisition de leur cautionnement. En sorte que lorsqu'ils auraient leur retraite, ils se trouveraient maîtres d'une somme dont les intérêts, joints à leur pension de retraite, les mettraient à l'abri du besoin, et peu d'entre eux seraient dans la nécessité d'avoir recours à la Société, qui y gagnerait aussi, ayant moins de secours à distribuer. Son capital s'en augmenterait d'autant, et elle pourrait secourir plus efficacement soit ceux qui en auraient besoin, soit les veuves des Percepteurs, soit leurs orphelins, de l'éducation desquels la Société pourrait se charger.

« En composant le conseil d'administration d'hommes éclairés, et dont l'honorabilité et la position seraient de sûrs garants pour les sociétaires, je suis convaincu que tous mes collègues, ainsi que tous les Receveurs d'enregistrement, s'empresseraient de faire partie d'une Société générale dont les résultats seraient une amélioration aussi sensible à la position de tous. »

ÉTUDE SUR LES RÈGLES DU PAYEMENT
DES MANDATS ET ACQUITS DU TRÉSORIER-PAYEUR-GÉNÉRAL
(ANCIEN SERVICE DU PAYEUR)
PAR LES PERCEPTEURS ET LES RECEVEURS DES ADMINISTRATIONS FINANCIÈRES (11e *article*).

CH. XII. DES SAISIES-ARRÊTS OU OPPOSITIONS (suite).

Section 8e. *PAYEMENTS SUR OPPOSITIONS.*

§ 1er — Privilége pour contributions directes.

Le privilége attribué au Trésor public et aux Percepteurs agissant en son nom, pour le recouvrement des contributions directes, s'exerce avant tout autre. Il est réglé ainsi qu'il suit :

1° Pour l'année échue et l'année courante de la contribution foncière, tant en principal qu'en centimes additionnels et supplémentaires, sur les récoltes, fruits, loyers et revenus des biens immeubles sujets à la contribution ;

2° Pour l'année échue et l'année courante des autres contributions directes, générales et spéciales, sur tous les meubles et effets mobiliers appartenant aux redevables, en quelque lieu qu'ils se trouvent.

Les droits et priviléges du Trésor public, pour le recouvrement des contributions directes, s'étendent au recouvrement des frais dûment taxés. (Instr. gén., art. 77 et 88.)

Le privilége du Trésor, lorsqu'il existe sur les sommes déposées entre les mains des Trésoriers-Payeurs et autres comptables et sequestres, s'exerce avant tout autre, sur la simple demande du Percepteur. En conséquence, le Trésorier-Payeur est tenu de payer à l'acquit des redevables, par privilége, le montant des sommes dues, jusqu'à concurrence des fonds qu'il doit ou qu'il a entre les mains, malgré des oppositions formées et non levées. Le payement a lieu sur la demande expresse et détaillée que le Percepteur des contributions lui adresse. Celui-ci joint à cette demande les quittances des sommes dues à sa caisse, après s'être assuré que le dépôt existe entre les mains du Trésorier-Payeur, et qu'il est suffisant pour acquitter les contributions privilégiées. (Instr. gén., art. 83 et 85.)

Il n'y aurait pas lieu de satisfaire à la simple demande du Percepteur, s'il était reconnu que le privilége n'existe pas, et si au moment de cette demande, le créancier de l'État était déjà dessaisi par la signification d'un transport, ou d'un jugement attributif au profit d'un tiers, précédé d'opposition ou déjà exécuté ou signifié. (Instr. gén., art. 77, 2°, — et arrêt de Cass. 21 avril 1819. Pours.) Mais si ce jugement n'était pas encore exécuté, le Percepteur pourrait en suspendre l'effet par une saisie-arrêt pratiquée entre les mains du Trésorier-Payeur. De cette manière, si les sommes dues au saisi n'étaient pas suffisantes pour couvrir les charges des diverses oppositions, le Trésorier-Payeur serait obligé de surseoir à l'exéc[ution] du jugement, jusqu'à ce que les droits des o[p]posants fussent jugés avec tous. Le Percepteur, [en] justifiant de son privilége, ferait réformer le jug[e]ment précédent et obtiendrait l'assignation à [sa] créance du rang qui lui est attribué par la loi [du] 12 novembre 1808; et si le privilége ne lui était p[as] acquis, il obtiendrait sur le dépôt, collocation [au] marc le franc de sa créance (1) [Code Nap., art. 209 — Instr. gén., art. 79. Voir chap. XI et § 2e [ci-]après.]

§ 2e. — Payements aux saisissants.

Nous avons dit, au chapitre XI, que les transpo[rts] non signifiés ne produisent que l'effet d'une proc[u]ration, lorsqu'il n'existe pas d'autres oppositions [ou] transports, et aux 1re, 3e et 7e sections du prése[nt] chapitre, que les oppositions et saisies-arrêts so[nt] périmées, si elles ont plus de cinq ans de date sa[ns] avoir été renouvelées. En conséquence, lorsqu'il aura à faire un payement, le Trésorier-Payeur n'au[ra] égard qu'aux oppositions non encore périmées [et] aux transports signifiés (2). Mais il faut remarqu[er] que la péremption d'une opposition n'a pas po[ur] conséquence d'annuler les jugements ou arrêts q[ui] ont été rendus sur cette opposition. La significati[on] de ces jugements ou arrêts est comme un transpo[rt] judiciaire qui conserve toute la force de cette opp[o]sition, pendant les six mois qui suivent l'obtenti[on] de ces jugements et arrêts et pendant lesquels i[ls] doivent être exécutés. (Voir section 7e ci-dessu[s] § 2e.)

Lorsqu'un jugement ordonne un payement, que [le] créancier ait formé opposition ou non, le comptab[le] se réfère aux règles indiquées au chapitre XI, pour [le] payement des délégations et transports se trouva[nt] en concurrence avec d'autres transports ou oppos[i]tions. Lorsque le mandat mis en payement est sup[...]

(1) Voir *Journal* 1858, p. 322. (Contrib. non privil., — et 185[.] page 314. (Contrib. privil.)

(2) Cette disposition ne s'applique pas aux sommes dues p[ar] les Départements, les Communes et les Etablissements public[s]. Le payement des dépenses communales et hospitalières frappé[es] d'oppositions, est régi par des règles particulières indiquées a[ux] articles 1097, 1196, 1166 et 1542, 58°, de l'Instr. Gén. d[u] 20 Juin 1859. Les retenues opérées sur ces dépenses par les R[e]ceveurs municipaux, en vertu de saisies-arrêts ou opposition[s] sont versées à la Caisse des dépôts et Consignations, pour êtr[e] après jugement de validité et d'attribution, payées aux saisis[s]ants, d'après les règles du droit commun. (Voir aussi *Journ[al]* de 1856, p. 310. — 1861, p. 194 et 292.)

rieur au montant des oppositions et transports signifiés, le Trésorier-Payeur paye les opposants dont les droits sont jugés, sur la production des pièces énumérées ci-après. Si au contraire, le montant des oppositions, etc. excède le montant du mandat, il renvoie les parties à régler leurs droits amiablement ou devant la justice; et lorsque, plus tard, des jugements lui sont présentés pour recevoir, à sa caisse, les sommes ordonnancées, il ne doit exécuter que ceux des jugements qui ont été rendus avec tous les opposants, c'est-à-dire, après que tous les opposants inscrits sur ses registres, ont été appelés ou présents au jugement rendu. (Voir section 3e ci-dessus.)

Lorsque les formalités qui précèdent ont été remplies, le Trésorier-Payeur procède au payement des sommes attribuées par *jugement contradictoire*, sur la production des pièces suivantes :

1° Original de la signification du jugement à la partie saisie ;

2° Grosse du jugement, à la suite de laquelle l'avoué de la partie poursuivante certifie, en donnant la date de la signification du jugement à la partie condamnée, qu'il n'est survenu aucun empêchement à son exécution ; ce certificat est visé par le Président du tribunal ;

3° Certificat du Greffier, attestant qu'il n'existe contre ce jugement, ni opposition, ni appel.

En cas de jugement *par défaut, ou en cas d'appel*, voir à la section 8e, § 2e, ci-dessus, les autres justifications à exiger des parties.

Les tiers qui ont obtenu des jugements d'attribution, loin d'avoir à se désister, préalablement, de leurs significations, doivent, au contraire, les maintenir jusqu'au payement effectif et intégral. C'est à tort qu'on exigerait d'eux un désistement préalable; car, ce serait les astreindre à renoncer à la saisie qui assure leurs créances, aux termes de l'art. 1690 du Code Napoléon, et s'exposer à des dommages-intérêts envers eux, pour le préjudice que leur causerait la survenance d'une saisie-arrêt ou d'une cession. (Circ. Content., 9 août 1853.)

Fin de la 1re partie de l'*Etude*.

(Restent les *Annexes*, qui paraîtront dans les trois prochains Nos.)

Percepteurs surnuméraires.

PROGRAMME DE L'ORNE.

Aspirants-surnuméraires et surnuméraires.

On prend les aspirants sans examen, quand ils sont bacheliers. — Dans le cas contraire, les candidats subissent un examen portant sur l'arithmétique, la géométrie, le style et la géographie.

Au fur et à mesure des vacances, les aspirants passent surnuméraires après, toutefois, avoir subi un examen portant (pour tous, bacheliers ou non, à moins que la commission ne les exempte de quelque partie) sur les mêmes matières que ci-dessus, et, en plus, sur les éléments d'administration.

***

Voici comment le *Mémorial* répond à notre 1er article sur les *Associations de Percepteurs*; pour ceux qui sont au courant des pratiques de ce recueil, il est évident que voilà encore une tentative étouffée, avant même d'avoir pu se produire. On se rappelle qu'il en a déjà été de même de notre projet de *Caisse des empoyés des Recettes*...

Nous ne pouvons que démasquer de pareilles manœuvres, c'est aux comptables qu'il appartient de les réduire à néant en se rangeant tous et en masse du côté de leurs véritables défenseurs.

« On sait qu'il existe depuis longtemps au budget de l'Etat un crédit spécial pour *Secours aux Percepteurs réformés*, aux veuves et aux orphelins de Percepteurs.

« Ce crédit, qui était, en 1867, de . . .	140 000 fr.
est porté, dans le projet de budget de l'exercice 1868, à la somme de.	190 000
Différence en plus. . . .	50 000 fr.

« Cette augmentation de crédit était devenue indispensable : 1° par l'insuffisance du fonds actuel en égard au nombre des parties prenantes, qui s'est accru depuis quelques années dans une grande proportion, à la suite de diverses exigences du service; 2° en raison de la modicité des pensions attribuées aux Percepteurs dont les services ne comptent pour la retraite, conformément aux dispositions de la loi du 9 juin 1853, qu'à dater du 1er janvier 1854.

« Le Corps législatif s'associera avec empressement, il faut l'espérer, aux vues généreuses de l'administration, en votant l'augmentation proposée. Il serait même grandement à désirer que cette augmentation fût d'un chiffre plus élevé, car, parmi les comptables qui ont été mis, d'office, récemment à la retraite pour faire place aux candidats militaires ou civils dont les emplois ont été supprimés par mesure d'économie, il en est beaucoup qui se trouvent actuellement dans la gêne, la liquidation de leur retraite ne leur ayant assuré qu'une ressource tout à fait insignifiante. » (*Mémorial des Percepteurs.*)

NOMINATIONS ET MUTATIONS.

Ont été nommés Percepteurs :

A Festieux (Aisne), M. Leclère, surnuméraire;
A Craonne (d°), M. Baudelot, surnuméraire;
A Ygrande (Allier), M. Barret a été élevé à la 4e cl.;
A Chorges (H.-Alpes), M. Vollaire, surnuméraire;
A St-André (Aube), 3e cl., M. Ratat, de Vassy (H.-Marne);
A Marseille (B.-du-Rhône), M. Le Camus, ancien Payeur;
A Morteaux (Calvados), M. Carité, surnuméraire;
A St-Romain ((Charente), M. David, surnuméraire;
A Bourges (Cher), M. Cartaut de la Verrière, ancien Payeur;
Au Valdahon (Doubs), M. Valfrey a été élevé à la 1re cl.;
A Grignan (Drôme), M. Prunier;...
A Tournecoupe (Gers), M. Du Peyré, surnuméraire;
M. Monferran est nommé surnuméraire dans le Gers;
A Gironde (Gironde), 4e cl., M. Boissaud, de Marcilly (S.-et-Loire);
A St-Gaultier (Indre), 3e cl., M. Durand, de Trois-Moutiers;
A La Chassagne (Jura), M. Prost, surnuméraire;
A Les Bouchoux (d°), M. Le Camus, Employé de recette;
A Uzech (Lot), 5e cl., M. Denuges;...
A Villeneuve-d'Agen (Lot-et-Garonne), 2e cl., M. Lasselve, percepteur de St-Jean-de-Bournay (Isère);
A St-Jean-des-Baisants (Manche), 5e cl., M. Gambier;...
A Eurville (H.-Marne), 3e cl., M. Gaudo-Paquet, Percepteur de Pontcharra (Isère);
A Comines (Nord), 2e cl., M. Durand, de St-Gaultier (Indre);
A Auxi-le-Château (P.-de-Calais), 3e cl., M. Hucher;
A Guewinheim (H.-Rhin), 3e cl., M. Scherb, de Foussemagne;
A Marcilly (S.-et-Loire), 4e cl., M. Perpezat, de Gironde (Gir.);
A Poncé (Sarthe), 5e cl., M. Normand, de Changé;
A Ste-Foy (Savoie), 5e cl., M. Joly;...
A Clichy (Seine), 1re cl., M. Lalouette, de Coulommiers (S.-et-Marne);
A Coulommiers (S.-et-Marne), 2e cl., M. Vuillemin, de Coubert.
A Essonnes (S.-et-Oise), 2e cl., M. Harnard, d'Orgeval;
A Vron (Somme), 4e cl., M. Vincent;...
A Castres (Tarn), 2e cl., M. Robert;...
A St Tropez (Var), 3e cl., M. Peretti, de St-Pargoire (Hérault);
A Trois-Moutiers (Vienne), 4e cl., M. Duhaume, de Pouant;
A Ste-Marguerite (Vosges), 5e cl., M. Mamelle, surnuméraire;
A St-Fargeau (Yonne), 3e cl., M. Dumas, d'Ouaine.

DEMANDES D'EMPLOI.

Il est indispensable que MM. les Chefs de Service et Employés nous préviennent dès qu'ils sont pourvus d'employés ou d'emplois.

Plusieurs Trésoreries générales demandent en ce moment des Employés pour diverses fonctions.

On a besoin des Fondés de pouvoirs capables, pour des Recettes particulières.

Les demandes relatives aux emplois, causant des dérangements et des frais de Correspondance, doivent être accompagnées de 2 fr. 50 c. de timbres-poste pour qu'il y soit donné suite.

Nous prévenons les comptables qui *changent d'adresse* de ne pas négliger de nous avertir, afin que leur journal continue de leur arriver régulièrement (on ne donne suite à ces avis que s'ils sont accompagnés de 40 cent. pour frais d'impression des nouvelles bandes.)

Au sujet de la *fourniture des imprimés*, nous recevons fréquemment la confidence des Comptables, qui nous prient de nous faire l'écho de leurs plaintes. Ils prétendent être exploités par certaine maison d'imprimerie dont *on leur impose* les produits de tout genre, et qui réalisent sur eux d'énormes bénéfices en intéressant fortement des intermédiaires.

Nous nous sommes déjà exprimé fort catégoriquement à cet égard (Journal de 1865 p. 56), en traitant la question au point de vue des règlements et aussi des convenances; nous avons eu la satisfaction de voir notre appréciation approuvée par des personnes considérables.

Nous n'avons que faire d'y ajouter; nous nous bornons à répéter aux Comptables que *nul n'a le droit, sous prétexte de nécessités du service, de leur imposer un Recueil ou des Ouvrages qui ne sont pas de leur choix, ni les imprimés d'une maison dont ils ne veulent pas.* Il existe d'ailleurs, à Paris seulement, trois maisons différentes qui fournissent les imprimés des Comptables; on peut choisir parmi les trois.

D'après les calculs du département des finances, l'ensemble des *Cautionnements des Trésoriers Payeurs-généraux* est aujourd'hui d'environ 31 500 000 francs, et il représente à peu près six fois les émoluments de ces comptables. L'ensemble des cautionnements des Receveurs particuliers et de 18 400 000 francs, et représente environ cinq fois les émoluments de ces comptables. Ces indications ont paru pouvoir être prises à l'avenir pour règles de la fixation des cautionnements. En conséquence l'article 27 du projet de budget général de l'exercice 186[illegible] fixe le cautionnement des Trésoriers-Payeurs généraux à six fois leurs émoluments de toute nature, et celui des Receveurs particuliers à cinq fois les mêmes émoluments. Toutefois les comptables en fonctions dont le cautionnement serait inférieur à la somme résultant des bases indiquées ci-dessus, ne seront astreints à verser le complément qu'en cas de changement de résidence.

Correspondance.

Monsieur le Directeur,

Je viens d'examiner la *Petite Instruction Pratique*, dont vous m'avez fourni un bel exemplaire, digne de figurer dans une bibliothèque de choix. Vraiment le titre de cet ouvrage est trop modeste, on ne peut imaginer rien de plus clair et de plus complet à tous égards; chaque Comptable, quels que soient son rang et son expérience, devrait avoir toujours ce Manuel sous sa main, car il peut avoir besoin de le consulter à chaque instant. Je ne saurais trop vous féliciter de cette œuvre, qui n'a besoin que d'être connue pour être appréciée unanimement...

P. S. — Vous devriez en expédier d'office un exemplaire à chaque Comptable; il n'y en aurait pas un sur cent qui le refuserait après en avoir pris connaissance.

M. Baudesson, Percepteur de Vic-Fezensac (Gers), à qui nous avons fourni un de nos coffres-forts, se fera un plaisir de le montrer aux comptables de ce département qui désireraient l'examiner.

JOURNAL DES PERCEPTEURS,

DES RECEVEURS DES FINANCES, ET DES RECEVEURS DES COMMUNES, HOSPICES, ETC.;

DES SURNUMÉRAIRES, ET DES ASPIRANTS.

2e Série. — 10 fr. par an. Un numéro toutes les semaines. 12e année. — N° 12.

SOMMAIRE.

ETUDES SUR LE SERVICE

Des Mutations foncières.

Le temps est au progrès, tout marche, tout obéit orcément, fatalement, à ce besoin d'amélioration qui est un acheminement vers la perfection, ce but auquel tendent, souvent d'une manière occulte ou inconsciente, toutes nos facultés et nos aspirations.

Les Administrations de l'État ne sont pas les dernières à suivre le mouvement, et il suffit, pour s'en convaincre, de comparer les institutions anciennes avec les nouvelles; aussi, devons-nous nous féliciter de la sollicitude que mettent nos chefs supérieurs à modifier, en vue du bien, du *mieux* général, l'état des choses établi depuis un temps plus ou moins éloigné et qui demanderait à être mis au courant de la situation. Peu d'années, en effet, se passent sans qu'une circulaire intelligemment et sérieusement élaborée vienne apporter sa pierre au monument; on peut citer, comme récentes améliorations, celles qui s'appliquent aux comptes de gestion, aux timbres mobiles, aux rattachements des articles de rôles, etc.

Espérons que nos administrateurs ne s'arrêteront pas dans cette voie libérale; évidemment leur vigilance ne peut se porter d'un seul coup sur tous les côtés faibles de leurs nombreux services; — aussi, qu'il nous soit permis, à nous travailleurs patients et soumis, qui faisons fonctionner quelques rouages du grand mécanisme administratif, de signaler, lorsque nous les remarquons, les pièces de la machine usées par le temps ou défectueuses par nature, et de hasarder une modeste idée pratique pour le cas où l'on jugerait à propos de les remettre à neuf.

S'il est un service qui réclame ce soin, n'est-ce pas celui des mutations? Depuis le renouvellement des matrices et des plans parcellaires, datant d'un demi-siècle environ, le mode d'opérer ce genre de travail n'a pas changé : la partie la plus besogneuse n'a fait que passer, en 1853, des mains du Contrôleur dans celles du Percepteur. Au point de vue du résultat pour le service, le changement est un bien, car le Percepteur possède plus de connaissances locales que le Contrôleur. Mais le plan et les matières datent, — nous le répétons, — de plus de cinquante ans; la situation géographique des communes entre elles n'a pas, il est vrai, subi de modifications, mais que de révolutions dans l'ensemble et dans le détail des parcelles! Combien peu ont aujourd'hui la forme et la contenance qu'elles avaient en 1815! Presque toutes ont éprouvé des délimitations nouvelles, par suite d'additions ou de divisions; la charrue a passé sur les lignes qui séparaient les propriétés de deux particuliers voisins, dont l'un à cédé à l'autre, ou bien elle a tracé des parallélogrammes là où autrefois se trouvait un polygone irrégulier; ailleurs, elle a établi des lignes de démarcation au centre, dans les coins, sur les bords des parcelles d'un père qui a fait donation à ses enfants, et tout cela sans égards, bien entendu, pour la situation primitive. Aussi, cette situation est tellement changée que, dix-neuf fois sur vingt, vous vous heurtez à cette difficulté : la matrice dit : « section A, n° 289, les Sauvelles, vigne, 3 ares 27 c. », que le vendeur ou l'acquéreur traduira : «Le Gros-Poirier, chanvre, 8 ares. » Voilà les indications qu'on vous donne le plus souvent, presque toujours, et avec ces renseignements, de nature à vous dérouter plutôt qu'à vous aider; il faut accomplir une tâche ardue, laborieuse, sans aucune rémunération pour le Percepteur, mais en revanche lui occasionnant nombre d'embarras et de longs tâtonnements.

En un mot, cette perturbation dans la configuration des parcelles de terrain et de leur contenance, la confusion et la différence des dénonciations des lieux dits, l'ouverture des voies nouvelles non portées sur le plan, la construction de maisons récentes et la disparition de bâtiments démolis, nous paraissent rendre impossible l'exécution *exacte* du travail des mutations; car vouloir établir aujourd'hui un rapprochement entre la situation réelle et la figure du plan, c'est à peu près vouloir étudier la géographie de l'Europe actuelle sur une carte de 1785.

Le printemps, cette saison à laquelle le monde aspire avec délices, est l'effroi du Percepteur, parce qu'il amène avec lui le travail des mutations; certains comptables, il est vrai, savent esquiver cet ennui en faisant faire leur besogne par des agents secondaires, tels que les secrétaires de mairie, les instituteurs ou des arpenteurs ; ils ajoutent à cet effet, aux deux centimes et demi qu'ils reçoivent de l'Administration par parcelle mutée, quelques centimes de leur poche, et peuvent ainsi échapper à ces ennuis; mais l'agent secondaire, qui ne voit dans le travail qui lui est confié qu'un nombre de parcelles multiplié par un autre nombre de centimes, se hâte de *faire* le travail, sans se préoccuper de le *bien faire*; de là, quantité de fausses imputations ou de doubles articles qui viendront charger inutilement les rôles de l'exercice suivant et semer des difficultés lors des recouvrements.

Le Percepteur a intérêt à exécuter *lui-même* le travail des mutations; mais pour lui faciliter la tâche, il serait utile de la rendre claire et de la débarrasser des ronces qui l'entourent. Examinons, le plus brièvement possible, la manière dont ce travail est fait, est *faisable* dans la pratique ; nous placerons le remède à la suite du mal.

§. 1er. — Avis aux parties contractantes.

Nous prendrons notre exemple sur nous-mêmes. Notre perception se compose de neuf communes, embrassant, de clocher à clocher, 26 kilomètres de longueur sur 14 de largeur; nous avons reçu, en 1856, 518 extraits de l'enregistrement représentant environ 3000 parcelles à muter. Nous avons choisi, pour opérer le travail, les mois d'avril et mai, fixant pour nos tournées dans chaque commune les jours les plus convenables pour les habitants de ces communes. Nous avons fait publier l'avis de chaque tournée huit jours au moins avant chacune d'elles, et nous avons complété cette information par l'envoi *gratis* d'avis imprimés à ceux des vendeurs ou acquéreurs dont la présence nous était nécessaire, choisissant de préférence, entre les deux parties, celle qui pouvait se déplacer le plus facilement et nous renseigner le plus utilement. Sur cinquante avis personnels adressés pour chaque commune, nous avons vu se présenter en moyenne dix personnes à notre première tournée ; cela se conçoit : les habitants des pagnes sont négligents, le vendeur et l'acquéreur comptent l'un sur l'autre, etc... — Enfin, puisque l'avis est *gratis*, c'est que — selon l'appréciation du campagnard — le Percepteur à un intérêt personnel à réclamer sa présence; dans ce cas, le Percepteur ne se fera pas faute d'envoyer d'autres avis et alors le destinataire pourra, dans le nombre, faire choix du jour qui lui conviendra. Résultat : neuf journées à peu près perdues, passées à attendre en vain dans les mairies, et 100 ou 150 parcelles mutées au lieu de 5 ou 600.

Le deuxième jour, avis plus pressants de notre part; empressement négatif du côté des parties contractantes.

Troisième, quatrième et cinquième jours (et d'avantage suivant les besoins), autres avis plus pressants encore ; les gardes champêtres et les facteurs ruraux en sont fatigués, mais il en résulte enfin un peu plus d'exactitude ; les mutations peuvent être entreprises, mais de quelle façon ? Nous allons le voir : cependant qu'on nous permette, en passant, d'ouvrir une parenthèse sur les moyens d'obtenir la présence du vendeur ou de l'acquéreur. Par le fait même que l'avis lui parvient *gratis*, le contribuable s'en occupe peu ou point ; le plus souvent illettré, il ignorera toujours le contenu de ce *bout de papier* qu'il confond avec des offres de billets de billets de loterie, dont il reçoit aussi les prospectus *gratis*; — après une publication générale et un avis personnel affranchi par le percepteur, celui-ci ne pourrait-il être autorisé à envoyer les les avis subséquents en port dû, et ce port ne pourrait-il être fixé uniformément soit à 15, soit à 10 centimes, et devenir obligatoire de la part du destinataire? Le cachet du percepteur, apposé sur l'extérieur de l'avertissement, donnerait au prix du port le caractère obligatoire, et aucun comptable, assurément, n'emploierait ce moyen qu'après l'envoi d'un avis *gratis*. Le campagnard est intéressé et la simple taxe que nous proposons le rendrait indubitablement plus exact.

Fermons la parenthèse.

§ 2. — Travail dans les Mairies.

L'instruction sur le service des mutations trace la marche à suivre dans tous les cas, faciles ou difficiles, qui peuvent se présenter. Mais lorsqu'on a un nombre considérable de parcelles à muter, il est impossible d'en appliquer rigoureusement toutes les règles, à moins de consacrer exclusivement à ce travail un temps que le Percepteur doit partager entre ses tournées ordinaires de recouvrements, ses écritures journalières, sa correspondance et les autres détails de son service.

Qu'un vendeur qui ne possède qu'un folio à la matrice cadastrale se présente et connaisse le plan, la mutation est opérée en un clin d'œil ; mais qu'on ait affaire à un vendeur qui a arrondi sa propriété par des acquisitions successives, qui a, par conséquent, changé la forme, la contenance et la culture indiquées à la matrice, qu'en outre, ce vendeur soit complètement illettré et ne puisse reconnaître sur le plan aucune de ses parcelles, à moins de lui indiquer les tenants et aboutissants des quatre points cardinaux, chose possible, sans doute, mais extrêmement longue, qu'il baptise telle division du plan « le Gros-Poirier » quand la matrice la place sous la dénomination « les Sauvelles » le Percepteur sera placé involontairement devant ce dilemme. — Abandonnera-t-il la mutation ou l'opérera-t-il ? — Il l'opérera, mais mal, et sciemment, car il lui est impossible de la faire autrement, à moins d'y consacrer un temps très-long ; et il a un grand nombre d'extraits qui sont dans le même cas... Donc le travail sera imparfait pour la plupart des parcelles, et plus tard, lorsqu'il y aura lieu de muter de nouveau une de ces parcelles, nouvelle difficulté, nouvel embarras, nouvelle fausse imputation.

Il nous arrive chaque année d'avoir des partages comprenant de cent à trois cents parcelles, disséminées sur plusieurs folios de la matrice; les donateurs ont réuni, à des époques diverses, nombre de petites parcelles ou fractions de parcelles qui se trouvent éparpillées sur tous les folios ; — ils partagent le tout entre leurs quatre ou six enfants, coupant par des lignes droites des morceaux de terrains dont le dessin, sur le plan, a quelque rapport avec un jeu de patience ; on passe, pour chacun de ces partages, un, deux ou trois jours, — et la mutation contient des erreurs nombreuses.

L'instruction précitée enseigne bien la marche à suivre pour diviser comme il convient des parcelles de formes et de classes différentes ; elle donne même le modèle d'une feuille de calcul ; mais quel labeur, lorsque le cas se répète deux ou trois cents fois? Il répugne au Percepteur consciencieux de présenter un travail qu'il sait imparfait; mais il doit utiliser tous ses extraits, à peine d'être mal noté ; — il est donc forcé d'exécuter le travail *par à peu près*, pour ne pas encourir de mauvaise note.

D'année en année, par suite des erreurs qui se perpétuent et de celles qui, se produisant pour la première fois, se perpétuent comme leurs aînées, le travail des mutations devient plus difficile, la situation des parcelles s'écartant de plus en plus du plan et des matrices. Il arrivera donc un moment où ce travail ne sera plus possible, à moins de faire l'*à peu près* pour chaque parcelle. Il faudra bien, alors, renouveler le plan et les matrices, mais nous pensons que le plus tôt serait le mieux. Il serait peut-être facile, au moyen de mesures que nous allons indiquer sommairement, de conserver pendant longtemps une concordance exacte entre la situation réelle des parcelles et des matrices.

§ 3. — **Modifications proposées.**

Nous supposons le plan, les matrices et et les états de section renouvelés et mis en parfaite harmonie avec la propriété de chaque individu.

Aucune vente, aucune cession de quelque nature qu'elle soit, ne pourrait plus, dès lors, être faite que d'après un relevé présentant les noms du vendeur, son numéro d'ordre à la matrice générale et la copie *textuelle*, prise sur la matrice cadastrale, des parcelles objets de l'acte à intervenir. Ce relevé, dressé par le Secrétaire de la mairie, reconnu exact par le vendeur et visé par le Maire, serait annexé à la minute de l'acte translatif et servirait au rédacteur pour la désignation des parcelles vendues, cédées ou données ; il en relaterait le détail et ainsi se conserveraient intactes, en se transmettant de père en fils, les dénominations des lieux dits, si souvent dénaturées ou même complètement changées par les habitants des campagnes. La matrice cadastrale est pour ainsi dire le registre de l'état-civil de la propriété immobilière, et il est toujours utile que les noms donnés à la naissance soient mis à l'abri d'altérations arbitraires.

Une rétribution déterminée serait due par le vendeur au Secrétaire qui délivrerait le relevé et augmenterait quelque peu le modeste traitement de cet agent; elle ne causerait qu'un faible préjudice au vendeur, puisque sa présence n'étant plus nécessaire pour opérer la mutation, il n'éprouverait point d'autre perte de temps.

Généralement, le secrétaire de la mairie est né (nous parlons ici des campagnes et non des villes) dans la commune où il exerce cette fonction, et connaît parfaitement la plupart des propriétés; il offrirait d'excellentes garanties d'exactitude pour la formation des relevés.

Les indications puisées sur les relevés seraient donc transcrites dans les actes de vente et reproduites sur les extraits qui sont aujourd'hui formés dans les bureaux de l'enregistrement ; — le Percepteur pourrait alors, sans le secours des parties contractantes, remplir les feuilles de mutations (1), et ce travail, actuellement si ardu et si imparfaitement exécuté, serait rendu facile et présenterait des résultats d'une exactitude remarquable. Enfin, on ne trouverait plus, ainsi que cela se produit trop fréquemment lorsqu'on mute la totalité des propriétés d'un vendeur, de ces parcelles faussement imputées, dont aucun des acquéreurs ne veut être chargé, et qui restent forcément au compte du vendeur, bien que celui-ci ne possède plus rien.

F. Percepteur de CH.

(1) Nous voudrions aussi que la lettre P (portion) placée audessous des parcelles fractionnées, fût, autant que possible, remplacées par les lettres N, S, E ou O (Nord, Sud, Est ou Ouest), moins vagues que la première.

VARIÉTÉS.

EXPOSÉ DE LA SITUATION DE L'EMPIRE.

ADMINISTRATION COMMUNALE.

Services communaux. — Le nombre et l'importance des emprunts communaux soumis à la sanction du Corps législatif ont sensiblement diminué pendant la dernière session : au lieu de 43 emprunts approuvés en 1865, 34 seulement ont été autorisés en 1866, et le chiffre des sommes à réaliser a été réduit de 30 134 500 francs à 22 825 039 francs. Cette diminution s'explique facilement : les travaux entrepris depuis 1852 par les villes qui ont plus de 100 000 francs de revenu, pour améliorer les conditions du bien-être moral et matériel des populations, sont aujourd'hui, sinon achevés, du moins en pleine exécution, et ils seront payés à l'aide des ressources créées antérieurement.

Près de la moitié de la somme de 22 825 039 francs doit servir à des conversions de dettes, c'est-à-dire à la répartition du passif communal sur des annuités plus nombreuses, de manière à dégager le présent, dont les échéances étaient trop chargées. L'autre moitié est destinée à l'exécution de travaux d'une incontestable utilité : ainsi les opérations de voirie et d'assainissement absorberont 5 984 046 francs; les constructions d'églises, de lycées, d'écoles, de halles et marchés, d'abattoirs, etc., 3 812 614 francs; les distributions d'eau, 2 902 600 francs.

Sur les 34 emprunts, 10 seront remboursés intégralement au moyen de l'excédant des revenus ordinaires; 22, tant à l'aide de ces revenus que du produit de ressources extraordinaires, et 2 seulement au moyen de ces dernières ressources. La durée de l'amortissement de ces emprunts se trouve ainsi répartie : 1 en 31 ans; 12 de 21 à 30 ans; 10 de 12 à 20, et 11 en moins de 12 ans.

ÉTUDE SUR LES RÈGLES DU PAYEMENT

DES MANDATS ET ACQUITS DU TRÉSORIER-PAYEUR-GÉNÉRAL

(ANCIEN SERVICE DU PAYEUR)

PAR LES PERCEPTEURS ET LES RECEVEURS DES ADMINISTRATIONS FINANCIÈRES (12ᵉ *article*).

ANNEXES.

I.

PASSE DES SACS. PRIX A EXIGER DES PARTIES.

Décret du 1er juillet 1809.

Art 1er. Le prélèvement sous le nom de passe de sacs, en remboursement de l'avance faite pour la confection et la fermeture des sacs contenant les espèces données en paiement, a lieu seulement dans les paiements effectués en pièces d'argent, de cinq cents francs et au-dessus.

Art. 2. Les sacs doivent être d'une dimension à contenir chacun au moins mille francs, être en bon état et faits avec de la toile propre à cet usage.

Art. 3. La valeur des sacs est payée par celui qui reçoit les fonds, ou la retenue en est exercée par le comptable qui paye, sur le pied de dix centimes par sac, quelle que soit la personne qui paye ou qui reçoit (1).

Art. 4. Le mode de paiement en sacs et au poids, ne prive pas la personne qui reçoit les fonds, de la faculté d'ouvrir les sacs, de vérifier et de compter, en présence du comptable, les espèces qu'ils contiennent.

II.

CAUTIONNEMENT DES PERCEPTEURS-RECEVEURS.

Section Ire. — VERSEMENT ET INSCRIPTION DES CAUTIONNEMENTS.

Les cautionnements à fournir par les Percepteurs et les Receveurs de communes et d'établissements de bienfaisance sont fixés dans chaque arrêté de nomination, et doivent être réalisés avant la prestation de serment et l'installation des comptables.

Ces cautionnements sont calculés d'après les bases suivantes, tant pour les Percepteurs que pour les Receveurs municipaux et spéciaux (2) :

10 p. 0/0 sur les premiers 100 000 fr. du montant des rôles ou revenus ordinaires du dernier exercice;

6 50 p. 0/0 sur les 400 000 fr. suivants;

5 p. 0/0 sur toute somme excédant les premiers 500 000 fr.

Lorsque les revenus des établissements de bienfaisance d'une même perception ne s'élèvent pas à 1000 fr., les Receveurs sont dispensés de fournir un cautionnement.

Les cautionnements sont solidairement affectés aux diverses gestions dont un même comptable se trouve chargé cumulativement. (Instr. gén. art. 1221, 1223, 1223 et 1313.)

Les comptables doivent verser leur cautionnement au Trésor public, ou, pour son compte, dans les caisses des Receveurs des finances; il leur en est délivré récépissé à talon; la production de ce récépissé ou d'une déclaration de versement en tenant lieu, est indispensable pour l'inscription des cautionnements sur les livres du Trésor.

Les formules de récépissés contiennent l'avis suivant :

« Les intérêts de cautionnements ne peuvent être acquittés qu'au vu du certificat constatant que la somme versée a été inscrite au Trésor. Il importe donc, afin d'éviter tout retard de paiement, que le présent récépissé soit transmis à la direction de la dette inscrite (section des cautionnements), pour y être échangé contre le certificat d'inscription dont il s'agit. (Arrêté du Gouvern., du 24 germ., an VIII.) »

Indépendamment du récépissé, il est délivré d'office aux parties une déclaration de versement, afin que. nanties de cette pièce, elles n'hésitent pas à faire l'envoi du récépissé. Il ne doit être inséré dans les récépissé de cautionnement, aucune mention de privilége de second ordre en faveur de tiers, ce privilége ne pouvant s'obtenir qu'au moyen d'une déclaration faite devant notaire, dans la forme indiquée par les décrets des 28 août 1808 et 22 décembre 1812. (Voir section 2ᵉ ci-après.)

Les Trésoriers-Payeurs sont chargés de la transmission à la direction de la dette inscrite, des récépissés délivrés pour les cautionnemeuts des Percepteurs-receveurs municipaux; à cet effet, chaque Receveur municipal, et après la prestation de serment, se faire remettre le récépissé constatant le versement du cautionnement du comptable installé; il l'adresse au Trésorier-Payeur du département, qui en fait l'envoi au ministère des finances, avec ceux qu'il a pu recueillir comme Percepteur particulier de l'arrondissement du chef-lieu. Dans le cas où, pour un motif quelconque, le récépissé ne peut être produit, il y est suppléé par une déclaration de versement délivrée par le comptable à qui les fonds ont été versés. (Instr. gén. art. 795 et 796) (1).

Il est alloué aux Receveurs des finances une remise de 3 p. 0/0 sur le montant des cautionnements versés à leur caisse. Les comptables nouvellement nommés et ceux appelés à un autre poste, pour le

(1) Voir *Journal* 1856, pages 130 et 246. — 1860, p. 39.
(2) *Id.* 1864, p. 263.

(1) Voir *Journal* 1857, page 1.

supplément à fournir, comprendront qu'il est juste de faire profiter de cette remise le Receveur des finances du poste qu'ils doivent occuper. Pour ceux qui se trouvent sur les lieux, ce versement est pour eux un avantage ; mais ceux qui se trouveront dans un autre arrondissement ou dans un autre département, devront envoyer à la Recette des finances d'où ils vont dépendre, le montant de leur versement en valeurs payables à vue, soit en billets de banque, soit en une traite à l'ordre de leur nouveau supérieur.

Les cautionnements en numéraires inscrits au Trésor public donnent lieu au payement d'un intérêt annuel fixé à 3 p. 0/0 par la loi du 4 avril 1844, art. 7. Le certificat d'inscription énonce le point de départ de la jouissance des intérêts afférents au capital; ces intérêts sont payables annuellement. Cependant, ceux dûs aux titulaires sortis de fonctions, appelés à un autre poste ou décédés, ne sont payés qu'au moment où l'on effectue le remboursement du capital. Les intérêts ne sont payés que dans le département où les titulaires exercent leurs fonctions; les ordonnances de payement sont exclusivement délivrées sur la caisse du Trésorier-Payeur de ce département. (Instr. gén., art. 697. — Ord. 24 août 1841.)

Section 2e. — PRIVILÈGE DE SECOND ORDRE.

Les cautionnements exigés des comptables peuvent être versés en totalité ou en partie par des tiers; mais, dans tous les cas, les cautionnements sont, aux termes des lois des 25 nivose et 6 ventose an XIII, affectés par premier privilége à la garantie des condamnations qui pourraient être prononcées contre les titulaires de cautionnements, pour des faits concernant l'exercice de leurs fonctions; par second privilège, au remboursement des fonds qui leur auraient été prêtés pour tout ou partie de leurs cautionnements, et subsidiairement, au payement, dans l'ordre ordinaire, des créances particulières qui seraient exigibles sur eux.

L'article 1er de la loi du 25 nivose an XIII accorde aux prêteurs de fonds de cautionnements le privilège de second ordre sur ces cautionnements. Pour acquérir ce privilège, les prêteurs de fonds sont admis par l'art. 2 de la même loi, à faire sur ces cautionnements des oppositions motivées, soit directement à la caisse d'amortissement, soit au greffe des tribunaux dans le ressort desquels les titulaires exercent leurs fonctions. Et, d'après l'art. 4 de cette loi, la déclaration faite au profit des bailleurs de fonds des cautionnements tiendra lieu d'opposition, pour leur assurer l'effet du privilège de second ordre accordé par l'art. 1er.

Les formalités à remplir par les prêteurs de fonds pour acquérir ce privilège, sont réglées par les décrets des 28 août 1808, et 22 déc. 1812, dont suit le texte :

« *Décret du 28 août 1808.*

« Art. 1er. Les prêteurs de fonds pour cautionnements qui n'auraient pas fait remplir, à l'époque de la prestation, les formalités exigées par les art. 2, 3 et 4 de la loi du 25 nivôse, an XIII, pour s'assurer de la jouissance du privilège du second ordre, pourront l'acquérir à quelque époque que ce soit, en rapportant au bureau des oppositions établi à la Caisse d'amortissement, en exécution de la susdite loi, la preuve de leur qualité et main-levée des oppositions existant sur le cautionnement ou le certificat de non-opposition du Tribunal de première instance.

« Art. 2. Il sera délivré aux prêteurs de fonds inscrits sur les registres des oppositions et déclarations de la caisse d'amortissement, et sur leur demande, un certificat conforme au modèle annexé au présent.

« Art. 3. Les prêteurs de fonds ne pourront exercer le privilège de second ordre, qu'en représentant le certificat énoncé à l'article précédent; à moins que leur opposition ou la déclaration faite à leur profit ne soit consignée aux registres des oppositions et des déclarations de la caisse d'amortissement; faute de quoi ils ne pourront exercer de recours contre la caisse d'amortissement que comme les créanciers ordinaires, et en vertu des oppositions qu'ils auront formées au greffe des tribunaux indiqués par la loi. »

Modèle de certificat.

Je soussigné, chef des oppositions à l'administration des cautionnements, certifie que le sieur .... s'est conformé aux dispositions prescrites par les lois des 25 nivôse et 6 ventôse, an XIII, pour acquérir le privilège du second ordre ; qu'en conséquence, il est inscrit sur le registre à ce destiné, comme bailleur de fonds du cautionnement du sieur .... pour la totalité ou jusqu'à la somme de ..., qu'il a prêtée au sieur .... pour acquitter tout ou partie de son cautionnement.

Paris, ce ....

Décret du 22 décembre 1812.

« Art. 1er. Les déclarations à faire à l'avenir par les titulaires de cautionnements, en faveur de leur bailleurs de fonds pour leur faire acquérir le second ordre, seront conformes au modèle ci-annexé, passées devant notaires et légalisées par le Président du tribunal de l'arrondissement.

« Art. 3. Dans le cas où le versement à la caisse d'amortissement serait antérieur, de plus de huit jours, à la date de ces déclarations, elles ne sont valables qu'autant qu'elles seront accompagnées du certificat de non-opposition délivré par le greffier du Tribunal du domicile des parties, dont il sera fait mention dans lesdites déclarations, lesquelles, au surplus, ne seront admissibles à la Caisse d'amortissement, s'il y a des oppositions à cette Caisse, que sous la réserve de ces oppositions.

« Art. 3. Le droit d'enregistrement de ces déclarations est fixé à 1 fr. (2 fr., par la loi du 18 mai 1850.

« Art. 4. Il n'est point dérogé au décret du 28 août 1808, portant que les prêteurs de fonds ne peuvent exercer de privilège du second ordre, qu'en représentant le certificat mentionné à l'art. 2 de ce décret, à moins que l'opposition ou la déclaration faite à leur profit ne soit consignée aux registres des oppositions et déclarations de la Caisse d'amortissement; faute de quoi ils ne pourront exercer de recours contre la Caisse que comme créanciers ordinaires, et en vertu des oppositions qu'ils auraient faites aux greffes des tribunaux indiqués par la loi. »

L'inscription des privilèges de second ordre a lieu sur la production de la déclaration notariée, prescrite par l'art. 1er ci-dessus, enregistrée et légalisée, textuellement conforme au modèle ci-après. Cet acte doit être produit à la division du contentieux, bureau des oppositions (Décret, 14 déc. 1853, art. 2).

Le droit d'enregistrement de cette déclaration du titulaire, fixé à 1 franc par l'art. 3 ci-dessus, et élevé à 2 francs par l'art. 8 de la loi du 18 mai 1856, est seul dû pour cette déclaration, lors même que le prêt ne résulterait pas d'un acte d'obligation antérieur.

Modèle annexé au décret du 22 déc. 1812.

« Par devant, etc... fut présent N... (mettre les nom, qualités et demeure du titulaire du cautionnement), lequel a, par ces présentes, déclaré que la somme de... que le comparant a versée à la Caisse le ... pour la (totalité ou partie) du cautionnement auquel il est assujetti en sadite qualité, appartient en capital et intérêts à N... (mettre les nom qualités et demeure) ou à NN.; jusqu'à la concurrence de celle de..., pourquoi il requiert et consent que la présente déclaration soit inscrite sur les registres du bureau des oppositions au ministère des finances, afin que ledit ait et acquiert (ou lesdits NN. aient et acquièrent) le privilège de second ordre sur ledit cautionnement, conformément aux dispositions de la loi du 25 nivôse an XIII et du décret du 28 août 1808.

(Nota. Si le versement du cautionnement est antérieur de plus de huit jours à l'acte de déclaration (1), ajouter à la déclaration, conformément à l'art. 2 du décret du 22 déc. 1812).

« A l'appui de la présente déclaration, le comparant nous a représenté un certificat du greffier des tribunaux de... et de...) constatant qu'il n'existe au greffe (ou aux greffes) aucune opposition sur son cautionnement; lequel certificat (ou lesquels certificats) lui a été (ou lui ont été) rendu (ou rendus). » (Nota. Ce certificat doit être produit au Trésor avec la déclaration de privilège.)

Le privilège de second ordre ne peut être concédé par le titulaire qu'au bailleur de fonds réel, c'est-à-dire à celui qui a fourni les fonds mêmes du cautionnement et pour toute la durée de la gestion (2) (Lois 25 nivôse et 6 ventôse an XIII; décrets des 28 août 1808 et 22 déc. 1812).

La déclaration conforme au modèle ci-dessus ne peut être souscrite qu'au profit de celui qui remplit ces deux conditions: dans tout autre cas, le titulaire ne peut disposer de son cautionnement que par un acte notarié et signifié au bureau des oppositions au Trésor.

(1) Voir *Journal* 1856, page 36.

(2) *Id.* — 1860, p. 48.

Mutation de privilège de second ordre.

En cas de décès du bailleur de fonds, le privilège du second ordre pourra être immatriculé au nom des héritiers, sur la production au Trésor, division du contentieux, bureau des oppositions, du certificat de privilège et d'un certificat de propriété.

En cas de subrogation dans l'effet du privilège de second ordre, le cessionnaire devra produire à la même division le certificat de privilège délivré au cédant et un certificat délivré par le notaire détenteur de la minute de l'acte de cession.

Annulation des privilèges de second ordre.

L'annulation d'un privilège de second ordre sera opérée, sur la production au Trésor, division du contentieux, bureau des oppositions, du certificat de privilège et d'une main-levée notariée.

Si le désistement est donné par les héritiers d'un bailleur de fonds, et que les droits de ces héritiers ne soient pas encore connus du Trésor, ils auront à produire un certificat de propriété, avec le certificat de privilège délivré à leur auteur.

Le privilège de second ordre, une fois annulé, ne pourra plus être rétabli.

Section 3e. — REMBOURSEMENT DES CAUTIONNEMENTS.

Lorsqu'un Percepteur-Receveur a cessé ses fonctions, et que ce comptable ou ses ayants-cause demandent le remboursement de ses cautionnements, ou lorsque, nommé à une autre perception, il désire faire appliquer les cautionnements fournis pour son ancienne gestion à la garantie des nouveaux services qui lui sont confiés, il doit justifier de sa libération, et dans cet objet produire les pièces exigées par les règlements. Ces pièces sont les suivantes :

Nomenclature annexée au règlement de 1856.

1° Lettre adressée (non-affranchie) au Ministre des finances (Direction de la dette inscrite. — Bureau des cautionnements), énonçant l'objet de la demande, les pièces qui y sont jointes, et indiquant l'adresse de la personne à laquelle doit être envoyé l'avis du remboursement. (Toute demande adressée au Ministre devra être fournie sur papier timbré, en exécution de la loi du 13 brumaire an VII, art. 12 et 24).

2° Certificat d'inscription au nom du titulaire; à son défaut, une déclaration de perte ou d'impossibilité de produire le titre faite sur papier timbré, et dûment légalisée par le Maire et par le Préfet ou sous-Préfet. S'il n'y a pas eu de certificat d'inscription, les récépissés de versements ou déclarations de versements de comptables du Trésor public. (Arrêté du gouvern. du 24 germinal an VIII).

Les bailleurs de fonds doivent produire, outre le certificat d'inscription, les certificats de privilège de second ordre qui leur ont été délivrés, ou une déclaration de perte dans la forme indiquée ci-dessus pour le certificat d'inscription du titulaire.

3° Certificat de non-opposition délivré par le greffier, enregistré et visé par le Président du tribunal de l'arrondissement où le comptable a exercé en dernier lieu les fonctions pour lesquels les cautionnements ont été versés, conformément à loi du 6 ventôse an XIII, qui ne prescrit pas la formalité de l'affiche de la cessation des fonctions. Ledit certificat *délivré postérieurement* au jour de la cessation de fonctions; cette condition est nécessaire, mais elle est aussi suffisante. (Lettre Dir. dette inscrite. 1866).

4° Certificat de quitus du Receveur de finances de l'arrondissement du titulaire (modèle n° 259 de l'Instr. gén.), constatant que la libération du comptable, pour tous les services qui lui étaient confiés, résulte tant des justifications produites par lui, que des vérifications faites à la recette particulière.

Les certificats délivrés par les Receveurs particuliers doivent être revêtus du visa du Trésorier-Payeur-général du département.

Nota. La libération des gestions, soit comme percepteur, soit comme receveur municipal et d'établissement de bienfaisance, lorsque la même personne remplit ces fonctions, doit être complète pour obtenir le remboursement. (Ordon. 17 sept. 1837.)

5° Certificat du Préfet (modèle n° 258) et constatant que les derniers comptes du titulaire, définitivement jugés par le Conseil de préfecture ou la Cour des comptes, sont apurés et soldés; les Receveurs des communes dont les comptes sont jugés par la Cour des comptes, doivent produire, en outre, l'arrêt de quitus de cette cour.

Nota. Si le comptable hors de fonctions était chargé uniquement du service de la perception des contributions directes, le certificat doit lui être délivré dans les quatre mois qui suivent la remise de son service, à moins que, par suite de circonstances extraordinaires, le Receveur des finances n'ait obtenu du Ministre une autorisation spéciale pour prolonger ce délai (Instr. gén., art. 1275).

Le Receveur des finances a le droit de ne délivrer son quitus que lorsque les arrêtés ou arrêts rendus sur les comptes des Receveurs municipaux ne sont plus susceptibles d'être attaqués par un pourvoi devant la Cour des comptes ou le Conseil d'État (Instr. gén., art. 1274).

Les pourvois en appel devant la Cour des comptes contre les arrêtés définitifs du règlement de compte pris par les Conseils de préfecture doivent être formés dans les trois mois de la notification de ces arrêtés (Instr. gén., art. 1566).

Il ne peut être formé de pourvoi devant le Conseil d'État contre les arrêts de la Cour des comptes, que pour violation des formes et de la loi. Ce pourvoi doit être introduit dans les trois mois de la notification de l'arrêt et conformément au règlement sur le contentieux du Conseil d'État (Instr. gén., art., 1569).

Les pièces justificatives de libération adressées au ministère des finances sont transmises au Trésorier-Payeur par la direction du mouvement général des fonds, avec les extraits des ordres de payement, pour être annexées après vérification, aux lettres d'avis représentées. Ce comptable à qui appartient l'appréciation de ces pièces, n'opère le remboursement aux titulaires, aux bailleurs, ou à leurs héritiers, qu'autant qu'on lui a produit toutes les justifications exigées; et si ce sont des héritiers qui réclament, qu'après que ces héritiers ont justifié de leurs droits. S'il y a en inventaire ou partage par acte public, ou transmission gratuite entre vifs ou par testament, le certificat est délivré par le détenteur de la minute. Il l'est par le juge de paix du domicile du décédé, sur l'attestation de deux témoins, lorsqu'il n'existe aucun desdits actes en forme authentique (note de l'Instr. gén. sur l'art. 1276. — Voir titres d'hérédité, chap. IX ci-dessus, et au journal de 1865, p. 149, le modèle des certificats de propriété.)

Aux termes de l'ordonnance du 24 août 1841, les remboursements des capitaux de cautionnements ne peuvent être autorisés que dans le département où les titulaires ont exercé en dernier lieu.

Application des cautionnements à de nouvelles gestions. Pièces à produire.

1° Mêmes pièces que pour le remboursement;

2° S'il y a privilége de second ordre, consentement donné par le bailleur de fonds, « à ce que la somme dont il est propriétaire, sur le cautionnement du titulaire N..., en sa qualité de... et montant à..., soit affectée à la garantie de la gestion nouvelle de... et pour la somme de... » Ce consentement, fait au dos du certificat de privilége de second ordre, doit être légalisé par le Maire de la commune du bailleur de fonds; la signature du Maire, par le Préfet ou le sous-Préfet.

S'il n'a pas été délivré de certificat de privilége, le consentement devra être donné sur une feuille de papier timbré.

Prélèvement pour débet.

Produire la décision ministérielle qui prescrit le prélèvement pour débet, rendue, selon le cas, sur la proposition de la comptabilité publique ou de la division du contentieux.

Section 4e. — *OPPOSITIONS SUR LES CAUTIONNEMENTS.*

Les créanciers des fonctionnaires publics et des comptables sont autorisés, par les lois des 25 nivose et 5 ventose an XIII, à former sur les cautionnements de leurs débiteurs, des oppositions motivées, soit directement à l'administration des cautionnements à Paris, soit aux greffes des tribunaux de 1re instance dans le ressort desquels les titulaires exercent leurs fonctions.

Les oppositions formées à l'administration des cautionnements, affectent le capital et les intérêts échus et à échoir, à moins que mention expresse ne soit faite pour les restreindre au capital seulement. Mais les oppositions faites aux greffes des tribunaux ne peuvent valoir que pour les capitaux, tant qu'elles n'ont pas été notifiées à l'administration des cautionnements. (Avis du Conseil d'État, 12 août 1807.)

L'administration des cautionnements est régulièrement libérée des sommes payées aux titulaires des cautionnements, d'après ses ordonnances ou mandats, lors même qu'il surviendrait à sa connaissance des oppositions, dans l'intervalle du jour de l'ordonnance à celui où le payement aura été effectué. (Même avis.)

Fin du chapitre II.

Coffres-forts à prix réduits,

à l'usage des comptables,

Fournis par le *Journal des Percepteurs.*

En réponse de diverses questions qui nous sont adressées, nous faisons connaître à MM. les *Receveur de finances* que le modèle qui nous est généralement demandé par leur collègues est notre N° 4. Cette dimension paraît celle qui convient aux besoins d'une recette particulière.

DEMANDES D'EMPLOI.

Il est indispensable que MM. les Chefs de Service et Employés nous préviennent dès qu'ils sont pourvus d'employés ou d'emplois.

Divers employés nous prient d'annoncer qu'ils désireraient particulièrement se placer dans les Recettes qui suivent :

Laons, Château-Thierry. — Limoux, Narbonne. — Marseille, Arles. — Caen, Pont-l'Evêque. — Jonzac. Saint-Jean-d'Angely. — Dijon, Baune. — Périgueux, Bergerac. — Evreux, Bernay. — Agen, Marmande. — Laval, Mayenne. — Bar-le-Duc, Commercy — Arras, Montreuil. — Tarbes. — Schlestadt. — Colmar, Mulhouse. — Le Mans, Mamers. — Fontenay, et Les Sables.

Nous prévenons les comptables qui *changent d'adresse* de ne pas négliger de nous avertir, afin que leur journal continue de leur arriver régulièrement (on ne donne suite à ces avis que s'ils sont accompagnés de 40 cent. pour frais d'impression des nouvelles bandes.)

Avis à MM. les Comptables.

Nous prévenons MM. les comptables que nous venons d'apporter diverses améliorations à nos Ouvrages *sur le service : le papier en a été satiné et glacé, ils ont été brochés avec un soin particulier, ou revêtus de cartonnages élégants. Pour qu'ils puissent être examinés par chacun avant de les acquérir, nous avons prié les Employés des Recettes d'en accepter un exemplaire en dépôt; on pourra donc toujours les trouver dans chaque Recette des finances.*

Les prix restent les suivants :

1° *INSTRUCTION GÉNÉRALE. 2e édit. Cartonnée* ...... 7 f. »
2° *D°* — *Brochée* .... 6 »
(L'Édition Dupont est à 8 f.)
3° *D°* — *avec intercal:* ... 8 »
4° *PETITE INSTRUCTION PRATIQUE. 2e édit. Cartonnée.* 3 »
5° *D°* — *Brochée* .. 2 50
6° *CODE DES PATENTES, au courant jusqu'en 1866. Cartonné* .... 4 »

Nota. — *Les personnes qui désireraient notre TRAITÉ DES REMISES devront se hâter de nous adresser leur demande, car cet ouvrage est bientôt épuisé, et ne sera pas réédité.*

NOMINATIONS ET MUTATIONS.

ONT ÉTÉ NOMMÉS PERCEPTEURS :

A Bruyères (Aisne), 4e cl., M. Houde, de Festieux;
A Esquehéries (d°), 4e cl., M. Bozou, de Craonne;
A Rosans (H.-Alpes), 5e cl., M. Jouglar, de St-Jean;
A St-Jean (d°), 5e cl., M. Vasserot, de Chorges;
A Bretteville (Calvados), 4e cl., M. Daon, de Morteaux;
A Tonnay-Boutonne (Char.-Inf.), 3e cl., M. Gourmel, d'Arces,
A Arces (d°), 4e cl., M. Cuppé, de Soubise;
A Soubise (d°), 4e cl., M. Delacour, de Tonnay-Boutonne;
A Loulay (d°), 3e cl., M. Routier, de Thénac;
A Thénac (d°), 4e cl., M. Brisson, de St-Romain;
A Verfeil (H.-Garonne), M. Delmas, de Cadours;
A Cadours (d°), M. de Chambon, de Fiourens;
A Floorens (d°), M. Godar, maire d'Auzeville;
A Martres (d°), M. Périssé, de Sauveterre;
A Sauveterre (d°), M. Teilhac, de Pechbusque;
A Pechbusque (d°), M. Roques, de St-Aventin;
A St-Aventin, M. Sary, surnuméraire;
A Samatan (Gers), 3e cl., M. Laudes, de St-Clar;
A St-Clar (d°), 4e cl., M. Laberène, de Touinecoupe;
A Sellières (Jura), 2e cl, M. Bon, de Censeau;
A Censeau (d°), 2e cl., M. Ecoiffier, d'Orgelet;
A Orgelet (d°), 3e cl., M. Laudry, d'Authume;
A Authume (d°), 4e cl., M. Brugnot, de Commenailles;
A Commenailles (d°), 4e cl., M. Destaing, des Petites Chiettes;
A Wassy (H.-Marne), 3e cl., M. Royer, d'Eurville;
A Huilliécourt (d°), M. Clément, de Praslay;
A Praslay (d°), M. Faitout, surnuméraire;
A Roubaix (Nord), 1re cl., M. Galloni, d'Istria, de Castres;
A Gommegnies (d°), 3e cl., M. Delerue, de La Longueville;
A La Longueville (d°), 4e cl., M. Stocquelet, de Cauroir;
A Loberghe (d°), M. Baude est élevé à la 4e classe;
A Ottmarsheim (H.-Rhin), M. Pierron est élevé à la 4e cl.;
A Magny (d°), M. Coppin a été élevé à la 3e classe;
A Foussemagne (d°), M. Scherb d°
A Chatenois (d°), M. Peluuc d°
A Wintzenheim (d°), M. Marzloff d°
A Foussemagne (d°), M. Renoux, de Guewenheim;
A Château-du-Loir (Sarthe), 3e cl., M. Gallet, de Mansigné;
A Mansigné (d°), 3e cl., M. Bertron, de Mon'mirail;
A Montmirail (d°), 4e cl., M. Castaing, de Poncé;
A Saacy (S.-et-Marne), 3e cl., M. Fournier, d'Auxi-le-Château;
A Arpajon (Seine-et-Oise), 2e cl., M. Larfeuil, de Saacy;
A Ouaine (Yonne), 3e cl., M. Berthelin, de Grange-le-Bocage.

SUPPLÉMENT
À
L'EXTRAIT ANNOTÉ DE L'INSTRUCTION GÉNÉRALE
DU 2e JUIN 1859,

Par M. GALLETIER
Directeur du Journal des Percepteurs
PRIX FRANCO : 1 FRANC.
(L'Édition Dupont est à 4 francs)

PETITE
INSTRUCTION PRATIQUE
SUR LE SERVICE MUNICIPAL
Par un Receveur Particulier des Finances
Édition revue et considérablement augmentée.
1 vol. de 80 pages. Prix : 2 fr. 50.

Directeur, H. GALLETIER, Avocat à la Cour Impériale de Paris.

JOURNAL DES PERCEPTEURS,

DES RECEVEURS DES FINANCES, ET DES RECEVEURS DES COMMUNES, HOSPICES, ETC.;

DES SURNUMÉRAIRES, ET DES ASPIRANTS.

2e Série. — 10 fr. par an. Un numéro toutes les semaines. 12e année. — N° 13.

SOMMAIRE.

Examen et Solution de Questions diverses concernant le service ou soumises par les Abonnés.

Des Règles du payement des mandats et acquits du Trésorier-Payeur Général [ancien service du Payeur]. (13e article.)

QUESTIONS DIVERSES

ATTRIBUTIONS DES TRÉSORIERS-PAYEURS-GÉNÉRAUX.

Les Trésoriers-Payeurs généraux peuvent-ils être autorisés à servir d'intermédiaires pour l'achat et la vente, à Paris, des valeurs françaises?

Cette faculté leur est contestée par une Chambre d'agents de change, et la question, intéressante pour nos lecteurs, a été déférée au Conseil d'État dans les circonstances suivantes.

Au mois d'avril 1866, un numéro du journal *le Moniteur du Puy-de-Dôme*, porta à la connaissance du public l'*avis* suivant :

« La recette générale du Puy-de-Dôme est autori- « sée, par une décision ministérielle en date du 20 « mars dernier, à servir d'intermédiaire aux person- « nes qui feront partie de sa clientèle, pour l'achat « et la vente à Paris des valeurs françaises, au comp- « tant, sous le simple prélèvement d'une commission « de un centime (1 fr. 25 c. par mille francs), sur « les capitaux destinés aux achats ou sur ceux pro- « venant des ventes réalisées, y compris les frais de « transmission de fonds. »

Alarmés de cette mesure dans laquelle ils voyaient un empiétement sur leurs attributions, les agents de change et les courtiers de marchandises de Clermont-Ferrand adressèrent une réclamation au Ministre de l'agriculture, du commerce et des travaux publics, dans les attributions duquel ils sont placés. Leur réclamation ayant été communiquée par le Ministre du commerce à son collègue des finances, celui-ci persista dans sa décision du 20 mars 1866, mentionnée dans l'*avis* ci-dessus. Ces décisions ont été attaquées par les agents de change comme entachées d'excès de pouvoirs et de violation des lois. Leur pourvoi est soutenu par Me Costa, avocat au Conseil d'Etat et à la Cour de Cassation.

Les demandeurs soutiennent qu'aux termes de l'article 76 du Code de commerce, ils ont le droit exclusif de faire les négociations des effets publics et autres susceptibles d'être cotés, et qu'il est défendu à toute personne étrangère aux fonctions d'agent de change de s'y immiscer, sous quelque prétexte que ce soit.

Qu'à cet égard, les dispositions de la loi, consacrées par la jurisprudence, sont empreintes d'un tel caractère de généralité et de certitude, qu'elles paraissent indiscutables.

Que, néanmoins, le Ministre des finances a accordé aux Trésoriers-payeurs généraux, déjà si largement rétribués, la faveur gratuite d'exercer certaines fonctions des agents de change, cumulativement avec celles qui leurs sont propres.

Que cette concession est gravement préjudiciable aux agents de change et à divers autres officiers ministériels, et n'est nullement justifiée, d'ailleurs, ni par les besoins du service, ni par les intérêts du Trésor.

Que si une ordonnance royale de 1819 chargeait, il est vrai, les Receveurs généraux de servir d'intermédiaire *gratuits* pour les habitants des départements qui désiraient faire l'acquisition de rentes sur l'État, ce n'était qu'à titre officieux, gratuit et restreint, et non comme intermédiaires légaux et *salariés*, ainsi qu'on agit aujourd'hui. Qu'en ces circonstances, loin d'être une faveur pour les Receveurs généraux, c'était une obligation qui leur était imposée gratuitement, de servir d'intermédiaires pour toutes les opérations sur la rente française, afin de la vulgariser en province; que le peu d'empressement qu'ils mirent à s'acquitter de cette obligation fut cause de l'établissement des agents de change dans les petites Bourses, et que c'est seulement au concours de ces derniers que l'on doit le placement en province d'une somme immense de rentes.

Qu'on ne saurait arguer de la position de banquiers qu'ont les Payeurs généraux; qu'il n'y a en effet aucune similitude réelle entre les Trésoriers généraux et les banquiers. Ces derniers, grevés de lourdes charges, exploitent, à leurs risques et périls, un commerce véritable et une industrie particulière, et n'ont point intérêt à faire sortir des fonds de leur caisse pour les envoyer au loin : ils font par conséquent exécuter *sur place*, s'il y a une Bourse de commerce, les ordres qui leur sont transmis par leurs clients. Au contraire, il n'y a pas d'exemple qu'un Trésorier général ait confié une opération à un agent de change de province, si ce n'est peut-être pour se défaire de certaines valeurs inconnues à Paris.

Qu'aussi les banquiers, comme les autres agents qui sont étrangers à l'administration, agissent sous leur responsabilité personnelle, ils payent de fortes patentes et ne sont pas *patronés* par le Gouvernement, ils ne détournent pas la clientèle locale. Qu'au surplus, s'ils empiètent sur les attributions des agents de change, qui peuvent les poursuivre directement, ils ne pourront se retrancher, comme les Trésoriers généraux, derrière une décision ministérielle qui les couvre d'une inviolabilité contre laquelle on est impuissant.

Que si la position des Trésoriers généraux est devenue très-considérable et leur clientèle très-importante, c'est une raison de plus pour ne pas l'augmenter encore au préjudice d'autres professions reconnues et réglementées.

Que ce serait d'ailleurs grandement s'abuser que d'attribuer cette importance à la sécurité que présentent les Trésoriers généraux. Sans vouloir diminuer en rien la juste considération qui les entoure, on peut dire que de tous les financiers les Trésoriers généraux sont ceux qui offrent le moins de garanties. En effet, tous leurs immeubles sont grévés de l'hypothèque légale de l'État, et toute leur fortune mobilière se compose d'ordinaire de leur cautionnement; — que la seule cause de leur accroissement de clientèle est due à l'augmentation graduelle de leurs attributions...

Que c'est encore une erreur de prétendre que leur concours a aidé au placement de divers emprunts et relevé le cours des obligations de chemins de fer. La preuve du contraire c'est que ces titres ont monté de 2 à 3 0/0 depuis que les Trésoreries générales n'ont plus le monopole de leur placement et que la rente française est à peine connue dans les départements privés de Bourse; qu'il serait facile d'établir que dans certaines Trésoreries générales on entravait plus qu'on ne facilitait les souscriptions aux emprunts d'État... Leur clientèle, d'ailleurs, n'était point jusqu'alors dans les acheteurs de titres, puisqu'elles étaient chargées uniquement de les *vendre*.

Qu'au lieu de lever, par la décision du 20 mars 1866, les restrictions de la décision du 1er juillet 1862, en ce qui concerne l'intervention des Trésoriers généraux dans les négociations de valeurs de bourse, il eût convenu plutôt de défendre formellement à ces comptables de placer des valeurs d'intérêts privés moyennant prime, car ce serait fermer les yeux à la lumière que de méconnaître ce fait patent et avéré, — que les Trésoriers généraux ayant intérêt à détourner leurs clients d'acheter de la rente, sur laquelle ils n'ont aucune rétribution, — portaient ceux-ci à prendre des obligations du Crédit Foncier, des obligations Mexicaines et autres valeurs, leur produisant 1, 2 et quelquefois 3 0/0 de commission!.. Qu'on pourrait citer tel Trésorier général dont le traitement était presque doublé par de semblables commissions; que ces placements ainsi faits par des agents du Trésor public ont, d'ailleurs, cet énorme inconvénient de faire peser sur l'État une responsabilité morale, en laissant croire à certaines personnes que sa garantie est promise à de pareilles valeurs, qui sont complétement étrangères aux intérêts de l'État et font même concurrence à la rente foncière au détriment du crédit public; que telle est la véritable cause du déficit dont on parle dans les titres de rente, et l'on peut dire que, sans les agents de change et les caisses d'épargne, ce déficit serait bien plus grand...

Que l'administration n'a aucun intérêt dans la mesure attaquée, laquelle n'a pour unique but que d'augmenter les émoluments des Trésoriers généraux au détriment des agents de change, banquiers et notaires, tous très-lourdement patentés;

Que donner un caractère officiel à des agents salariés et qui sont si haut placés que les Trésoriers généraux, c'est certainement les faire sortir de leurs attributions légales;

Qu'inutilement on soutiendrait que les opérations dont il s'agit, concernant les Trésoriers généraux, entraînant pour eux des risques de la responsabilité, ils n'ont pas intérêt à les multiplier; — car ce serait avancer un fait contraire à l'esprit même de la décision du 20 mars 1866, qui a pour but d'augmenter leurs attributions et leurs émoluments. Qui ne sait, aussi bien, que toute concurrence faite par un agent supérieur du Trésor, à des officiers ministériels et même à des industriels, est toujours sérieuse, et que, de plus, cette concurrence est très-fâcheuse! Il ne devrait point être question de clientèle, à propos de Trésoriers généraux qui sont des *fonctionnaires publics*, et dont la mission consiste principalement à servir d'intermédiaires entre le Trésor et les agents chargés du recouvrement des impôts et des deniers publics.

Qu'en autorisant des opérations qui ne rentrent nullement dans les attributions des Trésoriers généraux, les décisions attaquées font dégénérer ces fonctionnaires en agents d'affaires, ce qui est contraire à leur dignité et peut amoindrir leur considération.

Ainsi que nos lecteurs peuvent en juger, cette question est très-grave : nous ne manquerons pas de les tenir au courant de la solution qui interviendra.

BORDEREAUX DÉTAILLÉS TRIMESTRIELS.

VISA PAR LES MAIRES.

Les bordereaux détaillés dont la confection est prescrite par l'article 989 de l'Instruction générale doivent-ils être visés par le maire du chef-lieu de perception, ou par le maire de la commune résidence du Percepteur, ou par le maire de chaque commune respective?

Les bordereaux détaillés intéressent spécialement les maires de chacune des communes pour lesquelles ils sont dressés et nous semblent, par conséquent, devoir être visés par chacun de ces maires. Il n'en est pas de même des bordereaux sommaires mensuels qui, intéressant toute la Perception, non-seulement au point de vue des opérations municipales, mais aussi des opérations concernant le recouvrement des contributions, sont soumis au seul visa du maire de la commune résidence du Percepteur.

Les Receveurs, en transmettant les états à la signature de chacun des maires de leurs communes, doivent faire comprendre à ces fonctionnaires que, forcés de remettre ces pièces dans les premiers jours de chaque trimestre, à la Recette des finances, il leur importe qu'elles leur soient renvoyées à eux-mêmes, par le prochain ou par un prochain courrier.

La crainte de voir les bordereaux soumis à quelque retard dans leur réexpédition par les maires ne nous paraît pas être une raison suffisante pour ne pas les présenter au visa du maire de chaque commune, si toutefois le visa est exigé par la Recette des finances, ce qui pourrait fort bien ne pas être.

MAISON D'ÉCOLE. SOUSCRIPTION. CONSTRUCTION ET DONATION PAR UN DESSERVANT. COMPTABILITÉ OCCULTE.

Un Percepteur nous fait connaître qu'une maison d'école pour les garçons a été construite par un desservant, au moyen de souscriptions par lui recueillies. Ce desservant a voulu faire donation à la commune de cette maison et du terrain sur lequel elle est construite et qui a été acheté en son nom : mais cette prétendue libéralité a été refusée par l'administration. On nous demande à qui de la commune ou du desservant appartient réellement la maison d'école, et si le desservant doit être traduit devant le Conseil de Préfecture comme s'étant immiscé dans le maniement de deniers communaux?

La construction d'une maison d'école constitue, au premier chef, une dépense essentiellement communale. Nul autre que le Receveur municipal ne peut avoir qualité pour recevoir et dépenser les sommes destinées à cette construction. S'il peut être établi et prouvé que le desservant de la commune dont il s'agit ait recueilli et employé à la construction d'une maison d'école des sommes provenant de souscriptions particulières provoquées dans ce but, nul doute que ce desservant puisse être traduit devant le Conseil de Préfecture comme s'étant immiscé dans le maniement de deniers communaux.

Les souscripteurs eux-mêmes tombent sous l'application des principes consacrés par l'arrêt du Conseil d'État du 15 août 1857. (Journal de 1858, p. 34).

De plus, la propriété de la maison d'école et du terrain sur lequel elle est bâtie, a été induement attribuée au desservant : il y a lieu de revenir sur cette approbation.

C'est avec raison que la donation proposée au profit de la commune paraît écartée à tous les points de vue; d'abord comme paraissant reconnaître une libéralité particulière qui n'existe pas, puisque la source de cette libéralité provient d'une souscription publique et non du chef du desservant; puis au point de vue des droits d'enregistrement à payer, droits très-élevés et qui seraient le fâcheux complément d'un acte contraire à tous les intérêts de la commune. Il est rare, du reste, que les comptabilités occultes de cette nature n'entraînent pas souvent et presque toujours, après elles, des conséquences regrettables.

Il importe que le Receveur qui nous communique ce fait ne néglige de recueillir aucune des preuves, mêmes les plus petites en apparence, à l'appui de la revendication que la commune peut et doit faire et nous ne doutons pas que déjà, et pour dégager sa responsabilité, ce même Receveur n'ait officiellement entretenu son chef de service de tous les détails concernant cette comptabilité occulte.

INSTUTEURS. — RETENUE DU PREMIER DOUZIÈME D'AUGMENTATION. CIRCULAIRE DU 22 JUIN 1866, (Ministère de l'Instruction publique) ET DU 26 JUIN 1866, (Comptabilité publique).

Le *Mémorial*, qui saisit toutes les circonstances pour annoncer qu'il donne les actes officiels en temps opportun et même avant tout autre recueil, en les faisant suivre de notes, vient seulement, *dans une livraison supplémentaire parue en février*, de publier des observations sur les circulaires du 22 juin 1866 du Ministère de l'Instruction publique et du 26 juin 1866 de la Comptabilité publique, lorsque nous avions nous-même commenté ces circulaires dans notre journal de 1866, p. 355.

Nous disions alors que les circulaires sus-mentionnées ne paraissaient pas remplir le but proposé, que, d'après l'art 367 de l'Instruction générale du 20 juin 1859, ce qu'il importait de connaître, pour liquider la retenue du premier douzième d'augmentation, c'était : 1° le traitement sur lequel l'Instituteur a subi la dernière retenue du premier douzième de traitement ou d'augmentation; 2° le traitement affecté au nouveau poste, pendant l'année expirée.

Le Bulletin ne donnant pas la première base, nous émettions le vœu qu'il fût prescrit à chaque Percepteur, recevant des retenues de cette nature, d'en délivrer une quittance par duplicata qui serait centralisée à la Préfecture et envoyée ultérieurement, comme le bulletin dont il est fait mention dans la circulaire, par l'intermédiaire du Trésorier-Payeur-général, au Percepteur-Receveur municipal de la nouvelle résidence de l'Instituteur, chargé d'opérer la retenue. Cette marche est d'ailleurs celle qui est employée à l'égard des Percepteurs lorsqu'ils changent de résidence. De la sorte, tout retard serait évité dans le payement du traitement des Instituteurs, but que voulait atteindre la circulaire de S. Ex. le Ministre de l'Instruction publique.

Nous apprenons qu'un de nos abonnés a refusé de payer le mandat d'un Instituteur qui, se fondant sur le bulletin délivré par la Préfecture, ne voulait pas subir la retenue du premier douzième d'augmentation. Voici les circonstances dans lesquelles le fait a eu lieu : M. B... Instituteur, obtint un changement de résidence; le Bulletin était ainsi conçu : « M. B... instituteur public à Lacenas, canton de Villefranche, jouissant dans cette commune d'un traitement annuel de 864 fr. 75, a été nommé par arrêté préfectoral du 8 juin 1866, instituteur communal à Lancié, canton de Belleville, arrondissement de Villefranche (Rhône), au traitement de 812 fr. 75, en remplacement de M. A... décédé. » D'après ce Bulletin qui donnait le traitement des deux résidences, pendant l'année expirée, le Percepteur n'avait aucune retenue à faire subir au nouvel Instituteur; mais pour sauvegarder les intérêts du Trésor, il exigea la production d'un certificat donnant le traitement sur lequel cet Instituteur avait subi la retenue du premier douzième d'augmentation.

Ce traitement étant de 700 fr., le Percepteur voulait faire subir à l'Instituteur une retenue de 8 fr. 93.

Traitement du nouvel emploi..........	812 75
Traitement sur lequel la dernière retenue du premier douzième de traitement ou d'augmentation a été opérée.........	700 »
Augmentation.........................	112 75
dont le douzième est de.................	8 93

Déduction faite de la retenue du 5 0/0.

L'Instituteur se prétendit bien lésé, et réclama à la Préfecture, mais il a été donné gain de cause au comptable.

PERCEPTEURS.— Nombre de versements a faire par mois.

Les Percepteurs sont ils tenus de faire trois versements par mois?

D'après l'art. 89 de l'Instruction générale du 20 juin 1859, les Receveurs des finances ont le droit d'exiger que le montant des recouvrements fait par Percepteurs sur les contribuables leur soit versé tous les dix jours.

Le même article ajoute qu'en déterminant les jours de versement, les Receveurs des finances doivent tenir compte de l'importance plus ou moins grande de la perception, de la gestion du titulaire, des frais que lui occasionnent ces versements, et des inconvénients qu'il pourrait y avoir de les rendre trop fréquents.

Dans les villes où les mouvements sont importants, les Percepteurs peuvent être tenus d'effectuer leurs versements à des époques plus rapprochées.

Nous dirons donc que, d'après cet article, la fixation du nombre des versements est à l'appréciation du Receveur des finances, mais que, dans presque tous les départements, les Percepteurs ruraux, à l'exception de ceux dont la résidence est au chef-lieu, font seulement deux versements par mois, ce qui est bien suffisant; un plus grand nombre de versements deviendrait onéreux pour les comptables et ne procurerait aucun avantage au Trésor.

HUISSIER —SAISIE, main-levée, vente a l'amiable. Poursuites directes.

Un huissier peut-il être poursuivi personnellement 1° parce que en saisissant, au nom d'un propriétaire, les meubles d'un locataire, son redevable, il s'est mis au lieu et place du Trésor et aurait dû placer un gardien solvable pour répondre du détournement d'objets saisis; 2° parce que cet huissier objecte en vain un changement de qualité opéré d'une manière subite en vendant à l'amiable des objets saisis dont il a donné main-levée, et touché de suite le prix de vente?

Les faits qui donnent lieu à ces questions sont les suivants : Un propriétaire fait saisir par un huissier le mobilier du sieur B..., sous-locataire, pour le payement de loyers échus : la saisie faite, le mobilier est enlevé furtivement, à l'exception de deux chevaux, que l'huissier vend *à l'amiable*, du consentement du saisi en donnant simultanément main-levée et en touchant le prix de vente, qu'il envoie au propriétaire habitant Paris. Lorsque le Percepteur réclame à l'huissier le montant des contributions dues par le sieur B..., il répond que lorsqu'il a vendu les chevaux et en a touché le prix, après avoir donné main-levée de la saisie pratiquée par lui, il n'était plus qu'un mandataire ordinaire, et qu'alors il a pu se dessaisir des fonds sans être tenu de payer d'office les impositions.

En cette circonstance, comme en beaucoup d'autres, il y a à considérer la forme et le fond, et, comme souvent la forme emporte le fond, nous commencerons par ce dernier point.

Il nous semble peu compréhensible qu'un huissier chargé des pouvoirs et des intérêts d'un tiers, et qui, dans ce but, a, comme huissier, pratiqué la saisie des meubles d'un locataire en retard, n'ait pas été informé qu'un détournement de meubles saisis était, ou avait été pratiqué par le saisi. Nous nous expliquons encore difficilement cette main-levée donnée en temps opportun et fort à propos pour permettre de vendre le reste d'objets saisis, tout en ménageant les intérêts du propriétaire.

Car, si la main-levée a précédé, comme il a fallu que cela ait lieu, la vente des deux chevaux, le débiteur pouvait frustrer le saisissant du gage de sa dette en le divertissant immédiatement : ce gage pouvait même être à l'instant saisi par un autre créancier.

Et si la main-levée a suivi et non précédé la vente des deux chevaux, le cas est plus sérieux encore, puisqu'il y a eu vente d'objets saisis, vente d'autant plus irrégulière qu'elle a été opérée *à l'amiable* par l'huissier ayant instrumenté dans la saisie et sachant que les chevaux étaient encore sous le coup de cette saisie.

Mais, dit-on, la main-levée et la vente ont été simultanées; par conséquent, tout a été parfaitement régulier.

Ces sortes d'affaires nous semblent de la nature de celles dont il peut être, par la voie de son président, référé à la Chambre des huissiers : nous engageons même le Percepteur qui nous consulte à user de ce moyen, s'il a la preuve que les faits ne se soient pas passés avec toute la régularité possible. Voyons maintenant la question de forme.

En parlant des obligations imposées aux tiers, dépositaires de sommes appartenant aux redevables du Trésor, nous avons, dans notre *Traité des Poursuites* et *Journal* de 1863, page 99, établi les distinctions à faire entre les divers dépositaires. « On doit, disons-« nous, distinguer dans les dépositaires ceux qui « agissent en vertu d'un caractère public et ceux qui « ne sont, dans l'espèce, que mandataires privés des « contribuables. Dans ce dernier cas, ils ne sauraient « être soumis à l'action qui nous occupe. Tel est le

« cas d'une vente amiable; alors le Percepteur de-« vrait intervenir à titre d'opposant. »

Que s'est-il passé dans l'espèce? Un contribuable contre lequel le Percepteur ne paraît pas encore avoir pratiqué la saisie est poursuivi par son propriétaire à raison de loyers dûs : en vertu d'un titre exécutoire la saisie des meubles de ce locataire est pratiquée par un huissier. Le titre de tiers dépositaire ne peut être appliqué à cet huissier, à raison de la saisie, puisque son ministère se borne à exercer une action et non à toucher une somme quelconque.

Plus tard, les meubles sont détournés et le gage commun du propriétaire et du Trésor disparaît : l'huissier est-il responsable de ce détournement?

Les huissiers ne sont pas responsables du détournement des objets qu'ils ont saisis; la responsabilité du détournement pèse entièrement sur les gardiens : le défaut de représentation des objets confiés à leur garde peut être poursuivi, même criminellement, contre ceux-ci; mais l'huissier qui a pratiqué la saisie ne peut être recherché à raison de ce détournement, cela se conçoit facilement. Il en serait autrement, si un procès-verbal de récolement était pratiqué avant la vente, et que l'huissier constatât, dans ce procès-verbal, comme présents, des objets mobiliers qui auraient disparu quoique saisis.

Jusqu'ici donc, l'huissier ne nous paraît pas engagé vis-à-vis du Trésor, ni pour avoir pratiqué la saisie des meubles d'un contribuable poursuivi par son propriétaire seul, ni parce que la presque totalité des objets saisis a disparu.

Mais il reste deux chevaux, et ces deux chevaux ont été vendus *à l'amiable* par l'huissier qui a procédé à la saisie ; les fonds qui proviennent de cette vente ne doivennt-ils pas être versés dans les mains du Percepteur jusqu'à concurrence des contributions dues? La réponse à faire dépend du caractère, et de l'instant précis, de la vente des deux chevaux.

Les chevaux ont-ils été vendus par l'huissier à l'encan et à raison de la saisie opérée précédemment? Non; le Percepteur nous dit que cette vente a été opérée *à l'amiable*, et en conséquence d'une main-levée accordée au saisi ; dès-lors, l'huissier n'est plus en cause. Une fois la main-levée accordée (mais nous insistons sur ce point, il faut que cette main-levée soit régulière de tous points), la saisie n'existe plus ; le locataire débiteur peut faire de ses deux chevaux tel usage que bon lui semble, sauf les actions que tout créancier intervenant peut exercer contre lui. Ces deux chevaux, il les vend ou les fait vendre, *à l'amiable*, et remet à l'instant même les fonds provenant de cette vente à son propriétaire. Personne ne s'y opposant, la tradition nous paraît encore inattaquable; il en aurait été autrement si le Percepteur survenant avait fait pratiquer une saisie-arrêt sur le montant de cette vente.

Nous supposons que les fonds ont été remis au propriétaire, tandis qu'au contraire ces fonds ont été détenus par l'huissier qui avait procédé à la saisie primitive; mais nous avons dit que, la main-levée ayant été donnée régulièrement, l'huissier n'était plus en cause. Ce même huissier, touchant le prix des chevaux vendus, n'est plus l'officier ministériel qui a pratiqué la saisie : c'est le mandataire du propriétaire, c'est le propriétaire lui-même.

Telles sont les distinctions que nous avons été obligé de faire pour répondre catégoriquement aux questions qui nous ont posées. D'après l'exposé et le sens de ces questions, les articles 83 et 84 de l'Instruction générale ne nous paraissent pas applicables en cette circonstance; le Percepteur ne pouvait procéder que par voie de saisie-arrêt.

COTE PERSONNELLE. — PÈRES RÉSIDANT CHEZ LEURS ENFANTS.

Peut-on faire payer aux enfants la cote personnelle de leur père ou de leur aïeul qui ne possède plus rien, mais habite continuellement chez les premiers?

Un père qui jouit de ses droits, n'est pas inscrit sur la liste des indigents et occupe, de plus, chez son fils une portion de logement pour laquelle celui-ci n'est pas imposé, est passible de la contribution personnelle et mobilière. (Jurisprudence du Conseil d'État, *Journal des Percepteurs* de 1866, page 227).

Il en serait autrement si le père, habitant avec ses enfants, était à la charge de ceux-ci et ne possédait, personnellement, aucun mobilier pouvant servir de gage au payement de l'impôt. Le Conseil d'Etat a toujours décidé que, pour être porté au rôle de la contribution personnelle et mobilière, il fallait avoir *personnellement* des moyens d'existence soit par sa fortune propre, soit par la profession qu'on exerce. (*Journal* de 1860, page 49).

La question qui nous est adressée peut donc être résolue ainsi : Le père ou l'aïeul, demeurant chez ses enfants, est personnellement responsable, comme tout autre imposé, des contributions figurant en son nom; les enfants ne sont pas obligés de payer, à ce titre, la contribution de leurs parents, et le Percepteur ne pourrait les poursuivre directement à raison de cette contribution. Leur seule responsabilité, à cet égard, est celle que les articles 86 et 87 de l'Instruction Générale imposent à tous propriétaires ou principaux locataires et celle que l'article 16 *bis* du Règlement sur les poursuites impose aux personnes logeant en garni.

LEGS PARTICULIER. PAYEMENTS D'INTÉRÊTS. REMISES.

Un receveur d'hospice a-t-il droit à des remises sur le versement d'un legs particulier stipulé dans un testament au profit de cet hospice?

Un legs particulier constituant une charge de succession et donnant lieu à une dépense qui engage la responsabilité du comptable, il est dû des remises pour cette dépense (TRAITÉ DES REMISES, p. 92).

Une transaction régulière assure aux héritiers du testateur une certaine somme, avec intérêts, du jour du décès de celui-ci : le Receveur a-t-il droit à des intérêts? — Par les raisons qui précèdent, nous pensons encore que des remises sont dues au Receveur dans ce dernier cas.

ÉTUDE SUR LES RÈGLES DU PAYEMENT DES MANDATS ET ACQUITS DU TRÉSORIER-PAYEUR-GÉNÉRAL

(ANCIEN SERVICE DU PAYEUR)

PAR LES PERCEPTEURS ET LES RECEVEURS DES ADMINISTRATIONS FINANCIÈRES (13e *article*).

ANNEXES.

III.

PENSIONS ET RENTES VIAGÈRES. CERTIFICAT DE VIE.

Le titulaire d'une pension inscrite sur les registres du Trésor, doit, pour en obtenir le payement, produire un certificat de vie délivré par un notaire, dans la forme qui est spécialement déterminée. Cependant les rentes viagères de la Caisse de retraites de la vieillesse et les secours viagers aux pensionnaires de l'ancienne liste civile, peuvent être payés sur certificat de vie délivré, soit par un notaire, soit par le Maire de la résidence des titulaires de ces rentes et secours viagers. Les certificats de vie délivrés aux anciens militaires de la République et de l'Empire pour le payement des secours viagers qui leur ont été accordés, sont rédigés par les Maires. Ces certificats délivrés sans frais par les Maires, sont établis sur des formules imprimées fournies par le Trésorier-Payeur; ils sont exempts de timbre. (Décret 18 août 1853 et règl. 20 mars 1852.)

Les certificats rédigés par les notaires sont, sauf quelques exceptions, délivrés sur la formule imprimée prescrite par le décret du 21 août 1806 et par l'ordonnance du 20 juin 1817. Tous les notaires de France ont qualité pour rédiger cet acte. Les certificats de vie délivrés par les notaires aux pensionnaires de la caisse de la vieillesse, à ceux de l'ancienne liste civile et à des pensionnaires militaires et à leurs veuves; ceux des donataires dépossédés (1); ceux des agents de douane et de l'administration des poudres et salpêtres; et ceux relatifs aux pensions accordées à titre de récompense nationale, sont exempts de timbre. Mais ne sont pas exempts de timbre les certificats de vie délivrés aux titulaires de toutes autres pensions payées par l'État. (Loi 18 germ. an x, — ord. 6 juin 1839.)

Un pensionnaire qui se trouve dans l'impossibilité de se transporter chez un notaire, peut adresser à celui-ci un certificat du Maire de sa commune, visé par le Préfet ou le sous-Préfet, ou par le juge de paix, constatant son existence et faisant connaître la cause pour laquelle il est retenu. Sur le vu de cette pièce, le notaire délivre le certificat. Il y mentionne l'attestation produite, laquelle reste déposée entre ses mains. (Décret 23 sept. 1806.)

La quittance qui fait suite au certificat de vie, étant considérée comme formant avec ce certificat un seul et même acte, elle doit être remplie par le notaire certificateur, lorsque celui-ci, chargé de recevoir les arrérages pour le titulaire, réclame du Trésorier-Payeur le vu bon à payer.

Les pensions accordées aux orphelins de militaires et de fonctionnaires civils, sont payables jusqu'à ce que le titulaire ou le plus jeune des co-titulaires, ait atteint sa vingt-et-unième année. (Loi du 9 juin 1853, art. 16.)

Les notaires n'ont à exiger, pour la délivrance des certificats de vie, d'autres rétributions que celles-ci après :

5 centimes pour l'imprimé du certificat de vie non sujet au timbre comme pour celui timbré (décret, 9 déc. 1828);

Et pour chaque trimestre à percevoir (décret, 9 nov. 1853);

Au-dessous de 50 fr.	0 00
De 50 à 100 fr.	0 20
De 100 à 300 fr.	0 25
De 301 à 600 fr.	0 35
De 600 fr. et au-dessus.	0 50

Ces rétributions sont indépendantes des droits de timbre du certificat de vie. Le Trésorier-Payeur doit donner connaissance à la direction de la dette inscrite, des infractions aux dispositions ci-dessus qui parviendraient à sa connaissance.

Un notaire peut s'établir intermédiaire entre un pensionnaire et l'administration, et recevoir les termes revenant à ce titulaire; mais il doit présenter cette entremise comme facultative de part et d'autre, et n'exiger, outre la rétribution fixée ci-dessus, que le simple remboursement proportionnel des frais d'étude. Dans tous les cas, il lui est interdit de faire aucune retenue, même avec le consentement du titulaire, au profit des tiers (Instr. 27 juin 1839.)

Le Trésorier-Payeur se pourvoit, pour les besoins du service, d'un certain nombre d'imprimés de certificats de vie, il les fournit aux notaires qui lui en demandent. Ces derniers lui en remboursent le prix, à raison de 3 centimes chaque imprimé.

Les percepteurs placés hors des chefs-lieux de département et d'arrondissement, et les Receveurs des finances sont tenus de prêter leur ministère pour la transmission au Trésorier-Payeur et le renvoi, sans frais, des certificats de vie et autres pièces ayant pour objet le recouvrement, par les titulaires, des arrérages de rentes viagères, pensions et secours

(1) Les Certificats de vie des donataires du Mont-de-Milan sont assujettis au timbre. (Déc, min. fin., 12 Nov. 1862. — *Journal* 1863, p. 79.)

viagers. Les envois sont accompagnés d'un bordereau des pièces dont ils se composent. Il est recommandé aux comptables de mettre beaucoup de célérité dans ces envois. Lors du retour des pièces, ils en donnent avis aux parties intéressées, par la voie de la poste, si elles consentent à payer le port de lettre, et dans le cas contraire, par l'intermédiaire des Maires autorisés à prêter leur concours pour la transmission de ces pièces, même au Trésorier-Payeur. (Instr. gén., art. 701. Décis. min. 6 mai 1857 et 14 sept. 1860) [1.]

IV.

PENSIONS, ETC. DE LA LISTE CIVILE IMPÉRIALE.

Un grand nombre de pensionnaires habitant des communes rurales, il est désirable qu'ils puissent recevoir les arrérages de leurs pensions au lieu même de leur résidence, par l'intermédiaire des Receveurs particuliers et des Perceteurs. (Circ. de son Exc. le Ministre d'État, du 20 janvier 1858).

« Les justifications que vous aurez à exiger à l'appui des payements sont désignés dans la nomenclature ci-jointe; si quelque cas exceptionnel venait à se révéler, je compte sur votre expérience pour apprécier les garanties dont il y aurait lieu d'entourer le payement. L'identité des pensionnaires me paraît suffisamment constatée par la présentation du brevet ou certificat de vie; et si quelque incertitude se présentait dans votre esprit, en ce qui concerne les porteurs de mandats, vous auriez à suivre à cet égard les règles adoptées pour les divers services de l'État.

NOMENCLATURE DES JUSTIFICATIONS A EXIGER ET INDICATIONS DE DIVERSES FORMALITÉS.

Des pensions et subventions annuelles.

§ 1. *Justification* (2).

Les pensions et subventions annuelles sur les fonds de la liste civile, portées sur un état-souche et sur des états supplémentaires, sont payables par trimestre sur la présentation des pièces suivantes :

1° Le brevet;

2° Certificat de vie;

3° Quittance.

Les payements sont consignés au verso du brevet, et la date en est portée sur les états-souches et supplémentaires. Les dates de décès et de suspension de payement sont annotées sur ces états.

§ 2. *Certificat de vie* (3).

Les certificats de vie nécessaires au payement des pensions et subventions annuelles sur les fonds de de la liste civile, peuvent être délivrés sur papier libre par les maires, juges de paix ou notaires de la commune où reside le titulaire.

§ 3. *Titulaire illettré.*

Si le titulaire est illettré, ou ne peut signer sa quittance, le payement, quel qu'en soit le montant, sera fait en présence de deux témoins qui certifieront avec le comptable et signeront pour l'acquit (1).

(1) Voir *Journal* 1861, p. 29.
(2) Voir ci-dessus, chap. II, III, VI, VII et VIII.
(3) Voir Annexes, chap. III.

§ 4. *Changement de domicile.*

En cas de changement de domicile, le titulaire devra, pour ne pas éprouver de retard dans le payement de ses arrérages, faire connaître à son Exc. le Ministre d'État et de la maison de l'Empereur, le lieu de sa nouvelle résidence, au moins un mois avant l'échéance de chaque trimestre, en indiquant le numéro et le montant de sa pension.

Passé ce délai, ledit changement ne sera notifié aux comptables chargés du payement que pour le trimestre suivant.

§ 5. *Décès* (2).

Les décès doivent être notifiés à S. Exc. le Ministre d'État et de la maison de l'Empereur, soit par les parties intéresséses, soit par les comptables.

En cas de décès d'un titulaire, les arrérages dûs à son décès seront payés directement et sans nouvel ordonnancement à ses héritiers, sur la production :

1° De l'acte de décès dûment légalisé;

2° S'il n'a pas été fait d'inventaire, produire l'acte de notoriété dressé par le juge de paix du domicile du défunt ou par un notaire, et constatant les droits des héritiers.

En cas d'inventaire, produire l'extrait de l'intitulé constatant le droit des parties.

§ 6. *Clôture de l'exercice.*

Les arrérages qui n'auront pas été payés dans les cinq mois qui suivront l'échéance du quatrième et dernier trimestre de l'année, seront annulés, et ne pourront être acquittés qu'après un nouvel ordonnancement, et sur la demande des titulaires.

Des Mandats de payement.

§ 7. *Décès du titulaire d'un mandat* (3).

Le payement sera fait sur la production des pièces suivantes :

1° Acte de décès dûment légalisé;

2° Acte de notoriété dressé par le juge de paix du domicile du défut ou par un notaire, et constatant les droits des héritiers, s'il n'a pas été fait d'inventaire.

Dans le cas d'inventaire, produire l'extrait de l'intitulé constatant le droits des parties.

Cette règle est applicable si le mandat est délivré, soit au profit du titulaire décédé, soit de ses héritiers non dénommés.

§ 8. *Mandat délivré au profit d'une société commerciale* (4).

Exiger la signature de la raison de commerce.

Dans le cas où l'un des associés seul se présenterait pour toucher, pour produire l'extrait dûment certifié, soit par un notaire, soit par le greffier du tribunal de commerce, de l'acte de société, et contenant la disposition relative à la signature sociale et au droit que les parties peuvent avoir à faire usage de cette signature.

(1) Exception aux règles générales. Voir chap. VIII ci-dessus.
(2) Voir ci-dessus, chap. IX.
(3) Voir ci-dessus, chap. IX.
(4) Voir ci-dessus, chap. VI.

§ 9. *Cas de faillite.*

Le mandat sera payé au syndic, sur la production d'un extrait du jugement de nomination.

§ 10 *Fondé de pouvoir* (1).

Procuration sous signature privée et légalisée pour les sommes inférieures à 1000 francs.

Procuration notariée en brevet pour les sommes de 1000 francs et au-dessus.

§ 11. *Oppositions* (2).

Les oppositions, cession ou transport de créances doivent être signifiés au Trésorier général de la Couronne.

Les mandats délivrés doivent être revêtus, avant le payement, du visa des oppositions.

En cas d'opposition, le décompte à payer est porté sur le mandat.

§ 12. *Adresses des parties prenantes.*

Les titulaires des mandats doivent être tenus de remettre leur adresse après leur acquit.

§ 13. *Titulaire illettré ne pouvant signer* (3).

S'il s'agit d'un mandat relatif à un secours, une gratification ou une allocation de munificence, quel qu'en soit le montant, faire le payement en présence de deux témoins, qui certifieront avec le comptable et signeront pour l'acquit.

Même règle si le mandat s'applique à des fournitures et travaux, pourvu qu'il n'excède pas 150 fr. — Dans le cas où le mandat serait supérieur à 150 francs, exiger du fournisseur ou de l'entrepreneur une quittance notariée.

§ *Clôture de l'exercice.*

Le terme de la clôture de l'exercice est fixé au 31 mai de la deuxième année.

Les mandats non payés en clôture d'exercice seront renvoyés par les intéressés au ministre pour être réordonnancés. (Circ. du même, du 25 mai 1858).

(1) Voir ci-dessus, chap. X et XI.
(2) Voir ci-dessus, chap. XII.
(3) Voir ci-dessus, chap. VIII.

La Fin au prochain Numéro.

DEMANDES D'EMPLOI.

Il est indispensable que MM. les Chefs de Service et Employés nous préviennent dès qu'ils sont pourvus d'employés ou d'emplois.

Divers Employés nous prient d'annoncer qu'ils désireraient particulièrement se placer dans les Recettes qui suivent :

Laons, Château-Thierry. — Limoux, Narbonne. — Marseille, Arles. — Caen, Pont-l'Evêque. — Jonzac, Saint-Jean-d'Angely. — Dijon, Baune. — Périgueux, Bergerac. — Evreux, Bernay. — Agen, Marmande. — Laval, Mayenne. — Bar-le-Duc, Commercy — Arras, Montreuil. — Tarbes. — Schlestadt. — Colmar, Mulhouse. — Le Mans, Mamers. — Fontenay, et Les Sables.

Nous prions les comptables qui *changent d'adresse* de ne pas négliger de nous avertir, afin que le Journal continue de leur arriver régulièrement. (Ces avis doivent être accompagnés de 40 cent. pour frais d'impression des nouvelles bandes.)

Directeur, H. GALLETIER, Avocat à la Cour Impériale de Paris.

JOURNAL DES PERCEPTEURS,

DES RECEVEURS DES FINANCES, ET DES RECEVEURS DES COMMUNES, HOSPICES, ETC.; DES SURNUMÉRAIRES, ET DES ASPIRANTS.

2e Série. — 10 fr. par an. Un numéro toutes les semaines. 12e année. — N° 14.

SOMMAIRE.

ACTES OFFICIELS

LETTRE DE M. LE MINISTRE DES FINANCES, *relative à la transmission en franchise aux instituteurs des formules imprimées destinées au service de l'Instruction Primaire.*

On lit dans le *Bulletin administratif de l'Instruction Primaire :*

Des difficultés s'étant élevées dans plusieurs départements pour la transmission en franchise aux instituteurs des formules imprimées destinées au service de l'Instruction Primaire, telles que les rôles de la rétribution scolaire, les journaux de classe, M. le Ministre des finances, saisi de la question par M. le Ministre de l'Instruction publique, a fait la réponse suivante :

« Paris, le 8 mars 1867.

« Monsieur et cher Collègue,

« Par dépêche du 22 février dernier, Votre Excellence a appelé mon attention sur le refus opposé par le bureau de poste de..., de donner cours en franchise à des paquets d'imprimés adressés par l'Inpecteur de l'Académie aux Instituteurs Primaires de son ressort (formules imprimées destinées au service de l'Instruction Primaire).

« J'ai l'honneur de vous informer que des Instructions ont été données au receveur des postes de..., pour que les imprimés dont il s'agit soient admis à la libre pratique, mais sous la condition que leur poids ne dépassera pas le maximum de 500 grammes.

« Je serais reconnaissant à Votre Excellence de vouloir bien recommander aux agents placés sous ses ordres d'observer strictement cette limitation de poids, que rend indispensable la prompte et régulière expédition des correspondances. Cette mesure ne saurait, du reste, avoir aucun inconvénient pour le service, puisque les envois d'imprimés peuvent être facilement divisés.

« Agréez, Monsieur et cher Collègue, l'assurance de ma haute considération.

« *Le Ministre d'État et des finances*, « ROUHER. »

Cette réponse tranche la question : elle met définitivement les formules imprimées destinées au service de l'Instruction Primaire en dehors de la décision postale du 22 mars 1859, qui exclut du bénéfice de la franchise les formules non payées sur les fonds de l'État.

DÉCISIONS ET SOLUTIONS ADMINISTRATIVES.

DONS ET LEGS A DES ÉTABLISSEMENTS RELIGIEUX *à charge de fonder ou d'entretenir des écoles. Immatriculation des titres de rentes. Conservation des titres de propriété et administration des biens immeubles et des rentes constituées.*

Un avis du Conseil d'Etat du 14 janvier 1863, inséré au *Bulletin* officiel du Ministère de l'Intérieur (1) a fixé les règles à suivre à l'égard de l'immatriculation des rentes sur l'Etat et de la conservation des titres de propriétés immobilières ou de rentes constituées provenant de libéralités faites à des établissements religieux avec affectation au soulagement des pauvres. Les mêmes questions se trouvent résolues — en ce qui concerne les dons ou legs faits à des établissements religieux dans l'intérêt de l'enseignement — par les deux avis suivants :

Avis du Conseil d'Etat sur la question de savoir sous quel nom doivent être immatriculés les titres de rentes provenant de libéralités faites à des établissements religieux, à charge de fonder ou d'entretenir des écoles.

10 juin 1863.

Considérant que, lorsqu'il s'agit de dons et legs faits à des établissements religieux affectés à la fondation et à l'entretien d'écoles, il y a lieu de distinguer si les établissements institués sont des fabriques, consistoires, succursales, cures ou évêchés, ou bien si ce sont des communautés religieuses et enseignantes dûment autorisées;

Considérant, en ce qui concerne les fabriques, consistoires, succursales, cures ou évêchés, que les attributions de ces établissements religieux, telles qu'elles sont déterminées par la loi, ne comprennent point la fondation et la direction des écoles;

Considérant que la loi du 15 mars 1850, sur l'enseignement, n'a point eu pour effet de modifier le caractère ou d'étendre les attributions de ces établissements religieux;

Que, par suite, ces mêmes établissements devraient être réputés incapables d'accepter les libéralités faites dans un but étranger à leurs attributions;

Considérant, néanmoins, que lorsqu'une libéralité

(1) V. *Journal des Percepteurs* 1864, p. 110.

est faite à ces établissements sous la condition de fonder et entretenir une école, il y a le plus souvent avantage, pour les pauvres et pour la commune, à profiter du bénéfice d'une pareille disposition ; qu'il convient, d'ailleurs, autant que possible, que l'intention charitable du bienfaiteur produise son effet;

Qu'il y a lieu, en ce cas, pour valider la disposition, de faire intervenir la commune à laquelle appartiennent le soin et l'obligation de pourvoir à l'instruction primaire publique et de l'admettre, conjointement avec l'établissement institué, à accepter le don ou legs;

Que telle est, d'ailleurs, la jurisprudence du Conseil d'Etat conforme à son avis du 4 mars 1841 ;

Considérant que l'immatriculation conjointe, c'est-à-dire l'inscription du titre de propriété, faite simultanément sous le nom de l'établissement institué et sous celui de la commune, doit être la conséquence de la double acceptation qui vient d'être indiquée;

Que ce mode de procéder permet de donner un effet à des dispositions, qui autrement seraient caduques ;

Qu'en ce cas, l'établissement religieux institué conserve un droit de surveillance quant à l'exécution et au maintien de la fondation, mais qu'à la commune appartient celui de diriger l'école, d'en fixer le régime, d'administrer les biens procédant du don ou legs et d'en percevoir les revenus, conformément aux conditions du décret d'autorisation ;

Qu'ainsi peuvent se concilier tout à la fois les intentions charitables des bienfaiteurs, la faveur que méritent de pareilles fondations et le respect des règles tracées par la loi ;

En ce qui concerne les libéralités faites aux mêmes conditions que ci-dessus à des congrégations ou communautés religieuses enseignantes, dûment autorisées ;

Considérant qu'on ne saurait soutenir que ces établissements n'ont pas capacité pour recevoir les libéralités dont il s'agit, puisqu'ils ont été autorisés en vue de l'utilité publique et dans le but précisément de fonder et diriger des écoles ; que l'objet de ces fondations rentre donc dans leurs attributions spéciales ;

Mais considérant que, même dans ce cas, il y a lieu d'examiner si les écoles à fonder doivent avoir le caractère d'école communale et publique ou celui d'école libre;

Que, dans le premier cas, celui où l'école devra avoir un caractère communal et public, la commune, ainsi qu'il a été dit, conserve le droit de diriger l'école et d'en fixer le régime ;

Que, dans le deuxième cas, celui d'une école libre, la solution ne saurait être la même;

Qu'en ce dernier cas, l'immatriculation conjointe n'est pas nécessaire ; il suffit de l'acceptation simultanée par la communauté religieuse et par la commune, cette dernière ne devant exercer d'autre droit que celui d'une simple surveillance pour l'exécution de la fondation,

Est d'avis qu'il y a lieu :

Premièrement, d'autoriser l'acceptation et l'immatriculation conjointes, et, en général, l'inscription du titre de propriété sous les noms réunis de l'établissement religieux institué et de la commune, quand il s'agit :

De dons et legs faits à des fabriques, consistoires, succursales, cures ou évêchés, sous la condition de fonder et entretenir des écoles, et de dons et legs faits à des communautés religieuses enseignantes, dûment autorisées, faits pour la fondation et l'entretien d'écoles devant avoir ou qui auraient le caractère d'écoles communales et publiques;

Secondement, d'autoriser seulement l'acceptation conjointe par l'établissement institué et la commune, quand il s'agit de dons et legs faits à des communautés religieuses enseignantes, dûment autorisées, à la charge de fonder ou d'entretenir des écoles qui devraient avoir ou qui auraient le caractère d'écoles libres et privées.

Avis du Conseil d'Etat sur la question de savoir à qui appartiennent et doivent être confiées la garde et la conservation des titres de propriété ainsi que l'administration des biens immeubles et des rentes constituées légués à des établissements religieux, à charge de fonder ou d'entretenir des écoles.

22 novembre 1866.

Vu notamment l'avis du Conseil d'Etat, du 10 juin 1863, relatif aux dons et legs de rentes sur l'Etat faits à des établissements religieux, à charge de fonder ou d'entretenir des écoles;

Considérant que les libéralités faites à des fabriques ou autres établissements religieux, à la charge de fonder ou d'entretenir des écoles publiques, doivent être acceptées conjointement par l'établissement religieux institué et par la commune ;

Que cette règle a été consacrée par l'avis précité du Conseil d'Etat, en date du 10 juin 1863 ;

Qu'aux termes du même avis, la garde des titres de propriété, la perception des revenus et la direction de l'école sont attribuées à la commune ; mais que le droit de surveiller l'exécution des conditions de la libéralité est réservé à l'établissement religieux légataire ;

Que cette jurisprudence, adoptée par le Conseil d'Etat, lorsqu'il s'agit de legs ne comprenant que des rentes sur l'Etat, doit également s'appliquer à des libéralités consistant en immeubles ou en rentes constituées ;

Qu'en effet, l'avis du 10 juin 1863 ayant pour but de concilier, autant que possible, les intentions des bienfaiteurs avec les dispositions des lois et règlements auxquels sont soumis les établissements religieux, la solution doit être indépendante de la nature des biens donnés ou légués ;

En ce qui concerne spécialement les legs de divers immeubles faits par l'abbé Menuel à l'évêque de Grenoble, et celui d'une rente constituée fait par la demoiselle Béal à la fabrique d'Haveluy, sous la condition de fonder et d'entretenir des écoles publiques dans les communes de Viriville, de Saint-Siméon-de-Bressieux (Isère) et dans celle d'Haveluy (Nord) :

Considérant que ces legs faits à des établissements religieux tels que fabriques ou évêchés, et non à des congrégations enseignantes, doivent être affectés à la fondation d'écoles publiques, et que, suivant la distinction établie par l'avis du 10 juin 1863, rien ne s'oppose à l'application des règles rappelées ci-dessus;

Qu'en effet, il ne saurait y avoir d'inconvénient à confier auxdites communes le soin d'administrer les immeubles et la rente constituée qui ont été légués, d'en percevoir les revenus et d'en garder et conserver les titres de propriété;

Qu'il est, au contraire, plus convenable de conférer ce droit d'administration aux communes, qui, étant appelées à représenter la généralité des habitants, ont, à ce titre, un intérêt majeur et plus direct à l'exécution et au maintien des fondations;

Considérant, d'ailleurs, que la nature des biens légués par l'abbé Menuel et par la demoiselle Béal, et le mode d'administration de ces biens ne présentent aucune circonstance particulière qui puisse faire obstacle à ces principes,

Est d'avis :

Qu'il y a lieu de décider dans le sens des observations qui précèdent.

JURISPRUDENCE SPÉCIALE.

COUR DES COMPTES.

POURVOI DEVANT LA COUR DES COMPTES. FORMALITÉS. DÉLAI.

La requête en pourvoi à la Cour des Comptes contre un arrêté de Conseil de Préfecture, doit être signifiée dans les trois mois de la notification de l'arrêté à chacune des communes intéressées ; la notification de la requête faite dans ce délai, au Conseil de Préfecture, ne suffit pas (1).

Vu la requête timbrée, en date du 1er juin 1865, par laquelle le sieur D., Percepteur-Receveur municipal de la réunion de G., s'est pourvu, par appel, contre un arrêté du Conseil de Préfecture du département de ... en date du 11 janvier de ladite année, lequel arrêté statuant sur les comptes communaux et hospitaliers de la gestion de 1862, a déclaré ce comptable débiteur envers les communes d'A., C., E., H., L., L., L., P., R. et St.-J., d'une somme totale de 339 fr. 45 c. pour restes à recouvrer sur la taxe des chiens ou sur rachat de prestations et pour remises perçues sur la recette provenant de concession de landes ;

(1) Bien que cette formalité paraisse d'une nécessité évidente, il est à notre connaissance que les Comptables en négligent souvent l'accomplissement et se trouvent ensuite forclos de leur action ; nous avons cru devoir rapporter cet arrêté motivé qui montre que la Cour des Comptes maintient fermement l'application de ce principe essentiel. On trouvera dans notre volume de 1866 l'exposé des règles de la procédure à suivre devant la Cour des Comptes, et dans les divers volumes de notre collection des pourvois sur diverses questions, que les Comptables peuvent suivre comme modèles dans la circonstance.

Vu les pièces produites à l'appui et notamment une copie de l'arrêté attaqué ;

Vu les lois, ordonnances, décret et instructions sur la matière et notamment la loi du 16 septembre 1807 et 18 juillet 1837, l'ordonnance du 28 décembre 1830 et le décret du 31 mai 1862, ensemble l'instruction ministérielle du 20 juin 1859;

Vu les conclusions du Procureur général Impérial, en date du 23 novembre 1866 ;

Ouï en leurs rapports et observations MM. Denis de Plausy, Conseiller référendaire et David, Conseiller maître ;

En droit :

Attendu qu'aux termes de l'article 5 de l'Ordonnance du 28 décembre 1830 et de l'article 535 du décret du 31 mai 1862, dans les trois mois de la notification de l'arrêté, la partie qui veut se pourvoir rédige sa requête en double original et que l'un des doubles est remis à la partie adverse qui en donne récépissé; et, si elle refuse ou si elle est absente, la signification est faite par huissier ;

En fait :

Attendu que si l'appelant justifie par un certificat du maire de la commune de G. (1), en date du 2 juin 1865, qu'un double de sa requête en pourvoi a été signifié ledit jour au maire de ladite commune, laquelle n'est pas intimée, puisque, d'après le jugement attaqué, cette commune n'avait aucune part à réclamer dans la somme de 339 fr. 45 c. dont le sieur A. a été déclaré débiteur, il ne produit, en réalité aucune pièce tendant à justifier de la signification qu'il a dû faire de ladite requête sus-visée aux communes d'A., C., E., H., L., L., L., P., R. et St.-J., seules désignées par l'arrêté du 11 janvier 1865 comme ayant droit au partage de la somme de 339 fr. 45 c., et, par conséquent, seules intéressées;

Attendu que la remise au Conseil de Préfecture d'une copie de ladite requête, remise établie par un certificat du greffier de ce Conseil, en date du 6 juin 1865, ne saurait tenir lieu de la signification ci-dessus qui a dû être faite aux dites communes intéressées',

Ordonne ce qui suit :

La requête à fin de pourvoi par appel, présentée par le sieur A. contre l'arrêté du Conseil de Préfecture du département de ... en date du 11 janvier 1865, qui le déclare débiteur envers diverses communes de sa perception d'une somme totale de 339 fr. 45 c. est déclarée non-recevable...

(ARRÊT du 28 novembre 1866.)

TAXE MUNICIPALE SUR LES CHIENS. *Lieu d'imposition. Situation accidentelle au 1er janvier.*

Lorsque le propriétaire d'un chien l'a déclaré à la mairie de la commune de son domicile, et qu'il a été imposé dans cette commune à raison de ce chien, le fait que cet animal a passé la plus grande partie de l'année, et qu'il se trouvait, notamment au 1er janvier, dans une autre commune par suite d'une circonstance accidentelle (dans l'espèce, la présence de

(1) Dans l'espèce, c'est la commune chef-lieu de la perception.

chiens enragés dans la commune du domicile), ne peut pas rendre obligatoire pour ce propriétaire la déclaration de son chien dans la commune où il s'est trouvé accidentellement. (*Arrêt du* 11 *juillet* 1866. — Garot.)

TAXES MUNICIPALES SUR LES CHIENS.

Lorsqu'un propriétaire de chiens avait donné des ordres, antérieurement au 1er janvier, pour qu'ils fussent transportés de la commune où ils se trouvaient dans celle de sa résidence, — et qu'ils y ont été effectivement transportés dans le courant du mois de février, — Leur présence dans la première commune au 1er janvier n'avait plus qu'un caractère accidentel et temporaire, et, par conséquent, ces animaux ont été valablement déclarés par leur propriétaire dans la seconde commune (*Arrêt du* 14 *juin* 1866. — Demange c. la comm. de Ménil-la-Tour.)

COUR IMPÉRIALE DE ROUEN.

Entrepreneur de travaux public. — Ouvriers; privilége; cession ne pouvant être faite à un fournisseur privilégié, au préjudice des ouvriers.

La cession faite par un entrepreneur de travaux publics de tout ou partie des sommes à lui dues par le Trésor, à raison de travaux publics par lui exécutés, au profit de l'un de ses créanciers ayant un privilége sur ces sommes pour salaires ou fournitures, ne saurait produire effet, en ce sens qu'elle ne crée pas un droit de préférence au profit de ce créancier et au préjudice des autres créanciers privilégiés.

Il en est ainsi alors même que ce transport aurait été régulièrement signifié au Trésor avant toute opposition ou saisie-arrêt.

(ARRÊT du 19 mai 1866.

QUESTIONS DIVERSES

ABONNEMENT AU JOURNAL DES COMMISSAIRES DE POLICE. QUITTANCES. TIMBRE.

Des explications nous sont adressées, mais un peu tardivement, sur un cas que nous avons traité à la page 355 de notre Journal de 1866, relativement à l'abonnement au *Journal des commissaires de police*. Il s'agissait de sommes à recouvrer directement sur les commissaires de police, en vertu d'un état de titres inscrit à la deuxième section du livre des comptes divers. (Instr. gén., art. 626.)

Voici alors quelle doit être la solution : les quittances excédant dix francs sont assujetties au droit de timbre par analogie à celles délivrées aux débiteurs *de frais et honoraires* dûs à des ingénieurs du service hydraulique. (Instr. gén., art. 624, avant-dernier alinéa.)

TAXE SUR LES CHIENS. CHANGEMENT DE DESTINATION DANS LE COURS DE L'ANNÉE.

1° Un chien est déclaré dans une commune à la deuxième catégorie ; le propriétaire le vend, dans le cours de l'année, à une personne habitant dans une autre commune et s'en servant pour la chasse. Doit-on imposer une surtaxe, à défaut de déclaration rectificative, et ou, dans la commune où le chien a été déclaré à la deuxième catégorie, ou dans celle du domicile du nouveau propriétaire?

2° Beaucoup de personnes tiennent leurs chiens à l'attache, pendant les premiers mois de l'année; dans le courant de l'année, elles s'en servent pour la chasse ou les vendent à des personnes étrangères qui s'en servent également pour la chasse. Ces chiens, déclarés ou non, doivent-ils être imposés à la première catégorie, dès que leur destination de chiens de chasse ou d'agrément a pu être constatée ; et qui, de l'ancien ou du nouveau propriétaire, doit subir la surtaxe ?

— Ce n'est pas seulement l'affectation au 1er janvier qui sert à déterminer la destination d'un chien à la garde. Pour établir l'imposition, il faut examiner si ce chien sert et servira exclusivement à la garde, pendant toute l'année; car il ne sera classé dans la deuxième catégorie qu'à la condition de ne pas servir à un autre usage. Le propriétaire, en la possession duquel il se trouvait au 1er janvier, nous paraît responsable des changements qui surviendront pendant l'année. En déclarant son chien à la deuxième catégorie, il s'engageait, sous peine de surtaxe, à conserver à ce chien la destination de chien de garde pour laquelle il était déclaré; et en vendant ce même chien, il devait imposer au nouveau propriétaire l'obligation de ne pas changer son affectation, et, en cas de non-exécution de cette condition, se prémunir contre les conséquences de ce changement de destination.

La taxe est due par le possesseur de chiens au 1er janvier, et dans le lieu où les chiens gîtent à cette époque. Par une conséquence naturelle de ce principe et des considérations que nous venons d'indiquer, le possesseur au 1er janvier est passible de surtaxe, pour les chiens déclarés à la seconde, alors même qu'il ferait (après le 15 janvier) une déclaration rectificative, pour les faits survenus depuis son imposition à la deuxième catégorie. La bonne foi n'est pas admise dans l'application des principes de la loi, et cela se conçoit, la bonne foi ne peut que se présumer. Or, il dépendait du propriétaire d'éviter cette surtaxe, en maintenant ses chiens à l'usage déclaré, ou, s'il n'était pas sûr de leur conserver ce même usage exclusif, il était tenu de les déclarer comme chiens de la première catégorie. Il s'est donc volontairement placé dans la situation d'avoir à subir un accroissement de taxe.

Conférer *Journal* de 1865, page 327 ; — de 1866, p. 132, 387 et 397.

ÉTUDE SUR LES RÈGLES DU PAYEMENT
DES MANDATS ET ACQUITS DU TRÉSORIER-PAYEUR-GÉNÉRAL
(ANCIEN SERVICE DU PAYEUR)

PAR LES PERCEPTEURS ET LES RECEVEURS DES ADMINISTRATIONS FINANCIÈRES (14e *dernier article*).

ANNEXES.

V.

RENTES SUR L'ÉTAT.

Les rentes 5 p. 0/0 créées par la loi du 8 nivôse, an VI, ont été converties en 4 1/2 nouveau par le décret du 14 mars 1852. La loi et le décret impérial du 12 février 1862 ont accordé aux propriétaires des rentes de 4 et 4 1/2 p. 0/0, la faculté de convertir, du 15 février au 6 mars 1862, leurs inscriptions en rentes 3 p. 0/0 nouveau, moyennant le payement d'une soulte.

Il existe donc, aujourd'hui, les rentes 4 et 4 1/2 ancien et nouveau (non converties) et les rentes 3 p. 0/0 ancien et nouveau.

Ces rentes se divisent en inscriptions directes et en inscriptions départementales.

Inscriptions directes.

Les inscriptions directes sont celles dont les comptes individuels sont tenus à Paris. Elles se divisent en inscriptions au porteur, en inscriptions nominatives mixtes 3 p. 0/0, et en inscriptions nominatives.

Les inscriptions *au porteur*, créées en vertu de l'ordonnance du 29 avril 1831, sont classées en neuf séries, par coupures, depuis 10 fr. jusqu'à 5000 fr.

Les inscriptions *nominatives mixtes*, créées par le décret du 18 juin 1864, sont également classées par séries, suivant leur quotité de 5, 10, 30, 50, 100, 200, 300, 500, 1000, 1500, et 3000 fr. de rente; elles sont pourvues de 40 coupons d'arrérages trimestriels payables au porteur. Ces inscriptions sont renouvelées tous les dix ans (1).

Les inscriptions *nominatives* sont réparties en douze séries de numéros. Chaque série comprend les titulaires dont les noms commencent par les lettres désignées ci-après :

1e série,	lettres	A,C.	7e série,	lettres	P,Q,R.
	—	B.	8e	—	S à Z.
3e	—	D.	9e	(Caisse d'épargne).	
4e	—	E,F,G.	10e	—	
5e	—	H,I,J,K,M.	11e	—	
6e	—	L,N,O.	12e	(Chemins de fer).	

Au nombre des inscriptions figurent aussi :

1° Les rentes appartenant à la Caisse d'amortissement;

2° Les rentes formant des majorats sur demandes;

3° Les rentes portées au compte-courant des banquiers, des grands capitalistes et des agents de change, ainsi que celles appartenant à divers établissements publics et religieux ;

4° Les rentes provenant de dotations reversibl

5° Les rentes portées sous le nom de *portions non réclamées*, après l'expiration du délai de prescription légale, et celles pour lesquelles, en cas de mutation, les justifications voulues n'ont pas été produites. (Réglem. fin.).

Inscriptions départementales.

Les inscriptions départmentales sont portées dans un compte particulier du Grand-Livre de la dette publique. Un seul article y est ouvert par département. Les livres auxiliaires, renfermant le détail de chaque inscription *individuelle*, sont tenus par les Trésoriers-Payeurs-généraux. Leur exactitude est contrôlée par un registre tenu dans les bureaux de la Préfecture. Aucun changement dans les comptes individuels, ne peut avoir lieu sans le concours du Préfet; le Ministre des finances doit en être toujours informé. (Régl. fin.).

ACHATS, VENTES ET MUTATIONS DE RENTES (1).

Aux termes de l'ordonnance royale du 14 avril 1819, les Trésoriers-payeurs-généraux sont chargés d'office, à la volonté des particuliers, des communes et des établissements publics, de faire effectuer pour leur compte et sans frais, sauf ceux de courtage justifiés par bordereaux d'agents de change, tous les achats et ventes de rentes sur l'État qu'ils jugent à propos de leur confier. Les Receveurs d'arrondissement sont tenus d'intervenir dans ces opérations, lorsque leur chef hiérarchique les en charge, mais seulement comme ses correspondants particuliers.

Il n'est pas fourni de récépissés à talon pour les versements faits aux caisses des Receveurs des finances, par suite *d'achats* ou de ventes de rentes, attendu que ces opérations ne peuvent donner lieu à aucun recours en garantie contre le Trésor; mais il est convenable, pour le bon ordre, de délivrer, en échange, des quittances détachées d'un livre à souche. Le Trésorier-Payeur doit être informé, sans retard, des recettes faites par les Receveurs particuliers; lui seul a qualité pour adresser à la Direction du mouvement général des fonds, la demande néces-

(1) Voir *Journal* 1864, p. 227, et 1866, p. 154.

(1) Voir *Journal* 1864, page 276. — 1866, p. 97 et 154. (Les titres de rentes nominatives ou au porteur expédiés par les Trésoriers-Payeurs généraux, les Receveurs des Finances et les Percepteurs, peuvent indistinctement être admis au bénéfice du chargement en franchise sous bandes. Ces titres peuvent être recouverts intérieurement de feuilles de papier non fermées.) (Déc. Min. Fin. 9 Février 1863.)

saire pour qu'elle fasse opérer les achats de rentes. Cette direction, après que l'opération est condamnée, envoie au Trésorier-payeur le bordereau de l'agent de change qui a fait l'achat, et l'inscription individuelle si elle est directe, ou une lettre de crédit si cette inscription doit être départementale. L'opération d'achat ou de vente exige de quinze à vingt jours. Si, comme il arrive presque toujours, la somme employée à l'achat n'est pas exactement la même qui a été versée, les Receveurs restituent aux parties intéressées sur leur quittance, ou se font rembourser le montant de la différence. (Instr. gén. art. 1156 à 1158).

Les *ventes* ou transferts de rentes s'opèrent sur la remise de l'inscription et d'une déclaration de transfert, signé par le titulaire ou par son fondé de pouvoirs, légalisée par le Maire ou le juge de paix, enregistrée au minimun de droit; cette déclaration n'est pas assujettie au dépôt (circ. Dir. mouv. gén. des fonds, 7 fév. 1862) [1]. Le Trésorier-Payeur doit, au moment de la remise de ces pièces, les enregistrer sur un carnet particulier, en y indiquant la date de la remise de l'inscription, son numéro, le nom du propriétaire et le semestre ou le trimestre de la jouissance. Il fait l'envoi de ces titres à la Direction du mouv. gén. des fonds, et le mentionne sur le carnet. Cette direction fait opérer la vente des inscriptions, et adresse ensuite au Trésorier-Payeur le bordereau qui lui est fourni par l'agent de change; lorsque le produit de la vente est versé au Trésor, il en est crédité par le Trésorier-Payeur dans son compte-courant. Aussitôt que ce comptable a reçu avis de ce crédit, il fait savoir aux parties intéressées que le produit de leur inscription, constaté par le bordereau de vente, leur sera payé dès qu'elles se présenteront à la recette des finances de leur arrondissement. (Inst. gén. art. 1159 (2).

Modèle de déclaration de transfert ou vente de rente.

Je soussigné, (nom, prénoms, profession et domicile du signataire).

Donne pouvoir à M. (nom du mandataire), Agent de change, demeurant à Paris, rue....

De pour moi et en mon nom transférer, au cours de la Bourse de Paris que le mandataire jugera convenable, les titres de rente sur l'Etat Français, ci-après désignés : (indiquer les titres de rente par leurs numéros, leur série, le nom du titulaire immatriculé, la quotité de la rente (en toutes lettres) et la nature la rente (directe ou départementale, p. 0/0 etc.);

Signer le transfert, en recevoir le prix et le verser à la Caisse centrale du Trésor, au crédit du Trésorier-Payeur-général du département de ....;

Retirer le récépissé de ce versement, lequel vaudra décharge à l'agent de change mandataire de toutes sommes reçues; donner et consentir bonne et valable quittance et décharge; faire toutes déclarations et affirmations nécessaires; remettre tous titres et pièces;

Et, dans l'objet d'assurer l'exécution du présent mandat, passer et signer tous actes ainsi que tous transferts, acquits et émargements: élire domicile, substituer en tout ou en partie les présents pouvoirs et faire généralement tout ce que les circonstances exigeront, quoique non prévu.

Fait à ..., le ...

(Signature).

« Vu pour la législation de la signature de M. N..., par Nous, (Maire de la commune de ..., ou Juge de paix de ...)

A ..., le ...

« Enregistré à ...... »

Lorsque, par suite de décès, etc., les héritiers ou ayants-cause désirent obtenir la *mutation* d'une inscription, ces héritiers ou ayants-cause ne seront immatriculés aux lieu et place du titulaire, qu'en rapportant l'inscription et en justifiant de leurs droits par un certificat de propriété. (Réglem. fin. (1).

Les Receveurs des finances doivent, pour diminuer le travail de la rente, provoquer la *réunion des inscriptions* qui sont aux mêmes noms. Il est facile de comprendre les avantages que présente aux rentiers cette mesure, sans inconvénient pour eux, puisque, dans le cas où ils voudraient vendre une portion de leur rente ou en disposer autrement, la division du nouveau titre pourrait toujours être obtenue sans frais.

Ces dispositions et celles relatives au changement de résidence des rentiers, doivent faire l'objet d'un avis affiché dans les bureaux des Receveurs d'arrondissement et des Percepteurs. (Instr. gén. art. 670).

CHANGEMENT DE RÉSIDENCE DES RENTIERS.

Les titulaires d'inscriptions de rentes sur l'Etat qui passent d'un département dans un autre, ont la faculté de toucher leurs arrérages dans le *département* de leur *nouvelle résidence;* mais, pour jouir de cet avantage sans éprouver de retard au moment de l'ouverture des payements, ils doivent en faire la demande dans les lieux et, au plus tard, aux époques ci-après :

A la Direction de la dette inscrite, à Paris, les 22 février et 31 août pour la rente de 4 1/2 payable les 22 mars et 22 septembre; les 31 mai et 30 novembre, pour la rente de 3 p. 0/0 ancien payable les 22 juin et 22 décembre; et les 10 mars, 10 juin, 10 septembre et 10 décembre, pour la rente 3 p. 0/0 nouveau, payable par trimestre, les 1er janvier, 1er avril, 1er juillet, 1er octobre.

A la Trésorerie-payerie-générale et aux Recettes particulières, trois jours avant les époques indiquées pour la Direction de la dette inscrite.

(1) Voir *Journal* 1866, page 97. — 1864, p. 277. (Les héritiers doivent produire, en outre, un certificat du Receveur de l'enregistrement constatant que les droits de mutation ont été payés, visé par le Directeur de l'enregistr., légalisé par le Préfet.) (Lois 18 Mai 1850 et 8 Juillet 1852.)

(2) Voir *Journal* 1865, p. 129. (Payement du prix de vente. Circ. C. publ. 25 Mars 1865.)

(1) Voir *Journal* 1864, page 277.

Pour toucher dans un *autre arrondissement* de sous-préfecture, les rentiers doivent en faire la demande, soit à la Recette particulière de cet arrondissement, soit à la Trésorerie-payerie-générale du département, dix jours au moins avant l'époque de l'échéance du trimestre ou du semestre.

Il n'est pas nécessaire que les porteurs des titres se présentent dans les bureaux des comptables, pour les demandes dont il s'agit, ils peuvent les faire *par lettre*, en ayant soin d'indiquer exactement : le n° de l'inscription de rente et celui de la série ; le montant de la rente et sa nature (4 1/2 ou 3 p. 0/0) ; le nom du rentier ; le lieu où la rente était payable ; le lieu où l'on désire être payé (Instr. gén. art. 669).

Certificat d'inscription perdu.

(*Voir* Règles de payement. — Chapitre IV).

Modèle de déclaration de perte.

Aujourd'hui, le... 186 , a comparu devant nous, Maire de la commune d..., département d..., le sieur N..., demeurant à..., lequel nous a déclaré avoir perdu l'extrait d'une inscription de rente sur l'Etat Français (*directe* ou départementale, *nominative* ou au porteur, 3 ou 4 1/2 *pour cent, série*..., *n°* ..., de la somme de..., dont il est propriétaire ou inscrite au nom de...), et nous a dit qu'il désirait en obtenir le remplacement dans la forme prescrite par le décret du 3 messidor an XII, s'obligeant à rapporter l'extrait adiré, s'il se retrouve. Ladite déclaration faite en présence du sieur N..., demeurant à..., et du sieur N..., demeurant à..., lesquels nous ont attesté l'individualité du déclarant, et ont, ainsi que lui, signé avec nous, les jour, mois et an que dessus.

(*Suivent les signatures*).

N. B. La présente déclaration doit être faite sur papier timbré. La signature du Maire (à l'exception de ceux de Paris) doit en outre être légalisée par le Préfet ou le Sous-Préfet du département.

En cas de perte d'une inscription de *rente au porteur*, le Ministre des finances ne peut être tenu de remplacer le titre, même sous l'offre d'un dépôt d'autres inscriptions de rentes équivalentes à celles perdues. (Arrêt du Cons. d'État, 27 Août 1840.) Mais il peut délivrer un duplicata, après s'être assuré que les arrérages n'ont pas été payés depuis qu'il a eu prononcé l'annulation de l'inscription adirée.

Payement des arrérages.

Tous les Percepteurs autres que ceux de la résidence des Receveurs des finances, concourent au payement des arrérages de rentes sur l'État (1). Ce concours est obligatoire. (Circ. Dette inscr., 7 avril 1866 et compt. publ., 14 avril 1866). Les rentiers qui doivent recevoir, à leur caisse, les arrérages de rentes *nominatives* doivent préalablement faire estampiller leurs inscriptions par le Receveur de l'arrondissement, ou les confier aux Percepteurs pour faire remplir cette formalité (2). Le payement des arrérages est fait ensuite par ces comptables, sur la quittance des parties prenantes revêtue préalablement du Vu bon à payer du Receveur des finances. (Instr. gén. art. 673. — Circ. compt. publ. 24 déc. 1861).

Le payement des rentes *au porteur et* des rentes nominatives *mixtes* a lieu sur la présentation des inscriptions et la remise du coupon qui doit en être détaché. Mais, pour prévenir toute espèce de fraude et de perte, les Percepteurs ne font les payements de cette nature qu'après avoir eux-mêmes détaché les coupons qui sont annexés aux inscriptions, ou si ces coupons se trouvent déjà détachés, après les avoir rapprochés du titres dont ils dépendent. Si des coupons sont présentés isolément, ils ne doivent être acquittés qu'autant que les porteurs sont personnellement connus des comptables, et que ceux-ci n'ont, d'ailleurs, aucun motif pour suspecter la sincérité du titre ; en cas de doute, le Trésorier-Payeur transmet le coupon, avant payement, au Caissier du Trésor, et il en donne avis à la Direction du mouvement des fonds ; le caissier le fait encaisser, après vérification, et il en fait alors porter le montant au crédit du Trésorier-payeur ; sur l'avis de l'encaissement, celui-ci fait compter les arrérages à la partie intéressée. (Instr. gén. art 689). Mais il convient de ne point user d'une manière rigoureuse de cette faculté et de n'ajourner le payement des rentes mixtes ou au porteur, que dans le seul cas où il y aurait des motifs de suspecter la validité des coupons ou la légitimité de leur possession par le porteur. Les comptables devront, comme le fait la Caisse centrale du Trésor, ne payer les coupons que sur des bordereaux signés par la partie prenante, et indiquant son nom et son domicile, ainsi que les numéros des coupons présentés (Circ. compt. publ., 25 mars 1865).

Fin des Annexes à l'Étude sur les Règles de Payement.

---

(1) Voir *Journal* 1857, page 5. — 1866, p. 154.

(2) *Id.* — 1863, p. 235. — Transmission en franchise de chargement, des titres de rentes nominatives ou au porteur. (Déc. Min. Fin. 9 Février 1863.)

CHRONIQUE.

L'Administration de l'Enregistrement et du Timbre vient de prendre une mesure qui sera sans doute appréciée du public. Elle met en vente, à titre d'essai et sans augmentation de prix, du papier timbré rayé à l'avance.

On sait que des décrets ont determiné pour les différents formats de papier timbré, et afin d'assurer la correction des écritures, le nombre de lignes que peuvent contenir à la page les copies des exploits et autres pièces, ainsi que les minutes des greffes.

Dans la pratique, et par suite de la rapidité du travail, les prescriptions de ces décrets sont fréquemment perdues de vue.

Pour prévenir autant que possible ces infractions, souvent involontaires, l'Administration a décidé que les papiers au timbre de 50 centimes et 1 franc seraient réglés avant leur émission, par les soins et aux frais de l'Administration.

Cette mesure, provisoirement limitée au quart de la fabrication, pourra, si elle est bien accueillie, être étendue ultérieurement; mais dès aujourd'hui les notaires et les autres officiers ministériels pourront, sans augmentation de prix, employer du papier réglé pour la rédaction de leurs actes et donner ainsi toute la netteté désirable à des documents dont la correction et la durée intéressent l'ordre public.

Un premier envoi de papiers réglés sera adressé prochainement par l'atelier général aux agents distributeurs.

Cet envoi n'étant pas assez important pour suffire à l'approvisionnement de tous les bureaux de l'Empire, on répartira d'abord les divers papiers réglés entre les Receveurs des villes où siége un tribunal civil ou de commerce.

Ier Volume du Journal des Percepteurs. (Nouvelle Série), année 1866. — Plusieurs de nos nouveaux abonnés, à partir de l'année 1867, n'ont pas encore notre volume de 1866. Nous leur ferons observer que ce volume, qui contient d'importants travaux, formera dans leur collection une absence fâcheuse. Ils pourront se trouver dès à présent gênés fréquemment par cette lacune, car nous avons souvent à mettre en corrélation ce 1er tome (qui est la base de notre nouvelle Série), avec ceux qui le suivent. Bientôt d'ailleurs, ce volume arrivera à s'épuiser, et il deviendra difficile de se le procurer.

Pour leur faciliter l'acquisition de ce volume, nous venons d'en faire relier un certain nombre d'exemplaires avec des cartonnages solides et élégants, et nous les céderons en ce moment à des conditions exceptionnelles.

Table Alphabétique *du volume de* 1866, *du Journal des Percepteurs*. — Sur la demande de plusieurs Abonnés, nous nous sommes décidé à ajouter à notre volume de 1866, une *Table Alphabétique* particulière. Nous la préparons en ce moment, et nous serons bientôt en mesure de l'adresser à chacun, *franco* et gratuitement. On sait du reste, — pour les personnes qui ont fait relier leur volume, — que rien ne sera plus facile que d'intercaler cette Table à la fin de l'ouvrage.

L'Administration des Postes vient de mettre en vente un nouveau *Timbre-Poste*, qui est de la valeur de 30 centimes.

HISTOIRE DE L'IMPOT en France, par M. Clamageran, avocat à la Cour de Paris; 1re partie, comprenant l'époque Romaine, l'époque Barbare et l'époque Féodale. 1 fort vol. Prix : 7 fr. 50 cent. Nous reviendrons sur cet important ouvrage, qui concerne spécialement nos lecteurs.

COURS DES FONDS PUBLICS.

A partir d'aujourd'hui, nous commençons, pour la continuer régulièrement dans chacun de nos Numéros, la publication de ces documents qui, nous le pensons, présenteront un intérêt particulier à nos lecteurs. Plus tard, ils pourront encore puiser des renseignements utiles dans ces tableaux, en les conférant entre eux.

BULLETIN HEBDOMADAIRE DE LA BOURSE.

Cours des Fonds publics au 5 Avril 1867.

Rentes et Actions.

3 0/0	68 70	Midi	570 ..
3 Jouis. 1 janvier	68 60	Nord	1165 ..
4 1/2 0/0	98 ..	Orléans	906 25
4 1/2 Jouis. 22 sept	99 95	Ouest	568 75
4 0/0	85 ..	Cie parisienne du gaz	1590 ..
4 Jouis. 22 sep	.. ..	Soc. immobilière	227 50
Obligations du Trésor	466 25	Transatlantique	435 ..
Bons du Trésor	2 1/2	Messag. imper. (s-m.)	750 ..
Banque de France	3525 ..	Canal de Suez	365 ..
Comptoir d'escompte	753 50	Italien 5 0/0	53 30
Crédit agricole	610 ..	Emprunt Mexicain	20 ..
Crédit foncier Colonial	590 .	Crédit mob. espagnol	227 50
Crédit foncier de France	1415 ..	Soc. autrichienne	405 25
Crédit ind. et comm	627 50	Saragosse-Barcelone	41 25
Crédit mobilier	407 50	Guillaume Luxemb.	150 ..
Créd. Mobilier (nouv.)	400 ..	Sud-autrichien lomb	403 75
Dépôts. comptes cour	551 25	Nord de l'Espagne	97 ..
Société générale	555 ..	Saragosse Pampelune	41 25
Ss-comptoir du com	410 ..	Portugais	94 ..
Charentes	362 30	Chemins romains	81 ..
Est	540 ..	Saragosse	103 ..
Paris-Lyon-Méditerr	915 ..	Victor-Emmanuel	73 25
		Séville-Xérès	32 50

Obligations.

Départ. de la Seine	230 ..	Méditerranée	317 ..
Ville 1852. 5 0/0	1190 ..	Paris-Lyon-Méditerr	308 50
— 1855-1860	455 ..	Midi	308 75
— 1865	525 ..	Nord	316 ..
Crédit foncier. 1000 fr. à 3 0/0	951 ..	Orléans	313 50
Crédit foncier. 500 fr. à 4 0/0	502 50	Grand-Central	309 ..
Crédit foncier. 10es à 4 0/0	101 ..	Ouest	309 ..
Crédit foncier. 500 fr à 3 0/0	485 ..	Victor-Emmanuel	298 ..
Crédit foncier. 10es à 3 0/0	93 50	— 1863	117 50
Crédit foncier. 500 fr. à 4 0/0 1863	490 ..	Cordoue-Séville	192 50
Crédit foncier. Com. 3 0/0	405 ..	Ligne d'Italie	29 ..
Crédit foncier. 5es 3 0/0	84 25	Lombard	225 ..
Crédit foncier. Colonial	365 ..	Nord d'Espagne	126 ..
Est	311 ..	Saragosse-Pampelune	96 ..
Ardennes	310 ..	Portugais	118 ..
Lyon	311 ..	Romains	115 ..
Bourbonnais	313 50	Saragosse	140 75
Dauphiné	309 ..	Séville-Xérès-Cadix	82 ..
Lyon-Genève, gar	309 ..	— 94 ans	49 ..

Valeurs diverses.

Ch. Charentes	362 50	Empr. Ottoman	252 50
Chemin du Médoc	265 ..	Obl. Empr. Ottoman	211 25
Comp. Agriculture	530 ..	Ch. Ligne d'Italie	8 50
Caisse des ch. de fer	50 50	Cie It. des ch. Médit	190 ..
Gaz de Marseille	505 ..	Soc. G. Ind. Amsterd	310 ..
Banq. Créd. Pays-Bas	465 .	Banque Ottomane	455 ..
Crédit Fonc. Autrich	640 ..	Crédit Mobil. Italien	290 ..
Obl. Autrich. 1863	325 ..	Zinc, Vieille-Montagne	235 ..
Empr. Mexicain. Obl	141 25		

Directeur, H. Gallevier, Avocat à la Cour Impériale de Paris.

JOURNAL DES PERCEPTEURS,

DES RECEVEURS DES FINANCES, ET DES RECEVEURS DES COMMUNES, HOSPICES, ETC.;
DES SURNUMÉRAIRES, ET DES ASPIRANTS.

2e Série. — 10 fr. par an. Un numéro toutes les semaines. 12e année. — N° 15.

SOMMAIRE.

JURISPRUDENCE SPECIALE.

COUR DE CASSATION

TRÉSOR PUBLIC. — MINISTRE DES FINANCES. — CONSERVATEUR. — PAYEURS. — RESPONSABILITÉ MINISTÉRIELLE.

Aux termes de l'article 13 de la loi du 9 juillet 1836, toutes saisies-arrêt ou oppositions sur des sommes dues par l'État doivent être faites entre les mains du Payeur, sur la caisse duquel les ordonnances ou mandats de payements ont été délivrés. A Paris seulement, et pour tous les payements effectués à la caisse centrale du Trésor public, elles doivent etre faites entre les mains du Conservateur des oppositions, à peine d'être considérées comme nulles et non avenues.

« La Cour,

« Vu l'article 13 de la loi des finances du 9 juillet 1836;

« Attendu que cet article dispose que toutes saisies-arrêt ou oppositions sur les sommes dues par l'État doivent être faites entre les mains des payeurs sur la caisse desquels les ordonnances ou mandats sont délivrés;

« Qu'il déclare, en outre, que toutes dispositions contraires sont abrogées, et que seront considérées comme nulles et non avenues toutes oppositions ou significations faites à toutes autres personnes que celles ci-dessus indiquées;

« Attendu qu'il est constaté, en fait, que Puccini n'avait fait aucune opposition entre les mains du Payeur de Maine-et-Loire, quand celui-ci a acquitté l'ordonnance du Ministre d'État du 5 juillet 1845, assignée sur sa caisse, au nom de Peyre, débiteur dudit Puccini, en payement des travaux exécutés par Peyre pour l'achèvement du Louvre;

« D'où le pourvoi conclut que ce payement régulier en la forme ne peut être, de la part de Puccini, l'objet d'aucun recours contre le Ministre des Finances;

« Attendu que le jugement attaqué a néanmoins reconnu et déclaré qu'il y avait lieu d'étendre l'effet de l'opposition formée par Puccini sur Peyre à la Caisse centrale du Trésor, le 25 avril 1855, à la Caisse du Payeur du département de Maine-et-Loire;

« Qu'il se fonde, pour cela, d'une part, sur ce que les ordonnances successivement délivrées à Peyre par le ministre d'État, la première de mille francs, à la date du 13 février 1855, sur la Caisse centrale du Trésor, la deuxième, de deux mille deux cents francs, à la date du 3 juillet de la même année, sur la Caisse du Payeur de Maine-et-Loire, avaient toutes les deux pour objet des travaux commandés et exécutés à Paris, où d'ailleurs Puccini, créancier saisissant, et Peyre, débiteur saisi, avaient respectivement leurs domiciles;

« Et, d'autre part, sur ce que la première de ces ordonnances, ce qui n'est pas contesté, avait été entièrement acquittée entre les mains de Peyre ou de ses représentants avant le 25 avril 1855, date de la saisie-arrêt de Puccini à cette caisse;

« Mais, attendu que ces deux circonstances n'étaient pas de nature à pouvoir seules et prises en elles-mêmes, particulièrement en ce qui concerne le Trésor, modifier en quoi que ce soit l'exacte et rigoureuse application de l'article 13 de la loi précitée du 9 juillet 1836;

« D'où il suit qu'en décidant le contraire, en l'état des faits constatés par le jugement attaqué et par les motifs y exprimés, et en condamnant, par suite, le Ministre des finances à payer à Puccini la somme de 998 francs, montant des causes de la saisie par lui pratiquée le 25 avril 1855 sur la Caisse centrale du Trésor, le Tribunal de la Seine a violé les dispositions ci-dessus visées;

« Par ces motifs : la Cour casse. »

(Arrêt du 14 janvier 1867).

CONSEIL D'ÉTAT.

COMMUNES RÉUNIES POUR LE CULTE. *Reconstruction de l'église paroissiale. Application des articles* 94, 95 *et* 102 *du décret du* 30 *décembre* 1809.

En principe, une commune, réunie pour le culte à une autre commune sur le territoire de laquelle est située l'église paroissiale, ne peut, à raison de ce qu'il existe sur son propre territoire une autre église non régulièrement consacrée à l'exercice public du culte, et où se célèbrent quelques offices religieux, se soustraire à l'obligation de contribuer aux frais de reconstruction de l'église paroissiale.

Néanmoins, si les formalités prescrites par les articles 94, 95 et 102 du décret du 30 décembre 1809 n'ont pas été observées en ce qui concerne la première commune pour le vote, l'adjudication et l'exécution des travaux de reconstruction et de renouvellement du mobilier de l'église paroissiale; — si, notamment, le devis définitif des travaux de reconstruction accepté par la commune chef-lieu de la paroisse a été approuvé par l'autorité administrative sans avoir été soumis préalablement de la première commune; s'il a été procédé au nom et pour le compte de la commune chef-lieu à l'adjudication, à l'exécution et à la réception tant des travaux de construction que des travaux relatifs au renouvellement du mobilier, sans que l'autre commune ait été représentée dans aucune de ces opérations, — la commune chef-lieu n'est pas recevable à demander que celle ci soit contrainte de contribuer à la dépense (*Arrêt du* 12 *juillet* 1866. — Comm. de Marigny-les-Reullée.)

CONTRIBUTION DES PATENTES.

Agent d'affaires. Directeur a forfait d'une compagnie d'assurances mutuelles.

Le directeur d'une compagnie d'assurances mutuelles qui s'est chargé, à forfait et moyennant une remise proportionnelle à la valeur des assurances, de gérer les intérêts de la compagnie, est imposable à la patentes comme agent d'affaires. (Décr. du 13 mai 1866. — Gaigneaux et autres).

Agent d'affaires. Avocat consultant.

La circonstance qu'un avocat, après avoir cessé d'être inscrit au tableau de l'ordre, donnerait des consultations sur les questions litigieuses, ne saurait le faire considérer comme agent d'affaires. (Décr. du 30 mai 1866. — Dousseaud).

Bois sur bateau (marchand de). Lieu de l'imposition.

Le fait, par un marchand de bois sur bateau, qui a le dépôt de son bois dans la commune de son domicile, de se rendre plus spécialement dans une ville voisine, soit pour y livrer des bois, déjà vendus, soit pour y vendre les chargements de son bateau, ne doit pas le faire considérer comme imposable à la patente dans ladite ville, du moment qu'il n'y a pas de préposé, d'habitation, de magasin, de dépôt, ni de bateau à demeure. La pentente n'est due, dans ce cas, qu'au lieu du domicile. (Décr. du 22 mai 1866. — Lafourcade).

Bois de sciage (marchand de) qui, pendant une année, n'avait pas fait de ventes, mais avait acheté de bois sur pied. Patente maintenue.

Celui qui exerce habituellement la profession de marchand de bois de sciage n'est pas fondé à prétendre qu'il n'est pas imposable à la patente pour une année pendant laquelle il n'a opéré aucune vente, du moment que dans le cours de la même année il a acheté sur pied en certaine quantité de bois destinée à la continuation de son commerce. (Décr. 29 mars 1866. — Noir).

Droit proportionnel. Domicile habituel du patentable.

Un marchand de vins qui s'occupe personnellement du placement de ses vins dans différentes localités, en séjournant une partie de l'année dans l'une d'elles où il a une habitation, mais qui a son domicile habituel et principal dans une autre commune, n'est pas fondé à prétendre qu'il ne doit pas être imposé au droit proportionnel sur l'habitation personnelle qu'il a dans cette dernière commune. (Décr. 22 mai 1866. — Rodrigues).

Droit proportionnel sur l'habitation du patentable. — Fours a chaux exploités par des préposés.

N'est pas imposable au droit proportionnel de la patente pour son habitation personnelle un fabricant de chaux qui ne fait pas de cette industrie sa profession principale et exploite des fours dans diverses communes par l'intermédiaire d'agents chargés d'opérer les ventes, d'en tenir compte, d'effectuer les livraisons et qui sont logés au lieux mêmes où sont situés les fours. (Décr. 30 mai 1866. — de Villaire).

Etablissements multiples. Fabricant et marchand.

Est imposable à la patente, comme ayant deux établissements, l'un de fabricant, l'autre de marchand, un imprimeur sur étoffes qui a, dans une commune, son établissement industriel et, dans une ville voisine, un magasin où il vend en gros (*au prix de fabrique*) les produits de sa fabrication. (Décr. 28 mai 1866.— Rondeaux et consorts).

Etablissements multiples. Compagnie de chemin de fer ayant un établissement pour la centralisation du service des transports de marchandises du domicile des expéditeurs a la gare du chemin de fer.

Une compagnie de chemin de fer qui possède dans l'intérieur d'une ville un établissement dans lequel elle centralise le service du transport des marchandises du domicile des expéditeurs à la gare du chemin de fer, en percevant pour ce transport, un prix spécial, indépendamment de celui perçu pour le parcours sur la voie ferrée, doit être imposée, en qualité d'entrepreneur de roulage, comme ayant un établissement secondaire dans le sens de l'art. 9 de la loi du 4 juin 1858. (Décr. 23 mai 1858.— Chemin de fer d'Orléans).

Professions non susceptibles d'être exercées pendant toute l'année. Loueur en garni pendant la saison des eaux.

Est imposable à la patente, comme loueur en garni et pour l'année entière, le propriétaire d'une maison destinée par lui à être louée en garni aux baigneurs pendant la saison des eaux, bien que ladite maison ne soit pas mise en location pendant le reste de l'année. (Décr. 30 mai 1866. — Graffet.)

TAXE MUNICIPALE SUR LES CHIENS.

CHIEN DE LA 2e CATÉGORIE. CHIEN EMPLOYÉ A LA DESTRUCTION DES TAUPES.

Un chien employé à la destruction des taupes, ne pouvant être rangé ni parmi parmi les chiens d'agrément ni parmi les chiens servant à la chasse, doit être classé dans la 2e catégorie. (Décr. 29 mai 1866. — Leprohon.)

DÉCLARATION. LA NON-DÉCLARATION DE LA PERTE D'UN CHIEN NE FAIT PAS PERDRE LE DROIT DE RECLAMER LA DÉCHARGE DE LA TAXE.

Celui qui a été imposé pour un chien, précédemment déclaré et mort avant le 1er janvier, est recevable à reclamer la décharge de sa cotisation dans les trois mois de la publication du rôle, bien qu'il n'eut pas fait avant le 15 janvier, la déclaration de la perte de ce chien. (Décr 29 mai 1866, — Delache.)

LIEUX DE L'IMPOSITION. CHIEN MIS EN PENSION CHEZ UN GARDE CHASSE.

N'est pas imposable dans la commune de son domicile, pour le chien dont il est possesseur, celui qui, avant le 1er janvier, a mis ce chien en pension chez son garde chasse, lequel en a fait la déclaration à la mairie de sa résidence. (Décr. 30 mai 1866. — Lepars.)

CONTRIBUTION PERSONNELLE ET MOBILIÈRE.

CHANGEMENT DE RÉSIDENCE. CONTRIBUABLE N'AYANT PAS D'HABITATION PERSONNELLE AU 1er JANVIER.

Celui qui a été maintenu à la contribution personnelle et mobilière dans une commune qu'il avait quittée avant le 1er janvier et dans laquelle il n'avait conservé aucune habitation meublée, a droit à la décharge de sa cotisation mobilière, bien qu'il ne justifie pas de son inscription au rôle d'une autre commune, du moment qu'à l'époque du 1er janvier il occupait, chez un ami, un appartement non distinct de celui de ce dernier et qu'il n'avait pas d'habitation qui fût propre. (Décr. du 22 mai 1866. — Laisné de la Couronne).

MAISON VENDUE AVANT LE 1er JANVIER ET DANS LAQUELLE L'ANCIEN PROPRIÉTAIRE A LAISSÉ SON MOBILIER APRÈS CETTE ÉPOQUE, MAIS A TITRE DE DÉPOT SEULEMENT.

Celui qui a vendu et cessé d'habiter, avant le 1er janvier, une maison pour laquelle il a été maintenu au rôle de la contribution mobilière, a droit à la décharge de sa cotisation, alors même que son mobilier serait resté dans ladite maison postérieurement à cette époque, du moment qu'il est établi que ce mobilier n'y a été laissé qu'à titre de dépôt. (Décr. 22 mai 1866. — Féron).

QUESTIONS DIVERSES

TAXE COMMUNALE. LOCATION. COMPÉTENCE. USURPATION.

Nous extrayons la question suivante du savant *Journal du Droit administratif*, rédigé par M. Ad. Chauveau.

« Trois individus de la commune de ***, les sieurs P....., D....., J....., ont demandé la décharge des taxes ou prix de location auxquels ils ont été imposés, pour 1866, pour jouissance de biens ruraux communaux, par le motif que les terrains qu'ils occupent seraient leurs propriétés respectives et non celles de la commune.

« Le conseil municipal de **, consulté sur cette demande, l'a rejetée, en déniant le droit de propriété aux réclamants. Il résulte de l'instruction, notamment de la déclaration du maire, que le sieur P..... s'est emparé d'un bien vacant, et que la commune, qui payait déjà et qui paie encore la contribution foncière afférente à ce bien, l'a imposé pour se rembourser de cette dépense; que la propriété de D..... ne figurant pas au cadastre, celui ci a été assujetti, en faveur de la commune, sous forme de taxe de location, à une taxe représentant la contribution foncière qu'il devrait payer à l'État. Quant au sieur J..., il aurait empiété peu à peu sur le terrain communal, et la commune, au lieu de le poursuivre, aurait cherché à se dédommager, en lui imposant, à titre de fermage, une taxe annuelle. Le Sous Préfet de l'arrondissement a, de son côté, expliqué que ces redevances ne représentent pas des taxes proprement dites, mais simplement un prix de location, et que l'état sur lequel figuraient les réclamants est rendu exécutoire en vertu de l'article 63 de la loi du 18 juillet 1837, parce que le produit présumé des locations est inscrit en recette sur le budget, sous le titre de Biens ruraux (*prix de ferme*)

« Je dois ajouter, pour compléter ces renseignements, que sur l'état qui est soumis au Conseil de Préfecture, figurent vingt-un individus pour des sommes variant de 0 fr. 65 c. à 16 fr., qu'il est dressé par le conseil municipal et non par le maire, et qu'il est rendu exécutoire par le Sous-Préfet, sans qu'il soit fait mention en vertu de quelle disposition de loi on a procédé. J'ajoute que cet usage existe dans d'autres communes du département, et que ces états, ainsi dressés et *publiés* dans les communes, le sont sur l'adhésion *plus ou moins verbale* des individus qui y figurent. Au lieu de poursuivre la réintégration des terrains usurpés, les communes préfèrent recourir à ce moyen pour se procurer certains revenus.

« Ce mode de procéder est irrégulier et illégal; mais on se demande si le Conseil de Préfecture est compétent et s'il doit considérer cet état comme équivalant à un rôle de taxe de pâturage, dressé en vertu de la loi du 18 juillet 1837, article 44, ou bien s'il doit se déclarer incompétent, en l'assimilant aux états que le maire dresse en exécution de l'article 62 de la même loi. »

Sur cet exposé, j'ai répondu : Au fond, il s'agit d'une question de propriété qui est essentiellement de la compétence du pouvoir judiciaire. Les trois individus se prétendent propriétaires de terrains à l'occasion desquels on leur demande un droit quelconque que je ne qualifie pas encore. Le Conseil de Préfecture doit donc, en réservant tous les droits, surseoir à statuer jusqu'à ce que la question de propriété ait été vidée par le tribunal civil. En la forme, le mode de recouvrement est reconnu vicieux, et on a parfaitement raison. Il ne s'agit pas là d'une taxe communale prévue par l'article 44 de la loi du 18 juillet 1837, mais d'un simple revenu communal perçu suivant le mode autorisé par l'article 63. Il appartient au pouvoir judiciaire de connaître de l'opposition au paiement de ce prix de location demandé par la commune. Sous ce rapport encore, le conseil de préfecture me paraît donc incompétent.

REMISES. LEGS D'OBLIGATIONS DE CHEMINS DE FER. ÉCRITURES A PASSER.

Le Receveur d'un Bureau de Bienfaisance a-t-il droit à des remises sur le montant d'un legs fait à cet établissement en actions de chemin de fer? Quelles sont alors les écritures à passer?

On nous écrit :

« Le Bureau de Bienfaisance de C...., a reçu un legs qui se compose de huit actions du chemin de fer d'Épinac, dont le dividende n'est connu qu'après la réunion des actionnaires, qui a ordinairement lieu chaque année au mois de novembre. Ces huit actions ont produit, en 1866, 500 francs de dividende; mais, d'après ce que l'on m'annonce, l'Assemblée générale des actionnaires, a pris dans les règles tracées par ses statuts, une décision ayant force de loi pour tous, qui autorise les Administrateurs à payer les dividendes en obligations sur la Compagnie, laquelle ne trouve pas à emprunter à des conditions acceptables les fonds qu'ils empruntent ainsi à eux-mêmes. Bref, au lieu de recevoir 500 francs en numéraire, j'ai reçu une obligation de 500 francs et j'ai même dû débourser 31 fr. 85 cent. pour honoraires, timbre et impôts, etc., relatifs à cette même obligation. »

On nous prie de donner notre avis sur ce point qui embarrasse un de nos lecteurs; nous l'engageons à se reporter à notre volume de 1860, p. 266. Nous y avons examiné une question identique et nous l'y avons traitée d'une manière complète.

Aucune des circulaires et instructions qui ont suivi les ordonnances de 1839 n'a résolu explicitement cette question. La circulaire du 25 juillet 1841 parle toutefois d'un capital échu à une commune ou à un établissement de bienfaisance par donation entre-vifs ou testamentaire. Elle décide que le recouvrement de ce capital constitue une recette réelle qui augmente l'avoir de l'établissement, et que la recette doit donner lieu à remises pour le comptable qui l'effectue sous sa responsabilité, même quand les fonds ainsi recueillis seraient destinés à l'achat d'un immeuble productif de revenus. Il n'y a d'exception pour le droit à remises que si c'est un immeuble qui ait été donné à la commune ou à l'établissement charitable.

En appliquant ces règles à la question qui nous est adressée, nous sommes amené à émettre l'avis qu'il est dû des remises au Receveur du Bureau de Bienfaisance sur le legs d'actions de chemin de fer, car ce ne sont pas là des immeubles, mais bien des valeurs mobilières assimilables à l'argent. D'après l'article 529 du Code Napoléon, sont meubles par la détermination les obligations et actions qui ont pour objet des sommes exigibles ou des effets mobiliers, les actions ou intérêts dans les compagnies de finance, de commerce ou d'industrie. Le recouvrement des créances engage la responsabilité du Receveur, et, d'après la jurisprudence du Conseil d'État, il est dû des remises chaque fois que cette responsabilité est engagée, sauf les exceptions résultant des conversions de valeurs. Dans l'espèce il ne peut y avoir conversion de valeurs dans le sens de l'ordonnance de 1839; il y a un don de diverses créances à recouvrer dont le montant entrera dans la caisse du Receveur.

Si, au lieu d'actions de chemins de fer, le donateur avait légué des billets à ordre, des meubles, on ne refuserait pas des remises au Receveur sur le recouvrement des uns et le produit de la vente des autres; pourquoi l'en priverait-on sur des arrérages de rente et sur les autres créances? Pour bien faire comprendre notre pensée nous allons citer un exemple : On sait que les billets émis par la banque de France n'ont pas cours forcé; ces billets sont donc de simples créances et non de l'argent; le Receveur serait-il privé de remises sur un legs de 8 ou 10 000 fr. de billets de Banque? Non. Eh bien, il en est de même de toutes les créances réalisables en argent.

En principe et en règle générale, tout legs d'une chose quelconque, autre qu'un immeuble, fait à une commune ou à un établissement charitable, donne lieu à remises au moment où il entre en argent dans la caisse du Receveur, et cela est si vrai que, lorsqu'il y a un exécuteur testamentaire, celui-ci vend, recouvre et liquide les créances, et que l'argent réalisé qu'il verse dans la caisse du légataire donne droit à remises, quelle que soit son origine.

Il est évident, d'après ce qui précède, que le comptable doit passer écriture de l'importance du legs, en faisant estimer authentiquement la valeur des actions.

LEGS D'UN CAPITAL DESTINÉ A L'ACQUISITION D'UNE RENTE SUR L'ÉTAT. — TRADITION DU TITRE AU LIEU DU CAPITAL. — REMISES DU RECEVEUR.

Un testament contient un legs ainsi conçu : « Je donne et lègue à la commune de ..... canton de ..... lieu de ma naissance et demeure de mes ancêtres, une *somme nécessaire pour acheter une rente sur l'État, 3 0/0 annuelle de fr.* 250, qui sera employée chaque année à fournir des secours et des soins à des malades indigents ou nécessiteux de la commune. La distribution de cette rente se fera par les soins du Maire et du curé de la commune, d'accord entre eux.

« La rente qui fait l'objet de la disposition qui précède ne commencera à courir qu'à partir du jour *où elle aura été acquise*, après due autorisation, j'aimerais bien que la rente fut immatriculée au Trésor avec indication de sa destination, de manière à ce que cette destination ne puisse jamais être perdue de vue ni détournée. »

La commune a été autorisée à accepter ce legs par arrêté préfectoral en date du 9 octobre 1866.

Avant tout examen de détail, nous devons dire, en thèse générale, qu'en pareil cas le texte de l'acte est la chose principale à consulter; que, par conséquent si le legs en question était ainsi conçu : *Je donne et lègue à la commune de ..... une rente de fr.* 250, le versement du capital destiné à l'achat de cette rente ne pourrait pas être réclamé par le Receveur, le dépôt du titre de la rente suffirait pour remplir les intentions du testateur; le Receveur ne pourrait prétendre à aucunes remises (*Journal des Percepteurs*, 1863, page 218; 1864, page 147). Mais, dans le cas présent, il nous paraît en devoir être tout autrement.

Contrairement aux termes précis du legs, le notaire dépositaire du testament a cru devoir acheter directement la rente, sans le concours et arrière du Receveur; que doit faire celui-ci? Un titre existe : ce titre prescrit l'accomplissement d'une obligation, celle de verser une somme et ne parle pas de substituer à cette obligation une mesure quelconque, même équivalente; le legs dit qu'une somme nécessaire pour acheter une rente de fr. 250 sera donnée à la commune de .... Le Receveur doit exiger que cette somme soit versée dans sa caisse; il ne doit pas et, nous dirions même, il ne peut pas ne pas exiger ce versement sans contredire aux dispositions de la circulaire ministérielle du 20 avril 1843. C'est la commune et non tout autre, qui est chargée de veiller à ce que la rente soit immatriculée avec indication de sa destination et de manière à ce que cette destination ne puisse jamais être perdue de vue ni détournée, selon les intentions exprimées du testateur; ces intentions doivent être respectées dans leur intégrité, c'est une condition inséparable de la libéralité.

Le Receveur nous paraît donc fondé à refuser toute autre chose que la somme nécessaire à l'achat de la rente en question, et il a droit à des remises sur l'encaissement de cette somme (*Traité des remises*, p. 92, *Journal* de 1860, p. 80.) Si le notaire, dépositaire des fonds, a, contrairement aux intentions du testateur, disposé de ces fonds autrement qu'il ne le devait, c'est à lui à en subir les conséquences; mais, nous le répétons, nous pensons que le Receveur a le droit d'exiger que la somme léguée soit versée entre ses mains; bien plus, le titre constitutif de la libéralité l'y oblige.

Les dernières intentions exprimées de l'administration supérieure, à l'égard des comptabilités occultes, nous paraissent tellement décisives, qu'à moins d'admettre que, dans la pratique, le système opposé continue à être appliqué, le Receveur qui nous consulte doit avoir raison à tous les degrés de juridiction.

INSTITUTRICES PROVISOIRES NON BREVETÉES.

TRAITEMENT. TIMBRE DE QUITTANCES.

Une institutrice provisoire, mais non brevetée, reçoit dans son école les enfants de deux communes rurales : sur le budget de chacune de ces deux communes figure un crédit, *traitement de l'institutrice* : le traitement, dans l'une de ces communes, est de. 60 fr. et dans l'autre commune, de. . . . . 35 fr.

Ces sommes sont payées sur les fonds ordinaires des communes, sans l'intervention de l'État ni du département. Cette institutrice, quoique provisoire et non brevetée, doit-elle être considérée comme un employé communal, remplissant un service annuel? Par conséquent, doit-elle jouir de l'immunité du timbre jusqu'à concurrence d'une somme de traitement égale à 300 fr.? Ou bien, le traitement de cette institutrice peut-il être considéré comme rémunérant un service non fixe, sujet à certaines interruptions, limité à une partie de l'année, en un mot, ne constituant pas un service annuel? La quittance de ce traitement, s'élevant à plus de 10 fr., ne doit-elle pas être timbrée?

Une troisième question peut être jointe à celles précédentes : l'école tenue par l'institutrice dont il s'agit est-elle publique ou privée?

Dans l'espèce, il ne peut être contesté que l'école dont il s'agit ne soit une école publique; ce premier point est incontestable et forme déjà un titre important à l'exemption de timbre pour la quittance de traitement. Or, si l'école est publique et si l'institutrice qui la dirige, (peu importe qu'elle soit provisoire, brevetée ou non brevetée,) reçoit un traitement annuel de la commune, cette institutrice peut, à juste titre, revendiquer la qualité d'employé de la commune.

Le service de cette institutrice, employé communal, est-il annuel ou sujet à certaines intermittences irrégulières, et se faisant à certains intervalles? Poser cette question, c'est la résoudre. Le service d'une institutrice recevant un traitement annuel de la commune, doit être continu et sans autres interruptions que celles prévues : c'est ce qui a toujours eu lieu, d'après les communications qui nous sont faites. Aussi, depuis plus de trente ans, le payement du traitement de cette institutrice a eu lieu sur une quittance exempte de timbre : c'est la première fois qu'un Vérificateur de l'enregistrement élève une prétention contraire.

Nous ne doutons pas que sur les représentations faites officieusement à M. le Directeur de l'enregistrement par le receveur qui nous consulte, l'amende requise contre lui ne soit déclarée non avenue, à l'instant même.

FEUILLE D'ÉMARGEMENT DES EMPLOYÉS COMMUNAUX. TIMBRE.

Les feuilles d'émargement du traitement payé aux employés communaux doivent-elles être timbrées, quelle que soit leur dimension, au timbre de 50 centimes, ou bien doivent-elles supporter un timbre proportionnel à la dimension de la feuille ?

Une décision de S. Exc. M. le Ministre des finances, en date du 17 mai 1825, est ainsi conçue : « Le pour « acquit mis à la suite des mandats délivrés aux par- « ticuliers pour sommes dues par l'État, ne donne « ouverture qu'au droit de timbre de 35 cent., quelle « que soit la dimension de la feuille sur laquelle les « mandats sont écrits. » Cette décision a toujours été appliquée aux sommes dues par les communes aussi bien qu'à celles dues par l'État.

Ce n'est donc pas la feuille de papier sur laquelle le mandat est formulé qui est assujettie au timbre, c'est la quittance dont cette feuille est revêtue.

Il doit en être nécessairement de même de la feuille sur laquelle les divers traitements des employés d'une commune sont décomptés aux époques de leur payement. Cette feuille ou état, si elle ne recevait pas la quittance des employés, ne serait pas assujettie au timbre, pas plus que ne le sont les mandats de payement des ordonnateurs, considérés comme simples mandats.

Les états collectifs des traitements fixes d'employés des communes et des établissements publics, lorsqu'ils ne comprennent que des traitements de 300 fr. et au-dessous, sont exempts du timbre. (Décision ministérielle du 6 août 1867 ; Instruction 2106, § 7, Solher, art. 475.)

Le pour acquit de ces employés *seul* rend donc la feuille d'émargement susceptible de recevoir un timbre : quel timbre ? Évidemment le timbre dû pour les quittances, qui, de 35 cent. a été porté à 50 cent. par l'article 24 de la loi du 2 juillet 1862.

QUITTANCE SUR MANDEMENT EXÉCUTOIRE.

TIMBRE.

Le recouvrement, par mandements exécutoires, de frais et honoraires de toute nature auxquels donnent lieu les travaux d'intérêt public, a été attribué aux Percepteurs des contributions directes par le décret du 27 mai 1854 ; la quittance de ce produit délivrée par un Percepteur doit-elle être timbrée ?

Le dernier paragraphe de l'article 454 de l'Instruction générale du 20 juin 1859 est ainsi conçu : « Ces recouvrements sont opérés par les Percepteurs en vertu de mandements exécutoires délivrés par les Préfets, *et selon les règles suivies en matière de contributions directes.* »

Or, comme aux termes de l'article 16 de la loi du 13 brumaire an VII, les quittances des contributions directes sont exemptes de timbre, les quittances de payement sur mandements exécutoires doivent l'être également, puisque les règles suivies en matière de contributions directes leur sont applicables. Un Percepteur contre lequel une amende est requise pour défaut de timbre d'une quittance de ce genre, nous paraît être fondé à réclamer contre cette prétendue contravention.

CHRONIQUE.

D'après les instructions relatives au nouveau mode d'allocation des remises aux Percepteurs, le dernier douzième ne doit leur être payé qu'en février ou mars, c'est-à-dire, après l'établissement du décompte définitif de l'année. On ne comprend pas bien le but et l'utilité de cette mesure. Il est établi au commencement de l'année un décompte provisoire d'après le montant des rôles généraux ; le chiffre de ce décompte ne peut pas varier, et l'on ne voit pas où serait l'inconvénient d'allouer aux Percepteurs jusqu'à épuisement de la somme à laquelle il s'élève. Quand au remises résultant des rôles supplémentaires, sans doute elle ne peuvent être allouées qu'après l'établissement du décompte définitif qui n'a lieu qu'en février, mais, nous le répétons, ce qu'on ne comprend pas bien, c'est que l'on retienne aux Percepteurs leurs remises du mois de décembre jusqu'à l'établissement du décompte définitif, puisque c'est en vertu du décompte provisoire qu'elle doivent leur être payées, ainsi que l'ont été celles du mois précédents.

Nous sommes en ce moment débordés par une grande quantité de *consultations* ; nous prions les consultants de prendre patience pendant quelque temps : bientôt ils trouveront la solution de leur question publiée dans le Journal, ou bien réponse leur sera faite directement.

A cette occasion, nous nous permettons de faire remarquer que jamais, ni dans le Journal, ni dans nos Prospectus, ou autrement, nous ne nous sommes engagés à donner des consultations, — ainsi que le fait certain autre Recueil. Toutefois, chacun sait que, — contrairement à certains autres nous avons pris à cœur de répondre, — et sérieusement, à toutes les lettres qui nous sont adressées, (pourvu qu'elles contiennent un timbre poste).

En même temps, nous ferons observer à divers comptables que nous ne saurions acquiescer, ni pour la forme ni pour le fonds, aux demandes qu'on nous fait de répondre à telle époque désignée. Nous serons toujours heureux d'être agréables à nos lecteurs, mais nous ne saurions admettre qu'on oublie les égards qui nous sont dûs.

Ier VOLUME DU JOURNAL DES PERCEPTEURS. (Nouvelle Série), année 1866. — Plusieurs de nos nouveaux abonnés, à partir de l'année 1867, n'ont pas encore notre volume de 1866. Nous leur ferons observer que ce volume, qui contient d'importants travaux, formera dans leur collection une absence fâcheuse. Ils pourront se trouver dès à présent gênés fréquemment par cette lacune, car nous avons souvent à mettre en corrélation ce 1er tome (qui est la base de notre nouvelle Série), avec ceux qui le suivent. Bientôt d'ailleurs, ce volume arrivera à s'épuiser, et il deviendra difficile de se le procurer.

Pour leur faciliter l'acquisition de ce volume, nous venons d'en faire relier un certain nombre d'exemplaires avec des cartonnages solides et élégants, et nous les céderons en ce moment à des conditions exceptionnelles.

NOMINATIONS ET MUTATIONS.

Ont été nommés Percepteurs :

A Muro (Corse), M. Chiui a été élevé à la 4e classe;

A St-Georges-d'Oleron (Charente-Inferieure), M. Barbe, percepteur de Léognan (Gironde);

A Montpellier (Hérault), M. Munier, Major en retraite;

A St-Gaultier (Indre), M. Durand, de Trois-Moutiers (Vienne);

A St-Jean-de-Bournay (Isère), 2e cl., M. Cotte, de Virieu, (3e classe);

A Pontcharra (do), 4e cl., M. Boule, d'Aoste;

A Aoste (do), 5e cl., M. Maurin, surnuméraire;

Aux Abrets (do), 5e cl., M Garnier, Empl. de Préfecture;

A Virieu (do), 3e cl., M. Dechenaux, du Monestier;

A Le Monestier (do), 4e cl., M. Blanc, de Chélieu;

A Chélieu (do), 5e cl., M. Berlioz, surnuméraire,

A Nantes (Loire-Infér.), 4e arrond., M. Rossignol, percept.;

A Tassin (Rhône), M. Dumay a été élevé à la 2e classe;

A Fougerolles (Hte-Saône), M. Jannot, percepteur de Champvans, en remplacement de M. Barisien, décédé;

A Champvans (do), M. Lyautey, de Raze;

A Raze (do), M. Perruche de Velua, surnuméraire;

A Paris (3e arrondissement, — 2e division), M. Lartignes, Chef de Bureau du cabinet du Ministre, en remplacement de M. Lavocat, retraité;

— (15e arrond.), M. de Briche, percepteur-receveur de la 2e division du 19e arrondissement, en remplacement de M. Duquesne, réformé;

— (16e arrond., — 1re div.), M. Haudry de Janvry, attaché à la Préfecture de la Seine, en remplacement de M. Lacombe, admis à la réforme;

— (19e arrond., — 2e div.), M. de Rouville, en remplacement de M. de Briche;

A Motteville (Seine-Infér.), M. Bouterre, surnuméraire;

A La Bastide-St-Pierre (Tarn-et-Garonne), M. Vigne, surnuméraire, en remplacement de M. Lafont, démissionnaire.

Nous venons d'apporter diverses améliorations à nos Ouvrages sur le service : le papier en a été satiné et glacé, ils ont été brochés avec un soin particulier, ou revêtus de cartonnages élégants. Pour qu'ils puissent être examinés par chacun avant de les acquérir, nous avons prié les Employés des Recettes d'en accepter un exemplaire en dépôt; on pourra donc toujours les trouver dans chaque Recette des finances.

Les prix restent les suivants :

INSTRUCTION GÉNÉRALE. 2e édit. Cartonnée.......... 7f. »
D° — Brochée........ 6 »
(L'Édition Dupont est à 8 f.)
D° — avec intercal.... 8 »

PETITE INSTRUCTION PRATIQUE. 2e édit. Cartonnée... 3 »
D° — Brochée.. 2 50

Quelques exemplaires de choix, sur beau papier Vergé de Hollande, avec de grandes marges : prix, 4 fr. Cartonné, 5 fr.

CODE DES PATENTES, au courant jusqu'en 1866. Un beau volume de 200 pages. (Bientôt epuisé.) Cartonné. . 4 »

Notre Traité des Remises est entièrement épuisé.

APPEL A NOS ABONNÉS
POUR LE PLACEMENT DANS LES MAIRIES
de nos Ouvrages Administratifs.

Nous adressons à nos abonnés, pour recueillir dans les mairies de leur circonscription des souscriptions à nos Ouvrages administratifs, des Mandats préparés, dont le modèle est donné à la page ci-contre.

Nous avons pensé qu'en ce moment où l'on s'occupe de dresser les budgets, il serait facile de faire remplir cette légère et utile dépense, dans les communes où ne se trouvent pas encore les ouvrages dont il s'agit. D'ailleurs, nous espérons qu'en cette circonstance nos souscripteurs ne nous refuseront pas leur concours, qui peut nous être si avantageux. Un grand nombre d'entre eux nous assurent journellement de leurs sympathies : qu'ils nous permettent de les invoquer aujourd'hui.

Lorsque les mandats seront remplis (plus ou moins), MM. les comptables auront l'obligeance de nous les adresser immédiatement; nous leur retournerons régularisés avec les ouvrages demandés.

(Voir la page ci-contre)

BULLETIN HEBDOMADAIRE DE LA BOURSE.

Cours des Fonds publics au 12 Avril 1867.

Rentes et Actions.

3 0/0	68 50	Midi	545 ..
3 Jouis. 1 janvier	66 25	Nord	1107 50
		Orléans	832 ..
4 1/2 0/0	96 ..	Ouest	535 ..
4 1/2 Jouis. 22 sept	99 95	Cie parisienne du gaz	1425 ..
4 0/0	85 ..	Soc. immobilière	212 50
4 Jouis 22 sep	.. ..	Transatlantique	598 75
Obligations du Trésor	461 25	Messag. imper. (s-m.)	725 ..
Bons du Trésor	2 1/2	Canal de Suez	347 50
Banque de France	3400 ..	Italien 5 0/0	47 75
Comptoir d'escompte	730 ..	Emprunt Mexicain	17 ..
Crédit agricole	590 ..	Crédit mob. espagnol	245 ..
Crédit foncier Colonial	550 .	Soc. autrichienne	375 ..
Credit foncier de France	1310 ..	Saragosse-Barcelone	39 ..
Credit ind. et comm	615 ..	Guillaume Luxemb.	150 ..
Crédit mobilier	375 ..	Sud-autrichien-lomb	370 ..
Cred. Mobilier (nouv.)	.. ..	Nord de l'Espagne	83 ..
Depôts. comptes cour	545 ..	Saragosse Pampelune	39 ..
Société générale	515 ..	Portugais	87 ..
Ss-comptoir du com	400 ..	Chemins romains	68 ..
Charentes	355 .	Saragosse	85 ..
Est	525 ..	Victor-Emmanuel	65 ..
Paris-Lyon-Méditerr	867 50	Séville-Xérès	30 ..

Obligations.

Départ. de la Seine	227 50	Méditerranée	312 50
Ville 1852. 5 0/0	1185 ..	Paris Lyon-Méditerr	301 ..
— 1855 1860	412 50	Midi	303 50
— 1865	527 ..	Nord	310 ..
Crédit foncier. 1000 fr. à 3 0/0	150 ..	Orléans	305 ..
Crédit foncier. 500 fr. à 4 0/0	500 ..	Grand-Central	305 ..
Crédit foncier. 10es à 4 0/0	100 ..	Ouest	303 50
Crédit foncier. 500 fr. à 3 0/0	460 ..	Victor-Emmanuel	287 50
Crédit foncier. 10es à 3 0/0	93 50	— 1863	100 ..
Crédit foncier. 500 fr. à 4 0/0 1863	481 25	Cordoue-Séville	192 50
Crédit foncier. Com. 3 0/0	400 ..	Ligne d'Italie	29 ..
Crédit foncier. 5es 3 0/0	81 ..	Lombard	216 ..
Crédit foncier. Colonial	430 ..	Nord d'Espagne	117 50
Est	304 50	Saragosse-Pampelune	85 ..
Ardennes	304 ..	Portugais	105 ..
Lyon	305 ..	Romaines	106 ..
Bourbonnais	307 50	Saragosse	133 ..
Dauphiné	305 ..	Séville-Xérès-Cadix	76 ..
Lyon-Genève, gar	307 50	— 94 ans.	50 ..

Valeurs diverses.

Ch. Charentes	362 50	Empr. Ottoman	230 ..
Chemin du Médoc	267 50	Obl. Empr. Ottoman	220 ..
Comp. Agriculture	530 ..	Ch. Ligne d'Italie	8 50
Caisse des ch. de fer	50 ..	Cie It. des ch. Medit	190 ..
Gaz de Marseille	505 ..	Soc. C. Ind. Amsterd	305 ..
Banq. Créd. Pays-Bas	535 .	Banque Ottomane	410 ..
Crédit Fonc. Autrich.	610 ..	Crédit Mobil. Italien	290 ..
Obl. Autrich. 1865	305 ..	Zinc, Vieille-Montagne	230 ..
Empr. Mexicain. Obl	122 50		

Directeur, H. Galletier, Avocat à la Cour impériale de Paris.

DÉPARTEMENT de

ARRONDISSEMENT d

COMMUNE d

Art. du compte de Gestion.

GESTION 186 . — EXERCICE 186 .

MANDAT DE PAYEMENT.

Autorisation :

Budget { primitif, chapitre art. ; add^{el}, section art.

Arrêté de M. le Préfet en date du

TOTAL.

En vertu de l'autorisation relatée ci-dessus, M. Receveur municipal de la commune d payera au dénommé dans le tableau suivant la somme de

sur la remise des pièces et pour l'objet de dépense ci-après :

DÉSIGNATION DES PARTIES PRENANTES.	OBJET DE LA DÉPENSE.	SOMMES À PAYER.	OUVRAGES ADMINISTRATIFS
M. d'Escrivan, 8, rue d'Anjou-Dauphine, à Paris.	Acquisition d'ouvrages administratifs.		Code des patentes........... 3 50 Guide des fabriques des églises........ .... 3 50 Guide des gardes-champêtres. 3 » Instruction générale du Ministre des Finances, comprenant le service municipal et hospitalier................ 5 »

Pour acquit :

A

le 186 .

Le présent mandat, dûment quittancé de la partie prenante, sera alloué dans les comptes de gestion dudit Receveur municipal, en rapportant à l'appui les pièces ci-dessus relatées.

Fait à le 186 .

Le Maire de la commune d

Paris. — Typ. de Cosson et Comp.

JOURNAL DES PERCEPTEURS,

DES RECEVEURS DES FINANCES, ET DES RECEVEURS DES COMMUNES, HOSPICES, ETC.;
DES SURNUMÉRAIRES, ET DES ASPIRANTS.

2e Série. — 10 fr. par an. Un numéro toutes les semaines. 12e année. — N° 16.

SOMMAIRE.

ACTES OFFICIELS

LOI SUR L'INSTRUCTION PRIMAIRE (1).

10 Avril 1867.

Art. 1er. Toute commune de cinq cents habitants et au-dessus est tenue d'avoir au moins une école publique de filles, si elle n'en est pas dispensée par le conseil départemental, en vertu de l'art. 15 de la loi du 15 mars 1850.

Dans toute école mixte tenue par un instituteur, une femme, nommée par le Préfet, sur la proposition du Maire, est chargée de diriger les travaux à l'aiguille des filles. Son traitement est fixé par le Préfet, après avis du conseil municipal.

Art. 2. Le nombre des écoles publiques de garçons ou de filles à établir dans chaque commune est fixé par le conseil départemental, sur l'avis du conseil municipal.

Le conseil départemental détermine les écoles publiques de filles auxquelles, d'après le nombre des élèves, il doit être attaché une institutrice adjointe.

Les paragraphes 2 et 3 de l'art. 34 de la loi du 15 mars 1850 sont applicables aux institutrices adjointes.

Ce conseil détermine, en outre, sur l'avis du conseil municipal, les cas où, à raison des circonstances, il peut être établi une ou plusieurs écoles de hameau dirigées par des adjoints ou des adjointes.

Les décisions prises par le conseil départemental, en vertu des paragraphes 1, 2 et 4 du présent article, sont soumises à l'approbation du Ministre de l'Instruction publique.

Art. 3. Toute commune doit fournir à l'institutrice, ainsi qu'à l'instituteur adjoint et à l'institutrice adjointe dirigeant une école de hameau, un local convenable, tant pour leur habitation que pour la tenue de l'école, le mobilier de classe et un traitement.

Elle doit fournir à l'adjoint et à l'adjointe un traitement et un logement.

Art. 4. Les institutrices communales sont divisées en deux classes.

Le traitement de la première classe ne peut être inférieur à cinq cents francs, et celui de la seconde à quatre cents francs.

Art. 5. Les instituteurs adjoints sont divisés en deux classes.

Le traitement de la première classe ne peut être inférieur à cinq cents francs, et celui de la seconde à quatre cents francs.

Le traitement des institutrices adjointes est fixé à trois cent cinquante francs.

Le traitement des adjoints et adjointes tenant une école de hameau est déterminé par le Préfet, sur l'avis du conseil municipal et du conseil départemental.

Art. 6. Dans le cas où un ou plusieurs adjoints ou adjointes sont attachés à une école, le conseil départemental peut décider, sur la proposition du conseil municipal, qu'une partie du produit de la rétribution scolaire servira à former leur traitement.

Art. 7. Une indemnité, fixée par le Ministre de l'Instruction publique, après avis du conseil municipal et sur la proposition du Préfet, peut être accordée annuellement aux instituteurs et aux institutrices dirigeant une classe communale d'adultes, payante ou gratuite, établie en conformité du paragraphe 1 de l'art. 2 de la présente loi.

Art. 8. Toute commune qui veut user de la faculté accordée par le paragraphe 3 de l'art. 36 de la loi du 15 mars 1850, d'entretenir une ou plusieurs écoles entièrement gratuites, peut, en sus de ses ressources propres et des centimes spéciaux autorisés par la même loi, affecter à cet entretien le produit d'une imposition extraordinaire qui n'excèdera pas quatre centimes additionnels au principal des quatre contributions directes.

En cas d'insuffisance des ressources indiquées au paragraphe qui précède, et sur l'avis du conseil départemental, une subvention peut être accordée à la commune sur les fonds du département, et, à leur défaut, sur les fonds de l'État, dans des limites du crédit spécial porté annuellement, à cet effet, au budget du ministère de l'instruction publique.

Art. 9. Dans les communes où la gratuité est établie en vertu de la présente loi, le traitement des instituteurs et des institutrices publics se compose :

1° D'un traitement fixe de deux cents francs;

2° D'un traitement éventuel calculé à raison du nombre d'élèves présents, d'après un taux de rétribution déterminé, chaque année, par le Préfet, sur l'avis du conseil municipal et du conseil départemental;

(1) Nous nous proposons de publier bientôt quelques Observations sur cette Loi.

3° D'un supplément accordé à tous les instituteurs et institutrices dont le traitement fixe, joint au produit de l'éventuel, n'atteint pas, pour les instituteurs, les *minima* déterminés par l'art. 38 de la loi du 15 mars 1850 et par le décret du 19 avril 1862, et, pour les institutrices, les *minima* déterminés par l'art. 4 ci-dessus.

Art. 10. Dans les autres communes, le traitement des instituteurs et des institutrices publics se compose:

1° D'un traitement fixe de deux cents francs;

2° Du produit de la rétribution scolaire;

3° D'un traitement éventuel calculé à raison du nombre d'élèves gratuits présents à l'école, d'après un taux déterminé, chaque année, par le Préfet, sur l'avis du conseil municipal et du conseil départemental;

4° D'un supplément accordé à tous les instituteurs et institutrices dont le traitement fixe, joint au produit de la rétribution scolaire et du traitement éventuel, n'atteint pas, pour les instituteurs, les *minima* déterminés pas l'art. 38 de la loi du 15 mars 1850 et par le décret du 19 avril 1862, et pour les institutrices, les *minima* déterminés par l'art. 4 ci-dessus.

Art. 11. Le traitement déterminé, conformément aux deux articles précédents, pour les instituteurs et les institutrices en exercice au moment de la promulgation de la présente loi, ne peut être inférieur à la moyenne de leurs émoluments pendant les trois dernières années.

Art. 12. Le Préfet du département et le maire de la commune peuvent se pourvoir devant le Ministre de l'Instruction publique contre les délibérations du conseil départemental prises, en vertu du deuxième paragraphe de l'article 5 de la loi de 1850, pour la fixation du taux de la rétribution scolaire.

Art. 13. Dans les communes qui n'ont point à réclamer le concours du département ni de l'Etat pour former le traitement des instituteurs et institutrices, tel qu'il est déterminé par les articles 9 et 10, ce traitement peut, sur la demande du conseil municipal, être remplacé par un traitement fixe, avec l'approbation du Préfet, sur l'avis du conseil départemental.

Art. 14. Il est pourvu aux dépenses résultant des articles 1, 2, 3, 4, 5 et 7 ci-dessus comme à celles résultant de la loi de 1850, au moyen des ressources énumérées dans l'article 40 de ladite loi, augmentées d'un troisième centime départemental additionnel au principal des quatre contributions directes.

Art. 15. Une délibération du conseil municipal approuvée par le Préfet, peut créer, dans toute commune, une caisse des écoles destinée à encourager et à faciliter la fréquentation de l'école par des récompenses aux élèves assidus et par des secours aux élèves indigents.

Le revenu de la caisse se compose de cotisations volontaires et de subventions de la commune, du département ou de l'Etat. Elle peut recevoir, avec l'autorisation des Préfets, des dons et des legs.

Plusieurs communes peuvent être autorisées à se réunir pour la formation et l'entretien de cette caisse.

Le service de la caisse des écoles est fait gratuitement par le Percepteur.

Art. 16. Les éléments de l'histoire et de la géographie de la France sont ajoutés aux matières obligatoires de l'enseignement primaire.

Art. 17. Sont soumises à l'inspection, comme les écoles publiques, les écoles libres qui tiennent lieu d'écoles publiques, aux termes du quatrième paragraphe de l'art. 36 de la loi de 1850, ou qui reçoivent une subvention de la commune, du département ou de l'Etat.

Art. 18. L'engagement de se vouer pendant dix ans à l'enseignement public, prévu par l'art. 79 de la même loi, peut être réalisé, tant par les instituteurs que par leurs adjoints, dans celles des écoles mentionnées à l'article précédent qui sont désignées à cet effet par le Ministre de l'Instruction publique, après avis du conseil départemental.

L'engagement décennal peut être contracté, avant le tirage, par les instituteurs adjoints des écoles désignées ainsi qu'il vient d'être dit.

Sont applicables à ces mêmes écoles les dispositions de l'article 34 de la loi de 1850, concernant la fixation du nombre des adjoints, ainsi que le mode de leur nomination et de leur revocation.

Art. 19. Les décisions du conseil départemental, rendues dans les cas prévus par l'article 28 de la loi de 1850, peuvent être déférées, par voie d'appel, au conseil impérial de l'instruction publique.

Cet appel doit être interjeté dans le délai de dix jours, à compter de la notification de la décision.

Art. 20. Tout instituteur ou toute institutrice libre, qui, sans en avoir obtenu l'autorisation du conseil départemental, reçoit dans son école des enfants d'un sexe différent du sien, est passible des peines portées à l'article 29 de la loi 1850.

Art. 21. Aucune école primaire, publique ou libre, ne peut, sans l'autorisation du conseil départemental, recevoir d'enfants au-dessous de six ans, s'il existe dans la commune une salle d'asile publique ou libre.

Art. 22. Sont abrogées les dispositions des lois antérieures en ce qu'elles ont de contraire à la présente loi.

JURISPRUDENCE SPECIALE.

COUR DE CASSATION

BUREAU DE BIENFAISANCE. DONATION. ACCEPTATION PROVISOIRE.

Les donations au profit des Bureaux de Bienfaisance peuvent, comme celles au profit des communes et des hospices, être acceptées provisoirement; elles ne peuvent, dès lors, être revoquées à compter du jour de cette acceptation provisoire.

(Arrêt du 12 novembre 1866.)

DES

RENTES SUR PARTICULIERS

CONSTITUÉES AU PROFIT DES COMMUNES ET DES ÉTABLISSEMENTS (1)

SOMMAIRE :

La comptabilité des rentes sur particuliers est un des points les plus délicats et les plus difficiles du service municipal et hospitalier. Nous allons résumer, dans un exposé pratique des principes qui régissent cette comptabilité, quelques-uns des cas embarrassants qui se rencontrent dans la gestion de ce revenu, et nous ferons suivre cet exposé de la solution donnée à ces difficultés par la jurisprudence des tribunaux et par les décisions de l'autorité administrative.

Le premier point à examiner se rapporte à la répression des comptabilités occultes dont ce revenu est quelquefois l'objet à son origine. Le Gouvernement indique dans les actes portant autorisation d'accepter le don ou legs, l'établissement appelé à bénéficier de ces libéralités ; si un seul établissement doit en profiter, la question n'offre pas de difficultés ; mais si l'autoritation est accordée conjointement à deux établissements, le Receveur qui revendique la gestion du don ou legs, trouvera la sanction de ses droits dans l'énoncé suivant des principes posés sur ce point par le Gouvernement.

§ I. IMMATRICULATION ET ADMINISTRATION DES TITRES DE RENTE.

Lorsque deux établissements ont été autorisés à accepter le don ou le legs d'une rente annuelle et perpétuelle, l'immatriculation du titre constitutif de la rente doit, pour concilier le principe de la loi avec le respect dû à la volonté du testateur ou donateur, également mentionner le nom de l'établissement institué et celui de l'établissement légataire. Ainsi pour les dons ou legs faits à une fabrique, à un consistoire, à une cure ou autre établissement religieux, sous la *condition expresse* que ces dons ou legs seront affectés au soulagement des pauvres ou à la fondation d'un asile au malheur, le bureau de bienfaisance ou l'hospice sont les véritables bénéficiaires de ces libéralités, attendu que ces deux établissements sont les seuls représentants légaux des pauvres. [Avis du Conseil d'État, 4 mars 1841 et 14 janvier 1863] (2).

La destination que doit recevoir le don ou legs sert à déterminer lequel, du bureau ou de l'hospice, est apte à l'administrer. Car, les *bureaux de bienfaisance* sont exclusivement destinés à faire distribuer à domicile des secours en nature ou en argent aux indigents qui vivent chez eux ou dans leur famille, ou à faire soigner, au sein de leur famille, les indigents malades ou infirmes, qui, sans secours, auraient été obligés d'entrer dans un hôpital. Les *Hospices*, au contraire, ont été institués pour recevoir les malades et indigents dans des maisons hospitalières où ceux-ci sont logés, nourris et soignés. (Lois des 7 frim. et 20 vent. an V. — Circ. Min. Int., du 19 vend. an IX. — Ord. roy. 30 oct. 1821, art. 4 et 5. — Instr. Min. Int., 8 février 1823. Avis du Conseil d'État, du 14 août 1833. — Inst. gén., art. 947).

Il faut établir une semblable distinction, au sujet des libéralités faites au profit de fabriques d'églises et de communes. Une *Fabrique* a mission de pourvoir aux frais nécessaires du culte et aux dépenses de décoration et d'embellissements d'intérieur. (Décret, 30 déc. 1809, art. 37.) [1] ; mais la *Commune* est chargé de fournir à la construction et aux grosses réparations des édifices consacrés au même culte. (Même décret, art. 92 et suiv.). Aussi, en cas d'autorisation à une fabrique et à une commune d'accepter conjointement un don ou legs fait dans le but de subvenir à des constructions ou grosses réparations, l'administration appartiendra à la commune qui est tenue, par sa destination, des charges auxquelles ce don ou legs est affecté ; puisque la rente donnera les moyens d'exécuter les travaux que la commune aurait eu à effectuer avec ses propres ressources. L'intervention de la fabrique, dans l'acceptation d'un legs fait pour de grosses réparations ou pour l'agrandissement d'une église, n'a pas d'autre but que d'assurer à celle-ci le droit qui lui a été accordé par le testateur, de surveiller l'emploi de la rente à son affectation. (Arrêt du Conseil d'État, 24 juillet 1862, [2] — et décis. Min. Int., de 1865, n° 48.)

L'administration d'une rente destinée à l'*entretien d'une école* dirigée par des membres d'un établissement religieux, appartient à la commune, alors même que la communauté religieuse aurait été autorisée à accepter ce don ou legs conjointement avec celle-ci. Consulté sur une contestation qui s'était élevée, à ce sujet, entre une communauté et une commune, le Ministre de l'Intérieur a répondu ce qui suit : « Il résulte de deux avis du Conseil d'État, émis à la date

(1) Nous ne parlons pas des *Obligations* de capitaux payables à terme ou à volonté du créancier, consenties par des particuliers, parce que les créances résultant de ces obligations sont exigibles à l'expiration du terme stipulé, et parce qu'il n'est pas au pouvoir du Receveur d'en ajourner le recouvrement, à l'échéance.

(2) Voir *Journal* de 1857, p. 329, — 1858, p. 297, — 1859, p. 3 et 247, — 1861, p. 269, — 1864, p. 11, — 1865, p. 17, 53 et 338.

[1] Voir *Guide des Fabriques*, page 32, et *Journal* de 1866, page 138.

[2] Voir *Journal* de 1863, p. 147.

des 14 janvier et juin 1863, que le titre d'une rente provenant d'un libéralité faite, comme dans l'espèce, à un établissement religieux pour profiter à un service public, communal ou charitable, doit être remis à l'administration qui représente ce service, c'est-à-dire, suivant le cas, au Maire ou au Bureau de bienfaisance. J'estime donc que la prétention de... est sans fondement, et qu'il appartient à l'administration municipale de conserver le titre de la rente léguée pour l'entretien d'une école de filles. J'ajouterai que cette opinion est partagée par M. le Ministre de la Justice et des Cultes à qui la question a été soumise. » (Déc. inséré au Bull. de 1865, n° 4). Les motifs de cette décision sont puisés dans cette considération que les établissements privés n'ont pas le caractère de permanence nécessaire pour assurer à perpétuité le service d'une fondation, caractère reconnu à la commune et aux établissements de bienfaisance, et qui leur a fait attribuer l'administration des legs mixtes. Ces legs, d'ailleurs, ne sont autorisés que dans leurs clauses et conditions qui n'ont rien de contraire aux lois. Les autres conditions sont réputées non écrites, aux termes de l'art. du C. Nap. (Déc. Min. Int. 1865, n°ˢ 30 et 38.) [1].

Aux termes de l'Avis du Conseil d'Etat, du 14 janvier 1863, et de la décision ministérielle de 1865 (Bull. n° 48.) « la garde et la possession du titre, ainsi que la perception des revenus est réservée à la commune ou à l'établissement *bénéficiaire*, à la charge par ce dernier de remettre les arrérages, à chaque échéance, à l'établissement *institué* pour en faire l'emploi prescrit par le testateur. » Les personnes tierces, à qui des dons ou legs sont faits pour que le montant en soit distribué aux pauvres, doivent, à moins d'une dispense formellement exprimée, rendre compte de l'emploi des fonds. Dans tous les cas, les administrateurs et les receveurs doivent, autant que possible, surveiller cet emploi et faire les actes conservatoires nécessaires (Instr. gén. art. 1073). M. le Ministre de l'Instr. publ. et des cultes, dans une lettre contenant envoi d'un décret impérial autorisant l'acceptation d'un legs fait à une fabrique pour le revenu en être distribué aux pauvres par le desservant, s'exprimait dans les termes suivants au sujet de cette intervention : « Si l'on peut admettre la distribution par la fabrique, le curé ou le desservant, des aumônes léguées, le bureau de bienfaisance n'en a pas moins un rôle actif à exercer, et doit surveiller l'emploi du legs. Les distributions de semblables libéralités ne doivent donc se faire qu'avec l'approbation du bureau de bienfaisance et sous son contrôle qui ne saurait être refusé. » Une lettre ministérielle, du 23 juin 1828, a encore réglé la surveillance que doit exercer sur l'emploi d'un legs, l'administration de l'établissement bénéficiaire. Elle s'exprime ainsi : « Lors même que la personne chargée de la distribution des sommes aux pauvres, est dispensée de rendre compte, l'administration charitable du lieu doit cependant chercher à s'entendre avec ce mandataire pour régler la répartition à faire (1) ; si le concours du bureau n'était pas accueilli par le distributeur, cet établissement devrait du moins chercher à connaître par tous les moyens qu'il a dans ses mains, la manière dont la distribution est faite, et adresser, s'il y a lieu, au mandataire les observations et réclamations qu'il jugerait convenables... Cet établissement pourrait, après toutefois que le mandataire aurait été mis en demeure, se pourvoir, par toutes les voies de droit, au nom des pauvres, pour assurer la conservation de leur droit... Il est évident que les receveurs des bureaux de bienfaisance ont seuls qualité pour toucher les sommes léguées aux pauvres et en donner quittance, sauf à ces comptables à les remettre aux personnes chargées d'en faire la distribution. Ces sommes doivent donc figurer en recette dans la comptabilité de ces établissements, et la dépense en sera justifiée, soit par le compte que rendra le distributeur, s'il en doit présenter un, soit par la quittance des sommes qui lui seront remises, s'il a été formellement dispensé de rendre compte de l'emploi qu'il en ferait. »

A cette question se rattache celle du paiement du *droit proportionnel de mutation* sur les dons ou legs. Ce droit, lorsqu'il n'en aura pas été autrement ordonné par le testament, est à la charge de l'établissement appelé à profiter des dons ou legs (C. N., art. 1016). Il n'est exigible, d'après une décision de S. Exc. le Ministre des finances, en date du 9 avril 1860, qu'après l'autorisation donnée par le Gouvernement de les accepter, alors même que l'acceptation en aurait été faite à titre conservatoire, avant cette autorisation, en vertu des lois du 18 juillet 1837, art. 48, et du 13 août 1851, art. 11. Mais ce droit doit être exigé par l'Administration de l'Enregistrement, aussitôt après que les dons ou legs ont été autorisés, et dans le délai de six mois à compter du jour de l'arrivée dans la commune, de l'arrêté ou décret qui autorise l'acceptation (Instr.-gén., art. 952). Ce droit de mutation est de 9 pour cent, décime en sus. Lorsque ces droits ont été acquittés par les héritiers naturels ou autres du donateur, cette avance leur est remboursée, à l'expiration du délai accordé à la commune ou à l'établissement pour ce paiement, à moins qu'ils ne fussent obligés de les acquitter, par le testament, sur la production, à l'appui du mandat du Maire, de la quittance ou du duplicata de quittance du Receveur de l'enregistrement.

§ 2. ACTES CONSERVATOIRES ET ACTIONS JUDICIAIRES.

L'arrêté du Gouvernement du 19 vendémiaire, an XII, art. art. 1 (2), impose aux Receveurs de communes et d'établissements publics, l'obligation de faire, *sous leur responsabilité*, toutes les diligences nécessaires pour assurer le recouvrement des legs et

(1) Voir *Journal* de 1858, p. 331, — 1859, p. 4, — 1863, p. 144 et 265, — 1865, p. 107 et 338.

(1) De cette disposition découle la conséquence, que l'établissement charitable aura seul à désigner les pauvres qui doivent participer à la distribution, lorsque le distributeur n'aura pas été formellement dispensé de rendre compte.

(2) Voir *Journal* de 1866, p. 1.

donations ; de faire faire, à la requête de l'administration communale ou hospitalière, les exploits, significations, poursuites et commandements nécessaires; d'empêcher les prescriptions ; de veiller à la conservation des domaines, des *droits*, priviléges et hypothèques; enfin, de requérir, à cet effet, l'inscription au bureau des hypothèques, de tous les biens qui en sont susceptibles, et de tenir registre de ces inscriptions et autres poursuites et diligences.

D'après les lois précitées des 18 juillet, art. 48, et 7 août 1851; art. 11, la décision par laquelle l'autorité supérieure autorise l'acceptation d'un don ou legs, a un effet rétroactif qui remonte au jour de l'*acceptation provisoire* qui en a été faite par le Maire au président de la Commission administrative (1). Par conséquent, les actes conservatoires à faire en vertu de cette acceptation incombent au Receveur intéressé, et sa responsabilité est engagée dans les actes de l'espèce, au même titre que dans les autres opérations dont l'exécution lui est attribuée après l'autorisation de l'acceptation donnée par le Gouvernement (Déc. Min. Int. 1859 [2], Instr. Gén., art. 946, 948 et 951.) Il résulte de cette obligation, que le Receveur est tenu, aussitôt qu'il a connaissance d'un legs fait à l'établissement dont il gère les revenus, de demander officieusement aux héritiers du testateur leur consentement à la délivance du legs, et, à défaut de consentement volontaire de leur part, de leur faire signifier, sans délai, par exploit d'huissier, un acte extra-judiciaire dans les formes tracées par l'ord. du 14 janvier 1831 (3). Cette mise en demeure aura, en ce qui concerne le point de départ des arrérages, le même effet que la demande en délivrance dont il est parlé à l'art. 1014 du C. Nap. Mais les fruits d'un legs ne courent au profit d'une commune ou d'un établissement de bienfaisance, qu'à dater du jour de l'autorisation du legs par le Gouvernement, attendu qu'aux termes d'un arrêt de la Cour de Cassation, en date du 24 mars 1852 (Bourbon-Lancy) [4], la délivrance d'un legs ne peut être exigée qu'après cette autorisation. Son Exc. le Ministre des finances, consulté sur cette même question, a répondu par lettre du 22 septembre 1865 (V. *Journal* de 1866, p. 117 et 142), qu'en cas de contestation de la part des héritiers sur le point de départ des fruits, il y aurait lieu, lorsque l'autorisation du Gouvernement aura été précédée de la mise en demeure dont nous avons parlé ou de leur consentement volontaire à la délivrance du legs, de n'exiger ces fruits qu'à partir du jour de l'autorisation d'acceptation. Ces décisions sont, il est vrai, en opposition avec le principe de rétroactivité consacré par les lois des 18 juil. 1837, art. 48, et 7 août 1851, art. 11, mais elles doivent rester la règle des comptables. Lorsque, au contraire, la demande en délivrance ou le consentement volontaire sont postérieurs à l'autorisation d'acceptation, les fruits ne sont dus au légataire qu'à partir du jour de cette demande ou de ce consentement volontaire.

Jusqu'à ce qu'intervienne l'autorisation d'acceptation, le Receveur doit veiller à la conservation du legs, et requiert, dans cet objet, sous sa responsabilité, tous les actes conservatoires qui seraient jugés nécessaires dans l'intérêt des droits de la commune ou de l'établissement. Il pourra, notamment, requérir la remise au Maire ou président d'une copie du testament, dans le cas où le notaire détenteur négligerait d'en faire l'envoi, à l'effet de faire délibérer sur l'acceptation provisoire, et veiller à ce que cette délibération ait lieu.

Les *mesures conservatoires* des droits des légataires, dans le cas où elles seraient jugées nécessaires par le Receveur pour garantir sa responsabilité, consistent à demander la séparation du patrimoine du défunt avec celui de l'héritier (C. N., art. 877, suiv. et 2111); à requérir pour la conservation du privilége accordé aux légataires par les art. 2011 et 2013 du C. Nap., inscription sur les immeubles dépendant de la succession, dans les six mois de l'ouverture de cette succession (1); à faire dresser un inventaire des meubles et à demander caution (C. N., art. 807 et 2111, — C. pr. civ., art. 909 et 941). Les communes et établissements publics n'ont pas besoin d'autorisation spéciale pour requérir l'inscription hypothécaire sur les immeubles de la succession; elle peut être prise en vertu du testament, quelle que soit la forme de celui-ci, les art. 1009, 1012 et 1017 du C. N. ayant établi au profit du légataire particulier une véritable hypothèque légale sur les immeubles de la succession (Arrêts de la Cour de Grenoble, 14 février 1817, de la Cour de Bruxelles, 28 avril 1817 — Bull. Min. Int. de 1861).

L'ampliation des décrets ou arrêtés d'autorisation des legs n'est pas toujours adressée au Receveur, le-

(1) Voir au *Journal* de 1859, p. 173, un arrêt conforme de la Cour Imp. de Montpellier du 4 juin 1855, — et 1865, p. 17, arrêt de la Cour de Cass., du 2 mai 1864.

(2) Voir *Journal* de 1859, p. 172 et 273 — 1863, p. 124.

(3) Voir à la Mairie du chef-lieu de canton, le *Bulletin des Lois*, etc.

(4) Voici le texte de cet arrêt :

« *La Cour*,

« Attendu qu'aux termes de l'art. 1014 du Code Nap., le légataire particulier ne peut prétendre aux fruits de la chose léguée qu'à compter du jour de la demande en délivrance, à moins qu'il ne se trouve dans l'une des exceptions prévues par l'art. 1015 du même Code ;

« Attendu qu'aux termes de l'art. 910, les dispositions entre vifs ou testamentaires, faites aux profit des hospices, etc., n'ont d'effet qu'autant qu'elles ont été autorisées par le Gouvernement; attendu que jusque-là le droit des hospices demeure suspendu ; attendu que, si l'arrêté du Gouvernement du 4 pluviose an IV, l'art. 5 de l'Ordonn. du 2 avril 1847 et la loi du 18 juillet 1837, accordent aux communes la faculté de faire des actes conservatoires, ces dispositions régulatrices, spéciales aux communes, veulent parler d'un droit menacé par une déchéance ou par une prescription, et non de la demande en délivrance d'un legs sans autorisation préalable, droit qui suppose, en la personne qui l'intente, la qualité définitive de légataire et la capacité de recevoir ; — attendu, en fait, que la demande en délivrance des deux millions de francs n'a été régulièrement introduite, d'après l'arrêt attaqué, que le 19 avril 1850; que c'était donc à partir de cette époque que l'hospice de Bourbon-Lancy avait droit aux intérêts et fruits de la chose léguée; — Rejette, etc. »

(1) Voir *Journal* de 1863, p. 236. (Arrêt de la Cour de Lyon, 24 déc. 1862.) — 1865, p. 183, — 1866, p. 381.

quel se trouve alors ignorer l'existence de ces legs; car les Maires prennent rarement le soin de les en informer, ainsi que cela leur est prescrit par l'art. 248 de l'Instruction générale. Le Receveur peut donc quelquefois se trouver dans l'impossibilité de prendre les mesures conservatoires nécessaires. Il est hors de doute que sa responsabilité ne pouvait être engagée pour des faits qui auraient compromis le recouvrement d'un legs, qu'à partir du jour où il serait prouvé qu'il a eu connaissance de ses droits et de ses obligations. Cette preuve consisterait dans l'accusé de réception de l'avis qui lui en aurait été donné par le Maire ou dans la remise qui lui aurait été faite de l'acte d'autorisation, selon les prescriptions de l'article 1289 de l'Instruction générale. La preuve testimoniale n'est pas admise en matière administrative, et il serait de la compétence du Conseil de préfecture de statuer sur la responsabilité respective du Maire et du Receveur. Cependant si celui-ci connaît, par une autre voie que celle de l'administration, l'existence de legs en faveur de communes ou établissements dont il gère les revenus, il est de son droit et de son devoir de veiller à la conservation de ce legs ou à ce qu'il ne soit pas détourné de sa destination. Il peut faire usage des droits qui lui sont accordés par l'article 849 de l'instruction générale, réclamer aux Maires ou aux Notaires la remise des titres, et, par des exécutions envers les débiteurs, si elles deviennent nécessaires, empêcher que le montant ou le revenu des legs soit versé ailleurs que dans sa caisse. Nous avons vu, et le fait se renouvelle assez fréquemment pour qu'il soit permis de le signaler comme un abus à combattre, à cause de ses conséquences matérielles, nous avons vu verser, ici, entre les mains du desservant de la commune et là entre celles du supérieur d'une communauté religieuse, le capital ou la rente légués pour des distributions aux pauvres ou pour l'entretien d'écoles communales; et cependant l'autorisation d'acceptation avait été donnée au nom du Maire des communes intéressées. Or, nous avons établi au premier paragraphe ci-dessus, que, même dans le cas où la commune et un autre établissement institué auraient été autorisés à accepter conjointement, l'encaissement et la gestion du legs appartiendraient à la commune.

Lorsque des mesures conservatoires n'auront pas été prises, parce que le Maire aura négligé de se conformer aux dispositions de l'article 948 de l'Instruction générale, la réparation du dommage éprouvé par défaut de diligences, ne pourrait être poursuivie que contre le Maire ou Président, auquel le notaire détenteur du testament est obligé d'adresser un avis de l'ouverture de ce testament et des dispositions qu'il contient en faveur de la commune ou de l'établissement, et qui, lui même, est tenu de communiquer cet avis au Receveur.

Les communes et les établissements de bienfaisance sont soumis, pour l'exercice de leurs droits, aux règles ordinaires du droit commun. L'acceptation d'un don ou legs donne à l'établissement légataire un droit à la chose léguée (C. Nap., art. 938 et 1014), mais ce droit ne peut pas être poursuivi purement et simplement par les voies ordinaires de la saisie et de la vente des biens du débiteur. Il y a à remplir envers l'héritier tenu de l'accomplissement des dispositions du testateur, une formalité préliminaire qui consiste dans une sommation à lui faite pour obtenir la *délivrance du legs*. Il ne faut pas confondre l'action de la demande en délivrance d'un legs et ses fruits faite aux héritiers à réserve ou, à leur défaut, à l'héritier universel, avec la mise en demeure officieuse ou extra-judiciaire qui précède l'autorisation d'acceptation. Cette dernière formalité, prescrite par l'Ordonnance du 14 janvier 1831, a uniquement pour but de faire connaître l'adhésion ou l'opposition des héritiers au legs et détermine, suivant qu'il y a ou non réclamation des héritiers, la compétence de l'autorité appelée à statuer sur son acceptation (Décret 13 avril 1861, Circ. Min. Int., 18 mai 1861, § 2, n° 11, — Instr. gén., art. 946). La demande en délivrance dont il est parlé à l'article 1014 du Code Napoléon est destinée à mettre le légataire en possession de la chose léguée.

En conséquence, dès que le Receveur a reçu notification du décret ou de l'arrêté d'autorisation, ou dès qu'il vient à sa connaissance que cet acte est parvenu à la mairie, il est tenu, sous peine de devenir responsable du dommage que son inaction pourrait causer, de demander un titre de la rente léguée, conformément aux prescriptions des articles 1004, 1011 et 1014 du Code Napoléon.

Le premier effet de cette demande en délivrance du legs, sera de faire courir les *arrérages de la rente* à partir du jour de sa signification, à moins que ce droit ne soit déjà acquis par une demande antérieure à l'autorisation, mais postérieure à l'acceptation provisoire, ou par le consentement volontairement délivré à la même époque. Dans ce dernier cas, les arrérages sont dus à partir de la date de l'autorisation d'acceptation. (Voir ci-dessus.)

Cependant ces arrérages courant au profit du légataire, dès le jour du décès du testateur, sans qu'il soit nécessaire de former demande en délivrance, pourvu que le testateur ait expressément déclaré sa volonté à cet égard dans le testament. Les frais de la demande en délivrance sont supportés par la succession (Code Nap., art. 1016). Le Receveur ne doit donc pas se laisser arrêter par la crainte d'en charger l'établissement qu'il représente. Toutefois, avant de recourir à cette exécution, il conviendra de demander officieusement la reconnaissance de la dette et les garanties qui doivent assurer la conservation de la créance, à la condition, néanmoins, que cette demande officieuse obtienne une prompte satisfaction.

Lorsque l'héritier débiteur de la rente, *refuse de consentir un titre* suffisant, il y a lieu de recourir aux voies judiciaires. A cet effet, le Receveur se fait remettre par le Maire ou par le Notaire, et aux frais de l'établissement, une expédition de l'acte d'autorisation et une grosse du testament; et, dans l'exploit de notification de ces deux actes, car tous les titres contre un débiteur doivent être signifiés à l'héritier (Code Nap., art. 877), il fait sommation à cet héritier, à la requête du Maire ou président, de procéder à la délivrance du legs. (C. pr. civ., art. 59, § 6, 3°, et art. 61.) En même temps, il engage le Maire à se faire autoriser par le Conseil municipal ou la commission administrative et par le Conseil de préfecture, à introduire cette demande devant les tribunaux civils. Le Maire est simplement l'exécuteur des résolutions du Conseil municipal ou de la commission administrative ; il ne pourrait faire usage d'une autorisation du Conseil de préfecture, sans l'assentiment de ces assemblées. (Avis du Conseil d'État, 30 juillet 1840, Arrêt de Cass., 30 nov. 1863, — et Arrêt Cons. d'État, 28 déc. 1863) [1]; et si le Conseil d'administration intéressé refusait de défendre à une action contre l'héritier débiteur, le procès ne pourrait être soutenu, au nom de l'établissement, que par un contribuable inscrit au rôle de la commune, à ses risques et périls, conformément aux dispositions de l'article 49 de la loi du 18 juillet 1837, et en déposant les frais de l'instance, si le Conseil de préfecture juge nécessaire de lui imposer cette condition (Déc. Min. Int., 1857). Cependant, en cas de refus par le Conseil, préalablement appelé à délibérer, ou par le Maire, dûment autorisé, de défendre les droits et actions de la commune, les articles 15, 48 et 49 de la loi du 18 juillet 1837 et le décret du 25 mars 1862, accordant au Préfet le droit de saisir d'office le Conseil de préfecture d'une demande en autorisation d'ester en justice, et de déléguer un agent spécial pour l'exécution de l'autorisation accordée par le Conseil de préfecture. Nous appelons sur ce dernier point l'attention particulière des Receveurs. En effet, il pourrait arriver que lorsqu'ils auraient été déclarés responsables de créances quelconques, pour défaut de diligences (voir Arrêté du Cons. de préf. de l'Isère, 22 sept. 1854, — *Journal* de 1858, p. 219, et Arrêté du Cons. de préf. des Basses-Pyrénées, 27 nov. 1865, — *Journal* de 1866, p. 146), le Conseil municipal ou la commission administrative voyant les intérêts de la commune ou de l'établissement garantis par la responsabilité du Receveur, refuserait de s'engager dans une instance, sans réfléchir à ce que cette résolution aurait le plus souvent d'injuste. Dans ces circonstances, il resterait, on le voit, le recours contre ce refus à l'intervention du Préfet.

La sommation dont nous venons de parler, signifiée aux fins d'obtenir la délivrance de la rente léguée, est un acte de poursuite rentrant spécialement dans les *attributions du Receveur*, et auquel il peut procéder ainsi qu'aux actes conservatoires (2), sans autorisation du Maire, en vertu de la grosse du testament revêtue du mandement exécutoire (C. Nap., art. 1317 et suiv. — C. pr. civ., art. 146, 433 et 545). En effet, d'après la décision ministérielle de 1859 que nous avons rapportée et d'après les articles 849, 850, 948, 950 et 951 de l'Instruction générale, le Receveur a qualité pour requérir l'exécution des actes authentiques, sans autorisation préalable et sous sa responsabilité personnelle, jusques et y compris la vente, à moins qu'après avoir informé le Maire de la saisie pratiquée, il n'en reçoive l'ordre écrit de surseoir aux exécutions. Il n'y a d'exception que pour les dons ou legs consistant en immeubles ou en effets mobiliers ; alors le soin d'en poursuivre la délivrance est délégué au Maire, sans préjudice, néanmoins, des obligations imposées au Receveur pour la conservation des droits. Mais, en ce qui concerne le legs d'une rente, l'action de ce dernier ne cesserait que lorsqu'il s'agirait de comparaître en justice, par suite du refus du débiteur de consentir un titre ou de racheter la rente léguée. La limite de l'action du Receveur et de celle du Maire a été précisée dans deux lettres du Ministre de l'Intérieur. La première, portant la date du 31 décembre 1827, s'exprime ainsi : « Aux termes de l'Instr. du 3 brumaire an XII, qui a réglé l'exécution de l'arrêté du 19 vendémiaire précédent, les Receveurs doivent, sous leur responsabilité personnelle, poursuivre les débiteurs jusqu'à la saisie-exécution des biens inclusivement. Mais après cet acte et lorsqu'il s'agit de la vente des objets saisis, les comptables doivent en référer à l'administration, qui, dans ce cas, a droit de faire continuer ou suspendre les poursuites. » La seconde, à la date du 22 mai 1822, contient les dispositions suivantes : « ... D'après cette décision, qui a servi de base aux dispositions de l'Instruction du 8 février 1823, c'est donc aux Maires ou présidents, et non aux Receveurs, qu'il appartient de suivre les actions judiciaires. Quant à la question de savoir, lorsqu'il ne s'agit plus d'ester en justice, mais qu'il existait un titre exécutoire, jusqu'où pourraient aller les poursuites des Receveurs, la circulaire du 3 brumaire an XII, qui faisait l'envoi aux Préfets de l'arrêté du 19 vendémiaire, décida que ces poursuites s'étendraient jusques et y compris la saisie-exécution des meubles des débiteurs. On a pensé qu'une fois que par la saisie le Receveur avait fait les actes conservatoires, c'était à l'administration qu'il appartenait d'examiner s'il était plus utile, dans l'intérêt des établissements, de faire procéder ou de surseoir à la vente des meubles saisis. »

Ainsi, quand l'héritier débiteur se refuse, malgré la sommation qui lui a été signifiée, à exécuter les dispositions du testateur, les moyens d'action du Receveur sont épuisés, c'est au Maire à porter et à suivre l'affaire devant le tribunal de 1re instance du lieu où la succession s'est ouverte (C. pr. civ., art. 59). Les demandes concernant les communes et établissements publics sont dispensées du préliminaire de la conciliation (Même Code, art. 49). Le jugement qui prononcera sur la demande en délivrance, formera le titre de rente refusé par le débiteur et emportera hypothèque sur les biens de celui-ci (C. Nap., art. 3123 et suiv.).

FIN DU § 2.

(1) Voir *Journal* de 1865, p. 210 ; — 1867, p. 25.

(2) Sont considérés comme actes conservatoires, le commandement, la saisie-immobilière, la saisie-exécution, la saisie-brandon et la saisie-arrêt. Voir ci-après Circ. Min. 22 Mai 1828.

CHRONIQUE.

Au sujet du retard qu'on apporte généralement dans le *Jugement des Comptes Communaux*, un comptable nous signale des faits véritablement exorbitants :

« Sorti de fonctions en novembre 1864, j'ai fourni mes comptes quinze jours après. Ils n'ont été jugés qu'en avril 1866! Les arrêtés ne me sont parvenus que quatre ou cinq mois après! Enfin le tout a été régularisé seulement en octobre 1866, (le 7) et depuis j'attends en vain l'application, à ma nouvelle perception, de l'ancien cautionnement, plus les intérêts 3 p. 100 de 1865 et de 1866, dont j'ai dû faire l'avance, car il ne m'appartenait pas. »

Il y a vraiment un abus dans des faits de ce genre; ils sont surtout singulièrement en opposition avec les recommandations de l'administration d'apporter actuellement une plus grande célérité à l'expédition des affaires.

Nous n'avons pu donner dans ce Numéro une *Circulaire de la Comptabilité Publique*, du 22 Mars dernier, relative : 1° aux pièces de monnaies étrangères et 2° aux payements à faire par les Percepteurs, pour le compte de la Trésorerie-Générale (lesquels sont mis totalement dans le service des Percepteurs, à l'exclusion des receveurs des autres administrations financières), — parce que nous nous proposons de l'accompagner de quelques observations.

Correspondance.

Montebourg (Manche) le 15 avril 1867.

Monsieur,

Je reçois à l'instant le *Coffre-Fort* que je vous avais demandé; il m'est arrivé en très-bon état.

Il réunit toutes les conditions de solidité et de *Confort* désirables.

Si mon témoignage de satisfaction peut vous être agréable, je suis heureux de vous le donner.

GUÉRIN, Percepteur.

MM. les Percepteurs de l'arrondissement de Saint-Dié, qui désireraient se rendre compte par eux-mêmes de nos COFFRES FORTS, pourront en examiner un (N° 4) à la Recette des Finances.

DEMANDES D'EMPLOI.

Il est indispensable que MM. les Chefs de Service et Employés nous préviennent dès qu'ils sont pourvus d'employés ou d'emplois.

Plusieurs Commis, dans des conditions tout à fait recommandables, sont à placer chez des Percepteurs.

Divers Employés désirent se placer comme Fondés de pouvoirs dans des Recettes des Finances.

PERMUTATIONS.

Un Percepteur de 5e classe (arrondissement de Dieppe) désire trouver un permutant dans l'un des départements de l'Est, suivants : Vosges, Moselle, Haut-Rhin, Bas-Rhin.

SUPPLÉMENT

À L'EXTRAIT ANNOTÉ DE L'INSTRUCTION GÉNÉRALE DU 20 JUIN 1859,

Par M. GALLETIER

Directeur du *Journal des Percepteurs*

PRIX FRANCO : 1 FRANC.

(L'Édition Dupont est à 4 francs)

L'extrait annoté et le supplément réunis 6 fr.

RELIÉ EN UN CARTONNAGE ÉLÉGANT 7 FR.

(L'Édition Dupont broché est à 10 francs.)

Nous venons d'apporter diverses améliorations à nos Ouvrages *sur le service : le papier en a été satiné et glacé, ils ont été brochés avec un soin particulier, ou revêtus de cartonnages élégants. Pour qu'ils puissent être examinés par chacun avant de les acquérir, nous avons prié les Employés des Recettes d'en accepter un exemplaire en dépôt; on pourra donc toujours les trouver dans chaque Recette des finances.*

Les prix restent les suivants :

INSTRUCTION GÉNÉRALE. 2e *édit. Cartonnée*......... 7f. »

D° — *Brochée*........ 6 »

(L'Édition Dupont est à 8 f.)

D° — *avec intercal*.... 8 »

PETITE INSTRUCTION PRATIQUE. 2e *édit. Cartonnée*... 3 »

D° — *Brochée*.. 2 50

Quelques exemplaires de choix, sur beau papier Vergé de Hollande, avec de grandes marges : prix, 4 fr. Cartonné, 5 fr.

CODE DES PATENTES, au courant jusqu'en 1866. *Un beau volume de* 200 *pages.* (Bientôt épuisé.) *Cartonné*.. 4 »

Notre Traité des Remises est entièrement épuisé.

BULLETIN HEBDOMADAIRE DE LA BOURSE.

Cours des Fonds publics au 19 Avril 1867.

Rentes et Actions.

3 0/0	67 ..	Midi	545 ..
3 Jouis. 1 janvier	66 75	Nord	1120 ..
4 1/2 0/0	95 50	Orléans	835 ..
4 1/2 Jouis. 22 sept.	99 95	Ouest	537 50
4 0/0	85 ..	Cie parisienne du gaz	1430 ..
4 Jouis. 22 sep.	.. ..	Soc. immobilière	290 ..
Obligations du Trésor	437 50	Transatlantique	383 75
Bons du Trésor	2 1/2	Messag. impér. (s-m.)	715 ..
Banque de France	3415 ..	Canal de Suez	350 ..
Comptoir d'escompte	737 50	Italien 5 0/0	48 50
Crédit agricole	502 50	Emprunt Mexicain	15 ..
Crédit foncier Colonial	550 .	Crédit mob. espagnol	231 25
Crédit foncier de France	1325 ..	Soc. autrichienne	375 ..
Crédit ind. et comm.	612 50	Saragosse-Barcelone	36 ..
Crédit mobilier	375 ..	Guillaume-Luxemb.	140 ..
Créd. Mobilier (nouv.)	... ..	Sud-autrichien-lomb.	377 50
Dépôts. comptes cour.	540 ..	Nord de l'Espagne	86 50
Société générale	510 ..	Saragosse Pampelune	36 25
Ss-comptoir du com.	400 ..	Portugais	90 ..
Charentes	355 ..	Chemins romains	67 50
Est	525 ..	Saragosse	87 ..
Paris-Lyon-Méditerr.	877 50	Victor-Emmanuel	67 50
		Séville-Xérès	28 ..

Obligations.

Départ. de la Seine	230 ..	Méditerranée	310 ..
Ville 1852. 5 0/0	1175 ..	Paris-Lyon-Méditerr.	304 75
— 1855-1860	440 ..	Midi	303 50
— 1865	512 50	Nord	311 ..
Crédit foncier : 1000 fr. à 3 0/0	950 ..	Orléans	305 75
500 fr. à 4 0/0	497 50	Grand-Central	305 50
10es à 4 0/0	100 ..	Ouest	304 ..
500 fr. à 3 0/0	460 ..	Victor-Emmanuel	282 ..
10es à 3 0/0	93 ..	— 1863	108 ..
500 fr. à 4 0/0 1863	482 50	Cordoue-Séville	192 50
Com. 3 0/0	400 ..	Ligne d'Italie	29 ..
5es 3 0/0	83 ..	Lombard	214 ..
Colonial	430 ..	Nord d'Espagne	119 ..
Est	304 50	Saragosse-Pampelune	90 ..
Ardennes	304 ..	Portugais	105 ..
Lyon	303 ..	Romains	105 ..
Bourbonnais	306 50	Saragosse	135 ..
Dauphiné	303 ..	Séville-Xérès-Cadix	80 ..
Lyon-Genève, gar	304 ..	— 94 ans	49 75

Valeurs diverses.

Ch. Charentes	362 50	Empr. Ottoman	232 50
Chemin du Médoc	267 50	Obl. Empr. Ottoman	218 75
Compt. Agriculture	530 ..	Ch. Ligne d'Italie	8 50
Caisse des ch. de fer	52 50	Cie It. des ch. Médit.	190 ..
Gaz de Marseille	505 ..	Soc. C. Ind. Amsterd.	307 50
Banq. Créd. Pays-Bas	442 50	Banque Ottomane	420 ..
Crédit Fonc. Autrich.	600 ..	Crédit Mobil. Italien	290 ..
Obl. Autrich. 1863	315 ..	Zinc, Vieille-Montagne	230 ..
Empr. Mexicain. Obl.	115 ..		

Directeur, M. GALLETIER, Avocat à la Cour Impériale de Paris.

JOURNAL DES PERCEPTEURS,

DES RECEVEURS DES FINANCES, ET DES RECEVEURS DES COMMUNES, HOSPICES, ETC.;
DES SURNUMÉRAIRES, ET DES ASPIRANTS.

2e Série. — 10 fr. par an. Un numéro toutes les semaines. 12e année. — N° 17.

SOMMAIRE.

ACTES OFFICIELS

CIRCULAIRE DE M. LE DIRECTEUR GÉNÉRAL DE LA COMPTABILITÉ PUBLIQUE, *concernant différents points du service.* (Extrait.)

22 Mars 1867.

II. *Payement des dépenses publiques. — Échange des pièces de dépense acquittées par les Percepteurs contre les fonds en numéraire dont peuvent disposer les Receveurs des régies financières.* — Aux termes de l'art. 661 de l'Instruction Générale, les Receveurs des administrations financières doivent, *mais seulement à défaut des Percepteurs*, faire sur les fonds de leurs recettes les payements relatifs au service des dépenses publiques. Il en résulte que, lorsque les Percepteurs n'ont pas entre les mains les fonds nécessaires, les parties prenantes sont obligées de se présenter successivement à la caisse de chacun des Receveurs de la même résidence jusqu'à ce qu'elles trouvent un comptable en mesure de payer leurs mandats. Il est même quelquefois arrivé que des Receveurs, quoique ayant des fonds suffisants, ont refusé d'acquitter les mandats qui leur étaient présentés. Ces refus de payement, justifiés ou non, ainsi que les dérangements qu'ils occasionnent aux parties, soulèvent des plaintes très-vives.

D'un autre côté, les Receveurs des finances, en vue d'assurer le service des dépenses publiques, sont fréquemment obligés d'envoyer des fonds de subvention aux Percepteurs, alors que les Receveurs de la résidence de ces derniers comptables ont entre les mains des sommes disponibles, dont l'existence, si elle avait été connue de la Recette des finances, l'aurait dispensée d'adresser les fonds dont il s'agit.

En outre, et d'après l'art. 661 précité, toutes les dépenses publiques doivent être centralisées dans les écritures du Trésorier-Général aux époques ci-après :

30 *juin de la deuxième année de l'exercice*, pour les services de la guerre et pour le service départemental;

31 *août de la même année*, pour les autres services ;

31 *décembre de l'année courante*, pour les dépenses imputables sur les chapitres des exercices clos.

D'où il suit que les pièces de dépenses acquittées dans les arrondissements de Sous-Préfecture doivent nécessairement, pour pouvoir être admises à la Trésorerie générale aux époques ci-dessus, être versées aux Receveurs particuliers des finances, *les 20 juin, 20 août et 20 décembre, au plus tard*, selon la nature des services qu'elles concernent. Or, de ce mode de procéder découle un inconvénient très-sérieux.

En effet, des pièces acquittées par les Receveurs des régies financières, dans les vingt premiers jours de juin, d'août et de décembre, c'est-à-dire dans les délais réglementaires que comportent les payements de chaque service, sont cependant susceptibles d'être rejetées par les Receveurs particuliers, si elles leur sont versées dans la troisième dizaine des mois précités. De là, des conflits entre les Comptables qui, les uns et les autres, ont exécuté leurs instructions respectives.

Pour remédier à ces inconvénients, ainsi que pour simplifier le service et l'accélérer en même temps, j'ai, de concert, avec MM. les Directeurs généraux des diverses administrations financières, arrêté les dispositions suivantes :

1° Les Percepteurs seront exclusivement chargés d'effectuer tous les payements pour le compte de la Trésorerie générale;

2° En cas d'insuffisance de fonds, ces Comptables pourront s'en approvisionner auprès des Receveurs des régies financières *de la même résidence*, en leur remettant, en échange du numéraire, *des pièces de dépenses* précédemment acquittées sur les fonds de la perception ;

3° A l'appui de sa demande de fonds, le Percepteur fournira un bordereau détaillé, signé par lui, des mandats à échanger. Les pièces de dépenses, versées aux Receveurs des régies financières, devront d'ailleurs être revêtues du timbre de la perception ;

4° Ces Receveurs ne pourront être tenus de faire des versements exceptionnels à la Recette des finances; mais ils devront comprendre les mandats échangés dans leur plus prochain versement à la Recette des finances;

5° Les Percepteurs resteront seuls responsables de la régularité des payements faits par eux, et, conséquemment, si des pièces susceptibles de rejet étaient versées aux Receveurs des finances, ceux-ci devraient néanmoins les admettre dans les versements des Receveurs des régies financières et leur en délivrer récépissé, sauf à les mettre ultérieurement à la charge des Percepteurs qui les auraient indûment payées;

6° Pour éviter les rejets de l'espèce, les Percepteurs s'abstiendront d'échanger aucune pièce, *un mois avant la clôture de l'exercice*, c'est-à-dire dans le courant de *juin, d'août et décembre*, selon que les dépenses appartiendront à l'un des exercices désignés au troisième alinéa du présent paragraphe. En aucun cas, ils ne sauraient comprendre dans leurs échanges des pièces concernant les services municipaux et hospitaliers.

Les dispositions ci-dessus seront applicables aussitôt après que les Receveurs des administrations financières auront reçu de leur côté les instructions nécessaires.

J'appelle, en terminant, l'attention des Trésoriers généraux et des Receveurs particuliers sur les avantages qui semblent devoir résulter de ces mesures nouvelles.

D'une part, on évitera dans bien des cas, l'envoi de fonds de subvention aux Percepteurs et les frais qui en sont la conséquence.

D'autre part, les parties prenantes étant payées exclusivement par les Percepteurs, ne seront plus obligées à des déplacements et ne subiront que rarement des refus de payement qui, lors même qu'ils sont justifiés, nuisent à la dignité de l'Administration.

Enfin, les Receveurs des régies financières ne seront plus dérangés de leurs occupations habituelles par un public étranger à leur service; puisque, au lieu de payer individuellement chaque partie prenante, ils se borneront à faire avec le Percepteur, un échange de numéraire contre des pièces de dépenses acquittées. Lorsque cet échange aura lieu, il devra être opéré en une seule fois pour la même journée.

Je recommande aux Receveurs des finances de surveiller avec le plus grand soin cette partie du service des Percepteurs, et, s'il surgissait quelques quelques difficultés d'exécution, de me les signaler sans délai pour prévenir tout conflit entre les comptables (1).

III. *Payement des pensions dans les arrondissements de Sous-Préfecture. — Circulation en franchise des titres de pension et de certificats de vie entre les notaires ou maires et Receveur particuliers.* — Les nouvelles dispositions prescrites par la circulaire du 7 décembre 1866, pour le payement des rentes viagères et des pensions dont les titulaires résident dans les arrondissements de Préfecture, ont rendu nécessaire l'extension, en faveur des Receveurs particuliers, de la franchise postale qui a existé jusqu'à ce jour entre les payeurs et les notaires. Le ministre a, en conséquence, par une décision du 12 mars courant, et sur la proposition de M. le Directeur général des Postes, autorisée la circulation en franchise sous bande. 1° entre les notaires et le Receveur particulier de leur arrondissement, pour la transmission et le renvoi des certificats de vie et des titres de rentes viagères et de pensions dûes par l'Etat ; 2° entre les Maires et le Receveur Particulier de leur arrondissement, pour la transmission et le renvoi des certificats de vie, brevets et mandats des autres catégories de fonctionnaires.

CIRCULAIRE DE M. LE DIRECTEUR GÉNÉRAL DE LA COMPTABILITÉ PUBLIQUE, *relative à différents points du service.* (Extrait)

1er mars 1867.

II. *Griffes oblitérantes des timbres mobiles. Toute pièce revêtue d'un timbre mobile non oblitéré est réputée non timbrée.* — D'après la loi de Finances du 2 juillet 1862, art. 27, et le décret du 29 octobre suivant, article 1er, § 3, toute pièce revêtue d'un timbre mobile non oblitéré est réputé non timbrée. La Cour des comptes veille attentivement à l'exécution de cette règle, et elle renvoie aux Trésoriers généraux, pour les faire régulariser, les pièces qui n'ont pas été soumises à l'oblitération. J'invite de nouveau les comptables à se conformer très-exactement aux instructions qui lui ont été adressées à cet égard par les circulaires de 27 septembre, 28 octobre et 21 décembre 1863, du 30 avril 1864 et des 27 mars, 6 et 27 décembre 1865.

VII. *Bordereaux de versements. Doivent être signés par les comptables qui effectuent les versements.* — L'Administration de l'Enregistrement, des Domaines et du Timbre a adressé a ses agents, le 25 novembre dernier, une circulaire dont un extrait est ci-après :

« Les comptables publics sont tenus de joindre à chacun de leurs versements un bordereau indiquant la nature et le montant des espèces et des pièces justificatives de dépense qui le composent.

« Ce bordereau doit être arrêté en toutes lettres et signé par le comptable qui opère le versement.

« Les comptables de l'Administration se conformeront, à l'avenir, à cette disposition. »

Je prie les Receveurs des Finances de prendre note de ce mode de procéder, qui est d'ailleurs usité dans la plupart des départements.

CIRCULAIRE DE M. LE PREFET DE LA HAUTE-MARNE *relative à la suppression du budget supplémentaire.*

16 avril 1867.

Les Conseils municipaux doivent se réunir en session légale de mai, conformément à la loi du 5 mai 1855. Dans cette session qui pourra durer dix jours,

(1) Tout en reconnaissant les avantages de ces nouvelles mesures, au point de vue de l'uniformité du service en général, nous ne pouvons nous empêcher de regretter que l'on surcharge encore un service aussi ingrat que celui-ci pour les Percepteurs. C'est le moment plus que jamais, de demander une rémunération pour ces opérations qui engagent sérieusement la responsabilité des Comptables, et pour lesquelles jusqu'ici il n'a été encore rien alloué. En résumé, ces dispositions auront pour résultat d'augmenter notablement les travaux et la responsabilité des Percepteurs, et elles les obligeront à recourir souvent à des demandes de fonds de subvention pour le service des payements pour le compte de la Trésorerie générale. (Nous avons indiqué au *Journal* de 1865, page 116, et dans le volume de 1867, page 125, la marche à suivre pour la demande et la transmission de ces fonds de subvention.)

(1) Les Percepteurs doivent aussi se conformer à cette recommandation pour la confection des bordereaux qui doivent accompagner chaque versement. (Art. 80 de l'Instruction générale.)

ils doivent s'occuper de la formation des budgets de 1866, ainsi que du règlement de la comptabilité municipale de l'exercice 1866.

Je suis autorisé par LL. Exc. MM. les Ministres de l'intérieur et des Finances, à faire l'épreuve, dans le département de la Haute-Marne, de la suppression du budget supplémentaire. Vous ne recevrez donc cette année que des formules pour la rédaction du budget primitif de 1868. Ramenées à leur plus claire expression, ces formules présentent deux cadres destinés à consigner toutes les opérations de comptabilité pendant l'année, soit en recettes, soit en dépenses hors du budget. Pour avoir une situation nette des finances municipales, il suffira de reporter en une seule ligne le *reliquat libre* de l'exercice précédent combiné avec l'état de situation financière de la commune au 31 mars, donnée par le receveur municipal, de tenir exactement note des nouvelles autorisations en recettes et en dépenses accordées pendant l'année; en un mot, d'enregistrer avec soin, en cours d'exercice, toutes les recettes et dépenses effectuées en vertu d'autorisations spéciales. Les formules de budget pour 1867 permettent d'inscrire sous le titre imprimé : *Reliquat disponible de l'exercice précédent, toutes les dépenses autorisées et non effectuées*, les sommes qui devaient figurer au chapitre III, 1re section du budget supplémentaire, sous le titre : *Excédant du reliquat définitif de l'exercice* 1866. Ces formalités d'ordre seront accomplies au vu des renseignements des receveurs municipaux, sans que pour cela ils soient affranchis de produire à la Préfecture par l'intermédiaire de MM les Maires, l'expédition du compte de gestion prescrite par la circulaire du Ministre des finances en date du 30 janvier 1866.

On suivra la même marche en 1868, pour le budget qui va être établi cette année en session légale de mai, et on pourra inscrire sur ce budget, dès le 1er avril, le reliquat de l'exercice 1867, donné par la situation, au 31 mars 1868.

L'utilité pratique du budget supplémentaire était depuis longtemps devenue très-contestable. Établi en session légale de mai, il ne parvenait que très-tard à mon administration, et ne pouvait guère être approuvé avant le mois de septembre. Un fait anormal se produisait fréquemment : il arrivait que des dépenses devenues nécessaires étaient votées par les Conseils municipaux, en session extraordinaire, autorisées et même effectuées avant l'approbation des budgets supplémentaires. Ces votes de crédits spéciaux constituaient cependant autant de chapitres additionnels aux budgets. Il arrivait même dans beaucoup de communes, qu'on négligeait, exprès, pour gagner du temps, de rédiger le budget supplémentaire pour recourir aux votes extraordinaires et aux autorisations spéciales. Désormais, les délibérations spéciales des Conseils municipaux portant création de recettes ou votes de dépenses non prévues au budget primitif, remplaceront le budget supplémentaire avec avantage à tous les points de vue.

Il est essentiel, pour éviter une multiplication inutile d'écritures que les délibérations comprennent toutes les dépenses connues du Maire et du Conseil municipal. Mais il importe aussi d'éviter les enchevêtrements d'exercice. Pour cela il sera indispensable de prendre autant de délibérations spéciales qu'il s'agira de dépenses se rapportant à un ou plusieurs exercices.

La suppression du budget supplémentaire donnerait lieu à plusieurs inconvénients graves, si MM. les Maires et les Conseils municipaux négligeaient de bien établir le budget primitif de 1866, et de tenir à jour la quatrième page du budget primitif de 1867, c'est-à-dire d'inscrire sur ce dernier budget, comme je le ferai ici très-régulièrement, toutes les opérations en recettes et en dépenses spéciales qui s'accompliront pendant l'exercice présent. Ce simple compte, par doit et avoir, permettra d'éviter de graves erreurs et facilitera singulièrement dans l'avenir la vérification de la comptabilité municipale. En effet, sans qu'ils aient besoin de se reporter à une foule de pièces, sans qu'ils aient besoins d'établir des points de comparaison et de contrôle, MM. les Maires et Conseillers municipaux auront toujours exactement sous leurs yeux la situation financière normale de la commune. J'appelle sur ce point leur plus sérieuse attention, et je compte, pour les aider dans l'accomplissement de mes recommandations, sur le concours empressé et dévoué de MM. les receveurs municipaux.

J'aurai l'honneur d'adresser à toutes les communes, avec les formules du budget, une note relative à leur composition, au point de vue pratique; résumant le contenu de toutes les instructions sur la comptabilité communale.

La loi sur l'enseignement primaire, votée par les Chambres et la loi municipale en ce moment en discussion au Corps législatif, exerceront nécessairement une influence considérable sur les finances municipales. Il serait donc inopportun aujourd'hui de donner des instructions plus étendues sur un service qui doit devenir prochainement l'objet de nouvelles et sérieuses études. Je me bornerai dès lors aux seules recommandations qui précèdent.

Recevez, Messieurs, l'assurance de ma considération très-distinguée,

LÉON GRACHET.

OBSERVATIONS. — Au point de vue des Receveurs municipaux, la suppression du budget supplémentaire présente plusieurs avantages que nous allons énumérer.

Les budgets supplémentaires se composent, en grande partie, des *opérations de report* du reliquat et des restes à recouvrer et à dépenser à l'exercice précédent. Ces opérations résultant d'une situation que l'autorité préfectorale n'a pas le pouvoir de modifier. (Instr. gén., art. 824 à 833), on pensera avec nous qu'il est complétement inutile de la soumettre à la fixation du Préfet. Restent les quelques articles de recettes et de dépenses non prévues au budget primitif.

Les *titres de recettes* sont presque tous soumis à l'approbation du Préfet, à mesure qu'ils sont émis par l'autorité locale. Il n'y a d'exception que pour quelques recettes éventuelles, telles que les intérêts de ventes, etc., lesquels ne sont qu'un accessoire naturel d'un principal reposant sur des titres réguliers, approuvés ou au moins transmis aux Receveurs municipaux par le Préfet. (Voir *Petite Instr. pratique*, page 5). L'inutilité d'une approbation distincte de ces recettes, sous forme de budget supplémentaire, est donc évidente ; attendu que l'origine de toutes les recettes communales remonte toujours à un vote du Conseil municipal, lequel vote était jusqu'ici subordonné à l'approbation ultérieure du Préfet.

Les demandes de *crédits additionnels collectifs*, tels que M. le Préfet de la Haute-Marne les prescrit, nous paraissent une simplification avantageuse pour tous ceux qui ont à concourir à l'établissement du budget supplémentaire. En effet, ainsi que ce haut fonctionnaire le constate, des demandes de crédits additionnels, nécessités par des circonstances imprévues et qui ne supportent pas de délai, sont adressées à la Préfecture *avant et après* le règlement de ce budget.

A l'égard des crédits qui ont été accordés avant sa présentation, ce budget n'en est qu'une simple récapitulation. Très-peu nombreux et surtout peu urgents sont les crédits qui y sont compris pour être soumis, alors pour la première fois, à une approbation collective. Ce sont, pour la plupart, des crédits d'ordre, ou des suppléments de crédits qui figurent déjà au budjet primitif. D'ailleurs, les autorisations spéciales collectives remplissent plus avantageusement le même objet. En ce qui concerne les *insuffisances des crédits* du budget primitif, les Receveurs municipaux devront s'attacher à faire comprendre aux administrateurs des communes, qu'il convient de voter, pour les dépenses variables, des sommes plutôt supérieures qu'inférieures au chiffre probable de ces dépenses, afin d'éviter ces demandes d'autorisations spéciales : c'est là le principe d'une bonne comptabilité. Dans les communes où cela sera nécessaire, il devra être appliqué au moment du vote des voies et moyens du budget primitif, que les prévisions du budget pour certaines dépenses ne donnent pas un droit réel à la somme inscrite dans ce budget, puisque, dans l'art. 998 de l'Instr. gén., les dépenses de cette nature ne peuvent être acquittées que jusqu'à concurrence de la dette justifiée par des titres réguliers.

L'établissement d'un budget supplémentaire a, pour les Receveurs municipaux, l'inconvénient de *classer les opérations* de recette et de dépense, dans un ordre qui ne concorde pas toujours avec celui de leur inscription par ces comptables sur les carnets destinés à cet enregistrement ; car cette inscription doit être faite au moment même de la réception de l'autorisation de recette ou de dépense.

Nous espérons que l'épreuve autorisée dans la Haute-Marne démontrera les avantages de la suppression du budget supplémentaire, et que cette pratique sera étendue à tous les départements.

D'après nous, l'adoption de cette mesure n'entraînera pour les Receveurs aucune nouvelle obligation que celle relative à la transmission des titres de recette ; et elle contribuera à établir une plus grande régularité dans l'inscription des recettes et des dépenses autorisées depuis l'approbation du budget primitif, tout en diminuant le travail des Conseils municipaux et de l'administration supérieure.

Les dispositions arrêtées par M. le Préfet de la Haute-Marne auront pour résultat d'obliger les Maires et les Receveurs municipaux, à donner connaissance au Préfet de toutes les recettes éventuelles. Il suffisait jusqu'ici d'en donner avis au Receveur des finances, au moment de leur réalisation. Mais la nécessité, pour la Préfecture, de tenir compte de toutes les opérations de recettes qui s'accompliront en dehors des prévisions du budget primitif, impose aujourd'hui aux comptables de ce département, l'obligation d'adresser à la Préfecture un avis de recouvrement de recettes de cette catégorie. L'administration supérieure de ce département jugera à propos, sans doute, de régler tous les points du service municipal auxquels la suppression du budget supplémentaire apporte des modifications.

QUESTIONS DIVERSES

LEGS. Mairie. Acceptation. Envoi en possession. Autorisation.

Un maire qui avait accepté, conformément à la loi du 18 juillet 1837, art. 48, un legs fait à la commune par un testament olographe, pouvait-il demander l'envoi en possession, en vertu de l'art. 1008 du Code Napoléon ?

Cette question est ainsi résolue dans le *Journal du Droit Administratif :*

« J'ai décidé la négative, parce que l'envoi en possession n'est pas une mesure simplement conservatoire ou provisoire. Seulement, le Maire peut faire nommer, par voie de référé, un administrateur provisoire des biens légués pour éviter les dilapidations des héritiers.

Quand l'autorisation d'accepter le legs a été donnée par l'autorité compétente, le Maire a-t-il besoin d'une autorisation du conseil de préfecture pour demander au président du tribunal civil l'envoi en possession ? La négative m'a paru évidente, parce qu'il ne s'agit pas là de plaider. Ce n'est point une action à intenter contre un tiers. La demande est plutôt gracieuse que contentieuse ; elle se forme par requête, et il y est répondu par ordonnance sans qu'il soit nécessaire d'appeler aucune partie. Mais si cette demande d'envoi en possession donnait lieu à un procès avec des héritiers ou d'autres légataires, la commune, quoique autorisée à accepter le legs, n'en devrait pas moins encore obtenir l'autorisation de plaider, dans les formes indiquées au *Code d'instruction administrative*, 3e édit., t. II, p. 210, nos 1059 et suiv. »

DES

RENTES SUR PARTICULIERS

CONSTITUÉES AU PROFIT DES COMMUNES ET DES ÉTABLISSEMENTS. (2e *article.*)

§ 3e. CONSTITUTION DE LA RENTE ET SA CONSERVATION.

Lorsque les héritiers naturels ou universels ou à titre universel consentent volontairement à reconnaître le legs fait par le testateur et à exécuter les dispositions de ce dernier, *l'acte de constitution* de la rente léguée doit être passé devant un notaire, attendu que l'hypothèque conventionnelle qui doit servir de garantie aux droits du légataire, ne peut être consentie que par acte passé en forme authentique (C. Nap., art. 2117 et 2129). Cet acte étant destiné à devenir la loi des parties, le Receveur doit veiller à ce qu'il soit établi d'une manière régulière ; que tous les droits dont le soin lui est confié, soient clairement stipulés ; et que les garanties qu'il est en droit d'exiger, lui soient fournies par le débiteur.

Ainsi, il ne devrait pas accepter un titre qui ne serait consenti que par l'un des *héritiers obligés solidairement* ou qui ne mentionnerait pas cette solidarité ; qui ne relaterait pas, d'une manière précise, la date de *l'exigibilité des arrérages*, en prenant pour point de départ le jour dont il est parlé au § 2 ci-dessus, et le *lieu où le payement* en sera fait. Car, si le titre n'énonçait pas qu'ils seront portables au bureau de la résidence du Receveur ou au bureau de recette situé dans la commune où la rente doit être servie, ces arrérages seraient quérables au domicile et chez le débiteur (C. Nap., art. 1247,— Instr. gén., art. 1061). Le Receveur a donc intérêt à ce que le lieu du payement soit désigné dans l'acte, et à ce que cette indication soit faite en sa faveur. Nous nous appesantissons sur la nécessité de cette dernière stipulation, par le motif très-important que les débiteurs de rentes quérables ne peuvent être contraints au rachat, en cas de non payement des arrérages pendant deux années consécutives, s'ils n'ont été préalablement mis en demeure de se libérer (Inst. gén., art. 870 et 1061), tandis que si la rente est portable au bureau du Receveur, le rachat peut être exigé par le créancier, dès que le débiteur a cessé de remplir ses engagements pendant deux années.

Le Receveur ne doit pas mettre moins de soins à s'assurer que les débiteurs affectent, par *hypothèque*, à la garantie de la rente, des immeubles d'une valeur suffisante pour parer à toutes les éventualités ; et surtout, à se faire justifier que ces immeubles sont exempts d'hypothèques de toute nature, ou que ces hypothèques laissent disponible une somme suffisante pour garantir complètement la rente. Le Receveur peut se contenter de l'affectation de biens excédant la créance de plus d'un tiers en fonds libres, pourvu qu'il soit justifié de cette situation, parce que le débiteur peut demander en justice la réduction des inscriptions excessives (C. N., art. 2162).

Quand il a été nécessaire d'exiger une *caution*, il convient de faire indiquer dans l'acte qui contient les engagements de celle-ci, les charges qui lui ont été imposées et qu'elle a consenties, selon la distinction établie aux articles 2015 et 2021 du C. Nap. Le cautionnement peut-être donné dans l'acte même de constitution de l'obligation du débiteur. La caution présentée doit avoir la capacité de contracter et posséder un bien suffisant pour répondre de l'obligation de celui qu'il cautionne. (C. Nap , art. 2018 et suiv).

Le titre constitutif de la créance ou l'acte authentique postérieur, portant consentement d'hypothèque conventionnelle par le débiteur et sa caution, doit déclarer spécialement, sous peine de nullité de cette hypothèque, la nature et la situation de chacun des immeubles appartenant actuellement au débiteur ou à sa caution, et sur lesquels ils consentent l'hypothèque de la créance (C. Nap., art. 2129, suiv. et 2148) (1). La stricte observation de ces prescriptions pouvant seule assurer la conservation de la rente, il serait imprudent de s'en écarter (Voir § 4 ci-après)

Après vingt-huit ans de la date du dernier titre, le débiteur d'une rente peut être contraint à fournir, à ses frais un titre nouvel à son créancier ou à ses ayants-cause (C. N., art. 2263). Faute, par le créancier d'obtenir ce titre nouvel, avant l'expiration du délai de trente ans à partir de la date du dernier titre, la *prescription* est acquise au débiteur, sans que celui-ci soit obligé d'en rapporter un titre ou qu'on puisse lui opposer l'exception déduite de la mauvaise foi (C. N., art. 1234, 1378 et 2262). Mais la prescription peut être interrompue par le créancier, s'il n'obtient pas, sans contrainte, dans le délai utile, le renouvellement de son titre, par une signification faite avant l'expiration des trente ans. Une citation en justice, un commandement ou une saisie, signifiés à celui qu'on veut empêcher de prescrire, forment interruption de la prescription. La *prescription est interrompue* par la citation en conciliation devant le juge de paix, du jour de sa date (C. Nap., art. 1199, 1206, 2242 et suiv.), pourvu qu'elle ait été suivie d'ajournement dans les délais de droit (C. pr. civ., art. 57), encore que l'ajournement n'ait été donné qu'après la prescription accomplie, et encore que l'action à intenter ne soit pas soumise (ce qui a lieu lorsqu'il s'agit de communes, etc.) à la formalité de la conciliation, ou que la citation ait été donnée devant un juge incompétent (Arrêts de Cass. des 13 vend. an 10 et 9 Nov. 1809). Mais la simple comparution volontaire du débiteur en conciliation, n'équivaut pas à une citation suivie d'ajournement (C. de Colmar,

(1) Voir *Journal* de 1863, p. 236. (Arrêt de la Cour de Lyon, 24 déc 1862.)

15 juillet 1809). Il suffit, pour empêcher la prescription, d'une demande relatant implicitement l'objet de la prescription (C. de Cass., 27 brum., an 14); il suffit encore de la demande en compensation de dettes formée au bureau de paix par le débiteur, défendeur en conciliation (Cass, 30 frim., an 11). Mais une sentence restée trente ans sans exécution, ou une instance périmée, n'interrompent point la prescription (Cass., 5 flor., an 12) Les actes qui interrompent la prescription ne sont eux-mêmes valables que pendant trente ans.

L'interpellation, faite dans les conditions indiquées ci-dessus, à l'un des débiteurs solidaires, ou la reconnaissance par celui-ci du droit de celui contre lequel il prescrivait, interrompt la prescription contre tous les autres, même contre leurs héritiers (Cod. Nap., art. 2249); et celle faite au débiteur principal, ou sa reconnaissance, interrompt la prescription contre la caution (art. 2250). Cependant l'interpellation faite à l'un des héritiers d'un débiteur, ou la reconnaissance de cet héritier, n'interrompt pas la prescription à l'égard des autres cohéritiers, quand même la créance serait hypothécaire, à moins que l'obligation ne soit indivisible. Cette interpellation, ou cette reconnaissance, n'empêche pas la prescription à l'égard des autres codébiteurs et héritiers, que pour la part dont cet héritier est tenu dans la dette (C. N., art. 1213, 1218 et 1219). Pour interrompre la prescription pour le tout, il faut l'interpellation à tous les héritiers du débiteur solidaire décédé, ou la reconnaissance de tous ces héritiers (C. N., art. 1199, 2249 et 2250). Le Receveur devra donc se conformer à cette dernière disposition de la loi ; lorsqu'il lui sera plus facile d'empêcher la prescription contre tous les héritiers de l'un des débiteurs solidaires que contre l'un de ces derniers, ou lorsqu'il lui sera plus facile d'obtenir la reconnaissance de tous ces héritiers que celle de l'un de ces débiteurs.

La prescription est naturellement interrompue par la reconnaissance que fait le débiteur, avant la prescription du droit de celui contre lequel il allait prescrire (C. N., art. 2248); et cette reconnaissance, après l'expiration des trente années, forme une renonciation a la prescription acquise, qui renouvelle le titre pour une nouvelle période de trente ans (Cod. Nap., art. 2220 et suiv.).

Le *service des arrérages* d'une rente depuis la prescription du titre, constitue une renonciation tacite à la prescription, attendu qu'il donne lieu de supposer l'abandon du droit acquis (C. N., art. 2221). Cependant, pour que le fait d'avoir servi les arrérages puisse servir de preuve à cette renonciation, il faut qu'il résulte d'aveux du débiteur, d'actes ou d'écrits provenant de lui et en faisant foi. A défaut de ces preuves, un arrêt de la Cour de Cassation, en date du 30 novembre 1839, admet, il est vrai, comme un commencement de preuve par écrit établissant la réalité du service des rentes réclamées, et, par conséquent, la renonciation à la prescription du titre, les tergiversations et contradictions que présentaient les réponses du débiteur dans les interrogatoires subis par lui devant les juges. « Attendu qu'à ce commencement de preuve, dit cet arrêt, le juge a pu joindre, et le résultat des enquêtes et celui de l'examen des registres du créancier, pour se convaincre que les arrérages de la rente ont été payés jusqu'au moment où le commandement a été fait pour obtenir le payement de la dernière annuité ;

« Attendu qu'en puisant, dans ce commencement de preuve et dans les divers éléments de la cause, la preuve complète du service de la rente, et une fin de non-recevoir contre l'exception de prescription, le jugement n'a violé, ni les articles 1331 et 1341, ni les articles 2221, 2224, 2262 et 2263 du Code Napoléon ;

« Rejette, etc. »

La présomption résultant des réponses contradictoires du débiteur et de la constatation des payements sur les registres et comptes du Receveur, peut autoriser les juges à admettre la preuve par témoins et à déférer le serment décisoire au débiteur. Le Receveur doit donc s'attacher à se ménager au moins la preuve par témoins, et prendre, à cet effet, les dispositions nécessaires pour s'assurer la présence de deux témoins la première fois que le débiteur payera les arréges de rente d'un titre prescrit.

Nous trouvons dans une Lettre adressée le 19 novembre 1848 au Receveur général du Loiret, par M. le Ministre des finances, des indications précieuses pour obtenir le renouvellement des titres périmés ou une interruption de la prescription de ces titres. Nous en reproduisons la partie qui peut intéresser les comptables : « ... Toutefois, j'ai pensé qu'il ne serait peut-être pas sans utilité de vous faire observer que, généralement, les démarches à faire en pareil cas pour obtenir des titres sont fort délicates. L'expérience a prouvé, en effet, que des débiteurs de rentes qui payaient exactement les arrérages, cessaient de le faire, dès qu'ils s'apercevaient que leur créancier était dépourvu de titre valable. Il importe donc beaucoup de signaler ce fait aux comptables.

« Parmi les moyens d'obtenir le résultat désiré, il en est trois que je crois devoir vous indiquer. L'un consiste à rechercher quelles sont les propriétés grevées de rentes, et à s'assurer si l'obligation de les payer n'aurait pas été stipulée dans quelque acte translatif de ces propriétés qui aurait moins de trente ans (1). Le second, c'est, lorsque la rente continue à être servie, de passer une quittance notariée se rapportant à cette rente, par un motif quelconque (2) ; une telle quittance équivaudrait à un acte recognitif. Le troisième, ce se serait de provoquer de la part du débiteur, en lui adressant telle ou telle observation ou réclamation, une réponse par écrit qui pourrait par

(1) Voir dans ce cas, § 4 ci-après, les droits contre le tiers-détenteur.

(2) Par exemple, en exposant au débiteur que c'est pour le mettre à l'abri de toute réclamation ultérieure, et en lui offrant d'en payer les frais ; car il est probable que la crainte de supporter ces frais arrêterait le plus souvent ce débiteur.

la suite lui être opposée, s'il voulait contester sa dette (3).

« Quand par aucun de ces moyens le but que vous vous proposez ne pourra pas être atteint, ou que, par suite de péremption, les communes ou les établissements propriétaires des rentes auront perdu leur rang d'inscription hypothécaire, vous aurez à rechercher et à constater avec soin sur quel comptable la responsabilité du dommage éprouvé doit retomber. »

Il faut considérer que la *renonciation à la prescription* n'engage que la seule personne de qui elle émane, et que les autres débiteurs solidaires, ou le créancier du renonçant, ou toute autre personne ayant intérêt à ce que la prescription soit acquise, peuvent l'opposer encore que le débiteur y renonce (C. N., art. 1165 et suiv., 1271 et suiv., et 2225). La renonciation tacite, telle qu'elle résulte des faits qui précèdent, n'est pas pour le créancier un titre nouveau; un acte authentique a seul cette force. Elle n'est qu'un moyen dont le créancier peut user pour obtenir en justice la délivrance d'un titre. En conséquence, le Receveur doit actionner le débiteur en renouvellement du titre; mais il doit être sûr, avant d'engager une instance dont les frais pourraient rester à sa charge, que celui-ci sera de bonne foi, ou, dans le cas contraire, qu'il pourra lui opposer des témoignages, un écrit privé ou tout autre fait qui puisse faire présumer la renonciation à la prescription.

Les *arrérages de rentes* perpétuelles se prescrivent par cinq ans (C. N., art. 2277). Les actes qui suffisent pour arrêter la prescription du titre, suffisent également pour arrêter la prescription des arrérages.

Pour former cette interruption il faudra donc faire signifier, avant l'expiration de la cinquième année, l'un des actes indiqués ci-dessus.

Nous avons dit que, lorsqu'un titre est à la veille de prescrire, et que le Receveur ne peut pas en obtenir le renouvellement par tous les débiteurs ou par celui qui peut conserver la rente contre tous, il doit s'empresser de faire signifier l'un des actes indiqués comme interrompant la prescription. Mais lorsqu'un *titre nouvel* sera consenti avant ou après cette signification, la raison indique que le *choix du notaire* qui doit retenir l'acte de renouvellement, de même que lorsqu'il s'agit de l'acte primitif de constitution, appartient au débiteur, puisque celui-ci doit en supporter les frais. Il a intérêt à ce que cet acte soit passé par le notaire détenteur du titre originaire du dernier titre nouvel, car, dans le cas contraire, on comprendrait que le Receveur ayant à produire le titre primitif ou celui du renouvellement, peut servir de base à l'acte de reconnaissance à faire, serait fondé à mettre pour condition à son déplacement et à celui des titres, l'adoption du notaire qu'il désignerait.

L'*intervention du Maire* ou de son adjoint, délégué, n'est pas absolument nécessaire pour l'acceptation de l'acte de constitution ou de son renouvellement. Au Receveur seul appartient le droit de requérir ces actes. L'acte de constitution ou de novation d'un titre périmé, ne peut être ratifié que par délibération du Conseil municipal ou de la Commission administrative, approuvée par l'autorité compétente. Le Receveur doit, dans l'intérêt de sa propre responsabilité, soumettre ces actes à l'acceptation du Conseil ou de la Commission, et justifier de l'accomplissement de cette formalité. L'absence du Maire, administrateur, lorsque sa présence ne pourra pas être obtenue en délai utile, ne devra donc pas être, à l'approche du terme fatal, un motif d'ajourner la passation de ces actes.

Le consentement du titre, ou son renouvellement, peut également être fait sans la *présence du Receveur*, sauf à celui-ci, dans le cas où le débiteur ne l'aurait pas appelé à approuver la teneur de l'acte primitif ou recognitif, à refuser un titre qui ne lui paraîtra pas assurer tous les droits qu'il a mission de conserver, ou qui ne sera pas la ratification exacte et complète de l'acte de constitution (C. N., art. 1337).

Le Receveur ne doit pas accepter l'expédition ou grosse de l'acte consenti ou renouvelé, si elle n'est pas revêtue de la *formule exécutoire* : « Mandons, etc. » Il préviendra ainsi, s'il y avait lieu d'exercer plus tard des poursuites contre le débiteur, les démarches à faire pour obtenir le mandement d'exécution. (Loi du 25 ventôse, an II, sur l'organisation du notariat, art. 21, 25, 26 et 27).

Il y aura lieu quelquefois pour le Maire, selon que le débiteur refuse de consentir un titre ou de le renouveler, comme dans le cas exposé au *Journal* de 1866, page 146, de remplir les formalités prescrites avant l'*introduction d'une action pétitoire en justice*, c'est-à-dire d'en demander l'autorisation au Conseil de Préfecture. Nous avons dit à cette occasion, et nous le répétons ici, que nous ne saurions trop engager les comptables qui auront à gérer des créances pour lesquelles il n'existe pas de titre (1) ou dont le titre est périmé, à en faire régulariser, sans délai, la situation; que, si des démarches officieuses auprès du Maire, pour obtenir son concours dans la limite de ses attributions, ne suffisent pas pour amener une prompte solution, ils ne devront pas hésiter à réclamer, par l'intermédiaire de leurs chefs hiérarchiques, l'intervention du Préfet ou du Sous-Préfet auprès de cette administrateur. Car, c'est à cette seule condition qu'ils mettront à couvert leur responsabilité.

Les titres renouvelés avant la prescription accomplie, dans le cas où ces titres nouvels auraient apporté quelque *atteinte aux garanties* qui résultait de l'acte primitif, doivent toujours, ainsi que le renouvellement tardif de l'inscription hypothécaire, être

(3) On pourrait exposer au débiteur que l'autorité qui juge les comptes du Receveur intéressé, lui réclame une déclaration du débiteur lui-même constatant qu'il a acquitté jusqu'à telle année les arrérages de sa rente.

(1) Dans ce cas, il y aurait à faire dresser l'état prescrit par l'art. 63 de la loi du 18 Juillet 1837 (T), rendu exécutoire par le Sous-Préfet. (Arrêté du Conseil de Préfecture de l'Isère, 22 Septembre 1854. — *Journal* de 1858, p. 219.)

soumis à l'approbation du Conseil municipal ou de la Commission administrative. La délibération prise à ce sujet doit déclarer que la créance est acceptée dans l'état où elle se trouve actuellement, par l'effet de ces renouvellements tardifs, soit parce qu'elle n'a pas perdu le rang qu'elle occupait avant la péremption survenue, soit parce que, malgré la perte de ce rang, la position du débiteur présente encore des garanties suffisantes. Le Receveur se fera délivrer par le Maire deux expéditions de cette délibération, après qu'elle aura été approuvée : il en joindra une au titre nouvel ou à l'inscription renouvelée dans ces conditions; et l'autre sera adressée par lui au Conseil de Préfecture ou à la Cour des Comptes, avec son prochain compte de gestion (V. § 4 ci-après, 2o incriptions périmées).

FIN DU § 3.

NOMINATIONS ET MUTATIONS.

ONT ÉTÉ NOMMÉS PERCEPTEURS :

A Serrières de Briord (Ain), M. Fontaine, surnuméraire;
A Turriers (Basses-Alpes), M. Rouel, de Lantenol;
A Roquefort (Aveyron), 5e cl., M. Raynal, de Broquiès;
A Broquiès (do), 5e cl., M. Fabre, surnuméraire;
A Peyreleau (do), 5e cl., M. Glandières, de St-Chély;
A Sauveterre (do), 4e cl., M. Médal, de Peyreleau;
A Villeneuve (do), 4e cl., M. Domergue, de Sauveterre;
A St-Chély (do), 5e cl., M. Bonnefous, surnuméraire;
A Marseille (Bouches-du-Rhône), M. Jouve, Payeur;
A Saigne (Cantal), M. Peyrac, surnuméraire;
A Léoville (Charente-Infér.), M. Baron, surnuméraire;
A Receys.-Ource (Côte-d'Or), M. Laffage, de St-Savin (Gir.);
A St-Pardoux (Dordogne), 4e cl., M. Léglang;...
A Pacy (Eure), 3e cl., M. Lincelle, Employé au Ministère des finances, en remplacement de M. Belot, appelé à d'autres fonctions;
A Nogent-le-Rotrou (Eure-et-Loir), 3e cl., M. Guigonnet de Nancray (Loiret);
A Arrano (Finistère), M. Feillet, surnuméraire;
A Vicq-le-Fesq (Gard), M Lavie, surnuméraire;
A St-Savin (Gironde), 3e cl., M. de Combes;
A Branne (do), M. Sorignet Perroteau, surnuméraire;
Au Poujol (Hérault), M. Gavary;
A Ceilzes (do), M. Vialla, surnuméraire;
A Puissaliers (do), M. Fraisse, surnuméraire;
A Ecueillé (Indre), M. Lumet, surnuméraire;
A Sepmes (Indre-et-Loire), M. Chauvin, surnuméraire;
A Parentis en-Born (Landes), M. Passicos, de Geaune;
A St-Barthélemy (Loire), M. Perrin, surnuméraire;
A Chigné (Maine-et-Loire), M. Bernard, surnuméraire;
A Martin-Vast (Manche), 4e cl., M. Devillecourt, de Piron;
A Buzy (Meuse), M. Trouslard, surnuméraire;
A Lasseube (Basses-Pyrénées), M. Langoust, surnuméraire;
Au Mans (Sarthe), 2e cl., M. Sollier, de Bléré (Indre-et-L.);
A St-Bonnet (S.-et-Loire), M. Chamonard, de La Taguière;
Au Bourgneuf (do), M. Gilbert, percepteur d'Epieds (Loiret);
A Moissy-Cramayelle (Seine-et-M.), 5e cl., M. Girot;...
A Jouy-le-Châtel (do), 3e cl., M. Pacard, de Bedarieux (Hér.);
A Combert (do), 5e cl., M. Ducourcl, de Beton-Bazoche;
A Verdelot (do), M. Gibert, surnuméraire;

BULLETIN HEBDOMADAIRE DE LA BOURSE.

Cours des Fonds publics au 26 Avril 1867.

Rentes et Actions.

3 0,0	65 30	Midi	525 ..
Jouis. 1 janvier	65 25	Nord	1085 ..
4 1/2 0/0	93 90	Orléans	815 ..
Jouis. 22 sept	99 95	Ouest	525 ..
		Cie parisienne du gaz	1390 ..
4 0/0	81 ..	Soc. immobilière	297 50
Jouis. 22 sep	.. ..	Transatlantique	360 ..
Obligations du Trésor	447 50	Messag. impér. (s-m.)	700 ..
Bons du Trésor	2 1/2	Canal de Suez	332 50
Banque de France	3350 ..	Italien 5 0/0	44 50
Comptoir d'escompte	685 ..	Emprunt Mexicain	15 ..
Crédit agricole	575 ..	Crédit mob. espagnol	206 25
Crédit foncier Colonial	550 .	Soc. autrichienne	350 ..
Crédit foncier de France	1275 ..	Saragosse-Barcelone	35 25
Crédit ind. et comm.	607 50	Guillaume-Luxemb.	126 ..
Crédit mobilier	352 50	Sud-autrichien-lomb.	347 50
Créd. Mobilier (nouv.)	... ..	Nord de l'Espagne	77 50
Dépôts. comptes cour	535 ..	Saragosse Pampelune	35 25
Société générale	510 ..	Portugais	75 ..
Ss-comptoir du com.	465 ..	Chemins romains	57 50
Charentes	360 ..	Saragosse	85 ..
Est	515 ..	Victor-Emmanuel	57 50
Paris-Lyon-Méditerr.	850 ..	Séville-Xérès	28 ..

Obligations.

Départ. de la Seine	228 ..	Méditerranée	310 ..
Ville 1852. 5 0/0	1170 ..	Paris Lyon-Méditerr.	299 75
— 1855-1860	430 ..	Midi	300 ..
— 1865	508 75	Nord	305 ..
Crédit foncier. 1000 fr. à 3 0/0	950 ..	Orleans	301 ..
500 fr. à 4 0/0	485 ..	Grand-Central	300 ..
10es à 4 0/0	100 ..	Ouest	302 50
500 fr. à 3 0/0	457 50	Victor-Emmanuel	276 25
10es à 3 0/0	90 ..	— 1863	93 75
500 fr. à 4 0/0 1863	478 75	Cordoue-Séville	180 ..
Com. 3 0/0	395 ..	Ligne d'Italie	20 ..
5es 3 0/0	82 ..	Lombard	215 ..
Colonial	420 ..	Nord d'Espagne	115 ..
Est	301 ..	Saragosse-Pampelune	85 ..
Ardennes	299 75	Portugais	100 ..
Lyon	301 ..	Romains	97 ..
Bourbonnais	304 ..	Saragosse	130 ..
Dauphiné	301 ..	Séville-Xerès-Cadix	72 ..
Lyon-Geneve, gar	301 ..	— 94 ans.	42 ..

Valeurs diverses.

Ch. Charentes	362 50	Empr. Ottoman	220 ..
Chemin du Médoc	260 ..	Obl. Empr. Ottoman	2[illegible]0 ..
Comp. Agriculture	530 ..	Ch. Ligne d'Italie	[illegible] 50
Caisse des ch. de fer	48 ..	Cie It. des ch. Medit.	190 ..
Gaz de Marseille	455 ..	Soc. C. Ind. Amsterd.	205 ..
Banq Créd. Pays-Bas	420 ..	Banque Ottomane	425 ..
Crédit Fonc. Autrich.	600 ..	Crédit Mobil. Italien	290 ..
Obl. Autrich. 1865	302 50	Zinc, Vieille-Montagne	229 ..
Empr. Mexicain. Obl.	110 ..		

Directeur, H. GALLETIER, Avocat à la Cour impériale de Paris.

JOURNAL DES PERCEPTEURS,

DES RECEVEURS DES FINANCES, ET DES RECEVEURS DES COMMUNES, HOSPICES, ETC.;
DES SURNUMÉRAIRES, ET DES ASPIRANTS.

2e Série. — 10 fr. par an. Un numéro toutes les semaines. 12e année. — N° 18.

SOMMAIRE.

ÉTUDES SUR LE SERVICE

Interprétation de la Circulaire du 22 mai 1866

EN CE QUI CONCERNE LA PRESCRIPTION DE FAIRE FIGURER LES RETENUES POUR PENSIONS CIVILES AUX COMPTES DE GESTION.

Une circulaire de la comptabilité publique, en date du 22 mai 1866, prescrit de continuer à faire figurer aux comptes de gestion, dans les *Opérations relatives aux services hors budget*, le compte des *retenues pour le service des pensions civiles*, supprimé (par erreur, paraît-il) dans le modèle annexé à la circulaire du 30 janvier 1866.

Un autre recueil avait applaudi à cette suppression, par cette raison que « une fois la retenue faite par le Receveur municipal, et cette retenue versée par lui au Receveur des finances contre un récépissé qu'il conserve, ce comptable se trouvait dès ce moment complétement déchargé de ce produit et qu'il était par conséquent d'autant plus inutile de l'obliger à en compter plus tard, que le Trésorier-général compte lui-même devant la Cour de toutes les retenues centralisées à la caisse. » C'était parler d'or.

Mais dans son désir de trouver une justification de la nouvelle mesure, il a imaginé celle-ci : (voir *Mémorial*, juillet 1866) « Les titres de perception fournis par le Trésorier-général, à l'appui de la recette des retenues, émanant des Percepteurs eux-mêmes, (art. 371 de l'Ins. gén.) n'ont pas toute l'authenticité désirable, parce qu'ils ne sont pas rapprochés dans le compte de ce haut fonctionnaire, des mandats de payement. Pour le Receveur municipal, dit-il, c'est tout tout différent. Le juge des comptes a sous les yeux les mandats qui portent le décompte des retenues à effectuer : c'est là le titre le plus certain que la recette est justifiée. »

Voyons la valeur de cette justification, d'abord en ce qui concerne les retenues sur le traitement des instituteurs. Le bordereau (modèle n° 94 de l'Instruction générale) que le Percepteur adresse chaque trimestre au Receveur des finances, est facilement contrôlé, grâce à la col. 3; à l'aide du bordereau détaillé (modèle n° 319), ce qui permet au Receveur d'établir, avec la plus grande exactitude, l'état général, modèle 95 (art. 371) et donne à cet état toute l'authenticité désirable pour un titre de perception à l'usage du Trésorier-général.

Le compte des opérations relatives aux services hors budgets ne comprend que les opérations exécutées du 1er janvier au 31 décembre de la même année; tandis que le compte de gestion, pour les services composés dans le budget, s'étend du 1er janvier au 31 mars de l'année suivante. Ainsi le mandat du 4e trimestre, qui n'est jamais payé qu'en janvier de l'année suivante, est produit à l'appui du compte de son exercice; et la retenue opérée sur ce mandat, ne figure en recette qu'au compte suivant. Le juge se trouve fort embarrassé pour rapprocher ce titre de perception *incertain* de celui que signe le Maire. Ce dernier titre comprend, en effet, une retenue de l'exercice clos et trois retenues de l'exercice dont il est compté.

Pour ce qui regarde les remises du Receveur municipal, c'est encore mieux. Beaucoup de Percepteurs, pour les petites communes (ce sont les plus nombreux), n'établissent que deux décomptes; l'un pour les opérations effectuées jusqu'au 31 décembre et l'autre au 31 mars, pour l'ensemble des opérations de l'exercice. Ces deux mandats figurent dans un compte, et les retenues différentes dans le compte suivant. Il y a donc impossibilité pour le juge du compte de conférer le titre de recette avec les mandats qu'il a sous les yeux.

Quant à la dépense, elle est justifiée par les récépissés du Receveur des finances, qui contiennent, par perception et non par commune, les sommes versées chaque trimestre. S'il y a, par exemple, six instituteurs (sans compter les institutrices), dans une perception, le montant total de ces quatre récépissé se trouvera réparti d'une façon inégale sur six comptes. Supposons deux récépissés pour les retenues du Receveur municipal; leur somme totale sera encore inégalement divisée en six parties, lesquelles se trouvent dans la colonne 4 du 2e cadre, ajoutées et confondues avec les retenues de l'instituteur Pour vérifier cet article de compte, le juge est obligé d'additionner et les sommes portées dans la colonne 4 de dix comptes et les six récépissés. Il résulterait de ces observations qu'il serait mieux de ne faire figurer que sur un compte, et en bloc, toutes les opérations exécutées par le Percepteur, sur le service des pensions civiles. La dépense se contrôlerait aisément.

Mais que devient alors le titre de recette?

Le Maire de la commune au compte de laquelle on fera figurer cette opération, n'a pas qualité pour certifier vrais des faits qui se sont passés dans des communes autres que la sienne. Reste le Receveur des finances qui pourrait certifier ce titre. Mais ce titre fera double emploi avec l'état modèle 95, dont nous avons parlé à propos des instituteurs, et l'état modèle 87 que le Receveur des finances établit en fin d'exercice, pour les retenues exercées sur les émoluments des perceptions pour le service des pensions civiles.

Enfin, le plus grave inconvénient de cette mesure, c'est de soumettre la même opération de comptabilité à deux juges différents; le juge du compte du Trésorier-général et celui du Receveur municipal.

Ne serait-il pas à désirer que, pour éviter ces complications, la Direction de la comptabilité publique, revînt sur la circulaire du 22 mai 1866, en laissant les choses dans l'état où les avait mises la circulaire du 30 janvier 1866, à laquelle tous les comptables ont applaudi, et qui a réalisé de si heureuses améliorations?

QUESTIONS DIVERSES

CONTRIBUTION FONCIÈRE. Immeuble vendu. Droits du Trésor sur le prix de vente.

On nous consulte ainsi :

« Un contribuable, propriétaire de la maison qu'il habite, tombe en faillite, redevant au Trésor environ 3 douzièmes sur le foncier.

L'immeuble, grevé d'hypothèques au-delà de sa valeur, est vendu. Le Percepteur qui, dans l'espèce, n'a pu trouver de loyer à saisir, le Percepteur demande s'il est fondé à pratiquer, en vertu de la loi de 1808, une saisie-arrêt sur les intérêts du prix de vente qui auront couru jusqu'à l'ouverture de l'ordre.

J'espère que vous penserez avec moi, monsieur le directeur, que la vente d'une maison, dans les circonstances que je vous signale, ne saurait avoir pour effet d'éteindre le privilége du Trésor et de laisser impuissant et responsable l'agent de l'administration, en présence d'un prix de vente productif d'intérêt, pouvant être assimilé à l'immeuble dont il est la représentation nécessaire. »

Nous ne saurions approuver le raisonnement de notre correspondant. On pourrait peut-être accorder au Percepteur le droit qu'il invoque, quand il existe des récoltes sur l'immeuble vendu, en considérant qu'il y a dans le prix de vente une portion qui représente la valeur de ces fruits ; car les fruits ont figuré pour une part quelconque dans le prix de vente, et la contribution foncière, étant privilégiée sur ces fruits, conserve une action sur la partie du prix de vente représentant les fruits récoltés. Mais il faut remarquer que nous ne nous trouvons pas dans ce cas: il s'agit d'une maison qui n'était pas même louée, et, partant, qui ne produisait aucun intérêt ni fruit civil. D'ailleurs, l'immeuble est grevé d'hypothèques au-delà de sa valeur, et le Percepteur ne peut non plus opérer aucune espèce de droit sur le prix de la vente après le désintéressement des créanciers hypothécaires, en concours avec les créanciers ordinaires, puisqu'il ne reste rien.

Nous ne pensons donc pas que le Percepteur ait aucune action à cet endroit.

Mais, ajoute notre correspondant, si mon attente était trompée sur ce point, n'y aurait-il pas lieu d'invoquer contre l'acquéreur l'art. 78 de l'instruction générale, qui dit :

« L'acquéreur d'une propriété doit, en conséquence du privilége du Trésor, s'assurer que les contributions imposées sur cette propriété ont été payées jusqu'au jour de la vente nonobstant toute clause contraire du cahier des charges. »

Or, dans le cas actuel, l'acquéreur se fondant sur la teneur du contrat, qui garde le silence sur l'arriéré, ne consent à acquitter les impôts qu'à partir du jour de l'adjudication.

Ici encore nous n'admettons pas la prétention du comptable; c'est que les termes de l'Instruction générale qu'il invoque sont des expressions purement comminatoires, dont le seul but est de donner un conseil à l'acquéreur, mais ces expressions sont dépourvues d'aucune sanction, elles n'ont pas force obligatoire. Ce sont aussi les termes employés dans le Réglement sur les Poursuites (art. 11); le Trésor a jugé utile de faire cette mention, tant dans l'intérêt des acquéreurs que dans le sien, parce qu'en certains cas particuliers, l'obligation peut exister pour les acquéreurs. Mais on ne doit pas perdre de vue, comme règle générale, que la loi a refusé d'attribuer à la contribution foncière un privilége sur les immeubles. Le Trésor ne peut prétendre à être payé de préférence à tout autre sur le prix de vente d'un immeuble sur lequel il est redû des contributions, ni par conséquent, quand ce prix est payé, rendre le nouvel acquéreur responsable des cotes de contributions échues antérieurement à son acquisition.

Communes. Travaux. Adjudications. Payement. Receveur communal.

Lorsque des travaux ont été exécutés dans une commune par voie d'économie, quand il eût été plus régulier de faire un traité de gré à gré, mais que la délibération du Conseil municipal a été approuvée par le Préfet, le Receveur communal peut-il refuser de payer les mandats, sur le motif de l'absence du traité de gré à gré?

J'ai adopté la négative, dit M. Chauveau, dans le *Journal du Droit Administratif*, contrairement à une solution ministérielle qui paraissait approuver le refus du Receveur communal. Mon opinion a soulevé des objections que je me fais un devoir de reproduire : « Il ne faut pas perdre de vue, m'a-t-on dit, que le comptable est responsable de la régularité des payements...; que lorsqu'un comptable paye, sans avoir réuni les pièces justificatives prescrites par les règlements, le Conseil de Préfecture, ou la Cour des comptes rejette la dépense, fait injonction de produire les pièces qui manquent, et, à défaut, ordonne au comptable de reverser dans la caisse les sommes payées. Si le Maire, ou le Préfet ordonnance, le Receveur municipal, ou le Trésorier-Payeur Général paye. Et l'Administration éprouve très-souvent, pour le paiement, des difficultés se rattachant à cette responsabilité qui fait la force et la valeur de la comptabilité. Lorsque des règlements précis exigent, suivant les cas, ou une adjudication, ou un marché, ou une exécution en régie, un Préfet n'est pas libre, à son choix, d'adopter tel ou tel mode; à chacun des modes correspondent, pour la comptabilité, des justifications différentes. Le Préfet, pour ordonnancer régulièrement, doit appuyer son mandat des pièces exigées par des règlements dont le comptable doit assurer l'exécution sous sa responsabilité personnelle. Le Préfet dit au Trésorier-Payeur : Payez à tel... telle somme..., ainsi qu'il est justifié par... — Le comptable répond : Produisez telle pièce... exigée par... ou je ne paye pas, car si je payais, la Cour des comptes me forcerait à reverser à la Caisse de mes fonds personnels. »

J'ai insisté en demandant comment alors il devrait être procédé par la voie administrative, pour que le payement de travaux exécutés et ayant profité à la commune pût s'effectuer sans qu'il fût nécessaire de faire prononcer une condamnation par le Conseil de Préfecture siégeant comme tribunal On m'a répondu que s'il y a impossibilité que la pièce réclamée puisse être produite, le Ministre doit être appelé à décider, et que sa décision couvre alors la responsabilité du comptable. Je ne saisis pas bien pourquoi l'intervention ministérielle est nécessaire, quand le décret du 25 mars 1852 a placé toutes les affaires communales dans les attributions préfectorales, et je persiste dans l'opinion que j'ai émise. (Opinion qui désapprouve le refus du Receveur municipal.)

FAILLITE. VENTE DU FONDS. PAYEMENT DE LA PATENTE.

Un meunier est mis en faillite et son fonds est vendu par le syndic qui prétend ne devoir payer la patente que pour les douzièmes échus jusqu'à la faillite, et que le Percepteur devra réclamer le reste au nouveau meunier.

Le Percepteur peut-il poursuivre personnellement le syndic pour le forcer à payer toute l'année, du moment où il ne peut justifier avoir fait une demande en décharge ou en mutation de cote?

Le deuxième paragraphe de l'article 9 de l'Instruction générale est ainsi conçu : « En cas de fermeture « des magasins, boutiques et ateliers, par suite de « décès ou de faillite déclarée, les droits ne sont dûs « que pour le passé et le mois courant. »

L'article 127 de cette même Instruction soumet aux dispositions de l'article 9 les demandes à faire en cas de cession d'établissements ou de cessation de commerce, postérieurement au 1er janvier de l'année courante, par suite de décès ou de faillite déclarée. Le dégrèvement n'a donc pas lieu par le fait seul de la cessation du commerce : il faut que les intéressés, et, dans le cas présent, le syndic de la faillite a cette qualité, présentent une demande en dégrèvement, sans quoi la patente est exigible pour l'année entière.

Il n'y a pas de doute que le syndic de la faillite puisse être poursuivi directement, s'il ne s'est pas mis en réclamation.

EMPRUNTS DESTINÉS AU REMBOURSEMENT DE PRÉCÉDENTS EMPRUNTS. — REMISES.

Un Receveur d'association syndicale a-t-il droit à des remises sur le payement d'une somme de 96 000 fr. destinée à l'amortissement de dix-huit emprunts partiels contrôlés antérieurement?

L'article 1241 de l'Instruction générale doit-il être, dans ce cas, interprété aussi rigoureusement que son texte le comporte?

Aux termes de cet article 1241 et des Instructions ministérielles citées en marge de l'article 1239 de l'Instruction générales, la *recette* et le *remboursement* des emprunts contractés par les communes et établissements sont retranchés des opérations qui donnent lieu à des remises : Ces instructions n'admettent, en principe, aucune exception. Cette situation est d'autant plus fâcheuse, dans la circonstance dont on nous parle, que les dépenses résultant des emprunts contractés ne paraissent pas devoir être faites immédiatement et, par conséquent devoir compenser dans une certaine mesure les frais et la responsabilité que la recette et le remboursement des emprunts occasionnent au Receveur qui nous consulte.

Nous ne voyons qu'un seul moyen de parer à cette difficulté : à défaut de remises proprement dites, l'établissement a la faculté d'accorder, à tout autre titre et sous toute autre dénomination, une indemnité à son Receveur; cette indemnité nous paraîtrait aussi juste que raisonnable.

DES

RENTES SUR PARTICULIERS

CONSTITUÉES AU PROFIT DES COMMUNES ET DES ÉTABLISSEMENTS. (3e *article*.)

§ 4. INSCRIPTION DE L'HYPOTHÈQUE, SA CONSERVATION ET SES EFFETS

1° *Inscription de l'hypothèque.*

Les inscriptions se font au bureau de conservation des hypothèques dans l'arrondissement duquel sont situés les biens soumis à l'hypothèque. Tous les créanciers inscrits exercent en concurrence une hypothèque de la même date, sans distinction entre l'inscription du matin et celle du soir, quand même cette différence serait marquée par le conservateur (C. Nap., art. 2146 et 2147). Il importe, par conséquent, de faire inscrire l'hypothèque dans le plus court délai.

Pour opérer l'inscription, le Receveur représente au Conservateur des hypothèques, soit par lui-même, soit par un tiers, le notaire, par exemple, l'original en brevet ou une expédition authentique du jugement ou de l'acte notarié qui donne naissance à l'hypothèque. Il y joint deux bordereaux écrits sur papier timbré, dont l'un peut être porté sur l'expédition du titre; ils contiennent :

1° La désignation de la commune ou de l'établissement créancier, les nom, prénoms et domicile de son Receveur, à la diligence duquel l'inscription est requise, et l'élection d'un domicile pour celui-ci, dans un lieu quelconque de l'arrondissement du bureau de conservation; par exemple dans son propre domicile, si les biens hypothéqués se trouvent dans le même arrondissement, et pour les autres arrondissements, au bureau du Percepteur chargé du recouvrement des arrérages, ou dans celui de la Recette des finances (1).

2° Les nom, prénoms et domicile du débiteur ou de la caution, s'il y en a; sa profession, s'il en a une connue, ou une désignation individuelle et spéciale, telle que le Conservateur puisse reconnaître et distinguer dans tous les cas l'individu grevé d'hypothèques (1).

3° La date et la nature du titre (2).

(1) Voir un Modèle de bordereau, au *Journal* de 1860, page 15.

MODÈLE SPÉCIAL AUX RENTES.

BORDEREAU D'INSCRIPTION de créance hypothécaire résultant d'un acte de constitution de rente annuelle et perpétuelle, passé devant Me..., notaire à..., le..., enregistré (ou : résultant d'un titre nouveau passé devant Me..., notaire à..., le..., enregistré, ayant pour fondement un acte de constitution de rente annuelle et perpétuelle retenu de Me..., notaire à..., le..., également enregistré).

Au profit de la commune de..., canton de..., arrondissement de..., représentée par M. N..., Maire de ladite commune, et à la diligence de M. N..., Receveur municipal, lequel fait élection de domicile en son bureau, sis commune de... (ou au bureau de...) — ou bien : au profit du Bureau de Bienfaisance (ou de l'Hospice) de..., représenté par M. N..., Président de la Commission administrative dudit établissement, et à la diligence de M. N..., son Receveur, lequel, etc. (*comme ci-dessus*).

Contre le sieur (nom, prénoms, profession), demeurant à..., débiteur d'une rente annuelle et perpétuelle de... francs, aux termes de l'acte sus-mentionné,

S'il y a une caution, ajouter : *et contre le sieur* (nom, prénoms, profession et demeure), *sa caution* (*solidaire*, si la solidarité est exprimée dans l'acte),

1° Capital de la rente évalué à .... fr.
2° Trois années d'arrérages conservés par la loi...... fr.
Total...... fr.

Pour sûreté et garantie de la somme de... (en toutes lettres), montant en capital et arrérages de la rente annuelle et perpétuelle due par ledit sieur N... (avec le cautionnement du sieur N..., s'il y a une caution),

Laquelle créance est exigible : le capital, dans les cas prévus par les art. 1912 et 1913 du Code Napoléon, et les arrérages annuels, le...

L'inscription est requise (si l'inscription n'a pas lieu pour la 1re fois, ajouter : en renouvellement de celles prises les... vol... fo...) sur tous les biens immeubles que ledit sieur N... possède dans la commune de..., arrondissement du bureau des hypothèques de..., consistant en..., sans exception ni réserve. (Ces indications résulteront de l'acte; il n'y aura qu'à les copier.)

Pour le Maire de la commune de... requérant.

Le Receveur,

(1) S'il n'y a d'ailleurs aucun doute sur l'identité de la créance, — une inscription n'est pas nulle parce que l'énonciation des prénoms du créancier est inexacte. Rejet, 15 février 1810; — Ni pour omission, soit du domicile réel du créancier ou du débiteur. Cour de Paris, 16 février 1809; rejet 15 mai 1809, 17 nov. 1812; — Soit de sa profession. Cass., 1er Oct. 1810; rejet 17 Nov. 1812; — Ni pour avoir été prise sous la désignation collective d'héritiers du créancier ou débiteur. Rejet, 15 mai 1809. Voir plus loin renvoi de l'art. 5o. — Mais elle est nulle quand elle est prise sous le nom d'héritiers des créanciers ou débiteurs, sans énoncer les noms, prénoms et domicile de ceux-ci (les créanciers ou les débiteurs). Rejet, 7 sept. 1807. — Tant que la propriété n'a pas été purgée, c'est toujours le débiteur qui a créé la dette et l'hypothèque, dont les nom et qualités doivent être énoncés dans l'inscription. Cass., 27 Mai 1816. — Un créancier peut, au nom et par représentation de son débiteur, requérir l'inscription que celui-ci néglige de prendre. Lettre des Min. de la Justice et des Finances, des 30 brumaire et 14 nivôse an XIII. — Mais l'hypothèque du propriétaire d'une créance n'est point conservée par l'inscription que prend en son propre nom l'usufruitier de cette créance. Rejet, 4 frimaire an XIV. — C'est au domicile réel et non au domicile élu des créanciers inscrits, qu'il faut signifier les jugements qui ordonnent la radiation de leurs inscriptions. Décision des Min. de la Justice et des Finances, des 21 Juin et 5 Juillet 1808.

(2) Une inscription est nulle, si elle ne contient la date exacte du titre. Cass., 7 sept. 1807; Cass., 11 nov. 1811; — Ou, à défaut du titre, l'époque à laquelle l'hypothèque a pris naissance. Cass., 22 Avril 1807. — Mais il a été jugé qu'elle n'était pas nulle, lorsque la véritable date du titre était indiquée concurremment et par forme alternative avec une fausse date. Cass., 17 Nov. 1812; — Lorsque l'erreur dans l'indication de la date ne préjudiciait à personne. Rejet, 17 Août 1813. — La mention de la nature du titre n'est pas réputée formalité substantielle : il suffit que le titre soit indiqué de manière à rendre possible la vérification de la légitimité de la créance. Rejet, 11 Mars 1816. — C'est le titre originaire de la créance dont la loi demande l'énonciation, et non les titres subséquents par lesquels divers cessionnaires auraient acquis successivement cette hypothèque. Règl. de juges, 29 brum. an XIII; Cass., 26 frim. suiv., 4 Avril 1810, et Cass., 7 Oct. 1812 et 25 Mars 1816. — Le créancier délégataire, en vertu d'un titre auquel il n'a point été partie, ne

4° Le montant du capital de la rente en argent ou en nature, évalué par l'inscrivant, comme aussi le montant des accessoires de ce capital et l'époque de l'exigibilité (1).

5° L'indication de l'espèce (nature, dénomination et contenance) et de la situation de chacun des biens sur lequel il entend conserver son hypothèque (2). Cette dernière disposition n'est pas nécessaire, dans le cas d'hypothèque judiciaire; à défaut de convention, une seule inscription, pour cette hypothèque, frappe tous les immeubles compris dans l'arrondissement du bureau (C. Nap., art. 2148). Les inscriptions à faire sur les biens d'une personne décédée, pourront être faites sous la simple désignation du défunt, ainsi qu'il est dit au n° 2 de l'article précédent (art. 2149.) (3). Le créancier inscrit pour un capital produisant arrérages, a droit d'être colloqué pour deux années d'arrérages seulement et pour *l'année courante*, au même rang d'hypothèque que pour son capital; l'inscription ne doit donc mentionner que trois années d'arrérages; sans préjudice des inscriptions particulières à prendre portant hypothèque à compter de leur date, pour les arrérages autres que ceux conservés par la 1re inscription (art. 2151).

Le Conservateur fait mention, sur son registre, du contenu des bordereaux, et remet au réquérant, tant le titre ou l'expédition du titre que l'un des bordereaux, au pied duquel il certifie avoir fait l'inscription (C. Nap., art. 2150). Il est loisible à celui qui a requis une inscription, ainsi qu'à ses représentants ou cessionnaires par acte autenthique, de changer sur le registre des hypothèques le domicile par lui élu, à la charge d'en choisir et d'en désigner un autre dans le même arrondissement (art. 2152). On ne doit pas recourir aux tribunaux pour faire rectifier les erreurs ou les irrégularités dans la transcription faites au registre du Conservateur. Celui-ci opère la rectification, en portant sur ses registres et seulement à la date courante, une nouvelle ou seconde inscription plus conforme aux bordereaux remis par le créancier; et, pour obvier à tout double emploi, la seconde transcription constituant la nouvelle inscription, est accompagnée d'une note relatant la première inscription qu'elle a pour but de rectifier, et le Conservateur donne à la partie requérante des extraits tant de la première que de la deuxième inscription (Avis du Cons. d'Etat, 26 déc. 1810). Cette deuxième inscription n'ayant pas d'autre effet que de rectifier la première, c'est celle-ci seule qui devra être renouvelée avant le délai de dix ans.

Voir pour les obligations et la responsabilité du Conservateur, le code Nap., art. 2187 à 2203, et le code de proc. civ., art. 857.

Les frais des inscriptions sont à la charge du débiteur, s'il n'y a pas dans l'acte qui confère l'hypothèque de stipulation contraire; l'avance en est faite par l'inscrivant (C. Nap., art. 2155). Les écritures à passer pour la description de cette avance et de son remboursement, sont indiquées à l'article 1497 de l'Instruction générale.

2° *Conservation de l'Hypothèque.*

Les inscriptions conservent l'hypothèque pendant *dix années*, à compter du jour de leur date; leur effet cesse, si ces inscriptions n'ont été renouvelées avant l'expiration de ce délai (C. Nap., art. 2153). Ainsi, une inscriptiou prise le 10 janvier 1856 serait tardivement renouvelée le 10 janvier 1866; son renouvellement jusqu'au 9 janvier 1866 inclusivement serait seul valable.

Le renouvellement s'opère avec les mêmes formalités que pour une première inscription (Instr. de la Régie, du 11 sept. 1806); il doit avoir lieu avant l'expiration du délai de dix années, mais il ne pourrait être fait, avant l'expiration des neuf années, sans préjudice pour le débiteur, qui, dans ce cas, serait en droit d'exiger la réparation du dommage qu'il aurait éprouvé par plusieurs renouvellements successifs, faits longtemps avant l'approche du terme fatal (C. Nap., art. 1382 et suiv.). D'ailleurs, il faut induire des termes de la circulaire de la comptabilité publique, en date du 30 janvier 1866, § VI, et de l'article 1062 de l'Instruction générale, qu'il est dans les vues de l'Administration supérieure que les inscriptions hypothécaires ne soient pas renouvelées avant les *six derniers mois* de la dixième année. Ce laps de temps suffit et au-delà, pour opérer ce renouvellement.

Le *Journal* de 1866, page 59, indique au sujet de la conservation des titres et des inscriptions, une méthode que tous les comptables devraient mettre en pratique. L'établissement de cartes, classées dans l'ordre de la date des renouvellements à faire, permet de surveiller ces renouvellements sans recherches, et prévient ainsi des péremptions toujours fâcheuses.

S'il arrivait qu'une inscription n'eût pas été renouvelée à temps, le Receveur devrait, pour éviter une injonction du tribunal administratif qui juge ses comptes, provoquer une délibération du Conseil mu-

peut prendre inscription *d'après ce titre*, qu'après avoir accepté formellement et authentiquement la délégation. Cass., 21 février 1810. — Voir Effets de l'hypothèque, n° 3 du présent paragraphe. Droits contre le tiers-détenteur. — Une inscription n'est pas nulle pour omission ou indication erronée du nom du Notaire qui a reçu l'acte constitutif de la créance. Rejet, 17 Nov. 1812.

(1) Si une créance est exigible, il suffit d'en faire mention sans énoncer précisément l'époque de l'exigibilité. Rejet, 9 juill. 1811 et 23 Juill. 1812. — Il n'est pas nécessaire de mentionner la non-exigibilité du capital dans une inscription prise pour conservation d'une rente perpétuelle. Cass., 2 Avril 1811. — Mais elle doit, à peine de nullité, contenir l'époque de l'échéance des *arrérages*. Décis. du Gr.-Juge, du 21 Juin 1808. — En général, la mention de l'exigibilité peut avoir lieu en termes équipollents. Même arrêt. — Il n'y a pas nullité de l'inscription, parce que l'époque de l'exigibilité est indiquée vaguement. Cass., 5 Décembre 1814.

(2) Voir au *Journal* de 1863, page 236, Arrêt de la Cour de Lyon du 24 Décembre 1862.

(3) Il n'y a pas lieu de casser un arrêt, parce qu'il déclare valable l'inscription prise contre les héritiers d'un défunt, encore qu'on n'ait exprimé que son nom propre, sans ajouter ses prénoms, profession et domicile, et encore qu'elle soit prise vaguement sur les biens présents et à venir des débiteurs. Rejet, 2 Mars 1812.

nicipal ou de la Commission administrative de l'établissement intéressé, portant acceptation de la situation ainsi faite à la créance. Quand la solvabilité du débiteur ne sera pas très-notoirement reconnue suffisante, ce comptable devra justifier de la situation hypotécaire du débiteur par un certificat du Conservateur. Le défaut de renouvellement en temps utile, provenant de sa négligence, et les frais de ce certificat seront à sa charge, à moins que le débiteur ou l'établissement créancier ne consentent à les supporter. (Voir § 3 ci-dessus, titres ou inscriptions périmés, délibération à ce sujet et sa forme).

Lorsque durant l'instance en *déclaration d'hypothèque* (C. pr. civ., art. 749 et suiv.), le créancier néglige de renouveler à temps son inscription, et que l'acquéreur de l'immeuble hypothéqué fait transcrire son contrat (C. pr. civ., art. 834. — Voir plus loin, 3° Effets de l'hypothèque), l'hypothèque est purgée (Cass., 17 juin 1817). Le créancier ne peut plus être colloqué dans la distribution du prix, qu'après opposition et comme un créancier chirographaire (C. pr. civ., art, 656, suiv., 749, suiv. — et C Nap., art. 1317 et suiv., 2093 et 2094). Dans les cas de prescription de son hypothèque, ou en cas d'insuffisance du prix de l'immeuble hypothéqué, le créancier peut aussi exercer sur tous les biens du débiteur les droits d'un créancier ordinaire, conformément aux articles 2092, 2093 et 2094 du Code Napoléon. Mais, lorsqu'à l'époque où le renouvellement doit être fait, le débiteur est en *faillite déclarée*, il n'est pas nécessaire de renouveler, les agents de la faillite conservant les droits de tous (Cour de Paris, 9 mars 1812).

Pour le renouvellement de l'inscription frappant un immeuble vendu, V. Inscription de l'hypothèque, désignation de la date et de la nature du titre (p. 141) (1).

Il arrive souvent que les comptables croient pouvoir se dispenser de prendre une nouvelle inscription, après la péremption d'un titre dont ils ont obtenu la novation, dans la conviction où ils sont que la dernière inscription, prise avant cette péremption, conserve la valeur de l'hypothèque. C'est là une erreur. L'effet d'une inscription hypothécaire cesse avec la prescription du titre, car cette prescription, en produisant l'extinction de l'obligation, entraîne aussi celle de l'hypothèque. Aussi l'inscription prise avant ou après la prescription n'est plus valable, alors même qu'elle aurait été renouvelée avant l'expiration du délai de dix ans, en vertu du titre nouvel portant novation de la créance. Nous citerons, comme exemple, le renouvellement d'inscription opéré avant le délai de dix ans de la précédente inscription, le 10 mai 1866, sur un titre périmé le 20 avril 1866 et renouvelé seulement le 2 juin 1866. Depuis le 20 avril l'inscription renouvelée le 10 mai, ne conservait plus d'hypothèque, et une inscription prise par d'autres créanciers, avant une nouvelle inscription en vertu du titre recognitif du 2 juin 1866, prenait rang avant cette dernière. On comprendra donc l'importance et la nécessité d'une nouvelle inscription d'hypothèque aussitôt après le renouvellement d'un titre périmé. Les précédentes étant sans valeur, c'est cette dernière seule qu'il s'agira de conserver.

3° *Effets de l'hypothèque.*

Les créanciers ayant hypothèque inscrite non périmée sur un immeuble, le suivent en *quelques mains qu'il passe*, pour être colloqués et payés suivant l'ordre de leurs créances et celui de leurs inscriptions (C. N., art. 2092 et suiv., 2114 et suiv., et 2166 — C. pr. civ., art. 749 et suiv. et 991). Le créancier d'une *rente foncière* créée pour concession de fonds, circonstance qui se rencontre quelquefois dans les rentes des communes et établissements publics, peut demander le déguerpissement faute de payement des arrérages; — encore qu'il n'ait pris aucune inscription; — que l'immeuble ait été hypothéqué au profit d'un tiers; — et que le débiteur de la rente ait la faculté de la racheter (16 juin 1811; Cass., 11 oct. 1814 — V. § 6. 2°, Rachat forcé).

Le *tiers-détenteur* d'immeubles hypothéqués, qui ne remplit pas, pour purger ces immeubles, les formalités prescrites par les art. 2168 à 2179 du C. N., demeure par l'effet seul des inscriptions, obligé comme détenteur à toutes les dettes hypothécaires. Il jouit des termes et délais accordés au débiteur originaire; et il ne peut être condamné personnellement à les acquitter sur ses propres biens (C. N., art. 2167; Rejet, 6 mai 1811; Cass., 27 avril 1812), tant qu'il ne s'est pas engagé à ce payement. Cependant, ainsi que nous l'expliquons plus loin, si la déchéance est prononcée contre le débiteur originaire, il est tenu au payement jusqu'à concurrence du prix des immeubles qu'il a acquis. Au contraire, l'engagement de servir des rentes hypothéquées sur les immeubles vendus, pris envers le vendeur par l'acquéreur, oblige personnellement celui-ci au service de ces rentes (Cass., 21 mai 1807).

Il arrive souvent que les biens affectés au service des rentes, passent entre les mains d'acquéreurs, qui, dans l'acte d'acquisition, contractent envers le vendeur l'*engagement de servir les rentes* dont ces biens sont grevés. L'arrêt de Cassation du 21 mai 1807, a consacré dans ce cas, par application des droits qui découlent, pour le créancier, de l'art. 1166 du C. N., l'obligation personnelle de l'acquéreur envers le créancier inscrit. Celui-ci peut donc se prévaloir des droits qui résultent pour lui de cette situation. Mais si l'établissement propriétaire de la rente trouve que cette vente d'une partie quelconque des immeubles affectés à son hypothèque, peut diminuer ou compromettre, par la purge possible de cette hypothèque, les sûretés qui lui avaient été données par le débiteur, il peut requérir contre celui-ci la déchéance du terme (Cass., 9 janv. 1810, et Cass., 4 mai 1812; — C. N., art. 1188, 1913 et 2032; — C. pr. civ., art 124) et provoquer l'ouverture de l'ordre de la distribution du prix, ou poursuivre contre le débiteur seul le remboursement du capital. Lorsqu'un immeuble in-

(1) Voir ci-après, Effets de l'hypothèque, *Purge*.

divis et hypothéqué en totalité au service d'une rente, le créancier a droit de poursuivre le payement total contre chaque propriétaire partiel de l'immeuble (Cass., 6 mai 1818; — C. N., art. 1221 et suiv., 2166, 2180 et suiv.). Et par suite de cette indivisibilité de l'hypothèque qui ne peut être morcelée et purgée partiellement, le créancier est en droit d'exiger le payement de la totalité de sa créance, si le débiteur vend une partie de l'immeuble grevé (Cass., 9 janv. 1810; — Cass., 4 mai 1812; — C. N., art. 2114).

D'après le nouvel art. 777 du C. de pr. civ., l'acquéreur d'un immeuble peut se libérer du prix de vente de cet immeuble par voie de *consignation*, *sans* introduire la procédure d'un *ordre de distribution;* mais il ne peut consigner qu'après s'être conformé aux dispositions des art. 2183, 2184 et 2185 du C. N. A défaut par les créanciers inscrits d'avoir requis la mise aux enchères, dans le délai et dans les formes prescrites, la valeur de l'immeuble reste définitivement fixée au prix stipulé dans le contrat, ou déclaré par le nouveau propriétaire, lequel est, en conséquence, libéré de tout privilége et hypothèque, pourvu que le prix en soit payé aux créanciers qui sont en ordre de recevoir, ou en le consignant pour être ultérieurement distribué selon les règles du droit commun (C. N., art. 2186).

Tant que la *purge des hypothèques* n'a pas été régulièrement opérée, telle qu'elle est déterminée par les art. 2179 et suiv. du C. N., le créancier conserve sur les immeubles vendus les droits de son hypothèque.

On a pu se demander, en présence du texte de l'art. 6 de la loi du 23 mars 1855 sur la transcription, si l'inscription pouvait être utilement renouvelée sur un immeuble hypothéqué avant sa vente, contre l'ancien propriétaire, alors que l'acquéreur avait déjà fait opérer la transcription de son acte, mais la seule transcription, sans les autres formalités prescrites par le Code Napoléon. Le *Mémorial* des Percepteurs croit que cette inscription ne peut plus être valablement prise sur cet immeuble, depuis la date de la simple transcription du contrat (1). Mais, il est constant, d'après la jurisprudence des tribunaux et la doctrine des auteurs, d'accord sur ce point, que la *simple transcription* des titres translatifs de propriété sur les registres du conservateur, qui n'est qu'un préliminaire de la purge, ne purge pas les hypothèques établies sur cet immeuble. Le vendeur ne transmet à l'acquéreur que la propriété et les droits qu'il avait lui-même sur la chose vendue : il les transmet sous l'affectation des mêmes hypothèques dont il était chargé (C. N., art. 2182). Le tiers-acquéreur doit notifier son contrat aux créanciers inscrits de tous les propriétaires antérieurs, mais il n'est tenu de transcrire que ce contrat et non les divers titres en vertu desquels ses devanciers étaient propriétaires (Rejet, 13 déc. 1813; — C. N., art. 2093, 2114 et 2183). Lorsque l'acquéreur s'est contenté de transcrire son titre, sans autre formalité, cette transcription ne peut lui donner, à l'expiration du délai de dix ans fixé par l'art. 2265 du C. N. et par la loi du 23 mars 1855, que la prescription de la propriété à l'égard du vendeur; mais à l'égard des créanciers, cette formalité ne prescrit que les rentes ou créances non inscrites ou dont l'inscription est périmée (Cass., 29 juin 1813).

Ainsi, la purge opérée dans les conditions déterminées par les articles 2167, 2179 et 2183 du Code Napoléon, a seule pour effet de dégrever l'immeuble des hypothèques qui le frappent. Il en résulte que l'établissement propriétaire d'une rente constituée ne prescrit ses droits sur l'immeuble hypothéqué, que si, invité conformément à ces articles, d'abord de surenchérir, ensuite de produire à la *distribution du prix*, il laisse écouler dix années à dater de la transcription du contrat. Il sera également forclos, en ce qui touche à la distribution du prix, si, dans le mois de la sommation de produire, il ne fait acte contenant demande en collocation et constitution d'avoué. Le créancier inscrit qui ne s'est pas présenté à l'ordre, ne peut appeler du jugement d'homologation, ni contester les collocations (Rejet, 6 mars 1809). Les créanciers ne peuvent être relevés de la forclusion, en produisant leurs titres, même après le règlement provisoire (Cour de Paris, 1er juin 1807 et 13 août 1811; — C. pr. civ., art. 660, 664, 754, 759 et 1029). Cependant la forclusion n'est pas applicable au créancier qui, ayant d'abord produit ses titres en temps utile, les a retirés momentanément, avec l'autorisation du juge commissaire, sans protection et réserve, et les a rétablis avant le jugement. (Cass., 15 mars 1815.) L'énoncé de principes qui précède, impose au Receveur la nécessité de s'y conformer ponctuellement, pour la conservation des droits de l'établissement qu'il représente, sous peine d'engager sa responsabilité.

Pour nous résumer et pour tirer de ce qui précède une conclusion pratique, nous dirons que lorsqu'une partie quelconque des biens hypothéqués a été vendue, le Receveur doit, dans l'intérêt de sa responsabilité, rendre compte au Maire ou Président de la situation faite à la commune ou à l'établissement. Le Maire en réfère au Conseil municipal et à la Commission administrative, qui examine :

1° S'il y a lieu de requérir la déchéance du terme contre le vendeur, ou si les garanties qui restent, s'il y en a, sont suffisantes (Cod. Nap., art. 1188 et 1913);

2° En cas d'engagement pris par l'acquéreur vis-à-vis du vendeur, de servir la rente hypothéquée, s'il convient d'accepter cette substitution de débiteur et les conditions de cette substitution, conditions que l'acquéreur aura fait connaître par la remise d'une grosse en due forme de l'acte authentique de vente, lequel sera le nouveau titre du créancier (Art. 1337 et suiv.)

3° Enfin, après la notification du contrat de vente par l'acquéreur aux fins de la purge, s'il y a utilité de surenchérir le prix fixé par le contrat ou déclaré dans cette notification, et d'introduire l'action en dé-

(1) Voir *Journal de 1867, page 31.*

claration d'hypothèque pour interrompre la prescription à l'égard du tiers-détenteur. (Art. 2180 et 2183).

Pour ces différents objets, lorsque les résolutions du Conseil municipal ou de la Commission administrative, soumises au Préfet, concluent à l'abstention de toute démarche, la délibération qui contiendra ces résolutions, sanctionnée par le Préfet, servira au Receveur à faire prononcer la décharge de sa responsablité, dans le cas où celle-ci viendrait à être mise en cause. Quant à la production à l'ordre de distribution du prix, cette procédure doit être suivie par le Maire, à la diligence du Receveur.

Nous ferons remarquer que la commune ou l'établissement créancier aurait la faculté de *provoquer l'ordre* et la distribution du prix, dans le cas où l'acquéreur ne chercherait pas lui-même à purger son acquisation (Code Nap., art. 2218 — et C. pro. civ., art. 775 et 776.) La poursuite d'ordre est une action réelle qui doit être portée devant le tribunal de la situation des biens, même dans le cas où l'adjudication a été et a dû être faite devant d'autres juges. (Règl. de juges, 3 sept 1812). — En cas de ventes volontaires entre majeurs, faites sur publications et affiches, il est procédé à l'ordre et à la distribution devant le tribunal de la situation des immeubles vendus. (Règl. de juges, 11 févr. 1809, et 13 août 1807.) — Lorsque plusieurs immeubles hypothéqués aux mêmes créanciers sont vendus dans des arrondissements différents, chaque ordre doit être poursuivi devant le tribunal de la situation des biens. (Règl. de juges, 13 juin 1809 et 3 janv. 1810). — Voir Code proc. civ., art. 618, 657, et 779; tarif, art. 130.

FIN DU § 4.

DEMANDES D'EMPLOI.

Une Recette des Finances de 2e classe, dans la Côte-d'Or, demande de suite un Fondé de pouvoir.

Un jeune homme Fondé de pouvoir d'une perception importante désire trouver le même emploi chez un Percepteur du département de la Seine ou d'un département voisin. Excellente référence.

PERMUTATION.

Un Percepteur du centre de la France. Remises 3,800 fr. (s'augmentant tous les ans) — bonne situation — beau pays — sur le chemin de fer — à trente minutes du chef lieu du département, demande à permuter avec un Percepteur d'un des départements suivants : Cote-d'Or, Yonne, Rhône, Isère, Saône-et-Loire, Drôme, Ain.

Ecrire à M. Max, au bureau du *Journal des Percepteur* rue d'Anjou-Dauphine, 8, Paris.

Par arrêté du 13 avril, M. Armand Dibos fils, chevalier de la Légion-d'honneur, Percepteur de Lille (*extra-muros*), vient d'être élevé sur place à la 1re classe, sur la proposition du Préfet et du Trésorier-Général, « en récompense de ses bons services, » porte la dépêche ministérielle.

BULLETIN HEBDOMADAIRE DE LA BOURSE.

Cours des Fonds publics au 3 Mai 1867.

Rentes et Actions.

3 0/0	67 75	Midi	548 75
3 Jouis. 1 janvier	67 77	Nord	1130 ..
4 1/2 0/0	95 ..	Orléans	847 50
4 1/2 Jouis. 22 sept	99 95	Ouest	542 50
4 0/0	81 ..	Cie parisienne du gaz	1455 ..
4 Jouis. 22 sep	.. ..	Soc. immobilière	190 ..
Obligations du Trésor	433 ..	Transatlantique	400 ..
Bons du Trésor	2 1/2	Messag. impér. (s-m)	725 ..
Banque de France	3360 ..	Canal de Suez	350 ..
Comptoir d'escompte	735 ..	Italien 5 0/0	47 80
Crédit agricole	605 ..	Emprunt Mexicain	17 ..
Crédit foncier Colonial	550 .	Crédit mob. espagnol	230 ..
Crédit foncier de France	1370 ..	Soc. autrichienne	381 25
Crédit ind. et comm.	635 ..	Saragosse-Barcelone	40 ..
Crédit mobilier	380 ..	Guillaume-Luxemb.	128 ..
Créd. Mobilier (nouv.)	.... ..	Sud-autrichien lomb.	375 ..
Dépôts. comptes cour	545 ..	Nord de l'Espagne	80 ..
Société générale	518 75	Saragosse Pampelune	40 ..
Ss-comptoir du com.	400 ..	Portugais	80 ..
Charentes	350 .	Chemins romains	66 ..
Est	527 50	Saragosse	92 ..
Paris-Lyon-Méditerr.	883 75	Victor-Emmanuel	60 ..
		Séville-Xéres	29 ..

Obligations.

Départ. de la Seine	227 ..	Méditerranée	311 ..
Ville 1852. 5 0/0	1170 ..	Paris Lyon-Méditerr.	306 50
— 1855-1860	447 50	Midi	305 50
— 1865	510 ..	Nord	309 ..
Crédit foncier. 1000 fr. à 3 0/0	951 ..	Orléans	306 50
Crédit foncier. 500 fr. à 4 0/0	502 50	Grand-Central	307 50
Crédit foncier. 10es à 4 0/0	101 ..	Ouest	304 50
Crédit foncier. 500 fr. à 3 0/0	472 50	Victor-Emmanuel	285 ..
Crédit foncier. 10es à 3 0/0	94 ..	— 1863	115 ..
Crédit foncier. 500 fr. à 4 0/0 1863	490 ..	Cordoue-Séville	180 ..
Crédit foncier. Com. 3 0/0	400 ..	Ligne d'Italie	25 ..
Crédit foncier. 5es 3 0/0	81 50	Lombard	213 50
Crédit foncier. Colonial	425 ..	Nord d'Espagne	123 75
Est	305 50	Saragosse-Pampelune	90 ..
Ardennes	305 ..	Portugais	105 ..
Lyon	365 ..	Romains	109 ..
Bourbonnais	300 ..	Saragosse	140 ..
Dauphiné	303 ..	Séville-Xérès-Cadix	72 ..
Lyon-Genève, gar	305 ..	— 94 ans.	40 ..

Valeurs diverses.

Ch. Charentes	362 50	Empr. Ottoman	240 ..
Chemin du Médoc	265 ..	Obl. Empr. Ottoman	230 ..
Compt. Agriculture	530 ..	Ch. Ligne d'Italie	8 50
Caisse des ch. de fer	48 75	Cie It. des ch. Médit.	190 ..
Gaz de Marseille	435 ..	Soc. C. Ind. Amsterd.	302 50
Banq. Créd. Pays-Bas	430 ..	Banque Ottomane	425 ..
Crédit Fonc. Autrich.	620 ..	Crédit Mobil. Italien	290 ..
Obl. Autrich. 1863	320 ..	Zinc, Vieille-Montagne	225 ..
Empr. Mexicain. Obl.	120 ..		

Directeur, H. GALLETIER, Avocat à la Cour Impériale de Paris.

JOURNAL DES PERCEPTEURS,

DES RECEVEURS DES FINANCES, ET DES RECEVEURS DES COMMUNES, HOSPICES, ETC.;
DES SURNUMÉRAIRES, ET DES ASPIRANTS.

2e Série. — 10 fr. par an. Un numéro toutes les semaines. 12e année. — N° 19.

SOMMAIRE.

DÉCISIONS ET SOLUTIONS ADMINISTRATIVES.

Droits de timbre et de greffe auxquels donnent lieu les prestations de serment en général.

Prestation de serment. La commission, étant, dans la plupart des cas, l'ampliation d'un arrêté qui nomme à une fonction ou qui confère un emploi, présente le caractère d'expédition et ne peut acquitter un droit inférieur à celui de 1 fr. 50 cent., qui est le prix du moyen papier. (Loi du 13 brumaire an VII, art. 19; loi du 2 juillet 1862, art. 17; déc. min. du 21 mai 1864, instr. n° 2286, § 3.) Néanmoins le Ministre a reconnu que, si la commission est, en fait, un original en brevet, la quotité du droit de timbre auquel elle est assujettie doit être déterminée d'après la superficie du papier. (Arrêté du Ministre du 17 février 1831, art. 31; Inst. n° 1367.)

Du reste, la commission peut être écrite sur du papier non timbré, sauf l'application du timbre à l'extraordinaire ou le visa pour timbre avant la prestation de serment. (Arrêté précité, instr. n° 1367, et déc. minist. 7 avril 1852, inst. 1918.

Comme acte d'administration publique, elle est exempte de la formalité de l'enregistrement. (Loi du 22 frimaire an VII, art. 70, § 3, n° 2, et loi du 15 mai 1818, art. 80.)

Le serment préalable à l'entrée en exercice d'un emploi dans les régies financières devait être prêté devant les tribunaux civils (décret des 27 avril et 25 mai 1791); mais une loi du 16 thermidor an VI a autorisé les employés qui ne résident pas dans la commune où le tribunal civil est établi, à prêter leur serment devant le juge de paix du canton dans lequel ils sont appelés pour leurs fonctions. D'après la même loi, l'extrait du serment reçu par le juge de paix doit être présenté au greffe du tribunal civil de l'arrondissement (circ. rég. n° 936.) Il est mentionné sur le registre ou la feuille d'audience.

Lorsqu'un employé change de résidence sans passer à un grade supérieur, un nouveau serment n'est pas nécessaire. Il suffit que la prestation de serment antérieure soit constatée par le greffier sur le registre d'audience, à la date courante. (Décis. minist, 6 pluviôse an XIII, instr. n° 269, et décis. minist. 30 mai 1809, instr. n° 438.)

Cette constatation est mentionnée et signée par le greffier en marge de la commission. (Inst. n° 438.)

D'après plusieurs décisions du garde des sceaux et par application du décret du 8 décembre 1862 (instr. n° 2240), il est alloué 50 centimes, à titre de remboursement du papier timbré, aux greffiers des tribunaux civils et aux greffiers des justices de paix, pour chaque acte de prestation de serment porté sur le registre ou la feuille d'audience. (Art. 1er-2° et 3-4.

Il est alloué en outre 20 centimes aux greffiers des tribunaux civils, pour chaque mention de prestation de serment sur leur répertoire, et pour chaque mention, sur la feuille d'audience, de la prestation du serment prêté devant un juge de paix. (Article 1er-3°.)

Mais, quel que soit le tribunal qui ait reçu le serment, l'expédition de l'acte de ce serment est délivrée sur du moyen papier à 1 fr 50 cent. la feuille. (Loi du 13 brumaire an VII, art. 19, et loi du 2 juillet 1862, art. 17.)

Il n'est dû aucun émolument aux greffiers des tribunaux civils, ni pour la mention de la prestation de serment, sur la commission (décis. minist. 30 mai 1809, inst. n° 438); — ni pour la constatation, sur le registre d'audience, du serment prêté devant un autre ressort (décis. précitée, inst. n° 438, et déc. du garde des sceaux du 16 juin 1855, instr. n° 2048); — ni pour la transcription de la commission sur le registre spécial non sujet au timbre (décis. minist. 21 mai 1864, instr. n° 2286, § 3) qui existe au greffe de quelques tribunaux.

Il n'en est pas de même quant à l'expédition de l'acte de prestation de serment. Toute délivrance d'expédition donne lieu à la perception d'une taxe attribuée en partie au greffier comme émolument et en partie au Trésor comme droit de greffe. Cette taxe est fixée à 40 centimes par rôle (sans décime), pour les greffiers des justices de paix (tarif du 16 février 1807, art. 9); et à 1 fr. par rôle (décime et demi en plus) pour les greffiers des tribunaux civils. (Loi du 21 ventôse an VII, art. 9, inst. n° 1347, § 8.)

Le rôle d'expédition commencé est compté comme entier. (Circ. rég. n° 1537.)

[Instruction n° 2342, § 2, de l'Aministration de l'enregistrement, émise récemment.]

TIMBRE. *Reconnaissance des Trésoriers généraux ou des agents de change.*

Les Trésoriers-Payeurs Généraux des finances et les agents de change délivrent des reconnaissances et des récépissés : les premiers, des fonds et titres qui leur sont remis par les habitants des départements, soit pour achat ou vente de rente sur l'État, soit pour emploi en bons du Trésor; les seconds, des sommes que leurs clients déposent entre leurs mains pour achat de valeurs cotées à la Bourse.

Les reconnaissances des Trésoriers-Payeurs sont exemptes du timbre, par application de l'article 21 de l'ordonnance du 14 avril 1819 (7e *série, Bull.* 274, *n°* 6269), d'après lequel les opérations relatives aux ventes et achats de rentes doivent être faites *sans frais*, sauf ceux de courtage.

Mais les récépissés des agents de change sont incontestablement assujettis au droit de timbre. (*Décis. du Min. des fin. du* 10 *février* 1865; *Instruction de l'Administration de l'Enregistrement, n°* 2341, § 9.)

TIMBRE. *Fabriques et autres établissements religieux. Copies d'actes produites à l'appui de demandes en autorisation de vendre ou d'acquérir.*

L'article 16, n° 1, de la loi du 14 brumaire an VII excepte du droit et de la formalité du timbre les extraits, copies et expéditions qui s'expédient ou se délivrent par une Administration ou un fonctionnaire public, à une autre administration ou à un fonctionnaire public, lorsqu'il y est fait mention de cette destination.

Cette exemption ne peut s'étendre aux copies d'actes faites par les notaires détenteurs des minutes ou des originaux, et qui sont produites par fabriques et autres établissements religieux, à titre de renseignement ou comme complément d'instruction, pour obtenir l'autorisation d'acquérir ou d'aliéner. Les copies d'actes reçus par les notaires ou déposés dans leurs études, ne peuvent être délivrées que sur papier timbré, sous peine d'amende. (*Décis. du Minst des fin. du* 14 *juin* 1864. *Inst.* 2341, § 4.)

JURISPRUDENCE SPÉCIALE.

CONSEIL D'ÉTAT.

ALGÉRIE. PATENTES. FRUITIER-ORANGER. SIMPLE FRUITIER.

Le tableau A annexé à l'ordonnance du 31 juillet 1817 impose à un droit de patente de 6e classe la profession de fruitier-oranger (tandis que celle de simple fruitier n'est imposé qu'à la 7e classe : — Un fruitier d'Algérie qui se borne à vendre les fruits du pays (parmi lesquels se trouvent des oranges, ne doit-il pas être imposé à la 6e classe?

— (L'ordonnance en imposant à la 6e classe la profession de *fruitier-oranger*, a voulu atteindre le contribuable qui, par la vente des fruits exotiques et des primeurs, est présumé avoir un commerce plus important que le simple fruitier. — Dès lors, *cette dénomination ne peut s'appliquer en Algérie* à celui qui se borne à vendre les fruits du pays). (Décret du 8 mai 1866. — Martines.)

TRAVAUX PUBLICS. DOMMAGES CAUSÉS PAR DES TRAVAUX DE VOIRIE. OFFRE PAR LA COMMUNE D'EXÉCUTER ELLE-MÊME LES RÉPARATIONS NÉCESSAIRES. CONDAMNATION AU PAYEMENT D'UNE INDEMNITÉ.

Lorsque, dès l'origine d'une contestation pendante entre une commune qui a exécuté des travaux de voirie, et un propriétaire qui se plaint d'un dommage à lui causé par ces travaux, la commune a offert d'exécuter à ses frais toutes les réparations nécessaires pour faire cesser les inconvénients signalés, elle peut être condamnée par le Conseil de Préfecture à payer une indemnité, — et le Conseil de Préfecture ne doit pas seulement se borner à lui donner acte de ce qu'elle entend faire par elle-même les réparations dont il s'agit.

(Décr., août 1866, *Com. de Romagnes-sous-les-Côtes*)

QUESTIONS DIVERSES

LISTE DES PLUS IMPOSÉS. FEMME VEUVE, HÉRITIERS.

Une femme veuve peut elle être portée sur la liste des plus imposés? Le fils héritier du père ne doit-il pas y figurer, même avant la mutation decote?

La convocation des plus imposés est personnelle et les contribuables ne sont pas admis à se faire représenter : telle est, textuellement la conclusion d'une circulaire en date du 21 avril 1823, conclusion reproduite dans une autre circulaire ministérielle du 14 février 1843.

En conséquence, une femme veuve ne doit pas être portée sur la liste des plus imposés appelés à voter les impositions extraordinaires. Cette veuve ne peut se présenter en personne ni se faire représenter par un tiers.

Un propriétaire que ses affaires appellent ailleurs ne peut, quoique porté sur la liste des plus imposés, se faire représenter par son régisseur : autre conséquence du même principe que le vote des plus imposés doit être personnel.

Un propriétaire décédé doit-il être porté sur la liste des plus imposés? Ne doit-on pas, au contraire, lui substituer son fils, quoique la mutation ne soit pas opérée?

La liste des plus imposés doit être certifiée véritable et conforme au rôle par le Percepteur qui l'a dressée : Or, si, de son chef, le Percepteur substitue une personne à une autre personne, un nom à un autre nom, cette liste ne sera plus sincère, véritable et conforme au rôle : Nous ne pensons pas qu'un Percepteur puisse et doive, de son plein gré, faire de ces substitutions. C'est aux intéressés à faire opérer les mutations qui les mettront en possession des titres et droits qu'ils peuvent revendiquer.

Telles sont les solutions que nous croyons pouvoir donner à un Percepter qui nous consulte à cet égard.

TIMBRE. Emprunt communal. Lettres de change.

Des lettres de changes, délivrées par une commune à titre de remboursement d'emprunt, rentrent-elles dans la catégorie des obligations désignées par la loi du 5-14 juin 1850?

Les communes peuvent, pour leurs emprunts, être autorisées à émettre des obligations au porteur ou transmissibles par voie d'endossement. Cette faculté qui leur avait été refusée notamment par la circulaire ministérielle du 12 août 1840 et la jurisprudence du conseil d'Etat, leur a été concédée plus tard par le décret du 29 décembre 1855 : elle a été spécialement reproduite dans le dernier paragraphe de l'art. 970 de l'instruction générale du 20 juin 1859. Les titres d'obligations souscrits à compter du 1er janvier 1851 par les communes, *sous quelque dénomination que ce soit*, dont la cession, pour être parfaite à l'égard des tiers, n'est pas soumise aux dispositions de l'art. 1690 du Code Napoléon, ont été assujétis par l'article 27 de la loi du 5-14 juin 1850 au timbre proportionné de 1 pour 100 du montant du titre. Les divers droits proportionnels établis sur ces valeurs par les lois antérieures ont donc cessé d'être appliqués aux obligations souscrites depuis le 1er janvier 1851.

Une lettre de change est-elle une obligation ou constitue t elle une obligation? Évidemment il doit en être ainsi, puisque le confectionnaire s'oblige, par cette lettre de charge, à payer à tel ou à son ordre une somme spécifiée, dans tel lieu aussi spécifié. En assujétissant au droit de 1 pour 100 les titres d'obligations émis par les communes, *sous quelque dénomination que ce soit*, l'article 27 de la loi du 5-14 juin 1850, nous paraît avoir eu pour but principal qu'une valeur réellement imposable ne pût échapper au droit proportionnel édicté par cet article. Un vérificateur de l'enregistrement nous parait avoir appliqué d'une manière régulière les termes de l'article 29 de la même loi en signalant que des lettres de change, faisant titre des obligations d'une commune, n'avaient pas été soumises au timbre proportionnel de 1 p. 100.

La demande en remise des amendes pourra être faite, près de S. Exc. M. le Ministre des finances, par la voie gracieuse, soit par le Receveur, soit par le Maire, suivant que l'un ou l'autre des ces fonctionnaires aura encouru la responsabilité des contraventions en raison de la prise à la confection des pièces.

DONATION. Pompe a incendie. Remises.

La donation d'une pompe à incendie faite à une commune constitue-t-elle une opération susceptible de remises? Comment doit être effectuée cette donation?

Beaucoup de faits de ce genre se produisent sous une forme irrégulière et échappent aux règles de la comptabilité. Voici les principes que nous engageons les Receveurs municipaux à appliquer en toute circonstance.

Le Conseil municipal doit être appelé à délibérer sur l'acceptation des dons faits à la commune ou aux établissements communaux. Loi du 18 juillet 1837, article 19.

Ces délibérations sont exécutoires en vertu d'un arrêté du Sous-Préfet ou du Préfet, suivant l'importance des dons, lorsqu'il n'y a pas déclaration de la part des familles. Décret du 25 mars 1852. Tableau A, § 42.

En cas de dons manuels, ou d'objets mobiliers, tel que le don d'une pompe, une autorisation en règle d'accepter le don n'est pas absolument nécessaire, attendu qu'en fait de meubles, la possession équivalant à un titre, la tradition peut opérer le don; cet acte est parfait par la simple tradition de l'objet donné. Toutefois, il convient de faire délibérer le Conseil municipal et de faire approuver la délibération; car il est nécessaire de constater administrativement la recette de ces objets et de couvrir ainsi la responsabilité des administrateurs, de même que celle des Receveurs des établissements. L'existence de la pompe, dans l'espèce, viendra figurer parmi les biens mobiliers de la commune, dans l'inventaire qui doit en être fait.

L'acceptation du don constitue, d'ailleurs, une recette réelle qui augmente l'avoir de l'établissement.

Et la recette de ce don qui est une opération de comptabilité, donne droit naturellement à l'allocation de remises au profit du Receveur municipal.

PAYEMENTS FRACTIONNÉS. Quittances multiples.

Un contribuable peut-il exiger que le Percepteur lui délivre par douzième une quittance spéciale et distincte pour chaque article de rôle au payement duquel il est tenu?

Un contribuable chargé du payement de quinze articles distincts compris dans les rôles de plusieurs communes d'une perception, prétend payer, successivement et l'un après l'autre, ces divers articles, soit en se présentant lui-même au bureau du Percepteur, soit en faisant payer par des tiers, le douzième des contributions portées sur chaque article. Le Percepteur est-il tenu de se soumettre à cette prétention élevée dans un but de tracasserie, ou bien est-il fondé à exiger du contribuable le douzième de la *Cote intégrale*, c'est-à-dire du douzième de tous les articles à payer par le même redevable?

Dans notre *Traité des poursuites*, chapitre V, *Des quittances*, nous avons émis l'opinion que le Percepteur ne doit délivrer qu'une seule quittance à souche par chaque versement, sauf à établir dans cette quittance les imputations distinctes par chaque article de rôle: autrement on l'exposerait aux caprices d'un contribuable taquin et malveillant, ce qui est le cas présent. Nous avons traité la question dans tous ses détails au *Journal de 1862, page 153*; nous invitons les Percepteurs qui nous consultent à s'y reporter.

Aux termes de l'article 6 de l'Instruction générale, le Percepteur est en droit de poursuivre le contribuable si, le premier de chaque mois ou au plus tard au jour de la recette dans la commune qu'il habite, il ne s'est pas libéré du douzième échu de la cote de ses contributions, c'est-à-dire de la cote formée par la réunion des articles qu'il est chargé de payer. (Décision du 11 mars 1850. J. 1860, page 110.)

Tel est notre avis fondé non-seulement sur les raisons que nous avons précédemment données, mais encore sur la nouvelle disposition des journaux à souches destinés à recevoir l'inscription des payements : l'augmentation du nombre de lignes affectées au détail des sommes totales portées dans la 4ᵉ colonne nous paraît confirmer de la manière la plus décisive tout ce que nous avons dit à cet égard, aujourd'hui et antérieurement.

CONSTRUCTIONS. Procès-verbaux de réception. Formes.

Quel est le modèle à suivre pour un procès-verbal de réception de travaux dont la production est exigée par l'article 1542 de l'Instruction générale?

Un Receveur municipal nous demande quel est le modèle des procès-verbaux de réception de travaux dont la production est exigée par le paragraphe 59 de l'article 1542 de l'Instruction générale du 20 juin 1859. Le même Receveur nous demande encore quelles sont les pièces à fournir par les entrepreneurs à l'appui des payements postérieurs à la production du procès-verbal de réception définitive.

Quand, après le procès-verbal de réception définitive, les payements doivent être faits en plusieurs années, le paragraphe 19 de l'Instruction générale prescrit de fournir un décompte de la dépense (modèle nº 317) : il est bien entendu que le décompte dont il est ici question n'est considéré que comme pièce probante et que le mandat de l'ordonnateur est toujours la pièce principale à fournir par l'ayant-droit.

En ce qui concerne la première question, les instructions relatives à l'exécution et au payement des travaux communaux n'ont pas donné de formules déterminées : On trouve, cependant, dans le *Recueil des Actes* de certaines Préfectures le modèle des certificats d'avancement à fournir avant la réception définitive ; nous présentons ci-après celui consigné dans le *Recueil des actes* de la Préfecture de la Seine-Inférieure, année 1856, page 179, comme remplissant toutes les conditions voulues. Un procès-verbal de réception définitive bien conçu doit toujours reproduire les détails de toutes espèces compris au devis, détails, dont les chiffres figurent dans une colonne spéciale intitulée : *Dépenses portées au devis.* Dans une autre colonne intitulée : *Dépenses selon le présent procès-verbal*, figurent les sommes réellement dépensées par suite des travaux et fournitures dont il est accusé réception. Par la comparaison des chiffres inscrits dans l'une et l'autre colonnes, il est facile de vérifier, d'un seul coup d'œil, quelles dérogations ont été apportées au devis et, par conséquent, quelles justifications on peut et on doit exiger, en raison de cet état de choses. Ce mode de dresser les procès-verbaux nous paraît être le meilleur.

A défaut de modèle réglementaire, on peut poser en principe que les procès-verbaux de réception doivent toujours contenir les éléments et détails de métrage, de dimensions et de prix des ouvrages faits ou des matériaux fournis et ce dans l'ordre suivi par le devis primitif. Il est nécessaire que la rédaction des procès-verbaux de réception définitive permette d'apprécier facilement et distinctement les différences qui peuvent exister entre les dépenses réellement effectuées et celles portées au devis et fasse ressortir les causes d'augmentation et de diminution par chaque nature de travaux et de fournitures. S'il y a des séries de prix établies au devis, on conçoit qu'il est important que des séries de prix figurent également dans les procès-verbaux de réception ; en un mot, l'ordre et les divisions adoptées dans la confection des devis doivent être observés dans les procès-verbaux de réception.

Suit le modèle de certificat de payement dont nous avons parlé ci-dessus :

DÉPARTEMENT D

EXERCICE

Fonds du budget, art .
Subvention............
Crédit au budget, art..

Somme à payer...

COMMUNE D

Construction ou réparation d

Montant du devis.............
Rabais, p. 100...............
Montant de l'adjudication du..., au profit du sieur...........
Dépenses autorisées...........
Certificat d'à-compte...........

Certificat délivré sur les ressources autorisées des exercices antérieurs et de l'exercice courant.

Exercices	Nature des fonds	Montant des à-comptes
	Total...	
Montant du présent certificat........		
L'entrepreneur aura reçu............		
Les dépenses s'élèvent à.....		
Partant il sera en avance par garantie de son marché de.............		

L'architecte soussigné,

Vu

1º L'état de situation dressé par nous le...., constatant que les travaux de... exécutés jusqu'à ce jour par le sieur... entrepreneur, en vertu de l'adjudication sus datée s'élèvent à la somme de...

2º L'état détaillé en marge du présent certificat des à-comptes déjà payés audit entrepreneur.

L'arrêté préfectoral du.. réglementaire des travaux,

Certifie qu'il peut être payé au sieur..., sur les fonds alloués au budget de l'exercice 18.. la somme de...

Fait à... le... 18..

L'Architecte,

Vu et approuvé par nous, Maire, le

DES

RENTES SUR PARTICULIERS

CONSTITUÉES AU PROFIT DES COMMUNES ET DES ÉTABLISSEMENTS. (4e *article.*)

§ 5. RESPONSABILITÉ RESPECTIVE DE L'ANCIEN ET DU NOUVEAU RECEVEUR.

Chaque Receveur est responsable des actes de sa gestion personnelle, et il ne peut être relevé des effets de cette responsabilité par l'autorité qui juge ses comptes, qu'en produisant un certificat de son successeur, par lequel celui-ci déclare rester chargé de la suite de ses opérations (Instr. gén., art. 849, 1335, 1515 et 1553 ; — Code N., art. 1382 et 1383). Nous avons mentionné au *Journal* de 1866, pages 146 et 180, la nécessité pour le nouveau Receveur de procéder, avant la délivrance de ce certificat, à l'examen des titres de constitution et titres recognitifs, ainsi que des inscriptions hypothécaires, et de faire connaître dans ce même certificat les irrégularités qu'il aura constatées dans la forme et la conservation de ces titres et inscriptions.

On comprend que la responsabilité du nouveau Receveur ne saurait, dans aucun cas, être substituée à celle de son PRÉDÉCESSEUR, à l'égard des créances qui n'auraient pas été comprises par ce dernier dans l'inventaire des pièces remises par lui ; car le successeur est censé ne pas connaître des créances dont on ne lui a pas remis les titres, ou qui ne lui ont pas été indiquées comme faisant partie de l'actif des communes et établissements dont le service lui est remis. La responsabilité de l'ex-Receveur subsisterait également, malgré la délivrance par le successeur d'un certificat conçu en termes généraux, à l'égard de créances qui, quoique mentionnées dans l'inventaire, ne reposent, d'après les déclarations du Receveur sortant, sur aucun titre connu. Les obligations du successeur, relativement à ces dernières créances, se bornent, sans contredit, à faire les démarches nécessaires (Voir §§ 2 et 3 ci-dessus) pour obtenir la reconnaissance de la créance par le débiteur ; à lui assurer toutes les garanties qu'il est en son pouvoir d'en obtenir ; et, en cas d'insuccès de ces démarches, à demander l'admission en non-valeurs de ces *créances caduques*, conformément aux dispositions de l'article 1537 de l'Instruction générale. L'autorité appelée à statuer sur cette demande, en prononcera l'admission ou indiquera le comptable qui en est responsable. Il appartiendra à celui-ci d'exposer ses moyens de défense, et d'exercer tel recours que de droit contre cette décision.

Il pourrait arriver par erreur ou omission, que le Conseil de Préfecture ou la Cour des comptes, prononçât la décharge de l'ancien comptable sur ces créances irrégulières ou non signalées au successeur, et en déclarât celui-ci responsable, sans en avoir fait précédemment l'objet d'aucune injonction au prédécesseur, tandis que les mêmes faits existaient et étaient connus avant le jugement définitif des comptes de ce dernier (Voir *Journal* de 1866, page 146). Le nouveau Receveur, en s'appuyant sur cette erreur ou omission du jugement de libération de l'ex-comptable, et en indiquant ou produisant les documents qui en établissent la preuve, aurait la faculté de demander devant les premiers juges la révision de ses comptes et des arrêts ou arrêtés définitifs de libération de son prédécesseur. Si son droit lui paraissait incontestable, il pourrait se pourvoir devant la juridiction supérieure, qu'il y ait eu ou non demande en révision (Instr. gén., art. 1568, 1570 et suiv. — Voir *Journal* de 1866, page 147). Pour obvier à l'inconvénient qui pourrait résulter d'un certificat de prise en charge, délivré d'une manière générale, il nous semble qu'il conviendra de spécifier les titres dont le successeur entend se charger, notamment de déclarer que ce sont ceux désignés dans les derniers comptes de l'ex-Receveur, dont le nouveau comptable aura préalablement pris connaissance, ou ceux détaillés dans l'inventaire des pièces remises, si cet inventaire a été dressé (Voir *Journal* de 1866, pages 178 et 181).

Mais si l'ex-Receveur est responsable des péremptions ou autres causes de perte des créances, survenues pendant sa gestion et provenant de sa négligence, le NOUVEAU RECEVEUR est tenu de justifier qu'il a réparé, autant qu'il dépendait de lui, les effets de cette négligence, et qu'il a empêché que cette situation ne devînt plus défavorable. En effet, les art. 1340 à 1344 de l'Instruction générale le constituent, pour ainsi dire, le *mandataire d'office* de son prédécesseur. Il est donc obligé de prendre toutes les mesures conservatoires des intérêts de la commune ou de l'établissement, et de prévenir, par tous les moyens à sa disposition, et dont le prédécesseur aurait pu user s'il fût resté en fonctions, les conséquences fâcheuses d'une négligence antérieure. Il est incontestable que le successeur serait responsable de faits accomplis depuis son installation, et qui auraient aggravé la situation de la créance déjà compromise par la faute de son prédécesseur. Tel serait le fait d'avoir laissé opérer la purge de tout ou partie des biens vendus par le débiteur ou ses héritiers, sans produire à la distribution du prix, sur sommation de l'acquéreur, ou à la suite d'opposition formée par ses soins sur les deniers provenant de la vente, dans le cas où les biens vendus ne seraient pas frappés d'hypothèque. Et s'il était établi que le débiteur n'est devenu insolvable que postérieurement à la mutation des comptables, le nouveau titulaire serait certainement rendu responsable envers son prédécesseur, dont il a, par sa faute ou son incurie, compromis les intérêts, alors qu'il lui était encore possible de les sauvegarder en même temps que ceux de l'établissement créancier. Car il y a à considérer que la créance compromise n'a pas cessé d'appartenir à ce dernier, tant que l'ex-comptable déclaré responsable par l'autorité qui juge ses comptes, n'a pas désintéressé le créancier par un versement à la caisse de cet établissement. Or, le nouveau Receveur est tenu de veiller, au même degré et sans aucune distinction, à la conservation de tous les revenus dont la gestion lui est confiée. Aussi l'ancien Receveur rendu responsable d'une créance à la perte de laquelle son successeur aura contribué, pourra saisir le Préfet, sauf recours au Ministre des finances, du jugement des contestations qui pourront surgir à ce sujet entre lui et son successeur (Instruction générale, art. 1346), et *vice versa*, le nouveau comptable déclaré responsable d'une créance compromise sous la gestion de son prédécesseur.

§ 6. RACHAT OU EXIGIBILITÉ DES CAPITAUX DE RENTE.

1° *Rachat volontaire.*

La rente constituée en perpétuel est essentiellement rachetable. Les parties peuvent seulement convenir que le rachat ne sera pas fait avant un délai qui ne pourra excéder dix ou trente ans, ou sans avoir averti le créancier au terme d'avance, qu'elles auront déterminé (C. Nap., art. 530, 1187 et 1911). En l'absence d'une stipulation de tenue, ou malgré toutes stipulations contraires, les débiteurs de rentes et créances des communes, fabriques et autres établissements publics, doivent prévenir les administrateurs un mois avant d'effectuer le remboursement (Avis du Conseil d'État, 21 décembre 1808), et remettre aux Mairies, un mois d'avance, une demande en deux expéditions qui sont adressées au Préfet; l'une est renvoyée aux Maires, après approbation; l'autre est transmise au Trésorier-Payeur-Général, qui l'envoie au Receveur par l'intermédiaire du Receveur des finances. Les Receveurs doivent refuser ces remboursements, si ces formalités n'ont pas été remplies (Instr. gén., art. 953).

Nous comprenons que le Receveur exige l'accomplissement de ces formalités, lorsque le terme du rachat dont il est question aux articles précités du Code Napoléon, a été stipulé en faveur du créancier; parce que, dans ce cas, il est réservé au Conseil ou à la Commission administrative de décider si le rachat demandé avant l'expiration du terme fixé, est préjudiciable aux intérêts de la commune ou de l'établissement (C. Nap., art. 1258, 4°). Mais, hormis ce cas et si le débiteur, par une obstination opiniâtre, refusait de remplir cette formalité préliminaire, nous pensons que le Receveur trouverait, dans la volonté maintes fois exprimée par l'Administration supérieure, d'obtenir et même de *favoriser* les remboursements de cette nature, un motif suffisant pour accepter, sans l'observation de cette condition, le rachat volontaire du capital de la rente due. Mais il devrait alors informer immédiatement, de ce remboursement, le Receveur des finances (Circ. compt. publ., 15 novembre 1861. — Circ. min. fin., 20 juillet 1863. — Petite Instr. pratique, page 5) et le Maire, afin que celui-ci provoque l'autorisation de remploi en rentes sur l'État (Instr. gén., art. 661. — Voir ci-après, 4°, *Remploi des capitaux*).

Parmi les nombreuses circulaires de l'Administration, qui ont prescrit de favoriser le rachat des rentes perpétuelles, nous citerons celles adressées aux Préfets par M. le Ministre de l'Intérieur, les 24 septembre 1825 et 18 mai 1818. Le premier de ces documents contient diverses dispositions qui peuvent guider les comptables et que, pour ce motif, nous allons reproduire : « Monsieur le Préfet, presque tous les établissements de charité possèdent des rentes foncières qui leur sont servies par des particuliers. Les lois qui ordonnèrent la restitution des biens des hospices et des bureaux de bienfaisance, remirent ces établissements en jouissance des rentes qui leur étaient anciennement dues; en sorte que les titres de la plupart de celles qu'ils possèdent aujourd'hui, remontent à des époques fort reculées. Il en est résulté que, par suite de diverses mutations survenues dans les propriétés, une grande partie de ces rentes, qui sont presque toutes fort modiques, se trouve subdivisée entre *plusieurs débiteurs*, de manière que le recouvrement en devient tous les jours plus difficile, présente presque partout des retards, et occasionne de nombreuses non-valeurs.

« Un état de choses aussi contraire à l'intérêt des établissements de bienfaisance démontre assez que, de toutes les branches de leurs revenus, les rentes sur particuliers sont celles qui offrent le moins d'avantages, et que les établissements propriétaires trouveraient facilement un emploi plus profitable des capitaux qu'elles représentent, s'ils étaient mis à leur disposition.

« Il m'a semblé qu'il ne serait pas impossible aux Commissions administratives d'arriver à ce dernier résultat. Les renseignements qui me parviennent de divers départements, m'ont convaincu que, moyennant l'offre de quelques avantages, on pourrait aisément amener les débiteurs de rentes à en faire le rachat, et que même la plupart d'entre eux saisiraient avec empressement la proposition qui leur serait faite de s'acquitter ainsi définitivement.

« Le *taux du rachat* devrait, conformément à la loi du 29 décembre 1790, être fixé au denier vingt de la rente payable en argent, et au denier vingt-cinq du produit annuel de celle qui est payable en nature. (Voir plus loin, 2° Rachat forcé.).....

« Il ne faut pas perdre de vue que le rachat est entièrement facultatif de la part des débiteurs de rentes, et que les établissements qui en sont créanciers ne peuvent pas plus les y contraindre, qu'ils *ne pourraient s'y refuser*, dans le cas où il serait offert aux conditions légales. Les Commissions administratives devront donc se borner à *engager* les débiteurs à faire la demande du rachat, ainsi que la faculté leur en est laissée par l'article 530 du Code Napoléon.

« Quant au *remploi* des sommes provenant des rachats qui pourraient être faits, il y sera pourvu conformément aux lois existantes. La règle générale posée par les instructions veut qu'à moins de circonstances particulières, les capitaux libres des établissements publics soient placés en rentes sur l'État (Instr. du 21 Juin 1819). Ce genre de déplacement a toujours été considéré comme l'un des plus avantageux pour eux : le revenu se produit de lui-même et sans frais d'administration ; exigible à des échéances fixes, le recouvrement n'en est soumis ni à des retards, ni à des non-valeurs.

« Vous remarquerez, M. le Préfet, que ce placement n'a pas besoin d'être autorisé par le Gouvernement; qu'il l'est de droit, par la règle générale établie de tout temps; qu'il suffit d'une délibération de la Commission administrative revêtue de l'approbation du Préfet. Il diffère en cela des placements en biens fonds ou en rentes sur particuliers, qui ne peuvent être faits sans autorisation. (Avis du Cons. d'État, 21 Déc. 1808. — Instruction précitée. — Voir plus loin, 4°, Remploi des capitaux)..... »

L'époque du renouvellement des titres, qui est pour les débiteurs une cause de frais, nous paraît une occasion favorable pour les engager à effectuer le rachat de leur rente.

Nous devons prévoir le cas ou le débiteur, après avoir offert le rachat de sa rente et formé la demande préalable de remboursement déclarée nécessaire par l'avis précité du Conseil d'État, renoncerait à donner suite à sa proposition de rachat déjà acceptée par l'établissement créancier, et ne se croirait point engagé par sa démarche. La volonté exprimée par le débiteur de racheter sa dette, a formé un contrat des conséquences duquel il ne peut plus être dégagé que du consentement de l'Administration intéressée (C. Nap., art. 1101 à 1184). Cependant, nous devons dire que le débiteur ne serait définitivement engagé que par la signification qui lui aurait été faite, de la délibération de la Commission, approuvée, ou de l'arrêté préfectoral portant autorisation d'accepter le rachat. Tant que cette signification n'a pas eu lieu, le débiteur a la faculté de retirer son offre par un acte régulier de renonciation à sa demande. Lorsque cette faculté lui aura été enlevée par la signification dont il a été parlé, le débiteur pourra être contraint à exécuter son offre, et les poursuites seront exercées sur le fondement de la proposition de rachat, acceptée, et en vertu d'un état exécutoire dressé par le Maire, conformément à l'article 63 de la loi du 18 Juillet 1837, ou par le Maire, sur la proposition de la Commission administrative, en conformité de l'article 13 de la loi du 7 Août 1851.

La suite du § 6 au prochain numéro.

DEMANDES D'EMPLOI.

Une Recette des Finances de 2e classe, dans la Côte-d'Or, demande de suite un Fondé de pouvoir.

Nous prions les comptables qui *changent d'adresse* de ne pas négliger de nous avertir, afin que le Journal continue de leur arriver régulièrement. (Ces avis doivent être accompagnés de 40 cent. pour frais d'impression des nouvelles bandes.)

Ier Volume du Journal des Percepteurs. (Nouvelle Série), année 1866. — Plusieurs de nos nouveaux abonnés à partir de l'année 1867, n'ont pas encore notre volume de 1866. Nous leur ferons observer que ce volume, qui contient d'importants travaux, formera dans leur collection une absence fâcheuse. Ils pourront se trouver dès à présent gênés fréquemment par cette lacune, car nous avons souvent à mettre en corrélation ce 1er tome (qui est la base de notre nouvelle Série), avec ceux qui le suivent. Bientôt d'ailleurs, ce volume arrivera à s'épuiser, et il deviendra difficile de se le procurer.

Pour leur en faciliter l'acquisition, nous venons d'en faire relier un certain nombre d'exemplaires avec des cartonnages solides et élégants, et nous les céderons en ce moment à des conditions exceptionnelles.

Nous venons d'apporter diverses améliorations à nos Ouvrages sur le service : le papier en a été satiné et glacé, ils ont été brochés avec un soin particulier, ou revêtus de cartonnages élégants. Pour qu'ils puissent être examinés par chacun avant de les acquérir, nous avons prié les Employés des Recettes d'en accepter un exemplaire en dépôt; on pourra donc toujours les trouver dans chaque Recette des finances.

Les prix restent les suivants :

INSTRUCTION GÉNÉRALE. 2e édit. Cartonnée .... 7 f. »
D° — Brochée .... 6 »
(L'Édition Dupont est à 8 f.)
D° — avec intercal. ... 8 »

PETITE INSTRUCTION PRATIQUE. 2e édit. Cartonnée .. 3 »
D° — Brochée .. 2 50

Quelques exemplaires de choix, sur beau papier Vergé de Hollande, avec de grandes marges : prix, 4 fr. Cartonné, 5 fr.

CODE DES PATENTES, au courant jusqu'en 1866. Un beau volume de 200 pages. (Bientôt épuisé) Cartonné .. 4 »

Notre Traité des Remises est entièrement épuisé.

SUPPLÉMENT
À
L'EXTRAIT ANNOTÉ DE L'INSTRUCTION GÉNÉRALE
DU 20 JUIN 1859,

Par M. GALLETIER
Directeur du *Journal des Percepteurs*

PRIX FRANCO : 1 FRANC.
(L'Édition Dupont est à 4 francs)

L'extrait annoté et le supplément réunis 6 fr.
RELIÉ EN UN CARTONNAGE ÉLÉGANT 7 FR.
(L'Édition Dupont brochée est à 10 francs.)

A céder

DERNIÈRE COLLECTION DU JOURNAL DES PERCEPTEURS
10 VOLUMES RELIÉS, PRIX FRANCO : 60 FR.
(Arrangements pour le payement)

Coffres-forts à prix réduits,
à l'usage des Comptables,
Fournis par le *Journal des Percepteurs.*

Exécution de la circulaire du 1er décembre 1865, relative à la perception des droits de timbre, de quittances délivrées par les Percepteurs-Receveurs municipaux. On nous signale un procédé très-simple pour suppléer à la nécessité du carnet dont la tenue est rendue obligatoire par la circulaire du 1er décembre 1865 et pour faciliter la surveillance des Receveurs des Finances et les employés supérieurs de l'Enregistrement : il n'y aurait qu'à apposer le timbre à cheval sur la quittance et la souche, de façon à ce que l'effigie (ou plutôt les armes impériales, car sur les timbres de dimension il n'y a pas d'effigie) et le prix indiqué au bas à droite, soient placés sur la quittance, et que les chiffres de gauche restent à la souche.

Par suite de diverses circonstances, le prix de l'existence est devenu si élevé à Paris, que plusieurs grandes Administrations viennent d'augmenter le traitement des petits Employés.

NOMINATIONS ET MUTATIONS.

Ont été nommés Percepteurs :

A St-Denis (Ain), 4e cl., M. Courenсq, de Virial;
A St-Trivier (do), 4e cl., M. Folard, de Vonnas;
A St-Rambert (do), 3e cl., M. Grognet, de St-Trivier;
A Mazères (Ariège), 3e cl., M. Picquemal, de Mas-d'Azil;
A Treiz (B.-du-Rh.), M. Bombal a été élevé à la 2e cl.;
A La Roque (do), M. Violeine a été élevé à la 3e cl.;
A Bretteville (Calvados), M. Lethuit a été élevé à la 3e cl.;
A Soubise (Charente-Infér.), 4e cl., M. Frater, de Léoville;
A Epoisses (Côte-d'Or), 3e cl., M. Saurin, de St-Gengoux (S.-et-L.);
A Malain (do), M. Chambrette est élevé à la 4e cl;
A St-Quentin (Gard), 5e cl., M. Blancher, de Mages;
A Mages (do), 5e cl., M. Dupin, de Vicq-le-Fesq;
A Leognan (Gironde), 4e cl., M. Deville, de Branne;
A Lussac (do), 3e cl., M. Pascault, de Rauzan;
A Rauzan (do), 4e cl., M. Picq, de Pujols, 5e cl.;
A Bedarieux (Hérault), 2e cl., M. Wable, de Jouy (Seine-et-M.);
A Marrillargues (Hérault), M. Anglas, percepteur de Cabian
A Claret (do), 5e cl., M. Haval, de Ceilhes;
A Valençay (Indre), 3e cl., M. Magnelli;...
A Déols (do), 4e cl., M. Massias, d'Ecueillé;
A Bléré (Indre-et-Loire), 3e cl., M. Renault, d'Athée;
A Athée (do), 4e cl., M. Breussin, de Channay, 5e cl.;
A Nervieux (Loire), 5e cl, M. Messié, de St-Barthélemy;
A Cabrerets (Lot), M. de Belcour, surnuméraire;
A Bécon (Maine-et-Loire), 5e cl, M. Geoffroy, de Chigne;
A Piron (Manche), 4e cl., M. Dujardin, de Martin-Vaast;
A Sompuits (Marne), M. Pelletier est élevé à la 4e cl.;
A Argentan (Orne), 3e cl., M. Desplanches, de Carrouges;
A Carrouges (do), 4e cl., M. Fouilleul, de Planches;
A Lougé (do), 5e cl., M. Petit, de Nocé;
A Nocé (do), 5e cl., M. Hupier, de St-Maurice;
A St-Maurice (do), M. Bongard, surnuméraire;
A Citers (Hte-Saône), 4e cl., M. Haury;...
A Abbeville (Seine-et-Oise, 3e cl., M. Barbarin;...
A Essonnes (do), 2e cl., M. Hamard, d'Orgeval;
A Orgeval (do), 3e cl., M. Durand, d'Abbeville, 3e cl.
A Yverville (Seine-Infér.), M. Lepicard, de Motteville,
M. Trophème a été nommé surnuméraire dans les H.-Alpes;
MM. Combelles et Gruat ont été nommés surn. dans l'Aveyr.;
M. Theys est nommé surnuméraire à Lille.

MANUEL DES PAYEMENTS

PAR LES PERCEPTEURS

DES MANDATS ET ACQUITS DU TRÉSORIER GÉNÉRAL

(*ANCIEN SERVICE DU PAYEUR*)

Publié sous la Direction de

M. H. GALLETIER

Avocat à la cour de Paris, Directeur du Journal des Percepteurs
Avec la collaboration de M. J. P., Percepteur

1 vol. de 130 pages. — Prix : 2 50 c.
doit être envoyé avec la demande en timbres-poste

Cet Ouvrage nous avait été demandé plusieurs fois, car il n'en existe pas d'autre sur cette matière délicate et difficile dont on est obligé de rechercher, avec beaucoup de peine et de temps, les principes épars en plusieurs endroits différents.

A une époque déjà reculée, il avait été publié un volume sur cette matière, intitulé *Code des Payeurs*, par M. Fasquel, mais on sait que depuis ce temps les Instructions ont apporté de nombreuses modifications. Ce volume se vendait 10 francs.

Les dernières Instructions ministérielles viennent de donner un nouvel intérêt d'opportunité à cet ouvrage.

BULLETIN HEBDOMADAIRE DE LA BOURSE.

Cours des Fonds publics au 10 Mai 1867.

Rentes et Actions.

3 0/0	68 35	Midi	555
3 Jouis. 1 janvier	68 22	Nord	1152
4 1/2 0/0	97 ..	Orléans	860
4 Jouis. 22 sept	99 95	Ouest	540
		Cie parisienne du gaz	1490
4 0/0	81 50	Soc. Immobilière	197
4 Jouis. 22 sep	.. ..	Transatlantique	407
Obligations du Trésor	460 ..	Messag. impér. (s-m.)	742
Bons du Trésor	2 1/2	Canal de Suez	345
Banque de France	3430 ..	Italien 5 0/0	49
Comptoir d'escompte	740 ..	Emprunt Mexicain	18
Crédit agricole	615 ..	Crédit mob. espagnol	230
Crédit foncier Colonial	560 .	Soc. autrichienne	365
Crédit foncier de France	1430 ..	Saragosse-Barcelone	39
Crédit ind. et comm	637 50	Guillaume-Luxemb.	138
Crédit mobilier	360 ..	Sud-autrichien-lomb	302
Créd. Mobilier (nouv.)	... ..	Nord de l'Espagne	90
Dépôts. comptes cour	552 50	Saragosse Pampelune	39
Société générale	531 25	Portugais	80
Ss-comptoir du com	405 ..	Chemins romains	68
Charentes	363 75	Saragosse	90
Est	521 25	Victor-Emmanuel	66
Paris-Lyon-Méditerr	867 50	Séville-Xérès	29

Obligations.

Départ. de la Seine	227 ..	Méditerranée	310
Ville 1852. 5 0/0	1167 50	Paris Lyon-Méditerr	308
— 1855-1860	440 ..	Midi	305
— 1865	525 ..	Nord	313
Crédit foncier. 1000 fr. à 3 0/0	945 ..	Orleans	308
Crédit foncier. 500 fr. à 4 0/0	482 50	Grand-Central	307
Crédit foncier. 10es à 4 0/0	98 ..	Ouest	306
Crédit foncier. 500 fr. à 3 0/0	455 ..	Victor-Emmanuel	292 .
Crédit foncier. 10es à 3 0/0	95 ..	— 1863	110 .
Crédit foncier. 500 fr. à 4 0/0 1863	477 50	Cordoue-Séville	180 .
Crédit foncier. Com. 3 0/0	385 ..	Ligne d'Italie	27 .
Crédit foncier. 5es 3 0/0	78 ..	Lombard	220 .
Crédit foncier. Colonial	430 ..	Nord d'Espagne	115 .
Est	309 ..	Saragosse-Pampelune	80 .
Ardennes	306 ..	Portugais	106 .
Lyon	308 ..	Romains	110 .
Bourbonnais	310 ..	Saragosse	142
Dauphine	307 ..	Séville-Xérès-Cadix	72 .
Lyon-Genève, gar	307 50	— 94 ans	12 .

Valeurs diverses.

Ch. Charentes	362 50	Empr. Ottoman	247
Chemin du Médoc	265 ..	Obl. Empr. Ottoman	230 .
Compt. Agriculture	530 ..	Ch. Ligne d'Italie	8
Caisse des ch. de fer	52 ..	Cie It. des ch. Medit	190 .
Gaz de Marseille	465 ..	Soc. C. Ind. Amsterd	305 .
Banq Créd. Pays-Bas	410 ..	Banque Ottomane	475 ..
Crédit Fonc. Autrich	620 ..	Crédit Mobil. Italien	290 ..
Obl. Autrich. 1865	323 75	Zinc, Vieille-Montagne	225 ..
Empr. Mexicain, Obl	132 50		

Directeur, H. GALLETIER, Avocat à la Cour impériale de Paris.

JOURNAL DES PERCEPTEURS,

DES RECEVEURS DES FINANCES, ET DES RECEVEURS DES COMMUNES, HOSPICES, ETC.;
DES SURNUMÉRAIRES, ET DES ASPIRANTS.

2e Série. — 10 fr. par an. Un numéro toutes les semaines. 12e année. — N° 20.

SOMMAIRE.

ACTES OFFICIELS

CIRCULAIRE DE M. LE DIRECTEUR DU MOUVEMENT GÉNÉRAL DES FONDS, *relative au retrait des anciennes monnaies divisionnaires.*

22 mars 1867.

Les quatre États signataires de la convention monétaire du 23 décembre 1865 se sont engagés à retirer de la circulation les pièces divisionnaires d'argent fabriquées dans des conditions différentes de celles qui ont été déterminées par cette convention. Le délai, pour ce retrait, est fixé au 1er janvier 1869 pour la France, la Belgique et l'Italie, et au 1er janvier 1878 pour la Suisse.

Retrait des anciennes monnaies divisionnaires d'argent italiennes, belges ou suisses. — Afin de faciliter l'exécution de cette disposition, le ministre a décidé que les caisses publiques seront autorisées à prêter leur concours au retrait des pièces étrangères à démonétiser qui circulent en France, à charge de réciprocité par les autres États.

En conséquence, tous les comptables de votre département devront, à l'avenir, retenir les anciennes monnaies divisionnaires d'argent italiennes, belges ou suisses, pour les comprendre dans leurs versements au chef-lieu, soit du département, soit de l'arrondissement.

Dans les départements où il existe une succursale de la Banque de France, les monnaies étrangères ainsi retirées et centralisées seront versées, pour le compte du Trésor, à cette succursale. Ces versements ne pourront être confondus avec ceux des pièces françaises à 900/1000 destinées à la refonte. Leur minimum est fixé à 1000 francs, et ils devront toujours se composer de multiples de cette somme. Ils pourront comprendre indistinctement des pièces italiennes, belges ou suisses; mais chaque sac ne devra être composé que de pièces de même nationalité et, autant que possible, de même coupure. Dans le cas où les comptables se trouveraient dans la nécessité de comprendre dans un sac des pièces de même nationalité, mais de différentes coupures, ils devront mettre ces pièces dans des rouleaux portant l'indication de la somme et de la coupure. Ces dispositions ont été adoptées de concert avec l'administration de la Banque, en vue de faciliter le travail matériel de vérification dans les succursales. Il est donc très-essentiel que les comptables s'y conforment.

Les Trésoriers-Payeurs Généraux des départements où il n'existe pas de succursale, centraliseront à leurs caisses les monnaies étrangères retirées dans leur département, et les y conserveront jusqu'à ce qu'ils aient réuni en valeurs de l'espèce une somme d'au moins 2000 francs. Ils préviendront alors la direction, qui avisera.

Il reste entendu que les dispositions qui précèdent ne s'appliquent pas aux monnaies divisionnaires d'argent italiennes ou belges frappées en exécution de la convention. Ces monnaies continueront, en vertu des instructions antérieures, à être reçues en payement par les comptables, qui les remettront en circulation au moyen des appoints. Elles sont faciles à distinguer des anciennes. En effet, toutes les pièces divisionnaires d'argent italiennes, de nouvelle fabrication, sont à l'effigie de S. M. Victor-Emmanuel et portent le millésime de 1863 ou d'une année postérieure. Les nouvelles pièces belges sont également toutes à l'effigie de S. M. Léopold II : elles portent le millésime de 1866 ou 1867.

Quant aux pièces divisionnaires d'argent suisses, il n'en a pas encore été frappé jusqu'à ce jour dans les conditions fixées par la convention. Toutes celles qui circulent doivent dès lors être retirées.

Retrait des monnaies divisionnaires françaises à 900/1000. — Il entre dans les vues de l'administration que le retrait des monnaies divisionnaires françaises à 900/1000 soit activé le plus possible. Je vous engage, en conséquence, à tenir la main à la stricte exécution des instructions qui interdisent à tous les comptables de remettre ces monnaies en circulation. Je vous recommande également de veiller à ce que votre caisse et celles des Receveurs particuliers soient toujours approvisionnées de monnaies nouvelles en quantité suffisante pour assurer le service de leurs appoints et faire face aux demandes des Percepteurs et des préposés des régies financières. Il importe donc que la direction soit prévenue à temps de l'épuisement de ces approvisionnements, afin qu'elle puisse le renouveler.

JURISPRUDENCE SPECIALE.

CONSEIL D'ÉTAT.

CADASTRE. *Remplacement des anciennes matrices par des nouvelles. Dépense non obligatoire pour les communes. Avis du conseil d'État.*

15 décembre 1866.

Les nombreuses mutations de propriété qui ont eu lieu depuis la confection du cadastre, ont rendu nécessaire dans beaucoup de communes le remplacement des anciennes matrices cadastrales par de nouvelles. Plusieurs conseils municipaux du département de***, ayant refusé de pourvoir aux frais qu'entraînerait cette mesure, le Préfet a désiré savoir si une semblable dépense pouvait être considérée comme obligatoire pour les communes. Le ministre des finances s'est prononcé pour l'affirmative; mais sa manière de voir n'a pas été partagée par le ministre de l'intérieur, qui a cru devoir soumettre la question aux sections réunies de l'intérieur et des finances du conseil d'État. Ces sections, dans leur séance du 15 décembre 1866, ont émis l'avis suivant :

Les sections réunies de l'intérieur et des finances, sur le renvoi qui leur a été fait par S. Exc. le ministre de l'intérieur, de la question de savoir si, lorsqu'il y a lieu de remplacer les anciennes matrices cadastrales par de nouvelles, les frais de confection de ces nouvelles matrices sont à la charge des communes et constituent une dépense obligatoire pour elles;

Vu la loi du 3 frimaire an VII; Vu l'ordonnance royale du 3 octobre 1821, les arrêtés ministériels du 10 octobre 1821 et du 15 mars 1827; Vu les ordonnances royales du 2 février 1825 et du 25 mars 1836; Vu la loi du 18 juillet 1837;

Considérant que, d'après le principe posé par l'article 30 de la loi du 18 juillet 1837, il n'y a de dépenses obligatoires pour les communes que celles qui sont mises à leur charge par une disposition de la loi;

Considérant que S. Exc. le ministre des finances, pour soutenir que le remplacement des anciennes matrices cadastrales par de nouvelles doit être effectué aux frais des communes et constitue une dépense obligatoire pour elles, se fonde sur les articles 33 et 52 de la loi du 3 frimaire an VII, ainsi que sur l'article 12 de l'ordonnance du 3 octobre 1821 et sur les arrêtés ministériels du 10 octobre 1821 et du 15 mars 1827 :

En ce qui touche l'article 33 *de la loi du* 3 *frimaire an* VII;

Considérant que cet article se borne à imposer au secrétaire de chaque administration municipale l'obligation de tenir note des changements survenus chaque année parmi les propriétaires, sur un registre particulier ouvert à cet effet, sous le nom de *Livre des mutations;*

Que l'obligation de tenir ce livre spécial n'implique pas pour les communes celle de pourvoir à la dépense qu'entraîne la confection de nouvelles matrices cadastrales en remplacement de celle ne pouvant plus servir;

En ce qui touche l'article 52 *de la loi du* 3 *frimaire an* VII :

Considérant que S. Exc. le ministre des finances n'invoque à l'appui de son opinion que le dernier paragraphe de cet article 52 ainsi conçu : « Les états de « sections et les matrices des rôles seront soigneu- « sement conservés : les secrétaires et gardes des « archives des administrations en répondront per- « sonnellement; »

Considérant que la disposition de ce paragraphe a uniquement pour objet d'assurer la conservation des états de sections et des matrices des rôles, et qu'elle confie le soin de cette conservation aux secrétaires et gardes des archives sous leur responsabilité personnelle, sans rien stipuler à l'égard des communes;

En ce qui touche l'ordonnance du 3 *octobre* 1821 *et les arrêtés ministériels du* 10 *octobre* 1821 *et du* 15 *mars* 1827 :

Sans qu'il soit besoin d'examiner si cette ordonnance et ces arrêtés ont entendu, par interprétation de la loi du 3 frimaire an VII, mettre à la charge des communes les frais de confection de nouvelles matrices cadastrales;

Considérant que leurs dispositions n'ont pas la force légale exigée par l'article 30 de la loi du 18 juillet 1837 et ne sauraient, dès lors, avoir pour effet de rendre obligatoires pour les communes les frais de confection de ces nouvelles matrices,

Sont d'avis :

Que la dépense du remplacement des anciennes matrices cadastrales ne pourrait être obligatoire pour les communes qu'autant qu'une disposition de loi l'aurait mise à leur charge;

Que la loi du 3 frimaire an VII, ni par son article 33, ni par son article 52, ni par aucune autre disposition, n'a imposé aux communes l'obligation de pourvoir aux frais de ce remplacement, et que l'article 12 de l'ordonnance du 3 octobre 1821 et les arrêtés ministériels du 10 octobre 1821 et du 15 mars 1827, en l'absence d'une disposition législative, ne peuvent rendre obligatoire pour elles la dépense que la confection de nouvelles matrices entraînerait.

En portant à la connaissance du Préfet de*** cet avis qui a été adopté par M. le Ministre des finances, le Ministre de l'Intérieur l'a invité à faire remarquer aux Conseils municipaux de son département que si la dépense du remplacement des anciennes matrices cadastrales ne saurait être imposée aux communes, celles-ci n'ont pas non plus le droit d'exiger que l'Etat la prenne à sa charge; que dès-lors, ces Conseils ont à apprécier si, dans l'intérêt des habitants, ils n'auraient pas avantage à la voter à titre facultatif, comme cela a généralement lieu dans les communes des autres départements.

CURÉ. DESSERVANT. MAIRE. *Présidence du conseil de Fabrique. Avis sur la question de savoir si le curé ou desservant et le maire peuvent être élus présidents du conseil de Fabrique de la paroisse dans laquelle ils exercent leurs fonctions.*

7 février 1867.

Le conseil d'État, qui, sur le renvoi ordonné par M. le ministre de la Justice et des cultes, a pris connaissance d'une dépêche, en date du 24 janvier 1866, par laquelle ce ministre demande que le conseil d'État soit appelé à émettre un avis sur la question de savoir si le curé ou desservant et le maire peuvent être élus présidents du conseil de fabrique de la paroisse;

Vu le procès-verbal en date du 23 avril 1865, constatant que le curé de la paroisse de Saint-Médard de Lizy-sur-Ourcq, diocèse de Meaux, a été réélu, par les membres du conseil de fabrique de cette paroisse, président dudit conseil;

Vu la dépêche du Sous-Préfet de Meaux, en date du 3 novembre 1865, et de laquelle il résulte : 1° que le Maire de Lyzy aurait, à plusieurs reprises, protesté contre l'élection successive du curé de Saint-Médard à la présidence du conseil de fabrique, et en aurait demandé l'annulation comme contraire à l'esprit et aux termes du décret du 30 décembre 1809; 2° que, sur le refus du curé de Saint-Médard de se démettre de ses fonctions de président, le Sous-Préfet aurait proposé d'annuler ladite élection;

Vu la lettre du curé de Saint-Médard, en date du 28 septembre 1865, portant son refus de démission;

Vu les lettres, en date des 14 novembre et 29 décembre 1865, de l'évêque de Meaux, par lesquelles ce prélat demande que le conseil d'État soit appelé à donner son avis sur la question de savoir si le curé ou desservant peut être élu président du conseil de fabrique; Vu la dépêche précitée du 24 janvier 1866, par laquelle le Ministre des Cultes a saisi le Conseil d'Etat de la question précitée en ce qui concerne le curé et le Maire; Vu divers règlements de fabrique homologués par arrêts des parlements et intervenus sous l'ancienne législation, notamment les règlements des fabriques de Saint-Jean-en-Grève, de Saint-Louis-en-l'Isle de Paris, de Saint-Pierre-le-Marché à Bourges, et les arrêts qui les ont homologués; Vu l'arrêté du Gouvernement du 7 thermidor an XI; Vu le décret du 30 décembre 1809, et notamment les art. 4, 50, 55 et 56 du même décret; Vu l'exposé des motifs de ce décret, rédigé par Portalis, et le rapport du Ministre des Cultes sur le même objet; Vu la copie d'une lettre du Ministre des Cultes en date du 2 octobre 1810, adressée au Président de la section de l'intérieur du Conseil d'Etat, et ayant pour objet d'interpréter le décret de 1809 en ce qui concerne la question ci-dessus posée; Vu la réponse, en date du 11 du même mois d'octobre, de Regnaud de Saint-Jean-d'Angély, président de ladite section; Vu enfin diverses dépêches et circulaires ministérielles tendant à établir en principe que le curé et le Maire ne peuvent être élus présidents du conseil de fabrique; Vu enfin toutes les autres pièces du dossier;

Considérant que, sous l'ancienne législation, la jurisprudence, consacrée par la plupart des règlements de fabrique homologués par des arrêts de parlements, avait établi en principe que les curés ne pouvaient être nommés présidents des assemblées de la paroisse, lesquelles étaient des réunions exclusivement laïques;

Que si les curés avaient obtenu dans ces assemblées un droit de préséance, ce n'était que par déférence et à titre honorifique, mais que la présidence était toujours dévolue soit au premier ou au plus ancien marguillier, soit à un membre élu parmi les laïques;

Considérant que, sous le régime transitoire qui suivit le Concordat et fut consacré par l'arrêté du Gouvernement du 7 thermidor an XI, le curé n'avait que voix consultative dans le conseil de la fabrique dite extérieure, chargée de l'administration de tous les biens et intérêts temporels de la paroisse;

Que c'est en cet état de la législation qu'est intervenu le décret du 30 décembre 1809, portant règlement général sur les fabriques;

Considérant que, si l'on consulte l'exposé des motifs de ce décret, le rapport du Ministre des Cultes, le texte du projet proposé par la section de l'intérieur du Conseil d'Etat, ainsi que les modifications apportées par le Conseil, il ressort de cet examen que les auteurs du décret ont entendu se conformer aux principes de l'ancienne jurisprudence sur l'administration des fabriques, notamment en ce qui concerne la présidence des conseils de fabrique;

Considérant que le texte du décret est en harmonie avec cette interprétation; qu'en effet, d'après les prescriptions de l'art. 4, le curé ou desservant et le Maire sont de droit membres du conseil de fabrique, le curé ou desservant doivent y avoir la première place; le Maire doit être placé à la gauche et le curé ou desservant à la droite du président; d'où l'on doit induire que ces fonctionnaires ne sauraient être élus présidents;

Qu'en outre, aux termes des art. 50, 55 et 56 du même décret, le curé et le président du bureau des marguilliers sont appelés chacun à avoir une clef de la caisse de la fabrique, à signer les inventaires et récolements, à signer et certifier les pièces;

Que, c'est là une double garantie exigée par le décret et qui cesserait d'exister si le curé pouvait réunir à ces fonctions celle de président;

Que s'il ne s'agit dans ces articles que du président du bureau, les motifs d'incompatibilité sont encore plus puissants en ce qui concerne la présidence du conseil de fabrique, cette assemblée étant appelée à entendre et débattre les comptes du bureau dont le curé fait nécessairement partie;

Considérant que, depuis 1809 jusqu'à ce jour, le décret sur les fabriques a toujours été interprété par l'administration dans le sens de cette incompatibilité, ainsi que cela résulte des dépêches et circulaires ministérielles ci-dessus visées;

Considérant enfin que le curé et le Maire représentant, dans le conseil de fabrique, chacun un intérêt spécial et distinct; que ces deux intérêts doivent se pondérer et ne sauraient sans danger l'emporter l'un sur l'autre, ce qui arriverait le plus souvent si le curé ou le Maire pouvait être élu président;

Qu'il est plus sage et plus conforme à l'esprit et au texte du décret de 1809 de n'admettre à la présidence ni le Maire ni le curé, afin de prévenir les rivalités qui pourraient surgir et qui auraient nécessairement des conséquences regrettables,

Est d'avis que le curé de la paroisse et le Maire de la commune, membres de droit du conseil de fabrique, n'en peuvent être élus présidents.

DES

RENTES SUR PARTICULIERS

CONSTITUÉES AU PROFIT DES COMMUNES ET DES ÉTABLISSEMENTS. (5e *article*.)

§ 6. RACHAT OU EXIGIBILITÉ DES CAPITAUX DE RENTE.

2° *Rachat forcé*,

Le débiteur d'une rente constituée en perpétuel peut être contraint au rachat : 1° S'il cesse de remplir ses obligations pendant deux années consécutives; 2° s'il manque à fournir au prêteur les sûretés promises par le contrat, et en cas de faillite ou de déconfiture.

Dans le second cas, le contrat n'est point résolu de plein droit. La partie envers laquelle l'engagement n'a point été exécuté, puisque ses *droits* sont *mis en péril*, a le droit, ou de forcer l'autre à l'exécution de la convention lorsqu'elle est possible, ou d'en *demander la résolution* avec dommages-intérêts. La résolution doit en être demandée en justice, et il peut être accordé au défendeur un délai selon les circonstances (C. Nap., art. 1184, 1188, 1227, 1912 et 1913).

Les *rentes foncières* ont été déclarées rachetables par la loi du 18 décembre 1790, et mobilisées par l'article 7 de la loi du 11 brumaire an VII et par les articles 529 et 530 du Code Napoléon; elles sont donc de simples créances hypothécaires soumises à l'inscription et susceptibles d'être purgées par la transcription (Cass., 29 juin 1813). Elles sont rachetables au gré du débiteur (C. Nap., art 530); mais le créancier ne peut le contraindre au rachat, dans les cas prévus par les articles 1912 et 1913 du Code Napoléon; il a seulement la faculté de demander la *résolution de la vente* (C, Nap. art. 1654. Cass. 5 mars 1817). Le droit de résolution du contrat de vente se conserve, en cas de non-payement des arrérages, sans le secours de l'inscription et peut être exercé, nonobstant la transcription, contre le tiers-détenteur même de bonne foi (Cass., 3 déc. 1817). Le créancier d'une rente créée pour concession de fonds à titre onéreux ou gratuit, peut demander le déguerpissement faute de payement des arrérages (Cass., 11 oct. 1814). Encore qu'il n'ait pris aucune inscription; que l'immeuble ait été hypothéqué au profit d'un tiers; et que le débiteur ait la faculté de la racheter (Cass. 16 juin 1811). Lorsqu'un contrat est résolu pour défaut d'exécution, il y a mutation comme au cas de rétrocession (Cass., 14 nov. 1815). Il n'y a pas de distinction à établir entre les rentes constituées depuis sa promulgation (Cass., 6 juill. 1812 et 4 nov. suivant). En conséquence, il convient de rechercher, dans l'acte de constitution, l'origine de la rente, afin de ne pas s'engager inconsidérément dans une action mal fondée. Lorsque le titre originaire ne se trouve pas entre les mains du comptable, celui-ci doit en demander la communication, mais sans déplacement de l'étude, au notaire qui en est détenteur, ou en réclamer une expédition aux frais de l'établissement (C. pr. civ., art 839 et suiv. — Instr. gén., art 822; — Loi sur l'organis. du notariat, du 25 ventôse an II, art. 21 et 22).

La Jurisprudence a été définitivement fixée par divers arrêts de la Cour de Cassation (Instr. gén., art. 860 et 1061, § 4), sur le point de savoir si le créancier pouvait, *de plein droit*, *contraindre au rachat* le débiteur, lorsque celui-ci avait négligé de payer les arrérages pendant deux années consécutives. Une distinction a été établie entre les rentes stipulées portables au domicile du créancier et celles quérables au domicile du débiteur (C. Nap., art. 1247). Mais les dispositions des articles 1912 et 1913 sont applicables aux rentes constituées à titre gratuit ou par forme de donation (Cass., 12 juillet 1813). Le créancier d'une rente peut demander le remboursement entier, lorsqu'une partie des biens qui lui étaient hypothéqués a été vendue et peut être purgée d'hypothèques (Cass., 4 mai 1812). Il en a également le droit, si les immeubles affectés au service de la rente viennent à périr, encore que se soit par le fait du souverain, et que le débiteur offre des sûretés nouvelles (Cass., 17 mars 1818). L'évaluation du montant des rentes payables en nature se fait d'après le taux commun résultant des mercuriales des trois dernières années (Décret du 26 avril 1808. — Voir ci-dessus, Rachat volontaire, *taux de rachat*). Le rachat des rentes en nature ne doit être accepté par le receveur, qu'après fixation du taux de rachat par l'administration locale intéressée et après approbation par le Préfet.

L'article 1912 du Code Napoléon n'exige pas que le créancier d'une *rente portable* (1), pour exercer son droit, mette préalablement le débiteur en demeure de se libérer (Voir le 1er considérant de l'arêt de la Cour de Poitiers cité ci-après). Ce serait donc au débiteur à prouver, par la production de l'acte d'offre signifié au créancier en cas de refus par celui-ci d'accepter son payement, qu'il n'a pas négligé de remplir chaque année ses obligations, avant l'échéance des deux années. Les offres réelles doivent être faites au domicile élu pour le payement : sont nulles celles qui seraient faites au Receveur, parlant à sa personne, hors de son domicille ou de son bureau de recette dans la commune, lorsque le payement est indiqué comme devent être fait entre ses mains, au bureau de sa résidence ou à son bureau dans une autre com-

(1) Voir § 3e ci-dessus : Lieu de payement. Lorsque le lieu de payement n'est pas stipulé, la rente est quérable. (C. Nap., art. 1247.)

mune (C. Nap , art 1258. — Cass., 8 avril 1818). Le droit du créancier de demander le remboursement du capital d'une rente perpétuelle portable, dont les arrérages ne lui ont pas été payés depuis deux ans, lui est acquis par la seule expiration du terme de deux années consécutives, et ne peut plus lui être enlevé, même par des offres réelles faites postérieurement (Cass., 8 avril 1818).

Le débiteur d'une RENTE QUÉRABLE à son domicile (1) ne peut être contraint au rachat, en cas de non-payement des arrérages depuis deux ans, qu'après qu'il a été mis en demeure de se libérer (Rejet, 14 juin 1814). Un arrêt de la Cour de Poitiers, en date du 19 août 1835, a clairement indiqué la marche à suivre pour constater l'interruption du payement des arrérages pendant deux années consécutives. Nous en rapportons le texte qui dispense de tout commentaire et établit, d'une manière précise, la distinction entre les rentes portables et celles quérables :

La Cour, — Considérant au fond que l'art. 1912 du Code Napoléon porte que le débiteur d'une rente constituée en perpétuel peut être contraint au rachat, s'il cesse de remplir ses obligations pendant deux années, et qu'il n'exige pas que le créancier, pour exercer ce droit, mette préalablement le débiteur en demeure de se libérer; (2).

« Considérant que le débiteur d'une rente quérable, comme celle dont il s'agit, n'est réputé avoir cessé de remplir ses obligations pendant deux ans, que lorsqu'il est constaté que le créancier s'est présenté ou a fait présenter quelqu'un de sa part pour recevoir les deux années d'arrérages échues; que c'est par ce motif que la *nécessité d'un acte* constatant la demande inutilement faite par le créancier de deux années d'arrérages dus, a été consacrée par la jurisprudence;

« Considérant que de la même manière que le créancier d'une rente quérable est tenu d'aller en percevoir ou d'en faire percevoir les arrérages au domicile du débiteur, ce dernier est tenu de les payer au créancier ou à celui qui se présente de sa part à son domicile pour les recevoir, s'il ne veut être réputé avoir cessé de remplir ses obligations aux termes de la loi;

« Considérant qu'il est constant au procès que l'huissier Fradin, *porteurs des titres* de la rente dont il s'agit, s'est présenté le 2 *octobre* 1834, à la requête des époux Pautrot, au domicile des époux Perrain, pour percevoir le montant de deux années d'arrérages échues et dues en entier de ladite rente, et en a constaté le non payement par exploit dudit jour;

« Considérant que les époux Perrain se trouvent en conséquence dans le cas prévu par l'art. 1912 précité; que leurs offres sont tardives et insuffisantes, et que les poursuites commencées contre eux peuvent être suivies;

(1) Voir ci-dessus, § 3°. — Lieu de payement.

(2) Ce 1er considérant concerne spécialement les rentes portables.

« Met l'appellation et ce dont est appel au néant, émendant, déclare *tardives* et insuffisantes (1) les offres faites le 3 *octobre* 1834, par les époux Perrain aux époux Pautrot; autorise ces derniers à suivre les contraintes commencées pour obtenir payement du capital de la rente dont il s'agit, des arrérages échus et des frais des deux commandements, etc. »

Il est à remarquer que pour faire encourir de plein droit la déchéance du débiteur, il est nécessaire de faire constater, par un exploit d'huissier, le non payement des deux années d'arrérages échues. Le remboursement du capital devient exigible, dès que l'huissier, porteur des titres, a constaté dans l'acte de mise en demeure, que le payement ne lui a pas été offert. Le pouvoir de toucher devra donc être donné à cet officier ministériel, puisque le Receveur est tenu de se présenter lui-même ou de faire présenter quelqu'un de sa part pour recevoir les arrérages. Il ne serait pas fondé, sous peine d'être déchu lui-même de ses droits au capital de la rente, à contester que l'huissier, chargé de requérir le payement des arrérages, n'avait pas qualité pour toucher à sa place, alors qu'il ne se serait pas présenté lui-même avec l'huissier (C. Nap., art. 1239 et 1338). Mais il faut considérer comme nulles les offres réelles de payement faites par le débiteur, le jour même de la signification de la mise en demeure, à celui chez qui le créancier a fait élection de domicile conformément à la loi; car cette élection de domicile ne constitue pas mandataire du créancier celui chez qui elle est faite (Cass , 6 frimaire an XIII).

Le capital étant ainsi devenu exigible de plein droit pour les deux natures de rentes, les poursuites sont exercées à la requête de l'administration intéressée et à la diligence du Receveur, dans les conditions fixées par les art. 850 et 1061 de l'Inst. générale.

3° *Libération des débiteurs.*

Le Receveur seul a qualité pour libérer le débiteur. Quand celui-ci le demande, il ne peut lui refuser une *quittance notariée*, dont les termes devront être préalablement approuvés par le Conseil municipal ou la commission administrative, attendu que cette quittance peut engager les intérêts de l'établissement créancier. (Instr. géné. art. 1061). Mais la radiation des inscriptions hypothécaires prises contre le débiteur ne peut être consentie que par le Maire autorisé à cet effet. Les délibérations des conseils municipaux ou commissions administratives, ayant pour objet d'autoriser les Maires à donner *main levée des hypothèques* inscrites, sont exécutoires sur arrêté du Préfet en Conseil de prefecture (Ord. 15 juillet 1840 et Inst. 24 juill. 1841). L'avis du comité consultatif de l'arrondissement n'est pas mentionné dans cette ordonnance ni prescrit, en pareille matière, par

(1) Insuffisantes, parce qu'elles ne comprenaient pas le capital avec les arrérages. Cependant les offres des arrérages peuvent être acceptées, sans pour cela renoncer aux droits ouverts à la demande du capital.

d'autres dispositions législatives ou règlementaires concernant l'administration communale ou hospitalière. Dès lors les conservateurs des hypothèques ne sont pas fondés à en réclamer la production à l'appui de la main levée du Maire (Décis. Min. Int. 1866, Bull. n° 32.) Cette décision modifie celle du 30 mars 1829, reposant sur les dispositions du décret du 17 messidor an IX, art. 11, modifiées elles-mêmes par l'ordonnance précitée du 15 juillet 1840.

Les frais de payement étant à la charge du débiteur (C. Nap., art. 1248), c'est à celui-ci à supporter les frais de quittance et de main levée d'hypothèques.

Nous avons vu parfois le débiteur réclamer la remise des titres de la créance. Si le Receveur se dessaisit de ces titres, il se trouve dans l'impossibilité de produire à l'autorité qui juge ses comptes, la preuve qu'il a exécuté toutes les clauses et conditions de ces titres. Les articles 1283 et 1315 du Code Napoléon portent, il est vrai, que leur *remise volontaire* entre les mains du débiteur, prouve la libération de celui-ci. Mais nous ne trouvons nulle part l'obligation imposée au créancier d'effectuer cette remise. Le débiteur ne saurait donc l'exiger, et le Receveur a le droit de conserver, pour la justification de ses opérations, la grosse ou l'expédition du titre consenti par le débiteur, quoique ce titre ait été fourni aux frais de ce dernier. Le payement de ces frais était une des conditions de son obligation (C. Nap., art. 2263), et il ne peut demander au créancier que la quittance de son payement et la main levée des inscriptions hypothécaires prises contre lui.

4° *Remploi des capitaux remboursés.*

Il résulte de la circulaire précitée, du 23 septembre 1825 (Voir ci-dessus, 1° Rachat volontaire), d'une circulaire plus récente, en date du 16 janvier 1865, ainsi que de l'art. 861 de l'Instr. gén., que les fonds des communes et des établissements de bienfaisance ne peuvent être employés à l'achat d'obligations et autres valeurs de sociétés financières. Le placement en *Rentes sur l'État* est prescrit et seul autorisé. Ce placement s'opère, pour les communes, en vertu d'une délibération du Conseil municipal, approuvée par le Préfet (Intr. gén., art. 861). Aux termes de l'art. 6 de l'ordon. du 2 avril 1817, les établissements de bienfaisance ont le droit, sans autorisation préalable, de placer en rentes sur l'État leurs fonds libres, quels qu'en soient l'origine et le montant. Le pouvoir donné aux Sous-Préfets, par l'art. 6, n° 16, du décret du 13 avril 1861, ne s'applique qu'aux placements d'une autre nature, tels qu'actions ou obligations industrielles (Circ. Min. Int., 18 mai 1861, art. 2, n° 8). En conséquence, les délibérations prises par ces établissements, pour le remploi en rentes sur l'État des capitaux de rentes rachetées, ne sont assujetties à aucune approbation.

§ 7. RECOUVREMENT DES RENTES ET CAPITAUX PAR LES PERCEPTEURS.

Les règles et les conditions du recouvrement, par les Percepteurs, des rentes dues par des particuliers qui résident dans un autre arrondissement que celui où les établissements créanciers sont situés, sont tracées par les art. 1059 à 1063 de l'Instr. générale. Nous n'en parlerons donc que pour mémoire. Nous ferons seulement remarquer que le concours des Percepteurs n'est obligatoire que pour les recouvrements des *rentes en argent*, et qu'il est entièrement facultatif pour les rentes en nature ou autres créances, par exemple, pour le remboursement de capitaux prêtés ou de capitaux de rentes rachetées. (Instr. gén. art. 1059).

La question a été résolue dans ce sens, par une lettre de M. le Ministre de l'Intérieur, en date du 13 mai 1843, ainsi conçue :

« L'article 902 de l'Instruction générale du 17 juin 1840 a bien prévu le cas où les Percepteurs des contributions sont chargés de poursuivre le recouvrement des rentes en argent pour le compte des revenus hospitaliers ; mais il n'est pas fait mention de la marche à suivre, lorsque les mêmes individus sont à la fois débiteurs de rentes en argent et en nature, ou lorsqu'ils ont le choix du mode de libération.

« Déjà saisi, dans une autre circonstance, de la question de savoir si le recouvrement des rentes en nature doit être fait par les Receveurs d'hospices ou par les Percepteurs de contributions, j'ai, par une lettre du 23 septembre dernier, décidé à cet égard qu'aux termes de l'ordonnance royale du 28 juin 1833, le recouvrement des rentes en argent, hors de l'arrondissement de la situation des hospices, est seul obligatoire pour les Percepteurs des contributions, et que celui des rentes en nature et *autres créances* est purement facultatif de leur part, d'après le 2° § du même art. ; en sorte que les Percepteurs ne peuvent en être chargés qu'autant qu'il leur convient de s'entendre, à ce sujet, avec les administrations hospitalières.

« Les amortissements de rente, soit en argent, soit en nature, rentrent aussi, selon moi, dans cette catégorie. En effet, il ne s'agit pas dans ce cas de percevoir une rente, mais de recouvrer un capital : ce qui, aux termes de l'article précité, est évidemment facultatif de la part des Percepteurs.....

Il arrive quelquefois qu'un débiteur a le choix du mode de libération de la rente, soit en argent, soit en nature. Dans ce cas, sera-ce le Percepteur des contributions, ou le Receveur d'hospice qui sera chargé d'en faire le recouvrement ?

« Ces difficultés doivent être résolues de la manière suivante :

« Lorsque des rentes en argent et en nature sont dues dans la même commune, par différents débiteurs, ou lorsqu'elles sont dues par le même débiteur, ou enfin lorsque des rentes ont été constituées payables, partie argent, partie nature, il serait évidemment contraire aux règles de la raison, comme à celles de l'économie, d'en confier la perception à des agents différents. Dans ces divers cas il semble naturel de constituer exclusivement les Percepteurs des contributions mandataires pour le recouvrement des rentes ou portions de rentes en nature; de leur remettre tous les titres et de les charger seuls des poursuites à exercer contre les débiteurs en retard.

« Seulement, comme les Percepteurs, ainsi que je l'ai fait observer plus haut, ne peuvent être contraints à faire ce service, il convient de les y intéresser en leur offrant des *conditions convenables*, et, dans ce cas, il n'est pas à présumer qu'ils refusent un mandat avantageux.

« Il doit en être de même lorsque le mode de libération de la rente, soit en argent, soit en nature, est au choix du débiteur. Selon moi c'est encore le Percepteur qui doit être chargé du recouvrement de cette rente. Mais, comme dans l'incertitude où il est sur la nature du produit à recouvrer, il ne peut pas remplir les formalités prescrites par l'art 902 de l'Instruction générale cette opération doit rester en dehors de sa comptabilité légale. Le Percepteur n'est alors qu'un mandataire particulier, et il doit s'entendre directement avec l'administration de l'établissement créancier, pour lui faire parvenir le produit qu'il a recouvré.

« Rien ne s'oppose à ce que, pour éviter les frais qu'occasionnerait le transport des objets en nature, les commissions administratives autorisent les Percepteurs mandataires à vendre où faire vendre sur place, pour le compte de ces établissements, les produits provenant du recouvrement des rentes en nature. Dans ce cas, il n'auront plus qu'à verser le montant du prix des rentes, en justifiant des opérations qu'ils auront effectuées.

« Enfin, si, nonobstant *ces facilités et les avantages* qui leur seraient offerts, certains Percepteurs ne pouvaient se charger de ce mandat, ou s'y refusaient formellement, il faudrait bien alors, en raison de ces circonstances, autoriser une exception à la règle générale, et confier à des mandataires particuliers le recouvrement des rentes, tant en argent qu'en nature. En effet, les hospices intéressés ne pourraient pas rester privés d'une partie des revenus indispensables à leur entretien, et il y aurait évidemment une nécessité de service qui devrait prévaloir sur tout autre considération.

« Je pense donc que, dans tous les cas, et en traçant au Receveur des hospices, par l'intermédiaire du Receveur général, la marche qui vient d'être indiquée, au sujet de la perception de ces rentes, il conviendrait d'insister fortement auprès de la commission administrative pour qu'elle tâche d'en obtenir le remboursement ou le rachat avec réduction d'un cinquième sur les capitaux ; ou enfin, qu'elle en provoque la vente, si elle ne peut pas réussir à en obtenir l'amortissement.

Fin

Nous prions les comptables qui *changent d'adresse* de ne pas négliger de nous avertir, afin que le Journal continue de leur arriver régulièrement. (Ces avis doivent être accompagnés de 40 cent. pour frais d'impression des nouvelles bandes.)

Ier VOLUME DU JOURNAL DES PERCEPTEURS. (Nouvelle Série), année 1866. — Plusieurs de nos nouveaux abonnés, à partir de l'année 1867, n'ont pas encore notre volume de 1866. Nous leur ferons observer que ce volume, qui contient d'importants travaux, formera dans leur collection une absence fâcheuse. Ils pourront se trouver dès à présent gênés fréquemment par cette lacune, car nous avons souvent à mettre en corrélation ce 1er tome (qui est la base de notre nouvelle Série), avec ceux qui le suivent. Bientôt d'ailleurs, ce volume arrivera à s'épuiser, et il deviendra difficile de se le procurer.

Pour leur en faciliter l'acquisition, nous venons d'en faire relier un certain nombre d'exemplaires avec des cartonnages solides et élégants, et nous les céderons en ce moment à des conditions exceptionnelles.

Nous venons d'apporter diverses améliorations à nos **Ouvrages** *sur le service ; le papier en a été satiné et glacé, ils ont été brochés avec un soin particulier, ou revêtus de cartonnages élégants. Pour qu'ils puissent être examinés par chacun avant de les acquérir, nous avons prié les Employés des Recettes d'en accepter un exemplaire en dépôt; on pourra donc toujours les trouver dans chaque Recette des finances.*

Les prix restent les suivants :

INSTRUCTION GÉNÉRALE. 2e *édit. Cartonnée*......... 7f. »
D° — *Brochée*........ 6 »
(*L'Édition Dupont est à 8 f.*)
D° — *avec intercal*.... 8 »

PETITE INSTRUCTION PRATIQUE. 2e *édit. Cartonnée*... 3 »
D° — *Brochée*.. 2 50
Quelques exemplaires de choix, sur beau papier Vergé de Hollande, avec de grandes marges : prix, 4 fr. Cartonné, 5 fr.

CODE DES PATENTES, au courant jusqu'en 1866. *Un beau volume de* 200 *pages*. (Bientôt épuisé.) *Cartonné*.. 4 »

Notre Traité des Remises est entièrement épuisé.

SUPPLÉMENT
A
L'EXTRAIT ANNOTÉ DE L'INSTRUCTION GÉNÉRALE
DU 20 JUIN 1859,

Par M. GALLETIER
Directeur du *Journal des Percepteurs*

PRIX FRANCO : 1 FRANC.
(*L'Édition Dupont est à 4 francs*)
L'extrait annoté et le supplément réunis 6 fr.
RELIÉ EN UN CARTONNAGE ÉLÉGANT 7 FR.
(*L'Édition Dupont brochée est à 10 francs.*)

A céder
DERNIÈRE COLLECTION DU JOURNAL DES PERCEPTEURS
10 VOLUMES RELIÉS, PRIX FRANCO : 60 FR.
(Arrangements pour le payement)

Coffres-forts à prix réduits,
à l'usage des Comptables,
Fournis par le *Journal des Percepteurs*.

CHRONIQUE.

On assure que le *régime financier de l'Algérie* va prochainement être modifié, en ce sens qu'il va être rapproché davantage des règlements de la métropole, sinon complétement assimilé à ces règlements. Lorsque les décrets attendus auront paru, nous nous empresserons de les recueillir dans notre journal, puisque heureusement l'étendue actuelle de notre cadre nous permet de colliger une grande variété de documents négligés par d'autres recueils moins étendus, et partant moins complets.

Nous remplissons ainsi la promesse que nous avons faite en augmentant notre format, de présenter une variété de documents spéciaux et intéressants pour les Comptables, qu'on ne saurait trouver dans aucun autre ouvrage.

Déjà nous recueillons les fruits de nos soins, car nous avons eu l'honneur en plusieurs circonstances importantes, de voir les Comptables invoquer avec succès l'autorité de notre Recueil, particulièrement en matière de *timbre*, alors qu'on ne trouvait aucun renseignement à cet égard dans la volumineuse et insignifiante collection de tel autre recueil.

Correspondance.

10 mai 1867.

Monsieur le directeur du *Journal des Percepteurs*,

J'ai l'honneur de vous adresser avec la présente un arrêté du Conseil de Préfecture, qui fait gravement grief à mes intérêts. Je vous prie de l'examiner avec la consciencieuse sagacité de votre jugement habituel, et de rédiger, s'il y a lieu, un pourvoi contre cette décision. Ce n'est pas la première fois que j'ai recours à vos lumières; je n'ai point oublié, — ni vous non plus, sans doute, — que déjà dans ma précédente Perception des Pyrénées-Orientales, la recette d'une opération occulte de 120,000 fr. est entrée dans la caisse municipale, grâce à la remarquable consultation que vous nous avez fournie, consultation qui a été fort appréciée, notamment par le Préfet, et qui a été moins rémunérée que je l'aurais désiré...

J'espère néanmoins, Monsieur, que vous ne me refurez pas votre précieux concours en cette circonstance.

Veuillez agréer, Monsieur, l'hommage de mes sentiments les plus distingués, et l'assurance de mon entier dévouement.

R. V., Percepteur à A. (Gers).

BULLETIN HEBDOMADAIRE DE LA BOURSE.

Cours des Fonds publics au 17 Mai 1867.

Rentes et Actions.

	fr.	c.		fr.	c.
3 0/0	69	45	Midi	563	75
Jouis. 1 janvier	69	35	Nord	1190	..
4 1/2 0/0	98	40	Orléans	882	50
Jouis. 22 sept.	99	95	Ouest	590	..
			Cie parisienne du gaz	1545	..
4 0/0	82	75	Soc. immobilière	203	75
Jouis. 22 sep.	..	..	Transatlantique	415	..
Obligations du Trésor	403	75	Messag. impér. (s-m.)	755	..
Bons du Trésor	2	1/2	Canal de Suez	370	..
Banque de France	3480	..	Italien 5 0/0	52	..
Comptoir d'escompte	772	50	Emprunt Mexicain	20	..
Crédit agricole	635	..	Crédit mob. espagnol	237	50
Crédit foncier Colonial	575	..	Soc. autrichienne	423	75
Crédit foncier de France	1480	..	Saragosse-Barcelone	40	..
Crédit ind. et comm.	640	..	Guillaume-Luxemb.	142	50
Crédit mobilier	365	..	Sud-autrichien-lomb.	390	..
Créd. Mobilier (nouv.)	...	..	Nord de l'Espagne	49	..
Dépôts. comptes cour.	555	..	Saragosse Pampelune	40	..
Société générale	547	50	Portugais	92	..
Ss-comptoir du com.	410	..	Chemins romains	80	..
Charentes	355	..	Saragosse	90	..
Est	535	..	Victor-Emmanuel	74	..
Paris-Lyon-Méditerr.	896	25	Séville-Xérès	30	..

Obligations.

	fr.	c.		fr.	c.
Départ. de la Seine	228	75	Méditerranée	322	50
Ville 1852. 5 0/0	1170	..	Paris-Lyon-Méditerr.	312	..
— 1855-1860	446	25	Midi	310	25
— 1865	530	..	Nord	316	..
Crédit foncier. 1000 fr. à 3 0/0	945	..	Orléans	312	75
500 fr. à 4 0/0	495	..	Grand-Central	310	..
10es à 4 0/0	101	..	Ouest	310	..
500 fr. à 3 0/0	465	..	Victor-Emmanuel	296	25
10es à 3 0/0	96	..	— 1863	120	..
500 fr. à 4 0/0 1863	481	25	Cordoue-Séville	180	..
Com. 3 0/0	395	..	Ligne d'Italie	26	..
5es 3 0/0	80	..	Lombard	225	..
Colonial	445	..	Nord d'Espagne	125	50
Est	312	25	Saragosse-Pampelune	93	..
Ardennes	310	..	Portugais	116	..
Lyon	311	50	Romains	122	..
Bourbonnais	313	..	Saragosse	155	..
Dauphiné	310	..	Séville-Xérès-Cadix	78	75
Lyon-Genève, gar.	310	..	— 94 ans.	45	25

Valeurs diverses.

	fr.	c.		fr.	c.
Ch. Charentes	362	50	Empr. Ottoman	261	25
Chemin du Médoc	255	..	Obl. Empr. Ottoman	252	50
Compt. Agriculture	530	..	Ch. Ligne d'Italie	8	50
Caisse des ch. de fer	59	..	Cie It. des ch. Médit.	190	..
Gaz de Marseille	465	..	Soc. C. Ind. Amsterd.	310	..
Banq. Créd. Pays-Bas	435	..	Banque Ottomane	455	..
Crédit Fonc. Autrich.	650	..	Crédit Mobil. Italien	280	..
Obl. Autrich. 1865	337	50	Zinc, Vieille-Montagne	225	..
Empr. Mexicain. Obl.	146	25			

Directeur, H. GALLETIER, Avocat à la Cour impériale de Paris.

JOURNAL DES PERCEPTEURS,

DES RECEVEURS DES FINANCES, ET DES RECEVEURS DES COMMUNES, HOSPICES, ETC.;

DES SURNUMÉRAIRES, ET DES ASPIRANTS.

2e Série. — 10 fr. par an. Un numéro toutes les semaines. 12e année. — N° 21.

SOMMAIRE.

DÉCISIONS ET SOLUTIONS ADMINISTRATIVES.

COMMUNES. *Acquisitions d'immeubles. Purge des hypothèques. Dispense. Interprétation du décret du 14 juillet* 1866.

Aux termes d'un décret réglementaire du 14 juillet 1866, les Maires peuvent, lorsqu'une délibération du Conseil municipal, approuvée par le Préfet, les y a autorisés, se dispenser de remplir les formalités de purge des hypothèques à l'égard des acquisitions d'immeubles réalisées à l'amiable par les communes, et dont le prix n'excède pas 500 francs.

Le Conseil municipal de la ville de*** ayant pris une délibération par laquelle il déclare dispenser le Maire, d'une manière générale, de remplir les formalités de la purge pour toutes les acquisitions auxquelles s'appliquerait le décret précité, le Préfet a demandé au Ministre de l'Intérieur s'il y avait lieu d'approuver ce vote.

Son Excellence s'est prononcée pour la négative, et a motivé ainsi qu'il suit son opinion : D'après l'esprit sinon le texte du décret du 14 juillet 1866, les Conseils municipaux doivent être appelés à examiner, à l'égard de chaque acquisition, si les formalités de purge ne sont pas inutiles à raison, soit de l'origine de la propriété, soit de la solvabilité notoire du vendeur, soit de la modicité du prix d'acquisition. De son côté l'autorité préfectorale a pour devoir de n'approuver les délibérations qui ont dispensé le Maire de remplir ces formalités, que dans les cas où un examen sérieux des motifs invoqués fait reconnaître que les communes peuvent renoncer sans inconvénient à la garantie de la purge des hypothèques. Or, une dispense générale serait incompatible avec ce double examen, et une délibération prise en ce sens, comme celle du Conseil municipal de***, n'est pas, par conséquent, susceptible d'être approuvée. Rien ne s'oppose, au surplus, à ce que, dans le but de prévenir des lenteurs, la dispense des formalités de purge soit comprise dans les délibérations qui votent les acquisitions, ainsi que dans les arrêtés préfectoraux qui autorisent celles-ci. (DÉC. *Min. Int.* 1867. Bull. n° 10).

DESSERVANT. *Supplément de traitement. Crédit voté par le Conseil municipal, puis supprimé avant emploi.*

Le Conseil municipal de***, dans sa session de mai 1865, a inscrit au budget de 1866 un crédit de 300 francs à titre de supplément de traitement du desservant. Il a voté ensuite, avec le concours des plus forts contribuables, une imposition extraordinaire pour le payement de cette allocation. Mais, dans une séance du mois de novembre suivant, il a déclaré que le supplément de traitement du desservant était supprimé. Le Maire, s'appuyant de ce vote, a refusé, en 1866, de mandater la dépense, et, sur la réclamation du desservant, le Préfet a demandé au Ministre de l'Intérieur s'il y avait lieu de recourir à un mandatement d'office, en vertu de l'article 61 de la loi du 18 juillet 1837.

La réponse de Son Excellence a été négative; elle peut se résumer ainsi : les crédits qui figurent au budget d'une commune n'étant que des prévisions, le Conseil municipal peut les supprimer tant qu'il n'en a pas été fait emploi, lorsqu'ils ont pour objet, comme dans l'espèce, des dépenses communales facultatives. Or, le crédit de 300 francs destiné à compléter le traitement du desservant de*** ne pouvait avoir été employé au moment où est intervenue la délibération du mois de novembre 1865. Le Conseil municipal avait donc le droit de le supprimer par cette délibération. L'approbation du budget et l'autorisation de l'imposition extraordinaire n'ont pu lui enlever ce droit, attendu que de pareils actes ne confèrent aux communes qu'une simple faculté dont elles sont libres de ne pas user. L'adhésion des plus forts contribuables à la suppression du supplément de traitement du desservant n'était pas d'ailleurs nécessaire. Ils n'ont été réunis au Conseil municipal en vertu de l'article 42 de la loi du 18 juillet 1837, que pour le vote des ressources extraordinaires destinées à payer ce supplément. Quant à la dépense en elle-même, le Conseil municipal qui avait pu la voter sans le concours des plus imposés, a pu également décider, sans leur intervention, qu'elle serait supprimée. En conséquence, et quelque regrettable que puisse être sa détermination, l'autorité supérieure, s'il y persiste, ne saurait recourir à aucune mesure coërcitive pour assurer l'emploi du crédit primitivement inscrit au budget. (DÉC. *Min. Int.* 1867, Bull. n° 11.

CIMETIÈRES NON TRANSFÉRÉS. *Les concessions pour sépultures privées n'y sont pas interdites.*

Le Préfet du*** a consulté le Ministre de l'Intérieur sur le point de savoir si l'administration municipale de*** peut, sans que l'esprit du 23 prairial an XII se trouve méconnu, être autorisée à délivrer des concessions de terrains pour sépultures particulières dans le cimetière communal, encore bien que celui-ci soit situé au centre des habitations, et destiné par conséquent à être transféré.

Son Excellence s'est prononcée pour l'affirmative. Elle a fait remarquer que la législation, loin d'interdire la délivrance de concessions dans les cimetières situés irrégulièrement, a pris soin de déterminer les obligations imposées aux communes dans le cas où la translation de ces lieux d'inhumation vient à être opérée (ord. du 6 décembre 1843, art. 5); qu'ainsi, il n'y aurait pas de motifs pour s'opposer, en principe, à ce que des terrains soient concédés dans celui de la commune de***. Son Excellence a ajouté, toutefois, que si le déplacement de ce cimetière paraissait devoir être effectué prochainement, il conviendrait d'engager l'administration municipale à ne pas y laisser établir de sépultures particulières, afin d'éviter à la commune les embarras et les frais de leur translation. (DÉC. *Min. Int.* 1867. Bull. n° 12).

SECTIONS DE COMMUNES. *Composition des commissions syndicales chargées de les représenter en justice.*

Trois sections de la commune de *** se proposent d'intenter une action judiciaire à une autre section de la même commune, dans le but de faire décider qu'elles sont propriétaires par indivis avec celle-ci d'une certaine étendue de terrains communaux.

L'une de ces sections n'étant habitée que par deux fermiers dont le bail expire prochainement, le Préfet a consulté le Ministre de l'intérieur sur le projet de savoir si la commission syndicale qui doit la représenter dans le litige, peut être composée de propriétaires n'ayant pas leur domicile dans la localité.

Son Excellence a répondu : L'affirmative n'est pas douteuse en présence des dispositions combinées des articles 56 et 57 de la loi du 18 juillet 1837 ; en effet, d'après ces dispositions, lorsque des sections se trouvent dans le cas d'intenter ou de soutenir une action judiciaire contre une autre section de la même commune, il doit être formé pour chacune des sections intéressées une commission syndicale de trois ou de cinq membres que le Préfet choisit parmi les électeurs municipaux, et à leur défaut parmi les plus imposés des sections, qu'ils y soient ou non domiciliés. (DÉC. *Min. Int.*, 1867. Bull. n° 13).

VAINE PATURE *Interprétation de l'article 14 (titre Ier, section IV) de la loi des 28 septembre — 6 octobre 1791.*

Le conseil municipal de *** a voté, pour l'exercice de la vaine pâture, un règlement approuvé par le Préfet et portant, entre autres dispositions, que les habitants *non propriétaires* pourront envoyer dix têtes de bétail sur les terres labourables assujetties à cette servitude, et quatre têtes sur les prairies.

Des propriétaires de la commune ont déféré ce règlement au Ministre de l'intérieur, comme contraire à l'article 14 du titre Ier, section IV, de la loi des 28 septembre-6 octobre 1791, qui n'accorde aux habitants non propriétaires que six bêtes à laine plus une vache avec son veau, sans distinguer entre les différentes natures de terres.

Le Préfet, pour justifier sa décision, a expliqué que cette disposition de la loi lui avait paru établir simplement un *minimum* que les conseils municipaux sont toujours libres de dépasser, surtout lorsque, comme dans la commune de ***, les habitants ont été jusqu'à présent accoutumés à envoyer à la vaine pâture un nombre d'animaux illimité.

Le Ministre de l'intérieur n'a pas partagé cette manière de voir. Il a fait remarquer que l'article précité de la loi de 1791 doit être considéré, au contraire, comme ayant déterminé d'une manière absolue le nombre de têtes de bétail accordé par faveur aux habitants non propriétaires. Cet article n'admet d'exception que pour les communes où il existerait un usage bien constaté, remontant à un temps immémorial, et attribuant à cette catégorie d'habitants un avantage plus considérable. Or, on ne saurait reconnaître ce caractère aux abus plus ou moins anciens qui étaient tolérés à ***, en l'absence de toute réglementation sur la vaine pâture.

Son Excellence a décidé, par suite, que les réclamants étaient fondés à attaquer comme illégal le règlement voté par le conseil municipal, et elle a invité le Préfet à retirer l'approbation donnée à ce règlement, qui devra faire l'objet d'une nouvelle délibération du conseil. (DÉC. *Min. Int.*, 1867. *Bull.* n° 14).

JURISPRUDENCE SPÉCIALE.

CONTRIBUTION PERSONNELLE ET MOBILIÈRE.

EMPLOYÉ MILITAIRE. — ADJUDANT SOUS-OFFICIER ATTACHÉ AU SERVICE DE LA JUSTICE MILITAIRE.

Un adjudant sous officier attaché au service de la justice militaire, et logé gratuitement, en cette qualité, dans une prison militaire d'arrêt et de correction, est imposable à la contribution mobilière d'après la valeur locative de son logement. (Déc. du 27 juin 1866. — Sirveaux.)

CONTRIBUTION DES PORTES ET FENÊTRES.

ÉCHOPPE D'ÉCRIVAIN PUBLIC.

Est imposable à la contribution des portes et fenêtres une échoppe d'écrivain public, construite en planches, mais établie sur le sol à perpétuelle demeure et présentant, par ses dimensions et son aménagement, le caractère d'un local qui peut être considéré comme servant à l'habitation. (Décr. 6 juin 1866. — Valette.)

FABRIQUE DE FAÏENCE NON CONSIDÉRÉE COMME MANUFACTURE.

Une fabrique de faïence composée de plusieurs

bâtiments séparés, dans lesquels sont habituellement employés quinze à vingt ouvriers, et qui sont éclairés par quarante-cinq ouvertures, ne saurait être considérée comme étant une manufacture dans le sens de la loi du 4 germinal an XI. (Décr. 15 juin 1866. — Bonnet.)

FONDERIE DE FER NON CONSIDÉRÉE COMME MANUFACTURE.

Il n'y a pas lieu de considérer comme manufacture et d'exempter de la contribution des portes et fenêtres, quel que soit le nombre des ouvriers qui y sont employés, une fonderie de fer munie de cubilots, de machines à vapeur et d'autres machines pour travailler le fer. (Décr. 9 juill. 1866. — Corneau.)

MOULIN A PULVÉRISER LE SABLE POUR UNE MANUFACTURE DE PORCELAINE.

Un moulin, muni de six paires de meules, servant à pulvériser le sable employé dans une manufacture de porcelaine, mais qui est éloigné de cet établissement, et n'occupe d'ailleurs que vingt ouvriers, ne saurait, en raison de cette dernière circonstance, non moins qu'en raison des opérations qui s'y exécutent, être considéré comme une manufacture et être exempté de la contribution des portes et fenêtres au même titre que la fabrique de porcelaine. (Décr. 11

OUVERTURES DIVERSES. — PORTES A CLOISON DES MAGASINS. — VITRAGES DANS LA TOITURE.

On doit considérer commes portes de magasin imposables les ouvertures latérales des magasins destinés temporairement à l'entrepôt des marchandises, alors même que ces ouvertures ne sont fermées qu'à l'aide de cloisons mobiles ou de panneaux volants; mais les vitrages pratiqués dans la toiture de ces magasins pour les éclairer ne sont pas imposables. (18 juin 1866. — Cie des Docks.)

CONTRIBUTION DES PATENTES.

ÉTABLISSEMENTS MULTIPLES. — INDIVIDU EXPLOITANT PLUSIEURS MOULINS A FARINE DANS LA MÊME COMMUNE ET SUR LE MÊME COURS D'EAU.

Celui qui exploite, serait-ce le même cours d'eau et dans la même commune, plusieurs moulins à farine situés à une certaine distance l'un de l'autre, soumis à une surveillance et à une comptabilité spéciales, ayant une clientèle et une destination propres, est fondé à prétendre que ces divers moulins forment chacun un établissement distinct et à demander que son droit fixe de patente soit réglé conformément aux dispositions de l'article 9 de la loi du 4 juin 1858. (Décr. 27 juin 1866. — Degeilh.)

ÉTABLISSEMENTS MULTIPLES. — TRÉFILERIE ET LAMINERIE DE CUIVRE SITUÉES DANS LA MÊME COMMUNE.

Celui qui exploite, dans la même commune, une fonderie destinée à couler le cuivre, une laminerie pour convertir en plaques et une tréfilerie pour convertir en fils de laiton le cuivre sorti en lingots de la fonderie, et qui livre séparément au commerce les plaques et les fils, doit être considéré, lorsque la laminerie et la tréfilerie sont séparées l'une de l'autre par une certaine distance (il s'agissait de 1850 mètres), comme ayant, à raison de ces deux fabriques, deux établissements distincts dans le sens de l'article 9 de la loi du 4 juin 1858. (Décr. 19 juill. 1866. — Collas.)

MÉDECIN VENDANT DES MÉDICAMENTS A SES MALADES.

N'est imposable à la patente, ni comme droguiste ni comme pharmacien, un médecin qui se borne à fournir des médicaments aux personnes près desquelles il est appelé dans les communes où il n'y a pas de pharmacien ayant officine ouverte. (Décr. 56 juin 1866.)

OCTROI (ADJUDICATAIRES DES DROITS D'). — DEUX ASSOCIÉS. — RENONCIATION DE L'UN DES ASSOCIÉS AU PROFIT DE L'AUTRE.

Celui qui s'est rendu adjudicataire, en société avec un autre individu, des droits d'un octroi, ne peut se prévaloir, pour obtenir la décharge de la patente à laquelle il a été imposé, de la circonstance qu'il aurait, avant le 1er janvier, renoncé à sa part d'entreprise en faveur de son coassocié, du moment que la cession a eu lieu sans le consentement obligatoire de l'autorité locale. (Décr. 3 juill. 1866. — Hilaire.)

OUVRIERS. — TAILLANDIER NON CONSIDÉRÉ COMME OUVRIER, BIEN QUE TRAVAILLANT SEUL. — MOTIFS.

Un taillandier, bien que travaillant seul et ne vendant que les objets par lui fabriqués, est imposable à la patente, lorsque indépendamment des ventes faites dans la commune de son domicile, il en fait d'autres au dehors, et notamment aux foires d'une commune voisine. (Décr. 6 juin 1865.)

PLACE FIXE SOUS UNE HALLE, MAIS NON LOUÉE A L'ANNÉE.

Le fait par un marchand de tissus d'occuper habituellement la même place sous la halle aux marchandises d'une ville, aux foires et marchés de laquelle il se rend régulièrement, n'est pas de nature à le faire considérer comme ayant un établissement secondaire passible de droits de patente, du moment que cette place n'est pas louée à l'année, mais lui est seulement concédée moyennant une somme proportionnelle au nombre de fois qu'il l'occupe dans le cours de l'année. (Déc. 14 juin 1865. — Renaud.)

VIANDES (MARCHAND EXPÉDITEUR DE). — FAITS CONSTITUTIFS.

Est imposable à la patente, en qualité de marchand expéditeur de viandes, celui qui fait habituellement des expéditions de cette nature, alors même que les expéditions n'auraient lieu qu'un petit nombre de fois par mois et seraient peu importantes. (Décr. 6 juin 1866. — Montagne.)

PROFESSEUR ATTACHÉ A UNE INSTITUTION DANS LAQUELLE IL EST NOURRI ET LOGÉ.

Un professeur attaché à une institution n'est pas fondé, bien qu'il soit logé et nourri dans l'établissement, à prétendre qu'il n'est pas personnellement imposable à la taxe des prestations. (Décr. 6 juill. 1866. — Salgues.)

QUESTIONS DIVERSES

PRESTATIONS. — Percepteurs retraités. — Frais de distribution des avertissements. — Remises.

Un Percepteur receveur municipal, mis à la retraite, après avoir fait distribuer les avertissements de prestation et dressé les extraits prescrits par le 4e § de l'article 888 de l'Instruction générale, n'a-t-il pas droit à une part des remises ou au moins au remboursement des frais de distribution des avertissements?

Cette question nous est adressée par plusieurs de nos abonnés : nous voudrions pouvoir la résoudre dans le sens désiré par nos comptables, c'est-à-dire penser que les receveurs retraités *devraient, au moins*, être remboursés des frais de distribution des avertissements de prestation. Il semblerait qu'une distinction dût être établie entre un receveur retraité et celui qui change seulement de circonscription : le receveur retraité qui a supporté les frais de distribution des avertissements de prestation ne trouve aucune compensation à cette dépense, tandis que le receveur qui change seulement de localité, trouve dans sa nouvelle perception les choses dans l'état où il les laisse ailleurs.

Mais, en présence du texte précis de l'Instruction générale, nous ne pouvons que persister dans l'avis que nous avons émis antérieurement (*Journal* de 1859, page 242). Le receveur remplacé ne touche de remises que sur les opérations qu'il a faites en recette et en dépense.

Il faut, de plus, remarquer que la distribution des avertissements de prestation ne donne pas lieu, comme la distribution de ceux relatifs aux contributions directes, à une allocation spéciale de deux centimes au profit des Percepteurs : s'il en était ainsi, nous n'hésiterions pas à dire que, comme pour les contributions directes, les frais de distribution d'avertissements de prestation appartiennent spécialement au percepteur qui a fait distribuer ces avertissements.

PRÊTRE DÉCÉDÉ. — Contribution mobilière et des portes et fenêtres. — Mutation de cote.

M. X..., curé de la paroisse de..., est décédé en octobre 1865, après le passage du contrôleur : sa cote personnelle et mobilière et celle des portes et fenêtres afférente au presbytère qu'il habitait, ont été, par conséquent, maintenues au rôle de 1866 : On nous demande si la Circulaire de S. Exc. le Ministre de l'intérieur, en date du 15 novembre 1861 (*Journal* de 1852, page 5) est applicable au cas de l'espèce, et si le curé actuel ne doit pas être tenu de payer les contributions de son prédécesseur, depuis le temps qu'il occupe le presbytère, aux lieu et place du curé décédé qui est resté imposé.

En ce qui touche l'application au cas qui nous est soumis de la Circulaire du 15 novembre 1861, nous ne pensons pas qu'il y ait aucune raison de pouvoir le faire : cette Circulaire s'exprime ainsi : Il a été décidé, *par exception* et seulement pour les fonctionnaires d'un ordre élevé et *logés dans des locaux appartenant à l'État*, qu'en cas de mutation dans le courant de l'année, rien ne s'opposerait à ce que le payement de l'impôt fût divisé de manière à ne laisser à la charge du fonctionnaire sortant qu'une part proportionnelle à son temps d'exercice, le reste devant être acquitté par son successeur. Le curé de la paroisse de.. n'est pas logé dans un local appartenant à l'Etat; il n'y a pas lieu de le comprendre au nombre des fonctionnaires d'un ordre très-élevé auxquels, par exception, s'applique la circulaire du 15 novembre 1861 : mais la position de ce contribuable peut être considérée à un autre point de vue. C'est avec raison que le curé, existant lors de la tournée des mutations, avait été imposé à la contribution des portes et fenêtres du presbytère servant à son habitation personnelle. (Loi du 21 avril 1832, art. 27). Mais il y avait lieu à une demande en mutation de cote au nom du successeur, conformément aux termes de l'article 13 de la loi de finances du 8 juillet 1852 et de l'article 123 de l'instruction du 20 juin 1859 : il est évident que la contribution des portes et fenêtres était, au 1er janvier 1866, cotée *sous un autre nom que celui de l'occupant réel* : les héritiers du curé décédé nous semblaient donc fondés à réclamer le bénéfice d'une mutation de cote au nom du desservant actuel.

En ce qui concerne l'impôt personnel et mobilier, il ne pouvait en être de même : la cote était indûment imposée, il est vrai, mais ne pouvait être transférée au nom du curé nouveau. Il y avait lieu pour les héritiers à former une demande en décharge à raison du décès arrivé avant le 1er janvier de l'année que la contribution concernait : mais nous ne pensons pas qu'il y ait eu d'autre marche à suivre.

Telle serait, à notre avis, la seule manière de procéder dans tous les cas semblables à celui dont nous venons de nous occuper.

CONTRIBUTION PERSONNELLE ET MOBILIÈRE. Impôt par prévision.

Un comptable nous écrit : « Nommé Percepteur à C..., au moment de la tournée des mutations, j'ai été, par prévision, porté au rôle de la contribution personnelle et mobilière de cette commune : je n'avais pas encore quitté mon ancienne résidence B... Présent à la tournée du contrôleur qui avait lieu à B... un mois plus tôt qu'à C..., j'ai également été porté au rôle de cette commune, pour la même taxe, tandis que mon collègue qui a permuté avec moi n'est porté ni à l'un ni à l'autre des deux rôles. »

Cette communication rentre trop intimement dans un sujet que nous avons déjà traité à fond pour que nous ne lui accordions pas toute l'attention qu'elle mérite; elle présente, en outre, catte particularité qu'un Percepteur lui-même en est cause.

De deux maux, dit-on, il faut choisir le moindre : or, dans nos études précédentes (*Journal* de 1861, pages 155, 238 et 285), nous avons fait ressortir, de la manière la plus palpable, les inconvénients qui résultent du maintien, sur les rôles de commune, de contribuables qui ne seront plus présents, dans cette commune, lors de la mise en recouvrement des rôles. S'il était nécessaire de prouver ce que nous avançons par des chiffres, nous sommes en mesure d'établir que là où l'impôt par prévision est appliqué il n'y a qu'*une* réclamation contre *six* dans les endroits où l'impôt par continuation est appliqué. En effet, l'impôt que nous appellerons par continuation, pour l'opposer à l'impôt que notre correspondant appelle impôt par prévision, peut donner lieu : 1° à des réclamations à titre de cotes indûment imposées quand les contribuables sont décédés ou absents sans domiciles connus; 2° à des réclamations en décharge de l'impôt des prestations, à cause du départ avant le 1er janvier de l'année de la mise en recouvrement des rôles; 3° à la présentation des cotes comme irrécouvrables, si les contribuables partis avant le 1er janvier ne présentent aucun objet mobilier comme garantie de l'impôt dans leur nouvelle résidence; 4° et, de plus, à la transmission de contraintes extérieures contre ceux qui ont quitté l'arrondissement de perception, depuis la tournée des mutations, contraintes dont le recouvrement n'est que trop souvent hypothétique.

Comparés à tous ces inconvénients, à tous ces embarras et aussi à toutes les pertes que nous avons dites et dont la réalité ne peut être contestée, quelques doubles emplois de la nature de celui dont on nous parle nous paraissent être un mal beaucoup moindre et qu'on ne peut même empêcher d'être.

Mais en cette matière comme en toute autre, le concours réel, efficace et, bien entendu, de tous ceux qui sont appelés à coopérer à la formation des rôles, est nécessaire et indispensable. Nous persistons à affirmer, d'après l'expérience, que partout où il en est ainsi, l'impôt par prévision, puisqu'on veut l'appeler de ce nom, présente autant d'avantages que l'impôt par continuation présente d'embarras et de désavantages.

HOSPICES. Achats et ventes par les économes. Écritures a passer par les Receveurs.

L'économe d'un hospice, dont le domaine est exploité directement par l'administration, a-t-il le droit de vendre les bestiaux provenant de cet établissement et d'acheter ceux nécessaires à l'établissement, sans que le receveur passe écriture de la recette et de la dépense ?

Ce même économe a-t-il le droit d'échanger des bestiaux ou des grains soit avec des propriétaires voisins, soit avec des marchands sans adjudication, vente ou estimation préalable; en un mot, sans que les opérations figurent dans les écritures du receveur?

Le dernier paragraphe de l'article 1079 de l'Instruction générale est ainsi conçu : « Les receveurs « n'encourent aucune responsabilité pour les *revenus* « *en nature* qui proviennent de domaines exploités « directement par l'administration de l'établissement. Ces revenus n'entrent que pour ordre dans « leurs comptes et ils y sont justifiés par un état, « dûment certifié, des produits de leur valeur. » Aux termes de l'article 1080 de la même Instruction, lorsque les grains ou denrées provenant des domaines *exploités* ou affermés, ou d'achats, excèdent les besoins de l'établissement, il peut y avoir lieu de vendre cet excédant, qui sort ainsi de la *comptabilité en matière* pour entrer dans la *comptabilité en deniers*.

De la comparaison et des termes de ces deux articles, il nous paraît résulter la conséquence suivante : Un domaine exploité directement par un hospice a produit, par exemple, cinq mille hectolitres de blé dont quatre mille cinq cents hectolitres ont été consommés dans l'intérieur de l'établissement et cinq cents hectolitres vendus au-dehors. La consommation des quatre mille cinq cents hectolitres dans l'établissement sera justifiée par l'état, dûment certifié, des produits et de leur valeur, conformément à l'article 1099 de l'Instruction générale, n'entrera que pour ordre dans le compte du receveur et n'engagera pas sa responsabilité. La vente des cinq cents hectolitres excédant les besoins de l'établissement sortira de la comptabilité en matière pour entrer dans la comptabilité en deniers et donnera lieu aux mêmes écritures que toute autre recette en argent (art. 1460 de l'Instruction générale). Quant aux denrées achetées pour remplacer celles vendues ou pourvoir à d'autres besoins, le receveur n'a d'autres écritures à passer que celles qui résultent de la dépense en deniers (art. 1460 de l'Instruction générale).

Les faits suivants nous ont donné lieu de recourir à l'argumentation qui précède. L'économe d'un hospice, dont le domaine est exploité directement par l'administration, a vendu des bestiaux provenant dudit hospice pour une somme de quatre cents francs : il a employé cette somme à l'achat d'autres bestiaux; mais il y a eu un excédant de 48 fr. 55 de la dépense sur la recette et l'économe prétend n'avoir à présenter au receveur de l'hospice qu'une facture de 48 fr. 55 c., chiffre des différences.

Le même économe pense que si les besoins de l'hospice exigent que l'on vende une certaine quantité d'hectolitres de blé excédant les besoins et d'acheter une autre quantité d'hectolitres de seigle, il est en droit de faire ces différentes ventes et achats sans en donner connaissance au receveur, ce dernier n'ayant à inscrire que les excédants qui pourraient résulter de ces opérations. Ce mode de procéder ne nous paraît ni régulier ni conforme aux instructions sur la matière : en principe, les fonctions des économes consistent à emmagasiner et distribuer les denrées et autres objets de consommation : la perception de tous les revenus en deniers et le payement de toutes dépenses s'effectuent exclusivement par l'entremise du receveur. (Instructions des 30 novembre 1836 et 18 novembre 1841. Projet de règlement du 31 janvier 1840.) Il résulte également des mêmes instructions que les ventes à l'extérieur de produits appartenant aux hospices, opérées par l'intermédiaire des économes, ne sont parfaites que quand ceux-ci ou les acquéreurs en ont versé le prix dans la caisse des receveurs, et aussi que les achats faits par les économes, pour le compte des établissements, dans les limites des crédits et des autorisations, doivent être constatés dans les écritures des mêmes receveurs. Par quelle raison et d'après quel principe l'excédant des recettes sur les dépenses, *et vice versâ*, serait-il donné par l'économe au receveur comme élément de compte plutôt que le chiffre des recettes et des dépenses elles-mêmes? C'est ce que nous ne trouvons établi nulle part.

Par suite des dispositions combinées des articles 1079 et 1080 de l'Instruction générale, il nous apparaîtrait encore que les échanges de *produits en nature*, de même valeur et ne donnant lieu ni à souche ni à différence payable, quand les hospices exploitent eux-mêmes leurs domaines, n'entrent dans les écritures des receveurs que sur l'état, dûment certifié, prescrit par l'article 1079, mais qu'il n'y a pas lieu à recette et à dépense en deniers comme dans les cas spécifiés par l'article 1080.

Nous ajouterons encore que les conditions de constitution des hospices doivent encore être consultées dans les cas dont il s'agit : certaines clauses des legs et donations ont souvent posé des stipulations particulières en ce qui concerne les opérations auxquelles peuvent donner lieu les mouvements des produits en nature; les receveurs et les économes ne pourront jamais examiner avec trop de soins les obligations et les réserves qu'imposent, à cet égard, les actes constitutifs des établissements.

AFFOUAGE. Ventes de lots non retirés faute de payement.

Quelques habitants d'une commune refusent de payer la taxe assise sur l'affouage, parce que cette taxe est de 15 francs, tandis que la portion d'affouage ne vaut, suivant eux, que 10 francs. Le receveur municipal doit-il, dans ce cas, vendre les lots pour ce qu'ils valent et demander la décharge du surplus?

Cette dernière latitude ne nous paraît avoir été accordée, *de plano*, aux receveurs municipaux par l'article 871 de l'Instruction générale. Aux termes de cet article et à l'expiration du délai fixé, le receveur municipal transmet à l'entrepreneur de la coupe l'état, visé par le Maire, des habitants en retard de se libérer, ce qui est le cas des affouagistes dont on nous entretient. Le même receveur doit, alors, diriger des poursuites contre les débiteurs, d'après les règles établies pour les contributions directes.

Puis, toujours aux termes du même article 871, les portions d'affouage non enlevées, faute de payement de la taxe, sont, à la diligence du receveur municipal, mises en vente par le Maire, dans la forme des adjudications publiques, mais seulement jusqu'à concurrence du montant des taxes non acquittées et des frais de vente : dans les frais de vente sont compris, nécessairement, ceux de publication et d'affiches.

Aux termes de la Circulaire de M. le Directeur général de la Comptabilité publique du 16 décembre 1853, les Maires ont la faculté d'unir et d'adjuger en *un seul lot* les portions d'affouage non enlevées par les ayants-droit : cette faculté a été accordée aux communes afin d'éviter le peu de concurrence qui résultait des adjudications *par lots séparés*, ainsi que cela avait été dit précédemment.

Quand le délai de vidange n'a pas été fixé par le cahier des charges, le Maire peut toujours le fixer par un acte ultérieur, approuvé par l'autorité administrative, de manière que les lots non payés puissent être vendus avant la fin de l'exercice.

REMISES DES RECEVEURS MUNICIPAUX ET HOSPITALIERS. Décomptes. Timbre.

On nous écrit que, contrairement à la décision ministérielle du 26 février 1854 et à la circulaire de M. le Directeur général de la Comptabilité publique du 22 septembre 1866, des amendes ont encore été requises, contre un certain nombre de receveurs, par MM. les Vérificateurs de l'enregistrement à raison de prétendues contraventions au timbre des décomptes de remises. Cette question a été tranchée d'une manière nette et décisive par la Circulaire précitée du 22 septembre 1866 : nous ne reproduirons pas les termes de cette Circulaire que nous avons insérée au *Journal* de 1866, page 338 : nous y renvoyons nos lecteurs.

Nous savons qu'en appelant l'attention particulière de MM. les Directeurs d'enregistrement sur l'irrégularité des amendes requises par MM. les Vérificateurs les prétendues contraventions sont, à l'instant même déclarées nulles et non avenues : mais mieux vaudrait cependant que les contraventions ne soient pas déclarées et les amendes requises.

Nous ajouterons, pour répondre à une question qui nous a été adressée, que le timbre des décomptes est celui de cinquante centimes, quand le décompte comporte quittance : les timbres mobiles peuvent être apposés par les receveurs municipaux eux-mêmes. Mais les receveurs de l'enregistrement ne peuvent refuser d'apposer les timbres mobiles sur ces mêmes décomptes pas plus que sur les mandats en général : tout particulier et autres intéressés ont la faculté de s'adresser aux receveurs de l'enregistrement comme aux Percepteurs-receveurs, dans les limites qui leur ont été posées, pour faire timbrer les pièces dont ils sont porteurs (Circulaire de M. le Directeur général de la Comptabilité publique du 25 mars 1865, *Journal des Percepteurs*, p. 129).

SUBVENTION POUR LES FRAIS DU CULTE. MAIRE, TRÉSORIER DE LA FABRIQUE.

Un Maire peut-il être en même temps Trésorier de Fabrique? — Que doit faire le Receveur municipal, quand le mandat de payement de la subvention pour les frais du culte lui est présenté par le Maire, partie prenante, en sa qualité de Trésorier de la Fabrique?

Si le Comptable qui nous consulte veut bien se reporter à l'étude publiée au volume de 1866, page 137, sur l'administration des Fabriques, il y trouvera que le Maire est membre-né du conseil de fabrique; que ce conseil choisit, au scrutin, dans son sein, trois membres qui forment, avec le curé, le bureau des marguilliers; et que ces derniers membres nomment entre eux un Président, un Secrétaire et un Trésorier. Ainsi le Maire étant de droit membre du conseil de fabrique, peut faire partie du bureau des marguilliers, et il peut être désigné comme Trésorier par les autres membres de ce bureau.

Lorsque le Maire aura été nommé Trésorier de la fabrique, ce dont le Receveur peut s'assurer facilement auprès du Président, le mandat de payement de la subvention accordée par la commune pour les dépenses du culte, devra être ordonnancé par l'adjoint au Maire, par délégation du Maire empêché. Le Receveur municipal n'a pas d'autre justification à exiger que la quittance régulière du Trésorier de la fabrique, timbrée, si la subvention annuelle dépasse dix francs; attendu que le Trésorier demeure chargé de rendre compte au conseil de fabrique de l'emploi des sommes mises à sa disposition. Le payement ne pourrait être refusé au Trésorier, qu'autant qu'il serait réclamé avant le mois, le trimestre ou le semestre échu, contrairement aux dispositions de l'art. 993 de l'Instruction générale.

INSTITUTEURS ADJOINTS. RETENUES POUR LES PENSIONS CIVILES.

On nous écrit de...

« On lit dans la loi du 15 mars 1860 : art. 34 : le « Conseil académique détermine les écoles publi- « ques, auxquelles d'après le nombre d'élèves, il doit « être attaché un instituteur adjoint.

« Les instituteurs adjoints peuvent n'être âgés que « de dix-huit ans, et ne sont pas assujettis aux con- « ditions de l'article 35 (c'est-à-dire que l'on n'exige « d'eux ni le brevet ni les titres qui peuvent en tenir « lieu).

« Ils sont nommés et révocables par l'instituteur, « avec l'agrément du Recteur.

« Le conseil municipal fixe le traitement des insti « tuteurs adjoints : ce traitement est à la charge « exclusive de la commune. »

On vient de placer dans ces conditions un instituteur adjoint dans une des communes de ma Perception, et la question qui se présente au sujet des retenues prescrites par la loi du 9 juin 1853 sur les pensions civiles, est celle de savoir si la retenue du premier mois de traitement et celle du 20e peuvent être opérées sur le traitement d'un agent qui ne paraît pas appartenir à l'administration, et que l'on pourrait plutôt, à cause de sa dépendance de l'instituteur, considérer comme étant l'homme de l'homme.

La question posée peut être résumée dans les termes suivants : dans quel cas, un instituteur adjoint ou une institutrice adjointe doivent-ils subir la retenue du premier mois de traitement ou d'augmentation et celle du vingtième?

La suppression des Recteurs d'académie départementaux a fait attribuer aux Préfets la nomination des instituteurs et institutrices adjoints, sur la proposition des Inspecteurs d'académie. L'arrêté de nomination détermine la classe à laquelle appartient le titulaire nommé. (Loi du 10 Avril 1867, art. 5.) Si celui-ci est pourvu d'un brevet de capacité, il est assujetti aux retenues prescrites par la loi du 9 juin 1853, si toutefois il ne fait pas partie d'une corporation religieuse. Dans tous les autres cas, il est exempt de retenues. (Voir *Journal* de 1866, page 36.)

Comme complément à la question ci-dessus, nous croyons utile de reproduire la solution suivante donnée par le *Manuel général* de l'Instruction primaire. — (1867, partie spéciale, p. 63.) « Un instituteur dirige une école mixte fort nombreuse. La santé de ce maître s'étant altérée, il *s'est* adjoint sa fille, âgée de dix-huit ans, qui est munie du brevet de capacité. La commune, en considération des services rendus par cette jeune personne dans la direction et la tenue de l'école, a voté en sa faveur, au budget de 1867, une somme de 400 fr., sous ce titre: alloué à Mlle X..., aide de l'instituteur, son père. Dans cette position, Mlle X... n'étant et ne pouvant être assimilée à une institutrice adjointe en plein exercice, car *elle n'a point de nomination*, doit-elle subir, sur l'allocation qui lui est faite, la retenue du vingtième en faveur du Trésor public? Il est bien évident que la retenue sur cette allocation ne peut être exercée, ni au compte de la fille de l'instituteur, qui *n'est pas institutrice*, puisque l'école de son père est mixte, et qui ne peut pas même être institutrice, n'étant pas majeure; ni au compte de l'instituteur lui-même, puisque ce supplément est absolument éventuel, accordé aujourd'hui, mais pouvant être retiré demain. »

Nous ferons remarquer à nos lecteurs que le rédacteur qui a donné la solution qui précède, conclut à l'exemption de retenues sur la somme payée à Mlle X..., quoiqu'elle soit pourvue d'un brevet de capacité, par le motif qu'elle n'a pas été investie, par un titre officiel de nomination, des fonctions d'institutrice adjointe; et qu'alors la somme de 400 fr. lui a été allouée à titre d'indemnité et non de traitement.

CHRONIQUE.

Les billets de 100 francs de la Banque de France viennent d'être l'objet d'une importante modification. La vignette à dessins imprimée en bleu, le papier et le filigrane de la pâte restent les mêmes, à première vue du moins; mais le texte a été changé. Il n'y a plus de lettres de série ou de numéros écrits à la main. Ces lettres et ces numéros répétés et opposés sont timbrés par un numéroteur mécanique. La réforme la plus intéressante est, sans contredit, celle qui donne à chaque billet un numéro d'ordre particulier, comme cela se pratique à la Banque d'Angleterre.

NOMINATIONS ET MUTATIONS.

ONT ÉTÉ NOMMÉS PERCEPTEURS :

A Chateaurenault (Indre-et-Loire), M. Bernier a été élevé à la 2e classe;

A Pontanevaux (Saône-et-Loire), M. Taillhandier, percepteur de la Chapelle de Guinchay;

A Villepreux (Seine-et-Oise), M. Duhoux, percepteur de Septeuil, en remplacement de M. Mercieu, décédé;

A Septeuil (d°), M. Marc jeune, perc. de Dammartin;

A Dammartin (d°), M. Lopin, surnuméraire;

A Longues (Var), M. Beguin, perc. de Rougiers;

A Rougiers (d°), M. Demargne, percepteur;

A Comps (d°), M. Vaussan, surnuméraire.

PERMUTATION.

Un Percepteur de 3e classe, 38 lieues de Paris, à 3 kilom. du chemin de fer; remises, 4000 francs; comptant dans sa réunion 5 communes, la plus éloignée se trouvant à 7 kilom. de la résidence du Percepteur, désire permuter avec un collègue d'un grade correspondant, habitant une sous-préfecture ou un fort chef-lieu de canton.

BULLETIN HEBDOMADAIRE DE LA BOURSE.

Cours des Fonds publics au 24 Mai 1867.

Rentes et Actions.

3 0/0	69 85	Midi	577 50
3 Jouis. 1 janvier	69 85	Nord	1212 50
4 1/2 0/0	98 75	Orléans	825 ..
4 1/2 Jouis. 22 sept	99 95	Ouest	575 ..
		Cie parisienne du gaz	1565 ..
4 0/0	85 25	Soc. immobilière	200 ..
4 Jouis. 22 sep	.. ..	Transatlantique	427 50
Obligations du Trésor	470 ..	Messag. impér. (s-m.)	770 ..
Bons du Trésor	2 1/2	Canal de Suez	365 ..
Banque de France	3500 ..	Italien 5 0/0	52 50
Comptoir d'escompte	792 50	Emprunt Mexicain	21 ..
Crédit agricole	645 ..	Crédit mob. espagnol	240 ..
Crédit foncier Colonial	587 50	Soc. autrichienne	445 ..
Crédit foncier de France	1480 ..	Saragosse-Barcelone	40 ..
Crédit ind. et comm	652 75	Guillaume Luxemb.	140 ..
Crédit mobilier	382 50	Sud-autrichien lomb	387 50
Créd. Mobilier (nouv.)	... ..	Nord de l'Espagne	85 ..
Dépôts. comptes cour	552 50	Saragosse Pampelune	40 ..
Société générale	552 50	Portugais	86 25
Ss-comptoir du com	410 ..	Chemins romains	75 ..
Charentes	350 ..	Saragosse	98 75
Est	542 50	Victor-Emmanuel	75 ..
Paris-Lyon-Méditerr	911 25	Séville-Xéres	28 50

Obligations.

Départ. de la Seine	229 50	Méditerranée	320 ..
Ville 1852. 5 0/0	1175 ..	Paris-Lyon-Méditerr	314 ..
— 1855-1860	430 .	Midi	312 ..
— 1865	530 ..	Nord	320 ..
Crédit foncier 1000 fr. à 3 0/0	945 ..	Orléans	315 ..
Crédit foncier 500 fr. à 4 0/0	498 75	Grand-Central	314 ..
Crédit foncier 10es à 4 0/0	99 75	Ouest	312 50
Crédit foncier 500 fr. à 3 0/0	467 50	Victor-Emmanuel	301 ..
Crédit foncier 10es à 3 0/0	96 ..	— 1863	120 ..
Crédit foncier 500 fr. à 4 0/0 1863	483 75	Cordoue-Séville	160 ..
Crédit foncier Com. 3 0/0	400 ..	Ligne d'Italie	27 ..
Crédit foncier 5es 3 0/0	81 50	Lombard	225 ..
Crédit foncier Colonial	455 ..	Nord d'Espagne	130 ..
Est	316 ..	Saragosse-Pampelune	89 25
Ardennes	313 50	Portugais	114 ..
Lyon	312 75	Romains	120 ..
Bourbonnais	314 50	Saragosse	161 ..
Dauphiné	311 50	Séville-Xérès-Cadix	78 75
Lyon-Genève, gar	313 50	— 94 ans	40 25

Valeurs diverses.

Ch. Charentes	362 50	Empr. Ottoman	265 ..
Chemin du Médoc	267 50	Obl. Empr. Ottoman	255 ..
Compt. Agriculture	530 ..	Ch. Ligne d'Italie	12 ..
Caisse des ch. de fer	62 ..	Cie II. des ch. Médit	190 ..
Gaz de Marseille	490 ..	Soc. C. Ind. Amsterd	310 ..
Banq. Créd. Pays-Bas	477 50	Banque Ottomane	470 ..
Crédit Fonc. Autrich	650 ..	Crédit Mobil. Italien	280 ..
Obl. Autrich. 1865	340 ..	Zinc, Vieille-Montagne	222 50
Empr. Mexicain. Obl	153 75		

Directeur, H. GALLETIER, Avocat à la Cour Impériale de Paris.

JOURNAL DES PERCEPTEURS,

DES RECEVEURS DES FINANCES, ET DES RECEVEURS DES COMMUNES, HOSPICES, ETC.;
DES SURNUMÉRAIRES, ET DES ASPIRANTS.

2e Série, — 10 fr. par an. Un numéro toutes les semaines. 12e année. — N° 22

SOMMAIRE.

JURISPRUDENCE SPÉCIALE.

CONSEIL D'ÉTAT

DES ATTRIBUTIONS DES TRÉSORIERS-PAYEURS GÉNÉRAUX EN MATIÈRE DE NÉGOCIATION D'EFFETS PUBLICS.

Les Trésoriers-payeurs généraux qui se livrent à des opérations d'achat et de vente de valeurs françaises peuvent être poursuivis par les agents de change de leur résidence comme contrevenant aux lois qui règlent la profession de ceux-ci.

Napoléon, etc., etc. ; vu, etc., etc. :

Ouï M. Aubernon, maître des requêtes, en son rapport,

Ouï maître Costa, avocat du sieur Groisne et autres, en ses observations,

Ouï M. de Belfeuf, maître des requêtes, commissaire du Gouvernement en ses conclusions,

En ce qui touche la lettre adressée le 24 mai 1866, par notre Ministre du commerce, de l'agriculture et des travaux publics, aux agents de change de Clermont-Ferrand :

Considérant que par cette lettre, notre dit Ministre a fait connaître aux requérants le rejet, par notre Ministre des finances, de la réclamation formée par eux contre sa décision du 20 mars 1866 ;

En ce qui touche la décision de notre Ministre des finances, en date du 20 mars 1866 :

Sans qu'il soit besoin de statuer sur la fin de non recevoir opposée au pourvoi par notre dit Ministre et tirée de ce qu'il aurait été formé après l'expiration du délai fixé par le décret du 22 juillet 1806 ;

Considérant que, par la décision attaquée, notre Ministre s'est borné à autoriser le Trésorier-Payeur-Général du département du Puy-de-Dôme à se charger de faire exécuter les ordres d'achat et de vente de valeurs françaises qui lui seraient donnés par ses clients ;

Considérant que si les agents de change et courtiers de marchandises de Clermont-Ferrand se croient fondés à prétendre que les opérations que le Trésorier-Général du Puy-de-Dôme a été autorisé à faire, constitueraient une contravention à l'article 76 du code de commerce et aux lois qui ont réglé leur profession, la décision attaquée ne fait pas obstacle à ce qu'ils poursuivent ladite contravention devant l'autorité compétente.

Notre Conseil d'État entendu :

Avons décrété et décrétons :

Art. 1er. La requête des sieurs Groisne et consorts est rejetée.

(Décret du 21 mai 1867 — Groisne et consorts).

OBSERVATIONS. Nos lecteurs se rappellent que nous avons signalé à leur attention cette grave affaire, à la page 97 ci-dessus. Nous y avons analysé sommairement les moyens que Me Costa a présentés dans son pourvoi au soutien des prétentions des agents de change de Clermont. Son argumentation paraît avoir impressionné le Conseil d'État, comme on peut le voir par les termes du décret précédent, qui a été rendu après de graves débats et un long délibéré.

Ce décret, dont la teneur est très-mesurée, ne tranche pas absolument la question en litige. Toutefois, nous pensons qu'il faut au moins en conclure que la décision du Ministre des finances autorisant les Trésoriers-Payeurs Généraux à se charger de faire exécuter les achats et ventes de valeurs publiques, n'est *rien* et de nul effet par rapport au privilége des agents de change, lequel subsiste en son entier. Cette décision ne saurait donc être opposée par un Trésorier-Payeur Général, dans la poursuite correctionnelle qu'un agent de change intenterait contre lui pour usurpation de fonctions, comme un acte administratif émané d'un supérieur hiérarchique derrière lequel ce fonctionnaire pourrait s'abriter. Cette conséquence ne manquera pas de toucher nos lecteurs, ainsi que telles autres que nous laissons à leur sagacité le soin de déduire.

TRAVAUX PUBLICS. COMPENSATION DE PLUS-VALUE. PLUS-VALUE GÉNÉRALE. PLUS VALUE DE QUARTIER. DIFFÉRENCE DE NIVEAU ENTRE LES PARTIES D'UNE PROPRIÉTÉ.

La plus value générale résultant, pour tous les immeubles d'un quartier (dans l'espèce, le quartier Beaujon, à Paris), de la création d'une grande voie de communication (dans l'espèce, le boulevard Haussmann), ne peut être admise comme compensation à la dépréciation que des travaux de raccordement laissent subsister pour une propriété de ce quartier, à raison des différences de niveau entre les parties qui composent cette propriété.

(Décr. 3 août 1866. — *May*.)

ALGÉRIE. Taxes municipales de loyers et de prestation. Gardien de batterie.

Un gardien de batterie ne doit pas être soumis, en Algérie, aux taxes municipales des loyers et des prestations. — Il n'appartient à aucun corps de troupes et il ne se trouve dans aucun des cas d'exemption prévus par la loi. — L'arrêt vise le décret du 14 février 1854, sur l'organisation des gardiens de batterie, et les articles 14 et 15 de la loi du 21 avril 1832 relatifs aux contributions personnelle et mobilière.

(Décret du 6 août 1866. — *Racine.*)

COUR DE CASSATION.

DROIT DE CHASSE. Terrains communaux. Tolérance.

Le droit de chasse sur un terrain communal ne peut résulter d'une tolérance même immémoriale de l'autorité locale.

... Attendu que, pour admettre que Château avait reçu de la commune de Berre le droit de chasse sur ses marais, l'arrêt attaqué se fonde, non sur un acte de concession quelconque, mais uniquement sur une tolérance immémoriale de l'autorité locale qui laissait tous les habitants, *ut singuli*, chasser sur les terrains à elle appartenant; — Mais, attendu qu'une pareille tolérance ne pouvait conférer légalement des droits aux habitants sur les propriétés de la commune, et que Château n'a pas été investi par elle du droit de chasse, dont l'existence aurait fait disparaître le délit; — Qu'en jugeant le contraire, l'arrêt a violé les articles 17 et 19 de la loi du 18 juillet 1837...

(Arrêt du 5 avril 1866.)

QUESTIONS DIVERSES

FERMAGE D'OCTROI. Quittances timbrées.

Lorsqu'un fermier d'octroi est tenu de se libérer par douzièmes, il doit lui être délivré une quittance timbrée par chaque payement effectué.

Aux termes de la circulaire du 26 juin 1866, *Journal des Percepteurs* 1866, page 230, la même quittance peut contenir libération de plusieurs douzièmes; mais le receveur ne serait pas libre de n'exiger le timbre que pour la quittance du premier douzième, et de constater les autres payements à la suite de cette première quittance, en laissant attenantes à la souche les quittances correspondant aux autres à comptes. Le comptable serait alors en contravention à l'article 23 de la loi du 13 brumaire an VII, et à l'article 1011 de l'Instruction générale qui interdisent de mettre sur la même feuille plusieurs quittances sujettes au timbre.

Chaque payement, comprenant un ou plusieurs douzièmes, doit être l'objet d'une quittance timbrée distincte et séparée.

ATTRIBUTION DE LEGS. Commune. Fabrique. Hospice.

A qui doit être versée une somme de 40 000 fr., léguée à la fabrique d'une commune pour agrandissement ou reconstruction de l'église? Est-ce à la caisse de la fabrique ou à la caisse municipale?

Le receveur, qui nous consulte, paraît croire que la fabrique n'a pas qualité pour recevoir le legs, parce que l'église est une propriété communale, et que la fabrique n'a pas le droit de réparer cette église sans le consentement de la commune; mais autre chose est de procéder à la réparation ou à l'agrandissement d'une église, et autre chose de profiter d'un legs fait dans cette intention.

Ce sont deux choses distinctes; nous n'avons à nous occuper que de la seconde.

Les fabriques des églises ont été autorisées, par le décret du 12 août 1807, à accepter des dons et legs; les ordonnances des 2 avril 1817, 7 mai 1826 et 14 janvier 1831, ont réglé le mode d'acceptation de ces sortes de libéralités : les droits des fabriques, à cet égard, ne font pour nous aucun doute. (Voir *Guide et formulaire des fabriques*, par MM. Larade et Caugé, p. 75.) Le montant du legs sera donc, après autorisation, versé dans la caisse de la fabrique.

Un legs fait dans le but d'agrandir un cimetière, doit-il être attribué à la commune ou à la fabrique? La propriété des cimetières a, de tout temps, été reconnue appartenir aux communes. (Avis du Conseil d'État, des 22 octobre 1822; 12 janvier, 23 mars, 26 octobre 1825; 20 mars 1829; 15 mars, 27 septembre 1833.) Le legs dont il s'agit doit donc être attribué à la commune.

Une clause de legs portant qu'une somme de 200 fr. sera remise, chaque année, par des personnes désignées, aux sœurs attachées à l'instruction des enfants d'un hospice, pour être employée en récompenses, ne peut être entendue en ce sens que les sœurs, actuellement attachées à cet hospice, accepteront le legs ainsi fait. La commission administrative est seule capable d'accepter cette libéralité, et le receveur d'en encaisser les annuités; c'est ainsi, nous le pensons du moins, que l'arrêté d'autorisation l'aura interprété ou l'interprétera.

Une somme de 2000 fr. à employer en aumônes par les soins des religieuses d'un hospice ne peut être remise aux mains desdites sœurs sans avoir passé par la caisse hospitalière; en leur qualité de sœurs attachées à l'hospice, les personnes chargées de distribuer ne peuvent toucher directement cette somme à titre de don manuel.

En toutes ces questions, un principe domine, c'est celui énoncé par la Décision ministérielle que nous avons insérée au *Journal* de 1865, page 3[illegible]8 : Les legs sont autorisés aux clauses et conditions énoncées en tant qu'ils n'ont rien de contraire aux lois, il ne dépend pas d'un testateur de soustraire à cette règle d'ordre public les biens qu'il transmet et de substituer sa propre volonté à celle de la loi.

ORDONNANCES DE DÉCHARGE. Imputations. Remboursement d'excédants.

Un Percepteur reçoit le 1er janvier une ordonnance de 16 fr. 29 c., concernant l'exercice expiré; les contributions de cet exercice ont été soldées par le contribuable : le comptable peut-il imputer 11 fr. 68 c. sur les contributions de l'exercice qui commence et offrir au contribuable l'excédant de 4 fr. 61 c.? Si celui-ci refuse d'accéder à ces dispositions, sous le prétexte qu'il ne doit encore rien sur l'exercice courant, que doit faire le Percepteur?

L'article 209 de l'Instruction générale est ainsi conçu : « Lorsque les dégrèvements réunis aux « sommes qui auraient été payées précédemment par « les contribuables excèdent le montant de l'article « de rôle auquel ils sont applicables, le reste dispo- « nible est imputé en payement des autres articles « que pourraient devoir les contribuables, soit sur « contributions ou frais de poursuites, soit sur pro- « duits divers. »

L'imputation de la partie des ordonnances excédant les sommes *dues* par les contribuables ne peut donc être faite d'office et contre le gré de ceux-ci par les Percepteurs chargés de régulariser les ordonnances; il faut que cette imputation sur des sommes *non dues* soit agréée par les contribuables.

Il en serait de même pour le cas où les ordonnances auraient été obtenues, par suite de dommages causés aux récoltes, sur la demande collective d'un Maire; le Percepteur ne serait pas plus forcé que précédemment à imputer d'office les ordonnances sur des contributions non dues et contre le gré des contribuables.

MINEUR. — Mandat en son nom. — Payement.

Un mandat de payement en faveur d'un mineur doit-il être délivré en son nom ou au nom du tuteur?

Des travaux pour le compte d'une commune ont été exécutés par un mineur, âgé de moins de dix-huit ans, le Maire a délivré un mandat au nom de ce jeune homme : que doit faire le receveur?

Aux termes de l'article 450 du Code Napoléon, le mineur est représenté par son tuteur dans tous les actes civils.

Notre correspondant ne nous dit pas de quelle nature sont les travaux exécutés par le mineur; il ne peut certainement être question que de travaux à la journée ou à la tâche; car le mineur n'aurait pu être chargé d'une entreprise ou d'une fourniture.

Dans l'espèce, s'il ne s'agit que du payement d'une modique somme représentant le prix de journées ou de tâches faites pour le compte d'une commune, nous ne pensons pas que l'intervention du tuteur prescrite par l'article 450 du Code Napoléon, soit nécessaire et indispensable. Ce payement ne nous paraît pas rentrer dans la catégorie des *actes civils* dont le Code Napoléon a entendu parler et pour lequel on puisse requérir la présence obligée d'un tuteur dont le domicile peut être souvent très-éloigné de celui de son pupille ou dont le déplacement pourrait même être très-onéreux pour ce dernier.

PLAN D'ALIGNEMENT. Dépense. Pièce justificative.

Un crédit de 143 fr. a été ouvert au budget d'une commune, sous ce titre : plan d'alignement et nivellement, fr. 143 ; un mandat timbré suffit-il pour payer cette somme?

Oui, si le mandat énonce que l'opération a été faite suivant prix convenu et à forfait : non, s'il en est autrement; dans cette dernière hypothèse, un mémoire détaillé du créancier de la commune est indispensable.

QUITTANCES DE CONTRIBUTIONS. Contribuable refusant de les montrer. Poursuites.

Un contribuable est-il fondé à refuser de montrer au Percepteur de prétendues quittances qu'il soutient avoir entre les mains et qui le libèrent ainsi?

Nous avons déjà traité cette question au *Journal* de 1867, page 20 : nous ne trouvons, dans les Instructions administratives, aucunes dispositions qui puissent autoriser les Percepteurs à exiger, de plein droit, l'exhibition des quittances précédemment délivrées. Seuls, les articles 1315 et suivants du Code Napoléon nous paraissent constituer les droits réciproques des Percepteurs et des contribuables. Aux termes de l'article 1315, celui qui réclame l'exécution d'une obligation doit la prouver; réciproquement celui qui se prétend libéré doit justifier le payement ou le fait qui a produit l'extinction de son obligation.

La preuve de l'obligation du contribuable, vis-à-vis du Percepteur, résulte nécessairement des rôles et des émargements que ces rôles ont dû recevoir : la preuve de la libération des contribuables résulte également de ces mêmes rôles, et, de plus, peut être faite, à défaut d'émargements, au moyen des quittances délivrées par le Percepteur.

Ainsi que nous le disions précédemment, si le Percepteur est certain que les preuves des payements derrière lesquels se retranche le contribuable n'existent pas, ou ne présentent pas un caractère acceptable, il procédera contre le contribuable par les voies et poursuites ordinaires, et parviendra ainsi à triompher des mauvaises intentions du débiteur.

Mais une circonstance fâcheuse pour le Percepteur peut se présenter. Une erreur a pu être commise par le comptable; le contribuable, quoique mal disposé, peut être dans son droit; il peut attendre que les poursuites soient arrivées à leur dernière période, et alors exhiber la preuve de sa libération, preuve qu'il avait refusé de faire antérieurement. On comprend tout ce que cette exhibition, quoique tardive, peut avoir de conséquences désagréables pour le Percepteur : c'est une raison de plus, pour les comptables, d'apporter l'attention la plus soutenue en ce qui concerne la délivrance des quittances et l'inscription des émargements sur les rôles, et à avoir la plus grande circonspection quand il s'agit de forcer un contribuable à fournir la preuve de sa libération.

ACQUISITION D'IMMEUBLES. Dispense de purge et de transcription.

Le décret du 14 juillet 1866, concernant la dispense de purge pour les acquisitions dont le prix n'excède pas 500 fr., ne concerne-t-il que les acquisitions pour les chemins vicinaux?

La loi du 21 Mai 1836, celle du 3 Mai 1841, et les articles 1018, 1019 et 1542, § 57, de l'Instruction générale du 20 Juin 1859, dispensaient de l'accomplissement des formalités de la purge et de la transcription, les acquisitions d'immeubles cédés aux communes, *pour cause d'utilité publique*, lorsque l'indemnité de dépossession n'était pas supérieure à 500 fr. (V. *Journal* de 1866, p. 257). Le décret du 14 juillet 1866 a eu pour objet d'étendre les avantages de cette dispense aux *acquisitions d'immeubles de toute nature*, même à celles faites de gré à gré (Art. 1er du décret), dont le prix n'excède pas 500 fr. (Voir *Journal* de 1866, p. 273, 337 et 339.)

Il n'y a donc plus à établir de distinction entre les acquisitions faites en vertu d'une déclaration d'utilité publique, et celles faites de gré à gré pour tous les services des communes. La limite de 500 fr. est la seule condition posée au vote de dispense par les Conseils municipaux. C'est d'abord à l'administration locale, et ensuite à l'autorité préfectorale à examiner si la dispense peut être accordée sans préjudice pour les intérêts de la commune.

COMPTES DE GESTION des receveurs remplacés. Justifications a l'appui de la recette.

Un receveur municipal sorti de fonctions en octobre 1866, est-il tenu de joindre à son compte de gestion de l'exercice en cours d'exécution, les titres soldés, *les* ordonnances *de décharge ou réduction et de remise, et des* extraits des titres non apurés *ou dont la production ne peut pas avoir lieu; et ces extraits des titres doivent-ils être accompagnés de fiches récapitulatives des titres et de déclarations de recette?*

N'est-ce pas plutôt au successeur seul qu'incombe l'obligation de fournir ces documents à l'appui du compte final de l'exercice 1866 rendu par celui-ci?

Aux termes des articles 1335, 1543 et 1546 de l'Instruction générale, et de la Circulaire de la Comptabilité publique du 30 Janvier 1866, § 1er, le nouveau receveur doit rester dépositaire de tous les titres de l'exercice courant, soldés ou non, et des ordonnances de décharge, etc., sur ces titres, pour les produire avec le compte complémentaire de l'exercice. Lorsque les comptes de l'ancien et du nouveau receveur sont présentés dans la même session, l'ex-receveur n'a aucune pièce à produire à l'appui de la recette, parce que les titres justificatifs produits par le nouveau comptable servent de justification aux deux comptes (art. 1335). Mais, dans le cas contraire, le receveur remplacé doit établir et produire un état général et détaillé des titres remis à son successeur (modèle n° 318), lequel état sera certifié par le successeur, le Maire et le receveur des finances (art. 1543 et 1546). Dans aucun cas, l'ancien receveur ne doit joindre à la recette, ni fiches récapitulatives des titres, ni déclarations de recette pour les titres compris dans cet état général détaillé n° 318. Ces fiches et déclarations ne pourraient être exigées de l'ex-receveur, que pour les produits non compris dans l'état général dont il s'agit, et encaissés en vertu de titres dont la transmission n'a pas pu être faite au successeur.

COMPTES DE GESTION. Justification des recettes pour lesquelles il ne peut pas être produit de titres en fin d'exercice.

On nous demande aussi d'indiquer les pièces à produire par le receveur municipal à l'appui du compte définitif de l'exercice, pour les recettes reposant sur des titres dont la production ne peut pas être faite, telles que Centimes communaux, Attributions sur amendes, Permis de chasse, Subventions et secours de l'État et du Département, Rentes sur l'État et sur particuliers, Recettes échelonnées sur plusieurs exercices, etc.

La production de *l'état général et détaillé* de ces titres (modèle n° 318. — P. Dupont, n° 189) dressé à l'époque du 31 Mars, et certifié par le Maire et le Receveur des finances, nous semble un moyen facile de remédier à l'impossibilité de produire les titres eux-mêmes. Un état détaillé nous paraît nécessaire, par suite du nouvel état des choses créé par le décret du 27 Janvier 1866, pour la justification des opérations définitives de l'exercice. Cet état n'étant plus produit avec le compte provisoire, au 31 décembre, il est rationnel de penser qu'il doit être joint au compte final, *à la place des états sommaires* des titres définitifs dont il est question aux articles 1536 et 1543 de l'Instruction générale (P. Dupont, 1867, modèles nos 190, 191, 192, 193 *bis* et *ter*, et 195).

REMISES. Contraintes extérieures.

Un Percepteur qui reçoit une contrainte à recouvrer sur une commune de sa perception pour contribution foncière due par cette commune dans un département voisin, a-t-il droit à des remises 1° sur le recouvrement de la contrainte; 2° sur la dépense faite par la commune qui doit la contribution?

Le payement des contributions des communes et établissements fait hors le ressort de la perception et à un autre Percepteur, donne droit à des remises, à raison de ce payement; il n'en est pas de même quand le payement est fait par un receveur à lui-même comme Percepteur. Quoique, par une cause particulière et accidentelle, ce cas nous paraisse être celui dans lequel se trouve le Percepteur qui nous consulte, c'est à lui-même, sur contrainte extérieure il est vrai, mais c'est à lui-même qu'il a payé les contributions dues dans une commune voisine; il doit y avoir privation de remises sur la dépense faite par la commune débitrice.

Quant à la recette faite sur contrainte extérieure, elle nous paraît rentrer dans les conditions prévues par l'article 1157 de l'Instruction générale et donner droit au Percepteur qui a recouvré la contribution à une remise de 1 pour 100 à retenir sur son collègue.

DES

RENTES SUR PARTICULIERS

CONSTITUÉES AU PROFIT DES COMMUNES ET DES ÉTABLISSEMENTS (6e article),

APPENDICE.

Suite du § 2. — ACTES CONSERVATOIRES ET ACTIONS JUDICIAIRES. (Voir page 127 ci-dessus).

L'auteur de cette étude, M. J. POUTHIOU, Percepteur (1), nous signale l'omission qui a été faite à l'imprimerie d'une partie du § 2, laquelle contient un document officiel important. Nous nous empressons de combler cette lacune.

Nous pouvons citer dans notre propre gestion, un fait où les principes qui viennent d'être exposés, ont trouvé leur application. Il nous paraît de nature à intéresser et à instruire les comptables.

Le débiteur d'une rente avait vendu, depuis environ vingt ans, une pièce de terre affectée par hypothèque à la garantie du service de cette rente. L'acquéreur avait pris de celui-ci l'engagement de la payer au Bureau de bienfaisance créancier; mais cet engagement n'ayant jamais été soumis à l'acceptation de la commission administrative, et la terre vendue n'ayant pas été purgée de l'hypothèque, le titre avait été renouvelé depuis la vente par le débiteur réel primitif, et les inscriptions hypothécaires avaient été conservées contre celui-ci. Au moment de notre installation, comme receveur de l'établissement, nous trouvâmes que les arrérages n'avaient pas été acquittés depuis deux ans.

Nous fîmes signifier au débiteur primitif un commandement d'avoir à payer les deux années d'arrérages échues, lui déclarant que, faute de ce faire immédiatement entre les mains de l'huissier porteur des titres, la déchéance du terme serait demandée devant les tribunaux. Le débiteur ne se libéra pas, et en admettant que la rente fût quérable, l'exigibilité du capital était devenue un fait accompli, malgré l'avis contraire du comité consultatif de l'arrondissement. (Voir page 157 ci-dessus et la lettre ministérielle rapportée ci-après)

La question de la quérabilité de la rente pouvait paraître douteuse et ne pouvait être résolue que par l'appréciation du tribunal civil. Le titre portait que la rente serait acquittée entre les mains du receveur de l'établissement, mais sans indiquer si elle était portable à son bureau ou quérable au domicile du débiteur. Il est probable qu'en s'appuyant sur les termes mêmes de l'acte, « entre les mains du receveur », le tribunal y aurait trouvé des considérations suffisantes pour déclarer cette rente portable. Mais par la mise en demeure non suivie de libération immédiate, nous avions obtenu un droit incontestable au rachat de la rente.

L'huissier chargé de cette exécution nous apprit que le débiteur primitif était devenu complétement insolvable, et que la terre hypothéquée avait été vendue à M. Lauhirat, notaire, qui, depuis l'époque de son acquisition, était obligé par le contrat de vente de servir cette rente, circonstance que nous ignorions; car notre prédécesseur avait oublié de nous en instruire. Nous fîmes aussitôt signifier au tiers-détenteur un acte, par lequel il était sommé de délaisser la terre servant de garantie à la rente, ou d'acquitter sans délai le capital et les arrérages échus de cette rente. M. Lauhirat n'offrit aucun payement le jour de cette signification, mais il fit, huit jours après, des offres réelles comprenant seulement les arrérages et une somme pour les frais, sauf à parfaire pour ces derniers, offres que nous refusâmes comme insuffisantes (Voir § 6, page 157) et dont la consignation fut opérée. Pendant ce temps nous assignions le débiteur primitif à se voir condamner à la déchéance du terme de remboursement du capital, et nous faisions pratiquer une saisie-immobilière de la terre hypothéquée, sur la tête de M. Lauhirat, tiers-détenteur. Celui-ci fit opposition à cette saisie.

Conformément aux prescriptions de l'article 850 de l'Instruction générale, le Maire, président, qui avait donné son consentement verbal, inutile il est vrai, aux exécutions antérieures à la saisie, était informé par nous, par écrit, de cette dernière exécution. Il était invité, en même temps, à nous adresser un ordre de sursis des poursuites, ou à solliciter du Conseil de Préfecture l'autorisation d'ester en justice. Les choses étant dans cet état, M. Lauhirat intrigue auprès des administrateurs du Bureau, en obtient une délibération par laquelle ceux-ci renoncent à exiger le remboursement du capital, et par laquelle ils demandent que les frais soient mis à notre charge comme ayant été exécutés sous notre propre responsabilité et sans aucune autorisation du Bureau ou de son président. Cette allégation, on le verra plus loin, était inexacte; et, comme cela arrive le plus souvent, la question du payement des frais était portée devant M. le Préfet, appuyée de la délibération du

(1) Nous devons déjà au concours de M. *Pouthiou* l'important travail sur les RÈGLES DE PAYEMENT, que nous venons de publier récemment, et qui a été si favorablement accueilli par les Comptables. Plusieurs Chefs de service nous ont adressé leur satisfaction de cette œuvre sérieusement approfondie, savamment élaborée, et qui témoigne de la part de son auteur des connaissances que l'on rencontre rarement chez un comptable des derniers degrés de la hiérarchie. C'est encore le même collaborateur qui a enrichi notre Recueil d'une série d'Études très-remarquables sur divers points du service qui ont été fort appréciées, et auquel il sera souvent précieux de recourir; nous citerons notamment l'étude sur *la Taxe sur les Chiens*, celle sur *l'Instruction Primaire*, celle sur *les Remises de service*, etc., etc.

Bureau et d'un avis du Comité consultatif de l'arrondissement, complétement erroné, sans que nous soyons mis en mesure de produire nos observations sur ces deux documents.

M. le Préfet nous condamne au payement des frais. Cette décision ne nous paraissant s'appuyer sur aucune raison sérieuse, nous en faisons appel devant M. le Ministre des finances à qui nous transmettons, à l'appui de notre défense, toutes les pièces du procès, titres, significations, etc.

A la suite de cet appel, vigoureusement soutenu par nos chefs hiérarchiques. M. le Ministre de l'Intérieur adressa à M. le Préfet la lettre suivante, portant la date du 11 juillet 1864 :

« Monsieur le Préfet, M. le Receveur Général des Basses-Pyrénées a soumis à M. le Ministre des finances, qui m'a renvoyé l'affaire, la question de savoir à qui devait incomber le payement des poursuites faites par le receveur du Bureau de bienfaisance de Saint-Dos, pour le recouvrement d'une rente due à cet établissement par le sieur Lauhirat, notaire.

« Deux années s'étant écoulées sans que le payement de cette rente ait été effectué, le receveur, en vertu de l'article 1912 du Code Napoléon, en a reclamé le remboursement, et après des démarches sans résultat, a fait procéder à une saisie immobilière; mais le Bureau de bienfaisance a déclaré que M. Lauhirat étant solvable, il n'y avait pas lieu d'exiger le capital de la rente; et de plus, le Comité consultatif a émis l'avis que la vente étant quérable, et que M. Lauhirat n'ayant pas été l'objet d'une *mise en demeure suffisante*, une partie des frais devait être mise à la charge du receveur.

« Je pense, Monsieur le Préfet, que le receveur municipal de Saint-Dos n'est pas en faute, et qu'il ne saurait être passible d'aucun frais.

« En effet, le sieur Lauhirat avait passé deux années sans remplir ses obligations, et, par conséquent, *pouvait être contraint au rachat*, que la rente fût quérable ou non.

« Il avait été *suffisamment mis en demeure*, et le receveur en prenant une mesure rigoureuse, loin de dépasser ses attributions, s'est conformé aux prescriptions de la loi et aux instructions ministérielles.

« D'ailleurs, M. le Maire de Saint-Dos *a signé l'ordre de saisie*. Dès lors le receveur n'a pas agi seul et sous sa propre responsabilité, et je ne vois pas de raison de laisser aucun frais à la charge d'un comptable qui a montré dans cette affaire du zèle et de la fermeté.

« C'est au débiteur à supporter des frais dont sa résistance est la seule cause. En *abandonnant le droit de rachat*, le Bureau de bienfaisance n'a fait qu'un acte de bienveillance envers M. Lauhirat; cette renonciation tardive ne justifie pas ce dernier de l'inaccomplissement de ses obligations, et ne saurait, en tout cas porter préjudice au receveur.

« M. le Ministre des finances a émis un avis dans le même sens.

« Je vous renvoie les pièces que M. le Receveur-Général de Pau a transmises à mon collègue. »

Fin du § 2.

J. Pouthieu, *Percepteur.*

VARIÉTÉS.

DES ASSOCIATIONS SYNDICALES.

QUESTIONS DIVERSES.

Nous extrayons du *Journal du Droit administratif*, de M. Ad. Chauveau, la dissertation qui suit, sur des questions intéressantes pour nos lecteurs.

« 1° Les associations syndicales libres ne peuvent, tant qu'elles ne se transforment pas en associations autorisées, se soumettre aux règles de comptabilité écrites dans l'article 636 de l'Instruction générale des finances; par suite, si l'administration centrale des finances n'autorise les Percepteurs à devenir comptables des associations syndicales qu'à la condition de suivre les prescriptions contenues dans ledit article 636, elle leur défend par cela même d'accepter la gestion financière des associations libres.

2° Les associations syndicales autorisées choisissent leur trésorier ou receveur sans être astreintes à le prendre parmi les Percepteurs; situation particulière des comptables non Percepteurs.

3° La loi investit les Préfets du droit de faire exécuter d'office les travaux nécessaires, pour obvier aux conséquences nuisibles à l'intérêt public provenant de l'interruption ou du défaut d'entretien des travaux entrepris soit par une association autorisée, soit par une association libre.

4° Dans les emprunts contractés par les syndicats autorisés, les trésoriers n'ont droit à remises ni sur la recette du montant de l'emprunt, ni sur le remboursement de ce même emprunt.

5° Un syndicat établi par arrêté préfectoral avant la loi de 1865 pour des travaux de curage ne peut pas mettre à la charge des propriétaires associés le montant de travaux de dessèchement et de redressement entrepris sans le consentement des associés et en dehors des formalités prescrites par la loi.

6° Le délai de trois mois accordé pour réclamer la décharge ou la réduction de taxes syndicales, court du jour de la publication du rôle rendu exécutoire et non de la publication antérieure qui a pour unique objet d'éclairer la décision du Préfet au sujet de la mise à exécution du rôle.

7° Quand le règlement syndical ne prescrit pas que les taxes seront payables par douzièmes, les demandes en réduction ou décharge sont recevables, sans qu'il soit besoin d'y adjoindre la quittance des termes échus.

8° Lorsqu'il y a lieu à expropriation pour cause d'utilité publique, à raison de travaux intéressant une association syndicale autorisée antérieurement à la loi du 21 juin 1865, le règlement de l'indemnité doit-il être fait par quatre jurés seulement, ou bien, au contraire, par douze jurés, suivant la loi du 3 mai 1841?

Dans le commentaire de la loi du 21 juin 1865 que nous avons publié en 1866, nous avons eu plusieurs fois à signaler des dissidences existant entre nos opinions et celles qui avaient été déjà exprimées sur la même matière, C'est ainsi que nous avons été en désaccord avec le *Mémorial des Percepteurs* sur les trois premières questions posées en tête du présent article. Les rédacteurs de cette estimable publication ont cru devoir répondre à nos critiques et nous les en remercions, non à cause de la courtoisie de leurs réponses, mais aussi parce qu'ils nous fournissent l'occasion de maintenir nos solutions et de démontrer, croyons-nous, qu'en argumentant contre elles, ils leurs prêtent, malgré eux, l'appui de leur adhésion.

I. Sous le n° 138 de notre commentaire, en citant des passages extraits du *Mémorial des Percepteurs*, nous en avons déduit comme conséquence qu'aux yeux des rédacteurs de ce Recueil, les associations libres auraient le droit de choisir leur receveur, soit parmi les Percepteurs, soit en dehors de ces comptables publics, et que si leur choix portait sur un Percepteur, ces associations libres devenaient, par cela seul, soumises aux règles de comptabilité écrites dans l'article 636 de l'Instruction générale. Et ce qui prouve que nous ne nous étions pas trompé sur cette déduction, c'est que dans la 3e livraison du *Mémorial*, 1867, page 109, on lit ce qui suit :

« Déjà, dans une précédente livraison, nous avons « eu occasion de démontrer contre M. Godoffre, que « les *associations syndicales libres* ne pouvaient con- « fier leur service au Percepteur qu'en se soumettant « aux règles de comptabilité écrites dans l'article 636 « de l'Instruction générale pour les *associations autorisées*. »

Et le *Mémorial* ajoute :

« L'administration supérieure a consacré cette « opinion. »

Nous allons voir bientôt ce qu'il faut penser de cette dernière affirmation.

Pour le moment, constatons que nous avons prêté au *Mémorial*, à tort peut-être, mais en ce cas il faut avouer que les passages cités contribuaient singulièrement à faire naître et entretenir notre erreur, l'opinion que, sans cesser d'être libres, les syndicats non autorisés, s'ils prenaient pour caissier un Percepteur, seraient assujettis aux règles de comptabilités écrites dans l'article 636 de l'Instruction générale.

Il n'est pas entré un seul instant dans notre pensée qu'il y eût lieu de traduire ainsi la doctrine du *Mémorial* :

« Les *associations syndicales libres* ne peuvent « avoir pour receveur un Percepteur qu'en devenant « des *associations autorisées*. »

Alors, en effet, il n'y aurait pas eu entre nous l'ombre d'un dissentiment.

Aussi, qu'avons-nous dit sous le n° 138 de notre commentaire :

En principe, toutes les associations syndicales, *libres* ou *autorisées*, ont, de par la loi de 1865, le droit de prendre leur caissier ou trésorier parmi les Percepteurs ou ailleurs. Sans doute, la direction générale de la comptabilité publique peut interdire d'une manière absolue aux Percepteurs d'accepter la gestion financière des associations syndicales libres ; mais en l'absence d'une telle prohibition, le choix d'un Percepteur n'aurait pas pour effet d'imposer à l'association libre les règles de comptabilité écrites dans l'article 636 de l'Instruction générale.

Que répond à cela le *Mémorial*, 1866, p. 345 et suiv.?

« M. Godoffre pense que les Sociétés libres pourront choisir le Percepteur, sans se soumettre aux règles de la comptabilité communale. C'est ce qui nous paraît impraticable : et là, croyons-nous, est le germe de l'antagonisme où il est placé à notre égard. »

Expliquons-nous catégoriquement, afin d'éviter toute équivoque.

Nous n'avons jamais dit que les associations syndicales libres pourraient prendre des Percepteurs pour caissiers, malgré la défense formelle faite à ces comptables par leurs supérieurs hiérarchiques, mais nous avons soutenu, et nous persistons à soutenir que si cette défense n'existait pas ou si elle était levée, le choix d'un Percepteur comme caissier ne pourrait pas avoir pour résultat de soumettre une association libre aux règles de la comptabilité communale.

Nous aurions pu aller plus loin et déclarer, comme nous le faisons aujourd'hui explicitement (car cela résultait implicitement de notre opinion), qu'une Société libre ne pouvait se soumettre aux règles de la communale qu'en perdant sa qualité de *libre* pour devenir *autorisée*. Quelle que soit, en effet, la volonté d'une Société libre unanimement exprimée dans les statuts, la comptabilité d'une telle association reste simplement *privée;* elle ne peut revêtir le caractère *public* qu'autant que l'association change elle-même de caractère, acquiert les avantages de l'autorisation. Et nous ajoutons qu'en présence des économies de la loi, il nous est bien difficile de concevoir qu'un autre système ait pu rallier un seul suffrage, car l'opinion du *Mémorial*, alors même qu'elle pourrait s'appuyer sur la jurisprudence du ministère des finances, ne saurait prévaloir contre la loi, et il est absolument impossible qu'il dépende d'un arrêté ministériel ou d'une circulaire quelconque que la comptabilité des associations libres, qui ne relève que des tribunaux judiciaires, passe dans le domaine des Conseils de Préfecture ou de la Cour des Comptes par le fait seul du choix d'un Percepteur au lieu d'un caissier non Percepteur.

(*La suite au prochain numéro.*)

CHRONIQUE.

Le grand mouvement intellectuel, qui s'opère en France, vient de faire naître une nouvelle feuille, consacrée à la discussion des idées philosophiques et religieuses, intitulée *La Pensée nouvelle*, qui a produit de suite une grande sensation. Son programme est tout entier contenu dans ces quelques lignes : « Affranchir l'esprit humain des hypothèses, des superstitions, des doctrines irrationnelles, tel est notre but ; n'admettre de raisonnement que basé sur l'observation, l'expérience, telle est notre loi. Nous n'acceptons sur l'autorité d'aucune secte, d'aucune école, d'aucun homme, quelle que soit leur renommée, aucune affirmation contraire aux faits observés. Nous n'admettons d'autre règle que celle de la méthode expérimentale. » Ce Journal paraît chaque semaine ; — Bureaux, 31, rue des Noyers. Abonnement, 7 fr. par an.

DEMANDES D'EMPLOI.

Un jeune homme Fondé de pouvoir d'une perception importante désire trouver le même emploi chez un Percepteur du département de la Seine ou d'un département voisin. Excellente référence.

Un employé de Recette particulière, âgé de 24 ans, et célibataire, désire trouver un emploi de fondé de pouvoirs d'un Receveur particulier.

Bonnes références.

Un Percepteur de 3e classe (remise 3800) : résidant dans un chef lieu de canton de la Haute-Vienne, avec station de chemin de fer, désirerait permuter avec un collègue d'un autre département du centre.

Ier VOLUME DU JOURNAL DES PERCEPTEURS. (Nouvelle Série). année 1866. — Plusieurs de nos nouveaux abonnés, à partir de l'année 1867, n'ont pas encore notre volume de 1866. Nous leur ferons observer que ce volume, qui contient d'importants travaux, formera dans leur collection une absence fâcheuse. Ils pourront se trouver dès à présent gênés fréquemment par cette lacune, car nous avons souvent à mettre en corrélation ce 1er tome (qui est la base de notre nouvelle Série), avec ceux qui le suivent. Bientôt d'ailleurs, ce volume arrivera à s'épuiser, et il deviendra difficile de se le procurer.

Pour leur en faciliter l'acquisition, nous venons d'en faire relier un certain nombre d'exemplaires avec des cartonnages solides et élégants, et nous les céderons en ce moment à des conditions exceptionnelles.

MANUEL DES PAYEMENTS

PAR LES PERCEPTEURS

DES MANDATS ET ACQUITS DU TRÉSORIER GÉNÉRAL

(*ANCIEN SERVICE DU PAYEUR*)

Publié sous la Direction de

M. H. GALLERIER

Avocat à la cour de Paris, Directeur du Journal des Percepteurs

Avec la collaboration de M. J. P., Percepteur

1 vol. de [illegible] pages. — Prix : [illegible]

doit être envoyé avec la demande en timbres-poste

Cet Ouvrage nous avait été demandé plusieurs fois, car il n'en existe pas d'autre sur cette matière délicate et difficile, dont on est obligé de rechercher, avec beaucoup de peine et [illegible], les [illegible] épars en plusieurs endroits différents.

A une époque déjà reculée, il avait été publié un volume sur cette matière, intitulé *Code des Payeurs*, par M. Fasquel; mais on sait que depuis ce temps les instructions ont apporté de nombreuses modifications. Ce volume se vendait 10 francs.

Les dernières Instructions ministérielles viennent de donner un nouvel intérêt d'opportunité à cet ouvrage.

PETITE

INSTRUCTION PRATIQUE

SUR LE SERVICE MUNICIPAL

Par un Receveur Particulier des Finances

Édition revue et considérablement augmentée.

1 vol. de 80 pages. Prix : 2 fr. 50.

Ce volume n'est pas à proprement parler un ouvrage élémentaire, un ouvrage d'initiation à l'usage spécial des nouveaux Comptables ; c'est au contraire un tableau précis, mais complet, de toutes les règles du service municipal en vigueur en ce moment, qui *convient autant aux anciens qu'aux nouveaux Comptables ;* c'est véritablement le MANUEL DE TOUS LES COMPTABLES, rédigé à un point de vue essentiellement pratique. Sans prétendre que ce livre est indispensable, nous le croyons très-utile, sinon nécessaire, à tous les Comptables ; c'est un petit *Code du service municipal* auquel les plus expérimentés trouveront toujours commode de recourir en maintes circonstances.

Quelques Exemplaires de Choix sur beau papier Vergé de Hollande, avec de grandes marges : prix, 4 fr. Cartonné 5 fr.

BULLETIN HEBDOMADAIRE DE LA BOURSE.

Cours des Fonds publics au 31 Mai 1867.

Rentes et Actions.

3 0/0	69 85	Midi	577 50
3 Jouis. 1 janvier	69 85	Nord	1212 50
4 1/2 0/0	98 75	Orléans	825 ..
4 1/2 Jouis. 22 sept.	99 95	Ouest	575 ..
		Cie parisienne du gaz	1595 ..
4 0/0	85 25	Soc. immobilière	200 ..
4 Jouis. 22 sep.	.. ..	Transatlantique	427 50
Obligations du Trésor	470 ..	Messag. impér. (s-m.)	770 ..
Bons du Trésor	2 1/2	Canal de Suez	365 ..
Banque de France	3500 ..	Italien 5 0/0	52 50
Comptoir d'escompte	792 50	Emprunt Mexicain	21 ..
Crédit agricole	645 ..	Crédit mob. espagnol	240 ..
Crédit foncier Colonial	587 50	Soc. autrichienne	445 ..
Crédit foncier de France	1480 ..	Saragosse-Barcelone	40 ..
Crédit ind. et comm.	652 75	Guillaume-Luxemb.	140 ..
Crédit mobilier	382 50	Sud-autrichien lomb.	387 50
Créd. Mobilier (nouv.)	... ..	Nord de l'Espagne	85 ..
Dépôts. comptes cour.	552 50	Saragosse Pampelune	40 ..
Société générale	552 50	Portugais	86 25
Ss-comptoir du com.	410 ..	Chemins romains	75
Charentes	350 ..	Saragosse	98 75
Est	542 50	Victor-Emmanuel	75 ..
Paris-Lyon-Méditerr.	911 25	Séville-Xéres	28 50

Obligations.

Départ. de la Seine	229 50	Méditerranée	320 ..
Ville 1852. 5 0/0	1175 ..	Paris-Lyon-Méditerr.	314 ..
— 1855-1860	450 .	Midi	312 ..
— 1865	530 ..	Nord	320 ..
Crédit foncier. 1000 fr. à 3 0/0	945 ..	Orléans	315 ..
Crédit foncier. 500 fr. à 4 0/0	498 75	Grand-Central	314 ..
Crédit foncier. 10e à 4 0/0	99 75	Ouest	312 50
Crédit foncier. 500 fr. à 3 0/0	467 50	Victor-Emmanuel	301 .
Crédit foncier. 10e à 3 0/0	96 ..	— 1863	120 ..
Crédit foncier. 500 fr. à 4 0/0 1863	483 75	Cordoue-Séville	160 ..
Crédit foncier. Com. 3 0/0	400 ..	Ligne d'Italie	27 ..
Crédit foncier. 5e 3 0/0	81 50	Lombard	225 ..
Crédit foncier. Colonial	455 ..	Nord d'Espagne	130 .
Est	316 ..	Saragosse-Pampelune	[illegible] 25
Ardennes	313 50	Portugais	114 ..
Lyon	312 75	Romains	120 ..
Bourbonnais	314 50	Saragosse	161 ..
Dauphiné	31[illegible] 50	Séville-Xérès-Cadix	78 75
Lyon-Genève, gar	313 50	— 34 ans.	46 25

Valeurs diverses.

Ch. Charentais	[illegible] 50	Empr. Ottoman	[illegible]
Chemins du Médoc	[illegible]	Obl. Emp. Ottoman	[illegible]
Comp. Agriculture	[illegible]	[illegible]	[illegible]
Caisse des ch. de fer	[illegible]	Crédit des [illegible]	[illegible]
Gaz de Marseille	490	Soc. [illegible] ind. Autr.	[illegible]
Banq. Crédit Pays-Bas	[illegible]	Banque Ottomane	[illegible]
Crédit Fonc. Autrich.	[illegible]	Crédit [illegible]	[illegible]
Obl. Autrich. 1865	[illegible]	Zinc, Vieille Montagne	[illegible]
Empr. Mexicain. Obl.	153 75		

Directeur, H. GALLERIER, Avocat à la Cour Impériale de Paris.

JOURNAL DES PERCEPTEURS,

DES RECEVEURS DES FINANCES, ET DES RECEVEURS DES COMMUNES, HOSPICES, ETC.;
DES SURNUMÉRAIRES, ET DES ASPIRANTS.

2e Série. — 10 fr. par an. Un numéro toutes les semaines. 12e année. — N° 23.

SOMMAIRE.

ACTES OFFICIELS

CIRCULAIRE DE M. LE DIRECTEUR GÉNÉRAL DE LA COMPTABILITÉ PUBLIQUE, *relative à différents points du service* — adressée à MM. les Trésoriers-Payeurs généraux et les receveurs des finances, sous le n° 858. (*Extrait.*)

27 avril 1867.

III. *Échange, par les Percepteurs, des pièces de dépenses contre du numéraire. Cas où le Percepteur et le receveur des régies financières n'habitent pas la même résidence.* — Des doutes se sont élevés sur l'interprétation de la circulaire du 22 mars dernier, relative à l'échange par les Percepteurs de leurs pièces de dépenses contre le numéraire disponible entre les mains des receveurs des régies financières.

Pour prévenir toute incertitude de la part des comptables, je crois devoir donner les explications ci-après :

1° L'une de ces dispositions portant que « les Percepteurs seront « *exclusivement* chargés d'effectuer « tous les payements pour le compte de la trésorerie « générale, » il doit être entendu que cette disposition est seulement applicable dans le cas où les Percepteurs habitent la même résidence que les receveurs des régies; mais ces receveurs devraient, dans les localités où il n'existerait pas de Percepteur, continuer de payer les mandats de dépenses publiques qui leur seraient présentés.

2° Il pourra, dès-lors, arriver encore, dans ce dernier cas, que des pièces acquittées par les receveurs des régies financières dans les vingt premiers jours de juin, d'août et de décembre, c'est-à-dire, dans les délais réglementaires que comportent les services désignés au paragraphe 2 de la circulaire du 22 mars 1867, ne seront versées aux receveurs particuliers que pendant la troisième dizaine des mois précités, attendu que, comme il est dit dans la même circulaire, les receveurs des régies financières ne sont pas tenus de faire à la recette particulière de versements en dehors des époques fixées par leur administration respective. Lorsque le cas se présentera, et il sera évidemment fort rare, les pièces dont il s'agit devront néanmoins être admises par les receveurs des finances; mais, comme les Trésoriers généraux ne pourront plus, attendu la clôture des exercices, imputer ces pièces aux comptes de dépenses budgétaires, ils devront les porter au débit du compte *divers*, l/c *de payements à régulariser*, et m'en donner avis *sans le moindre délai*. Je renouvelle aux receveurs des finances la recommandation de prévenir toute espèce de conflit à cet égard avec les receveurs des administrations financières.

3° Il n'est rien innové en ce qui concerne les Percepteurs des chefs-lieux d'arrondissements de sous-préfecture. C'est aux receveurs des finances qu'il appartient, comme par le passé, d'acquitter les mandats visés payables à leur caisse.

CIRCULAIRE DE M. LE DIRECTEUR GÉNÉRAL DE LA COMPTABILITÉ PUBLIQUE *relative à différents point du service*, — adressée à MM. les Préfets et Sous-Préfets, sous le n° 859.

27 avril 1867.

I. *Apposition du timbre de la Préfecture sur les récépissés délivrés par les receveurs des finances et sur leurs talons.* — M. le Préfet, depuis 1859 et à la suite de faux récépissés fabriqués au moyen de formules soustraites, les récépissés délivrés par la Caisse centrale du Trésor public sont, non-seulement revêtus de la signature du contrôleur, mais encore frappés du timbre-estampille du contrôle central.

L'administration a depuis longtemps le projet d'appliquer une mesure analogue aux récépisses délivrés par les receveurs des finances, et dont le visa, attribué aux Préfets et aux Sous-Préfets, est confié d'ordinaire à un employé désigné par eux. Des détournements récents, commis par un employé d'une recette particulière et par suite desquels la responsabilité du Trésorier-général et celle du receveur particulier ont été engagées, ayant de nouveau démontré l'utilité et l'opportunité de la mesure dont il s'agit, j'ai décidé, de concert avec mon collègue au département de l'intérieur, qu'à l'avenir, le timbre humide de la Préfecture ou de la Sous-Préfecture sera apposé sur tous les récépissés délivrés par les receveurs des finances, ainsi que sur leurs talons.

Une circulaire, en date de ce jour, informe les receveurs des finances de cette disposition.

II. ***Dépôts de garantie en rentes sur l'État. Remplacement du récépissé à talon par une reconnaissance à remettre aux soumissionnaires.*** — Lorsque les dépôts de garantie à faire par les soumissionnaires de fournitures et travaux sont effectués en *rentes sur l'État*, les receveurs des finances devaient, aux termes des articles 1179 et 2054 de l'Instruction générale, délivrer des récépissés à talon lors du dépôt des titres et constater ce dépôt au moyen de deux comptes d'ordre ouverts parmi les comptes des correspondants administratifs, lesquels étaient ensuite soldés l'un par l'autre, lorsque, après l'adjudication, les titres étaient restitués aux déposants et que l'adjudicataire était appelé à constituer son cautionnement définitif en rentes ou en numéraire. Il a paru que, comme les cautionnements en rentes, soit définitifs, soit provisoires, ne peuvent être effectués qu'en *inscriptions nominatives*, la formalité du récépissé à talon n'était pas nécessaire, et que le récépissé pouvait, sans inconvénient, être remplacé par une simple reconnaissance, non soumise au visa du Préfet ou du Sous-Préfet et extraite d'un livre à souche. Cette reconnaissance, dont le modèle a été donné dans une circulaire du 16 août 1866, § 7, reste passible du timbre de 50 centimes (circulaire du 6 décembre 1865, § 5°), lequel continuera d'être apposé par les comptables.

III. *Exemption de timbre pour les quittances des cantonniers communaux lorsque aucun des traitements n'atteint* 300 *francs et que, réunis, ils dépassent ce chiffre.* — (Cette disposition a été notifiée aux trésoriers généraux par une circulaire du 10 novembre 1866, § 6).

IV. *Payement des pensions dans les arrondissements de Sous-Préfecture. — Circulation en franchise des titres de pensions et des certificats de vie entre les notaires ou maires et le receveur particulier de leur arrondissement.* — Afin de faciliter le payement des rentes viagères et des pensions dont les titulaires résident dans les arrondissements de Sous-Préfecture, il a été réglé (circulaires des 7 et 29 décembre 1866) que les certificats de vie et les titres de rente viagère et de pensions, qui précédemment devaient être envoyés au chef-lieu du département pour être revêtus du visa et de l'estampille du Payeur, préalablement au payement, seraient, à partir du trimestre du 1er avril 1867, visés et estampillés par les receveurs particuliers, et que ces comptables seraient chargés, avec la même responsabilité que pour les rentes sur l'État, de payer les quittances de pensions, soit directement, soit par l'intermédiaire des Percepteurs. Toutefois, en ce qui concerne les quittances du premier trimestre d'une pension, ainsi que les quittances de décomptes d'arrérages après décès, le payement n'en devra jamais avoir lieu que sur le visa du Trésorier-général, à cause de la responsabilité qu'entraîne la vérification préalable, soit des décomptes de portion de trimestre, soit des pièces d'hérédité ou autres.

Ces nouvelles dispositions ayant rendu nécessaire l'extension, en faveur des receveurs particuliers, de la franchise postale qui a existé jusqu'à ce jour entre les payeurs et les notaires, j'ai, par une décision du 12 mars courant, et sur la proposition de M. le directeur général des postes, autorisé la circulation en franchise, sous bandes : 1° entre les notaires et le receveur particulier de leur arrondissement, pour la transmission et le renvoi des certificats de vie et des titres de rentes viagères et de pensions dues par l'État; 2° entre les maires et le receveur particulier de leur arrondissement, pour la transmission et le renvoi des certificats de vie, brevets et mandats des autres catégories de pensionnaires.

Il importe que ces dispositions parviennent à la connaissance de tous les intéressés. Je prie, à cet effet, MM les Préfets et Sous-Préfets de leur donner une publicité suffisante.

DÉCISIONS ET SOLUTIONS ADMINISTRATIVES.

CAUTIONNEMENT. *Comptables. Bailleur de fonds. Succession. Enregistrement.*

Le cautionnement en numéraire d'un comptable public, bien que fourni par un bailleur de fonds, n'en est pas moins considéré comme la propriété de ce comptable, et il doit être dès lors compris dans la déclaration des biens de la succession.

— Un sieur Bizot, ayant à faire, comme légataire universel de sa femme, la déclaration de la succession de la défunte, avec laquelle il était marié sous le régime de la communauté, a dû comprendre dans les biens de cette communauté la moitié de la somme qu'il avait empruntée pour compléter son cautionnement en qualité de percepteur, et qu'il avait versée à ce titre.

Cette somme, montant à 8000 francs, est naturellement grevée du privilége de deuxième ordre au profit du bailleur de fonds, mais elle n'en a pas moins dû être regardée comme si elle était la propriété du sieur Bizot. Dès lors, le droit fiscal a été réclamé sur la moitié du cautionnement susdit.

La jurisprudence, aux termes de laquelle la régie a exigé le droit, est basée sur des arrêts de cassation des 6 janvier 1840, 17 juillet 1849, et un jugement du tribunal civil d'Aubusson du 10 mai 1860. Des décisions conformes ont été rendues par le Ministre des Finances, les 28 juin 1856 et 12 avril 1862.

(SOLUTION de l'Administration de l'Enregistrement du 14 juillet 1865.)

QUESTIONS DIVERSES

PERCEPTEURS. — CLASSES. — ÉPOQUE D'AVANCEMENT.

Par arrêté ministériel du 1er juillet 1860, un comptable a été appelé à gérer une perception de quatrième classe : à partir de quelle époque aura-t-il droit à l'avancement? Le comptable qui nous consulte nous fait observer que la perception à laquelle il a été nommé faisait, antérieurement, partie de la cinquième classe.

Aux termes du dernier paragraphe de l'article 1197 de l'Instruction générale, les perceptions qui deviennent vacantes sont classées à raison du dernier produit constaté : le chiffre des remises de la perception dont on nous parle ayant dépassé 2[illegible]00 francs antérieurement à l'entrée du titulaire actuel, c'est donc avec raison que, [illegible] la nomination, cette perception a été élevée à la quatrième classe. (Voir *Journal*, page 82). D'après l'article 1206 de l'Instruction générale, le comptable aura droit à l'avancement quand il comptera trois années d'exercice, au moins, dans la perception qu'il occupe ou dans une autre perception de la même classe; nous pensons que la date du départ des trois années doit commencer du jour de l'installation du titulaire dans ses nouvelles fonctions.

ARCHITECTES. — Honoraires.

Est-il dû des honoraires aux architectes sur le prix d'estimation des vieux matériaux d'un édifice qu'ils reconstruisent?

Une commune a obtenu le mode de régie pour la construction d'un nouveau presbytère : Les matériaux de l'ancienne maison, évalués dans le devis à 5000 francs y seront entièrement employés.

On demande si l'architecte est fondé à réclamer des honoraires sur les 5000 francs, prix d'estimation des vieux matériaux, ou s'il n'a le droit de les prélever que sur la somme réellement déboursée par la commune pour payer cette construction? Si l'architecte a droit à des honoraires sur les 5000 francs ci-dessus dits, les états et certificats que fournira le régisseur ne mentionnant pas cette somme, quelles pièces justificatives devra fournir le receveur municipal à l'appui de cette dépense d'honoraires?

La deuxième question que nous pose notre correspondant nous servira, par son texte même, à répondre à la première. Suivant l'article 1003 de l'Instruction générale les comptables n'ont pas qualité pour apprécier le mérite des faits auxquels se rapportent les pièces à l'appui des mandats qui leur sont présentés; mais, d'après l'article 938, ces mêmes mandats doivent être appuyés de toutes les pièces voulues par les règlements. Du moment que les états et certificats, produits par le régisseur, dûment approuvés par qui de droit, ne comprennent pas la somme de 5000 fr. résultant de l'emploi des vieux matériaux, l'architecte ne pourra pas faire figurer dans son décompte d'honoraires une somme que ne comportent pas les pièces relatives à la construction du presbytère. Cette pièce, dans le cas où elle comprendrait, à tort, les 5000 francs en question, ne sera approuvée ni par le Maire ni par l'administration préfectorale; car nous n'admettons pas que le décompte des honoraires de l'architecte ne doive pas, aussi bien que les états de travaux, être visé et approuvé par les autorités compétentes.

C'est avec raison que les états et certificats produits par le régisseur ne comprennent pas les 5000 francs dont il nous est parlé; car, si les travaux, au lieu d'être faits en régie, avaient été adjugés, la somme de 5000 francs aurait été, et avec raison, déduite du montant de l'adjudication. Le décompte, dûment approuvé par le Préfet, présenté au soutien du mandat de l'architecte, sera donc la pièce justificative que devra exiger le receveur pour payer ces honoraires et couvrir sa responsabilité, sans s'occuper de tout autre chose.

IMMEUBLE COMMUNAL. — Bail a loyer a charge de faire les réparations. — Remises.

Une commune se trouvant dans l'impossibilité financière de réparer une maison qui lui appartient, renouvelle le bail de cette maison pour neuf ans en réduisant ce bail au tiers de son ancienne valeur, mais à charge pour le locataire de faire les réparations à ses frais. Le receveur est-il fondé à réclamer des remises sur le montant des réparations faites par le locataire?

L'opération dont on nous parle nous paraît rentrer dans la catégorie des opérations par atténuation de dépenses et de recettes, de compensation ou de délégation, dont nous avons parlé dans notre Traité des Remises, pages 55, 65 et 76. Quoique faite de bonne foi, cette opération n'est pas régulière; elle doit être signalée particulièrement à ses supérieurs par le comptable intéressé et aussi dans le certificat qui terminera les comptes de l'exercice, s'il ne peut obtenir auparavant une juste réformation du bail.

ANCIENS ROLES. — Comptes a ouvrir. — Reports au livre récapitulatif.

Le montant des rôles soldés intrégralement pendant l'année de leur mise en recouvrement doit-il être reporté au livre récapitulatif des deux années qui suivront celle-ci?

Les articles 1504 et suivants de l'Instruction générale qui ont rapport à la tenue du livre récapitulatif n'indiquent pas, ainsi que le fait l'article 1502 pour le livre des comptes divers le mode des reports à faire du livre de l'année expirée au livre de l'année qui commence.

En ce qui concerne les produits communaux, il est évident que le mode de reports prescrit par l'article 1502 pour le livre des comptes divers doit être suivi pour le livre récapitulatif. En ce qui concerne le report des contributions directes, c'est plutôt une affaire d'appréciation pratique qu'une affaire de réglementation. A quoi servirait de reporter au premier jour d'une année les recettes et dépenses des contributions soldées pendant l'année précédente? Quel résultat serait obtenu par ce report? Aucun, évidemment, puisque la somme portée en recette et en dépense, au premier jour de l'année, restera la même jusqu'au 31 décembre suivant sans être augmentée d'un centime. Nous pensons que les comptables ne doivent reporter, dans les colonnes destinées à recevoir le montant des recouvrements et des versements sur contributions directes, que les sommes appartenant à des exercices non soldés; qu'ainsi, les recettes et dépenses sur contributions directes de l'exercice précédent ne doivent être reportées ni au livre récapitulatif de l'année qui suit ni au livre de l'année qui suivra celle-ci : c'est ainsi, du reste, que font procéder les recettes des finances les mieux tenues.

TIMBRE. — Octroi en régie. — Quittance des frais de perception.

Les quittances au-dessus de 10 fr., pour frais de

perception, de droits d'octroi, payées au régisseur, sont elles soumises au timbre, lorsque les sommes annuelles touchées par celui-ci ne dépassent pas 80 francs?

Il s'agit de savoir si les quittances délivrées regardent des dépenses concernant le personnel, ou des dépenses concernant le matériel de l'octroi. Si les quittances concernent des traitements, elles sont exemptes de timbre, puisque les traitements ne s'élèvent pas à 300 fr. (Instruction, 454 ; 1231, § 12, et 1732, § 16.)

S'il s'agit, au contraire, de frais concernant des fournitures, locations ou dépenses autres que celles du personnel, les quittances au-dessus de 10 fr. nous semblent devoir être assujéties au timbre.

VENTE DE PROPRIÉTÉS COMMUNALES PRODUCTIVES DE REVENUS. Achat de rentes sur l'État. Soultes de conversion de rentes. Remises.

Aucunes remises ne sont dues aux receveurs, à raison de ces opérations, aux termes des instructions citées en marge de l'article 1239 de l'Instruction générale et de l'article 1241 de cette même Instruction. (Voir notre Traité des remises, aux articles consacrés à chacun des produits spécifiés.)

VENTE MOBILIÈRE. Payement d'office.

Un *greffier de justice de paix* qui a procédé à la vente volontaire du mobilier d'un contribuable est-il tenu, avant de se dessaisir du produit de cette vente, de s'enquérir si les impôts sont payés?

Oui, aux termes de l'article 84 de l'Instruction générale du 20 juin 1859. (Loi des 5-18 août 1791 et juin 1843. — *Journal des Percepteurs* 1864, page 135, et 1866 page 185.)

VARIÉTÉS.

DES ASSOCIATIONS SYNDICALES (2e article).

Aujourd'hui, comme lorsque nous écrivions notre commentaire, nous nous prononçons sans hésiter contre une interprétation que rien ne justifie, et nous sommes d'autant plus autorisé à le faire, que le *Mémorial* nous fournit dans sa réponse les arguments qui nous avaient déterminé. Ce qu'il appelle une interprétation *convenue* n'est autre chose que l'explication de la loi, d'accord avec son esprit et son texte, et nous croyons être fondé à lui dire : Vous revenez, malgré vous, à l'opinion que vous semblez vouloir combattre, car en définitive, votre article paraît aboutir à notre conclusion : Dans les associations libres, *jamais de comptables publics*, même si le choix portait sur un Percepteur, en admettant que le Ministre des Finances y consentît. Seulement, nous vous adresserons le reproche de ne pas être suffisamment clair et précis, car, au moment où il semble que nous ne soyons séparés que par un *malentendu*, vous vous éloignez de nous en disant : « En principe, les associations libres peuvent nommer à leur gré un receveur et lui tracer les règles et les formes de comptabilité qu'elles jugent convenables ; mais, dans ce cas, elles doivent renoncer à choisir le Percepteur, parce qu'il ne leur serait probablement donné qu'à *des conditions qui feraient rentrer ces Sociétés dans la catégorie des associations autorisées*, et que, dès lors, il vaudrait mieux pour elles recourir à l'application de l'art. 8 et se transformer purement et simplement en associations autorisées. »

Il est donc vrai que, d'après le *Mémorial*, il pourrait y avoir trois catégories d'associations syndicales.

La première, *absolument libre*, qui n'aurait pas de Percepteur pour caissier et qui serait régie par le droit commun ;

La seconde, qu'on pourrait appeler *mixte*, qui serait à la fois libre et non autorisée, mais qui cependant ayant voulu avoir un Percepteur pour caissier se serait soumise aux conditions de l'Instruction générale des finances, ce qui, sans lui enlever le caractère de Société libre, la ferait rentrer dans la catégorie des Sociétés autorisées ;

Enfin, la troisième, *autorisée*.

Tandis que pour nous il n'y a que des associations *libres* ou *autorisées*, sans intermédiaire, et que nous repoussons péremptoirement la création inventée par le *Mémorial*.

Nous pouvons invoquer en faveur de notre opinion la jurisprudence certaine du ministère de l'agriculture, du commerce et des travaux publics ; et, ce qui est encore plus décisif dans l'espèce, la jurisprudence du ministère des finances que le *Mémorial* prétend favorable à son interprétation et que nous lui empruntons textuellement (année 1866, 12e livraison, p. 369 et suiv.)

Nos lecteurs apprécieront à qui, de nous ou du *Mémorial*, elle prête l'appui de son autorité.

Extrait d'une lettre de M. le directeur général de la comptabilité publique, en date du 7 novembre 1866.

« Monsieur le Trésorier-Payeur-général, par la lettre que vous m'avez adressée le 17 septembre dernier, vous avez exprimé le désir d'être fixé sur certaines questions que vous paraît soulever la loi du 21 juin 1865, relative aux associations syndicales. Cette loi établit deux catégories de syndicats : les associations libres et les associations autorisées. En ce qui concerne les premières, qui ne sont soumises à aucune règle spéciale d'administration, vous demandez si elles peuvent choisir pour leur trésorier un Percepteur ou un receveur spécial, sans que ce dernier soit tenu de remplir les conditions prescrites par le sixième paragraphe de l'art. 1273 de l'Instruction générale....

« Ces associations ne peuvent confier la gestion de leurs fonds à un Percepteur ou receveur municipal, car le choix de l'un de ces comptables entraîne virtuellement une soumission absolue de sa part aux règlements administratifs. L'article 637 de l'Instruction générale établit, en effet, d'une manière formelle, que l'administration des finances n'intervient dans aucune des parties du service des agents particuliers des syndicats autres que les Percepteurs. »

Cette réponse de l'administration centrale est la confirmation la plus évidente de notre opinion, puisqu'elle établit :

1° Qu'il n'y a que deux catégories d'associations, les unes *libres*, les autres *autorisées ;*

2° Que les Percepteurs ne peuvent pas être choisis par les associations *libres* pour gérer leurs finances.

Notons que le seul obstacle à ce choix consiste, d'une part, en ce que l'administration centrale astreint les Percepteurs à l'observation de règles inhérentes à la comptabilité publique, et, d'autre part, en ce que la gestion financière des associations libres ne comporte pas l'application des règles en vigueur pour la comptabilité publique.

II. La lettre que nous venons de citer consacre encore de la manière la plus positive notre opinion, contraire à celle soutenue par le *Mémorial* sur le droit qui appartient aux associations autorisées de choisir pour trésorier soit un Percepteur, soit un receveur municipal, soit un tiers.

Elle porte, en effet :

« Relativement aux associations syndicales autorisées, les règles en vigueur sont les suivantes :

« 1° Les rôles des cotisations à recouvrer sont exempts de timbre.

« 2° Les trésoriers sont nommés par le Préfet sur la proposition du syndicat.

« 3° Le Percepteur, non plus que le receveur municipal, n'est de droit investi des fonctions dont il s'agit : ces agents doivent être désignés par la commission syndicale, ainsi qu'il résulte du paragraphe premier de l'article 637 de l'Instruction générale.

« 4° Les syndicats conservent la faculté de choisir pour leur trésorier un autre agent que le Percepteur receveur municipal; mais alors ce préposé se trouve dans le cas prévu par l'art. 637 précité, c'est-à-dire qu'il n'est pas placé sous la surveillance et la responsabilité du receveur des finances; les porteurs de contraintes ne peuvent être employés pour exercer les poursuites; les fonds de l'association ne sont pas admis en placement au Trésor avec intérêt; en un mot, ce comptable reste absolument étranger à l'administration des finances;

« 5° Les Percepteurs receveurs municipaux nommés trésoriers sont tenus, en principe, au versement d'un cautionnement, à moins d'une dispense formelle du préfet prononcée sur la proposition du syndicat et l'avis approbatif du receveur des finances responsable.

« 6° Les remises du Percepteur-trésorier sont également fixées par le Préfet, d'après l'avis du syndicat et du Trésorier-général, suivant le tarif réglementaire des communes et établissements publics, à moins de circonstances exceptionnelles nécessitant un taux différent, pour l'adoption duquel l'administration doit toujours être consultée. (Circulaire du 1er mai 1861.) »

Nous comprenons que l'administration des finances n'ait pas voulu étendre la responsabilité de ses agents supérieurs dans les départements à des comptables qu'elle ne choisit pas et dont elle ne peut, par conséquent, garantir la gestion, et c'est pour nous une raison de plus d'insister sur l'observation que nous avons consignée à la note 4 sous le numéro 215 pour établir les avantages que comportent le choix des Percepteurs-receveurs municipaux.

Mais, encore ici, nous ne saurions nous associer à la pensée exprimée par le *Mémorial*, en ces termes :

« La loi n'impose pas, nous ne refusons pas de le reconnaître, les Percepteurs aux associations syndicales autorisées, et la loi ne sera pas violée dans l'espèce. Seulement, nous pensions que l'administration, par voie de conséquence, serait amenée à faire, du concours du Percepteur, une condition de son autorisation. »

Ainsi, dans l'esprit des rédacteurs du *Mémorial*, bien qu'il fût constant qu'avant la loi de 1865 l'Instruction générale des finances laissât aux associations syndicales la latitude de choisir leur comptables parmi les Percepteurs ou ailleurs, que la loi de 1865 elle-même n'avait rien changé à cet état de choses comme cela résulte, sans aucun doute possible, d'une réponse faite par le commissaire du Gouvernement, l'administration, plus puissante que la loi, pourrait exclure tout autre comptable que le Percepteur !

Qu'on veuille bien le remarquer, le germe du dissentiment qui nous a séparé du *Mémorial* dans les deux premières questions par nous examinées vient uniquement de ce que nous mettons la loi au-dessus de l'administration des finances, tandis que le *Mémorial* subordonne l'exécution de la loi aux convenances de cette administration. Lorsque la loi est claire, précise et que son interprétation, éclairée par l'élaboration à laquelle elle a été soumise, ne laisse plus de place à l'incertitude, il faut lui obéir; elle doit rencontrer des serviteurs et non des maîtres. Or, s'il est établi que la loi a admis la latitude du choix pour les associations syndicales autorisées, comment ne serait-ce pas lui faire violence que de supprimer ce choix en vertu de simples instructions, de circulaires ministérielles? Nous croyons donc pouvoir affirmer que l'administration ne sera pas amenée à *faire, du concours du Percepteur, une condition de son autorisation*, car si elle le faisait, ce serait un excès de pouvoir qui, déféré au Conseil d'État, donnerait nécessairement lieu à un décret d'annulation.

III. Le *Mémorial*, dans un autre article (année 1867, livraison de mars, p. 109), maintient l'opinion que, sous le numéro 304 de notre commentaire, nous avons citée comme étant en opposition avec l'art. 25 de la loi de 1865. L'opinion du *Mémorial* paraissait considérer le dernier paragraphe de cet article comme n'investissant le Préfet d'un droit coactif qu'envers les associations *autorisées*.

Pour démontrer que ce droit coactif s'appliquait aussi et sans aucune distinction aux associations *libres*, nous avons reproduit les termes mêmes du rapport portant :

« Les associations *libres* comme les associations *autorisées* sont soumises à la sanction qui y est écrite. » Nous avons rappelé, dans le même sens, la circulaire ministérielle du 12 août 1865. Enfin, nous nous sommes étayés de l'avis exprimé par MM. Duvergier et Bioche.

Or, voici comment raisonne le *Mémorial* pour justifier sa solution sur laquelle, c'est lui-même qui le déclare, notre doctrine ne s'est pas rencontrée avec la sienne, en nous reprochant aussi de n'être pas entré dans la discussion des motifs de cette dernière :

« M. Godoffre semble s'appuyer de l'opinion de M. Duvergier qui rappelle qu'en effet la commission du Corps législatif n'avait, en parlant du droit du Préfet, dans le paragraphe 3 de l'article 25, énoncé que les sociétés autorisées; mais que le Conseil d'État a retranché le mot autorisées, voulant dire par là que le droit du Préfet de faire exécuter les travaux, quand l'interruption ou le défaut d'entretien était de nature à nuire à l'intérêt public, s'applique à tous les cas. M. Duvergier fait observer, à cet égard, que lors même que la loi fût restée muette, le Préfet aurait trouvé ce pouvoir dans ses attributions générales.

« Nous n'avons qu'une observation bien simple à faire, qui montre que la manière de voir de M. Duvergier est parfaitement conforme à la nôtre, et que, comme nous, il pense que le changement demandé par le Conseil d'État n'ajoutait rien à la loi.

« Peut-être, en effet, suffisait-il de remarquer, en ce qui concerne les associations libres, que l'article 26 sauvegardait cet intérêt de sécurité et de salubrité publiques, qu'il s'agissait de protéger contre l'inaction des associations libres. Cet article, en effet, a eu pour objet de laisser à l'administration préfectorale le droit de pourvoir elle-même aux travaux de cette nature, en déclarant que la loi du 16 septembre 1807 et celle du 14 floréal an XI continueraient à recevoir leur application, lorsqu'il s'agirait de travaux spécifiés aux n°s 1, 2 et 3 de l'article 1er de la loi, c'est-à-dire aux travaux d'endiguement, de curage des cours d'eau et des canaux de dessèchement et d'irrigation et de dessèchement des marais.

« Ce sont aussi les seuls pour lesquels les Préfets peuvent intervenir dans les sociétés libres; et, comme ils ne peuvent agir contre elles par voie de retrait d'autorisation, nous avions conclu que l'article 25 ne pouvait avoir eu en vue que les sociétés autorisées.

« M. Duvergier, en disant que le paragraphe 3 de l'article 25, si l'on y comprend les associations libres aussi bien que les associations autorisées, ne donne au Préfet aucun pouvoir qu'il ne tînt déjà de ses attributions propres, confirme notre manière de voir.

« Le renvoi que, dans nos notes sur les articles 25 et 26, nous avons fait à nos observations sur l'article 2, démontre assez clairement que nous n'avons jamais entendu refuser au Préfet le droit de pourvoir d'office aux travaux de sécurité et de salubrité publiques, en cas d'inaction des associations libres; mais au lieu de faire résulter ce droit du paragraphe 3 de l'article 25, qui n'a été fait visiblement, par sa contexture même, qu'au point de vue des associations autorisées, nous en trouvions la base dans l'article 26 qui maintient précisément, pour les cas indiqués ci-dessus, les dispositions de la loi du 16 septembre 1807. »

Nous avons tenu à reproduire textuellement l'argumentation du *Mémorial*, afin que nos lecteurs fussent mieux en position d'apprécier la valeur de notre réponse.

D'abord M. Duvergier n'a pas dit ce que le *Mémorial* lui attribue, ou du moins il l'a dit d'une tout autre manière, ce qui fait qu'au lieu de *paraître* nous appuyer de l'avis de cet éminent jurisconsulte, nous avons *très-réellement* considéré cet avis comme concordant d'une manière absolue avec notre opinion. M. Duvergier reconnaît avec nous, et il était bien difficile de faire autrement en présence du passage du rapport précité, que le troisième paragraphe de l'article 25 s'applique aux deux catégories d'associations; mais qu'au surplus, alors même que la loi fût restée muette, le Préfet aurait trouvé ce pouvoir coactif dans ses attributions générales.

Où donc le *Mémorial* a-t-il vu que nous ne fussions pas entièrement d'accord avec M. Duvergier?

Mais, par contre, où a-t-il trouvé que l'opinion qu'il maintient soit conforme à celle de M. Duvergier?

La base du droit du Préfet serait dans l'article 26 au lieu d'être dans l'article 25. Il n'y a à cela qu'un inconvénient, c'est que l'article 26 a disposé, pour le cas où il n'existe pas d'association libre ou autorisée, et nous confesserions notre erreur si le *Mémorial* pouvait nous prouver comment le Préfet pourrait, après mise en demeure notifiée à une association libre qui n'existe pas, faire procéder d'office à des travaux qu'aurait interrompus ou cessé d'entretenir une association libre qui, n'ayant jamais existé, n'a pu jamais les entreprendre!

Dans quelle partie de la loi le *Mémorial* a-t-il puisé cette autre affirmation que les travaux d'endiguement, de curage des cours d'eau et des canaux de dessèchement et d'irrigation, et de dessèchement des marais, spécifiés aux numéros 1, 2 et 3 de l'article 1er, fussent les *seuls* pour lesquels les Préfets peuvent intervenir dans les sociétés *libres*?

Il nous semble que le *Mémorial* se met par là en contradiction formelle avec lui-même. Puisqu'il reconnaît avec M. Duvergier, et avec nous par conséquent, que toutes les fois qu'il s'agit d'une mesure d'intérêt public le Préfet tient de la législation générale des pouvoirs suffisants que la loi spéciale s'est bornée à constater, nous nous étonnons, à bon droit, que ces pouvoirs, qui naturellement ne devraient avoir d'autres limites que l'intérêt public, soient circonscrits par le *Mémorial* aux seuls cas qu'il indique. Est-ce que les travaux qui font l'objet des numéros 4, 5, 6, 7 et 8 de l'article 1er ne peuvent pas présenter des situations mettant en péril l'intérêt public et appelant par cela même l'exercice du droit coactif du Préfet? Une association libre a fait exécuter des travaux d'assainissement qu'elle laisse interrompus, un canal d'irrigation qu'elle néglige d'entretenir, ce qui expose les propriétés irrigables à des inondations, des drainages qui amassent à ciel ouvert des eaux souterraines pour l'écoulement desquelles aucune précaution n'a été prise, un pont qui n'a été qu'ébauché et dont l'assiette des piles en lit de rivière avec les batardeaux et autres ouvrages hydrauliques qu'elle nécessite, met obstacle au libre écoulement des eaux et à la navigation, un chemin d'exploitation qui prend naissance à une route impériale ou départementale à la jonction de laquelle ont été abandonnés des ouvrages en partie exécutés et dont la suspension indéterminée occasionne un dommage réel à la route en empêchant l'écoulement des eaux dans les fossés, un autre chemin d'exploitation qui coupe des cours d'eau avec des ponts insuffisants qui causent des inondations, etc., etc., nous pourrions multiplier les exemples par milliers, et le Préfet devant ce péril encouru par l'intérêt public devra demeurer les bras croisés, impuissant, parce qu'il s'agira de toute autre chose que des cas prévus aux numéros 1, 2 et 3 de l'article 1er de la loi!

Voilà comment le *Mémorial* en voyant dans l'article 26 ce qui n'y était pas, et en n'apercevant pas dans l'article 25 ce qui était dans son texte très-clairement expliqué par le rapport, a été conduit à une conséquence inadmissible, en contradiction avec le principe auquel il se ralliait.

IV. Le trésorier d'une association syndicale choisi en dehors des Percepteurs-receveurs municipaux, a droit, d'après l'arrêté préfectoral de nomination, à des remises calculées à 2 pour 100 sur les recettes et à 2 pour 100 sur les dépenses. Ce syndicat ayant contracté un emprunt de 18 000 francs, destiné, avec une subvention de l'État, à l'exécution de travaux défensifs, le montant de cet emprunt fut versé par l'établissement prêteur à la caisse du Trésorier-Payeur-Général qui en adressa récépissé au comptable de l'association, et, plus tard, sur un mandat de remboursement, signé par ce dernier, il fut versé au Trésor, conformément à un arrêté préfectoral, à titre de fonds de concours pour des travaux publics.

Le receveur du syndicat nous a consulté sur le point de savoir si des remises ne lui étaient pas dues aussi bien sur le capital emprunté que sur le capital versé au Trésor.

« Pour ce qui concerne la première de ces opérations, nous a-t-il écrit, il n'y a pas de difficulté; mais, pour ce qui concerne la seconde, on répond qu'elle ne donne pas droit à des remises, attendu que les travaux ont été payés directement par le Trésor, sans la concours du trésorier de l'association. »

Nous avons répondu :

Les receveurs spéciaux des associations syndicales sont assimilés, sous certains rapports, aux comptables communaux par la loi du 21 juin 1865; il y a donc lieu de leur appliquer, pour le droit aux remises, les règles observées en matière de comptabilité des communes ou des établissements publics.

Or, d'après les instructions de M. le Ministre de l'Intérieur (*Bulletin off.*, 1840, p. 89) et le n° 1241 de l'Instruction générale des finance de 1859, il n'est dû de remises ni pour la recette du montant de l'emprunt, ni pour le remboursement de ce même emprunt, parce que ces opérations font double emploi : la première avec l'encaissement des taxes syndicales affectées au remboursement de l'emprunt, la seconde avec la dépense des fonds de l'emprunt pour les travaux en vue desquels il a été contracté.

Ainsi, dans la situation exposée, il n'était dû aucune remise pour l'encaissement des 18 000 francs empruntés, mais la remise est due pour le versement de cette somme au Trésor.

(La fin au prochain numéro.)

NOMINATIONS ET MUTATIONS.

ONT ÉTÉ NOMMÉS PERCEPTEURS :

A La Malmaison (Aisne), 5e cl., M. Marin, surnuméraire;
A Homblières (d°), 5e cl., M. Daubenton, de La Malmaison;
A Villeuve (Aveyron), 4e cl., M. Domergue, de Sauveterre;
A Sauveterre (d°), 4e cl., M. Médal, de Peyreleau;
A Peyreleau (d°), 5e cl., M. Glandières, de St-Chély;
A St-Chély (d°), 5e cl., M. Bonnefous, surnuméraire;
A St-Georges-d'Ol. (Ch.-Inf.), M. Barbe, de Léognan (Gir.);
A Saussignac (Dord.), 4e cl., M. Limouzin, de St-Vincent;
A St-Vincent (d°), 5e cl., M. Boyer, de Saussignac;
A Lapoutroie (H.-Rh.), 2e cl., M. Julliard, de Champagney (H.-Saône);
A Niederhaslach (Bas-Rhin), 2e cl., M. Scholer, de Koguenheim;
A Koguenheim (d°), 2e cl., M. Ringeisen, de Soultz-s.-Forêts;
A Soultz-s.-F. (d°), 3e cl., M. Matter, de Neuwiller;
A Neuwiller (d°), 4e cl., M. Bastard, d'Uhlwiller;
A Uhlwiller (d°), 4e cl., M. Dengler, d'Allenwiller;
A Allenwiller (d°), 5e cl., M. Weber, surnuméraire;
A Champagney (H.-Saône), 1re cl., M. Daublé, de Lapoutroie;
A Ste-Foy (Savoie), 5e cl., M. Dubois...

CHRONIQUE.

Un avis affiché dans toutes les mairies de Paris fait connaître que les bureaux de bienfaisance n'admettront pas à l'assistance les personnes qui ne prouvent pas que leurs enfants reçoivent l'instruction publique et ont été vaccinés.

Le *montant des recouvrements effectués pendant le premier trimestre de l'année* (jusqu'au 31 mars 1867), sur les contributions directes de cet exercice, s'élève à 118 633 000 francs. Cette somme représente 2 douzièmes 64 centièmes de douzième, du montant des rôles qui est de 539 074 000 francs: elle dépasse de 28 787 000 francs les 2 douzièmes exigibles. A la même époque de l'année 1866, les recouvrements s'élevaient à 2 douzièmes 72 centièmes de douzièmes, et l'avance des termes échus était de 31 704 000 francs.

Les frais de poursuites faits en 1867 sont, avec les recouvrements, dans la proportion de 52 c. par 1000 fr., tandis que l'année dernière cette proportion n'était que de 51 c.

Déclaration de la Cour des comptes sur l'exercice 1864, en ce qui concerne le recouvrement des contributions directes.

Les rôles des contributions directes qui ont été mis en recouvrement pour l'exercice 1864, se sont élevés à. . . . . 521 194 274 fr. 61 c.

Ceux de l'exercice 1863 étaient de. 513 897 971 04

D'où ressort, en faveur de l'exercice 1864, un excédant de produit de 7 296 303 57

Cette augmentation tient à des causes qui se reproduisent chaque année. On peut signaler notamment l'aliénation, par l'État, de biens immeubles qui, en sortant de ses mains, sont devenus imposables; le nombre croissant des constructions nouvelles, les votes des conseils locaux et les changements qu'ils ont apportés au montant des contributions; enfin, pour l'impôt des patentes, le développement des affaires industrielles et commerciales.

Les recouvrements effectués, pendant l'année 1864, sur les contributions directes, se sont élevés:

Pour l'exercice 1863, à.	16 993 692 fr.	40 c.
Pour l'exercice 1864, à.	504 440 077	83
Total. . .	521 433 770	67

Les frais de poursuites ont été de 715 233 fr. 77 c., ce qui donne une proportion de 1 fr. 37 pour 1000 francs. C'est un accroissement de 6 centimes sur l'année 1863.

L'avance faite par les receveurs des finances, aux termes de l'article 3 de l'ordonnance du 8 décembre 1832, pour solder les rôles à la clôture de l'exercice 1864, a été de 537 038 fr. 28 c., soit 1 fr. 03 c. pour 1000 fr. du montant des rôles.

Les comptes de 1864, comme ceux des années précédentes, ont encore donné lieu de remarquer que les Préfets, dans un grand nombre de départements, avaient autorisé, par de simples arrêtés, la perception de centimes cantonnaux extraordinaires, destinés à des dépenses facultatives.

BULLETIN HEBDOMADAIRE DE LA BOURSE.

Cours des Fonds publics au 7 Juin 1867.

Rentes et Actions.

3 0/0	70	30	Midi	576	25
3 Jouis. 1 janvier	70	35	Nord	1220	..
4 1/2 0/0	98	70	Orléans	892	50
4 1/2 Jouis. 22 sept.	99	95	Ouest	667	50
			Cie parisienne du gaz	1590	..
4 0/0	85	75	Soc. immobilière	205	..
4 Jouis. 22 sep.	..	..	Transatlantique	440	..
Obligations du Trésor	470	..	Messag. impér. (s-m)	773	75
Bons du Trésor	2	1/2	Canal de Suez	365	..
Banque de France	3400	..	Italien 5 0/0	52	40
Comptoir d'escompte	780	..	Emprunt Mexicain	19	..
Crédit agricole	645	..	Crédit mob. espagnol	260	..
Crédit foncier Colonial	585	..	Soc. autrichienne	470	..
Crédit foncier de France	1485	..	Saragosse-Barcelone	40	..
Crédit ind. et comm.	650	..	Guillaume Luxemb.	137	50
Crédit mobilier	386	25	Sud-autrichien lomb.	403	75
Créd. Mobilier (nouv.)	..	..	Nord de l'Espagne	85	..
Dépôts, comptes cour.	553	75	Saragosse Pampelune	40	..
Société générale	555	..	Portugais	75	..
Ss-comptoir du com.	482	50	Chemins romains	70	..
Charentes	340	..	Saragosse	110	..
Est	535	..	Victor-Emmanuel	71	..
Paris-Lyon-Méditerr.	902	50	Séville-Xérès	35	25

Obligations.

Départ. de la Seine	230	50	Méditerranée	325	..
Ville 1852. 5 0/0	1135	..	Paris-Lyon-Méditerr.	314	25
— 1855-1860	455	..	Midi	313	25
— 1865	535	..	Nord	319	50
Crédit foncier. 1000 fr. à 3 0/0	945	..	Orléans	315	..
Crédit foncier. 500 fr. à 4 0/0	500	..	Grand-Central	315	..
Crédit foncier. 10es à 4 0/0	100	..	Ouest	313	..
Crédit foncier. 500 fr. à 3 0/0	486	25	Victor-Emmanuel	303	50
Crédit foncier. 10es à 3 0/0	97	25	— 1863.	117	..
Crédit foncier. 500 fr. à 4 0/0 1863	486	25	Cordoue-Séville	160	..
Crédit foncier. Com. 3 0/0	400	..	Ligne d'Italie	25	..
Crédit foncier. 5es 3 0/0	83	..	Lombard	227	..
Crédit foncier. Colonial	453	75	Nord d'Espagne	123	..
Est	318	50	Saragosse-Pampelune	92	..
Ardennes	313	75	Portugais	113	..
Lyon	315	..	Romains	120	..
Bourbonnais	315	..	Saragosse	158	..
Dauphiné	314	..	Séville-Xerès-Cadix	95	..
Lyon-Genève, gar	314	75	— 94 ans.	54	..

Valeurs diverses.

Ch. Charentes	362	50	Empr. Ottoman	288	75
Chemin du Médoc	242	50	Obl. Empr. Ottoman	206	25
Comp. Agriculture	530	..	Ch. Ligne d'Italie	9	..
Caisse des ch. de fer	56	..	Cie It. des ch. Médit.	190	..
Gaz de Marseille	485	..	Soc. C. Ind. Amsterd.	312	50
Banq Cred. Pays-Bas	425	..	Banque Ottomane	495	..
Crédit Fonc. Autrich.	647	50	Crédit Mobil. Italien	285	..
Obl. Autrich. 1865	325	..	Zinc, Vieille-Montagne	225	..
Empr. Mexicain. Obl.	132	50			

Directeur, H. GALLETIER, Avocat à la Cour impériale de Paris.

JOURNAL DES PERCEPTEURS,

DES RECEVEURS DES FINANCES, ET DES RECEVEURS DES COMMUNES, HOSPICES, ETC.;

DES SURNUMÉRAIRES, ET DES ASPIRANTS.

2e Série. — 10 fr. par an. Un numéro toutes les semaines. 12e année. — No 24.

SOMMAIRE.

QUESTIONS DIVERSES

AFFOUAGES. Vente de lots retirés faute de payement.

On nous écrit de l'Aube :

« A la page 166 de votre estimable recueil qui est en grande autorité dans notre département, vous parlez, au sujet des ventes des affouages faute de payement, d'une circulaire de M. le Directeur de la Comptabilité Publique, du 16 décembre 1853, par laquelle les Maires ont la faculté d'unir et d'adjuger en un seul lot les portions d'affouages non enlevées par les ayant droits faute de payement, afin de provoquer une concurrence qui disparaît assurément par portions séparées. Pourriez-vous me *donner* le libellé complet de *cette circulaire dont l'application est rarement faite, faute de la connaître ?*

Voici l'extrait textuel qu'on nous demande :

« III. *Affouages. Vente de lots non retirés, faute de* « *payement de la taxe.* Aux termes de l'article 756 « de l'Instruction générale, les portions d'affouages « non enlevées faute de payement de la taxe doivent « être mises en vente séparément par le Maire.

« Le peu de concurrence qui s'établit sur des adju- « dications aussi minimes a donné lieu en certaines « localités à un abus grave. Certains affouagistes se « sont entendus pour acheter à un prix inférieur à « celui de la taxe les portions qu'ils n'avaient point « retirées.

« Afin d'empêcher ces manœuvres, il a été arrêté « de concert entre les Ministres de l'intérieur et des « finances, que les Maires auraient la faculté de réu- « nir et d'adjuger en un seul ou plusieurs lots les « portions d'affouages non enlevées par les ayants « droit.

« Le mot *séparément* devra alors être considéré « comme supprimé dans l'article 756 précité. »

Nous déférons volontiers au vœu de notre correspondant sur ce point, qui a une importance assez grande; en effet, une décision du Ministre de l'intérieur, en date du 10 janvier 1839, portait que les portions d'affouages doivent être mises en vente séparément, et seulement jusqu'à concurrence du montant des taxes non acquittées et des frais de vente. Le surplus serait délivré aux habitants auxquels ces mêmes portions auraient été attribuées.

La circulaire que nous rapportons ci-dessus a force règlementaire dans la question, et est précieuse à connaître, car il paraît qu'en beaucoup d'endroits les prenants part se refusent de payer le montant de la taxe, pensant avoir un avantage par la vente de chaque portion isolée. C'est un principe fâcheux qu'on devrait faire complètement disparaître, par une abrogation formelle de la décision du 10 janvier 1839 émanée de la même autorité, ce dernier mode présentant toujours un avantage pour les habitants, et une perte certaine pour la commune.

COMPTES DE GESTION. Des pièces justificatives de la recette.

L'emploi des modèles nos 189, 191 bis, 192, 192 bis, 193, 193 bis, 193 ter, 194, 195 et 196 du bordereau des imprimés Dupont est-il indispensable et exigé par les règlements ?

L'article 1536 de l'Instruction générale pose le principe général que chaque article de recette doit être appuyé d'un *titre définitif*, rôle, bail, etc., et certificats émanant de l'autorité administrative. L'article 1542 fixe, pour chacun de ces articles de recette, l'espèce des justifications, ou la nature des titres définitifs à produire par le comptable. Enfin, le § 7 de la circulaire du 30 janvier 1866, détermine les pièces générales *seules nécessaires* pour la mise d'un compte en état d'examen.

On le voit, l'Instruction générale ne demande pas d'états sommaires pour justifier des recettes. Nous devons en conclure que tous les modèles tels que ceux qui sont inscrits dans le bordereau d'imprimés de P. Dupont sont les nos 189, 191 bis, 192, 192 bis, 193, 193 bis, 193 ter, 194, 195 et 196, sont extra-règlementaires et font double emploi avec les titres définitifs.

Il n'y a lieu d'employer que les deux modèles nos 190 et 191, relatifs aux centimes communaux et aux permis de chasse, et exigés par les paragraphes 1 et 2 de l'art. 1642.

Cet article, du reste si complet, offre une lacune, la seule probablement : c'est la justification des subventions et services de l'Etat et du département. Mais, outre l'analogie de cette recette (au point de vue de l'origine) avec celle du § 3 : « *Amendes pour divers délits*, » il y a l'article 975, qui porte : « Une copie ou un extrait de la décision qui a alloué les secours ou subventions, doit être remis au receveur municipal pour lui servir d'autorisation supplémentaire de recette.

Nous croyons donc que le comptable ne doit pas embarrasser son compte de tant de feuilles inutiles au juge, et qu'il doit s'en tenir strictement aux prescriptions des art. 1536 et 1542 et du § 7 de la circulaire du 30 janvier 1866.

Il est bon de mettre un frein à l'ardeur toujours croissante des fournisseur d'imprimés.

COMPTABILITÉS OCCULTES. — DÉMOLITION ET RECONSTRUCTION D'ÉGLISE PAR UN DESSERVANT.

Un desservant a t-il, de son autorité privée, le droit de faire démolir l'église paroissiale, de faire transporter les matériaux sur une propriété privée et d'édifier, sur cette propriété, une nouvelle église, tant avec les matériaux provenant de l'édifice démoli qu'au moyen de souscriptions par lui recueillies à cet effet?

Un comptable nous signale ainsi ce nouveau fait de comptabilité occulte : « M. le Curé de... a recueilli une souscription de 10000 fr. pour reconstruire l'église ; afin d'éviter les frais de recouvrement et de direction des travaux, il a recouvré lui-même cette souscription et fait construire une église neuve sur une propriété appartenant à un de ses paroissiens; il vient, en outre, de faire démolir l'ancienne église, sans autorisation, afin d'utiliser les briques et le bois dans la nouvelle construction.

J'ai été informé de cet acte par M. le Maire de cette commune qui n'a fait aucune démarche pour s'y opposer. Il reste encore les voûtes, deux chapelles et le clocher : pour cela, M. le Curé a fait un échange de l'église qu'il fait construire avec les matériaux de l'ancienne église, afin que la commune soit forcée de s'imposer pour terminer les travaux.

Je demande, 1° si M. le Curé de... ne peut être traduit devant le Conseil de Préfecture pour avoir à rendre compte des fonds qu'il a recouvrés et employés à la construction de l'église; 2° si M. le curé n'est pas passible de dommages-intérêts envers le receveur municipal; 3° et si, en outre, l'échange intervenu entre lui et le Maire de la commune est légal. »

Cette communication nous conduit naturellement à déplorer de nouveau la tendance fâcheuse qu'ont certaines personnes, et surtout MM. les Curés et desservants, à ne pas tenir compte des lois et règlements civils, pas plus que des principes élementaires de la comptabilité publique et de ne pas respecter les attributions de chacun; car nous sommes souvent appelés à enregistrer des actes en opposition avec toutes les règles.

Et d'abord à qui appartient le droit de faire démolir et reconstruire une église? C'est aux communes, comme propriétaires des églises, qu'appartient, en premier lieu, le droit incontestable de faire les constructions, reconstructions et grosses réparations des édifices consacrés au culte catholique. Les charges des communes, conséquences de leurs droits, sont spécifiées par le décret du 30 décembre 1809 et par la loi du 18 juillet 1837.

De leur côté les fabriques sont chargées, par le même décret du 30 décembre 1809, de veiller à l'entretien des églises, de faire les réparations locatives et de faire toutes les diligences nécessaires, en cas d'insuffisance de leurs revenus, pour qu'il soit pourvu aux grosses réparations et reconstructions.

Nous n'entrerons pas plus avant dans l'appréciation de détail des droits réciproques des communes et des fabriques, en ce qui concerne plus ou moins l'étendue des droits et des charges qui leur sont imposées : nous voulons seulement constater que les communes et les fabriques ont, seules, le droit de pouvoir faire procéder aux constructions, reconstructions et réparations des édifices consacrés au culte, et ce à l'exclusion de tous autres.

Dans les règlements, instructions, circulaires et autres documents relatifs aux travaux de l'espèce, on ne trouve pas le moindre indice qui autorise un curé ou desservant à s'ingérer personnellement dans la direction et la gestion de ces sortes d'affaires. On lit, au contraire, dans l'ouvrage d'un ecclésiastique, le traité de l'abbé Affre, page 117, ce passage très-significatif par lequel il termine le paragraphe consacré aux réparations des bâtiments paroissiaux en général et à celles de l'église en particulier :

« Il est important d'observer, dans l'intérêt des « marguilliers et des curés, que s'ils avaient or- « donné des travaux sans y être autorisés dans les « formes prescrites, ils pourraient être condamnés « à en supporter les frais sur leurs propres fonds. » En effet, ni les marguilliers ni les curés n'ont le droit de faire procéder, de leur propre chef, à des travaux intéressant la forme des églises : le Conseil des fabriques, seul, peut prendre l'initiative des modifications ou changements à apporter dans les édifices du culte.

Le curé dont il est question, en ordonnant sans autorisation la démolition de l'ancienne église, a fait un acte irrégulier et répréhensible à tous égards. Nous n'irons pas jusqu'à soutenir que le fait d'avoir volontairement fait démolir un édifice qu'il savait appartenir à autrui doit entraîner pour ce desservant l'application des peines édictées par l'article 457 du Code pénal; toutefois il suffit que ces peines soient édictées par la loi, et puissent être appliquées en la circonstance, pour que cette considération empêche MM. les desservants de procéder comme beaucoup le font ou sont disposés à le faire.

Quant à ce premier chef, il est donc constant que le curé n'avait pas droit, sans autorisation, de faire démolir l'église paroissiale, et que si cette autorisation avait été obtenue par quelqu'un, elle aurait été accordée au Maire de la commune ou au trésorier de la fabrique et non au curé: dans le cas présent, c'est la commune qui aurait été chargée de la direction des travaux, puisque la fabrique ne présentait aucun excédant de ressources applicable à cette construction. Passons maintenant à l'édification de l'église sur une propriété privée. Il est admis et nous avons eu l'occasion de l'énoncer au *Journal* de 1859, page 29, que,

Quand un monument est élevé sur une propriété privée, avec les fonds seuls d'une souscription, la commune n'a pas à intervenir et peut accepter, moyennant l'autorisation supérieure, le don de ce monument; une église ainsi construite et édifiée, peut être donnée à une commune et acceptée par celle-ci.

Mais tel n'est pas le cas qui nous occupe; que si, par une raison quelconque, proposée par le Conseil de fabrique, discutée et approuvée par le Conseil municipal et agréée par les autorités compétentes, le changement d'emplacement de l'église de... paraissait opportun, le terrain sur lequel on devait reconstruire cet édifice devait être préalablement acquis d'un tiers ou donné par ce tiers. Dans l'un comme dans l'autre cas, les formes prescrites pour les acquisitions ou donations de terrains devaient être, d'abord, remplies. Qui garantit, en effet, que le propriétaire sur le terrain duquel la nouvelle église a été construite, toujours sans autorisation, ne viendra pas, à un moment donné, contester un droit non établi par un acte régulier et susciter à la commune des embarras qu'on peut prévoir et qui se sont présentés ailleurs? Si ce n'est le propriétaire actuel, ses héritiers ou représentants peuvent le faire. Sur ce point, encore, et pour ne pas avoir laissé remplir les formes habituelles, et légalement prévues, le desservant n'a pas agi avec mûre réflexion; nous pourrions même qualifier d'une appellation plus grave la marche suivie par lui.

Pour les souscriptions recueillies directement par ce desservant et qui ont servi à reconstruire une partie de l'église, cette opération nous paraît également vicieuse et irrégulière. D'après l'arrêt du Conseil d'Etat que nous avons inséré au *Journal* de 1858, page 34, les souscriptions, quoique recueillies par le desservant auraient dû être versées dans la caisse municipale, comme destinées à la construction d'un édifice communal; la fabrique ne paraît pas intervenir dans cette construction qui semble intéresser seulement la commune pour les matériaux par elle fournis et un certain nombre d'habitants pour leurs souscriptions; le versement dans la caisse municipale de ce dernier produit nous paraît de droit et de rigueur.

Enfin, est-il plus régulier cet échange que le desservant paraît avoir fait ou essayé de faire entre les matériaux de l'ancienne église et la maçonnerie, telle qu'elle, de la nouvelle qu'il vient de faire construire? Pour vendre ou pour échanger il faut encore avoir qualité pour faire cette opération; or, quelle qualité le curé a-t-il en cette circonstance? Est-il même propriétaire du terrain sur lequel la nouvelle église est construite?

A-t-il la disposition personnelle et à titre de propriétaire des matériaux de la nouvelle église, matériaux acquis avec l'argent d'une certaine aggrégation de personnes? Nous n'en voyons pas la moindre apparence. Le Maire, de son côté, ne peut ni vendre ni échanger un immeuble communal sans y être autorisé par le Conseil municipal et par l'autorité supérieure : cette autorisation a-t-elle été obtenue?

Les actes de cette espèce ne se font pas de bouche et légèrement; les graves conséquences qu'ils ont pour le présent et peuvent avoir pour l'avenir, les ont fait astreindre à des formes déterminées : le desservant qui agit, au mépris de ces formes, ne réfléchit pas à toutes les conséquences que le défaut d'accomplissement des mesures régulières peut avoir de fâcheux pour ceux dont il a cru prendre les intérêts en cherchant à s'y soustraire.

Et si la commune est obligée de s'imposer extraordinairement pour terminer la construction dont on nous parle, c'est une raison de plus d'ajouter ce motif aux autres motifs, précédemment décrits, pour que l'opération dont il s'agit soit rattachée, s'il en est temps encore, à la comptabilité communale.

Résumant les questions que nous pose notre correspondant, nous pensons 1° que le desservant de la commune de... ayant recouvré des souscriptions destinées à la construction d'une église, construction à laquelle ces souscriptions ne peuvent faire face intégralement, dans laquelle, au contraire, sont entrés des matériaux appartenant à la commune, et dans laquelle également les fonds communaux sont entrés ou devront entrer pour une proportion qu'on ne peut déterminer, peut être traduit devant le Conseil de Préfecture comme comptable de deniers publics; 2° que, si ce desservant est reconnu comptable par un arrêté du Conseil de Préfecture, des dommages et intérêts peuvent lui être demandés par le receveur (*Journal* 1666, page 83); 3° que l'échange de matériaux entre le desservant et le Maire est, de tous points, inégal au fond et irrégulier en la forme.

Il est à regretter que le Maire de la commune de... chargé par l'article 10 de la loi du 18 juillet 1837, de la conservation et de l'administration des propriétés communales, et de faire, en conséquence, tous actes conservatoires, ne soit pas intervenu, à temps, dans cette affaire et n'ait pas empêché le desservant de toucher à la première pierre de l'ancienne église, avant que toutes les dispositions concernant la reconstruction de cet édifice n'aient été complètement et régulièrement prises.

ACHAT D'OBJETS MOBILIERS. Mémoire.

L'achat d'objets mobiliers, par exemple d'un poêle et de ses tuyaux, doit-il faire l'objet d'un mémoire de la part du fournisseur?

La nécessité de cette production résulte des articles 1021 à 1024, et 1542 § 54 de l'Instruction générale; il sera exigé, en outre, un certificat du Maire, l'inventaire de la objets fournis ont été inscrits à constatant que les commune.

VARIÉTÉS.

DES ASSOCIATIONS SYNDICALES (3e article).

V, VI, VII. Les trois questions posées ont été résolues par un arrêté du Conseil de Préfecture de la Charente, en date du 8 mars 1867, qui confirme l'opinion par nous exprimée. — Cet arrêté est ainsi conçu :

« Vu la requête présentée au conseil, le 29 août 1864, par le sieur ***, tendant à ce qu'il soit déchargé de la taxe de 968 fr. 64 c., à laquelle il a été imposé pour contribution aux frais de curage, par ces motifs :

« 1° Que l'arrêté préfectoral du 15 février 1855, qui a constitué le syndicat du..., n'a pu légalement statuer que pour les opérations d'un simple curage, ainsi que cela a été rectifié par un arrêté modificatif du 8 février 1864 ; que cependant le syndicat a procédé postérieurement à ce dernier arrêté, et le 27 février 1864, à l'adjudication de travaux de dessèchement ou redressement de rivière, et que c'est sur le chiffre total de tous ces travaux réunis qu'a été établie la répartition des taxes demandées, alors que le réclamant n'a jamais donné son consentement à l'exécution de ces travaux ;

« 2° Que le syndicat n'aurait point fait publier l'état des travaux de curage à exécuter ou des conversions des tâches en argent à payer, ce qui a mis le réclamant dans l'impossibilité de faire son option sur l'un de ces deux modes de libération ;

« Vu le mémoire en réponse, fourni le....., par M. le Directeur du....., tendant au rejet de la réclamation par ces motifs :

« 1° Que la réclamation ne serait qas accompagnée de la quittance des termes échus de la taxe dont la décharge est demandée ;

« 2° Que le syndicat a pu légalement être chargé de faire des travaux d'élargissement de la rivière, et que les travaux exécutés ont été seulement des travaux de curage compris dans l'arrêté réglementaire du 8 février 1864;

« Vu le rapport de MM. les ingénieurs des ponts et chaussées, en date du....., concluant au rejet de la réclamation, parce qu'elle a été produite plus de trois mois après la publication du rôle de répartition des taxes qui a eu lieu dans les communes intéressées, le 6 mars 1864 ;

« Vu l'arrêté préfectoral du 15 février 1855, constituant un syndicat pour le curage et l'amélioration de la rivière le Ch.....

« Vu une dépêche de Son Excellence M. le Ministre de l'agriculture, en date du....., prescrivant de rectifier cet arrêté, de manière à le réduire à un simple curage ;

« Vu l'arrêté préfectoral, du 8 février 1864, rectifiant, conformément aux instructions ministérielles, l'arrêté du 15 février 1855 ;

« Vu le rôle de répartition des taxes, publié dans les communes intéressées par le syndicat, à la date du 6 mars 1864, et rendu exécutoire par M. le Préfet de ***, le 16 juin suivant ;

« Vu un état délivré par M. le directeur du syndicat, indiquant les dépenses qui ont servi de base à la formation des rôles de répartition des taxes ;

« Une affiche indicative des travaux compris dans l'adjudication qui a eu lieu le 27 février 1864, parmi lesquels se trouvent ceux de reconstruction de ponts, etc. ;

« Vu les lois des 14 floréal an XI, 21 avril 1832, 4 août 1844, et les décrets de décentralisation des 25 mars 1852 et 1er avril 1861 ;

« Ouï le conseiller rapporteur ; — Ouï les avocats des parties en cause en leurs observations orales ; — Ouï M. le commissaire du gouvernement en ses conclusions tendantes au rejet de la réclamation ;

« Sur la fin de non recevoir, tirée de la présentation tardive de la demande en décharge ;

« Considérant que le délai de trois mois accordé pour les réclamations en matière de contribution ne court que du jour où le rôle a été publié et que cette règle est applicable en matière de taxes de curage ;

« Considérant que si le rôle de répartition sur lequel porte la demande en décharge a été publié dans les communes intéressées, le 6 mars 1864, il n'a été rendu exécutoire et par conséquent définitif, que le 16 juin suivant; que la publication faisant courir le délai de déchéance de trois mois ne pouvait donc être que postérieure à cette date de l'exécutoire; et que la réclamation ayant été présentée dans ce délai, l'a été en temps utile, d'où il suit que la déchéance n'est pas encourue;

« Sur la fin de non recevoir, tirée de la non représentation d'une quittance de termes échus ;

« Considérant que l'arrêté préfectoral qui a rendu le rôle exécutoire, n'a rien prescrit, quant au fractionnement et à l'échéance des taxes ; qu'il en résulte qu'elles devaient être acquittées en totalité et qu'on ne peut exiger, sous peine de déchéance, qu'un contribuable paye l'intégralité de sa cote avant de faire une demande en décharge;

« Au fond :

« Considérant qu'il résulte des pièces ci-dessous visées que tous les travaux qui ont donné lieu à la confection d'un rôle de répartition ont été adjugés le 27 février 1864, c'est-à-dire postérieurement à l'arrêté du 8 février, même mois, qui avait modifié la mission du syndicat, et que l'on trouve dans leur détail des travaux de construction ou autres étrangers à une opération de curage ;

« Considérant, sans qu'il soit besoin d'examiner la valeur de l'arrêté du 15 février 1855, constitutif du syndicat, au point de vue de la légalité des taxes à imposer, que cet arrêté a été rapporté et remplacé par un autre arrêté du 8 février 1864, qui a limité la mission du syndicat à une simple opération de curage ;

« Considérant dès lors que les taxes à établir pour les travaux qui ont été exécutés postérieurement à cet arrêté de 1864 ne devaient comprendre que les dépenses réelles pour le curage proprement dit, ainsi que celles qui avaient pu antérieurement être faites pour l'administration de l'association syndicale et la préparation de ce curage, et que, par conséquent, c'est à tort que dans la base de la répartition, on a compris des dépenses d'une autre nature;

« Considérant que le réclamant aurait pu, conformément à l'arrêté règlementaire, déclarer, avant le 15 juillet 1864, qu'il voulait faire en nature une portion des travaux de curage correspondante à son intérêt; que si une publication spéciale ne l'a pas mis en demeure à ce sujet, il a été suffisamment averti par l'arrêté de curage lui-même qui a été publié et par l'affiche de l'adjudication, indiquant les travaux à exécuter; qu'il a gardé le silence en voyant adjuger et exécuter ces travaux, et qu'aujourd'hui il ne peut s'en faire un moyen de ne pas supporter la part de dépense faite dans son intérêt;

« Arrête :

« Article 1er. La taxe imposée au réclamant sera réduite à la part proportionnelle à son intérêt dans les frais de curage et d'entretien du cours d'eau du C..., ainsi que dans les frais d'administration et de surveillance de ce curage, déduction étant faite sur le montant du rôle de toute dépense relative à des travaux de construction de pont ou d'aqueducs, d'ouvertures de fossés, d'élargissement ou de rectification de ce cours d'eau. — Le recouvrement ne sera effectué qu'après cette réduction opérée. »

VIII. Sous les nos 241, 242, 280 et 315 de notre commentaire, nous avons admis que les associations syndicales, légalement établies avant la loi de 1865, profiteraient des facilités d'expropriation accordées par la loi nouvelle. La question a été soumise à l'autorité judiciaire à l'occasion d'un syndicat créé par décret, le 24 février 1864 (Syndicat du canal d'irrigation de Beaucaire), qui déclare d'utilité publique le canal à construire, et qui substitue le syndicat aux droits et obligations que la loi du 3 mai 1841 confère à l'administration. Un arrêté de cessibilité, en date du 7 décembre 1866, a désigné les parcelles dont l'expropriation devait être poursuivie. Devant les tribunaux de Nîmes et d'Uzès, le ministère public requiert l'expropriation dans les formes de la loi du 21 juin 1865 (art. 18). Il intervient deux jugements : l'un, du 7 janvier 1867, par lequel le tribunal de Nîmes rejette ces conclusions; l'autre, du 23 du même mois, par lequel le tribunal d'Uzès les accueille. Nous demandons au *Moniteur des Tribunaux*, 21 mars 1867, no 652, p. 265, la permission de lui emprunter les réflexions que ces décisions contradictoires ont suggérées à M. L. de Leiris, avocat à la cour impériale de Nîmes :

« Le tribunal de Nîmes se fonde sur trois arguments : 1o La loi n'a pas d'effet rétroactif quant aux droits acquis; or, dès que le décret déclaratif d'utilité publique est rendu, il y a pour les parties un droit acquis à la compétence et à la juridiction, telles que la fixait la loi existante au moment du décret; — 2o Le décret dont s'agit est le premier acte de la procédure, la base essentielle de l'expropriation; tout le reste des formalités à suivre dérive du décret; en d'autres termes, il y a connexité entre le décret et les actes subséquents; donc, la loi sous laquelle il a été rendu s'applique à toute la procédure; — 3o Enfin, il y a un précédent législatif en ce sens; un décret de 1810, interprétatif de la loi du 8 mars de la même année, l'a déclaré inapplicable aux travaux qui sont régis par la loi de 1807, et le Conseil d'État a constamment décidé de cette manière.

« Evidemment, le jugement du tribunal de Nîmes s'est inspiré d'un juste respect de la propriété. Nous ne demanderions pas mieux que de nous associer à la solution qu'il a cru devoir admettre. Reste à savoir si cela est possible.

« Les lois de compétence et de procédure « doi« vent être exécutées au moment de leur publication, « même dans les procès qui auraient été commencés auparavant. » (Carré, *Introd. gén. à la procéd. civile*, no 35.)

« Toute spéciale que soit la procédure en expropriation, ce n'en est pas moins une procédure soumise dès lors à la règle générale, à moins qu'il n'y soit fait expressément exception, comme dans l'article 1041 du Code de procédure civile. Qui dit procédure dit une série d'actes d'une nature successive, n'ayant pas entre eux de lien nécessaire, et dont le premier ne constitue pas un droit acquis eu égard à ceux qui viennent après.

« A cela deux exceptions : la première, quand la procédure touche au fond du droit; la seconde, quand l'acte fait sous la nouvelle loi est connexe avec un acte fait sous l'ancienne et peut être considéré, en quelque sorte, comme un effet de ce dernier acte. Dans ces deux cas, c'est la loi antérieure à celle sous l'empire de laquelle a lieu l'acte de procédure dont il s'agit, qui doit être observée.

« Or, il est incontestable que la loi de 1865, en instituant, pour les travaux d'associations syndicales, le jury restreint, n'a point touché au fond du droit des indemnitaires; ce qui serait arrivé, par exemple, si elle eût porté atteinte au principe de l'indemnité préalable. Qu'elle ait dicté une procédure moins avantageuse que l'ancienne à la propriété privée, ce n'est pas douteux. Il n'y a là qu'une forme différente de la procédure, ou, si l'on veut, une modification de la forme ancienne.

« Nous ne voyons pas non plus de connexité nécessaire entre le jugement et le décret. Ces deux parties de la procédure d'expropriation sont distinctes. Le jugement ne dérive même pas absolument du décret. La preuve en est dans la loi des chemins vicinaux qui, tout en voulant que l'expropriation soit prononcée par l'autorité judiciaire, se contente cependant, pour la déclaration d'utilité publique, d'un simple arrêté préfectoral. D'ailleurs, cette circonstance particulière que la loi de 1865 exige, comme la loi de 1841, pour la déclaration préalable d'utilité, un décret, rendu en conseil d'État, ôte toute son importance à l'argument qu'on pourrait, dans l'espèce, tirer de ce que l'association syndicale avait été autorisée et ses travaux reconnus d'utilité publique par un décret impérial. A ce point de vue, les formes de l'expropriation sont les mêmes dans les deux lois, et si le préfet du Gard, dans son dernier arrêté, n'a pas visé la loi du 3 mai 1841, c'est une omission qui le regarde et ne doit pas importer aux tribunaux. C'est dans la loi seule et non dans un arrêté préfectoral qu'ils ont à rechercher les conditions dans lesquelles la loi veut être appliquée.

« Il est néanmoins des cas où la jurisprudence constante du Conseil d'Etat voit dans le décret un acte susceptible d'engendrer la connexité : c'est lorsqu'il s'agit d'une servitude active supprimée, ou de dommages causés à une propriété privée, à la suite d'une expropriation ; dans ces deux cas, bien qu'il ne s'agisse pas de l'expropriation proprement dite, c'est au jury qu'il appartient de régler l'indemnité; le décret déclaratif d'utilité publique établit alors un lien intime entre cette espèce d'indemnité, et celle qui est plus spécialement due à l'exproprié. Mais le décret n'est pas connexe, pour cela, avec le jugement d'expropriation. (V. DELALLEAU, 5e *édition*, nos 136 et suiv.; 381 et suiv.)

« Nous n'avons plus maintenant qu'à parler du précédent législatif invoqué par le tribunal de Nîmes : nous voulons dire le décret du 18 août 1810, qui déclare la loi du 16 septembre 1807 applicable aux travaux autorisés antérieurement à la loi du 8 mars 1810. Le conseil d'Etat, en effet, pendant de longues années et même par des décisions toutes récentes, a dû appliquer ce décret, mais seulement en vue de la loi de 1810, et non des lois postérieures sur l'expropriation de 1833 et 1841.

« Pour nous, le décret de 1810 n'est qu'un décret de circonstance. Tout en ayant posé en 1810 le principe que l'expropriation s'opère par autorité de justice, le gouvernement du premier Empire avait un intérêt des plus grands à profiter autant que possible de la loi de 1807, qui était si favorable à l'administration elle-même. D'autre part, bien que le décret en question expose, dans ses considérants, quelques motifs tirés des principes généraux et qui paraissent n'avoir rien de transitoire, il n'en est pas moins vrai qu'il n'est autre chose qu'un acte interprétatif de la loi de 1810, puisqu'on y lit « qu'il importe, pour la « confection des travaux publics, de suppléer au si- « lence de cette loi. » Il n'a donc, évidemment, d'autre portée que celle de la loi même de 1810, et s'il n'a pas été expressément abrogé, c'est qu'il était nécessairement réputé tomber avec elle. Enfin, pour qu'il fût possible de tirer sérieusement avantage du décret de 1810, il faudrait qu'il y eût, au point de vue de la déclaration d'utilité publique, identité entre les décrets en Conseil d'Etat prescrits par les lois de 1841 et de 1865, et les décrets d'autorisation de travaux publics antérieurs à la loi de 1810.

« Mais rien au monde ne se ressemble moins. Actuellement, le gouvernement, après enquête, constate d'une manière générale et sans désigner les parcelles à exproprier, que les travaux sont d'utilite publique, et il en autorise l'exécution. Après cela, le Préfet désigne, si le décret n'en dit rien, les localités où les travaux doivent avoir lieu; plus tard, il détermine les propriétés auxquelles l'expropriation est applicable. Enfin, le tribunal expropie et le jury indemnise.

» Sous la loi de 1807, l'administration seule déclarait l'utilité publique et expropriait : et non seulement l'administration supérieure, mais encore, dans certains cas, le Préfet : tout au plus, depuis la loi du 28 pluviôse an VIII, le Conseil de Préfecture statuait-il sur des indemnités qui donnaient lieu à contestation. La procédure, tout arbitraire, n'avait rien de fixe ; on n'y trouvait pas cette distinction en diverses périodes, inaugurée par la loi de 1810 et développée plus tard par les lois de 1833 et 1841 ; le même décret qui constatait l'utilité publique pouvait prononcer les expropriations nécessaires ; c'est ce qu'on peut lire en toutes lettres dans le décret du 14 août 1810 lui-même, qui dispose que la loi du 8 mars précédent « n'a point annulé les décisions » rendues par décrets impériaux, et prononçant l'ex- » propriation soit explicitement, par l'adoption des » plans qui y sont annexés. » Par conséquent, les décrets antérieurs à la loi de 1810 n'ont rien de commun avec les décrets déclaratifs d'utilité publique actuels ; lorsque parut cette loi, l'expropriation des parcelles auxquelles on aurait voulu l'appliquer était déjà prononcée, et d'après un système tout différent.

» Dans notre espèce, au contraire, au moment où paraît la loi de 1865, une seule chose a eu lieu : la déclaration d'utilité publique, et le décret qui la renferme ne contient rien de plus. L'expropriation reste en dehors. Il suit de là, que ce qu'on a décrété pour l'application de la loi de 1807 ne tire pas à conséquence avec celle de 1865. Le décret de 1810 ne peut être considéré que comme une annexe de la loi de 1810 et suppose un système, une procédure, en un mot, un ensemble de conditions spéciales qui ne permettent pas de l'appliquer aux lois postérieures sans l'étendre au-delà de ses limites légales.

» Néanmoins, la question, au moins en doctrine, est très-controversée. On peut consulter à cet égard M. CHAUVEAU (*Compét. et jurid. admin.*), où se trouve indiqué un assez grand nombre d'autorités. V. aussi DUFOUR (*Traité gén. de droit admin.*, t. III), DE CORMENIN, 4e *éd.*, v° *Expropriation*. V. aussi le Répert. de DALLOZ, v° *Travaux publics*, n° 1208.

» Quant à la jurisprudence, nous ne connaissons que la longue série des arrêts du Conseil d'Etat rendus, nous le répétons, par application du décret du 18 août 1810. Les lois de 1833, 1836 et 1841 ne paraissent pas, au moins d'après les recueils, avoir suscité, par leur conflit, de décision judiciaire. Les jugements des tribunaux de Nîmes et d'Uzès seraient, sur cette matière, les premiers documents. Ils n'en auraient que plus d'importance et plus de droits à l'attention.

« Nous relevons cependant trois décisions qu'il est bon de faire connaître, ne serait-ce que pour mémoire, parce que, tout en n'ayant pas trait directement à la question qui nous occupe, elles n'en ont pas moins eu, à un point de vue spécial, à viser la question de rétroactivité en fait d'expropriation. Nous aurons, de cette manière, mis sous les yeux du lecteur tout ce qui serait de nature à l'éclairer.

« Le 5 août 1844 (D. 44, 1, 302), arrêt de cassation aux termes duquel « l'article 3 de la loi du 3 mai « 1841, qui veut que des routes royales ne puissent « être exécutées qu'en vertu d'une loi rendue après « une enquête administrative, n'a pas eu pour effet « de rétroagir contre les classements antérieurs de « routes royales régulièrement ordonnés, ni de soumettre à de nouvelles déclarations d'utilité publique les travaux d'alignement et de redressement « conformes aux plans anciens de ces routes. » C'est ici l'application de cette règle de procédure bien connue, que les lois nouvelles n'atteignent pas et n'obligent pas à renouveler les actes déjà consommés.

« Le 27 juin 1855 (D. *Rép.*, v° *Voirie par terre*, n° 1301), avis du Conseil d'État d'après lequel l'article 2, § 1, du décret du 26 mars 1852, sur les rues de Paris (qui permet à l'administration en cas d'expropriation pour l'élargissement, le redressement ou la création des rues, de comprendre la totalité des immeubles atteints, lorsqu'elle jugera que les parties restantes ne sont pas d'une étendue ou d'une forme qui permette d'y élever des constructions salubres), « ne doit pas être appliqué au propriétaire d'un im« meuble dont les portions principales ont été acquises « par la ville, en vertu d'une déclaration d'utilité pu« blique antérieure au décret du 26 mars 1852. » Dans cette espèce, il s'agissait, non de la forme ou de la procédure, mais du droit de l'autorité administrative à l'expropriation elle-même. Il y avait, pour le propriétaire, un droit acquis incontestable, contre lequel le décret de 1852 ne pouvait avoir d'effet rétroactif.

« Enfin, le 8 août 1859 (D. 59, 1, 364), arrêt de cassation qui décide que le décret du 27 décembre 1858 (d'après lequel lorsque le propriétaire s'est opposé dans l'enquête, à l'expropriation des portions d'immeubles placées en dehors des travaux et néanmoins comprises par l'administration, en vertu du décret précité de 1852; l'expropriation de ces portions doit être précédée d'un décret rendu en Conseil d'État), s'applique aux expropriations postérieures à sa publication, alors même que la déclaration d'utilité publique, pour la portion nécessaire aux travaux, eût été faite sous l'empire du décret de 1852. — Cet arrêt établit, de la manière la plus nette, la division de la procédure en diverses périodes, qui ne dépendent pas nécessairement les unes des autres, et ne forment pas un tout indissoluble. Il vient donc très-puissament, en cela, à l'appui de la thèse que nous avons soutenue. Le décret de 1858 a été substitué, sur certains points, au décret de 1852; il a édicté, dans un cas spécial, pour l'expropriation des fractions d'immeubles situées en dehors de la ligne des travaux, des formes nouvelles, qui ne pouvaient être appliquées que postérieurement à l'expropriation par le tribunal, et, dans cette espèce, l'expropriation n'était pas encore prononcée à l'époque du décret. L'arrêt est donc conforme aux principes. »

Nous partageons l'opinion de notre estimable confrère, et nous pensons que le décret déclaratif d'utilité publique est sans influence sur la procédure, et que cette influence pourrait tout au plus être invoquée après l'arrêté de cessibilité, qui seul crée des droits au profit des propriétaires soumis à l'expropriation (art. 14, L. 3 mai 1841).

AMB. GODEFFRE.

NOMINATIONS ET MUTATIONS.

ONT ÉTÉ NOMMÉS PERCEPTEURS :

A Billé (Ille-et-Vilaine), 4e cl., M. Le Chartier, de Hédé;
A Hédé (d°), 4e cl., M. Labey, de Pleugueneuc;
A Pleugueneuc (d°), 5e cl., M. Herbert, de Baulon;
A Baulon (d°), M. de La Bellière, surnuméraire;
A St-Hilaire-des-Landes (d°), 5e cl, M. Hamon;
A St-Romans (Isère), 5e cl., M. Raynaud, de Mont-de-Lans;
A Mont-de-Lans (d°), 5e cl., M. Roux, de St-Romans;
A St-Philibert (Loire Inf.), M. de Roissard, d'Allery (S.-et-L.);
A Fero (Lot), 4e cl., M. Delonele, de Cabrerets;
A St-Félix (d°), 5e cl., M. Messenguiral, de St Martré;
A St-Martré (d°), M. Moumayon, surnuméraire;
A Cabrerets (d°), M. Belcour, surnuméraire;
A Prétot (Manche), 4e cl., M. Paris, de Quettehou;
A Quettehou (d°), 4e cl., M. Baro, de St-Georges-de-Livoye;
A St-Georges (d°), 5e cl., M. Michel, de Tocqueville;
A Tocqueville (d°), 5e cl., M. Carré, du Teilleul;
Au Teilleul (d°), 5e cl., M. Alix, de St-Germain-le-Grand;
A St-Germain-le-Gaillard (d°), M. Lambert, surnuméraire;
A Meteren (Nord), 2e cl., M. Midy, percept. de Neuville-St-Remy, en remplacement de M. Leconche, décédé;
A Neuville-St-Remy (d°), 3e cl., M. Vasseur, de Wattignies;
A Wattignies (d°), 4e cl., M. Dubois, agent-voyer en chef;
A Guiscard (Oise), M. Périnne, surnuméraire.

CHANGEMENT D'ADRESSE.

Nous prions les comptables qui *changent d'adresse* de ne pas négliger de nous avertir, afin que le Journal continue de leur arriver régulièrement. (Joindre 40 cent. pour frais d'impression des nouvelles bandes.) Nous leur saurons gré de nous faire connaître en même temps le surplus du mouvement dans lequel ils viennent d'être compris.

ERRATUM. A la page 172 ci-dessus, l'oubli d'un mot par l'imprimeur a fait énoncer une erreur. On a dit que la remise à laquelle a droit un Percepteur qui a recouvré une contribution en vertu d'une contrainte extérieure était de 1 pour 100, — tandis que d'après l'article même de l'Instruction générale que nous citons au même endroit (art. 1137) ce droit est de 1 fr. 50 c. pour 100.

CHRONIQUE.

Déclaration de la Cour des comptes sur l'exercice 1864, en ce qui concerne la comptabilité des communes et des établissements de bienfaisance.

Les comptes de la commune d'Avranches, pour les années 1863 et 1864, ont donné lieu de relever un certain nombre de payements d'annuités ou d'intérêts contraires aux règles qui ont été rappelées dans les précédents rapports. Des travaux d'achèvement de l'hôtel de ville et de la halle aux grains, ont été stipulés payables en dix ans, avec intérêts à 5 p. 100 sur le montant des travaux faits. Trois maisons ont été acquises pour des prix payables dans un délai de dix, quinze ou seize ans, avec intérêts à 5 p. 100. De semblables stipulations constituent de véritables emprunts qui, pour une commune ayant plus de 100 000 francs de revenu ordinaire, auraient dû être autorisés par une loi.

Les stipulations critiquées par la Cour des comptes, soit en ce qui concerne les travaux, soit en ce qui concerne les acquisitions, avaient été arrêtées par l'administration municipale de la ville d'Avranches antérieurement à la circulaire du ministère de l'intérieur du 11 mai 1864. Cette instruction ministérielle a eu pour objet de rappeler que toute acquisition faite par une commune, et payable à longs termes, constituait un emprunt, et devait être autorisée dans les formes prescrites en pareille matière. Le ministre de l'intérieur tient la main à ce que les administrations communales ne s'écartent pas de cette prescription, et il y a lieu d'espérer que l'irrégularité signalée ci-dessus ne se reproduira plus à l'avenir.

Ier *Volume du Journal des Percepteurs.* (Nouvelle Série), année 1866. — Plusieurs de nos nouveaux abonnés, à partir de l'année 1867, n'ont pas encore notre volume de 1866. Nous leur ferons observer que ce volume, qui contient d'importants travaux, formera dans leur collection une absence fâcheuse. Ils pourront se trouver dès à présent gênés fréquemment par cette lacune, car nous avons souvent à mettre en corrélation ce 1er tome (qui est la base de notre nouvelle Série), avec ceux qui le suivent. Bientôt d'ailleurs, ce volume arrivera à s'épuiser, et il deviendra difficile de se le procurer.

Pour leur en faciliter l'acquisition, nous venons d'en faire relier un certain nombre d'exemplaires avec des cartonnages solides et élégants, et nous les céderons en ce moment à des conditions exceptionnelles.

BULLETIN HEBDOMADAIRE DE LA BOURSE.

Cours des Fonds publics au 14 Juin 1867.

Rentes et Actions.

3 0/0	70 25	Midi	576 25
3 Jouis. 1 janvier	70 75	Nord	1225 ..
4 1/2 0/0	99 ..	Orléans	897 50
4 1/2 Jouis. 22 sept	99 95	Ouest	561 25
4 0/0	85 75	Cie parisienne du gaz	1595 ..
4 Jouis. 22 sep	.. ..	Soc. immobilière	202 50
Obligations du Trésor	470 ..	Transatlantique	437 50
Bons du Trésor	2 1/2	Messag. impér. (s-m.)	742 50
Banque de France	3590 ..	Canal de Suez	365 ..
Comptoir d'escompte	777 50	Italien 5 0/0	52 85
Crédit agricole	647 50	Emprunt Mexicain	19 ..
Crédit foncier Colonial	590 ..	Crédit mob. espagnol	277 50
Crédit foncier de France	1490 ..	Soc. autrichienne	480 ..
Crédit ind. et comm.	640 .	Saragosse-Barcelone	45 ..
Crédit mobilier	406 25	Guillaume Luxemb.	145 ..
Créd. Mobilier (nouv.)	.... ..	Sud-autrichien-lomb.	405 ..
Dépôts. comptes cour.	553 75	Nord de l'Espagne	107 50
Société générale	550 ..	Saragosse Pampelune	45 ..
Ss-comptoir du com.	437 50	Portugais	83 ..
Charentes	340 ..	Chemins romains	72 ..
Est	540 ..	Saragosse	117 50
Paris-Lyon-Méditerr.	905 ..	Victor-Emmanuel	72 50
		Séville-Xéres	34 ..

Obligations.

Départ. de la Seine	231 25	Méditerranée	322 50
Ville 1852. 5 0/0	1190 ..	Paris-Lyon-Méditerr.	315 50
— 1855-1860	460 ..	Midi	314 ..
— 1865	535 ..	Nord	319 75
Crédit foncier. 1000 fr. à 3 0/0	945 ..	Orléans	317 ..
Crédit foncier. 500 fr. à 4 0/0	500 ..	Grand-Central	315 ..
Crédit foncier. 10es à 4 0/0	101 ..	Ouest	314 50
Crédit foncier. 500 fr. à 3 0/0	486 ..	Victor-Emmanuel	303 ..
Crédit foncier. 10es à 3 0/0	98 ..	— 1863	117 50
Crédit foncier. 500 fr. à 4 0/0 1863	487 50	Cordoue-Séville	165 ..
Crédit foncier. Com. 3 0/0	403 75	Ligne d'Italie	27 ..
Crédit foncier. 5es 3 0/0	82 ..	Lombard	229 ..
Crédit foncier. Colonial	457 50	Nord d'Espagne	135 50
Est	308 50	Saragosse-Pampelune	92 50
Ardennes	313 ..	Portugais	105 ..
Lyon	316 25	Romains	118 50
Bourbonnais	316 75	Saragosse	198 50
Dauphiné	314 ..	Séville-Xérès-Cadix	86 25
Lyon-Genève, gar	315 ..	— 94 ans.	51 ..

Valeurs diverses.

Ch. Charentes	362 50	Empr. Ottoman	275 ..
Chemin du Médoc	260 ..	Obl. Empr. Ottoman	262 50
Compt. Agriculture	530 ..	Ch. Ligne d'Italie	6 25
Caisse des ch. de fer	58 ..	Cie It. des ch. Medit.	190 ..
Gaz de Marseille	485 ..	Soc. C. Ind. Amsterd.	310 ..
Banq Créd. Pays-Bas	450 ..	Banque Ottomane	495 ..
Crédit Fonc. Autrich.	647 50	Credit Mobil. Italien	285 ..
Obl. Autrich. 1863	328 75	Zinc, Vieille-Montagne	225 ..
Empr. Mexicain. Obl.	140 ..		

Directeur, H. GALLETIER, Avocat à la Cour impériale de Paris.

JOURNAL DES PERCEPTEURS,

DES RECEVEURS DES FINANCES, ET DES RECEVEURS DES COMMUNES, HOSPICES, ETC.;
DES SURNUMÉRAIRES, ET DES ASPIRANTS.

2e Série. — 10 fr. par an. Un numéro toutes les semaines. 12e année. — No 25.

SOMMAIRE.

ACTES OFFICIELS

CIRCULAIRE DE M. LE DIRECTEUR DE LA COMPTABILITÉ PUBLIQUE, *relativement au payement des mandats des ordonnateurs secondaires* (1). (Extrait.)

28 mai 1867.

I. ***Visa des Trésoriers généraux sur les mandats de payement. Modification à l'article 85 du décret du 31 mai 1862 sur la comptabilité publique.*** — Monsieur, aux termes de l'article 85 du décret du 31 mai 1862, sur la comptabilité publique, les mandats des ordonnateurs secondaires, payables hors de la résidence du Trésorier général, devaient seuls être soumis à son visa préalable. Mais, en dehors de la règle, un usage contraire a presque toujours existé dans la pratique, et la plupart des ordonnateurs secondaires communiquaient aux Payeurs aussi bien les mandats payables au chef-lieu que ceux qui devaient être acquittés dans les autres arrondissements. Ce mode de procéder ayant pour résultat de faciliter la marche du service, il a paru qu'il convenait de le rendre obligatoire.

A cet effet, le Ministre, qui avait déjà pris l'initiative de la mesure en ce qui concerne les ordonnateurs secondaires des finances (règlement du 26 décembre 1866, article 94), a consulté les différents départements ministériels sur l'opportunité de modifier l'article 85 du décret précité du 31 mai 1862. Tous ont donné leur adhésion à cette proposition. Le Ministre de la marine et des colonies a seulement réclamé le maintien d'une exception, déjà depuis longtemps consacrée, pour le service de la solde.

En conséquence, il a été inséré au *Bulletin des lois*, no 1491, un décret en date du 1er mai 1867 (2), d'après lequel l'article 85 du règlement sur la comptabilité publique est modifié dans le sens des dispositions qui précèdent. Les comptables en trouveront le texte imprimé comme annexe à la suite de la présente circulaire; ils ne pourront, toutefois, exiger l'application de ce décret qu'après qu'il aura été notifié aux ordonnateurs secondaires par leurs départements ministériels respectifs.

(1) Comme les Percepteurs sont, en général, couverts par le visa apposé sur les mandats par le Trésorier-Payeur général, nous considérions superflu de porter la présente circulaire à la connaissance de ces comptables; mais on nous prie expressément de le faire pour une certaine catégorie de nos lecteurs.

Ces mesures, d'ailleurs, donnent de plus en plus d'actualité à notre *Manuel des Payements*, qu'aucune Recette des finances ne saurait se dispenser de posséder.

(1) Voici le texte de ce décret:

NAPOLÉON, etc. — Sur le rapport de notre Ministre d'État et des finances;

Vu l'article 2 de l'ordonnance du 16 novembre 1831, ainsi conçu : « Lorsque les mandats seront payables hors « de la résidence du Payeur, ces mandats devront lui « être envoyés par les ordonnateurs secondaires avec les « bordereaux d'émission et les pièces justificatives; le « payeur y apposera son visa et les renverra ensuite à « l'ordonnateur local, qui demeurera chargé d'en assu- « rer la remise aux ayants-droit; » — Vu le décret du 31 mai 1862, article 85, qui a reproduit ces dispositions; — Vu les règlements de comptabilité qui ont pour objet d'en développer l'exécution; — Vu le décret du 21 novembre 1865, qui a réuni le service des Payeurs à celui des Trésoriers généraux;

Considérant que l'intérêt du service exige que les mandats payables au chef-lieu soient communiqués avant payement aux Trésoriers-Payeurs généraux; aussi bien que ceux qui sont payables dans les arrondissements de sous-préfecture,

Avons décrété et décrétons ce qui suit :

Art. 1er. L'article 85 du décret du 31 mai 1862 est modifié ainsi qu'il suit :

« Les Ministres des divers départements joignent aux « ordonnances directes qu'ils délivrent les pièces justi- « ficatives des créances ordonnancées sur le Trésor, et « les ordonnateurs secondaires les annexent aux borde- « reaux d'émission de mandats qu'ils adressent aux Tré- « soriers-Payeurs généraux; ces pièces sont retenues par « les Trésoriers-Payeurs généraux, qui doivent procéder « immédiatement à leur vérification, et en suivre, lors- « qu'il y a lieu, la régularisation près des ordonnateurs.

« Tous les mandats, sans distinction de lieu d'assi- « gnation de payement, seront communiqués aux Tréso- « riers-Payeurs généraux par les ordonnateurs secon- « daires, avec les bordereaux d'émission et les pièces « justificatives, pour qu'ils y apposent leur visa. »

Art. 2. La disposition qui fait l'objet du deuxième alinéa de l'article précité n'est point applicable, en ce qui concerne le département de la marine et des colonies, aux mandats concernant les dépenses de solde et accessoires de solde.

Art. 3. Notre Ministre d'État et des finances est chargé de l'exécution du présent décret, qui sera inséré au *Bulletin des Lois*.

II. *Payement sans visa dans les ports des mandats de solde et accessoires de solde de la marine.* — Ainsi qu'il est énoncé au précédent paragraphe, le Ministre de la marine et des colonies a donné son adhésion au mode de visa consacré par le décret précipité du 1er mai 1867, sous la réserve que ce visa ne serait pas applicable aux mandats de *solde et accessoires de solde* émis par les ordonnateurs secondaires de son département. Ces mandats continueront d'être exemptés de la formalité du visa, conformément aux dispositions concertées en 1836 entre l'administration de la marine et celle des finances.

Mais, comme à raison de la date, déjà ancienne, à laquelle remontent les instructions qui ont été adressées aux Payeurs et aux receveurs des finances, relativement aux payements sans visa, il pourrait se faire que ces instructions eussent été perdues de vue ou ne fussent qu'incomplétement exécutées, je crois devoir les reproduire ci-après, en les modifiant d'après les nouvelles exigences du service :

1° Il convient tout d'abord de faire remarquer que la dispense de visa est uniquement applicable aux dépenses du *personnel*, et que celles du *matériel*, rentrant dans la règle commune, sont dans tous les cas soumises à la formalité du visa.

2° Les receveurs particuliers des finances, résidant dans les ports, continueront d'acquitter directement les mandats de solde et d'accessoires de solde de la marine, pour le compte du Trésorier général du département, et d'assurer l'effet des significations d'oppositions pratiquées entre ses mains.

3° A cet effet, l'ordonnateur de la marine remettra directement au receveur particulier les bordereaux des mandats qu'il aura délivrés sur sa caisse. Ces bordereaux feront, de la part de ce comptable, l'objet d'une vérification sommaire, portant notamment sur l'exactitude du total et sur le rapprochement du montant partiel des mandats à mesure de leur présentation à la caisse. La date du payement de chaque mandat sera annotée sur le bordereau d'émission, en regard du nom de la partie prenante, au moment même du payement. Les bordereaux d'émission seront conservés avec soin dans les bureaux de la recette particulière jusqu'à l'achèvement des payements, et envoyés ensuite au Trésorier-Général avec les mandats acquités.

4° A l'égard des *oppositions*, le Trésorier-Général devra, le jour même où il aura reçu la signification d'une opposition sur la solde d'un officier ou d'un employé de la marine, en adresser un extrait (modèle n° 1) au receveur particulier chargé d'effectuer le payement du mandat de solde. Celui-ci en accusera réception au Trésorier-Général (modèle n° 2) et en informera le Commissaire général de la marine.

Le receveur particulier inscrira sur un carnet, à mesure de leur arrivée, chaque signification d'opposition; il devra en faire l'application selon les règles et d'après les instructions de la Trésorerie générale.

Cette marche, il convient de le remarquer, diffère légèrement de celle qui a été suivie jusqu'à ce jour, et d'après laquelle le Payeur était tenu de notifier les oppositions au Commissaire général de la marine, qui les annotait alors sur le contrôle du port ou sur le rôle d'équipage, en regard du nom de l'officier intéressé, et en faisant ensuite mention pour ordre sur les états collectifs où figurait le nom de cet officier. Mais l'administration de la marine ayant décliné toute espèce de responsabilité en cas d'omission de ladite mention de retenue, il a paru plus sûr d'obliger les Trésoriers-Généraux, dans leur propre intérêt, à signifier directement les oppositions aux receveurs particuliers.

5° Quant à la *surveillance des crédits*, qui, d'après les anciennes instructions, incombait aux receveurs particuliers, l'administration à craint de surcharger ces comptables en leur imposant l'obligation de tenir la comptabilité des crédits et des payements, d'autant plus qu'ils sont, par la nature de leurs attributions, étrangers à cette partie du service. Il conviendra donc que le Trésorier-Général, dès qu'il aura reçu du receveur particulier un envoi de pièces, dans lequel figureront les mandats de solde de la marine, s'assure sans délai que les payements effectués reposent sur des crédits régulièrement ouverts; en cas d'absence de crédits, il devrait réclamer immédiatement une réquisition écrite de l'ordonnateur, pour couvrir sa responsabilité. Il a d'ailleurs été concerté avec l'administration de la marine que des instructions seraient adressées aux ordonnateurs pour leur prescrire de remettre cette réquisition, le cas échéant, aux Receveurs des finances, sur la caisse desquels des mandats auraient été délivrés sans crédits.

6° Les dispositions exceptionnelles ci-dessus indiquées s'appliquent spécialement aux départements et arrondissements ci-après :

Département		Arrondissement
de la Charente-Inférieure...	—	de Rochefort.
d'Ille-et-Vilaine..........	—	de Saint-Malo.
de la Manche............	—	de Cherbourg.
du Morbihan............	—	de Lorient.
du Nord................	—	de Dunkerque.
de la Seine-Inférieure.....	—	du Hâvre.

J'appelle tout particulièrement l'attention des comptables de ces départements sur les instructions qui précèdent, et je les invite à s'y conformer ponctuellement.

QUESTIONS DIVERSES

INSTITUTRICE FEMME MARIÉE. PAYEMENT DE SON TRAITEMENT. AUTORISATION MARITALE.

Une institutrice mariée a-t-elle besoin de l'autorisation de son mari pour toucher son traitement? Le mandat de payement ne doit-il pas être formulé au nom du mari?

La femme, même non commune ou séparée de biens, a besoin de l'autorisation du mari pour donner, aliéner, hypothéquer, acquérir à titre gratuit ou onéreux (Code Napoléon, art. 217); telles sont les dispositions légales dont on pourrait déduire la nécessité d'exiger, d'une institutrice mariée, l'autorisation maritale pour recevoir les termes échus de son traitement. Les termes du Code Napoléon ont-ils cette extension et cette portée? Le fait de toucher un traitement ou un salaire rentre-t-il dans la série de choses que l'article 217 de ce Code n'a pas voulu qu'une femme pût faire sans être autorisée par son mari? Nous ne le pensons pas.

Si l'on admet qu'au lieu d'être institutrice, la même femme exerce une industrie manuelle salariée, ne touchera-t-elle pas, chaque semaine, chaque quinzaine, chaque mois, la somme qui lui est due comme prix de son travail ou de ses occupations, sans être autorisée de son mari ou être assistée par celui-ci? La sécurité de celui qui payera sera-t-elle compromise? Nous ne le pensons pas encore.

Nul doute, au contraire, n'existe pour nous qu'une institutrice, mariée, n'a pas besoin de l'autorisation de son mari pour toucher son traitement et que le mandat de payement doive être formulé en son nom.

TIMBRE. — INSTITUTEUR. — ARRÊTÉ DE NOMINATION. *La copie de l'arrêté de nomination d'un instituteur doit-elle être produite sur timbre?*

Nous trouvons dans le *Manuel général de l'Instruction primaire* la question suivante :

« J'ai été nommé instituteur dans la commune où j'exerce maintenant, au mois de janvier dernier; et pour me payer le premier trimestre de mon traitement, le Percepteur exige la copie de l'arrêté de ma nomination sur papier timbré à 1 fr. 50 c. Est-il dans son droit?

« Nous ne connaissons, répond le rédacteur du *Manuel*, aucune disposition légale ou réglementaire qui puisse justifier sur ce point les exigences du Percepteur. »

En effet, l'arrêté préfectoral de nomination est un acte administratif déclaré exempt de timbre par l'article 16 de la loi du 13 brumaire an VII. L'expédition de cet acte, délivrée par le Maire, rentre dans l'exception de cet article : c'est une copie délivrée par un fonctionnaire public à un autre fonctionnaire public. Et si le receveur municipal objectait que cette copie, pour être exempte de timbre, doit contenir la *mention de cette destination*, on pourrait lui répondre que cette mention n'est exigée que pour les expéditions des actes dont la minute est assujettie au timbre. D'ailleurs, l'indication de cette expédition sur le mandant de payement, mentionne suffisamment la destination de celle-ci.

PURGE. EFFETS DE LA TRANSCRIPTION DES ACTES DE VENTE.

Le *Mémorial des Percepteurs*, dans sa livraison de mars 1867, page 123, s'attache à expliquer les articles antérieurs à l'année courante, dans lesquels il avait été établi, sans aucune réserve d'exception aux principaux généraux, *qu'à partir de la simple transcription*, les créanciers privilégiés ou ayant hypothèque ne peuvent prendre utilement inscription sur le précédent propriétaire, conformément aux prescriptions de l'article 6 de la loi du 25 mars 1855. Nous nous sommes élevé contre la doctrine erronée professée par le *Mémorial* (voir ci-dessus p. 34). Nous avons fait remarquer que cette interprétation trop absolue et sans restriction, était contraire à la justice et au sens commun. Nous étions d'autant plus fondé à employer ces dernières expressions, que dans l'étude sur les Rentes sur particuliers (V. page 140, renvoi et 143 ci-dessus), nous trouvions la distinction à faire, pour l'application rationnelle et légale de l'article 6 de la loi du 25 mars 1855, entre les hypothèques inscrites et celles non inscrites au moment de la transcription de l'acte. Jetant dans la discussion une étrange confusion d'idées, habitude qui lui est propre et qui distingue ce recueil, le *Mémorial* applique au payement du prix d'acquisitions faites par les communes, des principes qui ne concernent que les créances de ces dernières.

Au demeurant, l'article rectificatif publié par le *Mémorial*, tout en consacrant les principes que nous venons de rappeler, fait clairement entendre, dans un langage ironique et badin, (à la façon de la fable de l'*Ane et du petit Chien*), que nous aurions dû voir dans les articles antérieurs à 1867, publiés par lui sur cette question, une interprétation exacte et complète qui ne s'y trouvait pas. Le *Mémorial* juge ses lecteurs un peu trop perspicaces : quant à nous, nous pensons qu'ils ne sauraient être accusés de mauvaise volonté, s'ils n'y trouvent pas ce qui n'y est pas indiqué, même implicitement, à plus forte raison ce qui n'y est pas exposé explicitement.

RECEVEUR D'HOSPICE. AFFAIRES CONTENTIEUSES COMPÉTENCE.

Est-ce au receveur de l'hospice ou à l'économe secrétaire qu'incombe la poursuite des affaires contentieuses de l'établissement?

On nous consulte dans les termes suivants:

« Un receveur d'hospice peut-il, quand la Commission administrative de l'établissement a sous ses ordres un économe secrétaire salarié, être, par cette Commission, contraint à suivre devant les tribunaux un procès intenté contre un fermier en résolution d'un bail, quand cette résolution est demandée, non point pour cause d'arriéré dans le payement des fermages, mais seulement pour inexécution des conditions générales insérées au cahier des charges? »

Le comptable qui nous adresse cette question nous paraît faire une confusion complète en ce qui concerne les attributions de l'économe de l'hospice, en ce cas. Cet agent n'est chargé que de la comptabilité en matières, sa mission spéciale est l'emmagasinage et la distribution des denrées et autres objets de consommation. Comme secrétaire, lorsqu'il réunit cette qualité, il prépare la correspondance, tient le registre des délibérations et tous les autres services du régime administratif, prépare l'expédition des ordonnances de dépenses, dirige et surveille les travaux des bureaux, et a la garde des archives.

Du reste, comme dans l'espèce, il s'agit d'une affaire contentieuse, et non d'une question de recouvrement ou d'actes conservatoires à exercer dans l'intérêt de l'établissement, ce n'est point au receveur qu'il incombe de suivre la contestation judiciaire relative au bail. C'est au Maire, en qualité de président de la Commission administrative, qu'il appartient de suivre les actions judiciaires, d'après la loi du 18 juillet 1837. Le Maire, président de la commission, peut choisir un mandataire pour s'occuper spécialement de ce litige en son nom, mais il ne peut, ni la commission non plus, imposer en aucune façon ce soin au receveur.

Quant au secrétaire, il n'est pas non plus désigné par la loi pour cet office; mais il ne peut s'entendre avec le Maire et la Commission pour le remplir bénévolement ou à telles autres conditions, comme délégué spécial du président de la Commission.

ENTREPRENEURS DE TRAVAUX. PAYEMENTS SUR OPPOSITION.

Y a-il lieu à délivrer autant de mandats de payements qu'il y a des créanciers?

Trois créanciers particuliers d'un entrepreneur de travaux ont formé opposition au payement des sommes dues par la commune de.... pour travaux de de... Afin de désintéresser ces opposants, faut-il que le Maire délivre autant de mandats qu'il y a de saisissants; ou bien peut-il mandater la somme entière au nom de l'entrepreneur saisi, sauf aux parties intéressées à être présentes au payement fait entre les mains de l'entrepreneur seul, et à retirer chacune de celui-ci, en présence du receveur, mais sans donner quittance à celui-ci, de la somme qui leur est due? — Quelles pièces doit exiger le receveur pour se garantir d'une action ultérieure des saisissants?

Le comptable qui nous consulte a omis de nous dire si les saisies-arrêts ont été suivies de dénonciation de demande en validité et de jugement d'attribution aux saisissants. Nous examinerons donc l'un et l'autre cas. Nous raisonnerons dans l'hypothèse que la somme due à l'entrepreneur est supérieure au montant des trois saisies-arrêts pratiquées contre lui. Dans le cas contraire, voir, *Manuel des payements*, Chap. XII, 2ᵉ section, § 2, 3ᵉ section et 8ᵉ section § 2.

Disons d'abord que des oppositions ne peuvent être reçues sur les sommes dues aux entrepreneurs de travaux en cours d'exécution, que sur le solde dû à l'entrepreneur après la réception des travaux. (Chap. XII, 2ᵉ section, § 2. — *Journal* de 1867, page 71.) L'exploit d'opposition devant contenir, à peine de nullité, la désignation du titre du saisissant, (même chap., 4ᵉ et 5ᵉ sections), le receveur ne peut ignorer les causes de l'opposition. Tant que les ouvriers et fournisseurs de l'entreprise, privilégiés sur les *à-comptes* dus à l'entrepreneur, n'ont pas formé d'opposition, il n'y a pas à s'arrêter aux saisies-arrêts pratiquées sur ces à-comptes par d'autres créanciers, attendu que ces à-comptes sont exclusivement destinés au payement des travaux et fournitures de l'entreprise et à assurer ainsi l'achèvement des travaux.

S'il n'y a pas eu de dénonciation de demande en validité, les payements faits à l'entrepreneur, depuis la signification de l'opposition formée entre les mains du receveur jusqu'à ce que cette dénonciation lui est faite, sont valables pourvu qu'ils aient été effectués après l'expiration du délai accordé pour cette dénonciation (V. Journal de 1867. p. 78 — chap. XII, 6ᵉ section); car les saisies pratiquées peuvent alors être considérées comme nulles et ne lient plus le tiers-saisi.

Si, au contraire, il y a eu dénonciation de cette demande dans les délais voulus, il faut distinguer trois cas:

1° Ou il existe un jugement d'attribution, et alors les créances liquidées par ce jugement sont mandatées directement au nom du saisissant, et le payement en est fait à celui-ci, sur la production des pièces énumérées au chap. XII, 7ᵉ section, § 2, et 8ᵉ section, § 2, et en outre, de celles établissant la créance de l'entrepreneur sur la commune (Inst. gén., art. 1542, 590);

2° Ou bien les parties saisissantes ont consenti la *main levée amiable* de leur opposition, dans les formes tracées à la 7ᵉ section, § 1ᵉʳ. Lorsque le receveur est nanti de cette main levée, et, suivant le cas, de l'original ou de l'expédition de l'exploit d'opposition, il peut payer à l'entrepreneur, sous la *condition verbale* entre celui-ci et ses créanciers opposants, que le premier se libérera envers eux au moment du payement par le tiers-saisi. Le receveur n'a pas d'ailleurs à s'immiscer dans de semblables arrangements. Une main levée régulière peut seule garantir sa responsabilité.

3° Enfin l'entrepreneur, pour éviter les frais d'un jugement de validité et d'attribution, aura consenti à ce que le payement de ce que lui est dû, soit fait directement entre les mains des saisissants. Ce consentement constituera une procuration de toucher ou une délégation de créance; et il devra en être justifié au receveur dans une forme régulière. Ce consentement pourra être donné sous signature privée (Voir chap. x et xi — *journal* de 1867, p. 62 et 69); mais il devra être donné sur une feuille séparée de la quittance, puisque la délégation ou procuration et la quittance sont deux actes distincts. Pour effectuer le payement aux saisissants devenus légataires, il importe peu que la somme due à l'entrepreneur dont les droits auront été prouvés, soit mandatée au nom de celui-ci ou de chacun de ses créanciers délégataires. Mais le receveur ne pourrait acquitter cette somme sans exposer sa responsabilité envers les opposants qu'après avoir obtenu de ces derniers une main levée de leur opposition, attendu que celle-ci existe tant qu'une *main levée expresse* n'en est pas donnée. Nous devons faire observer que l'entrepreneur ne recevant des à-comptes qu'à la condition, toujours sous-entendue, de les employer à payer les ouvriers et fournisseurs de l'entreprise que ces à-comptes concernent, le receveur ne saurait admettre de délégation de créance de la part de l'entrepreneur, que sur la somme qui peut lui rester due après la réception des travaux. En effet, c'est à cette époque seulement que le receveur aura la certitude que les travaux confiés à l'entrepreneur ne seront plus en danger de rester inachevés, ce qui pourrait arriver si le prix de ces travaux était payé à d'autres qu'à l'entrepreneur tenu de désintéresser, en premier lieu, les ouvriers et fournisseurs privilégiés. En conséquence, le receveur ne devra acquitter le montant de ces délégations, qu'autant qu'elles porteront sur le solde dû après la réception des travaux. Jusqu'alors le receveur ne payera que sur la production de jugements d'attribution.

INSTITUTEUR ADJOINT. — RETENUES POUR LES PENSIONS CIVILES.

Un instituteur adjoint d'une école communale *régulièrement nommé* par le Préfet, et touchant un traitement fixe de la commune, doit-il subir, pour le service des pensions civiles, la retenue du premier douzième de traitement et du vingtième sur les sommes qui lui sont payées?

L'affirmative ne fait aucun doute. Voir ce que nous avons dit sur cette même question à la page 167 ci-dessus.

CRÉDIT FONCIER. PAYEMENT DES COUPONS ET PLACEMENT DES OBLIGATIONS PAR LES PERCEPTEURS

Quels sont les droits et obligations des Percepteurs relativement au payement des coupons et au placement des obligations du Crédit Foncier?

On nous prie d'émettre notre opinion sur les points suivants :

« La recette particulière nous charge du payement des coupons des obligations du Crédit foncier. Tous les six mois il m'en est présenté pour deux à trois mille francs, et cela va toujours en augmentant. Le classement de tous ces coupons et leur inscription exigent un travail long et engagent notre responsabilité. Ne serait-il pas juste que le Crédit foncier accordât une remise aux Percepteurs, car les recettes particulières ne font que lui transmettre notre travail, je crois.

« Pour les obligations du Crédit foncier que nous prenons à la recette, nous n'avons aucune remise, tandis que les receveurs des finances ont 1 p. 0/0, assure-t-on. Ne pourrions-nous demander nous-mêmes directement ces obligations au Crédit foncier, et jouir des avantages faits aux correspondants de cette Société? »

En principe, les Percepteurs ne sont pas tenus au recouvrement des effets autres que ceux qui proviennent des remises du Trésor, Instr. gén., art. 718; ils peuvent donc se dispenser de payer les coupons du Crédit foncier, alors surtout que ces opérations atteignent par leur chiffre l'importance qui nous est présentement signalée. L'article 718 de l'Instruction générale porte expressément que les receveurs des finances ne doivent pas user de l'entremise des Percepteurs qu'autant qu'il n'en résulte aucun inconvénient pour le service. « Dans tous les cas, ajoute cet article, les receveurs particuliers et les Percepteurs qui consentent à se charger du recouvrement d'effets provenant d'opérations particulières, ont droit à une rétribution qui est réglée de gré à gré entre eux et leur commettant. » Les Percepteurs peuvent donc stipuler pous condition de leur concours dans les payements en question une rémunération déterminée.

Nous pensons aussi qu'ils sont fondés à réclamer du Crédit foncier une remise sur le placement des obligations de cet établissement, par analogie avec ce qui se pratique à l'endroit des receveurs des finances. Une Société aussi considérable et aussi favorisée que le Crédit foncier de France, ne saurait refuser cet acte d'équité aux Percepteurs-receveurs municipaux, dont le concours est si précieux à sa prospérité.

En tous cas, il conviendrait que les Percepteurs procèdent d'une manière collective dans leur réclamation, et qu'ils s'entendissent par arrondissement pour adresser en corps une demande à cet effet au Crédit foncier.

AMODIATIONS DE BIENS COMMUNAUX. — FRAIS D'EXPERTISE. — VERSEMENT ENTRE LES MAINS DU MAIRE.

Les frais d'expertise et autres, dus pour allotissement de biens communaux, peuvent-ils être versés directement entre les mains du Maire sans passer par la caisse municipale?

Un comptable du Puy-de-Dôme nous expose qu'il est fait assez fréquemment, dans ce département, des amodiations de biens communaux par voie d'allotissement. A cet effet il est dressé un cahier des charges qui stipule généralement que les frais d'honoraires dus au géomètre expert, ceux d'un acte notarié et d'une grosse, sont partagés par portions égales entre les usufruitiers et que chacun est tenu, avant le tirage au sort, de déposer, *entre les mains du Maire* de chacune des communes intéressées, sa cote part dans lesdits frais. Le receveur municipal est, du reste, convoqué à l'opération d'allotissement.

Notre consultant nous demande si ce mode de procéder est régulier.

Déclarons, dès l'abord, que cette pratique est tout-à-fait illégale, et que nous nous étonnons de la voir aussi généralisée qu'on nous l'affirme. Comment ignore-t-on que les Maires ne peuvent manier aucuns deniers communaux, et que, verser dans leurs mains de pareilles valeurs est un abus étrange, en présence de l'assistance expresse du receveur municipal, qui est le fonctionnaire spécialement et exclusivement chargé du maniement de ces deniers? Mais ces opérations d'amodiation ne se font que sur un cahier de charges qui doit être approuvé du Préfet; notre surprise vient de ce qu'une administration départementale accorde son autorisation à une clause de ce genre... Nous pensons qu'à cet égard il suffira de rappeler les principes fondamentaux de la comptabilité communale, pour que la Préfecture elle-même s'empresse d'en maintenir l'application. Non, en aucune circonstance le Maire ne peut recevoir des deniers communaux, il n'a pas qualité pour cela; ses attributions sont restreintes à l'administration et à l'ordonnancement des fonds de la commune (L. 18 Juil. 1837). D'ailleurs, on ne contestera pas dans l'espèce, la qualité de fonds communaux aux sommes versées pour payer les frais de l'expert et autres énumérés ci-dessus. Cela est d'évidence et ne supporterait pas la discussion. L'acte que nous critiquons n'est pas, à proprement parler, un fait de comptabilité occulte, mais c'est un acte de gestion irrégulière et illégale. Le receveur municipal doit le signaler à ses chefs, par la voie hiérarchique et en faire l'objet d'une protestation formelle; car, enfin, cette somme qui a son importance (elle est dans le cas de 1000 fr. environ et peut être répétée plusieurs fois dans l'année), cette somme, disons-nous, devrait entrer dans la caisse du receveur municipal et ne devrait en sortir que sur la délivrance d'un mandat et d'un état de frais taxé. Elle doit figurer en recette et en dépense dans les écritures (au budget additionnel) et donner lieu, comme toute autre opération d'entrée et de sortie de fonds, à des remises pour le receveur.

Nous avons déjà eu l'occasion d'établir, dans notre Traité des Remises, que ces sortes de frais donnaient lieu à remises.

COPIES OU EXTRAITS DE TITRES. Production. Expéditions.

Que doit faire un comptable si, malgré plusieurs demandes, un Maire ne lui fait pas remettre la copie non timbrée d'un bail qui doit être produite à l'appui de son compte de gestion?

Doit-il faire lui-même cette copie sur la grosse en sa possession et la soumettre à la signature du Maire? Dans l'affirmative, lui est-il dû une rémunération en raison du nombre de rôles expédiés?

Aux termes de l'article 1543 de l'Instruction générale, quand une recette ou une dépense est échelonnée sur plusieurs années, la production du titre original ne doit avoir lieu qu'avec le compte de l'année pendant laquelle l'opération a été définitivement consommée; jusque là, les receveurs fournissent avec le compte final du premier exercice, des copies ou extraits des titres, lesquels sont exempts de timbre, à la condition qu'ils portent la mention expresse que l'expédition en due forme est retenue par le receveur afin de suivre l'opération et quelle sera jointe au compte de l'année pendant laquelle l'opération sera terminée. D'après les articles 815, 822, 1051 et 1288 de la même Instruction, l'expédition de tous les titres, en général, parviennent aux receveurs municipaux et hospitaliers par l'entremise des receveurs des finances.

En ce qui concerne les recettes échelonnées sur plusieurs années, les receveurs municipaux et hospitaliers doivent donc être pourvus, par l'entremise des receveurs des finances, non-seulement de l'expédition *en due forme* destinée à suivre l'opération, mais encore de l'expédition *sur papier libre*, à joindre au compte de la première année.

Puisque les titres parviennent aux comptables par l'entremise de MM. les receveurs des finances, ces titres doivent être remis par ceux-ci complets et selon les conditions exigées par les instructions. Le bail dont on nous parle n'ayant pas été transmis en double expédition, nous pensons que le receveur municipal qui nous consulte, n'ayant reçu de son chef de service qu'une seule expédition du bail, aurait dû la renvoyer immédiatement à la recette des finances, en demandant que l'envoi fût complété par l'adjonction de l'expédition requise par l'article 1543 de l'Instruction générale.

Les expéditions d'actes émanant des autorités municipales doivent être faites et délivrées par les administrations; les receveurs municipaux doivent recevoir ces expéditions et non les formuler eux-mêmes; aucune disposition réglementaire ne les astreint à ce travail qui incombe spécialement aux secrétaires de mairie. Dans le cas où un receveur aurait cru devoir expédier lui-même le titre dont une copie lui serait nécessaire, il ne nous paraît pas avoir droit à aucune rénumération, à raison de ce travail tout bénévole.

Et dans le cas où le Maire négligerait de fournir l'expédition sur papier libre qui n'aurait pas été transmise, en principe par le receveur des finances, le receveur municipal à qui cette expédition est nécessaire devrait, par l'intermédiaire de son chef de service, faire ordonner au Maire de délivrer l'expédition dont il est question. Mais, il est préférable, nous le répétons, que lors de la transmission première à eux faite par MM. les receveurs des finances, les comptables exigent de suite la production *complète* des titres et s'assurent même, avant de les recevoir, que ces titres portent la mention de l'enregistrement quand cette formalité est exigée.

PIÈCES JUSTIFICATIVES DES COMPTES. Communication du conseil municipal.

« *Un receveur municipal est-il tenu d'envoyer au conseil municipal les pièces justificatives de recettes et de dépenses, à l'appui du compte de gestion?*

« Permettez-moi, nous écrit notre correspondant, d'aller au-devant de l'affirmative, pour en signaler les inconvénients. 1° Dans les huit ou neuf communes d'une perception, il y en a souvent qui sont éloignées du chef-lieu de dix-huit à vingt kilomètres; 2° Plusieurs de ces communes peuvent réunir leur conseil le même jour.

« Comment le receveur peut-il se trouver en même temps dans plusieurs de ces communes pour donner les explications que pourrait nécessiter la vérification des pièces justificatives ou du compte par le conseil municipal?

« D'un autre côté, comment pourrait-il les y envoyer, sans s'exposer à ne pas les voir revenir dans les dix jours où il doit les adresser à la Recette des finances, ou à les recevoir en désordre et tronquées; ce qui nécessiterait un nouveau classement toujours très-long.

« D'ailleurs, peut-on obliger un receveur municipal à se dessaisir des titres sur lesquels repose toute sa garantie, et à les éparpiller à droite et à gauche?

« Enfin, les comptes d'un receveur municipal doivent-ils subir trois vérifications successives, et sur pièces; celle des Conseils municipaux, celle de la Recette des finances et celle du Conseil de Préfecture ou de la Cour des comptes; ou bien les Conseils municipaux ne vérifient-ils en substance que le compte administratif des Maires?

Nous allons examiner les deux points indiqués dans la question qui précède et nous établirons : 1° Quels sont les règlements qui prescrivent la communication des pièces justificatives du compte de gestion; 2° Ce qu'il convient de faire pour se préserver des inconvénients, signalés, de ce déplacement de pièces.

1° L'article 1554 de l'Instruction générale règle la première question. Le 4e alinéa de cet article impose formellement au receveur municipal l'obligation de tenir ses pièces à la disposition du Conseil municipal, pour les lui communiquer *lui-même*, s'il y a lieu. Voici comment nous avons spécifié cette obligation, dans notre *Petite Instruction pratique*, page 51 :

« Pendant l'examen des comptes par les Conseils municipaux, le receveur tient à leur disposition les pièces justificatives, mais il ne les communique que *sur réquisition et en personne*. S'il est nécessaire qu'il se dessaisisse momentanément de quelques-unes de ces pièces, la remise ne doit se faire que contre un bordereau détaillé, certifié par le Maire (Instr. gén., art. 1554.) La nécessité de cette remise ne se rencontre que rarement; il faut pour cela des circonstances graves. C'est donc à tort que nombre de receveurs ont coutume de remettre aux Conseils municipaux les comptes accompagnés des pièces justificatives, attendu qu'il est de principe que les comptables ne communiquent ces pièces *qu'en cas de besoin*, et ne s'en séparent qu'*en cas de nécessité absolue*. »

Le receveur municipal n'est pas juge des cas de nécessité absolue de la communication des pièces au Conseil municipal. Il suffit pour qu'il soit tenu de la faire, que la demande expresse lui en soit faite, s'il assiste à la séance où son compte est examiné; ou, s'il n'y assiste pas, que le Maire l'informe par écrit du désir exprimé à ce sujet par le Conseil municipal. La demande de ce dernier ne peut guère reposer que sur un motif de défiance sur la gestion du Maire; car du moment que celui-ci a reconnu, par la comparaison qu'il a dû faire du compte de gestion du receveur avec les éléments de la comptabilité tenue à la Mairie, que les opérations décrites dans ce compte résument exactement les titres émis ou visés par lui et les mandats délivrés par lui ou les coupures de récépissés soumises à son visa, il n'y a plus d'autre raison de demander cette communication, que le désir du Conseil municipal de contrôler l'administration du Maire par la vérification des documents qui contiennent les détails de cette administration.

Cette communication peut aussi être faite au Maire, mais alors sans déplacement et à titre officieux, attendu qu'elle n'est nullement prescrite. Nous sommes persuadé que cette communication ne lui sera refusée, qu'autant que le Maire voudrait la rendre onéreuse, ou que si elle était demandée dans des sentiments de défiance envers le comptable.

2° Lorsque des nécessités du service, bien justifiées, empêcheront le receveur de faire personnellement au Conseil municipal la communication de pièces justificatives réclamée par celui-ci, cette remise devra être faite, *contre récépissé détaillé*, entre les mains du Maire, lequel se présentera à cet effet au bureau du receveur. Pour éviter que l'ordre de déclassement déjà donné à ces pièces ne soit pas confondu, le receveur, en mettant ces pièces sous les yeux du Maire pour en retirer récépissé, devra veiller à ce que cet ordre ne soit pas interverti; et, afin de prévenir la perte de quelques-unes de ces pièces, autre inconvénient redouté par notre correspondant, le comptable devra les fixer ensemble au moyen d'une ficelle passée au travers d'un trou fait avec un poinçon, dans un des angles et près du bord. D'ailleurs, le Maire, engagé par son récépissé, serait responsable des pièces adirées ou tronquées depuis qu'elles lui ont été régulièrement livrées pour être présentées au Conseil municipal.

Ainsi, nul doute que les comptes de gestion d'un receveur municipal ne soient soumis à trois vérifications successives sur pièces : 1° A celle du Conseil municipal (Instr. gén , art. 1554); 2° à celle du receveur des finances (art. 1302, 1304 et 1554, — et circ. 30 janvier 1866, § 8); 3° et à celle du Conseil de Préfecture ou de la Cour des comptes (art. 1303 et 1554).

CHRONIQUE.

Sur la demande de diverses personnes, nous avons fait fabriquer à l'usage de nos abonnés, des *cartons-releurs* pour collectionner et relier immédiatement chaque N° du Journal, au fur et à mesure de son apparition. Ces cartons sont reliés fort élégamment avec coins sur les plats et portent au dos en lettres dorées, le titre de *Journal des Percepteurs*. Le prix en est de 3 fr. 50, à envoyer avec la demande.

Parmi les curiosités qui attirent l'attention des étrangers actuellement à Paris, on cite beaucoup l'*Exposition de peinture de M. Gustave Courbet*. Cet artiste dont la réputation, aujourd'hui universelle, a été longtemps contestée, est représenté là par environ deux cents tableaux de son œuvre. Les gens spéciaux rendent généralement hommage à ce talent élevé, si puissamment maître de tous les procédés du grand art, et le public admire ce génie original qui s'est formé seul dans la contemplation de la nature, en dehors de toutes les écoles et de tous les enseignements officiels.

Dans son dernier ouvrage sur l'esthétique le célèbre philosophe Proudhon a consacré une étude considérable à l'analyse de l'école de peinture dont M. Gustave Courbet est le fondateur. Il trouve dans ce génie indépendant la plus haute signification de l'art et la personnification de l'école de l'avenir, de celle qui, en dehors de toute convention, de toute tradition, rejette fièrement tout patronage et dédaigne l'ancien bagage religioso-historique sur lequel brodent encore la plupart des peintres contemporains.

Ier *Volume du Journal des Percepteurs.* (Nouvelle Série), année 1866. — Plusieurs de nos nouveaux abonnés, à partir de l'année 1867, n'ont pas encore notre volume de 1866. Nous leur ferons observer que ce volume, qui contient d'importants travaux, formera dans leur collection une absence fâcheuse. Ils pourront se trouver dès à présent gênés fréquemment par cette lacune, car nous avons souvent à mettre en corrélation ce 1er tome (qui est la base de notre nouvelle Série), avec ceux qui le suivent. Bientôt d'ailleurs, ce volume arrivera à s'épuiser, et il deviendra difficile de se le procurer.

Pour leur en faciliter l'acquisition, nous venons d'en faire relier un certain nombre d'exemplaires avec des cartonnages solides et élégants, et nous les céderons en ce moment à des conditions exceptionnelles.

CHANGEMENT D'ADRESSE.

Nous prions les comptables qui *changent d'adresse* de ne pas négliger de nous avertir, afin que le Journal continue de leur arriver régulièrement. (Joindre 40 cent. pour frais d'impression des nouvelles bandes.) Nous leur saurons gré de nous faire connaître en même temps le surplus du mouvement dans lequel ils viennent d'être compris.

BULLETIN HEBDOMADAIRE DE LA BOURSE.

Cours des Fonds publics au 21 Juin 1867.

Rentes et Actions.

3 0/0	69 45	Midi	578 75
3 Jouis. 1 janvier	69 50	Nord	1220 ..
4 1/2 0/0	98 90	Orléans	888 57
4 1/2 Jouis. 22 sept.	99 95	Ouest	560 ..
		Cie parisienne du gaz	1568 ..
4 0/0	87 ..	Soc. immobilière	107 50
4 Jouis. 22 sep.	.. ..	Transatlantique	408 75
Obligations du Trésor	472 50	Messag. impér. (s-m.)	730 ..
Bons du Trésor	2 1/2	Canal de Suez	365 ..
Banque de France	3475 ..	Italien 5 0/0	52 25
Comptoir d'escompte	772 50	Emprunt Mexicain	19 ..
Crédit agricole	466 25	Crédit mob. espagnol	252 50
Crédit foncier Colonial	585 ..	Soc. autrichienne	480 ..
Crédit foncier de France	1467 50	Saragosse-Barcelone	42 50
Crédit ind. et comm.	637 50	Guillaume-Luxemb.	144 ..
Crédit mobilier	383 75	Sud-autrichien-lomb.	398 75
Créd. Mobilier (nouv.)	.. ..	Nord de l'Espagne	102 ..
Dépôts. comptes cour.	553 75	Saragosse Pampelune	42 50
Société générale	560 ..	Portugais	78 75
Ss-comptoir du com.	425 ..	Chemins romains	75 ..
Charentes	345 ..	Saragosse	112 50
Est	537 50	Victor-Emmanuel	75 ..
Paris-Lyon-Méditerr.	900 ..	Séville-Xéres	31 ..

Obligations.

Départ. de la Seine	232 ..	Méditerranée	325 ..
Ville 1852. 5 0/0	1191 25	Paris-Lyon-Méditerr.	315 50
— 1855-1860	460 ..	Midi	315 ..
— 1865	535 ..	Nord	321 ..
Crédit foncier. 1000 fr. à 3 0/0	965 ..	Orléans	318 ..
500 fr. à 4 0/0	502 50	Grand-Central	315 ..
10es à 4 0/0	100 25	Ouest	315 ..
500 fr. à 3 0/0	485 ..	Victor-Emmanuel	301 ..
10es à 3 0/0	97 50	— 1863	119 ..
500 fr. à 4 0/0 1863	485 ..	Cordoue-Séville	165 ..
Com. 3 0/0	405 ..	Ligne d'Italie	29 ..
5es 3 0/0	81 50	Lombard	229 ..
Colonial	450 ..	Nord d'Espagne	1[illegible]4 75
Est	309 ..	Saragosse-Pampelune	50 ..
Ardennes	314 50	Portugais	103 ..
Lyon	314 75	Romains	120 ..
Bourbonnais	318 ..	Saragosse	165 ..
Dauphiné	313 50	Séville-Xérès-Cadix	80 ..
Lyon-Genève, gar	314 ..	— 94 ans	56 ..

Valeurs diverses.

Ch. Charentes	362 50	Empr. Ottoman	285 ..
Chemin du Médoc	262 50	Obl. Empr. Ottoman	[illegible] ..
Comp. Agriculture	530 ..	Ch. Ligne d'Italie	8 ..
Caisse des ch. de fer	57 ..	Cie R. des ch. Médit.	190 ..
Gaz de Marseille	485 ..	Soc. G. Ind. Amsterd.	[illegible] ..
Banq. Créd. Pays-Bas	450 ..	Banque Ottomane	[illegible] ..
Crédit Fonc. Autrich.	650 ..	Crédit Mobil. Italien	[illegible] ..
Obl. Autrich. 1865	330 ..	Zinc, Vieille-Montagne	221 ..
Empr. Mexicain. Obl.	148 75		

Directeur, H. GALLETIER, Avocat à la Cour impériale de Paris.

JOURNAL DES PERCEPTEURS,

DES RECEVEURS DES FINANCES, ET DES RECEVEURS DES COMMUNES, HOSPICES, ETC.;
DES SURNUMÉRAIRES, ET DES ASPIRANTS.

2e Série. — 10 fr. par an. Un numéro toutes les semaines. 12e année. — N° 26.

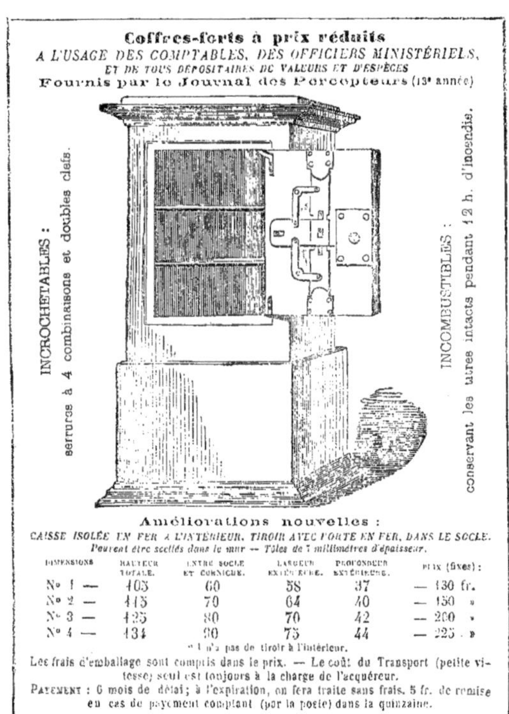

Malgré les annonces et explications que nous avons faites maintes fois, dans notre Journal, au sujet de nos coffres-forts, on nous demande encore journellement divers renseignements; nous avons pensé que nous ne saurions mieux y répondre qu'en exposant encore aux yeux des comptables le dessin et les renseignements ci-dessus.

Nous répétons aussi notre avis aux comptables de se défier avec soin des manœuvres frauduleuses qu'employent envers eux certains individus, qui prétendent nous faire concurrence à l'égard de ces coffres-forts.

SOMMAIRE.

JURISPRUDENCE.

TRIBUNAL CIVIL DE CHALON-SUR-SAONE.

HUISSIERS ET COMMISSAIRES-PRISEURS. LEURS OBLIGATIONS A L'ÉGARD DES PERCEPTEURS. RESPONSABILITÉ PERSONNELLE.

Les huissiers, commissaires-priseurs et autres ne doivent remettre aux créanciers ou autres ayants-droit de toucher, les sommes déposées et séquestrées, qu'en justifiant du payement des contributions et impositions dues par les personnes du chef desquelles ces sommes proviennent. A défaut ils en sont personnellement responsables.

Voici encore un jugement qui vient confirmer très-expressément les droits du Trésor.

Il a été rendu dans les circonstances qui suivent :

Un nommé Develay, de Chagny, meunier-fermier, était redevable de ses contributions et avait reçu garnison collective en vertu d'une contrainte décernée à la requête du Percepteur; n'y ayant pas répondu, il a été compris sur une contrainte par commandement, mais quand le porteur de contraintes s'est présenté chez lui pour le lui signifier, il a trouvé porte close et a appris des voisins qu'après saisie à la requête du propriétaire, il y avait eu cession amiable de tout le mobilier, et que M. Scalaron, le propriétaire du moulin, en devait faire opérer la vente par l'huissier saisissant. La question nous ayant été soumise en ce moment par le Percepteur qui avait fait d'infructueuses démarches officieuses auprès de l'huissier Chauvelot, chargé de la vente et du représentant de M. Scalaron, propriétaire, nous avons conseillé au Percepteur de proposer une poursuite par commandement contre l'huissier Chauvelot. Signification lui en a été faite, et il y a formé opposition; cette opposition a été déférée au tribunal civil de Châlon qui a rendu le jugement ci-après :

« Considérant qu'il résulte des débats et des documents du procès, que si Chauvelot (huissier) a vendu les meubles détournés par Develay, saisi, revendiqués à la requête du propriétaire Scalaron, il n'est point démontré que les meubles avaient cessé d'appartenir à Develay pour devenir la propriété de Scalaron ;

« Qu'en vain pour soutenir cette proposition, on soutient que Scalaron était devenu propriétaire en vertu d'une cession antérieure ;

« Que le procès-verbal de saisie constate que l'huissier a commencé par sommer le sieur Develay de payer immédiatement entre ses mains la somme due à Scalaron, et que c'est faute de le faire, qu'il a procédé à la saisie ;

« Que si le sieur Develay avait été en mesure de payer sur la sommation, il eût évidemment conservé ses meubles ;

« Ce qui démontre suffisamment que le véritable propriétaire des meubles était bien encore Develay et non Scalaron.

« Considérant qu'il ne pouvait y avoir de doute à cet égard pour l'huissier saisissant, et que le titre même en vertu duquel il agissait lui indiquait la marche à suivre.

« Que d'après les termes exprès de la loi du 5 août 1790 et du 12 novembre 1808 les huissiers, commissaires-priseurs et autres ne doivent remettre aux créanciers ou autres ayants-droit de toucher les sommes déposées et séquestrées qu'en justifiant du payement des contributions et impositions dues par les personnes du chef desquelles ces sommes proviennent ;

« Que Chauvelot a contrevenu aux dispositions de ces lois et doit être déclaré responsable de cette infraction ;

« Que les contraintes ont donc bien procédé contre lui ;

« Considérant que la partie qui succombe doit supporter les dépens ;

« Par ces motifs, le tribunal, sans s'arrêter à l'opposition de Chauvelot, l'en déboute ;

« Ordonne que les contraintes continueront jusqu'au payement de la somme de 135 fr. 30 c. pour laquelle elles ont procédé,

« Condamne Chauvelot aux dépens. »

(JUGEMENT du 1867.)

CONSEIL D'ÉTAT.

TAXE MUNICIPALE SUR LES CHIENS.

CHIEN DE LA PREMIÈRE CATÉGORIE.

Un huissier qui se fait suivre dans ses courses par un chien qui, en raison de sa faiblesse et de sa petite taille, ne pourrait le défendre, en cas d'attaque, n'est pas fondé à prétendre que son chien doit être considéré comme chien de garde et être rangé dans la deuxième catégorie. (Décr. 6 juin 1866. — Fournier.)

CHIEN DE LA PREMIÈRE CATÉGORIE.

Un chien qu'un hongreur emmène avec lui dans les courses nécessitées par son industrie, est imposable comme chien de la première catégorie. (Décr. 6 juin 1866. — Frouin.)

LIEU DE L'IMPOSITION.

Celui qui a déclaré ses chiens dans la commune de son domicile, où ils séjournent habituellement, a droit à la décharge de la triple taxe à laquelle il a été imposé, pour un de ces chiens, dans une commune où ledit chien n'a séjourné la plus grande partie de l'année, et ne s'y trouvait notamment au 1er janvier, que par suite d'une circonstance exceptionnelle. (Décr. 11 juil. 1866. — Garot.)

MARCHÉ.

MARCHÉ CONSTATÉ *par une lettre du préfet de la Seine. Résiliation en cours d'exercice. Indemnité. Plaques pour les égouts.* — Aux termes d'une lettre du préfet de la Seine, il est intervenu entre un entrepreneur et la ville de Paris un marché pour la fourniture et la pose de plaques nécessaires au numérotage des branchements d'égouts particuliers : —La lettre du préfet suffit pour constater l'existence de ce marché (lequel rentre dans la compétence attribuée aux Conseils de préfecture par l'art. 4 de la loi du 28 pluviose an VIII) et si,— après que des commandes ont été successivement faites pour deux années et même pour une troisième, la fourniture est retirée en cours d'exercice, — l'entrepreneur peut avoir droit à l'indemnité à raison des plaques qu'il aurait eues en magasin et qui se seraient trouvées sans destination. (Décret de 1865.)

CONTRIBUTION PERSONNELLE ET MOBILIÈRE. — *Changement de résidence avant le 1er janvier.*

Un contribuable, — qui a cessé de résider dans une commune avant le 1er janvier, mais après la confection des rôles de la contribution personnelle et mobilière, et qui ne justifie pas qu'il ait été inscrit sur le rôle de la commune de sa nouvelle résidence, ni qu'il ne fût pas imposable dans cette dernière commune, — doit être maintenu sur le rôle de la commune de son ancienne résidence.

(DÉCR. 8 janvier 1867 — Laginières.)

CONTRIBUTIONS DIRECTES. *Réclamation. Timbre. Réclamation reproduite sur timbre avant l'arrêté du conseil de préfecture.*

Une réclamation, — introduite sur papier non timbré, mais reproduite sur timbre avant que le conseil de préfecture ait statué, — est recevable.

(DÉCR. 8 janvier 1867. — Alata.)

PRESTATIONS. *Bêtes destinées à la reproduction. Emploi au service d'une exploitation agricole.*

Décidé — que la jument du réclamant (quoique en état de gestation) avait été employée au service de son exploitation agricole, — et que, dès lors, elle était imposable à la taxe des prestations (1).

(DÉCR. 8 janvier 1867. — Cabaudié.)

CONTRIBUTIONS DIRECTES. *Réclamations. Délai. Décharge pour une année précédente.*

Le délai de réclamation court de la publication des rôles, alors même que le contribuable ayant obtenu pour l'année précédente, par arrêt du Conseil d'Etat, réduction de la contribution, prétendrait que, la la décision rendue pour l'année précédente s'étendant de plein droit à la décision dont il s'agit, il s'est trouvé dispensé de réclamer dans ce délai. — (Les rôles sont annuels). (DÉCR. 8 janvier 1867. — *Chasles.*)

(1) Il est résulté de l'instruction que, si le réclamant avait affecté sa jument à la reproduction, alors que son état de gestation la rendait impropre à des courses fréquentes et rapides, il n'en avait pas moins continué à la faire servir à des travaux agricoles jusqu'à l'acquisition d'un nouveau cheval.

CONTRIBUTION DIRECTES. (PAT.). *Article 23 de la loi de 1844. — Décès de l'associé principal. — Dissolution de la société. — Associé secondaire continuant l'exploitation. — Demi-gros.*

Lorsqu'à la suite du décès d'un associé principal, et de la dissolution de la société, il n'y a pas eu fermeture des magasins, que l'associé secondaire a continué sans interruption les opérations commerciales pour son propre compte — ce dernier peut-il réclamer décharge des douzièmes non échus du demi-droit fixe auquel il a été imposé comme associé secondaire, en offrant de prendre à son compte le doit fixe entier, et le Conseil de Préfecture peut-il le décharger desdits douzièmes, en donnant acte de ses offres? — *Rés. nég.* (DÉCR. 8 janvier 1867. — *Grenet.*).

TRAVAUX PUBLICS. *Compétence judiciaire ou administrative. Commune. Cloches. Mise en place.*

Lorsqu'un fondeur ne s'est pas seulement engagé à fournir à une commune une cloche, *mais s'est en outre chargé de diriger la mise en place* dans le clocher de l'église communale, — une contestation — dans laquelle la commune soutient que, par suite du défaut de surveillance et de direction des travaux de mise en place, le fondeur doit être déclaré responsable des vices d'installation de la cloche, — appartient-elle, non à la compétence des tribunaux ordinaires (juges en matière de fournitures), mais à la compétence du Conseil de préfecture (juge en matière de travaux publics)? *Rés. aff.* (DÉCR. 9 janvier 1857. — *Dencausse.*)

CONSEIL DE PRÉFECTURE DE LA SEINE.

PATENTES. CONCIERGE.

Le concierge, qui exerce une profession patentable, est passible de la patente, et ne saurait non plus être exempté de la contribution mobilière ni comme domestique attaché à la personne du propriétaire, ni comme occupant un logement à titre gratuit. — (ARRÊTÉ du 6 décembre 1866.)

QUESTIONS DIVERSES

OPÉRATION OCCULTE. RECONSTRUCTION D'UNE MAISON COMMUNE PAR LE MAIRE SEUL SANS AUTORISATION.

Un Maire peut-il reconstruire seul, à son compte, une maison commune, sans aucune autorisation et en dehors du receveur municipal?

Un Maire, qui est dans l'opulence et qui recherche la popularité, jette à terre la plus grande partie d'une maison commune et la fait reconstruire à ses frais, le tout sans être autorisé par l'administration et sans avoir du conseil municipal autre chose qu'une autorisation tacite.

Cette reconstruction coûte d'ailleurs une douzaine de mille francs.

Tout se passe en dehors du receveur municipal.

On nous demande notre avis sur cette opération.

— Si l'on ne considérait qu'un côté de la question, sans doute on ne verrait là qu'une générosité au profit de la commune, un fait méritant d'être encouragé. Mais on doit examiner la question de plus haut, et se placer surtout au point de vue de la légalité de l'opération en elle-même.

Quelle que soit la faveur avec laquelle on doit envisager les libéralités aux communes et aux établissements, aucun motif ne peut autoriser à transgresser les lois et les principes protecteurs des intérêts municipaux. La règle doit être inflexible : pas d'opérations occultes, sous aucun prétexte! Il faut faire passer cette opération comme les autres par la caisse communale et procéder correctement.

L'acte du Maire qui prétend se soustraire aux règles générales est un acte d'arbitraire ; les receveurs municipaux doivent s'opposer énergiquement à des procédés semblables qui sont de véritables empiétements d'autorité. Spécialement institués gardiens des biens des communes, les receveurs doivent empêcher ces abus, ces atteintes à leurs droits.

I. Il ne faut pas que MM. les administrateurs municipaux oublient la loi fondamentale de leur institution : l'article 19, numéro 6, de la loi du 18 juillet 1837 range expressément au nombre des objets sur lesquels les conseils municipaux ont à délibérer, les projets de construction, de grosses réparations et de démolition, et en général tous les travaux concernant les biens communaux. Quelle que soit, dès lors, la nature des ouvrages à effectuer à un édifice communal, il n'est donc pas douteux que les plans et devis doivent être d'abord adoptés par le conseil municipal, puis soumis à l'approbation préfectorale. Ainsi, le Maire devait premièrement proposer à l'assentiment du conseil les plans et devis et provoquer régulièrement une délibération conforme.

II. Ensuite, la délibération du Conseil municipal adoptant les plans et devis proposés pour la reconstruction de la mairie devait être soumise au Préfet et approuvée par lui, d'après les prescriptions de la loi du 18 juillet 1837, sur l'organisation municipale, article 45.

Il n'y a d'exception à cette règle que pour les travaux ordinaires et de simple entretien des bâtiments communaux dont la dépense n'excède pas 1000 fr., c'est alors au Sous-Préfet qu'appartient l'approbation depuis le décret du 13 avril 1862 sur la décentralisation.

En négligeant cette formalité, le Maire prive la commune de la garantie que le législateur a entendu accorder aux personnes morales par l'intervention du Préfet. On a voulu que ce magistrat, à qui l'on suppose des connaissances élevées et des vues désintéressées, juge en dernier ressort de l'opportunité et de la forme des travaux, en se plaçant à un point de vue supérieur à celui du Maire, au point de vue de l'intérêt général.

III. Les travaux communaux doivent être faits avec concurrence et publicité, sauf les cas particuliers que l'on connaît. On acquiert ainsi non-seulement le bénéfice de l'économie, mais encore le plus souvent l'avantage de meilleurs travaux, car en appelant le public des constructeurs, il peut s'en produire de plus habiles que l'unique choisi par le Maire, ordinairement pour des considérations privées.

Enfin, les travaux pourraient être mal exécutés et le Maire pourrait s'en contenter néanmoins dans l'espèce irrégulière où nous nous trouvons; n'est-il pas nécessaire, au contraire, qu'ils soient soumis à un homme de l'art, officiellement désigné, pour être examinés, contrôlés et acceptés par lui?

IV. Voici encore une flagrante illégalité : Les matériaux provenant de l'ancienne mairie appartiennent à la commune ; le Maire, ni personne, ne peut en disposer à son gré et sans une autorisation régulière, ni sans remplir les formalités légales. Or, l'Instruction fondamentale du Ministre de l'intérieur du mois de septembre 1834, rappelée par *l'Agenda de l'Isère*, s'oppose à ce que les entrepreneurs de constructions communales reçoivent les matériaux provenant des anciennes constructions sans que la valeur en soit liquidée et portée en recette dans les écritures du receveur au moyen d'un versement en argent ou en mandats du Maire acquittés.

C'est donc ainsi que le Maire devait procéder.

Terminons par une observation importante :

D'après une circulaire du Ministre de l'intérieur, en date du 27 décembre 1855, il est expressément recommandé aux administrations municipales et charitables de ne plus décliner l'intervention des comptables et de tenir rigoureusement la main à ce qu'aucune opération ne soit effectuée en dehors de leur concours, et l'exécution de cette mesure est confiée à MM les receveurs des finances. Il nous semble que les comptables, rémunérés par l'Etat au moyen de remises sur ces opérations, ont le droit d'exiger que les instructions ne soient pas éludées, puisque leurs émoluments se trouvent ainsi abusivement réduits.

MANDATS DE REMBOURSEMENT DE FONDS PLACÉS AU TRÉSOR PUBLIC.

Dans quel cas le paragraphe 4 contenant le calcul du douzième des recettes ordinaires doit-il être rempli par le receveur?

Il est évident que ce calcul n'a aucune raison d'être établi, toutes les fois que l'ordonnateur reste dans la limite de la *somme minimum* qu'il a le droit de mandater, en vertu de l'article 761 de l'Instruction générale. Ce minimum est de 300 fr. pour le Maire, sans égard au montant du douzième, et il est de 1000 fr. pour le Sous-Préfet, alors même que les deux douzièmes ne s'élèveraient pas à ce chiffre.

C'est ainsi, du reste, que l'on procède dans les Rcelles des finances où l'on comprend qu'il n'y a pas à suivre à la lettre le texte des formules imprimées, attendu que ces formules doivent nécessairement contenir une place pour les différents cas qui peuvent s'offrir. Si le douzième sert de base à l'ordonnancement des fonds à retirer du Trésor, il est indispensable que ce douzième soit déterminé sur le mandat lui-même. Dans le cas contraire, ce calcul nous paraît une superfluité, et nous pensons que les chefs de service doivent s'attacher à ne pas exiger ce qui est inutile, et simplifier ainsi, lorsque cela dépend d'eux, les écritures de leurs subordonnés.

COMPTES DE GESTION. Justification des recettes pour lesquelles il ne peut pas être produit des titres.

On nous écrit de...

« Je lis dans le numéro 22 de votre estimable Journal (*Questions diverses*, Comptes de gestion, Justification des recettes pour lesquelles il ne peut pas être produit des titres), que l'état modèle numéro 318 (P. Dupont, n° 189) vous paraît pouvoir servir de titre définitif d'exercice pour les diverses recettes qui ne peuvent pas être justifiées par la production des titres eux-mêmes. D'un autre côté, vous dites dans le numéro 24, page 185 (Des pièces justificatives de la recette) que, d'après le principe posé par l'article 1536, chaque produit doit être justifié par des rôles, baux, etc., et par des certificats émanant de l'autorité, qui deviennent des titres définitifs, et vous en concluez que les modèles numéros 190 et 191 (P. Dupont) répondent encore mieux aux prescriptions de l'article 1542 de l'Instruction générale.

« Permettez-moi de vous faire observer que le modèle numéro 190 (Titre définitif pour les centimes communaux) ne présente que le *montant en une seule ligne* des divers centimes communaux. Si cette simple indication est suffisante, et je doute que MM. les receveurs des finances le jugent ainsi, le modèle numéro 195 de la même imprimerie répond mieux aux prescriptions de l'article précité.

« Mais ni l'un ni l'autre de ces deux titres définitifs ne me paraît satisfaire aux prescriptions de l'article 1542, 1°, Centimes communaux. Cet article porte qu'il sera fourni un *extrait des rôles* des contributions, certifié par le receveur des finances et par le Maire. On ne saurait qualifier d'extrait de rôles, l'indication en une seule ligne du montant total de chaque nature de centimes, mais bien le détail suivant, servant à faire ressortir en un seul total le montant définitif de ces centimes :

Art. 1. 5 cent. ord. —	Rôle gén. d. contr.	150	195 fr.
	— princ. d. pat.	40	
	— suppl.-(1er tr.)	5	
	Etc., etc. . . .	»	

Art. 2. Etc. . . . .

« L'état numéro 318 (P. Dupont n° 189) peut contenir, indépendamment de l'état détaillé des *centimes communaux*, celui des droits de *permis de chasse* (n° 191), et dispenser ainsi de la rédaction d'un état distinct. Il arrive, plus fréquemment que vous ne pensez, que les avis d'*attributions sur amendes* ou d'allocation de *subventions et secours*, adressés aux Maires pour être remis aux receveurs, sont adirés dans les Mairies, ce qui amène la nécessité de réclamer des certificats; il n'est jamais transmis d'extrait de mandats ou d'avis d'ordonnancement des subventions pour l'instruction primaire, etc., et, en outre, il y a parfois à produire l'extrait des titres dont le recouvrement est *échelonné sur plusieurs années*. Or, la production d'un extrait des titres connus au 31 mars (modèle n° 318), nous paraît pouvoir tenir lieu à lui seul de *tous autres* états certificats séparés. Ce modèle est d'ailleurs le *seul officiel*; les modèles numéros 190 à 196 n'ont pas été donnés par l'Instruction générale, et cette considération me paraît concluante. Lorsque la justification des recettes d'un même exercice s'opérait en deux fois, les modèles numéros 190 et 195 pouvaient être considérés comme des titres définitifs suffisants, parce que l'extrait des rôles et autres titres avait été fourni à l'appui de la première année de l'exercice, au moyen de l'état détaillé numéro 318. Mais depuis que la justification s'effectue dans un seul compte, les états numéros 190 et 195 sont évidemment insuffisants. »

Nous souhaitons que l'administration supérieure tranche la question, de manière à ce que la justification de la recette soit faite partout d'une manière uniforme.

TRAITEMENTS PAYABLES AU MOYEN DE RESSOURCES SPÉCIALES. Refus d'ordonnancement de payement des mandats.

Un Maire a-t-il le droit de refuser l'ordonnancement d'un mandat pour traitement de l'instituteur, lorsque les ressources spéciales réalisées, et notamment la subvention du département, ne couvrent pas les sommes déjà payées et le montant du mandat réclamé par le créancier?

Une commune pourvoit au payement du traitement de l'instituteur (700 fr.), à l'aide des ressources suivantes prévues au budget :

Centimes spéciaux.	102 01
Rétribution scolaire	126 50
Subvention complémentaire.	471 49
Total égal.....	700 »

Au 31 décembre 1866, le receveur avait encaissé les sommes suivantes :

Sur les centimes spéciaux.	80 »
Sur la rétribution scolaire, l'intégralité des rôles des trois premiers trimestres, les seuls qu'il eût encore reçus.	92 50
Et sur la subvention du département . . .	150 »
Total.	322 50
L'instituteur avait touché exactement, à terme, les trois premiers trimestres montant à fr.	525 »
Il a donc reçu sur les ressources de la commune ayant une autre affectation, fr. .	202 50

L'instituteur réclame instamment un mandat du traitement du quatrième trimestre, soit de fr. . . . . 175 »

La commune ne possède en caisse que fr. 150 » somme dont le Maire *veut disposer* en faveur d'autres employés de la commune. Il est au regret d'avoir déjà fait payer à l'instituteur sur les *fonds affectés à d'autres dépenses*, la somme de fr. 202,50 ci-dessus, excédant la rentrée des ressources spécialement affectées au traitement de l'instituteur. Le Maire refuse la délivrance du mandat que celui-ci réclame, avec intention de porter plainte contre le refus de payement du receveur qu'il prévoit, car il connaît la situation financière de la commune. Le Maire est-il en droit de refuser cette remise?

Par plusieurs circulaires que nous avons insérées au *Journal* de 1864, pages 130 et 229, et de 1865, page 266, l'Administration supérieure recommande aux fonctionnaires qui concourent au payement du traitement, d'ordonnancer et d'effectuer ce payement, *autant que possible*, aussitôt le terme arrivé. A cet effet, les deux tiers de la subvention accordée par le département et l'Etat est mise, dès le mois d'avril, à la disposition des communes, de manière à assurer l'acquittement exact au moins des trois premiers trimestres. Si au lieu de 150 francs, le Préfet avait mandaté en faveur de la commune les deux tiers de la subvention de fr. 471,49, conformément aux prescriptions de la Circulaire ministérielle du 6 avril 1865, nous voyons que cette commune « aurait été en mesure de payer exactement l'instituteur, tout au moins durant les trois premiers trimestres. » C'est en ces termes que s'exprime S. Exc. M. le Ministre de l'Instruction publique, dans la Circulaire précitée.

Il est du devoir de l'administration locale de seconder les vues bienveillantes du gouvernement, et de ne retarder le payement du traitement des instituteurs, que s'il y a empêchement absolu de le faire exactement. Dans les communes qui possèdent des fonds en caisse suffisants pour en faire servir une partie à l'acquittement de ce traitement, sans nuire aux autres services que ces fonds sont destinés à assurer, la question ne présente aucun embarras. Le Maire ne serait pas fondé à refuser ce prélèvement momentané. Or, comme ce prélèvement est dans les intentions de l'administration supérieure, il est certain que si le refus de mandater se présentait dans ces conditions devant le Préfet, celui-ci ordonnerait d'office le traitement dont il s'agit. (Instr. gén., art. 987.)

Nous devons reconnaître que le plus grand nombre de communes ne se trouvent pas en position de faire cette avance. Nous allons examiner ce qu'il convient de faire dans ce cas. Le receveur municipal en acquittant sur les fonds généraux de la caisse communale le mandat de traitement du troisième trimestre, a obéi aux désirs du gouvernement. Nous voudrions que les instituteurs communaux comprissent que le receveur n'est pas tenu d'effectuer ce payement sur ses fonds personnels, en cas d'insuffisance de fonds à la caisse communale; et qu'il est peu convenable de chercher à obtenir un refus de payement de celui-ci, afin de porter plainte contre lui, lorsqu'il est avéré, même aux yeux de l'instituteur, que les fonds communaux manquent au comptable. Et alors, dans cette situation, il leur paraîtrait évident que c'est au Maire seul qu'ils doivent présenter leurs observations. Le Maire, dans le cas qui nous occupe, a sans contredit le droit de refuser la délivrance du mandat à l'instituteur, et l'administration supérieure ne saurait trouver de motif de blâme pour ce refus. Mais le Maire, en sa qualité de chef de l'administration locale, a pour mission de veiller à l'acquittement exact de toutes les dépenses, et c'est à lui qu'incombe le soin de procurer au receveur municipal les moyens de réaliser les fonds nécessaires. Dès que le comptable l'a informé de l'insuffisance de la subvention mandatée par le Préfet, et nous considérons comme un devoir pour le receveur municipal de lui donner avis de ce fait, le Maire doit solliciter du Préfet le mandatement d'un nouvel à-compte, en lui exposant la pénurie de la caisse communale. A l'époque du 31 décembre, le règlement définitif de la subvention nécessaire n'étant pas encore établi, le solde de cette subvention ne peut pas être mis à la disposition de la commune; mais les bases de ce règlement sont connues dès les premiers jours de janvier, à l'exception des centimes spéciaux compris dans le rôle des patentes du quatrième trimestre et formant un chiffre insignifiant. Le receveur peut former à cette époque un décompte provisoire et en faire la remise au Maire, afin que celui-ci demande un nouveau mandat d'à-compte, de manière à ce que l'instituteur puisse toucher au moins les deux premiers mois du dernier trimestre. Nous ne concevons pas comment il ait pu arriver que le solde de la subvention de 1866 (environ 320 fr.) n'ait été ordonnancé qu'en mai dernier, ainsi qu'on nous le dit. C'est là un retard fâcheux pour les instituteurs des communes dont nous venons de parler. En suivant la marche que nous avons tracée, les Maires obtiendront promptement une légitime satisfaction. Nous répétons que les instituteurs ne sauraient exiger autre chose que ces démarches. (Voir *Journal* de 1865, p. 266, et de 1866, p. 28.)

Le refus d'ordonnancement par les Maires est un cas fort rare, car il s'en trouve peu qui aient la fermeté d'éviter au receveur municipal d'avoir à répondre à l'exigence déraisonnable de certains instituteurs. Le receveur a le droit et le devoir de refuser l'acquittement, lorsqu'il jugera que l'emploi au payement de ces traitements, des fonds qu'il a en caisse et qui doivent servir par destination spéciale à d'autres dépenses, pourra l'empêcher d'assurer les autres services qui ont occasionné ces dépenses. Il devra cependant examiner, avant de remettre à l'instituteur un refus de payement, s'il n'y a pas dans les recouvrements un retard provenant de sa négligence et s'il ne lui sera pas possible de remplacer, avant l'exigibilité de ces dernières dépenses, par la rentrée des ressources spéciales de l'instruction primaire ou par d'autres recouvrements, les sommes qu'il aurait ainsi à détourner momentanément de leur affectation. Car il doit être en mesure de justifier son refus par des motifs péremptoires. Or, nous avons dit que l'Administration supérieure ne considère comme un motif suffisant de refus, que l'absence complète de fonds ou leur destination spéciale à des dépenses urgentes et exigibles.

RÉTRIBUTION SCOLAIRE. MUTATION DE TITULAIRES.

En cas de mutation de titulaires, comment doit-on calculer la part de chacun des instituteurs ?

I. Un instituteur pose la question suivante :

« Mon prédécesseur a quitté l'école de ....., le 15 septembre, à l'ouverture des vacances, et j'ai été installé le 22 décembre, quelques jours après ma nomination. Du 15 septembre au 22 décembre, l'école est restée fermée. Quelle est ma part de revient : 1° dans le traitement fixe ; 2° dans le produit de la rétribution scolaire? »

Le *Manuel* de l'Instruction primaire résout ainsi la question :

« Cette question peut se résoudre tout entière par l'application des deux principes suivants : 1° Lorsque plusieurs titulaires ont exercé dans une même commune pendant une même année, le traitement fixe et le produit de la rétribution scolaire sont répartis entre eux au prorata de leur temps d'exercice ; 2° un fonctionnaire n'a droit au traitement qu'à partir du jour de son installation.

« Notre correspondant n'ayant été installé que le 29 décembre et n'ayant exercé que pendant dix jours de l'année écoulée, n'a donc droit qu'à $\frac{10}{365}$ du traitement fixe et de la rétribution scolaire.

« Le traitement de son prédécesseur devra être établi d'après les mêmes bases.

« Cela étant, il restera une somme disponible dans la caisse de la commune ; en bonne justice, cette somme devrait être rendue aux familles, puisque ce n'est pas par leur fait que l'école est demeurée fermée pendant un intervalle de temps assez considérable. »

La solution de cette question peut être complétée par ce que nous avons dit au *Journal* de 1866, page 35, Étude sur le service de l'instruction primaire.

En ce qui concerne le partage de la rétribution scolaire, entre l'Instituteur sortant et son successeur, lorsque le traitement fixe de 200 francs et la rétribution scolaire réunis sont supposés devoir dépasser, pour l'année courante, le chiffre minimum auquel ils ont droit, la part de chacun d'eux sera fixée, sauf règlement définitif en fin d'année, d'après le produit constaté de l'année précédente. Ce partage se fera dans la proportion du temps pendant lequel chacun d'eux aura exercé.

Les instituteurs dont le traitement dépasse le minimum auquel ils ont droit, par l'effet de la rétribu- scolaire, et ceux nommés à un autre poste ou à une classe supérieure, qui étaient rétribués au moyen d'un traitement éventuel, doivent établir sur le mandat ou séparément, un décompte faisant ressortir la somme qui leur revient. Les Receveurs municipaux sont obligés d'en vérifier l'exactitude, en leur qualité de contrôleurs de la liquidation des dépenses.

Nous ajouterons que dans le cas où l'instituteur sortant, précédemment rétribué au moyen du traitement minimum de sa classe, paraîtrait devoir toucher, pendant l'année de sa sortie, un traitement supérieur à ce minimum, le règlement du partage de la rétribution scolaire devrait être fait *provisoirement d'après les bases connues* de cette rétribution.

II. La question ci-dessous est l'une des situations que nous avions en vue, et auxquelles les observations précédentes peuvent être appliquées :

« Je jouis du traitement minimum de 700 francs depuis quelques années, expose un instituteur. En 1866 j'ai exercé, pendant dix mois, dans une commune où la rétribution scolaire s'est élevée à 565 fr. 50 c. ; cette somme, jointe au traitement fixe de 200 francs, forme donc un supplément de 65 fr. 50 c. Il me semble que j'ai droit aux 10/12 de ce supplément.

« Suis-je dans le vrai ? »

— Notre correspondant a droit aux 10/12 du traitement fixe et aux 10/12 du produit total de la rétribution scolaire dans la commune où il a exercé dix mois. En dehors de cela, il n'a rien à réclamer.

Un autre instituteur écrit :

« Je succède à un instituteur jouissant d'un traitement de 700 francs ; pareille somme est portée au budget pour l'année prochaine : je désire savoir, comme je n'ai pas encore cinq ans d'exercice, si le Conseil municipal est libre de maintenir cette somme et de me la faire percevoir, en admettant toutefois que la commune subvienne *par ses propres ressources* au traitement de l'instituteur.

— Dans ces conditions, cela ne fait pas le moindre doute : la loi a établi un minimum pour servir de limite à la parcimonie des communes ; mais elle n'en oppose aucune à leur trop rare libéralité.

Ce cas est celui prévu par l'article 13 de la nouvelle loi du 10 avril 1867. Cet article subordonne à l'avis conforme du Conseil départemental et à l'approbation du Préfet, le vote d'un traitement fixe supérieur au minimum, dans les communes qui subviennent à cette dépense avec leurs seules ressources.

NOMINATIONS ET MUTATIONS.

M. Percheron, Trésorier-Général de la Charente-Inférieure, passe dans le Bas-Rhin.

ONT ÉTÉ NOMMÉS PERCEPTEURS :

A Semur (Côte-d'Or), M. Frérebeaux, percepteur. de St-Euphrôme ;

A St-Cyr du Vaudreuil (Eure), M. Anseaume, percepteur d'Heuqueville;

A Gironde (Gironde), M. Boissaud, percepteur de Marcilly (Saône-et-Loire) ;

A Le Blanc (Indre), M. Granier de Cassagnac ;...

A Lorient (Morbihan), M. Coz, percepteur de Redon (Ille-et-Vilaine) ;

A Marcilly (Saône-et-Loire), M. Rollet, percepteur-surnuméraire ;

A Allerey (d°), avec résidence à Verdun sur le Doubs, M. Derricy, de St-Philibert de Grand-Lieu (Loire-Inférieure) ;

A Villers-Bretonneux (Somme), M. Petit, percepteur de Caulières.

CHRONIQUE.

Divers comptables nous ont demandé plusieurs fois si nous pouvions leur fournir plusieurs exemplaires d'un N° de notre Journal, notamment dans le cas où un Numéro contient une question qui les intéresse à un titre quelconque.

Nous faisons connaître que nous en tiendrons toujours un certain nombre à la disposition des personnes qui en désirent : il n'y a qu'à nous envoyer, avec la demande, *le prix, qui est de* 50 centimes par exemplaire.

Quant aux abonnés qui demandent à remplacer un N° égaré ou non reçu, nous l'envoyons gratuitement, lorsqu'il s'agit du dernier N° paru. Pour les autres, nous sommes obligés d'en demander le prix, parce qu'ils nous obligent à des recherches et à des dérangements.

Sur la demande de diverses personnes, nous avons fait fabriquer à l'usage de nos abonnés, des *cartons-releurs* pour collectionner et relier immédiatement chaque N° du Journal, au fur et à mesure de son apparition. Ces cartons sont reliés fort élégamment avec coins sur les plats et portent au dos en lettres dorées, le titre de *Journal des Percepteurs*. Le prix en est de 3 fr. 50, à envoyer avec la demande.

1er *Volume du Journal des Percepteurs.* (Nouvelle Série), année 1866. — Plusieurs de nos nouveaux abonnés, à partir de l'année 1867, n'ont pas encore notre volume de 1866. Nous leur ferons observer que ce volume, qui contient d'importants travaux, formera dans leur collection une absence fâcheuse. Ils pourront se trouver dès à présent gênés fréquemment par cette lacune, car nous avons souvent à mettre en corrélation ce 1er tome (qui est la base de notre nouvelle Série), avec ceux qui le suivent. Bientôt d'ailleurs, ce volume arrivera à s'épuiser, et il deviendra difficile de se le procurer.

Pour leur en faciliter l'acquisition, nous venons d'en faire relier un certain nombre d'exemplaires avec des cartonnages solides et élégants, et nous les céderons en ce moment à des conditions exceptionnelles.

BULLETIN HEBDOMADAIRE DE LA BOURSE.

Cours des Fonds publics au 28 Juin 1867.

Rentes et Actions.

3 0/0	60 30	Midi	577 50
3 Jouis. 1 janvier	69 35	Nord	1248 75
4 1/2 0/0	99 ..	Orléans	883 75
4 Jouis. 22 sept	99 95	Ouest	561 25
		Cie parisienne du gaz	1575 ..
4 0/0	87 ..	Soc. immobilière	187 50
4 Jouis. 22 sep	.. ..	Transatlantique	415 ..
Obligations du Trésor	472 50	Messag. imper. (s-m.)	730 ..
Bons du Trésor	2 1/2	Canal de Suez	367 50
Banque de France	3470 ..	Italien 5 0/0	52 80
Comptoir d'escompte	780 ..	Emprunt Mexicain	18 ..
Crédit agricole	647 50	Crédit mob. espagnol	257 50
Crédit foncier Colonial	585 ..	Soc. autrichienne	482 50
Crédit foncier de France	1475 ..	Saragosse-Barcelone	43 75
Crédit ind. et comm.	635 ..	Guillaume Luxemb.	135 ..
Crédit mobilier	375 ..	Sud-autrichien-lomb.	396 25
Créd. Mobilier (nouv.)	... ..	Nord de l'Espagne	100 ..
Dépôts. comptes cour.	550 ..	Saragosse Pampelune	43 75
Société générale	551 25	Portugais	80 ..
Ss-comptoir du com.	425 ..	Chemins romains	75 ..
Charentes	355 ..	Saragosse	107 50
Est	537 50	Victor-Emmanuel	75 ..
Paris-Lyon-Méditerr.	892 50	Séville-Xérès	33 ..

Obligations.

Départ. de la Seine	230 ..	Méditerranée	325 ..
Ville 1852. 5 0/0	1197 50	Paris-Lyon-Méditerr.	315 75
— 1855-1860	458 75	Midi	315 ..
— 1865	532 50	Nord	320 50
Crédit foncier. 1000 fr. à 3 0/0	965 ..	Orléans	318 ..
Crédit foncier. 500 fr. à 4 0/0	497 50	Grand-Central	315 ..
Crédit foncier. 10es à 4 0/0	100 ..	Ouest	316 25
Crédit foncier. 500 fr. à 3 0/0	470 ..	Victor-Emmanuel	305 ..
Crédit foncier. 10es à 3 0/0	95 ..	— 1863	117 ..
Crédit foncier. 500 fr. à 4 0/0 1863	483 75	Cordoue-Séville	165 ..
Crédit foncier. Com. 3 0/0	405 ..	Ligne d'Italie	29 ..
Crédit foncier. 5es 3 0/0	82 ..	Lombard	229 ..
Crédit foncier. Colonial	448 75	Nord d'Espagne	135 50
Est	309 ..	Saragosse-Pampelune	90 ..
Ardennes	314 ..	Portugais	85 ..
Lyon	315 ..	Romains	125 ..
Bourbonnais	317 50	Saragosse	158 ..
Dauphiné	315 ..	Séville-Xérès-Cadix	90 ..
Lyon-Genève, gar	314 ..	— 94 ans.	53 ..

Valeurs diverses.

Ch. Charentes	362 50	Empr. Ottoman	288 ..
Chemin du Médoc	263 ..	Obl. Empr. Ottoman	2[illegible]7 [illegible]
Compt. Agriculture	530 ..	Ch. Ligne d'Italie	[illegible] ..
Caisse des ch. de fer	53 ..	Cie II. des ch. Médit.	190 ..
Gaz de Marseille	485 ..	Soc. C. Ind. Amsterd.	39[illegible] ..
Banq. Cred. Pays-Bas	451 25	Banque Ottomane	48[illegible] ..
Crédit Fonc. Autrich.	655 ..	Crédit Mobil. Italien	280 ..
Obl. Autrich. 1865	332 50	Ziar, Vieille-Montagne	[illegible] ..
Empr. Mexicain. Obl.	138 75		

Directeur, H. GALLETIER, Avocat à la Cour impériale de Paris.

JOURNAL DES PERCEPTEURS,

DES RECEVEURS DES FINANCES, ET DES RECEVEURS DES COMMUNES, HOSPICES, ETC.; DES SURNUMÉRAIRES, ET DES ASPIRANTS.

2e Série. — 10 fr. par an. Un numéro toutes les semaines. 12e année. — N° 27.

INSTRUCTION GÉNÉRALE
DU MINISTRE DE L'INSTRUCTION PUBLIQUE POUR L'EXÉCUTION DE LA LOI DU 10 AVRIL 1867
SUR L'INSTRUCTION PRIMAIRE.

12 mai 1867.

Monsieur le préfet,

J'ai l'honneur de vous envoyer un certain nombre d'exemplaires de la loi du 10 avril 1867, sur l'enseignement primaire.

Cette loi, destinée à donner une plus vive impulsion à l'instruction primaire publique et à combler les lacunes que présentait l'enseignement des filles, est d'avance acceptée comme un bienfait par les populations. Qu'elle soit exécutée comme elle a été comprise, et la France, qui a dépassé toutes les nations pour l'extension des droits politiques du peuple, ne laissera bientôt à aucune autre l'honneur de prétendre au premier rang pour l'instruction primaire.

Afin d'arriver à une exécution prompte et complète de cette loi, je crois devoir appeler votre attention sur les principales dispositions qu'elle contient.

Écoles de filles. — En principe il est à désirer que toutes les communes aient une école spéciale à chaque sexe; mais la loi n'a pas cru pouvoir imposer cette obligation aux communes qui ont moins de 500 âmes. Cette limite se justifie par deux motifs : 1° les communes au-dessous de 500 âmes fourniraient un si petit nombre d'enfants à chaque école que la classe, partagée en plusieurs divisions, comme l'exigent non-seulement les règlements, mais l'âge même des enfants, serait privée de toute émulation, et que l'enseignement y deviendrait presque individuel; 2° les dépenses d'une telle organisation, qui retomberaient, en grande partie, à la charge des départements et de l'État, absorberaient, sans utilité réelle, des ressources qui doivent être mieux employées. Tous vos efforts pour la création de ces écoles devront donc se porter en premier lieu vers les communes où la population, plus nombreuse, fournit aux écoles mixtes un plus grand nombre d'enfants, et dans lesquelles, par conséquent, le mélange des sexes présente le plus d'inconvénients. Si toutes les communes de plus de 500 âmes pouvaient organiser immédiatement une école de filles et faire ainsi de leur école mixte une école spéciale aux garçons, nous n'aurions qu'à nous en féliciter; mais nous ne pouvons espérer qu'il en sera ainsi; profitons au moins de toutes les circonstances favorables pour assurer à la loi l'exécution la plus rapide qui pourra lui être donnée.

Vous voudrez bien, monsieur le préfet, constater d'abord quelles sont les communes de votre département qui tombent sous le coup de la loi et les mettre en demeure de se conformer à ses prescriptions; mais vous vous attacherez à reconnaître celles d'entre elles qui peuvent s'y soumettre sans de trop grandes difficultés, et vous insisterez pour qu'elles prennent sur-le-champ les dispositions que commande la création d'une école spéciale de filles.

Si ces communes demandent à être dispensées de la création d'une école publique et à y suppléer par une école libre, le conseil départemental qui doit statuer sur leur demande ne perdra pas de vue que les intérêts d'une école libre, quelque recommandable qu'elle soit, ne doivent pas être une considération déterminante. Il faut que cette école, pour justifier la faveur qui lui serait accordée, tienne réellement lieu d'une école publique, et pour cela qu'elle se soumette à l'inspection, comme le veut l'article 17 de la loi nouvelle, mais surtout que l'instruction des jeunes filles pauvres y soit assurée. La circulaire du 24 décembre avait prévu le cas où une école libre refuserait de recevoir gratuitement les jeunes filles indigentes, et elle déclarait qu'alors l'instituteur communal ne serait pas déchargé de son devoir d'instruire les filles pauvres; à plus forte raison, l'école étant autorisée à tenir lieu d'école publique, le conseil départemental doit-il stipuler l'admission des enfants pauvres dont la liste devra être dressée conformément à l'article 45 de la loi du 15 mars 1850. Il n'y a, en cela, aucune atteinte à la liberté de l'enseignement, car les écoles libres auront toujours la faculté de renoncer à la faveur qui leur a été faite. Mais si on ne leur imposait pas cette obligation, l'école communale resterait forcément mixte, puisqu'elle continuerait de recevoir les jeunes filles pauvres. Il sera toutefois bon que les conseils départementaux prennent les précautions nécessaires pour que ces écoles, après avoir assuré leur prospérité en recevant toutes les jeunes filles que l'absence de concurrence ne permettrait pas de placer ailleurs, ne puissent renoncer tout d'un coup à tenir lieu d'écoles publiques et ne se placent ainsi en dehors des conditions premières. Il y aurait là un dommage pour les familles pauvres, que l'expérience ordonne de prévoir. Les conseils devront donc avoir sous les yeux le traité passé entre la commune et la directrice de l'école libre.

L'article 4 divise les institutrices communales en deux classes, mais il ne fixe pas le nombre des institutrices qui devront faire partie de la première. Il vous appartient de statuer à cet égard sur la proposition de M. l'inspecteur d'académie. Vous serez nécessairement limité jusqu'à un certain point, sous ce rapport, par les ressources des communes et du département. Cependant l'État devant combler le déficit, vous ne vous croirez pas obligé de maintenir dans la deuxième classe des institutrices qui, par leurs services, leurs charges de famille et leur isolement, mériteraient un avancement. Ce sera en outre une prime que vous réserverez aux institutrices pourvues du brevet, et qui, d'un autre côté, en seraient dignes par la supériorité de leur enseignement. Il y a tout lieu de croire, d'ailleurs, que ces institutrices jouiront déjà d'émoluments supérieurs aux *minima* déterminés par la loi et, qu'à cet égard, vous n'éprouverez pas d'embarras.

Travaux à l'aiguille. — Quant aux écoles qui devront rester, à un titre quelconque, communes aux deux sexes, il y aura lieu d'y confier immédiatement la direction des travaux à l'aiguille des jeunes filles à une femme, conformément à l'article 1er, § 2, de la loi.

Vous ne sauriez, monsieur le préfet, procéder à ce choix avec trop de circonspection. Lorsque l'instituteur sera marié et père de famille, votre choix devra naturellement s'arrêter sur la femme, la fille ou la sœur de l'instituteur, si elle est réellement en état de donner de bonnes leçons de couture aux enfants. Dans le cas contraire, il faudra désigner autant que possible une mère de famille, dont la conduite et la tenue seront de nature à inspirer le respect. La maîtresse des travaux d'aiguille n'est chargée par la loi que de cette partie de l'enseignement; mais il serait à désirer que cette personne pût assister aux classes et à la sortie des jeunes filles. Sa seule présence sera tout à la fois une garantie pour les maîtres et pour les élèves; enfin, quoiqu'elle ne doive prendre aucune part à l'enseignement donné par l'instituteur, elle le remplacera utilement au point de vue de l'ordre dans les rares occasions où celui-ci sera obligé de s'absenter de sa classe. C'est ainsi que beaucoup des inconvénients des écoles mixtes pourront disparaître et que les familles n'hésiteront plus à y envoyer les jeunes filles. Sans doute une semblable tâche exigera une plus longue présence de la part de la maîtresse que n'en exigeraient de simples leçons de couture; mais il y a lieu de remarquer que, pendant les classes, la maîtresse pourra se livrer soit au travail d'entretien du linge et des vêtements de sa famille, soit à la confection des vêtements dont elle se chargerait par état; ces travaux, exécutés sous les yeux des jeunes filles, ne contribueraient pas peu, d'ailleurs, à leur en inspirer le goût tout en développant leur adresse.

Le traitement qui devra être attribué à cette maîtresse variera nécessairement selon les localités, le temps qu'elle consacrera à l'école et sa position personnelle. Attribué à la femme de l'instituteur, il pourrait être une charge moins lourde pour la commune, tout en contribuant au bien-être du ménage de l'instituteur.

Veuillez, monsieur le préfet, examiner avec soin la situation des communes auxquelles la nouvelle loi est applicable, et inviter, selon les cas, les conseils municipaux, dans leur prochaine session, à délibérer, soit sur la création des écoles spéciales de filles, soit sur le choix du local où elles pourront être établies, soit enfin sur le traitement qui devra être alloué à la maîtresse des travaux d'aiguille; MM. les maires auront soin, pour faciliter ce dernier vote, d'indiquer aux conseils municipaux la personne sur laquelle ils se proposent d'appeler votre choix. Toutefois, monsieur le préfet, je vous recommande de ne prendre à cet égard un parti définitif qu'après vous être assuré que la personne présentée est réellement en état de donner d'utiles leçons; il ne faut pas nous exposer à céder aux sentiments de commisération qui pourraient porter quelques maires à confier cette tâche à des personnes dans le besoin, mais peu capables. Ainsi donc, soit qu'il s'agisse de la femme ou de la fille de l'instituteur, soit qu'il s'agisse d'une étrangère, l'inspecteur primaire sera appelé à vous donner son avis, après avoir pris toutes les précautions nécessaires pour s'éclairer.

Quant au choix du local, qu'il s'agisse d'une location, d'une appropriation ou d'une construction, je vous recommande de vous montrer facile. Les règles prescrites pour les écoles de garçons doivent évidemment être appliquées aux écoles des filles, en ce qui concerne la salubrité; vous ne devez donc pas vous départir en rien, sous ce rapport, de la juste sévérité que vous apportez ordinairement à l'examen des plans qui vous sont soumis. Mais lorsqu'il n'y aura aucun intérêt de ce genre en péril et que des dispositions qui ne vous satisferaient pas complètement vous seront présentées, vous les accepterez plutôt que d'exposer la commune à rester sans école de filles. La création d'une école de ce genre est un bienfait si grand, que pour l'acquérir, il faut se résigner à sacrifier quelques unes de ces formalités minutieuses mais prudentes, qui, excellentes pour les temps ordinaires, deviennent une gêne inutile au moment où il faut installer un grand service en usant de toutes les bonnes volontés et de toutes les circonstances favorables. Sans doute, il serait préférable, lorsqu'il s'agit d'une construction, d'établir les choses dans les meilleures conditions possibles et en prévision de l'avenir; mais nous serions loin de compter autant d'écoles, si, dans l'origine et en exécution de la loi de 1833, on avait apporté dans l'approbation de ces constructions la rigueur qu'on y a mise depuis. Commençons par établir le mieux que nous pourrons les écoles de filles; lorsque les populations en auront vu les bons effets, elles ne reculeront pas devant les sacrifices que leur commandera la nécessité d'une amélioration. Mais, si vous pouvez ne pas vous montrer exigeant quant à la manière de construire, vous ne devez jamais transiger, je le répète, sur les points qui intéressent la santé des élèves et des maîtresses.

Fixation du nombres des écoles de garçons et de filles dans les communes. — Écoles de hameau. — Il est souvent arrivé que des communes, occupant une assez grande étendue de terrain, ne satisfaisaient pas à leurs obligations scolaires par l'entretien d'une seule école. Les habitants demandaient en vain qu'il en fût établi une seconde; leur réclamation ne trouvait pas d'écho au sein du conseil municipal, pris souvent tout entier dans la partie de la commune qui n'était pas en souffrance. L'Administration avait beau rappeler à ces Conseils que la loi les obligeait à entretenir une ou plusieurs écoles primaires, ils restaient sourds à des recommandations qui n'étaient appuyées d'aucune mesure coercitive. Ce n'est pas, d'ailleurs, le seul cas où il y avait lieu d'agir sur des conseils municipaux. Il est arrivé qu'une maison scolaire, construite il y a vingt ans, est devenue insuffisante par suite de l'augmentation du nombre des élèves, et que, pour éviter la dépense d'une seconde école, on a limité, chaque année, le nombre des nouveaux élèves qui seraient admis et de ceux des anciens qui seraient conservés; d'où il résultait que des enfants en âge de suivre les classes attendaient longtemps leur tour d'admission, et que d'autres, qui auraient eu tout intérêt à y prolonger leur séjour, étaient obligés d'en sortir; quelquefois la liste des enfants à admettre gratuitement était réduite outre mesure, afin de laisser de la place aux élèves payants et de ménager les ressources de l'instituteur. L'article 2 de la loi met un terme à cette fâcheuse situation. Ce sera désormais le conseil départemental qui fixera le nombre des écoles à entretenir par les communes, et, ce nombre étant fixé, l'entretien des écoles deviendra obligatoire. Vous aurez donc le droit, dans ce cas, d'imposer d'office les communes. Je n'ai pas besoin de dire que vous ne pourrez obliger la commune à fournir aux instituteurs nouveaux un traitement supérieur aux *minima* déterminés par l'article 10 de la loi.

Avant de fixer le nombre des écoles à entretenir, le Conseil départemental devra avoir sous les yeux :

1° Le plan topographique de la commune, indiquant l'emplacement de l'école existante et celui de l'école à ouvrir;

2° Un état certifié du chiffre de la population, indiquant le nombre exact des enfants aptes à fréquenter l'école demandée, et qui ne peuvent, vu la distance, se rendre à l'école existante ;

3° Une copie résumée du budget de la commune ;

4° Une délibération du conseil municipal, indiquant, s'il y a lieu, la raison de son opposition à la création de la seconde école ;

5° L'avis du délégué cantonnal et de l'inspecteur primaire ;

6° Le rapport de l'inspecteur d'académie et votre propre proposition.

Il en sera de même lorsqu'il s'agira de l'établissement d'une école dans un de ces hameaux dont les habitants contribuaient jusqu'ici aux dépenses de l'école communale, sans pouvoir y envoyer leurs enfants. Ces petites agglomérations de population, trop longtemps dédaignées par certains conseils municipaux, représentants exclusifs des intérêts du chef-lieu de la commune, ne seront plus privées du bienfait de l'enseignement. Vous aurez donc à examiner la situation des communes qui comptent dans leur circonscription un ou plusieurs hameaux, et à vous informer si la distance qui sépare ces hameaux est réellement un obstacle à la fréquentation de l'école. Si MM. les délégués cantonnaux veulent bien vous aider dans cette recherche et s'entendre à cet effet avec MM. les inspecteurs primaires, ils pourront vous fournir, à cet égard, d'utiles renseignements, car mieux que personne, ils sont en état d'apprécier les besoins des populations au milieu desquelles ils vivent. Une fois la nécessité d'une école de hameau reconnue, vous inviterez le conseil municipal à délibérer sur les moyens de l'établir. Une école de ce genre, qui sera presque toujours mixte et peu nombreuse, se prêtera à toutes les formes d'organisation. Il est, sans doute, à désirer qu'elle puisse être ouverte toute l'année dans les mêmes conditions que les écoles ordinaires; mais il faudra se garder de repousser les combinaisons qui s'éloigneraient du règlement des écoles et que de véritables nécessités commanderaient. Ainsi, l'école de hameau pourra être tenue par une femme ou par un homme. Ici, elle ne sera ouverte qu'à telle ou telle partie de l'année. Le but que la loi se propose n'est pas d'établir une uniformité impossible, mais de mettre à la disposition des familles des moyens certains d'instruction. Dans quelques départements où la population des hameaux abandonne presque tout entière la plaine pour se retirer, l'été, dans les montagnes avec les troupeaux, l'instituteur suit la population et réunit où il peut et comme il peut, à de certaines heures les enfants pour leur donner les leçons dont ils ont besoin. Il y a certes dans cet arrangement, dans cette classe en quelque sorte vagabonde, une déviation considérable de la règle ordinaire: mais, loin de blâmer cet état de chose, on doit, au contraire, s'en féliciter, puisque autrement les enfants seraient totalement privés d'instruction. Les diverses combinaisons auxquelles on pourra s'arrêter seraient mauvaises pour la plupart, dans les centres où une école régulière peut être tenue; mais, dans les hameaux éloignés, privés de voies de communication, elles deviendront un véritable bienfait. Le conseil départemental fera donc bien, lorsqu'il s'agira de déterminer les cas où il devra être établi des écoles de hameau dans les communes, de constater les besoins des populations et d'y autoriser, sur votre proposition, tous les arrangements propres à y assurer l'instruction des enfants. C'est là l'affaire capitale; toute le reste doit y être subordonné.

Instituteurs adjoints et institutrices adjointes chargés d'une école de hameau. — Le choix de l'instituteur ou de l'institutrice adjointe à qui ces écoles de hameau devront être confiées, vous appartient incontestablement. Vous pouvez donc prendre ces maîtres ou maîtresses, soit parmi les aspirants au brevet de capacité, soit parmi les habitants du hameau qui vous présenteraient des garanties suffisantes d'instruction et de moralité. Il ne faut même pas exiger, dans ces petites écoles, qu'on y enseigne toute la partie dite obligatoire du programme. Que les enfants, aujourd'hui complétement étrangers aux plus simples connaissances primaires, y apprennent la lecture, l'écriture, les quatre règles, et on aura déjà fait beaucoup. Quant aux écoles de hameau qui auraient tous les caractères d'une véritable école, je ne verrais que des avantages à ce que vous en choisissiez le maître ou la maîtresse parmi les candidats brevetés. Elles seraient ainsi des postes utiles de début pour les élèves des écoles normales primaires. Ces maîtres seront naturellement placés sous la surveillance morale et la direction de l'instituteur communal.

Logement et traitement des instituteurs et institutrices adjoints, chargés d'une école de hameau. — L'article 3 de la loi veut que la commune fournisse à l'instituteur ou à l'institutrice adjointe, dirigeant une école de hameau, un local convenable, tant pour leur habitation que pour la tenue de la classe, ainsi que le mobilier de classe et un traitement. Il va sans dire que ces conditions doivent être rigoureusement remplies dans les communes où ces écoles de hameau seront tenues d'une manière régulière et permanente.

J'ajoute que la construction d'une maison d'école y serait très-désirable, parce qu'il y aurait là un service public qui ne pourrait que se développer. Il est probable, en effet, que ces hameaux se peupleront de plus en plus, lorsque les habitants y trouveront les ressources nécessaires pour l'éducation de leurs enfants. Je serais donc disposé à favoriser ces constructions par la concession de secours qui, dans certains cas, pourraient être accordés dans une proportion plus forte que celle que je suis obligé de m'imposer aujourd'hui.

Pour les petits hameaux où il faudra se contenter d'une location, vous aurez soin de n'y laisser installer l'école que si le local choisi présente les conditions de salubrité nécessaires ; mais vous ne vous montrerez pas difficile pour les autres conditions ; rien, par exemple, ne vous obligera à exiger que l'instituteur adjoint ait son logement dans la même maison que la classe. Cela sera préférable, si les localités le permettent ; mais il ne faut pas que des arrangements de ce genre deviennent un obstacle sérieux à la création de l'école.

Rien ne s'oppose au surplus, à ce que des communes se réunissent pour l'entretien d'écoles de hameaux; il y a telles circonstances locales où des hameaux, établis à une grande distance de leur chef-lieu, se trouvent, quoique faisant partie de communes différentes, assez rapprochés pour que les enfants puissent aller de l'un dans l'autre; il se peut aussi que chaque hameau ayant son école, il y ait intérêt à faire dans l'un une école spéciale de garçons, et dans l'autre une école spéciale de filles. Des arrangements analogues peuvent même être convenus, sauf votre approbation, entre deux communes limitrophes. Toutes ces combinaisons sont admissibles lorsqu'il y a avantage évident pour les familles, et je ne doute pas que les conseils départementaux n'y aient égard ainsi que vous.

Choix des instituteurs adjoints chargés des écoles de hameaux. — Il est à désirer que les écoles de hameaux, où les jeunes instituteurs feront utilement leurs premières armes, puissent aussi servir de transition aux instituteurs fatigués et qu'on songerait à admettre à la retraite. Quand ces instituteurs ne peuvent plus tenir des écoles nombreuses, ils suffiraient peut être encore à donner des leçons de lecture, d'écriture et de calcul à un petit nombre d'enfants. Malheureusement, en adoptant cette mesure, vous exposeriez les instituteurs à une perte considérable, si leur pension était réglée d'après le dernier traitement dont ils jouissaient dans ces hameaux. Il y a toutefois un moyen d'obvier à cet inconvénient. Tel instituteur, par exemple, ayant droit à la retraite, pourrait encore rendre des services dans une petite école de hameau. Au lieu de le nommer immédiatement à ce dernier poste, proposez son admission à la retraite, puis la pension étant liquidée, remettez-le en activité dans un hameau. Aux termes de l'article 28 de la loi du 9 juin 1853 sur les pensions civiles, la pension de ce maître remis en activité sera suspendue pendant tout le temps de son nouveau service; il la retrouvera lorsqu'il sera définitivement obligé de se reposer, ou, s'il a intérêt à demander une nouvelle liquidation, il en aura le droit aux termes de l'article précité, lequel est ainsi conçu :

Art. 28. Lorsqu'un pensionnaire est remis en activité, le payement de sa pension est suspendu.

« Lorsqu'il est remis en activité dans un service différent, il ne peut cumuler sa pension et son traitement que jusqu'à concurrence de 1500 francs.

« Après la cessation de ses fonctions, il peut rentrer en jouissance de son ancienne pension ou obtenir, s'il y a lieu, une nouvelle pension basée sur la généralité de ses services. »

Comme, selon toute probabilité, le traitement alloué à l'instituteur d'une école de hameau sera supérieur à sa retraite, il y aura toujours avantage pour l'instituteur à prolonger son activité, puisqu'il n'aura plus à craindre que cette prolongation ait pour résultat de réduire sa pension. Je ne sais encore ce que les circonstances permettront de faire pour améliorer la retraite des instituteurs; mais, en attendant, le moyen que je vous indique pourra être quelquefois employé utilement dans l'intérêt des maîtres comme dans celui des écoles de hameau.

Vous n'oublierez pas, dans tous les cas, monsieur le Préfet, que le dernier paragraphe de l'article 2 de la loi exige que les délibérations du conseil départemental, relatives à la fixation du nombre des écoles à établir dans une commune et à la création des écoles dans les hameaux, soient soumises au Ministre de l'instruction publique. Vous voudrez donc bien m'adresser, lorsqu'il y aura lieu, vos propositions à ce sujet, accompagnées de la délibération du conseil départemental et de toutes les pièces qui auront été mises sous ses yeux.

Adjoints et adjointes dans les écoles communales. — Enfin, monsieur le Préfet, la loi soumet également à l'approbation du Ministre de l'instruction publique les délibérations des conseils départementaux relatives à la désignation des écoles de filles auxquelles devront être attachées des institutrices adjointes. On pourrait croire, au premier abord, que l'article 2 de la loi du 10 avril, ne mentionnant que les écoles de filles, ne vous impose pas la même obligation en ce qui concerne les écoles de garçons. Ce serait une erreur. L'article 34 de la loi du 15 mars 1850 contient, à l'égard des écoles de garçons, une disposition analogue à celle qui est contenue dans le deuxième paragraphe de l'article 2 de la loi du 10 avril pour les écoles de filles. L'article 3 de la loi du 10 avril règle le traitement des adjoints, et l'article 14 porte qu'il sera pourvu à ces dépenses, comme à celles qui résultent de la loi de 1850, au moyen des ressources énumérées dans l'article 40 de ladite loi; il en résulte que, les mêmes dispositions s'appliquant également aux instituteurs adjoints et aux institutrices adjointes, vous aurez à m'adresser les mêmes pièces justificatives dans l'un et l'autre cas.

Il n'a pas été possible de fixer d'avance le chiffre de la population scolaire au-delà de laquelle un maître ou une maîtresse adjointe serait nécessaire. Cette nécessité peut varier selon des circonstances dont il a paru préférable de laisser l'appréciation au conseil départemental. Telle école qui ne réunit pas plus de 60 enfants, mais où l'enseignement reçoit tous les développements prévus par la loi, exigera la présence d'un adjoint, plutôt que telle autre école qui comptera 80 ou 100 enfants auxquels la partie obligatoire seule de l'instruction primaire sera enseignée. Tel maître, jeune et actif, suffira pour 80 écoliers, tandis que tel autre, déjà âgé ou maladif, succomberait à la fatigue que lui imposeraient 50 ou 60 enfants. Ce sont toutes ces circonstances qui détermineront le conseil départemental; mais il ne perdra pas de vue que la dépense résultant de cette adjonction sera garantie par le département et par l'État, si les ressources de la commune ne suffisent pas, et qu'elle ne devra leur être imposée qu'en cas d'absolue nécessité. J'aurai à parler plus loin de quelques questions relatives au système financier qui va régir l'instruction primaire; mais je ne dois pas négliger ici de vous recommander cette bonne et sage économie, qui, ne reculant devant aucun sacrifice utile, s'arrête devant des dépenses qui ne sont point suffisamment justifiées.

Attribution d'une partie de la rétribution scolaire aux adjoints et aux adjointes. — Je n'ignore pas que l'article 6 de la loi du 10 avril a excité quelque émotion parmi un certain nombre d'instituteurs. Cet article permet au conseil départemental d'attribuer à la formation du traitement des adjoints une partie de la rétribution scolaire laquelle, jusqu'à présent, a appartenu aux instituteurs, et ceux-ci ont pu craindre de voir ainsi diminuer leur revenu. J'ai hâte de vous donner à cet égard les explications propres, je l'espère, à dissiper toute espèce d'inquiétude. Et d'abord, dans l'état actuel des choses, il n'y a que 1013 instituteurs adjoints des écoles laïques qui soient rétribués sur les fonds communaux: les autres, au nombre de 1710, sont payés par les instituteurs eux-mêmes. Ceux-ci n'ont donc rien à perdre. Quant aux premiers, dont la plupart ne pourraient partager le produit de la rétribution scolaire avec un adjoint, sans voir leur revenu s'amoindrir d'une manière injuste, la loi ne peut leur être contraire, puisqu'elle a pour but l'amélioration des écoles et du sort des maîtres, et qu'elle devra être exécutée conformément à son esprit. La participation des adjoints au bénéfice de la rétribution scolaire n'aura donc lieu que dans ces grandes écoles où la présence d'un ou de plusieurs adjoints attire un grand nombre d'enfants.

Il est évident que la prospérité d'une semblable école n'est pas uniquement due à l'instituteur-directeur, mais aux sacrifices votés par le conseil municipal pour lui adjoindre des maîtres expérimentés, et qu'il ne serait pas juste que cette prospérité pesât lourdement sur les finances de la commune, au seul profit de l'instituteur, alors peut-être que ses adjoints, c'est-à dire les auteurs mêmes de sa fortune, seraient réduits au *minima* déterminés par l'article 5. Un système qui rappelle celui de la loi actuelle a prévalu dans l'enseignement secondaire en ce qui concerne la répartition de l'éventuel dans les lycées. Le conseil départemental fixera équitablement, sur la proposition du conseil municipal, la part du traitement des adjoints qui doit rester à la charge de la commune, et vous aurez soin, monsieur le préfet, de veiller à ce que cette part de la rétribution scolaire ne vienne pas en déduction des dépenses des écoles, mais demeure affectée, soit au traitement, s'il y a lieu, de nouveaux maîtres adjoints, soit à l'augmentation du traitement de ceux de ces maîtres qui auraient bien mérité. On aura donc soin, dans tous les cas, de fixer la part communale de telle sorte qu'elle ne réduise par les revenus de l'instituteur et que la prospérité de l'école ne devienne pas pour lui une cause d'amoindrissement. La disposition transitoire de l'article 11 garantit d'ailleurs les situations acquises.

Logement des instituteurs et institutrices adjoints. — Le logement, dû par la commune aux adjoints et aux adjointes, sera donné, toutes les fois que le local le permettra, dans le bâtiment même de l'école, à la condition toutefois qu'il n'en résulte aucune gêne pour l'instituteur ou sa famille. Dans le cas contraire, il leur sera alloué une indemnité de logement, et la délibération du conseil municipal portant fixation de cette indemnité sera soumise à votre approbation, car il s'agira d'une dépense qui pourra tomber à la charge du département ou de l'État.

Cours d'adultes. — Je n'ai point à rappeler l'extension extraordinaire donnée depuis deux ans aux cours d'adultes par les instituteurs. La loi ne pouvait demeurer indifférente à de tels efforts et à de semblables résultats, qui démontraient, par l'exemple, la possibilité de doter la France d'un nouvel ordre d'enseignement. Elle a donc voulu tout à la fois assurer aux maîtres une récompense bien méritée, et faire de ces cours d'adultes, dont l'existence avait été jusque-là si précaire, l'objet d'une institution permanente, destinée à compléter l'œuvre de l'école du jour, et assimilée, au point de vue financier, à l'ensemble des services scolaires. Par son article 7, la loi a décidé qu'une indemnité pourrait être accordée par le Ministre de l'instruction publique, sur la proposition du préfet, après avis du conseil municipal, aux instituteurs qui dirigent les classes du soir. Tout en soutenant ainsi les cours d'adultes, la loi conserve à leurs directeurs la liberté qui a donné à cette grande œuvre des deux dernières années son caractère de spontanéité. Elle ne contraint pas les instituteurs : elle se borne à aider leur initiative et celle des communes. La quotité de l'indemnité accordée pourra dépendre du crédit affecté par le budget aux besoins de l'instruction primaire, et je ne puis, dès à présent, vous faire connaître le chiffre total, à raison duquel vous devrez, dans votre département, fixer le montant des allocations individuelles; mais, sans prétendre payer un dévouement qui cherche avant tout sa récompense dans la conscience du devoir accompli et dans l'estime publique, j'espère que les efforts combinés des particuliers, des communes, des départements et de l'État prouveront aux directeurs des cours d'adultes que, dans notre état social, une bonne action se trouve souvent avoir été encore un bon calcul. Si, à mon grand regret, l'indemnité qui sera allouée aux instituteurs ne compense pas complètement les peines qu'ils se seront données, il leur restera la satisfaction de savoir que la société demeure leur obligée. Ce sentiment les soutiendra dans la continuation de leur œuvre excellente.

Il est dit dans l'article 7, que des indemnités pourront être accordées aux instituteurs et institutrices dirigeant une classe communale d'adultes, établie en conformité du paragraphe 1er de l'article 2 de la loi. Or, ce paragraphe 1er porte que le nombre des écoles à établir dans une commune sera fixé par le conseil départemental, sur l'avis du conseil municipal. Il importera donc que les cours d'adultes dont il s'agira d'indemniser les directeurs, aient été ouverts en vertu d'une délibération du conseil municipal et d'une décision du conseil départemental; en un mot, que ce cours ait un caractère d'institution communale.

L'État ne pouvait prendre l'engagement de contribuer à tous les cours qui auraient pu être fondés par l'initiative privée; mais, s'il est obligé de soutenir les cours communaux d'adultes, il s'efforcera volontiers de venir en aide à ceux des cours privés qui rendraient d'incontestables services. Quoi qu'il en soit, monsieur le préfet, il importe que vous ne perdiez pas de vue les dispositions que je viens de vous rappeler, et que, chaque année, vous invitiez les conseils municipaux à délibérer, dans leur session du mois de février, sur l'ouverture ou l'entretien de cours d'adultes, en même temps qu'ils délibéreront sur les dépenses d'entretien des écoles du jour, et vous aurez soin, s'il s'agit d'une création nouvelle, de soumettre au conseil départemental la partie de la délibération relative au cours d'adultes, afin qu'il puisse procéder conformément au premier paragraphe de l'article 2.

Personnel des instituteurs primaires. — Avant de passer à un autre article de la loi, je dois, monsieur le préfet, vous entretenir du personnel des instituteurs. Lors de la discussion de la loi du 10 avril, des vœux ont été émis au Corps législatif pour l'amélioration de leur sort. On a demandé, soit que les changements de destination fussent moins fréquents, soit qu'une indemnité de déplacement leur fût accordée lorsqu'ils sont envoyés dans un autre poste, soit que l'obligation de leur fournir un mobilier personnel fût imposée aux communes au même titre que le mobilier de classe. Tous ces vœux sont légitimes : mais le Gouvernement de l'Empereur les a en grande partie devancés. C'est ainsi que le décret du 19 avril 1862 accorde une indemnité de 100 francs à tout élève-maître d'une école normale primaire qui va prendre la direction d'une école; que le décret du 4 septembre 1863 alloue aux communes qui veulent acquérir un mobilier personnel pour instituteur, une somme égale à la moitié de la dépense; enfin qu'une instruction ministérielle en date du 26 août 1862 vous a recommandé de n'opérer parmi les instituteurs primaires que les mutations indispensables, et surtout de ne les effectuer que dans un intérêt scolaire ou dans l'intérêt de l'instituteur lui-même, à moins que le changement n'ait le caractère d'une peine disciplinaire. Les instituteurs doivent donc être assurés du désir qu'éprouve le Gouvernement d'étendre, autant que possible, l'effet des mesures qu'il a provoquées. En attendant, il verrait avec une vive satisfaction les conseils généraux attribuer à des dépenses de ce genre, soit la partie disponible des centimes spéciaux qu'ils sont autorisés à affecter aux dépenses obligatoires de l'instruction primaire, soit une partie de leurs centimes facultatifs. Quant à moi, je continuerai de secourir les communes qui doteront leurs écoles du mobilier personnel de leur instituteur, et vous pourrez provoquer, de la part des conseils municipaux, une dépense utile.

En vous entretenant de la gratuité de l'enseignement, je vous entretiendrai au surplus encore du sort des instituteurs; car les mesures relatives à l'extension de la gratuité se rattachent essentiellement à la question de leur traitement.

De la gratuité dans les écoles soumises à la rétribution scolaire. — Deux écueils doivent être évités en ce qui concerne l'admission gratuite, dans les écoles payantes, d'enfants qui seront dispensés d'y solder la rétribution scolaire. D'un côté, il serait contraire au vœu de la loi d'y recevoir, à titre gratuit, des enfants appartenant à des familles aisées : mais, d'autre part, le texte comme l'esprit de la loi seraient méconnus, si l'entrée gratuite de l'école pouvait être refusée à des enfants pour lesquels cette gratuité est nécessaire. Des précautions doivent être prises à ce double point de vue, afin d'empêcher les abus. Celles qu'avait prescrites le décret du 31 décembre 1853, dans une pensée d'économie pour le Trésor, par l'établissement d'un *maximum*, dépassaient le but : un décret du 28 mars 1866 a dû intervenir pour le modifier. La désignation pure et simple des admissibles par le conseil municipal, ainsi que le réglait la loi du 28 juin 1833, ouvrait la porte à l'abus contraire.

Sans insister sur ces faits anciens, je me borne à vous rappeler, monsieur le préfet, que la législation existante respecte tous les droits et vous permet d'empêcher qu'on les méconnaisse. L'article 24 de la loi du 15 mars 1850 accorde l'admission gratuite aux enfants qui ne peuvent payer la rétribution scolaire; l'article 45 de la même loi vous charge d'arrêter la liste de gratuité dressée par le Maire et le Ministre du culte, et approuvée par le conseil municipal. La loi nouvelle, par son article 10, sur lequel j'aurai à revenir, organise un système financier d'après lequel l'extension de la gratuité, dans l'école payante, ne peut jamais nuire à l'instituteur. Je n'ai pas besoin de vous rappeler que l'intérêt du Trésor ne doit pas être oublié, lorsqu'il impose le devoir de repousser des prétentions mal fondées; mais vous savez aussi quelles sont les vues libérales du gouvernement de l'Empereur. Ce n'est pas au moment où la loi permet d'accorder des subventions pour établir la gratuité absolue, qu'on pourrait oublier la nécessité d'appliquer, sans trop de rigueur, l'article 24 de la loi du 15 mars 1850; vous tiendrez compte de la situation des familles, du nombre des enfants, et vous ouvrirez l'école à tous ceux dont les familles, sans être dans la catégorie légale des indigents, ont réellement besoin, pour fréquenter l'école, du bienfait de la gratuité.

Les lois de 1833 et de 1850 ne considéraient la gratuité absolue de l'enseignement pour tous les élèves qui fréquentent une école, que comme une exception en quelque sorte de luxe, que les communes riches pouvaient se permettre, si leur budget leur en fournissait les moyens. Il avait été établi que, dans ce cas, ni le département ni l'État ne pouvaient intervenir, attendu qu'en renonçant à la ressource que devait leur procurer la rétribution scolaire, ces communes auraient fait retomber le déficit au compte du département et de l'État. Mais l'expérience a prouvé qu'un assez grand nombre de familles renonçaient à envoyer leurs enfants dans les écoles plutôt que d'endosser, en quelque sorte, la livrée de la misère en sollicitant leur inscription sur les listes de gratuité; et la loi a voulu donner aux communes où ces abstentions menaçaient de devenir trop nombreuses, les moyens de rendre leurs écoles entièrement gratuites. En outre, la justice, comme la saine politique, voulant que le bénéfice de la gratuité complète de l'école ne fût pas accordé seulement aux habitants des grandes villes où se trouvent déjà réunis tant de secours pour les classes laborieuses, mais que les communes rurales pauvres, celles où il y a un grand nombre de cultivateurs peu aisés, pussent, elles aussi, acquérir cet avantage, qui correspondra pour elles à un dégrèvement d'impôt. Tel est le but de l'article 8 de la loi nouvelle.

Aux termes de cet article 8, les communes qui voudront rendre leurs écoles entièrement gratuites commenceront, en cas de besoin, par s'imposer un véritable sacrifice : elles devront voter, en sus des trois centimes exigés par la loi de 1850, et avec le concours des plus imposés, quatre autres centimes extraordinaires au principal des quatre contributions directes. Ce sacrifice ne leur créera pas toutefois, par le fait même, un droit au concours du département et de l'État; mais il leur donnera l'aptitude légale à recevoir, sur la proposition du conseil départemental, des subventions du département et de l'État dans les limites des crédits annuellement votés par les conseils généraux ou portés, à cet effet, au budget du ministère de l'instruction publique.

Lorsqu'une commune voudra rendre son école entièrement gratuite, elle devra donc en exprimer le vœu dans une délibération motivée. Vous placerez cette délibération sous les yeux du conseil départemental, en lui faisant connaître, s'il y a lieu, l'état du crédit qui aura été voté par le conseil général, et en lui indiquant : 1° le montant de la subvention à demander, dans ce cas, aux fonds départementaux, défalcation faite du produit des quatre centimes nouveaux à voter par la commune; 2° le montant de la subvention à demander à l'État. Si le conseil départemental émet un avis favorable à la proposition du conseil municipal, vous inviterez ce dernier à délibérer, à l'aide des plus imposés, sur l'imposition extraordinaire des quatre centimes, laquelle imposition figurera sur le budget municipal, à la suite de l'imposition des trois centimes, et vous me transmettrez le dossier avec votre proposition. La délibération du conseil départemental, favorable au contraire, sera dans tous les cas portée à ma connaissance.

La suite au prochain numéro.

Nous prions les comptables qui *changent d'adresse* de ne pas négliger de nous avertir, afin que le Journal continue de leur arriver régulièrement. (Joindre 40 cent. pour frais d'impression des nouvelles bandes.) Nous leur saurons gré de nous faire connaître en même temps le surplus du mouvement dans lequel ils viennent d'être compris.

QUESTIONS DIVERSES

CRÉDIT FONCIER. DÉCOMPTE DES REMISES A PRODUIRE ANNUELLEMENT PAR LE RECEVEUR MUNICIPAL.

On nous écrit d'Algérie :

« Dans votre précieux volume de 1866, vous avez eu l'attention de nous offrir un *Modèle de Décompte de Remises*, établi sur la demande de la Cour des Comptes et devant être produit annuellement par le receveur municipal, pour décomposer en sommes passibles de remises, ou en sommes non passibles, les annuités payées par une commune pour l'amortissement des emprunts contractés avec le Crédit foncier. Permettez-moi de vous demander quelques explications sur le fonctionnement de ce décompte.

« La commune de P... a emprunté au Crédit foncier une somme de 650 000 francs remboursable en trente annuités, au taux de 8,017724 p. 0/0 dont 7 p. 0/0 d'intérêt et 1,017724 pour amortissement. Or, d'après le décompte que vous avez donné, l'annuité de 52 115 fr. 20 c. que la commune a à payer se décompose ainsi : 45 500 francs pour intérêts et 6615 fr. 20 c. pour amortissement, à partir du 31 janvier 1866. C'est vrai pour la première annuité, mais il me semble que ces chiffres doivent changer toutes les années, car il est évident que le chiffre d'intérêt doit diminuer au fur et à mesure de l'amortissement du capital, et comme le chiffre de l'annuité est toujours le même pendant trente ans, la somme non sujette à remise doit aller chaque année en augmentant.

« Il faut donc établir un tableau d'amortissement indiquant chaque année la somme à payer en intérêts et celle à payer en amortissement, et c'est là qu'il ne m'a pas été possible d'arriver à un résultat.

« Ainsi, voici comment j'ai procédé pour établir ce tableau. Je déduisais, chaque année, du capital, la somme amortie et je calculais ensuite comme pour la première annuité et ainsi de suite pendant trente ans. Je croyais ce moyen le plus simple et le plus sûr, et malgré cela je n'ai pu arriver au chiffre de 650 000. Je trouvais une différence de 25 000 fr. environ que je n'ai pu m'expliquer. Peut-être aurait-il fallu faire ce calcul soixante fois au lieu de trente, puisque l'annuité est payable par semestre.

« Excusez tous ces détails, mais il m'importe de me mettre en règle vis-à-vis de la Cour des Comptes et c'est ce qui me fait recourir à vos lumières et à votre obligeance qui donnent un caractère si particulièrement intéressant au *Journal des Percepteurs*. »

RÉPONSE. — Notre consultant fait une erreur considérable.

Il ne paraît pas comprendre ce que c'est qu'une annuité dont le chiffre est déterminé à l'avance, pour une durée également déterminée à l'avance.

Dans ces conditions l'annuité est *invariable*, c'est-à-dire que depuis la première année jusqu'à la dernière, la commune qui a emprunté est tenue de payer annuellement la même somme au Crédit foncier.

Ce point établi il est évident que pour éteindre la dette de 650 000 francs, la commune de P..... est tenue pendant trente ans de payer chaque année au Crédit foncier une annuité de 52 115 fr. 20, qui se décompose comme suit :

1° 7 p. 0/0 d'intérêts, 650,000 fr...	45,500 fr.	»
2° 1,017724 d'amortissement p. 0/0, 650 000 fr..........	6,615	20
Total..........	52,115	20

Par conséquent l'intérêt sur lequel le comptable perçoit des remises est fixé pendant les trente années à courir, au chiffre *invariable* de 45 500 francs.

Et l'amortissement sur lequel il ne perçoit pas de remise, au chiffre *invariable* de 6615 fr. 20.

De telle sorte qu'au bout de trente ans la commune se trouvera avoir payé au Crédit foncier une somme totale de 1 563 456 francs pour 650 000 francs empruntée.

Il ne saurait en être autrement à moins de supposer que le Crédit foncier eût fait une mauvaise opération. En voici la raison : Si la commune, au lieu de recourir au Crédit foncier, avait emprunté ces 650 000 fr. à un particulier au même taux de 7 p. 0/0, elle aurait eu à payer :

1° L'intérêt de 7 p. 0/0 pendant trente ans, soit 45 500 × 30, ci	1,365,000 fr.
2° Le capital échu au bout de trente ans, ci..........	650,000
En tout.......	2,015,000
Au lieu de..........	1,563,456
Différence en plus.	451,544

Il est vrai de dire que dans le système de payement par annuités invariables, la somme appliquée à l'amortissement n'amène pas une décroissance proportionnelle dans le chapitre des intérêts qui reste toujours le même, mais cette différence est grandement compensée par la moins-value à payer qui résulte de la comparaison des deux modes d'emprunt, ainsi qu'il est expliqué ci-dessus. Nous faisons ce raisonnement pour bien convaincre notre consultant que les intérêts ne diminuent pas comme il est porté à le croire.

On remarque que le Crédit foncier a un tarif spécial pour l'Algérie, puisque l'intérêt y est fixé à 7 p. 0/0, tandis qu'on ne paye que 5 p. 0/0 en France. N'ayant pas ce tarif sous les yeux, nous n'avons pu nous assurer si la base de l'amortissement fixée à 1,017724 dans l'exposé de notre consultant était exacte, nous avons dû l'adopter comme bonne.

CHRONIQUE.

On nous écrit de... (Bas-Rhin).

« Monsieur,

« J'étais absent lors de l'arrivée du coffre-fort que je vous avais demandé : à mon retour, j'ai trouvé installé dans mon bureau un très-beau meuble qui dépasse de beaucoup mon attente, et qui est, sous tous les rapports, supérieur à ceux de même prix que j'avais vus jusqu'ici. »

Ier *Volume du Journal des Percepteurs.* (Nouvelle Série), année 1866. — Plusieurs de nos nouveaux abonnés, à partir de l'année 1867, n'ont pas encore notre volume de 1866. Nous leur ferons observer que ce volume, qui contient d'importants travaux, formera dans leur collection une absence fâcheuse. Ils pourront se trouver dès à présent gênés fréquemment par cette lacune, car nous avons souvent à mettre en corrélation ce 1er tome (qui est la base de notre nouvelle Série), avec ceux qui le suivent. Bientôt d'ailleurs, ce volume arrivera à s'épuiser, et il deviendra difficile de se le procurer.

Pour leur en faciliter l'acquisition, nous venons d'en faire relier un certain nombre d'exemplaires avec des cartonnages solides et élégants, et nous les céderons en ce moment à des conditions exceptionnelles.

Un certain nombre de receveurs municipaux nous ont déjà envoyé des demandes de nos *Ouvrages administratifs* pour les Mairies de leurs Perceptions; nous les prions d'agréer nos remercîments, et demandons à nos autres Abonnés de faire quelques efforts pour nous rendre le même service.

Sur la demande de diverses personnes, nous avons fait fabriquer à l'usage de nos abonnés, des *cartons-relieurs* pour collectionner et relier immédiatement chaque N° du Journal, au fur et à mesure de son apparition. Ces cartons sont reliés fort élégamment avec coins sur les plats et portent au dos en lettres dorées, le titre de *Journal des Percepteurs.* Le prix en est de 3 fr. 50, à envoyer avec la demande.

ERRATUM.

Dans notre dernier numéro, à la page 202 un accident d'impression a fait omettre la date du jugement que nous rapportions; cet acte est du 14 Mai 1867.

BULLETIN HEBDOMADAIRE DE LA BOURSE.

Cours des Fonds publics au 5 Juillet 1867.

Rentes et Actions.

3 0/0	68 55	Midi	558 75
3 Jouis. 1 janvier	68 55	Nord	1191 25
		Orléans	867 50
4 1/2 0/0	99 ..	Ouest	556 25
4 1/2 Jouis. 22 sept	99 95	Cie parisienne du gaz	1530 ..
4 0/0	87 ..	Soc. immobilière	170 ..
4 Jouis. 22 sep	.. ..	Transatlantique	380 ..
Obligations du Trésor	470 ..	Messag. imper. (s-m.)	735 ..
Bons du Trésor	2 1/2	Canal de Suez	356 25
Banque de France	3300 ..	Italien 5 0/0	51 60
Comptoir d'escompte	745 ..	Emprunt Mexicain	15 ..
Crédit agricole	645 ..	Crédit mob. espagnol	238 75
Crédit foncier Colonial	565 ..	Soc. autrichienne	467 50
Crédit foncier de France	1430 ..	Saragosse-Barcelone	43 75
Crédit ind. et comm.	640 ..	Guillaume Luxemb.	137 50
Crédit mobilier	356 ..	Sud-autrichien-lomb.	372 50
Créd. Mobilier (nouv.)	... ..	Nord de l'Espagne	88 ..
Dépôts. comptes cour.	550 ..	Saragosse Pampelune	42 ..
Société générale	547 50	Portugais	75 ..
Ss-comptoir du com.	422 50	Chemins romains	77 ..
Charentes	350 ..	Saragosse	102 50
Est	536 25	Victor-Emmanuel	70 ..
Paris-Lyon-Méditerr.	875 ..	Séville-Xéres	30 ..

Obligations.

Départ. de la Seine	231 ..	Méditerranée	316 25
Ville 1852. 5 0/0	1197 50	Paris-Lyon-Méditerr.	307 50
— 1855-1860	460 ..	Midi	307 50
— 1865	535 ..	Nord	315 ..
Crédit foncier. 1000 fr. à 3 0/0	... ..	Orleans	309 ..
Crédit foncier. 500 fr. à 4 0/0	... ..	Grand-Central	306 ..
Crédit foncier. 10es à 4 0/0	... ..	Ouest	306 25
Crédit foncier. 500 fr. à 3 0/0	... ..	Victor-Emmanuel	305 ..
Crédit foncier. 10es à 3 0/0	... ..	— 1863	115 ..
Crédit foncier. 500 fr. à 4 0/0 1863	... ..	Cordoue-Séville	165 ..
Crédit foncier. Com. 3 0/0	... ..	Ligne d'Italie	24 50
Crédit foncier. 5es 3 0/0	.. ..	Lombard	214 50
Crédit foncier. Colonial	... ..	Nord d'Espagne	115 ..
Est	310 ..	Saragosse-Pampelune	85 ..
Ardennes	307 ..	Portugais	87 ..
Lyon	316 50	Romains	117 50
Bourbonnais	310 ..	Saragosse	144 ..
Dauphiné	306 50	Séville-Xerès-Cadix	80 ..
Lyon-Genève, gar	307 ..	— 94 ans.	.. ..

Valeurs diverses.

Ch. Charentes	362 50	Empr. Ottoman	250 ..
Chemin du Médoc	267 50	Obl. Empr. Ottoman	252 50
Comp. Agriculture	530 ..	Ch. Ligne d'Italie	7 ..
Caisse des ch. de fer	53 ..	Cie It. des ch. Médit.	190 ..
Gaz de Marseille	485 ..	Soc. G. Ind. Amsterd.	305 ..
Banq Créd. Pays-Bas	455 ..	Banque Ottomane	485 ..
Crédit Fonc. Autrich.	650 ..	Crédit Mobil. Italien	280 ..
Obl. Autrich. 1865	330 ..	Zinc, Vieille-Montagne	... ..
Empr. Mexicain. Obl.	125 ..		

Directeur, H. GALLETIER, Avocat à la Cour Impériale de Paris.

JOURNAL DES PERCEPTEURS,

DES RECEVEURS DES FINANCES, ET DES RECEVEURS DES COMMUNES, HOSPICES, ETC.;
DES SURNUMÉRAIRES, ET DES ASPIRANTS.

2e Série. — 10 fr. par an. Un numéro toutes les semaines. 12e année. — N° 28.

INSTRUCTION GÉNÉRALE
DU MINISTRE DE L'INSTRUCTION PUBLIQUE
POUR L'EXÉCUTION DE LA LOI DU 10 AVRIL 1867

SUR L'INSTRUCTION PRIMAIRE.

(Suite et fin.)

Vous aurez donc, monsieur le préfet, à mettre, tous les ans, sous les yeux du conseil général, en l'invitant à voter, avec les deux centimes existant déjà, le troisième centime de même nature créé par l'article 14 de la loi pour les dépenses ordinaires des écoles de garçons et de filles, les délibérations prises par les conseils municipaux dans leur session de mai, qui auront été approuvées par le conseil départemental, et ayant pour but de placer leurs écoles sous le régime de la gratuité absolue. Le conseil général délibérera et votera, s'il le juge convenable, une somme destinée à contribuer à l'entretien de ces écoles. Je m'efforcerai, de mon côté, de faire ouvrir au budget de mon ministère le crédit à l'aide duquel je pourrai combler le déficit prévu, et je vous ferai connaître jusqu'à concurrence de quelle somme vous devrez compter pour assurer cette dépense, sur le concours de l'État. Vous pourrez alors répartir les fonds départementaux et les fonds de l'État entre celles des communes où le conseil départemental reconnaîtra l'utilité de la mesure. Il se pourrait que cette transformation de certaines écoles dût être ajournée faute de fonds; le conseil départemental, dans ce cas, devra commencer par les plus petites communes, où le nombre des pères de famille placés dans une position précaire ou gênée est relativement le plus considérable, et dans lesquelles l'État n'aura à assurer les traitements des instituteurs que jusqu'à concurrence des *minima* mentionnés dans le dernier paragraphe de l'article 9. Par ce moyen, nous viendrons d'abord en aide aux plus pauvres populations, et nous pourrons faciliter la gratuité dans un plus grand nombre de communes. Il sera, toutefois, nécessaire de n'accorder et de ne conserver le bienfait de ces subventions qu'aux communes dans lesquelles les enfants en âge et en état d'aller à l'école y seront régulièrement envoyés.

Il faut que les communes sachent que l'État renoncerait à assurer le bénéfice de la gratuité, si l'école n'était pas suivie.

Du traitement des instituteurs et du taux de la rétribution scolaire. — L'article 10 apporte une notable amélioration à la condition d'un grand nombre d'instituteurs en activité de service. Indépendamment de 200 fr. de traitement fixe et du produit de la rétribution scolaire qui leur appartient déjà, il leur assure un traitement éventuel calculé à raison du nombre d'élèves gratuits présents à l'école. Ce traitement éventuel variable, qui ne se composera, en réalité, que du produit de la rémunération payée, à la place des familles indigentes et pour leur compte, par la commune, dans la limite des trois centimes spéciaux, puis par le département et l'État, viendra nécessairement, dans les communes où l'instituteur jouit d'un traitement supérieur au *minimum*, en augmentation de ce traitement; il protége l'instituteur contre le préjudice qui pouvait résulter jusqu'ici de l'extension de la gratuité dans l'école payante; il est garanti à l'instituteur, vous le voyez, aussi efficacement que les *minima* qu'il dépasse.

La rémunération payée pour les élèves gratuits ne sera pas toutefois fixée au même taux que celle qui est établie pour les élèves payants. Il ne serait pas juste que la commune qui assure déjà un traitement fixe à l'instituteur, n'obtînt pas une diminution du prix d'écolage pour les élèves qu'elle envoie gratuitement dans les écoles. Vous aurez donc, monsieur le préfet, à fixer tous les ans le taux de cette rémunération, après avoir pris l'avis du conseil départemental et du conseil municipal, et vous aurez soin, tout en calculant le produit de cette rétribution de manière à offrir à l'instituteur un avantage certain, de ne pas surcharger outre mesure les communes ou l'État. Cette attribution qui vous est conférée est des plus importantes. Par la fixation du taux du traitement éventuel, il vous appartient d'améliorer la situation du maître et de récompenser son zèle.

Quant au taux de la rétribution scolaire à percevoir dans les écoles non gratuites, il continuera d'être fixé, conformément à l'article 15 de la loi du 15 mars 1850, par le conseil départemental, sur l'avis des conseils municipaux et des délégués cantonaux; mais l'article 12 de la nouvelle loi vous ouvre, ainsi qu'aux communes, un recours devant le Ministre de l'instruction publique contre cette fixation. Il y a lieu de croire qu'il sera rarement fait usage de cette faculté; il se pourrait cependant que le conseil départemental, en vue d'établir une certaine uniformité absolue que la loi ne commande ni ne prévoit, appliquât à de petites communes, dont il n'aurait pas suffisamment apprécié la situation particulière, un taux de rétribution scolaire peu en harmonie avec la pauvreté des habitants, et que le maire crût devoir réclamer; vous auriez, dans ce cas, à me communiquer la délibération qui serait prise à ce sujet par le conseil municipal, ainsi que le nouvel avis émis par le conseil départemental sur cette délibération; le tout accompagné de votre avis personnel, afin que je puisse statuer en parfaite connaissance. Il me paraît utile de communiquer d'abord le pourvoi du maire au conseil départemental, parce qu'il arrivera souvent que ce conseil y fera droit et que le pourvoi sera, par conséquent, retiré. Enfin, monsieur le préfet, vous pourrez, de votre côté, me déférer, s'il y avait lieu, les délibérations du conseil départemental. J'aime à penser que la bonne entente qui règne entre vous et le conseil départemental rendra presque toujours mon intervention inutile.

A l'égard des instituteurs qui ne jouissent en ce moment que du *minimum* de traitement, la loi nouvelle ne changera leur condition que si, en attirant dans leur école un grand nombre d'élèves gratuits, ils parviennent, par le jeu du traitement éventuel, à dépasser ce même *minimum*. Dans le cas contraire, l'État se bornera, comme par le passé, à maintenir leurs traitements au taux au-dessous duquel ils ne doivent pas descendre.

Dans tous les cas, il importe que les traitements des instituteurs placés à la tête d'écoles devenues gratuites ou restées dans les conditions premières, ne puissent être inférieurs à la moyenne de leurs émoluments pendant les trois dernières années. Il se pourrait, en effet, que les conseils municipaux de communes où, par l'effet de la rétribution scolaire, le *minimum* est dépassé, tentassent de rendre leurs écoles gratuites en votant les quatre centimes exigés par la loi et en ramenant les traitements de leurs instituteurs au *minimum* légal, ce qui aurait pour conséquence de décharger les familles aux dépens des maîtres. L'article 11 vous donne le droit de déjouer ces combinaisons, et de porter d'office au budget municipal la somme nécessaire pour conserver à l'instituteur le traitement dont il jouit en moyenne depuis trois ans.

Je n'ai pas besoin d'ajouter que cette garantie établie par la loi ne signifie pas que le traitement accordé à un instituteur expérimenté, comme prix de bons et longs services, sera nécessairement donné à un débutant qui deviendrait son successeur.

Quant aux communes qui pourvoient, sans le secours du département et de l'État, aux dépenses de l'instruction primaire, l'article 13 leur confère le droit d'assurer à leur instituteur ou institutrice un traitement fixe invariable, et de percevoir dans ce cas, pour leur compte, le produit de la rétribution scolaire. Cette faculté n'est consentie que dans l'intérêt des instituteurs, qui sont ainsi mis à l'abri des variations qu'éprouve souvent, pour des causes qui leur sont étrangères, le produit de la rétribution. Mais il se pourrait que des administrations fussent tentées de se procurer ainsi des ressources budgétaires en allouant à l'instituteur un traitement inférieur à ce produit. Rien dans la législation précédente n'interdisait cette manière de procéder : aussi a-t-on vu des exemples de l'abus que je viens de vous signaler. En exigeant que les délibérations soient soumises à votre approbation, après avis du conseil départemental, la loi nouvelle, sans proscrire une combinaison qui a l'avantage d'assurer le payement régulier du traitement de l'instituteur, vous fournit les moyens de repousser les arrangements contraires à ses intérêts. Les frères des écoles chrétiennes reçoivent tous des traitements fixes, et depuis quelques années seulement, ils ont consenti à laisser percevoir dans leurs écoles une rétribution scolaire pour le compte des villes. On pourrait, comme on le fait quelquefois lorsqu'il s'agit des instituteurs laïques, supposer qu'étant assurés de leurs revenus, ils ne font aucun effort pour attirer des élèves dans leurs écoles; il n'en est rien cependant, et l'expérience prouve que, quoique pécuniairement désintéressés dans la question, les frères tiennent à honneur d'avoir des écoles nombreuses. J'aime à croire que les instituteurs laïques, animés de la même ambition, ne trouveraient pas, dans la sécurité qui leur serait assurée, des causes d'affaiblissement de zèle, et qu'ils justifieraient, au contraire, la faveur qui leur serait faite. Dans tous les cas, vous apprécierez les faits en conseil départemental, et l'on n'oublierait pas qu'il est à la fois juste et conforme aux règles d'une bonne administration que le fonctionnaire qui avance en âge et accroît ses titres à la confiance des familles, des communes et de l'État, puisse aussi compter sur plus de bien-être. Certains départements, notamment celui du Nord, qui ont établi le traitement fixe pour leurs instituteurs, ont eu soin de diviser ces traitements en classes différentes, de telle sorte qu'un instituteur plus méritant a le légitime espoir d'être aussi mieux rétribué, d'obtenir un avancement sur place et de ne pas voir son revenu diminuer avec ses forces aux approches de la vieillesse. C'est un exemple que je propose à vos méditations.

Caisse des écoles. — Je ne saurais trop vous recommander, monsieur le Préfet, l'institution d'une caisse des écoles dans les communes. Cette caisse, destinée à encourager et à faciliter la fréquentation de l'école, peut avoir les plus utiles résultats. Créée sous l'inspiration du conseil municipal, alimentée par les souscriptions des personnes les plus dévouées au bien public, elle peut suppléer à l'insuffisance des ressources communales pour un grand nombre de dépenses qui, sans être obligatoires, sont d'une utilité incontestable. Il ne suffit pas, par exemple, en de certains cas, d'ouvrir gratuitement à un enfant la porte de l'école : l'expérience prouve que beaucoup d'enfants qui y sont admis à cette condition se dispensent d'y paraître, ou y paraissent si irrégulièrement qu'ils n'en profitent réellement pas. Cela tient à plusieurs causes que la caisse des écoles peut faire disparaître. Le besoin qu'ont les parents des services de leurs enfants : la caisse ne peut-elle pas leur allouer des secours à la condition de l'envoi régulier des enfants à l'école? Ces enfants manquent de vêtements : ne peut-elle leur en donner? Ils n'ont pas le moyen de se procurer des livres et du papier : ne peut-elle leur en fournir? Ne peut-elle pas récompenser par quelque don les enfants les plus assidus; accorder des prix en dehors de ceux pour lesquels le conseil municipal alloue une certaine somme, ou en doubler la valeur : aider certaines familles à payer l'écolage; donner à l'instituteur lui-même, soit une gratification, soit les livres dont il aurait besoin pour l'instruction de ses élèves ou la sienne propre : ou enfin souscrire en son nom à des recueils périodiques qui le tiendraient au courant des méthodes nouvelles et des progrès de la science?

Cet emploi si varié des ressources de la caisse des écoles peut se produire sous mille aspects différents; mais ces ressources, il faut se les procurer, et, dans ce but, une bonne organisation des caisses des écoles est nécessaire. Je ne crois pas cependant, monsieur le Préfet, qu'il y ait lieu de leur donner à toutes la même forme et de les soumettre aux mêmes règles. Ces établissements, qui devront beaucoup à l'initiative privée, n'ont besoin que d'un règlement de travaux intérieurs dont vous pourriez donner le modèle sans prétendre l'imposer. Ce règlement, qui conférera au maire la présidence de la commission administrative, laissera aux membres de la commission le choix de son vice-président et de son secrétaire; il pourra désigner, parmi les fonctionnaires publics, des membres de droit ou décider que tous les membres seront soumis à l'élection : il pourra partager les souscripteurs en membres titulaires et en membres honoraires, donnant ou ne donnant pas aux uns et aux autres le droit d'assister aux réunions générales avec voix consultative ou délibérative, selon que les circonstances locales paraîtront devoir être le plus conformes aux intérêts de la caisse; il pourra fixer le taux de la souscription ou en autoriser l'acceptation à quelque somme qu'elle s'élève; il pourra rendre les souscriptions annuelles et même permettre d'accueillir celles qui seraient offertes à la commission administrative, à telle ou telle condition qui ne serait pas onéreuse pour la caisse; il pourra autoriser la commission à déléguer ses pouvoirs, dans telle ou telle limite, à un comité, ou lui réserver l'administration directe de la caisse; enfin il se prêtera à toutes les combinaisons qui pourraient attirer le plus grand nombre possible de souscripteurs.

Je ne puis en ce moment prendre aucun engagement quant à la participation des fonds de l'État à l'alimentation de ces caisses; mais mon vif désir est de pouvoir bientôt leur venir en aide. Mon intention serait donc de leur accorder, par exemple, soit tous les deux ans, soit annuellement, une somme égale au dixième du chiffre total des souscriptions. Cette somme serait versée entre les mains du percepteur, receveur municipal, que la loi charge gratuitement de ce service, et qui pourra, dès lors, être membre de droit du comité.

Veuillez donc, monsieur le préfet, inviter les conseils municipaux à délibérer sur cette création dans leur prochaine session du mois de mai courant, en leur faisant remarquer que ces caisses n'ont d'autre but que de leur venir en aide en intéressant à la prospérité des écoles un plus grand nombre de personnes, et en se chargeant des menus frais auxquels les ressources financières de la commune ne pourraient subvenir.

Vous voudrez bien m'envoyer à part, soit la délibération même, si elle présente quelque intérêt, soit une copie des statuts que vous auriez approuvés. Je désire enfin que vous me teniez régulièrement au courant de la création de ces caisses, et que vous m'adressiez, pour quelques-unes d'entre elles, ces propositions de secours. Je m'empresserai d'y faire droit aussitôt que cela me sera possible. Vous auriez enfin à mettre ces délibérations, avec un résumé des votes, sous les yeux du conseil général, et à l'inviter à voter la somme qu'il croira nécessaire pour contribuer à l'établissement et à l'entretien des caisses des écoles. Il va sans dire que le conseil général pourra indiquer d'avance la destination précise ainsi que le mode de distribution de ces fonds, mais qu'il ne devra y affecter aucune partie des centimes spéciaux consacrés aux dépenses de l'instruction primaire, si l'insuffisance de ces centimes le forçait déjà de recourir aux subventions de l'État. Les caisses des écoles, partout où elles existent, notamment dans le dix-neuvième arrondissement de Paris, ont efficacement aidé à combattre l'ignorance et à diminuer le nombre des illettrés. Elles sont en honneur en Suisse où, par un touchant usage, les nouveaux époux déposent le jour des noces, dans la caisse des écoles, une sorte d'offrande à l'enfance.

Inspection des écoles libres tenant lieu d'écoles publiques. — L'article 36, § 4, de la loi du 15 mars 1850, porte ce qui suit :

« Le conseil académique peut dispenser une commune « d'entretenir une école publique, à condition qu'elle « pourvoira à l'enseignement primaire gratuit, dans une « école libre, de tous les enfants dont les familles sont « hors d'état d'y subvenir. Cette dispense peut toujours « être retirée. »

Cette disposition de la loi était incomplète. En donnant à quelques écoles libres les avantages assurés aux écoles publiques, et en ne les soumettant pas aux mêmes règles, on leur conférait un véritable privilége, puisque l'État renonçait à leur susciter la concurrence d'une école publique, et qu'il ne lui était pas possible de s'assurer si l'enseignement qui y était donné aux enfants répondait réellement à leurs besoins. Le même article disait, il est vrai, que la dispense d'entretenir une école publique donnée à une commune pouvait toujours être retirée; mais, à ma connaissance, il n'a jamais été usé d'office de cette faculté, même en présence d'abus qu'il eût été facile de prévoir.

Quelques instituteurs ou institutrices, qui dirigeaient des écoles libres tenant lieu d'écoles publiques, prétendaient limiter le nombre des élèves gratuits qu'ils devaient recevoir; d'autres voulaient avoir le choix de ces enfants; d'autres, et c'est le plus grand nombre, surtout parmi les écoles de filles, réunissaient les enfants pauvres dans la partie la plus mal disposée de leur local, et leur donnaient une instruction insuffisante, réservant tous leurs soins pour les élèves payants. Ces écoles, ordinairement patronnées par des personnes riches et influentes, et appartenant, pour la plupart, à des communautés religieuses, ne tardaient pas à recevoir des donations ou des legs qui en assuraient l'existence et les rendaient complétement indépendantes. Aucune chance de succès n'était ainsi réservée à l'établissement d'écoles publiques, et les communes subissaient avec résignation un état de choses qui était assez souvent contraire aux intérêts bien entendus de la population comme aux sentiments de l'autorité municipale. L'article 17 de la nouvelle loi, en soumettant ces écoles à l'inspection comme les écoles publiques, a donc fait un acte de protection et de justice. Désormais on pourra s'assurer si l'école libre, dont la seule présence est un obstacle à l'existence d'une école publique, la remplace en effet, et si elle satisfait complétement aux obligations qu'elle a contractées. L'inspection de ces écoles ne devra donc plus se borner à constater, comme la loi l'exige à l'égard des écoles libres, si l'enseignement n'y est pas contraire à la morale, à la Constitution et aux lois; elle devra s'assurer si tous les enfants y reçoivent l'instruction que leur offrirait une école publique, et si tous y sont l'objet des mêmes soins. Cette inspection, j'ai à peine besoin de le dire, ne sera jamais tracassière, et, tout en recommandant la suppression des abus qu'elle pourrait rencontrer, elle n'oubliera pas qu'elle est en présence d'écoles qui rendent de véritables services, surtout dans les communes pauvres, et ont un droit particulier à la protection de l'État.

Recours des instituteurs contre l'opposition faite à l'ouverture des écoles libres. — Au surplus, l'article 19 de la nouvelle loi, comme toute la pratique de l'administration, témoigne assez du respect de l'autorité envers la liberté de l'enseignement pour qu'il soit inutile de l'affirmer ici de nouveau. L'article 18 de la loi du 15 mars 1850 donnait au conseil départemental le droit de juger, à bref délai, contradictoirement et sans recours, l'opposition faite par vous à l'ouverture d'une école primaire libre; l'article 64 de la loi admettait, au contraire, et, dans le même cas, lorsqu'il s'agissait d'un établissement d'instruction secondaire, un appel de la décision du conseil départemental devant le conseil impérial de l'instruction publique, dont la loi a fait le gardien suprême de la liberté d'enseignement. Une semblable différence ne pouvait se comprendre. Vainement pourrait-on dire que les écoles primaires étant beaucoup plus nombreuses que les écoles secondaires, le conseil impérial de l'instruction publique eût été appelé à statuer sur un trop grand nombre de pourvois : une semblable raison, et je n'en connais pas d'autres, n'est pas admissible, et je suis étonné que les personnes qui tiennent le plus à la liberté de l'enseignement n'aient pas été frappées depuis longtemps des inconvénients d'une semblable législation. Ce n'est pas, je me hâte de le dire, que MM. les Préfets aient obtenu des conseils départementaux la confirmation d'actes susceptibles d'être réformés par le conseil impérial ; je rends, sous ce rapport, pleine justice aux jugements qui ont été prononcés ; mais ces jugements qui ont été souvent contestés par les parties intéressées, et nul ne pouvait comprendre dans ce cas que la loi leur refusât la garantie qu'elle accordait au simple bachelier voulant ouvrir une école secondaire libre ; cette différence de brevets ne leur paraissait pas devoir entraîner une inégalité des droits du citoyen devant la loi. Il n'en sera plus de même désormais. Vous devez donc, monsieur le Préfet, lorsque vous notifierez à un instituteur le jugement du conseil départemental, confirmatif de votre opposition à l'ouverture d'une école, lui faire savoir que la loi accorde dix jours pour se pourvoir, à dater de la notification de la décision du conseil départemental. Cet appel devra être déposé à la préfecture et il en sera donné un récépissé. Vous me transmettrez le tout avec les pièces à l'appui, et y joindrez non-seulement la décision frappée d'appel du conseil départemental, mais toutes les pièces qui vous auront déterminé à former votre opposition. Vous voudrez bien aussi me donner les explications que vous jugerez convenables sur le pourvoi même de l'instituteur. Ces pourvois seront soumis au conseil impérial dans sa première session ; mais ils ne seront pas suspensifs, l'article 29 de la loi du 15 mars 1850 n'étant à cet égard modifié en quoi que ce soit par la loi du 10 avril 1867.

Les instituteurs libres ne peuvent recevoir des enfants des deux sexes sans l'autorisation du conseil départemental. — L'article 15 de la loi du 15 mars 1850 donnait au conseil départemental le droit de déterminer *les cas où les communes pouvaient provisoirement établir ou conserver* des écoles primaires où seraient admis des enfants de l'un et l'autre sexe. Cette disposition était conforme au principe d'après lequel il devait être établi des écoles différentes pour chaque sexe. Cependant l'article 52 de la même loi qu'aucune école *publique ou libre* ne pouvait, sans l'autorisation du conseil académique, recevoir des enfants des deux sexes, s'il existait dans la commune une *école publique ou libre de filles*, ce qui impliquait, sinon une contradiction manifeste, du moins une certaine confusion. En effet, l'article 15 supposait qu'une commune ne pouvait établir une école mixte sans l'autorisation du conseil académique, et l'article 52 lui donnait le droit d'établir cette même école, s'il n'y avait pas d'école publique ou libre dans la même commune. Malheureusement, la première disposition ne s'appliquait qu'aux écoles publiques, alors que la dernière s'appliquait également aux écoles libres; ainsi, tandis qu'en vertu de l'article 15, la commune ne pouvait établir une école publique mixte sans l'autorisation du conseil académique, l'école libre pouvait se rendre mixte à la seule condition qu'il n'y eût pas d'école publique ou libre *de filles* dans la commune. La circulaire du 24 décembre 1850 avait donné à cette disposition de la loi une interprétation contraire à cette prétention ; mais elle a été contestée, et, en l'absence d'un texte précis, des écoles libres ont pu réunir des enfants des deux sexes et, par conséquent, perpétuer un état de choses auquel le Gouvernement s'efforce de mettre un terme, et le continuer dans les conditions qui présentent le moins de garanties. L'article 21 de la nouvelle loi ne permet plus le moindre doute : il soumet l'école libre qui veut recevoir des enfants des deux sexes à l'obligation d'en obtenir préalablement l'autorisation. Il ne faut pas oublier que des communes peuvent être dispensées d'entretenir une école publique, à la condition de pourvoir à l'enseignement gratuit des enfants pauvres dans une école libre, et que ces écoles, la plupart du temps uniques dans la commune, ne suppléeraient qu'imparfaitement à l'absence d'écoles publiques, si elles ne pouvaient être autorisées à recevoir les deux sexes ou si elles n'y consentaient pas ; mais, hors ces cas, les écoles libres dirigées par un instituteur ne doivent recevoir que les garçons, et les filles ne doivent être admises que dans les écoles dirigées par des institutrices. Vous voudrez donc bien, monsieur le préfet, donner des ordres nécessaires pour mettre un terme à un état de choses que l'esprit de la loi de 1850 condamnait, et contre lequel la loi nouvelle édicte une pénalité. Il va sans dire que, si vous vous trouviez en présence de quelques faits particuliers dignes d'être pris en considération, vous auriez soin d'en référer au conseil départemental, et de lui proposer le maintien, au moins provisoire, de l'organisation qui aurait appelé votre attention. Le vœu du législateur est de prévenir les dangers des écoles mixtes ; il a fait de grands efforts et il impose de grands sacrifices au pays dans ce but ; mais, en admettant l'intervention du conseil départemental, la loi a permis de tenir compte de toutes les circonstances qu'elle n'avait pu prévoir et qui seraient de nature à intéresser le développement de l'instruction primaire.

De l'âge d'admission des enfants dans les écoles publiques, lorsqu'il y a une salle d'asile dans la commune. — Je crois devoir appeler d'une manière toute particulière votre attention sur l'article 24 de la loi. Cet article ne permet à aucune école publique ou libre de recevoir, sans l'autorisation du conseil départemental, des enfants au-dessous de six ans, s'il existe dans la commune une salle d'asile publique ou libre.

Selon l'usage que fera le conseil départemental de la faculté qui lui est ainsi conférée, cette disposition produira les effets les plus salutaires ou aura, pour quelques écoles, des résultats désastreux. Il importe de se rendre un compte très-exact de la pensée qui l'a dictée et de l'esprit dans lequel elle doit être exécutée.

Les salles d'asile sont une institution qu'on ne saurait trop encourager. Considérées d'abord comme des établissements en quelque sorte de bienfaisance, destinées à venir en aide aux familles pauvres qui ne pouvaient se livrer hors de leur domicile à des travaux indispensables, sans abandonner leurs jeunes enfants sur la voie publique ou sans les tenir enfermés, hors de toute surveillance, dans de pauvres logis, les salles d'asile n'ont pas tardé à être partout appréciées comme un puissant moyen d'éducation. Repoussées d'abord par le clergé, qui en avait méconnu l'utilité, exclusivement dirigées par des laïques, les congrégations religieuses de femmes répugnant à se charger d'élever de petits garçons, les salles d'asile ont triomphé de tous les obstacles, conquis l'appui du clergé et attiré à elles un si grand nombre de communautés religieuses, qu'aujourd'hui, 2669 salles d'asile, sur 3572, sont dirigées par des sœurs. Mais ici, comme en toutes choses, il faut se garder de l'exagération, et les succès des salles d'asile ont failli en compromettre l'avenir. Au lieu de se borner à donner les premières connaissances utiles et qui doivent être l'objet d'un enseignement verbal, on a tenté, dans quelques établissements, d'y développer l'instruction et d'en faire ainsi de véritables écoles. Il faut cultiver de bonne heure l'intelligence des enfants, mais on doit se garder de la fatiguer et de l'appauvrir à jamais en la surexcitant outre mesure.

Des précautions ont donc été prises pour conserver à ces petites maisons d'éducation le caractère qui leur est propre. D'autres dangers les ont encore menacées. Ici, tel instituteur libre, ayant à soutenir la concurrence redoutable d'une école publique, et craignant qu'au sortir de la salle d'asile les familles ne fussent amenées à placer leurs enfants dans cette école, les attirait dès leur plus jeune âge et les soumettait à un régime qui leur était défavorable. Or, la loi n'ayant établi aucune pénalité à cet égard, on ne pouvait que difficilement s'opposer à cet état de choses, et une foule d'enfants, au lieu d'aller à l'asile, où se font des exercices propres à leur âge, s'étiolaient sur les bancs de l'école, assistant à des leçons qu'ils ne pouvaient comprendre, obligés à un profond silence pendant de longues heures, et privés de l'air et du mouvement si indispensables à leur âge.

L'article 21 de la loi permettra de mettre un terme à de pareils abus, et de punir les maîtres qui persisteraient à les perpétuer.

Mais ici, monsieur le préfet, vous rencontrerez d'autres inconvénients que vous ne négligerez pas de signaler, dans l'occasion, au conseil départemental. Lorsqu'une commune n'a pu établir une salle d'asile à côté de son école publique, et lorsque cette école a à soutenir la concurrence d'une école libre, la directrice de l'école libre, en vue d'y attirer tous les enfants, ouvre dans une salle particulière ce qu'elle appelle une salle d'asile, puis revendique le droit exclusif d'y recevoir des enfants au-dessous de six ans, se réservant de les faire passer dans l'école au fur et à mesure qu'ils atteignent l'âge d'y être admis. On conçoit qu'un semblable procédé tende à tarir en peu de temps la source du recrutement de l'école publique, à qui il est alors défendu de recevoir des enfants au-dessous de six ans. L'institutrice libre jouit, dans ce cas, d'un véritable privilége, sans grand profit pour les enfants, mais au grand détriment de l'école publique, comme de la commune, qui voit diminuer, chaque jour, le produit de la rétribution scolaire. C'est ainsi qu'on est quelquefois arrivé à faire supprimer l'école publique ou à la remplacer par l'école libre, qui avait préparé et réalisé sa ruine.

Dans quelques départements, on a reconnu ce danger, et les règlements particuliers des écoles n'ont imposé aux écoles publiques l'obligation de fermer leurs portes aux enfants au-dessous de six ans, que s'il y avait dans la commune une salle d'asile *publique*. Mais alors des précautions ont dû être prescrites pour que les plus jeunes enfants fussent soumis dans l'école à un régime particulier, et pour qu'on leur donnât toutes facilités de prendre plus longtemps et plus librement leurs ébats au grand air. La loi nouvelle, exclusivement favorable en ce point aux salles d'asile, étend sa prescription au cas où il y aurait une salle d'asile libre dans la commune, et cette prescription aura d'immenses avantages partout où la salle d'asile formera un établissement spécial, qui ne sera pas destiné à frapper de mort l'école publique. L'article 21, prévoyant toutefois la possibilité d'un abus de ce genre, permet au conseil départemental d'autoriser les écoles publiques à recevoir des enfants au-dessous de six ans, même en présence d'une salle d'asile, et elle laisse à ses conseils la libre appréciation des circonstances dans lesquelles ils croiront devoir accorder ces autorisations. Il vous appartiendra donc, monsieur le Préfet, d'examiner, le cas échéant, les considérations qui pourraient motiver les exceptions à la règle, et vous n'hésiterez pas à protéger, s'il y a lieu, les écoles publiques contre des tentatives menaçantes et intéressées.

Il y aura toutefois, monsieur le préfet, des précautions à prendre pour que l'intérêt des enfants ne soit jamais, dans ce cas, sacrifié à celui des écoles publiques. Il conviendra donc de prescrire aux écoles publiques les dispositions propres à y assurer aux enfants les bienfaits de la salle d'asile, et, à ce sujet, monsieur le préfet, je crois devoir vous entretenir des essais heureux qui ont déjà été faits dans quelques établissements pour y rendre presque insensible la transition de l'asile à l'école, que trop souvent un abîme sépare.

Dans les salles d'asile, de petites classes entremêlées de mouvements divers, de chants, d'exercices variés et d'instructions ne durant jamais plus de dix minutes; point de leçons apprises par cœur, point de devoirs écrits, mais des récits moraux faits par la directrice, et qui servent de texte à de fréquentes interrogations; de longues récréations pendant lesquelles des jeux sont organisés en plein air et ont pour but de développer tout à la fois les forces physiques et l'intelligence des enfants. Rien de tout cela ne se retrouve dans les écoles, où les enfants entrent en sortant de l'asile. De longues classes, précédées et suivies de longues études; des récréations courtes, trop souvent même pas de récréations; l'obligation de faire d'interminables pages d'écriture qui ne parlent pas toujours à leur esprit, d'apprendre par cœur des leçons de grammaire, des règles de calcul, et de faire des devoirs dont ils ne comprennent pas encore le but. On conçoit facilement que ce passage sans transition d'un régime qui est trop sévère, à un régime très-doux, ne soit pas facilement accepté par tous les enfants, et qu'un certain nombre vienne s'engloutir dans un profond ennui sur les bancs de l'école. Tous les enfants, sans exception, aiment l'asile et s'y rendent avec empressement; se rendent-ils avec le même plaisir à l'école?

Nous aurons une sérieuse réforme à introduire dans ce régime; en attendant, il conviendrait, monsieur le préfet, là où les enfants au-dessous de six ans seraient autorisés à rester dans les écoles publiques, d'y organiser pour eux une petite division qui emprunterait aux asiles quelques-uns de ses procédés, et dont le régime serait combiné de telle sorte qu'en modifiant légèrement celui de la division supérieure, la transition s'opérât presque insensiblement. Je sais que cette modification aux règlements d'études, à laquelle la femme chargée, dans les écoles mixtes, des travaux à l'aiguille, pourrait être utilement employée, ne peut être faite sans l'intervention de M. le recteur de l'Académie, qui a particulièrement sous sa direction ce qui concerne l'enseignement proprement dit; aussi, je compte appeler prochainement son attention sur ce point important.

Des engagements décennaux et de la dispense du service militaire. — J'ai peu de choses à vous dire relativement à l'article 18 de la loi concernant les engagements décennaux et la dispense du service militaire. Mes circulaires des 17 juillet 1854, 15 février et 17 mars 1866 ont eu pour but et pour résultat de mettre un terme à un abus qui constituait un privilége exorbitant au profit des associations religieuses vouées à l'enseignement. La loi de 1850 n'avait accordé la dispense du service militaire qu'aux personnes qui contractaient l'engagement de remplacer les sept ans de services militaires par dix ans de services rendus dans l'enseignement public, et qui réalisaient cet engagement. Or, les écoles libres tenues, soit par des laïques, soit par des congréganistes, étant des établissements particuliers et essentiellement mobiles, subissant toutes les chances bonnes ou mauvaises des spéculations privées, et s'ouvrant et se fermant à la volonté de ceux qui les entreprenaient, ne pouvaient conférer aux maîtres qui les dirigeaient ou à ceux qui y étaient employés, le caractère de fonctionnaires publics; par conséquent, leurs services ne pouvaient être assimilés aux services rendus dans les écoles communales.

La loi nouvelle, consacrant ce principe, y a fait toutefois une légitime exception : elle permet de réaliser l'engagement décennal dans les écoles libres tenant lieu d'écoles publiques, mais uniquement dans celles de ces écoles qui auront été désignées pour remplir cette mission par le Ministre de l'instruction publique, après avis du conseil départemental.

Ainsi se trouve modifié le troisième paragraphe de l'article 13 de la loi de 1850. Aux termes de cet article, le conseil départemental dispensait une commune d'entretenir une école publique et laissait à cette commune le soin de traiter avec une école libre pour y assurer l'admission gratuite des enfants indigents; il faudra désormais que cette école libre soit spécialement désignée par le Ministre, sur la proposition du conseil départemental. S'il en était autrement, l'instituteur titulaire, non plus que ses adjoints, ne saurait être considéré comme remplissant les conditions de l'engagement. Quant à ces derniers, qui continueront d'être nommés et révoqués par les instituteurs, le nombre en sera déterminé par le conseil départemental, afin de prévenir les abus qui auraient pu très-aisément se produire, et ils devront être agréés par vous. Tout instituteur adjoint qui n'aurait pas été nommé avec votre agrément, soit par l'instituteur laïque, soit par le supérieur de la congrégation dont il fait partie, ne serait pas dans une situation régulière au point de vue de l'engagement décennal, et perdrait son droit à la dispense.

La loi de 1850 permet aux élèves des écoles normales primaires, aux novices des associations religieuses légalement reconnues, et aux instituteurs adjoints des écoles publiques, de contracter un engagement décennal, à charge de le réaliser dans un établissement public. Le deuxième paragraphe de l'article 18 de la loi nouvelle concède la même faveur aux instituteurs adjoints des écoles libres désignées pour tenir lieu d'écoles publiques. Cette extension d'un privilége précieux montre le désir du Gouvernement et du législateur de favoriser tous ceux qui servent l'intérêt général.

En résumé, monsieur le préfet, je vous recommande d'exécuter la loi nouvelle avec un esprit ennemi des vaines formalités et des restrictions inutiles. Vous ne devrez rien négliger des garanties que cette loi assure à l'Etat, c'est-à-dire à la société; mais vous n'exigerez rien au-delà; et vous aurez soin, dans toutes les circonstances où il y aurait lieu d'interpréter telle ou telle disposition, de vous inspirer des principes de liberté qui sont l'esprit même de cette circulaire.

L'œuvre que la loi du 10 avril nous donne le devoir et l'honneur d'accomplir nécessitera, monsieur le préfet, beaucoup d'efforts et de persévérance; mais je suis assuré d'avance de votre concours le plus résolu et de votre dévoûment le plus actif pour répondre à la confiance de l'Empereur, au vœu des grands corps de l'Etat et à un des intérêts les plus pressants du pays : car nul doute aujourd'hui qu'avec une instruction bien appropriée aux besoins de chacun, on ne forme véritablement des hommes, de plus habiles ouvriers et de meilleurs citoyens.

Recevez, monsieur le préfet, l'assurance de ma considération très-distinguée.

Le Ministre de l'instruction publique,
V. DURUY.

Envoi de l'instruction qui précède à MM. les Recteurs.

15 mai.

Monsieur le recteur, je viens d'adresser à MM. les préfets une circulaire explicative de la loi du 10 avril 1867 sur l'instruction primaire.

Bien que ces instructions portent sur les dispositions administratives et financières de la loi, qui sont du ressort de MM. les préfets, je vous en envoie copie, afin que vous sachiez à quel point de vue se place l'autorité universitaire, et que vous puissiez combiner votre action avec celle de ces hauts fonctionnaires. J'aurai bientôt à vous entretenir de diverses questions pédagogiques qui intéressent particulièrement l'autorité rectorale.

Recevez, etc.

Le Ministre de l'instruction publique,
V. DURUY.

QUESTIONS DIVERSES

PATENTES. DÉLIVRANCE AVANT L'ÉMISSION DU ROLE.

Comment sont exigibles les patentes délivrées par les contrôleurs avant l'émission du rôle?

Un patentable fréquentant un marché établi dans une commune située dans une autre circonscription de perception que celle de la commune de son domicile, demande au contrôleur, le mois de juin 1867, la délivrance d'une patente. Celui-ci lui remet une déclaration par laquelle le Percepteur est invité à recevoir les cinq douzièmes de la patente à comprendre dans le rôle supplémentaire du 2e trimestre 1867. Est-ce des cinq douxièmes seulement ou de la cote de l'année entière que le Percepteur doit exiger le versement.

L'article 38 de la loi du 25 avril 1844 répond catégoriquement à cette question : « Les agents des Contributions directes peuvent, sur la demande qui leur en est faite, délivrer des patentes avant l'émission du rôle, après toutefois que les requérants ont acquitté entre les mains du Percepteur les douzièmes échus, s'il s'agit d'individus domiciliés dans le ressort de la perception, ou *la totalité des droits*, s'il s'agit des patentables désignés en l'article 24 ci-dessus, ou d'*individus étrangers au ressort de la perception*. »

La circulaire de la direction générale des Contributions directes, en date du 16 août 1844, portant instruction pour l'exécution de la loi du 25 avril 1844, s'exprime comme il suit au sujet de la délivrance de patentes avant l'émission du rôle : « Lorsque les agents des contributions directes seront, en vertu de l'article 30, requis de délivrer des patentes avant l'émission du rôle, ils inscriront le patentable sur une matrice supplémentaire, calculeront les droits à payer et en remettront la note au requérant, en l'invitant à aller verser à la caisse du Percepteur les douzièmes échus, s'il s'agit d'individus domiciliés dans le ressort de la perception, ou *la totalité des droits*, s'il s'agit de patentables désignés en l'article 24, ou d'*individus étrangers à la perception*. Sur la représentation de la quittance du Percepteur, l'agent des Contributions directes délivrera la formule de patente et en fera mention sur la matrice. — Dès que le Percepteur aura reçu le rôle supplémentaire comprenant les patentables auxquels il aura été délivré des patentes par anticipation, il y émargera les sommes payés. »

PATENTES. MARCHANDS FORAINS.

Comment sont exigibles les patentes dues, en vertu de l'article 9, dernier alinéa, de la loi du 4 juin 1858, par des marchands qui fréquentent le marché d'une commune étrangère au ressort de la perception dont fait partie la commune de leur domicile? — Quels moyens employer pour en obtenir le payement?

Les patentes de ces marchands forains sont *exigibles en totalité, dès l'émission du rôle* où elles sont comprises, conformément aux dispositions combinées des articles 24 et 30 de la loi du 25 avril 1844, aux termes desquels les marchands forains, les colporteurs, etc., et tous autres *patentables dont la profession n'est pas exercée à demeure fixe* (c'est-à dire dans la commune de leur domicile), sont tenus d'acquitter le montant total de leur cote au moment où la patente leur est délivrée.

Lorsque les débiteurs ne résident pas dans le ressort de la perception et de l'arrondissement de Sous-Préfecture, nous concevons que le Percepteur éprouve des difficultés pour obtenir le payement de ces patentes. Il lui répugnera souvent de décerner des *contraintes extérieures*, parce que le nombre de ces patentables est assez considérable, et, qu'adopter l'usage de recouvrer ces cotes par l'intermédiaire de ses collègues, ce serait augmenter son travail, surcharger sans nécessité les écritures des Recettes des finances et créer des peines et des embarras à ses collègues. Le Percepteur doit alors chercher dans les autres moyens mis à sa disposition par la loi, une action efficace pour vaincre le mauvais vouloir ou le refus de paiement de ces débiteurs.

Faire *coïncider des exécutions ordinaires* par le ministère de l'agent de poursuites, *avec la présence de ces marchands* dans la commune de l'imposition, serait la plupart du temps chose difficile. Ce serait là pourtant le moyen le plus simple et le plus régulier. Si ce moyen ne peut pas être mis en pratique, on pourrait s'appuyer sur le motif que le gage de l'impôt n'étant pas continuellement sous l'action du Percepteur, celui-ci *a lieu de craindre la disparition de ce gage*, et, à la faveur de ce motif, *procéder immédiatement par voie de saisie-exécution*. Cependant, il sera prudent de n'user de ce rigoureux moyen de contrainte que dans le cas d'insuccès de plusieurs démarches officieuses.

Il existe un troisième moyen pour parvenir au recouvrement de ces patentes, et celui-ci n'entraîne pas de frais pour les débiteurs. Cette considération le signale au choix du Percepteur, toutes les fois qu'il pourra *obtenir de la police judiciaire le concours* qui lui est nécessaire pour arriver à ces fins. Ainsi les articles 26, 27 et 28 de la loi du 25 avril 1844 accordent aux Maires, adjoints, juges de paix et tous autres officiers ou agents de police judiciaire, le droit de demander aux patentables l'exhibition de leur patente, et, en cas de non représentation de cette patente, ces mêmes fonctionnaires peuvent séquestrer les marchandises mises en vente par des individus non munis de patente et vendant hors de leur domicile. Le patentable qui serait sérieusement menacé de cette exécution publique, s'empresserait indubitablement d'aller se libérer chez le Percepteur afin de se procurer ainsi la preuve de son imposition et de l'autorisation de vendre à lui accordée par le Maire. Cette preuve consisterait dans la remise de la formule de patente conservée jusqu'à libération, par le Percepteur, à l'époque de la remise des premiers avertissements, comme nous en avons déjà donné le conseil dans le *Journal* de 1866, page 370. La représentation du premier avertissement, par le contribuable, n'aurait pas l'effet d'arrêter l'exécution de l'officier ou agent de police judiciaire qui a consenti à prêter son concours au Percepteur. L'exhibition de la formule de patente peut seule satisfaire aux prescriptions des articles 26, 27 et 28 de la loi précitée. Le Percepteur ne doit donc s'en dessaisir qu'au moment du payement du montant total de la cote. En prescrivant, par la circulaire du 10 juillet 1865, la remise des formules de patente en même temps que celle des premiers avertissements, l'administration n'a entendu parler, très-certainement, que des formules qui concernent les individus domiciliés dans le ressort de la perception. A l'égard des autres contribuables, elle ne pourrait déroger aux articles 24 et 30 de la loi sus-mentionnée, lesquels prescrivent l'acquittement de l'impôt avant la délivrance de la formule de patente.

Mais si les Maires, adjoints, commissaires de police, brigadiers de gendarmerie, etc., refusent leur concours au Percepteur, que doit faire celui-ci? — Le Percepteur n'a aucun droit de réquisition sur ces officiers et agents de police judiciaire, et il devrait se borner, si un refus était opposé à sa demande officieuse, à en rendre compte au receveur des finances. Ce dernier examinera s'il convient de porter les faits à la connaissance des supérieurs de l'ordre administratif, des agents dont il s'agit, ou s'il vaut mieux tracer au Percepteur une autre marche à suivre.

CHRONIQUE.

BANQUE DE FRANCE. — Les billets de 1000 fr. que la Banque émettra à partir du 6 juillet 1867, présenteront les modifications suivantes *au recto :*

Suppression des cartouches qui recevaient les numéros d'alphabet, lettres de série et numéros des billets;

Remplacement de ces cartouches par un fond vermiculé analogue à celui du reste de la vignette;

Substitution de l'encre noire à l'encre bleue pour l'impression des indices énumérés ci-dessus;

Suppression du médaillon ovale placé au centre du billet et des indications qu'il contenait; remplacement de ce médaillon par un numéro de sept chiffres, imprimé à l'encre noire.

Aucun changement n'a été apporté *au verso.*

Paris, le 5 juillet 1863.

Le secrétaire-général,
MARSAULT.

Sur la demande de diverses personnes, nous avons fait fabriquer à l'usage de nos abonnés, des *cartons-releurs* pour collectionner et relier immédiatement chaque N° du Journal, au fur et à mesure de son apparition. Ces cartons sont reliés fort élégamment avec coins sur les plats et portent au dos en lettres dorées, le titre de *Journal des Percepteurs.* Le prix en est de 3 fr. 50, à envoyer avec la demande.

Ier *Volume du Journal des Percepteurs.* (Nouvelle Série), année 1866. — Plusieurs de nos nouveaux abonnés, à partir de l'année 1867, n'ont pas encore notre volume de 1866. Nous leur ferons observer que ce volume, qui contient d'importants travaux, formera dans leur collection une absence fâcheuse. Ils pourront se trouver dès à présent gênés fréquemment par cette lacune, car nous avons souvent à mettre en corrélation ce 1er tome (qui est la base de notre nouvelle Série), avec ceux qui le suivent. Bientôt d'ailleurs, ce volume arrivera à s'épuiser, et il deviendra difficile de se le procurer.

Pour leur en faciliter l'acquisition, nous venons d'en faire relier un certain nombre d'exemplaires avec des cartonnages solides et élégants, et nous les céderons en ce moment à des conditions exceptionnelles.

BULLETIN HEBDOMADAIRE DE LA BOURSE.

Cours des Fonds publics au 12 Juillet 1867.

Rentes et Actions.

3 0/0	68 85	Midi	583 75
3 Jouis. 1 janvier	68 77	Nord	1160 ..
4 1/2 0/0	99 ..	Orléans	880 ..
4 1/2 Jouis. 22 sept	99 95	Ouest	557 50
		Cie parisienne du gaz	1565 ..
4 0/0	88 ..	Soc. immobilière	187 50
4 Jouis. 22 sep	.. ..	Transatlantique	365 ..
Obligations du Trésor	475 ..	Messag. impér. (s-m.)	783 75
Bons du Trésor	2 1/2	Canal de Suez	350 ..
Banque de France	3300 ..	Italien 5 0/0	49 35
Comptoir d'escompte	767 50	Emprunt Mexicain	15 ..
Crédit agricole	622 50	Crédit mob. espagnol	247 50
Crédit foncier Colonial	565 ..	Soc. autrichienne	466 25
Crédit foncier de France	1410 ..	Saragosse-Barcelone	43 75
Crédit ind. et comm.	632 50	Guillaume-Luxemb.	135 ..
Crédit mobilier	352 50	Sud-autrichien lomb.	385 ..
Créd. Mobilier (nouv.)	.. ..	Nord de l'Espagne	105 ..
Dépôts. comptes cour.	553 75	Saragosse Pampelune	40 50
Société générale	551 25	Portugais	72 ..
Ss-comptoir du com.	422 50	Chemins romains	75 ..
Charentes	350 ..	Saragosse	107 50
Est	537 50	Victor-Emmanuel	72 ..
Paris-Lyon-Méditerr.	885 ..	Séville-Xérès	30 ..

Obligations.

Départ. de la Seine	226 25	Méditerranée	315 25
Ville 1852. 5 0/0	1185 ..	Paris-Lyon-Méditerr.	309 25
— 1855-1860	465 ..	Midi	308 50
— 1865	513 75	Nord	315 ..
Crédit foncier. 1000 fr. à 3 0/0	.. ..	Orléans	310 75
Crédit foncier. 500 fr. à 4 0/0	.. ..	Grand-Central	308 ..
Crédit foncier. 10es à 4 0/0	.. ..	Ouest	309 ..
Crédit foncier. 500 fr. à 3 0/0	.. ..	Victor-Emmanuel	304 ..
Crédit foncier. 10es à 3 0/0	.. ..	— 1863	115 ..
Crédit foncier. 500 fr. à 4 0/0 1863	.. ..	Cordoue-Séville	161 25
Crédit foncier. Com. 3 0/0	.. ..	Ligne d'Italie	27 50
Crédit foncier. 5es 3 0/0	.. ..	Lombard	217 50
Crédit foncier. Colonial	.. ..	Nord d'Espagne	128 ..
Est	311 ..	Saragosse-Pampelune	81 25
Ardennes	308 ..	Portugais	81 ..
Lyon	316 ..	Romains	121 ..
Bourbonnais	310 50	Saragosse	152 ..
Dauphiné	309 ..	Séville-Xérès-Cadix	77 50
Lyon-Genève, gar	308 75	— 94 ans.	.. ..

Valeurs diverses.

Ch. Charentes	362 50	Empr. Ottoman	257 50
Chemin du Médoc	267 50	Obl. Emp. Ottoman	212 50
Comp. Agriculture	530 ..	Ch. Ligne d'Italie	6 50
Caisse des ch. de fer	53 ..	Cie R. des ch. Medit.	190 ..
Gaz de Marseille	480 ..	Soc. C. Ind. Amsterd.	305 ..
Banq. Créd. Pays-Bas	450 ..	Banque Ottomane	485 ..
Crédit Fonc. Autrich.	640 ..	Crédit Mobil. Italien	280 ..
Obl. Autrich. 1863	332 50	Zinc, Vieille-Montagne	.. ..
Empr. Mexicain. Obl.	127 50		

Directeur, H. GALLETIER, Avocat à la Cour Impériale de Paris.

JOURNAL DES PERCEPTEURS,

DES RECEVEURS DES FINANCES, ET DES RECEVEURS DES COMMUNES, HOSPICES, ETC.;
DES SURNUMÉRAIRES, ET DES ASPIRANTS.

2e Série. — 10 fr. par an. Un numéro toutes les semaines. 12e année. — N° 29.

COMMENTAIRE

DE LA

LOI SUR L'INSTRUCTION PRIMAIRE

du 10 avril 1867 (1)

Nous n'avons pas cru devoir nous contenter de mettre sous les yeux de nos lecteurs le texte de la nouvelle loi sur l'Enseignement Primaire et l'Instruction ministérielle qui en règle les divers détails d'exécution Les comptables savent, en effet, combien ces nouvelles dispositions les touchent de près; si bien que, un des orateurs qui ont pris part à la discussion a pu dire avec raison que toute question d'instruction primaire était une question de budget. Il serait superflu d'insister pour le démontrer.

Nous venons donc aujourd'hui publier un commentaire complet de cette loi en prenant pour base de notre travail des documents officiels et authentiques En fournissant ainsi des éclaircissements sérieux et solides aux comptables, ils ne seront pas exposés à voir nos observations contestées, réfutées, renversées, et mises à néant, comme il est arrivé à d'autres recueils qui, avec la prétention de servir de guide à leurs lecteurs, ne font, le plus souvent, que les induire grossièrement en erreur.

CONSIDÉRATIONS GÉNÉRALES SUR L'ÉCONOMIE DE LA LOI EN CE QUI CONCERNE LES ÉCOLES DE FILLES.

Extrait du rapport de la commission :

« Le vœu des gens de bien réclamait, depuis longtemps, contre l'inégalité choquante des écoles des deux sexes.

La loi nouvelle donne satisfaction à l'opinion publique.

Elle organise l'enseignement des filles.

Elle crée un grand nombre d'écoles nouvelles de filles.

Elle améliore les écoles de filles existantes, par la garantie donnée aux institutrices d'un traitement minimum et des autres avantages assurés depuis longtemps aux instituteurs.

Elle diminue le nombre des écoles mixtes et atténue les inconvénients de ces écoles par l'organisation des travaux à l'aiguille.

Elle favorise la séparation des sexes en établissant une sanction pénale contre l'ouverture d'écoles mixtes libres.

Elle organise régulièrement le service des maîtres adjoints et des maîtresses adjointes.

Elle crée par l'institution d'écoles de hameaux, des moyens d'enseignement pour les populations disséminées, et place le maître à la portée de tous les enfants.

Elle provoque l'établissement de la gratuité, en autorisant les départements et l'Etat à accorder des subventions aux communes qui, dans le but d'établir la gratuité absolue, se sont imposé des sacrifices déterminés.

Elle affranchit de toute limitation regrettable le nombre des enfants admis gratuitement dans l'école payante en vertu de l'article 24 de la loi du 15 mars 1850.

Elle institue la caisse des écoles.

Elle affecte un troisième centime départemental au service général de l'instruction primaire.

Elle confère au conseil départemental le droit de fixer pour chaque commune le nombre d'écoles publiques de garçons ou de filles que cette commune sera tenue d'entretenir.

Elle établit des garanties pour la fixation du taux de la rétribution scolaire.

Elle régularise l'usage qui autorisait les conseils municipaux à rémunérer l'instituteur au moyen d'un traitement fixe.

Elle garantit les écoliers contre les inconvénients de la confusion des âges, en interdisant aux enfants de moins de six ans l'accès de l'école primaire, lorsqu'il y a salle d'asile dans la commune.

Elle étend, dans une certaine mesure, les avantages et les charges du régime légal des écoles publiques communales à certaines écoles libres qui présentent un caractère quasi-public, en les soumettant à l'inspection, et en dispensant du service militaire les instituteurs, laïques et congréganistes, qui rendent, dans ces écoles, des services analogues à ceux des instituteurs publics. »

ARTICLE 1er

§ 1er OBLIGATION POUR TOUTE COMMUNE DE 500 HABITANTS ET AU-DESSUS D'AVOIR AU MOINS UNE ÉCOLE PUBLIQUE SPÉCIALE DE FILLES, SI ELLE N'EN EST PAS DISPENSÉE PAR CONSEIL DÉPARTEMENTAL (COMITÉ DÉPARTEMENTAL DE L'INSTRUCTION PUBLIQUE) SUR LA DEMANDE DU CONSEIL MUNICIPAL.

L'extrait suivant du rapport de la commission fait ressortir l'extension donnée par la nouvelle loi à la création d'écoles spéciales de filles :

« La loi de 1850 stipulait (art. 51) que toute commune de 800 âmes et au-dessus serait tenue, si ses propres ressources lui en fournissaient les moyens, d'avoir au moins une école de filles, et qu'il en pourrait être de même pour les communes d'une population inférieure auxquelles leurs ressources ordinaires le permettaient.

Mais en même temps elle autorisait (art. 15) le conseil départemental à déterminer les cas où les communes pourraient, à raison des circonstances, être dispensées de ces obligations.

Aucun traitement n'était garanti aux maîtresses chargées de donner l'enseignement ; elles restaient dans la position précaire où se trouvaient les instituteurs avant la loi de 1833.

La loi de 1850 restreignait donc aux communes riches qui comptent plus de 800 âmes (art. 51) l'obligation d'avoir une école de filles. Pas de concours du département ni de l'Etat.

La loi nouvelle étend l'obligation à toute commune riche ou pauvre de plus de 500 âmes, sauf dispense. Elle assure le concours du département ou de l'Etat, après l'épuisement des 3 centimes communaux spéciaux. Elle crée ainsi 5735 nouvelles écoles spéciales de filles. »

Nous ne pouvons mieux préciser la portée de cette

(1) Voir ci-dessus, page 121.

obligation et ses conséquences, qu'en rapportant les paroles prononcées par M. le Commissaire du Gouvernement, à la séance du Corps Législatif, du 7 mars 1867 :

« Le désir du gouvernement, en ce qui concerne les écoles des filles, est, comme celui de la Chambre, de les multiplier autant que possible ; mais il a paru au gouvernement qu'on ne pouvait marcher, dans cette voie, d'un pas trop rapide.

Qu'avait-on fait par la loi du 15 mars 1850? On s'était borné à imposer des écoles de filles aux communes de plus de 800 âmes, sans leur accorder aucune subvention budgétaire, à la condition expresse que ce serait sur leurs propres ressources. Aujourd'hui, par le projet de loi, on veut donner des écoles spéciales de filles aux communes de plus de 500 âmes, et on fait intervenir successivement pour cela, dans les formes légales applicables aux dépenses obligatoires, les ressources de la commune, du département et enfin de l'Etat.

Il y a, messieurs, dans la loi qui vous est soumise, un moyen de répondre à la pensée et aux vœux de la Chambre. Il se trouve dans l'article où il est question des écoles de hameaux. Les préfets ont été chargés récemment par M. le Ministre de l'instruction publique de supposer la loi votée pour en faire immédiatement l'application en théorie, sur toute la France, afin de connaître le nombre d'écoles à créer et la dépense nécessaire. Il y aura là une école de hameau pour les garçons ; il y aura ici une école de hameau spéciale pour les filles; plus loin enfin une école qui sera mixte, et ces écoles de hameau, messieurs, s'établissent, vous le savez, d'après le projet, à titre de dépense obligatoire, aux frais de la commune, du département et de l'Etat, et sans qu'il soit besoin de centimes extraordinaires. On pourra donc, dans les communes de moins de 500 habitants, de même que dans les agglomérations supérieures, établir sans difficulté des écoles de hameau spéciales pour les filles et donner ainsi, au moins en partie, une satisfaction sérieuse aux préoccupations de la Chambre.

Puisqu'on a reconnu tout à l'heure qu'il n'est pas possible de poser ici des règles générales et strictes comme celles que le projet établit pour les communes de plus de 500 âmes, il vaut mieux laisser aux préfets, aux conseils départementaux, le soin d'apprécier les besoins des localités et d'ouvrir de petites écoles spéciales de filles sous la forme d'écoles de hameau dans les communes qui comptent si peu d'écoliers; il faut se garder de dire, car ce langage pourrait avoir des inconvénients sérieux, que toutes les fois que le conseil municipal d'une commune de moins de 500 âmes aura voté trois centimes extraordinaires, il pourra espérer le concours du département et de l'Etat pour l'établissement d'une école de filles.

S. Exc. M. Vuitry, ministre présidant le Conseil d'Etat, a ajouté :

« Voici, si j'ai bien compris, la question telle qu'elle est posée par l'honorable M. Josseau : le projet de loi qui vous est soumis impose à toute commune ayant plus de 500 habitants l'obligation d'ouvrir une école de filles, et en même temps fait concourir le département et l'Etat aux charges ainsi imposées aux communes.

Or, l'honorable M. Josseau demande qu'on applique le même principe aux communes qui ont moins de 500 habitants.

M. Josseau : Facultativement !

M. le Ministre. Facultativement. C'est là que commence la difficulté. J'entends bien que, dans la pensée de M. Josseau, ce soit facultatif pour la commune; mais l'honorable M. Josseau entend-il que, si la commune, usant de cette faculté, vote les centimes que la loi lui permet de voter pour établir une école de filles, elle créera une obligation pour le département.

Toute la question est là (Oui! oui!): car, si on entend simplement qu'il faut que les communes de moins de 500 habitants aient la faculté d'employer leurs ressources à ouvrir une école de filles; qu'il faut que si une commune use de cette faculté, le département ait celle de lui prêter son concours; qu'il faut enfin que l'Etat puisse aussi, s'il a des ressources, accorder des subventions; si c'est là ce qu'on veut dire, il n'y a rien de nouveau à introduire dans la loi. C'est là le résultat de la législation actuelle et du système général financier concernant les écoles. Mais, au contraire, veut-on dire que la commune qui, agissant facultativement, ouvre une école, créera pour le département et pour l'Etat l'obligation de concourir à la dépense, aussi bien que la commune à qui l'établissement de l'école a été imposé par la loi : alors je demanderai à la Chambre la permission de combattre ce principe comme entièrement contraire à toute l'économie générale de nos lois sur la matière. »

§ 2e Maitresse de couture dans les écoles mixtes.

Dans les communes de plus de 500 habitants, dispensées par le Conseil départemental de l'instruction publique de tenir une école spéciale de filles, et dans les communes n'ayant pas une population de 500 âmes, où il existera une école mixte, le 2e § de l'article 1er impose l'obligation de nommer une femme chargée de diriger les travaux à l'aiguille des filles.

Voici comment s'exprime sur ce point le rapport de la commission :

« Le projet de loi se préoccupe avec raison d'introduire cet enseignement dans les écoles mixtes.

Il importe, en effet, de mettre de bonne heure aux mains des jeunes filles les instruments les plus habituels de leurs futurs travaux. La femme de l'instituteur, ou, à son défaut, une couturière agréée par l'autorité, sera chargée de leur apprendre la couture...

La loi diminue ainsi les inconvénients des écoles mixtes en organisant dans toute école mixte l'enseignement des travaux à l'aiguille. D'après le projet du gouvernement, cette organisation n'était que facultative. Votre commission l'a rendue obligatoire. »

Cette innovation a été caractérisée dans les termes suivants, par S. Exc. M. Duruy, Ministre de l'Instruction publique, dans la séance du 7 mars 1867 :

« Messieurs, il s'agit d'un détail, en apparence très-minime; mais pour moi, je le mets aussi haut que certaines autres parties essentielles de l'enseignement, aussi haut que la propagation des connaissances agricoles dans l'école primaire rurale, et que l'enseignement du dessin dans l'école primaire des villes.

Il résulte des renseignements recueillis pour la Chambre qu'il y aurait à l'avenir 13 000 maîtresses d'ouvrage à l'aiguille à instituer dans autant d'écoles mixtes. Ce chiffre n'est pas tout à fait exact, car c'est celui de l'exécution générale et complète de la loi, et cette exécution ne pourra être immédiate sur tous les points, mais ce chiffre comprend 3500 maîtresses d'ouvrages à l'aiguille qui existent déjà. Il est d'une importance extrême d'habituer les jeunes filles des campagnes à la pratique des travaux à l'aiguille, ce qui n'est pas général comme paraît le croire l'honorable M. Segris. Il se peut qu'il en soit ainsi dans la ville qu'il habite, mais au fond des campagnes. L'usage des travaux à l'aiguille est malheureusement négligé d'une façon lamentable.

Dans la discussion générale, il a été donné assez de raisons, par divers orateurs, pour légitimer cette disposition du projet de loi, qui donnera satisfaction en grande partie, je le crois du moins, à l'honorable M. de Beauverger, car elle signifie qu'à côté de *chaque école mixte conservée*, il y aura une femme sous la direction de laquelle sera placée la partie féminine de l'école; et, de plus, un ouvroir, institution excellente, que nous ne saurions trop multiplier. »

ARTICLE 2.

ATTRIBUTIONS DU CONSEIL DÉPARTEMENTAL ET CRÉATION D'ÉCOLES DE HAMEAU.

Extrait du rapport de la Commission : « Le projet confère au conseil départemental le droit de fixer pour chaque commune le nombre d'écoles publiques de garçons et de filles que cette commune devra entretenir. Jusqu'ici ce droit n'avait été expressément donné à aucune autorité administrative. La décision du conseil départemental est soumise à l'approbation du Ministre.

Il assimile les écoles de filles aux écoles de garçons en ce qui concerne la fixation du nombre des adjointes, et il soumet les adjointes aux conditions déjà établies pour les instituteurs par les paragraphes 2 et 3 de l'article 34 de la loi du 15 mars 1850.

Par le même article, le projet de loi crée des moyens d'enseignement, pour les populations disséminées, par l'institution d'écoles de hameaux. C'est un nouvel ordre d'écoles, dont le projet assure l'organisation par le concours du département et de l'Etat. (Voir Art. 1er, § 1er).

L'école de hameau est un des grands avantages de la loi.

Si la population est groupée, elle a une école. Si elle est disséminée, l'école de hameau sera le moyen d'étendre l'enseignement à tous. Instituer dans les communes les plus étendues et les plus disséminées des écoles supplémentaires ou hameaux, comme il en existe déjà dans les Alpes, les Vosges, le Cantal, la Savoie, etc., sera une innovation des plus utiles. »

A la séance du 8 mars 1867, où l'article 2 a été mis en discussion, il a été demandé au Gouvernement si deux communes pourraient se réunir pour l'entretien d'une école de hameau. M. le Commissaire du Gouvernement a répondu à cette question et en a traité subsidiairement une autre très-importante : celle de savoir si deux communes voisines, d'une population inférieure à 500 habitants, et par conséquent non obligées d'avoir chacune une école spéciale de filles, pourraient créer une école de filles pour les deux communes. Il s'est exprimé ainsi qu'il suit :

« Les intentions de l'administration de l'instruction publique sont tout à fait conformes à la pensée de l'honorable M. Chevandier de Valdrôme. En permettant à deux communes de s'entendre pour qu'une école de hameau soit établie, avec l'approbation du préfet, dans des conditions favorables à deux circonscriptions à la fois, l'administration ne fera qu'appliquer, en l'étendant, sa jurisprudence actuelle.

En effet, il y a des communes qui sont réunies pour le service de l'instruction primaire. Eh bien, de même que deux communes peuvent être ainsi associées pour l'entretien et le profit d'une école ordinaire, l'administration admet parfaitement qu'une école de hameau puisse devenir, de la même manière, commune à deux municipalités.

J'ajoute à cette occasion qu'appliquant le même point de vue à un autre ordre d'idées, l'administration admettra, pour faciliter le service de l'instruction primaire dans les petites communes de moins de 500 âmes et favoriser la séparation des sexes que deux communes voisines pourront, si elles le désirent, au lieu d'avoir chacune leur école mixte, s'entendre, avec l'approbation de l'administration, pour que, sur le territoire de l'une d'elles soit placée une école spéciale de garçons, et que, sur le territoire de l'autre, soit placée une école de filles. »

ARTICLES 3, 4, 5 et 6 RÉUNIS.

DÉPENSES OBLIGATOIRES DE L'INSTRUCTION PRIMAIRE A LA CHARGE DES COMMUNES et subsidiairement, en cas d'insuffisance des revenus ordinaires des communes, à la charge de l'État et du département.

FIXATION DU TRAITEMENT DES INSTITUTRICES COMMUNALES, DES INSTITUTEURS ADJOINTS ET DES INSTITUTRICES ADJOINTES.

Extrait du rapport de la Commission : « La loi améliore les écoles de filles existantes par la garantie donnée aux institutrices d'un traitement minimum, d'un local convenable, tant pour leur habitation que pour la tenue de l'école, et des autres avantages assurés aux instituteurs.

Le projet divise les institutrices communales en deux classes. Le traitement de la première classe ne peut être inférieur à 500 francs ; celui de la deuxième à 400 francs. La loi nouvelle garantit et consolide ainsi *toutes les écoles de filles existantes* (dans les communes de plus de 500 âmes), *en leur assurant le concours obligé du département et de l'Etat.*

Le projet contient également une innovation considérable en ce qui touche les adjointes.

Les inconvénients des écoles trop populeuses sont très-graves. D'après la loi de 1850, les adjoints sont payés par la commune seule sans qu'elle y soit obligée. En fait, des écoles encombrées par un trop grand nombre d'enfants sont souvent sous la direction d'un seul maître, et, dans beaucoup de communes, le traitement de l'adjoint, lorsqu'il en existe un, est à la charge de l'instituteur.

L'instituteur adjoint doit avoir droit à un traitement et à un logement, comme un vicaire dans une paroisse, alors même qu'il ne dirigerait pas une école, mais seulement une classe.

Cet adjoint-là n'est pas un simple maître d'étude, mais un chef de classe.

Il est commissionné par l'autorité publique.

Il a titre légal comme l'instituteur lui-même.

Il reçoit un traitement de l'Etat en vertu de l'article 5.

Rien n'est changé à l'article 34 de la loi du 15 mars 1850 à l'égard des instituteurs adjoints, excepté pour ce qui concerne le traitement.

La loi nouvelle impose à la commune les adjoints et les adjointes. Votre commission a voulu traiter les institutrices adjointes comme les instituteurs adjoints. Les mêmes raisons existent. Il peut se trouver des écoles de filles trop nombreuses pour pouvoir se passer d'adjointes. On ne distinguera plus désormais entre les deux sexes, et, quand une école renfermera plus de 80 enfants, par exemple, un adjoint ou une adjointe y deviendra nécessaire. Ainsi la loi garantit à l'un ou à l'autre un traitement maximum et un logement. Pour le traitement de l'adjointe, votre commission s'est arrêtée au chiffre de 350 fr., comme représentant à peu près les deux tiers du traitement de l'adjoint.

On doit éviter avec soin de confondre avec les adjoints les aides proprement dits, âgés de moins de dix-huit ans, ou qui sont employés dans l'école sans désignation du conseil départemental. Ces derniers, désignés souvent sous le nom de moniteurs, ne sont l'objet d'aucune innovation. L'instituteur qui juge opportun d'en avoir dans son école, règle leur situation comme il l'entend.

Quant aux adjoints et adjointes tenant des écoles de hameaux, leur traitement et leur indemnité de logement seront déterminés par le préfet. Cette fonction affecte un caractère provisoire, temporaire, variable : le préfet appréciera.

Des précautions ont été prises par la Commission pour empêcher que l'allocation aux adjoints d'un traitement garanti ne se traduise par l'accroissement exagéré du traitement de l'instituteur inopinément déchargé du salaire de ses adjoints.

C'est dans ce but que le conseil départemental est autorisé par l'article 6 à décider, sur la proposition du conseil municipal, qu'une partie du produit de la rétribution scolaire servira à former le traitement de l'adjoint ou des adjoints employés à l'école.

Un membre de la chambre des députés demandait que le *mobilier à l'usage personnel* des instituteurs et des institutrices fût mis par la nouvelle loi au nombre des dépenses obligatoires. M. le Commissaire du gouvernement a répondu à cette proposition en ces termes :

« Messieurs, la proposition de l'honorable M. Gressier tendait à faire de la dépense du mobilier personnel de l'instituteur une dépense obligatoire pour la commune, pour le département et pour l'État, au même titre que le traitement, le logement et le mobilier de classe.

L'administration, messieurs, ne croit pas qu'il soit prudent et opportun d'entrer dans cette voie radicale et absolue. Elle a été cependant au-devant du vœu qui vient d'être exprimé par l'honorable M. Gressier. Par un décret en date du 4 septembre 1863, le Ministre de l'instruction publique a été autorisé à accorder aux communes une certaine subvention pour l'acquisition du mobilier personnel de l'instituteur, qui resterait la propriété de la commune. Cette subvention est accordée lorsque la commune aura fait la moitié de la dépense, et peut être portée à 300 fr.

Cette mesure généreuse envers les communes et envers les instituteurs a reçu déjà une exécution sérieuse. En 1865, 735 communes ont obtenu cet avantage, et en 1866, il y en a 386 qui en ont profité. L'administration sait très-bien, en effet, comme on l'a dit tout à l'heure, que les déménagements sont, pour les instituteurs, la source de dépenses très-lourdes, et autant que cela a été en son pouvoir, elle a cherché à alléger pour eux le fardeau de cette nécessité. Elle n'a eu à s'occuper à ce point de vue que des instituteurs laïques. En effet, lorsque des instituteurs congréganistes s'établissent dans une commune, il intervient toujours une stipulation d'après laquelle le conseil municipal doit assurer à ces instituteurs, non-seulement le mobilier de classes, mais un mobilier personnel complet auquel viennent s'ajouter des accessoires nombreux et certains avantages très-importants.

Dans la mesure des crédits dont l'administration pouvait disposer, elle s'est donc efforcée de venir au secours des communes pour augmenter le bien-être des instituteurs et leur rendre les déplacements moins onéreux.

Je dois rappeler à ce propos qu'une autre disposition favorable a été prise pour le cas où les communes ne pourraient pas venir en aide à l'installation d'un jeune instituteur. L'administration a décidé qu'une indemnité de 100 fr. serait allouée à tout instituteur sortant de l'école normale et venant s'établir dans une commune ; on a voulu aller ainsi au-devant d'une nécessité pénible à laquelle sont quelquefois exposés ceux qui débutent dans la carrière de l'enseignement ; on a voulu empêcher qu'un instituteur fût obligé de recourir au crédit et de porter peut-être longtemps le poids d'une dette onéreuse. »

Insuffisance du traitement des Instituteurs.

Un Député ayant demandé que l'instituteur fût suffisamment rémunéré pour n'être pas obligé de remplir d'autres fonctions accessoires qui pourraient le détourner de la direction de son école, son obligation principale, le Commissaire du gouvernement a répondu comme suit :

« Je désire opposer quelques observations à celles qui ont été présentées par l'honorable M. Jules Simon, soit en ce qui concerne les emplois accessoires confiés aux instituteurs, soit en ce qui touche le taux même de leur traitement comme directeurs d'une école.

La question des emplois accessoires des instituteurs a été depuis longtemps, de la part de l'administration, l'objet de la plus grande sollicitude. Voulant sauvegarder la dignité de l'instituteur et ne jamais sacrifier à d'autres services sa fonction principale et essentielle, l'administration a eu soin de distinguer dans ces emplois ceux qui sont véritablement fâcheux pour les instituteurs et qui peuvent nuire à leur considération ou leur prendre trop de temps, et ceux, au contraire, qui, par la nature même des choses, peuvent être exercés par eux sans trop d'inconvénients et même sans aucun inconvénient.

Ainsi, lorsqu'il s'agissait de fonctions subalternes, dépendantes, qui entravent la liberté de l'instituteur et le service de l'école, de ces fonctions qui malheureusement ont été quelquefois exercées par des instituteurs, comme par exemple, celle de tambour de ville et même de fossoyeur, l'administration a eu soin d'empêcher de pareils abus, qui se sont produits, j'ai hâte de le dire, à une époque déjà assez éloignée de nous.

Mais, lorsqu'il s'agit simplement, messieurs, du chant à l'église, le dimanche et les jours de fête, par lequel l'instituteur peut ajouter quelque chose à la dignité du culte; lorsqu'il s'agit des fonctions municipales de secrétaire de la mairie, la question change de face.

Il y a deux intérêts qui s'accordent, celui du service public, du service municipal et, aussi, permettez-moi de le dire, celui de l'instituteur lui-même.

Je dirai aussi un mot sur la situation faite à un certain nombre d'instituteurs, 173, je crois, par le service du télégraphe. Je retrouve là aussi l'intérêt d'un service public et leur intérêt particulier. Si la tenue de la classe, la régularité de l'enseignement, devaient en souffrir à un degré quelconque, le devoir des autorités scolaires serait tout tracé, il ne faudrait pas penser à ce nouveau genre de cumul. Mais les faits prouvent que ce préjudice n'existe pas, que c'est en réalité par la famille de l'instituteur qu'est remplie le plus souvent cette petite fonction d'employé du service télégraphique ; au point de vue du budget de l'instituteur, elle lui apporte un élément de bien-être qui s'ajoute aux ressources de la famille, et une somme de 200 fr., chiffre moyen des émoluments donnés à l'instituteur qui tient un bureau télégraphique, n'est certainement pas à dédaigner par ceux dont la sympathie est sans cesse éveillée sur le sort des instituteurs...

Je parlerai d'abord de l'extension de la gratuité, de la suppression du maximum qui a inspiré à quelques instituteurs des craintes mal fondées. L'honorable M. Jules

Simon a reconnu lui même qu'à cet égard le Gouvernement et la commission avaient fait une chose utile par le 3° du nouvel article 10. Il résulte de ce paragraphe que les élèves payants qui, convertis en gratuits, cesseront de payer la rétribution scolaire, ne tomberont pas à la charge des instituteurs sans rémunération; pour ceux-ci un taux éventuel sera alloué pour chaque élève non payant, et si le produit de ce taux éventuel, ajouté au traitement fixe de 200 fr. et à la rétribution scolaire, dépasse le *minimum* garanti de 700 fr. et les autres *minima* du projet, cet excédant lui-même se trouvera garanti à l'instituteur et lui sera payé par la commune, ou à son défaut, par le département et par l'État.

Rien n'est donc à craindre pour les instituteurs. On a parlé d'un autre sujet de crainte, au point de vue de l'affaiblissement du traitement des instituteurs tenant des écoles mixtes menacées de suppression. On craint que le jour où à côté de leurs écoles viendront se former des écoles spéciales de filles, ils ne perdent sans compensation le produit de la rétribution scolaire que soldaient les filles payantes qui, autrefois élèves de l'école mixte, quitteront cette école pour aller à l'école speciale des filles...

Supposons maintenant que cet instituteur, chef d'une école mixte supprimée, ait joui comme tel d'un traitement supérieur à 700 fr., il sera facile de le rendre indemne. Sans parler de l'expédient qui pourra être employé exceptionnellement et qui consiste à donner à cet instituteur un poste équivalent ou meilleur par mesure d'avancement, et à le remplacer par un instituteur moins ancien qui se contentera volontiers du *minimum* légal, j'insisterai sur un autre moyen très-efficace, très-puissant, qui permet de venir en aide à cette situation. Ce moyen, il se trouve précisément dans le 3° du nouvel article 10 dont je parlais tout à l'heure, dans ce taux éventuel par tête d'élève gratuit, taux variable, mobile, qui peut être élevé ou abaissé, qui peut changer d'une école à l'autre.

J'appelle toute l'attention de la Chambre sur ce point important; je le signale d'une manière toute particulière, parce que c'est là certainement un des articles les plus bienfaisants.

Vous savez, messieurs, qu'aux termes de cet article, c'est le conseil départemental et le préfet qui règlent, sur l'avis du conseil municipal, le taux dû à l'instituteur pour chaque élève reçu gratuitement dans son école. Eh bien! ce taux, je le répète encore, est essentiellement relatif. Suivant les circonstances, suivant les localités, suivant l'importance de l'école et le nombre des élèves payants, suivant les faits de la nature de ceux auxquels je faisais allusion tout à l'heure, ce taux pourra être élevé, et ce sera le moyen d'augmenter d'une manière sage, raisonnable et très-efficace le traitement régulier de l'instituteur.

Ici, dans tel département, dans telle commune, une augmentation semblerait excessive, exagérée; là elle est nécessaire, indispensable; elle mettrait fin à des privations, même à des souffrances.

Le moyen de faire face à toutes ces nécessités se trouve précisément dans les dispositions prudentes, sages, prévoyantes de l'article en question. La loi garantit à tous un traitement fixe d'au moins 6 ou 700 fr. Elle laisse espérer, lorsqu'il y a lieu, des améliorations, des augmentations variables.

Permettez-moi d'indiquer, quant à la question du traitement, la position dans laquelle se trouvent aujourd'hui nos instituteurs primaires communaux.

Il y avait en 1863 un nombre total de 24 234 instituteurs dont le traitement ne dépassait pas le minimum garanti de 700 fr., et sur ce nombre, 10 056 seulement recevaient moins de 600 fr., parce qu'ils n'avaient pas encore les cinq ans de services nécessaires pour avoir droit à 700 fr.

Il y en a 9672 qui ont de 700 à 1000 fr., 2040 qui ont de 1000 fr. à 1200 fr.; 1443 qui touchent de 1200 fr. à 1500 fr.; 961 qui reçoivent de 1500 fr. à 2000 fr., et enfin 691 seulement qui obtiennent un traitement supérieur à 2000 fr.

Vous le voyez, messieurs, un très-grand nombre de ces fonctionnaires modestes et si utiles n'ont que 700 fr. de minimum garanti. Mais très-souvent désormais, à ce minimum garanti, qu'il serait désirable sans doute de voir s'élever, viendra s'ajouter une augmentation sérieuse sous la forme d'une indemnité allouée pour la direction d'un cours d'adultes. Cet élément d'augmentation a sa source dans l'article 7 du projet de loi. Puisqu'un si grand nombre d'instituteurs ont fait des cours d'adultes, puisque nous comptons près de 30 000 cours d'adultes, on peut dire sans exagération que la plupart des instituteurs vont trouver là un excellent moyen d'augmenter leur traitement. (Très-bien! très-bien!)

M. Jules Simon, de sa place. Monsieur le commissaire du Gouvernement, avant de quitter la tribune, voulez-vous ajouter une explication que je vais vous demander sur-le-champ, si vous le permettez, sur l'article 6.

Voici de quoi il s'agit :

La loi porte qu'on pourra établir des adjoints et adjointes, et l'article 6 dispose que « dans le cas où un ou plusieurs adjoints ou adjointes sont attachés à une école, le conseil départemental peut décider, sur la proposition du conseil municipal, qu'*une partie du produit de la rétribution scolaire servira à former leur traitement.* »

Est-ce qu'il n'en résultera pas que les adjoints devront être payés par l'instituteur au lieu de l'être par la commune?

M. le commissaire du Gouvernement. Je n'ai qu'un mot à répondre à la question qui m'est posée par l'honorable M. Jules Simon.

Je le disais tout à l'heure, il n'y a rien de plus varié que les faits auxquels donne naissance le mécanisme d'une loi sur l'instruction primaire. Dans certaines localités, la perception de la rétribution scolaire ne représente qu'un chiffre insignifiant, tandis que, dans d'autres communes, au contraire, son produit est très considérable. Dans ce dernier cas, si l'on appliquait purement et simplement à une école nombreuse suivie par beaucoup d'élèves payants et pourvue de plusieurs adjoints, ce principe que l'instituteur directeur de l'école a seul droit à la rétribution scolaire, il se pourrait qu'on arrivât à consacrer une véritable injustice. Supposons qu'un instituteur directeur d'école, ayant plusieurs adjoints, prétende leur faire mesurer d'une manière trop parcimonieuse la rémunération de leur travail et veuille profiter alors tout seul du produit total de la rétribution scolaire, c'est-à-dire d'émoluments correspondant à l'enseignement donné par les adjoints dans des classes où peut-être il n'aura pas enseigné lui même; cet instituteur se méprendra sur ses droits véritables.

Eh bien! messieurs, la commission et le gouvernement ont pensé qu'on ferait une chose juste en remettant au conseil municipal et au conseil départemental l'appréciation d'un état de choses qui sera probablement très-exceptionnel; on a voulu, dans un intérêt d'équité, protéger à la fois les instituteurs adjoints et les directeurs d'école, et la double intervention du conseil municipal et du conseil départemental présente à cet égard toutes les garanties désirables. »

A cette discussion, nous ajouterons quelques observations pratiques, au point de vue de la comptabilité des receveurs municipaux.

La mise à exécution des dispositions des articles 3, 4 et 5 devra être précédée d'arrêtés préfectoraux pris sur la proposition du conseil départemental, et déterminant les communes où devront être établies des écoles spéciales de filles, et celles dispensées de cette obligation sur la demande du conseil municipal. Ces arrêtés seront suivis d'arrêtés de nomination de titulaires pour les écoles nouvelles, et de classement pour les titulaires maintenus dans les écoles déjà existantes. Une expédition de l'arrêté de nomination ou de classement devra être fournie à l'appui du premier mandat de traitement des institutrices communales publiques, et des instituteurs et institutrices adjoints placés dans des écoles communales publiques. Le traitement fixé par ces arrêtés servira de base au calcul des retenues à exercer pour le service des pensions civiles, à titre de premier douzième de traitement ou d'augmentation, sur les sommes payées aux titulaires laïques.

Dans le cas où les communes ne peuvent pas pourvoir, avec leurs propres ressources, au payement des dépenses nouvelles résultant de la loi du 10 avril 1867, l'insuffisance de ces ressources est suffisamment démontrée par l'imposition extraordinaire supportée par elles pour faire face aux dépenses ordinaires. L'État et le département viendront alors en aide à ces communes. (Voir art. 7, 8 et 14 ci-après.)

Lorsque la distraction d'une partie de la rétribution scolaire en faveur des instituteurs adjoints ou institutrices adjointes (art. 6), aura été votée par le conseil municipal et autorisée par le conseil départemental, la somme ainsi prélevée sera déduite du traitement de l'instituteur ou de l'institutrice, calculé conformément aux bases posées par les articles 9, 10 et 11.

La Fin au prochain Numéro.

JURISPRUDENCE SPÉCIALE.

CONSEIL D'ÉTAT

CONTRIBUTION DES PATENTES.

BOIS SUR BATEAUX (MARCHAND DE). — LIEU DE L'IMPOSITION.

Le fait, par un marchand de bois sur bateau, qui a le dépôt de son bois dans la commune de son domicile, de se rendre plus spécialement dans une ville voisine, soit pour y livrer des bois déjà vendus, soit pour y vendre les chargements de son bateau, ne doit pas le faire considérer comme imposable dans ladite ville, du moment qu'il n'y a pas de préposé, d'habitation, de magasin, de dépôt, ni de bateau à demeure. La patente n'est due, dans ce cas, qu'au lieu de domicile. (Décr. 12 déc. 1866. — Lafourcade).

BOIS SUR PIEDS (ENTREPRENEUR PAR ADJUDICATION DE L'ABATAGE ET DU FAÇONNAGE DES).

Est imposable à la patente, par le seul fait de l'adjudication, celui s'est rendu adjudicataire de l'abatage et du façonnage des bois de la coupe affouagère d'une commune, alors même qu'il ne se serait rendu adjudicataire que pour la forme. Il en est de même pour celui qui a figuré comme associé dans le procès-verbal d'adjudication. (Décr. 12 déc. 1866. — Vidalat et Gaudillot).

CARRIÈRE (EXPLOITANT DE). NON CONSIDÉRÉ COMME OUVRIER.

Celui qui exploite, pour son compte, trois carrières d'une certaine étendue, et qui vend aux entrepreneurs de l'entretien des routes le gravier et les cailloux qu'il en extrait, n'est pas fondé, quoiqu'il travaille seul, à prétendre qu'il doit être considéré comme un ouvrier exempt de patente. (Décr. 15 novembre 1866. — Lasserre).

CESSATION DE PROFESSION APRÈS LE 1er JANVIER.

Celui qui précédemment s'était livré habituellement, pour le compte d'autrui, à des opérations d'achats et de vente d'immeubles, et qui, après le 1er janvier, a encore figuré comme mandataire dans une vente de l'espèce, doit être maintenu à la patente d'agent d'affaires pour l'année entière, alors même que cette dernière opération aurait été sans importance. (Décr. 20 déc. 1866. — Hermet).

COMMIS ET NON REPRÉSENTANT DE COMMERCE.

Celui qui fait des placements de vins et eaux-de-vie pour le compte d'une seule maison de commerce, de laquelle il reçoit un traitement fixe et une indemnité annuelle pour frais de voyages, doit être considéré comme un simple commis exempt de patente, alors même qu'il reçoit, en outre, une remise proportionnelle au chiffre brut des affaires par lui traitées, du moment que cette remise n'a qu'une importance secondaire et ne constitue qu'un accessoire au traitement fixe. (Décr. 20 décembre 1866. — Ministère des Finances).

DROIT PROPORTIONNEL. — PLURALITÉ DE PROFESSIONS. LOCAUX NON DISTINCTS ET SÉPARÉS.

Celui qui exerce dans le même établissement et dans des locaux qui ne sont pas distincts et séparés, la profession de marchand de vin en gros pour laquelle il est soumis au droit fixe, et celle de marchand de vin en détail, est imposable au droit proportionnel pour tous les locaux composant son établissement, d'après le taux du trentième applicable à la profession imposée au droit fixe. (Décr. 20 déc. 1866. — Durochoux).

DROIT PROPORTIONNEL. — VALEUR LOCATIVE DU COURS D'EAU QUI SERT DE FORCE MOTRICE A UNE USINE.

Dans un moulin mû par l'eau, la valeur locative du cours d'eau doit être comprise, jusqu'à concurrence de force utilisée, dans les bases du droit proportionnel de la patente de l'exploitant. (Décr. 12 décembre 1866. — Hacquard).

ÉTABLISSEMENTS MULTIPLES. — FABRICANT ET MARCHAND DE CHAUX, BRIQUES ET TUILES.

Un fabricant de chaux, de briques et de tuiles, qui a dans une commune un établissement de fabrication, et dans d'autres communes des magasins où sont déposés des produits fabriqués que des préposés sont chargés de vendre en son nom, est imposables à la patente comme ayant dans ces dernières communes des établissements distincts. (Décr. 12 décembre 1866. — Hacquart).

ÉTABLISSEMENTS NON MULTIPLES. — AUBERGISTE ET BOULANGER DANS DES LOCAUX AYANT ENTRE EUX DES COMMUNICATIONS INTÉRIEURES.

Celui qui exerce, dans des locaux qui ont des communications intérieures, les professions d'aubergiste et de boulanger, et dont la femme sert habituellement les clients dans l'auberge et dans la boulangerie, n'est pas imposable à la patente comme ayant deux établissements distincts, bien qu'il s'occupe personnellement d'une manière presque exclusive de la fabrication du pain, qu'il le vende, pour la plus grande partie, au domicile des clients, et qu'à cet effet, il se transporte cinq jours par semaine dans les communes voisines. (Décr. 20 décembre 1866. — Buferne).

MAISON PARTICULIÈRE DE SANTÉ. — ASILE DES ÉPILEPTIQUES DE LA TEPPE.

La supérieure d'un asile d'épileptiques, dans lequel les malades sont reçus moyennant un prix de pension, est imposable à la patente comme une maison particulière de santé, alors même qu'un certain nombre d'indigents sont admis gratuitement dans l'établissement. (Décr. 12 décembre 1866. — Supérieure des épileptiques de la Teppe.)

QUESTION DE FORME ET DE PROCÉDURE

TIERCE-OPPOSITION DEVANT LE CONSEIL DE PRÉFECTURE CONTRE UN ARRÊTÉ RENDU PAR LEDIT CONSEIL.

L'arrêté par lequel un Conseil de Préfecture a accordé décharge de la taxe des prestations établie dans la commune A au nom d'un contribuable qui, imposé dans les communes A et B, avait réclamé décharge dans la commune B, est irrégulier lorsqu'il n'a été fait aucune instruction dans la commune A. En pareil cas, la voie du recours par tierce-opposition est ouverte à cette dernière commune devant le Conseil de Préfecture; mais elle n'est pas recevable à attaquer directement devant le Conseil d'État l'arrêté intervenu. (Décr. 12 décembre 1866. — Commune de Saint-Pierre-les-Bitry.)

RÉCLAMANT NON PRÉVENU DU JOUR OU SA RÉCLAMATION DEVAIT ÊTRE JUGÉE.

Un réclamant qui avait fait connaître son intention de présenter ses observations orales devant le Conseil de préfecture, et qui n'a pas été prévenu du jour où sa réclamation devait être jugée, est fondé à demander l'annulation de l'arrêté intervenu. (Décr. 15 nov. 1866. — Alem.)

CONTRIBUTION PERSONNELLE ET MOBILIÈRE

BUREAUX ET AUTRES LOCAUX SERVANT A LA SOCIÉTÉ D'UN JOURNAL.

La société d'un journal est imposable à la contribution mobilière pour les bureaux et autres locaux affectés au service de ladite société. (Décr. 12 décembre 1866. — Constitutionnel.)

LOGEMENT GRATUIT CONCÉDÉ A UN EMPLOYÉ PAR SON PATRON.

Le fondé de pouvoirs d'un Trésorier-Payeur général, logé gratuitement par ce dernier dans une chambre de son hôtel, n'est pas fondé à réclamer la décharge de la contribution mobilière à laquelle il a été imposé, alors même que la valeur locative de son logement aurait été comprise dans la cotisation mobilière du Trésorier. (Décr. 20 déc 1866. — Larrien.)

QUESTIONS DIVERSES

LISTE DES PLUS IMPOSÉS. — ÉTRANGER.

L'étranger qui n'est pas admis à jouir des droits civils en France a-t-il le droit de prendre part aux délibérations du conseil municipal au titre de plus imposé, dans le cas prévu par l'article 42 de la loi du 18 juillet 1827?

Cette question n'est pas sans difficulté.

Le doute vient de ce que la loi, en exigeant le concours des plus imposés aux délibérations qui ont pour objet le vote des contributions extraordinaires, n'exige aucune condition, ne fait aucune distinction et semble n'avoir eu en vue que l'intérêt que peut avoir le contribuable, à raison de l'importance de sa cote, à n'être pas surchargé par des centimes additionnels trop élevés.

Bien que les plus imposés ne prennent qu'une part temporaire et limitée aux délibérations municipales dans le cas dont il s'agit, il n'en est pas moins certain qu'ils exercent une fonction qui exige les mêmes conditions légales que pour exercer à titre de conseiller municipal. Le seul fait de l'existence de l'imposition ne suffit donc pas, il faut encore la capacité civile. Ainsi les femmes, les mineurs, les interdits ne peuvent, quoique les plus imposés dans une commune, ni prendre part dans une délibération, ni s'y faire représenter.

Les mêmes motifs sont évidemment applicables aux étrangers et s'opposent à leur admission dans le sein du conseil municipal même à titre de plus imposés.

La jurisprudence du ministère de l'intérieur est d'ailleurs établie en ce sens.

CHRONIQUE.

Refonte des matrices cadastrales.

Une circulaire de M. le Directeur général des contributions directes, en date du 8 mai 1867, trace la marche à suivre par les directeurs de cette administration, pour la refonte des matrices cadastrales des communes qui ont reconnu la nécessité de cette opération. Cette même circulaire fixe le tarif des indemnités dues par les communes, pour le travail de refonte et de copie des matrices cadastrales, refondues, perdues ou détruites, et pour le remplacement des pièces cadastrales dans le cas de changement de circonscription de communes.

Tableau des Déchéances et Prescriptions des privilèges et hypothèques et des actions résolutoires, d'après nos codes, les lois des 3 mai 1841, 23 mars 1855 et 21 mai 1858, et les arrêts des cours impériales et de cassation, par J. A. Rouzet, employé au premier bureau de l'enregistrement, au Palais-de-Justice, à Paris. Prix, franco. 3 fr. ».

Ce travail synoptique peut être consulté par les receveurs des communes et des établissements de bienfaisance. Exposé dans les salles de mairie, il offrirait au public d'utiles renseignements sur les formalités à remplir pour conserver les priviléges et hypothèques et éviter les déchéances résultant de l'expiration des délais.

NOMINATIONS ET MUTATIONS.

M. Des Méloises, ancien ministre plénipotentiaire, est nommé Trésorier-Général à La Rochelle.

Ont été nommés Percepteurs :

A Cartigny-l'Epiney (Calvados), M. Poignant, employé de recette, en remplacement de M. Ricard, retraité;

A Barret (Charente), M. Hermann;...

A Courçon (Charente-Inférieure), 1re cl., M. de la Pisse, percepteur de Le Tillot (Vosges);

A Pacy-sur-Eure (Eure), 2e cl., M. Lincelle;...

A Arzano (Finistère), M. Seillet, percepteur-surnuméraire;

A Gabian (Hérault), 5e cl., M. Mouly;...

A Déols (Indre), M. Priant, percepteur de Martizay;

A Martizay (Indre), M. Gilbon, percepteur-surnuméraire;

A Villentrois (Indre), M. Massias, percepteur de Déols;

A Valan (Indre), M. Maurat, percepteur de Villentrois, en remplacement de M. Godefroy, admis à la retraite;

A Sainte-Maure (Indre-et-Loire), 3e cl., M. Roulleau, percepteur de Preuilly;

A Bonneval (Haute-Loire), 5e cl., M. Bayle;...

A Saint-Philibert-de-Grand-Lieu (Loire-Inférieure), 3e cl., M. de Roissart de Belley, percepteur d'Allery (Saône-et-Loire);

A Clefmont (Haute-Marne), 3e cl., M. Munier;...

A Crécy-en-Ponthieu (Somme), 3e cl., M. Lejeune, percepteur d'Estrées;

A Caulières (Somme), 5e cl., M. Daguin, percepteur-surnuméraire;

A Cambron (Somme), 3e cl., M. Carpentier, percepteur de Hucqueliers;

A Amiens (Somme), 1re cl., M. Thuillier, percepteur d'Abbeville;

A Abbeville (Somme), 2e cl., M. Calloy, percepteur de Corbie;

A Corbie (Somme), 2e cl., M. Doublier, percepteur de Villers-Bretonneux;

A Le Poiré (Vendée), 3e cl., M. Poupain, percepteur de Saint-Florent;

A Saint-Florent (Vendée), 4e cl., M. Rozy de la Gouvrière, percepteur de Saint-Jean-du-Mont;

A Saint-Jean-du-Mont (Vendée), M. Bled, percepteur de Mortagne;

A Le Tillot (Vosges), 2e cl., M. Degras, percepteur de Courçon (Vosges).

BULLETIN HEBDOMADAIRE DE LA BOURSE.

Cours des Fonds publics au 19 Juillet 1867.

Rentes et Actions.

3 0/0	68 90	Midi	557 50
3 Jouis. 1 janvier	68 97	Nord	1167 50
4 1/2 0/0	99 75	Orléans	885 ..
4 1/2 Jouis. 22 sept	99 95	Ouest	566 25
		Cie parisienne du gaz	1564 25
4 0/0	88 ..	Soc. immobilière	176 25
4 Jouis. 22 sep	.. ..	Transatlantique	367 50
Obligations du Trésor	467 50	Messag. impér. (s-m.)	735 ..
Bons du Trésor	2 1/2	Canal de Suez	352 50
Banque de France	3370 ..	Italien 5 0/0	49 75
Comptoir d'escompte	767 50	Emprunt Mexicain	15 ..
Crédit agricole	625 ..	Crédit mob. espagnol	241 25
Crédit foncier Colonial	562 50	Soc. autrichienne	466 25
Crédit foncier de France	1420 ..	Saragosse-Barcelone	40 ..
Crédit ind. et comm	640 ..	Guillaume-Luxemb.	135 ..
Crédit mobilier	356 25	Sud-autrichien-lomb	378 70
Créd. Mobilier (nouv.)	... ..	Nord de l'Espagne	95 ..
Dépôts. comptes cour	553 75	Saragosse Pampelune	.. ..
Société générale	548 75	Portugais	80 ..
Ss-comptoir du com	410 ..	Chemins romains	72 50
Charentes	350 ..	Saragosse	102 50
Est	537 50	Victor-Emmanuel	71 25
Paris-Lyon-Méditerr.	887 50	Séville-Xérès	28 ..

Obligations.

Départ. de la Seine	228 50	Méditerranée	315 ..
Ville 1852. 5 0/0	1185 ..	Paris-Lyon-Méditerr	309 ..
— 1855-1860	466 25	Midi	309 25
— 1865	540 ..	Nord	314 75
Crédit foncier. 1000 fr. à 3 0/0	.... ..	Orléans	311 75
Crédit foncier. 500 fr. à 4 0/0	.. ..	Grand-Central	309 ..
Crédit foncier. 10es à 4 0/0	... ..	Ouest	309 75
Crédit foncier. 500 fr. à 3 0/0	... ..	Victor-Emmanuel	304 25
Crédit foncier. 10es à 3 0/0	.. ..	— 1863	112 ..
Crédit foncier. 500 fr. à 4 0/0 1863	... ..	Cordoue-Séville	161 25
Crédit foncier. Com. 3 0/0	... ..	Ligne d'Italie	27 50
Crédit foncier. 5es 3 0/0	.. ..	Lombard	220 25
Crédit foncier. Colonial	... ..	Nord d'Espagne	126 ..
Est	312 50	Saragosse-Pampelune	80 ..
Ardennes	309 ..	Portugais	81 50
Lyon	317 ..	Romains	117 ..
Bourbonnais	311 ..	Saragosse	151 ..
Dauphiné	308 50	Séville-Xérès-Cadix	77 50
Lyon-Genève, gar	310 ..	— 94 ans.	.. ..

Valeurs diverses.

Ch. Charentes	362 50	Empr. Otto[illegible]	2[illegible] ..
Chemin du Médoc	267 50	Obl. Empr. Ottoman	238 75
Compt. Agriculture	530 ..	Ch. Ligne d'Italie	7 ..
Caisse des ch. de fer	81 50	Cie It. des ch. Medit.	190 ..
Gaz de Marseille	480 ..	Soc. G. Ind. Amsterd.	305 ..
Banq. Créd. Pays-Bas	451 ..	Banque Ottomane	485 ..
Crédit Fonc. Autrich.	635 ..	Crédit Mobil. Italien	280 ..
Obl. Autrich. 1865	331 25	Zinc, Vieille-Montagne	... ..
Empr. Mexicain. Obl.	120 ..		

Directeur, H. Galletier, Avocat à la Cour impériale de Paris.

JOURNAL DES PERCEPTEURS,

DES RECEVEURS DES FINANCES, ET DES RECEVEURS DES COMMUNES, HOSPICES, ETC.;
DES SURNUMÉRAIRES, ET DES ASPIRANTS.

2e Série. — 10 fr. par an. Un numéro toutes les semaines. 12e année. — N° 30.

COMMENTAIRE
DE LA
LOI SUR L'INSTRUCTION PRIMAIRE
du 10 avril 1867 (fin)

ARTICLE 7.

INDEMNITÉ POUR LA DIRECTION DES COURS D'ADULTES.

Toutes les questions qui se rattachent au vote et à la fixation de cette indemnité, ont trouvé place dans le rapport supplémentaire présenté à la Chambre. Nous ne pourrions rien ajouter aux renseignements qu'il contient. Et cette indemnité devant être rattachée, à l'avenir, à la comptabilité communale, nous avons pensé que les parties de ce rapport qui concernent l'exécution pratique de la nouvelle disposition, devaient être connues de nos lecteurs. Aussi nous reproduisons presque en entier le rapport précité :

« Pour introduire une harmonie plus complète entre les dispositions relatives aux classes d'adultes et les principes généraux de la présente loi, votre commission a pensé qu'il y avait lieu de mentionner dans ce nouvel article d'abord la nécessité de l'intervention du conseil municipal, ensuite la faculté d'avoir des cours payants ou gratuits.

Le conseil municipal sera appelé à donner son avis, et sur l'opportunité de l'indemnité, et sur sa quotité. C'est à l'autorité locale, qui voit chaque jour les services rendus et en peut apprécier la valeur, qu'il appartient d'éclairer de son témoignage l'autorité supérieure.

Pour les classes d'adultes, comme pour l'école primaire, la dépense affecte évidemment un caractère communal. C'est d'abord aux intéressés, c'est à la commune, de supporter les charges. Mais, en cas d'insuffisance des ressources locales, il est équitable que le système financier de la loi de 1850, qui régit les écoles de jour, devienne applicable aux écoles du soir, c'est-à-dire que, dans l'intérêt des cours d'adultes, *le département puisse venir en aide à l'insuffisance de la commune, et l'État à l'insuffisance du département.*

Il pourrait arriver que le *conseil municipal, poussé par une idée d'étroite économie, refusât l'indemnité nécessaire* à l'établissement d'un cours d'adultes réclamé par la population. Dans ce cas, comme dans celui de l'établissement d'une deuxième école communale, l'autorité supérieure pourra, aux termes de la loi, rendre obligatoire, dans la limite de l'excédant disponible des ressources communales, et faire inscrire d'office au budget une dépense dont l'urgence aura été reconnue. Mais la gratuité absolue des cours ne saurait jamais être imposée. La gratuité est une question qui dépendra toujours de l'initiative et des décisions de l'autorité locale.

Ainsi, les classes d'adultes et les écoles primaires sont soumises entièrement au même régime : mêmes ressources financières; même gratuité facultative, si ce n'est qu'à raison de la moindre dépense afférente aux cours d'adultes, les communes, pour établir la gratuité de ces cours, ne seront pas tenues de voter les 4 centimes extraordinaires portés à l'article 7; même admission très-large de tous ceux qui sont hors d'état de payer; même surveillance des inspecteurs de l'enseignement primaire; même bienveillant patronage des délégués cantonnaux.

La juste rétribution des services rendus par les instituteurs qui enseignent les adultes ne peut être qu'une indemnité dont le chiffre ne saurait être fixé d'une manière immuable. Cette rémunération variera suivant des conditions diverses de travail, de durée, de fréquentation, qui varieront elles-mêmes à l'infini. Il n'y a donc pas lieu d'indiquer, comme pour les traitements, un minimum uniforme. Le ministre, muni des éléments d'appréciation, fixera le chiffre de l'indemnité.

Cette indemnité sera attachée à la direction régulière d'une classe d'adultes communale dûment autorisée, quel que soit d'ailleurs le traitement dont jouisse l'instituteur ou l'institutrice dirigeant le cours. A cette indemnité pourra s'ajouter, soit le produit de la rétribution scolaire, quand il s'agira d'une classe payante, soit une subvention volontaire, communale ou départementale, s'il s'agit d'un cours gratuit. Mais l'Etat ne garantira, dans aucun cas, que l'indemnité déterminée par le ministre.

Sur toutes ces questions d'indemnité et de gratuité facultative, nous avons eu la satisfaction de trouver MM. les commissaires du Gouvernement en complète communauté de vues avec votre commission.

La dépense nouvelle résultant de l'indemnité accordée aux directeurs ou directrices de cours d'adultes s'ajoutera aux dépenses dont l'ensemble constitue le service de l'instruction primaire. Ces dépenses, d'après la loi de 1850 et le projet actuel, sont couvertes par la commune, le département et l'Etat. La commune contribuera jusqu'au summum de ses ressources, puis subsidiairement le budget départemental, puis, subsidiairement encore, le budget de l'Etat.

Ainsi, la disposition nouvelle est entièrement conforme au droit commun sur la matière. On ne saurait donc trop approuver un article de loi qui assimile les classes communales d'adultes à l'école primaire publique, dont elles ne sont que l'extension, et la classe du soir à l'école du jour.

Nous vous proposons, en conséquence, de consacrer par un vote favorable le principe de l'indemnité. »

Il a été reconnu que la tenue des écoles du soir était purement facultative de la part des instituteurs et institutrices. L'indemnité allouée pour la direction des cours d'adultes reste donc affranchie de la *retenue pour les pensions civiles*, ainsi que nous l'avons soutenu au Journal de 1866, page 317. Et par la raison même que cette rémunération constitue une indemnité, le mandat de payement contenant *quittance* est soumis à la formalité du timbre, lorsque l'indemnité annuelle est supérieure à dix francs.

ARTICLE 8.

ÉTABLISSEMENT DE LA GRATUITÉ DANS LES ÉCOLES PRIMAIRES COMMUNALES.

Extrait du Rapport de la Commission :

« L'article 8 développe la faculté, accordée par la loi de 1850, d'établir la gratuité. Il autorise les communes à s'imposer pour cet objet 4 centimes additionnels sur les quatre contributions directes. Ces quatre centimes sont des centimes *extraordinaires* dont le vote ne peut avoir lieu qu'*avec le concours des plus imposés.*

Ces 4 centimes s'ajouteront aux 3 centimes communaux déjà établis pour le service de l'instruction primaire par le paragraphe 2 de l'article 40 de la loi du 15 mars 1850.

En cas d'insuffisance de ces 7 centimes communaux, une subvention pourra être accordée sur les fonds du département. Les excédants qui resteront libres sur le produit du troisième centime départemental affecté aux dépenses de la loi par un amendement de votre commission, adopté par le conseil d'Etat (article 14), pourront être employés à ces subventions.

Après ces sacrifices, et si les ressources communales et départementales ne suffisent pas, le Ministre de l'instruction publique pourra accorder une subvention sur le crédit porté annuellement pour l'enseignement primaire au budget de l'Etat.

Si un conseil municipal pouvait être tenté de voter les 4 centimes pour éviter aux pères de famille aisés le payement de la rétribution scolaire et en faire retomber la charge sur le département et l'Etat, une pareille spéculation serait toujours facile à déjouer. Là où elle viendrait à se produire, là où les 4 centimes seraient votés *sans intérêt général, sans raison valable*, jamais le département, jamais l'Etat ne consentiraient à payer. La disposition relative à l'établissement de *la gratuité est essentiellement facultative.*

D'après le projet du Gouvernement, amendé par la commission, il y aura désormais 3 centimes départementaux spéciaux, tous trois affectés aux dépenses obligatoires du projet. Mais, s'il reste des fonds libres sur le produit de ces centimes (les dépenses obligatoires prélevées), le conseil général peut affecter ce reliquat à la dépense, facultative pour lui, de la gratuité absolue. Si les 3 centimes, au contraire, sont absorbés par les dépenses obligatoires, ou si le conseil général, ayant un excédant libre sur les 3 centimes, se croit obligé d'affecter cet excédant à d'autres dépenses plus urgentes, l'Etat pourra venir en aide aux communes qui auront voté, conformément au § 1er, les 4 centimes facultatifs extraordinaires. Tel est le système du Gouvernement et de la commission. »

Le Ministre de l'instruction publique s'est exprimé ainsi en cet endroit :

« Les lois antérieures n'avaient songé qu'à l'indigence des citoyens, la nouvelle songe à l'indigence des communes.

Eh bien ! d'après le projet de loi, lorsque les communes seront allées jusqu'au bout de leurs sacrifices possibles, lorsqu'elles auront employé leurs ressources ordinaires et extraordinaires, leurs 3 centimes spéciaux et les 4 centimes extraordinaires que vous demandez encore, si elles ne peuvent avec tout cela arriver à former le mince traitement de l'instituteur, c'est qu'elles seront d'une indigence constatée, évidente ; alors, suivant l'inspiration d'une saine politique, on leur accordera ce que toutes les grandes villes donnent aux enfants de nos ouvriers. »

S. Exc. M. Vuitry, ministre présidant le conseil d'Etat. Si la Chambre veut bien me le permettre, je lui ferai, de ma place, une très-courte observation, pour enlever toute espèce de doute et de confusion possible sur le sens de l'article actuellement en délibération.

Non-seulement la loi dit que le département doit subvenir à l'insuffisance des ressources communales jusqu'à concurrence d'un certain nombre de centimes, mais dans le cas où le département n'acquitterait pas cette obligation, elle arme l'autorité supérieure du droit d'inscrire elle-même la dépense. C'est là la disposition contenue dans l'article 40 de la loi de 1850.

Ce que l'honorable M. Plichon demande, c'est qu'il soit bien convenu et bien constaté par la loi que les *subventions départementales données pour la gratuité* n'ont pas ce caractère, c'est qu'elles soient purement facultatives de la part du conseil général, que l'autorité ne puisse, pour cette nature de dépenses comme pour les autres dépenses de l'instruction primaire, suppléer à l'omission, à la négligence d'un conseil général, et inscrire la dépense à son budget. Nous sommes d'accord, M. Plichon et moi, sur ce point.

Le caractère facultatif de ces natures de dépenses résulte d'un article subséquent de la loi, de l'article 14.

Dans les premiers articles de la loi vous avez créé, à la charge des communes, certaines obligations pour l'instruction primaire, obligations auxquelles il est dans la pensée de tous d'attacher le même caractère qu'aux obligations que créent les lois actuelles ; vous voulez que, pour l'acquittement de ces obligations, les subventions départementales aient le caractère obligatoire ; c'est ce que vous exprimez dans l'article 14, en disant : « Il est pourvu aux dépenses résultant des articles 1, 2, 3, 4 et 5 ci-dessus, comme à celles résultant de la loi de 1850, au moyen des ressources énumérées dans l'art. 40 de ladite loi. »

Voilà la disposition qui permet d'appliquer l'article 40 de la loi de 1850 aux obligations qui résultent des cinq premiers articles de la loi. C'est donc avec intention que, dans l'énumération de l'article 14, on n'a pas compris l'article 8 actuellement en délibération. Cet article 8 est relatif aux subventions départementales pour la gratuité. En l'omettant dans l'énumération de l'article 14, on a exprimé d'une façon bien plus énergique et bien plus absolue le principe qui est dans l'esprit de l'honorable M. Plichon, comme dans le mien, qu'on ne le ferait par l'addition dans l'article 8, des mots « par le conseil général. » Ainsi, il est bien entendu qu'il résulte de la combinaison de l'article 8 et de l'article 14, que *les subventions départementales sont votées par le conseil général* avec une liberté absolue, *sans que jamais on puisse les lui imposer.* »

GRATUITÉ DES ÉCOLES D'ADULTES.

M. le rapporteur. L'honorable préopinant a encore fait une observation relative aux écoles d'adultes. « Il voudrait que les écoles du soir fussent soumises à un régime spécial et entièrement gratuites. »

Tel ne pourrait être le sentiment de votre commission, vous connaissez son opinion sur la gratuité. L'école du soir, dans sa pensée, est entièrement assimilable aux écoles du jour et doit être soumise au même régime. Rien n'empêche que la classe d'adultes ne soit gratuite, quand la commune sera en mesure de l'établir. A cette gratuité-là votre commission applaudira de grand cœur. (Très-bien ! très-bien !).

ARTICLE 9.

COMPOSITION DU TRAITEMENT DES INSTITUTEURS ET DES INSTITUTRICES dirigeant des écoles communales, où la gratuité complète a été établie conformément à l'article 8.

D'après l'article 9, lorsque le traitement fixe de 200 fr. joint au traitement éventuel résultant du calcul du nombre d'élèves présents pendant l'année, par le taux de rétribution déterminé par le Préfet, n'arrive pas au minimum fixé par le décret du 19 avril 1862 et par l'article 4 ci-dessus, un supplément de traitement est alloué aux instituteurs et aux institutrices, pour compléter le minimum auquel ils ont droit. Ce minimum est de :

600 fr. pour les instituteurs définitifs qui ne comptent pas cinq années révolues d'exercice;

700 fr. pour ceux qui ont ce temps d'exercice;

400 fr. pour les institutrices de 2e classe;

Et 500 fr. pour celles de la 1re classe.

En ce qui concerne le taux de la rétribution qui est l'un des éléments du traitement, nous ferons remarquer que le conseil municipal est appelé à donner son avis sur ce taux, et qu'il doit s'inspirer, pour sa proposition, de la position particulière de l'instituteur ou de l'institutrice. (Voir art. 3, 4 et 5. — Insuffisance du traitement des instituteurs. — Discours de M. Ch. Robert, commissaire du Gouvernement.)

Il pourra arriver, par suite de l'établissement de la gratuité, et comme conséquence du calcul du traitement éventuel d'après le nombre total d'élèves qui fréquentent l'école, qu'un instituteur qui ne touchait, sous l'empire de la loi du 15 mars 1850 et du décret du 19 avril 1862, que le minimum du traitement attaché à sa classe, verra ce traitement atteindre un chiffre supérieur à la somme sur laquelle il a déjà subi le premier douzième de traitement ou d'augmentation. Devra-t-il subir la retenue du premier douzième sur cette augmentation? — Les principes que nous avons exposés au volume de 1866, page 36, sur la *retenue du premier douzième d'augmentation*, répondent à cette question. « L'élévation accidentelle de la rétribution scolaire n'est considérée comme une augmentation, que si l'instituteur en exercice est *appelé à un nouvel emploi*. Tant qu'il dirige la même école, il n'y a pas à se préoccuper de cet état des choses. »

Une diminution de traitement ne pourra pas être éprouvée par l'instituteur ou l'institutrice. (Voir article 11 ci-après.)

ARTICLE 10.

FORMATION DU TRAITEMENT DES INSTITUTEURS ET DES INSTITUTRICES QUI DIRIGENT DES ÉCOLES PAYANTES.

Cet article a ajouté un élément de plus aux bases du traitement des instituteurs : c'est celui d'un traitement éventuel calculé, chaque année, à raison du nombre d'*élèves gratuits* présents à l'école.

Ce que nous avons dit sur l'article précédent s'applique également au présent article.

ARTICLE 11.

DISPOSITION AYANT POUR OBJET D'ASSURER AUX INSTITUTEURS ET INSTITUTRICES LE TRAITEMENT DONT ILS JOUISSENT ACTUELLEMENT.

Voir les articles 3 à 6 ci-dessus.

Un Député s'est exprimé ainsi au Corps Législatif :

« J'appellerai donc son attention sur la situation particulière des instituteurs aujourd'hui en exercice, et qui seront déplacés sous le régime de la législation nouvelle, et envoyés dans une commune où ils recevraient un traitement moindre.

Ainsi, par exemple, un instituteur qui jouit actuellement, dans la commune où il réside, d'un traitement de 800 à 900 francs ou même plus encore, est envoyé dans une autre commune où le traitement de son prédécesseur est moindre de 100 francs ou 200 francs; quelles en seront les conséquences? Il faut qu'il reste bien entendu que ce ne sera pas *le produit moyen des trois dernières années de l'école* où il arrive, qu'on prendra pour base de la fixation de son traitement nouveau, dans le cas où cette base lui serait défavorable, mais bien *la moyenne du traitement dont il a personnellement joui pendant les trois années précédentes*.

C'est à cette condition, mais à cette condition seulement, que vous sauvegarderez, comme l'a voulu la commission, les intérêts des instituteurs.

M. Charles Robert, commissaire du Gouvernement. Il est évident que l'article soumis en ce moment à la Chambre a pour objet la *consécration des droits acquis*, et qu'il sera appliqué dans cet esprit. Il ne faut pas que l'instituteur qui est aujourd'hui en possession d'un traitement fixé en vertu de la législation actuelle le voie diminuer d'une manière quelconque par l'effet de la nouvelle loi. Cela pourrait arriver si un déplacement venait à transporter l'instituteur dans une commune où les émoluments sont inférieurs; mais rien n'empêcherait, même alors, d'appliquer le bénéfice de l'article à un instituteur auquel des convenances particulières feraient souhaiter un tel poste. Il peut se produire, il est vrai, une hypothèse où il n'en sera pas ainsi. C'est le cas, heureusement exceptionnel, où, l'instituteur venant à démériter, il deviendrait impossible de le transférer, par mesure disciplinaire, dans un poste moins avantageux. Hors de ce cas très-rare dans lequel l'instituteur n'est plus digne de faveur, le maintien des situations acquises, le respect scrupuleux des intérêts et des droits de l'instituteur et de sa famille sont expressément consacrés et très-sérieusement garantis par l'article 11. (Très-bien!) »

ARTICLE 12.

POURVOI CONTRE LES DÉLIBÉRATIONS DU CONSEIL DÉPARTEMENTAL.

Extrait du Rapport de la Commission :

« Il importait que ce recours ne pût être exercé que dans un intérêt collectif. Il pourra l'être par le préfet au nom du département et de l'État, par le maire au nom des habitants de sa commune. L'action individuelle n'est pas admise, mais les intérêts particuliers se trouvent sauvegardés par l'intervention du maire. »

Voir aussi l'article 19 ci-après.

ARTICLE 13.

TRAITEMENT FIXE DES INSTITUTEURS ET INSTITUTRICES dans les communes qui supportent avec leurs seules ressources les dépenses de l'instruction primaire.

Extrait du Rapport de la Commission :

« Cet article accorde aux conseils municipaux, lorsque la commune n'a point à réclamer le concours du département ou de l'État, la faculté, que l'école soit payante ou gratuite, de rémunérer l'instituteur au moyen d'un traitement fixe. L'approbation du préfet, sur l'avis du conseil départemental, devra toutefois être obtenue.

La substitution d'un traitement fixe à celui qu'organise la loi est, comme nous l'avons dit déjà, un moyen d'empêcher, dans des cas très-rares, l'accroissement exagéré du traitement de l'instituteur. C'est la régularisation par la loi nouvelle d'un usage ancien qu'autorisait la jurisprudence du Conseil royal de l'instruction publique. »

ARTICLE 14.

CRÉATION D'UN 3e CENTIME DÉPARTEMENTAL POUR LES DÉPENSES DE L'INSTRUCTION PRIMAIRE.

Extrait du Rapport de la Commission :

« L'article 14 crée un troisième centime départemental spécial pour l'instruction primaire.

Ce troisième centime est absolument pareil aux 2 centimes spéciaux existants. Son produit s'ajoutera au leur. Il est soumis aux mêmes règles.

Il servira à tous les besoins de l'enseignement primaire, c'est-à-dire aux dépenses créées par la loi de 1850, et auxquelles pourvoit l'article 40 de cette loi, comme à celles dont le projet de loi actuel pose le principe.

Il sera donc affecté d'abord à toutes ces dépenses obligatoires, puis, s'il y a lieu, et en vertu d'un vote librement consenti du conseil général, aux subventions pour la gratuité complète qui est toujours facultative.

Il pourra servir, dès l'année prochaine, abstraction faite de toute allocation au budget de l'Etat, à organiser l'enseignement des filles dans un certain nombre de départements. »

ARTICLE 15.

CAISSE DES ÉCOLES dont le service sera fait gratuitement par le Percepteur.

Extrait du Rapport de la Commission :

« La caisse des écoles est une pensée éminemment bienveillante et charitable. Elle a pour but de venir en aide aux enfants pauvres des écoles communales. Elle allége les charges des parents, et permet de conserver le plus longtemps possible les enfants dans l'école, à l'âge où ils peuvent le mieux profiter des leçons.

Bien souvent l'ouvrier est tenté de chercher dans le produit du travail de son enfant un supplément de ressources pour la famille. La caisse des écoles fournit aux écoliers pauvres les livres, le papier, les plumes, etc. ; elle distribue des secours en aliments, en vêtements, en chaussures, quelquefois même, en cas d'accident ou de maladie, elle délivre des secours en argent.

La caisse des écoles a aussi pour but d'exciter l'émulation. Elle décerne des récompenses aux plus méritants, prix d'honneur, prix d'encouragement, mentions honorables, livrets de la caisse d'épargne, livres, médailles.

Préoccupé de l'idée qu'il ne fallait point affaiblir les ressources de la caisse des écoles par un prélèvement sur les sommes perçues, l'honorable M. Chevandier de Valdrôme a proposé de décider que *le service de cette caisse fût fait gratuitement par le Percepteur*. Nous ne doutons pas que les *receveurs municipaux* ne se prêtent de bonne grâce à une disposition inspirée par les meilleurs sentiments. En matière de perception scolaire, le receveur municipal a droit à une remise de 3 pour 100 sur le total des sommes qu'il recouvre. Il ne lui en sera dû aucune pour les recettes et les dépenses de la caisse des écoles, dont le service sera fait gratuitement.

Votre commission et le conseil d'Etat ont adopté l'amendement de M. Chevandier de Valdrôme, qui est devenu le § 4 de l'article 15 du projet de loi. »

On remarquera que le Percepteur n'intervient dans le service de la caisse des écoles, qu'en qualité de receveur municipal.

Cela résulte clairement du Rapport de la commission, que nous venons de reproduire. En conséquence, ce service incombera au Receveur spécial, là où il en existe un.

Le but de la caisse des écoles a été encore expliqué, à la séance du 9 mars 1867, par les discours suivants :

« *M Chevandier de Valdrôme*. Depuis que le rapport de l'honorable M. Chauchard a été publié, et qu'on a connu la rédaction définitive de la loi concertée entre la commission et le conseil d'Etat, on a, dans un certain nombre de communes, formé des caisses des écoles pour constituer la gratuité complète, sans rien demander à l'Etat, sans rien demander au département, mais en faisant concourir les souscriptions particulières avec les ressources communales. Mais les caisses des écoles ainsi formées ne rentrent pas complétement dans le cadre déterminé par la rédaction de l'article 15.

En effet, cet article dit que la caisse des écoles est destinée à encourager et à faciliter la fréquentation de l'école, par des récompenses aux élèves assidus et des secours aux élèves indigents.

Dans les communes dont je parle, la caisse des écoles ayant pour but principal d'assurer, par des souscriptions particulières, la gratuité complète, on pourrait craindre qu'on objectât à ces caisses qu'elles sortent de la mission qui leur est donnée par la loi. Je demande donc que MM. les commissaires du Gouvernement veuillent bien s'expliquer sur ce point.

M. le Ministre de l'instruction publique. Parfaitement ! Il faut comprendre la loi dans le sens libéral où elle est entrée. La caisse des écoles est une institution particulière qui peut recevoir des cotisations soit de la commune, soit des citoyens. Il n'est pas nécessaire, pour cela comme le demande M. Morin, de renvoyer l'article à la commission pour une nouvelle rédaction qui est inutile, puisque ce que demande M. Morin pourra toujours être fait.

J'ajoute, pour répondre à la demande de l'honorable M. Chevandier de Valdrôme, qu'il n'y a rien de plus simple, et que ce n'est pas la loi qui vient de donner aux communes la faculté d'établir la gratuité absolue qui pourra empêcher jamais que, par des dons volontaires et des souscriptions, on arrive à secourir tous les élèves indigents, à provoquer la fréquentation de l'école, même à établir la gratuité absolue. »

BIBLIOTHÈQUES SCOLAIRES.

Rapport de la Commission :

« Il nous reste à exprimer, au nom de la commission, quelques vœux sur certains moyens pratiques de hâter les progrès de l'instruction primaire.

Notre premier vœu est en faveur des bibliothèques scolaires, ce fécond et puissant auxiliaire de l'enseignement du peuple.

La lecture est l'instrument le plus efficace du développement intellectuel.

Nous ne saurions trop engager les communes auxquelles leurs ressources le permettent, à affecter des crédits à la création, à l'entretien et au développement des bibliothèques scolaires. Ces bibliothèques se composent de deux éléments : les livres d'étude, destinés à être prêtés gratuitement aux élèves indigents, et les livres de lecture proprement dits, qui sont mis à la disposition des adultes et des familles. Le prêt des livres d'étude exonère les parents d'une dépense souvent trop lourde et prévient la désertion de l'école. »

ARTICLE 16.

(Cet article traite des *Matières obligatoires de l'enseignement primaire*.)

ARTICLE 17.

SURVEILLANCE DES ÉCOLES PRIMAIRES.

Extrait du Rapport de la Commission :

« L'article 17 contient une extension partielle des avantages et des charges du régime légal des écoles publiques, communales, à certaines écoles libres qui présentent un caractère public.

Il étend à toute école libre qui tient lieu d'école publique, l'inspection sur les livres, les méthodes et les résultats de l'enseignement, à laquelle sont soumises les écoles communales. Lorsqu'il s'agit d'une école libre, l'inspection, aux termes de l'article 21 de la loi de 1850, porte sur la moralité, l'hygiène et la salubrité. Elle ne peut porter sur l'enseignement que pour vérifier s'il n'est pas contraire à la morale, à la Constitution et aux lois.

L'inspection complète étendue aux écoles, dont parle l'article 17, ira plus loin ; mais c'est une simple constatation de faits qui n'entraîne ni action ni sanction directes.

L'administration doit une école communale aux contribuables de toute commune ; elle doit avoir le droit de contrôler l'enseignement donné dans une école libre substituée à l'école publique ; elle a surtout à cet égard un devoir de tutelle à remplir envers les élèves gratuits dont la loi met l'instruction à la charge du public.

A l'objection tirée de ce que l'école libre qui tient lieu d'école publique serait forcément soumise à une inspection repoussée par son directeur ou par l'intention d'un fondateur, il faudrait répondre que nulle école libre ne tient lieu d'école publique malgré elle ; l'article 36, § 4 de la loi de 1850 suppose une convention entre l'école libre et la commune. »

ARTICLE 18.

DISPENSE DU SERVICE MILITAIRE.

Extrait du Rapport de la Commission :

« Cet article a pour objet de conférer la dispense du service militaire aux instituteurs des écoles quasi publiques qui, en vertu d'une décision de l'autorité supérieure, sont jugées dignes de cette assimilation aux écoles communales.

Il atténue la rigueur de l'article 79 de la loi de 1850, ainsi que le Gouvernement l'avait promis à la commission de la loi du recrutement, au sujet d'un amendement de notre honorable collègue M. Delamarre. »

ARTICLE 19.

APPEL CONTRE LES DÉCISIONS DU CONSEIL DÉPARTEMENTAL.

(Voir l'article 12 ci-dessus).

Extrait du Rapport de la Commission :

« Cet article soumet à un recours devant le Conseil impérial certaines décisions rendues jusqu'ici par le conseil départemental en vertu d'un pouvoir souverain. Ce changement à la loi actuelle garantit et sauvegarde d'une manière plus efficace que par le passé les intérêts de la liberté d'enseignement. »

ARTICLE 20.

ADMISSION DES ENFANTS DANS LES ÉCOLES LIBRES.

Extrait du Rapport de la Commission :

« Cet article a pour objet d'assurer, par une sanction légale, le respect de la règle déjà posée par la loi de 1850 pour établir la séparation des sexes dans les écoles libres.

L'instituteur ou l'institutrice qui reçoit dans son école des enfants d'un sexe différent du sien, est désormais passible d'une peine. Cette disposition est en harmonie avec l'esprit général de la loi qui tend à la suppression des écoles mixtes. »

ARTICLE 21.

AGE D'ADMISSION DES ENFANTS DANS LES ÉCOLES PUBLIQUES OU LIBRES.

Extrait du Rapport de la Commission :

« Par la manière dont on interprète les dispositions de la loi de 1850 touchant les écoles, il arrive que les instituteurs et institutrices privés ne sont pas soumis aux mêmes règles que les instituteurs et institutrices communaux, en ce qui concerne l'âge auquel on peut admettre les enfants dans les classes.

Ce fut là un grave inconvénient. Au point de vue moral, intellectuel et hygiénique, le mélange de très-jeunes enfants avec des élèves plus avancés est des plus fâcheux.

Le bon sens n'admet pas l'assimilation d'enfants de 2, 3, 4, 5 ans, à des camarades de 10, 11, 12 et 13. La discipline et l'enseignement deviennent à peu près impossibles avec ces disparates sur les mêmes bancs.

L'amendement n'a pas pour but d'empêcher les instituteurs libres de recevoir de très-jeunes enfants, mais de les empêcher de les recevoir dans des conditions incompatibles avec leur bien-être intellectuel, moral et physique.

Qu'à côté de la salle ouverte aux élèves de l'école primaire, se trouve une salle organisée conformément au décret du 21 mars 1855 sur les salles d'asile. Que la méthode y soit pratiquée par une directrice, qui serait comme une adjointe de l'instituteur, car la salle d'asile est placée par la législation sous la direction exclusive des femmes.

Ce système réunirait tous les avantages. Il n'y aurait plus deux poids et deux mesures quant à l'âge d'admission dans l'école, selon que l'établissement est public ou privé. L'asile annexe à la classe serait une excellente pépinière de bons écoliers. Tous les intérêts auraient ainsi leur satisfaction. »

Dans les communes où il n'existe pas de salle d'asile, les dispositions de la loi du 15 mars 1850 (titre II, chap. 1er, art. 29), demeurent en vigueur. En conséquence, les enfants au-dessous de six ans pourront être reçus, dans ces communes, à l'école de leur sexe (V. art. 20 ci-dessus), si le règlement départemental ne s'y oppose pas. Ce règlement fixe l'âge d'admission.

QUESTIONS DIVERSES

MUTATIONS. EXTRAIT DU CAHIER DES NOTES

Y a-t-il à faire plus d'un extrait du cahier de notes pour le trimestre pendant lequel a eu lieu la tournée générale du contrôleur?

L'article 27 de l'Instruction générale, quatrième alinéa (Inst. sur les mutations du 18 déc. 1853, art. 23), porte que les notes prises par le Percepteur depuis l'envoi qui précède le passage du contrôleur, c'est-à-dire depuis le premier jour du trimestre pendant lequel a lieu la tournée générale du Contrôleur, sont communiquées directement à celui-ci par le Percepteur. Pour l'exécution de ces dispositions il doit être établi par commune, *au jour de la tournée générale* dans chaque commune, un extrait du cahier des notes, lequel extrait sera remis au Contrôleur. Ce dernier y indique la suite donnée aux propositions du Percepteur et le rendra en cet état au Percepteur, pour être envoyé par lui au Directeur des contributions directes, au commencement du trimestre suivant. Les notes recueillies *depuis le passage du Contrôleur* jusqu'à la fin du même trimestre, feront l'objet d'un second extrait, distinct du premier, attendu que ces notes concernent l'assiette des rôles d'une autre année que celle indiquée sur l'extrait communiqué au Contrôleur pendant sa tournée.

TESTAMENT. — HOSPICE LÉGATAIRE UNIVERSEL. — CONSÉQUENCES DU LEGS.

Par testament mystique du 27 février 1855, l'hospice de ..... a été nommé *légataire universel* d'une succession évaluée à [illegible] francs, à la condition qu'il serait payé 20 000 francs à certains héritiers dénommés. Un décret du 27 juin 1865 a autorisé l'acceptation définitive de ce legs pour les sept huitièmes seulement, le huitième restant devant être payé à certains héritiers. Le receveur, pour se conformer aux dispositions de l'article 849 de l'Instruction générale a réclamé au Maire, président de la commission de l'hospice, tous les titres de rentes et créances de la succession. Ce Maire en a référé au Préfet qui a répondu qu'il n'y avait pas lieu, pour le moment, de remettre les pièces au receveur, qu'il fallait auparavant que la liquidation ait été arrêtée et homologuée. Le notaire liquidateur a vendu les meubles, vendu également une maison, encaissé des rentes et payé les droits de déclaration de succession et autres dettes. Tout ceci est-il régulier? La responsabilité du receveur n'est elle pas engagée par cette manière de procéder?

Le legs universel est la disposition testamentaire par laquelle le testateur donne à une ou à plusieurs personnes l'universalité des biens qu'il laissera à son décès (*Code Napoléon*, art. 1003).

Le principal avantage résultant de la qualité de légataire universel, c'est d'être saisi de plein droit des biens du testateur, par le décès de celui-ci, et de n'être tenu de demander aucune délivrance lorsqu'il n'y a pas d'héritiers à réserve (*Code Napoléon*, art. 1006). Le légataire universel institué par un testament olographe ou mystique a également la *saisine* de plein droit, c'est-à-dire la prise de possession (Toullier, *Droit Civil français* — Grenier, *Traité des Donations*, — Duranton, *Cours de Droit civil*). Un arrêt de la Cour Impériale d'Amiens du 8 mars 1860 (*Journal* de 1860, page 261); un autre arrêt de la Cour impériale de Bordeaux, du 26 février 1865, (*Journal* de 1866, page 52); enfin, un arrêt de la Cour de Cassation du [illegible] décembre 1866 (*Journal* de 1867, page 25) ont confirmé les dispositions précitées à l'égard des établissements publics. Quand il n'y a pas d'héritiers à réserve, un hospice légataire universel est, donc, saisi de plein droit des biens légués sans être tenu d'en demander la délivrance, et les fruits de ces biens-là sont acquis dès le jour du décès du testateur.

Le notaire dépositaire du testament dont il s'agit, aurait dû, conformément aux articles 3 et 5 de l'Ordonnance du 2 avril 1817 et de l'article 918 de l'Instruction générale du 20 juin 1859, donner au Maire, président de la Commission de l'hospice avis, *à communiquer au receveur*, des dispositions du testament, le receveur aurait dû, immédiatement, et en attendant l'acceptation du legs, requérir, dans l'intérêt de l'établissement, tous les actes conservatoires jugés nécessaires; l'acceptation provisoire aurait pu et dû être faite conformément à l'article 946 de l'Instruction générale. Il paraît y avoir eu, dès le début de cette affaire, défaut d'accomplissement des formes prescrites, puisque l'hospice était institué par le testament légataire universel, il devait profiter, dès le décès du testateur, des avantages accordés à cette condition; le Maire et le receveur, chacun dans leurs attributions, étaient les seuls liquidateurs désignés de la succession.

Le testament étant dans la forme mystique devait, avant d'être mis à exécution, être présenté au président du tribunal de première instance de l'arrondissement dans lequel la succession était ouverte (*Code Napoléon*, art. 1007). Le légataire universel, c'est-à-dire l'hospice, était tenu de se faire envoyer en possession par une ordonnance du même président, mise au bas d'une requête à laquelle devait être joint l'acte de dépôt (*Code Napoléon*, art. 1008). C'est ce que nous disions, au *Journal* de 1859, page 273, en traitant une question identique. Le défaut d'action apparente des administrateurs de l'hospice et du comptable nous paraît avoir été la cause première des mesures prises dès le début; les démarches tendant à assurer la rentrée des deniers de la succession et à liquider les dettes exigibles n'ayant pas été faites par les administrateurs et le receveur des héritiers, il nous apparaît que le notaire dépositaire du testament aura été nommé d'office, par le président, liquidateur provisoire de la succession, ce à quoi l'hospice ne paraît pas s'être opposé.

Comme nous l'avons fait au *Journal* de 1859, page 273, nous sommes amené à conclure : 1° que le receveur, sur l'avis du Maire, président de la Commission de l'hospice, avait dû provoquer, aussitôt après l'acceptation provisoire, l'ordonnance d'envoi en possession; 2° Qu'il aurait dû faire verser dans la caisse, au besoin par sommation et action judiciaire, les valeurs actives de la succession et les titres y relatifs; 3° Qu'en ce moment même, le receveur doit provoquer, si ce n'est déjà fait, le dépôt immédiat de ces valeurs et de ces titres entre ses mains, encore bien que sa responsabilité ait été couverte par la nomination d'un administrateur provisoire.

Finalement, nous dirons qu'aux termes de l'article 15 de la loi du 7 août 1851, le président de la Commission d'un hospice peut toujours, à titre conservatoire, accepter les dons et legs fait à l'établissement charitable, et nous ajouterons que quand un hospice est, comme dans le cas présent, institué légataire universel, la faculté accordée au président de la Commission administrative devient, dans le cas, un devoir impérieux. — Conférer *Journal* de 1867, page 124 et 125.

TABLEAU des recouvrements de l'impôt direct pendant le 1er semestre de 1867, comparé avec la même situation de l'année 1866 :

IMPOTS DIRECTS		1er semestre 1867	1866	1867	MONTANT des rôles.	RESTE à recouvrer.
Recouvrements faits jusqu'au 30 juin 1867.	Exercice 1866....	12.863.000	520.189.000	533.052.000	535.699.000	2.647.000
	Exercice 1867....	(a) 273.595.000	»	(a) 273.595.000	541.176.000	267.581.000

(a) Cette somme de 273 595 000 fr. représente 6 douzièmes 07 centièmes de douzièmes du montant des rôles et dépasse de 48 105 000 fr. les 5 douzièmes exigibles. A la même époque de 1866, les recouvrements s'élevaient à 6 douzièmes 10 centièmes de douzième, et l'avance sur les termes échus était de 48 995 000. fr.

Les frais de poursuites faits en 1867 sont, avec les recouvrements, dans la proportion de 0 fr 78 c. par *mille francs*. L'année dernière cette proportion était de 0 fr. 73 c.

NOMINATIONS ET MUTATIONS.

RECEVEUR DES FINANCES :

M. Curnier, Trésorier-Général du Bas-Rhin, passe dans le Pas-de-Calais.

ONT ÉTÉ NOMMÉS PERCEPTEURS :

A Châtillon-sur-Chalaronne (Ain), M. Rouvier a été élevé sur place à la 2e classe;

A Saint-Etienne-aux-Monts (Alpes-Maritimes), 4e classe, M. Poysat;...

A Livarot (Calvados), M. Lemaréchal a été élevé sur place à la 3e classe;

A Lépaud (Creuse), M. Fabre;...

A Arcachon (Gironde), M. Merzeau a été nommé receveur municipal;

A Marsillargues (Hérault), 5e classe, M. Anglas, percepteur de Gabian;

A Preuilly (Indre-et-Loire), 3e classe, M. Houze, percepteur de Sainte-Maure;

A Saint-Didier-la-Sauve (Haute-Loire), 3e classe, M. Pipet, percepteur de La Chaise-Dieu;

A La Chaise-Dieu (Haute-Loire), 4e classe, M. Lassalle, percepteur de Cayres;

A Cayres (Haute-Loire), 5e classe, M. Gazard, percepteur de Bonneval;

A Colombey-les-Eglises (Haute-Marne), 5e classe, M. Lambin, percepteur de Biesles;

A Biesles (Haute-Marne), 4e classe, M. Daguin, percepteur de Colombey-les-Eglises;

A Chateau-Gontier (Mayenne), 2e classe, M. Perron, percepteur de Craon;

A Sampigny (Meuse), 3e classe, M. Marthe, percepteur de Saint-Benoist;

A Méteren (Nord), 2e classe, M. Midi, percepteur de Neuville-Saint-Rémy;

A Neuville-Saint-Rémy (Nord), 3e classe, M. Vasseur, percepteur de Wattignies;

A Hucqueliers (Pas-de-Calais), 3e classe, M. Boignard, percepteur de Saint-Riquier;

A Fourbourg (Bas-Rhin), 2e classe, M. Schneider, percepteur de Niederhaslach;

A Niederhaslach (Bas-Rhin), 2e classe, M. Schoner, percepteur de Kogenheim;

A Kogenheim (Bas-Rhin), 2e classe, M. Reigersen, percepteur de Soultz;

A Soultz-sous-Forêts (Bas-Rhin), 3e classe, M. Matter, percepteur de Neuwiller;

A Neuwiller (Bas-Rhin), 4e classe, M. Bastard, percepteur d'Ohlwiller;

A Ohlwiller (Bas-Rhin), 5e classe, M. Dengler, percepteur d'Ale. willer;

A Givry (Saône-et-Loire), 2e classe, M. Fucheux, percepteur de La Chapelle de Guinchey;

A La Chapelle de Guinchey (Saône-et-Loire), 2e classe, M. Tailliandier, percepteur de Matour;

A Matour (Saône-et-Loire), 3e classe, M. Rouanet, percepteur de Saint-Boil;

A Saint-Boil (Saône-et-Loire), 3e classe, M. Carnier, percepteur de Saint-Bonnet;

A Saint-Bonnet (Saône-et-Loire), 5e classe, M. Chamonard, percepteur de La Tagnière;

A Yvré-l'Evêque (Sarthe), 4e classe, M. Tuvache, percepteur de Montbizot;

A Montbizot (Sarthe), 4e classe, M. Delalande, percepteur de Beaufay;

A Beaufay (Sarthe), 5e classe, M. Ferrand, percepteur de Parennes;

A Lisle (Tarn), 4e classe, M. Andrieu, percepteur de Montmiral;

A Montmiral (Tarn), 4e classe, M. Fornari, percepteur de Pessines;

A Montague (Vendée), 5e classe, M. Tessier, percepteur-surnuméraire;

Aux Sables-d'Olonne (Vendée), 4e classe, M. Nepveu, percepteur d'Olonne;

A La Roche-Servière (Vendée), 4e classe, M. Posters, percepteur d'Avrillé;

A Avrillé (Vendée), 5e classe, M. Faivre, percepteur de La Flocellière;

A La Flocellière (Vendée), 5e classe, M. Savary, percepteur de Montournais;

A Montournais (Vendée), 5e classe, M. Cornu, percepteur-surnuméraire;

A Appoigny (Yonne), 5e classe, M. Mothéré, percepteur-surnuméraire;

A Buguy (Yonne), 5e classe, M. Challan, percepteur d'Appoigny.

PERMUTATION.

Un Percepteur de 2e classe (une seule commune) d'un chef-lieu de département du Midi, désire permuter avec un Percepteur de 2e classe ou de 1re d'un département du Nord, Nord-Est, ou Nord-Ouest.

DEMANDE D'EMPLOI.

Il est indispensable que MM. les Chefs de Service et Employés nous préviennent dès qu'ils sont pourvus d'employés ou d'emplois.

Deux importantes recettes particulières nous demandent un Fondé de pouvoirs, expérimenté et capable. Appointements minimum 2600 fr.

Un Journal de Paris public le bilan suivant de la Bourse :

Valeurs actuellement sans revenus.

6 0/0 Mexicain.	Centre belge.
Obligations mexicaines.	Hainaut et Flandre.
Passive espagnole.	Portugais.
—	Madrid Saragosse.
Crédit en Espagne.	Nord d'Espagne.
Crédit néerlandais.	Xérès-Séville-Cadix.
Soc. mercantile (Madrid).	Montblanch à Reus.
Caisse Mirès.	Taragone à Reus.
—	Franco-serbe.
Graissessac à Béziers.	—
Libourne à Bergerac.	Forges Decazeville.
Lyon à Sathonay.	Raffinerie nantaise.
—	Papeterie d'Essonnes.
Ouest-suisse.	Canal de l'Ebre.
Franco-suisse.	Conflans à la mer.
Union des chem. suisses.	Ports de Brest.
Ligne d'Italie.	Docks Saint-Ouen.
Victor-Emmanuel.	Glaces d'Aix-la-Chapelle.
Savone à Turin.	Boulevard du Temple.
Romains.	Gaz de Mulhouse.

Valeurs à revenus intermittents.

Mobilier français (rien en juillet).
Mobilier espagnol (rien en juillet).
Voitures de Paris (rien en juillet).
Immobilière (rien en juillet).
Emprunt tunisien (en souffrance).

BULLETIN HEBDOMADAIRE DE LA BOURSE.

Cours des Fonds publics au 26 Juillet 1867.

Rentes et Actions.

3 0/0	68 75	Midi	548 75
3 Jouis. 1 janvier	68 72	Nord	1150 ..
4 1/2 0/0	99 75	Orléans	875 ..
4 Jouis. 22 sept	99 90	Ouest	560 ..
4 0/0	88 ..	Cie parisienne du gaz	1545 ..
4 Jouis. 22 sep	.. ..	Soc. immobilière	162 50
Obligations du Trésor	470 ..	Transatlantique	352 50
Bons du Trésor	2 1/2	Messag. impér. (s-m.)	735 ..
Banque de France	3360 ..	Canal de Suez	306 25
Comptoir d'escompte	733 75	Italien 5 0/0	49 25
Crédit agricole	630 ..	Emprunt Mexicain	12 ..
Crédit foncier Colonial	560 ..	Crédit mob. espagnol	220 ..
Crédit foncier de France	1365 ..	Soc. autrichienne	476 25
Crédit ind. et comm.	633 75	Saragosse-Barcelone	40 ..
Crédit mobilier	321 25	Guillaume-Luxemb.	117 50
Créd. Mobilier (nouv.)	... ..	Sud-autrichien lomb.	375 ..
Dépôts. comptes cour.	552 50	Nord de l'Espagne	90 ..
Société générale	540 ..	Saragosse Pampelune	.. ..
Ss-comptoir du com.	410 ..	Portugais	65 58
Charentes	340 ..	Chemins romains	73 ..
Est	535 50	Saragosse	92 ..
Paris-Lyon-Méditerr.	877 50	Victor-Emmanuel	69 ..
		Séville-Xérès	27 ..

Obligations.

Départ. de la Seine	229 50	Méditerranée	318 75
Ville 1852. 5 0/0	1190 ..	Paris-Lyon-Méditerr.	310 50
— 1855-1860	466 25	Midi	310 ..
— 1865	538 75	Nord	314 75
Crédit foncier. 1000 fr. à 3 0/0	.... ..	Orléans	310 75
Crédit foncier. 500 fr. à 4 0/0	.... ..	Grand-Central	312 ..
Crédit foncier. 10es à 4 0/0	.... ..	Ouest	309 75
Crédit foncier. 500 fr à 3 0/0	.. ..	Victor-Emmanuel	303 ..
Crédit foncier. 10es à 3 0/0	.. ..	— 1863	111 50
Crédit foncier. 500 fr. à 4 0/0 1863	.... ..	Cordoue-Séville	157 50
Crédit foncier. Com. 3 0/0	.... ..	Ligne d'Italie	27 50
Crédit foncier. 5es 3 0/0	.. ..	Lombard	218 75
Crédit foncier. Colonial	.... ..	Nord d'Espagne	118 ..
Est	312 25	Saragosse-Pampelune	76 ..
Ardennes	310 ..	Portugais	87 25
Lyon	319 ..	Romains	112 ..
Bourbonnais	312 50	Saragosse	142 50
Dauphiné	309 25	Séville-Xérès-Cadix	80 ..
Lyon-Genève, gar	303 ..	— 94 ans.	.. ..

Valeurs diverses.

Ch. Charentes	362 50	Empr. Ottom. [illegible]	252 50
Chemin du Médoc	262 50	Obl. Empr. Ottoman	238 75
Comp. Agriculture	530 ..	Ch. Ligne d'Italie	7 ..
Caisse des ch. de fer	[illegible] ..	Cie it. des ch. Médit.	190 ..
Gaz de Marseille	467 ..	Soc. G. Ind. Amsterd.	305 ..
Banq. Créd. Pays-Bas	450 ..	Banque Ottomane	482 ..
Crédit Fonc. Autrich.	625 ..	Crédit Mobil. [illegible]	280 ..
Obl. Autrich. 1865	321 25	Zinc, Vieille-Montagne	.... ..
Empr. Mexicain. Obl.	100 ..		

Directeur H. [illegible], Avocat à la Cour Impériale de Paris.

JOURNAL DES PERCEPTEURS,

DES RECEVEURS DES FINANCES, ET DES RECEVEURS DES COMMUNES, HOSPICES, ETC.;
DES SURNUMÉRAIRES, ET DES ASPIRANTS.

2e Série. — 10 fr. par an. Un numéro toutes les semaines. 12e année. — N° 31.

ÉTUDES SUR LE SERVICE.

DES VERSEMENTS DES PERCEPTEURS-RECEVEURS

RÉPARTITION DES PRODUITS A VERSER A LA RECETTE DES FINANCES
ENTRE LES 5 CATÉGORIES ÉTABLIES POUR LEUR CLASSEMENT
DANS LA COMPTABILITÉ DE LA TRÉSORERIE GÉNÉRALE.

On nous prie de vouloir bien lever les difficultés qu'éprouvent les Percepteurs, à l'occasion de leurs versements, pour le classement de leur bordereau, par nature de produits des sommes versées à la Recette des finances. Nous accédons d'autant plus volontiers à cette demande, que nous comprenons facilement les embarras qui peuvent naître de l'ignorance où sont généralement les Percepteurs du classement fait à la Trésorerie générale des divers produits versés par eux. Les Recettes des finances gagneront à ce que les comptables subordonnés connaissent les bases de l'imputation des versements *par nature de récépissés*, Nous donnons ci-après la nomenclature des produits qui entrent généralement dans la comptabilité des Percepteurs-Receveurs municipaux :

§ 1. Contributions et revenus publics.

Contributions directes (1).......... exercice 186
Redevance des mines......................
Taxe des biens de mainmorte................
Droits de vérification des poids et mesures....
Retenues sur traitement pour le service des pensions civiles. { Percepteur-Receveur. / Instituteurs......... / Agents divers.... ..
Produits des taxes de la télégraphie privée...
Fonds de concours pour travaux publics......
Recettes accidentelles à divers titres.... ....
Reversement de trop perçu sur la subvention pour l'instruction primaire.................
Etc., etc..................................

Produits éventuels départementaux. { Droits de visites chez les pharmaciens, etc....... / Chemins de grande communication (souscriptions).. / Chemins de grande communication (rachats de prestations) .... / Chemins de grande communication (contingent des communes............ / Service hydraulique (1)...

Produits des écoles normales primaires. { Subventions ou bourses créées par les communes. / Pensions, etc. à la charge des familles .... / ....

(1) Lorsque les comptables auront à effectuer un versement sur les contributions publiques (Contributions directes, Redevance des mines, Taxe des biens de mainmorte et Poids et mesures), ils devront examiner à quel paragraphe ces contributions doivent être imputées. Ainsi que nous l'indiquons plus loin, ces contributions figurent successivement à trois comptes différents : au § 1er jusqu'au 20 ou 31 août de la 2e année : au § 2e, jusqu'au 20 ou 30 novembre de cette même 2e année, et au § 3e jusqu'à l'apurement des rôles.

(1) Dans certains départements, le compte des frais et honoraires dus aux ingénieurs du service hydraulique, est classé parmi les produits éventuels. Si cet usage existe dans son département, le comptable inscrira ici ce produit. (Instr. gen., art. 454 et 624.)

Observations sur le classement des produits du § 2°.

Lorsqu'un versement sur les produits attachés à ce paragraphe comprend *deux exercices différents*, il faut établir deux catégories, car alors ce versement donne lieu à la délivrance d'un récépissé par exercice.

La première catégorie comprendra les contributions et revenus *entrés dans la deuxième année;* la seconde, les contributions de *l'année courante*.

Les Contributions directes, la Redevance des mines, la Taxe des biens de mainmorte et les droits de vérification des poids et mesures, figurent à la première catégorie, dans les recettes particulières, jusqu'au 20 août, et dans les Trésoreries générales jusqu'au 31 du même mois. Passé ce délai, les versements sur ces contributions sont inscrits au titre des restes à recouvrer sur les contributions de l'exercice, suivant le cas, ou parmi les produits dépendant des services des *Correspondants du Trésor* (V, § 2°), ou parmi ceux qui composent le service des *Correspondants de la Trésorerie générale* (V. § 3°).

Les produits éventuels départementaux et les produits des écoles normales primaires, ne sont classés avec les Contributions et revenus publics entrés dans la deuxième année, pour les recettes particulières, que jusqu'au 20 mai, et pour les trésoreries générales que jusqu'au 31 de ce mois. A partir de ces époques, ces revenus sont reportés à l'exercice suivant, et, dans les versements, ils sont confondus sans distinction avec les revenus de même nature afférents à l'année courante.

Les Percepteurs de l'arrondissement où siége la Trésorerie générale, ont un délai de dix jours, de plus que leurs collègues des autres arrondissements, pour le versement des produits de leur comptabilité. C'est pour ce motif que nous indiquons les dates des 20 et 30 ou 31 du mois, comme dernier terme du classement de certains produits dans la catégorie où ils figurent en premier lieu.

§ 2. Divers services des Correspondants du Trésor.

Recouvrements de frais de poursuites (1) { exercice 1866....... / exercice 1867.......

Recouvrements en vertu de contraintes, exercice 186 ....

Excédants de versement sur contributions....

Restes à recouvrer sur contributions de l'exercice 1866 (2). {
- Contributions directes........
- Frais de poursuites..........
- Mines.......................
- Mainmorte...................
- Poids et mesures............

Droits de permis de chasse, exercice 186 ....

Cotisations municipales et particulières. {
- Dépenses à la charge des communes (Instr. gén., art. 611 et suiv.), sauf les fournitures de l'Imprimerie impériale, à porter au § 3°, et sauf les versements au compte des recettes accidentelles, § 1°......
- Pensions d'aliénés, malades, vieillards et incurables.....
- Travaux d'intérêt commun et divers salaires (3).........
- Traitements et frais concernant le service de la police......
- Frais d'abonnement à diverses publications (Journ. des commissaires de police, Bulletin officiel de l'intérieur et Bulletin annoté des lois. Instr. gén., art. 626)............
- Service médical..............

Caisse des dépôts et consignations (retenues aux employés des mairies et pour fonds de retraites; retenues sur oppositions; cautionnements en garantie d'adjudication et marchés; et consignation du prix d'immeubles vendus aux communes, etc. (Instr. gén., art. 511 à 531 et 1019.) ....

(1) Les recouvrements sur frais de poursuites sont constatés à leur compte particulier jusqu'au 20 ou 31 août de la deuxième année de l'exercice. A cette époque, les restes à recouvrer sur ces frais sont réunis, conformément aux articles 585 et 589 de l'Instruction générale, aux restes à recouvrer sur contributions dont l'exercice est entré dans sa deuxième année (même paragraphe 2°). A l'époque du 20 ou 30 novembre suivant, les restes à recouvrer sur les frais de poursuites sont transportés avec les restes à recouvrer sur contributions, au paragraphe 3°.

(2) Les restes à recouvrer sur contributions de 1866 sont portés à ce compte à partir du 20 ou du 31 août (Voir les observations sur le paragraphe 1°) de la deuxième année (1867) et y restent jusqu'au 20 ou 30 novembre de la même année, époque à laquelle ils passent au paragraphe 3°, *Correspondants de la Trésorerie générale*. (Instr. gén., art. 1112.)

(3) Voir le renvoi du paragraphe 1°, au sujet du service hydraulique.

§ 3. Service des Correspondants de la Trésorerie générale.

Percepteurs L/c d'effets à recouvrer pour le C. du Receveur des finances.

Percepteurs, L/c de droit de passeports à l'étranger............ { exercice 1866. / exercice 1867.

Percepteurs, L/c de restes à recouvrer sur les contributions de l'exercice 1865 (1) :

Contributions directes.
Frais de poursuites.
Mines.
Mainmorte.
Poids et mesures.

Percepteurs, L/c des restes à recouvrer sur les contributions de l'exercice 1866 (2) :

(Mêmes produits que ceux désignés à l'article qui précède, exercice 1865).

Percepteurs, L/c de fonds de subventions pour le service du Trésor.

Divers, L/c de restitution au Trésor.

Divers, L/c de fournitures de l'Imprimerie impériale :

Abonnement au Bulletin des lois.
— au Moniteur.

Receveurs d'hospices, etc., L/c de recouvrement de rentes et créances.

Souscriptions publiques.

Nota. Les versements sur les produits suivants devant être inscrits sur le livre récapitulatif des Percepteurs-Receveurs, à la *colonne des placements et avances*, il conviendra de faire sur le bordereau de versement un premier total des imputations résultant des trois paragraphes qui précèdent.

(1) Les restes à recouvrer sur les contributions de l'exercice 1865 ont été portés à ce compte, le 20 ou le 30 novembre 1866, par le receveur des finances qui a dû solder ces restes, à cette époque, de ses fonds personnels. (V. § 2°.) Ils restent à ce dernier compte jusqu'au 20 décembre 1867, dernier terme accordé aux Percepteurs pour apurer ces restes à recouvrer. (Instr. gén., art. 95 et 1124), ou pour les solder de leurs propres deniers.

(2) Au 20 novembre 1867 ou au 30 de ce même mois, suivant le cas, les restes à recouvrer sur contributions de l'exercice 1866, arrivé à sa seconde année, passeront du § 2°, correspondants du Trésor, où ils entrent le mois d'août 1867 (V. § 1°), au § 3°, correspondants de la Trésorerie générale; et ils resteront à ce dernier compte jusqu'à ce qu'ils soient soldés, à la fin de la troisième année de l'exercice (Décembre 1868), par les Percepteurs, ou, à leur défaut, par le receveur des finances ou le Trésorier-Général.

§ 4. Communes et établissements publics, L/C de fonds placés avec intérêts au Trésor.

(Désigner les communes et établissements publics et la somme placée pour chacun d'eux).

§ 5. Achats de rentes sur l'État par les communes et établissements publics.

(Indiquer les communes et établissements pour lesquels le versement est fait et la somme versée à chacun d'eux. Expliquer dans une note spéciale les conditions de chaque achat et, s'il y a lieu, l'origine et l'affectation de la rente achetée).

CLASSEMENT DES PIÈCES DE DÉPENSES ET ACQUITS DIVERS SUR BORDEREAU DE VERSEMENT.

Dette consolidée (1)	Coupons de rentes au porteur, mixtes.................. fr.	»	
	Coupons de rentes au porteur, 3 p. cent ancien.......... fr.		
	Coupons de rentes au porteur, 4 1/2 p. cent ancien....... fr.		
	Quittances de rentes nominatives, 3 p. cent................ fr.	»	
	Quittances de rentes nominatives, 4 1/2 p. cent............. fr.	»	
	Ensemble pour les rentes. fr.	»	

Quittances de pensions diverses, revêtues du visa du Receveur particulier des finances (2)... fr.	»
Mandat de traitements et salaires divers, etc., revêtus du visa du Trésorier-Payeur-Général (2)............................... fr.	»
Mandats de remboursement de fonds placés au Trésor.................................. fr.	»
Ordonnance de dégrèvement.............. fr.	»
Payements de diverses natures (services spéciaux, etc.) (3)...... .... fr.	»
Total des pièces de dépenses.... fr.	»

(1) Les *coupons de rentes* sur l'État au porteur ou mixtes doivent être classés distinctement, par exercice, par nature de rente et par ordre numérique. Ils sont inscrits avec les mêmes distinctions et dans le même ordre sur les bordereaux de payement aux rentiers; et au moment du versement, ces bordereaux doivent être récapitulés sur une fiche spéciale pour chaque nature de rente, par exercice. C'est le total des payements présenté par cette fiche qui est reporté en une seule ligne sur le bordereau de versement.

Le même ordre est observé pour les coupons et bordereaux de payement d'intérêts acquittés pour le compte du *Crédit foncier de France*, lesquels doivent figurer parmi les payements de diverses natures (Services spéciaux, etc.).

Les *quittances de rentes nominatives* sont classées, séparément, d'abord par nature de rente (3 ou 4 1/2 pour 100), par exercice, et, dans chaque catégorie, par inscriptions directes et par inscriptions départementales; et ensuite, par numéro d'ordre de série et d'inscription pour les rentes directes, et par ordre numérique pour les inscriptions départementales. Lorsque ce classement est terminé, les quittances sont récapitulées sur une fiche spéciale par exercice et par nature de rente. Le total de cette fiche est reporté en une seule ligne sur le bordereau de versement:

MODÈLE DE FICHE.

Quittances de rentes nominatives, 3 pour 100

1° *Exercice* 1866.

Inscriptions directes.

N... (Partie prenante)	. . . . . .	fr. »		
N... id.	. . . . . .	fr. »		
			—	fr. »

Inscriptions départementales.

N... id.	. . . . . .	fr. »		
N... id.	. . . . . .	fr. »		
			—	fr. »
Total pour l'exercice 1866. . . .				fr. »
2° *Exercice* 1867.				
(Même détail que ci-dessus.)				fr. »
TOTAL GÉNÉRAL. . . .				fr. »

(2) Les *Quittances de pensions* et les *Mandats du Trésorier-Payeur* sont détaillés sur le bordereau de versement ou sur une fiche, avec division par exercice, comme pour les quittances de rentes nominatives.

(3) On entend par *Payements de diverses natures*, ceux faits pour le compte du Crédit foncier, de la Caisse des Dépôts et Consignations, du Trésorier-Général de la Couronne, du Caissier central du Trésor et du Trésorier-Général des Invalides, les secours et subventions de la Liste civile impériale, les Remises des Percepteurs sur les contributions directes, les Mandats émis par les receveurs des finances (Instr. gén., art. 747, 1144 à 1148), les allocations de centimes communaux, de frais de distribution des premiers avertissements et de remises aux Percepteurs sur produits divers, enfin, tous autres payements étrangers à l'ancien service du Payeur, notamment celui du Traitement des commissaires de police et autres faits sur les fonds de cotisations municipales et particulières.

DÉCISIONS ET SOLUTIONS ADMINISTRATIVES.

TRAITEMENT DES INSTITUTEURS. MODE DE PAYEMENT.

Les instituteurs qui ont à toucher un traitement éventuel supérieur au minimum afférent à leur classe, n'ont droit, lors des payements d'à-compte, qu'à ce minimum.

Aux termes de l'Instruction réglementaire du 31 janvier 1854, lorsque le montant du traitement fixe et le chiffre de la rétribution scolaire dépassent le minimum alloué à l'instituteur, il doit lui être payé par mois ou par trimestre :

1° Une somme égale au douzième ou au quart de son traitement fixe ; 2° Le montant de la rétribution scolaire perçue pour son compte, soit dans le mois, soit dans le trimestre précédent.

L'application de ce principe ayant présenté des difficultés à l'égard d'instituteurs qui avaient exercé dans la même commune à des titres différents, un Préfet a consulté M. le Ministre de l'instruction publique sur le mode à suivre pour la liquidation du traitement de ces instituteurs.

Les instructions suivantes ont été transmises par Son Excellence :

« La rétribution scolaire n'appartient pas à tel ou tel instituteur ; elle forme, avec les deux cents francs qui composent le traitement fixe, le traitement total qui doit être partagé par douzièmes entre les maîtres qui ont occupé le même poste dans l'année, d'après leur titre et au prorata du temps d'exercice. Autrement il en résulterait un préjudice pour les instituteurs dans certains cas, et, dans d'autres, pour l'État ou le département, chargés de compléter le traitement de l'instituteur. *En toutes circonstances, les instituteurs doivent toujours recevoir le minimum du traitement qui leur est assuré par la loi, sauf à leur mandater en fin d'année, et au prorata de leur temps d'exercice, les ressources qui auront dépassé ce minimum.* » (*Décis. minist. Instr. publ., avril* 1867).

Observations. Cette décision doit servir de règle aux comptables, lorsque le traitement obtenu, au moyen de l'élévation de la rétribution scolaire, ne dépasse pas considérablement le minimum de traitement dû à l'instituteur. Mais si, par suite du système d'abonnement généralement adopté, il résultait des bases certaines et invariables de ce système, que le traitement fixe, joint à cette rétribution, excédera notablement le minimum de traitement attaché à la classe du titulaire, les comptables pourront et devront payer le traitement de l'instituteur, d'après les bases établies par l'instruction réglementaire du 31 janvier 1854 :

Par mois, un douzième du traitement fixe de 200 fr., et un tiers de la rétribution scolaire des élèves abonnés, constatée par le dernier rôle trimestriel connu ;

Par trimestre, un tiers de traitement fixe de 200 fr., et le montant de la rétribution scolaire des élèves abonnés, constatée par le dernier rôle trimestriel connu.

JURISPRUDENCE SPÉCIALE.

COUR DES COMPTES.

TIMBRE. SOLDE DES SAPEURS-POMPIERS.

Les états d'émargements produits à l'appui du payement de la solde des sapeurs-pompiers, ne sont pas soumis à la formalité du timbre, attendu que ces corps sont assimilés aux gardes nationales et que les pièces de cette comptabilité sont exemptes du timbre. (Instr. administ. de l'Enreg., 23 mars 1835.)

(ARRÊT du 7 février 1867.)

Observations. Nous recommandons cet arrêt à l'attention des comptables, parce qu'il mentionne une décision de l'administration de l'Enregistrement généralement peu connue, et qui ne se trouve pas recueillie dans les ouvrages spéciaux sur le timbre.

QUESTIONS DIVERSES

CONCESSIONS DE TERRAINS DANS LES CIMETIÈRES.

TIERS RÉSERVÉ AUX INDIGENTS; ENCAISSEMENT.

Depuis plusieurs années, le receveur municipal d'une ville ne reçoit que les deux tiers du produit des concessions dans les cimetières; le receveur spécial du bureau de bienfaisance reçoit directement des concessionnaires l'autre tiers, ayant comme titre de recette une expédition de l'acte de concession.

Cette opération est-elle régulière? Le receveur municipal ne doit-il pas encaisser la totalité des concessions, sauf à reverser au bureau de bienfaisance le tiers réservé aux indigents?

L'Instruction générale du 20 juin 1859 tranche de la manière la plus formelle la question qui nous est posée.

La recette du prix des concessions est classée au nombre des recettes ordinaires des communes (article 840, § 10) : le produit des concessions dans les cimetières faites par les communes et perçu par les receveurs municipaux d'après des tarifs régulièrement arrêtés par les préfets (art. 927). La recette du produit des concessions de terrain dans les cimetières, est justifiée dans la comptabilité communale par la copie certifiée de l'arrêté du Préfet qui a autorisé les concessions et a fixé le tarif, et par les expéditions des actes de concession (art. 1542, § 16) : *la dépense de la part allouée aux pauvres ou aux hospices*, dans le produit des concessions de terrains dans les cimetières, est justifiée par la quittance à souche du receveur des hospices (art. 1542, § 80).

Du moment que la dépense de la part allouée aux pauvres ou aux hospices dans le produit des concessions de terrain dans les cimetières, figure au nombre des dépenses *des communes*, c'est que la recette de ces produits doit comprendre l'intégralité des concessions ; la conclusion est toute naturelle : s'il en était autrement, et si le versement du tiers affecté aux pauvres ou aux hospices devait être fait directement par les concessionnaires aux établissements de bienfaisance, le § 80 de l'article 1542 n'aurait aucune raison d'être.

LEGS D'UNE RENTE. Obligation des héritiers. Délivrance du legs.

Que doit faire le receveur, lorsque les biens laissés par celui qui a légué une rente perpétuelle, ont été vendus par les héritiers ?

Un receveur se trouve nanti d'un décret autorisant l'acceptation du legs d'une rente annuelle et perpétuelle. Il y a plusieurs héritiers. Les uns veulent racheter leur part de cette rente ; les autres, au contraire, veulent servir leur part de la rente, mais refusent toute garantie hypothécaire. Les biens meubles et immeubles de la succession ont été vendus : on ne nous dit pas si le prix en a été payé et partagé. Le Maire ne s'étant pas conformé aux prescriptions de l'article 948 de l'Instruction générale, le receveur municipal n'a pas pu prendre hypothèque sur les immeubles avant leur vente. Peut-il prendre inscription sur les biens personnels des héritiers, et doit-il, dans tous les cas, exiger la délivrance du legs ?

Tous ces points ont été traités dans l'Étude sur les rentes sur particuliers que nous venons de publier. Le légataire particulier possède sur les immeubles dépendant de la succession une véritable hypothèque légale (V. *Journal*, page 125 ci-dessus). Si le prix de la vente n'a pas encore été payé et régulièrement distribué, le receveur, sans s'arrêter à la formalité d'inscription aujourd'hui inutile ou sans effet, doit faire signifier à l'acquéreur un acte contenant copie du testament et du décret d'autorisation, à la suite duquel il lui fera défense de payer le prix de son acquisition (V. Code de proc. civ., art. 551, 557 à 582. — Saisie-arrêt). Il provoquera ensuite l'ordre de la distribution du prix (V. page 144 ci-dessus). D'un autre côté, comme la vente des immeubles affectés à la garantie de la rente, a rendu exigible le capital de cette rente (pages 142 et 156 ci-dessus), le receveur n'a plus à se préoccuper des garanties hypothécaires contre les héritiers pour sa conservation. Il doit, sans plus de retard, faire signifier à tous les héritiers l'acte du legs de la rente et celui de l'autorisation d'acceptation, et, par la même signification, actionner les héritiers en délivrance du legs et en déchéance du terme d'éligibilité du capital de la rente (pages 149 et 156 ci-dessus), indivisément, si le partage n'a pas eu lieu (C. N., art. 1017, § 2), ou, dans le cas contraire, individuellement et chacun pour la part et portion qu'il a recueillie dans la succession débitrice de la rente (même article, § 1er). Lorsque ces exécutions conservatoires auront été faites, le receveur en rendra compte par écrit au Maire, et il n'y a pas d'inconvénient, bien au contraire, à ce qu'il l'en prévienne auparavant (pages 125 et suiv., et 173 ci-dessus).

Le legs d'une rente étant une dette de la succession, affecte indivisément tous les biens immeubles de cette succession. Un partage en nature ne peut faire cesser cette solidarité entre tous les héritiers. En conséquence, lorsque l'établissement créancier croit devoir accepter le rachat partiel d'une rente, offert par quelques héritiers, de la part à laquelle ils seraient tenus, si l'indivisibilité de la dette n'existait pas, le receveur ne pourrait, sans exposer sa responsabilité, accepter ce rachat avant d'être nanti de l'autorisation du Préfet, approuvant le vote du Conseil d'administration. Dans tous les cas, il devrait exiger, pour la portion de rente non rachetée, l'engagement solidaire de tous les héritiers qui n'ont pas été compris dans cette autorisation de rachat, et l'affectation, par hypothèque, des biens de ces derniers, à la garantie de la portion de rente restant due.

Si le défaut d'inscription de l'hypothèque avant la transcription de l'acte de vente a compromis les intérêts de l'établissement légataire de la rente, la responsabilité de ce préjudice retombera sur le maire, attendu que l'inexécution des dispositions de l'article 948 de l'Instruction générale a seule empêché l'inscription de l'hypothèque avant la vente (V. pages 125 et 126 ci-dessus).

RECEVEUR SPÉCIAL. Décompte de remises. Réduction. Droits des receveurs des finances.

Un Trésorier-Payeur général a-t-il le droit de réduire le décompte d'un receveur municipal spécial, justiciable de la Cour des comptes, en ajoutant lui-même sur ce décompte une ou plusieurs opérations qui seraient, selon lui, non passibles de remises, tandis que le comptable et le Maire sont d'une opinion contraire ?

Un Maire a-t-il le droit de mandater un receveur municipal spécial, justiciable de la Cour des Comptes, du montant intégral du décompte qu'il a fourni sans avoir égard aux rectifications qui ont été faites par un Trésorier-Payeur général, et surtout a-t-il le droit de le faire lorsqu'il prend soin de joindre à son mandat un arrêté motivant l'ordonnancement?

Aux termes de l'article 1242 de l'Instruction générale du 20 juin 1859, les remises revenant aux receveurs sur les recettes et les dépenses effectuées sont prélevées par eux, à la fin de chaque trimestre, d'après un décompte établi suivant le modèle numéro 254. Chaque décompte est certifié conforme aux écritures par le comptable, l'ordonnateur des dépenses et le *receveur des finances*. L'obligation de certifier que les décomptes des receveurs municipaux et hospitaliers sont conformes aux écritures tenues par ces comptables, donne à MM. les receveurs des finances le droit incontestable de rectifier ces mêmes décomptes, en ce qu'ils ont de contraire aux prescriptions réglementaires. Nous avons inséré au *Journal des Percepteurs* de 1858, page 135, deux lettres de M. le Directeur général de la Comptabilité publique tranchant la question dans ce sens. MM. les receveurs des finances pourraient encore revendiquer le même droit à leur titre seul de supérieurs hiérarchiques, chargés de surveiller et de diriger les receveurs placés sous leurs ordres dans toutes les parties de leur service : ce privilége est encore incontestable.

L'obligation que l'Instruction générale impose à MM. les receveurs des finances de certifier les décomptes de remises des receveurs, leurs subordonnés, et le droit de modifier ces décomptes, sont-ils aussi avérés quand ces receveurs sont des receveurs spéciaux, justiciables de la Cour des Comptes?

Les règles de surveillance imposées à MM. les receveurs des finances par les articles 1317, 1284 et suivants de l'Instruction générale, les dispositions de l'article 1323 de cette même Instruction, en ce qui concerne la transmission des titres et la vérification des comptes de gestion, ne peuvent laisser aucun doute à cet égard : les receveurs spéciaux sont, comme les Percepteurs-receveurs, soumis à la surveillance réglementaire des receveurs des finances. Une Circulaire de S. Exc. M. le Ministre des finances, que nous avons insérée au *Journal* de 1865, page 99, contient à l'égard de la surveillance exercée par MM. les receveurs des finances sur la gestion des receveurs spéciaux des communes et d'établissements de bienfaisance, un rappel motivé à la rigoureuse observation des prescriptions existantes.

Appliquant ces principes aux questions qui nous sont posées, nous dirons d'abord, en ce qui concerne le droit d'un Trésorier-Payeur général de réduire le décompte de remises d'un *receveur spécial*, justiciable de la Cour des Comptes, que ce droit ne peut être plus discuté que s'il s'agissait de tout autre receveur.

Déjà, nous avions émis cette opinion dans notre Traité des Remises, page 75. En ajoutant sur un décompte une ou plusieurs opérations, considérées comme non passibles de remises, le même Trésorier-Payeur général ne nous paraît pas être sorti des règles de surveillance et de direction qui lui sont attribuées;

En ce qui concerne la deuxième question, nous ne pensons pas qu'un Maire ait le droit de prendre un arrêté motivant un mandatement contraire à la réformation d'une opération comptable, régulièrement prononcée *en la forme*, quoique contraire aux intérêts d'un receveur et à l'opinion de ce même Maire. Nous disons, à dessein, régulière *en la forme*, parce que tout à l'heure nous examinerons la question de fond. Les Maires ou les adjoints qui les remplacent sont, il est vrai, les seuls ordonnateurs des dépenses municipales; c'est-à dire que, dans les limites des crédits qui sont ouverts, ces fonctionnaires seuls peuvent délivrer les mandats de payement au nom des ayants-droit; mais les arrêtés de ces ordonnateurs n'ont pas reçu de la loi la force conférée aux arrêtés des Préfets. L'arrêté d'un Préfet, pris en exécution de l'article 61 de la loi du 18 juillet 1837, tient lieu du mandat refusé par un Maire; mais l'arrêté d'un Maire ne peut tenir lieu d'une pièce régulière, dont la production est exigée par les instructions à l'appui d'une dépense spécifiée. Nous devons cependant reconnaître que si un arrêté du Maire portant liquidation des remises, n'a pas une autorité définitive, le droit de liquider les remises ne peut être contesté par le Maire, sauf le droit de recours réservé au receveur.

A quelle autorité doit donc s'adresser un receveur pour obtenir l'allocation des remises auxquelles il pense avoir droit et que son chef de service ou le Maire refusent de lui laisser décompter?

Le paragraphe final de la Circulaire de M. le Ministre de l'intérieur du 20 avril 1843 (Traité des Remises, page 35) est ainsi conçu :

« *Jugement des contestations*. Les précédentes instructions n'ont pas indiqué devant qui devaient être « portées les difficultés qui pourraient s'élever entre « les administrations et les receveurs au sujet des « décomptes des remises. Ces questions sont de leur « nature évidemment administratives et ce ne pourrait être, en aucun cas, aux tribunaux civils à prononcer; c'est à l'autorité qui règle les dépenses et « en surveille la *liquidation* et l'ordonnancement « que la question devrait être déférée, sauf les appels de droit. Ainsi, Monsieur le Préfet, en ce qui « concerne les communes et les établissements de « bienfaisance dont vous arrêtez les budgets, vous « statueriez sur les difficultés relatives à la *formation des décomptes*, sauf aux parties à se pourvoir « par devers moi contre vos arrêtés. Je statuerais, « alors, comme je le ferais en premier ressort pour « les communes ou les hospices dont le revenu dépasse 100 000 fr, après m'être concerté avec mon « collègue des finances, chargé, ainsi que moi, de « l'exécution des ordonnances des 17 avril et « 23 mai 1839. »

En conséquence de la Circulaire précitée, le receveur qui nous consulte pourra déférer à M. le Préfet de son département la solution de la difficulté soulevée par M. le Trésorier-Payeur général à propos de son décompte de remises. Le comptable ne devra négliger de produire aucun des éléments, des pièces ou des documents qui lui paraissent de nature à déterminer en sa faveur la décision préfectorale : l'arrêté municipal, pris en sa faveur, fera nécessairement partie des pièces produites. En dernier ressort, l'appel à S. Exc. M. le Ministre de l'intérieur est réservé au receveur, si l'arrêté préfectoral est contraire à ses prétentions, ne lui paraît pas reposer sur les véritables principes et s'il a de sérieuses raisons de penser que cet arrêté puisse être réformé.

Les questions d'allocation ou de refus de remises sont, dans certains cas, excessivement délicates et demandent, pour être résolues convenablement et équitablement, une attention particulière : les employés chargés de vérifier les décomptes de remises, dans les recettes des finances, ne peuvent donc apporter, à notre avis, trop de soin et de circonspection dans l'examen de ces décomptes, afin, tout en accomplissant un devoir imposé aux chefs de service, de ne pas froisser les intérêts des comptables subordonnés, en écartant à tort et mal à propos des décomptes, des opérations qui devraient être légalement et légitimement rétribuées.

CHRONIQUE.

Nous croyons devoir rappeler aux comptables qu'ils trouveront un *Dépôt de nos Ouvrages dans toutes les Recettes des Finances*. Ils peuvent, par ce moyen, les examiner et s'en rendre compte jusqu'à un certain point, avant de les acquérir.

Il y a des volumes cartonnés et d'autres brochés.

Sur la demande de diverses personnes, nous avons fait fabriquer à l'usage de nos abonnés, des *cartons-releurs* pour collectionner et relier immédiatement chaque N° du Journal, au fur et à mesure de son apparition. Ces cartons sont reliés fort élégamment avec coins sur les plats et portent au dos en lettres dorées, le titre de *Journal des Percepteurs*. Le prix en est de 3 fr. 50, à envoyer avec la demande.

1er *Volume du Journal des Percepteurs*. (Nouvelle Série), année 1866. — Plusieurs de nos nouveaux abonnés, à partir de l'année 1867, n'ont pas encore notre volume de 1866. Nous leur ferons observer que ce volume, qui contient d'importants travaux, formera dans leur collection une absence fâcheuse. Ils pourront se trouver dès à présent gênés fréquemment par cette lacune, car nous avons souvent à mettre en corrélation ce 1er tome (qui est la base de notre nouvelle Série), avec ceux qui le suivent. Bientôt d'ailleurs, ce volume arrivera à s'épuiser, et il deviendra difficile de se le procurer.

Pour leur en faciliter l'acquisition, nous venons d'en faire relier un certain nombre d'exemplaires avec des cartonnages solides et élégants, et nous les céderons en ce moment à des conditions exceptionnelles.

PERMUTATION.

Un Percepteur de 2e classe (3400 fr. de remises), dans le département de la Marne, désire permuter avec un de ses collègues de même classe, des départements ci-après : Meurthe — Meuse — Moselle — Aisne.

Pour qu'il soit donné suite aux demandes, elles doivent être accompagnées de 2 fr. 50 c. en timbres-poste.

BULLETIN HEBDOMADAIRE DE LA BOURSE.

Cours des Fonds publics au 2 Août 1867.

Rentes et Actions.

3 0/0	69 ..	Midi	548 75
3 Jouis. 1er janvier	68 92	Nord	1142 50
4 1/2 0/0	100 ..	Orléans	878 ..
4 1/2 Jouis. 22 sept	99 95	Ouest	560 ..
		Cie parisienne du gaz	1552 50
4 0/0	88 ..	Soc. immobilière	102 50
4 Jouis. 22 sep	.. ..	Transatlantique	363 75
Obligations du Trésor	468 75	Messag. impér. (s-m.)	738 ..
Bons du Trésor	2 1/2	Canal de Suez	291 25
Banque de France	3360 ..	Italien 5 0/0	49 25
Comptoir d'escompte	745 ..	Emprunt Mexicain	11 ..
Crédit agricole	620 ..	Crédit mob. espagnol	222 50
Crédit foncier Colonial	557 50	Soc. autrichienne	447 50
Crédit foncier de France	1376 ..	Saragosse-Barcelone	40 ..
Crédit ind. et comm	632 50	Guillaume Luxemb.	120 ..
Crédit mobilier	337 50	Sud-autrichien lomb	370 ..
Créd. Mobilier (nouv.)	.. ..	Nord de l'Espagne	83 75
Dépôts. comptes cour	550 ..	Saragosse Pampelune	40 ..
Société générale	325 ..	Portugais	67 50
Ss-comptoir du com	410 ..	Chemins romains	75 ..
Charentes	340 ..	Saragosse	95 ..
Est	536 25	Victor-Emmanuel	69 50
Paris-Lyon-Méditerr.	878 75	Séville-Xéres	29 ..

Obligations.

Départ. de la Seine	229 25	Méditerranée	320 ..
Ville 1852. 5 0/0	1192 50	Paris-Lyon-Méditerr.	309 25
— 1855-1860	475 ..	Midi	308 25
— 1865	537 50	Nord	314 25
Crédit foncier. 1000 fr. à 3 0/0	.. ..	Orléans	311 75
Crédit foncier. 500 fr. à 4 0/0	.. ..	Grand-Central	312 ..
Crédit foncier. 10mes à 4 0/0	.. ..	Ouest	309 50
Crédit foncier. 500 fr. à 3 0/0	.. ..	Victor-Emmanuel	303 ..
Crédit foncier. 10mes à 3 0/0	.. ..	— 1863	101 ..
Crédit foncier. 500 fr. à 4 0/0 1863	.. ..	Cordoue-Séville	102 50
Crédit foncier. Com. 3 0/0	.. ..	Ligne d'Italie	27 50
Crédit foncier. 5es 3 0/0	.. ..	Lombard	215 50
Crédit foncier. Colonial	.. ..	Nord d'Espagne	120
Est	313 ..	Saragosse-Pampelune	77 50
Ardennes	309 ..	Portugais	85 ..
Lyon	318 ..	Romains	106 ..
Bourbonnais	314 25	Saragosse	147 50
Dauphiné	309 ..	Séville-Xérès-Cadix	80 ..
Lyon-Genève, gar	309 ..	— 94 ans.	.. ..

Valeurs diverses.

Ch. Charentes	362 50	Empr. Ottoman	253 75
Chemin du Médoc	262 50	Obl. Empr. Ottoman	237 50
Compt. Agriculture	530 ..	Ch. Ligne d'Italie	6 25
Caisse des ch. de fer	37 ..	Cie It. des ch. Médit	190 ..
Gaz de Marseille	465 ..	Soc. G. Ind. Amsterd.	305 ..
Banq. Créd. Pays-Bas	450 ..	Banque Ottomane	485 ..
Crédit Fonc. Autrich	620 ..	Crédit Mobil. Italien	280 ..
Obl. Autrich. 1865	323 75	Zinc, Vieille-Montagne	.. ..
Empr. Mexicain. Obl	100 ..		

Directeur, H. GALLETIER, Avocat à la Cour impériale de Paris.

JOURNAL DES PERCEPTEURS,

DES RECEVEURS DES FINANCES, ET DES RECEVEURS DES COMMUNES, HOSPICES, ETC.;
DES SURNUMÉRAIRES, ET DES ASPIRANTS.

2e Série. — 10 fr. par an. Un numéro toutes les semaines. 12e année. — N° 32

Quelques *Recettes des Finances* ne se sont pas encore munies de notre MANUEL DES PAYEMENTS; nous recommandons à leur attention cet ouvrage qui leur est absolument nécessaire.

SOMMAIRE.

ACTES OFFICIELS.

INSTRUCTION COMPLÉMENTAIRE DU MINISTRE DE L'INSTRUCTION PUBLIQUE *pour l'exécution de la loi du 10 avril 1867 sur l'instruction primaire.*

30 juin.

Monsieur le Préfet, ma circulaire du 12 mai dernier, en vous transmettant un certain nombre d'exemplaires de la loi du 10 avril 1867, vous faisait connaître dans quel sens le Gouvernement entendait que cette loi fût interprétée et les mesures préparatoires que vous aviez à prendre pour arriver à la mettre à exécution, du moins dans la mesure du possible, à partir du 1er janvier prochain.

Déjà plusieurs Préfets ont appelé les Conseils municipaux à délibérer sur les points qui doivent être préalablement soumis à ces assemblées locales; mais, comme les instructions dont je viens de parler plus haut ont pu arriver tardivement à quelques-uns de vos collègues, je crois devoir rappeler ici, très-succinctement, les questions qui tout d'abord doivent être examinées par les Conseils municipaux, puis par les Conseils départementaux, afin que chaque Préfet ait, en temps utile, les éléments du travail qu'il est appelé à mettre sous les yeux du Conseil général, et que ce dernier puisse, à son tour, voter les fonds nécessaires pour couvrir les dépenses que la loi du 15 mars 1850 et la loi nouvelle mettent à la charge des budgets départementaux.

Vous voudrez donc bien, monsieur le Préfet, dès la réception de cette circulaire et si vous ne l'avez pas déjà fait, provoquer les délibérations des Conseils munipaux de votre département :

1° Sur le nombre d'écoles spéciales aux garçons, mixtes, spéciales aux filles, de hameau et de cours d'adultes, qu'il y a lieu d'ouvrir ou de conserver dans chaque commune supérieure.

Si la population de la commune est à cinq cents âmes et que des raisons majeures puissent justifier une exception, qui d'ailleurs devra être fort rare, le Conseil municipal pourra demander à être dispensé d'entretenir une école spéciale de filles;

2° Sur le chiffre du traitement à allouer aux directeurs et aux directrices des écoles du hameau, s'il doit y en avoir dans la commune;

3° Sur l'opportunité d'affecter une portion de la rétribution scolaire au traitement des instituteurs-adjoints et des institutrices adjointes.

4° Sur le chiffre de l'indemnité à accorder aux directeurs et aux directrices des cours d'adultes communaux.

5° Sur l'établissement, s'il y a lieu, de la gratuité absolue dans les écoles publiques;

6° Sur la fixation du taux de rétribution destiné à déterminer le traitement éventuel de l'instituteur et de l'institutrice. Je saisis cette occasion pour rappeler que ce traitement éventuel, même lorsqu'il procure à l'instituteur ou à l'institutrice un émolument total supérieur aux *minima* garantis, leur est assuré pour l'année courante, comme ces *minima* eux-mêmes, par la commune, le département et l'État. Qu'il s'agisse, par exemple, d'un instituteur pour lequel s'ajoutent au traitement fixe de 200 francs, 1° un produit de rétribution scolaire soldé par 34 élèves payants à 12 francs et égal à 408 francs; 2° un traitement éventuel qui, calculé à raison de 10 francs par élève gratuit en vertu d'une fixation faite par le Préfet qui peut la modifier chaque année, donnerait, pour 36 gratuits, 360 francs : le total de ces éléments, qui atteint 968 francs, dépasse de 268 l'ancien *minimum* de 700 francs. Cet excédant, si la commune est pauvre, si les trois centimes spéciaux de la commune font défaut, sera garanti intégralement, comme le reste, par le département et l'État;

7° Sur la conversion, si le Conseil municipal juge à propos de la demander, du traitement composé de l'instituteur et de l'institutrice en un traitement fixe. Cette conversion ne pourra être demandée qu'autant que la commune n'aura recours ni au département, ni à l'État, pour couvrir la dépense de ses écoles.

En vous transmettant les délibérations prises par les Conseils municipaux, chacun de MM. les Maires aura le soin de vous indiquer celles des innovations consacrées par la loi du 10 avril 1867 qui ne pourraient, par un motif qu'on devra vous faire connaître, recevoir leur application à partir du 1er janvier.

Toutes ces questions, sauf celle inscrite sous le n° 4 et sur laquelle je statuerai après proposition de votre part, seront transmises sans aucun retard au Conseil départemental, qui prendra une décision sur les nos 1 et 3, et donnera son avis sur les nos 2, 5, 6 et 7.

Toutefois, le Conseil départemental pourra être saisi, dès à présent, des questions suivantes :

1° Désignation des écoles libres dans lesquelles l'engagement décennal pourra être réalisé ;

2° Désignation des écoles dans lesquelles il devra y avoir un ou plusieurs adjoints ou adjointes.

Les délibérations des Conseils municipaux et du Conseil départemental réunies entre vos mains, vous aurez à prendre les décisions que la loi laisse à votre autorité. En ce qui concerne la division en deux classes des institutrices communales et des instituteurs-adjoints, M. l'Inspecteur d'Académie vous fera des propositions écrites en s'inspirant des instructions du 12 mai dernier.

Quant aux délibérations du Conseil départemental qui doivent recevoir mon approbation, vous voudrez bien opérer de la manière suivante :

Les délibérations relatives au nombre d'écoles à ouvrir ou à maintenir dans chaque commune devront être résumées dans un état en double expédition, comprenant : 1° le nom des communes ; 2° la population ; 3° le chiffre des écoles à ouvrir avec indication, dans des colonnes différentes, du genre de chaque école. Une expédition de cet état, certifiée conforme aux délibérations du Conseil départemental, vous sera retournée revêtue de mon approbation.

Les délibérations relatives à la désignation des écoles dans lesquelles il y aura lieu de recevoir un ou plusieurs adjoints ou adjointes seront également résumées dans un état en double expédition, et qui fera connaître : 1° le nom de la commune ; 2° le chiffre d'élèves admis dans l'école ; 3° le nombre de maîtres ou de maîtresses à adjoindre à l'instituteur ou à l'institutrice titulaire. Expédition de cet état, certifiée par vous comme le précédent, vous sera également retournée avec mon approbation.

Les dossiers que vous aurez à me transmettre pour les communes qui demanderont l'établissement de la gratuité absolue, devront être composés :

1° D'une délibération du Conseil municipal votant en principe la mesure projetée ;

2° D'une délibération du Conseil départemental portant avis de cette assemblée ;

3° De la délibération portant vote de l'imposition extraordinaire de quatre centimes ;

4° De votre avis personnel faisant connaître les charges qui incomberaient au département et à l'État.

Ma décision sera notifiée immédiatement.

Toutes ces formalités remplies, vous aurez par devers vous, monsieur le Préfet, les éléments nécessaires pour établir votre travail des dépenses présumées de l'exercice 1868.

Ici trouve place une observation que je vous ai déjà faite dans ma circulaire du 12 mai, mais que je crois néanmoins utile de reproduire.

Beaucoup de communes, soit faute de locaux disponibles, soit par l'impossibilité dans laquelle vous serez de trouver immédiatement le nombre nécessaire d'institutrices, soit enfin par tout autre motif que vous aurez d'ailleurs à apprécier, ne pourront, dès la première année, se conformer aux prescriptions de la loi. Vous devrez donc tenir compte, dans vos prévisions de dépenses, des cas où forcément un délai devra être accordé aux communes pour remplir toutes leurs obligations légales.

Vos états de dépenses présumées seront établis, pour cette année et pour l'année prochaine, sur les formules ci-jointes, bien qu'elles soient destinées à servir de modèles pour l'impression des états de liquidation des dépenses d'après la loi nouvelle. A partir de 1869, l'état de liquidation de l'exercice précédent, auquel vous ajouterez, s'il y a lieu, une feuille supplémentaire indiquant les changements présumés, fera connaître au Conseil général le montant des dépenses de l'instruction primaire auxquelles il faudra pourvoir l'année suivante.

En plaçant sous les yeux du Conseil général l'état des dépenses à faire en 1868 et en l'invitant à voter, conformément à l'article 14 de la loi du 10 avril dernier, les trois centimes spéciaux destinés au service de l'instruction primaire, vous voudrez bien, monsieur le Préfet, appeler l'attention de cette assemblée sur les services que cette loi doit rendre à nos populations et sur les efforts que chacun, dans la sphère d'action qui lui est dévolue, doit faire pour seconder les vues du gouvernement de l'Empereur. Si les résultats à obtenir sont immenses, nous ne devons pas nous dissimuler que les obstacles sont nombreux et qu'au premier rang de ceux-ci il faut placer la question financière. Sans doute, en imposant aux départements le sacrifice d'un troisième centime, le législateur a créé, pour l'exécution de son œuvre, une ressource précieuse ; mais il n'ignorait pas qu'elle serait loin d'être suffisante, et il a surtout compté sur le bon esprit qui anime les Conseils généraux, sur leur dévouement aux populations qu'ils représentent, pour assurer, avec le concours de l'État, à un service si digne de l'intérêt de tous, la dotation sans laquelle les efforts les plus persévérants resteraient peut-être stériles. Les assemblées départementales sont surtout appelées, dans la pensée du législateur, à contribuer par des prélèvements volontaires sur leurs ressources disponibles : 1° au développement des cours d'adultes, qui comportent, en dehors de l'indemnité garantie aux instituteurs, plusieurs dépenses accessoires ; 2° à la gratuité absolue des écoles primaires, lorsqu'elle sera demandée par les Conseils municipaux, conformément au vœu des populations, et acceptée par le Conseil départemental et l'Administration comme utile et opportune au double point de vue du dégrèvement des charges locales et du progrès de l'instruction.

Les cours d'adultes, monsieur le Préfet, ont en ces derniers temps fait des progrès qui ont dépassé toutes les espérances et donné des résultats devant lesquels les plus incrédules ont dû s'incliner. Aussi l'entretien de ces cours une fois créés conformément à la loi nouvelle, constitue-t-il désormais pour les communes, les départements et l'État une dépense obligatoire au même titre que les dépenses des autres écoles publiques. Mais les ressources communales, départementales et législatives ne pourront faire face, dans un grand nombre de cas, à tous les frais d'un service qui a pris une si grande extension, et je ne doute pas que les Conseils généraux ne me mettent à même, par une allocation spéciale prise en dehors des trois centimes départementaux, de compléter l'œuvre si heureusement commencée, en accordant des subventions suffisantes pour les dépenses accessoires autres que celles dues aux maîtres et qui, bien que non prévues par l'article 14 de la loi, n'en sont pas moins indispensables.

Je vous serai obligé de m'accuser réception de cette circulaire, et de vous occuper immédiatement des différents points qu'elle traite.

V. DURUY.

JURISPRUDENCE SPÉCIALE.

CONSEIL D'ÉTAT.

QUESTIONS DE FORME ET DE PROCÉDURE.

CONSEIL DE PRÉFECTURE. — ARRÊTÉ REVISÉ.

— Un conseil de préfecture excède ses pouvoirs en revisant, sur une nouvelle réclamation de la partie intéressée, un premier arrêté qu'il avait rendu définitivement et contradictoirement. (Décr. 30 Janvier 1867. — Comm. de Villamblain.)

PÉTITION IRRÉGULIÈRE AU POINT DE VUE DU TIMBRE, MAIS RÉGULARISÉE AVANT LA DÉCISION DU CONSEIL DE PRÉFECTURE.

— Est recevable en la forme une demande sujette au timbre et présentée sur papier libre dans le délai légal, pourvu qu'elle soit reproduite sur papier timbré avant la décision du conseil de préfecture. (Déc. 8 Janvier 1867. — Min. du Fin.)

CONTRIBUTION PERSONNELLE ET MOBILIÈRE.

FRANÇAIS DOMICILIÉ EN FRANCE, ET NOMMÉ SUR PLACE AGENT CONSULAIRE D'UNE NATION ÉTRANGÈRE.

— Un Français domicilié en France, et nommé, après le 1er janvier, dans la ville de sa résidence, vice-consul d'une nation étrangère, dont les agents consulaires doivent jouir, en France, de l'exemption de l'impôt personnel et mobilier, n'est pas fondé à demander décharge de la portion non échue, au moment de son entrée en fonctions, de la contribution personnelle et mobilière à laquelle il a été régulièrement imposé au 1er Janvier. (Décr. 8 Janvier 1867. — Lauger.)

OFFICIERS D'ÉTAT-MAJOR ATTACHÉS A L'ARMÉE DE PARIS.

— Un capitaine d'état-major attaché à une division de l'armée de Paris est imposable à la contribution personnelle et mobilière au même titre et dans la même proportion que les autres habitants de ladite ville. (Décr. 8 Janvier 1867. — *Damas.* — Seine.)

CONTRIBUTION DES PORTES ET FENÊTRES.

MANUFACTURE. — ÉTABLISSEMENT DE TISSAGE A LA MAIN OCCUPANT QUATORZE OUVRIERS ET AYANT QUINZE OUVERTURES.

— Un établissement de tissage à la main, contenant quatorze métiers occupés chacun par un ouvrier et ayant quinze ouvertures, doit être considéré comme une manufacture. (Décr. 30 Janvier 1867. — Min. des Fin.)

PAVILLON CONSTRUIT SUR LA TOITURE D'UNE MAISON AU-DESSUS DE L'ESCALIER.

— Un pavillon construit sur la toiture et au-dessus de l'escalier d'une maison d'habitation, doit être considéré comme une dépendance de l'habitation et être imposé à la contribution des portes et fenêtres. (Décr. 20 février 1867. — Bouché.)

CONTRIBUTION DES PATENTES.

AGENT D'AFFAIRES. — AVOCAT NON INSCRIT AU TABLEAU DE L'ORDRE.

— Un avocat non inscrit au tableau de l'ordre est imposable à la patente comme agent d'affaires, lorsqu'il tient un cabinet ouvert au public, donne des consultations sur les questions litigieuses, instruit des affaires, rédige des mémoires en défense et des exploits. (Décr. 8 Janvier 1867. — Baratier.)

BANQUE (SUCCURSALE D'UNE MAISON DE).

— Un banquier qui a, dans une commune autre que celle où est le siége de son industrie, un préposé chargé de recouvrer des effets de commerce, d'escompter des billets payables sur diverses places et adressés à l'établissement principal qui les négocie, de faire des versements entre les mains des clients, de remettre, contre espèces, des lettres de crédit émanant de l'établissement principal, doit être considéré comme ayant un établissement secondaire de banque et non d'escompte. (Décr. 8 Janvier 1867. — Simon-Rémy.)

BOUES (ENTREPRENEUR DE L'ENLÈVEMENT DES) UTILISANT CES BOUES POUR L'AMENDEMENT DE SES TERRES.

— Celui qui a entrepris le balayage et l'enlèvement des boues d'une partie d'une ville, moyennant l'abandon des produits enlevés et une subvention annuelle, est imposable à la patente à raison de cette entreprise, bien qu'il consacre exclusivement les boues à l'amendement de ses terres. (Décr. 14 Janvier 1867. — Gillet.)

COMMISSIONNAIRE EN MARCHANDISES. — FAITS CONSTITUTIFS.

— Est imposable à la patente comme commissionnaire en marchandises, celui qui achète sous sa responsabilité, pour le compte des marchands, des vins qu'il leur expédie moyennant un droit de commission. (Décr. 14 Janvier 1867. — Ravier.)

DÉCÈS D'UN ASSOCIÉ EN NOM COLLECTIF.

— Le décès de l'associé principal dans une société en nom collectif composée de deux personnes ne donne lieu, lorsque l'associé secondaire a continué pour son compte l'exploitation de l'ancien établissement social, à réduction de la patente ni de l'associé principal ni de l'associé secondaire. (Décr. 8 Janvier 1867. — Loubière et Grenet.)

DROIT FIXE.—INSTRUMENTS DE PRODUCTION DANS UN MOULIN.

— Le droit fixe de patente d'un exploitant de moulin qui a dans son établissement une paire de meules, une paire de cylindres et une presse, doit être calculé à raison de chacun de ses éléments de production. (Décr. 20 Décembre 1866. — Berthemy.)

EXPERTS EN ÉCRITURES PRÈS LES TRIBUNAUX CIVILS.

— Celui qui est habituellement désigné par un juge d'instruction près un tribunal civil, pour procéder à des vérifications d'écritures, est imposable à la patente par assimilation avec la profession d'expert pour le partage et l'estimation des propriétés. (Décr. 14 Janvier 1867. — Vanauld.)

FACTEUR DE FABRIQUE. — FAITS CONSTITUTIFS.

— Celui qui se charge de faire confectionner par des ouvriers à façon des objets de bonneterie pour le compte de plusieurs fabricants, est imposable à la patente, en qualité de facteur de fabrique, du moment qu'il surveille, sous sa responsabilité, l'emploi des matières premières à lui fournies par ses commettants, et qu'il est rétribué à raison du nombre et de l'importance des objets fabriqués. (Décr. 30 Janvier 1867. — Maret-Petit.)

HALLES ET MARCHÉS (ADJUDICATAIRE DES DROITS DE) AYANT CÉDÉ SON ENTREPRISE A UN TIERS.

— Un adjudicataire des droits de halle dans une commune est imposable à la patente en ladite qualité, alors même qu'il a, par un traité particulier, cédé son entreprise à un tiers. (Décr. 30 Janvier 1867. — Rougiéras.)

SOUS-TRAITANT. — TRAVAUX PUBLICS. — SERRURIER QUI SOUS-TRAITE DE L'EXÉCUTION DES TRAVAUX DE SERRURERIE AVEC L'ADJUDICATAIRE DE LA CONSTRUCTION D'UN BATIMENT PUBLIC.

— Un serrurier qui, par un marché passé avec l'adjudicataire des travaux de construction d'un bâtiment public, se borne à sous-traiter de l'exécution des travaux de serrurerie à effectuer dans ledit bâtiment, ne peut être considéré que comme ayant fait un acte de sa profession de serrurier, et ne saurait être imposé à la patente comme entrepreneur de travaux publics. (Décr. 8 Janvier 1867. — Chauvet.)

TAXE MUNICIPALE SUR LES CHIENS.

LIEU DE L'IMPOSITION.

— Celui qui, habituellement, se fait suivre de ses chiens dans la commune de son domicile et les y a déclarés, a droit à la décharge de la triple taxe qui lui a été attribuée sur la commune habitée par son garde particulier, chez lequel lesdits chiens ne sont restés que par exception et contre sa volonté, après le 1er Janvier. (Décr. 11 Juin 1866.— Comm. de Ménil-la-Tour.)

QUESTIONS DIVERSES

CONTRIBUTIONS PRIVILÉGIÉES. IMMEUBLES VENDUS. ACQUÉREUR AYANT PERÇU LES REVENUS AFFECTÉS AU PRIVILÉGE.

L'acquéreur d'une maison qui a touché les loyers de l'année 1866 est-il fondé à prétendre qu'on ne peut le poursuivre pour les contributions de 1866 échues au jour de son acquisition?

On nous écrit de...

« En décembre 1865, un jugement de première instance a prononcé pour défaut de payement la résolution d'une vente consentie à une commune. Appel de la part de la commune et confirmation du premier jugement par la Cour en mai 1866.

En 1866, la commune se trouve inscrite au rôle malgré qu'elle soit dépossédée; mais aucune précaution n'avait été prise pour le payement de l'impôt : absence totale de ressources, de crédit au budget, et exercice clos en déficit, etc...

En 1867, le nouveau propriétaire figure au rôle, et je lui ai fait signifier, il y a peu de jours, un commandement dans lequel je demande les 12es échus de 1867 et l'année 1866, en vertu de l'article 77 de l'Instruction Générale; il a d'ailleurs fait acte de propriété en 1866, en recueillant les revenus.

L'acquéreur a répondu à mon commandement : 1° par un acte d'office comprenant les 12es de 1867; 2° par une opposition en ce qui concerne 1866, le motif pris de ce que je suis sans titre exécutoire contre lui puisqu'il ne se trouve pas inscrit au rôle.

Mon intention est de soutenir devant le tribunal la validité du commandement et de faire pratiquer une saisie-brandon sur une coupe de bois vendue par le propriétaire et exploitée en ce moment. J'ai bien trouvé dans votre journal de 1866, page 229, deux jugements en ma faveur, et à la page 94 et 95 du volume de 1860 une réponse du Ministre des finances; mais je voudrais encore être affermi dans ma manière de voir par votre conseil, dont j'apprécie toute la valeur.

Car, ici, ma situation se complique de cette difficulté, que je n'ai pas le droit pour 1866 de poursuivre par commandement l'ancien propriétaire puisque c'est une commune; et que je suis dans l'impossibilité de faire une saisie-arrêt entre les mains de l'acquéreur de la coupe qui en a soldé le prix.

Il faut donc que mon commandement soit déclaré valable pour 1866, afin que je puisse exercer utilment le privilége du Trésor, ou les dispositions de la loi du 12 novembre 1808 et le texte de l'article 77 de l'Instruction ne sont que lettres mortes.

Ne serait-il pas plus simple de faire une *sommation* à l'acquéreur de la coupe et sur son refus d'y obtempérer (ce qui est inévitable puisqu'il a payé) de faire pratiquer une saisie-brandon sur le bois qui est la garantie de l'impôt et sur lequel j'ai incontestablement le privilége? »

L'article 77 de l'Instruction générale qui est la reproduction de la loi du 12 novembre 1808, accorde au Trésor un privilége pour l'année courante et l'année échue, sur tous les fruits, loyers et revenus des biens immeubles sujets à la contribution foncière et à celle des portes et fenêtres, abstraction faite de tout changement de propriétaire (Arrêt Cour de cassation, du 6 juillet 1852); et ce privilége suit les objets qui y sont soumis, en quelque main qu'ils passent, *pourvu qu'ils n'aient pas cessé d'appartenir au redevable*. L'article 85 règle la procédure à suivre contre les détenteurs et dépositaires des fruits, loyers et revenus assujétis au privilége du Trésor. Il est suivi d'une note officielle ainsi conçue : « En cas de refus par les tiers-détenteurs ou dépositaires de remettre au Percepteur les deniers affectés au privilége du Trésor, ils peuvent y être contraints par les mêmes moyens que les contribuables eux-mêmes, » c'est-à-dire par voie de garnison, de commandement, etc. Les fermiers et locataires eux-mêmes peuvent être poursuivis directement, quoique non inscrits nominativement aux rôles, à la place des propriétaires et usufruitiers. Ainsi, le motif d'opposition du nouveau propriétaire, tiré de ce qu'il n'est pas inscrit au rôle de 1866, pour refuser le payement des contributions afférentes aux biens dont il a perçu les revenus de cette même année 1866, nous paraît dépourvu de toute valeur. N'aurait-il reçu que les revenus de l'année 1867, qu'il nous paraîtrait encore débiteur des contributions de l'année 1866 privilégiées sur ces revenus; non pas personnellement sur ces propres biens, mais réellement en sa qualité de détenteur de deniers affectés au privilége du Trésor, et jusqu'à concurrence du montant des fruits, loyers et revenus qu'il a récoltés ou perçus.

Par une conséquence qui découle de la distinction que nous venons d'établir, nous devons ajouter que le commandement ne sera déclaré valable qu'à la condition de donner au nouveau propriétaire poursuivi la qualité de tiers-détenteur de deniers affectés au privilége du Trésor. Dès lors, si la signification lui a été faite, en la seule qualité, *spécifiée au commandement*, de nouveau propriétaire ou acquéreur, il faut s'empresser de lui faire signifier un second commandement complétant le précédent en attribuant à l'acquéreur la 1re qualité de tiers-détenteur, qui seule le constitue débiteur. En effet, la qualité d'acquéreur ne lui impose l'obligation d'acquitter l'impôt qu'à partir du jour de son acquisition : c'est ainsi qu'il faut interpréter l'article 78 de l'Instruction générale, lequel renferme plutôt un conseil qu'une disposition comminatoire. Les acquéreurs y sont engagés à s'assurer du payement de l'impôt jusqu'au jour de la vente, en raison du privilége qui frappe les fruits et revenus des biens acquis par eux.

Les bois sur pieds sont des immeubles sur lesquels le Trésor n'a pas de privilége; ils ne deviennent meubles, et par conséquent objets soumis au privilége, que lorsqu'ils ont été abattus. Le prix des coupes est un revenu affecté à la garantie de l'impôt : c'est au Percepteur, par sa vigilance, à s'assurer l'exercice du privilége auquel il a droit sur ce prix. Car, il faut remarquer que la loi n'accorde privilége que sur les objets mobiliers appartenant encore aux redevables; de sorte que si une coupe de bois a été régulièrement vendue et payée, elle cesse de former la garantie due par le propriétaire du sol. Il faut donc n'entamer qu'avec la plus grande circonspection, une procédure contre l'acquéreur d'objets mobiliers ayant appartenu à un redevable, et s'abstenir de toute action contre lui, lorsqu'il faut produire en justice un acte de vente et une quittance du prix, ayant acquis par leur enregistrement une date certaine, antérieure aux exécutions. La déposition favorable de témoins lui suffirait, si le prix de la vente n'était pas supérieur à 150 francs.

TIMBRE. Quittances de subventions aux établissements charitables.

Les quittances délivrées par les receveurs des hospices et des bureaux de bienfaisance, pour les subventions accordées par la commune, le département ou l'État, sont-elles sujettes au timbre?

La loi du 8 juillet 1865 a réduit à 20 centimes le droit de timbre des quittances délivrées par les comptables. Elle a rendu obligatoire, de facultative qu'elle était précédemment pour les contribuables, la délivrance des quittances assujetties au timbre. Mais elle n'a supprimé aucune des exemptions de droit de timbre déjà octroyées. Ainsi les art. 1009, 13° et 1543, § 67, de l'Instruction générale, qui dispensent de cette formalité les quittances des sommes allouées, à titre de subvention, aux bureaux de bienfaisance et aux hospices, restent entièrement en vigueur.

COMPTABILITÉS OCCULTES. Croix du cimetière changée ou placée par le curé-desservant.

Un curé-desservant a-t-il le droit de remplacer, sans autorisation, une croix du cimetière; et a-t-il le pouvoir de faire construire lui-même une croix au moyen de souscriptions provoquées et recueillies par lui?

On nous écrit de...

« Le curé de... a annoncé de la chaire à ses paroissiens qu'il avait l'intention de remplacer la croix du cimetière. La dépense s'élèvera à environ 300 fr. Il a pris, dit-il, dans la caisse de la Fabrique, avec le consentement des fabriciens, 109 fr.; et il a recueilli par voie de souscription 160 fr. Lorsqu'il a compris qu'il pourrait se trouver en présence de quelques difficultés soulevées par l'autorité municipale, à laquelle il ne voulait pas faire part de son projet, il s'est adressé directement à M. le Préfet et lui a écrit en ces termes : J'ai l'honneur de venir vous demander l'autorisation de placer une croix au cimetière. » Cette lettre a été communiquée au Maire pour donner avis et observations. En même temps la pierre de taille et autres matériaux ont été transportés au cimetière et déposés à côté de l'ancienne croix par ordre de M. le curé.

Le Maire, quoique étonné de ces procédés, a cru devoir donner *verbalement* l'autorisation de commencer les travaux, sur la demande de M. le vicaire qui prétendait que les souscripteurs désiraient voir la croix placée pour le jour de la fête du Saint-Sacrement. La croix a donc été placée sans autre formalité, le Maire n'a pas répondu à M. le Préfet, et les choses en sont là. La commune vote chaque année une forte subvention pour les frais du culte, et c'est grâce à cette subvention que cette année il y a dans la caisse de la fabrique un excédent disponible de 109 francs.

Tout se passant ainsi, le Conseil municipal n'a-t-il pas le droit d'exiger que l'affaire lui soit soumise? Le Maire avait-il qualité pour autoriser seul les travaux, et le curé pour les entreprendre? N'y a t il pas là une gestion occulte justiciable du Conseil de Préfecture? — Que doit faire le receveur municipal ? »

Nous avons traité longuement aux pages 83, 99 et 186 ci-dessus, des questions ayant de l'analogie avec celles qui précèdent. Nous y renvoyons notre consultant pour une étude approfondie des questions qu'il a posées.

Le cimetière étant une propriété communale, nul n'a le droit d'y apporter le moindre changement, sans l'autorisation expresse du Conseil muncipal et l'approbation de l'autorité supérieure. L'autorisation du Maire n'est pas suffisante. Le curé de... a donc violé les droits du Conseil municipal, et il a cherché à les éluder en sollicitant une autorisation qui ne peut lui être accordée qu'après le Conseil municipal aura été consulté. (Loi du 18 juillet 1837. — Voir aussi notre *Guides des Fabriques*, page 180).

Il n'avait pas davantage le droit d'encaisser les dons volontaires ayant pour objet de subvenir aux frais de construction et de placement d'une croix au cimetière communal, et d'employer le produit de dons sans l'intervention de la caisse municipale. Nous avons établi surabondamment ce point dans le *Journal* de 1866, pages 277, 345, 361 et 375. S'il s'agissait de travaux intéressant la Fabrique, nous admettrions l'intervention du Trésorier, autorisé à cet effet, mais nullement celle du curé-desservant. (*Même Guide*, page 407.) Mais il s'agit ici de travaux essentiellement communaux, soldés au moyen de fonds appartenant exclusivement à la commune. (*Journal* de 1867, pages 83, 99 et 186). Le curé de... s'est donc immiscé sans titre dans le maniement de deniers publics, et par cet acte s'est rendu coupable d'une gestion occulte dont il doit compte au Conseil de Préfecture, sans préjudice d'autres actions en répression et en dommages-intérêts (*Journal* de 1866, pages 81, 83 et 193). Les fonds recueillis par souscriptions, constituant une ressource communale, devaient à ce titre être versés à la caisse municipale; il en est de même des fonds alloués par la Fabrique pour cette dépense, attendu que la part contributive de la commune (160 fr.) est supérieure à celle de la Fabrique [109 fr.] (Instr. gén., art. 996). Encore faut-il considérer, dans le cas présent, cette ressource comme entièrement communale. En effet, la Fabrique recevant chaque année de la commune une subvention d'une somme au moins égale au chiffre pour lequel la Fabrique contribue à la construction d'une croix, celle-ci ne peut affecter cette subvention à une autre destination que celle pour laquelle elle a été accordée par le Conseil municipal Or, la commune n'étant tenue de subvenir aux frais du culte qu'en cas d'insuffisance de ressources constatée par le budget de la Fabrique, et pour les *dépenses obligatoires* du culte (*Guide des Fabriques*, pages 470 et suiv., 191 et suiv., 256 et suiv., et 380), il est évident que l'allocation votée par le Conseil municipal n'était pas destinée à acquitter les frais d'érection d'une croix au cimetière, frais qui constituent une dépense exclusivement communale. Lorsqu'il arrivera que la Fabrique, dans le but de substituer son action à celle de la commune, dispose ainsi, sans autorisation, pour des *dépenses facultatives* pour elle, de fonds provenant de la caisse communale et destinés à l'acquittement des dépenses obligatoires, il sera du devoir du Conseil municipal et du Maire de refuser toute subvention à la Fabrique, jusqu'à ce que ces actes irréguliers aient été redressés. Ainsi le Conseil municipal possède des moyens suffisants pour s'opposer à l'exécution par des tiers de travaux intéressant la commune, soit par un refus de subvention, soit par un refus d'autorisation, lorsque cette autorisation, qui est indispensable, lui est demandée.

Le comptable nous demande ce qu'il a à faire. La conduite à tenir par lui est tracée par la loi du 18 juillet 1837, articles 62 et 64, par l'Instruction générale articles 812 et 849, et par la Circulaire ministérielle, en date du 25 février 1865.

Il est de son devoir de signaler au Préfet, par l'intermédiaire du receveur des finances, toutes les comptabilités occultes qui parviennent à sa connaissance. Il exposera toutes les circonstances de celles-ci et il ne faut pas douter, en présence des instructions formelles de l'autorité supérieure (1), que le Préfet ordonnera à son auteur de rendre compte au Conseil de Préfecture. Il serait à désirer que quelques exemples de sévérité ou plutôt de justice, viennent mettre un terme aux innombrables gestions occultes qui se produisent sur tous les points de la France.

(1) Les circulaires de MM. les Préfets de la Seine et de la Seine-Inférieure ont été portées à la connaissance de tous les Maires de l'empire. Elles ont été insérées dans le *Bulletin officiel* du Ministère de l'Intérieur.

Nous renouvelons aux comptables le conseil que nous leur avons déjà donné, d'unir tous leurs efforts pour empêcher ou réprimer des actes qui portent à leurs intérêts un si grave préjudice.

Nous connaissons, entre mille, un fait désolant que le receveur municipal intéressé n'a pas encore eu, sans doute, le courage de dévoiler à l'autorité supérieure : comme s'il fallait du courage pour remplir les devoirs de ses fonctions! (Voir procès-verbal de vérification du service, page 7, art. 18).

Les comptables ne doivent pas oublier qu'une comptabilité occulte tolérée en fait naître dix autres. Que sera-ce, si elle a l'importance de celle dont nous allons parler !

La ville de Saint-P... va construire une nouvelle église dont la dépense est évaluée à environ 130000 f.

L'autorité municipale paraît ignorer ses droits, car elle discute depuis longtemps avec le curé de la ville, les formes de la construction et le chiffre de la dépense. Or, voici qu'elle est la situation : Les habitants ont souscrit une somme de 90 000 fr. dont le recouvrement est fait par M. le curé, *au domicile des souscripteurs*, et par termes ; et la ville contribuera encore à cette reconstruction, pour une somme d'environ 30 000 fr., sans compter la valeur des matériaux provenant de la démolition de l'ancienne église. Le Receveur ne devrait pas perdre de vue le décret rendu en Conseil d'État contre l'abbé Thervaux (*Journal* de 1867, pages 84 et 85), et pour se conformer aux prescriptions de l'art. 840 de l'Instruction Générale il ne devrait pas laisser improductives entre les mains de M. le curé les sommes déjà recouvrées par celui-ci. Il doit aussi à ses collègues de ne pas laisser s'accomplir une si profonde violation des droits des communes, car cet exemple aurait bientôt de nombreux imitateurs.

COMPTABILITÉS OCCULTES. SOCIÉTÉ DE SECOURS POUR L'EXTINCTION DE LA MENDICITÉ.

Une société ayant pour but de soulager les pauvres peut elle exister simultanément avec les commissions administratives de l'hospice et du bureau de bienfaisance?

On nous demande si les opérations de cette société (1) qui s'accomplissent toutes en dehors de l'action légale ne constituent pas une gestion occulte, et si le receveur du bureau de bienfaisance et de l'hospice qui existent dans la ville de M..... n'est pas en droit de refuser le versement, entre les mains du Trésorier de cette société irrégulière, de la somme de 1200 fr. votée annuellement par l'établissement à titre de secours en blé, farine et pain, etc. Le Trésorier a touché jusqu'à ce jour cette somme, sur mandat du Maire ordonnancé en son nom. Ce payement lui était fait sur la production de mémoires de fournitures de pain, etc., certifiés et acquités par lui, et ce, au mépris de l'article 661, dernier alinéa, de l'Instruction générale, qui prescrit de n'effectuer les payements qu'entre les mains des créanciers réels, les fournisseurs ou leurs ayants cause. Or, ce Trésorier n'étant, ni boulanger, ni boucher, n'était pas le créancier direct.

Pour donner une idée de l'importance de ces sociétés il suffit de dire que les recettes annuelles de la société de M. ... (Ariége), dont il s'agit, s'élèvent à 4436 fr. ,parmi lesquels figure la somme de 1200 fr. allouée annuellement par le bureau de bienfaisance.

Il y a à se demander dans l'espèce, comment il se fait que le Maire de M..... qui est en même temps le président de la Commission administrative de l'hospice et du bureau de bienfaisance administratif, ignore la destination de ces deux établissements charitables et l'étendue de leurs attributions (que nous avons précisées à la page 121 ci-dessus.)

Les ressources du bureau de bienfaisance et de l'hospice, allègue-t-il, dans son compte-rendu des opérations de sa société privée, ne suffisent pas pour soulager toutes les nécessités, Nous avons besoin de faire appel à la charité des habitants. — M. le Maire oublie-t-il donc que les administrations des hospices et des bureaux de bienfaisance ont seules qualité pour faire cet appel et recueillir des dons volontaires, et que quiconque fait des quêtes pour les pauvres est tenu d'en verser immédiatement le produit à la caisse de l'établissement intéressé ?

Alors que le receveur place donc sous ses yeux notre *Journal* de 1866, pages 345, 351 et 375, ainsi que l'article 1071 de l'Instruction générale.

Étant constatée l'illégalité d'une association du genre de celle de M..... qu'on nous signale, nous terminerons par l'indication de la marche à suivre par le receveur. Il doit refuser le payement au Trésorier de l'association pour l'extinction de la mendicité, (société qui, au résumé, n'a pas d'autre but que le soulagement des pauvres), de la somme de 1200 francs alloués au budjet de l'établissement légal du bureau de bienfaisance, pour secours en nature aux indigents. Cette somme ne doit être payée qu'aux fournisseurs réels sur la production de mémoires dressés par eux dans la forme usitée, visés par le Maire président, et appuyés des bons délivrés par le maire aux indigents, là où existe l'usage de la délivrance de bons. Il est encore de son devoir, non-seulement de refuser ce payement irrégulier, mais encore de faire connaître l'existence de cette société illégale qui usurpe les fonctions des administrations charitables. Il joindra à son compte de gestion, comme élément d'appréciation, une copie du compte-rendu des opérations de la société.

---

(1) Elle se qualifie de *Société de secours pour l'extinction de la mendicité*.

CHRONIQUE.

Nous croyons devoir rappeler aux comptables qu'ils trouveront un *Dépôt de nos Ouvrages dans toutes les Recettes des Finances*. Ils peuvent, par ce moyen, les examiner et s'en rendre compte jusqu'à un certain point, avant de les acquérir.

Il y a des volumes cartonnés et d'autres brochés.

NOMINATIONS ET MUTATIONS.

Ont été nommés Percepteurs :

A Dosnon (Aube), 5ᵉ classe, M. Michaux, percepteur-surnuméraire;

A Eyguières (Bouches-du-Rhône), 4ᵉ classe, M. Deschamps de Brèche, percepteur de Maussanne;

A Cozes-Royal (Charente-Inférieure), M. Bernard, percepteur-surnuméraire;

A Châtillon-le-Duc (Doubs), 4ᵉ classe, M. Maire;...

A Saint-Pierre-de-Vauvray (Eure), 5ᵉ classe, M. Anseaume, percepteur d'Heuqueville;

A Maintenon (Eure-et-Loir), 2ᵉ classe, M. Radel;...

A Arzano (Finistère), 5ᵉ classe, M. Lecoq, percepteur-surnuméraire;

A Saint-Quentin (Gironde), 5ᵉ classe, M. Martineau, percepteur-surnuméraire;

A Saint-Christol (Hérault), 5ᵉ classe, M. Vidla, percepteur de Ceilhes;

A Loché (Indre-et-Loire), 5ᵉ classe, M. Peyrot, percepteur-surnuméraire;

A Saint-Barthélemy (Loire), 5ᵉ classe, M. Douce, percepteur-surnuméraire;

A Ligné (Loire-Inférieure), 5ᵉ classe, M. Joyau, percepteur-surnuméraire;

A Saint-Waast La Hougue (Manche), 3ᵉ classe, M. Bernardeau, percepteur de Saint Georges;

A Ninville (Meuse), 5ᵉ classe, M. Person, percepteur-surnuméraire;

A Vendegies (Nord), 3ᵉ classe, M. Toussaint, percepteur de Saint-Martin-Osmanville;

A Wierre-Effroy (Pas-de-Calais), 5ᵉ classe, M. Barbier, percepteur-surnuméraire;

A Soultzbach (Haut-Rhin), 4ᵉ classe, M. Nemeyer, percepteur de Tagsdorff;

A Saint-Martin (Seine-Inférieure), 4ᵉ classe, M. Floucaud, percepteur de Beaulieu;

A Longueval (Somme), 5ᵉ classe, M. Proyart, percepteur-surnuméraire;

A [illegible] (Somme), 5ᵉ classe, M. Desplan, percepteur de Saint-Riquier;

A [illegible] d'Albi (Tarn), M. Durand, percepteur de Trébas;

A [illegible] (Var), 5ᵉ classe, M. Vaussan, percepteur-surnuméraire.

VOLUMES DE LA 1ʳᵉ SÉRIE

DU JOURNAL DES PERCEPTEURS

Ces volumes qui commencent à devenir rares sont du prix de 5 fr.

Délais pour le payement.

MANUEL DES PAYEMENTS

PAR LES PERCEPTEURS

DES MANDATS ET ACQUITS DU TRÉSORIER GÉNÉRAL

AVEC SERVICE DU PAYEUR

Fait sous la Direction de

M. H. GALLETIER

Avocat à la cour de Paris, Directeur du Journal des Percepteurs

Avec la collaboration de M. J. P., Percepteur

1 vol. de [illegible] pages. — Prix : 3 fr. 50 c.

Le prix doit être envoyé avec la demande, en timbres poste

Cet Ouvrage nous avait été demandé plusieurs fois, car il n'en existe pas d'autre sur cette matière délicate et difficile, dont on est obligé de rechercher, avec beaucoup de peine et de temps, les principes épars en plusieurs endroits différents.

A une époque déjà reculée, il avait été publié un volume sur cette matière, intitulé *Code des Payeurs*, par M. Fasquel; mais on sait que depuis ce temps les Instructions ont apporté de nombreuses modifications. Ce volume se vendait 10 francs.

Les dernières Instructions ministérielles viennent de donner un nouvel intérêt d'opportunité à cet ouvrage.

BULLETIN HEBDOMADAIRE DE LA BOURSE.

Cours des Fonds publics au 9 Août 1867.

Rentes et Actions.

3 0/0	69 45	Midi	551 25
3 Jouis. 1 janvier	69 37	Nord	1145 ..
4 1/2 0/0	100 95	Orléans	877 50
4 Jouis. 22 sept.	99 95	Ouest	562 50
4 0/0	88 ..	Cie parisienne du gaz	1555 ..
4 Jouis. 22 sep.	.. ..	Soc. immobilière	153 75
Obligations du Trésor	468 75	Transatlantique	355 ..
Bons du Trésor	2 1/2	Messag. impér. (s-m.)	735 ..
Banque de France	3328 ..	Canal de Suez	305 ..
Comptoir d'escompte	720 ..	Italien 5 0/0	48 25
Crédit agricole	625 ..	Emprunt Mexicain	12 ..
Crédit foncier Colonial	557 50	Crédit mob. espagnol	217 50
Crédit foncier de France	1380 ..	Soc. autrichienne	470 ..
Crédit ind. et comm.	640 ..	Saragosse-Barcelone	40 ..
Crédit mobilier	323 75	Guillaume-Luxemb.	118 75
Créd. Mobilier (nouv.)	.. ..	Sud-autrichien-lomb.	377 50
Dépôts. comptes cour.	550 ..	Nord de l'Espagne	76 ..
Société générale	332 50	Saragosse Pampelune	40 ..
Ss-comptoir du com.	410 ..	Portugais	65 ..
Charentes	340 ..	Chemins romains	68 ..
Est	535 ..	Saragosse	88 ..
Paris-Lyon-Méditerr.	875 75	Victor-Emmanuel	61 ..
		Séville-Xérès	28 ..

Obligations.

Départ. de la Seine	228 ..	Méditerranée	318 ..
Ville 1852. 5 0/0	1200 ..	Paris-Lyon-Méditerr.	311 25
— 1855-1860	461 25	Midi	308 50
— 1865	530 ..	Nord	314 25
Crédit foncier. 1000 fr. à 3 0/0	.. ..	Orléans	312 ..
Crédit foncier. 500 fr. à 4 0/0	.. ..	Grand-Central	311 75
Crédit foncier. 10ᵉˢ à 4 0/0	.. ..	Ouest	309 50
Crédit foncier. 500 fr. à 3 0/0	.. ..	Victor-Emmanuel	304 ..
Crédit foncier. 10ᵉˢ à 3 0/0	.. ..	— 1863	107 ..
Crédit foncier. 500 fr. à 4 0/0 1863	.. ..	Cordoue-Séville	160 ..
Crédit foncier. Com. 5 0/0	.. ..	Ligne d'Italie	27 50
Crédit foncier. 5ᵉˢ 3 0/0	.. ..	Lombard	216 ..
Crédit foncier. Colonial	.. ..	Nord d'Espagne	115 25
Est	312 25	Saragosse-Pampelune	75 50
Ardennes	308 75	Portugais	86 ..
Lyon	319 ..	Romains	105 ..
Bourbonnais	314 ..	Saragosse	143 75
Dauphiné	309 ..	Séville-Xérès-Cadix	72 50
Lyon-Genève, gar.	309 ..	— 94 ans.	.. ..

Valeurs diverses.

Ch. Charentes	362 50	Empr. Ottoman	253 75
Chemin du Médoc	262 50	Obl. Empr. Ottoman	257 50
Comp. Agriculture	530 ..	Ch. Ligne d'Italie	6 ..
Caisse des ch. de fer	45 ..	Cⁱᵉ It. des ch. Médit.	199 ..
Gaz de Marseille	465 ..	Soc. G. Ind. Amsterd.	305 ..
Banq. Créd. Pays-Bas	450	Banque Ottomane	440 ..
Crédit Fonc. Autrich.	622 50	Crédit Mobil. Italien	295 ..
Obl. Autrich. 1865	330 ..	Zinc, Vieille-Montagne	.. ..
Empr. Mexicain. Obl.	166 25		

Directeur, H. GALLETIER, Avocat à la Cour Impériale de Paris.

JOURNAL DES PERCEPTEURS,

DES RECEVEURS DES FINANCES, ET DES RECEVEURS DES COMMUNES, HOSPICES, ETC.:
DES SURNUMÉRAIRES, ET DES ASPIRANTS.

2e Série. — 10 fr. par an. Un numéro toutes les semaines. 12e année. — No 33.

SOMMAIRE.

ACTES OFFICIELS.

CIRCULAIRE du Ministre de l'instruction publique *sur l'organisation des caisses des écoles dans les communes.*

9 juillet 1867.

Monsieur le Préfet, j'ai appelé d'une manière toute particulière, le 12 mai dernier, votre attention sur la création, dans les communes de votre département, d'une caisse des écoles, création prévue et autorisée par l'article 15 de la loi du 10 avril 1867 ; je vous ai indiqué dans cette instruction générale les avantages d'une institution de ce genre ; mais il ne suffit peut-être pas que ces avantages soient connus. Il importe que les Conseils municipaux, jouissant, à cet égard, d'une grande liberté, puissent adopter promptement un mode d'organisation en parfaite connaissance de cause.

J'ai, en conséquence, réuni dans une note que vous trouverez ci-jointe :

1° L'article 15 de la loi du 10 avril 1867 et un extrait de la circulaire du 12 mai suivant, relatifs aux caisses des écoles;

2° Une note sur l'usage de faire des dons aux caisses des écoles à l'occasion des mariages;

3° Un résumé de l'organisation de la caisse des écoles du 2e arrondissement de Paris;

4° Un résumé de l'organisation de la caisse des écoles du 19e arrondissement de Paris;

5° Un extrait de l'étude de M. Louis Reybaud sur le régime des manufactures, indiquant les résultats obtenus à Lyon par la Société d'instruction primaire;

6° Une délibération du Conseil municipal de Gentilly (Seine), portant création d'une caisse des écoles;

7° Un projet de statuts annexé à une délibération d'un Conseil municipal de Seine-et-Marne, portant création et organisation d'une caisse des écoles;

8° Enfin un autre projet de statuts annexé à une délibération d'un Conseil municipal de Seine-et-Oise, portant création et organisation d'une caisse des écoles.

Il ne m'est pas possible, monsieur le Préfet, de mettre à votre disposition des exemplaires de cette note en nombre égal à celui des communes de votre département; mais je vous en envoie assez pour que vous puissiez les distribuer à MM. les Inspecteurs d'académie et de l'instruction primaire, ainsi qu'aux délégués cantonaux qui vous paraîtront pouvoir concourir utilement au but que nous nous proposons. Vous pourrez d'ailleurs les publier, soit dans votre Bulletin départemental, soit dans le Bulletin spécial de l'instruction primaire. Ce qui importe, c'est que la pensée de la loi parvienne partout où elle peut être suivie d'exécution, et qu'ainsi les libéralités des personnes bienfaisantes, les cotisations des habitants, les subventions des Conseils municipaux, qui pourraient être destinées aux caisses des écoles, trouvent ces caisses ouvertes et constituées.

Je vous recommande de nouveau, monsieur le Préfet, de donner tous vos soins à ces créations, dont on ne peut qu'attendre les plus utiles effets.

Recevez, monsieur le Préfet, l'assurance de ma considération très-distinguée.

Le Ministre de l'instruction publique,
V. Duruy.

Note annexée à la circulaire qui précède.

I. — *Article 15 de la loi du 10 avril 1867.* — « Une délibération du Conseil municipal, approuvée par le Préfet, peut créer, dans toute commune, une caisse des écoles destinée à encourager et à faciliter la fréquentation de l'école par des récompenses aux élèves assidus, et par des secours aux élèves indigents.

« Le revenu de la caisse se compose de cotisations volontaires et de subventions de la commune, du département et de l'État. Elle peut recevoir, avec l'autorisation des Préfets, des dons et des legs.

« Plusieurs communes peuvent être autorisées à se réunir pour la formation et l'entretien de cette caisse.

« Le service de la caisse des écoles est fait gratuitement par les Percepteurs. »

Extrait de la circulaire du 12 mai 1867. — « *Caisses des écoles.* — Je ne saurais trop vous recommander, monsieur le Préfet, l'institution d'une caisse des écoles, *etc. jusqu'à* : le jour des noces, dans la caisse des écoles, une sorte d'offrande à l'enfance. »

II. — *Dons faits aux caisses des écoles à l'occasion des mariages.* — Dans plusieurs pays étrangers, l'usage d'augmenter la dotation des caisses des écoles, à l'occasion d'un mariage, contribue à développer cette excellente institution. Il en est de même pour l'école israélite d'arts et métiers fondée à Strasbourg. Il résulte du dernier compte-rendu de l'établissement que, parmi les dons antérieurs à 1866, placés sous la rubrique des dons inaliénables, quinze ont été faits par des personnes généreuses à l'occasion du mariage de leurs enfants, ou par les futurs conjoints eux-mêmes, ou encore par des époux depuis longtemps mariés, à l'occasion de l'anniversaire de leur mariage. Ces dons représentent une valeur totale de 1650 francs. Beaucoup d'autres sont faits à la même caisse pour rappeler la mémoire des parents ou des enfants décédés, ou à l'occasion de la naissance d'un enfant.

III. *Caisse des école du 2e arrondissement de la ville de Paris.* — Cette caisse est administrée par le Maire et ses deux adjoints, assistés d'un comité de dix-neuf membres et de dix dames patronesses. Elle a pour but de répandre l'assistance et l'émulation dans les écoles communales de cet arrondissement qui compte près de 2700 écoliers. A cet effet, elle délivre aux enfants les plus pauvres des aliments, des vêtements et des chaussures; elle vient en aide aux familles des écoliers, en cas d'accident, de chômage ou de maladie; elle place les orphelins ou les enfants abandonnés, dans les maisons de bienfaisance ou d'éducation; elle décerne, à la fin de l'année scolaire, dans chaque école communale, pour récompenser le travail et la conduite, un prix d'honneur de 100 francs, des prix d'encouragement de 25 francs et des mentions honorables; elle distribue ainsi chaque année 6 livrets de la caisse d'épargne de 100 fr., 32 livrets de 25 francs, 4 médailles d'argent, 8 de bronze, 45 prix en livres, 47 mentions honorables; elle donne enfin deux livrets de 300 francs chacun au meilleur élève des écoles de garçons concourant entre elles, et à la meilleure élève des écoles de filles concourant de la même manière. Dans les écoles qui n'ont pas remporté ce prix supérieur, le premier candidat reçoit un livret de 100 francs, et les deux suivants chacun un livret de 50 francs. Elle crée des bourses à l'École professionnelle de commerce. Les ressources consistent : 1° dans les souscriptions des membres fondateurs, qui versent 10 francs au moins; 2° dans les quêtes des dames patronesses; 3° dans le produit d'une messe solennelle en musique célébrée, chaque année, à l'église Saint-Eustache. Cette caisse existe depuis dix-huit ans. L'influence exercée par elle sur les progrès de l'instruction est considérable. Il a été constaté, lors des opérations du tirage, que, parmi les jeunes gens nés dans cet arrondissement, il ne se trouve plus d'illettrés, et ce résultat ne peut être attribué qu'à la caisse des écoles.

IV. *Caisse des écoles du 19e arrondissement de la ville de Paris.* — Cette caisse, fondée en 1862, est administrée par un comité composé du Maire, président, des deux adjoints, d'un trésorier, d'un secrétaire et de six autres membres. Elle distribue des secours en nature et en argent aux écoliers malades indigents; elle place et patrone les enfants orphelins et infirmes; elle crée des bourses d'apprentissage et des bourses dans les écoles supérieures; elle distribue aux meilleurs élèves 2 grands livrets d'honneur de 100 francs, 2 livrets de 50 francs, et 65 livrets de 25 francs chacun; elle donne des vêtements aux élèves pauvres.

Son revenu est formé de souscriptions et de quêtes. Il s'est élevé, en 1866, à 4636 francs.

V. *Extrait de l'étude sur le régime des manufactures par Louis Reybaud, indiquant les résultats obtenus à Lyon par la Société d'instruction primaire.* — « Deux faits touchants sont à signaler dans l'histoire de la Société primaire du Rhône. Les administrateurs voyaient avec peine les enfants arriver à l'école dans une tenue qui laissait beaucoup à désirer. En vain essayait-on de les astreindre à quelques soins de propreté; leurs vêtements et leur linge de corps se prêtaient mal à une réforme. On avisa; une association de dames charitables se forma sous le nom de Société du *Petit-Saint-Jean* et devint une sorte d'annexe. Cette association entreprit de modifier la tenue des jeunes élèves; on commença par ceux dont le costume offrait le plus de délabrement. Des blouses neuves remplacèrent les blouses trop disparates; on en fit autant pour les jupes, les robes et les tabliers; on donna des sabots, des bas, des pantalons et même des chemises. Plusieurs de ces objets étaient confectionnés dans l'école des filles, aux heures destinées aux travaux manuels, et sous la direction d'ouvrières habiles. L'apprentissage de la couture prit ainsi un caractère d'utilité. Les résultats de cette amélioration devinrent bientôt visibles, les classes prirent un meilleur aspect et ne présentèrent plus de contraste affligeant. Une louable émulation s'en mêla, et les parents montrèrent moins de négligence. Une autre idée, tout aussi heureuse, suivit celle-là. Pour accoutumer les enfants à la prévoyance, la Société établit des caisses d'épargne dans ses écoles; dix-sept en sont déjà pourvues, les autres vont l'être prochainement. Cette caisse d'épargne est un meuble, une espèce de buffet garni de petits trous qui ont leurs ouvertures dans un plateau supérieur. Un élève veut-il se former une réserve, il inscrit son nom sur une de ces ouvertures, qui lui est désormais affectée, il y verse ce qu'il veut et quand il veut. Ce sont, ou ses étrennes qui prennent ce chemin, ou les gratifications qu'il touche, ou les pièces de monnaie qui lui sont données à titre d'encouragement. Trois fois par an, en présence de toute l'école, les troncs sont vidés, le dépouillement s'opère et les sommes sont inscrites à la grande Caisse d'épargne au nom des déposants. En 1856, le produit de ces caisses primaires a été de 1980 francs, et de 1500 francs seulement, en 1857, par suite du ralentissement du travail. On comprend, sans qu'il soit utile d'y insister, les avantages de cette institution : non-seulement les familles y trouvent une ressource dans les mauvais jours, mais l'enfant y contracte, dès le premier âge, des habitudes qui le préserveront plus tard, l'esprit de calcul et le goût de l'économie. »

VI. *Délibération du conseil municipal de Gentilly (Seine), portant création d'une caisse des écoles dans cette commune, et don par le Maire d'une première subvention de 1000 francs.* — Aux termes de cette délibération, le conseil municipal, rappelant l'article 15 de la loi du 10 avril 1867, déclare fonder une caisse des écoles; elle aura pour objet de stimuler les familles indifférentes à l'instruction de leurs enfants, d'encourager celles qui comprennent leurs devoirs, de leur venir en aide au besoin par des secours pécuniaires; de rendre plus nombreuses et plus fréquentes les récompenses destinées aux élèves studieux; de leur donner littéralement les fournitures des classes qui leur sont nécessaires. Le conseil municipal accepte la somme de 1000 francs donnée par le Maire : cette somme, placée en rentes sur l'Etat, formera le premier fonds de la caisse, conformément au vœu du directeur, le revenu annuel de cette somme servira à donner des bas et des chaussures aux enfants les plus nécessiteux de l'école et de l'asile.

VII. *Projet d'organisation d'une caisse des écoles qui serait fondée avec le concours des membres du bureau de bienfaisance, et dont le plan a été proposé par le Maire d'une commune de Seine-et-Marne.*

Art. 1er. Une caisse des écoles est instituée dans la commune de....., conformément à l'article 15 de la loi du 10 avril 1867, en vertu de la délibération prise par le Conseil municipal le..... et approuvée par le préfet le.....

Art. 2. Le revenu de la caisse se compose des sommes votées par le Conseil municipal, des cotisations volontaires offertes par les habitants, et des dons, legs et fondations que la caisse, constituée par la loi à l'état de personne civile, peut recevoir, quel qu'en soit le chiffre, avec l'autorisation du préfet.

Art. 3. Le revenu de la caisse est employé à développer la gratuité de l'instruction ; à distribuer, dans les écoles de garçons et de filles, des prix et des primes d'assiduité, sous formes de livres utiles, d'instruments d'études, de vêtements ou de livrets de la caisse d'épargne ou de la caisse des retraites.

Art. 5. La caisse est administrée par une commission spéciale, présidée par le Maire, et composée des membres du bureau de bienfaisance et de l'instituteur, qui remplit les fonctions de secrétaire. Le budget annuel de la caisse est dressé à la même époque et dans la même forme que celui du bureau de bienfaisance.

Art. 5. Le service de la caisse est fait gratuitement par le Percepteur, conformément au dernier paragraphe de l'article 15 de la loi du 15 mars 1850.

VIII. *Projets de statuts pour la création et l'organisation d'une caisse des écoles.* — Le Conseil municipal de la commune de...

Vu l'article 15 de la loi du 10 avril 1867;

Vu la proposition de M. le Maire;

Délibère, sauf l'approbation de M. le Préfet, qu'il y aura dans la commune une caisse des écoles, fondée et administrée conformément aux dispositions suivantes :

CHAPITRE PREMIER.

Formation et but de la caisse des écoles.

Art. 1er. Une caisse des écoles est établie dans la commune de... conformément à l'article 15 de la loi du 10 avril 1867. Une Société est formée pour assurer la prospérité de cette œuvre et en réaliser les bienfaits.

Art. 2. La caisse des écoles a pour but d'encourager et de faciliter la fréquentation des écoles par des récompenses aux élèves assidus et par des secours aux élèves indigents ou peu aisés, soit en leur fournissant les livres de classe qu'ils ne pourraient se procurer, bien qu'exempts de la rétribution scolaire, soit en leur donnant des vêtements, soit en aidant les familles momentanément dans la gêne, et qui n'ont pu encore obtenir l'admission gratuite, à payer la rétribution scolaire due pour leurs enfants; soit en donnant des secours aux familles indigentes qui se privent du travail de leurs enfants afin de les envoyer aux écoles.

CHAPITRE II.

Composition de la Société.

Art. 3. La Société se compose de membres honoraires et fondateurs, de membres sociétaires et de dames patronesses ; elle est présidée par le Maire.

Les membres honoraires fondateurs sont ceux qui font à la caisse un don immédiat de 100 francs ou qui prennent l'engagement de verser annuellement, pendant cinq ans au moins, une somme de 20 francs dans la caisse.

Les membres sociétaires sont ceux qui, par une souscription volontaire, dont la quotité ne peut être moindre de deux francs par an, contribuent à la prospérité de la caisse des écoles.

Les dames patronesses sont particulièrement chargées de veiller à l'instruction des jeunes filles.

Les uns et les autres ont, en outre, pour mission principale, de rechercher les enfants qui ne vont point aux écoles, et de tout mettre en œuvre pour déterminer les familles à les y envoyer.

CHAPITRE III.

Administration de la Société.

Art. 4. La Société est administrée par un comité composé de cinq membres au moins, y compris le Maire président de droit.

Les membres du comité sont élus pour trois ans par les membres sociétaires, à la majorité absolue des suffrages. Le renouvellement est déterminé par le sort pendant les trois premières années et ensuite par l'ancienneté. Les membres sortant sont rééligibles.

Art. 5. Le comité, présidé par le Maire, désigne son vice-président et son secrétaire, il se réunit au moins une fois par mois. Tous les six mois, il rend compte à l'assemblée générale des membres de la Société de ses travaux et de l'emploi des fonds, ainsi que de l'état de la caisse. Une copie de ce compte-rendu est mise, chaque année, sous les yeux du Conseil municipal, à la session de mai.

CHAPITRE IV.

Des revenus de la caisse des écoles et de ses dépenses.

Art. 6. Le revenu de la caisse des écoles se compose :

1° Des versements faits par les membres honoraires fondateurs, par les membres sociétaires et les dames patronesses;

2° Des dons et legs faits à ladite caisse et du produit des quêtes;

3° Des subventions allouées par le Conseil municipal;

4° Des secours alloués par le Conseil général et par le Ministre de l'instruction publique.

Ces fonds sont versés dans la caisse du receveur municipal, qui est chargé par la loi du 10 avril 1867 de faire gratuitement le service de la caisse.

Art. 7. La caisse des écoles peut recevoir des dons en nature, tels que livres, papiers, plumes, vêtements et objets alimentaires destinés aux enfants indigents.

Art. 8. Les règles de la comptabilité communale sont applicables à la comptabilité de la caisse des écoles. Le budget et le compte de la caisse des écoles sont, en conséquence, soumis au Conseil municipal comme les budgets et comptes des autres établissements de bienfaisance.

Aucune dépense ne peut être faite sans l'avis du comité. Toutefois, lorsqu'il s'agit de dons en nature, le Maire peut procéder immédiatement à la distribution des objets donnés, à charge par lui d'en rendre compte au comité, à sa première réunion.

JURISPRUDENCE SPÉCIALE.

CONSEIL D'ÉTAT.

PENSIONS CIVILES. — PERCEPTEUR. — TRAITEMENT MOYEN. — MAXIMUM.

D'après l'article 6 de la loi du 9 juin 1853 et l'article 28 du règlement d'administration publique du 9 novembre de la même année, combinés, c'est d'après le traitement moyen des six dernières années *antérieures à celle dans le cours de laquelle cesse l'activité*, que doit être établi le traitement moyen des agents qui sont rétribués par des salaires ou remises variables sujettes à liquidation: — Décidé que le traitement moyen du requérant (ancien Percepteur) avait été justement fixé, d'après cette base, à 4950 francs (1).

— Le chiffre de la pension, d'après ce traitement moyen et la durée des services admissibles, devant être, dans l'espèce, supérieur au maximum, déterminé par le tableau n° 3 annexé à la loi du 9 juin 1853, pour les agents et préposés dont le traitement moyen est de 3201 francs à 8000 francs, — jugé que c'est à bon droit que la pension avait été ramenée à ce maximum (1/2 du traitement moyen) (2).

Vu la requête présentée pour le sieur Saxe, ancien Percepteur..... tendant à ce qu'il nous plaise rapporter — notre décret du 11 juillet 1866, qui a fixé sa pension de retraite à la somme de 2475 francs; — Ce faisant, attendu que le traitement moyen, sujet à la retenue, de ses six dernières années de service a été de 5190 fr. 04, et que, dès lors, par application de l'article 7 de la loi du 9 juin 1853, ladite pension devait être calculée au soixantième de cette somme pour les trente premières années, avec accroissement d'un cinquantième pour chacune des six années en sus pendant lesquelles il est resté en activité, *dire* que le montant de sa pension sera fixé à 3217 fr. 80.

Vu les observations du Ministre des finances tendant à ce que le pourvoi soit rejeté par le motif que le traitement moyen établi, par application de l'article 28 du règlement d'administration publique du 9 novembre 1853, sur les six dernières années antérieures à celle dans le cours de laquelle a cessé l'activité, a été de 4950 fr. 62 c. seulement, et que, d'après la loi du 9 juin 1853 (tableau 3, section 3), la pension du requérant ne pouvait dépasser la moitié du traitement moyen ainsi calculé;

Vu le tableau des remises attribuées au sieur Saxe depuis le 1er janvier 1859 jusqu'au 31 décembre 1864;

Vu la loi du 9 juin 1853 et le règlement d'administration publique du 9 novembre de la même année;

Considérant d'une part que, d'après l'article 6 de la loi du 9 juin 1853 et l'article 28 du règlement d'administration publique du 9 novembre de la même année, la pension de retraite du requérant doit être fixée d'après le traitement moyen des six dernières années antérieures à celle dans le cours de laquelle a cessé l'activité; que ce traitement ainsi calculé, est de 4950 fr. 62 c. seulement et non de 5190 fr. 06 c., ainsi que le prétend le requérant;

Considérant, d'autre part, que, d'après la loi précitée (tableau 3, section 3), la pension des Percepteurs dont le traitement moyen était supérieur à 3200 fr. et ne dépassait pas 8000 fr. est limitée à la moitié de ce traitement; que, dès lors, c'est avec raison que la pension du requérant a été ramenée à la moitié de 4950 fr., soit à la somme de 2475 fr.;

Article 1er. La requête du sieur Saxe est rejetée. (DÉCR. 5 février 1867. — Saxe.)

LEGS POUR LA FONDATION D'UNE ÉCOLE DIRIGÉE PAR DES RELIGIEUSES. DÉCRET AUTORISANT L'ACCEPTATION DE CE LEGS JUSQU'À CONCURRENCE D'UNE SOMME DÉTERMINÉE. INTERPRÉTATION DU DÉCRET.

Lorsqu'un décret impérial a autorisé une congrégation religieuse et une commune à accepter un legs destiné à la fondation d'une école de filles, et à recevoir du légataire universel une somme déterminée pour l'établissement de l'école, la commune, qui trouve cette somme insuffisante, ne peut pas demander aux tribunaux de la fixer à un chiffre plus élevé.

C'est au Gouvernement qu'il appartient d'interpréter le décret et de régler définitivement la quotité de la somme dont il a entendu autoriser l'acceptation. (DÉC. du 4 avril 1866. — Commune d'Auffargis.)

(1-2) Le requérant, laissant complétement de côté l'article 28 du règlement du 9 novembre 1853, soutenait que, d'après l'article 6 de la loi du 9 juin, il y avait lieu d'établir son traitement moyen sur les remises dont il avait joui pendant les six années qui avaient immédiatement précédé le 20 septembre 1865, jour de la cessation de son activité, et il arrivait à un chiffre de traitement moyen de 5190 francs.

Le requérant, d'ailleurs, ne se préoccupait nullement du maximum fixé par le tableau n° 3 de la loi de 1853, qu'il paraissait ne pas connaître.

DÉCISIONS ET SOLUTIONS ADMINISTRATIVES.

HORLOGE A PLACER DANS LE CLOCHER D'UNE ÉGLISE. — DONATION A LA FABRIQUE. — CHARGES DE LA FABRIQUE. — DROITS DU CURÉ.

1° *Le don d'une horloge à placer dans le clocher d'une église communale peut-il être régulièrement fait à la Fabrique?*

2° *Dans tous les cas, est-il nécessaire que cette libéralité soit constatée par acte notarié?*

3° *L'horloge différant, par sa nature, des objets mobiliers ordinaires des Fabriques, tels qu'un calice, un ornement, etc., puisqu'elle doit être placée dans le clocher à perpétuelle demeure, et, par conséquent, immobilisée par destination, peut-on se borner à suivre, à propos de la tradition pure et simple, les règles tracées pour les dons naturels, alors que le donateur jouit d'une fortune assez considérable?*

4° *La valeur de l'horloge dépassant 1000 francs, le Préfet est-il compétent pour statuer sur la libéralité?*

5° *Dans le cas où il serait décidé que, sous l'une ou l'autre forme, la dite horloge peut être valablement donnée à la Fabrique, le curé aurait-il le droit exclusif de choisir la personne chargée du remontage et des réparations de cette horloge?*

6° *A qui, de la Fabrique ou de la commune, incomberont ces réparations?*

Telles sont les questions que M. le Préfet de la Haute-Saône a soumises à M. le Ministre des cultes. Voici le texte de la décision ministérielle :

« Paris, le 16 juillet 1866.

« Monsieur le Préfet, je réponds aux questions que vous m'avez fait l'honneur de m'adresser par votre lettre du 2 juillet courant :

« 1° L'horloge placée dans le clocher d'une église a surtout une destination civile; elle présente aussi une incontestable utilité au point de vue religieux, en ce sens qu'elle sert à régler les heures des offices paroissiaux et de tous autres exercices du culte. D'ailleurs, par son placement au clocher, elle devient un accessoire de l'église, dont l'administration est confiée à la Fabrique. Rien ne s'oppose donc, en principe, à ce que donation en soit faite à la Fabrique plutôt qu'à la commune.

« 2° Pour constater plus particulièrement le droit de l'établissement religieux sur une horloge que l'on veut lui attribuer expressément, il convient que le donateur, au lieu de se borner à la simple tradition, consigne sa volonté dans un acte régulier de donation.

« 3° Du moment où la valeur de l'horloge dépasse 1000 francs, il doit, évidemment, être statué par décret impérial. Seulement il est à remarquer que dans toute hypothèse, comme il s'agit d'un meuble qui, par son incorporation à l'église, propriété communale, devient immeuble par destination, la commune doit intervenir dans l'acceptation de la libéralité.

« 4° En raison du droit de police qui lui appartient dans l'église, le curé ou desservant doit être toujours consulté sur le choix de la personne chargée du remontage et des réparations de l'horloge. Si toutefois cet agent pouvait arriver au clocher sans passer par l'intérieur de l'église, son choix ne serait nullement subordonné à l'assentiment du curé.

« 5° Les réparations de l'horloge ainsi donnée à la Fabrique tombent, comme celles du surplus de l'édifice, à la charge directe de l'établissement religieux, et, subsidiairement seulement, à la charge de la commune, en cas d'insuffisance des ressources fabriciennes. »

(LETTRE, du 16 juillet 1866, de M. le Ministre de la Justice et des Cultes à M. le Préfet de la Haute-Saône.)

LEGS PARTICULIERS. *Difficultés relatives au payement des frais de rédaction et de dépôt du testament.*

Un notaire a réclamé de la ville de *** le payement des frais de rédaction et de dépôt d'un testament par lequel le sieur N. avait fait à celle-ci un legs particulier. Le notaire invoquait à l'appui de sa réclamation un jugement du tribunal civil d'Angers du 13 juillet 1847, déclarant le légataire particulier passible des frais du titre qui lui confère sa qualité.

Le Préfet a consulté à cet égard le Ministre de l'intérieur, dont la réponse peut se résumer ainsi : Il est douteux que le jugement précité puisse être considéré comme conforme aux véritables principes de la matière : la loi semble, en effet, n'avoir voulu laisser supporter aux titulaires des legs particuliers que les droits d'enregistrement, et, dans certains cas, les frais de la demande en délivrance des legs qui les concernent (Code Napoléon, art. 1016). Les autres frais relatifs à ces legs, notamment ceux de rédaction et de dépôt de l'acte testamentaire, paraissent constituer, comme les legs eux-mêmes, une charge de succession et incomber, par suite, soit aux héritiers naturels, soit aux légataires universels ou à titre universel (Code Napoléon, art. 870, 871, 1009 et 1012). La réclamation formée contre la ville de *** ne semble donc pas fondée. Elle soulève, au surplus, une question que l'autorité judiciaire pourrait seule trancher. La ville de ***, dans le cas où elle serait menacée d'un procès, et après l'accomplissement des formalités prescrites par les article 51 et suivants de la loi du 18 juillet 1837, aurait donc à apprécier si elle a pour y défendre, un intérêt et des chances de succès suffisants. (DÉC. MIN. INT. 1867. — Bull. n° 21).

CONSEILS MUNICIPAUX. *Délibérations. Majorité des membres du Conseil ayant un intérêt dans l'affaire. Mode de remplacement.*

Le Conseil municipal de*** a refusé de délibérer sur un projet de gazonnement de terrains appartenant à une des sections de la commune. Ce refus est attribué à plusieurs membres intéressés au maintien de l'état actuel des choses, par la raison qu'ils profitent exclusivement des terrains dont il s'agit pour la dépaissance de leurs troupeaux.

Le Préfet a demandé s'il ne serait pas possible, pour mettre un terme à la difficulté, de recourir aux dispositions de l'article 56 de la loi du 18 juillet 1837, c'est-à-dire de remplacer les conseillers municipaux intéressés par un nombre égal d'électeurs choisis parmi les habitants ou propriétaires étrangers à la section.

Le Ministre de l'intérieur s'est prononcé négativement et a motivé ainsi sa décision : Les dispositions de l'article 56 de la loi du 18 juillet 1837 concernent exclusivement les actions judiciaires qu'une section peut avoir à intenter ou à soutenir contre la commune dont elle dépend, et on ne saurait les appliquer légalement dans un autre cas. C'est ce qui a été décidé par un décret rendu au contentieux le 11 janvier 1866 (Barioz). L'autorité préfectorale excèderait donc les limites de ses pouvoirs en recourant à ces dispositions en ce qui touche le vote d'un projet de gazonnement des biens de l'une des sections de la commune de***. Mais rien ne s'oppose à ce qu'en vue d'obtenir une délibération régulière sur ce projet, le Conseil municipal soit suspendu et remplacé par une commission en vertu de l'article 13 de la loi du 5 mai 1855, s'il est constant que les conseillers intéressés forment la majorité et que, sans leur concours, l'assemblée ne soit pas en nombre suffisant pour délibérer. Dans le cas contraire, il y aurait lieu de tenter une deuxième et une troisième convocation dont seraient exclus les membres intéressés conformément aux prescriptions de l'article 21 de la loi de 1855. (DÉC. MIN. INT. 1867. — Bull. n° 22.)

JOUISSANCE DES BIENS COMMUNAUX. *Règlement. Disposition pénale. Illégalité.*

Le Conseil municipal de***, en prenant une délibération pour régler la jouissance des pâturages communaux, y avait inséré une disposition qui élevait au double la taxe à payer, à raison de cette jouissance, par tête de bétail, pour les cas où les animaux envoyés aux pâturages ne seraient pas déclarés préalablement dans un délai déterminé, ou le seraient inexactement.

Consulté à cet égard par le Préfet, le Ministre de l'intérieur s'est prononcé contre le maintien d'une semblable disposition en motivant ainsi sa décision : Il appartient sans doute aux Conseils municipaux, sous le contrôle de l'administration supérieure, de régler la jouissance des pâturages communaux ainsi que les conditions à imposer aux personnes qui sont admises à y prendre part (loi du 18 juillet, articles 17 et 18), mais aucune loi ne donne à ces Conseils le pouvoir d'édicter des peines pour réprimer les infractions aux règlements qui résultent de leurs délibérations. Or, il serait difficile de ne pas reconnaître le caractère de pénalité à la disposition par laquelle le Conseil municipal de*** impose aux habitants l'obligation de payer le double de la taxe attachée à cette jouissance lorsque le bétail envoyé au pâturage n'aura pas été déclaré en temps utile ou l'aura été d'une manière inexacte, et une clause semblable doit, par conséquent, être retranchée du règlement comme illégale. (DÉC. MIN. INT. 1867. — Bull. n° 23.)

TRAVAUX COMMUNAUX *confiés à des entrepreneurs sans adjudication. Nécessité de marchés écrits.*

A l'occasion de travaux d'une valeur d'environ 17 000 francs intéressant la ville de***, et qui, à raison de leur urgence et de leur nature toute spéciale, ne pouvaient pas être mis en adjudication, le Préfet a demandé si, comme le propose l'administration municipale, il conviendrait d'autoriser celle-ci à traiter *verbalement* de leur exécution avec des entrepreneurs de son choix.

Le Ministre de l'intérieur s'est prononcé négativement et a motivé ainsi sa décision : Rien ne s'oppose sans doute à ce que, par application de l'article 2 de l'ordonnance réglementaire du 14 novembre 1837, les travaux dont il s'agit fassent l'objet d'un marché ou traité amiable ; mais, aux termes du même article, le marché ou traité à intervenir doit être soumis à l'approbation du Préfet. Or celui-ci ne saurait la donner en pleine connaissance de cause à de simples conventions verbales. Il est donc indispensable de constater préalablement par écrit les arrangements contractés entre la ville et les entrepreneurs ou fournisseurs. Le défaut d'actes passés dans la forme administrative ou notariée se justifierait d'autant moins dans l'espèce qu'il pourrait en résulter de nombreuses difficultés sur l'existence ou l'étendue d'engagements importants.

L'Instruction générale du 20 juin 1859, sur la comptabilité, ne dispense pas en pareil cas les receveurs des communes, comme le croit l'administration municipale de***, de produire à l'appui de leurs comptes une copie des traités de gré à gré ; elle exige, au contraire, cette production (article 1542, n°s 54 et 59). C'est seulement lorsqu'il s'agit de réparations de simple entretien n'excédant pas 300 francs, qu'il suffit de recourir à des conventions verbales, l'administration municipale ayant le droit de faire exécuter les réparations par économie sur les crédits ouverts au budget de la commune et sans autre autorisation préalable du Préfet, par application de l'article 5 d'un décret du 10 brumaire an XIV, relatif aux travaux intéressant les établissements de bienfaisance, mais appliqué par extension aux communes (DÉC. MIN. INT. 1867. — Bull. n° 24.)

CIMETIÈRES. *Concessions de terrains pour sépultures particulières. Fixation du point de départ.*

Le Préfet de*** a remarqué que la plupart des tarifs votés par les Conseils municipaux de son département pour les concessions de terrains dans les cimetières, contiennent une clause fixant le point de départ des concessions à l'expiration des cinq années qui suivent les inhumations. Cette clause lui paraissant contraire aux intérêts des communes, ce fonctionnaire a demandé s'il ne conviendrait pas d'y substituer une autre disposition qui ferait courir les concessions de l'époque des inhumations.

Son Excellence a répondu : Lorsqu'il n'existe dans les cimetières aucun emplacement réservé spécialement aux sépultures particulières, et que les familles sollicitent des concessions n'excédant pas les dimensions déterminées par l'article 4 du décret du 23 prairial an XII, pour l'ouverture des fosses, il semble équitable de fixer, comme point de départ des concessions, l'époque à laquelle expirent les cinq années pendant lesquelles l'article 6 du même décret interdit le renouvellement des fosses. En effet, c'est seulement à l'expiration de ce délai que les concessions attribuent aux familles une jouissance exclusive, un privilége leur permettant de s'opposer à ce que les terrains qui en sont l'objet servent à d'autres inhumations que celles en vue desquelles ils ont été concédés. Les concessions, en pareil cas, ne devraient avoir pour point de départ l'époque des inhumations qu'à l'égard des terrains qu'elles comprendraient en dehors des limites fixées par l'article 4 du décret de l'an XII.

Mais quand les concessions sont faites dans une partie des cimetières qui leur est affectée exclusivement, elles confèrent aux familles, pour tout le terrain qu'elles comprennent, une jouissance privative à partir du moment où le terrain est mis à leur disposition, moment qui n'est jamais postérieur à l'inhumation et qui peut la précéder. Dans ce cas, dès lors, il y a lieu de fixer comme point de départ des concessions l'époque où elles sont livrées aux familles, soit pour les inhumations, soit pour la construction des caveaux, monuments ou tombeaux.

Il importe donc, lorsque les cimetières ont une étendue suffisante, d'y assigner, en dehors des terrains indispensables pour le service ordinaire des inhumations, des emplacements affectés spécialement à chacune des trois catégories de concessions et l'autorité préfectorale doit user de son influence pour déterminer les communes à adopter un semblable aménagement : il a le double avantage d'augmenter leurs ressources ainsi que celles des établissements de bienfaisance, et de prévenir les difficultés auxquelles donne lieu la fixation du point de départ des concessions dans les cimetières où cet aménagement n'existe pas. (Déc. Min. Int. 1867.—Bull. n° 25.)

NOMINATIONS ET MUTATIONS.

Receveur des Finances :

A Saint-Jean-de-Maurienne, M. Simon, en remplacement de M. de Rolland.

Ont été nommés Percepteurs :

A Plancy (Aube), 3e classe, M. Cacault, percepteur de Magnan ;

A Potigny (Calvados), M. Leroy a été élevé sur place à la 4e classe ;

A Maussanne (Bouches-du-Rhône), 3e classe, M. Guigne, percepteur de Lambesc ;

A Pessines (Charente-Inférieure), 4e classe, M. Routier, percepteur de Loulay ;

A Saint-Euphrôme (Côte-d'Or), 5e classe, M. Frèrebeau, percepteur-surnuméraire ;

A Pont-de-l'Arche (Eure), 3e classe, M. Magnen, percepteur de Dangu ;

A Mont-de-Marsan (Landes), M. Capdepon, percepteur, a été élevé sur place à la 2e classe ;

A Saint-Quentin (Gironde), 5e classe, M. Martineau, percepteur-surnuméraire ;

A Servian (Hérault), 3e classe, M. Lauriol, percepteur d'Antignac ;

A Montrésor (Indre-et-Loire), 4e classe, M. Callaud, percepteur de Loché ;

A Saint-Nicolas (Loire-Inférieure), 3e classe, M. Grassal, percepteur du Croisic ;

A Juvigny (Manche), 4e classe, M. Guéry, percepteur de Lozon ;

A Maxey-sur-Vaire (Meuse), 3e classe, M. Marc, percepteur d'Aucourt ;

A Englefontaine (Nord), 3e classe, M. Royaux, percepteur de Vendegies ;

A Nielles (Pas-de-Calais), M. Fournier, percepteur de Wierres-Effroy ;

A Paris (Seine), M. Debray, entreposeur de tabacs à Paris, a été nommé receveur-percepteur de la 2e division du 17e arrondissement (Batignolles), en remplacement de M. Delamar, décédé ;

A Fréville (Seine-Inférieure), M. Lépine, percepteur de Néville ;

A Meulers (Seine-Inférieure), 4e classe, M. Fouache, percepteur de Lanquetot ;

A Harnoy (Somme), 4e classe, M. Boignard, percepteur de Saint-Riquier ;

A Hucqueliers (Somme), M. Gisles, percepteur d'Harnoy ;

A Doullens (Somme), 3e classe, M. Tellier, percepteur de Crècy ;

A Lorgues (Var), 1re classe, M. Béguin, percepteur de Rougiers ;

A Fréjus (Var), 3e classe, M. Desmazures, percepteur de la Garde-Freinet, en remplacement de M. Hibert ;

A La Garde-Freinet (Var), 4e classe, M. Quod, percepteur de Tavernes ;

A Tavernes (Var), 4e classe, M. Davignon, percepteur de Roquebrussanne ;

A La Roquebrussanne (Var), 5e classe, M. Charrier, percepteur de Garéoult, 5e classe.

CHRONIQUE.

Sur la demande de diverses personnes, nous avons fait fabriquer à l'usage de nos abonnés, des *cartons-releurs* pour collectionner et relier immédiatement chaque N° du Journal, au fur et à mesure de son apparition. Ces cartons sont reliés fort élégamment avec coins sur les plats et portent au dos en lettres dorées, le titre de *Journal des Percepteurs*. Le prix en est de 3 fr. 50, à envoyer avec la demande.

Nous croyons devoir rappeler aux comptables qu'ils trouveront un *Dépôt de nos Ouvrages dans toutes les Recettes des Finances*. Ils peuvent, par ce moyen, les examiner et s'en rendre compte jusqu'à un certain point, avant de les acquérir.

Il y a des volumes cartonnés et d'autres brochés.

Une nouvelle circulaire du MÉMORIAL.

On vient de nous communiquer un Prospectus émis récemment par l'éditeur du *Mémorial* concernant les COFFRES-FORTS. Ce journal, qui ne fait plus depuis longtemps que se traîner misérablement à notre remorque, qui a eu l'audace de demander à ses lecteurs le même prix que nous, tout en restant moitié moins cher de revient et en ne paraissant que mensuellement, ce journal impudent vient encore *copier* nos dessins *littéralement* sans aucune modification et il offre aux comptables ces imitations de nos coffres à des prix supérieurs aux nôtres.

Nous espérons que cette rivalité effrénée, et plus ou moins loyale, ne saurait nous atteindre ni nous desservir auprès des personnes qui nous apprécient et qui nous donnent leur confiance. Nous nous contenterons simplement de faire remarquer que ce système de concurrence qu'on poursuit avec acharnement contre nous, n'est pas de ceux qui, provenant d'un zèle et d'une émulation méritoires, tendent à faire profiter les acquéreurs de ses efforts : il a pour résultat, au contraire — qu'on ne l'oublie pas ! — d'exploiter à outrance les comptables en leur vendant plus cher que nous des choses semblables au moyen de la complicité plus ou moins déguisée de certains Employés des Recettes.

DEMANDE D'EMPLOI.

Un jeune homme, connaissant le service de la perception, pourvu d'un brevet de capacité et d'excellents certificats, désire se placer comme commis chez un Percepteur ; s'adresser à M. Pellat, chez M. Magnaudy, Percepteur à Seyne (Basses-Alpes).

BULLETIN HEBDOMADAIRE DE LA BOURSE.

Cours des Fonds publics au 16 Août 1867.

Rentes et Actions.

3 0/0	69 85	Midi	556 50
3 Jouis. 1 janvier	69 80	Nord	1170 ..
4 1/2 0/0	100 ..	Orléans	897 50
4 1/2 Jouis. 22 sept	99 95	Ouest	575 ..
4 0/0	90 ..	Cie parisienne du gaz	1580 ..
4 Jouis. 22 sep	.. ..	Soc. immobilière	158 75
Obligations du Trésor	472 50	Transatlantique	352 50
Bons du Trésor	2 1/2	Messag. imper. (s-m.)	735 ..
Banque de France	3345 ..	Canal de Suez	335 ..
Comptoir d'escompte	720 ..	Italien 5 0/0	49 50
Crédit agricole	626 25	Emprunt Mexicain	18 ..
Crédit foncier Colonial	550 ..	Crédit mob. espagnol	216 25
Crédit foncier de France	1387 50	Soc. autrichienne	485 ..
Crédit ind. et comm.	640 ..	Saragosse-Barcelone	40 ..
Crédit mobilier	332 50	Guillaume-Luxemb.	116 25
Créd. Mobilier (nouv.)	... ..	Sud-autrichien lomb.	383 75
Dépôts. comptes cour.	555 ..	Nord de l'Espagne	75 ..
Société générale	541 25	Saragosse Pampelune	37 ..
Ss-comptoir du com.	410 ..	Portugais	62 ..
Charentes	335 75	Chemins romains	60 ..
Est	545 ..	Saragosse	87 50
Paris-Lyon-Méditerr.	892 50	Victor-Emmanuel	64 ..
		Séville-Xérès	28 ..

Obligations.

Départ. de la Seine	228 75	Méditerranée	319 50
Ville 1852. 5 0/0	1195 ..	Paris-Lyon-Méditerr.	312 75
— 1855-1860	463 75	Midi	309 75
— 1865	533 75	Nord	316 25
Crédit foncier. 1000 fr. à 3 0/0	... ..	Orléans	313 25
Crédit foncier. 500 fr. à 4 0/0	. . ..	Grand-Central	311 ..
Crédit foncier. 10es à 4 0/0	... ..	Ouest	310 ..
Crédit foncier. 500 fr. à 3 0/0	... ..	Victor-Emmanuel	300 ..
Crédit foncier. 10es à 3 0/0	.. ..	— 1863	106 ..
Crédit foncier. 500 fr. à 4 0/0 1863	... ..	Cordoue-Séville	160 ..
Crédit foncier. Com. 3 0/0	... ..	Ligne d'Italie	27 50
Crédit foncier. 5es 3 0/0	.. ..	Lombard	216 50
Crédit foncier. Colonial	... ..	Nord d'Espagne	110 ..
Est	314 ..	Saragosse-Pampelune	75 50
Ardennes	310 ..	Portugais	83 ..
Lyon	318 25	Romains	105 ..
Bourbonnais	312 ..	Saragosse	[illegible] 50
Dauphiné	309 75	Séville-Xérès-Cadix	72 50
Lyon-Genève, gar	310 ..	— 94 ans	. ..

Valeurs diverses,

Ch. Charentes	362 50	Empr. Ottoman	[illegible] ..
Chemin du Médoc	262 50	Obl. Empr. Ottoman	[illegible] 75
Compt. Agriculture	530 ..	Ch. Ligne d'Italie	[illegible] 50
Caisse des ch. de fer	41 ..	Cie It. des ch. Médit.	130 ..
Gaz de Marseille	465 ..	Soc. C. Ind. Amsterd.	405 ..
Banq. Créd. Pays-Bas	453 75	Banque Ottomane	400 ..
Crédit Fonc. Autrich.	640 ..	Crédit Mobil. Italien	280 ..
Obl. Autrich. 1863	330 ..	Zinc, Vieille-Montagne	... ..
Empr. Mexicain. Obl.	113 75		

Directeur, H. GALLETIER, Avocat à la Cour impériale de Paris.

JOURNAL DES PERCEPTEURS,

DES RECEVEURS DES FINANCES, ET DES RECEVEURS DES COMMUNES, HOSPICES, ETC.;
DES SURNUMÉRAIRES, ET DES ASPIRANTS.

2e Série. — 10 fr. par an. Un numéro toutes les semaines. 12e année. — No 34.

ACTES OFFICIELS.

CHEMINS VICINAUX.

LETTRE DE S. M. L'EMPEREUR AU MINISTRE DE L'INTÉRIEUR, *concernant l'achèvement des chemins vicinaux.*

L'Empereur a adressé à M. le marquis de La Valette, ministre de l'intérieur, la lettre dont la teneur suit :

« Camp de Châlons, le 15 août 1867.

« Monsieur le Ministre, vous savez quelle importance j'attache au prompt achèvement de nos voies de communication. Je les considère comme l'un des plus sûrs moyens d'accroître la force et la richesse de la France, car partout le nombre et le bon état des chemins sont un des signes les plus certains de l'état avancé de la civilisation des peuples.

« J'ai déjà donné des instructions au Ministre des travaux publics pour qu'il poursuive l'étude et prépare la concession de nouvelles lignes de chemins de fer. Il doit, en même temps, chercher les moyens d'améliorer nos canaux et la navigation de nos rivières, contrepoids modérateurs du monopole des chemins de fer.

« Mais là ne doivent pas se borner nos efforts. L'enquête agricole a démontré, d'une manière évidente, que la construction du réseau complet des chemins vicinaux est une condition essentielle de la prospérité du pays et du bien-être de ces populations rurales qui m'ont toujours montré tant de dévouement.

« Préoccupé de la réalisation de ce projet, je vous avais chargé d'étudier, de concert avec le Ministre des finances, un ensemble de mesures qui nous permît de terminer en dix ans le réseau des voies vicinales, par le triple concours des communes, des départements et de l'État. En outre, désireux de faciliter aux communes le moyen de participer à la dépense, je vous avais invité à préparer la création d'une caisse spéciale destinée à leur avancer les fonds nécessaires, au moyen de prêts consentis à un taux modéré et remboursables à long terme.

« J'approuve la note que vous m'avez adressée et les principes qui lui servent de base. Mais comme, avant de saisir le Corps Législatif de résolutions définitives, il y a plusieurs questions importantes à approfondir, je vous prie de préparer des éléments d'information complets et précis. Les délibérations des conseils municipaux devront être évidemment le point de départ de ce travail. Mais je désire que, dans l'enquête qui va s'ouvrir, une large part soit faite aux membres de ces assemblées départementales dont je connais le patriotisme et le dévouement, et dont le concours, je le sais, ne me fera pas défaut.

« Je compte sur le zèle éclairé et sur l'énergique activité que vous avez montrés depuis que je vous ai placé à la tête du département de l'intérieur pour mener rapidement à fin cette enquête administrative et pour saisir le Corps Législatif, à sa prochaine session, d'un projet de loi qui assure l'exécution de l'œuvre que j'ai à cœur de réaliser.

« Sur ce, monsieur le Ministre, je prie Dieu qu'il vous ait en sa sainte garde.

« NAPOLÉON. »

La lettre de l'Empereur se réfère à une note rédigée, d'après ses ordres, par le Ministre de l'intérieur. Voici le document auquel il est fait allusion dans la lettre de Sa Majesté :

NOTE

Sur l'achèvement du réseau des chemins vicinaux ordinaires.

L'Empereur m'a chargé d'étudier un projet ayant pour but l'achèvement du réseau des chemins vicinaux ordinaires.

Les conditions essentielles indiquées par Sa Majesté comme bases du projet sont les suivantes :

Achèvement, dans un délai de dix ans, des voies vicinales présentant un degré réel d'importance pour les communes;

Concours des communes, des départements et de l'État dans la dépense;

Création d'une caisse qui faciliterait aux communes l'acquittement du contingent mis à leur charge.

Je me suis empressé de rechercher les moyens pratiques de réaliser ce programme, qu'il était digne de l'Empereur de tracer. Conformément à ses ordres, je me suis concerté avec mon collègue M. le Ministre des finances pour toutes les dispositions qui se rapportent à la participation directe ou indirecte du Trésor.

La présente note a pour objet de soumettre à l'Empereur les combinaisons qu'une étude approfondie m'amène à proposer à l'approbation de Sa Majesté.

Il importe de constater avant tout quelle est la situation actuelle du réseau des diverses voies vicinales.

La construction des chemins vicinaux, mise à la charge des communes par la législation de 1791, n'a été, pendant un demi-siècle, poursuivie qu'avec lenteur et indifférence. La loi de 1824, en mettant des ressources nouvelles à la disposition des Conseils municipaux, fut impuissante à stimuler leur zèle : ils étaient plus soucieux des charges du présent que désireux des avantages de l'avenir. Aussi, dans la période antérieure à 1836, les chemins construits mesuraient-ils au plus une longueur de 30 000 kil.

La loi du 21 mai 1836, en divisant les chemins vicinaux en trois catégories correspondant à leur degré d'utilité, en donnant aux Conseils généraux et aux Préfets une autorité et des attributions plus étendues, imprima un élan qui s'est soutenu et développé.

Les chemins de grande communication, dont le classement représente 83 000 kilomètres, ont pu, par le concours des communes et des départements, être construits sur une étendue de 72 000 kilomètres; leur achèvement intégral est prochain, et cette partie du programme peut être regardée comme accomplie.

Les chemins d'intérêt commun, favorisés par une large subvention des pouvoirs publics, ont été exécutés sur une étendue de 49 000 kilomètres; les 34 000 kilomètres qui forment le complément de ce réseau sont parvenus à des degrés divers d'avancement et peuvent être achevés en quelques années, à la condition peut-être que leur dotation annuelle soit augmentée de 4 ou 5 millions.

Mais, malgré les charges que les communes se sont courageusement imposées, malgré l'activité incontestable qui a été déployée, la tâche est encore immense et le but semble toujours bien éloigné de nous. En effet, l'étendue du réseau des chemins vicinaux ordinaires est de 354 000 kilomètres; or 118 000 kilomètres seulement sont à l'état d'entretien; des travaux ont été commencés sur 68 000, et 168 000 kilomètres sont encore à l'état de sol naturel.

En présence de moyens de communication aussi incomplets, est-il surprenant que l'agriculture élève des réclamations?

L'insuffisance des voies de communication n'exerce-t-elle pas une influence directement nuisible sur tous les éléments de la richesse agricole, alors qu'elle élève le prix des engrais, rend plus long et plus onéreux le travail du sol, détériore l'outillage de la ferme, use prématurément les forces des animaux de trait et grève les produits de frais de transports parasites? En dotant chacune des communes de l'Empire d'un bon réseau vicinal, on excite l'activité, on développe la puissance de l'homme dans trente-sept mille centres de production, de commerce et d'industrie. Etablir ces voies secondaires par leur importance, mais principales par leur multiplicité, c'est procéder avec logique, car c'est créer et régulariser ces innombrables affluents qui alimentent et fécondent les grandes voies rapides de circulation. Ce n'est pas seulement doter le pays de précieux instruments de prospérité matérielle, c'est y répandre des éléments de civilisation et d'ordre.

L'achèvement des chemins vicinaux est donc une œuvre capitale, qui sera d'autant plus utile qu'elle sera plus promptement réalisée.

D'après les vues que l'Empereur m'a fait l'honneur de m'exposer, le temps à consacrer à cette grande entreprise ne devra pas excéder dix années.

L'énormité de la dépense, l'exiguïté des ressources qui peuvent y être affectées, semblent, au premier abord, constituer pour une aussi courte période d'exécution un obstacle insurmontable.

Toutefois, après des calculs nombreux, j'ai acquis la conviction qu'en réunissant les forces contributives des communes, des départements et de l'Etat dans des proportions équitables et qui n'auraient rien d'excessif, cette œuvre d'intérêt national pourrait être achevée dans le délai fixé par l'Empereur. Pour ne laisser subsister aucun doute sérieux sur ce point capital, j'ai voulu dresser, en dépenses et en recettes, pour une période de dix années, le budget des chemins vicinaux ordinaires.

J'énumère d'abord les divers articles de ce budget, puis j'essayerai de les justifier par des explications spéciales.

La dépense se compose :

1° Des frais d'entretien que j'évalue pour dix ans à la somme de.	300 millions,
2° Des frais de constructions que j'évalue à.	500 millions.
Total, y compris les frais du personnel	800 millions.

Cette dépense doit, dans ma pensée, être couverte par les ressources suivantes :

1° Dotation actuelle des chemins vicinaux ordinaires qui s'élève annuellement à 41 millions soit pour dix années.	410 millions.
2° Ressources exceptionnelles, créées par les communes, s'élevant pour les dix années à.	200 millions.
3° Somme fournie par les départements.	100 millions.
4° Subvention fournie par l'Etat à raison de dix millions par an. . .	100 millions.
Total.	810 millions.

L'entretien des chemins vicinaux ordinaires représente actuellement une dépense qui varie entre 16 et 17 millions. Cette dépense est destinée à s'accroître, à mesure que de nouvelles lignes seront achevées. Si tous les chemins vicinaux ordinaires reconnus utiles sont construits en dix ans, elle progrossera à raison de 2 500 000 fr. par an, jusqu'à ce qu'elle ait atteint son chiffre normal, qui sera de 41 à 42 millions.

Si on établit la moyenne annuelle de cette dépense, en tenant compte de l'accroissement successif qui se produira pendant la période de construction, on constate qu'elle est de 30 millions; elle représente, par conséquent, 300 millions pour dix années.

Quant aux frais de construction, les documents statistiques que j'ai recueillis présentent la dépense comme devant s'élever à un chiffre qui varie de 7 à 800 millions. Mais cette évaluation, alors même qu'on la réduirait à 700 millions, me paraît exagérée, parce qu'elle a pour base un réseau de 354 000 kilomètres, et que, dans ma pensée, ce réseau est susceptible d'une réduction considérable.

En effet, le classement qui a suivi l'application de la loi du 21 mai 1836 fixait le réseau vicinal ordinaire à 646 000 kilomètres. Des révisions ont été prescrites; elles ont été graduellement opérées, et, graduellement aussi, ce réseau a été réduit en 1841 à 587 000 kilomètres; en 1851, à 490 000, et en 1861, à 382 000. A cette dernière date, le travail de révision n'avait été effectué que dans 11 300 communes. Depuis cette époque, le réseau a subi une nouvelle diminution de 28 000 kilomètres. Le classement actuel présente donc sur le classement originaire une atténuation de 292 000 kilomètres. Sans doute un assez grand nombre de chemins vicinaux ordinaires, loin d'avoir été déclassés, ont pu prendre rang parmi les lignes d'une importance supérieure; mais il n'est pas moins vrai que les révisions opérées jusqu'à ce jour ont dû éliminer environ un quart des chemins classés en 1838. Il est dès lors raisonnable d'admettre que la longueur du réseau définitif sera inférieure à 300 000 kilomètres. Or, dans ces conditions, la dépense exactement évaluée ne s'élèverait pas à 480 millions.

Si le budget de la dépense est judicieusement calculé, les ressources proposées sont-elles à la fois justes et réalisables?

Le premier article de recettes ne paraît pas contestable; il est le produit, pour dix années, de la dotation actuelle affectée aux chemins vicinaux ordinaires, et l'expérience démontre que cette dotation augmente chaque année, soit parce que les communes s'imposent un plus grand nombre de centimes dans les limites fixées par l'article 2 de la loi du 21 mai 1836, soit parce que le prix de la journée de prestation, convertie en argent, est fixé à un chiffre chaque année un peu supérieur.

La somme de 200 millions demandée à ces contributions communales extraordinaires constituerait une charge exorbitante, si elle devait être perçue dans une période de dix années. C'est pour parer à cette difficulté que l'Empereur a conçu le projet d'une caisse spéciale. Voici comment je comprendrais, d'accord avec le Ministre des finances, l'économie et le fonctionnement de cette institution.

Une caisse de chemins vicinaux serait fondée sous la garantie de l'Etat.

Cet établissement se procurerait de l'argent par l'émission de titres payables et amortissables à long terme, comme le sont les obligations de chemins de fer. Il prêterait aux communes les sommes qui leur seraient nécessaires, non-seulement pour l'achèvement des chemins vicinaux ordinaires, mais aussi pour l'achèvement des chemins vicinaux de grande communication et d'intérêt commun. Ces prêts seraient consentis à un taux d'intérêt de 4 p. 100, y compris l'amortissement, et seraient remboursables en trente ans par annuités égales.

Ainsi, d'une part, se trouveraient réalisés, dans la période fixée, les 200 millions nécessaires à la construction des lignes vicinales; et, d'autre part, les charges communales, réparties sur un espace de trente années, se réduiraient, en définitive, à une annuité de 8 millions. Il est même vraisemblable que ce chiffre ne serait pas atteint, si les Conseils municipaux montraient assez de fermeté pour déclasser tout chemin vicinal inutile.

La caisse des chemins vicinaux, ainsi constituée, n'aurait rien d'anormal au point de vue des saines doctrines financières. Sans doute elle emploierait le crédit de l'Etat comme intermédiaire au profit des communes; mais cette dérogation aux règles ordinaires aurait-elle jamais été justifiée par un intérêt plus général?

La répartition des charges communales en un espace de trente années, loin de grever inconsidérément l'avenir, appliquerait l'impôt à la génération qui profitera le plus directement des travaux exécutés.

Sans doute l'Etat courrait le risque de supporter certaines différences d'intérêt qui pourraient se produire entre le taux auquel la caisse ferait ses emprunts et celui auquel elle consentirait ses prêts. Mais ce risque limité ne me préoccuperait point, car il constituerait une juste participation du Trésor public aux charges de l'entreprise, et les conditions favorables accordées aux communes seraient un utile encouragement à leurs efforts.

Les départements peuvent-ils, de leur côté, supporter la contribution de 100 millions à laquelle il me semble juste et nécessaire de les assujettir?

Un examen attentif m'a donné la conviction que leurs charges actuelles ne seraient pas sensiblement aggravées par ce concours.

Pour faciliter, avant tout, l'achèvement des chemins de grande communication, la loi de 1836 a réservé à ces chemins non-seulement la presque totalité des subventions départementales, mais encore la plus grande partie des ressources spéciales des communes. Cette prévoyance n'était pas excessive, car l'œuvre entreprise alors approche seulement, plus de trente ans après, de sa réalisation. Mais lorsqu'elle sera achevée, et ce moment n'est pas éloigné, la dépense descendra du chiffre de 42 millions, qu'elle atteignait en 1866, à celui de 26 ou 27 millions, qui représente la dépense d'entretien du réseau actuel.

Ne convient il pas de profiter de cette réduction de dépenses pour rendre aux communes une portion à peu près équivalente de leurs ressources qui serait appliquée à l'achèvement des chemins vicinaux ordinaires et d'intérêt commun?

Cette combinaison présenterait un double avantage.

Elle laisserait à la charge des communes une moindre part dans une dépense qui tend à prendre, de plus en plus, un caractère départemental.

En effet, les chemins de grande communication sont en réalité, depuis les développements qui ont été donnés aux chemins d'intérêt commun, plus encore des routes départementales de seconde classe que des chemins vicinaux.

Elle leur fournirait ensuite une partie des ressources normales et annuelles qui leur sont indispensables pour assurer l'entretien des chemins vicinaux des deux dernières catégories.

L'insuffisance des ressources pour l'entretien de ces lignes après leur achèvement a été, en effet, signalée fréquemment comme une difficulté presque insurmontable. Cette difficulté se trouverait levée en donnant à la mesure que je propose un caractère permanent.

La loi récemment votée qui a autorisé les Conseils généraux à élever à sept au lieu de cinq le nombre des centimes affectés aux chemins vicinaux a pressenti, et pour ainsi dire préparé, cette coopération permanente des départements à l'entretien des chemins de grande communication.

Ai-je besoin d'examiner la convenance et l'équité de la participation de l'État à cette grande entreprise par une subvention de 100 millions? Les sentiments du Sénat et du Corps législatif seront, je n'en doute point, unanimement favorables à cette allocation. L'unique question est de savoir si l'équilibre nécessaire de nos budgets n'en serait pas compromis.

Mon collègue M. le Ministre des finances, qui seul était compétent pour apprécier la question à ce point de vue, est convaincu que, nos finances étant dégagées dès 1868 des dépenses exceptionnelles qui grevaient des exercices antérieurs, et les ressources du Trésor devant s'accroître par suite de l'essor que la paix donnera à nos revenus indirects, il n'y a aucune témérité pour l'État à accepter cette charge temporaire.

Grâce à cette réunion de toutes les forces contributives en un seul faisceau, l'Empereur, qui, suivant ses propres expressions, considère l'amélioration des campagnes comme plus utile encore que la transformation des villes, aurait réalisé un de ses vœux les plus chers et accompli une des entreprises les plus utiles à la prospérité du pays.

Je dois le faire remarquer à l'Empereur en terminant : si plausibles qu'ils me paraissent, les calculs que je viens d'exposer reposent sur une base qui n'est qu'approximative : l'évaluation à 500 millions des dépenses de construction. De plus, à l'égard des recettes, ils constituent des appréciations d'ensemble ou des moyennes qui voilent, au lieu de les révéler, les inégalités profondes qui existent dans le degré d'avancement des travaux pour chaque département et pour chaque commune. En effet, les contrées composées d'un sol fertile, dont la population a par conséquent une grande densité, ont eu le double avantage d'avoir à leur charge de moindres dépenses, et pour y satisfaire des ressources plus considérables. Au contraire, les pays accidentés et montagneux, dont la population est clair-semée sur un grand espace, ont été assujettis à des dépenses disproportionnées à leurs ressources. Cette situation complexe entraîne les conséquences les plus diverses. Les travaux à exécuter sont très-inégalement répartis sur tout le territoire de l'Empire ; par suite, les dépenses devront être supportées dans une proportion pour ainsi dire inverse à la richesse des communes. Là, les ressources ordinaires seront suffisantes pour l'achèvement des travaux; ailleurs les sacrifices les plus lourds pourront demeurer impuissants.

Certains départements, certaines communes n'auront à supporter aucune contribution extraordinaire ou ne devront en supporter que durant un petit nombre d'années ; d'autres départements, d'autres communes, soit parce qu'ils ont eu le tort de s'attarder dans leur œuvre, soit parce que leurs moyens financiers sont infiniment restreints, seront exposés à laisser leurs travaux en souffrance. La répartition de la subvention de l'État parviendra-t-elle à corriger ces inconvénients? Certaines positions exceptionnelles ne comporteront-elles pas des mesures spéciales?

Avant que le Corps législatif ne fût saisi de résolutions définitives, ces doutes devraient être éclaircis par une information qui permît d'établir, pour ainsi dire, le budget de chaque commune au point de vue de sa voirie vicinale. Mais il n'y aurait lieu d'entreprendre cette étude qu'autant que l'Empereur daignerait accorder son approbation aux bases qui viennent d'être indiquées pour la mise à exécution de son programme. Je crois donc devoir me borner, quant à présent, à soumettre à Sa Majesté ces renseignements généraux, et j'attendrai, pour le surplus, les ordres de l'Empereur.

Le ministre de l'intérieur,
LA VALETTE.

En exécution de la lettre de l'Empereur, S. Exc. M. le Ministre de l'intérieur a adressé à Sa Majesté le rapport suivant :

RAPPORT A L'EMPEREUR.

16 août 1867.

SIRE,

Par sa lettre en date du 15 août 1867, Votre Majesté a daigné me donner l'ordre de lui soumettre, sans délai, les premières mesures d'exécution qu'il y aurait à prendre pour réaliser les vues qu'Elle a exprimées sur l'achèvement des chemins vicinaux.

Votre Majesté a pensé que le moment était venu, non-seulement de poursuivre avec la plus grande activité et de mener promptement à terme l'achèvement des chemins vicinaux de grande communication et d'intérêt commun, mais aussi d'entreprendre une tâche que l'on peut considérer comme nouvelle, tant les efforts tentés jusqu'à ce jour sont restés au-dessous des résultats à obtenir : la mise en état de viabilité du réseau des chemins vicinaux ordinaires.

Cette œuvre, du plus grand intérêt pour l'agriculture et pour la prospérité des communes de l'Empire, est tellement vaste, que sa réalisation, si ardemment désirée qu'elle fût, n'avait pu jusqu'à présent être envisagée que dans un avenir très-éloigné.

Votre Majesté n'a pas voulu que les populations rurales fussent réduites à cette longue attente et à ces progrès pour ainsi dire insensibles.

Elle fait appel au concours des communes et des départements, à celui même de l'Etat. Elle attend de ces efforts combinés un résultat qui sera un immense bienfait pour le pays tout entier.

Toutefois il ne suffit pas de créer des ressources proportionnées à l'importance de la tâche à accomplir; il faut de plus assurer à ces ressources l'emploi le plus utile; il faut veiller notamment à ce qu'elles ne soient pas disséminées sans profit immédiat sur tous les chemins vicinaux indistinctement. La dépense ne saurait être fructueuse qu'à la condition d'aboutir, dans un délai déterminé, à un résultat aisément appréciable, définitivement acquis, et pouvant servir à son tour de point de départ pour réaliser de nouvelles améliorations.

L'expérience a démontré à la fois l'efficacité de cette méthode et les moyens de l'appliquer au service vicinal.

Il suffit d'établir entre les chemins des classifications réglées d'après le degré d'utilité qu'ils présentent, et de procéder successivement à la mise en état de viabilité de chaque catégorie.

C'est ainsi qu'après la loi de 1836 les efforts des pouvoirs publics se sont concentrés pour assurer avant tout l'achèvement des chemins de grande communication, et ce n'est qu'après avoir atteint en grande partie ce premier résultat, qu'une portion des ressources extraordinaires a été reportée sur les chemins d'intérêt commun, qui prennent place, d'après leur importance, immédiatement après les chemins de grande communication et avant les chemins vicinaux ordinaires.

Il est impossible de trouver, dans la loi de 1836, la trace d'une nouvelle subdivision. Les chemins vicinaux de la dernière catégorie sont tous soumis au même régime.

Il est cependant évident qu'ils ne présentent pas tous le même degré d'utilité. Il en est qui sont indispensables aux besoins de la circulation, ou qui, ouvrant une communication plus directe sur un chemin de grande communication, sur une route départementale, quelquefois même sur une station de chemin de fer, présentent une importance hors ligne; d'autres, au contraire, sont d'une utilité beaucoup plus restreinte, et leur achèvement peut être longtemps ajourné sans inconvénient. Enfin, un grand nombre de chemins peuvent être rangés, à différents degrés, entre ces deux termes extrêmes.

Je crois donc devoir proposer à Votre Majesté de distinguer, au point de vue de l'exécution, trois nouvelles catégories de chemins vicinaux.

La première comprendrait les chemins vicinaux ordinaires dont l'achèvement a un caractère d'urgence.

La seconde, ceux qui, sans présenter le même caractère d'urgence, sont cependant d'une utilité reconnue.

Le troisième, enfin, ceux dont l'exécution pourrait être ajournée sans inconvénient.

Pour procéder à ce classement, pour déterminer l'importance relative des divers chemins, c'est aux Conseils municipaux, comme Votre Majesté a pris soin de le faire remarquer Elle-même, que l'administration doit avant tout faire appel. Les délibérations de ces Conseils, les vœux qu'ils auront émis, doivent être le point de départ et la base de cette importante opération.

J'ai donc l'honneur de proposer à Votre Majesté de prescrire la convocation prochaine de ces assemblées pour qu'elles aient à classer les chemins vicinaux ordinaires dans les trois catégories qui viennent d'être indiquées.

Mieux placées que qui que ce soit pour reconnaître et constater ce qu'exigent les besoins de la circulation dans la commune, les assemblées municipales s'acquitteront avec zèle et dévouement de la mission qui leur sera confiée.

Toutefois, leurs propositions ne sauraient être acceptées sans contrôle. Elles devront d'abord être soumises à une publicité locale destinée à provoquer, s'il y a lieu, les réclamations des intéressés.

Ensuite, le travail qui va s'opérer sur tous les points de l'Empire doit être, autant que possible, un travail homogène; or, pour lui donner ce caractère, il importe de soumettre à une révision les propositions adoptées isolément par chaque Conseil municipal. Cette révision serait faite au chef-lieu de canton par une assemblée composée des membres du Conseil général et du Conseil d'arrondissement élus par le canton, ainsi que des Maires des communes comprises dans la circonscription cantonale

Cette assemblée comparera contradictoirement, et pour ainsi dire sur les lieux mêmes, les classements proposés par chaque commune du canton. Un travail d'ensemble analogue sera fait ensuite au chef-lieu du département, de manière à obtenir entre tous les cantons d'un département la même unité de vues que celle qu'on aurait déjà obtenue entre les communes d'un même canton.

Conformément aux intentions de l'Empereur, les

commissions départementales seront composées des membres des Conseils généraux élus par ces assemblées dans leur prochaine session.

Le mandat qui rattache directement les membres des Conseils généraux aux populations, la connaissance approfondie qu'ils ont des localités, les désignaient au choix de l'Empereur comme les représentants les plus autorisés des intérêts qui sont en jeu. J'ai la conviction que, répondant au témoignage de confiance dont Votre Majesté vient de les honorer, ils feront de ces intérêts la plus juste et la plus saine appréciation, et que, tout en appuyant de leur influence les propositions vraiment dignes d'être recommandées à l'administration, ils sauront résister à des entraînements qui, pour avoir voulu donner une extension imprudente à l'œuvre qu'il s'agit d'accomplir, pourraient en compromettre le succès et peut-être en empêcher la réalisation.

Il y a là un écueil qui devra être signalé à toute leur vigilance.

Les commissions qui se réuniront au chef-lieu des départements auront à fournir au Gouvernement d'autres éclaircissements qui ne lui sont pas moins nécessaires, tant sur l'évaluation de la dépense que sur les ressources qui pourraient être fournies par les communes et par le département.

Elles donneront enfin des indications précieuses sur l'achèvement du réseau des chemins de grande communication et d'intérêt commun.

Les études de ces commissions seront d'ailleurs préparées par les travaux et les délibérations des Conseils généraux qui, j'en suis convaincu, en présence de la lettre de Votre Majesté, ne manqueront pas de se livrer à une étude approfondie de la question des chemins vicinaux dans leur département.

Ainsi va s'ouvrir, sur tout le territoire de l'Empire, une vaste enquête, dans laquelle les populations examineront, soit directement, soit par leurs mandataires, des questions qui touchent à leurs plus chers intérêts et qui sont l'objet de leurs préoccupations les plus vives.

Conviées à cet examen par la généreuse initiative de Votre Majesté, elles l'aborderont avec l'ardeur que donne la confiance dans une prochaine et favorable solution.

Le ministre de l'intérieur,
LA VALETTE.

DÉCRET *fixant les mesures à suivre pour le classement des chemins vicinaux.*

17 août 1867.

Napoléon,

Par la grâce de Dieu et la volonté nationale, Empereur des Français,

A tous présents et à venir, salut :

Avons décrété et décrétons ce qui suit :

Art. 1er. Les Conseils municipaux se réuniront, en session extraordinaire, dans les dix premiers jours du mois de septembre prochain, pour procéder à la révision du classement de ceux des chemins vicinaux de leur commune qui ne sont pas encore parvenus à l'état d'entretien.

Ils diviseront ces chemins en trois catégories :

La première comprendra ceux dont l'achèvement a un caractère d'urgence ;

La seconde, ceux qui, sans présenter le même degré d'urgence, sont cependant d'une utilité reconnue ;

La troisième, ceux dont l'exécution peut être ajournée, sans préjudice sérieux pour la commune.

La répartition faite par le Conseil municipal sera affichée pendant dix jours aux lieux accoutumés, dans la commune. Chaque intéressé pourra, dans le même délai, adresser ses réclamations au Maire.

Art. 2. Dans les dix derniers jours du mois de septembre, les Maires des communes de chaque canton se réuniront au chef-lieu.

Feront partie de cette réunion, les membres du Conseil général et du Conseil d'arrondissement élus par le canton.

A sa première séance, l'assemblée élira un président, un vice-président et un secrétaire.

La réunion donnera son avis sur le classement proposé par chaque Conseil municipal, et indiquera les modifications dont ces classements lui paraîtraient susceptibles.

Art. 3. Dans la première quinzaine d'octobre, le Sous Préfet transmettra au Préfet les délibérations des Conseils municipaux et celles des assemblées cantonales, avec son avis motivé, et un rapport de l'agent voyer d'arrondissement, qui donnera une évaluation sommaire de la dépense pour chacune des deux premières catégories de chemins vicinaux ordinaires.

Art. 4. Une commission du Conseil général se réunira au chef-lieu du département, dans la première quinzaine du mois de novembre.

Cette commission se composera d'un nombre de membres double de celui des arrondissements du département.

Elle sera élue au scrutin secret et à la majorité absolue par le Conseil général dans sa prochaine session.

La commission délibérera et donnera son avis : 1° sur les classements proposés ; 2° sur l'évaluation de la dépense à faire pour l'exécution des chemins classés dans chacune des deux premières catégories ; 3° sur le délai dans lequel il convient d'exécuter ces chemins ; 4° sur les ressources et contributions spéciales qui pourront être affectées à l'achèvement du réseau vicinal ordinaire; et notamment sur les combinaisons qui tendraient à appliquer aux chemins vicinaux ordinaires ou d'intérêt commun une notable portion des prestations et des centimes centralisés actuellement employés au profit des chemins de grande communication.

La commission donnera également son avis sur les délais dans lesquels devront être terminés les chemins vicinaux de grande communication et les chemins d'intérêt commun classés dans le département, ainsi que sur les voies et moyens applicables à ces travaux.

Cette commission nommera à sa première séance un président, un vice-président et un secrétaire. La durée de la session ne pourra excéder dix jours.

Art. 5. Dans les vingt jours qui suivront la clôture de la session de la commission du Conseil général, le Préfet prendra un arrêté qui divisera les chemins vicinaux de chaque commune non encore amenés à l'état d'entretien en trois catégories conformes à celles qui sont déterminées par l'article 1er du présent décret.

Cet arrêté contiendra l'évaluation de la dépense afférente aux chemins de chacune des deux premières catégories.

Dans le même délai, le Préfet adressera à notre Ministre de l'intérieur un rapport résumant les opérations prescrites par le présent décret, et contenant des propositions pour l'achèvement : 1° des chemins vicinaux de grande communication ; 2° des chemins d'intérêt commun ; 3° des chemins vicinaux ordinaires, ainsi que ses appréciations, soit quant aux délais d'exécution, soit quant aux voies et moyens applicables à ces travaux.

Art. 6. Notre Ministre de l'intérieur est chargé de l'exécution du présent décret.

NAPOLÉON.

Par l'Empereur,
Le ministre de l'intérieur,
LA VALETTE.

CIRCULAIRE DU MINISTRE DE L'INTÉRIEUR *concernant l'application du décret qui précède.*

17 août 1867.

Monsieur le Préfet,

L'Empereur a daigné m'adresser, à la date du 15 août, une lettre qui causera une profonde sensation dans le pays.

Je m'empresse de la porter à votre connaissance.

La grandeur de l'œuvre entreprise par le Souverain s'impose à tous les esprits et ne pourrait qu'être atténuée par un commentaire.

Aussi je me bornerai à vous présenter quelques courtes explications sur les dispositions d'un décret que vous trouverez ci-joint, et qui est destiné à préparer, dès aujourd'hui, la réalisation des intentions exprimées par Sa Majesté.

Ce décret divise en trois catégories les chemins vicinaux ordinaires qui ne sont pas arrivés à l'état d'entretien.

Vous remarquerez, monsieur le Préfet, qu'il ne s'agit pas, à proprement parler, d'ajouter de nouvelles catégories de chemins vicinaux à celles qui ont été créées par la loi du 21 mai 1836.

Cette loi a pris pour base des distinctions qu'elle a établies l'importance relative des voies de communication révélée par l'intérêt collectif ou individuel des communes.

Des dispositions législatives ont réglé tout ce qui a trait à la création des chemins de chaque catégorie et aux ressources permanentes qui leur sont propres. Il n'est rien innové à cet égard.

La nouvelle distinction que le Gouvernement se propose d'introduire est fondée sur une comparaison qui s'établira, non plus entre les chemins des différentes catégories, mais entre les chemins vicinaux ordinaires seulement.

Elle a simplement pour but de déterminer, en vue de l'emploi des ressources spéciales qui seront ultérieurement créées, un ordre de priorité dans l'exécution. Cet ordre est réglé d'après la base la plus rationnelle, c'est-à-dire d'après le degré d'utilité réelle que présentent les chemins qui ne sont pas encore achevés.

L'opération à laquelle vous allez vous livrer en vertu du présent décret n'est donc pas un classement dans le sens de la loi du 21 mai 1836 ; elle ne portera aucune atteinte aux *classements* opérés soit par vous, soit par vos prédécesseurs. Ce n'est pas à dire cependant que vous ne puissiez trouver dans les résultats de ce travail des renseignements de nature à vous faire mieux apprécier si le maintien de tel ou tel chemin dans le réseau vicinal est, ou non, justifié. Il est même certain que, s'il n'a pas encore été procédé à la révision des classements dans votre département, vous y trouverez, sur l'indication même des communes, l'occasion de déclasser, dans les formes légales, des chemins dont le sol pourrait être rendu à l'agriculture.

Vous aurez là un précieux élément d'information.

L'opération qui consistera à répartir en trois catégories les chemins vicinaux ordinaires, non encore parvenus à l'état d'entretien, présente de sérieuses difficultés parce qu'elle repose, non sur des bases déterminées, mais sur une appréciation de faits qui ne laisse pas d'être délicate.

C'est pour surmonter ces difficultés que l'Empereur fait appel non-seulement à votre dévouement accoutumé, monsieur le Préfet, mais encore au concours éclairé des Conseils municipaux et des membres des Conseils généraux.

Outre la part que vous prendrez directement à ce travail, vous aurez à faciliter la tâche des autorités qui doivent y concourir avec vous. Vous inviterez notamment les agents-voyers locaux à fournir aux assemblées communales et cantonales tous les renseignements qui pouraient leur être utiles. L'agent-voyer en chef devra se mettre également à la disposition de l'assemblée départementale.

Le Gouvernement compte sur l'ensemble de ces efforts pour jeter les premières bases d'une œuvre qui a d'autant plus besoin d'être solidement assise, qu'elle est appelée à prendre, en peu d'années, de vastes proportions.

Que les membres des Conseils municipaux et des

Conseils généraux se pénètrent bien de cette nécessité. Comme le fait remarquer le rapport qui précède le décret, ils devront procéder, avec une grande circonspection, au classement des chemins dans la première et même dans la seconde catégorie. En rendant la tâche trop longue et trop difficile, ils risqueraient de l'entraver dans ses débuts.

Vous ne sauriez trop appeler leur attention sur ce point, monsieur le Préfet; des classements trop nombreux dans les deux premières catégories auraient pour résultat d'entraîner les communes à disséminer sans profit sur un grand nombre de chemins leurs ressources extraordinaires. L'intérêt de chaque commune est donc d'accord avec les intérêts de toutes pour exiger un classement réfléchi, consciencieux, exempt de tout entraînement et de tout excès.

Les autres dispositions du décret ne me paraissent pas de nature à provoquer des explications. Si quelques difficultés d'application se présentaient, vous vous empresseriez de m'en rendre compte, et je vous transmettrais immédiatement les instructions nécessaires.

Je ne veux cependant pas terminer cette circulaire sans vous faire remarquer, monsieur le Préfet, combien il importe que les diverses opérations prescrites par le décret s'accomplissent exactement dans les délais déterminés. C'est à cette condition que l'enquête pourra marcher d'un pas égal dans tous les départements, de manière à donner en temps opportun au Gouvernement les éléments de ses résolutions, qui ne peuvent résulter que d'un examen d'ensemble, embrassant tous les vœux exprimés, tous les besoins reconnus, toutes les ressources disponibles.

Recevez, monsieur le Préfet, l'assurance de ma considération très-distinguée.

Le Ministre de l'intérieur,
LA VALETTE.

Correspondance.

Fréville (Seine-Inférieure), le 14 août 1867.

A Monsieur le Directeur du Journal des Percepteurs.

Monsieur,

Je suis très-satisfait du coffre-fort que vous m'avez adressé; il m'est arrivé en très-bon état.

Sa fabrication me paraît de beaucoup supérieure à ceux du même prix que l'on trouve dans le commerce.

Veuillez agréer, Monsieur, mes remercîments sincères et croire à ma parfaite considération.

Le Percepteur de Fréville,
X...

PERMUTATION.

Un Percepteur de 1re classe (remise 2800 fr.), 5 communes d'un des départements de l'ouest, désire permuter avec un collègue de la même classe, de n'importe quel département de France ou d'Algérie.

BULLETIN HEBDOMADAIRE DE LA BOURSE.

Cours des Fonds publics au 23 Août 1867.

Rentes et Actions.

3 0/0	69 80	Midi	552 50
3 Jouis. 1 janvier	69 72	Nord	1153 75
4 1/2 0/0	100 50	Orléans	893 75
4 Jouis. 22 sept	99 95	Ouest	575 ..
4 0/0	90 ..	Cie parisienne du gaz	1575 ..
4 Jouis. 22 sep	.. ..	Soc. immobilière	131 25
Obligations du Trésor	471 25	Transatlantique	347 10
Bons du Trésor	2 1/2	Messag. impér. (s-m.)	733 75
Banque de France	3320 ..	Canal de Suez	315 ..
Comptoir d'escompte	722 50	Italien 5 0/0	49 25
Crédit agricole	625 ..	Emprunt Mexicain	12 ..
Crédit foncier Colonial	560 ..	Crédit mob. espagnol	205 ..
Crédit foncier de France	1385 ..	Soc. autrichienne	481 25
Crédit ind. et comm.	637 50	Saragosse-Barcelone	40 ..
Crédit mobilier	326 25	Guillaume-Luxemb.	116 25
Créd. Mobilier (nouv.)	... ..	Sud-autrichien lomb.	383 75
Dépôts, comptes cour.	552 50	Nord de l'Espagne	75 ..
Société générale	535 ..	Saragosse Pampelune	37 ..
Ss-comptoir du com.	410 ..	Portugais	65 ..
Charentes	332 50	Chemins romains	62 ..
Est	545 ..	Saragosse	86 ..
Paris-Lyon-Méditerr.	892 50	Victor-Emmanuel	61 50
		Séville-Xérès	27 ..

Obligations.

Départ. de la Seine	229 25	Méditerranée	319 ..
Ville 1852. 5 0/0	1190 ..	Paris-Lyon-Méditerr.	312 25
— 1855-1860	463 75	Midi	301 ..
— 1863	537 50	Nord	316 25
Crédit foncier. 1000 fr. à 3 0/0	... ..	Orléans	313 50
Crédit foncier. 500 fr. à 4 0/0	... ..	Grand-Central	311 ..
Crédit foncier. 10es à 4 0/0	... ..	Ouest	310 25
Crédit foncier. 500 fr. à 3 0/0	... ..	Victor-Emmanuel	303 ..
Crédit foncier. 10es à 3 0/0	.. ..	— 1863	107 ..
Crédit foncier. 500 fr. à 4 0/0 1863	... ..	Cordoue-Séville	160 ..
Crédit foncier. Com. 3 0/0	... ..	Ligne d'Italie	27 50
Crédit foncier. 5es 3 0/0	.. ..	Lombard	218 ..
Crédit foncier. Colonial	... ..	Nord d'Espagne	112 ..
Est	314 50	Saragosse-Pampelune	77 50
Ardennes	311 25	Portugais	85 ..
Lyon	320 ..	Romains	104 ..
Bourbonnais	314	Saragosse	140 ..
Dauphiné	310 25	Séville-Xérès-Cadix	72 50
Lyon-Genève, gar	390 ..	— 94 ans.	.. ..

Valeurs diverses,

Ch. Charentes	362 50	Empr. Ottoman	[illegible] 75
Chemin du Medoc	262 50	Obl. Empr. Ottoman	24[illegible] 10
Comp. Agriculture	530 ..	Ch. Ligne d'Italie	.. 25
Caisse des ch. de fer	44 ..	Cie It. des ch. Médit.	190 ..
Gaz de Marseille	466 25	Soc. C. Ind. Amsterd.	305 ..
Banq. Créd. Pays-Bas	450 ..	Banque Ottomane	47[illegible] ..
Crédit Fonc. Autrich.	640 ..	Crédit Mobil. Italien	280 ..
Obl. Autrich. 1865	330 ..	Zinc, Vieille-Montagne	... ..
Empr. Mexicain. Obl.	113 75		

JOURNAL DES PERCEPTEURS,

DES RECEVEURS DES FINANCES, ET DES RECEVEURS DES COMMUNES, HOSPICES, ETC.;
DES SURNUMÉRAIRES, ET DES ASPIRANTS.

2e Série. — 10 fr. par an. Un numéro toutes les semaines. 12e année. — N° 35

SOMMAIRE.

ACTES OFFICIELS.

Circulaire du Directeur général de la Comptabilité publique.

Paris, le 30 juillet 1867.

I. *Acquisitions de propriétés immobilières. — Interprétation du paragraphe* 55 *de l'article* 1542 *de l'Instruction générale quant à la nature des inscriptions hypothécaires qui s'opposent au payement du prix*(1) — Monsieur, l'article 1542, paragraphe 55, de l'Instruction générale exige, pour la validité du payement des mandats concernant les acquisitions de propriétés immobilières, la production d'un certificat du conservateur des hypothèques délivré après la transcription, et constatant la non-existence d'inscriptions ou la radiation de celles qui existaient Il est entendu, dans la pratique, que cette disposition embrasse, par la généralité de ses termes, toutes les inscriptions de quelque nature qu'elles soient, et s'applique, par conséquent, à l'inscription du privilége du vendeur aussi bien qu'aux inscriptions prises dans l'intérêt des tiers.

Cette interprétation a souvent été la cause de difficultés provenant principalement de ce que le receveur ne croit pas pouvoir procéder régulièrement au payement tant qu'il ne lui est pas justifié, comme le veulent les règlements, de la radiation du privilége du vendeur, tandis que le vendeur, de son côté, se croit fondé à refuser la mainlevée tant qu'il n'a pas touché son prix.

D'autre part, quand il s'agit d'acquisitions pour chemins vicinaux, lesquelles comprennent en général un grand nombre de parcelles, la radiation préalable du privilége des vendeurs exige des formalités multipliées et entraîne des frais qui ne paraissent pas toujours suffisamment justifiés par l'intérêt des communes.

En effet, la disposition rappelée ci-dessus, ayant uniquement pour but la sécurité de la commune garantie par la validité du payement, il est évident que ce but est complétement atteint par la justification de la non-existence d'inscriptions hypothécaires du chef du vendeur ou des précédents propriétaires ou par la radiation de cette nature d'inscriptions. Quant à l'inscription d'office prise, non plus contre le vendeur, mais pour lui et dans l'intérêt de son privilége, il n'y a aucune raison sérieuse de s'en préoccuper, puisque cette inscription devient sans objet et sans cause par le seul fait de la libération de la commune.

Bien que l'Instruction générale ait déjà laissé pressentir quelle est à cet égard la manière de voir de l'Administration, en disposant par le paragraphe 58 de l'article 1542 qu'il n'y a lieu à consigner le prix de vente que dans les cas où des inscriptions hypothécaires empêchent que le payement puisse être fait au vendeur, ce qui naturellement met hors de question l'inscription prise en sa faveur, il a paru utile, pour dissiper sur ce point toute hésitation de la part des comptables, de bien préciser la nature des inscriptions dont la non-existence ou la radiation devront être justifiées pour obtenir le payement du prix d'acquisition. Ces inscriptions sont exclusivement celles qui intéressent les tiers, c'est-à-dire celles dont l'immeuble se trouve grevé du chef du vendeur ou des précédents propriétaires. C'est dans ces termes que le receveur municipal devra demander désormais l'état des inscriptions aux termes du paragraphe 55. L'inscription d'office n'y figurera donc plus.

Il restera à la commune à faire opérer ensuite à ses frais la radiation de cette inscription, à moins que par suite du peu d'utilité de cette radiation, et en vue d'éviter la dépense qu'elle nécessite, il ne paraisse préférable de laisser tomber naturellement l'inscription par l'effet de la péremption résultant de l'article 2154 du Code Napoléon.

II. *Modification apportée aux fiches récapitulatives à joindre à l'appui des comptes de gestion.* — La circulaire du 30 janvier 1866, dans le but de réduire autant que possible le travail des comptables, a donné, sous les numéros 2 et 3, des modèles de fiches récapitulatives qui ne portent en tête que le numéro du compte, sans autre indication. L'Administration avait pensé que cette unique mention suffisait, avec le chiffre total porté au bas de la fiche, pour que le rapprochement de cette pièce avec le compte pût être opéré facilement.

(1) Les comptables attendaient, à cette occasion, une décision sur la question traitée à la page 257 du *Journal* de 1866, — savoir s'il est nécessaire de produire l'état de situation hypothécaire à l'appui de mandats de payement du prix de terrains acquis par les communes en matière vicinale lorsque ces dernières ont été dispensées de la purge. — Ce point offrait plus d'importance que celui tranché actuellement.

Il en est ainsi sans doute dans le cours de la vérification, parce qu'on a à la fois sous les yeux et le compte et les pièces justificatives; mais la Cour des Comptes a fait observer que, même dans ce cas, il peut arriver qu'une fiche vienne à se séparer momentanément de la liasse de pièces qu'elle était destinée à contenir, et qu'il faudrait alors nécessairement recourir à ces pièces pour savoir à quelle commune et à quelle gestion elle appartient, ce qui pourrait présenter des difficultés et entraîner une certaine perte de temps.

D'un autre côté, ce n'est pas seulement dans le cours de la vérification des comptabilités en jugement qu'il peut être utile de recourir aux fiches récapitulatives; il arrive souvent que le vérificateur est obligé de se reporter aux pièces des années antérieures. Les administrations départementales et communales et les particuliers adressent aussi à la Cour des Comptes des demandes de communication et de renseignements. Les administrations ne se donnent pas toujours la peine d'indiquer le numéro du compte, et les particuliers ne le connaissent pas. Il en résulte qu'à défaut de l'indication sur la fiche de la nature de l'opération, on serait obligé de consulter préalablement les comptes pour y prendre le numéro d'ordre, ce qui exigerait un double examen et rendrait, par conséquent, les recherches plus longues et plus difficiles.

L'Administration a dû reconnaître la justesse de ces observations, et, pour déférer au vœu formulé à ce sujet par la Cour, de nouveaux modèles de fiches récapitulatives ont été adoptés; ils se trouvent insérés à la suite de la présente circulaire.

III. *Justification à produire à l'appui du payement des dépenses concernant le personnel des octrois gérés par l'administration des contributions indirectes.* — Certains receveurs municipaux croient devoir exiger, à l'appui des mandats délivrés pour le payement des employés de l'octroi, un état émargé par les parties prenantes, indiquant le nom, l'emploi, le grade, le montant du traitement et la somme à payer périodiquement au préposé en chef, et cela même dans les communes où la perception des droits s'opère par voie d'abonnement avec l'Administration des contributions indirectes.

L'article 1542 de l'Instruction générale, paragraphes 50 et 62, n'établit, il est vrai, pour les justifications à produire à l'appui des dépenses du personnel de l'octroi, aucune distinction entre les différents modes de perception indiqués aux articles 915 et 916; mais, si la production de l'état émargé par les employés attachés au service de la commune a sa raison d'être quand, l'octroi étant en régie simple, la commune perçoit elle-même les droits, il n'en est pas de même lorsque ces droits sont perçus par voie d'abonnement avec l'Administration des contributions indirectes; en effet, du moment que la commune s'est complétement désintéressée de la perception moyennant la redevance consentie avec la régie, il ne lui importe pas de connaître la répartition des sommes allouées à des agents qui n'ont aucun caractère communal.

IV. *Dépôt aux mairies des anciens rôles concernant les taxes municipales assimilées pour le recouvrement aux contributions indirectes.* — Il y aura lieu de supprimer, de l'inventaire des différents rôles et états à déposer par les Percepteurs aux Préfectures ou Sous-Préfectures (modèle n° 19 de l'Instruction générale), la désignation concernant les anciens rôles de prestations pour les chemins vicinaux et ceux de la taxe municipale sur les chiens. Cette désignation ne saurait être que le résultat d'une erreur : lesdits rôles, en effet, bien que les taxes auxquelles ils se rapportent soient assimilées pour le recouvrement aux contributions directes, ont un caractère essentiellement communal, et dès lors c'est aux archives des mairies, ainsi qu'il est indiqué au modèle du n° 312 (colonne de la recette municipale et des archives), que le dépôt doit en être effectué à l'expiration de la troisième année de l'exercice.

V. *Déménagement hors du ressort de la perception. — Contrainte extérieure. — Conditions dans lesquelles le redevable peut être admis à payer par termes.* — Aux termes de la circulaire du 19 août 1864, paragraphe 3, les contribuables qui ont quitté le ressort d'une perception avant le 1er janvier, et qui y sont néanmoins restés imposés à la contribution personnelle et mobilière, conservent dans leur nouvelle résidence la faculté de payer par termes le montant de cette imposition, lorsqu'il sont en état de prouver qu'elle constitue à leur égard une erreur ou un double emploi.

Il importe de bien déterminer, dans l'intérêt du Percepteur du lieu de l'ancien domicile qui demeure responsable de la cote couverte sur son rôle, les conditions dans lesquelles le redevable peut réellement invoquer le bénéfice de cette dérogation aux prescriptions de l'article 22 de la loi du 21 avril 1832.

A ce sujet une distinction est nécessaire : dans le cas où le contribuable, *non imposé dans sa nouvelle résidence*, excipe d'une simple erreur commise à son préjudice dans le calcul de l'imposition pour laquelle il figure au rôle de la localité qu'il a quittée, et conteste par conséquent non pas la légitimité de cette imposition, mais uniquement l'exactitude de son chiffre, aucun des deux Percepteurs, pas plus celui qui a émis la contrainte extérieure que celui qui est chargé de l'exécuter, n'est à portée d'apprécier si une réclamation de cette nature est susceptible d'être accueillie; il est en outre à craindre que, pour obtenir le bénéfice du payement partiel, le contribuable ne se mette en instance sans avoir de suffisantes raisons pour le faire; il n'y a donc aucune raison de le soustraire à l'obligation édictée par l'article 22 de la loi du 21 avril 1832 puisque, par le fait de son déménagement hors du ressort de la perception et le déplacement des objets formant le gage de l'impôt personnel et mobilier, il a diminué les sûretés du Trésor.

Si, au contraire, le double emploi existe dans l'imposition, ce que le Percepteur de la nouvelle résidence chargé de recouvrer la contrainte peut facilement reconnaître en s'assurant de l'inscription du contribuable sur ses propres rôles, il est certain qu'une réclamation peut être utilement portée devant l'autorité compétente, et il est juste dès lors que le redevable jouisse du bénéfice des dispositions de la circulaire du 19 août 1865, sauf à se mettre immédiatement en réclamation à l'effet d'obtenir la décharge de laquelle il a été indûment imposé, et à justifier de cette instance au Percepteur.

VI. *Les rôles d'impositions communales doivent donner lieu à une liquidation distincte des remises des Percepteurs quand ils sont émis postérieurement au 30 juin.* — Dans le cas de mutation de comptables, la liquidation des remises du Percepteur sortant a lieu, tant pour la partie des rôles qui revient au Trésor que pour les impositions communales, d'après la proportion des recouvrements effectués sur les rôles de toute nature. Ce mode de procéder est commandé par l'impossibilité absolue où l'on est de déterminer la somme précise qui est imputable à ces impositions dans le total des recouvrements, pour y appliquer le taux spécial de remise à 3 p. 0/0; on comprend d'ailleurs que les centimes additionnels soient présumés toujours recouvrés dans la même proportion que les contributions, puisque les deux éléments sont intimement confondus dans la cote de chaque redevable, et, sous ce rapport, il y a une parfaite harmonie entre la règle suivie par la liquidation des remises des comptables et celle que détermine l'article 199 de l'Instruction générale pour les allocations à faire aux communes.

Mais la même règle est loin de se justifier quand il s'agit, non plus d'impositions communales comprises au rôle général, mais d'impositions qui ont fait l'objet d'un rôle spécial. Il arrive malheureusement que des rôles de cette nature sont parfois émis dans les derniers mois de l'année. Or, qu'un Percepteur vienne à obtenir son changement peu de temps après l'arrivée d'un rôle spécial émis dans ces conditions, c'est-à-dire à une époque où ses recouvrements s'élèveront par exemple à dix douzièmes, il recevra dix douzièmes des frais de perception d'un rôle dont il n'aura peut-être recouvré que deux ou trois douzièmes, tandis que son successeur à qui il restera à recouvrer neuf ou dix douzièmes n'aura plus droit qu'à deux douzièmes de remises.

Un tel résultat est évidemment injuste. Du moment que, dans ce cas, il est possible, sinon facile, de déterminer, au moyen d'un relevé des émargements ou d'un état des restes à recouvrer, la proportion exacte des recouvrements opérés sur le rôle spécial, le bon sens comme la justice veulent que l'émolument soit exactement proportionné au travail fait. Le montant des rôles spéciaux devra donc être désormais mis à part pour la liquidation des remises à allouer au Percepteur sortant.

Il convient toutefois de préciser l'époque à partir de laquelle les rôles spéciaux devront être ainsi considérés isolément. Il y aura généralement assez peu d'intérêt à s'en préoccuper si l'émission en a lieu dans les premiers mois de l'année, pendant le premier semestre par exemple, attendu que, dans ce cas, le recouvrement, en ce qui les concerne, s'effectuera concurremment avec celui des autres impositions, c'est-à-dire à peu près dans la même proportion, et qu'il n'y aura dès lors aucun inconvénient sérieux à les comprendre dans le total général des rôles. Mais les rôles spéciaux devront donner lieu à une liquidation distincte, au prorata des recouvrements réellement effectués, lorsqu'ils auront été émis postérieurement au 30 juin.

VII. *Explications relatives à l'établissement des décomptes de remises des Percepteurs sur les contributions directes.* — Les observations qui figurent en tête du décompte des remises des Percepteurs (modèle n° 21 de l'Instruction générale) n'ont pas toujours été bien comprises, et il en résulte parfois soit des erreurs dans l'établissement des décomptes, soit des difficultés dans la vérification de ces documents.

Il semble donc utile d'y ajouter quelques explications.

Ainsi, dans le paragraphe 1° du troisième alinéa, il importe d'indiquer que les impositions communales de toutes nature, à déduire pour obtenir le net sur lequel doivent être calculées les remises des Percepteurs, doivent comprendre les centimes pour fonds de non valeurs sur ces impositions et le montant des frais de confection des rôles spéciaux d'impositions communales, mais non le produit des 8 centimes par franc à prélever sur le principal des patentes au profit des communes, lequel, aux termes de l'article 113 de l'Instruction générale, reste compris dans les sommes sur lesquelles sont calculées les remises dues par le Trésor aux Percepteurs.

D'un autre côté, le paragraphe 4 du même alinéa mentionne encore, au nombre des déductions à opérer, la portion de la contribution mobilière remplacée par l'octroi; il convient d'ajouter, pour éviter un double emploi qui se produit souvent, que cette portion de contribution à déduire doit être elle-même préalablement atténuée des centimes communaux qui y sont afférents, lesquels se trouvent compris dans les impositions communales de toute nature déjà déduites en masse aux termes du paragraphe 1er.

Ces explications devront être ajoutées à l'encre rouge sur les formules qui existent à la Trésorerie générale, et être prises en considération lors de l'établissement des prochains décomptes.

VIII. *Prestation de serment des Percepteurs. — Inexécution des prescriptions réglementaires à ce sujet.* — L'Administration a des raisons de croire qu'un grand nombre de Percepteurs exercent depuis longtemps leurs fonctions sans avoir prêté serment, ou du moins sans qu'il ait été dressé acte leur prestation de serment.

L'omission de cette formalité constitue une infraction formelle à l'article 196 du Code pénal et à l'article 1234 de l'Instruction générale ; elle est en outre de nature à causer un grave préjudice au Trésor, qui se trouve ainsi privé des droits de timbre et d'enregistrement auxquels donnent ouverture les actes de prestation de serment.

J'invite en conséquence MM. les Trésoriers-Payeurs généraux à recueillir et à me transmettre, pour l'ensemble de leur département, les renseignement propres à faire connaître l'état des choses et à permettre, au besoin, de régulariser la situation des Percepteurs à l'égard desquels les prescriptions réglementaires n'auraient pas été observées.

IX. *Les quittances relatives aux dons et souscriptions volontaires en faveur des indigents sont soumises au timbre quand elles sont d'une somme supérieure à 10 francs.* — Des difficultés se sont élevées dans plusieurs départements au sujet de l'interprétation à donner aux dispositions de la loi de finances du 8 juillet 1865, en ce qui concerne le timbre des quittances de versements résultant de dons ou de souscriptions volontaires en faveur des indigents.

Certains comptables ont supposé que l'exemption du timbre pour les quittances de cette nature résultait de l'article 16 de la loi du 13 brumaire an VII, qui établit une exception pour les quittances de contributions ou de secours payés aux indigents, et que cette disposition n'avait pas été abrogée par la loi de 1865. Ils ont invoqué, d'autre part, les inconvénients et le défaut de convenance de l'établissement d'un impôt sur les actes de charité.

Le Ministre, à qui la question a été soumise, a décidé, sous la date du 28 décembre dernier, que les quittances dont il s'agit son assujetties au timbre. Il a été reconnu, en effet, que l'exemption résultant de l'article 16 de la loi du 13 brumaire an VII n'est pas applicable aux quittances de sommes supérieures à 10 francs versées pour une œuvre charitable. Ces sommes ne sont pas de la nature des contributions, et, bien que l'intention des souscripteurs soit de venir en aide à la charité publique, les quittances qu'ils reçoivent ne constatent pas la délibération de secours payés aux indigents. L'assujettissement au timbre des quittances de l'espèce dérive donc, non de la loi du 8 juillet 1865 qui a respecté toutes les exceptions antérieures, mais des principes mêmes de l'impôt du timbre.

Il est à remarquer, au surplus, que les souscriptions supérieures à 10 francs sont en général peu nombreuses et les inconvénients signalés dans la perception du droit de timbre ne pourront dès lors se produire que dans de rares occasions.

X. *La quittance des remises allouées au Percepteur pour le recouvrement des impositions communales est soumise au timbre.* — La question de savoir s'il y a lieu de soumettre au timbre les quittances que donnent les Percepteurs pour les remises qui leur sont allouées à raison du recouvrement des impositions communales a été souvent controversée.

On a soutenu parfois que du moment où les remises auxquelles la perception des centimes communaux donne lieu appartiennent au Percepteur au même titre que ses autres remises sur le produit des contributions ordinaires, elles font partie du traitement d'un agent de l'État agissant en cette qualité, et que, par suite, la quittance de ces remises doit être affranchie du timbre comme la quittance des autres remises du comptable.

Mais cette appréciation n'était en rapport ni avec les faits ni avec les principes.

En effet, « les frais de perception de tous centimes additionnels à recouvrer pour le compte des communes sont ajoutés, à raison de 3 centimes par franc, au montant desdites impositions, pour être recouvrés avec elles et versés dans la caisse des communes, à la charge par ces dernières d'en tenir compte aux Percepteurs à titre de dépense municipale. » (Art. 5 de la loi de finances du 20 juillet 1837.)

Lors donc que la commune paye au Percepteur la remise qui lui est due sur les centimes additionnels recouvrés, il s'agit de l'acquit d'une charge communale même quand le comptable remplit à la fois les fonctions de Percepteur et de receveur municipal. La quittance du Percepteur est dès lors passible du timbre toutes les fois que la somme qui s'y trouve portée excède 10 francs. La question se trouve définitivement résolue dans ce dernier sens par une décision du Ministre du 27 juillet 1867 (1).

XI. *Recommandations pour l'exacte application des lois et règlements sur le timbre.* — L'Administration de l'enregistrement a appelé mon attention sur le grand nombre de contraventions au timbre qui sont relevées chaque année, lors de la vérification des pièces jointes aux comptes des receveurs municipaux. Il en est certaines qui, bien qu'elles n'aient pas pour excuse la difficulté de la matière ou la divergence des interprétations, se reproduisent sans cesse et témoignent, dès lors, d'une grande incurie ou d'une mauvaise volonté persistante de la part des agents qui les commettent. Par exemple, on trouve à l'appui des comptes une grande quantité de factures ou mémoires de fournitures ou de travaux qui ne sont pas timbrés, quoique les lois les soumettent au timbre, quelles que soient les sommes qu'ils aient pour objet et la forme qui leur est donnée, qu'ils soient écrits sur la même feuille que le mandat ou sur une feuille séparée. La décision du 20 décembre 1834 (article 1013 de l'Instruction générale) qui dispense de produire ces pièces pour les créances non excédant 10 francs, sous la condition que le détail des travaux ou fournitures sera énoncé dans le corps du mandat, n'a rien de contraire à cette règle, car on n'en saurait induire aucune dispense de droit à l'égard des factures ou mémoires produits. Il ne faut, dès lors,

(1) Cette question est enfin résolue, mais d'une manière défavorable aux communes. Cependant la nature de l'allocation permettait de croire qu'il y avait une complète assimilation avec les remises allouées pour le recouvrement des contributions directes. La circonstance que ces frais de perception entraient dans la comptabilité des communes ne changeait rien à l'origine de ces frais...

qu'une bien légère attention, lorsque les factures ou mémoires accompagnent le mandat, pour s'assurer s'ils portent le timbre et pour prévenir les contraventions en renvoyant les parties à faire régulariser leurs pièces avant le payement de leurs créances.

D'un autre côté, malgré l'interdiction formelle résultant de l'article 1er de l'arrêté ministériel du 20 juillet 1863 et de la circulaire du 27 septembre suivant, beaucoup de receveurs municipaux continuent d'apposer des timbres mobiles, qu'ils oblitèrent ensuite avec leur griffe, sur des pièces autres que les quittances qu'ils délivrent ou les acquits qui leur sont donnés, notamment sur des mémoires ou factures et sur des états de travaux exécutés par voie de régie sur les chemins vicinaux. Or cette irrégularité entraîne, indépendamment des amendes, la perception d'un nouveau droit de timbre, puisque l'article 27 de la loi du 2 juillet 1862 considère comme non timbrés les actes et écrits sur lesquels le timbre mobile aura été apposé sans l'accomplissement des conditions prescrites.

Il est vivement à désirer que ces négligences ne se reproduisent plus; autrement je me trouverais dans la nécessité de faire des propositions au Ministre pour mettre à la charge des comptables, à titre de peine disciplinaire, à défaut de responsabilité légale, les droits de timbre et même une portion des amendes qu'on demande actuellement aux signataires des pièces en contravention.

XII. *Associations syndicales. — Durée de l'exercice. — Exécution de la loi du* 21 *juin* 1865 *et du décret du* 27 *janvier* 1866. — L'Administration a été consultée sur la question de savoir si les dispositions du décret du 27 janvier 1866, qui ont soumis les comptes des trésoriers d'associations syndicales aux mêmes règles que les comptes des receveurs de communes et d'établissements de bienfaisance, ont eu pour effet d'étendre à quinze mois la durée de l'exercice des syndicats, que l'article 636 de l'Instruction générale renfermait dans la période annuelle.

Il a été entendu, d'accord avec le ministère de l'agriculture, du commerce et des travaux publics, que le décret précité du 27 janvier n'a fait que confirmer le principe posé dans la loi du 21 juin 1865, laquelle porte, article 16, qu'il est procédé à l'apurement des comptes d'associations syndicales selon les règles établies pour les comptes des receveurs municipaux.

Les dispositions du dernier paragraphe de l'article 636 de l'Instruction générale se trouvent donc, par le fait, abrogées par celles de la loi et du décret précités. On comprend, en effet, que la comptabilité des associations syndicales étant assimilée à celle des communes et établissements publics, il y a tout avantage pour les Percepteurs-receveurs municipaux et hospitaliers à avoir un mode uniforme de reddition de comptes en ce qui touche les différents services dont ils sont chargés.

XIII. *Direction à donner aux dépêches* ; *attributions respectives du bureau de la comptabilité des Trésoriers-Payeurs généraux et du bureau de la perception des contributions directes et de la comptabilité des communes* — Il arrive journellement que les dépêches destinées au Bureau de la perception des contributions directes et de la comptabilité des communes et établissements de bienfaisance parviennent au Bureau de la comptabilité des Trésoriers-Payeurs généraux, soit parce qu'elles sont confondues sous la même enveloppe avec des documents de comptabilité, soit même parce qu'elles portent en tête les mots : Service de la recette. Il résulte nécessairement de cette fausse direction un retard dans l'expédition des affaires et des rappels aussi désagréables pour mes bureaux, à qui ils imposent un travail inutile, que pour les comptables à qui ils sont indûment adressés.

Je recommande en conséquence de nouveau et de la manière la plus expresse de ne jamais comprendre sous la même enveloppe les pièces appartenant à des bureaux différents. Quant aux attributions respectives des deux bureaux que je viens de citer, elles ne paraissent pas non plus être toujours parfaitement comprises, et, ce qui le prouve, c'est que nombre de pièces concernant le service de la perception et des communes arrivent tous les jours revêtues de la mention : Service de la recette, dont l'objet est tout autre aux termes de la circulaire du 22 mars dernier, paragraphe 17.

Pour lever toute incertitude à cet égard, il suffit de bien se pénétrer que le bureau de la comptabilité des Trésoriers-Payeurs généraux a purement et simplement repris, au point de vue de la recette, les attributions de l'ancien bureau de la comptabilité des receveurs des finances; il demeure, à ce titre, exclusivement chargé de toutes les questions qui intéressent la tenue des écritures et de la comptabilité d'une recette des finances ou d'une Trésorerie générale ; mais les affaires qui concernent un point quelconque du service du recouvrement de l'impôt direct ou du service financier des communes, établissements de bienfaisance et autres établissements soumis au même mode de comptabilité, où les receveurs des finances interviennent dès lors, non plus comme comptables, mais comme agents administratifs, en raison de la direction et de la surveillance qu'ils ont à exercer sur ces services, toutes ces affaires, dis je, continuent, comme par le passé, de ressortir au Bureau de la perception des contributions directes et de la comptabilité des communes, et doivent être adressées, sous ce timbre, à la Direction générale de la Comptabilité publique.

Je vous prie de m'accuser la réception de la présente circulaire dont j'envoie quatre exemplaires pour la Trésorerie générale et un exemplaire pour chaque recette particulière.

Recevez, Monsieur, l'assurance de ma considération distinguée et de mon attachement.

Le Directeur général de la Comptabilité publique,
Signé : Fr. DE ROUSSY.

QUESTIONS DIVERSES

INCOMPATIBILITÉS ET CUMULS. RECEVEUR SPÉCIAL AYANT POUR FRÈRE LE SECOND ADJOINT, ETC.

1° *Y aurait-t-il incompatibilité entre les fonctions d'un Receveur spécial et celles de son frère, second adjoint de la commune?*

Aux termes de l'article 1273 de l'Instruction générale, il y a incompatibilité entre deux emplois, lorsque le titulaire de l'un d'eux est tenu d'exercer ou de concourir à exercer une surveillance médiate ou immédiate sur la gestion du titulaire de l'autre emploi. Cette incompatibilité existe entre les parents ou alliés jusqu'au degré de cousin germain inclusivement. Or, les fonctions de Maire, d'adjoint, de conseiller municipal, de membre de commission administrative et de secrétaire de Mairie, sont nommément comprises parmi celles qui concourent à la surveillance de la gestion des receveurs municipaux et spéciaux. En conséquence, une personne dont le frère est second adjoint, ne peut être nommée receveur spécial, qu'autant que son frère résignerait les fonctions d'adjoint et celles de conseiller municipal, s'il était en même temps l'un et l'autre. Toutefois, les questions relatives aux incompatibilités doivent être déférées au Ministre des finances (division du personnel). Celui-ci, après avoir examiné les causes d'incompatibilité, autorise parfois l'exercice simultané des deux emplois en apparence incompatibles.

2° *Un Receveur spécial peut-il cumuler avec ses fonctions, celles de caissier de caisse d'épargne et de trésorier de mont-de-piété?*

Ce cumul n'est pas interdit d'une manière absolue; mais il est soumis à une autorisation préalable ayant pour but de sauvegarder la responsabilité du receveur des finances, sous la surveillance desquels sont placés les receveurs spéciaux, les caissiers de caisses d'épargne et les trésoriers de monts-de-piété. (Instruction générale, art. 1317 et Circulaire de la Comptabilité publique du 10 juillet 1865). Les receveurs spéciaux ne peuvent être chargés d'aucune autre gestion comptable que les lois et règlements n'auraient pas rendue obligatoire pour eux, comme celle de receveur d'hospice et d'établissements de bienfaisance (Instr. gén., art. 1220), à moins que le receveur des finances n'y ait donné son consentement, après en avoir référé à la direction générale de la Comptabilité publique. Dans ce cas, le Receveur des finances prescrit le mode de comptabilité à suivre, et prend toutes les mesures propres à mettre sa responsabilité à l'abri. (Instr. gén., art. 1273.) Un receveur spécial peut donc être, en même temps, caissier de caisse d'épargne et trésorier de mont-de-piété, s'il a obtenu l'assentiment du receveur des finances.

TIMBRE. FRAIS DE PERCEPTION DES IMPOSITIONS COMMUNALES.

Les mandats pour frais de perception des impositions communales sont-ils soumis au timbre, et le droit de timbre est-il dû pour les payements d'à-compte inférieurs à 10 francs?

L'administration, en déterminant par une décision du 31 juillet 1867 (1), que les quittances pour frais de perception supérieures à 10 francs seraient assujetties au timbre, a rapporté les solutions interprétatives de l'application de la loi du 13 brumaire an VII, en date des 1er mars 1862 et 26 février 1863 (Dictionn. *Sollier*, numéro 803, supplém. et *Journal des Percepteurs* de 1863, page 141). Mais les lois et les règlements administratifs n'ont pas d'effet rétroactif; ils ne disposent que pour l'avenir. Ainsi les quittances de sommes payées pour cet objet, avant le 31 juillet 1867, ne sont pas passibles du timbre, si le crédit annuel ne dépassait pas 300 francs. (*Journal* de 1866, page 367 — et Circ. Compt. publ. du 22 septembre 1866, § 4).

Les règles tracées par cette dernière circulaire, au sujet du timbre des remises communales, s'appliquent au timbre des quittances pour frais de perception, sauf que, pour cette dernière dépense, la limite pour l'exonération des droits est de 10 francs. Les quittances d'à-compte seront exemptes de timbre, tant que le crédit porté au budget ne sera pas supérieur à 10 francs, ou que le chiffre du budget ne sera pas contredit par la réunion des sommes portées aux rôles des contributions directes. Mais dès que les budgets ou les rôles constateront une somme supérieure à 10 francs, elles seront soumises au timbre, alors même qu'elles ne s'élèveraient pas à 10 francs. Les frais de timbre de ces quittances sont à la charge des communes, par application de l'article 1017 de l'Instruction générale.

TRAVAUX COMMUNAUX. CONSTRUCTION OU RÉPARATION D'UN PRESBYTÈRE.

Le Conseil municipal et le Préfet ont-ils le droit de modifier des devis déjà approuvés? — Le curé desservant a-t-il droit à un logement pendant l'exécution des travaux de réparation du presbytère ?

FAITS. En avril 1868 un devis des travaux à faire au presbytère de la commune de ....., devis s'élevant à 5000 fr., a été dressé par l'architecte du département sur la demande de la municipalité et avec l'approbation du Conseil de fabrique et l'assentiment du curé. Le 10 mai 1863 le Conseil municipal a voté un emprunt et une imposition extraordinaire pour l'acquit des susdits travaux; de plus il a demandé au gouvernement un secours pour aider la commune à supporter cette dépense. Un an après, Son Excellence le Ministre des cultes n'ayant pas encore statué sur la demande de subvention, le Conseil municipal prenait une délibération par laquelle il insistait sur l'urgence de la mise à exécution des projets, sur la conclusion de l'emprunt et sur l'autorisation de l'imposition extraordinaire, Le 2 mars 1865, M. le Préfet disait, en répondant à l'envoi de cette délibération, que Son Excellence n'ayant pas encore pris de déci-

(1) Voir la circulaire ci-dessus, page 273.

sion sur la demande de subvention, il ne pouvait donner aucune autorisation quelconque, à moins que le Conseil municipal ne prît à sa charge toute la dépense. Celui-ci aurait pu lui répondre, en cas d'urgence absolue dans l'exécution du projet, que si M. le Ministre n'accordait pas de subvention, la commune serait bien obligée de fournir seule à toute la dépense; qu'alors, il pouvait, s'il y avait lieu, approuver les devis, en autoriser l'exécution avec les ressources que la commune possédait ou devait se procurer au moyen de l'emprunt et de l'imposition extraordinaire, sauf à n'acquitter le solde des travaux qu'après la décision du Ministre des cultes.

Mais survinrent, en juillet 1865, les élections du Conseil municipal qui modifièrent sensiblement la composition de cette assemblée. Le nouveau Conseil a ordonné la présentation de nouveaux devis sur les bases posées par lui. Ces devis ont été approuvés par M. le Préfet, bien que quelque temps auparavant S. Exc. M. le Ministre eût accordé une subvention pour l'exécution du premier projet, et sans qu'on ait demandé l'avis de la Fabrique et l'assentiment du curé. — Le Conseil municipal et le Préfet peuvent-ils revenir sur le premier projet approuvé, et le curé ne serait-il pas fondé, en droit, à s'opposer à l'exécution du second devis.

Solution. D'après le système du décret du 30 décembre 1809, les Fabriques sont constamment les premières obligées de supporter toutes les dépenses du culte, quelle que soit leur nature, de même que les communes sont appelées, par réciprocité, à subvenir à l'insuffisance de leurs revenus, quelle que soit également la nature de la dépense (avis du Conseil d'Etat, 21 août 1839). La loi du 18 juillet 1837, en rangeant parmi les dépenses obligatoires des communes l'indemnité de logement due au curé, à défaut de presbytère, n'a voulu que consacrer cette dernière obligation de la commune. Il est certain que le curé desservant a droit, pendant l'exécution des travaux de réparation qui rendront le presbytère inhabitable, à une indemnité pour son logement provisoire, d'abord aux frais de la Fabrique, et subsidiairement aux frais de la commune (Voir notre *Guide des Fabriques*, aux mots Communes, Curés, Fabriques).

Pour résoudre la première question, relative au droit du Conseil municipal et du Préfet, de procéder à la restauration du presbytère, sans l'approbation du Conseil de fabrique et sans l'assentiment du curé, il faut examiner préalablement si le presbytère est la propriété indivise de la commune, ou s'il appartient privativement à l'une d'elles. Nous écartons la nécessité de l'assentiment du curé-desservant, attendu que cet assentiment n'est exigé par aucun texte de loi ou de règlement. L'administration locale peut demander son avis particulier, si elle le juge convenable, et à titre de simple renseignement; mais cet avis n'est nullement indispensable, et le curé est sans droit pour s'opposer à l'exécution d'un devis approuvé par le Conseil municipal et par le Préfet.

La commune, qui est propriétaire exclusive de la maison presbytérale, a le droit d'y apporter telles modifications que le Conseil municipal juge utile ou nécessaire (Ord. roy. 3 mars 1865, art. 4, et décret du 30 décembre 1809, chap. IV — *Guide des fabriques*, pages 50 et 68). C'est là le droit de tout propriétaire, et on ne saurait en contester l'usage à la Fabrique, à l'égard d'un presbytère lui appartenant en entier, pourvu qu'elle fût en état de subvenir, avec ses propres ressources, aux travaux de réparation. Si le concours de la commune est réclamé pour des réparations à faire à un presbytère, qui serait la propriété exclusive de la fabrique, le Conseil municipal n'aurait pas le droit de modifier, de sa propre autorité, les devis présentés par le Conseil de fabrique. Il ne pourrait, on le conçoit, que mettre, pour condition du concours de la commune, l'adoption des changements qu'il indiquerait; ce même droit appartiendrait à la Fabrique, dans le cas où la commune accepterait son concours pour un presbytère lui appartenant en propre, sauf à celle-ci à refuser les conditions mises à ce concours. Si le Conseil de fabrique, saisi de l'examen de la délibération du Conseil municipal, *et vice versà*, n'acceptait pas les modifications proposées par ce dernier, il appartiendrait, suivant le cas, au Préfet ou aux Ministres de l'intérieur et des cultes de statuer sur ce différend, selon que l'avis de l'évêque serait favorable ou contraire aux propositions des administrations locales, et de mettre à la charge de la commune le montant du devis définitivement arrêté et approuvé. La même marche serait suivie pour les travaux à exécuter pour la réparation d'un presbytère appartenant par indivis à la commune et à la Fabrique, alors même que celle-ci ne contribuerait pas à la dépense.

Il n'existe pas de loi ou de règlement qui déclare qu'un projet revêtu de toutes les approbations nécessaires, ne peut plus être abandonné et doit être forcément suivi d'exécution. La disposition qui devrait rendre un projet définitif et obligatoire n'existant pas, il s'ensuit que le Conseil municipal conserve toujours le droit de remplacer un projet par un autre, même de renoncer à l'exécution d'un projet dont l'urgence ne serait pas reconnue, de même que le Préfet a la faculté de rapporter l'approbation déjà donnée par lui, sauf appel au Conseil d'Etat. Dans le commentaire de la loi sur les Conseils municipaux, que nous publierons bientôt, on trouvera, consacré par des déclarations officielles, ce droit des Conseils municipaux. Seulement la Fabrique, si elle a un droit de propriété sur le presbytère, ou si elle contribue aux frais de réparation, a le droit d'exiger qu'on lui soumette le second projet, pour qu'elle puisse exprimer son avis qui doit servir de base, avec la décision du Conseil municipal, à la décision de l'administration supérieure.

NOMINATIONS ET MUTATIONS.

Ont été nommés Percepteurs :

A Magnan (Aube), 3e classe, M. Henri, percepteur de Chavanges;

A Chavanges (Aube), 3e classe, M. Parisot;...

A Loulay (Charente Inférieure), 3e classe, M. d'Hainault, percepteur d'Authon;

A Authon (Charente-Inférieure), 4e classe, M. Laverny, percepteur de Corme-Royal;

A Dangu (Eure), 4e classe, M. Larguier;...

A Saint-Denis (Gironde), 4e classe, M. Brun, percepteur de Saint-Quentin;

A Antignac (Hérault), 4e classe, M. Mas, percepteur de Saint-Christol;

Au Croisic (Loire-Inférieure), 4e classe, M. Patin, percepteur de Ligné;

A Varades (Loire Inférieure), 3e classe, M, Cosnard, percepteur d'Ille-Bonin;

A Lozon (Manche), 4e classe, M. Trincot, percepteur de Villedieu;

A Villedieu (Manche), 5e classe, M. Le Mardel , percepteur de Juvigny;

A Avocourt (Meuse), 4e classe, M. Vauxois, percepteur de Nixéville;

A Wattignies (Nord), 5e classe, M. Dubois;...

A Templeuve (Nord), 2e classe, M. Renon, percepteur d'Engl fontaine;

A Tagsdorff (Haut Rhin), 4e classe, M. Schmitt, percepteur de Soultzbach;

A Ribeauvillé (Haut-Rhin), M. Sohulé, chevalier de la Légion-d'Honneur, a été élevé sur place à la 1re classe;

A Lanquetot (Seine-Inférieure), 4e classe, M. Depeix, percepteur de Meulours;

Au Boisguillaume (Seine-Inférieure), M. Doucerain, percepteur de Malaunay;

A Malaunay (Seine-Inférieure), M. Denis, percepteur de Fréville;

A Néville (Seine-Inférieure), M. Maxime Lefebvre, percepteur-surnuméraire;

A Limay (Seine-et-Oise), M. Martin a été élevé sur place à la 2e classe;

A Crécy (Somme), 3e classe, M. Lejeune, percepteur d'Estrées;

A Estrées (Somme), 4e classe, M. de Villiers, percepteur de Fresnoy;

A Saint-Riquier (Somme), 5e classe, M. Rigal, percepteur de Bernay;

A Rougiers (Var), 5e classe, M. Demargne, percepteur de Comps;

A Saint-Pierre-du-Chemin (Vendée), 5e classe, M. Louineau, percepteur de Mouilleron-en-Pareds;

A Mouilleron-en-Pareds (Vendée), 5e classe, M. Artarit, percepteur de Saint-Pierre-du-Chemin;

M. Guerrier est nommé percepteur-surnuméraire dans la Seine-Inférieure.

DEMANDE D'EMPLOYÉ.

Une Trésorerie Générale du Midi demande un *très bon* employé capable de diriger entièrement seul le service des Percepteurs, receveurs spéciaux et de la Caisse des Dépôts et Consignations. On lui adjoindrait des employés subalternes en nombre suffisant.

Aux connaissances littéraires et administratives nécessaires il devra joindre les garanties convenables de moralité.

BULLETIN HEBDOMADAIRE DE LA BOURSE.

Cours des Fonds publics au 30 Août 1867.

Rentes et Actions.

3 0/0	69 52	Midi	568 75
3 Jouis. 1 janvier	69 50	Nord	1155 ..
4 1/2 0/0	100 ..	Orléans	891 25
4 1/2 Jouis. 22 sept	99 95	Ouest	568 75
		Cie parisienne du gaz	1565 ..
4 0/0	90 ..	Soc. immobilière	133 75
4 Jouis. 22 sep	.. ..	Transatlantique	338 75
Obligations du Trésor	471 25	Messag. impér. (s-m.)	732 50
Bons du Trésor	2 1/2	Canal de Suez	312 50
Banque de France	2305 ..	Italien 5 0/0	48 95
Comptoir d'escompte	713 75	Emprunt Mexicain	12 ..
Crédit agricole	625 ..	Crédit mob. espagnol	190 25
Crédit foncier Colonial	560 ..	Soc. autrichienne	477 50
Crédit foncier de France	1372 50	Saragosse-Barcelone	40 ..
Crédit ind. et comm.	640 ..	Guillaume-Luxemb.	120 ..
Crédit mobilier	305 ..	Sud-autrichien lomb.	378 75
Créd. Mobilier (nouv.)	... ..	Nord de l'Espagne	74 ..
Dépôts. comptes cour.	555 ..	Saragosse Pampelune	35 ..
Société générale	525 ..	Portugais	62 ..
Ss-comptoir du com.	410 ..	Chemins romains	54 ..
Charentes	333 75	Saragosse	82 50
Est	546 25	Victor-Emmanuel	52 ..
Paris-Lyon-Méditerr.	890 ..	Séville-Xérès	24 ..

Obligations.

Départ. de la Seine	228 50	Méditerranée	319 ..
Ville 1852. 5 0/0	1200 ..	Paris-Lyon-Méditerr.	312 ..
— 1855-1860	461 25	Midi	310 75
— 1865	537 50	Nord	317 50
Crédit foncier. 1000 fr. à 3 0/0	... ..	Orléans	312 75
Crédit foncier. 500 fr. à 4 0/0	... ..	Grand-Central	311 ..
Crédit foncier. 10es à 4 0/0	... ..	Ouest	310 75
Crédit foncier. 500 fr. à 3 0/0	... ..	Victor-Emmanuel	304 ..
Crédit foncier. 10es à 3 0/0	.. ..	— 1863	107 ..
Crédit foncier. 500 fr. à 4 0/0 1863	... ..	Cordoue-Séville	160 ..
Crédit foncier. Com. 3 0/0	... ..	Ligne d'Italie	27 50
Crédit foncier. 5es 3 0/0	.. ..	Lombard	217 ..
Crédit foncier. Colonial	... ..	Nord d'Espagne	105 ..
Est	313 50	Saragosse-Pampelune	74 ..
Ardennes	310 50	Portugais	85 ..
Lyon	321 ..	Romains	100 50
Bourbonnais	315 ..	Saragosse	134 ..
Dauphiné	300 ..	Séville-Xérès-Cadix	70 ..
Lyon-Genève, par	311 ..	— 94 ans.	.. ..

Valeurs diverses.

Ch. Charentes	362 50	Empr. Ottoman	[illegible] ..
Chemin du Médoc	262 50	Obl. Empr. Ottoman	241 25
Compt. Agriculture	530 ..	Ch. Ligne d'Italie	6 ..
Caisse des ch. de fer	45 50	Cle It. des ch. Médit.	190 ..
Gaz de Marseille	485 ..	Soc. C. Ind. Amsterd.	205 ..
Banq. Créd. Pays-Bas	450 ..	Banque Ottomane	460 ..
Crédit Fonc. Autrich.	635 ..	Crédit Mobil. Italien	240 ..
Obl. Autrich. 1863	328 75	Zinc, Vieille-Montagne	... ..
Empr. Mexicain. Obl.	108 75		

Directeur, H. GALLETIER, Avocat à la Cour Impériale de Paris.

JOURNAL DES PERCEPTEURS,

DES RECEVEURS DES FINANCES, ET DES RECEVEURS DES COMMUNES, HOSPICES, ETC.; DES SURNUMÉRAIRES, ET DES ASPIRANTS.

2e Série. — 10 fr. par an. Un numéro toutes les semaines. 12e année. — N° 36.

SOMMAIRE.

ACTES OFFICIELS.

CIRCULAIRE DU MINISTRE DE L'INSTRUCTION PUBLIQUE *expliquant que les quatre centimes additionnels spéciaux, à voter par les Conseils municipaux qui désirent établir la gratuité de l'enseignement dans leurs écoles, ne sont pas compris dans le chiffre maximum des centimes communaux déterminé annuellement par le Conseil général.*

Paris, le 2 août 1867.

Monsieur le Préfet, au moment où les Conseils municipaux vont se réunir pour délibérer, en ce qui les concerne, sur la mise à exécution de la loi du 10 avril 1867, relative à l'enseignement primaire, je dois ajouter à mes circulaires des 12 mai et 30 juin derniers, une communication destinée à appeler tout particulièrement votre attention sur un point important qui touche à l'application de l'article 8 de cette loi.

Aux termes de cet article, toute commune qui veut profiter de la loi nouvelle, pour établir la gratuité complète dans ses écoles, peut voter à cet effet, en sus des trois centimes spéciaux, *quatre centimes additionnels extraordinaires*.

Il doit être bien entendu que ces quatre centimes additionnels, autorisés par la loi elle-même, sont complétement en dehors du nombre *maximum* des centimes communaux extraordinaires que fixe chaque année le Conseil général, en vertu de l'article 4 de la loi du 18 juillet 1866 sur les Conseils généraux. Cet article 4 parle, en effet, des centimes affectés à des dépenses *extraordinaires*, et autorisés dans les conditions du droit commun. L'article 8 de la loi du 10 avril 1867, au contraire, crée une catégorie toute spéciale de centimes extraordinaires affectés à une dépense ordinaire et autorisés d'avance d'une manière générale, par la loi, dans la même forme que les trois centimes spéciaux.

Cette distinction est consacrée par le texte même de la loi de finances de 1868. L'état B annexé à cette loi, et à la seconde partie duquel se réfère son article 9, qui autorise la perception des centimes additionnels affectés aux dépenses départementales et spéciales, porte, en effet, ce qui suit :

FONDS POUR DÉPENSES COMMUNALES :

....

Centimes pour dépenses extraordinaires........ (approuvés par des actes du Gouvernement, par des arrêtés des Préfets ou votés par les Conseils municipaux *dans la limite du maximum fixé par le Conseil général*)..................................

....

Centimes pour dépenses de l'instruction primaire	autorisés par la loi du 15 mars 1850 (maximum, 3 centimes); autorisés par l'article 8 de la loi du 10 avril 1867 (maximum, 4 centimes).

Veuillez, monsieur le Préfet, pour aller au-devant des doutes qui pourraient se produire à cet égard dans le sein des Conseils municipaux, faire publier la présente circulaire dans votre bulletin de l'instruction primaire, ou, à son défaut, dans le bulletin administratif de votre département.

QUESTIONS DIVERSES

TRAITEMENT DE L'INSTITUTEUR. VOTE PAR LE CONSEIL MUNICIPAL.

Un Conseil municipal prive-t-il la commune du concours de l'État, en votant 800 francs pour le traitement de l'instituteur?

Le Conseil municidal ne peut accorder à l'instituteur un traitement *fixe* de 800 francs, que si la commune peut se passer du concours de l'État et du département. (Voir notre *Journal* de 1867, page 218, première colonne, deuxième alinéa ; page 235, commentaire de l'article 13 de la loi du 10 avril 1867, et page 249, deuxième colonne, 7°.)

Mais, sans créer à l'instituteur un droit absolu à ce traitement de 800 francs, le Conseil municipal a pu prendre en considération ses titres particuliers à une augmentation et proposer, par prévision, ce chiffre de 800 francs. C'est ensuite au Préfet d'apprécier les titres de ce candidat, et à élever, s'il y a lieu, son traitement au chiffre approximatif de 800 francs, par le jeu du traitement éventuel créé par la nouvelle loi. Dans cette situation, la commune ne peut pas être privée de la subvention qui lui est nécessaire. (Voir *Journal* de 1867, pages 217, 234, 235, Commentaire des articles 8, 9 et 10, et 249, 6°.)

TRAVAUX COMMUNAUX. PIÈCES JUSTIFICATIVES DES PAYEMENTS ET FORME DE CES PIÈCES.

Quelles sont les pièces à produire par un entrepreneur,

pour toucher le prix de travaux exécutés par lui, et quelle doit être la forme des pièces justificatives ?

Un Percepteur receveur municipal nous expose ce qui suit :

Des travaux de réparations et de décorations ont été exécutés à l'église d'une commune de ma perception, sur soumission d'un entrepreneur, conformément au devis d'un architecte. Il n'y a pas eu d'adjudication publique à laquelle j'aurais sans doute été convoqué, attendu qu'il m'appartient tout spécialement de discuter la caution. La soumission a été faite et acceptée à mon insu, et ne m'a pas été communiquée; et il n'y est nullement question de caution. Cette pièce, et le devis qui contient un cahier des charges, seulement pour le mode d'exécution des ouvrages (ils ne stipulent rien sur le mode et les conditions des payements de la dépense) sont approuvés du Préfet et enregistrées; mais on n'y voit point de visa du Maire, et il n'y est fait aucune mention du Conseil municipal, sans les délibérations duquel des travaux de l'espèce ne doivent jamais avoir lieu. D'après le devis, les travaux sont évalués à 4914 fr. 22 c., sur quoi on me demande un premier à-compte de 3306 fr. 66 c.

J'ai cru devoir ajourner le payement, parce que l'on ne me produisait pas toutes les pièces prescrites par les Instructions; je faisais surtout remarquer que dans la soumission, rien n'indiquait que l'entrepreneur eût présenté une caution, et qu'alors j'exigeais l'arrêté du Maire, approuvé par le Préfet, le dispensant de fournir un cautionnement. Mon refus a été adressé au Sous-Préfet, qui a consulté le Receveur des finances.

Voici l'avis de ce chef de service :

« En cette circonstance, je pense que le cahier des « charges réglant les conditions de la soumission est « la règle à suivre. Si rien n'a été stipulé à titre de « garantie, soit en numéraire, soit en réserve sur le « prix, soit enfin sous forme de caution, le comp- « table n'a pas à aller au-delà, et ne peut aggraver « les charges du traité. »

Dans une telle situation, que dois-je faire?

L'entrepreneur vient de m'adresser, par la poste, l'avis ci-dessus du Receveur des finances, sa soumission et le devis de l'architecte, pour avoir payement du premier à-compte. Mais, parce que l'entrepreneur, dans sa soumission, ne parle pas de caution, et que l'architecte, dans la rédaction du devis et du cahier des charges, n'en fait pas mention s'ensuit-il qu'il y ait dispense? Appartient-il à un entrepreneur et à un architecte de régler d'autorité une condition aussi importante?

Il nous paraît utile de rappeler les règles relatives à l'établissement du cahier des charges et conditions, et à la mise à exécution des travaux. Cet exposé permettra au comptable qui nous consulte, de voir de quelles pièces il doit exiger la production, et quelle doit être la forme de ces pièces.

Les travaux de *réparation ordinaire et de simple entretien* des bâtiments communaux, peuvent être exécutés par les administrations locales, sur les crédits ouverts aux budgets, sans autorisation, lorsque la dépense n'excède pas 300 fr., et avec l'approbation du Sous-Préfet, lorsque la dépense n'excède pas 1000 fr. (Décret du 13 avril 1861. — Instr. gén., art. 1022). Mais les constructions, les *grosses réparations et les travaux neufs* de toute nature, et quel qu'en soit le chiffre, ne peuvent avoir lieu qu'après que les projets ou devis ont été approuvés par le Conseil municipal. et soumis au Préfet et approuvés par lui (Loi du 18 juillet 1837, art. 19). Lorsque des devis et cahier des charges portent la mention de leur approbation par le Préfet, il y a lieu de croire que celui-ci n'a pris une décision qu'après que le Conseil municipal a donné son avis sur les projets, conformément à la loi du 18 juillet 1837. Mais si le Préfet a commis un excès de pouvoir, il n'appartient pas au receveur de contester la régularité apparente de ces pièces. Un recours en nullité ne peut être exercé que par le Conseil municipal lésé ou par un contribuable de la commune. (Loi du 18 juillet 1837). D'ailleurs, le Receveur municipal ne pouvant effectuer aucun payement, qu'en vertu de *crédits régulièrement ouverts* (Instr. gén., art. 986 et 989), et ces crédits n'étant réguliers qu'autant qu'ils auront été votés par le Conseil municipal ou ouverts d'office par le Préfet en Conseil de Préfecture, sur le refus du Conseil municipal mis en demeure d'exprimer ce vote, le receveur acquiert ainsi la certitude que les projets ont été soumis au Conseil municipal; que celui-ci a dû les approuver, ou que le Préfet en ayant ordonné l'exécution, malgré le refus d'approbation par le Conseil municipal, ce dernier a fait appel au Conseil d'Etat de la décision du Préfet, ou a consenti, par son abstention d'appel, à la mise à exécution des projets (Voir *Journal* de 1863, page 36. — Déc. min. Int. 1862, n° 44).

Des règlements préfectoraux indiquent la *forme des devis et du cahier des charges*, et l'architecte qui ne se conformerait pas, pour leur rédaction, aux prescriptions de ces règlements locaux, s'exposerait à voir ses projets rejetés par le Préfet. Mais du moment que ces projets ont été approuvés par le Conseil municipal et par le Préfet, les conditions qui y sont énoncées forment la loi du comptable. Il ne peut exiger aucune autre formalité ou garantie que celles stipulées; et si l'obligation de fournir un cautionnement n'a pas été imposée par le cahier des charges, le comptable ne serait pas fondé à exiger cette garantie, ainsi que l'exprime l'avis du receveur des finances, cité par notre correspondant (V. *Journal* de 1864, page 279. Circ. M. Int.).

Les travaux de réparation ordinaire excédant 1000 fr., et tous ceux de construction et de grosses réparations à quelque somme qu'ils s'élèvent, doivent être donnés *à l'entreprise avec concurrence et publicité*, sauf les exceptions prévues par l'article 1022 de l'Instruction générale, pour lesquelles le Préfet peut accorder une dispense d'adjudication.

Dans ce dernier cas, il est passé entre le Maire et

les entrepreneurs des traités de gré à gré, qui ne deviennent définitifs qu'après leur approbation par le Préfet. Mais lorsque l'autorisation de marchés de gré à gré ou d'exécution par voie de régie économique n'a pas été obtenue, l'adjudication des travaux a lieu dans les conditions prescrites par les articles 1024 et 1025 de l'Instr. générale. Il en est dressé un procès-verbal qui est soumis à l'approbation du Préfet. Si le receveur municipal n'a pas été appelé à l'adjudication, comme cela est prescrit par l'article 16 de la loi du 18 juillet 1837, il doit signaler au Préfet les circonstances qui lui paraissent devoir compromettre les intérêts de la commune, afin que ce haut fonctionnaire prenne les mesures qu'il jugera convenable. La présence du receveur n'y est pas indispensable, et son absence ne serait pas un motif de nullité de l'acte d'adjudication; mais aussi, il ne saurait être plus tard être déclaré responsable d'irrégularités qui se seraient produites en son absence.

Lorsque le cahier des charges n'a pas réglé des *conditions particulières pour le payement* des travaux, ce payement est fait au fur et à mesure de leur exécution (Instr. gén., art. 993), après que le comptable s'est assuré que toutes les obligations de l'entrepreneur ont été remplies (Arrêt de la Cour des comptes du 31 juillet 1856. — *Journal* de 1860, p. 260) Il se fait produire (Instr. gén., art. 1532, § 59, 60 et 61) :

PAYEMENT DE PREMIER A-COMPTE.

En cas d'adjudication.

1° Une copie timbrée du devis descriptif, suivi d'un cahier des charges soumis à l'enregistrement, du détail métrique, de l'analyse des prix et du détail estimatif, accompagnés de la décision approbative des travaux (non timbrée);

2° Justification, s'il y a lieu, de la réalisation du cautionnement ou de tout autre obligation imposée, telle que celle de l'achèvement des travaux dans un délai déterminé, sous peine de retenue. Si ce délai est expiré, lorsque le premier à-compte est réclamé, le receveur se fait remettre un certificat (sur timbre) de l'architecte, visé par le Maire, constatant l'époque de l'achèvement des travaux, et en cas de retard il opère la retenue à supporter par l'entrepreneur, après sa fixation de concert avec le Maire ;

3° Copie du procès-verbal d'adjudication, portant mention de son approbation et de son enregistrement (sur timbre de 1 fr. 50 cent.; 25 lignes au maximum par page);

4° Mandat du Maire (Instr. gén., art. 998, 1012 et 1013);

5° Certificat de l'architecte-surveillant des travaux, visé par le Maire, et constatant l'état d'avancement des travaux (*Journal* de 1867, page 148), et le montant de la somme à payer, déduction faite des rabais, et, le cas échéant, de la retenue de garantie, si elle est prévue pas le cahier des charges (Arrêt de la Cour des comptes. — Voir *Journal* de 1860, p. 11). Ce certificat est établi sur timbre; il peut recevoir à la suite la quittance de l'entrepreneur, qui, alors, quittancera le mandat pour ordre (Instr. gén., articles 1012 et 1013. — Circ. compt. gén. du 29 février 1856. — *Journal* de 1857, page 241, et de 1859, pages 74 et 278).

Les comptables n'ont point qualité pour apprécier le mérite des faits auxquels se rapportent les pièces à l'appui de chaque mandat. Il suffit, pour garantir leur responsabilité, qu'elles soient visées, et par conséquent, attestées par l'ordonnateur. Si cependant un comptable s'apercevait ou avait de suffisantes raisons de croire que l'ordonnateur a été trompé, il devrait, nonobstant l'apparente régularité des pièces, suspendre le payement et avertir l'ordonnateur sans aucun retard; mais, si ce dernier lui donne alors l'ordre écrit de payer, il doit s'y conformer immédiatement (Instr. gén., art. 1004). Cependant, si l'ordre du Maire ne dissipe pas les raisons qu'il a de croire qu'il a été trompé, les prescriptions de l'article 849 de l'Instruction générale lui font une obligation de rendre compte des faits au Préfet, par la voie hiérarchique.

En cas de marché de gré à gré.

Les pièces désignées ci-dessus, sous les n°s 1, 2, 4 et 5.

La pièce n° 3 est remplacée par une expédition (sur timbre de 1 fr. 50 c.) du traité de gré à gré entre le Maire et l'entrepreneur ou fournisseur. Cette expédition doit contenir la mention de son approbation et de son enregistrement, et être accompagnée de la dispense d'adjudication.

En cas de régie économique.

1° Les divers devis et cahier des charges mentionnés ci-dessus, sous le n° 1. Ces pièces ne sont pas assujetties au timbre ni à l'enregistrement, par le motif que n'ayant pas été suivies d'adjudication, elles ne sont pas destinées à faire foi en justice contre un entrepreneur, et que la production n'en est faite que comme simple renseignement;

2° Décision administrative autorisant l'exécution des travaux par voie de régie;

3° Mandat d'avances au régisseur, quittancé par lui (Exempt de timbre. — Instr. gén., art. 1014);

4° État de régie, ou relevé des payements faits par le régisseur, certifié par lui, visé par le Maire et par l'architecte surveillant des travaux, et approuvé par le Préfet. Cet état contient : 1° le relevé des journées d'ouvriers, dûment quittancé et timbré, quand il comprend des sommes supérieures à 10 fr. ; 2° le relevé des fournitures, quittancé pour ordre et appuyé de mémoires, dûment certifiés et quittancés par les fournisseurs, et visés par le régisseur, par l'architecte surveillant des travaux et par le Maire.

Il n'est dû qu'un droit de timbre pour chaque état de rôles de journées, d'après la dimension du papier, quel que soit le nombre des sommes excédant 10 francs, qui y sont comprises (*Dictionn. Sollier*, art. 474). Mais quelle que soit la dimension de la feuille, l'acquit donné sur cet état pour une seule somme excédant 10 francs, ne donne ouverture qu'au droit de 50 centimes (Même *Dictionn.*, article 755).

Il doit être dressé un mémoire sur papier timbré, pour chaque fournisseur, lorsque la somme due dépasse 10 fr. (Même *Dictionn.*, art. 783); mais rien ne s'oppose à ce qu'il soit suppléé aux mémoires des objets fournis ou des travaux exécutés, quand il s'agit de sommes non excédant 10 fr., par des quittances, sur papier non timbré, des fournisseurs et ouvriers, contenant le détail des fournitures et travaux (Instr. gén., art. 1014). Dans ce dernier cas, on pourra, pour la simplification des écritures, dispenser de la production de quittances séparées et détailler les fournitures dans le corps de l'état de régie lui-même, toutes les fois qu'il pourra contenir ce détail (Instr. gén., art. 1013).

PAYEMENTS SUBSÉQUENTS.

En cas d'adjudication ou de marché de gré à gré.

Les pièces nos 4 et 5, exigées lors du payement de premier à-compte (Voir ci-dessus, *Adjudication*, 4e et 5e).

En cas de régie économique.

Les pièces indiquées ci-dessus, sous les nos 3 et 4, pour le cas de régie.

PAYEMENT POUR SOLDE.

En cas d'adjudication ou de marché de gré à gré.

1° Mandat du Maire;

2° Procès-verbal de réception définitive des travaux, dressé par l'architecte, visé par le Maire, accepté par l'entrepreneur et revêtu de l'approbation du Préfet. Se reporter au cahier des charges, dans le cas où le mode de payement y a été indiqué, afin de s'assurer que la somme mandatée est exigible en totalité ou en partie (Arrêt de la Cour des comptes, du 31 juillet 1856. — *Journal* de 1860, page 260). Voir ce que nous avons dit au sujet de la quittance apposée par l'entrepreneur sur le certificat d'exécution des travaux, *Adjudication*, 5e. Lorsqu'il a été exécuté des travaux non prévus dans les projets primitifs, le receveur ne doit acquitter le prix de ces travaux qu'autant qu'on lui aura produit des devis supplémentaires approuvés dans les mêmes formes que les devis primitifs (Instr. gén., art. 1023. — Arrêts du Conseil d'Etat. — *Journal* de 1860, page 68).

Le comptable nous expose que l'entrepreneur ne lui remet que le devis et *sa soumission*. Nous lui ferons remarquer qu'une soumission présentée par lui et acceptée par le Maire, n'est suffisante pour la justification d'un payement, que lorsqu'il s'agit de *travaux de réparation et de simple entretien*, travaux que le Maire peut faire effectuer sans autorisation, jusqu'à concurrence de 300 fr., et avec l'approbation du Sous-Préfet, jusqu'au chiffre de 1000 fr. (Instr. gén., art. 1022 et 1542, § 60. — Décret du 13 avril 1861). Si ces limites sont dépassées, il y a lieu d'appliquer les règles rappelées ci-dessus.

SYNDICATS. Recouvrements des rôles de cotisation par les Percepteurs non trésoriers.

Par qui doivent être payées les remises dues aux Percepteurs, recouvrant pour le compte d'un trésorier de syndicat les rôles des taxes établies par une commission syndicale; et quel est le taux de ces remises?

On nous écrit de...

« Au mois d'octobre 1865, je fus chargé par M. le receveur des finances de N... du recouvrement de deux rôles de syndicat montant à 11 673 fr. 95 et comprenant 414 articles.

Ce syndicat est régulièrement constitué; il a choisi pour receveur un de mes collègues et j'ai été chargé du recouvrement de ce syndicat, en vertu de l'article 636 paragraphe 9.

M. le receveur des finances en m'adressant les deux rôles me donnait l'ordre de procéder au recouvrement en me conformant aux prescriptions dudit article 636. En même temps il m'assurait pour vaincre ma répugnance qu'une remise de 2 0/0 sur la recette et 2 0/0 sur la dépense me serait accordée, comme à trois de mes collègues de l'arrondissement qui sont dans le même cas.

Je me suis mis à l'œuvre et après des difficultés sans nombre dont une s'est dénouée à mon avantage devant le tribunal de S. j'avais pu recouvrer une somme de 9 000 fr.

Le 28 décembre, confiant dans la promesse qui m'avait été faite, j'établissais un premier décompte de remises comme il était convenu, et, opérant comme mes collègues, j'en retenais le montant sur le versement des recettes. J'ajoute que le trésorier du syndicat a obtenu pour la rédaction des rôles et avertissements une allocation de 12 centimes par article qu'il a parfaitement gardée pour lui. Le 23 février je recevais une note de la Recette des finances, ainsi conçue :

« M. le président du syndicat réclame contre les « remises que vous avez prises pour les recouvre« ments faits par vous pour le compte du syndicat « de l'Isac; la commission syndicale trouve que vous « ne vous êtes pas conformé aux ordonnances du « 17 avril et 23 mai 1839, en ce qui concerne vos re« mises, qui d'après ces ordonnances doivent suivre « un tarif décroissant.

« Je n'ai rien pu trouver dans l'Instruction ni les « circulaires qui vous autorisât à prélever 2 0/0 sur « toutes les recettes et dépenses que vous avez faites « pour le compte de cet établissement. Un de vos « collègues qui avait procédé comme vous, a été « forcé de se conformer à une décision de M. le Mi« nistre en date du 8 avril 1864, adressée à M. le « Trésorier Général et par laquelle il faisait con« naître que le tarif municipal déterminé par les or« donnances ci-dessus relatées, était applicable tant « aux receveurs du syndicat qu'aux receveurs inter« médiaires. Veuillez donc rectifier votre décompte « et me le retourner avec vos observations. »

Je me suis conformé à la décision ministérielle et j'ai dressé un nouveau décompte.

Le 15 mai M. le receveur des finances me transmettait de nouveau une lettre du président du syndicat, il ne s'agissait plus du tarif décroissant, il s'agissait de me priver de remises sur la dépense.

Je me refusai d'obéir à cette prétention du président du syndicat; je fis observer à M. le receveur des finances que je ne faisait que suivre les précédents et ses promesses formelles, que si on ne m'accordait que 2 0/0 je serais à peine rémunéré de mes frais, ayant été obligé contrairement à l'équité de *dresser des avertissements* aux contribuables au nombre de 414, de les faire distribuer à mes frais et que j'avais été obligé d'adresser un nombre égal de sommations aussi à mes frais; que ce travail considérable avait nécessité de nombreuses recherches au cadastre et des déplacements nombreux; enfin qu'un procès intenté par un des contribuables avait nécessité ma présence à S.. où je m'étais rendu trois fois. Je terminais ma réponse à la note, en priant M. le receveur des finances de ne pas souffrir une semblable injustice et de bien vouloir soutenir mes droits auprès de l'administration.

Le 16 mai je recevais la réponse suivante :

« Je savais bien que les percepteurs de St-N... et « autres touchaient 2 0/0 sur la recette et 2 0/0 sur « les dépenses ou versements, à la Recette; mais il « n'a été fait par le syndicat aucune observation au « sujet de la dépense.

« Mais M. le président du syndicat de... ne con- « sidère pas comme dépense les versements que vous « faites à la Recette des finances; de là sa réclama- « tion.

« Je lui répondrai par analogie avec ce qui s'est « pratiqué jusqu'à ce jour pour vos confrères, at- « tendu, que je ne connais aucun article de l'Instruc- « tion qui détermine la manière de voir à cet « égard. »

Voici maintenant une lettre de M. le Sous Préfet adressée au président du syndicat et qui m'a été communiquée par la Recette des finances :

« M. le Président,

« Le 27 avril dernier vous m'avez adressé le décompte de M. le Percepteur de S.. en me faisant observer que ce comptable n'avait pas droit aux remises en dépenses des fonds touchés par le syndicat de M...

« J'ai transmis vos observations à M. le Préfet en le priant de m'adresser ses instructions à cet égard.

« J'ai l'honneur de vous adresser ci-après copie de la lettre que j'ai reçue de M. le Préfet à la date du 3 de ce mois.

« Le syndicat de M... n'a qu'un seul trésorier, le « Percepteur de St-N..., aucun arrêté de mes pré- « décesseurs n'a chargé le percepteur de S... de « prendre une part quelconque dans les opérations « de cette association. Il s'en suit qu'en s'occupant « du recouvrement des impositions syndicales, M. le « Percepteur de S... ne fait que suppléer son collè- « gue de St-N... sur la demande de ce dernier, en « vertu d'un arrangement tout particuli r et sans « aucune intervention de l'administration syndicale « Dans cet état de chose prévu, du reste par l'article « 1063 de l'Instruction Générale du 20 juin 1859 « sur le service de comptabilité des divers agents « du Ministère des finances, il est certain que le syn- « dicat de M... n'a à payer aucune remise à M. le « Percepteur de S... C'est évidemment M. le Tréso- « rier du syndicat qui doit lui-même rémunérer son « collègue eu égard aux opérations dont il l'a « chargé.

« Agréez, etc. »

Maintenant le Trésorier se refuse de me solder mes remises sur la dépense; il donne pour prétexte qu'il ne touche que 237 fr. 57 et qu'il ne peut me payer 320 fr.

Que devient l'article 636 qui rend obligatoire le recouvrement par les Percepteurs comme intermédiaires? On peut en conclure d'après la solution donnée par M. le Préfet que les Percepteurs peuvent se refuser à ce travail. Je crois que la question n'est point résolue d'une manière concluante et je viens faire appel à vos lumières et à votre obligeance pour me diriger. Si la question reste à trancher entre mon collègue et moi, qui sera juge?

Du moment que les autres Percepteurs de l'arrondissement ont accepté les conventions posées par le receveur des finances, pourquoi ferais-je une exception?

Le Percepteur de St-N... m'a mis en son lieu et place; il n'a rien fait. Est-il juste que je ne reçoive qu'une rénumération insuffisante lorsque lui toucherait 237 fr. 57 sur la dépense (ce qu'il a bien soin de ne pas ajouter)? »

De l'exposé qui précède, il apparaît que le Percepteur de Saint-G... à qui a été confié le recouvrement de rôles de taxe, pour le compte du Trésorier du syndicat de M..., conformément aux articles 636 8e alinéa et 1063 dernier alinéa de l'Instruction générale, a accepté ce mandat sans avoir réglé préalablement les condition de son intervention. Il n'aurait pas dû perdre de vue les dispositions des articles que nous venons de rapporter, et alors les promesses de M. le receveur des finances, qui n'était point autorisé par le Trésorier du syndicat à en faire de semblables, ne lui auraient pas fait oublier la précaution de régler préalablement de gré à gré les remises et indemnités qu'il aurait à toucher pour le recouvrement des taxes et pour la confection et la distribution des premiers avertissements destinés aux redevables. Il aurait dû également se renfermer, à l'occasion des actions engagées contre les débiteurs, dans les limites tracées par l'article 850; il aurait ainsi évité des frais de déplacement dont on refuse de l'indemniser : c'était au président du syndicat à comparaître devant le tribunal pour y appeler ou y défendre aux actions intentées. (Voir *Journal* de 1867, page 127).

Nous allons rappeler les règles relatives à l'établissement et au recouvrement des rôles de cotisation, afin de mieux préciser les obligations et les droits réciproques des Trésoriers et des Percepteurs intervenant dans les opérations des syndicats.

Le Trésorier d'un syndicat n'est pas tenu d'établir les rôles des taxes établies sur les propriétaires intéressés et les premiers avertissements destinés à ces derniers ni de leur faire parvenir ces premiers avertissements : ce sont là les obligations des fonctions de secrétaire. Mais il est libre de se charger de ce travail moyennant une indemnité, ou gratuitement en considération du choix dont il a été l'objet. Ici, le Trésorier a reçu une allocation de 12 centimes par article de rôle. Si le Percepteur de Saint-G... l'a suppléé dans une partie de ce travail facultatif, comme il l'affirme, il est juste qu'une rémunération équitable lui soit accordée par le Trésorier du syndicat. Le chiffre de cette rénumération aurait dû être déterminé avant l'exécution du travail ; mais on a vu que le comptable s'est laissé abuser par des promesses qui ne pouvaient être tenues, car elles étaient véritablement excessives, et en outre elles n'étaient pas approuvées par le Trésorier qui seul pouvait s'engager. Les deux comptables intéressés doivent donc aujourd'hui entrer en arrangement sur le chiffre d'indemnité due au Percepteur pour la confection et la distribution des premiers avertissements; mais il n'est rien dû à celui-ci pour l'envoi de sommations aux débiteurs. En cas de contestation, il sera statué par le Préfet, sur la proposition du receveur des finances, sauf appel de la décision au Ministre des finances.

Une circulaire de S. Ex. le Ministre de l'Intérieur en date du 13 mai 1843, que nous avons rapportée ci-dessus, page 158, porte que le recouvrement de créances pour le compte d'établissements publics, est entièrement facultatif pour les Percepteurs, et, que ne pouvant être contraints à faire ce service, il convient de les y intéresser en leur offrant des *conditions convenables*. Les articles 636 et 1063 de l'Instruction générale disent que ces conditions doivent être réglées de gré à gré, entre le Trésorier du syndicat et le Percepteur. Le receveur des finances avait fait espérer à celui-ci une remise de 2 pour cent, tant sur la recette que sur la dépense ; mais le Trésorier n'ayant contracté aucun engagement à ce sujet nous semble libre de refuser l'exécution de conditions qu'il n'a pas été mis en demeure de débattre. Le Percepteur de Saint-G... n'est donc pas fondé, en droit, à exiger, dans la circonstance, l'application d'un tarif; cette demande est tardive. Nous pensons que s'il ne peut pas arriver à un arrangement amiable avec le Trésorier, et s'il recourt à l'intervention de l'autorité préfectorale, celle-ci fixera pour taux des remises à allouer pour le recouvrement des taxes, soit le tarif décroissant appliqué à la gestion du Trésorier, soit le taux uniforme de 1 fr. 50 pour cent, déterminé par l'article 1137 de l'Instruction générale pour la rémunération des recouvrements, en vertu de contraintes extérieures, de contributions directes et de taxes assimilées. Il n'est rien dû au Percepteur pour le versement des sommes recouvrées à la Recette des finances (Instr. gén., art. 1241, 6e alinéa) ; et, en s'appuyant sur ce que le Trésorier en touchera sur la dépense des sommes versées par le Percepteur, celui-ci semble oublier que des remises ne sont allouées au Trésorier pour cette dépense, que dans certains cas et en raison de la responsabilité qu'il encourt au sujet des payements faits par lui. Il nous semble donc que le Percepteur ayant négligé de fixer en temps utile les conditions de son concours, ne peut réclamer aujourd'hui une somme de remises supérieure à celles qui sera allouée au Trésorier par le syndicat pour le recouvrement de ces taxes.

REMISES. ACHAT D'UN DROIT D'USUFRUIT SUR DES IMMEUBLES.

La dépense du prix d'extinction d'un droit d'usufruit sur un immeuble appartenant en nue-propriété à une commune, et la recette du prix de vente par celle ci de cet immeuble, ainsi affranchi de ce droit d'usufruit, donnent-elles droit à remises?

Par suite d'un traité intervenu entre l'État et la ville de***, celle ci s'est obligée à payer à l'État une somme de 20 000 francs, pour l'extinction d'un usufruit appartenant à celui-ci sur un bâtiment autrefois occupé par une communauté religieuse, et dont la nue-propriété avait été concédé par l'État à la ville, à une époque déjà reculée, à la charge par celle-ci de l'entretenir, ce qu'elle a toujours fait. La ville a acquis et réuni à ce bâtiment un terrain contigu qu'elle louait à l'État, moyennant 200 francs par an. Le bâtiment et les dépendances étaient encore occupés par l'administration des lits militaires, il y a peu de temps. Après leur évacuation, la ville a vendu le tout, plus un terrain détaché de la voie publique, en dehors de l'alignement d'une rue, pour le prix principal de 35 000 francs. Entre l'époque de leur évacuation par l'État et celle de leur vente par la commune, le bâtiment et les dépendances dont il est question n'ont plus été occupés par qui que ce soit. Est-il dû des remises au receveur municipal, d'abord sur la somme de 20 000 francs employée à l'extinction de l'usufruit conservé par l'État, et ensuite sur la somme de 35 000 francs, produit de la vente?

La transaction intervenue entre l'État et la ville, moyennant le paiement d'une somme de 20 000 fr., représentant la valeur de l'usufruit appartenant à l'État, constitue une véritable acquisition, puisqu'elle a eu pour effet de rendre la ville propriétaire absolue des bâtiments grevés d'usufruit. Or, il n'est alloué des remises sur le paiement du prix d'acquisition d'immeubles, que lorsque ces derniers sont *affectés, au moment de leur vente, à un service communal public*. L'administration des lits militaires est un service public de l'État et non de la commune. Il n'est donc pas dû de remises sur le paiement à l'État de la somme de 20000. (Voir notre TRAITÉ DES REMISES, aux mots Acquisitions, Aliénations et Conversion de valeurs.)

Par les mêmes motifs que nous venons d'énoncer,

il n'y a pas lieu, non plus, à prélèvement de remises sur la recette du prix de vente des immeubles susmentionnés, attendu que cette opération rentre dans la catégorie des conversions de valeurs. Néanmoins, il en est dû sur le prix du terrain détaché de la voie publique, ce terrain ne faisant pas partie des biens patrimoniaux de la commune, et étant, par conséquent, improductif de revenus, caractère que ne possédaient pas les autres immeubles, puisqu'ils pouvaient être loués à l'État ou à tout autre, après le rachat de l'usufruit qui, précédemment, empêchait la ville d'en disposer.

VARIÉTÉS.

PÉTITION AU SÉNAT

CONCERNANT LE PAYEMENT PAR LES PERCEPTEURS DES MANDATS SUR LA POSTE.

M. Le Maire, Percepteur à Kœnigsmacker (Moselle), nous adresse la lettre suivante :

« Je viens, encouragé par l'accueil bienveillant que vous avez daigné faire à mes premières communications, vous soumettre les motifs qui m'ont fait présenter récemment au Sénat une pétition ayant trait en partie au payement, par les Percepteurs, des mandats sur la poste (*Moniteur* du 25 juillet dernier).

« J'ai demandé qu'on autorisât les Percepteurs à payer, dans toute autre commune que celle où siége un bureau de poste, tout mandat-poste, et, dans celles où il n'y a qu'une distribution, à payer les mandats que ne peuvent payer les Distributions, savoir, actuellement, les mandats de plus de 50 fr.

« Je me suis fondé, pour faire cette demande, sur la facilité que présenterait au public la faculté de toucher sans presque se déranger, les sommes d'argent qui peuvent lui être envoyées à divers titres.

« Dans beaucoup de communes éloignées des Bureaux et Distributions de poste, les habitants ne peuvent, sans perdre une partie de leur journée, aller chercher leur argent.

« Ce sont souvent de pauvres journaliers que leurs occupations empêchent de se déranger, s'ils ne veulent pas s'exposer à perdre une partie de leur salaire, car leurs maîtres, cela se comprend, ne louent pas leurs services pour qu'ils aillent faire leurs affaires particulières.

« Ce sont souvent encore des parents âgés à qui leurs enfants, émigrés dans les villes, envoient une partie de leurs économies. Ces parents, en outre, sont parfois infirmes.

« Le cas le plus général, dans nos contrées et dans bien d'autres, est celui de maris envoyant de quoi subvenir aux soins du ménage. Or, je le demande, ces gens peuvent-ils facilement se déranger, — surtout pendant l'hiver, morte saison où tous les bras valides vont au loin chercher leur salaire, — pour toucher quelques menues sommes. Une mère de famille peut-elle, sans inconvénient, abandonner tout une journée ses jeunes enfants et cela plusieurs fois de suite. Ne serait-il pas bien plus commode de venir chez le Percepteur toucher son mandat, sans presque aucun dérangement?

« Le Percepteur doit se rendre tous les mois dans chaque commune. Or, les annexes d'une commune sont ordinairement moins éloignées du chef-lieu de la commune qu'elles ne le sont du bureau de poste.

« Je prends ici le cas le plus défavorable, celui où les titulaires de mandats n'habiteraient pas le chef-lieu. Cependant, vu l'importance toujours plus grande des chefs-lieux, on peut admettre qu'il y aurait plus de mandats à payer aux habitants de ces chefs-lieux qu'à ceux des annexes. En outre, beaucoup de Percepteurs, faisant en cela, comme on le dit vulgairement, plus que le diable ne leur commande, vont aussi visiter leurs annexes.

« Dans l'arrondissement que j'habite sur quatorze chefs-lieux de perceptions, il y en a huit qui ne sont pas des bureaux de poste, ce sont les localités dont les noms suivent : Freistroff, Gandrange, Hargarten, Hertange, Kœnigsmacker, Leutange, Rodemack et Waldwisse. Parmi les les six autres il y en a un qui n'était que Distribution et qui même, pendant longtemps n'était rien du tout, c'est Cattenom. Durant les mois d'hiver les contribuables seraient bien aises d'avoir sous la main une facilité de plus. Pour être juste envers tout le monde, le Gouvernement devrait donner aux titulaires de ces mandats les facilités qu'il accorde (c'est-à-dire que ses employés accordent) aux débiteurs de certaines maisons qui sont prévenus à domicile et invités à payer, sans dérangement, les mandats et traites Paul Dupont et Cie, le tout gratis *pro deo* (1). Si l'on veut à toute force que les porteurs de mandats aient leur argent tout de suite, il n'y a qu'à leur laisser le choix.

« On ne demande pas qu'ils aillent *forcément* chez le Percepteur. Le tout serait de leur laisser, comme aux cantonniers, etc., le choix de la caisse qui les payera. Un Percepteur, qui est en relations à peu près constantes avec ses contribuables, doit, ce semble, les connaître aussi bien et même mieux encore qu'un directeur de poste qui ne les voit qu'une fois, quand ils ont affaire à lui. D'ailleurs, quel est celui qui n'aurait affaire au Percepteur que pour un mandat-poste? Et, si le Percepteur conserve des doutes, n'est-il pas sur les lieux pour vérifier l'identité de la personne? N'y a-t-il pas toujours, ou présents, ou à proximité, des témoins connus pouvant certifier cette identité? Car, quel est l'homme qui viendra d'une commune étrangère toucher son mandat chez un Percepteur autre que le sien? Et, entre habitants de villages voisins, ne se connaît-on pas toujours un peu?

« Le Percepteur trouverait, de son côté, des avantages :

« Il se débarrasserait aussi plus facilement de la

(1) N'est-il pas essentiellement inconvenant qu'un Fonctionnaire public, un Percepteur, soit mis à réquisition *gratuitement* pour faire les recouvrements de telles et telles maisons qui elles gagnent des centaines de mille francs à ces spéculations habiles? On sait aussi que les Règlements défendent ces pratiques.

monnaie qui, parfois, l'encombre, avantage minime dont je ne parle que pour mémoire.

Les titulaires de mandats oste[illegible] tient, sans doute, comme font, chez nous, ceux qui ont à toucher des mandats d'hospice (une calamité dont je me permettrai, Monsieur, de vous entretenir quelque jour), ils laisseraient toujours quelque chose pour leurs contributions.

« Cette habitude de payer le Percepteur avec lesdits mandats est tellement passée dans les mœurs que, lorsque l'on envoie des sommations aux nourriciers, ils viennent en colère vous dire : « Est-ce « que vous ne savez pas que j'ai mon mandat à tou- « cher? vous retiendrez tout si vous voulez. » Ce n'est pas plus légal de leur retenir le montant de ces mandats que de leur passer le billon dont on a suffisamment, mais s'ils le demandent ils sont contents? Quoi de mieux?

« Au résumé, on ne voit aucun inconvénient à ce que nous fussions autorisés à rendre au public un service qu'il apprécierait pour la facilité qu'il en retirerait. »

NOMINATIONS ET MUTATIONS.

Ont été nommés Percepteurs :

A Neuville-les Dames (Ain), 5e classe, M. Ronjon, percepteur-surnuméraire;

A Villars-du-Var (Alpes-Maritimes), M. Dernaze, percepteur d'Aulnay (Charente-Inférieure). — Permutation;

A Vinézac (Ardèche), 5e classe, M. Romanette, employé de sous-préfecture ;

A Chavanges (Aube), M. Parisot;...

A La Brevière (Calvados), 5e classe, M. Beschet-Peschardieu, percepteur-surnuméraire ;

A Talizat (Cantal), 5e classe, M. Laroche;...

A Saint-Maigrin (Charente-Inférieure), 5e classe, M. Brébinaud, percepteur-surnuméraire ;

A Aulnay (Charente-Inférieure), 3e classe, M Charles, percepteur du Villars (Alpes-Maritimes). — Permutation;

A Courçon (Charente-Inférieure), 1re classe, M. de Lapisse, percepteur du Thillot (Vosges), 2e classe;

A Archiac (Charente Inférieure), 4e classe, M. Laverny, percepteur d'Authon ;

A Authon (Charente-Inférieure), 4e classe, M. Sernit, percepteur d'Archiac ;

A Voutezac (Corrèze), 5e classe, M. Charvas, percepteur-surnuméraire;

A Lépaud (Creuse), 5e classe, M. Fabre;

A la Bachellerie (Dordogne), 4e classe, M. Cau ellaure, percepteur de Miallet;

A Miallet (Dordogne), 5e classe, M. Labrousse, percepteur-surnuméraire;

A Valence (Drôme), 1re classe, M. Pontigayol, Payeur d'armée;

A Corneuil (Eure), 5e classe, M. Bourguignon, percepteur-surnuméraire ;

A Sainte-Colombe (Eure), 4e classe, M. Desplantes;...

A Nîmes (Gard), 1re classe, M. de Caussade, percepteur de Beaucaire;

Au Pertre (Ille-et-Vilaine), 5e classe, M. Gachot, percepteur-surnuméraire;

A Saumur (Maine-et-Loire), M. Vétault a été élevé sur place à la 1re classe;

A Vert-la-Gravelle (Marne), 5e classe, M. Bourgeois, percepteur-surnuméraire ;

A Clamecy (Nièvre), 2e classe, M. Vullescazes, percepteur d'Hazebrouck ;

A Hazebrouck (Nord), 2e classe, M. Cueyras, percepteur de Clamecy ;

A Douai (Nord), M. Denabrif a été élevé sur place à la 1re classe ;

A Molsheim (Bas-Rhin), 2e classe, M, Dupau;...

A La Tagnière (Saône-et-Loire), 5e classe, M. Bardoux, percepteur-surnuméraire ;

A Châlon (Saône-et-Loire), 1re classe, M. Laville. Payeur à l'armée du Mexique ;

A Saint-Georges-les-Baillargeaux (Vienne), 3e classe, M. C. de Lamazière, percepteur de Saint-Waast (Manche). — Permutation.

BULLETIN HEBDOMADAIRE DE LA BOURSE.

Cours des Fonds publics au 6 Septembre 1867.

Rentes et Actions.

3 0/0	70 ..	Midi	545 ..
3 Jouis. 1 janvier	69 85	Nord	1170 ..
4 1/2 0/0	1 55	Orléans	902 50
4 Jouis. 22 sept	99 95	Ouest	862 50
		Cie parisienne du gaz	1575 ..
4 0/0	90 ..	Soc. immobilière	130 ..
4 Jouis. 22 sep	.. ..	Transatlantique	315 ..
Obligations du Trésor	470 ..	Messag. impér. (s-m.)	730 ..
Bons du Trésor	2 1/2	Canal de Suez	312 50
Banque de France	3400 ..	Italien 5 0/0	49 50
Comptoir d'escompte	700 ..	Emprunt Mexicain	12 ..
Crédit agricole	620 ..	Crédit mob. espagnol	200 ..
Crédit foncier Colonial	560 ..	Soc. autrichienne	488 75
Crédit foncier de France	1372 50	Saragosse-Barcelone	49 ..
Crédit ind. et comm.	640 ..	Guillaume-Luxemb.	120 ..
Crédit mobilier	300 ..	Sud-autrichien lomb	387 50
Créd. Mobilier (nouv.)	.. ..	Nord de l'Espagne	72 25
Dépôts. comptes cour.	553 75	Saragosse Pampelune	35 ..
Société générale	527 50	Portugais	60 ..
Ss-comptoir du com	410 ..	Chemins romains	55 ..
Charentes	333 75	Saragosse	85 ..
Est	548 75	Victor-Emmanuel	51 75
Paris-Lyon-Méditerr.	966 25	Séville-Xères	25 ..

Obligations.

Départ. de la Seine	230 ..	Méditerranée	320 ..
Ville 1852. 5 0/0	1195 ..	Paris-Lyon-Méditerr.	312 75
— 1855-1860	466 ..	Midi	312 50
— 1865	537 50	Nord	319 ..
Crédit foncier. 1000 fr. à 3 0/0	.. ..	Orléans	315 ..
Crédit foncier. 500 fr. à 4 0/0	.. ..	Grand-Central	313 50
Crédit foncier. 10es à 4 0/0	.. ..	Ouest	311 50
Crédit foncier. 500 fr. à 3 0/0	.. ..	Victor-Emmanuel	304 ..
Crédit foncier. 10es à 3 0/0	.. ..	— 1863	107 ..
Crédit foncier. 500 fr. à 4 0/0 1863	.. ..	Cordoue-Séville	145 ..
Crédit foncier. Com. 3 0/0	.. ..	Ligne d'Italie	27 50
Crédit foncier. 5es 3 0/0	.. ..	Lombard	217 ..
Crédit foncier. Colonial	.. ..	Nord d'Espagne	100 ..
Est	314 ..	Saragosse-Pampelune	73 ..
Ardennes	3 2 50	Portugais	81 ..
Lyon	320 ..	Romains	102 50
Bourbonnais	315 ..	Saragosse	138 50
Dauphiné	312 50	Séville-Xérès-Cadix	70 ..
Lyon-Genève, gar	341 50	— 94 ans.	.. ..

Valeurs diverses.

Ch. Charentes	362 50	Empr. Ottoman	260 ..
Chemin du Médoc	262 50	Ol. Empr. Ottoman	245 ..
Comp. Agriculture	530 ..	Ch. Ligne d'Italie	5 ..
Caisse des ch. de fer	43 ..	Cie It. des ch. Médit.	190 ..
Gaz de Marseille	475 ..	Soc. C. Ind. Amsterd.	305 ..
Banq. Créd. Pays-Bas	450 ..	Banque Ottomane	470 ..
Crédit Fonc. Autrich.	635 ..	Crédit Mobil. Italien	240 ..
Obl. Autrich. 1865	321 25	Zinc, Vieille-Montagne	.. ..
Empr. Mexicain. Obl.	107 50		

Directeur, H. Galletier, Avocat à la Cour impériale de Paris.

JOURNAL DES PERCEPTEURS,

DES RECEVEURS DES FINANCES, ET DES RECEVEURS DES COMMUNES, HOSPICES, ETC.;
DES SURNUMÉRAIRES, ET DES ASPIRANTS.

2e Série. — 10 fr. par an. Un numéro toutes les semaines. 12e année. — No 37.

COMMENTAIRE
DE LA
LOI SUR LES CONSEILS MUNICIPAUX *
du 24 juillet 1867

TITRE 1er.
Des Conseils municipaux.
ART. 1er.

Les Conseils municipaux règlent (1), par leurs délibérations, les affaires ci-après désignées, savoir :

1o Les acquisitions d'immeubles, lorsque la dépense, totalisée avec celle des autres acquisitions déjà votées dans le même exercice, ne dépasse pas le dixième des revenus ordinaires de la commune (2);

2o Les conditions des baux à loyers, des maisons et bâtiments appartenant à la commune, pourvu que la durée du bail ne dépasse pas dix-huit ans (3);

3o Les projets, plans et devis de grosses réparations et d'entretien, lorsque la dépense totale afférente à ces projets et aux autres projets de la même nature, adoptés dans le même exercice, ne dépasse pas le cinquième des revenus ordinaires de la commune, ni, *en aucun cas*, une somme de 50 000 francs (1);

4o Le tarif des droits de place à percevoir dans les halles, foires et marchés (1);

5o Les droits à percevoir pour permis de stationnement et de locations sur les rues, places et autres lieux dépendant du domaine public communal (2);

6o Le tarif des concessions dans les cimetières;

7o Les assurances des bâtiments communaux (3);

8o L'affectation d'une propriété communale à un service communal, lorsque cette propriété n'est encore affectée à aucun service public, sauf les règles prescrites par des lois particulières;

9o L'acceptation ou le refus de dons ou legs faits à la commune sans charges, conditions ni affectation immobilière, lorsque ces dons et legs ne donnent pas lieu à réclamation (4).

En cas de désaccord entre le Maire et le Conseil municipal, la délibération ne sera exécutoire qu'après approbation du Préfet (5).

M. *Sénéca*, rapporteur, s'est exprimé ainsi en cet endroit :

« ..... Relisez le dernier paragraphe, et, quand

* Il faut remarquer dès l'abord que cette Loi est une loi *d'attributions*, tandis que la loi du 5 mai 1855 est une loi *d'organisation*; ainsi cette dernière reste toujours en vigueur. C'est là, notamment, qu'il faudra toujours chercher ce qui concerne *la composition et le mode de nomination du corps municipal; — les assemblées des conseils municipaux; — l'assemblée des électeurs municipaux et les voies de recours contre les opérations électorales*; — etc.

(1) Le rapport de la Commission que nous citons plus bas, explique que par ces mots : *règle définitivement*, il faut entendre : « sans qu'il soit besoin de l'approbation du Préfet. »

(2) Cette disposition nouvelle étend les pouvoirs des Conseils municipaux et change l'ancienne situation, aux termes de laquelle l'approbation du Préfet était nécessaire dans ce cas. L'article 20 de la Loi du 18 Juillet, de même que l'article 1018 de l'Instruction générale du Ministre des finances du 20 juin 1859 se trouvent ainsi modifiés.

(3) Disposition nouvelle appliquant à tous les *biens communaux* les règles qui ne concernaient jusqu'ici que les *biens ruraux*; modification à l'article 854 de l'Instruction générale du Ministre des finances. Voir la note 3 ci-après.

(4) C'est-à-dire que, alors même que le cinquième des revenus ordinaires dépasserait 50 000 francs, le Conseil municipal ne pourra statuer définitivement que jusqu'à concurrence de cette somme de 50 000 francs. Pour les communes dont le cinquième des revenus n'atteint pas ce chiffre, le règlement définitif du Conseil municipal s'arrête au chiffre de ce cinquième.

Il faut encore remarquer la disposition finale de cet article 1er, laquelle exige l'approbation du Préfet, en cas de désaccord entre le Maire et le Conseil municipal, même lorsque la délibération se renferme dans les limites établies à l'article 1er.

Ces nouvelles dispositions modifient l'article 1020 de l'Instruction générale du Ministre des finances.

(1) Modification de l'article 925 de l'Instruction générale du Ministre des finances.

(2) Id., article 927 do.

(3) Le décret de décentralisation du 13 avril 1861, article 6, numéro 8, avait transporté dans les attributions des Sous-Préfets, l'approbation de ces assurances que les Conseils municipaux, d'accord avec le Maire, pourront désormais régler définitivement. Mais la loi ne mentionnant que les *bâtiments* communaux, on ne saurait étendre ses dispositions aux assurances des *biens ruraux* contre les événements imprévus, grêle, etc.

(4) Modification de l'article 946 de l'Instruction générale du Ministre des finances.

(5) Sous l'empire de la loi du 18 juillet 1837, lorsque l'approbation du Préfet était refusée, sa décision formait un acte de tutelle administrative qui ne pouvait être attaqué par la voie contentieuse; le recours par la voie gracieuse était seul ouvert

vous l'aurez relu, vous reconnaîtrez que ce paragraphe est quelque chose de très-naturel.

Il dit ceci : « En cas de désaccord entre le Maire et le Conseil municipal, la délibération ne sera exécutoire qu'après approbation du Préfet. » S'il y a accord, *le règlement sera définitif*, comme le dit le commencement de l'article; et ne trouvez pas ici une contradiction entre le premier et le dernier paragraphe.

Le premier dit « que les Conseils municipaux règlent définitivement par leurs délibérations les affaires ci-après désignées. » Il y a dans le dernier paragraphe une condition pour le règlement définitif; une condition n'est pas une contradiction. Et quelle est cette condition? C'est que le Maire sera d'accord avec le Conseil municipal. C'est là une condition toute naturelle, parce que dans certaines affaires il y a une délégation de l'administration générale; et il y a l'intérêt municipal sur lequel l'administration exerce une sorte de tutelle.

... Ainsi l'initiative est réciproque : ou bien le Maire propose, le Conseil municipal accepte, la délibération est définitive; ou bien le Conseil municipal propose, le Maire accepte, la délibération est définitive; ni dans l'un ni dans l'autre cas, l'autorité supérieure n'a à intervenir, et il en est de même si la proposition primitive a été amendée, ou que l'accord existe... L'accord du Conseil et du Maire est exigé. Hors de là on retombe dans la loi de 1837 pour tout ce qui a été spécifié dans l'article 1er. Cette loi n'est pas, du reste, modifiée pour les quatre premiers numéros de l'article 17. »

M. le Ministre présidant le Conseil d'Etat. C'est donc uniquement comme précaution, comme garantie dans l'intérêt des communes, que le dernier paragraphe a été adopté.

... Qu'est-ce que nous demandons? C'est qu'on puisse soumettre l'affaire au Préfet pour qu'il l'examine de son côté.

Et quel est son pouvoir? Pourra-t-il imposer à cette commune une autre volonté que la sienne? l'obliger, par exemple, à telle acquisition qu'elle ne voudrait pas faire? Non, il a simplement le droit d'arrêter l'exécution de la décision du Conseil municipal, et *d'inviter celui-ci à une nouvelle délibération.*

C'est ainsi, messieurs, que l'art. 1er, même avec son dernier paragraphe, concilie, dans une mesure sage et équitable, l'indépendance de l'administration communale, et ce droit de tutelle que le Gouvernement n'exerce que dans l'intérêt de communes. »

ART 2.

Lorsque le budget communal pourvoit à toutes les dépenses obligatoires, et qu'il n'applique aucune recette extraordinaire aux dépenses, soit obligatoires, soit facultatives, les allocations portées audit budget par le Conseil municipal pour des dépenses facultatives, ne peuvent être ni changées, ni modifiées par l'arrêté du Préfet ou par le décret impérial qui règle le budget.

Extrait du rapport sur le projet de loi. Ce rapport contient un excellent commentaire de l'article 2, et un complément de l'énumération des *dépenses obligatoires* des communes tracée dans l'article 980 de l'instruction générale du Ministre des finances.

Rapport de la Commission.

« L'article 2 du projet contient, relativement au budget municipal, une innovation qu'il suffit de mentionner pour en faire apprécier les avantages et y reconnaître l'esprit de décentralisation.

» Les excédants de recettes ordinaires, lorsqu'il a été pourvu aux dépenses obligatoires, et lorsque d'ailleurs aucune recette ordinaire n'est appliquée aux dépenses facultatives, resteront à l'entière et libre disposition des Conseils municipaux et ne pourront être changés ni modifiés par l'autorité supérieure chargée de régler le budget. »

L'article a été adopté tel qu'il avait été proposé par le Gouvernement. Les budgets communaux demeureront, pour le surplus, régis par les articles 36, 37, 38, 39 de la loi du 18 juillet 1837 et par le décret du 25 mars 1852, tableau A, n° 35 (1).

L'honorable marquis d'Andelarre a proposé un amendement ainsi conçu : « Ajouter la nomenclature prévue des dépenses obligatoires, et ajouter les dépenses de garde et de conservation des archives de la commune. »

Sur la première partie de l'amendement, la réponse se trouve dans l'article 30 de la loi du 18 juillet 1837 qui contient vingt et un numéros énonçant des dépenses obligatoires, sans préjudice de toutes autres dépenses mises à la charge des communes par une disposition des lois, et qui sont : 1° Dépenses relatives aux chemins vicinaux (loi du 21 mai 1836); 2° Frais de casernement (loi du 15 mai 1818); 3° Secours et pensions accordés aux sapeurs-pompiers, à leurs veuves et à leurs orphelins (loi du 5 avril 1851); 4° Part contributive dans la dépense des travaux de défense contre les inondations (loi du 6 juin 1858); 5° Frais de lettres des assemblées électorales pour l'élection des membres du Corps législatif, des Conseils généraux, des Conseils d'arrondissement, des Conseils municipaux, des tribunaux de commerce, etc. (loi du 7 août 1850); 6° Dépenses relatives à la mise en valeur de marais et de terrains incultes appartenant aux communes (loi du 28 juillet 1860); 7° Frais de logements des présidents des Cours d'assises (décret du 25 février 1811); 8° Frais des chambres ou dépôts de charité (loi du 23 germinal an VI, avis du Conseil d'Etat du 28 janvier 1824); 9° Frais de route des indigents envoyés aux eaux thermales (décret

(1) Ce point modifie l'article 36 de la loi du 18 juillet 1837, le Règlement du 31 mai 1862 sur la Comptabilité publique et les dispositions des articles 818 et 819 de l'Instruction générale du Ministre des finances, d'après lesquels les dépenses proposées dans le budget d'une commune pouvaient toujours être rejetées ou réduites par décret impérial ou par l'arrêté du Préfet qui réglait ce budget.

du 29 floréal an VII) ; 10° Dépenses du matériel des commissions de statistique pour les chefs-lieux de cantons ; 11° Frais de visite des fours et cheminées (loi du 28 septembre 1791). Faut-il ajouter à ces dépenses obligatoires celle de la garde et de la conservation des archives de la commune. Mais les archives sont la propriété de la commune. Le Maire doit veiller à leur conservation. Il n'a pas paru à votre commission qu'il y eût lieu d'ajouter à cette garantie des frais de garde obligatoire qui entraînerait dans chaque commune de l'Empire le traitement d'un archiviste (1).

La commission n'a pas adopté l'amendement.

L'honorable M. Hallez-Claparède a proposé l'amendement suivant à l'article 2 : « Il sera loisible aux communes de choisir soit un secrétaire, soit un préposé comptable, dont les attributions seront fixées par un règlement d'administration publique. L'élection de cet agent aura lieu dans les formes prescrites par l'article 32 de l'arrêté du 4 thermidor an X. »

Ce dernier article est ainsi conçu : « La recette des revenus des communes qui auront plus de 20 000 fr. de revenus sera confiée, conformément à la loi du 11 frimaire an VII, à un préposé qui sera nommé par le Conseil municipal, à la pluralité absolue des voix et au scrutin secret ; il pourra être destitué par le Ministre de l'intérieur, sur la proposition du Maire et de l'avis du Sous-Préfet. »

L'auteur de l'amendement a expliqué qu'il avait pour but de donner des garanties financières aux communes et de contrôler l'intervention soit du Maire, soit de l'autorité départementale, dans le règlement définitif des budgets, spécialement d'empêcher que certains ne reçoivent un traitement porté comme frais d'administration au traitement du secrétaire.

L'article 30, n° 2, de la loi du 18 juillet 1837, déclare dépenses obligatoires les frais de bureau et d'impression pour le service de la commune.

La loi du 4 thermidor an X, dont l'honorable M. Hallez-Claparède cite quelques dispositions abrogées, contient un article 12 qui porte que les frais d'administration de la commune seront *toujours* portés dans un chapitre séparé des autres dépenses. L'article 1er du décret du 17 germinal an XI mentionne, comme entrant dans les frais d'administration, les traitements des secrétaires-greffiers ; quant à la comptabilité, il y a un ordonnateur : c'est le Maire (art. 10 et 61 de la loi du 18 juillet 1867). Il y a un comptable, c'est le receveur municipal ou le Percepteur qui en fait fonctions. Les comptes sont vérifiés par l'autorité compétente, soit le Conseil de préfecture, soit la Cour des Comptes.

En supposant qu'il y ait des fraudes possibles (votre commission n'a ni acquis ni recherché la preuve qu'il en existât), en ce qu'un Maire pourrait s'attribuer personnellement une partie du traitement du secrétaire ou des frais d'administration, ce sont là des faits exceptionnels qui pourraient être réprimés s'il se produisaient, sans qu'il soit besoin de changer la législation existante.

Votre commission n'a pas adopté l'amendement. »

La discussion de cet article 2, a donné lieu, dans la séance du 10 avril 1867, à des explications importantes au sujet de la nomination des receveurs municipaux qu'un amendement proposait de confier aux Conseils municipaux. Ce sujet intéressant spécialement nos lecteurs, nous avons pensé qu'ils liraient avec intérêt les propositions de M. le comte de Hallez-Claparède, et la réponse de M. le Commissaire du Gouvernement. Nos lecteurs jugeront avec nous que M. le comte de Hallez Claparède aurait dû comprendre, puisqu'il ne demandait que le contrôle des actes financiers du Maire et du Préfet, que ce contrôle sûr, éclairé et indépendant ne pouvait exister que chez un fonctionnaire dont la nomination ne serait abandonnée, ni au Maire, ni au Conseil municipal (Voir dans notre *Journal* de 1866, page 6, les observations de M. sur la Décentralisation.) C'est d'ailleurs l'argument sur lequel s'est appuyé M. le Commissaire du Gouvernement pour demander le maintien de l'état actuel des choses.

M. le comte de Hallez-Claparède : « ... En second lieu, la Commission dit : « Les comptes sont vérifiés par l'autorité compétente, soit le Conseil de Préfecture, soit la Cour des comptes. » Je n'écarte pas ce contrôle ; j'admets toutes les vérifications, elles sont légitimes et nécessaires ; je veux seulement ajouter à cette garantie une autre garantie, *c'est le contrôle d'un receveur municipal*. Est-ce qu'il n'est pas naturel et légitime que le Conseil, qui agit non pas comme commune, mais comme propriétaire, ait le soin de chercher l'agent qui lui convient le mieux ? Est-ce qu'il n'a pas la responsabilité du choix ? Est-ce qu'en prenant quelqu'un qui appartient à la commune, qui vit dans l'horizon de la commune, qu'il connaît, qui n'apporte pas seulement un cautionnement d'argent, mais un cautionnement de moralité, d'honorabilité, il ne fait pas un meilleur choix ? Est-ce que cet agent n'est pas plus sûr, plus éclairé, *plus indépendant qu'un fonctionnaire* nomade envoyé d'une autre extrémité de la France et qui n'aura pas d'autre impatience, une fois qu'il sera dans cette commune, que de passer dans une autre commune pour avoir de l'avancement ?

Il y a encore un avantage, c'est que cette satis-

(1) Toutefois on ne doit pas oublier que les communes (ainsi que les hospices et autres établissements de bienfaisance) doivent faire dresser chaque année des inventaires de leurs archives, les présenter dans la session où se forme le budget et en envoyer une copie à la Préfecture. Les receveurs des communes, hospices et bureaux de bienfaisance qui sont chargés par la loi de veiller, sous leur propre responsabilité, à la conservation des biens des communes, devraient, le cas échéant, avertir leurs chefs hiérarchiques de l'abandon où on laisserait dépérir les archives. Les Sous-Préfets doivent surveiller les archives communales et les inspecter dans leurs tournées. Le Maire en présentant au Conseil la situation des archives, peut demander, s'il y a lieu, les fonds nécessaires pour en assurer la conservation. (Circ. Min. Int. 16 juin 1812.) Les frais de reliure des registres de l'État civil, des Recueils des Lois et autres ouvrages administratifs, ont toujours été considérés comme une dépense obligatoire.

faction donnée à la commune est un petit accroissement des attributions des Conseils municipaux, un moyen secondaire, mais réel de décentralisation. Autrefois, les Conseils municipaux étaient consultés pour le choix du Maire, pour le choix de l'instituteur municipal; à l'heure qu'il est, ils n'ont aucune nomination; le Maire, alors même qu'il est pris en dehors du Conseil municipal, nomme tous les agents. Est-ce qu'il est excessif, en présence de cette souveraineté, de donner à la commune ce petit droit de nommer le moins politique de ses agents, le receveur municipal?

Voilà les motifs abrégés sur lesquels repose mon amendement.

Je le répète, ce n'est pas une innovation; c'est le rétablissement d'une disposition de la loi de l'an X, et j'espère que la Chambre voudra bien l'adopter. »

M. de Bosredon, commissaire du Gouvernement. « Messieurs, l'honorable M. Hallez-Claparede a présenté à la Chambre un amendement qui a pour objet de faire revivre une disposition d'une loi de l'an X, aux termes de laquelle un agent était institué auprès du Maire, sous le titre de préposé comptable, pour la perception des deniers communaux et pour le payement des dépenses communales.

Je crois pouvoir dire que depuis la loi de l'an X, après des perfectionnement successifs, la loi du 18 juillet 1837 a établi une organisation qui, dans son ensemble, ne laisse rien à désirer.

Un Conseil communal votant, dans les conditions déterminées par la loi, les recettes et les dépenses; un Maire ordonnateur des dépenses; un comptable dont les fonctions sont attribuées au Percepteur dans les petites communes, à un receveur spécial dans les communes dont les revenus dépassent une certaine somme, un comptable, dis-je, chargé de la perception des deniers communaux et du payement des dépenses; tout individu qui s'immiscerait dans la gestion de la comptabilité communale, fût-ce même le Maire, se trouvant immédiatement assujetti au même contrôle que le receveur municipal; enfin la gestion du receveur spécial, celle du Percepteur dans les petites communes, soumise ou à la juridiction du Conseil de Préfecture ou à celle de la Cour des Comptes elle-même : telle est l'organisation établie par la loi de 1837. Cette organisation, je le répète, a été étudiée de la manière la plus approfondie, et elle est aujourd'hui consacrée par l'expérience.

M. le comte Hallez-Claparède disait tout à l'heure que les dispositions qu'il voudrait voir reproduire de la loi de l'an X étaient plus libérales que ne le sont les dispositions de la loi actuelle, parce qu'à cette époque l'agent comptable était nommé par le Conseil municipal.

Il me suffira de faire observer que les membres du Conseil municipal étaient alors nommés par l'administration, au lieu d'être élus comme ils le sont aujourd'hui, et élus par le suffrage universel.

Par ces simples motifs, je demande à la Chambre de persister dans les règles établies par la loi de 1837, lesquelles sont en harmonie avec la comptabilité des départements et la comptabilité de l'État, et de ne pas donner suite à l'amendement de l'honorable M. Hallez-Claparède. »

Art. 3.

Les Conseils municipaux peuvent voter, dans la limite du maximum fixé chaque année par le Conseil général, des contributions extraordinaires n'excédant pas 5 centimes pendant cinq années, pour en affecter le produit à des dépenses extraordinaires d'utilité communale (1).

Ils peuvent aussi voter 3 centimes extraordinaires, exclusivement affectés aux chemins vicinaux ordinaires (2).

Les Conseils municipaux votent et règlent, par leurs délibérations, les emprunts communaux remboursables sur les centimes extraordinaires votés, comme il vient d'être dit au premier paragraphe du présent article, ou sur les ressources ordinaires, quand l'amortissement, en ce dernier cas, ne dépasse pas douze années (3).

En cas de désaccord entre le Maire et le Conseil municipal, la délibération ne sera exécutoire qu'après approbation du Préfet (4).

§ 1er. *Vote des 5 centimes des contributions extraordinaires.*

M. Guillaume Petit. « Je désirerais demander à la Commission un simple renseignement.

Ce renseignement est celui-ci :

Si la commune n'a pas de ressources suffisantes pour ses dépenses ordinaires, le Conseil municipal peut-il voter les 5 centimes ou partie de 5 centimes pour en employer le produit à couvrir l'insuffisance de ses ressources? Faut-il de toute nécessité que le vote de ces 5 centimes soit employé à des dépenses extraordinaires?

C'est une simple question que je fais.

Il y a un très-grand nombre de communes qui, en présence de dépenses ordinaires nécessaires, n'ont cependant pas de revenus suffisants, et qui ont recours à des centimes extraordinaires. Les choses étant ainsi, les Conseils municipaux pourront-ils, en faisant usage de ce § 1er de l'art. 3, employer une partie de ces 5 centimes à couvrir l'insuffisance de leurs revenus?

Il me semble qu'il est important qu'il en soit ainsi. »

M. Plichon. « Si la Chambre veut bien le permet-

(1) Disposition nouvelle à ajouter à l'Instruction générale du Ministre des finances, article 13, et aux lois antérieures sur l'administration municipale. Voir plus loin l'article 5 de la loi.

(2) Disposition nouvelle à ajouter aux articles 12, 14 et 883 de l'Instruction générale du Ministre des finances.

(3) Voir les articles 5 et 7 ci-après.

(4) Voir l'article 1er ci-dessus.

tre, je vais, comme membre de la Commission, répondre immédiatement à la question.

Le texte de l'article 3 est parfaitement positif : les 5 centimes extraordinaires mis à la disposition des Conseils municipaux sont *destinés à des dépenses extraordinaires d'utilité communale.* Par conséquent, les communes ne peuvent pas s'emparer de ces centimes pour leurs dépenses ordinaires.

Quand leurs *ressources ordinaires sont insuffisantes à leurs dépenses obligatoires*, elles doivent se servir des moyens qui sont mis à la disposition des Conseils municipaux par la loi de 1837.

M. le rapporteur Sénéca. « Le second paragraphe ne fait qu'une chose : en laissant subsister complétement la loi du 21 mai 1836, dont les effets ont été excellents, et à laquelle par cette raison il n'y a rien à changer, la Commission a voulu doter le service vicinal de ressources nouvelles. Voilà ce qui a été fait.

Ainsi *subsistent encore, et les trois journées de prestation, et les cinq centimes spéciaux*, que, cumulativement ou séparément, le Conseil municipal et le Préfet surtout peuvent affecter au service vicinal. Mais, *de plus, trois centimes extraordinaires* pourront être votés par le Conseil municipal définitivement, s'il est d'accord avec le Maire, ou, s'il n'est pas d'accord avec le Maire, sous l'approbation du Préfet, pour doter les chemins vicinaux de ressources nouvelles.

Dès qu'il s'agit des chemins ruraux et des chemins d'exploitation, ce n'est plus ici une législation existante à l'application de laquelle on pourrait ajouter une ressource nouvelle, ce serait une législation à coordonner, à rectifier peut-être. La législation sur les chemins ruraux et celle sur les chemins d'exploitation, qui sont confondues dans l'amendement, ne doivent pas l'être dans la légalité, ne doivent pas l'être non plus dans la pratique. Ce serait donc une question très-compliquée que de déterminer en quoi consisteraient les chemins ruraux, en quoi consisteraient les chemins d'exploitation. L'honorable baron de Benoist paraît placer ces derniers dans le domaine public communal, ce qui implique à peu près contradiction dans les termes.

Mais il y a une réponse péremptoire : c'est que le deuxième paragraphe de l'article 3, qui affecte 3 centimes extraordinaires de plus pour venir au secours des chemins vicinaux, peut donner, en partie du moins, satisfaction à la pensée qui a dicté l'amendement.

Et comment cela ? C'est qu'il suffira de classer comme vicinal ordinaire un chemin actuellement rural pour le faire profiter des ressources nouvelles qui sont accordées à cette nature de chemins par la loi actuelle.

Il me semble que cette première satisfaction doit suffire quant à présent. »

§. 2 *Centimes pour l'Instruction primaire créés par la loi du 10 avril 1867.*

M. le Ministre présidant le Conseil d'État : « Vous craignez que, si l'on n'ajoute rien dans la loi actuelle sur les Conseils municipaux, il n'en résulte une certaine incertitude sur le droit de ces Conseils en ce qui touche les centimes relatifs à l'instruction primaire tels qu'ils ont été établis par la loi.

...Quelle est donc la situation ? Elle est bien simple. Les lois anciennes sur l'instruction primaire permettant aux Conseils municipaux de voter un certain nombre de centimes pour les besoins de l'enseignement public, les Conseils municipaux avaient pleins pouvoirs pour les voter, et les délibérations qu'ils prenaient à cet égard n'étaient soumises, à aucun degré, à la sanction de l'autorité supérieure. La loi que vous avez votée récemment a conféré un droit plus étendu aux Conseils municipaux : elle a ajouté de nouveaux centimes à ceux qu'ils pouvaient déjà voter. Les Conseils municipaux voteront ces centimes nouveaux dans les mêmes conditions, avec pleins pouvoirs de les voter ou de ne pas les voter. Le droit des Conseils municipaux, tel qu'il résulte de l'ensemble de la loi sur l'instruction primaire, reste donc entier, et dès lors il est complètement inutile de rien ajouter à cet égard dans la loi qui est en ce moment soumise à vos délibérations. »

ART. 4.

A l'avenir, les forêts et les bois de l'État acquitteront les centimes additionnels ordinaires et extraordinaires affectés aux dépenses des communes, dans la proportion de la moitié de leur valeur imposable, le tout sans préjudice des dispositions de l'article 13 de la loi du 21 mai 1836 (1), de l'article 3 de la loi du 12 juillet 1865 (2) et du paragraphe 2 de l'art. 3 de la présente loi.

M. Busson-Billault. « Messieurs, je viens, au nom de la Commission, donner quelques explications sur l'origine de l'article en discussion.

Aux termes de la loi de ventôse, an IX, si j'ai bonne mémoire, les bois et forêts de l'État sont exempts de toute contribution aux centimes communaux. Cet état de choses a soulevé plusieurs fois des observations des assemblées, et, comme vient de le rappeler l'honorable général Lebreton, les réclamations se sont produites au sein du Corps législatif. L'amendement, à ce sujet, a été plusieurs fois présenté aux diverses commissions de budget, et, dans la dernière session, l'amendement a été recommandé à l'attention du Gouvernement.

(1) Article 13 de la loi du 21 mai 1836 : « Les propriétés de l'État, productives de revenus, contribueront aux dépenses des chemins vicinaux dans les mêmes proportions que les propriétés privées, et d'après un rôle spécial dressé par le Préfet. »

(2) Article 3 de la loi du 12 juillet 1865, relative aux chemins de fer vicinaux ou chemins de fer d'intérêt local : « Les ressources créées en vertu de la loi du 21 mai 1836, peuvent être affectées en partie par les communes et les départements à la dépense des chemins de fer d'intérêt local. — L'article 13 de ladite loi est applicable aux centimes extraordinaires que les communes et les départements s'imposeront pour l'exécution de ces chemins. »

La Commission chargée d'examiner le projet de loi actuellement en délibération a soutenu ce principe, et elle en a demandé l'application. On lui a objecté qu'en général les communes dans lesquelles se trouvent des bois et forêts appartenant à l'État sont des communes dans lesquelles les habitants, surtout les habitants propriétaires, sont le moins nombreux, qu'alors ils peuvent avoir un intérêt et un intérêt considérable à imposer des centimes qui, pour la plus grande partie, serait payés par l'État lui-même, et non par les habitants de la commune.

La Commission maintenait le principe de l'égalité de l'impôt. C'est dans ces termes qu'une transaction qui lui a paru équitable est intervenue entre les commissaires du Gouvernement et la Commission. On a proposé de faire supporter aux bois et forêts de l'État les mêmes centimes qu'aux propriétés privées, mais seulement pour la moitié de leur valeur imposable.

C'est donc à titre de transaction que cette disposition a été insérée dans le projet de loi ; j'ajoute qu'elle a déjà reçu l'approbation du Corps législatif. La même question s'est présentée pour les centimes départementaux, et l'art. 6 de la loi du 18 juillet, que vous avez votée l'an dernier, sur les Conseils généraux, a décidé également que les bois et forêts de l'État payeront désormais les centimes départementaux ordinaires, comme ils le font pour les chemins vicinaux, mais seulement pour la moitié de leur valeur imposable.

La Commission vous propose pour les centimes communaux ce que le Corps législatif a voté l'an dernier pour les centimes départementaux ; nous le répétons, il y a là une transaction équitable, et de nature à satisfaire tous les intérêts.

La loi du 19 ventôse an IX, portant que les bois et forêts nationaux ne payeront point de contributions, se trouve ainsi abrogée, et le principe contraire, quoique encore restreint dans son application, reste acquis aux communes comme aux départements. »

Art. 5.

Les Conseils municipaux votent, sauf approbation du Préfet :

1° Les contributions extraordinaires qui dépasseraient 5 centimes, sans excéder le maximum fixé par le Conseil général, et dont la durée ne serait pas supérieure à douze années (1) ;

2° Les emprunts remboursables sur ces mêmes contributions extraordinaires ou sur les revenus ordinaires dans un délai excédant douze années (1).

Débats au Corps législatif sur l'adjonction des plus imposés au vote des impositions communales.

A l'occasion de la participation des *plus forts imposés*, déclarée nécessaire par l'art. 42 de la loi du 18 juillet 1837, il a été soulevé plusieurs questions sur des détails d'exécution, auxquelles M. le Commissaire du Gouvernement a répondu. Nous reproduisons en entier ces explications à titre d'éclaircissements.

M. de Tillancourt. L'article 6 renvoie à l'article 42 de la loi du 18 juillet 1837, dont il importe ce me semble de rappeler les termes. Les voici : « Dans les communes dont les revenus sont inférieurs à cent mille francs, toutes les fois qu'il s'agira de contributions extraordinaires ou d'emprunts, les plus imposés aux rôles de la commune seront appelés à délibérer avec le Conseil municipal, en nombre égal à celui des membres en exercice. Les plus imposés seront convoqués individuellement par le Maire, au moins dix jours avant celui de la réunion. Lorsque les imposés appelés seront absents, ils seront remplacés en nombre égal par les plus imposés portés après eux sur le rôle. »

Messieurs, j'appelle votre attention sur un point dont l'importance est grande, car bon nombre de communes, qui se trouvent dans le cas si bien signalé tout à l'heure par l'honorable M. Guillaume Petit, c'est-à-dire qui n'ont pas de ressources, sont obligés de recourir à des impositions extraordinaires pour leurs dépenses ordinaires obligatoires, par

(1) Les articles 3, 5 et 7 établissent pour le *Vote des impositions extraordinaires destinées à couvrir des dépenses extraordinaires d'utilité communale*, trois gradations qui se résument ainsi :

1° Le Conseil municipal, d'accord avec le Maire, vote définitivement, sans qu'il soit nécessaire de recourir à l'approbation du Préfet, l'imposition extraordinaire qui n'excédera pas le nombre maximum de centimes déterminé par le Conseil général ; ou qui, répartie sur une période de cinq ans, ne dépassera pas un chiffre maximum de 5 centimes par an. (Art. 3.)

2° Lorsque le Conseil municipal et le Maire ne sont pas d'accord, ou lorsque l'imposition dépasse cinq centimes sans toutefois excéder le maximum fixé par le Conseil général ; ou enfin, lorsque excédant la durée de cinq ans elle ne dépasse pas cependant celle de douze années, le vote doit être soumis à l'approbation du Préfet. (Art. 5.)

3° Mais un décret ou une loi sont nécessaires, lorsque ces limites sont dépassées. (Voir art. 7.)

Le vote ne peut pas avoir lieu sans le concours des plus forts imposés. (Art. 6.)

(1) Le *vote des Emprunts* est soumis aux conditions suivantes :

1. Ce vote est réglé définitivement par le Conseil municipal, assisté des plus imposés (Art. 6), pourvu qu'il soit d'accord avec le Maire, pour les emprunts remboursables, dans un délai qui n'excède pas douze années, au moyen des contributions extraordinaires qu'il a le droit de voter sans aucune autorisation d'après l'article 3 de la présente loi, et pour les emprunts remboursables sur les revenus ordinaires dans le même délai n'excédant pas douze années. (Art. 3.)

2. L'autorisation préfectorale est nécessaire ; 1° lorsque les emprunts sont remboursables sur les impositions extraordinaires dont l'appobation lui est réservée, soit parce qu'il y a désaccord entre le Maire et le Conseil municipal, soit parce que, tout en restant dans la limite du maximum déterminé par le Conseil général, ces impositions extraordinaires dépassent cinq centimes pendant cinq années ; 2° lorsque l'amortissement au moyen des revenus ordinaires excède douze années. (Art. 5.)

3. Enfin, les emprunts sont autorisés par décret impérial, s'ils doivent être remboursés sur ressources extraordinaires dans un délai excédant douze années. Il est statué par une loi dans les cas indiqués au dernier paragraphe de l'article 7. Au contraire, dans l'économie de la loi du 18 juillet 1837 l'origine des emprunts reposait sur la quotité du revenu des communes.

exemple le traitement du garde champêtre, la réparation des bâtiments communaux, les dépenses de l'instruction primaire, etc., etc.

Il faut donc, tous les ans, dans ces communes, pour l'établissement du budget, convoquer les plus imposés.

Eh bien, que se passe-t-il alors dans un certain nombre de localités? Les propriétaires du sol qui n'habitent pas la commune ont des locataires chargés du payement des contributions. Ces locataires, d'après les dispositions de la loi, ne sont pas considérés comme imposés et ne peuvent pas être convoqués à ce titre. Ainsi, les propriétaires absents ne sont pas représentés, pas plus que leurs locataires chargés des contributions. Cela me paraît être une dérogation aux règles d'égalité devant l'impôt tracées par toutes nos lois.

Supprimez, si vous le voulez, le rôle des plus imposés, et laissez alors le Conseil municipal voter seul toutes les impositions communales. Mais si vous conservez la règle posée par la loi de 1837, en vertu de laquelle, lorsqu'il s'agit d'imposition extraordinaire, les plus forts contribuables doivent s'adjoindre au Conseil municipal, laissez la faculté à ceux qui n'habitent pas la commune de se faire représenter au moyen d'un pouvoir donné à un habitant de la localité.

M. le Ministre présidant le Conseil d'État : « L'observation de l'honorable M. de Tillancourt porte, non pas sur une disposition de la loi nouvelle, mais sur une disposition de la loi de 1837 à laquelle il demande un changement qui serait assurément fort grave, car il serait contraire à ce qui avait été jusqu'à présent la pensée des législateurs précédents, soit en 1837, soit en 1818, car c'est à cette époque, je crois, que pour la première fois on a introduit dans la législation le principe que pour le vote des contributions extraordinaires ou des emprunts, les Conseils municipaux devraient être assistés des plus imposés de la commune.

Cette disposition n'a pas été introduite dans nos lois sans soulever d'assez vives controverses. C'était une chose grave assurément que d'accorder que les plus imposés fussent adjoints au Conseil municipal pour délibérer sur les centimes et les emprunts.

Néanmoins le principe a été reconnu et consacré, et avec raison, à mon avis. C'était une garantie légitime donnée à la propriété qui supporte la plus grande partie des charges qu'il s'agit d'imposer aux contribuables d'une commune.

Mais, à cette époque là, on a pensé qu'en donnant aux plus imposés le droit de venir, avec les Conseillers municipaux, délibérer sur les contributions extraordinaires et les emprunts, *ce droit, par sa nature, était de ceux qui ne pouvaient être délégués et pour l'exercice desquels on ne pouvait se faire représenter par mandataires.* La loi de 1837 prévoyant que certains propriétaires éloignés ne pourraient user du droit qui leur était donné, et voulant cependant que les Conseils municipaux ne fussent pas livrés à leurs seules lumières, la loi de 1837 a disposé que, dans le cas où certains des plus imposés seraient absents, ils seraient remplacés par d'autres plus imposés portés après eux sur le rôle. »

M. de Tillancourt. « En nombre égal? »

M. le Ministre. « En nombre égal.

De sorte qu'il y a toujours le même nombre de plus imposés qui viennent se joindre aux membres du Conseil municipal. Seulement ce ne sont pas, nécessairement, les plus imposés dans l'ordre le plus élevé; si ceux-ci sont absents ou si quelques-uns sont absents, ils sont remplacés par les plus imposés qui suivent dans l'ordre du rôle.

C'est là ce que la sagesse des législateurs qui nous ont précédés a cru devoir déposer dans la rédaction de l'article 42 de la loi de 1837, et j'avoue, pour mon compte, que je ne crois pas qu'il y eût lieu d'apporter sur ce point aucun changement à la législation actuelle (1). »

M. de Tillancourt. « Si les choses se passaient comme vient de le dire l'honorable Président du Conseil d'État, si en effet on pouvait descendre dans l'ordre des plus imposés jusqu'à ce qu'on en trouvât un nombre égal à celui des Conseillers municipaux, je n'aurais point présenté mon observation. Mais dans la pratique, ce n'est pas ainsi qu'on interprète la loi. Prenons une petite commune dont le Conseil est composé de dix membres. La loi dispose que dans

(1) L'inscription au rôle des contributions est une condition indispensable pour être porté sur la liste des imposés. Il ne suffit pas d'être un des plus forts *propriétaires* de la commune; il faut encore être *contribuable*, c'est-à-dire imposé aux rôles. Il suit de là que c'est à l'usufruitier, à l'exclusion du propriétaire, qu'appartient le droit de siéger comme plus imposé au sein du Conseil municipal, lorsque, suivant la règle, c'est le nom de l'usufruitier et non celui du propriétaire qui figure aux rôles. D'après le même principe, l'héritier légitime ou institué ne doit pas être compris sur la liste des plus imposés, s'il n'est pas encore inscrit nominativement aux rôles de la commune. (*Journal des Percepteurs.*)

Les fermiers, même quand ils sont chargés par leur bail d'acquitter l'impôt et qu'ils figurent nominativement dans les rôles auxiliaires de division ou de délégation de cotes, n'ont pas droit, de ce chef, d'être inscrits sur la liste des plus imposés. (*Journal des Percepteurs.*)

Les plus imposés en état d'incapacité légale, tels que les mineurs et les interdits, les femmes mariées séparées de biens, les veuves, enfin les personnes morales, telles que les établissements publics, les sociétés anonymes, etc., ne sont pas admis à se faire représenter au Conseil municipal; en conséquence, ils ne doivent pas être inscrits sur les listes. (*Circ. Min. Int.* 14 fév. 1843.)

C'est l'absence au moment de la réunion qui donne lieu à un nouvel appel, mais cette absence ne saurait se présumer, et les plus imposés doivent toujours, alors même qu'ils seraient absents de la commune, ou empêchés par une cause quelconque, être convoqués individuellement. Le Maire peut, dans la prévision de l'absence de quelques-uns d'entre eux, convoquer en même temps pour les remplacer un nombre égal des plus imposés suppléants. Mais si, nonobstant les prévisions du Maire, les premiers se présentaient avant l'ouverture de la séance, ils devraient être admis à siéger de préférence. Si, malgré ces précautions, les uns ou les autres faisaient défaut, on n'en devrait pas moins passer outre à la délibération, du moment que les membres du Conseil municipal et les plus imposés réunis forment la majorité nécessaire pour pouvoir délibérer. (Circ. Min. Int., 14 févr. 1843.)

ce cas on appellera les dix plus imposés, et que s'ils ne viennent pas, on en appellera dix autres.

Mais il arrive dans beaucoup de cas, je dirai même dans la plupart des cas, qu'en en convoquant vingt, on n'en trouve pas dix, mais seulement trois ou quatre.

Voix diverses. Pourquoi ne viennent-ils pas? — C'est leur faute!

M. de Tillancourt. « Comment, c'est leur faute! Vous oubliez donc qu'ils habitent souvent à de grandes distances et que la dépense du voyage serait hors de proportion avec l'intérêt qui les appelle au Conseil municipal. Si vous trouvez le principe bon, et si vous ne voulez pas donner aux contribuables le droit de se faire représenter, il faut descendre dans l'échelle des imposés jusqu'à ce qu'ils se présentent en nombre égal à celui des Conseillers municipaux. Si les choses se pratiquaient ainsi mon observation ne subsisterait pas; mais elle subsiste justement parce que, vous n'appelez les plus imposés qu'en nombre double de celui des Conseillers municipaux, ce qui est presque toujours insuffisant. »

ART. 6.

L'article 18 de la loi du 18 juillet 1837 est applicable aux délibérations prises par les Conseils municipaux, en exécution des articles 1, 2 et 3 qui précèdent.

L'article 42 de la même loi est applicable aux contributions extraordinaires et aux emprunts votés par les Conseils municipaux, en exécution des art. 3 et 5.

Pendant la discussion de cet article plusieurs membres ont demandé que le droit de vente des impositions extraordinaires, accordé aux Conseils municipaux, fût refusé aux Commissions municipales nommées en exécution de la loi de 1855.

M. Duvergier, Commissaire du Gouvernement, a combattu cette opinion, dans les termes suivants :

« ... En l'absence du Conseil municipal, il fallait une assemblée qui le remplaçât. Qu'est-ce qui devait le remplacer? C'est une commission, commission nommée soit par le Préfet, soit par un décret impérial, suivant les circonstances que vous connaissez parfaitement. Cette Commission une fois nommée, il faut qu'elle remplace complètement le Conseil municipal; il faut qu'elle soit investie absolument de tous ses pouvoirs... »

Voici un extrait du *Rapport de la Commission* qui fournit l'explication de l'article 6.

« L'article 6 dit, afin de prévenir toute incertitude : 1° Que l'article 18 de la loi du 18 juillet 1837 est applicable aux délibérations prises par les Conseils municipaux en exécution des articles 1, 2, 3, c'est-à-dire que le pouvoir d'annuler d'office, dans les conditions déterminées par cet article 18, une délibération d'ailleurs définitive des Conseils municipaux, est maintenu aux Préfets; 2° Que l'article 42 de la loi du 18 juillet 1837 (l'adjonction des plus imposés) est applicable aux propositions extraordinaires et aux emprunts votés par les Conseils municipaux, en exécution des articles 3 et 5. Ces deux dispositions n'ont soulevé par elles-mêmes aucune objection; mais, additionnellement à la première partie de l'article 6, l'honorable M. Chevandier de Valdrôme a proposé un amendement consistant à dire que l'article 47 de la loi du 18 juillet 1837, modifiée par le décret du 25 mars 1852, *serait applicable* aux délibérations par les Conseils municipaux, en exécution des articles 1, 2, 3 qui précèdent.

L'article 47 dont s'agit porte : « Les délibérations des Conseils municipaux ayant pour objet des baux dont la durée devra excéder dix-huit ans ne seront exécutoires qu'en vertu d'un décret. » (Le décret du 25 mars 1852, tableau A, n° 44, a substitué un arrêté du Préfet au décret de l'Empereur.)

Le second paragraphe du même article 42, porte : — « Quelle que soit la durée du bail, *l'acte passé par le Maire* n'est exécutoire qu'après l'approbation du Préfet. »

Ainsi, il y a pour les baux deux approbations nécessaires (sauf les dispositions de l'article 1er, n° 2, de la présente loi pour les baux au-dessous de 18 ans). La première approbation s'applique aux délibérations des Conseils municipaux ayant pour objet *les conditions des baux* (art. 19, n° 3, de la loi du 18 juillet 1837); la seconde à l'approbation de *l'acte passé par le Maire*, pour la réalisation du bail.

La fin au prochain Numéro.

Directeur, H. GALLETIER, Avocat à la Cour Impériale de Paris.

JOURNAL DES PERCEPTEURS,

DES RECEVEURS DES FINANCES, ET DES RECEVEURS DES COMMUNES, HOSPICES, ETC.;
DES SURNUMÉRAIRES, ET DES ASPIRANTS.

2e Série. — 10 fr. par an. Un numéro toutes les semaines. 12e année. — N° 38.

COMMENTAIRE
DE LA
LOI SUR LES CONSEILS MUNICIPAUX
du 24 *juillet* 1867

(2e et dernier article).

Suivant la pensée de l'auteur de l'amendement, il y aurait dans la loi une lacune révélée par un décret rendu en Conseil d'Etat au contentieux, le 6 juillet 1863, qu'il importerait de combler. Il lui a paru que, puisque la loi soumettait à l'approbation du Préfet un acte de bail, il en devait être de même de tous actes réalisant des acquisitions, aliénations ou échanges de propriétés communales ayant été autorisées par des délibérations du Conseil municipal dûment approuvées. Pour apprécier l'amendement, il importe de déterminer d'abord ce qu'il faut entendre par ces mots : *acte passé par le Maire*. Or, l'intervention des notaires pour la passation des actes des communes, si elle est utile, n'est pas nécessaire, en thèse générale. (Circulaire ministérielle du 19 décembre 1840.) — Le Maire peut passer l'acte et lui donner le caractère d'authenticité; seulement il ne lui donnera pas la force exécutoire (Cassation, 27 novembre 1833, etc.) — Pour les baux, si l'acte est passé par le Maire et non devant notaire, il y a lieu à approbation; le Préfet approuve alors un acte de bail passé par un Maire, comme délégué du pouvoir exécutif, mais non les conditions déjà déterminées par les délibérations du Conseil municipal préalablement approuvées. Quant aux contrats d'aliénation, soumis après leur passation à d'autres formalités que les baux, ils se passent habituellement ou plutôt constamment *devant notaire*. (Voir Duvergier, continuation de Toullier, t. XVIII, p. 119 et 120) Aussi, dans la décision du Conseil d'État qui statue sur une question d'approbation, par un Préfet, d'un contrat d'aliénation, il s'agissait d'un acte notarié qui n'avait pas besoin de cette approbation. C'est ce que le Conseil d'Etat a décidé. Il en aurait été de même s'il se fût agi d'un bail passé devant notaire. La loi, ainsi interprétée comme elle doit l'être, ne présente donc point de lacune. L'article 10 de la loi du 18 juillet 1837, qui charge le Maire, sous la surveillance de l'autorité supérieure, de passer les baux (n° 6 de l'art. 10), de souscrire les actes de vente (n° 7), protége suffisamment les intérêts de la commune.

Enfin, il est certain que, si les conditions stipulées dans la délibération du Conseil municipal étaient dépassées ou méconnues au préjudice de la commune, celle-ci ne serait pas engagée au delà du mandat donné au Maire.

L'approbation, dans tous les cas, des actes faits en exécution des délibérations des Conseils municipaux approuvées, ne serait donc qu'une complication de plus : le Conseil d'Etat n'a pas adopté l'amendement.

ART. 7.

Toute contribution extraordinaire dépassant le maximum fixé par le Conseil général, et tout emprunt remboursable sur ressources extraordinaires, dans un délai excédant douze années, sont autorisés par décret impérial.

Le décret est rendu en Conseil d'Etat, s'il s'agit d'une commune ayant un revenu supérieur à 100000 francs.

Il est statué par une loi si la somme à emprunter dépasse 1 million, ou si ladite somme, réunie au chiffre d'autres emprunts non encore remboursés, dépasse 1 million.

Cet article est le complément des articles 3 et 5 ci-dessus.

Ne constituent pas des emprunts, les travaux dont le prix est stipulé payable en plusieurs annuités, même avec intérêts. Voilà le principe établi formellement

M. le Commissaire du Gouvernement : « La distinction entre les matières de la compétence administrative et celles de la compétence du pouvoir législatif doit toujours être respectée; or, s'agit-il d'un impôt extraordinaire ou d'un emprunt contracté par une ville dont le revenu est supérieur à 100 000 francs; dans ce cas, la loi a voulu l'intervention du pouvoir législatif. S'agit-il, au contraire, d'une opération qui n'est pas un emprunt, d'une opération qui se soldera, en quelques années, sur les ressources ordinaires, sans impôt extraordinaire et sans emprunt, alors la loi n'a pas établi de solennité particulière; elle reste du domaine administratif, et si on exige dans ce cas l'intervention du pouvoir législatif, on s'expose à tomber dans l'excès blâmé par M. Bourdeau : on attire l'administration devant le pouvoir législatif, et on l'induit à entrer dans des détails exclusivement réservés à l'appréciation de l'administration et des communes.

Un dernier mot, messieurs. Je désire vous démontrer que cette théorie n'est nullement en désaccord avec la jurisprudence du ministère de l'intérieur.

Il y a, à cet égard, deux circulaires ministérielles : la première, de M. Rémusat, en 1840; la seconde, de M. Boudet, en 1864. Ces circulaires, messieurs, disaient-elles que les marchés de fournitures, que les marchés de travaux à terme, payables sur les ressources ordinaires, constituent des emprunts, des opérations qui doivent être soumises au Corps-Législatif? Nullement; elles disaient même implicitement le contraire, car elles traçaient aux Préfets, agents secondaires du Ministre, la ligne de conduite qu'ils devaient suivre quand leur autorisation serait demandée pour des affaires de ce genre.

La circulaire de 1840 disait aux Préfets : prenez garde, vérifiez si les ressources ordinaires des communes pour les échéances à terme seront certainement disponibles; n'autorisez pas l'opération, le traité, si les villes doivent être conduites par là à un emprunt ou à une imposition extraordinaire.

La seconde circulaire décide en principe, ce que le supérieur administratif peut faire hiérarchiquement vis-à-vis de son subordonné, que les autorisations préfectorales ne doivent pas être accordées, *quand les payements échelonnés doivent dépasser six ans.*

La Chambre comprend que s'il y a là une ligne de conduite obligatoire pour l'administration secondaire, la question de droit n'est nullement préjugée; il n'en résulte pas, tant s'en faut, que le marché de fournitures ou de travaux payables par termes, même au delà de six ans, constituerait un emprunt.

Les principes que je viens de résumer sont tellement vrais que la Cour des comptes, dans ses dernières observations, s'est renfermée dans ce terme de six années, fixé par la circulaire du Ministre de l'intérieur de 1864, à laquelle je faisais tout à l'heure allusion.

Voici ce que dit la Cour des comptes (1865) :

« Nos précédents rapports ont signalé comme irrégulières les conventions en vertu desquelles certaines communes souscrivent sans autorisation des annuités ou des intérêts pour le payement de leurs acquisitions et de leurs travaux. D'accord avec la jurisprudence du Conseil d'Etat, et nous fondant sur des dispositions légales, nous avons établi que ces stipulations constituent de véritables emprunts, qui échappent sous cette forme au contrôle des autorités compétentes. Les principes soutenus dans nos rapports viennent d'être consacrés de nouveau par une circulaire du Ministre de l'intérieur du 11 mai 1864, qui invite les Préfets à surveiller dans les communes la stricte exécution de la règle.

« La circulaire, toutefois, n'interdit que les stipulations d'annuités ou d'intérêts qui engageraient les ressources des budgets communaux au delà de six ans; les conventions qui n'excéderaient pas cette période seront dès lors réputées licites.

« Nous n'aurons donc plus à mentionner, comme irrégulières, que les stipulations d'annuités ou d'intérêts qui, dépassant le délai de six années ou souscrites en dehors des conditions déterminées par la circulaire, n'auraient pas été autorisées par un décret ou par une loi, selon que les revenus ordinaires de la commune contractante s'élèveront ou non à plus de 100 000 fr. »

La Cour des Comptes ajoute : « Les prescriptions de la circulaire du 11 mai 1864 ne concernent que les communes; nous pensons qu'il y aurait lieu de la rendre applicable aux départements. »

Ainsi, la Cour des Comptes s'est parfaitement ralliée à la transaction proposée par le Ministre de l'intérieur, et elle déclare que, désormais, « seront considérés comme licites les marchés, les travaux, les opérations, les acquisitions, qui n'engageraient pas les revenus ordinaires des communes pour plus de six années. »

ART. 8.

L'établissement des taxes d'octroi votées par les Conseils municipaux, ainsi que les règlements relatifs à leur perception, sont autorisés par décrets impériaux rendus sur l'avis du conseil d'Etat (1).

Il en sera de même en ce qui concerne :

1° Les modifications aux règlements ou aux périmètres existants;

2° L'assujettissement à la taxe d'objets non encore imposés dans le tarif local;

3° L'établissement ou le renouvellement d'une taxe sur des objets non compris dans le tarif général indiqué ci-après ;

4° L'établissement ou le renouvellement d'une taxe excédant le maximum fixé par ledit tarif général.

ART. 9.

Sont exécutoires, dans les conditions déterminées par l'article 18 de la loi du 18 juillet

(1) Lorsque le Ministre des finances refuse de présenter à l'approbation de l'autorité souveraine le règlement présenté par un Conseil municipal, ou si le gouvernement refuse d'approuver un règlement de cette nature, ou rejette un tarif, ou restreint une taxe, cette décision, qui émane du pouvoir discrétionnaire de l'administration supérieure, ne comporte pas de recours par la voie contentieuse. (Arr. du C. 18 juil. 1838, 25 avril 1845), à moins, bien entendu, que la décision ne soit entachée d'excès de pouvoir, que les prescriptions légales n'aient été violées; en pareil cas, le recours par la voie contentieuse est ouvert à la commune. (Arr. du Cons. 16 déc. 1842, 25 avril 1845.)

En ce qui concerne les particuliers, il a été décidé par le Conseil d'Etat que les règlements et tarifs d'octroi participent de la nature des règlements d'administration publique et qu'on ne peut demander par la voie contentieuse la réformation d'un décret « qui a statué par voie réglementaire et dans un intérêt général. » (Arr. du C. 28 août 1835, 15 juil. 1842). Mais les particuliers peuvent contester la légalité d'un règlement d'octroi devant les tribunaux chargés d'en procurer l'exécution, et ces tribunaux sont en droit de refuser d'appliquer les dispositions qui leur sembleraient en effet illégales. (Arr. du C. 30 août 1845, 18 fév. 1854. — Et. Dufour, *Traité de Droit administratif.*)

1837 (1), les délibérations prises par les Conseils municipaux, concernant :

1° La suppression ou la diminution des taxes d'octroi (2);

2° La prorogation des taxes principales d'octroi pour cinq ans au plus;

3° L'augmentation des taxes jusqu'à concurrence d'un décime, pour cinq ans au plus.

Sous la condition toutefois qu'aucune des taxes ainsi maintenues ou modifiées, n'excédera le maximum déterminé dans un tarif général, qui sera établi, après avis des Conseils généraux, par un règlement d'administration publique, ou qu'aucune desdites taxes ne portera sur des objets non compris dans ce tarif.

En cas de désaccord entre le Maire et le Conseil municipal, la délibération ne sera exécutoire qu'après approbation du Préfet.

ART. 10.

Sont exécutoires, sur l'approbation du Préfet, lesdites délibérations ayant pour but :

La prorogation des taxes additionnelles actuellement existantes;

L'augmentation des taxes principales au delà d'un décime.

Dans les limites du maximum des droits et de la nomenclature des objets fixés par le tarif général (3).

Extrait du rapport de la commission :

Octrois (art. 8, 9, 10).

Les articles 8, 9, 10, sont relatifs aux octrois. Aux termes de l'article 147 de la loi du 25 avril 1816, lorsque les revenus d'une commune sont insuffisants pour ses dépenses, il peut, sur la demande du Conseil municipal, y être établi un octroi sur les consommations.

L'établissement des droits d'octroi votés par les Conseils municipaux ainsi que les règlements relatifs à leur perception, seront autorisés par décrets impériaux rendus sur l'avis du Conseil d'État. (Ordonnance du 9 décembre 1814, art. 7. — Loi du 11 juin 1842, art. 8. — Décret du 30 janvier 1852, art. 13.) C'est ce que l'article 8 du projet de loi vous propose de maintenir. Mais aux termes de l'ordonnance du 9 décembre 1814, art. 18, et du décret du 25 mars 1852, tableau n° 55 et lettre Q : « Les changements proposés aux règlements ou tarifs d'octroi en vigueur ne peuvent être exécutés qu'ils n'aient été approuvés et délibérés de la même manière que l'établissement des octrois. »

L'article 9 simplifie, sous ce dernier rapport, dans trois cas déterminés, la législation existante, et la fait rentrer dans la catégorie de l'art. 1er de la loi, aux termes duquel les Conseils municipaux, d'accord avec le Maire, statuent définitivement.

Un tarif général d'octroi et la nomenclature des objets qui y sont compris, est une innovation. Aujourd'hui, le Gouvernement se trace des règles qu'il applique à chaque établissement d'octroi qui lui est demandé et qui, applicables seulement aux objets destinés à la consommation locale, comprennent généralement les cinq catégories désignées dans l'article 11 de l'ordonnance du 7 décembre 1814; — 1° boissons et liquides ; 2° comestibles ; 3° combustibles; 4° fourrages; 5° matériaux. Le tarif général établi par un règlement d'administration publique, aura le double avantage de porter à la connaissance des intéressés les règles auxquelles ils devront se conformer et d'en assurer la fixité.

A qui devait-il appartenir d'établir le tarif général?

Votre Commission n'a pas hésité à préférer un règlement d'administration publique à un tarif départemental, proposé par l'honorable M. Pazégy. En effet, ce tarif soulève non-seulement des questions de finances, mais aussi des questions économiques qui lui impriment un caractère d'intérêt général. Il y a, d'ailleurs, pour l'assiette et la quotité de l'impôt, une délégation du pouvoir législatif qui doit être réservée au pouvoir chargé de faire des règlements d'administration publique.

L'article 10 soumet à l'approbation du Préfet les délibérations des Conseils municipaux ayant pour but la prolongation des taxes additionnelles existantes, l'augmentation des taxes principales au delà d'un décime, pourvu que ces mesures soient prises dans les limites du maximum des droits et de la nomenclature des objets taxés par le tarif général. Cette disposition n'a donné lieu à aucune observation.

ART. 11.

Les Conseils municipaux délibèrent sur l'établissement des marchés d'approvisionnements dans leur commune.

Le paragraphe 3 de l'article 6 et le paragraphe 3 de l'article 41 de la loi du 10 mai 1838, sont abrogés en ce qui concerne lesdits marchés (1).

(1) Article 18 de la loi du 18 juillet 1837 : « Expédition de toute délibération sur un des objets énoncés en l'article précédent est immédiatement adressée par le Maire au Sous-Préfet qui en délivre ou fait délivrer un récépissé. *La délibération est exécutoire* si dans les trente jours le Préfet ne l'a pas annulée, soit d'office, pour violation d'une disposition de loi ou d'un règlement d'administration publique, soit sur la réclamation de toute partie intéressée. — Toutefois le Préfet peut suspendre l'exécution de la délibération pendant un autre délai de trente jours. »

(2) Il fallait auparavant un décret rendu dans la forme des règlements d'administration publique. (Ord. 9 décembre 1814.)

(3) Les règles qui concernent l'établissement des octrois leur suppression, les matières soumises aux droits, le personnel, le mode d'administration et de perception, les limites de la perception, les rapports des octrois avec l'administration des contributions indirectes, les écritures et la comptabilité, le contentieux, etc., ne sont pas modifiées. Elles restent soumises aux prescriptions de la loi du 28 avril 1816.

(1) Paragraphe 3 de l'article 6 de la loi du 10 mai 1838 sur les attributions des Conseils généraux et des Conseils d'arron-

Extrait du rapport de la Commission. — Marchés d'approvisionnements.

L'article 11 simplifie les formalités relatives à l'établissement de marchés d'approvisionnements dans les communes, en supprimant la nécessité de l'avis préalable des Conseils d'arrondissement et des Conseils généraux. Les délibérations des Conseils municipaux seront, sans inconvénients, dispensées en cette matière de ce double contrôle. L'article 11 déroge, comme il l'énonce, au § 3 de l'article 6 et au § 3 de l'article 41 de la loi du 10 mai 1838, mais l'autorisation du Préfet reste maintenue conformément au décret du 25 mars 1852, tableau B, n° 2.

ART. 12.

Les délibérations des commissions administratives des hospices, hôpitaux et autres établissements charitables communaux, concernant un emprunt, sont exécutoires en vertu d'un arrêté du Préfet, sur avis conforme du Conseil municipal, lorsque la somme à emprunter ne dépasse pas le chiffre des revenus ordinaires de l'établissement, et que le remboursement doit être effectué dans un délai de douze années.

Si la somme à emprunter dépasse ledit chiffre, ou si le délai de remboursement est supérieur à douze années, l'emprunt ne peut être autorisé que par un décret de l'Empereur.

Le décret d'autorisation est rendu dans la forme des règlements d'administration publique, si l'avis du Conseil municipal est contraire ou s'il s'agit d'un établissement ayant plus de 100 000 francs de revenus.

L'emprunt ne peut être autorisé que par une loi, lorsque la somme à emprunter dépasse 500 000 francs, ou lorsque ladite somme, réunie au chiffre d'autres emprunts non encore remboursés, dépasse 500 000 francs.

Extrait du rapport de la Commission : — Établissements charitables.

L'article 12 règle les divers modes d'autorisation d'emprunts à contracter par les hospices, les hôpitaux, les établissements communaux. Le projet du Gouvernement n'a subi que de légères modifications; les délibérations des commissions administratives soumises par l'article 10 de la loi du 7 avril 1851 aux mêmes règles que les délibérations des Conseils municipaux et devant se compléter d'ailleurs par l'avis de [illegible] seront exécutoires en vertu d'un arrêté [illegible] l'avis du Conseil municipal est conforme [illegible] :

1° La somme à emprunter ne dépasse pas le chiffre des revenus ordinaires de l'établissement ;

Et 2° si le remboursement doit être effectué dans un délai de douze ans.

Si l'une de ces deux dernières conditions ne se rencontre pas, l'emprunt ne peut être autorisé que par décret de l'Empereur.

Si l'avis du Conseil municipal est contraire, et s'il s'agit d'un établissement ayant plus 100,000 fr. de revenus, le décret d'autorisation doit être rendu dans la forme des règlements d'administration publique.

Enfin, une loi doit intervenir lorsque la somme à emprunter dépasse 500 000 fr., ou lorsque cette somme, réunie au chiffre d'autres emprunts non encore remboursés, dépasse 500 000 fr. Ces dispositions dérogent aux articles 40 et 41 de la loi du 18 juillet 1837, et à l'article 14 de la loi du 10 juin 1853.

DISCUSSION AU CORPS LÉGISLATIF.

M. Paul Bethmont. « Je demanderai à messieurs les commissaires du Gouvernement pourquoi, dans le projet de loi, on a établi une différence entre les communes et les établissements hospitaliers, en ce qui concerne le chiffre des emprunts? Pourquoi, suivant l'article 7, l'intervention d'une loi n'est nécessaire, pour les emprunts des communes, que lorsque ces emprunts atteignent le chiffre de 1 million, tandis que, suivant l'article 12, l'intervention d'une loi est nécessaire pour les emprunts des établissements hospitaliers, alors que ces emprunts ne s'élèvent qu'à la somme de 500 000 fr.?

Selon moi, dans les deux cas, et même dans tous les autres cas, lorsqu'il s'agit d'emprunts il faudrait une même règle; mais enfin, je demande au Gouvernement pourquoi il a deux poids et deux balances en fait de chiffres? »

M. le Ministre présidant le Conseil d'État. « Parce qu'on ne peut pas assimiler complétement les communes, qui sont administrées par des Conseils municipaux, aux établissements de bienfaisance dont la gestion est confiée à des commissions administratives.

ART. 13.

Les changements dans la circonscription territoriale des communes faisant partie du même canton sont définitivement approuvés par les Préfets, après accomplissement des formalités prévues au titre Ier de la loi du 18 juillet 1837, en cas de consentement des Conseils municipaux et sur avis conforme du Conseil général.

Si l'avis du Conseil général est contraire, ou si les changements proposés dans les circonscriptions communales modifient la composition d'un département, d'un arrondissement ou d'un canton, il est statué par une loi.

Tous autres changements dans la circonscription territoriale des communes sont auto-

[illegible] Le Conseil général donne son avis...) sur l'établissement, la suppression ou le changement des foires et marchés. »

[illegible] 3 de l'article 41 de la même loi : « (Le Conseil d'arrondissement donne son avis...) sur l'établissement, la suppression ou le changement des foires et marchés. »

risés par des décrets rendus dans la forme des règlements d'administration publique.

ART. 14.

La création des bureaux de bienfaisance est autorisée par les Préfets, sur l'avis des Conseils municipaux.

Extrait du Rapport de la Commission. — Bureaux de bienfaisance.

L'article 14 dispose que la création des bureaux de bienfaisance sera autorisée par les Préfets, sur l'avis des Conseils municipaux.

L'article 13 du décret du 30 janvier 1852 portait qu'il serait statué par décret rendu en assemblée générale du Conseil d'État, pour l'autorisation ou la création d'établissements d'utilité publique fondés par les départements, les communes ou les particuliers.

Le décret du 25 mars 1852, tableau A, n° 55, réserve au Gouvernement la création des bureaux de bienfaisance.

La simplification qui résulte de l'article 14 a paru utile et sans inconvénient. Votre Commission l'a adoptée. L'honorable M. Pichon a proposé d'étendre la même règle aux hospices.

Les édits de décembre 1666 et d'août 1749 portaient : « Qu'il ne pourrait être créé aucune maison ou communauté, même sous prétexte d'hospices ou d'hôpitaux, sans une permission expresse accordée par des lettres patentes dûment enregistrées. » Un avis du Conseil d'État, du 17 janvier 1806, faisant application aux sociétés libres de charité des principes consacrés par les anciens édits, porte que les établissements de bienfaisance, dirigés par des sociétés, et qui rassemblent dans un bâtiment des femmes en couche, des malades, des orphelins, des vieillards et des pauvres, ne peuvent exister régulièrement qu'en vertu d'une décision de l'Empereur, rendue sur l'avis du Conseil d'État.

Cette jurisprudence s'applique, à plus forte raison, aux communes et aux établissements publics qui veulent créer des maisons de charité avec leurs propres ressources, puisque ces communes et établissements sont réputés mineurs.

Si la règle a pu fléchir relativement aux bureaux de bienfaisance, il n'en doit pas être de même à l'égard des hospices : le principe que la création d'une personne civile est un acte de haute administration que le Gouvernement seul peut accomplir avec le concours du Conseil d'État, doit être maintenu dans ce dernier cas : les raisons de différence apparaissent facilement. Si, en effet, le bureau de bienfaisance créé n'a pas de ressources, s'il n'en acquiert pas ou s'il perd son existence effective, aucun intérêt n'est compromis. Un hospice, au contraire, exige une installation matérielle qui entraîne des frais plus ou moins considérables de premier établissement ; il exige un certain ensemble d'organisation ; il entraîne, pour fonctionner, des frais que des illusions généreuses peuvent empêcher de prévoir. Il y a donc lieu, à leur égard, de maintenir la règle applicable à la création d'une personne civile. Ces motifs ont déterminé votre Commission à ne pas adopter l'amendement.

TITRE II.

Dispositions concernant les villes ayant 3 millions de revenus.

ART. 15.

Les budgets des villes et des établissements de bienfaisance ayant trois millions au moins de revenus, sont soumis à l'approbation de l'Empereur, sur la proposition du Ministre de l'intérieur.

Extrait du rapport de la Commission :

L'article 15 soumet à l'approbation de l'Empereur, sur la proposition du Ministre de l'intérieur, les budgets des villes, des établissements de bienfaisance ayant 3 millions au moins de revenus. Cette disposition comprend les villes de Paris, Marseille, Lyon, Bordeaux et Rouen.

Votre Commission a pensé, comme l'exposé des motifs, que, dans les grandes villes de l'Empire, les affaires ont une importance et une gravité exceptionnelles; qu'elles se rattachent même à des questions d'ordre public, et que l'intérêt municipal touche presque toujours à l'intérêt de l'État. Il lui avait paru d'abord que cette disposition devait être étendue aux villes ayant au moins 1 million de revenu, mais des réclamations se sont élevées et ont fait craindre que la loi ne créât des lenteurs préjudiciables aux intérêts d'une bonne administration, sans en retirer, d'ailleurs, aucune utilité réelle. Les villes qui se seraient trouvées soumises à l'article 15, si cet article eût compris celles qui auraient plus d'un million de revenu, auraient été Lille, Nantes, le Havre, Toulouse, Toulon, Strasbourg, Roubaix, Nîmes, Amiens, Montpellier, Versailles, Nice. Votre commission, entrant dans l'esprit de décentralisation qui a inspiré la loi, a définitivement adopté l'article proposé par le Gouvernement.

Quant aux établissements de bienfaisance qui sont soumis aux mêmes règles que les villes, il n'y a que ceux de Paris, qui ont 20 800 000 francs de recettes ordinaires. Les hospices qui viennent ensuite sont ceux de Lyon, qui en ont 2 900 000 francs. L'amendement de la commission n'avait porté, quant aux hospices, que sur Lyon et Rouen.

ART. 16.

Les traités à passer pour l'exécution, par entreprises, des travaux d'ouverture des nouvelles voies publiques et de tous autres travaux communaux déclarés d'utilité publique, dans lesdites villes, sont approuvés par décrets rendus en conseil d'État.

Il en est de même des traités portant concessions, à titre exclusif ou pour une durée de plus de trente années, des grands services municipaux desdites villes, ainsi que des tarifs et traités relatifs aux pompes funèbres.

L'article 16 exige, pour les villes dont parle l'article précédent, non seulement un décret rendu sur la proposition du Ministre de l'intérieur, mais un décret rendu en conseil d'Etat, lorsqu'il s'agit de l'approbation des traités à faire pour l'exécution, par entreprises, des travaux d'entretien de nouvelles voies publiques et de travaux déclarés d'utilité publique. Il en est de même des traités portant concession, à titre exclusif et pour une durée de plus de trente années, des grands services municipaux desdites villes, ainsi que des tarifs et traités relatifs aux pompes funèbres.

Les grands intérêts qui peuvent être engagés dans ces affaires ont justifié aux yeux de votre commission l'article du projet : « Dans les autres Communes ou dans des conditions autres que celles de l'art. 16, l'approbation émane du Préfet. » (Décret du 25 mars 1852, tableau A, nos 1, 46 et 48.)

L'honorable M. Curé avait demandé la suppression de cet article, en même temps celle de l'article 7 de la loi afin d'écarter l'assimilation des Conseils municipaux qui sont élus avec ceux qui sont nommés par l'autorité. Ce que nous avons dit sur l'art. 7 s'applique à l'art. 16 et a motivé le rejet de l'amendement par le conseil d'Etat.

ART. 17.

Les dispositions de la présente loi et celles de la loi du 18 juillet 1837 et du décret du 25 mars 1852, qui sont encore en vigueur, sont applicables à l'administration du département de la Seine, de la ville de Paris et de la ville de Lyon.

Les délibérations prises par les Conseils municipaux desdites villes, sur les objets énumérés dans les articles 1 et 9 de la présente loi, ne sont exécutoires, en cas de désaccord entre le Préfet et le Conseil municipal, qu'en vertu d'une approbation donnée par décret impérial.

Aucune imposition extraordinaire ne peut être établie dans ces villes, aucun emprunt ne peut être contracté par elles, sans qu'elles y soient autorisées par une loi.

Il n'est pas dérogé aux dispositions spéciales concernant l'organisation des administrations de l'Assistance publique, du Mont-de-Piété et de l'octroi de Paris.

TITRE III.

Renouvellement des Conseils municipaux.

ART. 18.

A l'avenir, les Conseils municipaux seront élus pour sept ans (1).

(1) Dans la loi de 1831 la période était de trois ans : elle était de cinq ans dans la législation postérieure.

TITRE IV.

Dispositions diverses.

ART. 19.

Dans le cas où une commune sera divisée en sections pour l'élection des Conseillers municipaux, conformément à l'article 7 de la loi du 5 mai 1855, la réunion des électeurs ne pourra avoir lieu avant le dixième jour, à compter de l'arrêté du Préfet (1).

Rapport de la commission : — Nouvelles attributions conférées aux gardes champêtres, art. 20.

L'article 16 du Code d'instruction criminelle porte :

« Les gardes champêtres et les gardes forestiers, considérés comme officiers de police judiciaire, sont chargés de rechercher, chacun dans le territoire pour lequel il est assermenté, les délits et les contraventions de police qui auront porté atteinte aux propriétés rurales et forestières. »

Par le texte même, les pouvoirs des gardes champêtres se trouvent spécifiés et limités. Les délits et contraventions mentionnés dans le titre 2 de la loi du 6 octobre 1791 s'y trouvent manifestement compris, mais il a toujours été entendu que les gardes champêtres n'étaient pas chargés par la loi de la police urbaine. C'est ce qu'un arrêt de la Cour de Cassation décidait doctrinalement le 1er décembre 1827 en ces termes : Attendu que la partie du chemin ainsi embarrassée n'est pas située dans l'intérieur du bourg, mais hors de ce bourg, conséquemment dans la campagne ; qu'il ne s'agissait donc pas d'une contravention de voirie urbaine, mais d'une véritable contravention rurale que le garde était compétent pour constater. » Par divers arrêts explicites, la Cour de Cassation a décidé que les gardes champêtres n'avaient pas mission légale pour constater des contraventions à l'arrêté d'un Maire prescrivant le balayage des rues, ou fixant l'heure de fermeture des lieux publics, etc. Dans ces derniers temps, les procès-verbaux des gardes champêtres ne font pas foi jusqu'à preuve contraire. Il peut y être suppléé par la preuve testimoniale, que le juge apprécie; un arrêt de la Cour de Cassation, conforme à une jurisprudence ancienne et constante, a donné lieu, dans ces dernières années, à des observations dont votre Commission a cru devoir tenir compte. On a signalé les inconvénients d'une législation qui laissait aux Maires, dans le plus grand nombre des communes, la charge de faire la police intérieure, notamment celle des lieux publics, comme les cabarets, etc., etc. Votre Commission a donc proposé un article additionnel émané d'un de ses membres, l'honorable M. Delamarre (de la Creuse), et conçu en ces termes :

(1) L'article 7 de la loi du 5 mai 1855 est ainsi conçu : « Les membres du Conseil municipal sont élus par les électeurs inscrits sur la liste communale dressée en vertu de l'article 13 du décret du 2 février 1852. — Le Préfet peut, par un arrêté pris en Conseil de Préfecture, diviser les communes en sections électorales. — Il peut par le même arrêté répartir entre les sections le nombre des Conseillers à élire, en tenant compte du nombre des électeurs inscrits. »

« Les gardes champêtres auxiliaires des Maires et adjoints ont qualité, comme ces magistrats, la gendarmerie et les commissaires de police cantonaux, pour constater les contraventions aux arrêtés des Maires, quel que soit l'objet que ces arrêtés aient pour but de réglementer, pourvu toutefois que ces arrêtés aient été approuvés par le Préfet. »

Le Conseil d'État a atteint le but proposé par la rédaction suivante, à laquelle votre Commission a adhéré.

« Les gardes champêtres sont chargés de rechercher, chacun dans le territoire pour lequel il est assermenté, les contraventions aux règlements de police municipale. Ils dressent procès-verbaux pour constater ces contraventions. »

En vertu de cette disposition, les gardes champêtres pourront constater *jusqu'à preuve contraire*(1), les nombreuses contraventions de la police municipale que réprime l'article 471, n° 15, du Code pénal. Il est entendu que pour les cas où les Préfets ont le pouvoir de prendre des arrêtés municipaux aux lieu et place des Maires, les gardes champêtres ont qualité pour constater les contraventions à ces arrêtés. L'honorable M. de Guilloutet a proposé de rendre facultatif le salaire des gardes champêtres. L'établissement de gardes champêtres était facultatif, aux termes de la loi du 6 octobre 1791, titre 1er, section 7, article 1er; il a été rendu obligatoire par la loi du 20 messidor an III. Leur traitement est obligatoire, aux termes de l'article 30, n° 7, de la loi du 18 juillet 1837. Votre Commission n'a pas pensé qu'il y eût lieu de changer l'état actuel des choses. Elle n'a pas adopté l'amendement.

ART. 20.

Les gardes champêtres sont chargés de rechercher, chacun dans le territoire pour lequel il est assermenté, les contraventions aux règlements de police municipale. Ils dressent des procès-verbaux pour constater ces contraventions.

ART. 21.

Nul ne peut être Maire ou adjoint dans une commune et Conseiller municipal dans une autre commune (2).

(1) La loi a refusé de même aux gardes champêtres dans toutes leurs autres attributions, le droit de dresser des procès-verbaux faisant foi d'une manière absolue jusqu'à inscription de faux tels que ceux des agents et gardes forestiers, des employés des contributions indirectes et de l'octroi, ceux des bureaux de garantie, des douanes, des gardes du génie, etc. Ainsi, lorsque les procès-verbaux des gardes champêtres, en matière de contravention municipale, seront contestés par les témoins de la partie, ces agents devront eux-mêmes apporter des témoignages à l'appui de leurs assertions.

(2) La loi du 5 mai 1855 sur l'organisation municipale dit aussi, article 9 : « Nul ne peut être membre de plusieurs Conseils municipaux. » Du reste, la condition d'avoir son domicile dans la commune n'est exigée pour aucun Maire, adjoint ou Conseiller municipal.

ART. 22.

La commission nommée en cas de dissolution d'un Conseil municipal, conformément à l'article 13 de la loi du 5 mai 1855, peut être maintenue en fonction pendant trois ans (1).

ART. 23.

L'article 50 de la loi du 5 mai 1855 est abrogé (2).

Toutefois, dans les villes chefs-lieux de département ayant plus de 40 000 âmes de population, l'organisation du personnel chargé des services de la police est réglée, sur l'avis du Conseil municipal, par un décret impérial, le Conseil d'État entendu.

Les inspecteurs de police, les brigadiers, sous-brigadiers et agents de police sont nommés par le Préfet, sur la présentation du Maire.

Si un Conseil municipal n'allouait pas les fonds exigés pour la dépense ou n'allouait qu'une somme insuffisante, l'allocation nécessaire serait inscrite au budget par décret impérial, le conseil d'État entendu.

Les explications suivantes ont eu lieu sur cet article :

M. le Ministre : Je ne veux faire que de très-courtes observations pour éclaircir des doutes qui, m'a-t-on dit, se sont élevés dans quelques esprits à l'occasion de la nouvelle rédaction de l'article 23. L'honorable M. Segris disait dans une précédente séance qu'une des conséquences de la loi de 1855 avait été de déplacer matériellement, dans les villes où cette loi était applicable, le bureau de police, qui était antérieurement à la mairie, et de le transporter à la préfecture.

On s'est demandé, et c'est sur ce point que quelque doute paraît s'être produit, si cet état de choses devait changer par suite de l'adoption de l'article nouveau. Je n'hésite pas à répondre affirmativement. L'article nouveau rendant aux Maires les attributions que leur avait retirées la loi de 1855, par une conséquence nécessaire, le bureau de police sera rétabli à la mairie, sous l'œil et la direction vigilante du Maire.

M. le Président : Je donne lecture d'un article additionnel qui a été présenté par M. le comte Hallez-Claparède, et qui est ainsi conçu :

« Sauf les exceptions qui seront déterminées par

(1) Lors de la discussion de cet article, un membre du Corps Législatif, l'honorable M. Bethmont, a demandé de limiter les attributions de la commission aux actes conservatoires qui n'engagent pas les intérêts communaux ; mais cet amendement n'ayant pas été pris en considération, il faut en conclure que les commissions municipales ont toutes les attributions des Conseils municipaux eux-mêmes.

(2) Voici la partie essentielle de cet article : « Dans les communes chefs-lieux de département, le Préfet remplit les fonctions de Préfet de police, telles qu'elles sont réglées par les dispositions actuellement en vigueur de l'arrêté des consuls du 12 messidor an VIII. »

un décret rendu en Conseil d'Etat, désormais les aliénations des biens communaux et les locations des mêmes biens seront faites par la voie de l'adjudication, aux enchères et après enquête. »

M. Eugène Pelletan : A propos de cet article additionnel, je voudrais faire une simple observation, ou plutôt adresser une question au Gouvernement. La loi interdit aux Maires de se faire adjudicataires ou fermiers des biens communaux. Des Maires, pour éluder la loi, se donnent quelquefois des coadjudicataires et des cofermiers. Il y a eu à cet égard des réclamations de la part des communes.

L'honorable membre donne lecture d'une lettre écrite par le Préfet de la Haute-Saône, en réponse à une réclamation qui s'était élevée contre un Maire cofermier d'une chasse communale. (Exclamation sur un grand nombre de bancs.) Dans cette lettre, le Préfet rappelle que les adjudications de ce genre sont en effet contraires à la loi, mais qu'en matière de chasse, ces adjudications ont été quelquefois tolérées.

L'honorable membre demande, au nom de la loi, que le Gouvernement n'accorde plus de semblables tolérances.

M. Ernest Picard : L'amendement de M Hallez-Claparède soulève une question très-grave ; il apporte une garantie pour l'administration des biens communaux. Je voudrais que le Gouvernement nous expliquât pourquoi il le repousse.

M de Bosredon, conseiller d'Etat, commissaire du Gouvernement : La Chambre comprendra que j'éprouve quelque embarras à discuter un amendement qui n'avait pas été développé devant elle. Je me contenterai donc de donner quelques explications sommaires sur les motifs qui déterminent le Gouvernement à se prononcer contre la prise en considération de cet amendement.

M. le comte Hallez-Claparède demande que toutes les fois que des biens communaux sont mis en ferme ou aliénés, il soit procédé à une enquête préalable, et que la mise en ferme ou l'aliénation ait lieu aux enchères publiques, par adjudication, sauf dans certains cas exceptionnels qui seraient déterminés par un règlement d'administration publique.

Or, si l'on recherche quels sont les divers actes que comporte la gestion des biens communaux, si l'on recherche ensuite dans la législation les diverses dispositions auxquelles ces actes sont soumis, on reconnaîtra que la loi en a entouré l'accomplissement de garanties plus ou moins restrictives, suivant la nature de ces divers actes.

Ainsi, pour les marchés de biens communaux, l'ordonnance de novembre 1837 exige, sauf exception, et pose comme règle l'adjudication publique. Pourquoi? Parce que, dans ce cas, le Maire agit seul et sans l'intervention du Conseil municipal. Il est donc nécessaire qu'alors des garanties soient prises contre une collusion peu probable, mais possible.

Pouvait-on prescrire également l'adjudication pour tous les autres actes que la gestion communale rend nécessaires? Non, car la forme même de plusieurs de ces actes exclut l'adjudication ; ainsi l'échange de biens communaux ne peut avoir évidemment lieu qu'avec une personne déterminée. Quant aux emprunts, sauf exception, ils sont contractés, soit au Crédit foncier, soit à la Caisse des dépôts et consignations, c'est-à-dire avec des établissements offrant toutes les garanties désirables ; dans les autres cas, l'emprunt se fait publiquement, et toute liberté est assurée à la concurrence. Cependant il arrive quelquefois que les communes obtiennent du Conseil d'Etat l'autorisation de contracter des emprunts de gré à gré, avec des intérêts très-faibles ou même nuls. C'est qu'alors l'autorité supérieure juge, après le Conseil municipal, qu'il y a lieu, dans l'intérêt de la commune elle-même, de déroger à la règle générale.

Ainsi donc, pour la plupart des actes relatifs aux biens communaux, l'amendement demande précisément ce que l'administration a toujours pratiqué. Oui, pour l'aliénation et la mise en ferme des biens communaux, l'enquête préalable est la règle. A toutes les époques, des circulaires du ministère de l'intérieur ont recommandé d'en user ainsi, et la dernière, qui a accompagné le décret de décentralisation du 25 mai 1852, a précisément rappelé aux Préfets les prescriptions de la loi et l'utilité de l'adjudication publique.

Jusque-là donc le Gouvernement est d'accord avec la pensée qui a inspiré l'amendement. Mais voici où le dissentiment commence : M. Hallez-Claparède voudrait faire de la règle une obligation absolue ; il voudrait, alors même, qu'un Conseil municipal, non suspect assurément de collusion, a décidé qu'un marché aurait lieu de gré à gré, que l'adjudication publique fût obligatoire. Il repousse, en un mot, toute espèce d'exception. C'est sur ce point que le Gouvernement diffère de l'amendement.

Dans une affaire récente, relative à la location d'un droit de chasse... il ne s'agit pas de l'affaire sur laquelle portait la question de l'honorable M. Pelletan, question sur laquelle je regrette de ne pouvoir pas m'expliquer, n'ayant pas été prévenu. M. le Ministre de l'intérieur a exprimé dans une lettre, au sujet de l'adjudication publique, une opinion que je demande la permission de faire connaître à la Chambre, parce qu'elle révèle très-nettement la pensée complète du Gouvernement.

Voici cette lettre :

« Des enchères publiques ont le double avantage de susciter, par la concurrence, des offres plus avantageuses, et d'éviter, dans beaucoup de cas, les rivalités locales toujours regrettables. Lorsqu'en effet une adjudication a lieu, la question ne se pose plus entre telle ou telle personne, mais entre tel ou tel prix, et l'impartialité de l'administration municipale ne saurait être mise en doute. Mais ce n'est là qu'une indication générale qui doit, au besoin, plier devant les circonstances locales, dont le Conseil municipal est l'appréciateur naturel. »

FIN.

Directeur, H. GALLETIER, Avocat à la Cour Impériale de Paris.

JOURNAL DES PERCEPTEURS,

DES RECEVEURS DES FINANCES, ET DES RECEVEURS DES COMMUNES, HOSPICES, ETC.;
DES SURNUMÉRAIRES, ET DES ASPIRANTS.

2e Série. — 10 fr. par an. Un numéro toutes les semaines. 12e année. — No 39.

ACTES OFFICIELS.

CIRCULAIRE du Ministre de l'Intérieur, *relative à l'application de la loi du 24 juillet 1867, en ce qui concerne les attributions nouvelles conférées aux Conseils municipaux.*

Paris, le 3 août 1867.

Monsieur le Préfet, une loi en date du 24 juillet 1867 vient d'apporter des modifications importantes aux dispositions qui régissent l'administration des communes, et notamment à celles qui déterminent les attributions des Conseils municipaux.

Déjà le décret du 25 mars 1852, sur la décentralisation administrative, et celui du 13 avril 1861, en confiant aux Préfets et Sous-Préfets la décision d'un grand nombre d'affaires communales, en ont rendu l'instruction plus simple et l'expédition plus rapide. Mais la loi nouvelle réalise un progrès plus important.

Inspirée par la même pensée que la loi rendue l'année dernière sur les attributions des Conseils généraux, elle confère, dans des cas nombreux, aux représentants des communes, une autorité propre; elle réserve seulement à l'administration supérieure l'approbation des mesures qui, par leur importance exceptionnelle, peuvent atteindre les intérêts généraux du pays, ou sont de nature à engager gravement l'avenir des communes et à compromettre leur situation financière.

Vous remarquerez néanmoins, monsieur le Préfet, que la loi nouvelle a laissé subsister les règles fondamentales sur lesquelles repose, depuis de longues années, la législation communale. La loi du 18 juillet 1837 n'est pas abrogée, et si considérables que soient les modifications qu'elle a reçues, cette loi demeure applicable en tous ceux de ces articles auxquels une disposition postérieure n'a pas porté atteinte.

Ces explications vous permettront de saisir l'esprit et la portée de la loi dont vous trouverez ci-joint le texte, et sur laquelle je crois nécessaire de vous donner des instructions destinées à en rendre l'application plus facile et plus régulière.

(Art. 1er et 6. § 1.) — L'article 1er énumère plusieurs séries d'affaires qui seront à l'avenir réglées par les Conseils municipaux.

Aux termes de l'article 17 de la loi du 18 juillet 1837, ces Conseils ne prononçaient que sur un petit nombre d'objets. Vous remarquerez, au contraire, l'intérêt et la diversité des affaires sur lesquelles les assemblées municipales seront désormais appelées à statuer.

Le législateur a toutefois apporté une restriction à ce pouvoir. Si, sur l'un des objets énumérés par l'article 1er, un désaccord s'élève entre le Maire et le Conseil municipal, la délibération de ce Conseil doit être soumise à l'approbation du Préfet. Il vous sera facile de saisir l'utilité de cette disposition; mais vous ne perdrez pas de vue qu'elle met entre vos mains un droit exceptionnel, dont il ne conviendra de faire usage qu'avec la plus grande circonspection. Vous devrez peser mûrement les objections présentées par le Maire, tenir grand compte de la majorité plus ou moins considérable à laquelle aura été votée la mesure soumise à votre appréciation, et ne pas hésiter à approuver les délibérations du Conseil municipal toutes les fois qu'elles ne seront pas de nature à compromettre réellement les intérêts de la commune. Vous vous attacherez enfin, monsieur le Préfet, à maintenir l'unité de vues entre les Conseils municipaux et les Maires, et vous ne permettrez pas que ces derniers puissent trouver, dans la disposition finale de l'article 1er, un moyen d'entraver la marche des affaires et d'annuler la liberté d'action que la loi a entendu assurer aux Conseils municipaux.

Vous remarquerez que la disposition restrictive dont je viens de vous entretenir n'existe pas dans la loi du 18 juillet 1837, et que, dès lors, les affaires comprises dans l'article 17 de cette loi doivent, comme par le passé, être réglées par le Conseil municipal, lors même que ses délibérations seraient contraires à l'avis du Maire.

L'article 1er de la loi nouvelle et les articles 2 et 3, dont il sera parlé ci-après, sont complétés par l'article 6, qui déclare applicable aux délibérations auxquelles ils se réfèrent, l'article 18 de la loi du 18 juillet 1837. Ainsi, ces délibérations seront exécutoires par elles-mêmes si, dans le délai d'un mois, à partir du jour où une expédition vous aura été adressée, vous ne les avez pas annulées, soit d'office, pour violation d'une disposition de loi ou d'un règlement d'administration publique, soit sur la réclamation d'une partie intéressée. Il vous appartiendra de plus, conformément au même article de la loi de 1837, de suspendre l'exécution de la délibération du Conseil municipal pendant un nouveau délai d'un mois.

Toutes les fois que vous serez saisi d'une délibération prise en vertu de l'article 1er, je vous recommande de vous assurer que le Maire s'est conformé aux prescriptions de l'ordonnance du 18 décembre 1838, en prévenant les habitants, par la voie des annonces et publications usitées dans la commune, qu'ils pouvaient se présenter à la mairie pour prendre connaissance de la délibération.

L'examen des diverses catégories d'affaires sur lesquelles les Conseils municipaux auront désormais le droit de statuer ne me paraît devoir donner lieu qu'à quelques observations.

Pour les acquisitions, le nouveau pouvoir attribué à ces Conseils est limité au cas où la dépense, jointe à celle des autres acquisitions votées dans le même exercice, ne dépasse pas le dixième des revenus ordinaires de la commune.

Le calcul devra être basé, non sur le total des recettes ordinaires figurant au budget de l'exercice courant, mais sur la moyenne de ces recettes établie d'après les comptes administratifs des trois dernières années. La même observation s'applique aux travaux de grosses réparations et d'entretien, sur lesquels les Conseils municipaux statueront dorénavant, lorsque les devis réunis à ceux déjà votés dans le même exercice n'excéderont pas le cinquième des revenus communaux ordinaires.

En ce qui concerne les baux, vous remarquerez qu'aucune disposition de la loi nouvelle n'autorise à considérer comme abrogé le dernier paragraphe de l'article 47 de la loi du 18 juillet 1837, et que, dès lors, tout acte de bail passé par le Maire devra, pour devenir exécutoire, être revêtu de votre approbation. Je vous engage à ne refuser cette approbation que pour des motifs exceptionnels, et, par exemple, dans le cas où les termes de l'acte de bail ne reproduiraient pas exactement le sens des dispositions adoptées par le Conseil municipal. Rien n'est changé quant aux baux des biens pris à loyer par les communes, et vous continuerez, par conséquent, à approuver les délibérations prises en pareille matière par les Conseils municipaux. (Loi du 18 juillet 1837, articles 19 et 20, et décret du 25 mars 1852, tableau A.)

Le paragraphe 5, concernant les tarifs des droits à percevoir pour le stationnement sur les rues, places et autres lieux dépendant du domaine public communal, ne modifie pas la règle d'après laquelle ces mêmes tarifs doivent être soumis à l'approbation de l'autorité supérieure, quand il s'agit des ports, quais, rivières et autres lieux dépendant de la grande voirie, à raison des intérêts généraux qui se rattachent à la liberté du commerce et de la navigation, et que ces perceptions pourraient compromettre.

A l'égard des legs faits aux communes sans charges, conditions ni affectation immobilière sur l'acceptation desquels le paragraphe 9 donne aux Conseils municipaux le droit de statuer, vous aurez soin de veiller à ce que les Conseils municipaux s'assurent que les héritiers du testateur ont consenti à la délivrance des libéralités, ou que, du moins, ils ont été appelés à se prononcer par une mise en demeure régulière.

Emploi des fonds disponibles. (Art. 2). — L'article 2 déroge aux dispositions de l'article 36 de la loi du 18 juillet 1837, d'après lesquelles les dépenses peuvent être rejetées ou réduites par l'autorité qui règle le budget. Il accorde aux Conseils municipaux la faculté de répartir à leur gré le surplus des recettes restant disponibles, après que le payement de toutes les dépenses obligatoires a été assuré, et lorsque d'ailleurs aucune recette extraordinaire n'est affectée à l'acquittement des dépenses, soit obligatoires, soit facultatives.

Il est bien entendu que, pour profiter du bénéfice de cet article, les communes ne devront faire figurer en recettes ordinaires que celles qui sont énoncées dans l'article 31 de la loi de 1837. Toutefois, elles pourront également y comprendre le produit des centimes spéciaux, votés en exécution des lois des 21 mai 1836 et 15 mars 1850, pour les chemins vicinaux et l'instruction primaire, et ceux qui sont destinés au salaire des gardes champêtres. Ce sont là, en effet, des ressources ordinaires et annuelles.

On ne saurait, au contraire, considérer comme faisant partie des ressources communales ordinaires les centimes extraordinaires et spéciaux, créés par la loi du 10 avril 1867 pour la gratuité de l'enseignement primaire, et par l'article 3 de la présente loi pour les chemins vicinaux ordinaires.

Impositions extraordinaires et emprunts (Art. 3, 5 et 7). — Les articles 3, 5 et 7 apportent des modifications importantes aux règles auxquelles était soumise jusqu'à présent l'autorisation des impositions extraordinaires et des emprunts.

L'article 3 investit les Conseils municipaux du droit de *régler* par un simple vote :

1° Dans la limite du maximum fixé, chaque année, par le Conseil général, en exécution de l'article 4 de la loi du 18 juillet 1866, des contributions extraordinaires n'excédant pas 5 centimes pendant cinq ans, pour en appliquer le produit à des dépenses extraordinaires d'utilité communale ;

2° Les emprunts remboursables en cinq ans, sur le produit de ces 5 centimes ou en douze ans sur les revenus ordinaires.

Il ne saurait être douteux, monsieur le Préfet, que les centimes communaux destinés aux dépenses annuelles obligatoires ou facultatives, ainsi que les centimes spéciaux votés en vertu des lois du 21 mai 1836 et du 15 mars 1850, ne se confondront pas avec les centimes extraordinaires que les Conseils municipaux pourront voter jusqu'à concurrence du maximum fixé par le Conseil général. Mais je crois utile d'ajouter qu'on ne devra pas non plus considérer, comme compris dans ce maximum, les centimes extraordinaires et spéciaux destinés au service de l'instruction primaire, en vertu de la loi du 10 avril 1867 (article 8), et ceux qui sont affectés par l'article 3 de la présente loi aux dépenses des chemins vicinaux ordinaires.

Le soin de fixer le nombre des centimes extraordinaires que les Conseils municipaux pourront voter sans l'autorisation du Gouvernement, constituera l'une des attributions les plus importantes des Conseils généraux. Dès la session qui va s'ouvrir, vous aurez à soumettre à ce sujet vos propositions au Conseil général de votre département. Vous savez que, d'après la loi du 18 juillet 1866, le Conseil général ne peut autoriser le vote de ces impositions extraordinaires que jusqu'à concurrence du chiffre de 20 centimes. Conviendra-t-il d'atteindre ce maximum dans votre département, ou de se restreindre à un chiffre notablement inférieur? La solution de cette question dépendra de diverses circonstances délicates à apprécier, au nombre desquelles doivent figurer la richesse du département, le nombre de centimes ordinaires ou extraordinaires inscrits à son budget, notamment le chiffre de ceux qui ont pour objet de poursuites auxquelles donne lieu la perception des contributions directes (1), et en général toutes les causes permanentes ou accidentelles qui contribuent à rendre facile ou malaisé le recouvrement de l'impôt.

Je vous engage, monsieur le Préfet, à donner tous vos soins à ce travail, dont l'intérêt politique ne vous échappera pas. Vous jugerez sans doute nécessaire de n'arrêter vos propositions qu'après avoir pris l'avis du directeur des Contributions directes. Il sera même utile, à ce qu'il me semble, que ce fonctionnaire soit appelé à éclairer, par ses explications, la décision du Conseil général.

D'après l'article 3, § 2 de la loi, les Conseils municipaux peuvent voter 3 centimes extraordinaires, exclusivement affectés aux chemins vicinaux ordinaires.

Les 3 centimes que les communes pourront s'imposer pour les besoins de la vicinalité seront *exclusivement* affectés aux chemins vicinaux ordinaires. Ils serviront à améliorer une catégorie des chemins très-intéressante pour les populations rurales, et qui trop souvent est dépourvue de toute dotation, par suite de l'emploi des ressources spéciales, créées en vertu de la loi du 21 mai 1836, à l'entretien ou à l'achèvement des chemins de grande communication et d'intérêt commun. Mais, à la différence de ces ressources, les nouveaux centimes n'ont qu'un caractère facultatif, et vous ne pourriez, en aucun cas, les imposer d'office aux communes, si les Conseils municipaux se refusaient à les voter.

Vous ne perdrez pas de vue, monsieur le Préfet, qu'à la différence des centimes spéciaux autorisés par les lois du 21 mai 1836 et du 15 mars 1850, les 3 centimes dont le vote est autorisé par l'article 3 de la présente loi, ainsi que ceux qui peuvent être votés pour la gratuité de l'enseignement (art. 8 de la loi du 10 avril 1867), figurent au nombre des ressources communales extraordinaires, et doivent, à ce titre, être votées suivant les formes prescrites par l'article 42 de la loi du 18 juillet 1837, c'est-à-dire par les plus imposés réunis au Conseil municipal.

(1) La moyenne du taux des frais de poursuites, dans l'ensemble des départements, est de 1,28.

Relativement aux impositions extraordinaires, votées aussi avec le concours des plus imposés, pour le traitement des gardes champêtres, il importe de constater qu'en vertu de la loi du 21 avril 1832, elles étaient établies uniquement sur la propriété foncière, et que, dorénavant, d'après la loi de finances de l'exercice 1868, elles porteront sur les quatre contributions. C'est là une modification qui trouve sa justification dans l'article 20 de la nouvelle loi. D'après la législation antérieure, les gardes champêtres n'avaient qualité que pour rechercher les délits ruraux : en les autorisant à constater désormais toutes les contraventions aux règlements de police municipale, l'article 20 cesse de restreindre leurs fonctions à la protection des propriétés foncières. Il est donc équitable de faire peser sur tous les contribuables de la commune une dépense qui intéresse la généralité des habitants.

Art. 5. — L'article 5 dispose que les Conseils municipaux votent, sauf approbation du Préfet : 1° les contributions extraordinaires qui dépasseraient 5 centimes, sans excéder le maximum fixé par le Conseil général, et dont la durée ne serait pas supérieure à douze ans; 2° les emprunts remboursables sur ces mêmes contributions extraordinaires ou sur les revenus ordinaires dans un délai excédant douze ans.

Les pouvoirs que vous confère l'article 5, monsieur le Préfet, sont très-étendus. Il importe surtout que les emprunts communaux n'aient pour but que le paiement de dépenses d'une nécessité incontestable; qu'ils soient toujours circonscrits dans des limites modérées et proportionnées surtout aux ressources disponibles, de manière à ne pas obérer les finances de la commune, au préjudice des services municipaux les plus essentiels. Il sera prudent, qu'à moins de circonstances exceptionnelles, le terme d'amortissement des emprunts même remboursables sur les revenus ordinaires, n'excède pas *quinze* ou *vingt* ans.

Vous remarquerez que les articles 3 et 5 sont d'une application générale et qu'ils n'établissent aucune distinction entre les impositions extraordinaires destinées au paiement des dépenses obligatoires et celles qui ont pour objet des dépenses purement facultatives. — Les unes et les autres seront, selon leur quotité, votées directement par les Conseils municipaux ou approuvées par les Préfets, dans la limite du maximum fixé par le Conseil général. Au-dessus de ce maximum, l'article 40 de la loi du 18 juillet 1837 reste applicable, et en conséquence il vous appartient d'approuver, dans les communes ayant moins de 100 000 fr. de revenus, les impositions extraordinaires destinées au paiement des dépenses obligatoires. Ces impositions seront approuvées, dans les communes dont le revenu est égal ou supérieur à 100 000 fr., par un décret impérial.

Art. 7. — Les articles 40 et 41 de la loi de 1837 exigeaient l'intervention du Corps législatif pour toute demande d'imposition et d'emprunt formée par les communes ayant un revenu supérieur à 100 000 fr.

L'article 7 de la nouvelle loi, qui est le complément de l'article 5, dispose que toute contribution extraordinaire dépassant le maximum fixé par le Conseil général, et tout emprunt remboursable sur ressources extraordinaires dans un délai excédant douze années, seront autorisés par décret. Seulement ce décret sera rendu en Conseil d'Etat, s'il s'agit d'une commune ayant un revenu supérieur à 100 000 francs.

Le recours à une loi ne sera nécessaire que lorsque la somme à emprunter dépassera un million ou que, réunie au chiffre d'autres emprunts non encore remboursés, elle excèdera ce chiffre. L'intervention du Corps législatif, en matière d'emprunts, n'est donc plus déterminée, comme d'après la loi de 1837, par le chiffre du revenu des communes, mais bien par l'importance de la somme à emprunter.

Aux termes d'une circulaire du 11 mai 1864, vous deviez faire instruire, comme en matière d'emprunt, et me soumettre tous projets d'acquisitions ou de traités avec des entrepreneurs, lorsque ces projets engageaient les ressources ordinaires du budget communal au delà d'une durée de six ans. Ces prescriptions se trouvent nécessairement modifiées par suite des dispositions des articles 3, 5 et 7 de la nouvelle loi. Le droit de statuer sur ces acquisitions et sur ces traités rentrera désormais dans la compétence des Conseils municipaux, dans les attributions du Préfet ou dans celles du Gouvernement ou du pouvoir législatif, suivant les distinctions que la présente loi a établies relativement au vote et à l'approbation des emprunts communaux. Il n'est point innové en ce qui concerne les impositions d'office : elles continueront à être soumises aux règles tracées par l'article 39 de la loi du 18 juillet 1837.

Concours des plus imposés. (Art. 6, § 2.) — En vertu du deuxième paragraphe de l'article 6, le concours des plus imposés est nécessaire pour le vote des contributions extraordinaires et des emprunts, sur lesquels les Conseils municipaux statuent directement ou sur lesquels ils délibèrent, sauf approbation des Préfets.

Il semble qu'il était superflu d'inscrire dans la loi nouvelle cette disposition, qui se borne à maintenir une règle déjà en vigueur; mais le législateur a jugé utile de déterminer, d'une manière précise, dans quelles conditions s'exerceraient les pouvoirs nouveaux confiés aux Conseils municipaux et aux Préfets par les articles 3 et 5 de la loi.

Il faut, du reste, se garder de conclure de ce qui précède que le concours des plus imposés n'est plus exigé lorsqu'il s'agit des emprunts ou des impositions, qui doivent être approuvés conformément à l'art. 7. La loi nouvelle ne contenant aucune disposition relative à la forme des délibérations prises au sujet de ces actes, ils demeurent soumis aux règles établies par la loi du 18 juillet 1837, et l'intervention des plus imposés est nécessaire toutes les fois que la commune a moins de 100 000 fr. de revenus ordinaires.

Telles sont, monsieur le Préfet, les nouvelles règles posées en matière de contributions extraordinaires et d'emprunts : leur stricte application intéresse la bonne gestion des affaires communales, et je ne saurais trop la signaler à votre active vigilance. La situation financière des communes devra être l'objet des constantes préoccupations des administrations locales, et vous ne manquerez pas, pour vous conformer à l'article 5 de la loi du 18 juillet 1866, de mettre chaque année, sous les yeux du Conseil général de votre département, le relevé de tous les emprunts communaux et de toutes les impositions extraordinaires communales qui auront été votés depuis sa dernière session, avec l'indication du chiffre total des centimes extraordinaires et des dettes dont chaque commune est grevée. Ce relevé sera dressé dans la forme des tableaux dont je vous transmettrai prochainement le modèle. Vous me l'adresserez après la session du Conseil général, et je me réserve d'en faire, tous les cinq ans, un résumé général qui me permettra d'établir la situation financière de toutes les communes de l'Empire.

Bois de l'Etat : leur contribution aux charges communales (Art. 4.) — L'article 4 de la nouvelle loi augmente les ressources des communes en abrogeant la loi du 19 ventôse an IX, qui avait affranchi de toute contribution les bois et forêts de l'Etat, et en les assujettissant désormais, dans la proportion de la moitié de leur valeur imposable, au payement des centimes additionnels ordinaires et extraordinaires affectés aux dépenses des communes. Une disposition analogue avait déjà été insérée dans la loi du 18 juillet 1866 en faveur des départements; elle consacre, dans les deux cas, quoique avec quelques restrictions, le principe de l'égalité devant l'impôt.

Octrois. (Art. 8, 9 et 10.) — Les articles 8, 9 et 10 concernent les octrois.

En vertu de l'article 8, l'établissement des taxes d'octroi et les règlements relatifs à leur perception restent soumis à l'approbation du Gouvernement. A cet égard, les règles posées par l'ordonnance du 9 décembre 1814 et par les lois des 28 avril 1816 et 11 juin 1842, continuent à recevoir leur application; mais l'article 9 élargit les attributions des Conseils municipaux, en ce qui concerne :

1° La diminution ou la suppression des taxes d'octroi;

2° La prorogation, pendant cinq ans au plus, des taxes principales;

3° L'augmentation des taxes jusqu'à concurrence d'un décime pour cinq ans au plus.

Les délibérations prises sur ces différents points seront désormais exécutoires sans approbation du Préfet, mais dans les conditions déterminées par l'article 18 de la loi du 18 juillet 1837, si le Conseil municipal est d'accord avec le Maire et si aucune des taxes maintenues ou modifiées n'excède le maximum déterminé dans un tarif général qui sera établi, après avis des Conseils généraux, par un règlement d'administration publique, et si d'ailleurs les taxes ne portent que sur des objets compris dans ce tarif.

Ce tarif général est actuellement à l'étude, et des instructions vous seront adressées par M. le Ministre des finances pour qu'il soit soumis, pendant la prochaine session, au Conseil général de votre département.

Un décret ne sera plus nécessaire pour autoriser la prolongation des taxes additionnelles existantes et l'augmentation des taxes principales au-delà d'un décime, si elles sont établies dans les limites du maximum des droits et de la nomenclature des objets fixés par le tarif général. Mais, dans ces deux cas, d'après l'article 10, les délibérations du Conseil municipal ne seront exécutoires que sur votre approbation.

Quant aux surtaxes d'octroi, rien n'est changé au mode de leur création; elles ne pourront, comme précédemment, aux termes de l'article 9 de la loi de finances du 11 juin 1842 et l'article 18 de la loi de finances du 22 juin 1854, être établies qu'en vertu d'une loi spéciale.

Emprunts des hospices. (Art. 12.) — La loi nouvelle vous confie, monsieur le Préfet, le pouvoir d'autoriser les emprunts des établissements de bienfaisance communaux qui n'ont pas plus de 100 000 fr. de revenus ordinaires, lorsque le terme de remboursement n'excédera pas douze ans, que la somme à emprunter ne dépassera pas le chiffre des revenus ordinaires, et que l'avis du Conseil municipal sera favorable.

Si l'une de ces trois conditions fait défaut, l'emprunt ne pourra être autorisé que par un décret, et vous aurez à me transmettre le dossier de l'affaire. Le décret sera rendu en Conseil d'Etat, si l'avis du Conseil municipal est contraire, ou s'il s'agit d'un établissement ayant plus de 100 000 fr. de revenus, c'est-à-dire dont les recettes ordinaires auront atteint ce chiffre, d'après les comptes administratifs des trois derniers exercices.

Enfin, l'emprunt ne pourra être autorisé que par une loi, lorsque la somme à emprunter dépassera 500 000 fr., ou lorsque, réunie au chiffre d'autres emprunts non encore remboursés, elle excédera 500 000 fr.

Je ne puis trop vous recommander, monsieur le Préfet, d'apporter la plus grande circonspection dans l'instruction des demandes d'emprunt formées par des établissements de bienfaisance. Ces institutions n'ont pas, comme les communes, la faculté de se créer des ressources à l'aide d'impositions ou de taxes d'octroi. Les emprunts remboursables au moyen de l'aliénation d'une partie de la dotation sont presque toujours désastreux, et entravent l'action des établissements par les sacrifices qu'impose leur amortissement. Il importe donc, en général, de ne les autoriser que pour une durée de *dix* à *douze* ans au plus, et dans le cas où leur remboursement pourrait s'effectuer facilement sur les revenus ordinaires, sans faire tort aux services charitables.

Enfin, toutes les fois que l'emprunt aura pour objet la construction, l'agrandissement ou la reconstruction des établissements, vous m'adresserez, avant de les approuver, les plans et devis des travaux. Je les soumettrai à l'examen du Conseil des inspecteurs généraux des établissements de bienfaisance, dont les avis, inspirés par la connaissance approfondie des exigences du service charitable et de la situation même des établissements, seront si profitables aux commissions administratives.

Changements de circonscriptions territoriales. (Art. 13). — Les dispositions de l'article 13, concernant les changements de circonscriptions territoriales, n'apportent aucune modification aux règles tracées par le titre 1er de la loi du 18 juillet 1837, pour l'instruction de ces affaires. Elles ont pour but d'en faciliter la solution, soit en rapprochant des intéressés l'autorité chargée de la décision, soit en rendant moins fréquente l'intervention du pouvoir législatif.

D'après cet article, la sanction législative n'est plus nécessaire que dans deux circonstances :

1° Lorsque le projet modifie les limites d'un canton, d'un arrondissement ou d'un département;

2° Lorsque le Conseil général est opposé à la mesure proposée.

Dans les autres cas, il est statué par un décret ou par un arrêté préfectoral.

Le Préfet statue, lorsque les deux conditions suivantes se trouvent réunies :

1° Avis favorable du Conseil municipal ou des Conseils municipaux assistés des plus imposés;

2° Avis conforme du Conseil général.

Les avis qui, sans être explicitement contraires, seraient accompagnés de réserves, devraient être considérés comme défavorables, et la compétence n'appartiendrait plus au Préfet.

Il n'y a pas lieu de distinguer si le projet consiste à distraire une section, soit pour la réunir à une autre commune, soit pour l'ériger en municipalité distincte, ou à réunir ensemble plusieurs communes. L'assentiment du Conseil municipal assisté des plus imposés et l'avis conforme du Conseil général suffisent pour rendre le Préfet compétent. Ni l'étendue du territoire, ni le chiffre de la population de la commune ou des communes intéressées ne sont pris en considération par la loi.

Si le Conseil général est favorable à la mesure malgré l'opposition des Conseils municipaux intéressés, il est statué par un décret rendu dans la forme des règlements d'administration publique.

Je n'ai pas d'instructions spéciales à vous adresser à l'égard des projets qui exigent l'intervention d'un décret ou d'une loi; plusieurs circulaires y ont déjà pourvu. Vous vous reporterez notamment à celle du 29 août 1849.

Les arrêtés que vous serez appelé à prendre dans les cas que je viens de spécifier seront libellés dans la forme des décrets rendus aujourd'hui en exécution de la loi du 18 juillet 1837. Vous aurez soin d'y viser les pièces qui constatent l'accomplissement des formalités d'instruction exigées par cette loi, savoir : le procès-verbal d'enquête, l'avis de la commission ou des commissions syndicales, l'avis favorable du Conseil municipal ou des Conseils municipaux délibérant avec le concours des plus imposés, l'avis du Conseil d'arrondissement et l'avis favorable du Conseil général, de telle sorte que l'arrêté porte, en lui-même, la preuve de sa régularité.

Dans le dispositif de ces actes, la fixation des limites devra toujours être en concordance parfaite avec les indications du plan, lequel restera joint à la minute de l'arrêté. Enfin, s'il y a lieu, vous réglerez par le même arrêté les conditions des réunions ou des distractions que vous aurez prononcées, ainsi que le prescrit l'article 7 de la loi du 18 juillet 1837.

Vous voudrez bien me transmettre deux expéditions de vos arrêtés : l'une restera déposée dans mes bureaux et l'autre sera envoyée, par mes soins, à M. le Ministre des finances. En outre, vous les ferez insérer au recueil des actes administratifs de la préfecture.

Bureaux de bienfaisance. (Art. 14). — Aux termes de l'article 14, il vous appartient, monsieur le Préfet, d'autoriser l'établissement des bureaux de bienfaisance, après avoir pris l'avis des Conseils municipaux. En vous conférant cette attribution, le législateur s'est proposé d'encourager la distribution des secours à domicile, que facilite la création de ces modestes mais excellentes institutions.

Dans l'intérêt même de ces établissements, et pour assurer leur stabilité, vous aurez soin d'exiger, avant de prendre une décision, qu'ils soient pourvus d'une dotation d'au moins 50 francs, soit en revenus d'immeubles, soit en rentes sur l'État, sans compter les subventions qui peuvent être accordées par les Conseils municipaux et les recettes légalement attribuées aux pauvres, telles que le tiers du produit des concessions de terrains dans les cimetières et le droit établi en faveur des indigents, à l'entrée des spectacles, bals et concerts.

Si des dons et legs de capitaux ou des remboursements sont faits aux bureaux de bienfaisance, ils devront être employés en achats de rente 3 0/0 sur l'État, à moins de vœux contraires formellement exprimés par les bienfaiteurs.

En ce qui concerne la composition des commissions administratives, vous n'aurez qu'à vous reporter au décret du 23 mars 1852, qui, comme vous le savez, a été rendu applicable aux bureaux de bienfaisance par le décret du 17 juin suivant.

La loi nouvelle n'apporte aucun changement à la jurisprudence sur les affaires connexes, telle qu'elle résulte de l'avis du Conseil d'État du 27 décembre 1855. En conséquence, toutes les fois que la création d'un bureau de bienfaisance sera liée à l'autorisation d'une libéralité entre vifs ou testamentaire, sur laquelle il appartiendrait au Gouvernement de se prononcer, vous voudrez bien joindre au dossier les pièces relatives à la création de l'établissement, de manière qu'un seul et même décret puisse statuer sur l'ensemble de l'affaire.

Il est de principe que les revenus des bureaux de bienfaisance doivent servir à distribuer des secours à domicile ou à faire soigner au sein de leurs familles les indigents malades ou infirmes qui, sans ce secours, seraient obligés de demander leur admission dans un hôpital. Aussi, un bureau ne pourrait-il, à moins de fondation expresse, appliquer ses ressources à la création de lits dans un hospice ou à l'établissement d'écoles, de salles d'asile, etc.

Enfin, je vous recommande, monsieur le Préfet, de veiller à ce que les secours destinés aux pauvres leur soient distribués sans distinction de culte ou de catégories, et d'exiger, chaque année, indépendamment du compte administratif, la production du compte moral prescrit par l'instruction du 8 février 1823 et la circulaire du 10 mars 1866.

Villes ayant 3 millions de revenu (Art. 15 et 16). — Aux termes de l'article 15, les budgets des villes ayant 3 millions au moins de revenu doivent être soumis à l'approbation de l'Empereur, sur la proposition du Ministre de l'intérieur.

Cet article restreint les pouvoirs qui vous avaient été attribués par le décret du 25 mars 1852.

Le chiffre de 3 millions, à partir duquel cessera votre compétence, devra résulter des recettes ordinaires constatées, pendant les trois derniers exercices, au compte de la commune. Si l'article 15 est applicable à une commune de votre département, vous m'adresserez les propositions relatives au budget avec toutes les pièces qui s'y rattachent, le rapport du Maire, les délibérations du Conseil municipal et votre avis. Ces documents devront m'être transmis, au plus tard, au commencement du dernier trimestre de l'année, de manière à ce que le décret d'approbation puisse être rendu et notifié avant l'ouverture de l'exercice suivant, c'est-à-dire avant le 1er janvier.

Vous m'adresserez également, monsieur le Préfet, avec toutes les pièces justificatives, les demandes de crédits supplémentaires faites en cours d'exercice, ainsi que les chapitres additionnels et les comptes administratifs. Je les approuverai, s'il y a lieu, en vertu des dispositions des articles 34 et 60 de la loi du 18 juillet 1837, que l'article 15 de la présente loi rend implicitement applicables aux communes ayant 3 millions de revenu.

Sauf les dispositions exceptionnelles concernant les villes qui ont plus de 3 millions de revenu, la loi nouvelle ne contient aucun article relatif à l'approbation des budgets communaux, mais les articles 3 et 5 de la loi entraînent par voie de conséquence une innovation que je dois vous signaler.

Il vous appartient, en vertu du décret du 25 mars 1852, d'approuver les budgets des communes, à moins qu'ils ne contiennent une imposition extraordinaire, sur laquelle l'autorité compétente n'ait pas encore prononcé.

Cette dernière restriction a pour objet, comme vous l'expliquait un de mes prédécesseurs dans la circulaire du 5 mai 1852, de garantir que les Préfets n'engageront pas à l'avance la décision du Gouvernement en ce qui concerne une imposition extraordinaire. Il suit de là, monsieur le Préfet, qu'il n'existe désormais aucune raison pour soumettre à l'approbation du Gouvernement les budgets communaux où se trouve formulée la demande d'une imposition extraordinaire, si cette imposition est susceptible d'être votée directement par le Conseil municipal, ou si le droit de l'approuver rentre dans votre compétence. Dans l'un et l'autre cas, l'approbation du budget vous appartiendra. Vous savez de plus, qu'aux termes de l'article 33 de la loi du 18 juillet 1837, vous êtes compétent pour approuver, sans exception, les budgets de toutes les communes dont les revenus ordinaires sont inférieurs à 100 000 fr.

Le décret du 25 mars (tableau A, nº 48), combiné avec l'article 2 de l'ordonnance réglementaire du 14 novembre 1837, attribue aux Préfets l'approbation de tous les marchés de travaux ou de fournitures que les communes peuvent être amenées à passer de gré à gré avec des entrepreneurs, quand des circonstances exceptionnelles ne leur permettent pas de recourir à la voie de l'adjudication.

L'article 16 de la loi actuelle vous retire ce droit d'approbation à l'égard des marchés de gré à gré qui seraient passés par les villes ayant 3 millions au moins de revenu, pour l'exécution des travaux d'ouverture de nouvelles voies publiques et de tous autres travaux communaux, déclarés d'utilité publique. Les marchés devant être, à l'avenir, approuvés par des décrets rendus en Conseil d'État, vous me les adresserez avec toutes les pièces à l'appui et vos propositions.

La même observation s'applique aux traités qui porteraient concession, à titre exclusif ou pour une durée de plus de trente années, des grands services municipaux des villes de cette catégorie, ainsi qu'aux tarifs et traités relatifs aux pompes funèbres, qui se trouvent ainsi replacées, dans ces villes, sous le régime établi par le décret du 18 mai 1806.

Vous recevrez ultérieurement des instructions sur les diverses dispositions qui font l'objet des titres III et IV de la loi.

Telles sont dans leur ensemble, monsieur le Préfet, les prescriptions de la loi nouvelle en ce qui concerne les attributions des Conseils municipaux. Elle marque dans la voie de la décentralisation administrative un pas assez considérable, pour qu'il soit intéressant de résumer ici d'un coup d'œil les progrès accomplis depuis la fondation de nos municipalités.

Placés à l'origine, par les lois de l'Assemblée constituante, par la Constitution directoriale de l'an III et par la loi du 28 pluviôse an VIII, dans une dépendance presque absolue vis-à-vis de l'administration supérieure, les corps municipaux ont réclamé sous la Restauration des pouvoirs plus complets et mieux définis. Un projet de loi municipale, préparé à cette époque, est demeuré sans résultat. Mais le Gouvernement de 1830 a repris l'œuvre commencée; et d'un long travail parlementaire est sortie la loi du 18 juillet 1837. Cette loi, dont il serait injuste de méconnaître aujourd'hui les bienfaits, a déterminé avec une remarquable clarté les fonctions des Conseils municipaux; elle leur a confié dans la plupart des cas un droit exclusif d'initiative; mais elle a presque toujours réservé le droit de décision au Préfet ou à une autorité plus élevée. La direction des affaires échappait aux représentants des communes. La loi nouvelle, au contraire, la leur a attribuée dans une large mesure.

Ces transformations ont été l'œuvre progressive de l'expérience et du temps. L'honneur n'en doit pas être exclusivement revendiqué par les Gouvernements qui les ont réalisées. Il appartient surtout aux modestes assemblées dont le dévouement et l'intelligence se sont consacrés sans relâche à entretenir et à développer la prospérité de ces associations communales auxquelles les populations sont si profondément attachées, non-seulement par la communauté des intérêts, mais aussi par celle des souvenirs et des affections. L'active prévoyance des Conseils municipaux, leur amour du bien public, l'usage fécond qu'ils ont fait de leur mandat, ont ainsi préparé et justifié par avance la confiance avec laquelle les pouvoirs publics leur délèguent aujourd'hui de nouvelles et plus importantes attributions.

Recevez, monsieur le Préfet, l'assurance de ma considération distinguée.

Le Ministre de l'intérieur,
LA VALETTE.

CHRONIQUE.

Des Coffres-forts chez les anciens Romains.

Le *Moniteur* annonce qu'on a trouvé il y a peu de jours, dans les fouilles que l'on continue à Pompéi, un *Coffre-fort* garni de lames de fer, orné de feuillages et de bas-reliefs en bronze, et qui ne manque pas d'une certaine analogie avec les coffres-forts employés aujourd'hui dans nos administrations publiques ou dans nos grands établissements de trafic.

Le coffre de Pompéi consiste en une caisse oblongue d'un mètre de long sur cinquante centimètres en hauteur et en profondeur. La caisse a dû être revêtue de lames de fer dont il ne reste plus que la trace; mais l'ornementation en bronze de la face antérieure est demeurée à peu près intacte. Cette ornementation se compose tout d'abord d'un encadrement en feuilles de lierre, presque toutes détachées parce qu'elles étaient fixées avec des clous de fer qui se sont oxydés. Dans le milieu se présente un ensemble de six figures distribuées en carré de la manière suivante : au centre, une tête d'homme ressemblant assez à un mascaron; au-dessus, deux bustes de femmes, dans lesquels on a cru reconnaître des types de Diane; au-dessus, deux génies ailés, dont un est couronné de fleurs; sur la ligne perpendiculaire au mascaron, et précisément à l'endroit où venait s'attacher l'anse propre à soulever le couvercle, une tête de chien, le oreilles baissées et d'un aspect menaçant. Ces figures sont exécutées avec grand soin : elles ont sans doute été fondues et ensuite finies au burin. Les génies offrent des types charmants, d'une expression souriante, et non moins élégants que les têtes d'ange ciselées par G. Liberti sur la grande porte du baptistère de Florence. Les bustes de femmes et le mascaron, qui sont travaillés dans le goût des plus belles médailles de la bonne époque, pourraient fort bien n'être pas autre chose que des portraits et représenter le possesseur du coffre et ses enfants, ou bien sa femme et sa sœur. En tous cas la tête de chien, la guirlande de lierre, sont des symboles incontestables de la vigilance et de la fidélité : allégories tout à fait propres à figurer sur un Coffre-fort.

Le coffre n'avait point de serrure. Il se fermait à l'aide d'un engin assez simple, comparable à nos sarrasines; mais il semble probable, — et c'est là une des curiosités de la pièce, — que les lames de fer cachaient des chevilles connues du maître seulement. Il a été trouvé dans une maison de peu d'apparence et qui est située sur la voie de Stabies, c'est-à-dire au sud de la ville, du côté de Castellamare.

NOMINATIONS ET MUTATIONS.

RECEVEURS DES FINANCES :

M. Curnier, trésorier-général de l'Eure, a été nommé (dans le mois de mai) dans le Pas-de-Calais, en remplacement de M. Chazaud, retraité.

ONT ÉTÉ NOMMÉS PERCEPTEURS :

A Châtillon-sur-Chalaronne (Ain), M. Rouvier est élevé sur place à la 2e classe;

A Reyrieux (Ain), 3e classe, M. Savarin, percepteur de Tossiat;

A Tossiat (Ain), 4e classe, M. Duvinage, percepteur de Neuville-les-Dames,

A Duaye-Mondaye (Calvados), 4e classe, M. Lepaulmier, percepteur de la Brévière;

A Dompierre (Charente Inférieure), 3e classe, M. Boudot, percepteur d'Avy;

A Saint-Denis-du-Pin (Charente-Inférieure), 4e classe, M. Boyveau, percepteur de Saint-Maigrin;

A Beaulieu (Corrèze), 4e classe), M. Fronty, percepteur de Queyssac;

A Queyssac (Corrèze), 4e classe, M. Villadant, percepteur de Voutezac;

A Brionne (Eure), 5e classe, M. Querue!, percepteur de Goupillières;

A Goupillières (Eure), 4e classe, M. Bréaul, percepteur de Sainte-Colombe;

A Beaucaire (Gard), 1re classe, M. Giraud, percepteur de Châlon (Saône-et-Loire);

A Puysségu'n (Gironde), 5e classe, M. de Mallet, percepteur-surnuméraire;

A Vatan (Indre), 3e classe, M. Maurat, percepteur de Villantrois, 4e classe;

A Déole (Indre), 4e classe, M. Priaut, percepteur de Martizay;

A Segré (Maine-et-Loire), M. Villard est élevé sur place à la 2e classe;

A Chalonnes-sur-Loire (Maine et-Loire), M. Richard est élevé sur place à la 2e classe;

A Aviré (Maine-et-Loire), M. Roy est élevé sur place à la 3e classe;

A Saint-Florent-le-Vieil (Maine et-Loire), M. Gaudret élevé sur place à la 3e classe;

A Vienne-le-Château (Marne), 3e classe, M. Gaidon, percepteur de Vert-la-Gravelle;

A Vertus (Marne), 3e classe, M. Launois, percepteur de Vienne-le-Château;

A Mareilly (Marne), 2e classe, M. Drot, percepteur de Vertus;

A Matour (Saône-et-Loire), 3e classe, M. Monnier, percepteur de Cussy;

A Cussy (Saône-et-Loire), 4e clas e, M. Béranger...

A Mortagne (Vendée), 5e classe, M. Tessier, percepteur-surnuméraire;

Aux Sables-d'Olonne (Vendée), 4e classe, M. Nepveu, percepteur d'Oloron;

A Rocheservière (Vendée), 4e classe, M. Posteri, percepteur d'Avrillé;

A Avrillé (Vendée), 5e classe, M. Faivre, percepteur de la Flocellière;

A la Flocellière (Vendée), 5e classe, M. Savary, percepteur de Montournais;

A Montournais (Vendée), 5e classe, M. Cornu, percepteur-surnuméraire;

BULLETIN HEBDOMADAIRE DE LA BOURSE.

Cours des Fonds publics au 27 Septembre 1867.

Rentes et Actions.

3 0/0	69 ..	Midi	537 50
3 Jouis. 1 janvier	69 02	Nord	1152 50
4 1/2 0/0	98 ..	Orléans	895 50
4 1/2 Jouis. 22 sept	99 95	Ouest	568 75
		Cie parisienne du gaz	1500 ..
4 0/0	88 ..	Soc. immobilière	110 ..
4 Jouis. 22 sep	.. ..	Transatlantique	367 ..
Obligations du Trésor	470 ..	Messag. impér. (s-m.)	730 ..
Bons du Trésor	2 1/2	Canal de Suez	287 50
Banque de France	3620 ..	Italien 5 0/0	48 65
Comptoir d'escompte	655 ..	Emprunt Mexicain	11 ..
Crédit agricole	620 ..	Crédit mob. espagnol	180 ..
Crédit foncier Colonial	559 ..	Soc. autrichienne	475 ..
Crédit foncier de France	1310 ..	Saragosse-Barcelone	.. ..
Crédit ind. et comm	627 50	Guillaume-Luxemb.	115 ..
Crédit mobilier	182 50	Sud-autrichien-lomb.	378 75
Créd. Mobilier (nouv.)	.. ..	Nord de l'Espagne	65 25
Dépôts. comptes cour.	547 50	Saragosse Pampelune	40 ..
Société générale	522 50	Portugais	61 ..
Ss-comptoir du com	410 ..	Chemins romains	50 ..
Charentes	343 75	Saragosse	81 25
Est	546 25	Victor-Emmanuel	60 ..
Paris-Lyon-Méditerr.	895 ..	Séville-Xérès	24 50

Obligations.

Départ. de la Seine	230 ..	Méditerranée	320 ..
Ville 1852. 5 0/0	1190 ..	Paris-Lyon-Méditerr.	313 ..
— 1855-1860	455 ..	Midi	310 ..
— 1865	533 75	Nord	318 .
Crédit foncier. 1000 fr. à 3 0/0	.. ..	Orléans	313 50
Crédit foncier. 500 fr. à 4 0/0	.. ..	Grand-Central	312 ..
Crédit foncier. 10es à 4 0/0	.. ..	Ouest	310 ..
Crédit foncier. 500 fr. à 3 0/0	.. ..	Victor-Emmanuel	308 50
Crédit foncier. 10es à 3 0/0	.. ..	— 1863	100 ..
Crédit foncier. 500 fr. à 4 0/0 1863	.. ..	Cordoue-Séville	131 .
Crédit foncier. Com. 3 0/0	.. ..	Ligne d'Italie	27 50
Crédit foncier. 5es 3 0/0	.. ..	Lombard	216 ..
Crédit foncier. Colonial	.. ..	Nord d'Espagne	96 ..
Est	313 25	Saragosse-Pampelune	80 ..
Ardennes	310 50	Portugais	77 50
Lyon	320 50	Romains	87 ..
Bourbonnais	313 25	Saragosse	139 ..
Dauphiné	311 ..	Séville-Xérès-Cadix	80 ..
Lyon-Genève, gar	312 ..	— 94 ans.	.. ..

Valeurs diverses,

Ch. Charentes	.. ..	Emp. Ottoman	363 75
Chemin du Médoc	262 50	Obl. Emp. Ottoman	253 75
Comp. Agriculture	.. ..	Ch. Ligne d'Italie	5 75
Caisse des ch. de fer	40 ..	Cie it. des ch. Medit.	190 ..
Gaz de Marseille	.. ..	Soc. [illegible] Ind. Amsterd.	.. ..
Banq. Créd. Pays-Bas	450 ..	Banque Ottomane	470 ..
Crédit Fonc. Autrich.	625 .	Crédit Mobil. Italien	250 ..
Obl. Autrich. 1865	327 50	Zinc, Vieille-Montagne	.. ..
Empr. Mexicain. Obl.	100 ..		

Directeur, H. GALLETIER, Avocat à la Cour impériale de Paris.

JOURNAL DES PERCEPTEURS,

DES RECEVEURS DES FINANCES, ET DES RECEVEURS DES COMMUNES, HOSPICES, ETC.; DES SURNUMÉRAIRES, ET DES ASPIRANTS.

2e Série. — 10 fr. par an. Un numéro toutes les semaines. 12e année. — N° 40.

SOMMAIRE.

ÉTUDES SUR LE SERVICE.

Instruction générale sur les Mutations, articles 14, 15 et 104.

Au nombre des questions pratiques que nous avons le plus souvent traitées ou sur lesquelles nous avons eu à reproduire les données ou les observations des comptables nos abonnés, nous devons mentionner celles relatives à l'exécution de l'Instruction générale sur les mutations en date du 18 décembre 1853. De récentes communications nous conduisent à revenir sur ce sujet.

L'article 14 de l'Instruction générale précitée prescrit à MM. les contrôleurs de procéder dans chacun des bureaux d'enregistrement situés dans leur division, au relevé des baux, des adjudications de coupe de bois, des partages, des ventes, des échanges *et des actes translatifs de propriété de toute nature*. Aux termes de l'article 27 de la loi du 22 frimaire an VII, *les héritiers*, donataires ou légataires, leurs tuteurs ou curateurs sont tenus de passer déclaration détaillée des *mutations* de propriété ou d'usufruit par décès de biens meubles ou immeubles et de la signer sur le registre tenu par MM. les Receveurs de l'enregistrement. Cette déclaration doit-elle être considérée comme l'un des actes prévus par l'article 14 de l'instruction générale sur les mutations dont MM. les contrôleurs doivent prendre le relevé dans les bureaux de l'enregistrement, pour servir à opérer les mutations foncières? Se fondant sur ce raisonnement qu'un acte est un écrit constatant qu'une chose a été faite, consentie ou convenue entre *plusieurs personnes intéressées*, certains contrôleurs ne relèvent pas, dans les bureaux d'enregistrement, les déclarations de successions, prétendant que les déclarations ne sont pas des actes proprement dits. D'autres contrôleurs, au contraire, considérant que les déclarations de l'espèce constatent un fait certain de mutation et de transmission de propriété à une ou à plusieurs autres personnes, relèvent ces déclarations et en font l'objet d'un extrait particulier. Nous partageons complètement cette dernière manière de voir. La déclaration de succession prescrite par l'article 27 de la loi du 22 frimaire an VII ne permet pas d'opérer, dans tous les cas, la mutation définitive des propriétés, faisant l'objet de la déclaration, à chacun des héritiers déclarants, en détail et par parties attribuées; mais elle permet toujours de substituer au nom d'un contribuable décédé le nom singulier ou collectif des héritiers : c'est déjà un point très-important en ce qui concerne la bonne confection des rôles. En effet, n'est-il pas fâcheux de voir figurer sur les rôles, pendant de longues années, et nous dirions même indéfiniment, les noms de contribuables décédés depuis longtemps et dont l'inscription aux rôles entraîne l'inscription sur les listes des plus imposés que les Percepteurs sont obligés de dresser pour le vote des impositions extraordinaires? Nous tenons de source certaine que souvent le nombre de ces articles s'élève à plus de moitié des listes comprenant les plus imposés, ce qui entraîne des conséquenses fâcheuses.

Il serait donc opportun, selon nous, qu'une invitation fût donnée à tous les contrôleurs de relever les déclarations de successions faites dans les bureaux de l'enregistrement aussi bien que les autres actes figurant sur les registres de ces bureaux. Une grande partie de ces déclarations concerne, du reste, des transmissions directes de propriétés, ce qui permettrait d'en opérer la mutation au simple vu de la déclaration de succession.

L'article 15 de l'Instruction générale sur les mutations prescrit à MM. les contrôleurs de faire les relevés commandés par l'article 14, sur les registres mêmes et *non sur les tables* dont les désignations sommaires sont insuffisantes pour faire connaître les stipulations des actes et la désignation des propriétés qui en sont l'objet : cette partie de l'article 15 doit être toujours consciencieusement exécutée? Aux termes de ce même article 15 les contrôleurs doivent consigner, *avec le plus grand soin*, tous les détails qui peuvent faciliter la reconnaissance des parcelles au moment des mutations tels que les lieux dits : natures de cultures, contenances, noms de champs et de parcelles, désignations cadastrales, etc. Ceci a-t-il lieu comme ce devrait être?

Sans incriminer ni récriminer, nous insisterons sur ce point très-important, que le soin apporté par MM. les contrôleurs dans cette partie du travail préparatoire des mutations ne peut être trop grand. Si l'article 15 a insisté sur le très-grand soin à apporter dans le relevé de tous les détails qui peuvent faciliter la reconnaissance des parcelles à muter, c'est qu'une longue expérience des choses a fait reconnaître l'importance de cette partie du travail. Il est donc très-urgent que les prescriptions de l'Instruction générale soient exactement suivies à l'égard des relevés faits soit par MM. les contrôleurs, soit par leurs aides.

L'exécution complète des articles 14 et 15 de l'Instruction générale est du plus grand intérêt pour les Percepteurs : on nous prie d'insister à ce sujet : c'est ce que nous faisons.

Mais il est surtout un article dont le retrait est demandé non-seulement par les Percepteurs mais encore par un grand nombre de contrôleurs; nous voulons parler de l'article 104. Dans la quinzaine qui suit l'achèvement de la tournée des mutations, chaque contrôleur doit adresser au Directeur des contributions directes du département un rapport comprenant, entre autres points à traiter, l'appréciation du contrôleur sur le concours prêté par les Percepteurs pendant le cours de l'année et pendant la tournée générale. Cette partie du rapport nous paraît peser très-fortement dans la balance en faveur de MM. les contrôleurs puisqu'il n'y a pas réciprocités d'avantages en faveur de MM. les Percepteurs contrôlés.

Mais là n'est pas encore le sujet délicat dont nous croyons devoir de nouveau parler aujourd'hui. L'article 104 de l'Instruction générale sur les mutations ne fait entrer dans le rapport de MM. les contrôleurs que la question du concours des Percepteurs au travail des mutations, tandis que le modèle n° 16 de ce rapport, qui aurait du être conçu en conséquence de l'article 104 de l'Instruction générale, comporte une colonne intitulée : *Relations. Nature des relations qui existent entre les Percepteurs et les contrôleurs.* Notons incidemment que le rapport, modèle n° 16, ne figure pas au nombre des modèles annexés aux exemplaires de l'Instruction générale adressés aux Percepteurs. Comme les rapports des contrôleurs ne sont jamais communiqués aux Percepteurs, ces derniers fonctionnaires ne savent sur quel pied ils doivent régler leurs relations avec d'autres fonctionnaires qu'ils ont raison de considérer comme leurs seuls égaux. Les relations d'un grand nombre de Percepteurs seraient beaucoup plus franches et cordiales avec MM. les contrôleurs si le rapport (modèle n° 16) n'existait pas : ces comptables ne veulent pas que des prévenances, même celles reçues entre gens du monde, puissent faire croire aux contrôleurs *faisant rapport*, que ces prévenances sont dues au désir de recevoir une bonne note de leur part.

Nous insistons donc de nouveau, comme nous l'avons déjà fait, quoique sans résultat, au *Journal* de 1861, page 295, pour que les rapports des contrôleurs sur les Percepteurs soient supprimés ou, tout au moins, que ces rapports soient communiqués dans tous leurs détails aux comptables intéressés à les connaître et à répondre au besoin.

QUESTIONS DIVERSES

IMPRESSIONS DE LA COMPTABILITÉ. Payement du prix en cas de mutation de comptables.

Par qui, du comptable remplacé ou de son successeur, doivent être payés les imprimés fournis sur la demande du Percepteur sortant de fonctions?

Faits. Le Percepteur de M..., décédé, ou démissionnaire, ou suspendu, ou révoqué, a été remplacé le mois de février 1866 par un gérant intérimaire, et ce dernier, quatre mois après, par le titulaire nommé. Le prix des imprimés fournis pour le service de cette Perception, conformément aux articles 1524 et 1525 de l'Instruction générale, est réclamé par le fondé de pouvoirs de la recette des finances au Percepteur intérimaire, appelé, à la fin de cette gestion provisoire, à une perception du même arrondissement. Le fondé de pouvoirs motive sa demande comme il suit : « Vous avez géré pendant quatre mois la perception de M... comme intérimaire, et vous avez géré depuis, comme titulaire, la perception de G.... pendant les sept autres mois de l'année 1866. Vous ne pouvez avoir la prétention de ne rien payer pour les imprimés dont vous vous êtes servi. Alors, pour éviter toute répétition de la part du nouveau percepteur de M.... à celui qui l'a remplacé à D...., et de ce dernier à vous, j'ai pensé que nous arriverions au même résultat, en vous faisant payer en entier ceux de M.... » Le percepteur de G.... objecte qu'il ne doit rien pour le temps de son intérim. Il pense qu'il n'a point géré pour son compte personnel, mais bien comme le représentant du comptable, décédé, démissionnaire, suspendu ou révoqué. Cette allégation est contredite par l'article 1330 de l'Instruction générale, d'après lequel le gérant intérimaire exerce sous sa responsabilité personnelle. En ce qui concerne les impressions de la perception de G...., il fait observer que les imprimés qui lui ont été remis par son prédécesseur, sont d'une valeur bien inférieure à ceux qu'on veut lui faire payer en entier. D'ailleurs, une grande partie des imprimés de la perception de M...., sauf les livres et quelques autres documents de comptabilité indispensables au service de cette perception, ont été laissés à la charge de l'ancien Percepteur ou de sa famille, le gérant intérimaire et le nouveau titulaire étant déjà pourvus.

Solution. La question du payement des imprimés demandés pour le service de la perception, se reproduisant presque à chaque mutation de comptables, présente à ce point de vue une certaine importance. En conséquence, nous allons examiner, avec quelques détails, les principes de droit et les exceptions à ces principes justifiés par les faits pratiques.

Les imprimés sont dus, en principe, par le comptable qui en a fait la demande, selon les règles tracées par l'article 1524 de l'Instruction générale, et le Receveur des finances qui a fait au fournisseur, en conformité de l'article 1525, l'avance du prix de ces imprimés, ne peut en répéter le remboursement que contre ce comptable ou ses héritiers. Le Receveur des finances paraît responsable envers le fournisseur du prix des imprimés livrés à un comptable par son entremise, puisque l'article 1525 lui impose l'obligation d'en payer le prix sur ses fonds personnels. — Lorsque le Percepteur-Receveur qui a remis la note de l'approvisionnement nécessaire pour le service de l'année suivante, devient insolvable avant le 1er janvier, sans avoir remboursé l'avance du Receveur des finances, le cas n'offre pas de difficulté : ce dernier retire des mains du comptable devenu hors d'état d'en payer le prix, les impressions qu'il lui a remises, et il les cède au Percepteur en fonctions le 1er janvier, sans toutefois pouvoir lui faire une obligation de cet achat qui reste essentiellement facultatif. Nous avons déjà dit que les Percepteurs-Receveurs sont libres de s'approvisionner chez l'imprimeur de leur choix, et que sur ce point il ne leur est pas imposé d'autre condition que celle de la transmission de leur demande par l'intermédiaire du Receveur des finances. — Mais lorsque le comptable, devenu insolvable, est encore en fonctions le 1er janvier, et lorsque le Receveur des finances a été déjà désintéressé, on jugera avec nous que la solution du payement du prix des livres de comptabilité doit être recherchée dans l'application des principes de droit résultant de l'article 1523 de l'Instruction générale et de la décision ministérielle du 4 août 1837, citée en marge de cet article. Nous avons déjà indiqué au *Journal* de 1866, page 181, 2e renvoi, la marche à suivre, au sujet des autres imprimés que le successeur consent à prendre.

Le Ministre de l'intérieur, de qui émane cette décision du 4 août 1837, s'exprime ainsi : « Vous supposiez, monsieur le préfet, que le Receveur sortant, ayant dû laisser entre les mains de son successeur les pièces et registres de sa gestion, celui-ci pouvait les employer *au lieu de s'en procurer de nouveau*, ce qui dispenserait la commune de payer deux fois dans le cours d'une année les frais de timbre. C'est là une fausse interprétation de la circulaire du 21 septembre 1836, par vous rappelée. Les *principaux livres* de la recette municipale doivent être renouvelés à chaque mutation de comptable, et les anciens ne restent déposés entre les mains du nouveau titulaire que pour être consultés au besoin Tel est l'avis de M. le Ministre des finances, que j'ai cru devoir consulter à ce sujet. Je vous invite à communiquer les observations qui précèdent à M. le maire de P..., et à prendre les mesures nécessaires pour qu'il soit fait droit à la réclamation du Receveur municipal, pour le payement des droits de timbre. » La circulaire du 21 septembre 1836, mentionnée ci-dessus, précisait, dans les termes suivants, les obligations du receveur sortant : « En principe, les livres tenus par les comptables publics pour les opérations de leur comptabilité, ne sauraient être considérés autrement que comme des documents appartenant aux administrations qu'ils concernent; c'est dans l'intérêt du service que la tenue en est prescrite, et par conséquent, les renseignements qui y sont consignés font de droit partie des archives des établissements. Si les comptables pouvaient en disposer à leur gré, il en résulterait que, par négligence ou par mauvaise volonté, ou enfin en sortant de fonctions, ils mettraient leurs successeurs dans l'impossibilité de suivre la trace des opérations antérieures; et l'administration se trouverait sans moyens pour vérifier, au besoin, un acte ancien qu'il serait utile de consulter. » Ainsi, en droit rigoureux, d'un côté le comptable sortant est tenu de laisser les livres de comptables qui ont servi à enregistrer les opérations de sa gestion; et, d'un autre côté, le Percepteur-Receveur entrant en fonctions, doit se munir de nouveaux livres, à l'exception du journal à souche commencé, dont la série de numéros ne doit pas être interrompue (Instr. gén., art. 1526, 6e alinéa). Le Receveur des finances peut donc imposer à chaque comptable installé ou remplacé, même au gérant intérimaire, la dépense de livres particuliers pour la gestion de chacun d'eux. Mais si usant de la latitude qui lui est laissée par l'article 1523, de prescrire la tenue de nouveaux livres, ou de tolérer la conservation des anciens, il veut autoriser le comptable nouvellement installé à continuer l'enregistrement des opérations de sa gestion sur les livres de son prédécesseur, les sentiments de justice non moins que son propre intérêt, font un devoir au successeur de supporter, dans la proportion de la durée de sa gestion, les frais d'impression de ces livres et du journal à souche, commencés par l'ex-Percepteur. Cependant on comprend que ce dernier n'aurait pas le droit d'exiger cette répartition du coût de ces livres, puisqu'il est tenu de les fournir le 1er janvier, et de les laisser en quittant ses fonctions. Les livres de comptabilité dont il serait juste que le prix fût supporté, d'après cette base, par tous les comptables qui s'en sont servis, sont ceux désignés dans les modèles officiels sous les numéros : 1 (cahier des notes), 294 (Journal à souche), 296 (carnet des ordonnances de dégrèvement), 297 à 300 (livres de détail), 301 (livre des comptes divers), 302 (carnet des rentes et créances), 304 (carnets des recettes et des dépenses à payer en plusieurs années), 305 (livre récapitulatif), et 309 (carnets ou bordereaux trimestriels détaillés des recettes et des dépenses). Le Percepteur sortant a la faculté de conserver ou de céder à son successeur le carnet ou cahier de caisse dont la tenue est prescrite par l'article 1506 de l'instruction générale. Ce carnet ne rentre pas dans la catégorie des livres dont la remise au successeur est indispensable.

REMISES. Déficit versé par le receveur des finances.

Le versement dans la caisse municipale du montant d'un déficit constaté dans la gestion d'un Receveur municipal, donne-t-il droit à des remises ?

Pour résoudre cette question, il faut établir des distinctions commandées par les circonstances qui donnent lieu à remises. D'après les règlements et instructions, un comptable ne peut prélever des remises que sur les operations comprises dans sa gestion et susceptibles d'en produire. Si le montant du déficit a été couvert par le Receveur des finances, avant l'installation du successeur provisoire ou définitif du comptable suspendu ou révoqué, l'opération de ce versement est rattachée à la gestion de ce dernier, par rectification d'écritures; et alors les remises auxquelles cette opération peut donner droit, sont acquises au Receveur en déficit. Si, au contraire, ce versement n'a lieu que pendant la gestion du successeur provisoire ou définitif, cette opération est *nécessairement comprise* dans les écritures de ce comptable, que ce versement soit effectué en numéraire, ou qu'il le soit en un récépissé de placement au Trésor pour le compte des communes intéressées. Alors, celui-ci a droit à des remises, mais seulement sur les sommes qui en auraient produit à son prédécesseur, si elles avaient été comprises dans sa gestion. Ainsi, il n'en touchera pas sur la partie du déficit qui représente le montant de dépenses rejetées, ni sur la partie du rétablissement d'opérations de recette non passibles de remise, telles que les centimes communaux, les conversions de valeurs, etc.

COMPTES DE GESTION. Remise ou communication de la minute.

Un Maire a-t-il le droit d'exiger du Receveur municipal remplacé ou en fonctions, la remise ou la communication de toutes les minutes de comptes de gestion concernant sa commune?

Faits. Dans le but de molester un Receveur sorti de fonctions, le Maire d'une commune a imaginé de lui réclamer impérieusement la remise, entre ses mains, des minutes de tous les comptes de gestion présentés depuis l'origine de la perception. Cet ancien comptable a refusé de satisfaire à cette exigence, mais il a offert de faire, officieusement et sans déplacement, toutes les communications désirables. Il nous demande notre avis personnel sur cette question.

Solution. Nous ne pouvons que louer la conduite de l'ex-Receveur. A une exigence tracassière à laquelle nous avons peine à croire que son successeur se soit associé, il a répondu par une offre de communication qu'il était en droit de refuser. En effet, nous avons établi au *Journal* de 1866, pages 65 et 92, en appuyant notre opinion sur les termes mêmes de l'article 1550 de l'Instruction générale et de la circulaire de la Comptabilité publique, du 30 janvier 1866, § 7, que la minute des comptes de gestion est la *propriété personnelle* du Receveur qui a présenté le compte, et qu'il n'y a pas obligation pour celui-ci de s'en dessaisir et de la remettre à son successeur. Cette minute doit être soumise à la vérification du Receveur des finances, avant le dépôt des comptes (Instr. gén., art. 1302 à 1304, circ. C. publ., 30 janvier 1866, § 8); mais une fois que cette vérification a été faite, et dès que la concordance des expéditions avec cette minute a été reconnue par le Receveur des finances, au moment du dépôt de ces expéditions et des pièces justificatives (même circulaire, § 8), nul n'a le droit d'exiger le dépôt ou la communication de cette minute, pas même le Receveur des finances pour la vérification des *comptes de l'exercice suivant*. Celui-ci ne peut se faire représenter à l'appui de ces derniers comptes (Instr. gén., art. 1287, et cir. C. publ., 13 décembre 1864) que les pièces justificatives et *les livres au moyen desquels* les comptes ont été formés (Instr. gén art. 1302, § 2), c'est-à-dire, le livre des comptes divers, les carnets ou bordereaux trimestriels (Instr. gén., art. 1296) et les livres de détail, lorsque le comptable n'est pas dispensé de la tenue de ces livres (Instr. gén., art 1458).

Un Maire ne peut demander à un Receveur municipal que la remise de 2 expéditions du compte : l'une, le 15 avril, destinée à la Préfecture (Instr. gén. art. 1555 et circ. C. publ., 30 janvier 1866, § 1er), et devant servir au Maire pour la préparation du compte administratif (Instr. gén., art. 827); l'autre, à remettre au Conseil municipal avant l'ouverture de la cession de mai (circ. C. publ., de janvier 1866, § 8). C'est d'après ces seuls documents, qui doivent être considérés comme la copie exacte de la minute, que le Maire et le Conseil municipal doivent apprécier la gestion comptable du Receveur, sauf, s'il y a lieu, la communication des pièces au Conseil municipal, pendant l'examen du compte (Instr. gén., art. 1554 — Voir *Journal* de 1867, page 198). Mais, dès que cet examen est terminé, ce qui apparaît de la délibération produite avec le compte, le Maire est sans droit pour demander une remise ou communication *quelconque*. Il trouvera tous les renseignements dont il peut avoir besoin, soit dans son compte administratif qui est la reproduction du compte de gestion, soit dans les livres de comptabilité déposés aux archives du Receveur municipal ou de la recette des finances.

TRAVAUX DE CONSTRUCTION. Hospices, délibération et approbation des projets.

Est-il nécessaire de soumettre à l'avis du Conseil municipal des projets de travaux concernant un Hospice, dont la dépense n'excède pas 3000 francs?

L'article 21 de la loi du 18 juillet 1837, après avoir énuméré les objets sur lesquels le Conseil municipal est toujours appelé à donner son avis, ne mentionne pas les délibérations des commissions administratives des Hospices sur les projets de travaux de constructions, grosses réparations et démolitions. Mais il soumet à cet avis, dans son § 8, tous les objets sur lesquels les Conseils municipaux sont appelés par les lois et règlements à donner leur avis ou seront consultés par le Préfet. Or, en se référant aux lois et règlements spéciaux qui règlent la matière, on trouve que l'article 10 de la loi du 7 août 1851 ne soumet à l'avis du Conseil municipal, que les projets de cette nature dont la valeur excède 3000 francs. L'instruction générale du 20 juin 1859, article 1092, confirme cette interprétation des articles 8, 9 et 10 de la loi précitée. Aux termes de l'article 8 de cette loi et de la circulaire du Ministre de l'intérieur, du 5 mai 1852, les commissions administratives des hospices *règlent définitivement* par leurs délibérations, et sous la simple surveillance du Préfet, les projets de travaux qui n'excèdent pas 3000 francs.

L'article 1093 de l'Instruction générale explique que ces dispositions ne s'appliquent pas à d'autres établissements que les Hospices, notamment aux bureaux de bienfaisance.

FRAIS MUNICIPAUX. ALLOCATION EN NON-VALEURS. *Quelles sont les écritures à passer pour la constatation du recouvrement de frais municipaux alloués en non-valeurs?*

Le Conseil municipal, en donnant un avis favorable à l'admission en non-valeurs de frais exposés pour le recouvrement de produits communaux, a autorisé le payement de ces frais sur les fonds de la commune. L'ordonnance de non-valeurs délivrée par le Préfet, constitue le crédit nécessaire au Receveur municipal pour justifier le payement de dépenses communales. Une réduction du titre de perception des frais municipaux n'amènerait pas au résultat à obtenir. En effet, ces frais sont dus au porteur de contraintes ou à l'huissier et lui ont été déjà payés; il faut donc que quelqu'un rembourse cette avance. Par leur admission en non-valeurs, c'est la commune qui les prend à sa charge. Ainsi, c'est seulement par un article de dépense au compte de la commune, que le Receveur municipal arrivera au remboursement de ces frais.

En conséquence, il faut procéder de la manière suivante, pour payer écriture des sommes dont le comptable a obtenu la décharge sur les frais municipaux :

1° Le Receveur municipal se délivre à lui-même, une quittance à souche ainsi libellée : « Reçu de moi-même, la somme de..., due par N..., et allouée en non-valeurs, » et il fait recette de cette somme au compte particulier des *frais municipaux;*

2° D'un autre côté, il fait dépense de cette même somme, au compte particulier de la commune, sous le titre de « frais municipaux alloués en non-valeurs. » Cette dépense est justifiée dans les comptes par un mandat du Maire, quittancé pour ordre par le Receveur municipal et accompagné de la quittance à souche dont nous avons parlé, ainsi que de l'ordonnance de non-valeurs. Lorsque cette ordonnance n'est pas distincte de celle délivrée pour le produit municipal auquel se rapportent ces frais, le comptable mettra sur le mandat, dans la colonne à ce destinée : « Voir l'ordonnance de non-valeurs, à l'article... du compte. »

DÉCISIONS ET SOLUTIONS ADMINISTRATIVES.

CIMETIÈRES. *Translation. Emplacement maintenu contre le vœu du Conseil municipal.*

La commune de*** a été autorisée par un décret, en 1858, à acquérir deux parcelles de terrain pour l'établissement d'un nouveau cimetière, et à contracter un emprunt, remboursable au moyen d'une imposition extraordinaire, pour subvenir à cette dépense. Les terrains ont été acquis, et les travaux de clôture étaient presque terminés, lorsque le Conseil municipal récemment élu, s'associant à la réclamation d'un certain nombre d'habitants, a protesté contre le choix de l'emplacement du futur lieu d'inhumation comme n'étant pas situé au nord, et pouvant devenir pour la commune une cause permanente d'insalubrité. Bien qu'un rapport d'experts eût démontré que ces craintes n'avaient rien de fondé, le Conseil municipal insistait pour que la question fût soumise de nouveau aux habitants par voie d'enquête.

Le Préfet ayant demandé s'il était tenu de déférer à ce vœu, le Ministre de l'intérieur s'est prononcé pour la négative, et a motivé ainsi sa décision : La translation du cimetière de***, votée en 1858 par le Conseil municipal, autorisée par l'administration supérieure après une instruction régulière, et presque entièrement exécutée, constitue un fait accompli sur lequel la commune ne saurait revenir que pour raisons très-sérieuses, et en vertu d'une nouvelle autorisation. Il y a d'autant moins lieu de s'arrêter à l'opposition du Conseil municipal actuel qu'à l'égard de la translation des anciens cimetières, l'autorité supérieure est investie par l'article 2 de l'ordonnance réglementaire du 6 décembre 1863 d'un pouvoir spécial en ce qui concerne la désignation des emplacements propres à recevoir cette affectation. En conséquence, et du moment où le Préfet n'a aucun doute sur les conditions de salubrité dans lesquelles se trouvera le nouveau cimetière de***, il ne doit pas hésiter à prendre les mesures nécessaires pour hâter l'achèvement des travaux de clôture et d'appropriation de ce lieu de sépulture. (DÉC. MIN. INT. 1867. — Bull. n° 26).

CIMETIÈRES. *Concessions de terrains pour sépultures particulières. Application de l'article 15 du décret du 23 prairial an XII relatif à la séparation des cultes.*

Le sieur N., habitant à***, a demandé la concession d'un terrain dans le cimetière communal, pour y établir un caveau dans lequel il a annoncé l'intention, pour prévenir toute difficulté ultérieure, de déposer successivement les restes de divers membres de sa famille professant, les uns le culte catholique, les autres le culte protestant.

Consulté par le Préfet sur le point de savoir si une demande semblable pouvait être accueillie, le Ministre de l'intérieur a répondu : Aux termes de l'article 15 du décret du 23 prairial an XII sur les sépultures, dans les communes où plusieurs cultes sont professés, chaque culte doit, en principe, avoir un cimetière particulier, et, s'il n'existe qu'un seul lieu d'inhumation, celui-ci doit être partagé par des murs, haies ou fossés en autant de parties qu'il y a de cultes différents, avec une entrée spéciale pour chacune d'elles. Il suit de là que les personnes qui, n'appartenant pas à la même religion, sont inhumées dans le même cimetière, doivent être déposées dans des parties distinctes, et que, par conséquent, le même caveau ne saurait être affecté à la sépulture des membres d'une famille ayant professé pendant leur vie des cultes différents. La question a d'ailleurs été résolue en ce sens par un décret au contentieux du 17 juillet 1864. (Sieur Karatsch). Déc. Min. Int. 1867. — Bull. n° 27).

Fabriques et autres établissements religieux. — Placements de fonds en obligations sur le Crédit foncier. — Légalité de ce mode d'empoi. — Préférence donnée dans la pratique aux placements en rentes sur l'État.

Les Fabriques et autres établissements religieux peuvent être autorisés à employer leurs fonds disponibles à l'achat d'obligations ou lettres de gage émises par la Société du Crédit foncier. Mais dans la pratique, on autorise de préférence le placement de leurs fonds en rentes sur l'Etat.

Ainsi il n'y a pas lieu de modifier un arrêté pris par un Préfet dans les limites de sa compétence, qui a prescrit l'emploi d'un capital appartenant à une Fabrique en achat de rentes sur l'Etat.

Il a été statué en ce sens par la décision suivante de M. le Ministre de la justice et des cultes, en date du 15 mars 1866, sur la demande de la Fabrique de l'église curiale de Saint-Étienne, à Auxerre (Yonne).

Paris, le 15 mars 1866.

« Monsieur le Préfet, dans une délibération, du 3 décembre 1865, le Conseil de Fabrique de l'Eglise paroissiale de Saint-Etienne, à Auxerre, expose que les débiteurs d'une rente sur particuliers de 296 fr. 29 centimes, appartenant à cette Fabrique et non grevée de services religieux, ont manifesté l'intention de la rembourser. Il demande à employer le capital de cette rente, montant à 5925 francs 92 centimes, en achat d'obligations 4 p. 100 du Crédit foncier de France.

Aux termes de l'article 46 du décret du 28 février 1852 sur les sociétés de Crédit foncier, les fonds des incapables et des communes peuvent être employés en achat des lettres de gage émises par ces sociétés. Il en est de même des capitaux disponibles appartenant aux établissements publics ou d'utilité publique dans tous les cas où ces établissements sont autorisés à les convertir en rentes sur l'Etat.

Il résulte de ces dispositions que les Fabriques des églises et les autres établissements ecclésiastiques ou religieux peuvent être autorisés à placer leurs capitaux, soit sur l'Etat, soit sur les sociétés de Crédit foncier.

Mais, dans la pratique, l'Administration, de concert avec le Conseil d'Etat, a toujours prescrit de préférence l'emploi en rentes sur l'Etat des fonds disponibles de ces établissements.

En effet, ainsi que vous le faites observer vous-même, Monsieur le Préfet, dans votre avis motivé du 23 février dernier, ce mode de placement présente des garanties supérieures à celles de tous les établissements de crédit public. Il offre, en outre, des avantages particuliers, à raison des privilèges et immunités spécialement attachés aux rentes sur l'Etat.

Il y a lieu, d'ailleurs, de remarquer qu'un arrêté préfectoral du 21 décembre 1865 a déjà prescrit l'emploi du capital dont il s'agit en achat de rentes 3 p. 100 sur l'Etat. Cet arrêté pris par vous, Monsieur le Préfet, dans les limites de votre compétence, en exécution du décret du 13 avril 1861 et des circulaires ministérielles destinées à l'expliquer, ne saurait être critiqué. Il doit recevoir sa pleine et entière exécution.

Je vous prie, Monsieur le Préfet, de vouloir bien en informer le Conseil de Fabrique de l'église de Saint Etienne, à Auxerre.

J'ai l'honneur de vous renvoyer les pièces relatives à la demande formée par cet établissement et à laquelle il n'y a pas lieu de donner suite. »

(Lettre, du 15 mars 1866, de M. le Ministre de la Justice et des Cultes à M. le Préfet de l'Yonne).

Donation au profit d'une commune. — Acte notarié. — Enregistrement. — Délai.

Lorsque la donation notariée offerte à une commune a été acceptée provisoirement par le Maire, elle forme un contrat soumis à l'approbation de l'autorité et sujet à l'enregistrement dans les 20 jours de la réception de cette approbation. Mais la donation non acceptée provisoirement constitue un acte unilatéral devant être enregistré dans le délai ordinaire des actes notariés. (L. 22 frimaire an VII, art. 20.)

« Lorsqu'un acte notarié, contenant donation au profit d'une commune ou d'un établissement public, constate la comparution du donateur seul, cet acte est parfait comme *donation non acceptée*, et il doit être, dès lors, soumis à l'enregistrement dans le délai fixé pour les actes notariés (art. 20), alors même que, par un acte séparé, fût-il rédigé à la même date, l'offre de donation aurait été acceptée à titre conservatoire.

« Mais, dans l'espèce, on ne peut pas dire qu'il existe un acte de *donation non acceptée*. Ce qui existe, c'est un acte constatant le double consentement du donateur et du donataire, un *acte de donation entre-vifs complet*, mais qui a besoin de l'approbation de l'autorité compétente, et qui, par cela même, n'est sujet à la formalité de l'enregistrement que dans les vingt jours de la réception de cette approbation (*Inst.*, 2315.) »

(*Solution de l'Administration de l'Enregistrement en date du 27 mai 1867.*)

Timbre. — Copies de pièces. — *Excédant de lignes. — Amende due pour chaque page, sans compensation.*

Un arrêt de la Cour de Cassation du 26 août 1866 a décidé que, comme d'après la loi du 2 juillet 1862 et le décret du 30 juillet de la même année, il est dû une amende de 25 francs pour chaque page de papier timbré employé à des copies de pièces, et contenant plus de lignes que le nombre fixé par l'article 1er du décret; — Il n'y a pas lieu d'admettre, relativement à la perception de cette amende, la compensation d'une page à l'autre.

Après avoir rapporté le texte de l'arrêt, l'Instruction de l'Enregistrement ajoute : « l'Administration, après avoir fait affirmer le principe, n'est pas dans l'intention de faire de l'arrêt qui précède une application trop rigoureuse. Elle tolérera, notamment, toutes les fois que l'ordre public et les intérêts du Trésor ne seront pas engagés, l'addition à une copie régulièrement préparée ou à une minute du greffe de quelques lignes ou de quelques mots devenus nécessaires par suite d'un événement qu'il n'était pas possible de prévoir au moment de la confection de la copie ou de la rédaction de la minute. »

(*Instruction de la Direction de l'Enregistrement* du 20 décembre 1866, n° 2349, § 7.)

JURISPRUDENCE SPECIALE.

TRIBUNAL CIVIL DE BERNAY.

PAPIER TIMBRÉ DÉJA EMPLOYÉ. — EXPLOIT.

Lorsqu'un exploit ne peut être notifié à la résidence présumée de la partie, à cause de son départ, on peut, sans contrevenir à l'article 22 du 13 brumaire an VII, faire sur cet acte les rectifications nécessaires pour qu'il soit signifié par un autre huissier à la résidence véritable.

Attendu qu'il est constant, en fait, que la feuille de timbre qui a servi, le 30 juin 1863, à sommer la demoiselle B... de rapporter mainlevée des inscriptions existantes sur un immeuble par elle vendu, n'a pas servi à un autre acte;

Attendu, en effet, que les ratures et renvois n'ont pas changé la valeur de l'acte signifié le 30 juin 1863;

Qu'ils n'ont eu pour effet que de rectifier des irrégularités, ce qui est licite, de l'aveu même de la régie;

Attendu que la demoiselle B... n'ayant pas été trouvée le 20 mai 1863 à D....., l'effet a dû être retourné à l'avoué qui l'avait préparé;

Que ce dernier l'ayant transmis à Paris, domicile supposé de la demoiselle B..., l'huissier Brouillon a dû raturer les mentions préparées à l'avance par son confrère, qui n'avait pu signifier ledit exploit;

Attendu que Brouillon a dû reconnaître à son tour qu'il avait été induit en erreur et a, lui aussi, retourné l'exploit à l'avoué sans avoir pu le signifier, qu'alors ce même exploit rectifié une dernière fois par l'huissier Levasseur, qui a trouvé la demoiselle B... à Lisieux, a enfin été signifié;

Attendu que ces faits ressortent de l'économie de l'acte objet du procès, que les lettres des huissiers Beautier et Brouillon, enregistrées à Bernay le 7 juillet dernier, le prouveraient au besoin;

Que les dates de ces lettres rapprochées des dates de la sommation qui ont été raturées ne peuvent laisser aucun doute;

Attendu que l'art. 22 de la loi du 13 brumaire an VII, dont la régie demande l'application ne s'applique qu'autant que le papier timbré employé à un acte quelconque a servi pour un autre acte;

Que tel n'est pas le cas de l'espèce;

(JUGEMENT du 19 décembre 1866.)

COUR DE CASSATION.

COMMUNES. EAUX. *Concessions. Précarité. Contestations. Compétence.*

Les eaux qui alimentent les fontaines publiques d'une ville font partie du domaine public municipal et sont, dès lors, inaliénables et imprescriptibles, sans distinction entre celles indispensables à la satisfaction des besoins communaux et les eaux superflues et surabondantes. (Code Napoléon, article 226).

En conséquence, les concessions faites sur ces eaux sont essentiellement précaires et soumises, notamment quant aux chifffres des redevances imposées aux concessionnaires, à toutes les modifications que la commune croira devoir y apporter, sauf aux concessionnaires à renoncer à leurs concessions.

La ville qui fait des concessions sur les eaux dépendant du domaine public municipal agit, non pas comme pouvoir administratif proprement dit, exerçant une part de la puissance publique, mais comme disposant d'une portion de son domaine, et, par suite, cette concession constitue une convention purement civile, dont l'interprétation est de la compétence exclusive de l'autorité judiciaire. [Loi des 16-24 août 1790, titre II, article 13.] (*Arrêt du 4 juin* 1866, Flamenq contre la ville de Toulon.)

EXPROPRIATION POUR CAUSE D'UTILITÉ PUBLIQUE. *Droits d'enregistrement. Restitution. Prescription biennale.*

L'article 61 de la loi du 22 frimaire an VII, d'après lequel toute demande en restitution de droits perçus est prescrite si elle n'a été signifiée et enregistrée avant l'expiration du délai de deux ans à partir de la perception, s'applique à tous les cas où il y a lieu à restitution de droits perçus, soit qu'il s'agisse d'une perception irrégulière, soit qu'il s'agisse d'une perception régulière, mais qui aurait pour objet un droit dont une disposition spéciale autorise la restitution.

Et, spécialement, la demande en restitution du droit perçu sur l'acquisition amiable d'immeubles qu'un arrêté de cessibilité a, dans les deux ans de cette acquisition, compris dans les propriétés particulières frappées d'expropriation pour cause d'utilité publique, est soumise à la prescription de deux ans à dater de la perception du droit à restituer, et non pas seulement à partir de l'arrêté de cessibilité. (*Arrêt du 5 février* 1867. Enregistrement contre la compagnie du chemin de fer d'Orléans.)

NOMINATIONS ET MUTATIONS.

M. Grillet de la Perreuse, Chef du bureau de la Perception des contributions directes et de la comptabilité des communes et des établissements de bienfaisance au Ministère de l'Intérieur, a été nommé chevalier de la Légion-d'Honneur.

RECEVEURS DES FINANCES :

M. Joubert, receveur particulier à Mortain, passe à Romorantin;

M. de Grand Clos-Meslé, receveur particulier à Romorantin, passe à Mortain.

ONT ÉTÉ NOMMÉS PERCEPTEURS :

A Soulan (Ariége), M. Delort, percepteur-surnuméraire;

A Aigrefeuille (Charente-Inférieure), 4e classe, M. Dautuche;...

A Voutezac (Corrèze), 5e classe, M. Barbon, percepteur d'Egletons;

A Binges (Côte d'Or), M. Miniac, percepteur de Gemeaux;

A Aiguesmortes (Gard), 3e classe, M. Charlier, percepteur de Lédignan;

A Lédignan (Gard), 4e classe, M. Arès, percepteur de Baud (Morbihan), 5e classe;

A Cazères (Haute-Garonne), 3e classe, M. Sans, percepteur de Saint Laurent, 4e classe;

A Dhuizon (Loir-et-Cher), 5e classe, M. Hubert, percepteur-surnuméraire;

A Saint-Amand (Marne), M. de Trégomain a été élevé à la 2e classe;

A Mouceaux (Nièvre), 5e classe, M. Fiot, percepteur-surnuméraire;

A Romescamps (Oise), 5e classe, M. Bonnelier;...

A Sainte-Croix-en-Plaine (Haut-Rhin), M. Pflieger, percepteur-surnuméraire;

A Criquetot-Lesneval (Seine-Inférieure), 5e classe, M. Boutigny, percepteur surnuméraire;

A Brion (Deux-Sèvres), 4e classe, M. Gasser, percepteur de Saint-Christophe, en remplacement de M. Thouren, démissionnaire;

A Saint-Christophe-sur-Roc (Deux-Sèvres), 5e classe, M. Monteil, percepteur-surnuméraire;

A Menigoute (Deux-Sèvres), 4e classe, M. Thomas, percepteur de Rom, en remplacement de M Girard, retraité;

A Rom (Deux-Sèvres), 5e classe, M. Rebout, percepteur de Vasles;

A Vasles (Deux-Sèvres), 5e classe, M. Cothereau, percepteur-surnuméraire;

A Thénezay (Deux-Sèvres), 4e classe, M. Lucas, percepteur de Fenioux, en remplacement de M. Bazin, décédé;

A L'Absie (Deux-Sèvres), 5e classe, M. Servant, percepteur de La Charrière;

A Fenioux (Deux-Sèvres), 4e classe, M. Breuil percepteur de l'Absie;

A Trébas (Tarn), 5e classe, M. Jalibert;...

A La Garde-Freynet (Var), M. Quod a été nommé de 3e classe et non de 4e classe, comme nous l'avions imprimé par erreur dans un numéro précédent;

A Le Val d'Ajol (Vosges), 5e classe, M. Lamoise, percepteur-surnuméraire;

A Dombasle-en-Xaintois (Vosges), classe, M. Devoize, percepteur-surnuméraire;

A Lézinnes (Yonne), classe, M. Bullot, percepteur-surnuméraire;

MM. Droyn et Ayrault ont été nommés surnuméraires dans les Deux-Sèvres.

CHRONIQUE.

Un Fondé de pouvoir travaillant dans l'une des premières Recettes particulières de France, désirerait trouver un emploi dans une Recette Générale ou particulière, avec appointements de 1500 fr. pourvu qu'il ne fut pas chargé de la caisse.

Un jeune homme connaissant le service de la Perception et celui de Receveur municipal, porteur de certificats attestant sa moralité et ses capacités qui le mettent à même de pouvoir remplir les fonctions de Fondé de pouvoirs, désirerait se placer en cette dernière qualité dans une Perception de 1re classe des principales villes de France.

L'événement financier à l'ordre du jour est en ce moment le désastre du CRÉDIT MOBILIER. Voici, à ce propos, le chiffre de la *fortune des Administrateurs* de cet établissement, tel que l'a fait connaître M. Mirès, dans les journaux.

Ce chiffre est de trois cent soixante millions, ainsi répartis :

MM. Péreire	120 millions.
Galliéra	80
Sellière	60
Mallet	30
Darblay	20
Cibiel	10
Edouard Rodrigue	10
Biesta	10
Quant à MM. Salvador, Dolfus, Thurneyssen, Heeckeren, Rayuouard de Bussière etc., etc.	20
Ensemble	360 millions.

Directeur, H. GALLEVIER, Avocat à la Cour impériale de Paris.

JOURNAL DES PERCEPTEURS,

DES RECEVEURS DES FINANCES, ET DES RECEVEURS DES COMMUNES, HOSPICES, ETC.;

DES SURNUMÉRAIRES, ET DES ASPIRANTS.

2e Série. — 10 fr. par an. Un numéro toutes les semaines. 12e année. — N° 41.

SOMMAIRE.

JURISPRUDENCE SPECIALE.

COUR D'APPEL DE PARIS.

CRÉATION D'UN ASILE ET D'UNE ÉCOLE SOUS LA DIRECTION D'UNE COMMUNAUTÉ RELIGIEUSE. — SOUSCRIPTIONS PARTICULIÈRES. — RÉCLAMATION DE L'ÉTABLISSEMENT PAR LA COMMUNE. — REFUS DE SE SOUMETTRE AUX CONDITIONS DES SOUSCRIPTEURS.

Une commune ne peut réclamer la propriété d'un asile et d'une école créés sur son territoire et dans son intérêt, au moyen de souscriptions particulières, lorsqu'elle refuse de se soumettre à la condition imposée par les souscripteurs qui ont voulu confier la direction de l'établissement à des religieuses.

Le donataire n'est point recevable à revendiquer une libéralité s'il rejette la condition que le donateur y a attachée.

Un habitant de la commune de Marly-le-Roi, M. Pitre Chevalier, avait fondé dans cette commune au moyen de souscriptions publiques un asile pour les enfants, qui devait être dirigé par des religieuses.

L'Administration s'est cru fondée à prendre possession de cet établissement sans accepter la condition imposée.

Le Tribunal civil de Versailles a accueilli la demande de la commune par jugement du 16 février 1866, mais la Cour d'appel de Paris a infirmé ce jugement par l'arrêt suivant :

« Considérant que la commune de Marly revendique la propriété de l'asile et de l'école construits sur son territoire par les soins de Pitre-Chevalier et à l'aide de fonds provenant d'une souscription ; que cette demande a été admise par le jugement dont est appel, et la commune envoyée en possession de ladite propriété ;

« Considérant que le droit de la commune intimée s'appuie sur ce que Pitre-Chevalier aurait agi pour elle, soit comme mandataire, soit comme *negotiorum gestor*, soit enfin dans les termes de l'article 1121 du Code Napoléon ;

« Considérant, en fait, que Pitre-Chevalier avait, dès 1854, conçu la pensée de fonder à Marly une école et un asile dirigés par des sœurs religieuses; qu'après avoir essuyé le refus de concours de l'autorité municipale et départementale, il obtint, le 3 juin 1858, l'assentiment du Conseil municipal, mais que la délibération fut rapportée cinq mois après, le 12 novembre 1858;

« Que, dans la séance de ce jour, la discussion porta exclusivement sur la question de savoir si la condition posée par Pitre-Chevalier de confier la direction de l'école à construire à des sœurs religieuses permettait d'accepter ses offres; qu'elle fut résolue négativement, et que la proposition fut, pour ce motif, rejetée;

« Considérant que, néanmoins, Pitre-Chevalier a poursuivi son œuvre, ouvrant personnellement une souscription, en tête de laquelle la condition ci-dessus énoncée était placée; qu'il a continué et achevé l'entreprise sans que la commune l'ait approuvé ou assisté en aucune manière;

« Considérant qu'il est vraiment impossible de comprendre comment Pitre-Chevalier, agissant ainsi formellement après le refus de concours et contre les intentions manifestées de la commune, aurait cependant agi comme son représentant direct ou indirect;

« Considérant que la seule raison articulée par la commune intimée à l'appui de sa prétention est que Pitre-Chevalier, comme ses souscripteurs, auraient toujours déclaré qu'ils étaient résolus à livrer l'établissement par eux entrepris à la commune de Marly, quand celle-ci accepterait la condition relative à la direction de l'école;

« Considérant que les appelants ne contestent point à cet égard et déclarent qu'ils sont encore dans la même intention; mais qu'il est contraire aux plus simples notions du droit que la donataire, agissant même en vertu d'un acte régulier, puisse revendiquer le don en rejetant la condition que le donateur y a imposée;

« Qu'il est encore plus incontestable que la commune de Marly, qui n'a aucun titre, puisse se considérer en l'état comme propriétaire de l'établissement construit en dehors de toute contribution de sa part, et qui ne lui a jamais été offert que sous une condition qu'elle a toujours repoussée et repousse encore;

« Considérant que cependant elle articule, à l'appui de la réclamation, que diverses souscriptions ont été obtenues par Pitre-Chevalier au profit de l'asile qui faisait et fait encore partie de l'établissement dont s'agit, sans que la condition relative à l'école se trouvât énoncée dans les demandes ensuite desquelles les dons intervenaient; que, suivant l'intimée, ces dons qui auraient été faits à la commune dénatureraient l'entreprise et détruiraient les conditions originairement imposées;

« Considérant que si Pitre-Chevalier, établissant à la fois un asile et une école, s'est adressé, suivant la situation des personnes, soit en réclamant pour l'asile, soit en réclamant pour l'école, il ne peut en résulter que les souscriptions des uns aient détruit ou modifié l'effet des souscriptions des autres;

« Que, dans tous les cas, tous ces dons ont été sollicités par Pitre-Chevalier, obtenus et versés entre ses mains; que nul n'a été fait directement à la commune; qu'elle n'est, à aucun titre, le représentant des souscripteurs, et que si ceux-ci trouvaient en effet que leur intention a été méconnue, ce serait à eux à faire valoir leurs réclamations; qu'alors la justice aurait à en examiner la valeur;

« Considérant, en résumé, que les souscriptions dont il s'agit n'ont point été recueillies par la commune de Marly ni en son nom, et qu'elle n'a pas plus de droits à exercer sur elles que sur la propriété qu'elles ont contribué à constituer;

« Infirme,

« Au principal, déboute la commune de Marly de toutes les fins et conclusions; la condamne aux dépens. »

(Arrêt du 15 février 1867.)

CONSEIL D'ÉTAT.

COMMUNE. — FABRIQUE. — Demande de subvention de la fabrique. — Décision du ministre des cultes. — Recours prématuré.

Une commune est-elle recevable à attaquer devant l'Empereur en Conseil d'Etat, pour excès de pouvoirs ou violation de la loi, la décision du Ministre de la justice et des cultes qui rejette son recours contre l'arrêté par lequel le Préfet, d'accord avec l'évêque, a fixé la subvention qui devrait être accordée à la fabrique sur les fonds du budget communal pour cause d'insuffisance des revenus de la fabrique?

La matière si délicate des rapports des communes avec les fabriques comporte des règles de procédure et de compétence toutes spéciales, établies en vue de donner des garanties aux intérêts du culte et des contribuables. Les articles 93 à 97 du décret du 30 décembre 1809 organisent ces règles spéciales. Mais ces règles doivent être combinées avec les articles 30 à 39 de la loi du 18 juillet 1837.

Si le décret du 30 décembre 1809 était seul applicable, on pourrait soutenir que toutes les contestations qui s'élèvent entre les fabriques et les communes au sujet des subventions que les fabriques réclament dans le cas d'insuffisance de leurs revenus doivent être tranchées soit par le Préfet et l'évêque d'accord, soit en cas de désaccord du Préfet et de l'évêque par le Ministre des cultes ou par le chef de l'Etat, selon les cas.

Mais comme la loi du 18 juillet 1837 a donné des garanties aux communes en déterminant quelles sont leurs dépenses obligatoires, et comme la jurisprudence du Conseil d'Etat a depuis longtemps admis, conformément à l'esprit de la loi, que l'inscription d'office au budget d'une commune d'une dépense non obligatoire donnait lieu à un recours par la voie contentieuse, il s'ensuit que pour les décisions qui tranchent des débats entre les fabriques et les communes, il faut distinguer : Ou bien il n'y a que des questions de fait à apprécier, ou bien il y a des questions de droit mêlées aux questions de fait.

Que l'on discute, par exemple, la question de savoir si la dépense qui donne lieu au déficit du budget de la fabrique est utile, urgente, si la fabrique ne pourrait pas l'ajourner, ou bien que l'on se demande si les autres dépenses portées au budget de la fabrique ne pourraient pas être réduites. De pareilles questions doivent être résolues exclusivement dans les formes et par les autorités indiquées dans les articles 93 à 97 du décret de 1809, et aucun recours par la voie contentieuse ne serait recevable. La matière ne le comporte pas.

Il en est autrement si l'on soulève des questions de droit, si l'on conteste que la dépense qui donne lieu au déficit soit obligatoire pour la fabrique ou pour la commune, si l'on prétend que la fabrique n'use pas de toutes les ressources mises à sa disposition par la loi, si la commune prétend, par exemple, que la fabrique abandonne au curé les revenus de certaines fondations qui auraient été faites au profit de la fabrique et non au profit de la cure, ou bien ne perçoit pas la portion du produit du luminaire des services funèbres qui lui appartient d'après le décret du 16 décembre 1813. Ici il y a une question de droit mêlée aux questions de fait. La décision du Préfet, de l'évêque, du Ministre, ou même de l'Empereur statuant par la voie administrative ne peuvent plus être souveraines. Le débat peut être porté devant l'Empereur en Conseil d'Etat par la voie contentieuse.

Mais en pareil cas, les décisions du Ministre ou de l'Empereur ne pourraient être attaquées directement par la commune. La commune n'est recevable à les attaquer qu'au moment où elles sont mises à exécution contre elle par l'inscription d'office à son budget, de la somme qu'elle serait contrainte de payer à la fabrique (Décr. du 11 juillet 1867, *commune de Combloux*).

DÉCISIONS ET SOLUTIONS ADMINISTRATIVES.

Le Ministre des finances a autorisé la circulation en franchise sous bande : 1° entre les notaires et le receveur particulier de leur arrondissement, pour la transmission des certificats de vie et des Titres de Rentes viagères et de pensions dues par l'Etat; 2° entre les Maires et le Receveur particulier de leur arrondissement, pour la transmission et le renvoi des certificats de vie, brevets et mandats des autres catégories de pensionnaires,

(Décision du 12 mars 1867).

Commune dépourvue d'église. — Acquisition d'une église par voie d'expropriation d'utilité publique. — Distinction entre leur affectation définitive ou provisoire à l'exercice du culte.

Lorsqu'une commune se trouve dépourvue d'église, on peut recourir, s'il y a lieu, à l'expropriation pour cause d'utilité publique en vue d'assurer l'installation définitive d'un édifice paroissial.

Mais on ne saurait recourir à cette mesure pour procurer à la commune une église provisoire.

Dans ce dernier cas, on doit se borner à traiter à l'amiable avec le propriétaire de l'immeuble qui, après une enquête préalable, aura été reconnu le plus convenable pour cette destination. (Commune d'Aulnay.)

(Lettre du Ministre des cultes, concertée avec le Ministre de l'intérieur, adressée au Préfet de Seine-et-Oise, en date du 11 novembre 1854.)

QUESTIONS DIVERSES

POURSUITES. Sommation gratis.

La sommation gratis doit-elle précéder chaque garnison collective ou individuelle exercée pendant l'année, ou bien une seule sommation, même non suivie immédiatement de frais, suffit-elle pour toute l'année courante?

« Indépendamment du 1er avertissement destiné à faire connaître à chaque contribuable le montant de sa dette, le Percepteur est tenu de délivrer gratis *une sommation, huit jours avant le premier acte* qui doit donner lieu à des frais (lois du 25 mars 1817, art. 72, et du 15 mai 1818, art. 51, § 2). Les Préfets sont autorisés à faire des règlements sur les frais de contraintes, garnisaires, commandements et autres poursuites en matière de contributions directes, à la charge néanmoins que les règlements ne pourront être exécutés qu'après avoir reçu l'autorisation du Gouvernement (arr. du 16 thermidor an VIII, art. 7. Lois du 25 mars 1817, art. 73, et du 15 mai 1818, art. 51, § 3) » En conformité de ces dispositions législatives qui n'ont pas été abrogées, le Ministre des finances a adopté un règlement pour servir d'instruction aux Préfets et de base à leurs arrêtés. Ce document qui fait partie des annexes de l'Instruction générale du 20 juin 1859, a résolu la question posée ci-dessus. Il porte, à l'article 21 : « Le Percepteur ne peut commencer les poursuites avec frais qu'après avoir prévenu le contribuable retardataire par une sommation gratis (Modèle n° 1). Cette sommation gratis est donnée au domicile du redevable, s'il réside dans la commune; s'il n'y réside pas, elle est remise à son principal fermier, locataire ou régisseur, et, à défaut, à la personne qui le représente, ou, si personne dans la commune ne représente le contribuable, au Maire. Elle doit être remise huit jours avant le premier acte de poursuite qui donne lieu à des frais; mais *le Percepteur n'est pas tenu de la renouveler* pour la contribution d'un même contribuable dans le courant de l'exercice. La date de la sommation gratis doit toujours être constatée sur le rôle. » Les prescriptions contenues dans les règlements préfectoraux sur les poursuites, sont obligatoires pour le contribuable comme pour le Percepteur, puisqu'elles sont autorisées par les dispositions des lois précitées. On ne peut donc pas leur opposer le défaut de sanction légale ou les accuser de modifier ou de dénaturer les termes de la loi.

Examinons d'ailleurs, en ce qui concerne spécialement la sommation gratis, les modifications apportées par le règlement aux dépositions de la loi du 15 mai 1818. L'article 21, après avoir reproduit les termes de l'article 51 de cette loi, qui imposent au Percepteur l'obligation de faire précéder d'une sommation le premier acte qui donne lieu à des frais, ajoute que : « le Percepteur n'est pas tenu de la renouveler pour la contribution d'un même contribuable dans le courant de l'exercice. » Cette disposition détermine l'étendue de l'obligation du Percepteur, et le commentaire qu'elle donne des termes de la loi du 15 mai 1818, ne nous paraît nullement en contradiction avec les intentions du législateur. En effet, si sa pensée avait été d'exiger la remise de cette sommation sans frais, avant chaque premier acte de poursuite exercée pour chaque nouveau douzième non acquitté à l'échéance, il l'aurait exprimée par les termes « huit jours avant *chaque* premier acte. » Cette dispense de renouvellement est étendue par l'article 43 bis du Règlement, lorsqu'il y a lieu de poursuivre le recouvrement de nouveaux douzièmes échus, même à tous les actes de poursuite déjà signifiés pour des sommes exigibles au moment de ces poursuites, mais non intégralement payées depuis la date de la dernière signification.

En résumé, la sommation gratis est un second avertissement adressé au redevable, qui, par la remise qui lui en est faite, nous paraît suffisamment prévenu de ses obligations. Les Règlements particuliers au recouvrement des contributions directes ont encore établi, en faveur du contribuable, des délais de signification, une modération de frais et un premier degré de poursuite que ne lui assure pas le droit commun. Ce degré est la garnison que l'on considère comme un troisième avertissement plutôt que comme un acte de poursuite. Aussi les intérêts du contribuable nous paraissent suffisamment ménagés, d'abord par l'envoi du 1er avertissement qui forme la notification du titre; ensuite par la remise d'une sommation de payer aux frais du Percepteur, la première fois que le contribuable se met en retard, par sa négligence; enfin par la signification de la garnison, laquelle précède les poursuites par *commandement, premier degré de droit commun,* chaque fois que le contribuable ne se met pas volontairement dans le cas prévu par l'article 43 bis précité du Règlement. Il ne faut pas oublier que le recouvrement de l'impôt, à échéance fixe, est une nécessité d'intérêt public qui doit prévaloir sur l'intérêt privé. Comment admettre, dès lors, que la loi du 15 mai 1818 et le Règlement d'administration publique pris en exécution de cette loi, qui ont plus fait dans l'intérêt du redevable du Trésor que les règles du droit commun, aient voulu permettre au contribuable de mauvaise volonté, de différer le payement de chaque douzième jusqu'au 10 du mois suivant? Car, il arriverait à cette date sans avoir subi aucune poursuite, si la remise d'une sommation gratis devait être renouvelée chaque fois qu'il y a à poursuivre le payement d'un nouveau douzième devenu exigible. La loi susmentionnée n'a donc pas pu vouloir lui accorder les moyens de se mettre, chaque mois, dans un tel retard, sans avoir à craindre des exécutions avant le 11 ; et, comme nous venons de l'énoncer, elle a créé en sa faveur des délais et un nombre d'avertissements officieux qui ne paraîtra insuffisant qu'aux contribuables récalcitrants seulement.

Ainsi, le Percepteur qui a fait remettre, le 2 mars, une sommation gratis suivie ou non de frais à un contribuable en retard de payer le douzième de février déjà échu, n'est pas tenu de répéter cet envoi pour les douzièmes subséquents, avant l'exercice de nouvelle poursuites, alors même que le contribuable a acquitté exactement à leur échéance plusieurs douzièmes échus postérieurement à la remise de cette sommation gratis. Il peut, dans ce cas, procéder dès le 2 du mois à l'exécution de la contrainte qu'il a demandée et obtenue pour le recouvrement du douzième payable la veille. Si le contribuable refuse d'acquitter les frais exécutés dans ces conditions, le Percepteur est fondé à refuser l'offre de payement faite par le débiteur, lorsque cette offre ne comprend pas l'intégralité des contributions échues et les frais déjà faits (C. Nap., art. 1257 et 1258). En vain le contribuable objecterait-il, pour justifier la validité de son offre jugée insuffisante par le Percepteur, qu'il s'est présenté au bureau de celui-ci, avant la signification des actes de poursuite dont le payement est exigé de lui, pour acquitter les contribution par lui dues ; qu'il a trouvé le comptable absent; qu'en conséquence, il ne doit aucuns frais, l'absence du comptable ayant seule retardé sa libération, son moyen de défense ne serait admis comme valable que dans le cas où il pourrait prouver qu'il s'est présenté au bureau de recette du Percepteur : dans la résidence du comptable, les jours où les besoins du service n'exigeaient pas sa présence ailleurs, depuis neuf heures du matin jusqu'à trois heures de relevée (circ. Compt. publ. du 5 mai 1862. Instr. gén. du 20 juin 1859, art. 73, 857 et 1024), et dans la commune de l'imposition, les jours et heures de tournée assignés à cette commune (Instr. gén., art. 61 et 63).

L'opposition formée par le contribuable aux poursuites continuées par voie de commandement et de saisie, à la suite du refus par celui-ci d'acquitter les frais faits doit être portée, selon les motifs dont excipe l'opposant, devant le Conseil de Préfecture ou devant l'autorité judiciaire. Le *Conseil de Préfecture est seul compétent* pour le jugement des motifs d'opposition tirés uniquement de l'inobservation de règlements particuliers au recouvrement des contributions directes, par exemple, des questions de savoir : si le 1er avertissement et la sommation gratis ont été ou non remis dans le délai utile; si le comptable devait être présent ou non, à son bureau, au moment où le contribuable s'y est présenté; si les poursuites exercées l'ont été à tort ou d'une manière vexatoire; si elles auraient dû être précédées d'une nouvelle sommation gratis; si la garnison a été remise et si elle présentait les formalités essentielles à cet acte préliminaire ; si les contraintes ont été régulièrement décernées (Arrêt C. d'Etat, 22 février 1821); si la quotité des sommes réclamées par le Percepteur était réellement due (Arrêt C. d'Etat, 18 août 1807; 18 juillet 1809; 20 novembre 1815; 22 février 1824; 14 juillet 1824 et 15 mars 1826); si la liquidation et le recouvrement des frais ont eu lieu dans les formes prescrites (Arrêt C. d'Etat, 25 mars 1807; 8 mars 1811 et 22 janvier 1824. Arrêt C. de Cass., 6 frimaire an VII); enfin, pour tous les actes émanés de l'administration, si ces actes sont réguliers dans le fond et dans la forme (Arrêt C. d'Etat, 22 février 1821). Mais l'appréciation des exceptions tirées du droit commun et de la forme intrinsèque des actes de poursuite à part du commandement, lesquels sont soumis aux formes tracées par le droit commun, sont de la compétence exclusive des tribunaux ordinaires (voir *Journal* de 1866, p. 346, de 1867, p. 36). Ainsi les tribunaux civils connaissent seuls de la qualité des contribuables, s'ils doivent être considérés comme héritiers, débiteurs solidaires, acquéreurs, fermiers, locataires, propriétaires ou principaux locataires, logeurs en garni, etc. (Jugement du tribunal civil de Montreuil-sur-Mer, 26 août 1864. *Journal* 1865. p. 65.) Lorsque, dans le cours de l'instance, portée devant les tribunaux ordinaires, il s'élève une question préalable, administrative de sa nature, ces tribunaux doivent surseoir au jugement de l'opposition, jusqu'à ce que l'autorité administrative compétente ait statué sur cette question spéciale. De même, un Conseil de Préfecture, saisi de questions de droit commun, telles que la demande en validité d'offres réelles signifiées au Percepteur, ou l'opposition aux poursuites à partir du commandement, sur un motif tiré du droit commun, doit renvoyer aux tribunaux ordinaires le jugement de ces questions. Il retient les questions qui sont de sa compétence et renvoie devant la juridiction des tribunaux civils le surplus de l'instance. Le Conseil d'Etat prononce, sans appel, sur la question de compétence entre les deux autorités administrative et judiciaire, lorsqu'il en est saisi, soit par pourvoi des parties, soit par arrêté du Préfet revendiquant pour le Conseil de Préfecture le jugement de l'affaire (Ord. roy., 1er juin 1828).

ADJUDICATION. Mode de payement. Interprétation du cahier des charges.

On nous expose ce qui suit :

« L'hospice de J. a vendu en un seul lot, suivant adjudication du 28 mai 1867, un moulin et plusieurs pièces de biens y attenant, moyennant le prix principal de 26 050 fr. Le Cahier des charges porte que l'adjudicataire payera le prix principal de son adjudication : Un quart au 25 décembre 1868, un quart au 25 décembre 1869, un quart au 25 décembre 1870 et un quart au 25 décembre 1871 ; Que jusqu'à son payement intégral, ledit prix principal produira à compter du jour de l'entrée en jouissance (25 décembre 1867) des intérêts à 5 p. 100 par an, qui seront payables annuellement ; L'adjudicataire aura la faculté de se libérer de son prix par anticipation et par fractions pourvu que chaque payement ne soit pas inférieur à un quart dudit prix. Tous les payements tant du principal que des intérêts devront avoir lieu entre les mains et sur les quittances du Receveur de l'hospice et ne pourront être valablement effectués qu'en bonnes espèces de monnaie ayant cours. Si l'acquéreur désire se libérer, par anticipation, de son prix d'acquisition, il ne pourra le faire valablement, qu'en opérant son versement, non pas à la caisse du Receveur de l'hospice, mais à celle du Receveur des finances, conformément à la Circulaire de M. le Ministre de l'intérieur, du 4 mai 1857. A la sûreté et garantie du prix principal et des accessoires, les immeubles adjugés resteront affectés et hypothéqués par privilége expressément réservé au profit de l'hospice, sans préjudice de l'action résolutoire. La Commission administrative se réserve le droit d'exiger de l'adjudicataire soit au moment de l'adjudication, soit ultérieurement, une bonne et solvable caution, ou bien une hypothèque sur des biens libres et d'une valeur suffisante pour répondre dudit payement. Néanmoins, l'adjudicataire demeurera complètement déchargé de l'obligation de fournir une caution ou une hypothèque, lorsqu'il aura versé soit entre les mains du Receveur de l'hospice, soit à la Caisse des dépôts et consignations le prix principal de l'adjudication et tous intérêts échus.

« L'adjudicataire, acceptant les conditions de cette dernière clause, propose de verser le 25 décembre 1867 le tiers de son prix principal.

Dans quelle proportion le surplus devra-t-il être payé, si, comme il est dit au cahier des charges, l'adjudicataire profite des quatre années qui lui sont acccordées pour se libérer ?

A mon point de vue je considère que le prix principal étant de .... 26.050 »

Qu'au 25 décembre 1867 il sera payé un tiers comptant, soit 8.683 33

Il restera pour principal..... 17.366 67

A diviser par quart, à 4.341 67

A payer chaque année en déduction du capital, plus les intérêts échus.

Au contraire, d'après MM. les membres de la Commission administrative, le prix principal étant de .... 26.050 »

Le quart est de 6.512 50

Il serait payé au 15 décembre 1867, par anticipation, le tiers 8.683 33

Au 25 décembre 1868, il ne serait rien payé .... » »

Au 25 décembre 1869 il ne serait payé que 4.341 67

Ensemble, moitié du prix...... 13.025 »

Au 25 décembre 1870 il serait payé.. 6.512 50

Et au 25 décembre 1871 il serait payé pour solde 6.512 50

Somme égale .... 26.050 »

« Je vous prie de m'indiquer laquelle de ces solution est exacte. »

La règle à suivre pour le payement du prix de l'immeuble est fixée par le cahier des charges. C'est la libération par quart à commencer du 25 décembre 1868, avec intérêt à partir du 25 décembre 1867. La faculté de payer le tiers du prix total le 25 décembre 1867 pour se dispenser de fournir caution, est une exception qui ne déroge à la règle qu'en ce qui concerne seulement la somme absorbée par le tiers payé. — Or, le tiers du prix s'élevant à 8683 fr. 33 — et le quart à 6.512 50, — il est évident qu'en payant le 25 décembre 1867 par anticipation cette somme de 8.683 33

le débiteur à payé d'avance le quart dû le 25 décembre 1868, soit 6.512 50

Plus un à-compte de 2.170 83

sur le second quart échéant le 25 décembre 1869 .... 8.683 33

Et qu'il ne doit plus au 25 décembre 1869, pour solde de ce second quart que. 4.341 67

Le 25 décembre 1870 il devra 6.512 50

Le 25 décembre 1871 il devra 6.512 50

Prix total .... 26.050 »

Plus les intérêts décroissant sur les trois dernières sommes.

C'est donc la solution du membre de la Commission administrative qui est la seule exacte.

TRAVAUX COMMUNAUX. Modification des projets approuvés.

Un Maire a-t il le pouvoir de modifier seul les projets de travaux de grosses réparations à exécuter à un édifice communal ?

Nous avons établi ci-dessus, page 282, que le Maire n'a le pouvoir de faire exécuter, sans autorisation spéciale, que les travaux de simple entretien n'excédant pas 300 francs. Pour tous les autres travaux, le Maire est simplement l'exécuteur des décisions du Conseil municipal. Il en résulte que lorsque celui-ci a déjà adopté des projets qui ont reçu l'approbation nécessaire, aucune modification ne peut être apportée à ces projets que par le Conseil municipal.

Voir ci-dessus, *pages* **186, 204, 279** et **282.**

PRESBYTÈRE. — MAGASINS Y ATTENANT. — JOUISSANCE DE CES MAGASINS. — DROITS RESPECTIFS DE LA COMMUNE ET DU CURÉ.

Lorsque des magasins sont attenant au presbytère, à qui appartient le droit de louer ces magasins, de signer les baux, et de profiter des loyers? Est-ce au curé, ou à la fabrique, ou à la commune?

Cette question, qui intéresse particulièrement les villes de commerce, a été soumise au *Journal des Fabriques* dans les circonstances suivantes :

Il y a quinze ans, l'église et le presbytère de la paroisse de Saint-Lazare ont été vendus à la ville de Z... Sous le presbytère attenant à l'église se trouvent deux magasins. Depuis l'acquisition des édifices paroissiaux jusqu'à présent, la fabrique de Saint-Lazare a seule administré et affermé les magasins dépendant de la maison curiale, elle en reçoit les loyers dont elle profite avec l'assentiment des titulaires successifs de la cure ; mais le Maire de Z .. a revendiqué par une lettre récente, pour la ville, le produit de la location de ces magasins, et le Conseil municipal a décidé que la ville en reprendrait l'administration et la possession à la fin de l'année 1867.

Le rédacteur du Journal l'a très-bien résolue, dans les lignes suivantes :

En présence de cette réclamation, les consultants désirent savoir à qui appartient l'usufruit des magasins situés sous le presbytère de Saint Lazare? Est-ce à la ville, ou à la cure, ou à la Fabrique? Si c'est à la cure, a-t-elle perdu son usufruit en laissant la Fabrique percevoir les loyers des magasins pour l'aider à pourvoir aux dépenses du culte? Si c'est à la Fabrique, quelles sont les lois dont elle peut se prévaloir pour maintenir ses droits contre la ville?

D'après la législation et la jurisprudence administrative, les presbytères sont des biens d'une espèce particulière, *sui generis*, affectés au service paroissial ; ils ne peuvent être assimilés aux immeubles ordinaires. En général, la propriété en appartient aux communes, sauf la preuve contraire, et la jouissance, aux curés ; mais cette jouissance ne réunit pas tous les caractères de l'usufruit, tel qu'il est défini par le Code civil. (Articles 578, 605, 606 et 608.) Les curés, ainsi que le porte la décision de M. le Ministre des cultes du 8 avril 1808, ne peuvent être astreints à des charges aussi étendues que les usufruitiers ; *car ils n'ont pas un usufruit ; ils n'ont que l'usage personnel des presbytères* En effet, aux termes de l'article 44 du décret du 30 décembre 1809 et des articles 13 et 21 du décret du 6 novembre 1813, ils sont seulement tenus d'en payer les réparations *locatives*, tandis que, pour les biens dont la cure est propriétaire, les titulaires exercent les droits d'usufruit et *sont forcés d'en acquitter toutes les réparations*. Telles sont les dispositions formelles du décret du 6 novembre 1813 qui a établi par ses articles 6, 8, 9, 13 et 21 une distinction essentielle entre les biens des cures et les presbytères communaux.

Quant aux Fabriques, elles n'ont aucun droit de propriété ni de jouissance sur les presbytères, à moins qu'elles n'en soient propriétaires en vertu d'un titre valable. La législation leur impose, sans compensation, l'obligation de veiller à l'entretien des presbytères et d'en supporter les réparations, lorsqu'elles possèdent des ressources suffisantes. (Décret du 30 décembre 1809, art. 37, n° 4, 41, 42, 43, 46 et 93. Avis du Conseil d'État, des 30 janvier et 29 septembre 1833, 14 juillet 1837, 21 août 1839, etc.)

En principe, les presbytères sont exclusivement destinés à l'habitation personnelle des curés. Après que l'affectation d'une maison et de ses dépendances au logement curial a été faite régulièrement, nul n'a le droit de la changer sans la permission de l'autorité supérieure. (Décisions du gouvernement du 4 nivôse an XI et du Ministre des cultes du 7 février 1807.) Il est défendu par l'ordonnance royale du 3 mars 1825 et le décret du 25 mars 1852 de distraire aucune partie, même superflue, des presbytères sans en avoir obtenu l'autorisation par un décret impérial ou par un arrêté préfectoral, selon les cas.

De leur côté, les curés, par cela même que la jouissance des presbytères leur est exclusivement personnelle, n'ont point la faculté de louer à des tiers tout ou partie des bâtiments réservés à leur usage, ni d'en tirer aucun bénéfice ; c'est pourquoi il est de jurisprudence qu'un curé, qui préfère habiter une maison qui lui appartient en son nom privé ou qui lui est donnée dans sa paroisse, ne peut céder à d'autres personnes, ni à titre onéreux, ni à titre gratuit, la jouissance du presbytère communal. (Décisions de M. le Ministre des cultes, des 8 avril 1808, 14 octobre 1845, 22 août 1842 et 12 janvier 1856.) En réalité, s'il passait un bail, il perdrait la jouissance personnelle des parties amodiées de la maison curiale, et, par conséquent, il en changerait la destination légale.

D'après les règles ci-dessus énoncées, la Fabrique de Saint-Lazare n'avait point de droit d'affermer en son nom les magasins attenant au presbytère dont elle n'est pas propriétaire. Il n'est pas possible d'invoquer un texte de loi en sa faveur. Cet établissement en a perçu les loyers depuis quinze ans, il est vrai, avec l'adhésion des titulaires successifs de la cure de Saint-Lazare ; mais ces titulaires n'ont pu valablement lui déléguer le droit, *qu'ils n'ont pas eux mêmes*, de louer ces magasins.

Le curé actuel de Saint Lazare peut en jouir personnellement, tant que leur séparation du presbytère n'a pas été régulièrement prononcée. L'abandon généreux de leurs revenus, que ses prédécesseurs ont fait à la Fabrique, ne saurait avoir pour résultat de le priver de sa jouissance personnelle, s'il croit devoir la revendiquer comme un avantage attaché à ses fonctions. Il est certain que le presbytère a été vendu à la ville de Z... et mis par elle à la disposition des curés, avec toutes ses dépendances, sans aucune exception, qu'ainsi les deux magasins ont été compris dans l'affectation au logement curial des bâtiments acquis. Ce qui le prouve évidemment, c'est que, durant quinze années consécutives, la ville a respecté et maintenu cette affectation ; elle n'a réclamé la possession des magasins qu'en 1867. Dès lors ces magasins ont continué et continueront de faire partie du presbytère jusqu'à ce qu'ils en aient été distraits dans les formes prescrites par l'article 1er de l'ordonnance du 3 mars 1825, ainsi conçu : « A l'avenir, aucune distraction de parties superflues « d'un presbytère, pour un autre service, ne pourra « avoir lieu sans notre autorisation spéciale, notre « Conseil d'Etat entendu ; toute demande à cet effet « sera revêtue de l'avis de l'évêque et du Préfet, et « *accompagnée d'un plan qui figurera le logement à* « *laisser au curé ou desservant, et la distribution à* « *faire pour isoler ce logement.* » Cette ordonnance a été plus tard modifiée, il est vrai, au point de vue de la compétence, dans certaines circonstances, mais le mode d'instruction des affaires a été maintenu. Le décret du 25 mars 1852 sur la décentralisation administrative a conféré aux Préfets le pouvoir d'autoriser la distraction de parties superflues de presbytères communaux, *lorsqu'il n'y a pas opposition de l'autorité diocésaine* Il est donc nécessaire, dans tous les cas, de prendre l'avis de l'évêque; si le prélat refuse son consentement, un décret impérial est indispensable pour statuer sur la demande; s'il l'accorde, l'arrêté préfectoral est rendu sur la production des pièces désignées dans la circulaire de M. le Ministre de l'intérieur, du 5 mai 1852 (modèle n° 39), et notamment de la délibération du Conseil de Fabrique, d'un croquis visuel.

Il faut donc, avant **tout**, que ces formalités tutélaires soient observées. Après qu'un arrêté préfectoral ou un décret impérial aura autorisé la distraction des deux magasins dont il s'agit du presbytère de Saint-Lazare, le curé sera obligé de renoncer à s'en servir personnellement, la ville de Z... en reprendra la possession en sa qualité de propriétaire du presbytère ; elle pourra alors louer les magasins, signer les baux et profiter des loyers.

NOMINATIONS ET MUTATIONS.

Ont été nommés Percepteurs :

A Nouzon (Ardennes), 3e classe, M. Jousseaume, percepteur de Cravant (Yonne) ;

A Signy-le-Petit (Ardennes), 4e classe, M. Crépault, percepteur de Faissault, 5e classe ;

A Egletons (Corrèze), 5e classe, M. Charvas, percepteur de Voutezac, 5e classe ;

A Connaux (Gard), 3e classe, M. Joncain, chevalier de la Légion-d'Honneur, percepteur de Villeneuve-lès-Avignon, 4e classe ;

A Montoire (Loir-et-Cher), 3e classe, M. Chevreau, percepteur de Bracieux ;

A Bracieux (Loir-et-Cher), 3e classe, M. Hiault, percepteur de Meung ;

A Meung-sur-Beuvron (Loir-et-Cher), 3e classe, M. Joubert, percepteur de Millaucay ;

A Millaucay (Loir-et-Cher), 4e classe, M. de Lannoy, percepteur de Savigny ;

A Savigny (Loir-et-Cher), 4e classe, M. Rogeau, percepteur de Selommes ;

A Selommes (Loir-et-Cher), 5e classe, M. Wuillième, percepteur de Dhuizon ;

A Saint-Philibert (Loire-Inférieure), 3e classe, M. Hamel ;...

A Clamecy (Nièvre), 2e classe, M. Courson, percepteur de Méréville (Seine-et-Oise), 2e classe ;

A Lormes (Nièvre), 3e classe, M. Saget, percepteur de Nuars ;

A Nuars (Nièvre), 4e classe, M. Thomas, percepteur de Monceaux, 5e classe ;

A Libus (Oise), 4e classe, M. Suleau fils, percepteur de Romescamps, 5e classe, en remplacement de M. Suleau père ;

A Oderen (Haut-Rhin), 2e classe, M. Immer, percepteur d'Oltingen ;

A Oltingen (Haut-Rhin), 2e classe, M. Breimann, percepteur de Friessen ;

A Friessen (Haut-Rhin), 2e classe, M. Stoffel, percepteur de Habsheim ;

A Habsheim (Haut-Rhin), 3e classe, M. Hamel, percepteur de Jebsheim ;

A Jebsheim (Haut-Rhin), 4e classe, M. Schaerer, percepteur de Niederhagenthal ;

A Niederhagenthal (Haut-Rhin), 5e classe, M. Pflieger, percepteur de Pérouse ;

A Pérouse (Haut-Rhin), 4e classe, M. Mercelat, percepteur de Sainte-Croix-en-Plaine ;

A Valmont (Seine-Inférieure), 3e classe, M. Bariau, percepteur de Dampierre ;

A Dampierre (Seine-Inférieure), 4e classe, M. Choiselat, percepteur de Criquetot-Lesneval ;

A Monclar (Tarn-et-Garonne), M. Delbel est élevé sur place à la 3e classe ;

A Coussey (Vosges), 2e classe, M. Verger, percepteur de Cazères (Haute-Garonne), 3e classe ;

A Ville-sur-Illon (Vosges), 4e classe, M. Dubois, percepteur de Sainte-Foy (Savoie) 4e classe ;

A Senoner (Vosges), 3e classe, M. de Fourcault, percepteur de Vittel ;

A Vittel (Vosges), 3e classe, M. Martin, percepteur de le Val-d'Ajol ;

A Saint-Amé (Vosges), 3e classe, M. Camus, percepteur de Dombasle-en-Xaintois, 3e classe ;

A Mont-Saint-Sulpice (Yonne), classe, M. Broquet, en remplacement de M. Dufay ;

A Vermenton (Yonne), classe, M. Roger ;...

A Cravant (Yonne), 5e classe, M. Petit, percepteur de Lézinnes.

DEMANDE D'EMPLOI.

Un fondé de pouvoirs d'une Trésorerie Générale très importante, connaissant à fond toutes les parties du service, désirerait pour des raisons de famille obtenir le même emploi dans une Trésorerie Générale de 1re classe, du Nord ou du Centre. Il pourrait remplir au besoin les fonctions de caissier.

Un excellent employé ayant été pendant 6 ans chef de bureau dans une recette générale et durant 4 ans fondé de pouvoirs dans une recette particulière, cherche une place dans une recette. Il fournit les meilleurs certificats.

PERMUTATIONS.

Un percepteur du département des Côtes-du-Nord, résidant dans une jolie ville, avec 12 communes, et 4600 fr. de remises en moyenne, désire permuter avec un percepteur du Centre de la France.

CHRONIQUE.

Sous le titre de TABLE DE LÉGISLATION, M. W. NOYER, Secrétaire-Greffier du Conseil de Préfecture de l'Eure, vient de publier un excellent ouvrage sur le Droit Administratif, et qui, nous le pensons, pourra présenter beaucoup d'intérêt aux Comptables. — Cet ouvrage, en effet, dont le titre trop modeste donne une idée fort incomplète, constitue un véritable *Répertoire usuel du Droit Administratif*, car il comprend, par ordre analytique de matières, un résumé précis des lois, des règlements et des arrêts principaux formant jurisprudence dans toutes les matières administratives.

Comme son titre l'indique, cet ouvrage est rédigé sous forme de Table; à cet égard, l'exécution en est si parfaite, qu'on ne peut souhaiter plus de commodité pour les recherches. La disposition de ce travail, un peu en dehors des usages typographiques ordinaires, satisfera certainement toutes les personnes pressées de trouver immédiatement ce qu'elles désirent. On sent que cette œuvre émane d'un praticien. Prix : 6 fr. 50 c., à Evreux, chez Blot, libraire.

Par suite de l'union monétaire pour les pièces d'or qui vient d'être admise en principe entre la France et l'Autriche, on dit qu'une pièce va être ajoutée aux monnaies actuellement frappées en France, celle de 25 francs. Elle aura un diamètre de 24 millimètres, et sera le trait d'union principal de la monnaie autrichienne, puisqu'elle représentera à la fois 25 francs et 10 florins d'Autriche. Cette nouvelle pièce de 25 fr. offrira en même temps l'avantage d'être une invite à l'Angleterre et aux Etats-Unis, dont le « souverain » et la pièce de 5 dollars représentent à très-peu de chose près la même valeur. Elle n'est donc pas seulement un trait-d'union avec l'Autriche, mais encore une pierre d'attente pour l'accession future de la Grande-Bretagne et des Etats-Unis à notre union monétaire.

Le Conseil Général de la Charente-Inférieure a émis le vœu suivant :

Le Conseil, considérant que l'emploi des pièces de 5 francs en or, pour les gros payements, est d'un usage difficile, sujet aux erreurs et absorbant beaucoup de temps, émet le vœu que le gouvernement restreigne la production de ce genre de monnaie.

Correspondance.

On nous écrit de ..

« Le *Mémorial* vient encore d'émettre *confidentiellement* une longue circulaire contre le *Journal des Percepteurs* à tous les Employés des Recettes. Mais ne vous en inquiétez pas : ce factum en 4 grandes pages est tellement furibond, qu'il retombera sur ses auteurs ; ainsi, dans notre Trésorerie, nous venons de lui enlever la fourniture des Imprimés, et sans doute beaucoup feront de même, car ces procédés indignent et dégoûtent.

« Pour vous, Monsieur, à qui votre éducation et vos habitudes ne permettent pas de descendre sur ce terrain, maintenez-vous dans la sphère de vos études élevées et continuez-les avec dignité sans vous détourner pour répondre à ce langage des halles. Allez, croyez-le, c'est la dernière morsure d'un moribond. Le temps des exploitations s'en va et le triomphe définitif des honnêtes gens approche; nous ne verrons plus certains scandales... »

Directeur, H. GALLETIER, Avocat à la Cour Impériale de Paris.

JOURNAL DES PERCEPTEURS,

DES RECEVEURS DES FINANCES, ET DES RECEVEURS DES COMMUNES, HOSPICES, ETC.;
DES SURNUMÉRAIRES, ET DES ASPIRANTS.

2e Série. — 10 fr. par an. Un numéro toutes les semaines. 12e année. — No 42.

SOMMAIRE.

ACTES OFFICIELS.

LOI DU 31 JUILLET 1867, PORTANT FIXATION DU BUDGET GÉNÉRAL DES DÉPENSES ET DES RECETTES ORDINAIRES DE L'EXERCICE 1868. (Extrait) (1).

§ 2. — *Impôts autorisés.*

2. Les contributions directes applicables aux dépenses générales de l'Etat seront perçues pour 1868, en principal et centimes additionnels, conformément à la première partie de l'état B ci-annexé et aux dispositions des lois existantes.

Le contingent de chaque département dans les contributions foncière, personnelle-mobilière et des portes et fenêtres est fixé, en principal, aux sommes portées dans l'état C annexé à la présente loi.

5. Continuera d'être faite, pour 1868, au profit de l'Etat, la perception, conformément aux lois existantes, des divers droits, produits et revenus énoncés dans le premier paragraphe de l'état D annexé à la présente loi.

28. Les cautionnements des trésoriers-payeurs généraux et des receveurs particuliers des finances seront calculés d'après les bases ci-après :

Pour les trésoriers-payeurs généraux, six fois le montant de leurs émoluments de toute nature ;

Pour les receveurs particuliers, cinq fois le montant de leurs émoluments de toute nature.

Les comptables en fonctions dont le cautionnement serait inférieur à la somme résultant des bases indiquées ci-dessus, ne seront astreints à verser le complément qu'en cas de changement de résidence.

Titre VI. — Dispositions générales.

31. Toutes contributions directes ou indirectes autres que celles autorisées par la présente loi, à quelque titre ou sous quelque dénomination qu'elles se perçoivent, sont formellement interdites, à peine, contre les autorités qui les ordonneraient, contre les employés qui confectionneraient les rôles et tarifs et ceux qui en feraient le recouvrement, d'être poursuivis comme concussionnaires, sans préjudice de l'action en répétition, pendant trois années, contre tous receveurs, percepteurs ou individus qui auraient fait la perception, et sans que, pour exercer cette action devant les tribunaux, il soit besoin d'une autorisation préalable.

Il n'est pas néanmoins dérogé à l'exécution de l'article 4 de la loi du 2 août 1829, modifié par l'article 7 de la loi du 7 août 1850, relatif au cadastre, non plus qu'aux dispositions des lois des 10 mai 1838 et 18 juillet 1866, sur les attributions départementales; du 18 juillet 1837, sur l'administration communale; du 21 mai 1836, sur les chemins vicinaux, et des 15 mars 1850 et 10 avril 1867, sur l'instruction primaire.

ÉTAT D. — TABLEAU DES DROITS, PRODUITS ET REVENUS DONT LA PERCEPTION EST AUTORISÉE POUR 1868, CONFORMÉMENT AUX LOIS EXISTANTES.

§ Ier. — *Perceptions au profit de l'Etat.*

Droits d'enregistrement, de timbre, de taxe sur les biens de mainmorte, de greffe, d'hypothèques, de passe-ports et de permis de chasse, produit du visa des passe-ports et de la légalisation des actes au ministère des affaires étrangères, et droits de sceau à percevoir pour le compte du trésor dans lesquels continueront d'être compris les droits pour dispenses d'alliances en conformité des lois des 17 août 1828, 29 janvier 1831 et 20 février 1849;

Vingtième à payer sur le produit des bois des communes et établissements publics vendus ou délivrés en nature, pour indemniser l'Etat des frais d'administration de ces bois, sans toutefois que ces frais puissent excéder le maximum de 1 franc par hectare (article 5 de la loi des recettes de 1842, du 25 juin 1841, article 6 de la loi des recettes de 1846, du 19 juillet 1845, et article 14 de la loi du budget de 1857, du 14 juillet 1856);

Droits de douanes, y compris celui sur les sels;

Contributions indirectes, y compris les droits de garantie, la retenue sur le prix des livraisons de tabacs autorisée par l'article 38 de la loi du 24 décembre 1814, les frais de casernement déterminés par la loi du 15 mai 1818, et le prix des poudres, tel qu'il est fixé par les lois des 16 mars 1819 et 24 mai 1834;

Taxe des lettres et droit sur les sommes versées aux caisses des agents des postes;

Rétributions imposées en vertu de la loi du 14 juin 1854 et du décret du 22 août suivant, sur les élèves des établissements d'enseignement supérieur et sur

(1) Nous ne donnons de ce document que les dispositions spéciales susceptibles d'intéresser nos lecteurs.

les candidats qui se présentent pour y obtenir des grades;

Produit des monnaies et médailles;

Redevances sur les mines;

Redevances pour permissions d'usines et de prises d'eau temporaires, toujours révocables sans indemnité, sur les canaux et rivières navigables et flottables;

Droits de vérification des poids et mesures, conformément à l'ordonnance royale du 17 avril 1839;

Taxes des brevets d'invention;

Droits de chancellerie et de consulat perçus en vertu des tarifs existants;

Décime et double-décime pour franc sur les droits qui n'en sont point affranchis, y compris les amendes et condamnations pécuniaires, et sur les droits de greffe perçus, en vertu de l'ordonnance du 18 janvier 1826, par le secrétaire général du conseil d'Etat;

Rétributions imposées, pour frais de surveillance, sur les compagnies et agences de la nature des tontines dont l'établissement aura été autorisé par ordonnances rendues dans la forme des règlements d'administration publique (avis du Conseil d'Etat, approuvé par l'Empereur le 1er avril 1809, et loi des recettes de 1843);

Droits établis pour frais de visite chez les pharmaciens, droguistes et épiciers;

Droits sanitaires, conformément au tarif déterminé par l'article 7 du décret du 4 juin 1853;

Taxes de la télégraphie privée.

§ II. — *Perceptions au profit des départements, des communes, des établissements publics et des communautés d'habitants dûment autorisées.*

Taxes imposées, avec l'autorisation du gouvernement, pour la surveillance, la conservation et la réparation des digues et autres ouvrages d'art intéressant les communautés de propriétaires ou d'habitants; taxes pour les travaux de dessèchement autorisés par la loi du 16 septembre 1807, et taxes d'affouages, là où il est d'usage et utile d'en établir;

Droits de péage qui seraient établis conformément à la loi du 14 floréal an X (4 mai 1802) pour concourir à la construction ou à la réparation des ponts, écluses ou ouvrages d'art à la charge de l'Etat, des départements ou des communes, et pour correction de rampes sur les routes nationales ou départementales;

Taxes perçues pour l'entretien, la réparation et la construction des canaux et rivières non navigables et des ouvrages d'art qui y correspondent (loi du 14 floréal an XI) (4 mai 1803);

Allocations accordées aux officiers et maîtres de port en vertu des règlements particuliers des ports, homologués par le Ministre de l'agriculture, du commerce et des travaux publics (article 3 du décret du 15 juillet 1854);

Taxes d'arrosage autorisées par le gouvernement (loi du 14 floréal an XI (4 mai 1803) et article 25 de la loi du budget de 1858);

Taxes imposées pour subvenir aux dépenses intéressant les communautés de marchands de bois et dont les tarifs sont fixés chaque année par des décrets impériaux;

Droits d'examen et de réception imposés par l'arrêté du gouvernement du 20 prairial an XI (9 juin 1803) et le décret du 22 août 1854, sur les candidats qui se présentent devant les écoles préparatoires de médecine et de pharmacie pour obtenir le diplôme d'officier de santé ou de pharmacien de seconde classe;

Rétributions imposées, en vertu des arrêtés du gouvernement du 3 floréal an VIII (23 avril 1800) et du 6 nivôse an XI (27 décembre 1802), sur les établissements d'eaux minérales naturelles, pour le traitement des médecins chargés par le gouvernement de l'inspection de ces établissements;

Contributions imposées par le gouvernement sur les bains, fabriques et dépôts d'eaux minérales, pour subvenir aux traitements des médecins inspecteurs desdits établissements (article 30 de la loi de recettes de 1842, du 25 juin 1841, et lois de finances antérieures);

Rétributions pour frais de visite des aliénés placés volontairement dans les établissements privés (articles 9 de la loi du 30 juin 1838 et 29 de la loi du 25 juin 1841);

Droits d'octroi, droits de pesage, mesure et jaugeage;

Droits de voirie dont les tarifs ont été approuvés par le gouvernement, sur la demande et au profit des communes (loi du 18 juillet 1837);

Dixième des billets d'entrée dans les spectacles et les concerts quotidiens (loi du 7 frimaire an X) (27 novembre 1796);

Quart de la recette brute dans les lieux de réunion ou de fête où l'on est admis en payant (loi du 8 thermidor an V (26 juillet 1797);

Contributions spéciales destinées à subvenir aux dépenses des bourses et chambres de commerce, et revenus spéciaux accordés auxdits établissements;

Droits de conditionnement et de titrage des soies et des laines, perçus en vertu des décrets qui autorisent l'établissement de bureaux publics pour ces opérations;

Droits d'épreuve des armes à feu destinées au commerce perçus en vertu des actes qui réglementent ces opérations;

Droits de place perçus dans les halles, foires, marchés, abattoirs, d'après les tarifs dûment autorisés (loi du 18 juillet 1837);

Droits de stationnement et de location sur la voie publique, sur les ports et rivières et autres lieux publics (loi du 18 juillet 1837);

Taxes de frais de pavage des rues dans les villes où l'usage met ces frais à la charge des propriétaires riverains (dispositions combinées de la loi du 11 frimaire an VII (1er décembre 1798) et du décret de principe du 25 mars 1807, et article 28 de la loi des recettes 1842, du 25 jui 1841);

Taxes d'établissement de trottoirs dans les rues et places dont les plans d'alignement ont été arrêtés conformément aux dispositions de la loi du 7 juin 1845;

Prix de la vente exclusive, au profit de la caisse des invalides de la marine, des feuilles de rôle d'équipages des bâtiments de commerce, d'après le tarif du 8 messidor an X (27 juin 1803);

Frais de travaux intéressant la salubrité publique (loi du 16 septembre 1807);

Droits d'inhumation et concessions de terrains dans les cimetières (décrets organiques du 25 prairial an XII (12 juin 1804) et du 18 août 1811);

Taxe municipale sur les chiens (loi du 2 mai 1855 et décret du 4 août suivant).

ETUDES SUR LE SERVICE.

Améliorations à introduire dans les feuilles des roles des 4 contributions.

Pour obtenir la netteté désirable dans les *Emargements*, il faudrait adopter, comme mesure générale, que le cadre qui y est réservé fût livré tout réglé, dans le sens horizontal, ainsi que cela se pratique dans certains départements, notamment dans la Lozère.

A l'égard du travail des *Annotations*, il conviendrait, pour arriver à plus de brièveté et de netteté, que l'on imprimât dans le cadre *ad hoc* dont l'administration supérieure a enfin reconnu la grande utilité, les indications des produits dont on a le plus besoin de s'occuper, telles que les suivantes : Prestations, Rétribution scolaire, Taxe sur les chiens, Taxes affouagères, Poids et mesures, Rétribution scolaire et particulière des institutrices, Frais de poursuites commerciales, etc., etc. De cette façon les indications ressortiraient bien plus claires, et le travail serait abrégé puisque le comptable n'aurait qu'à mettre le N° des articles et les sommes.

Le travail des Annotations est un travail des plus importants, car il donne le moyen de faire marcher de pair et d'une manière régulière les recouvrements sur tous les produits; il est très-délicat à cause de la facilité de commettre des erreurs à laquelle on est exposé dans le transport des sommes de la fin du rôle au commencement et vice visa, etc. Aussi ne saurait-on y apporter trop de soin. Il devrait aussi être fait obligatoirement dans un délai déterminé pour éviter les inconvénients qui se produisent souvent lors des Mutations de comptables. Ainsi il arrive, par exemple, qu'un Percepteur zélé et laborieux quitte une perception où il vient de faire toutes les annotations et vient prendre une autre perception où il ne trouve presque aucune annotation de faite. On comprend combien il est désagréable pour ce nouveau Percepteur d'être obligé à recommencer un travail long et pénible que son prédécesseur aura négligé, quelquefois, de faire pour employer ses derniers moments à recouvrer ses meilleures cotes et se faire une plus grosse part de remises. Une fois l'obligation admise d'effectuer le travail des annotations dans un délai déterminé il deviendrait nécessaire que le prédécesseur indemnisât son successeur lors que celui-là aurait négligé le travail qui lui incombait. Ce serait équitable,

Les articles des rôles fonciers de l'année où les matrices générales sont renouvelées ne correspondent plus avec les articles des exercices précédents, ce qui occasionne souvent de longues recherches au Percepteur et l'expose à une confusion d'articles, par suite à des erreurs en ce qui concerne le véritable débiteur, tout en occasionnant une perte de temps précieux, surtout les jours de recette surchargée. Pour remédier à cet inconvénient; il conviendrait que l'administration chargée de la recette de l'impôt rappelât en regard de chaque article le N° de l'article ancien. Il ne serait pas non plus sans utilité, puisqu'on indique à chaque article le chiffre total du revenu foncier, qu'on indiquât en regard le N° du folio de la matrice cadastrale; cela abrégerait le travail des recherches que le Percepteur a à faire ou à demander à MM. les Maires et leurs secrétaires pour découvrir le véritable débiteur à l'aide du cadastre.

JURISPRUDENCE SPECIALE.

COUR DE CASSATION

COMMUNES. ACTION EN JUSTICE. DÉFAUT DE QUALITÉ DU PRÉFET POUR REPRÉSENTER LA COMMUNE MALGRÉ LE CONSEIL MUNICIPAL.

Nous signalons à nos lecteurs un arrêt rendu par les chambres réunies de la Cour de Cassation, du 3 avril 1867, qui tranche d'une manière définitive une question assez controversée dans ces derniers temps. C'est la question de savoir si un Préfet peut, en vertu de l'article 15 de la loi du 18 juillet 1837, défendre en justice par lui-même, ou par un délégué, une commune dont le Conseil municipal a refusé de soutenir cette action.

La question a été tranchée par la négative, en faveur du maintien de la liberté de l'autorité municipale contre le Préfet.

CHEMIN PUBLIC. — IMPRATICABILITÉ. — VOYAGEURS.

Nos lecteurs savent qu'aux termes de la loi des 28 septembre-6 octobre 1791 (titre II, art. 41), tout *voyageur* peut, sans encourir aucune responsabilité, se frayer un passage sur les champs riverains des chemins publics dont il ne peut se servir par suite de leur état d'impraticabilité. Mais que faut-il entendre au juste par *voyageurs*? — la loi a-t-elle eu seulement en vue, les personnes étrangères à la localité, qui ne pourraient, sans de graves inconvénients, peut-être, être arrêtées dans un voyage proprement dit qu'elles auraient entrepris, par une difficulté qu'elles ne pouvaient prévoir? — faut-il, au contraire, dans un sens plus large, appliquer indistinctement le mot de voyageurs à tous ceux qui ont besoin de passer dans la direction du chemin impraticable, qu'ils soient, ou non, eux-mêmes, habitants de la commune qui laisse ce chemin en mauvais état? — L'arrêt de la Cour de Cassation que nous rapportons ici, et qui a adopté cette dernière interprétation est très-important pour les administrations municipales qui sont en première ligne responsables de la mauvaise viabilité de leurs communes. Nous ferons, en outre, remarquer qu'il s'agissait dans l'espèce, non pas particulièrement d'un chemin vicinal classé, dont le bon état d'entretien est formellement obligatoire, mais bien d'un simple chemin rural, ce qui généralise de la manière la plus complète la disposition de la loi précitée des 28 septembre-6 octobre 1791. — Voici le texte de l'arrêt qui nous suggère ces observations :

« La Cour : — Attendu en droit, que l'article 41, titre II, de la loi des 28 septembre-6 octobre 1791 exempte de toute peine le voyageur qui, au cas où un chemin public est impraticable, déclôt le terrain riverain pour s'y faire un passage; — que ce mot voyageur doit être entendu dans le sens le plus large; — qu'en effet, la disposition dudit article 41 se justifie non moins par des motifs tirés des besoins de l'agriculture que de ceux de la circulation publique: — que cet article placé au titre de la police rurale, s'applique évidemment au passage pour tous les usages ruraux; — Et, attendu, en fait, qu'il appert du jugement attaqué, en premier lieu, que le chemin rural par lequel Timothée Chambert exploite cette pièce lui appartenant dans la commune de Fanjeaux, était impraticable aux jours indiqués au procès-verbal; en second lieu, que pour arriver à cette parcelle, il n'a pu faire autrement que d'établir une rampe, sur le tertre d'un autre chemin public, afin de se frayer un passage par ce chemin, pour rendre possible son exploitation rurale; — d'où il suit qu'en décidant que le fait reproché à Chambert ne constituait pas de contravention, le jugement attaqué, loin de violer l'article 479, paragraphe 11, Code pénal, soit l'article 41, ci-dessus visé, en a fait une juste application... rejette le pourvoi, etc. » (ARRÊT du 1er juin 1866, affaire Chambert.)

LEGS POUR LES PAUVRES. — COMMUNAUTÉ RELIGIEUSE DE FEMMES NON AUTORISÉE. — LEGS A TITRE UNIVERSEL FAIT A CETTE COMMUNAUTÉ POUR LES PAUVRES. — VALIDITÉ. — INTERPRÉTATION DU TESTAMENT.

« Un legs à titre universel fait à une communauté religieuse de femmes non autorisée, établie pour recueillir et soigner les pauvres, peut être déclaré valable, s'il résulte des termes du testament et de l'intention du testateur que sa volonté a été de gratifier, non l'établissement lui-même, mais les pauvres qui y sont recueillis, lesquels sont légalement représentés par le Maire. »

(ARRÊT du 6 novembre 1866. — Aff. Varin).

OBSERVATIONS. En nous signalant cet arrêt, un de nos correspondants nous demande si le receveur municipal ne doit pas intervenir dans ce legs. — Aux termes de l'article 949 de l'Instruction générale, le montant des legs et dotations en argent doit être versé dans les caisses municipales à moins que le décret ou l'arrêté d'autorisation n'en prescrive le versement dans une autre caisse. Quant aux dons et legs consistant en immeubles ou en effets mobiliers, c'est aux Maires qu'est délégué le soin d'en poursuivre la délivrance sans préjudice des obligations imposées aux receveurs par les articles 849 et 948 pour le recouvrement des créances communales de toute nature (article 951 de l'Inst. gén). D'après l'article 948, les receveurs municipaux doivent, en attendant l'acceptation des legs, requérir dans l'intérêt des droits de la commune tous les actes conservations qui seraient jugés nécessaires.

L'intervention du receveur municipal, dans l'espèce, nous paraît donc motivée à tous égards; intervention d'action si le legs consiste en argent, intervention de réquisition et de conservation si le legs consiste en immeubles ou en effets mobiliers.

Voir le journal de 1865, page 53.

CONSEIL D'ÉTAT.

COMMUNES. — ALIÉNATION DE BIENS. — RECOURS AU CONSEIL D'ÉTAT CONTRE L'ARRÊTÉ DU PRÉFET QUI AUTORISE L'ALIÉNATION. — NON-RECEVABILITÉ DU RECOURS QUAND LA VENTE EST CONSOMMÉE.

Quelle est la marche qui doit être suivie pour empêcher ou faire tomber une aliénation de biens communaux qui aurait été autorisée par le Préfet dans des conditions contraires à celles qu'avait votées le Conseil municipal ?

Il faut distinguer : si l'aliénation n'est pas encore faite, on peut attaquer l'arrêté du Préfet soit devant le Ministre de l'intérieur, sauf recours au Conseil d'Etat, soit directement devant le Conseil d'Etat, pour excès de pouvoir.

Mais si la vente est consommée, il n'est plus possible d'attaquer directement l'arrêté du Préfet devant l'autorité administrative. Sans doute, ce n'est qu'à l'autorité administrative qu'il appartient de réformer ou de déclarer irrégulier un arrêté du Préfet, sauf des cas exceptionnels, par exemple ce qui touche les règlements de police dans lesquels le contrôle des actes administratifs est laissé à l'autorité judiciaire. Mais une vente de biens communaux est un contrat de droit civil, et l'autorité judiciaire est seule compétente pour statuer sur sa validité. C'est donc devant l'autorité judiciaire qu'il faut aller pour demander la nullité de la vente, sauf à l'autorité judiciaire à surseoir à statuer pour laisser prononcer par l'autorité administrative sur la question préjudicielle de la régularité de l'arrêté du Préfet. (DÉCR. du 9 janvier 1867, Verdier.)

Communes. — Cloches. — Fourniture et mise en place. — Contestation. — Compétence.

On sait que, par suite d'une singularité de la législation qui doit être attribuée à ce qu'il n'est jamais intervenu une loi générale pour organiser l'ensemble de la juridiction administrative, les contestations relatives aux marchés de fournitures passés pour le compte des communes sont portées devant l'autorité judiciaire, tandis que les débats relatifs aux marchés de travaux publics passés par les autorités municipales sont soumis aux Conseils de préfecture.

Il s'est élevé plusieurs fois des difficultés sur le point de savoir dans laquelle de ces deux catégories rentraient les marchés passés pour les cloches destinées aux églises.

On distingue : si le fondeur n'est chargé que de fournir la cloche, on voit là un marché de fournitures; mais s'il s'est engagé non-seulement à fournir la cloche, mais à diriger la mise en place, et si la commune soutient que, par suite du défaut de surveillance et de direction des travaux de mise en place, il doit être déclaré responsable des vices d'installation de la cloche, il y a là une contestation relative à l'exécution d'un marché de travaux publics. (Décr. du 9 janvier 1867, Dencausse.)

Communes. — Agents voyers agissant comme architectes. — Responsabilité.

Un agent voyer prête son concours à une commune pour dresser les plans et surveiller l'exécution des travaux d'une conduite d'eau. Il agit ici non pas pour l'accomplissement du service des chemins vicinaux qui lui est confié, mais en vertu d'une autorisation donnée par le Préfet, aux termes d'un arrêté qui permet aux agents voyers d'accepter la direction de travaux communaux étrangers à leur service, moyennant des honoraires fixés à 3 0/0 de la dépense constatée par le procès-verbal de réception des travaux.

Dans de semblables circonstances, l'agent voyer, qui a droit à des honoraires spéciaux, ne peut pas soutenir qu'il n'a pas agi en qualité d'architecte et qu'il ne peut être responsable des vices du plan ou des vices de construction de la conduite d'eau. S'il est établi que les tuyaux ne sont pas établis à une profondeur suffisante pour être à l'abri des fortes gelées, il doit être condamné à réparer le préjudice causé à la commune par le manque de profondeur des tranchées. Si d'autre part, il est établi que les pentes n'ont pas été exécutées conformément aux conditions du devis, il doit supporter, de compte à demi avec les entrepreneurs qu'il a négligé de surveiller, les frais du rétablissement des tuyaux dans les conditions du devis. (Décr. du 10 janvier 1867, Bertrand c. commune de Velleclaire.)

QUESTIONS DIVERSES

Contribution mobilière. — Vicaires logés au presbytère. — Meubles de leur chambre appartenant au curé.

Les vicaires d'une paroisse, qui habitent une chambre du presbytère, sont-ils obligés de payer la contribution mobilière lorsque les meubles de la chambre, qu'ils occupent individuellement, appartiennent entièrement au curé?

On nous communique l'extrait suivant du Journal des Conseils de Fabriques en nous priant de l'accompagner de notre avis.

« Cette question délicate a été soumise au conseil judiciaire du *Journal des Fabriques* par un abonné, dans les circonstances suivantes :

« Les vicaires, dans le diocèse de X, sont forcés de loger dans le presbytère paroissial; ils habitent chacun une chambre qui leur est désignée par le curé; il n'ont pas de mobilier personnel en dehors de leur linge et de leurs livres. Mais ils sont tenus de se servir des meubles appartenant au curé. Depuis quelque temps, on veut les assujettir à la contribution mobilière. Le consultant demande si cette contribution peut être légalemenr imposée à des vicaires qui ne possèdent pas un mobilier, et, en cas d'affirmative, si elle doit être payée par les vicaires, ou par le curé propriétaire des meubles.

« La loi de finances du 21 avril 1832, qui régit la matière, a eu pour but d'établir l'égalité et l'uniformité de la répartition des impôts entre tous les Français dans la proportion de leur fortune. Aux termes des articles 12, 13 et 15 de cette loi, la contribution personnelle et mobilière est due par chaque habitant français jouissant de ses droits *et non réputé indigent :* la taxe personnelle n'est due que dans la commune du domicile réel; la contribution mobilière est due *pour toute habitation meublée*, située soit dans la commune du domicile réel, soit dans toute autre commune. En vertu du dernier paragraphe de l'article 27 de la même loi, les ecclésiastiques logés *gratuitement* dans des bâtiments appartenant à l'État, aux départements, aux arrondissements, *aux communes* et aux hospices, *sont imposables d'après la valeur locative des parties de ces bâtiments affectés à leur habitation personnelle.*

« Il a été décidé par plusieurs arrêts du Conseil d'Etat, notamment ceux des 19 avril et 1er novembre 1838, 22 janvier 1840, etc., et il est de jurisprudence que les dispositions ci-dessus transcrites sont applicables aux ecclésiastiques logés gratuitement dans les presbytères. Par conséquent, les vicaires du diocèse de X, qui ne peuvent évidemment être réputés indigents, doivent payer, *en règle générale*, les contributions personnelle et mobilière. Faut-il apporter une exception à cette règle générale, en ce qui concerne la contribution mobilière, parce que les meubles garnissant la chambre qu'ils sont obligés d'habiter dans le presbytère appartiennent au curé? Sans doute la position particulière de ces vicaires mérite d'être prise en grande considération au point de vue de l'équité; mais, au point de vue rigoureux de la loi fiscale, aucun texte n'autorise une exception en leur faveur; on peut même leur opposer quelques-unes de ses dispositions. Il importe de remarquer d'abord que, pour payer la contribution mobilière, la loi du 21 avril 1832 n'exige pas la propriété des meubles; elle veut seulement que le contribuable occupe une habitation meublée, mais sans spécifier que les meubles devront lui appartenir. Ce qui le démontre manifestement, c'est son article 16 ainsi conçu : *les habitants, qui n'occupent que des appartements garnis, ne seront assujettis à la contribution mobilière qu'à raison de la valeur locative de leur logement évalué comme un logement non meublé.* Assurément il ne serait pas convenable d'assimiler un presbytère à un hôtel garni. Néanmoins on trouve dans cet article 16 et dans les articles 13 et 15 de la loi du 22 avril 1832 : 1° la preuve qu'un habitant de la France peut être soumis à la contribution mobilière sans être propriétaire des meubles placés dans son appartement; 2° un moyen légal d'apprécier et de fixer la quotité de cette contribution dans le cas où les meubles dont il se sert ne sont pas à lui. D'ailleurs les livres, le linge, les vêtements, les caisses, les malles et les autres objets que les vicaires ont apportés dans leur chambre dépendant du presbytère, forment une espèce de mobilier.

« D'après ces motifs, le conseil judiciaire est d'avis que les vicaires logés gratuitement dans une chambre du presbytère, dont le curé leur a prêté les meubles, sont passibles de la contribution mobilière suivant le texte, rigoureusement interprété, de la loi du 21 avril 1832. Il pense, en outre, qu'on ne peut la faire payer par le curé. D'une part, en effet, le curé ne doit la contribution mobilière, selon l'article 15 de cette loi, que pour la partie des bâtiments affectés à son habitation personnelle; or il n'occupe plus lui-même, en réalité, les chambres dont il s'est privé pour y loger ses vicaires. D'un autre côté, ainsi que l'a décidé un arrêt du Conseil d'État, en date du 4 février 1836, les propriétaires et les usufruitiers qui louent une partie de leur maison, ou en cèdent à un autre la jouissance, les locataires qui sous-louent une portion des lieux loués, ne sont sujets à la contribution mobilière que pour la partie de la maison qu'ils habitent personnellement.

« En conséquence, les vicaires doivent acquitter la contribution mobilière qui leur est d'ailleurs directement imposée. Ordinairement, dans les paroisses rurales, leurs ressources sont très-restreintes; si cette contribution est trop onéreuse pour quelques vicaires, ils ont la faculté de recourir à l'équité du Conseil municipal de leur commune. L'article 18 de la loi du 21 avril 1832 accorde formellement aux Conseils municipaux, lorsque le travail des répartiteurs leur est présenté, le droit de désigner les habitants qu'ils croient devoir exempter de toute cotisation, et ceux qu'ils jugent convenable de n'assujettir qu'à la taxe personnelle; grâce à cette disposition, il reste aux vicaires, réduits à leur modique traitement, l'espérance d'être affranchis de la contribution mobilière. »

Cette consultation fait une application rigoureusement exacte des dispositions sur la matière; nous ne pouvons qu'y donner notre approbation.

HYPOTHÈQUES PÉRIMÉES. — PAYEMENT A UNE FEMME SÉPARÉE DE BIENS. — COPIE CERTIFIÉE DU CONTRAT.

La commune de C... a acheté, par voie amiable, une parcelle de terrain, moyennant la somme de 325 francs. Cette parcelle de terrain appartenait à une femme, séparée de biens; elle était grevée d'hypothèques; mais ces inscriptions n'ont pas été renouvelées et sont éteintes.

Le receveur nous demande : 1° S'il doit exiger la production des pièces établissant la purge des hypothèques, conformément au § 55 de l'article 1542 de l'Instruction générale ou une délibération du Conseil municipal dispensant de cette production; 2° Si, dans le cas présent il est nécessaire que le mari autorise sa femme à recevoir et comment cette autorisation doit être constatée; 3° Par qui doit être délivrée la copie certifiée du contrat, pour la produire aux termes du paragraphe précité de l'Instruction générale.

1re Question. — A moins qu'une délibération spéciale du Conseil municipal, prise en conséquence du décret du 14 juillet 1866 (Journal, 1866, p. 273), approuvée par le Préfet n'ait dispensé le vendeur de purger les hypothèques, le comptable doit exiger la production des pièces prescrites par le § 55 de l'article 1542 de l'Instruction générale; si les hypothèques sont périmées, le certificat du conservateur, sur transcription, fera cette mention et sera négatif.

2e Question. — Aux termes des articles 1449 et 1538 du Code Napoléon, la femme séparée de biens ne peut aliéner ses immeubles sans le consentement du mari ou sans être autorisée en justice, à son refus : l'acte qui établit la séparation doit être constaté pour rechercher si quelque chose n'a pas autorisé la femme à aliéner les immeubles et à en toucher directement le prix; dans ce cas, l'extrait de cet acte doit être produit.

3e Question. — La copie du contrat doit être expédiée et certifiée par le notaire qui a passé l'acte; cette copie est indépendante de celle que le Maire a pu demander pour être déposée dans les archives de la Mairie.

GÉRANT INTÉRIMAIRE. — FRAIS DES LIVRES DE COMPTABILITÉ.

Un surnuméraire chargé de l'intérim d'une perception, est-il tenu de contribuer proportionnellement à la durée de sa gestion au payement des livres de comptabilité sur lesquels il a consigné ses opérations, alors surtout que le montant de cette dépense, qu'il ne croyait pas lui incomber, n'a pas été porté par lui sur l'état des frais et n'y a pas été ajouté par le Receveur des finances ?

Le gérant intérimaire nommé pour remplacer provisoirement un comptable, démisssionnaire, décédé, suspendu de ses fonctions, révoqué ou appelé à un autre emploi, aux termes des articles 1310 et 1330 de l'Instruction générale, administre pour son propre compte et non comme représentant du comptable auquel il est substitué.

Cette position de l'intérimaire résulte expressément des articles précités de l'Instruction générale : il *succède* à toutes les attributions du titulaire ; il a *droit*, pour le temps de la gestion, à une indemnité qui est prélevée sur les bénéfices de l'emploi et qui est réglée par le Ministre des Finances.

Enfin, aux termes du dernier paragraphe de l'article 1330, le gérant intérimaire exerce *sous sa responsabilité personnelle;* en conséquence, il rend un compte spécial de ses opérations, à moins que, par exception et pour une gestion de très-courte durée, l'administration centrale n'ait décidé, avec l'assentiment des parties intéressées, qu'elles seront rattachées à celles de l'ancien ou du nouveau titulaire.

Si cette dernière exception n'a pas été posée en faveur du surnuméraire qui nous consulte, nous pensons qu'une part proportionnelle à la durée de sa gestion peut lui être imposée, en ce qui concerne le payement des livres de comptabilité, encore bien que cette part n'ait pas été, par là, décomptée dans l'état des frais de son intérim.

CONSTRUCTION EN RÉGIE. — BOIS PROVENANT D'UNE FORÊT COMMUNALE. — REMISES.

Une commune fait entrer dans la construction, en régie, d'un presbytère une certaine quantité de bois de charpente estimés à 3000 francs environ et provenant d'une forêt appartenant à cette commune. La valeur de ces bois ne doit-elle pas entrer dans les états de régie, dressés sous la surveillance du Maire ? Le receveur n'a-t-il pas droit à des remises sur la recette et la dépense de ce produit ?

D'après les conditions selon lesquelles la construction du presbytère paraît être faite, il ne nous semble pas indispensable que la valeur des bois à employer dans cette construction, et de la nature de ceux dont on nous parle, figure dans les écritures du receveur. Il en serait autrement si les bois en question étaient vendus et concédés à des tiers : le prix devrait alors être encaissé par le receveur municipal ou bien, si le produit avait été perçu par le Maire, il y aurait gestion occulte et lieu par le receveur à revendiquer cette opération.

Mais, il n'en est pas ainsi dans l'espèce ; une commune possède du bois, elle veut l'employer, elle l'emploie à un usage déterminé : cet emploi ne peut et ne doit donner lieu à aucune écriture.

Si la fortune communale est diminuée, ce n'est pas la fortune communale en deniers, mais bien la fortune communale en matières : la responsabilité du receveur n'est pas engagée à cet égard.

Nous ne pensons pas que le fait, par un Maire, d'avoir, avec l'approbation du Préfet et de l'inspecteur des forêts, usé des bois appartenant à la commune qu'il administre, pour les faire entrer dans une construction profitant à cette commune, puisse être considéré comme ayant géré d'une manière occulte.

Les dépenses résultant de l'abattage, de la façon et de l'emploi de ces bois doivent évidemment faire partie des frais relatifs à la construction du presbytère et être portées dans les états de travaux donnant droit à des remises au profit du receveur municipal.

Si les travaux avaient eu lieu par adjudication et que les bois eussent été remis et cédés à un entrepreneur nous aurions, comme nous l'avons fait en 1857 d'accord avec l'*Agenda de l'Isère*, soutenu que le prix de ces bois aurait dû être déterminé d'avance dans la forme indiquée par l'article 105 du Code forestier et versé dans la caisse communale.

Cette opinion ne peut être émise, dans le cas présent.

ETATS DE RENTES A RECOUVRER ET A PAYER DE L'EXERCICE CLOS.

Quel est le nombre des états à établir ?

1° Si le compte de gestion ne présente, à la clôture de l'exercice, ni restes à recouvrer, ni restes à payer, les états dont la formation est prescrite par les articles 824 et 825 de l'Instruction générale doivent-ils être établis?

Non. L'article 837 dit que, dans ce cas, le Conseil municipal mentionne cette circonstance dans sa délibération, et que cette mention *tient lieu de toute autre justification.*

2° Si, au contraire, il existe, soit des restes à recouvrer, soit des restes à payer, quel est le nombre d'états à dresser?

Ce nombre est de *deux pour chaque nature* de restes (restes à recouvrer ou restes à payer) : un pour le Conseil municipal et un conservé par le receveur municipal (art. 824, dernier alinéa, et 825.) L'état remis au Conseil municipal est seul transmis au Préfet avec les budgets et autres pièces (art. 838.)

DEMANDES D'EMPLOI.

Un fondé de pouvoirs d'une Trésorerie Générale très importante, connaissant à fond toutes les parties du service, désirerait pour des raisons de famille obtenir le même emploi dans une Trésorerie Générale de 1re classe, du Nord ou du Centre. Il pourrait remplir au besoin les fonctions de caissier.

Un excellent employé ayant été pendant 6 ans chef de bureau dans une recette générale et durant 4 ans fondé de pouvoirs dans une recette particulière, cherche une place dans une recette. Il fournit les meilleurs certificats.

Le percepteur du chef-lieu d'arrondissement de Saint-Jean-de-Maurienne (Savoie) désire trouver de suite un commis capable; il offre 1100 fr. de traitement annuel, qu'il assure pendant trois ans.

Une Trésorerie Générale du Sud-Est de la France demande un Employé pour le service de la perception, avec 1500 fr. d'appointements.

CHRONIQUE.

Société de prévoyance entre les membres de l'administration des contributions directes. On annonce que le comité d'organisation de la Société de prévoyance entre les membres de l'administration des contributions directes, a reçu, avant le 1er septembre, près de 600 souscriptions; qu'en conséquence, la Société se trouve constituée et fonctionnera pour la présente année, en conformité de l'article 29 des statuts.

Les sociétaires recevront prochainement une circulaire qui leur indiquera le mode de versement du montant des cotisations pour l'année 1867.

Nous comptons publier bientôt la nomenclature générale des sociétaires de cette œuvre à laquelle toutes nos sympathies sont acquises, et faire connaître successivement les nouvelles adhésions qui ne manqueront pas de s'ajouter aux anciennes, ainsi que les divers actes que le comité voudra bien communiquer.

L'administration s'occupe en ce moment d'élever le traitement des Agents Voyers. Un rapport a déjà été adressé à cet égard à l'Empereur par le Ministre du Commerce et des Travaux publics.

Nous croyons devoir rappeler aux comptables qu'ils trouveront un *Dépôt de nos Ouvrages dans toutes les Recettes des Finances.* Ils peuvent, par ce moyen, les examiner et s'en rendre compte jusqu'à un certain point, avant de les acquérir.

Il y a des volumes cartonnés et d'autres brochés.

Un certain nombre de receveurs municipaux nous ont déjà envoyé des demandes de nos *Ouvrages administratifs* pour les Mairies de leurs Perceptions; nous les prions d'agréer nos remercîments, et demandons à nos autres Abonnés de faire quelques efforts pour nous rendre le même service.

Sur la demande de diverses personnes, nous avons fait fabriquer à l'usage de nos abonnés, des *cartons-releurs* pour collectionner et relier immédiatement chaque N° du Journal, au fur et à mesure de son apparition. Ces cartons sont reliés fort élégamment avec coins sur les plats et portent au dos en lettres dorées, le titre de *Journal des Percepteurs.* Le prix en est de 3 fr. 50, à envoyer avec la demande.

Directeur, H. GALLETIER, à Fontenay-aux-Roses (Seine)

JOURNAL DES PERCEPTEURS,

DES RECEVEURS DES FINANCES, ET DES RECEVEURS DES COMMUNES, HOSPICES, ETC.;
DES SURNUMERAIRES, ET DES ASPIRANTS.

2e Série. — 10 fr. par an. Un numéro toutes les semaines. 12e année. — N° 43

SOMMAIRE.

QUESTIONS DIVERSES

SECOURS A DES INDIGENTS. — PAYEMENT A UN INTERMÉDIAIRE. — TIMBRE.

Des quittances pour secours à des indigents doivent-elles être timbrées lorsque les payements sont faits à des tiers?

La question est présentée dans les circonstances suivantes : Une commune porte chaque année à son budget une somme variable, sous le titre de secours à X.., idiot indigent. Cette allocation a été payée en vertu de deux mandats, l'un de 50 francs, l'autre de 70 francs, les 2 juillet et 31 décembre de la même année. Il s'agit réellement, ainsi que l'indique l'intitulé de l'article du budget, d'une dépense pour les indigents; mais, comme le nommé X... est dans un état d'idiotisme complet, l'allocation n'a pu lui être versée directement, et elle a été remise à une autre personne, chargée de lui donner des soins.

Le receveur municipal, se fondant sur l'article 1009 de l'Instruction générale lequel porte formellement : « Sont exemptes du timbre... 2° Les quittances des indigents pour les secours qui leur sont accordés à ce titre... » n'a point exigé pour les deux payements de quittances timbrées. Cependant, l'inspecteur de l'Enregistrement a vu dans ces faits une contravention, et une amende a été infligée au comptable.

D'après ce qui précède il est certain que le comptable n'avait pas lieu d'exiger des quittances timbrées pour les deux payements dont il s'agit. L'article 16 de la loi du 13 brumaire an VII porte, en effet, que les quittances de secours payés aux indigents sont exemptes du timbre. La circonstance que les secours ont été payés à un intermédiaire ne peut rien changer à ce principe, car cette circonstance a été expressément prévue et réglée par l'Administration. Les instructions de l'Administration de l'enregistrement, des 31 décembre 1838 et 20 décembre 1846, citées à l'article 631 (§ 10) de l'Instruction générale, établissent formellement que l'exemption du timbre en faveur des indigents n'est pas limitée au cas où les secours leur sont remis directement, mais qu'elle s'applique aussi aux quittances constatant les payements faits à des tiers pour secourir des indigents, *lorsque l'indigence est certifiée.*

On s'étonne même qu'une contravention ait pu être constatée par rapport aux payements faits à titre de secours au nommé X. Sans doute les mandats ne portaient pas la mention de son indigence, ou n'étaient pas appuyés d'un certificat régulier d'indigence délivré par le Maire. Les comptables, auxquels des mandats pour secours à des indigents sont présentés, doivent exiger toujours rigoureusement cette justification, sans laquelle ils encourraient l'amende en même temps que la responsabilité des droits de timbre.

On demande quelle est la marche à suivre pour obtenir la décharge ou la remise de cette amende; nous pensons qu'il suffit d'adresser au Directeur de l'Enregistrement du département le certificat d'indigence ci-dessus mentionné, dans lequel le Maire pourrait rappeler utilement l'intitulé même de l'article du budget qui motive le secours sur l'indigence de la partie prenante.

Que s'il n'était pas fait droit à sa demande, il lui resterait le recours au Ministre des finances, qui, sans doute, déchargerait le comptable des amendes prononcées à tort.

RÉCÉPISSES DES RECEVEURS DES FINANCES POUR VERSEMENTS OPÉRÉS PAR LES COMMUNES. — TIMBRE.

Le récépissé d'un receveur des finances pour le prix d'un taureau acheté par une commune à un département est-il exempt de timbre?

Un Trésorier-Payeur général a cru pouvoir délivrer un récépissé sur papier libre, en se fondant sur une décision ministérielle du 1er mai 1822, ainsi conçue : « L'exemption du timbre est applicable aux récépissés délivrés par les receveurs des finances aux receveurs municipaux. » Mais nous ne pensons pas que cette opération soit régulière et notre avis est que le récépissé devait être sur papier timbré. C'est qu'en effet, l'exigibilité ou la dépense du timbre est déterminée par l'objet auquel s'appliquent les versements effectués par les communes, et non d'une manière absolue à tous les versements qui peuvent être faits par celles-ci aux caisses des receveurs des finances.

Ainsi quand le versement a pour objet la centralisation des fonds de cotisations municipales, ou un placement de fonds libres au Trésor, le récépissé est exempt de timbre, parce qu'il s'agit d'une simple mesure d'ordre, et non d'une véritable dépense communale.

Dans l'espèce, au contraire, il s'agit du prix de vente d'un taureau appartenant au département, et la somme est reçue par le receveur des finances à titre de produit départemental. Or, la nomenclature donnée aux annexes de l'Instruction générale assujettit formellement au timbre les récépissés relatifs aux produits de ventes de propriétés départementales, tant mobilières qu'immobilières.

L'exemption du timbre prononcée pa la décision du 1er mai 1822, ne saurait donc s'appliquer au récépissé relatif à l'opération ci-dessus mentionnée.

RÉCLAMATIONS EN MATIÈRE DE CONTRIBUTIONS DIRECTES. — Cotes réunies excédant 30 francs. — Timbre.

Un contribuable fait une réclamation pour vacance de maison; cette maison ne paye ni plus de 30 francs de contribution foncière, ni plus de 30 francs de contribution des portes et fenêtres. Mais, comme ce même contribuable possède dans la même commune une autre maison, l'avertissement qu'il est obligé de joindre à sa pétition porte deux cotes supérieures à 30 francs. Doit-il joindre à l'appui de sa pétition un extrait cadastral constatant que le montant de l'impôt de la maison pour laquelle il réclame ne s'élève pas à un chiffre supérieur à 30 francs, ou bien doit-il se soumettre à dépenser 4 francs de papier timbré par an (il réclame à chaque trimestre), parce que l'administration comprend dans un même article et sur le même avertissement les deux maisons que possède ce contribuable?

Cette question est ainsi résolue par notre collègue le *Mémorial* :

« Il est certain que si le réclamant ne possédait que la seule maison qui fait l'objet de sa réclamation, ses demandes pourraient être faites sur papier non timbré. Mais il ne s'ensuit pas que, dans l'espèce, il puisse s'exempter des frais de timbre, en joignant à sa demande un extrait cadastral sur lequel ne figuraient que les contributions afférentes à l'une des deux maisons dont il est propriétaire. D'après l'article 28 de la loi du 28 avril 1832, « les demandes ayant pour objet une décharge ou une réduction doivent être rédigées sur papier timbré, lorsqu'elles sont relatives à des *cotes* de 30 francs ou au-dessus. » Or, ce qu'on doit entendre par *cote*, ce n'est pas assurément la contribution afférente à telle maison, à tel champ, pré ou bois, mais bien le total de la taxe pour chaque nature de contribution. Ainsi, le même article de rôle peut comprendre au plus quatre cotes : une cote foncière, une cote des portes et fenêtres, une cote personnelle, une cote mobilière (il y a un article distinct pour chaque cote de patente). Quel que soit le nombre des parcelles (maisons ou terrains) comprises dans la cote foncière, ou des maisons sur lesquelles porte la cote des portes et fenêtres, les réclamations que les contribuables ont à former doivent être sur papier timbré, si la cote, objet de la réclamation, excède 30 francs. L'exemption ou l'obligation du timbre n'ont pas pour base, en le voit, le plus ou moins de valeur de la propriété sur laquelle la contribution est établie, mais les facultés plus ou moins grandes du contribuable présumées d'après l'importance de la cote pour laquelle la réclamation est formée.

« Nous ferons remarquer, d'ailleurs, que le coût des droits de timbre, évalué par le comptable à 4 francs pour quatre pétitions, est exagéré. Nous en trouvons la preuve dans les observations suivantes, extraites d'une circulaire de l'administration des contributions directes, en date du 22 décembre 1826, lesquelles n'ont rien perdu de leur actualité :

« Dans quelques départements, les contribuables « sont assujettis à fournir un double de leurs récla- « mations, soit sur papier libre, soit sur papier « timbré : cette obligation n'est imposée par aucun « règlement. La loi du 22 frimaire an VII porte seu- « lement que les pétitions seront faites sur papier « timbré; elle garde le silence sur la dimension et « le prix du papier; et, puisqu'il en est ainsi, il est « hors de doute que les réclamants ont le choix de « la feuille qu'il leur convient d'employer. »

« Le coût du timbre pour les quatre réclamations dont parle notre correspondant peut donc être réduit au total de 2 francs au lieu de 4 francs,

« Les Percepteurs doivent se bien garder de délivrer aux contribuables, pour être joint à leurs réclamations, un extrait cadastral ou toute autre attestation portant un chiffre de contribution inférieur à la cote inscrite au rôle. En agissant ainsi, ils se rendraient complices d'une sorte de fraude au préjudice du Trésor, puisque la production de cette pièce tendrait à le priver d'un droit légitime. L'administration supérieure, si elle en était informée, verrait là, on ne peut en douter, un fait répréhensible, et rendrait le comptable responsable du préjudice éprouvé. »

— La 1re partie de cette consultation nous paraît en contradiction avec les principes de la matière; et notamment avec ceux que le *Mémorial* lui-même a professés dans son volume de 1864 aux pages 322 et 323, où il a rapporté un arrêt du 30 novembre 1852 que nous estimons toujours en vigueur.

Quant à la 2e partie de la consultation, elle ferait croire que le *Mémorial* ignore qu'il faut une réclamation par nature de contribution. Autrement il aurait pris pour sérieux le chiffre 4 de son correspondant. car deux réclamations par trimestre sur papier timbré de 50 c. (l'une pour la contribution foncière et l'autre pour la contribution des portes et fenêtres) ne pouvaient évidemment pas ne coûter que 2 fr.

JURISPRUDENCE SPÉCIALE.

CONSEIL D'ÉTAT.

DÉTOURNEMENTS COMMIS PAR UN RECEVEUR MUNICIPAL SPÉCIAL — NON-RESPONSABILITÉ DU RECEVEUR DES FINANCES. — *Pourvoi formé devant le conseil d'État.* — *Rejet.* — *Incompétence des tribunaux civils en matière de responsabilité des receveurs des finances.*

A deux reprises différentes, le Ministre a infligé une retenue de traitement à un receveur des finances, par application de l'article 17 du décret du 9 novembre 1853, pour manquement à ses devoirs de surveillance sur la gestion d'un receveur spécial. En prenant cette grave décision, Son Excellence se proposait évidemment de suppléer par une simple mesure de discipline intérieure au défaut de responsabilité matérielle, afin de ne pas laisser absolument dépourvues de sanction les prescriptions de l'article 67 de la loi du 18 juillet 1837, qui, en ce qui concerne les receveurs spéciaux, n'a parlé que de la *surveillance* et nullement de la *responsabilité* des receveurs des finances. Néanmoins, la ville de A.. dont les intérêts étaient compromis dans l'une des deux circonstances auxquelles nous venons de faire allusion, a cru devoir en appeler de la décision du Ministre au Conseil d'Etat, et invoquer la responsabilité pleine et entière du receveur des finances au sujet d'un déficit considérable commis par son receveur. En présence du texte formel de la loi, cette requête ne pouvait avoir aucune chance de succès ; un arrêt du Conseil d'Etat en date du 22 novembre dernier l'a rejetée.

« Napoléon, etc. ;

« Vu la requête sommaire et le mémoire ampliatif « présentés pour la ville de A..., agissant poursuites « et diligences de son Maire, à ce dûment autorisé, « ladite requête et ledit mémoire enregistrés au se« crétariat de la section du contentieux de notre Con« seil d'Etat les 15 mai et 20 juillet 1865, et tendant « à ce qu'il nous plaise de réformer une décision, en « date du 11 février 1865, par laquelle notre Minis« tre des finances a décidé que le sieur X..., ancien « receveur général du département de... supporte« rait, par application de l'article 17 du décret du « 9 novembre 1853, une retenue de... sur son trai« tement, à raison de la négligence apportée par lui « dans la surveillance de la gestion du sieur..., re« ceveur municipal de la ville de A.. ;

« Ce faisant, déclarer les sieurs X.., B.. et C..., « anciens receveurs généraux du département de..., « solidairement responsables et débiteurs envers la « commune demanderesse du déficit constaté dans « la caisse dudit sieur... et montant à la somme de... « avec les intérêts de ladite somme ;

« Subsidiairement les condamner chacun séparé« ment au payement du déficit constaté dans la caisse « municipale au jour où il a cessé ses fonctions, et « les condamner en tout cas aux dépens ;

« Vu la décision attaquée ;

« Vu le mémoire en défense présenté par le sieur « X..., receveur général du département de..., ledit « mémoire enregistré, et tendant à ce qu'il nous « plaise rejeter le pourvoi de la ville de A... par le « motif qu'aucune disposition de la loi n'impose aux « receveurs des finances la responsabilité de la ges« tion des receveurs municipaux dans le cas où ces « derniers ne sont pas en même temps Percepteurs, « et condamner la ville de A... aux dépens ;

« Vu les observations de notre Ministre des finan« ces en réponse à la communication qui lui a été « donnée du pourvoi, lesdites observations enregis« trées comme ci dessus le 16 novembre 1865, et « tendant au rejet dudit pourvoi ;

« Vu le mémoire en réplique enregistré comme « ci-dessus le 22 mars 1866, par lequel la ville de « A.. déclare persister dans ses conclusions précé« dentes ;

« Vu le nouveau mémoire présenté pour le sieur « X..., enregistré comme ci-dessus le 4 avril 1866, « et tendant au rejet du pourvoi comme non *receva« ble*, par le motif que la décision par laquelle le Mi« nistre des finances a soumis le défendeur à une « retenue sur son traitement est une mesure disci« plinaire contre laquelle ladite ville n'a pas qualité « pour se pourvoir ;

« Vu le nouveau mémoire enregistré comme ci« dessus le 8 mai 1866, par lequel la ville de A... re« connaît qu'aucune faute n'est imputable aux rece« veurs généraux qui ont précédé le sieur X.. dans « le département de..., et conclut à ce que celui-ci « soit condamné à lui payer une somme de... mon« tant du déficit constaté officiellement dans la caisse « du sieur... ;

« Vu la délibération en date du 2 avril 1865, par « laquelle le conseil municipal de A... a autorisé son « Maire à se pourvoir contre la décision du Ministre « des finances ;

« Considérant que si, aux termes de l'article 67 de « la loi du 18 juillet 1837, en cas de déficit constaté « dans la gestion du comptable d'une commune, le « receveur des finances de l'arrondissement peut être « déclaré responsable de ce déficit, ce n'est qu'au« tant que ce comptable réunit les fonctions de Per« cepteur à celles de receveur municipal ;

« Considérant que le sieur... n'avait que cette « deuxième qualité et que dès lors la ville de A... « n'est pas recevable à attaquer devant nous, par la « voie contentieuse, la décision par laquelle notre « Ministre des finances s'est borné, par application « de l'article 17 du décret du 9 novembre 1853, à « soumettre le sieur X.. à une retenue sur son trai« tement par mesure disciplinaire ;

« Notre Conseil d'Etat au contentieux entendu ;

« Avons décrété et décrétons ce qui suit :

« Art. 1er. La requête de la ville de A.. est re« jetée ;

« Art. 2. La ville de A... est condamnée aux dé« pens. »

(DÉCR. du 22 novembre 1866).

ÉLECTIONS MUNICIPALES. — CONDITIONS D'ÉLIGIBILITÉ. — INCAPACITÉS ET INCOMPATIBILITÉS SPÉCIALES.

ADJOINT RECEVANT UNE ALLOCATION POUR LA TENUE DES ACTES DE LA MAIRIE. — L'adjoint qui reçoit une allocation, portée au budget de la commune, pour la tenue des actes de la mairie, ne peut cependant pas être considéré comme agent salarié de la commune, s'il résulte de l'instruction que cette allocation ne constitue pas un traitement et sert uniquement à rembourser l'adjoint des avances qu'il est obligé de faire; — par suite, il n'est pas, pour ce motif, incapable de faire partie du Conseil municipal. (DÉCR. du 2 août 1866. — *Él. de Monchassin-les-Mines.*)

ADJUDICATAIRE DES TRAVAUX D'ENTRETIEN DES CHEMINS VICINAUX. — Doit être considéré comme entrepreneur d'un service communal, dans le sens de l'article 9, § 2, de la loi du 5 mai 1855, et, par suite, ne peut faire partie du Conseil municipal, celui qui s'est rendu adjudicataire des travaux neufs et d'entretien à exécuter sur les chemins vicinaux de la commune. (DÉCR. du 11 juillet 1866. — *Él. de Régneville.*)

ADJUDICATAIRE DE LA CONSTRUCTION D'UNE ÉGLISE. — L'adjudicataire des travaux de construction de l'église n'est pas entrepreneur d'un service communal dans le sens du § 2 de l'article 9 de la loi du 5 mai 1855; par suite, il peut être élu membre du Conseil municipal. (L'incapacité dont sont frappés les entrepreneurs de services communaux ne concerne que les services qui créent entre les communes et les entrepreneurs des rapports d'intérêt constants.) (DÉCR. 1er juin 1866. — *Él. de Morcevux.*)

AGENTS SALARIÉS *de la commune. Avocat et avoué.* — L'avocat et l'avoué d'une commune ne sont pas ses *agents salariés*, dans le sens de l'art. 9 de la loi du 5 mai 1855, et, dès lors, ils peuvent faire partie du Conseil municipal. (DÉCR. du 27 juillet 1866. — *Élect. de Cahors.*)

CAUTION ET ASSOCIÉ DU FERMIER D'UN ÉTABLISSEMENT COMMUNAL. — VOTE INDÛMENT ADMIS DÉDUCTION.

Celui qui s'est constitué, par l'acte même d'adjudication, caution du fermier d'un établissement thermal appartenant à la commune, ne saurait être considéré ni comme comptable de deniers communaux, ni comme entrepreneur d'un service public communal; par suite, il n'est pas incapable d'être élu membre du Conseil municipal.

— Ces qualifications et l'incapacité qui en est la conséquence, ne sont pas davantage applicables à des associés du fermier dudit établissement, quand leur qualité d'associés résulte seulement de conventions verbales.

Les votes indûment admis doivent être retranchés du nombre des voix obtenues par les candidats élus, et il y a lieu d'annuler l'élection des candidats à qui ce retranchement fait perdre la majorité.

Vu la requête présentée par les sieurs Barreau et autres.., tendant à ce qui nous plaise annuler — un arrêté, en date du 6 sept. 1865, par lequel le Conseil de Préfecture du département de la Haute Garonne a rejeté la protestation qu'ils avaient formée contre les opérations électorales auxquelles il a été procédé, les 23 et 30 juillet précédent, dans la commune de Bagnères-de-Luchon, pour le renouvellement du Conseil municipal; — Ce faisant :

— En ce qui touche les opérations du 23 juillet, attendu que les sieurs Emile Fadeuilhe, Laurent Fadeuilhe et Jean Sors, devenus, par l'acte d'adjudication du 24 avril 1864, les fermiers de l'établissement thermal de Luchon, se trouvent dans le cas d'incapacité prévu par l'article 9 de la loi du 5 mai 1855 en leur double qualité de comptables de deniers communaux et d'entrepreneurs d'un service public communal, annuler l'élection des sieurs Emile Fadeuilhe, Laurent Fadeuilhe et Jean Sors :

— En ce qui touche les opérations du 30 juillet annuler ces opérations, par les motifs suivants :

Vu le décret du 2 février 1852 et la loi du 5 mai 1855;

En ce qui touche les opérations du 23 juillet : — Considérant que le sieur Emile Fadeuilhe, constitué par l'acte d'adjudication du 24 avril 1864, caution du fermier de l'établissement thermal de Bagnères-de-Luchon, ne saurait être considéré ni comme comptable de deniers communaux, ni comme entrepreneur d'un service public communal; que ces qualifications ne sont pas davantage applicables aux sieurs Laurent Fadeuilhe et Jean Sors, pour lesquels la qualité d'associés du fermier de l'établissement thermal résulte seulement de conventions verbales,

En ce qui touche les opérations du 30 juillet : — Sans qu'il soit nécessaire de statuer sur les autres griefs : —Considérant qu'il est constaté par la feuille des émargements qu'un vote a été reçu au nom du sieur Redonet Simon, qui se trouvait absent de la commune le jour de l'élection ; qu'en retranchant ce vote du nombre de voix obtenues par le conseiller élu, celui-ci cesse de réunir la majorité, qui n'était en sa faveur que d'une voix; que dans ces circonstances, c'est à tort que le Conseil de Préfecture a validé l'élection du sieur Tambourin-Sacaron;

Art. 1er L'élection du sieur Tambourin-Sacaron comme membre du Conseil municipal de la commune de Bagnères-de-Luchon est annulée. — Art. 2. L'arrêté attaqué du Conseil de Préfecture du département de la Haute-Garonne, en date du 6 sept. 1866, est réformé en ce qu'il a de contraire au présent décret. — Art. 3. Le surplus des conclusions des sieurs Barreau et consorts est rejeté. (DÉCR. du 15 juin 1866. — *Él. de Bagnères-de-Luchon*).

CONCESSIONNAIRE D'ABATTOIR. — Un individu a reçu à bail d'une commune, pour vingt années, un terrain sur lequel il s'est obligé à construire un abattoir, qui doit, à la fin du bail, devenir la propriété de la commune; — Pendant la durée du bail, il est autorisé à exploiter l'abattoir construit par lui et à percevoir des taxes d'abatage suivant un tarif déterminé; — L'autorité municipale, d'ailleurs, n'exerce de surveillance sur l'établissement que sous le rapport de la salubrité publique : — Dans ces circonstances, l'exploitation de l'établissement dont s'agit ne constitue pas l'entreprise d'un service communal dans le sens de l'article 9 de la loi du 5 mai 1855, et ne rend pas, par suite, le concessionnaire incapable de faire partie du Conseil municipal. — (Décr. du 17 juillet 1866. — *El. de Mourmelin-le-Grand.*)

CONCESSIONNAIRE DE L'ÉCLAIRAGE. GERANT DE SOCIÉTÉ ANONYME. — Doit être considéré comme entrepreneur d'un service communal, dans le sens de l'article 9 de la loi du 5 mai 1855, et, partant, comme incapable d'être élu membre du Conseil municipal, le concessionnaire du service de l'éclairage au gaz de la commune, alors même qu'il aurait, en traitant avec la commune, agi au nom d'une société en nom collectif dont il est gérant, et qu'il aurait cédé à un tiers l'exploitation de son marché. (Décr du 7 juin 1866. — *El. de Dieppe.*)

ENTREPRENEURS DE SERVICES COMMUNAUX. ADJUDICATAIRE DE COUPE AFFOUAGÈRE. — L'adjudicataire de l'exploitation de la coupe affouagère de la commune ne peut être considéré comme *entrepreneur d'un service communal*, dans le sens du § 2 de l'art. 9 de la loi du 5 mai 1855, et, partant, comme incapable de faire partie du Conseil municipal.

INDIVIDU DISPENSÉ DES CHARGES COMMUNALES *Appréciation de la position.* — Aux termes de l'art. 9 de la loi du 5 mai 1855, « ne peuvent être élus conseil« lers municipaux... 4° les individus dispensés de « subvenir aux charges communales. » — Décidé que c'est avec raison que cette incapacité avait été déclarée inapplicable au candidat élu dont l'élection était attaquée dans l'espèce, ledit candidat possédant des moyens personnels d'existence, étant inscrit au rôle des contributions personnelle, mobilière et des patentes, et supportant sa part des centimes additionnels destinés à pourvoir à l'acquittement des charges communales. (Décr. 16 mai 1866. — *El. de Bagnols.*)

INSTITUTEUR. DÉMISSION AVANT L'INSTALLATION DU CONSEIL MUNICIPAL. — L'instituteur de la commune, dont l'élection était contestée, ayant adressé, avant les élections, sa démission à l'inspecteur de l'instruction primaire, et cette démission ayant été acceptée par le Préfet avant l'installation du Conseil municipal, — décidé qu'il y avait lieu de maintenir son élection. (Décr. du 16 juin 1866. *El. de Gareil.*)

MÉDECIN DES INDIGENTS. — Doit être considéré comme agent salarié de la commune, et, partant, comme incapable d'être membre du Conseil municipal, aux termes de l'art. 9 de la loi du 5 mai 1855, le médecin commissionné par le Maire à l'effet de donner des soins aux indigents et de constater les décès, et à qui il est accordé pour cela une allocation inscrite au budget municipal.

— Peu importe qu'il n'ait pas encore profité de cette rétribution, s'il n'a pas déclaré y renoncer. (Décr. du 28 mars 1866. — *Él. de Champagne.*)

MÉDECIN DE L'HOSPICE ET DES EMPLOYÉS DE L'OCTROI. PROFESSEUR A L'ÉCOLE PRÉPARATOIRE DE MÉDECINE. — Ne peut être considéré comme agent salarié de la commune, et partant, comme incapable d'être membre du Conseil municipal : — ni le médecin des employés de l'octroi, s'il ne reçoit aucune rémunération sur les fonds du budget de la commune et si toutes les sommes constituant son traitement sont fournies par les employés eux-mêmes au moyen d'une retenue mensuelle opérée sur leurs appointements; — ni le professeur à l'école préparatoire de médecine, ce professeur étant un fonctionnaire de l'instruction publique, nommé par le Ministre de l'Instruction publique; — ni, enfin, le médecin d'un hospice communal, si sa nomination a été faite par la Commission administrative de l'hospice, et si le traitement qu'il reçoit en cette qualité est prélevé sur le budget de l'hospice auquel il est attaché. (Décr. du 28 mars 1866. — *Él. de Lille.*)

MEMBRE DU CONSEIL DE FABRIQUE. — Un membre du conseil de fabrique peut-il faire partie du Conseil municipal dans la même commune? (Aucune disposition de loi ne s'y oppose). (Décr. du 26 juin 1866. — *El. de Montsurvent.*)

PHARMACIEN DE L'HOSPICE. — Ne peut être considéré comme *agent salarié de la commune*, dans le sens de l'art. 9 de la loi du 5 mai 1855, — et, partant, comme incapable de faire partie du Conseil municipal, — le pharmacien de l'hospice de la commune, quand sa nomination a été faite par la Commission administrative de l'hospice, — et quand son traitement est prélevé sur le budget de cet établissement. (Décr du 2 août 1866. — *Él. de Marseille.*)

RECEVEUR PARTICULIER DES FINANCES — INCAPACITÉ.

Le receveur particulier ne doit pas être considéré comme comptable, dans le sens de l'article 9 de la loi du 5 mai 1855, des deniers de la commune chef-lieu d'arrondissement où il réside, et, partant, comme incapable de faire partie du Conseil municipal de ladite commune.

Vu la requête présentée par le sieur Malfuson, électeur de la commune de Sancerre... tendant à ce qu'il nous plaise annuler un arrêté, du 4 janvier 1866, par lequel le Conseil de préfecture du Cher a rejeté sa protestation contre l'élection du sieur de Ménainville comme membre du Conseil municipal de la commune de Sancerre; — Ce faisant, attendu que le sieur de Ménainville, étant receveur particulier de l'arrondissement de Sancerre, devrait, à raison de ces fonctions, être considéré, comme comptable des deniers de la commune de Sancerre et ne pourrait dès lors faire partie de son Conseil municipal, déclarer nulle ladite élection.

Vu la loi du 5 mai 1855, notamment article 9; considérant que les fonctions de receveur particulier de l'arrondissement de Sancerre ne peuvent avoir pour effet de constituer le sieur de Ménainville comptable, dans le sens de l'article 9 de la loi du 5 mai 1855, des deniers de la commune de Sancerre; que, dès lors, c'est avec raison que le Conseil de préfecture du Cher a rejeté la protestation formée par le sieur Malfuson contre l'élection du sieur de Ménainville comme membre du Conseil municipal de cette commune.

Art. 1er. La requête du sieur Malfuson est rejetée. (1).

(Décr. du 17 juillet 1866. — *Malfuson*).

SECRETAIRE DE LA MAIRIE. — Doit être considéré comme agent salarié de la commune, dans le sens de l'art. 9 de la loi du 5 mai 1855, et, partant, comme incapable d'être élu membre du Conseil municipal, l'individu qui remplit, concurremment avec l'instituteur communal, les fonctions de secrétaire de la mairie, et qui perçoit, au moyen de mandats délivrés par le Maire, la moitié de la somme inscrite au budget de la commune pour le traitement du secrétaire de la mairie.

Secrétaire de la mairie. Option. Mise en demeure — Lorsque l'élection d'un candidat est attaquée par le motif qu'il serait, en sa qualité de secrétaire de la mairie, agent salarié de la commune, et, partant, incapable de faire partie du Conseil municipal, le Conseil de préfecture doit, avant de statuer, inviter ledit candidat à présenter ses observations en défense et le mettre en demeure d'opter entre les fonctions de membre du Conseil municipal et celles de secrétaire de la mairie.

— La loi ne fixant aucun délai pour faire une telle option, et le requérant ayant déclaré devant le Conseil d'État se démettre de ses fonctions de secrétaire de la mairie, son élection comme membre du Conseil municipal est maintenue. (Décr. du 25 avril 1866. — *Él. de Evran.*)

(1) La surveillance et la responsabilité imposées aux receveurs des finances sur les receveurs des communes, comme une dépendance de leurs fonctions, ne constituent pas ces fonctionnaires comptables des communes; car s'ils ont par le fait de leur surveillance, une sorte d'immixtion dans la connaissance des recettes et dépenses communales et dans leur comptabilité, ils n'ont pas eux-mêmes à compter des opérations.

DÉCISIONS ET SOLUTIONS ADMINISTRATIVES.

DETTES DE L'ÉTAT. Déchéances. *Loi du 29 janvier 1831. Décision judiciaire opposée à la déchéance. Intérêts. Frais.* — Lorsqu'un créancier de l'État n'ayant formé aucune demande à fin de liquidation ou de payement, la déchéance prononcée par la loi du 29 janvier 1831, a été encourue, la procédure qui est engagée devant les tribunaux, *postérieurement à l'expiration du délai de déchéance*, et le jugement qui, à la suite de cette procédure, reconnaît l'existence de la créance, ne peuvent faire obstacle à l'application de la déchéance.

Il en est de même d'un désistement d'appel donné par l'État. — (On objecterait en vain que le désistement constitue un acquiescement.)

La déchéance s'applique aux intérêts et aux frais de justice dus par l'État en vertu du jugement. (Ces intérêts et ces frais sont un accessoire de la créance et doivent en suivre le sort.)

Décidé, toutefois, dans l'espèce, que la déchéance ne devait pas être appliquée à des frais de procédure d'appel que le Ministre avait, par exploit d'huissier, *déclaré consentir à payer sur taxe.* (Décr. 28 mai 1866. — *Mirès.*)

EAUX MINÉRALES. Subventions mises a la charge des exploitants. Nomination de médecin. Application de règlements abrogés par la loi de 1856 et le décret de 1860. Préfet. Excès de pouvoirs — Aux termes de la loi du 14 juillet 1856 et du décret du 26 janvier 1860, les possesseurs d'établissements d'eaux minérales naturelles autorisés sont tenus de contribuer, au prorata de leur revenu, au payement de la somme nécessaire pour couvrir les frais d'inspection médicale et de surveillance; ce revenu doit être déterminé par arrêté ministériel pris sur l'avis d'une commission départementale et d'une commission centrale, et notifié aux intéressés: — Lorsque ces dispositions n'ont pas été observées, que les taxes ont été établies d'après des règlements préfectoraux abrogés par la loi de 1856 et le décret de 1860, le Préfet, en ordonnant le recouvrement de ces taxes, *excède la limite de ses pouvoirs.* (Décr. 7 juin 1866. — *Verdier.*)

TAXES ASSIMILÉES AUX CONTRIBUTIONS DIRECTES. DÉLAI DE RÉCLAMATION Publication du rôle non constatée. Émission du rôle. Avertissement au contribuable. — Lorsqu'il n'est point établi que la publication du rôle (dans l'espèce rôle d'une taxe d'entretien de dessèchement de marais) ait été faite, — peut-on fixer une époque à laquelle aurait commencé à courir le délai de réclamation en prenant, par exemple, pour point de départ soit l'émission du rôle, soit un avertissement donné au contribuable? — *Rés. nég* — En conséquence, la demande en décharge — (dans l'espèce, demande reproduisant une première demande rejetée par un arrêté du Conseil de Préfecture et par un arrêt du Conseil d'État comme irrégulière en la forme) — ne peut être déclarée non recevable comme tardivement présentée. (Décr. du 28 juillet 1866. — *De Carbonel.*)

— Remboursement a un contribuable de la taxe a lui irrégulièrement imposée. Intérêts de la nouvelle taxe réclamés a partir du remboursement de la première. — Lorsqu'un propriétaire a obtenu (dans l'espèce, en vertu d'un arrêt du Conseil d'État) le remboursement d'une taxe, pour travaux défensifs, qui lui avait été imposée à la suite d'une répartition irrégulière, — peut-on se fonder sur les retards que la nécessité de faire procéder à une nouvelle répartition a fait éprouver au recouvrement de la taxe réellement imposable à ce propriétaire, pour mettre à sa charge les intérêts de cette dernière taxe à dater du jour du remboursement qu'il a obtenu? — *Rés. nég.*

— (Les taxes relatives aux travaux de défense contre les inondations sont, en vertu de l'article 3 de la loi du 14 floréal an XI, recouvrables dans les formes établies par les contributions directes; si par suite de la réclamation formée par un contribuable, il est nécessaire de procéder à une nouvelle assiette de la taxe et qu'il en résulte des retards pour le recouvrement de cette taxe, aucune disposition de la loi n'autorise à lui faire payer des intérêts). [Décr. du 29 nov. 1866].

TAXES DE CURAGE. — Réclamation collective *sur papier non timbré. Cotes dont les unes sont supérieures à 30 fr. et les autres inférieures.* — Lorsqu'en matière de taxes de curage (taxes assimilées aux contributions directes) une réclamation collective est présentée sur papier non timbré par des contribuables dont les uns ont des cotes supérieures à 30 fr., et les autres des cotes inférieures,—toutes les réclamations ne doivent pas être déclarées non recevables; — on doit seulement déclarer non recevables celles des contribuables dont les cotes sont supérieures à 30 fr. (Décr. du 22 février 1866. — *Ville d'Estaires.*)

Acquittement de taxes. — Des propriétaires imposés à une taxe de curage, qui ont réclamé dans les trois mois de la publication du rôle, ne peuvent pas être déclarés non recevables à raison de ce qu'avant de réclamer ils ont acquitté, sans y être contraints par des poursuites et sans réserves, le montant de leurs cotisations. — (On objecterait vainement qu'ils ont acquiescé à l'arrêté préfectoral par lequel a été prescrit le curage aux frais des propriétaires riverains). — (Même Décret.)

TESTAMENTS. — Legs universels. Autorisation d'accepter pour une quotité de la succession. Contribution aux charges et aux legs. Interprétation du décret d'autorisation. — Une personne a, par divers testaments, disposé de sa fortune tant mobilière qu'immobilière au profit de plusieurs communes, en vue de la fondation d'un établissement de bienfaisance; par un autre testament, elle a fait divers legs particuliers; — un décret impérial a autorisé les communes à accepter, mais jusqu'à concurrence d'un tiers seulement.

— Devant les tribunaux, un débat s'engage entre les communes et les héritiers du sang sur le sens et les effets du décret d'autorisation, en ce qui touche la contribution au payement des charges et legs particuliers; — Les communes prétendent que ce décret a modifié leur qualité de légataires universelles et que, leur droit ayant été ramené à une quotité fixe, elle ne sont pas obligées au payement des dettes et legs; — Les héritiers du sang soutiennent au contraire que l'obligation de payer les legs est inhérente à l'institution universelle, après comme avant la réduction : — Décidé sur le renvoi en interprétation prononcé par l'autorité judiciaire, que le décret, en autorisant les communes à accepter, jusqu'à concurrence du tiers, le legs fait à leur profit, n'a pas dérogé aux règles ordinaires du droit. (Décr. du 28 mai 1866. — Comm. d'*Auxon.*)

— Décret autorisant l'acceptation d'un legs. — Interprétation d'un décret portant l'autorisation à une congrégation et à une commune d'accepter un legs pour l'établissement d'une école. — (Ce décret, en autorisant la congrégation et la commune à accepter le legs et en même temps à recevoir du légataire universel une somme déterminée pour l'établissement de l'école, s'est-il entendu n'autoriser l'acceptation du legs que jusqu'à concurrence de la somme indiquée — ou bien — nonobstant les termes du décret, la commune pouvait-elle, si elle jugeait cette somme insuffisante pour la création de l'établissement, demander que le chiffre fut déterminé par l'autorité judiciaire? — *Rés. dans le premier sens.* (Décr. du 4 août 1866. — *Comm. d'Anfargis.*)

TROTTOIRS. Réclamation. Quittance des termes échus. — Lorsqu'une cotisation, imposée pour l'établissement de trottoirs, en vertu de la loi du 7 juin 1845, a été demandée en un seul payement, la réclamation ne peut être déclarée non recevable, comme n'étant pas accompagnée de la quittance des termes échus.

— (La disposition de l'art. 28 de la loi du 21 avril 1832, aux termes de laquelle tout contribuable doit joindre à sa demande en décharge ou en réduction la quittance des termes échus, est corrélative à la division de la perception par douzièmes et à la disposition du même article qui permet au contribuable, s'il n'a pas été statué sur sa réclamation dans le délai de trois mois, de différer le payement des termes qui viennent à échoir après le délai). (Décr. 1er Mai 1866. — *Cosmao.*)

— Trottoirs. Caniveaux. Propriétaires n'ayant pas réclamé dans l'enquête. — Lorsque le Conseil municipal ne s'est pas borné à voter l'établissement de trottoirs, mais a décidé qu'à la bordure des trottoirs se trouvait lié un système de caniveaux destiné à l'écoulement des eaux, — les propriétaires riverains peuvent demander que la dépense entraînée par l'établissement des caniveaux soit supportée entièrement par la ville ? — (Aux termes de la loi du 7 juin 1845, les propriétaires riverains peuvent être appelés à contribuer à la construction des trottoirs dans une proportion déterminée ; mais aucune disposition de cette loi ne permet de mettre à leur charge la construction de caniveaux destinés à recevoir les eaux qui s'écoulent sur la voie publique.)

— La circonstance que les propriétaires riverains n'auraient fait aucune opposition, dans l'enquête à laquelle il aurait été procédé sur l'ensemble des travaux, ne leur enlève pas le droit de réclamer contre les cotisations individuelles. — (MÊME DÉCRET).

MISE EN ÉTAT DE VIABILITÉ DES RUES D'UN QUARTIER. *Association de propriétaires. Dépenses prises par la commune à sa charge sauf recouvrement sur les propriétaires. Caractère de l'arrêté prescrivant le recouvrement.* — Aux termes d'une convention passée entre une commune (dans l'espèce la ville de Paris) et une association de propriétaires la commune s'est engagée à mettre en bon état de viabilité les diverses rues d'un quartier, moyennant, notamment, le payement d'une certaine somme que la commune restait chargée de recouvrer sur tous les propriétaires, proportionnellement aux surfaces possédées : — Un arrêté (dans l'espèce arrêté du Préfet de la Seine), qui a pour objet de mettre en recouvrement la somme représentant la part d'un propriétaire dans cette subvention, ne fait pas obstacle à ce que le propriétaire puisse se pourvoir devant l'autorité compétente, s'il se croit en droit de réclamer contre la cotisation mise à sa charge.

— En conséquence, cet arrêté ne peut être attaqué pour excès de pouvoirs. (DÉCR. 7 juin 1866. — *Ville de Paris.*

CHRONIQUE.

On vient de ressusciter à Paris, avec un grand succès, un ancien journal satirique intitulé LE CORSAIRE. Cette feuille très-réussie est rédigée avec un grand talent par les écrivains libéraux les plus sympathiques de la nouvelle génération, tels que Ranc, Arago, Guillemot, Bienvenu, Claretie, Siebecker, Faure, etc. Son directeur est *Jules Lermina*, qui a fait une si brillante campagne à la direction de feu *Le Soleil*. Le prix en est de 10 fr. pour trois mois, et l'on donne en prime le théâtre complet de Victor Hugo, illustré de 200 dessins. — Bureaux : 10, Faubourg Montmartre.

Le journal politique de Paris qui passe pour le mieux informé dans ses matières financières est le COURRIER FRANÇAIS qui, d'hebdomadaire qu'il était depuis 7 ans, s'est transformé cette année en journal quotidien. Fondé en dehors de toute entreprise financière, il accueille hardiment les réclamations contre les Compagnies ; ses articles font sensation dans le monde financier. Ils sont rédigés par un écrivain spécial de la plus haute capacité, M. Georges Duchêne, le collaborateur du philosophe Proudhon. Les bureaux du Journal sont rue d'Aboukir, n° 9 ; il coûte 5 fr. 50 c. par mois pour la Province.

Nous croyons devoir rappeler aux comptables qu'ils trouveront un *Dépôt de nos Ouvrages dans toutes les Recettes des Finances*. Ils peuvent, par ce moyen, les examiner et s'en rendre compte jusqu'à un certain point, avant de les acquérir.

Il y a des volumes cartonnés et d'autres brochés.

Un certain nombre de receveurs municipaux nous ont déjà envoyé des demandes de nos *Ouvrages administratifs* pour les Mairies de leurs Perceptions ; nous les prions d'agréer nos remerciments, et demandons à nos autres Abonnés de faire quelques efforts pour nous rendre le même service.

Sur la demande de diverses personnes, nous avons fait fabriquer à l'usage de nos abonnés, des *cartons-releveurs* pour collectionner et relier immédiatement chaque N° du Journal, au fur et à mesure de son apparition. Ces cartons sont reliés fort élégamment avec coins sur les plats et portent au dos en lettres dorées, le titre de *Journal des Percepteurs*. Le prix en est de 3 fr. 50, à envoyer avec la demande.

Directeur, H. GALLETIER, à Fontenay-aux-Roses (Seine).

JOURNAL DES PERCEPTEURS,

DES RECEVEURS DES FINANCES, ET DES RECEVEURS DES COMMUNES, HOSPICES, ETC.;
DES SURNUMÉRAIRES, ET DES ASPIRANTS.

2e Série. — 10 fr. par an. Un numéro toutes les semaines. 12e année. — N° 41

SOMMAIRE.

ACTES OFFICIELS.

CIRCULAIRE DU MINISTRE DE L'INTÉRIEUR *concernant les lois des 18 juillet 1866 et 24 juillet 1867 : Emprunts et impositions des communes; — Fixation du maximum des centimes extraordinaires à voter par les Conseils municipaux.*

23 août 1867.

Monsieur le Préfet, le Conseil général de votre département aura, dans sa prochaine session, à prononcer sur le maximum du nombre des centimes extraordinaires que les communes seront autorisées à voter, par application de la loi du 24 juillet 1867, pour en affecter le produit à des dépenses extraordinaires d'utilité communale. Je vous ai, le 3 août, adressé des instructions qui vous guideront dans les propositions que vous soumettrez à cette assemblée afin de faciliter sa décision. La fixation de ce maximum aura pour effet d'assurer aux Conseils municipaux le bénéfice des attributions que leur confèrent, en matière d'emprunts et d'impositions, les articles 3 et 5 de la loi du 24 juillet 1867. Je vous prierai donc de me faire connaître, aussitôt après la session, la décision du Conseil général de votre département, et de me transmettre la délibération qu'il aura prise à ce sujet. Dès qu'elle me sera parvenue, je m'empresserai de vous renvoyer les dossiers que vous m'avez adressés jusqu'à ce jour et qui auraient trait à des affaires d'emprunts et d'impositions extraordinaires dans lesquelles la délibération du Conseil municipal serait, ou exécutoire de plein droit, ou soumise à votre approbation.

Recevez, etc,

Le Ministre de l'Intérieur,
LA VALETTE.

CIRCULAIRE DU MINISTRE DE L'INTÉRIEUR, *relative à la compétence en matière d'Impositions communales.*

27 août 1867.

Monsieur le Préfet, la loi du 24 juillet 1867 a augmenté, vous le savez, dans une large mesure, les attributions des Conseils municipaux en matière d'impositions extraordinaires, et elle a, par conséquent, modifié d'une manière importante les conditions auxquelles l'approbation de ces impositions était subordonnée en vertu de la loi du 18 juillet 1837. Les Conseils municipaux, dans certains cas, les Préfets, dans d'autres, sont devenus compétents pour autoriser les impositions extraordinaires dont la création auparavant devait être aprouvée par décret (art. 3 et 5); enfin, des décrets suppléeront désormais, dans les limites spécifiées par l'article 7, aux lois qui seules pouvaient autoriser ces contributions.

Ces modifications peuvent, avant que la nouvelle loi n'ait subi l'épreuve de la pratique, faire naître quelques incertitudes dans l'esprit des administrations locales, et, pour faciliter l'application des principes qui devront les guider à l'avenir en pareille matière, j'ai fait dresser le tableau ci-joint que je vous prie de porter à leur connaissance. Elles y trouveront l'énumération des centimes soit ordinaires, soit spéciaux, soit extraordinaires, dont le recouvrement alimente les recettes de leurs budgets, l'indication des cas où le concours des plus imposés est nécessaire pour régulariser le vote des Conseils municipaux et de ceux où les impositions rentreront dans le maximum à fixer chaque année par les Conseils généraux, enfin la désignation des autorités compétentes pour approuver les différentes impositions.

En ce qui concerne les impositions pour insuffisance de revenus, plusieurs de vos collègues ont soulevé une observation à laquelle je m'empresse de répondre. Se fondant sur ce que les articles 3 et 5 de de la loi du 24 juillet 1867 confèrent aux Conseils municipaux et aux Préfets le droit d'approuver, dans des limites déterminées, les contributions extraordinaires votées pour des dépenses extraordinaires d'utilité communale, ils m'ont demandé si dorénavant les Préfets ne seraient pas compétents pour autoriser les centimes destinés à parer à l'insuffisance des revenus annuels et qui, dans bien des communes, sont une ressource indispensable pour assurer la marche des différents services municipaux. L'objection est sérieuse : on peut prétendre, en effet, que la loi nouvelle, en étendant les attributions des Conseils municipaux et des Préfets en matière d'impositions extraordinaires, aurait dû, à plus forte raison, augmenter leurs pouvoirs respectifs en ce qui touche les impositions destinées aux *dépenses facultatives annuelles.* Mais il faut reconnaître, d'un autre côté, que la loi est muette sur ce point, et qu'en même temps elle limite expressément les dispositions de l'article 3 aux centimes votés pour *dépenses extraordinaires* d'utilité communale. Elle paraît donc avoir implicitement laissé en vigueur les dispositions de la loi du 18 juillet 1837 (art. 40). Je suis amené à en conclure que les centimes votés, chaque année, par les Conseils municipaux pour faire face, par suite de l'insuffisance de leurs revenus, aux dépenses facultatives annuelles, continueront, comme pour le passé, à être autorisés par décrets, et je vous prie de vous conformer, à cet égard, aux règles tracées par la circulaire du 13 décembre 1842.

L'anomalie apparente que présente cette interprétation de la loi peut d'ailleurs se justifier par deux raisons : le vote des centimes extraordinaires pour suppléer à l'insuffisance des revenus ordinaires de la commune est l'indice d'une situation exceptionnelle et fâcheuse sur laquelle il n'est pas sans intérêt d'appeler l'attention du gouvernement. En outre, on peut s'expliquer que le législateur ait entendu réserver à l'administration supérieure l'approbation d'impositions extraordinaires qui ne sont pas limitées à un maximum, comme celles que les Conseils municipaux sont appelés à voter par application des articles 3 et 5 de la loi nouvelle. La nécessité d'une approbation, dans ce cas, remplace la garantie qui résulte, dans l'autre cas, de la fixation du maximum.

Je suis disposé, Monsieur le Préfet, à tenir grand compte des observations qui m'ont été présentées à ce sujet, et j'ai l'intention d'étudier la question de savoir s'il ne conviendrait pas, pour répondre à des besoins constatés dans un grand nombre de communes, soit d'augmenter la quotité des centimes ordinaires fixée chaque année dans la loi des finances, soit de supprimer ou tout au moins de simplifier la formalité de l'autorisation, soit enfin de charger les Conseils généraux de fixer un maximum spécial pour les impositions dont il s'agit. Mais, avant de prendre une détermination, je désirerais connaître le nombre des communes qui sont obligées, dans votre département, d'avoir recours tous les ans à des centimes extraordinaires pour subvenir à leurs dépenses annuelles soit obligatoires, soit facultatives, ainsi que le chiffre des centimes que chacune d'elles est appelée à supporter à cette occasion. Je vous prierai donc de faire remplir le second tableau ci joint et de me le renvoyer avec vos observations au 1er novembre prochain. Ce n'est qu'après avoir résumé l'ensemble des besoins qui me seront signalés par cette enquête que je pourrai être complètement fixé sur la question et examiner s'il y aurait lieu de saisir le Conseil d'État et le Corps législatif d'une proposition.

Recevez, etc.

Le Ministre de l'Intérieur,
LA VALETTE.

Tableau résumé des formalités auxquelles est soumis le vote des diverses impositions communales.

I. — *Centimes sans affectation spéciale, destinés aux dépenses annuelles.*

1° Centimes ordinaires. — (5 centimes additionnels au principal de la contribution foncière et de la contribution personnelle-mobilière) autorisés par la loi du 11 frimaire an VII, par la loi de finances du 15 mai 1818 (art. 31).

Ces centimes n'exigent pas le concours des plus imposés et ne sont pas compris dans le maximum à fixer par les Conseils généraux en vertu de l'art. 4 de la loi du 18 juillet 1866. — Ils sont votés directement par le Conseil municipal, dans la limite du maximum fixé par la loi.

2° Centimes pour dépenses annuelles obligatoires, en cas d'insuffisance de revenus (loi du 18 juillet 1837, art. 40).

Le concours des plus imposés est ici nécessaire (loi du 18 juillet 1837, art. 42); — mais les centimes dont il s'agit ici ne sont pas compris dans le maximum à fixer par les Conseils généraux (voir d'ailleurs les circulaires des 5 mai 1852 et 3 août 1867). — Ils sont approuvés par le Préfet, pour les communes ayant moins de 100 000 fr. de revenus, et par décret pour les communes ayant un revenu supérieur (loi du 18 juillet 1837, art. 40).

3° Centimes pour dépenses annuelles facultatives. (Insuffisance de revenus, loi du 18 juillet 1837, art. 40).

Ces centimes demandent également le concours des plus imposés, (loi du 18 juillet 1837, art. 42) sans qu'on doive d'ailleurs les comprendre dans le maximum à fixer par les Conseils généraux (mêmes circulaires). — Ils sont approuvés par décret, pour les communes ayant moins de 100 000 francs de revenus, et par décret en Conseil d'État pour les communes ayant plus de 100 000 francs de revenus (loi du 24 juillet 1867, art. 7).

II. *Centimes spéciaux.*

1° Centimes spéciaux pour les chemins vicinaux (5 centimes additionnels au principal des quatre contributions directes), autorisés par la loi du 21 mai 1836 (art. 2).

Ces centimes n'exigent pas le concours des plus imposés (loi du 21 mai 1836, art. 2) et ne sont pas compris dans le maximum à fixer par les Conseils généraux. Ils sont votés directement par le Conseil municipal, dans la limite du maximum fixé par la loi.

2° Centimes extraordinaires pour les chemins vicinaux ordinaires (3 centimes additionnels aux quatre contributions directes), autorisés par la loi du 24 juillet 1867 (art. 3).

Il y a nécessité ici du concours des plus imposés. (Loi du 24 juillet 1867, art. 6.) — Mais, comme dans le cas précédent, les centimes dont il s'agit, qui ne sont pas compris dans le maximum à fixer par les Conseils généraux (circ. 3 août 1867), sont votés directement par le Conseil municipal, complété, comme il vient d'être dit, par l'adjonction des plus imposés, dans la limite du maximum fixé par la loi.

3° Centimes spéciaux pour l'instruction primaire (3 centimes additionnels aux quatre contributions directes), autorisés par la loi du 15 mars 1850 (art. 40).

Pas de nécessité pour ces centimes du concours des plus imposés (loi du 15 mars 1850, art. 40), et il n'y a pas non plus à les comprendre dans le maximum à fixer par les Conseils généraux. (Circ. 5 mai 1852 et 3 août 1867.) — Ils sont d'ailleurs votés directement par le Conseil municipal, dans la limite du maximum fixé par la loi.

4° Centimes extraordinaires pour la gratuité de l'instruction primaire (4 centimes), autorisés par la loi du 10 avril 1867 (art. 8).

Il faut ici le concours des plus imposés (loi du 18 juillet 1837, art. 42; circulaire du 3 août 1867), mais les centimes spéciaux à ce cas ne sont pas non plus compris dans le maximum à fixer par les Conseils généraux. (Même circulaire.) — Ils sont encore votés directement par le Conseil municipal, dans la limite du maximum fixé par la loi.

5° Centimes spéciaux pour traitement des gardes champêtres (additionnels au principal des quatre contributions directes), autorisés par la loi de finances du 31 juillet 1867 (art. 16).

Ces centimes demandent le concours des plus imposés (loi du 31 juillet 1867, art. 16) non compris, d'ailleurs dans le maximum à fixer par les Conseils généraux. (Circ. 5 mai 1852 et 3 août 1867.) — Ils sont votés directement par le Conseil municipal, dans la limite du maximum fixé par la loi.

III. — *Centimes sans affectation spéciale, destinés à pourvoir aux dépenses non annuelles.*

1° Centimes extraordinaires pour dépenses obligatoires non annuelles, autorisés par les lois du 18 juillet 1837 (art. 40); 18 juillet 1866 (art. 4); 24 juillet 1867 (art. 3, 5 et 7).

Il y a encore ici nécessité du concours des plus imposés (loi des 18 juillet 1837, art. 42, et 24 juillet 1867, art. 6) et les centimes dont il s'agit, sont de plus à comprendre dans le maximum à fixer par les Conseils généraux. (Circ. du 3 août 1867.) — Ils sont votés directement par le Conseil municipal jusqu'à concurrence de 5 centimes pendant cinq ans (loi du 24 juillet 1867, art. 3). — Si l'imposition, votée pour douze ans au plus, ne dépasse pas le maximum fixé par le Conseil général, elle est approuvée par le Préfet (loi du 24 juillet 1867, art. 5). — Au-dessus du maximum et pour une durée supérieure à douze ans, elle est approuvée par le Préfet, pour les communes ayant moins de 100 000 fr. de revenus, et par décret, pour les communes ayant un revenu supérieur (loi du 18 juillet 1837, art. 40).

2° Centimes extraordinaires pour dépenses facultatives non annuelles, autorisés par les lois des 18 juillet 1837 (art. 40); 18 juillet 1866 (art. 4); 24 juillet 1867 (art. 3, 5 et 7).

Même nécessité que dans le cas précédent du concours des plus imposés, et les centimes dont il s'agit doivent également être compris dans le maximum à fixer par les Conseils généraux. — Encore comme dans le cas précédent, l'imposition est votée directement par le Conseil municipal, jusqu'à concurrence de 5 centimes pendant cinq ans, et elle doit être approuvée par le Préfet, si l'imposition, votée pour douze ans au plus, ne dépasse pas le maximum fixé par le Conseil général. — Mais lorsque l'imposition est au-dessus du maximum, et doit avoir une durée supérieure à douze ans, elle doit être approuvée par décret, pour les communes ayant moins de 100 000 francs de revenus (loi du 18 juillet 1837), et par décret *en Conseil d'État*, pour les communes ayant un revenu supérieur à 100 000 francs (loi du 24 juillet 1867, art. 7).

IV. — *Impositions d'office.*

1° Centimes imposés d'office pour dépenses obligatoires, en cas de refus des Conseils municipaux, en vertu de la loi du 18 juillet 1837 (art. 39).

Les délibérations des Conseils municipaux, en pareil cas, doivent toujours être prises avec le concours des plus imposés (loi du 18 juillet 1837, art. 42). — Les centimes ainsi imposés ne sont pas compris dans le maximum à fixer par les Conseils généraux en vertu de l'article 4 de la loi du 18 juillet 1866. (Circulaire du 5 mai 1852.) — L'imposition est établie par décret, dans la limite du maximum fixé par la loi de finances, et par une loi, au-dessus de ce maximum (loi du 18 juillet 1837, art. 39).

CIRCULAIRE DU MINISTRE DE L'INTÉRIEUR, *relative aux Impositions extraordinaires pour le traitement des gardes champêtres.*

16 septembre 1867.

Monsieur le Préfet, par ma circulaire du 3 août 1867, je vous ai fait remarquer que les impositions destinées au payement du salaire des gardes champêtres qui, en vertu de la loi du 21 avril 1832, étaient établies uniquement sur la contribution *foncière*, devront, à l'avenir, aux termes de l'article 16 de la loi de finances du 31 juillet 1867, porter sur les *quatre* contributions.

Les Conseils municipaux, pendant leur session ordinaire du mois de mai dernier, ayant voté ces impositions d'après la règle tracée par l'ancienne législation, plusieurs de vos collègues m'ont consulté sur la question de savoir si l'autorité supérieure a le droit d'étendre d'office aux *quatre* contributions l'imposition qui, suivant les délibérations municipales, pèserait exclusivement sur la contribution *foncière*.

Cette question, Monsieur le Préfet, doit être résolue négativement. En décidant qu'à l'avenir les centimes communaux imposés pour le traitement des gardes champêtres porteraient sur les quatre contributions directes, la loi de finances du 31 juillet ne saurait avoir pour effet d'autoriser à mettre en recouvrement, conformément à la règle nouvelle qu'elle a introduite, les impositions votées antérieurement à la loi pour le salaire des gardes champêtres.

Les Conseils municipaux qui ont voté ces impositions ont évidemment supposé que, d'après la législation alors en vigueur, elles porteraient seulement sur l'impôt foncier, et ils ont nécessairement fixé le nombre des centimes en prenant pour base le produit du centime additionnel à la contribution foncière. Si donc les impositions votées dans ces conditions devaient, à l'avenir, être perçues par addition aux quatre contributions directes, la charge qui pèserait sur les contribuables serait, par son importance et par son mode de répartition, différente de celle que les Conseils municipaux ont entendu leur faire supporter.

La conséquence à tirer de ces observations, c'est qu'il convient de tenir pour non avenues les délibérations prises avant la loi de finances du 31 juillet dernier, pour le vote des centimes destinés au salaire des gardes champêtres. Ces centimes devront faire l'objet de nouvelles délibérations auxquelles les plus forts contribuables seront appelés à prendre part, conformément à l'article 42 de la loi du 18 juillet 1837.

Je vous prie d'adresser, sans retard, aux administrations locales des instructions en ce sens, afin que les impositions dont il s'agit puissent être comprises dans les rôles généraux de 1868.

M. le Ministre des finances vient d'appeler mon attention sur les inconvénients du mode adopté par certains Conseils municipaux, qui se bornent à voter une somme fixe pour le salaire des gardes champêtres, sans indiquer le nombre de centimes nécessaires pour faire face à cette dépense.

Il résulte de cette manière d'opérer que, pour établir les rôles de recouvrement, les directeurs des contributions directes sont obligés de faire eux-mêmes le calcul de la conversion en centimes des sommes votées par les Conseils municipaux, et que, comme ils ne peuvent déterminer la quote-part à payer par chaque contribuable avant de connaître le montant total du principal des quatre contributions directes, la confection des rôles doit subir des retards regrettables. Ces retards pourraient être évités si les Conseils municipaux étaient appelés à pourvoir au traitement des gardes champêtres, en indiquant non-seulement la somme allouée pour ce traitement, mais encore la quotité correspondante des centimes additionnels. Vous voudrez donc bien les inviter à préciser désormais le nombre des centimes qu'ils auront à voter en vue de satisfaire à cette dépense. Cette indication aura, en outre, l'avantage de leur permettre de se rendre un compte plus exact de l'étendue des charges qui seront imposées aux contribuables.

Recevez, etc.

Le Ministre de l'Intérieur,
LA VALETTE.

QUESTIONS DIVERSES

POURSUITES SUR REVENUS COMMUNAUX.

HUISSIER. MAIRE. RECEVEUR.

Quels sont les devoirs des huissiers et les droits des receveurs pour les actes de poursuites concernant les revenus municipaux et hospitaliers ?

FAITS. Un huissier refuse de signifier un commandement à un redevable en retard de payer un prix de ferme. Il prétend que le Maire lui défend de le faire, tandis que d'un autre côté celui-ci refuse au receveur municipal de lui remettre un ordre de sursis de poursuites. Ces tiraillements ont duré pendant si longtemps que le revenu dont il s'agit n'était pas soldé à la fin de la deuxième année qui a suivi celle pendant laquelle il était exigible. Le Trésorier Général a menacé le comptable de l'obliger à verser la somme due de ses propres deniers. Le receveur est surpris de se trouver dans une si étrange position : « ne pas pouvoir agir et être obligé de payer. » Cela ne lui paraît pas raisonnable et il nous demande ce qu'il a à faire ; il est nanti d'un titre exécutoire établi conformément à l'article 63 de la loi du 18 juillet 1837.

SOLUTION. Toutes ces questions se trouvent résolues dans notre 2e ÉDITION du *TRAITÉ DES POURSUITES*, actuellement sous presse. Voici des extraits de cet ouvrage qui s'y rapportent :

3e Partie. Titre II.

Des poursuites sur revenus comm. etc. à recouvrer d'après les règles du droit commun.

CHAP. 1er. DES HUISSIERS DES TRIBUNAUX.

. . . .

SECTION 2e. DEVOIRS DES HUISSIERS.

Les huissiers sont tenus d'exercer leur ministère toutes les fois qu'ils en sont requis et sans acceptation des personnes, sauf les prohibitions pour cause de parenté ou d'alliance portées par les articles 4 et 66 du Code de proc. civil. Ces prohibitions ne s'appliquent pas à un Receveur municipal, agissant en cette qualité, au nom de la commune. L'article 85 du décret du 18 juin 1811 sera exécuté à l'égard de tout huissier qui, *sans cause valable*, refuserait d'instrumenter à la requête d'un particulier (Décret du 14 juin 1813, art 42). L'article du décret du 18 juin 1811 est ainsi conçu :

« Les huissiers exercent leurs fonctions sous la *surveillance* de la chambre de discipline créée par le décret précité du 14 Juin 1813, et sous celle des cours et tribunaux auxquels ils sont attachés. Il y a communauté entre tous les huissiers sans exception, résidant et exploitant dans l'étendue du ressort du tribunal civil d'arrondissement de leur résidence. » (Même décret, art. 49). Chaque communauté a une chambre de discipline, qui est présidée par un syndic. (Art. 52). Dans chaque chambre, il y a, outre le syndic, un Rapporteur, un Trésorier et un Secrétaire (art. 54). Le syndic et deux autres membres de la Chambre, seront nécessairement pris parmi les huissiers en résidence au chef-lieu de l'arrondissement judiciaire (art. 55).

La chambre de discipline est chargée

1° De veiller..... à *l'exécution des lois* et règlements qui concernent les huissiers ;

2° . . . .

3° De s'expliquer, également par forme d'avis, sur les *plaintes ou réclamations des tiers* contre des huissiers à raison de leurs fonctions, et sur les *réparations civiles* qui pourraient résulter de ces plaintes ou réclamations ;

4° De donner son avis comme tiers sur les difficultés qui peuvent s'élever au sujet de la *taxe de tous frais et dépens* réclamés par des huissiers ;

5° D'appliquer elle-même les *peines de discipline* établies par l'article suivant, et de dénoncer au procureur impérial les faits qui donneraient lieu à des peines de discipline excédant la compétence de la chambre ou à d'autres peines plus graves (art. 70).

Les peines de discipline que la Chambre peut infliger elle-même, sont :

1° Le rappel à l'ordre ;

2° La censure simple par la décision même ;

3° La censure avec réprimande par le syndic à l'huissier en personne dans la chambre assemblée ;

4° L'interdiction de l'entrée de la Chambre pendant six mois au plus (art. 71). L'application, par la Chambre des huissiers, des peines de discipline spécifiées dans l'article précédent, *ne préjudiciera point à l'action des parties intéressées ni à celle du ministère public* (art. 72). Toute condamnation des huissiers à l'amende, à la restitution et aux dommages-intérêts, pour des faits relatifs à leurs fonctions, sera prononcée par le tribunal de première instance du lieu de leur résidence, sauf le cas prévu par le décret du 29 août 1813 (voir chap. IV ci-après), à la poursuite des parties intéressées ou du syndic de la communauté, au nom de la Chambre de discipline. Elle pourra l'être aussi à la requête du ministère public (article 73). La suspension des huissiers ne pourra être prononcée que par les Cours et tribunaux auxquels ils seront respectivement attachés (article 74). Il n'est dérogé, par le présent titre, à aucune des dispositions des articles 102, 103 et 104 du décret du 30 mars 1808 (1) (article 75).

Le syndic proposera les sujets de délibération. Il dirigera toutes actions et poursuites à exercer la Chambre, avec le Président et le ministère public; sauf, en cas d'empêchement, la délégation au rapporteur (art. 76).

Le rapporteur déférera à la Chambre, soit d'office, soit sur la *provocation des parties intéressées* ou de l'un des membres de la Chambre, les faits qui pourront donner lieu à des mesures de discipline contre des membres de la communauté. Il recueillera des renseignements sur ces faits et lui en fera son rapport (art. 77).

Ainsi, lorsqu'un huissier refuse de signifier les actes pour lesquels son ministère est requis, le comptable intéressé, en s'appuyant sur les dispositions du décret du 14 juin 1813, doit porter plainte contre lui, soit au syndic de la Chambre de discipline, soit au procureur impérial de l'arrondissement (art. 72 et 77 ci-dessus). Sur la demande qui lui en sera faite, le procureur impérial pourra enjoindre à un huissier de prêter son ministère (loi du 16-24 août 1790, art. 5). Si le refus d'instrumenter lui a causé un préjudice, le receveur peut encore poursuivre contre l'huissier, personnellement ou par l'intervention du ministère public, la réparation civile du dommage éprouvé (art. 70, 3°, 72 et 73 ci-dessus).

Nous indiquons au chapitre III ci-après, dans quelles conditions le receveur peut exiger le ministère d'un huissier. Mais pour qu'il puisse le faire contraindre à lui prêter son concours, il est nécessaire, on le comprend, qu'il soit en mesure de justifier de sa *réquisition* non suivie d'exécution. En conséquence, le receveur doit se faire délivrer, au moment où il requiert un huissier pour un acte de poursuite, exploit ou signification, un *récépissé* de celui-ci constatant l'objet de l'acte qu'il est chargé de signifier, et la remise entre ses mains du titre exécutoire. Si l'huissier refuse de délivrer ce récépissé, le receveur fait constater ce refus en présence de deux personnes pouvant servir de témoins (Code de proc. civ., art. 252, 268 et 283), et sur-le-champ, il se fait remettre par elles, si cela lui paraît utile, une déclaration écrite attestant ce refus. Si ces deux premiers moyens ne peuvent pas être employés, il pourra le requérir par *lettre chargée*, en lui adressant le titre exécutoire. La reconnaissance que l'huissier sera tenu de donner à l'administration des postes, au moment de la réception de cet envoi, reconnaissance dont le receveur pourra obtenir une déclaration du receveur des postes, formera un commencement de preuve par écrit qui pourra autoriser le juge à lui déférer le serment, dans le cas où il viendrait à contester qu'il n'a pas été requis de prêter son ministère.

Chapitre II. . . . .

Chapitre III. Des actes de poursuites.

Section 1re. Conditions générales des actes de poursuites.

Nous avons parlé, à la 1re partie, titre II, chapitre III, et au chapitre II, section 2e, du présent titre, de la forme que doivent avoir les titres de recette, pour être mis à exécution. Nous avons dit qu'aucune poursuite ne pouvait être exercée qu'en vertu d'un titre exécutoire. Dès lors, un huissier requis de signifier un acte de poursuite, pourrait refuser de le faire, si le receveur ne lui remettait pas ce titre.

Mais l'huissier doit le considérer comme parfaitement régulier dans le fond et dans la forme, pourvu

(1) « *Article* 102. Les officiers ministériels qui seront en contravention aux lois et règlement, pourront, suivant la gravité des circonstances, être punis par des injonctions d'être plus exacts ou circonspects, par des défenses de récidiver, par des condamnations de dépens en leur nom personnel, par des suspensions à temps : l'impression et même l'affiche des jugements à leurs frais pourront aussi être ordonnées, et leur destitution pourra être provoquée s'il y a lieu.

« *Article* 103. Dans les cours et dans les tribunaux de première instance, chaque membre connaîtra des fautes de discipline qui auraient été commises ou découvertes à son audience.

« Les mesures de discipline à prendre sur les plaintes des particuliers, ou sur les réquisitoires du ministère public, pour cause de faits qui ne se seraient point passés ou qui n'auraient pas été découverts à l'audience, seront arrêtées en assemblée générale, à la Chambre du Conseil, après avoir appelé l'individu inculpé. Ces mesures ne seront point sujettes à l'appel, ni au recours en Cassation, sauf le cas où la suspension serait l'effet d'une condamnation prononcée en jugement.

« Notre procureur général rendra compte de tous les actes de discipline au Ministre de la justice, en lui transmettant les arrêtés, avec ses observations, afin qu'il puisse être statué sur les réclamations, ou que la destitution soit prononcée, s'il y a lieu.

« *Article* 104. Le procureur impérial en chaque tribunal de première instance, sera tenu de rendre, sans délai, compte à notre procureur général en la Cour du ressort, afin que ce dernier l'adresse au Ministre de la justice avec ses observations. »

qu'il soit revêtu du mandement exécutoire donné par le Sous-Préfet, en conformité de l'article 63 de la loi du 18 juillet 1837. Il ne serait pas non plus fondé à prétendre qu'il n'est pas suffisamment autorisé à exercer les actes de poursuite par commandement ou par saisie-exécution, saisie-brandon, saisie immobilière ou saisie-arrêt, par le motif que le Maire de la commune créancière s'oppose à l'exécution des poursuites ordonnées par le Receveur. C'est aux ordres de ce dernier et non à ceux du Maire qu'il est tenu d'obéir. En effet, nous avons démontré au chapitre précédent, section 3e, que l'autorisation du Maire n'est pas nécessaire au Receveur porteur d'un titre exécutoire, pour la signification de ces actes (Instr. gén., art. 850. — Déc. Min. Int., 1839. — Lettres Min. Int., 31 décembre 1827 et 22 mai 1828). L'huissier ne peut même pas exiger, pour procéder à la vente des objets mobiliers saisis, que le Receveur ait entre ses mains ou lui produise l'autorisation du Maire. Car, le Receveur peut également passer outre à la vente, pourvu que le Maire ne s'y oppose pas par un ordre formel *donné par écrit au Receveur* (Instr. gén., art. 850, 5e et 6e alinéa). Un ordre verbal ne suffit pas pour arrêter l'action de ce dernier, et, *à fortiori*, lorsque celui-ci insiste auprès du Maire pour en obtenir un ordre de sursis écrit que ce dernier se refuse à lui délivrer. L'huissier qui obtempérerait à un ordre direct du Maire, verbal ou écrit, s'exposerait donc aux peines disciplinaires et à l'action en dommages intérêts que le Receveur peut provoquer contre lui (chapitre 1er, section 2e, ci-dessus), puisqu'il refuserait ainsi, sans cause valable, le concours obligé de ses fonctions. Il faut considérer, en effet, que le Receveur n'est responsable que vis-à-vis de l'administration dont il dépend, de l'inobservation des dispositions de l'article 850 de l'Instr. générale, qui lui prescrivent d'informer le Maire de l'exécution de la saisie. L'inobservation de cette prescription ne rendrait pas nul, de ce chef, l'acte de vente des objets saisis; elle exposerait seulement le comptable qui ne s'y serait pas conformé aux mesures disciplinaires que l'administration supérieure jugerait à propos de lui infliger.

Aux termes de l'arrêté du Gouvernement du 19 vendémiaire an XII, article 1er, et de la loi du 18 juillet 1837, article 62 (1), les Receveurs des communes et des revenus des hôpitaux, bureaux de charité, maisons de secours et autres établissements de bienfaisance, sont tenus de faire faire, *sous leur responsabilité personnelle*, contre les débiteurs en retard de payer, et *à la requête* de l'administration à laquelle ils sont attachés (à la requête du Maire, — Instr. gén., art. 850), les exploits, significations, poursuites et commandements nécessaires. Leur action ne cesse que lorsqu'il s'agit de comparaître en justice (chapitre II, section 3e, ci-dessus). Les actes de poursuite signifiés à la diligence du Receveur municipal ou hospitalier doivent donc être faits à la requête du Maire ou Président de la commission administrative (voir ci-après, Modèle de commandement). Mais il ne s'ensuit pas que l'huissier puisse refuser d'en faire la signification, sous prétexte qu'il ne lui est pas justifié de la requête du Maire, ou même, que celui-ci lui a déclaré s'opposer à l'exécution de ces poursuites. Il ressort, au contraire, des explications dans lesquelles nous sommes entré au chapitre précédent, section 3e, que le Receveur, *porteur d'un titre exécutoire*, a qualité pour ordonner seul ces poursuites. Le refus de l'huissier serait donc sans fondement, et le comptable, pour vaincre sa résistance, ne devrait pas hésiter à déférer ce refus au syndic de la chambre de discipline ou au procureur impérial de l'arrondissement auquel est attaché cet huissier (voir ci-dessus, chapitre Ier).

Nous n'avons pas besoin de dire que le Receveur municipal a seul qualité, à l'exclusion du Maire, pour faire signifier des actes de poursuite contre les débiteurs en retard de payer. Ce droit résulte clairement de l'article 1er de l'arrêté du 19 vendémiaire an XII et des articles 62 et 64 de la loi du 18 juillet 1837. Ce dernier article porte que toute personne qui se sera immiscée sans titre dans les fonctions de Receveur municipal, pourra être poursuivie devant les tribunaux en vertu de l'article 258 du Code pénal, lequel punit cette immixtion d'un emprisonnement de deux à six ans.

[Nous avons traité au titre Ier, chapitre Ier, section 6e, de cette 3e partie, les circonstances qui engagent respectivement la responsabilité de l'Agent des poursuites et celle du Percepteur. Nous ne pouvons que renvoyer à ce que nous avons dit alors de la responsabilité respective de l'huissier et du Percepteur.]

TRAVAUX COMMUNAUX. Devis et procès verbal d'adjudication.

Lorsque le chiffre constaté par le procès-verbal d'adjudication ne concorde pas avec celui du devis qui lui a servi de base, quel est celui de ces deux documents qui forme le titre de l'entrepreneur?

Un comptable nous expose qu'il a reçu une expédition de trois devis différents, concernant le même objet, présentant des dates diverses et tous trois approuvés par le Préfet. Le premier devis s'élève, y compris une somme de 60 francs pour les honoraires de l'architecte, à 2028 fr. 75; le second, à 1977 fr. 70; et le troisième, à 2282 fr. 31. On lui a encore remis un devis supplémentaire de 1200 francs. Le troisième devis a servi, comme cela devait être (1), de fondement à la mise à adjudication des travaux. Le procès-verbal de cette adjudication ne donne aux travaux qu'une évaluation de 2222 fr. 31 c., au lieu de 2282 fr. 31 c., montant du devis. Le comptable désire savoir si le chiffre porté sur le procès-verbal d'adjudication, dans le cas où il ne concorde pas

(1) Voir Instruction générale, article 849, — et *Journal* de 1866, page 1.

(1) Voir *Journal* de 1867, pages 279, dernier alinéa, et 282, 2e colonne.

avec le montant du devis, constitue le véritable chiffre de la dette de la commune.

Nous lui ferons d'abord observer que la différence de 60 francs, qu'il nous signale entre le devis et le procès-verbal, peut consister dans le montant des honoraires de l'architecte, lesquels doivent être déduits du total du devis, afin d'établir la véritable *mise à prix des travaux*. Dans ce cas, la concordance existerait entre le devis et le procès verbal d'adjudication. Mais, si, après le rapprochement de ces deux documents comparés avec le cahier des charges, il devient évident qu'une erreur a été commise sur le procès-verbal, la minute de cette pièce doit être rectifiée par les parties qui ont concouru à la passation de l'acte d'adjudication, attendu qu'il n'y a point de consentement valable de la part de l'entrepreneur, si le consentement a été donné par erreur (C. Nap., art. 1109 et suiv.). Cette minute ainsi rectifiée sera de nouveau soumise à l'approbation du Préfet et à la formalité de l'enregistrement, lorsque les rectifications opérées donneront lieu à la perception d'un supplément de droits (Instr. gén., art. 1328, 3e alinéa. — Circ. compt. publ., du 10 juillet 1865, § 3). On peut supposer qu'il y a eu erreur dans le chiffre porté sur le procès verbal, lorsque la soumission de l'entrepreneur stipule simplement l'offre d'un rabais déterminé, sans relater le montant du devis, car alors, l'entrepreneur n'a accepté que ce devis pour base de la liquidation de ses droits; ou, lorsque le cahier des charges dont l'entrepreneur aura accepté les conditions exprime d'une manière explicite que l'adjudication des travaux aura lieu sur une mise à prix, inférieure ou supérieure à l'évaluation du devis. On conçoit que, dans ce dernier cas, la clause insérée dans le cahier des charges régulièrement dressé devient la loi des parties contractantes. (Voir C. Nap., art. 1134 1156 et suivants. — *Journal* de 1866, page 341.)

Dans le cas qui nous est soumis, et en supposant qu'il y a erreur sur le procès-verbal d'adjudication, le *rabais* de 3 pour cent, fait par l'entrepreneur, affecte, sous la déduction des sommes prévues par les honoraires de l'architecte, le chiffre des travaux prévu par les derniers devis primitif et supplémentaire, approuvés, lesquels devis présentent ensemble une somme de 3542 fr. 31 c. Si les *honoraires de l'architecte* ne consistent pas en une somme fixe réglée par le Conseil municipal et par le Préfet, ces honoraires seront calculés, d'après le taux convenu entre l'architecte et le Conseil municipal (*Journal* de 1866, pages 19, 325 et 326), sur le prix des travaux exécutés par l'entrepreneur, déduction faite du rabais, et non sur le montant de l'exécution du devis.

Nous renvoyons le comptable qui nous consulte à la page 282 ci-dessus, en ce qui concerne la forme des pièces à l'appui du payement des travaux exécutés.

PENSIONS CIVILES. Percepteur. Chiffre de la pension

Quel est le chiffre de pension auquel a droit un Percepteur en fonctions le 1er janvier 1854, et admis à faire valoir ses droits à la retraite avant le 1er janvier 1884?

1re ESPÈCE. PERCEPTEURS EN EXERCICE LE 1er JANVIER 1854.

Les Percepteurs qui, antérieurement à la loi du 9 juin 1853, *ne subissaient pas retenues* et n'étaient pas placés sous le régime de la loi du 22 août 1790 et du décret du 13 septembre 1806 sont admis à faire valoir la totalité de leurs services admissibles pour constituer leur droit à pension; toutefois, cette pension n'est liquidée que pour le temps seulement pendant lequel ces fonctionnaires ont subi la retenue, et à raison d'un 120e du traitement moyen, soumis à retenue (1) (après déduction du quart des remises considéré comme indemnité de frais de bureau et de loyer), des six dernières années antérieures à celle dans le cours de laquelle a cessé l'activité, pour chaque année de services civils, avec augmentation d'un 30e de la pension ainsi fixée, pour chacune des années liquidées. (Loi du 9 juin 1853, articles 3, 6 et 18, § 3; décret de 1865. — *Journal* de 1866, page 157) (2).

Ainsi, un comptable de cette catégorie, admis à la retraite, le 1er janvier 1869, qui aura joui pendant les quatre dernières années antérieures à celle pendant laquelle a cessé l'activité (loi du 9 juin 1853, art 6, et décret du 9 novembre 1853, art. 28), de remises s'élevant en moyenne à 2800 fr., soit d'un traitement moyen de 2100 fr. (art. 3 § 6, et art. 6 de la même loi), aura droit au 1er janvier 1869, à 15/120es de 2100 fr. = 262 fr.; plus à 15/30es de 262 fr. = 131 fr., soit en totalité, à 393 fr. (3) Cette base exceptionnelle et transitoire cessera en 1884, elle sera remplacée alors par celle de l'article 7 de la loi sur les pensions civiles, pour les Percepteurs qui compteront, à cette époque, trente années de services civils ayant subi la retenue.

2e ESPÈCE. PERCEPTEURS COMPTANT D'AUTRES SERVICES, dans les armées de terre et de mer ou dans les Préfectures ou sous-préfectures, etc.

Les droits de ces comptables sont établis par les articles 8, 9 et 18, § 2, de la loi du 9 juin 1853, commentés par des décrets rendus en Conseil d'État, que nous avons rapportés au *Journal* de 1859 pages 10, 82 et 138, — de 1860 p. 10, 50, 91, 107 et 315; — de 1864, p. 14 et suiv.; — et de 1867, pages 73 (Delaunay) et 260 (Saxe). Pour que ces services puissent concourir avec les services en qualité de Percepteur, rémunérés par la loi du 9 juin 1853, il faut que la durée des services en qualité de Percepteur soit au moins de douze ans. En aucun cas, la pension ne

(1) Voir *Journal* de 1860, page 111.

(2) *Id.* 1862, page 300; et de 1864, pages 14 et 23.

(3) Voir *Journal* de 1860, pages 23, 83 et 107, et *passim*, divers articles où nous déplorons l'insuffisance des pensions de retraite auxquelles ont droit les Comptables mis à la retraite avant 1884.

peut excéder, ni les trois quarts du traitement moyen sujet à retenue ni les maximum déterminés par l'article 7 de la loi sus mentionnée (tableau annexe n° 3 (1). C'est par application de ce principe que la pension de M. Saxe a été liquidée à 2575 fr., représentant la moitié du traitement moyen de 4950 fr., ses remises s'étant élevées, en moyenne, à 6600 f. 83c., du 1er janvier 1859 au 31 décembre 1864.

REMISES. Legs d'actions ou obligations de sociétés financières ou industrielles. Vente de ces actions

Est-il dû des remises sur le prix de vente de ces valeurs, lorsqu'elles proviennent d'un legs ou d'une donation ?

Un établissement de bienfaisance a été obligé de vendre des obligations du Crédit foncier qu'il avait recueillies par legs. On conteste au Receveur le droit de prélever des remises sur le produit de la vente de ces valeurs, car on considère cette opération comme une conversion de valeurs. Ce raisonnement nous semble plus spécieux que solide, car c'est dans *l'origine de ces valeurs mobilières* qu'il faut rechercher la solution de cette question.

Il y aurait conversion de valeurs, s'il s'agissait purement et simplement de la vente d'obligations que l'établissement de bienfaisance aurait *achetées de ses propres fonds*, dans le but de faire un placement plus avantageux de ses capitaux disponibles. Mais, dans le cas présent, cette opération constitue la *réalisation du montant d'un legs*. Or, on sait qu'en matière de legs, il n'y a privation de remises que lorsque les objets légués consistent en immeubles.

= Voir comment cette question est résolue dans notre nouvelle édition du Traité des remises, à l'article Obligations et Actions.

(1) Voir *Journal* de 1862, page 307, Tableau, 3e Section.

SUPPLÉMENT

À

L'EXTRAIT ANNOTÉ DE L'INSTRUCTION GÉNÉRALE DU 20 JUIN 1859,

Par M. GALLETIER

Directeur du Journal des Percepteurs

Prix franco : 1 franc

(L'Édition Dupont est à 4 francs)

L'extrait annoté et le supplément réunis 8 fr.

Ce *Supplément* contient, dans l'ordre des articles de l'Instruction Générale du 20 juin 1859, l'analyse des dispositions des *Lois, Décrets, Circulaires et Décisions Ministérielles*, qui ont modifié cette Instruction, en ce qui concerne le service et la Comptabilité des Percepteurs et des Receveurs des communes et d'Établissements de bienfaisance.

CHRONIQUE.

Nous prions les comptables qui *changent d'adresse* de ne pas négliger de nous en avertir, afin que le journal continue de leur arriver régulièrement (joindre 40 cent. pour frais d'impression des nouvelles bandes). Nous leur saurons gré de nous faire connaître en même temps le surplus du mouvement dans lequel ils viennent d'être compris.

Sur la demande de diverses personnes, nous avons fait fabriquer à l'usage de nos abonnés, des *cartons-relieurs* pour collectionner et relier immédiatement chaque N° du Journal, au fur et à mesure de son apparition. Ces cartons sont reliés en toile élégamment avec coins sur les plats et portent au dos en lettres dorées, le titre de *Journal des Percepteurs*. Le prix en est de 3 fr. 50, à envoyer avec la demande.

Nous croyons devoir rappeler aux comptables qu'il trouveront un *Dépôt de nos Ouvrages dans toutes les Recettes des Finances*. Ils peuvent, par ce moyen, les examiner et s'en rendre compte jusqu'à un certain point, avant de les acquérir.

Il y a des volumes cartonnés et d'autres brochés.

Un certain nombre de receveurs municipaux nous ont déjà envoyé des demandes de nos *Ouvrages administratifs* pour les Mairies de leurs Perceptions ; nous les prions d'agréer nos remerciments, et demandons à nos autres Abonnés de faire quelques efforts pour nous rendre le même service.

Après de nombreuses et pressantes sollicitations, nous nous sommes décidés à publier une nouvelle édition de notre *Traité des Remises* et nous la mettons en vente aujourd'hui. Nous avons naturellement tenu compte des diverses modifications survenues dans la matière depuis la première apparition de cet ouvrage. Plusieurs autres améliorations y ont été apportées qui ne manqueront pas d'être appréciées.

Aussi nous espérons que les comptables feront un accueil empressé à notre seconde édition.

Vient de paraître :

TRAITÉ DES REMISES

DES PERCEPTEURS RECEVEURS MUNICIPAUX ET DES RECEVEURS DES ÉTABLISSEMENTS DE BIENFAISANCE.

2e Édition

Corrigée et mise au courant

Prix : 3 fr. 50

Directeur, P. GALLETIER, à Fontenay-aux-Roses, Seine.

JOURNAL DES PERCEPTEURS,

DES RECEVEURS DES FINANCES, ET DES RECEVEURS DES COMMUNES, HOSPICES, ETC.;
DES SURNUMÉRAIRES, ET DES ASPIRANTS.

2ᵉ Série. — 10 fr. par an. Un numéro toutes les semaines. 12ᵉ année. — Nº 45.

SOMMAIRE.

ACTES OFFICIELS.

CIRCULAIRE DU MINISTRE DE L'INTÉRIEUR *relative aux chemins ruraux.*

Paris, 5 octobre 1867.

Monsieur le Préfet,

La situation des chemins ruraux a depuis longtemps éveillé la sollicitude du Gouvernement de l'Empereur. Dès 1853, les Conseils généraux ont été consultés sur les mesures qu'il y aurait lieu de prendre à l'égard de ces voies publiques ; plus tard, le Conseil d'État a été saisi de l'examen de plusieurs dispositions à insérer dans le projet du code rural, et il s'est livré une étude approfondie de la matière.

Enfin, cette année, dans la discussion du budget, le Gouvernement a eu l'occasion d'exprimer de nouveau l'intérêt qu'il attache à cette question, et donner au Corps législatif l'assurance qu'un projet de loi lui serait très-prochainement présenté.

J'ai pensé qu'il fallait profiter de la réunion, dans la première quinzaine de novembre, des commissions nommées par les Conseils généraux, en vertu de l'art. 4 du décret du 17 août 1867, pour demander aux délégués des assemblées départementales de nouvelles informations, qui s'ajouteraient très-utilement aux documents dont le Gouvernement est déjà en possession.

En conséquence, je vous prie d'inviter ces commissions à donner leur avis sur les questions suivantes :

Convient-il de placer les chemins ruraux sous un régime légal qui autorise la création, reconnaisse l'existence et assure la conservation de ces voies publiques ?

Faut-il créer, dès à présent, des ressources destinées à pourvoir à la réparation et à l'entretien des chemins ruraux ?

Ces ressources nouvelles doivent-elles être fournies par les communes ?

Dans quelle mesure ? par quels moyens ? La charge aurait-elle un caractère obligatoire ?

Si les communes ne pouvaient, sans inconvénients, supporter cette dépense, ne conviendrait-il pas de donner aux propriétaires intéressés la faculté de se constituer en syndicat pour pourvoir à la réparation et à l'entretien des chemins ruraux, sans préjudice des concours facultatifs des communes ?

Le consentement des deux tiers des propriétaires intéressés, réunis par le Maire de la commune, ne suffirait-il pas pour la constitution du syndicat ?

Faut-il, de plus, exiger que les propriétaires favorables à la création du syndicat possèdent une quantité déterminée (la moitié, par exemple) de la superficie des terrains ?

La charge à supporter par les propriétaires réunis en syndicat devrait-elle atteindre ou dépasser deux journées de prestation en nature, et deux centimes additionnels au principal de la contribution foncière ?

Les commissions des Conseils généraux apprécieront, je n'en doute pas, toute l'importance des renseignements qui leur sont demandés et que le Gouvernement attend avant de saisir le Corps législatif de propositions définitives.

Recevez, etc. DE LA VALETTE.

JURISPRUDENCE SPECIALE.

CONSEIL D'ÉTAT.

COMMUNES. RÉUNION POUR LE CULTE. *Reconstruction d'église. Refus d'une commune de contribuer. Portion de dépenses mise à sa charge par arrêté préfectoral sans avis préalable du Conseil d'arrondissement et du Conseil général. Excès de pouvoirs.* — L'art. 98 du décret du 30 décembre 1809 (article placé au chapitre 4 intitulé : Des charges des communes relativement au culte) est ainsi conçu : — « S'il s'agit de dépenses pour réparations ou reconstruction... le Préfet ordonnera que ces dépenses seront payées sur les revenus communaux .. »

— La loi du 18 juillet 1837, porte : — « art. 72. Lorsqu'un même travail intéressera plusieurs communes, les Conseils municipaux seront spécialement appelés à délibérer sur leurs intérêts respectifs et sur la part de la dépense que chacune d'elles devra supporter. Ces délibérations seront soumises à l'approbation du Préfet. — En cas de désaccord entre les Conseils municipaux, le Préfet prononcera après avoir entendu les Conseils d'arrondissement et le Conseil général... art. 73. En cas d'urgence, un arrêté du Préfet suffira pour ordonner les travaux et pourvoiera à la dépense à l'aide d'un rôle provisoire. Il sera procédé ultérieurement à sa répartition définitive dans la forme déterminée par l'article précédent. »

— Un arrêté — par lequel un Préfet, sans avoir pris préalablement l'avis du Conseil d'arrondissement et du Conseil général, a ordonné la reconstruction d'une église et a décidé que le prix d'adjudication des travaux serait payé — pour une partie par une commune qui s'était engagée à en faire l'avance, pour le surplus par une autre commune (réunie pour le culte à la première, mais n'ayant pas donné le même consentement) à valoir sur sa quote-part à régler ultérieurement et à prélever sur ses premières ressources disponibles, — doit être annulé par le Conseil d'Etat statuant au contentieux, si, d'après les résultats de l'instruction, la reconstruction n'a pas été prescrite dans les conditions d'un travail urgent?

— (Aux termes de l'art. 98 du décret du 30 décembre 1809, il appartenait au Préfet d'ordonner que les travaux seraient payés sur les revenus ordinaires des communes; mais il avait le devoir, aux termes de l'art. 72 de la loi du 18 juillet 1837, de consulter préalablement le Conseil d'arrondissement et le Conseil général; l'art. 73 ne fait d'exception à cette règle que dans le cas où les travaux présentent un caractère d'urgence. — Décr. 3 août 1866).

Réunion pour le culte. *Commune ayant une église non régulièrement consacrée à l'exercice public du culte. Reconstruction de l'église paroissiale et renouvellement du mobilier. Formalités prescrites par le décret de* 1809. Une commune — faisant partie de la même paroisse qu'une autre commune sur le territoire de laquelle est située l'église paroissiale, — ne peut, par raison de ce qu'il existe sur son propre territoire une église non régulièrement consacrée à l'exercice public du culte, où se célèbrent quelques offices religieux, — se soustraire à l'obligation de contribuer aux frais de reconstruction de l'église paroissiale.

— Néanmoins, si les formalités prescrites par les art. 94, 95 et 102 du 30 décembre 1809, n'ont pas été observées en ce qui concerne la première commune pour le vote, l'adjudication et l'exécution des travaux de reconstruction et de renouvellement du mobilier de l'église paroissiale; si notamment le devis définitif des travaux de reconstruction, accepté par la commune où se trouve la paroisse, a été approuvé par l'autorité administrative sans avoir été soumis au Conseil municipal de la première commune; s'il a été procédé, au nom et pour le compte de la commune où se trouve la paroisse, à l'adjudication, à l'exécution et à la réception tant des travaux de reconstruction que des travaux relatifs au renouvellement du mobilier, sans que l'autre commune ait été représentée dans aucune de ces opérations, — la commune où se trouve la paroisse n'est pas recevable à demander que l'autre commune soit contrainte de contribuer aux dépenses des travaux de l'église paroissiale. (Décr. 12 juillet 1866. — *Commune de Marigny-les-Reullée.*)

SOUSCRIPTIONS ENCAISSÉES par le trésorier de la fabrique, *en vue de la reconstruction de l'église — Décision du Ministre des finances et du Ministre de l'intérieur. — Pouvoir prématuré.*

« Des lettres par lesquelles le Ministre des finances et le Ministre de l'intérieur se bornent à donner à un Préfet des instructions sur la marche à suivre, à l'occasion de difficultés soulevées par le receveur municipal d'une commune au sujet de fonds recueillis par le Trésorier de la fabrique en vue de la reconstruction de l'église de cette commune ne sont pas susceptibles d'être attaquées devant le Conseil d'État par la voie contentieuse. Elles n'ont pas le caractère d'une décision exécutoire, contre les parties intéressées; le pourvoi serait donc prématuré. » (Décr. du 24 janvier 1867, *Fabrique de Trupont.*)

Observations. La question soulevée dans ces lettres était intéressante. Il s'agissait de savoir si les fonds provenant des souscriptions recueillies par la fabrique, *en son nom*, pour la reconstruction de l'église de la paroisse avaient le caractère de deniers communaux et si, par suite, le *trésorier de la fabrique* pouvait les conserver dans sa caisse ou devait les verser dans la caisse municipale.

Le Ministre de l'intérieur et le Ministre des finances s'étaient d'abord prononcés contre la fabrique. Mais lors de la communication du pourvoi, le Ministre de l'intérieur avait changé d'opinion. Il reconnaissait que les décisions du Conseil d'État invoquées en faveur de la commune, notamment le célèbre Chervaux, arrêt du 15 avril 1837, avaient été rendues dans des circonstances différentes de celles de l'espèce.

Il pensait que l'article 37 du décret du 30 décembre 1809, attribuait qualité aux fabriques pour solliciter et recueillir des fonds à titre de souscription, en vue de l'exécution de *travaux de réparation* à l'église paroissiale.

Il ajoutait qu'en refusant de leur reconnaître ce droit, on s'exposerait à voir diminuer l'empressement des fidèles pour les souscriptions relatives à l'entretien ou à la construction des édifices du culte et, par suite, à faire retomber à la charge des communes des dépenses auxquelles il leur serait souvent impossible de pourvoir.

On peut reconnaître quelque valeur à ces arguments, lorsque les souscriptions ont été recueillies, en vue de la réparation ou de l'entretien d'un édifice consacré au culte, au nom de la fabrique et par son trésorier, lequel remplit à l'égard de celle-ci des fonctions analogues à celles du Receveur municipal. Mais, dans tous les cas, les souscriptions provoquées et *recouvrées par un ecclésiastique* (curé, desservant ou vicaire de la paroisse) prennent le caractère de deniers communaux, dès qu'on a *acquis la preuve* qu'elles sont destinées à l'embellissement, à la réparation ou à la construction d'une église paroissiale ou d'un presbytère communal (1). Cette distinction nous paraît d'ailleurs avoir été admise par le Ministre de l'intérieur, lorsqu'il fait mention de l'arrêt du 15 avril 1857 (abbé Chervaux). Il ne peut donc y avoir de doute, en ce qui concerne l'attribution aux communes et fabriques, des fonds recueillis par un trésorier de fabrique, que lorsque ces fonds sont destinés aux frais du culte ou à la réparation d'un édifice, dans le cas où la fabrique y pourvoit sans le concours de la commune (Décret du 30 décembre 1809, art. 92 et suivants).

Cependant l'opinion contraire nous paraît pouvoir être soutenue avec quelque fondement. En effet, l'article 36 du décret du 30 décembre 1809, concernant l'organisation des fabriques, ne comprend parmi leurs *revenus* ayant de l'analogie avec des cotisations volontaires, que les *quêtes pour les frais du culte*.

Or, d'après l'article 37 du même décret, les frais du culte sont ceux relatifs aux ornements, vases sacrés, linge, luminaire, pain, vin et encens, et au payement des vicaires et autres employés au service de l'église. Les charges des fabriques sont encore de veiller à l'*entretien des églises*, presbytères et cimetières, et, *en cas d'insuffisance* des revenus de la fabrique, énumérés à l'article 36, de faire toutes *diligences nécessaires auprès de l'administration communale*, pour qu'il soit pourvu aux réparations et reconstructions. Cette dernière disposition est à remarquer. L'article 49 du même décret porte, il est vrai, que lorsque les revenus de la fabrique sont insuffisants pour parer à ces dernières dépenses, le budget contiendra l'aperçu des fonds qui devront être *demandés aux paroissiens* pour y pourvoir, *ainsi qu'il est réglé* au chapitre IV. Or, il n'est fait mention dans ce chapitre IV (art. 92 et suivants), que du recours de la fabrique à la commune ou aux communes intéressées représentant la généralité des paroissiens. C'est donc dans ce dernier sens qu'il faut expliquer l'appel aux paroissiens; cette interprétation exclut le droit d'un appel direct aux fidèles.

La jurisprudence ministérielle a déjà statué pour le cas où la commune et la fabrique contribuent simultanément aux dépenses de réparation ou de reconstruction d'un édifice communal : la direction des travaux appartient à celle qui fournit le plus fort contingent pour la dépense. Les subventions du département ou de l'État, et les souscriptions volontaires fournies par les habitants sont comptées au nombre des ressources qui forment le contingent de la commune. Les articles 94 à 102 du décret du 30 décembre 1809, donnent au Conseil municipal le droit de faire procéder en son nom à l'adjudication des travaux, toutes les fois que le concours de la commune aura été reconnu nécessaire pour des travaux de grosses réparations ou de reconstruction.

En définitive, nous ne serions pas étonné de voir le Conseil d'État adopter, sur appel régulier, et même dans les circonstances de l'intervention du trésorier de la fabrique, l'opinion émise et maintenue par S. Exc. le Ministre des finances.

(1) Voir, au sujet de la propriété des églises et presbytères notre GUIDE DES FABRIQUES, page 271.

TAXES DE PAVAGE. *Intérêts des sommes imposées à tort.* — Le propriétaire qui obtient la restitution d'une taxe de pavage ne peut réclamer les intérêts des sommes restituées. (DÉCR. du 30 janvier 1866. — *Ville du Mans.*)

COMMUNES. CARRIÈRES. COMBLEMENT D'OFFICE. RECOUVREMENT DES FRAIS CONTRE LE PROPRIÉTAIRE. COMPÉTENCE.

Le recouvrement par la commune des frais faits pour l'exécution de l'arrêté du Maire, peut être effectué conformément aux dispositions de l'article 63 de la loi du 18 juillet 1837, sur un état dressé par le Maire et rendu exécutoire par le Préfet.

Le Conseil de préfecture est compétent pour statuer sur l'opposition formée par le propriétaire au recouvrement de la somme portée au mandat exécutoire délivré contre lui. (Les frais dont il s'agit ayant eu pour objet une mesure d'administration publique, il suit de là qu'il appartient à la juridiction administrative, et, aux termes de l'article 4 de la loi du 28 pluviôse an VIII, au Conseil de préfecture de statuer sur l'opposition.) (DÉCR. du 11 janvier. — *Ogier.*)

TRAVAUX COMMUNAUX. — PLANS COMMANDÉS PAR UN MAIRE A UN ARCHITECTE, *pour un travail voté par le Conseil municipal, mais abandonné après la confection des plans.*

Quand un Conseil municipal a voté, en principe, la construction d'une église qui doit être bâtie en partie aux frais de la commune, avec le concours de l'État et d'un certain nombre de souscripteurs, que de plus le Conseil municipal a, sur le rapport d'une commission spéciale, désigné le terrain qui lui paraît le plus convenable pour cette construction, le Maire a-t-il besoin d'une autorisation spéciale pour charger un architecte de dresser les plans de l'église?

La question se soulevait dans une affaire où le Conseil municipal, après avoir voté en principe la construction d'une église, sur un terrain par lui désigné, était revenu sur son vote et avait abandonné son projet. Comme dans l'intervalle des deux délibérations, le Maire avait commandé des plans à un architecte, celui-ci demandait le payement de son travail. Le Conseil municipal prétendait que la commune n'était pas engagée envers l'architecte, parce que le Maire n'avait pas été autorisé expressément à commander les plans.

Mais le Conseil d'État a jugé que, dans les circonstances de l'affaire, le Maire avait usé des pouvoirs que lui donne l'article 10 de la loi du 18 juillet 1837 pour l'exécution des délibérations du Conseil municipal, en matière de travaux communaux et la commune a été condamnée à payer à l'architecte des honoraires proportionnés à la valeur de son travail. (DÉCR. du 11 juillet 1867. — *Commune de Caunes.*)

TRAVAUX PUBLICS — CONFLIT ÉLEVÉ DEVANT LE JUGE DES RÉFÉRÉS. — *Constatation de l'état des lieux à l'occasion d'un dommage. — Compétence.*

Le conflit peut-il être élevé devant le président du tribunal civil, jugeant en référé?

La question n'est pas tranchée explicitement par l'ordonnance du 1er juin 1828. Mais si l'on recherche quel est le rôle du président du tribunal statuant sur référé, on reconnaît que ce magistrat est chargé de prendre, aux lieu et place du tribunal, des mesures provisoires sur les questions qui rentrent dans la compétence du tribunal. Il suit de là que le conflit peut être élevé devant le juge des référés comme devant le tribunal lui-même. C'est ainsi que la question avait été résolue par le comité de législation du Conseil d'État, dans un avis en date du 3 mai 1841. La même solution vient d'être donnée implicitement par un décret sur conflit, en date du 22 janvier 1867.

Dans cette affaire le conflit avait été élevé devant le juge des référés, à l'occasion d'une demande d'un propriétaire, tendant à ce que des experts fussent nommés pour constater les dommages résultant de l'irruption des eaux du canal du Centre sur son terrain. Le dommage résultait évidemment de travaux publics. Néanmoins, le juge des référés se fondant sur ce que, en toute matière, il était compétent pour ordonner une constation des lieux, avait fait droit à la demande et désigné des experts.

Le conflit élevé par le Préfet a été confirmé par le Conseil d'État. La décision est fondée sur ce que c'était au Conseil de préfecture qu'il appartenait, en vertu de l'article 4 de la loi du 28 pluviôse an VIII, d'apprécier les dommages allégués par le réclamant, et que si, avant que le Conseil fût saisi, le propriétaire entendait faire vérifier l'état des lieux, c'était devant le Préfet qu'il devait se retirer, afin que, conformément aux articles 56 et 57 de la loi du 16 septembre 1807, une expertise fût ordonnée. (DÉCRET *sur conflit*, 22 janvier 1867. *Pajot.*)

OBSERVATIONS. Il nous paraît évident, en effet, qu'il ne peut appartenir à un magistrat de l'autorité judiciaire d'ordonner une expertise pour constater des faits que l'autorité judiciaire n'est pas compétente pour apprécier. Cette expertise n'aurait pas de valeur devant la juridiction administrative. Quant au pouvoir que la décision sur conflit reconnaît au Préfet d'ordonner d'urgence une expertise pour reconnaître l'état des lieux, il est assurément nécessaire. Mais jusqu'ici la législation n'avait pas été entendue en ce sens; et les formes prescrites par l'article 56 de la loi du 16 septembre 1807 peuvent être gênantes en cas d'urgence. Il serait bon que la procédure à suivre en pareil cas fût tracée d'une manière précise par le nouveau règlement d'administration publique, qui statuera prochainement sur la procédure à suivre devant les Conseils de préfecture.

COUR DE CASSATION.

LEGS UNIVERSEL. — DÉCRET. — RÉDUCTION. — DÉFAUT D'ACCEPTATION PROVISOIRE. — FRUITS.

Lorsqu'une commune a été instituée légataire universelle, la réduction aux deux tiers des valeurs de la succession par le décret d'autorisation, ne change pas la nature du legs qui reste universel.

La commune, dans ce cas, et à défaut d'héritiers à réserve, n'a pas besoin d'une acceptation provisoire pour avoir droit aux fruits à compter du jour du décès.

LA COUR; — Sur le premier moyen, tiré de la violation des art. 910, 1003, 1004, 1010 et 1011, C. Nap., et de l'art. 48 de la loi du 18 juillet 1837: — Attendu qu'aux termes de l'art. 1003, C. Nap., le legs universel est la disposition testamentaire par laquelle le testateur donne à une ou plusieurs personnes l'universalité de ses biens; qu'il suit de cette définition que c'est au testament lui-même qu'il y a lieu de recourir pour reconnaître le véritable caractère de la libéralité qu'il contient; — Attendu qu'il n'est pas contesté que le sieur Jean-Pierre-Charles-Louis Fieffé Mongey de Liévreville a, par son testament olographe du 26 juillet 1856, légué l'universalité de ses biens à la ville de Bordeaux et l'a ainsi instituée sa légataire universelle; — Attendu que le décret impérial du 10 mai 1862, qui a ultérieurement autorisé la ville de Bordeaux à accepter le legs fait à son profit jusqu'à concurrence des deux tiers seulement, a bien pu, dans un intérêt public, modifier l'étendue de la libéralité, mais n'a pu en changer le caractère irrévocablement fixé par les dispositions du testament; — Attendu que les demandeurs soutiennent vainement que le legs, quelle que soit sa nature, étant subordonné à une condition suspensive, ne peut produire effet qu'à partir de l'autorisation accordée par le gouvernement, et que dès lors c'est seulement à partir de cette époque que les fruits peuvent être réclamés; — Attendu qu'aux termes de l'art. 910, C. Nap., les dispositions entre-vifs ou par testament au profit des hospices ou autres établissements publics n'ont leur effet qu'autant qu'elles sont autorisées par le Gouvernement; — Attendu que par ces mots: *leur effet*, le législateur a nécessairement entendu que les dispositions testamentaires autorisées auraient le même effet que si elles n'avaient été soumises à aucune condition; d'où il suit qu'une commune légataire universelle peut, jusqu'à concurrence de la quotité maintenue à son profit, réclamer les fruits des choses léguées à partir du décès du testateur.

Sur le deuxième moyen tiré de la violation des mêmes art. 910, C. Nap., et 48 de la loi du 18 juillet 1837; — Attendu que les demandeurs prétendent que la ville de Bordeaux était tenue, aux termes des dispositions spéciales de l'art. 48 de la loi du 18 juillet 1837, d'accepter provisoirement le legs objet du litige, si elle voulait faire courir à son profit les fruits des biens légués; — Mais attendu que l'article 48 de la loi précitée a été édicté dans le seul intérêt des communes, pour leur permettre d'éviter par des acceptations provisoires les déchéances qu'elles pouvaient encourir par leur inaction forcée pendant l'instance administrative qui précède toute autorisation; — Attendu que ledit art. 48 de la loi du 18 juillet 1837 est manifestement sans application au cas où comme dans l'espèce, aucune acceptation n'était nécessaire, et où, en l'absence d'héritiers à réserve, les droits des parties étaient réglés par la loi elle-même; — Attendu que c'est donc à bon droit que l'arrêt attaqué a décidé que la ville de Bordeaux, légataire universelle, avait droit jusqu'à concurrence des deux tiers de la succession aux fruits, à partir du décès du testateur; — Attendu qu'en statuant ainsi, la Cour impériale de Bordeaux s'est en outre exactement conformée aux dispositions du décret impérial du 10 mai 1852, lequel, en maintenant le legs universel fait au profit de la ville de Bordeaux, jusqu'à concurrence des deux tiers, n'a fait aucune distinction entre les capitaux ou immeubles de la succession et les fruits qu'ils pouvaient produire; — Attendu que de tout ce qui précède il résulte que l'arrêt n'a fait qu'une juste application des principes, et n'a violé ni les art. 910, 1003, 1004, 1010 et 1011, C. Nap., ni l'art. 48 de la loi du 18 juillet 1837;—Rejette. (Arrêt du 4 décembre 1856.)

Observations. Les comptables ne doivent pas perdre de vue cet arrêt, car il fixe une jurisprudence très-contestée sur un point d'importance dans les intérêts des établissements.

QUESTIONS DIVERSES

TITRES DE RECETTE. Droit du Receveur d'en demander la remise (1).

Un Receveur municipal ou hospitalier n'a t il pas le droit de demander à un notaire, une expédition des actes qui intéressent les communes et établissements dont la gestion lui est confiée? Si le notaire refuse, comment l'y forcer?

Ce droit est formellement consacré par l'article 2 de l'Arrêté du gouvernement du 19 vendémiaire an XII (2), conçu dans les termes suivants : « Pour faciliter aux Receveurs l'exécution des obligations qui leur sont imposées par l'article précédent, ils pourront *se faire délivrer par l'administration* dont ils dépendent, *une expédition en forme* de tous contrats, titres nouvels, déclarations, baux, jugements ou autres concernant les domaines dont la perception leur est confiée, *ou se faire remettre par tous dépositaires* lesdits titres et actes sous leur récépissé. » Les Receveurs peuvent donc, ou réclamer cette expédition par l'intermédiaire de l'administration locale, ou, s'ils aiment mieux, se la faire remettre directement par le notaire. Il fallait, en effet, prévoir le cas où l'administration négligerait de la réclamer; et alors le Receveur devait être mis en mesure d'en exiger la délivrance entre ses mains : c'est ce droit qui est établi par la dernière partie de l'article 2 que nous venons de reproduire. Les droits des uns constituent les obligations des autres. Ceux résultant pour les Receveurs, des dispositions qui précèdent, sont encore confirmés par les devoirs attachés aux fonctions des notaires. Nous allons faire connaître les dispositions de la loi qui règle spécialement ces devoirs : « Les notaires ne peuvent se dessaisir d'aucune minute, si ce n'est dans les cas prévus par la loi, et en vertu d'un jugement (loi du 25 ventôse an XI (16 mars 1803), art. 22 — Organisation et régime du notariat). Le Receveur ne peut donc exiger que la remise d'une grosse, aux frais de la commune ou de l'établissement intéressé, de l'acte qu'il est *tenu de faire exécuter*, sous sa responsabilité personnelle. Ce droit ne peut être contesté par le notaire, car il découle de l'Arrêté précité et des articles 62 et 64 de la loi du 18 juillet 1837. Or, cela étant admis, le Receveur doit s'appuyer, pour obtenir satisfaction, sur les prescriptions de la loi du 25 ventôse an XI. « Les notaires sont les fonctionnaires publics établis pour recevoir tous les actes et contrats auxquels les parties doivent ou veulent faire donner le caractère d'authenticité attaché aux actes de l'autorité publique, et pour en assurer la date, en conserver le dépôt, *en délivrer des grosses et expéditions* (article 1er). Ils sont *tenus de prêter leur ministère*, lorsqu'ils en sont requis (article 3). Le droit de délivrer des grosses et des expéditions n'appartiendra qu'au notaire possesseur de la minute (article 21). Les notaires ne pourront, sans l'ordonnance du Président du tribunal de première instance, délivrer expédition ni donner connaissance des actes à d'autres qu'*aux personnes intéressées* en nom direct, héritiers ou ayants-droit, à peine des dommages-intérêts, d'une amende de cent francs, et d'être, en cas de récidive, suspendus de leurs fonctions pendant trois mois... (article 23). » Nous avons vu que la personne intéressée directement, au nom de la commune, est le Receveur municipal chargé seul, sous sa responsabilité personnelle, du recouvrement des revenus, rentes et créances. « Les grosses seules seront *délivrées en forme exécutoire;* elles seront intitulées et terminées dans les mêmes termes que les jugements des tribunaux (article 25). Il doit être fait mention, sur la minute, de la délivrance d'une première grosse, faite *à chacune des parties intéressées;* il ne peut lui en être délivré d'autre, à peine de destitution, sans une ordonnance du Président du tribunal de première instance, laquelle demeurera jointe à la minute (article 26). » Le Receveur ne doit pas accepter de grosse ou expédition d'acte notarié, si elle n'est pas revêtue de la formule exécutoire : « Mandons et ordonnons, etc. » Il provoquera, au besoin, par requête au président du tribunal, l'ordonnance sans laquelle le notaire ne peut délivrer de seconde expédition en forme exécutoire. Il se trouvera ainsi toujours prêt à faire mettre ce titre à exécution. « Chaque notaire sera tenu d'avoir un cachet ou sceau particulier, portant ses nom, qualité et résidence; et, d'après un modèle

(1) Extrait du Traité des poursuites, 2e édition : 1re partie, Titre II, chapitre III.

(2) Voir Instruction générale, articles 822, 948, 950 et 1051. — *Journal* de 1866, page 1, — et de 1867, pages 124 et suivantes, 135, 156 et 238.

uniforme, le type de l'Empire. Les grosses et expéditions des actes porteront l'empreinte de ce cachet (article 27). Les actes notariés serons légalisés, savoir : ceux des notaires à la résidence des tribunaux d'appel, lorsqu'on s'en servira hors du ressort ; et ceux des autres notaires, lorsqu'on s'en servira hors de leur département. La légalisation sera faite par le Président du tribunal de première instance de la résidence du notaire, ou du lieu où sera délivré l'acte ou l'expédition (article 28).

Les chambres qui seront établies pour la *discipline* intérieure des notaires, seront organisées par des règlements (article 50). Toutes suspensions, destitutions, condamnations d'amende et dommages-intérêts, seront prononcées contre les notaires par le tribunal civil de leur résidence, à la *poursuite des parties intéressées*, ou d'office, à la poursuite et diligence du Procureur impérial. Ces jugements seront sujets à l'appel, et exécutoires par provision, excepté quant aux condamnations pécuniaires (article 53) » (1).

Ainsi, le droit de requérir directement la remise entre ses mains d'une expédition en due forme d'un acte retenu par un notaire, ou d'un autre titre intéressant la commune dont il a la gestion, ne peut être contesté à un Receveur municipal ou hospitalier. De son côté, le Maire ou le dépositaire de la minute, sont tenus d'obtempérer immédiatement à sa réquisition. (Voir page , forme de la réquisition. Elle pourrait être faite par exploit d'huisier.) En cas de refus opposé, sans cause valable, à sa demande, le Receveur peut recourir à l'intervention du syndic de la Chambre de discipline instituée au chef-lieu d'arrondissement judiciaire, ou à celle du Procureur impérial; il peut aussi poursuivre le notaire directement devant le tribunal civil, en condamnation de dommages-intérêts (loi précitée du 25 ventôse an XI, article 53).

IMPRESSIONS DE LA COMPTABILITÉ. Vote du Conseil municipal.

1° *Le Conseil municipal peut il exonérer son Receveur de la totalité des frais d'impression?* — Il y a exception.

2° *La commune doit-elle supporter le prix de tous les imprimés non compris dans la nomenclature du 1er décembre 1865?* — Même distinction.

3° *Quelle est la nature et la forme des pièces justificatives de cette dépense? Faut-il un mémoire par commune?* — Un seul mémoire suffit.

Le 1er alinéa du § 2 de la circulaire de la compt. publ., du 1er décembre 1865 (2), après avoir rappelé les difficultés éprouvées par les autorités qui jugent les comptes, pour distinguer les imprimés à la charge exclusive des communes, déclare que la nomenclature de ces imprimés a paru incomplète et insuffisante; d'où la nécessité d'arrêter une nouvelle nomenclature. Mais l'administration a trouvé plus nécessaire de dresser un tableau spécial, précis et détaillé, des impressions dont la dépense doit incomber au Receveur municipal ou hospitalier, comme charge d'emploi, attendu que le nombre des imprimés qui *appartiennent véritablement* au service des communes et établissements et qui doivent être payés sur les fonds communaux ou hospitaliers, se trouve sensiblement augmenté par la modification et l'accroissement des divers services (1er alinéa). *Toutes les impressions* qui ne sont pas comprises dans la nomenclature des imprimés à la charge du Receveur, que nous avons donnée à la page 18 du *Journal* de 1866, sont considérées comme intéressant plus particulièrement l'administration que la comptabilité. La dépense de ces imprimés reste à la charge exclusive des communes ou établissements (3e alinéa). Il faut cependant *se garder de confondre avec cette catégorie* d'imprimés, les documents qui servent aussi à un Percepteur-Receveur à la comptabilité de services étrangers au service communal ou hospitalier : Tels sont, le livre récapitulatif, les journaux à souche, le cahier des notes, etc., lesquels sont employés à l'enregistrement des opérations relatives au service des contributions directes (dernier alinéa).

Après avoir déterminé les obligations respectives des comptables et des administrations municipales et hospitalières, Son Exc. M. le Ministre de finances a prévu le cas où les administrations locales, animées du désir d'accorder quelque avantage particulier à un comptable méritant (et quel est le Receveur qui, par les services particuliers qu'il leur rend en dehors de ses obligations, n'ait droit à cet avantage?) viendraient à manifester leur volonté d'exonérer un Receveur, de la dépense de ceux des imprimés dont il doit supporter les frais et compris dans la nouvelle nomenclature. Il a semblé à Son Excellence qu'il convenait de seconder les intentions libérales des administrations locales, et la Cour des comptes a décidé qu'elle allouerait *désormais* comme dépense, au compte des communes et établissements les frais des imprimés énumérés dans la nouvelle nomenclature, mais *non d'autres imprimés* déclarés à la charge des comptables, lorsque ces intentions seraient clairement et également exprimées (dernier alinéa de la circulaire). Il est inutile d'ajouter, après ce que nous venons de dire, que le prix des imprimés à la charge exclusive de la commune peut être confondu au budget avec celui des impressions dont le Receveur est exonéré par le Conseil municipal. L'intention du Conseil municipal sera clairement, régulièrement et légalement exprimée, par l'inscription au budget d'un crédit ainsi formulé : « *Impressions, même celles à la charge du Receveur,* » fr. » Les autres conditions exigées consistent dans l'approbation par le Préfet, du vote du Conseil municipal ainsi manifesté sur le budget ou par délibération spéciale, et au besoin, dans le renouvellement de ce vote, chaque année.

(1) Voir ci-dessus, page 349, articles 102, 103 et 104 du décret du 30 Mars 1808.

(2) D° 1866, page 12.

Nous avons vu qu'il existe pour les *Percepteurs-Receveurs* trois catégories d'impressions : 1° Celles à la charge des communes et établissements ; 2° celles à la charge des Receveurs, comprises dans la nomenclature du 1er décembre 1865, et dont les communes, ou établissements peuvent exonérer ces comptables; 3° et celles qui n'intéressent pas le service municipal ou hospitalier. La dépense des deux premières catégories, *seules admises en compte*, se justifie par la production du mandat énonçant, selon les prescriptions de l'article 1013 de l'Inst. générale (voir *Journal* de 1866, page 98), le détail des imprimés fournis spécialement à cette commune. Si la somme prise à sa charge par la commune excède 18 francs, cette justification est faite par la production d'un mémoire ou bordereau détaillé de ces imprimés, timbré et quittancé par le fournisseur, appuyé d'un mandat pour chaque commune quittancé pour ordre (Instr. gén., art. 1012); ledit bordereau contenant distinctement par commune les fournitures faites à chacune d'elles, à moins qu'une autre répartition n'ait été expressément acceptée par les Conseils municipaux intéressés, dans une délibération spéciale, approuvée. Un seul mémoire, établi dans ces conditions, suffit, lorsque la dépense détaillée dans un seul bordereau doit être supportée par plusieurs communes d'une même réunion de perception. Seulement dans le mandat délivré pour chaque commune et quittancé pour ordre, le Receveur indiquera le n° du compte de gestion auquel se trouve joint ce mémoire justificatif.

On nous informe que M. le Sous-Préfet de..... réclame une copie de ce mémoire à l'appui de chaque délibération prise dans cet objet. Nous comprenons, que, pour apprécier les droits du Receveur, l'autorité supérieure veuille avoir sous les yeux une copie de ce mémoire sur papier libre; mais en exiger autant de copies que de délibérations, cela nous paraît une pratique ou tracassière, ou peu intelligente. Ces copies d'ordre intérieur pour les bureaux de la Préfecture ne sauraient, dans aucun cas, être réclamées au Receveur municipal.

Les dispositions de la circulaire du 1er décembre 1865, peuvent-elles être appliquées aux impressions fournies antérieurement à l'année 1866, au moins pour les imprimés mis par cette circulaire à la charge des communes? Cette circulaire mentionne d'abord la nécessité de faire cesser les difficultés éprouvées par la Cour des comptes et le Conseil de Préfecture, pour distinguer les natures d'imprimés appartenant au service municipal ou hospitalier; elle dit ensuite, dans son dernier alinéa, que la Cour des Comptes allouera *désormais* les frais des imprimés énumérés dans la nouvelle nomenclature. Il semble résulter de cette déclaration que les dispositions arrêtées en 1865 ne sont obligatoires qu'à partir de l'année 1866, et que le Receveur ne serait en droit de réclamer que le remboursement du prix d'impressions mises précédemment par une décision spéciale à la charge des communes ou établissements. Cependant, lorsque les Conseils municipaux, usant du droit dont ils ont toujours joui, veulent prendre à la charge des communes tout ou partie des impressions antérieures à 1866 et intéressant le service municipal, nous trouvons bien étrange que l'autorité préfectorale s'arme précisément des dispositions de cette circulaire pour refuser son approbation à une proposition faite en faveur du comptable ; car le principal but de cette circulaire n'était-il pas de *seconder les intentions libérales* des administrations locales (1)? L'esprit de cette circulaire est évidemment méconnu par les Préfets. Nous en avons la certitude dans les entraves de toutes sortes opposées par les bureaux des Préfecture à l'approbation des votes émis sur cet objet par les Conseils municipaux. Nous engageons les comptables lésés, à porter à la connaissance du Trésorier général le refus d'approbation d'une allocation votée en leur faveur. L'intervention de leur chef de service auprès du Préfet, amènera une solution favorable à leurs intérêts.

PERCEPTEURS-SURNUMÉRAIRES. Fondés de pouvoirs des Percepteurs.

Les comptables en situation d'avoir des fondés de pouvoirs, sont-ils tenus d'employer forcément des Percepteurs-Surnuméraires?

Établissons d'abord qu'il ne pourrait être question des fondés de pouvoirs *permanents*, catégorie d'employés que l'administration autorise aujourd'hui dans des cas de moins en moins nombreux (1). La nature des fonctions des Percepteurs Surnuméraires et leur distinction, repousse toute hypothèse de ce genre : fonctionnaires essentiellement transitoires, ils ne sauraient occuper que des emplois transitoires. Nous voulons parler des postes d'agents spéciaux et de gérants intérimaires, auxquels les désigne les principes organiques de leur institution (article 4 de l'ordonnance du 31 octobre 1839, reproduit par l'article 1216 de l'Instruction générale), sous la responsabilité des Receveurs des finances. Il s'agit de savoir, en un mot, s'ils doivent être appelés de droit à remplacer les Percepteurs en cas de maladie ou d'absence par congé. Nous pensons qu'ils doivent être investis de ce droit de préférence à toutes autres personnes, et même à leur exclusion; et voici les graves motifs qui nous semblent devoir être invoqués C'est qu'à raison des connaissances spéciales qu'ils ont acquises, les surnuméraires offrent plus de garanties de bonnes gestions, que des personnes étrangères à l'administration; c'est aussi qu'en les investissant de droit de ces fonctions, on rentrerait intimement dans l'esprit des instructions, en leur fournissant ainsi un nouveau moyen de se perfectionner dans l'étude des règles qu'ils doivent être appelés plus tard à mettre en pratique pour leur propre compte. Enfin, il est sans doute permis d'invoquer un motif tiré d'un autre ordre d'idées : nous

(1) Voir *Journal* de 1866, page 123.

(1) Voir la Circulaire du Ministre des finances aux Receveurs généraux en date du 25 août 1865. (*Journal* 1865, page 297.)

voulons parler de l'intérêt pécuniaire de ces fonctionnaires. N'est-il pas de toute justice de faire profiter de préférence les surnuméraires, qui, pendant leur stage, ont des sacrifices pécuniaires assez considérables à supporter, de la rétribution qui revient aux remplaçants qui gèrent momentanément un service? Cette rémunération apporterait quelque avantage à leur position, sans aggraver les charges des Percepteurs, lesquels sont obligés de donner également une rémunération pécuniaire à toute autre personne, choisie pour les remplacer, en dehors de l'administration.

Nous pensons donc qu'on doit poser en principe la vocation exclusive des Percepteurs Surnuméraires aux fonctions de Fondés de pouvoirs des Percepteurs temporairement empêchés.

Nous ne voyons qu'un tempérament à apporter à cette mesure : ce sont les considérations d'intérêt du service, dans le cas où le Receveur des finances ne croit pas pouvoir disposer dans le sens indiqué du travail des Surnuméraires, lorsque des besoins urgents les réclament ailleurs.

Mais nous ne sommes pas suffisamment touchés par cette objection que les fondés de pouvoirs gérants au résumé sous la responsabilité des Percepteurs, le choix de cet agent doit être une affaire de confiance pour ces Comptables. Car ce n'est pas ici une délégation volontaire, pour ainsi dire, que le Comptable exerce dans son propre intérêt; c'est l'intérêt supérieur du Trésor qui dicte et commande la mesure; et d'ailleurs la qualité officielle, dont les Surnuméraires sont investis par l'administration, recommande leur capacité et leur honnêteté plutôt que celle d'un étranger.

NOMINATIONS ET MUTATIONS.

Ont été nommés Percepteurs :

A Suris (Charente), 5e classe, M. Ducning, percepteur de Lavardens (Gers);

A Morteau (Doubs), M. Mettra, percepteur de Pierrefontaine;

A Lavardens (Gers), 5e classe, M. Taborne, percepteur d'Eclaron (Haute-Marne);

A Nervieux (Loire), M. Messie, percepteur de Saint-Barthélemy;

A Epieds (Loiret), M. Charles Lafite;

A Toul (Meurthe), M. Aristide Catabelle, percepteur-surnuméraire;

A Saint-Denis-sur-Sarthon (Orne), M. James, percepteur de Bouillon;

A Demuin (Somme), M. Feilampin est élevé à la 3e classe;

A Montboubert (Somme), M. A. Bué, percepteur-surnuméraire, en remplacement de M. Marcel, retraité.

DEMANDE D'EMPLOI.

Un fondé de pouvoirs de Trésorerie Générale, ayant 18 ans de service et ayant dirigé comme chef de bureau diverses Recettes Générales, désire trouver un emploi.

CHRONIQUE.

Les *cartons relieurs* que l'on fabrique aujourd'hui présentent tant de facilité et de commodité pour collectionner et relier les publications périodiques, au fur et à mesurer de leur apparition, que nous engageons vivement chacun de nos lecteurs à s'en munir. Pour les décider, nous leur livrons au prix de revient, qui est de 3 fr. 50 c. *franco* : envoyer le montant avec la demande.

Le Ministre de l'intérieur a décidé que les Attachés à l'administration centrale de son département se recruteraient désormais par la voie du concours.

Cette mesure, qui paraît devoir donner d'excellents résultats, vient de recevoir une première application.

Six places d'Attachés étaient vacantes; vingt-deux licenciés en droit ont été appelés à prendre part au concours.

Un comité, composé d'un chef de division et de trois chefs de bureau, a été chargé d'examiner les candidats et de les classer d'après leur mérite. Les examens consistaient en épreuves écrites et orales portant sur des questions de législation et de droit administratif.

A la suite de ce concours, les six candidats inscrits par le jury en tête de la liste ont reçu le titre d'Attaché au ministère.

Directeur, H. Gallitier, à Fontenay-aux-Roses (Seine)

JOURNAL DES PERCEPTEURS,

DES RECEVEURS DES FINANCES, ET DES RECEVEURS DES COMMUNES, HOSPICES, ETC.

DES SURNUMÉRAIRES, ET DES ASPIRANTS.

2e Série. — 10 fr. par an. Un numéro toutes les semaines. 12e année. — N° 46.

SOMMAIRE.

ACTES OFFICIELS.

Circulaire du Ministre de l'Instruction publique *portant de nouvelles instructions pour l'exécution de la loi du* 10 *avril* 1867 *sur l'enseignement primaire* (1).

17 octobre 1867.

Monsieur le Préfet, pour compléter les instructions que je vous ai adressées au sujet de l'exécution de la loi du 10 avril 1867 sur l'enseignement primaire, je dois vous entretenir, d'une part, de ce qui concerne spécialement la gratuité absolue; d'autre part, du classement qui doit être établi entre les dépenses obligatoires résultant de cette loi, au point de vue de leur imputation successive sur les ressources communales et départementales et sur les fonds de l'État.

GRATUITÉ ABSOLUE.

Un certain nombre de communes, voulant assurer la gratuité absolue de leurs écoles, ont voté l'imposition extraordinaire de quatre centimes, prévue par l'article 8 de la loi du 10 avril 1867, et déjà quelques Conseils départementaux ont donné un avis favorable à l'exécution de cette mesure; enfin, beaucoup de Préfets constatent, dans leurs derniers rapports trimestriels, les vœux des populations en faveur de la gratuité, et plusieurs m'ont demandé s'ils devaient comprendre, dès maintenant, le montant des impositions votées à cet effet par les Conseils municipaux dans les rôles qui seront mis en recouvrement à partir du 1er janvier prochain.

En se pénétrant de l'esprit de la loi du 10 avril dernier, on doit reconnaître que cette mise en recouvrement immédiat serait au moins prématurée dans les départements où les communes doivent recourir aux subventions de l'État, mais que rien ne s'oppose à ce que ces impositions soient mises en recouvrement là où elles suffiraient à la dépense, soit seules, soit avec l'aide des subventions votées à cet effet par le Conseil général. L'article 8 de ladite loi porte qu'en cas d'insuffisance des ressources affectées à la gratuité absolue de l'enseignement, une subvention peut être accordée à la commune *sur les fonds départementaux, et, à leur défaut, sur les fonds de l'État, dans les limites du crédit spécial porté annuellement à cet effet au budget du ministère de l'instruction publique*. Pour déterminer approximativement le chiffre de ce crédit, il fallait attendre le résultat des votes des Conseils municipaux, et le budget du ministère de l'instruction publique, voté avant l'époque où ces Conseils se sont réunis, ne pouvait contenir encore, pour 1868, aucun crédit spécial applicable à la gratuité absolue de l'enseignement; il ne me serait donc pas possible d'accorder, dès aujourd'hui, aux communes qui en auraient besoin, les subventions sur lesquelles elles devraient compter. J'espère que, lors de la présentation du budget rectificatif de 1868, cette lacune sera comblée, mais j'ignore encore dans quelle mesure, la loi laissant à cet égard tout pouvoir au législateur. Il convient néanmoins de préparer dès à présent l'exécution de la loi, de telle sorte que les crédits puissent être employés aussitôt qu'ils seront mis à ma disposition. Vous aurez donc soin, monsieur le Préfet, de classer les communes qui ont déjà voté les quatre centimes et celles qui les voteront, soit dans leur session de novembre prochain, soit dans celle de février 1868, suivant l'importance de leurs besoins. C'est aux populations pauvres que la loi a voulu assurer le bénéfice de la gratuité de l'enseignement. C'est donc par les communes les plus intéressantes à ce point de vue que nous commencerons la distribution de nos subsides.

Lorsque vous aurez ainsi classé les communes dans l'ordre de leurs besoins, et lorsque le Conseil départemental aura approuvé, non-seulement les demandes des Conseils municipaux, mais encore le classement de ces demandes, vous voudrez bien m'envoyer le tableau que vous en aurez dressé et dont je vous communique ci-joint un modèle (Tableau A) (1). Je pourrai alors, aussitôt que je connaîtrai le montant du crédit voté par le Corps législatif, en faire la répartition entre les départements, et vous indiquer les communes qui devront y participer. Il va sans dire que les fonds de l'État ne doivent supporter cette dépense qu'à défaut des fonds

(1) Au risque de fatiguer nos lecteurs, nous sommes obligés de leur soumettre les nombreuses instructions qui se succèdent incessamment dans le service de l'Instruction primaire, puisque ils doivent concourir à leur application...

(1) Nous n'insérons pas ces tableaux d'un intérêt purement administratif.

départementaux, et que, par conséquent, les départements dont les Conseils généraux n'auraient voté que la portion des trois centimes spéciaux départementaux strictement nécessaires pour subvenir aux dépenses ordinaires d'entretien des écoles et qui, bien qu'ayant ainsi à leur disposition les fonds libres provenant de ces trois centimes, auraient omis ou refusé de voter une subvention pour la gratuité absolue, pourraient se voir refuser l'avantage de participer au fonds spécial porté au budget de l'Etat en faveur de cette gratuité. Le bienfait de cette gratuité que la loi a pour but d'assurer aux populations pauvres serait, il est vrai, ajourné à mon grand regret dans ces départements; mais la responsabilité de cet ajournement ne saurait remonter jusqu'à l'Etat : elle s'arrêterait nécessairement au Conseil général.

Je ne saurais trop vous recommander, monsieur le Préfet, de donner une grande attention à l'ordre de classement des communes qui réclameront, en vue de la gratuité, les subsides de l'Etat. Si toutes ne peuvent être immédiatement secourues, il importe que les bienfaits de l'Etat viennent trouver celles qui en ont le plus pressant besoin, et que cette première répartition soit faite de telle sorte que les communes qui pourraient en être exclues n'aient, par comparaison, aucun motif légitime de plainte.

DÉPENSES ORDINAIRES ET OBLIGATOIRES.

Après avoir ainsi préparé l'emploi du crédit spécial qui sera porté au budget rectificatif de 1868 pour assurer la gratuité absolue de l'enseignement là où elle sera accordée, je dois me préoccuper en même temps du crédit nouveau nécessaire pour faire face à celles des dépenses obligatoires qui, dès 1868, peuvent et doivent être, conformément à la nouvelle loi, supportées par la commune, le département et l'Etat. Il y a des départements pour lesquels le concours de l'Etat ne sera pas réclamé en 1868; mais pour beaucoup d'autres, une subvention sera indispensable. Les 500 000 francs portés au budget de 1868, et votés en quelque sorte *pour mémoire*, ne permettront certainement pas d'organiser tous les services auxquels ils sont applicables, et en vue du budget rectificatif je chercherai, au moyen des éléments fournis par les Préfets, à déterminer la mesure dans laquelle il serait urgent d'augmenter immédiatement ce crédit. Mais abstraction faite de toute augmentation ultérieure, et afin de retarder le moins possible l'exécution de la loi, il convient de déterminer ceux des services obligatoires auxquels il sera pourvu en premier lieu, soit dans la limite des ressources communales et départementales, soit subsidiairement dans les limites du crédit porté au budget de l'Etat. Tous les services améliorés ou créés par la loi ont un caractère également obligatoire; mais ne pouvant tout organiser à la fois, il y a lieu de s'occuper aujourd'hui en première ligne de ceux de ces services qui ont en outre un caractère d'urgence et que nous sommes certains de pouvoir assurer à partir du 1er janvier prochain.

Compléments de traitements. — Et d'abord il est de principe qu'avant de construire à nouveau, il faut consolider et entretenir ce qui existe. Commençons donc par consolider les établissements existants en assurant aux instituteurs et aux institutrices dont les revenus scolaires pourraient être affectés par l'admission d'un plus grand nombre d'élèves gratuits dans l'école payante, un traitement égal à la moyenne des émoluments scolaires légaux touchés par eux pendant les trois dernières années 1864, 1865 et 1866; il y a là une dette véritable, une question d'équité résolue par l'article 11 de la loi et qui domine toutes les autres. La loi de 1867 comporte l'application large et libérale du principe d'admission gratuite posé par la loi de 1850; tous les enfants pauvres et ceux des familles gênées pour lesquelles la rétribution scolaire est un pesant fardeau doivent être admis gratuitement dans les écoles; mais la loi de 1867 n'a pas voulu que ce fût aux dépens des instituteurs. Lorsqu'il s'agit de communes où l'instituteur n'atteint pas le minimum de 600 à 700 francs, l'extension de la gratuité, grâce au jeu du complément légal, n'affecte pas la position de l'instituteur. Il doit en être de même dans les autres communes, et c'est pour cela que la loi accorde dorénavant à l'instituteur, en sus du produit de la rétribution scolaire payée par les parents, un traitement éventuel payé par la commune, le département ou l'Etat, et calculé à raison du nombre d'élèves gratuits qu'il reçoit dans son école; c'est pour cela encore qu'à titre de disposition transitoire, et au delà même du chiffre de ce traitement éventuel, la loi garantit aux instituteurs et aux institutrices en exercice au moment de la promulgation de la loi, un traitement égal à la moyenne des trois dernières années.

Il va sans dire, cependant, que cette moyenne n'est garantie à l'instituteur qu'autant que le dommage qu'il pourrait éprouver résulterait directement de l'exécution de la loi et qu'il resterait dans la même commune. Ainsi, qu'une école libre de garçons ou de filles ouverte dans la commune lui enlève un certain nombre d'élèves payants, l'instituteur éprouvera un dommage, mais ce dommage ne résultera ni de la création d'une école communale de filles, ni celle d'une école de hameau, et, par conséquent, la loi nouvelle y sera étrangère. Mais si, par suite de ces circonstances, le dommage qu'il éprouve fait tomber son traitement au-dessous des *minima* de 600 et de 700 francs mentionnés dans le quatrième paragraphe de l'article 10 de la loi, l'instituteur ou l'institutrice aura droit, non plus à la moyenne de son traitement pendant les trois dernières années, mais au complément prévu par l'article précité, et destiné à lui assurer l'un des *minima* déterminés. Qu'au contraire, un instituteur qui recevait l'année dernière quarante élèves payants, soit contraint aujourd'hui de recevoir dix d'entre eux gratuitement, il pourra légitimement prétendre au bénéfice de l'article 11, puisque la transformation de dix élèves payants en dix élèves gratuits fera tomber son traitement au-dessous de la moyenne des trois dernières années. C'est à vous qu'il appartient d'apprécier équitablement toutes ces circonstances, et de ne porter sur vos états de dépenses pour compléments de ce genre que les instituteurs qui y auront des droits incontestables.

La disposition transitoire de l'article 11, comme l'article 10 lui-même, dont il va être parlé, ne doit s'appliquer qu'aux institutrices en exercice au moment de la promulgation de la loi, dans les communes de 500 habitants et au-dessus.

Au même rang que l'application des dispositions transitoires de l'article 11, je place, en ce qui concerne les institutrices, l'application de l'article 10 de la loi qui leur garantit un traitement d'au moins 400 francs. La création de nouvelles écoles de filles dans les communes de 500 âmes peut être entravée par différentes causes. Toute la sollicitude de l'administration ne fera point, par exemple, que les maisons d'école nécessaires soient construites en quelques mois. Puisque la loi de 1850 n'est pas encore complétement exécutée à cet égard, nous ne pouvons espérer que celle de 1867 le soit au moment du vote. En attendant que les obstacles prévus disparaissent, obéissons du moins aux injonctions de l'article 10 en assurant, sur les ressources disponibles, aux institutrices titulaires communales en exercice *dans des communes de plus de 500 âmes* à la date du 10 avril 1867, le *minimum* qui leur est désormais garanti. C'est l'application de l'article 10 de la loi nouvelle. Ces institutrices doivent, aux termes de l'article 4, être divisées en deux classes, et je vous ai fait savoir par ma circulaire du 12 mai comment il me paraissait convenable de faire cette classification. Je n'ai donc ni à revenir sur ce point, ni à vous donner à ce sujet de nouvelles instructions. Je désire, toutefois, que vous m'adressiez l'état des écoles des filles en activité, cet état, conforme au modèle *B* ci-joint, contiendra d'abord les écoles de première classe, puis celles de seconde, et indiquera les motifs de la préférence donnée aux premières. Comme les dispositions de l'article 40 de la loi de 1850 sont applicables dans les limites des *minima* aux écoles communales des filles aussi bien qu'aux écoles communales de garçons, ou mixtes, les mêmes règles leur seront appliquées. Il y a lieu, cependant, de remarquer que l'obligation d'entretenir une école spéciale de filles n'incombe qu'aux communes de plus de 500 âmes, et que les départements de l'État n'ont aucune obligation à l'égard des écoles déjà existantes dans les communes d'une population inférieure. Je chercherai volontiers, plus tard, à venir en aides à ces communes, si les ressources du budget le permettent, aux moyens de quelques subventions, mais je ne puis prendre envers elles aucun engagement.

Cours d'adultes. — Notre attention et nos secours doivent se porter, avec une vigilance égale, sur les cours d'adultes dont la dépense, désormais obligatoire, devra figurer immédiatement après les compléments de traitement. Les instituteurs ont conquis, par leur zèle et leur désintéressement, une place spéciale au budget pour ces établissements qui ont excité tant d'intérêt en France : une prévision du budget de 1868 consacre à l'entretien et au développement de ces cours, en sus des ressources communales et départementales indiquées par la loi de 1867, une somme de 500 000 francs, et l'article 7 de cette loi porte qu'une indemnité fixée par le Ministre de l'Instruction publique, après avis du Conseil municipal et sur la proposition du Préfet, peut être accordée annuellement aux instituteurs et institutrices dirigeant une classe communale d'adultes payante ou gratuite, consacrée par le vote du Conseil départemental, sur l'avis du Conseil municipal.

Les indemnités dues aux instituteurs directeurs de cours d'adultes, une fois fixées par le Ministre, sont des dépenses nécessaires imputables, en vertu de l'article 14, sur les fonds de la commune, du département, de l'État, et notamment sur le troisième centime départemental obligatoire créé par la loi du 10 avril 1867 pour les dépenses ordinaires et permanentes de l'enseignement primaire.

Par ma lettre du 12 mai dernier, je vous ai fait savoir dans quel esprit il convient de mettre à exécution cette partie si importante de la loi ; je dois vous entretenir aujourd'hui des moyens pratiques à employer pour y pourvoir d'urgence. En 1866, sur 595 506 élèves adultes, on en a compté 1:8 778 qui ont payé, pour les cours du soir, une rétribution volontaire de 414 940 francs. L'année suivante, au 1er avril 1867, le nombre des adultes payants n'était que de [illegible] sur 829 555, et la rétribution payée par eux est descendue à la somme de 285 185 fr.

Il faut reconnaître que, dans un grand nombre de localités, l'admission gratuite aux cours d'adultes est une condition nécessaire de leur fréquentation assidue. Ce fait constaté, de quelle manière convient-il d'organiser la rémunération de l'instituteur ? L'indemnité promise et garantie par la loi doit-elle être un traitement éventuel calculé, comme pour l'école du jour, à raison du nombre d'élèves reçus gratuitement chaque mois dans l'école ? Je ne l'ai pas pensé : les adultes qui viennent à la classe du soir peuvent avoir l'intention de suivre seulement un ou plusieurs cours ; tel élève qui vient chercher à la classe du soir les leçons théoriques nécessaires pour la pratique de sa profession, ne peut être contraint d'assister aux leçons de lecture ou d'écriture ; tel autre qui ne sait pas encore bien lire ou écrire ne peut être tenu d'assister à des leçons de géométrie ou de grammaire. Dans de petites communes, à raison du nombre des élèves, l'instituteur, privé d'adjoint, peut être obligé de les diviser en catégories pour les réunir à des jours différents. Je dois ajouter que ce mode de rémunération, appliqué d'une manière absolue à des adultes qui ne seraient à la classe du soir que des spectateurs oisifs, pourrait devenir une source d'abus.

Il résulte de ces considérations que l'allocation garantie à laquelle aura droit le directeur d'un cours d'adultes communal régulièrement établi sous votre contrôle, devra consister en une indemnité fixe. Quel en sera le montant? Cette allocation garantie devra se composer de deux éléments : le remboursement d'une dépense absolument indispensable et la rémunération personnelle de l'instituteur. Du jour où la loi a donné une existence légale aux cours d'adultes, elle a implicitement entendu que les moyens matériels de tenir la classe du soir seraient assurés.

Je ne puis donc m'empêcher de considérer au moins les frais d'éclairage de la salle comme devant être nécessairement remboursés à l'instituteur. Il m'a paru, d'un autre côté, quant à la rémunération personnelle, qu'il serait injuste d'adopter le même chiffre pour toutes les classes d'adultes, et qu'il convient, au contraire, d'avoir égard, d'une manière générale et par une appréciation d'ensemble, au nombre d'élèves qui suivent le cours, au nombre de mois et jours par semaine pendant lesquels il s'ouvre, à l'objet, à l'étendue, à la qualité de l'enseignement, au zèle du maître, aux succès qu'il obtient. J'ajoute que l'indemnité ainsi accordée a beaucoup moins le caractère d'un traitement que celui d'un dédommagement ou d'une récompense publique. Tels sont les motifs qui me déterminent à poser en principe que cette portion de l'indemnité ne descendra pas au-dessous d'un minimum de 50 francs, et qu'elle pourra être portée, sur votre proposition, à un chiffre supérieur qui, toutefois, ne pourra pas dépasser 100 francs. Dans le cas où le cours serait payant, le produit de la rétribution scolaire s'imputerait sur l'indemnité garantie, et viendrait ainsi réduire, jusqu'à due concurrence, la somme due par la commune, le département et l'Etat. Bien que la loi réserve au Ministre la fixation de l'indemnité, il est évident que, ne pouvant songer à statuer par décision individuelle et isolément sur chacun des cours d'adultes auxquels la loi devra être appliquée, je devrai le plus souvent accepter dans leur ensemble les propositions faites par les Préfets. Les observations qui précèdent devront vous servir de règle pour l'appréciation des droits des instituteurs. J'espère bien que ces allocations officiellement garanties n'auront pas pour effet de tarir la source des libéralités particulières, communales et départementales, qui, pour 1867, se sont élevées au chiffre total de 1 337 441 francs, savoir : 1 145 304 francs votés par les Conseils municipaux, 121 415 francs donnés par les particuliers, et 70 722 francs accordés par les Conseils généraux. Je dois répéter encore, au sujet de l'allocation garantie, que l'Etat n'intervenant, pour ce qui le concerne, qu'à défaut des ressources communales et départementales indiquées à l'article 14 de la nouvelle loi, vous devrez épuiser ces ressources avant de proposer le prélèvement de ces maximites sur les fonds de l'Etat.

Vous trouverez ci-joint le modèle d'un tableau sur lequel vos propositions devront être consignées.

En suivant l'ordre que j'ai indiqué ci-dessus, nous trouvons en troisième lieu la création des emplois de maîtresses des travaux à l'aiguille dans les écoles mixtes. Pour les localités où il n'est pas possible de dédoubler immédiatement l'école mixte en créant une école spéciale de filles, il faut la perfectionner, c'est-à-dire y offrir aux familles non-seulement les moyens de donner aux jeunes filles l'habitude de la couture domestique, si utile dans les ménages des campagnes, mais toute la sécurité que doit inspirer la présence d'une femme dans l'école. Les écoles mixtes doivent avoir une maîtresse des travaux à l'aiguille, et le traitement de ces maîtresses, fixé par vous, sera compris dans les dépenses générales d'entretien des écoles primaires, et imputable, après l'indemnité des directeurs de cours d'adultes, sur les ressources indiquées par l'article 14 de la loi. Si ces ressources avaient été déjà épuisées par les dépenses auxquelles elles doivent d'abord pourvoir, une subvention de l'Etat vous serait accordée à cet effet; vous voudrez bien dresser, sur un tableau spécial dont je vous envoie le modèle, la liste des emplois de maîtresses d'ouvrage à créer dans votre département. En vue du cas où, par l'insuffisance des ressources du budget de l'Etat, je me verrais obligé de faire un choix entre les écoles mixtes où il conviendrait d'installer une maîtresse d'ouvrage, je vous prie d'inscrire en tête de votre liste les communes qui auront des droits réels à la préférence, ne perdant pas de vue que les autres seront dotées un peu plus tard.

Viendront ensuite les écoles de filles à créer dans les communes au-dessus de cinq cents habitants. Je n'ai à cet égard aucune instruction particulière à vous donner, car il s'agit ici d'écoles communales pour lesquelles on devra procéder comme on l'a fait jusqu'à présent pour les écoles communales de garçons.

Nous aurons enfin à pourvoir à la création des emplois de maîtres adjoints et de maîtresses adjointes dans les écoles de garçons et de filles, à la création d'écoles de hameaux et d'écoles ordinaires nouvelles dans les communes qui en comportent deux ou plusieurs, et enfin à l'organisation des caisses des écoles. Je ne puis à cet égard que vous inviter à vous reporter à mes instructions du 12 mai dernier. J'attache la plus grande importance à ce que toutes ces dispositions de la loi puissent être promptement exécutées; mais, limités comme nous le sommes par le crédit porté au budget, nous devons diriger nos efforts vers les points où nos ressources nous permettent d'espérer un succès immédiat.

J'ai fait dresser néanmoins pour chacun de ces services des modèles de tableaux que je vous prie de me renvoyer avec les indications qu'ils sont destinés à recevoir, afin que je puisse connaître l'ensemble des dépenses auxquelles il y aura lieu de pourvoir, soit d'urgence, soit successivement.

Recevez, etc.

Le Ministre de l'Instruction publique,
V. DURUY.

Circulaire du Ministre des Finances *portant des Instructions relatives à l'exécution de la loi du 24 juillet 1867, en ce qui concerne l'établissement des octrois, les tarifs et règlements pour leur perception, le renouvellement de ces tarifs, etc.*

Paris le 23 août 1867.

Monsieur le Préfet, dans l'état actuel de la législation, l'établissement des tarifs et règlements d'octrois, les changements à ces tarifs et règlements, ainsi que leur prorogation, ne peuvent avoir lieu qu'en vertu de décrets impériaux rendus sur l'avis du Conseil d'Etat. En un mot, l'intervention du Gouvernement est, aujourd'hui, toujours, et absolument nécessaire en matière d'octroi.

Les articles 8, 9, 10, de la loi du 24 juillet dernier, sur les Conseils municipaux, ont pour but de modifier cet état de choses.

1° Les modifications aux règlements ou aux périmètres existants;

2° L'assujettissement à la taxe d'objets non encore imposés;

3° L'établissement ou le renouvellement d'une taxe sur des objets non compris dans le tarif général, dont il sera question ci-après;

4° L'établissement ou le renouvellement d'une taxe excédant le maximum déterminé par ledit tarif général.

Mais aux termes de l'article 9, les Conseils municipaux pourront, par des délibérations prises dans les conditions déterminées par l'article 18 de la loi du 18 juillet 1837, voter :

1° La suppression ou la diminution des taxes d'octroi;

2° La prorogation des taxes principales pour cinq ans au plus;

3° L'augmentation des taxes jusqu'à concurrence d'un décime pour cinq ans au plus;

Sous la condition, toutefois, qu'aucune des taxes ainsi maintenues ou modifiées, n'excédera le maximum déterminé dans un tarif général qui sera établi, après avis des Conseils généraux, par un règlement d'administration publique, ou qu'aucune desdites taxes ne portera sur des objets non compris dans ce tarif.

Enfin, l'article 10 dispose que les délibérations des Conseils municipaux seront exécutoires, sur l'approbation du Préfet, lorsqu'elles auront pour but :

La prorogation des taxes additionnelles actuellement existantes;

L'augmentation des taxes principales au delà d'un décime;

Dans les limites du maximum des droits et de la nomenclature des objets fixés par le tarif général.

Par une circulaire du 3 du mois, le Ministre de l'Intérieur vous a fait connaître que l'administration des finances était chargée de préparer le tarif général ou tarif-type dont parle l'article 9 précité, et de donner les instructions nécessaires pour l'exécution des nouvelles dispositions relatives aux octrois.

Vous trouverez ci-joint un extrait de ce tarif général en ce qui concerne votre département.

Pour ce travail, les villes à octrois ont été divisées en dix catégories, suivant l'importance de leur population.

La 1re catégorie comprend toutes les villes de 1500 âmes et au dessous.

La 2e	est pour les villes	de	1.501	à	4.000 âmes.
La 3e	—	de	4.001	à	6.000 —
La 4e	—	de	6.001	à	10.000 —
La 5e	—	de	10.001	à	15.000 —
La 6e	—	de	15.001	à	20.000 —
La 7e	—	de	20.001	à	30.000 —
La 8e	—	de	30.001	à	50,000 —
La 9e	—	de	50.001	à	100.000 —

La 10e comprend les villes au-dessus de 100.000 âmes.

Pour chacune de ces 10 classes ou catégories, on a dressé la nomenclature des objets à imposer avec le maximum de la taxe afférente à chaque objet.

En faisant ce règlement, on a tenu compte de ce qui existe dans les tarifs actuels, de manière à ce qu'il n'y ait qu'un fort petit nombre de communes qui reste en dehors du tarif général. Du reste, les villes dont les tarifs comprendront des objets non portés à la nomenclature ou quelques taxes supérieures au maximum et qui, en raison de leur situation financière, ne pourront rentrer dans les limites du tarif-type, seront toujours à même de demander, conformément aux 3e et 4e paragraphes de l'article 8, le maintien de ces taxes, en s'adressant au Gouvernement. Les décrets qui autoriseront la propagation de ces taxes exceptionnelles, seront rendus, comme aujourd'hui, sur l'avis du Conseil d'État, et après qu'il aura été reconnu qu'elles sont indispensables pour assurer les services municipaux.

Il en sera de même lorsque l'on voudra, pour la première fois, introduire des articles non compris dans la nomenclature ou des taxes excédant le maximum du tarif général.

Le tableau, que je vous adresse, présente d'abord le nom des villes à octroi de votre département, et la catégorie dans laquelle elle doivent être rangées d'après leur population. Vous n'aurez donc qu'à réunir les tarifs des octrois de ces villes et à les mettre sous les yeux du Conseil général, afin qu'il puisse les rapprocher du tarif-type, et apprécier l'effet de la loi en ce qui concerne chaque localité. En effet, du moment que les taxes existantes seront reconnues inférieures à celles du tarif général, la latitude que la loi a entendu laisser aux communes existera et le but sera atteint.

Je me réfère, au surplus, aux observations et annotations consignées à l'état ci-annexé; elle me paraissent de nature à lever toute difficulté. Vous remarquerez, notamment, que si la nomenclature n'indique pas tous les détails qui peuvent exister dans les différents tarifs, rien ne s'oppose à ce que certains articles, tels que les comestibles, les bois et les matériaux, etc., soient subdivisés et détaillés. Il faut seulement se renfermer dans le chiffre porté au tarif-type, et ce chiffre est assez élevé pour ne point entraver le vœu des Conseils municipaux.

D'un autre côté, dans le cas où le Conseil général penserait que quelques articles ont été oubliés dans la nomenclature, il signalerait ces lacunes, conformément à la note finale de l'état.

Enfin, on ne perdra pas de vue que les articles, pour lesquels il n'y a pas quotité de taxe, doivent être considérés comme n'étant pas imposables.

Dès que le Conseil général aura formulé l'avis qui lui est demandé par la loi, vous aurez à me faire parvenir sa délibération. Il importe que cet envoi soit différé le moins possible, car, autrement, le temps manquerait pour arrêter définitivement le tarif général et préparer le règlement d'administration publique qui doit assurer la mise en vigueur, au 1er janvier prochain, des articles 8, 9 et 10 de la loi du 24 juillet 1867.

Je n'ai pas besoin d'ajouter que le Gouvernement accueillera avec intérêt toutes les observations, toutes les propositions que le Conseil général de votre département jugera à propos de lui faire parvenir au sujet des nouvelles dispositions relatives aux octrois.

Recevez, Monsieur le Préfet, l'assurance de ma considération très distinguée.

Le Ministre de l'Intérieur, chargé de l'intérim du ministère d'État et des finances.

LA VALETTE.

DÉCISIONS ET SOLUTIONS ADMINISTRATIVES.

FABRIQUES. *Donation entre-vifs d'un immeuble affecté à une école dirigée par des religieuses. Fondation perpétuelle de messes.*

Les Fabriques ne peuvent être autorisées à accepter les donations entre-vifs de biens destinés à des œuvres qui ne rentrent pas dans leurs attributions légales.

Par conséquent, elles ne peuvent régulièrement recevoir les donations ayant pour but la fondation d'une école de filles et l'entretien de religieuses enseignantes et hospitalières, alors même que les libéralités seraient grevées de fondations de messes.

Pour être autorisée, une semblable libéralité doit être directement attribuée, soit à la commune, soit à la congrégation dont dépendent les religieuses.

La Fabrique est seulement appelée à intervenir dans le décret pour être autorisée à accepter la fondation de messes que le donateur a instituée comme condition de sa libéralité, et à recevoir annuellement la somme nécessaire à la célébration des services religieux.

(LETTRE, en date du 6 mars 1866, adressée par *M. le Ministre de la Justice et des Cultes* à M. le Préfet de Saône-et-Loire).

CONSEILS DE FABRIQUES. *Séances. Maire absent ou empêché. Remplacement, Justifications à faire.*

En cas d'absence ou d'empêchement, le Maire d'une commune, chef-lieu de cure ou succursale, qui est membre de droit du Conseil de Fabrique, peut se faire remplacer aux séances de ce Conseil par son adjoint, qui doit justifier, pour être admis, de l'autorisation qu'il a reçue.

Si l'adjoint, appelé à remplir par intérim les fonctions de Maire, se trouve lui-même absent ou empêché, il est remplacé aux séances du Conseil de Fabrique, par le conseiller municipal désigné par le Préfet, ou, à défaut de cette désignation, par le conseiller municipal inscrit le premier dans l'ordre du tableau.

Le conseiller municipal qui se présente pour assister à la séance d'un Conseil de Fabrique, en remplacement du Maire et de l'adjoint, suppléant le Maire, doit justifier de sa qualité au moyen, soit de l'arrêté préfectoral qui le désigne pour remplir les fonctions de Maire, soit de son inscription en tête du tableau du Conseil municipal.

(LETTRE de M. le *Ministre des Cultes* à M. le Ministre de l'Intérieur, en date du 13 mai 1864, et Réponse de M. le *Ministre de l'Intérieur* à M. le Ministre des Cultes, en date du 28 mai 1864).

JURISPRUDENCE SPÉCIALE.

COUR IMPÉRIALE DE COLMAR.

AGENT DE CHANGE. *Immixtion dans leurs fonctions; transmission par un banquier de province d'ordres d'achats et de ventes d'effets publics à la Bourse de Paris.*

Les ordres de ventes ou d'achats, à la Bourse de Paris, d'effets publics ou de valeurs cotées, de la part d'un client de la province, ne doivent pas nécessairement être transmis par les agents de change de la localité; ce n'est pas un privilége de leurs fonctions.

En conséquence, le banquier qui transmet de pareils ordres, avec ou sans courtage, à un agent de change de Paris, ne commet pas le délit d'immixtion dans les fonctions des agents de change, prévu et puni par la loi du 28 ventôse an IX et l'arrêté du 27 prairial an IX.

(ARRÊT du 3 juillet 1867. — *Heilmann et Schey. C. Bickart et Wahl*).

CONSEIL D'ÉTAT.

COMMUNES. — ACQUISITION D'IMMEUBLE. — EMPRUNT. IMPOSITION. — DÉCRET IMPÉRIAL D'AUTORISATION. — RECOURS POUR IRRÉGULARITÉ DANS LES FORMALITÉS QUI AVAIENT PRÉCÉDÉ LE DÉCRET. — VALIDITÉ DE LA VENTE. — COMPÉTENCE.

Une commune a été autorisée par décret impérial à acquérir une maison pour y établir son presbytère, à contracter un emprunt destiné au payement du prix et à s'imposer extraordinairement afin de pourvoir à l'amortissement de l'emprunt; — antérieurement au décret, il y avait eu promesse de vente acceptée par le Maire sous réserve de l'approbation de l'autorité supérieure et acceptée également par le Conseil municipal : — La commune, prétendant que l'enquête et les délibérations municipales relatives à cette acquisition sont entachées de diverses causes de nullité, est-elle recevable à demander que le décret impérial soit rapporté? — Rés. nég. — [*Ce décret n'est qu'un acte de tutelle administrative; — c'est à l'autorité judiciaire qu'il appartient de statuer sur les contestations existant entre la commune et l'ancien propriétaire au sujet de la validité de la vente*] (1).

Vu le recours formé par la com. de Saint-Ouen-de-Mimbré, tendant à ce qu'il nous plaise rapporter — notre décret, du 31 juillet 1865, qui l'a autorisée à acquérir, pour y établir son presbytère, une maison appartenant au sieur Huvé, à contracter un emprunt pour assurer le payement de cette maison, et à s'imposer extraordinairement afin de pourvoir à l'amortissement de l'emprunt;

— Ledit pourvoi fondé sur ce que l'enquête, à laquelle il a été procédé sur le projet d'établissement d'un nouveau presbytère, n'aurait pas eu lieu régulièrement; que les délibérations par lesquelles le Conseil municipal et les plus imposés ont décidé l'acquisition pour cet objet de la maison Huvé et voté les ressources nécessaires, seraient entachées de nullité, le sieur Huvé et son frère ayant pris part à ces délibérations, le premier comme faisant partie des plus imposés, le second comme conseiller municipal, et les convocations n'ayant pas eu lieu par lettres avec indication de l'objet de la délibération, enfin que les procès-verbaux de ces délibérations n'auraient pas mentionné les conditions que les membres du Conseil municipal et les plus imposés auraient mises à leur vote :...

Vu les observations du Min. de l'int., tendant au rejet du pourvoi par le motif que la commune ne serait pas recevable à demander l'annulation de notre décret, et que l'appréciation de la régularité du contrat passé entre elle et le sieur Huvé ne pouvait être portée que devant les tribunaux;

Vu à la date du 16 janv. 1863 la promesse de vente faite par le sieur Huvé à la com. de Saint-Ouen-de-Mimbré et acceptée par le Maire de cette commune sous réserve de l'approbation de l'autorité supérieure;

Vu la délibération du 25 janv. 1863, par laquelle le Conseil municipal de la com. de Saint-Ouen-de-Mimbré décide l'acquisition de la maison du sieur Huvé, et déclare accepter la promesse de vente qui lui a été faite;

Vu la délibération, du 1er mars 1863, par laquelle le Conseil municipal, assisté des plus imposés, vote les ressources nécessaires pour assurer l'acquisition de la maison du sieur Huvé;

Vu l'enquête *de commodo et incommodo*, à laquelle il a été procédé sur le projet d'acquisition de la maison Huvé en vue d'y établir un presbytère, et sur le projet de vente de l'ancien presbytère;

Vu les délibérations des 24 mai 1865, et 7 janv. 1866, par lesquelles le Conseil municipal de la com. de Saint-Ouen-de-Mimbré demande la résiliation du marché passé avec le sieur Huvé;...

Vu les lois des 7-14 oct. 1790, 18 juill. 1837 et 25 mai 1852; — Vu la loi des 16-24 août 1790;

Considérant que le pourvoi de la commune de Saint-Ouen-de-Mimbré a pour objet de faire rapporter notre décret du 31 juil. 1865, comme ayant approuvé l'acquisition de la maison Huvé, qu'elle prétend avoir été faite en vertu de délibérations irrégulières du Conseil municipal;

Considérant que notre décret n'est qu'un acte de tutelle administrative autorisant la commune : 1° à acquérir la maison du sieur Huvé pour y établir un presbytère; 2° à contracter un emprunt; 3° à s'imposer extraordinairement pour assurer le remboursement de cet emprunt; que, dans ces circonstances, c'est à l'autorité judiciaire qu'il appartiendrait de statuer sur les contestations existant entre la commune et le sieur Huvé relativement à la vente de la maison de ce dernier, et que la commune n'est pas recevable à nous demander de rapporter notre décret du 31 juil. 1865;

Art. 1er. La requête de la commune de Saint-Ouen-de-Mimbré est rejetée. (Décr. du 7 mai. — *Commune de Saint-Ouen-de-Mimbré.*)

CONTRIBUTION DES PATENTES.

COURTIER EN OLIVES. — *Profession à classer par assimilation.*

— Est imposable à la patente, non sous la qualification de facteur de denrées et marchandises, mais sous celle de courtier en olives, sauf à provoquer à cet effet un arrêté d'assimilation, celui qui fait habituellement, chez les cultivateurs, des achats d'olives pour le compte de fabricants d'huile, desquels il reçoit un droit de commission. (Décr. 6 avril 1867 — *Mouttet.*)

---

(1) M. le Ministre de l'Intérieur reconnaissait que le sieur Julien Huvé, frère du vendeur et son copropriétaire, avait assisté comme membre du Conseil municipal, et avait pris part à la délibération dans laquelle fut adopté le projet d'acquisition que la commune refuse aujourd'hui de réaliser. — « Il est également constant, disait M. le Ministre, que le vendeur lui-même, en qualité de plus imposé, a participé, ainsi que son frère, à la délibération dans laquelle ont été votés un emprunt et une imposition destinés à compléter le prix de l'acquisition. Enfin, il paraît démontré que les convocations relatives à ces délibérations ont eu lieu verbalement et sans indication de l'objet pour lequel le Conseil municipal était appelé à s'assembler extraordinairement. On ne saurait donc nier que les dispositions des articles 16 et 21 de la loi du 5 mai 1855 aient été méconnues. — Mais il est à remarquer qu'une promesse de vente, consentie par le sieur Huvé et acceptée par le Maire au nom de la commune, ayant été rendue définitive par le décret du 31 juillet 1865, l'annulation du décret porterait atteinte à un contrat de droit civil sur la validité duquel l'autorité judiciaire est seule compétente pour statuer. (Conseil d'État, 28 juillet 1854, Baudy de Naiche, 4 août 1864, Belinet, 27 décembre 1865, Simard, 1er février 1866, Caïusse.) Cette circonstance me paraît s'opposer à ce qu'il soit fait droit aux conclusions du pourvoi. — J'ajouterai qu'au surplus, le sieur Michel Huvé a déjà actionné la commune devant les tribunaux civils, pour l'obliger à passer acte de l'acquisition. La commune a demandé l'autorisation de défendre à cette action, en se fondant sur la nullité de l'acquisition, et, sur le refus du Conseil de préfecture, elle s'est adressée au Conseil d'État. La section du contentieux jugera donc sans doute à propos d'attendre, pour statuer sur le pourvoi dont elle est saisie, que la section de législation ait elle-même statué sur le recours dirigé contre la décision du Conseil de préfecture... »

CHRONIQUE.

ACHATS ET VENTES DE TITRES DE BOURSE.

En ce moment que l'avilissement des valeurs de Bourse cause un si grand émoi chez beaucoup de gens, divers Comptables et Employés nous demandent des conseils et s'adressent à nous au sujet de la négociation de leurs titres.

Nous ne saurions leur répondre aujourd'hui autrement que nous l'avons toujours fait en pareille matière, c'est-à dire que nous entendons rester absolument étranger à toutes les *opérations de Bourse*. Nous nous sommes toujours scrupuleusement abstenu d'aucune intervention dans ces sortes d'affaires. Nous ne pouvons donc faire mieux que recommander aux Comptables de s'adresser directement aux officiers publics institués à cet effet, aux Agents de Change : d'ailleurs livrer leur confiance à tout autre personne serait imprudent de leur part. *Les Agents de change seuls offrent les garanties d'honorabilité et de responsabilité nécessaires.* On doit se défier avec soin de ces mandataires interlopes qui, à force d'habiletés, se créant un crédit fictif, parviennent à séduire leurs clients, plus ou moins longtemps, mais qu'un rien peut démasquer. Ces agents, qui de loin se gonflent d'importance, n'ont souvent au fond pas la moindre surface et un souffle les renverse.

Indicateur-agenda contenant toutes les matières de la comptabilité des communes, des établissements de bienfaisance et de la perception a l'usage des Percepteurs-Receveurs municipaux, des Receveurs spéciaux d'établissements hospitaliers et des surnuméraires, pour l'année 1868, par M. P. de M..., Percepteur-Receveur municipal. Prix : 3 francs.

Ce n'est ni un album, ni un almanach que nous annonçons ainsi.

« C'est un ouvrage tout à fait nouveau dans son genre, (dit le prospectus de M. Berger-Levrault, l'éditeur) à coup sûr très-original dans sa forme, et qui sera certainement très-utile à MM. les comptables. L'INDICATEUR-AGENDA sera pour les anciens comptables, aussi bien que pour les nouveaux, un guide sûr, un moniteur précieux offrant en même temps un memento complet des devoirs journaliers des comptables et un enseignement progressif et régulier du service ; il leur facilitera l'accomplissement de leurs fonctions, leur évitera les retards et les lettres de rappel.

Il comprend 366 feuilles volantes réunies sous forme du calendrier de cabinet vulgairement appelé *Calendrier à effeuiller* dit *américain*. — Chaque feuillet indique, outre le jour, le mois, etc., l'emploi de la journée du comptable, sous le titre :

« Devoirs du Percepteur-Receveur municipal. »

« Le comptable y trouvera développés, chaque jour, tous les devoirs de la journée. L'indication des travaux à faire sera accompagnée des numéros des articles de l'Instruction générale ou des circulaires qui les prescrivent, et suivie parfois de quelques conseils, enseignements ou rappels.

« Chaque journée ne comprend, en fait de travaux, qu'une tâche facile à exécuter. L'auteur, s'éclairant des leçons de sa propre expérience, a pris pour base une perception chargée de communes, en a divisé les travaux par journées, tant pour les travaux courants que pour ceux à préparer à l'avance, de façon à éviter l'encombrement, la fatigue et les obstacles qui peuvent empêcher le comptable de les achever et envoyer à la recette au jour fixé par les règlements. »

Les *cartons-releurs* que l'on fabrique aujourd'hui présentent tant de facilité et de commodité pour collectionner et relier les publications périodiques, au fur et à mesure de leur apparition, que nous engageons vivement chacun de nos lecteurs à s'en munir. Pour les décider, nous leur livrons au prix de revient, qui est de 3 fr. 50 c. *franco* : envoyer le montant avec la demande.

Nous croyons devoir rappeler aux comptables qu'il trouveront un *Dépôt de nos Ouvrages dans toutes les Recettes des Finances*. Ils peuvent, par ce moyen, les examiner et s'en rendre compte jusqu'à un certain point, avant de les acquérir.

Il y a des volumes cartonnés et d'autres brochés.

DEMANDES D'EMPLOI.

Un fondé de pouvoirs de Trésorerie Générale, ayant 18 ans de service et ayant dirigé comme chef de bureau diverses Recettes Générales, désire trouver un emploi.

— Un jeune homme marié, connaissant parfaitement le service de la perception, ayant été employé trois ans dans une recette, et muni de très-bons certificats, désirerait trouver un emploi dans une recette particulière de 3e classe ; appointements de 1200 à 1400 francs.

Vient de paraître :

TRAITÉ DES REMISES

DES PERCEPTEURS-RECEVEURS MUNICIPAUX
ET DES RECEVEURS DES ÉTABLISSEMENTS DE BIENFAISANCE.

2e Édition
Corrigée et mise au courant
Prix : 3 fr. 50

Coffres-forts à prix réduits,

A l'usage des Comptables

Exiger avec soin la marque de Fabrique du JOURNAL DES PERCEPTEURS.

Le grand succès qui accueille nos coffres-forts vient de donner lieu encore à de nouvelles contrefaçons et imitations ; nous recommandons aux Comptables, pour éviter les surprises dans lesquelles on pourrait les faire tomber, d'exiger la garantie de l'estampille de fabrique du *Journal des Percepteurs*.

Il paraît que des industriels vont jusqu'à offrir des remises monstres (20 fr. par article) à des Employés pour qu'ils entraînent les Comptables à prendre leurs caisses, qui sont en conséquence à des prix très-élevés et n'ont absolument rien de commun avec notre fabrication. Nos coffres sont simples et sans beaucoup d'ornement, mais nous nous sommes attachés à la bonne confection et à la solidité des serrures. A cet égard, nous avons derrière nous douze années de succès qui rendent témoignage pour nous, et nous ne cessons de nous en préoccuper.

Amélioration nouvelle :

Jusqu'à présent notre Modèle no 1, du prix de 130 fr. (au comptant 125 fr.), n'avait pas de tiroir dans le socle. A partir de ce moment, nous adoptons comme mesure générale d'en placer au no 1, comme à tous les autres modèles, et sans augmentation de prix.

Directeur, H. CALLETIER, à Fontenay-aux-Roses (Seine)

JOURNAL DES PERCEPTEURS,

DES RECEVEURS DES FINANCES, ET DES RECEVEURS DES COMMUNES, HOSPICES, ETC.; DES SURNUMÉRAIRES, ET DES ASPIRANTS.

2e Série. — 10 fr. par an. Un numéro toutes les semaines. 12e année. — No 47

SOMMAIRE.

Les Comptables se sont souvent adressés à nous pour que nous leur procurions les documents qui suivent, dont le besoin se présente fréquemment pour eux. Ils nous demandaient de leur indiquer des Ouvrages dans lesquels ils pourraient trouver ces pièces; mais nous n'en connaissons pas qui les contiennent. Aussi, malgré la surcharge de frais d'impression qui en résulte n'avons-nous pas reculé devant leur publication.

C'est ainsi que nous avons à cœur de tenir notre Journal toujours amplement fourni de matériaux utiles et de former un recueil unique de documents spéciaux qu'on ne saurait trouver nulle part ailleurs. Car nos lecteurs nous rendront cette justice, qu'à la différence de tels autres qui se contentent souvent de noircir leurs pages de remplissages et de répétitions oiseuses, nous nous efforçons de faire de notre Journal une œuvre usuelle, de pratique immédiate, qui puisse en réalité aider au travail de chaque jour; et malgré la difficulté de l'entreprise nous avons toujours su jusqu'à présent trouver pour chaque numéro son contingent de documents utiles et à propos Nous tenons à conserver ce caractère distinctif à nos travaux, et si l'honneur d'avoir rendu des services dans la science en discutant compendieusement des points de pure théorie (à l'instar d'autres recueils) si cet honneur, disons-nous, vient à nous manquer, au moins nous aurons la satisfaction d'avoir rendu dans la pratique des services incontestés.

PRÊTS AUX DÉPARTEMENTS, AUX COMMUNES ET AUX ASSOCIATIONS SYNDICALES PAR LE CRÉDIT FONCIER DE FRANCE.

Le Crédit Foncier de France offre aux départements, aux communes et aux associations syndicales le choix entre deux modes d'emprunt.

L'un impose à l'emprunteur le payement annuel d'un intérêt de 5 p. 100 et d'une commission de 45 centimes pour 100 francs, indépendamment de la somme nécessaire pour opérer l'amortissement pendant la durée du prêt.

Dans ce mode d'emprunt les départements ou les communes *conservent la faculté de se libérer par anticipation.*

VOIR LE TABLEAU No 1.

Dans le second mode d'emprunt, aucune commission n'est demandée à l'emprunteur en dehors de l'intérêt de 5 pour 100; mais en raison de la nature des obligations dont la négociation procure au Crédit Foncier les fonds qu'il peut prêter. Dans ces conditions, les départements ou les communes *doivent renoncer à la faculté de se libérer par anticipation.*

VOIR LE TABLEAU No 2.

TABLEAU N° 1 indiquant la composition des annuités pour chaque somme de 100 francs. et leur montant calculé d'après la durée des prêts.

Intérêt.... 5 » p. %.
Commission » 45 p. %.

NOTA.

—

Les annuités sont payables par *semestre* aux époques des 31 janvier et 31 juillet.

Les payements doivent être faits à Paris au siége de la société.

Néanmoins ils peuvent être faits aux caisses des Receveurs des finances dans les départements, à la condition que les versements seront effectués 20 jours avant les échéances ci-dessus.

DURÉE DES PRÊTS D'APRÈS LE TABLEAU N° 1 :

Minimum 5 ans.
Maximum 50 ans.

DURÉE des PRÊTS.	COMPOSITION DES ANNUITÉS.			TOTAL	
	INTÉRÊT.	AMORTISSEMENT.	COMMON.	PAR ANNÉE.	PAR SEMESTRE.
	f	f c	f c	f c	f c
50 ans	5 »	0.46.2376	» 45	5.91.2376	2.95.6488
49 »	5 »	0.48.8068	» 45	5.93.8068	2.96.9034
48 »	5 »	0.51.5324	» 45	5.96.5324	2.98.2662
47 »	5 »	0.54.4252	» 45	5.99.4252	2.99.7126
46 »	5 »	0.57.4972	» 45	6.02.4972	3.01.2486
45 »	5 »	0.60.7618	» 45	6.05.7618	3.02.8809
44 »	5 »	0.64.2330	» 45	6.09.2330	3.04.6165
43 »	5 »	0.67.9266	» 45	6.12.9266	3.06.4633
42 »	5 »	0.71.8596	» 45	6.16.8596	3.08.4298
41 »	5 »	0.76.0508	» 45	6.21.0508	3.10.5254
40 »	5 »	0.80.5210	» 45	6.25.5210	3.12.7605
39 »	5 »	0.85.2928	» 45	6.30.2928	3.15.1464
38 »	5 »	0.90.3912	» 45	6.35.3912	3.17.6956
37 »	5 »	0.95.8444	» 45	6.40.8444	3.20.4222
36 »	5 »	1.01.6834	» 45	6.46.6834	3.23.3417
35 »	5 »	1.07.9424	» 45	6.52.9424	3.26.4712
34 »	5 »	1.14.6600	» 45	6.59.6600	3.29.8300
33 »	5 »	1.21.8796	» 45	6.66.8796	3.33.4398
32 »	5 »	1.29.6498	» 45	6.74.6498	3.37.8249
31 »	5 »	1.38.0252	» 45	6.83.0252	3.41.5126
30 »	5 »	1.47.0680	» 45	6.92.0680	3.46.0340
29 »	5 »	1.56.8488	» 45	7.01.8488	3.50.9244
28 »	5 »	1.67.4486	» 45	7.12.4486	3.56.2243
27 »	5 »	1.78.9598	» 45	7.23.9598	3.61.9799
26 »	5 »	1.91.4892	» 45	7.36.4892	3.68.2446
25 »	5 »	2.05.1612	» 45	7.50.1612	3.75.0806
24 »	5 »	2.20.1200	» 45	7.65.1200	3.82.5600
23 »	5 »	2.36.5352	» 45	7.81.5352	3.90.7676
22 »	5 »	2.54.6074	» 45	7.99.6074	3.99.8037
21 »	5 »	2.74.5752	» 45	8.19.5752	4.09.7876
20 »	5 »	2.96.7248	» 45	8.41.7248	4.20.8624
19 »	5 »	3.21.4024	» 45	8.66.4024	4.33.2012
18 »	5 »	3.49.0316	» 45	8.94.0316	4.47.0158
17 »	5 »	3.80.1350	» 45	9.25.1350	4.62.5675
16 »	5 »	4.15.3662	» 45	9.60.3662	4.80.1831
15 »	5 »	4.55.5328	» 45	10.00.5828	5.00.2764
14 »	5 »	5.01.7586	» 45	10.46.7586	5.23.3793
13 »	5 »	5.55.3750	» 45	11.60.3750	5.50.1875
12 »	5 »	6.18.2564	» 45	11.63.2564	5.81.6282
11 »	5 »	6.92.9320	» 45	12.37.9320	6.18.9660
10 »	5 »	7.82.9426	» 45	13.27.9426	6.63.9713
9 »	5 »	8.93.4016	» 45	14.38.4016	7.19.2008
8 »	5 »	10.31.9798	» 45	15.76.9798	7.88.4899
7 »	5 »	12.10.7306	» 45	17.55.7306	8.77.8653
6 »	5 »	14.49.7426	» 45	19.94.7426	9.97.3713
5 »	5 »	17.85.1754	» 45	23.30.1754	11.65.0877

TABLEAU N° 2 indiquant la composition des annuités pour chaque somme de 100 francs, et le montant calculé d'après la durée des prêts.

INTÉRÊT 5 %

Commission comprise.

NOTA.

Les annuités sont payables par *semestre* aux époques des 31 janvier et 31 juillet.

Les payements doivent être faits à Paris au siége de la société.

Néanmoins ils peuvent être faits aux caisses des receveurs des finances dans les départements, à la condition que les versements seront effectués 20 jours avant les échéances ci-dessus.

DURÉE DES PRÊTS D'APRÈS LE TABLEAU N° 2 :

Minimum 10 ans.

Maximum 50 ans.

DURÉE des PRÊTS.	Composition des annuités.		TOTAL	
	INTÉRÊT.	AMORTISSEMENT.	PAR ANNUITÉ.	PAR SEMESTRE.
	f c	f c	f c	f c
50 ans	5 »	0.46.2376	5.46.2376	2.73.1188
49 »	5 »	0.48.8068	5.48.8068	2.74.4034
48 »	5 »	0.51.5324	5.51.5324	2.75.7662
47 »	5 »	0.54.4252	5.54.4252	2.77.2126
46 »	5 »	0.57.4972	5.57.4972	2.78.7486
45 »	5 »	0.60.7618	5.60.7618	2.80.3809
44 »	5 »	0.64.2330	5.64.2330	2.82.1165
43 »	5 »	0.67.9266	5.67.9266	2.83.9633
42 »	5 »	0.71.8596	5.71.8596	2.85.9298
41 »	5 »	0.76.0508	5.76.0508	2.88.0254
40 »	5 »	0.80.5210	5.80.5210	2.90.2605
39 »	5 »	0.85.2928	5.85.2928	2.92.6464
38 »	5 »	0.90.3912	5.90.3912	2.95.1956
37 »	5 »	0.95.8444	5.95.8444	2.97.9222
36 »	5 »	1.01.6834	6.01.6834	3.00.8417
35 »	5 »	1.07.9424	6.07.9424	3.03.9712
34 »	5 »	1.14.6600	6.14.6600	3.07.3300
33 »	5 »	1.21.8796	6.21.8796	3.10.9398
32 »	5 »	1.29.6498	6.29.6498	3.14.8249
31 »	5 »	1.38.0272	6.38.0252	3.19.0126
30 »	5 »	1.47.0680	6.47.0680	3.23.5340
29 »	5 »	1.56.8488	6.56.8488	3.28.4244
28 »	5 »	1.67.4486	6.67.4486	3.33.7243
27 »	5 »	1.78.9598	6.78.9598	3.39.4799
26 »	5 »	1.91.4892	6.91.4892	3.45.7448
25 »	5 »	2.05.1612	7.05.1612	3.52.5806
24 »	5 »	2.20.1200	7.20.1200	3.60.0600
23 »	5 »	2.36.5352	7.36.5352	3.68.2676
22 »	5 »	2.54.6074	7.54.6074	3.77.3037
21 »	5 »	2.74.5752	7.74.5752	3.87.2876
20 »	5 »	2.96.7248	7.96.7248	3.98.3624
19 »	5 »	3.21.4024	8.21.4024	4.10.7012
18 »	5 »	3.49.0316	8.49.0316	4.24.5158
17 »	5 »	3.80.1350	8.80.1350	4.40.0675
16 »	5 »	4.15.3662	9.15.3662	4.57.6831
15 »	5 »	4.55.5528	9.55.5528	4.77.7764
14 »	5 »	5.01.7586	10.01.7586	5.00.8793
13 »	5 »	5.55.3750	10.55.3750	5.27.6875
12 »	5 »	6.18.2564	11.18.2564	5.59.1282
11 »	5 »	6.92.9320	11.92.9320	5.96.4660
10 »	5 »	7.82.9426	12.82.9426	6.41.4713

QUESTIONS DIVERSES

PERCEPTEUR EN RETRAITE. — RECEVEUR MUNICIPAL SPÉCIAL. — PENSION. — TRAITEMENT D'ACTIVITÉ. — CUMUL.

Un Percepteur dont la retraite a été liquidée peut-il cumuler sa pension avec le traitement d'une recette municipale spéciale, à laquelle il serait nommé ultérieurement ?

Il n'y a aucune raison d'en douter. Du moment que les fonds sur lesquels s'impute la pension sont différents de ceux sur lesquels le traitement est payé, le cumul n'a rien que les lois sur les pensions interdisent. La situation de l'ex-percepteur retraité qui touche d'une commune un traitement pour une fonction qu'il remplit dans son administration, est la même que s'il recevait ce traitement dans toute autre administration étrangère ou chez un particulier.

Cette situation nous paraît même très-favorable et les Préfets devraient plus souvent, ainsi que les Conseils municipaux, rechercher des Percepteurs retraités pour remplir les fonctions en question.

Dailleurs la question a été traitée dans une circonstance analogue par le Conseil d'État, M. Lafond de Ladebat, employé supérieur du ministère de l'intérieur, avait été mis à la retraite. Avant même que sa pension qui devait être imputée sur les fonds de retenue du ministère de l'intérieur, fût liquidée, il fut nommé membre de la commission de répartition des contributions directes à la ville de Paris avec un traitement payé sur les fonds municipaux.

La question du cumul ayant été élevée, le ministère refusa de payer la pension, en s'appuyant sur l'article 27 de la loi du 25 mars 1817 qui prohibe le cumul d'une pension de retraite avec un traitement d'activité.

Mais le Conseil d'Etat, « considérant qu'aucunes « lois ou ordonnances n'ont formellement interdit le « cumul d'une pension de retraite sur la caisse des « retenues des ministères avec un traitement d'acti- « vité payé sur les fonds municipaux, a annulé la « décision ministérielle » (Arrêt du 17 mai 1827).

On a vu, plus tard, le même principe consacré encore dans une situation analogue, mais inverse, pour des employés du ministère des finances (MM. Faure, Prignot et Martin), qui jouissaient en même temps d'une pension sur les fonds de la ville de Paris. C'était cette fois le Conseil municipal qui prétendait refuser le payement de la pension sous le prétexte qu'elle ne pouvait se cumuler avec le traitement d'activité payé par le Trésor. Cette prétention fut d'abord repoussée par un Avis du comité de l'intérieur du Conseil d'État, qui considéra « que les « diverses dispositions des lois de finances de 1817, « 1818 et de l'ordonnance royale du 20 juin 1817 « relatives aux interdictions de cumul de traitement « et de pensions n'ont été rendues que dans l'intérêt « du Trésor ; que le Conseil d'Etat, dans l'affaire de « M. Lafond de Ladebat, a reconnu qu'aucune dis- « position de loi ou d'ordonnance n'interdisait le « cumul d'une pension sur la caisse de retenue d'un « ministère avec un traitement d'activité sur les « fonds de la ville de Paris; que la question est évi- « demment la même et ne peut être résolue que « dans le même sens, quand il s'agit d'une pension « sur la caisse de retenues de la ville et d'un traite- « ment d'activivé dans un ministère... » Cet avis fut définitivement confirmé au Contentieux par une ordonnance du 17 avril 1834 qui, « vu l'article 27 de la loi du 25 mars 1817, l'article 14 de la loi du 15 mai 1818, l'article 10 de l'ordonnance du 20 juin 1817, le décret du 4 juillet 1806, l'ordonnance du 13 novembre 1822 ; — Considérant qu'aucune disposition législative n'a interdit le cumul d'une pension de retraite sur la caisse des retenues des employés de la ville de Paris avec un traitement d'activité payé sur les fonds du Trésor, — la requête de la ville de Paris est rejetée. »

On le voit, ces deux décisions qui tranchent la question dans les deux situations qui peuvent respectivement se présenter, ne laissent aucun doute sur la possibilité du cumul pour l'ancien Percepteur devenu receveur municipal spécial de sa pension de retraite et de son traitement d'activité.

BATIMENT COMMUNAL DESTINÉ AUX EXPOSITIONS PUBLIQUES. — IMMEUBLE PRODUCTIF OU NON PRODUCTIF DE REVENUS. — REMISES.

Un bâtiment communal destiné aux expositions publiques constitue-t-il un édifice affecté au service communal ?

Il est établi que les immeubles productifs de revenus sont ceux dont la destination n'est pas d'être affectés à un service de la commune ou à un besoin de ses habitants.

Or, voici les questions qui surgissent :

On demande si un bâtiment acheté par une commune pour être consacré aux expositions publiques dans cette commune, pour les concours régionaux, par exemple, ou autres expositions agricoles et industrielles ; que la commune prête ou loue à des sociétés scientifiques ou artistiques, ou à des artistes de passage, pour y donner des concerts, est un bâtiment affecté à un service communal. — Et, au cas où, pour un établissement de cette nature, la commune ayant d'abord acheté une maison avec l'intention de l'approprier à cette destination, reconnaîtrait qu'elle ne peut lui convenir et se déterminerait à construire l'établissement sur un terrain appartenant au domaine communal, comment il faudrait considérer l'opération.

Enfin, si dans chacun de ces cas, le receveur aurait droit à des remises.

— Du moment qu'une commune construit et entretient un monument, quelle qu'en soit la destination, lieu d'expositions publiques, musée, théâtre, cirque, conservatoire de musique, non pas dans le but de tirer un revenu de la location qu'elle en peut faire à des entrepreneurs ou à des troupes de passage, on ne peut pas considérer autrement ce monument que comme un établissement municipal, utile au service de la commune, comme un monument affecté aux arts, aux sciences et qui n'a rien du caractère d'un immeuble productif de revenu. — Mais quand ce monument est habituellement donné en location temporaire ou annuelle à des personnes qui en payent un loyer à la ville, le cas n'est plus le même. C'est la distinction qui a été faite par la jurisprudence pour tous les établissements municipaux qui, en ayant une destination d'utilité municipale, sont en même temps l'objet d'une exploitation productive pour la commune.

Par suite de ce qui précède, des remises seraient dues au receveur sur les dépenses d'acquisition et d'établissement du monument dans la 1re hypothèse.

Dans la 2e, celle d'un bâtiment exploité en location habituelle, même quand il servirait aussi aux expositions ou solennités de la commune, l'acquisition, le cas échéant, de l'immeuble ne donnerait pas droit à des remises. — Quant aux dépenses de *travaux de construction*, nous ne pouvons que rappeler que la circulaire du 12 février 1840 en alloue, dans l'un comme dans l'autre cas, à cause de la responsabilité particulière et de la comptabilité détaillée que ces travaux entraînent pour les comptables.

Pour la dernière espèce posée par le consultant, elle ne laisse matière à aucun doute si on applique la distinction ci-dessus. Il est evident, d'après l'exposé qui est fait, que la maison achetée rentrait dans la catégorie des établissements productifs de revenus, puisqu'elle était achetée précisément pour fonder un établissement qui devait être, comme nous venons de le dire, productif de revenus par une location habituelle; or, d'après ce que nous disions plus haut, des remises ne sont pas dues sur cette acquisition, non plus que sur la revente qui pourrait en être faite : peu importe qu'au moment où le receveur a eu à payer l'acquisition, la maison fût déjà démolie et ne produisît plus de revenus; le terrain n'étant pas affecté à un service public n'en était pas moins dans la classe des immeubles susceptibles d'en produire.

On eût pu facilement trouver la solution de toutes ces questions dans notre *Traité des Remises*, 2e édition.

COMPTABILITÉS OCCULTES, Ventes avec délégations de payements a des tiers.

Peut-on stipuler dans une vente communale qu'une partie du prix sera payée par délégation entre les mains d'un tiers en dehors du Receveur municipal?

Un comptable nous expose les faits suivants :

« Il se fait très-souvent dans ma perception des expropriations qui sont plus ou moins importantes. Or, les Maires ont l'habitude de faire stipuler dans les actes que le prix de telle vente (excédant les portions de terrain pris pour l'expropriation) sera employé en certains payements et payé par l'acquéreur à telle personne à qui la commune doit un prix d'acquisition. De cette manière, le Receveur municipal n'a pas à intervenir ni pour ces recettes ni pour ces payements; et comme les actes sont notariés, ils échappent à l'obligation de l'approbation préfectorale.

« Il est même arrivé que le prix d'une adjudication de matériaux à démolir a été employée au payement de ces sortes de dépenses.

« Une vente de ce genre, s'élevant à 3000 fr., ne m'a laissé à recevoir que 500 fr.; le surplus doit être payé par l'acquéreur à un créancier de la commune, lequel n'est pas même intervenu pour accepter, et tient ainsi le payement en suspens.

« Ces pratiques sont-elles régulières? Que doit faire le Receveur municipal en leur présence? »

— Il est bien manifeste que ces usages sont irréguliers et rentrent dans la catégorie de ces actes de gestion occulte rigoureusement prohibés par les règlements. Nous avons déjà eu l'occasion de le mentionner : l'*Agenda de l'Isère* classe expressément parmi les comptabilités occultes toute somme compensée ou déduite, et ne figurant ni aux recettes ni aux dépenses. « Sont des opérations occultes, même « étant faites de bonne foi, celles qui consistent à « faire solder directement par les débiteurs des com- « munes certaines sommes entre les mains des en- « trepreneurs adjudicataires ou autres créanciers, à « la décharge même des communes, *sans l'interven-* « *tion de la caisse des Receveurs...* »

Le but, ou tout au moins le résultat de ces opérations, est de priver le Receveur municipal des émoluments que la loi lui accorde; ce comptable ne doit pas le tolérer, il doit les combattre par tous les moyens possibles, et notamment les signaler à l'inspection des finances, les faire ressortir dans les comptes de gestion, sur l'état des propriétés foncières, et en faire même, lorsqu'il y a lieu, l'objet d'un rapport spécial à ses chefs hiérarchiques.

Nous ajouterons que le notaire qui consent à insérer des clauses semblables dans ses actes, et prête ainsi la main à des illégalités évidentes, s'expose à un blâme sérieux, et qu'il y aurait lieu de porter ces abus à la connaissance de la Chambre des Notaires de l'arrondissement, qui ne manquerait pas de les réprimer.

JURISPRUDENCE SPÉCIALE.

CONSEIL D'ÉTAT.

CONTRIBUTIONS DIRECTES. Exemptions. Hospices et jardins y attenant. Parcelles contiguës au jardin.

Les bâtiments occupés par les hospices et les jardins y attenant sont exemptés de la contribution foncière : — Une parcelle en nature de bois et de pré, — dont les produits sont consommés dans un hospice et qui est enclavée dans la même enceinte que le jardin potager, mais en est séparée par un mur intérieur, — peut-elle être considérée comme dépendance du jardin et jouir de l'exemption? — Rés. nég. (1).

(1) Le Ministre faisait valoir, entre autres raisons, la jurispru-

Vu le recours de notre Ministre des Finances tendant à ce qu'il nous plaise réformer — un arrêté, du 26 mars 1866, par lequel le Conseil de Préfecture de Seine-et-Oise a accordé à l'administration de l'Assistance publique, décharge de toute la contribution foncière à laquelle elle avait été imposée, pour l'année 1865, sur le rôle de la commune de Garches, pour les terrains dont elle est propriétaire dans ladite commune par suite de la fondation Brezin; — Ce faisant, attendu, en ce qui concerne les parcelles inscrites au plan cadastral de ladite commune, sous les numéros 498, 499 et 525, section C, et louées à des tiers, qu'elles n'avaient été l'objet d'aucune réclamation de la part du directeur de l'administration de l'Assistance publique; que, d'ailleurs, celui-ci reconnaît que, louées à des tiers, lesdites parcelles sont productives de revenus et doivent être soumises à la contribution foncière; — et, en ce qui touche les parcelles inscrites audit plan sous les numéros 502, 503 et 504, même section, attendu que lesdites parcelles sont en nature de bois et de pré; qu'elles sont séparées du jardin attenant à l'hospice de la Reconnaissance, par un mur dans lequel il n'y a que deux ouvertures, closes de portes tenues habituellement fermées; qu'ainsi, si leurs produits sont consommés dans ledit hospice, elles ne peuvent, néanmoins, être considérées comme faisant partie du jardin y attenant, ni jouir de l'exemption de la contribution foncière accordée par le décret du 11 août 1808, — ordonner que l'administration de l'Assistance publique sera rétablie au rôle de la contribution foncière de la commune de Garches, de l'année 1865, pour toutes les parcelles ci-dessus dénommées:

Vu le mémoire en défense présenté par le directeur de l'administration de l'Assistance publique tendant à ce qu'il nous plaise donner acte audit directeur de sa renonciation au bénéfice de l'arrêté du 26 mars 1866, en ce qui concerne les parcelles numéros 498, 499 et 525, sur lesquelles n'avait pas porté sa réclamation devant le Conseil de Préfecture; et rejeter le surplus des conclusions de notre Ministre des Finances, par le motif que les parcelles numéros 502, 503 et 504, font partie du jardin attenant à l'hospice de la Reconnaissance, au même titre que les parcelles 505 et 510 en nature de potager;...

Vu le plan des lieux;

Vu la loi du 3 frimaire an VII, articles 105 et 110; le décret du 11 août 1808, article 4, et l'article 403 du Recueil méthodique des lois et règlements sur le cadastre, approuvé par le Ministre des finances;

En ce qui touche les parcelles inscrites au plan cadastral de la commune de Garches sous les numéros 498, 499 et 525, section C; — Considérant que la réclamation du directeur de l'administration de l'Assistance publique devant le Conseil de Préfecture du département de Seine-et-Oise ne portait pas sur ces parcelles; qu'ainsi, c'est à tort que ledit Conseil a accordé à l'administration de l'Assistance publique décharge de la contribution foncière à laquelle elle avait été, en 1865, à raison de ces terrains, imposée sur le rôle de la commune de Garches;

En ce qui touche les parcelles inscrites au même plan sous les numéros 502, 503 et 504 même section; — Considérant que lesdites parcelles de terrains, d'une contenance : la première de 10 ares 60 centiares, la deuxième de 2 hectares 48 ares 20 centiares, la troisième de 5 hectares 46 ares 90 centiares, sont en nature de bois et de pré; que, si leurs produits sont consommés dans l'hospice de la Reconnaissance, et si ces parcelles sont enclavées dans la même enceinte que le jardin potager, elles en sont séparées par un mur intérieur; qu'ainsi, elles ne peuvent pas être considérées comme dépendances des jardins, ni jouir de l'exemption de la contribution foncière accordée aux hospices et jardins y attenant;

Article 1er. L'administration de l'Assistance publique sera rétablie au rôle de la contribution foncière de la commune de Garches, pour l'année 1865, à raison des parcelles inscrites au plan cadastral de ladite commune.

(Décr. 13 Mars 1867. — *Comm. de Garches.*)

INCOMPATIBILITÉ ÉLECTORALE.

SECRÉTAIRE DE LA MAIRIE. DÉMISSION AVANT NOTIFICATION DE L'ARRÊTÉ D'ANNULATION D'ÉLECTION. — L'incapacité dont est frappé un secrétaire de mairie en sa qualité *d'agent salarié de la commune* cesse s'il a donné sa démission avant que l'arrêté par lequel le Conseil de préfecture a déclaré nulle son élection lui ait été notifié. (Décr. du 19 juillet 1866. — *El. de Rivière.*)

SONNEUR DES CLOCHES ET MONTEUR DE L'HORLOGE. — L'instruction établissant qu'à l'époque des élections, le requérant exerçait la profession de sonneur des cloches et de monteur de l'horloge de la commune, et qu'il était, en cette qualité, rétribué sur le budget communal, — jugé que c'est avec raison que, par application de l'art. 9 de la loi du 5 mai 1855, le Conseil de Préfecture avait décidé qu'étant agent salarié de la commune, il ne pouvait pas faire partie du Conseil municipal. (Décr. du 6 juin 1866. — *El. de Loss.*)

VARIÉTÉS.

DES AVANTAGES DE LA RÉUNION DES RECETTES MUNICIPALES AUX PERCEPTIONS.

L'article 67 de la loi du 18 juillet 1837 rend les Receveurs des finances responsables de la gestion des Receveurs municipaux seulement lorsque les recettes municipales sont réunies à la perception. Dans ce cas, il appartient au Ministre des finances de sta

dence du Conseil d'État relativement aux parcelles contiguës à des presbytères ou aux jardins y attenant. — V. Table décennale, page 169 et Table de 1862, page 912.

tuer sur les demandes en décharge de responsabilité que formeraient les Receveurs des finances. Le droit du Ministre à cet égard est proclamé par des règlements déjà anciens; mais lorsque cette décharge est prononcée, la question s'est présentée de savoir si l'État n'était pas responsable, car on voulait que la commune fût complètement indemne. Cette question a été résolue négativement par un arrêt du Conseil d'État en date du 14 décembre 1836 (Commune du Fresnes).

Il en serait différemment s'il s'agissait d'un Receveur municipal spécial. Choisi par la municipalité, surveillé par le Receveur des finances dans l'intérêt simplement du bon ordre de la comptabilité, il va de soi qu'en l'absence d'une disposition légale le Receveur des finances ne puisse en être responsable (Conseil d'État, 22 novembre 1866 (Vernon), la surveillance légale restant au pouvoir des administrateurs de la localité. S'il se produisait un déficit, les communes ne seraient donc pas admises à s'adresser au Receveur des finances, encore moins à l'État; mais s'il y a défaut de surveillance de la part de l'autorité locale, c'est cette autorité qui doit répondre de sa négligence en cas de poursuites contre elle; car il faut bien qu'elle réponde du tort que l'inaccomplissement de ses devoirs cause à la commune Il ne s'agirait pas, dans un cas semblable, d'une ingérence dans le maniement des deniers communaux, fait qui rendrait la juridiction administrative exclusivement compétente pour le juger, mais bien d'une responsabilité civile qui devrait être appréciée préalablement à toutes poursuites par le Conseil d'État, en vertu de l'article 75 de l'acte constitutionnel du 22 frimaire an VIII, sur la responsabilité des fonctionnaires; toutefois, il a été rendu un arrêt du Conseil d'État, le 28 mai 1838 (Salleron), dans le sens de la compétence de l'administration, pour apprécier et juger le fond. Il y a donc un intérêt sérieux pour les administrateurs municipaux à ce que les recettes spéciales soient réunies à la perception.

OBSERVATION

Nomination des comptables et la Fixation de la juridiction qui les concerne.

L'article 1552 de l'Instruction générale porte que les receveurs (des communes et des hospices) justifiables de la Cour des Comptes, doivent, aussitôt leur installation et sans attendre la présentation de leur premier compte, adresser au Procureur Général près ladite Cour, une copie certifiée par le Maire et visée par le Préfet ou le Sous-Préfet, de l'arrêté ou du décret de leur nomination, du certificat d'inscription de leur cautionnement, de l'acte de prestation de leur serment et du procès-verbal de leur installation.

Quant aux comptables qui sont justiciables du Conseil de Préfecture, ils justifient de cette qualité seulement en produisant leurs comptes.

Mais, à divers points de vue, ne vaudrait-il pas mieux qu'ils envoyassent, immédiatement aussi, au Conseil de Préfecture compétent, copie des actes de leur nomination et de leur installation ?

De cette façon le Conseil connaîtrait de suite le comptable qui doit recourir à sa juridiction dans les délais de la loi, et saurait s'il se trouve un comptable sortant qui doit obtenir, sans délai, l'apuremen de ses comptes et la décharge de ses opérations.

RENSEIGNEMENTS FINANCIERS.

Valeurs actuellement sans revenus.

6 0/0 Mexicain.	Société royale asturienne.
Obligations mexicaines.	Mines de Mouzaïa.
Passive espagnole.	— de Campagnac.
—	— de Corphalie.
Crédit en Espagne.	— de Monte-Calvi.
Crédit néerlandais.	— de Stolberg (ancien).
Soc. mercantile (Madrid).	— de Villebœuf.
Caisse Mirès.	— d'Azincourt.
L'Approvisionnement.	Approuague.
Union du commerce.	Forges Decazeville.
Sous-Comptoir du commerce et de l'industrie.	— de la Côte-d'Or.
	— de Franche-Comté.
—	— de Pont-l'Evêque.
Graissessac à Béziers.	Chantiers de l'Océan.
Libourne à Bergerac.	Raffinerie nantaise.
Lyon à Sathonay.	Moteurs Lenoir.
—	Magasins génér. de Bercy
Ouest-suisse.	Papeterie d'Essonnes.
Franco-suisse.	Canal de l'Ebre.
Union des chem. suisses.	Conflans à la mer.
Ligne d'Italie.	Ports de Brest.
Victor-Emmanuel.	Docks Saint-Ouen.
Savone à Turin.	Navigation maritime.
Romains.	Canal Cavour.
Centre belge.	Glaces d'Aix-la-Chapelle.
Nassau.	Boulevard du Temple.
Hainaut et Flandre.	Gaz de Mulhouse.
Portugais.	Gaz de l'Alliance.
Madrid-Saragosse.	Jardin d'acclimatation.
Nord d'Espagne.	Société linière.
Xérès-Séville Cadix.	Chiffons de Paris.
Montblanch à Reus.	Grandes Remises.
Taragone à Reus.	Orfévrerie française.
Franco-serbe.	Stéarinerie de la Villette.
—	Usines Chollet.
Charbon de Long-Pendu.	Télégraphe de la Méditerranée.
Société houillère des Asturies.	

Valeurs à revenus intermittents.

Mobilier français (rien en juillet).
Mobilier espagnol (rien en juillet).
Immobilière (rien en juillet).
Caisse générale des assurances agricoles contre l'incendie.
Compagnie française de réassurances contre l'incendie.
Caisse générale de réassurances et co-assurances contre l'incendie.
Caisse générale des assurances maritimes.
Assurance générale contre la grêle.
Emprunt tunisien de 1865 (rien en juillet).
— — de 1863 (rien en novembre).
Obligations immobilières Frascati, etc. (en souffrance.
Obligations du Nord de l'Espagne (rien en octobre).
Emprunt d'Haïti (rien en juillet).

CHRONIQUE.

TRANSMISSIBILITÉ DES MANDATS-POSTE.

Un avis du Ministère des Finances publié dans le *Moniteur* du 20 novembre courant annonce ainsi une amélioration considérable apportée au régime des Mandats-Poste :

« A partir du 1er décembre prochain, les personnes qui voudront toucher le montant des mandats délivrés à leur profit ne seront plus tenues à présenter elles-mêmes au guichet des bureaux de poste ou de remettre à leurs représentants une procuration spéciale. Il leur suffira d'apposer leur signature au verso du mandat, et d'affirmer la validité de cette signature, soit par l'application d'un timbre officiel de préfecture, de sous-préfecture, de tribunal, de justice de paix, de mairie, de commissariat de police, soit simplement par l'empreinte nette et lisible d'une griffe de commerce ou d'un timbre à l'usage personnel du destinataire.

Ces formalités une fois remplies, le payement du mandat sera effectué entre les mains d'un tiers porteur.

Les particuliers qui ne seraient pas munis d'une griffe ou d'un timbre professionnel pourront également acquitter le mandat à leur domicile et le faire toucher par un tiers, à la condition que le porteur du titre pourra présenter au Receveur des postes un passe-port, un permis de chasse, une carte d'électeur, ou un acte authentique quelconque, produisant exactement le nom du bénéficiaire, tel qu'il se trouve inscrit dans le corps du mandat.

Une autre amélioration a également été apportée dans le service des articles d'argent. Il a été décidé que les mandats de poste seront à l'avenir payés dans tous les bureaux de poste jusqu'à concurrence de 300 francs sans l'avis préalable qui était exigé jusqu'ici pour les mandats au-dessus de 200 francs. »

L'*Indicateur-Agenda* des Percepteurs, dont nous avons parlé dans notre dernier no, est en vente chez Mme veuve Berger-Levrault, libraire-éditeur à Paris, rue des Beaux-Arts.

Les demandes doivent être faites à cette adresse.

Nous prions les comptables qui *changent d'adresse* de ne pas négliger de nous en avertir, afin que le journal continue de leur arriver régulièrement (joindre 40 cent. pour frais d'impression des nouvelles bandes). Nous leur saurons gré de nous faire connaître en même temps le surplus du mouvement dans lequel ils viennent d'être compris.

Nous croyons devoir rappeler aux comptables qu'il trouveront un *Dépôt de nos Ouvrages dans toutes les Recettes des Finances*. Ils peuvent, par ce moyen, les examiner et s'en rendre compte jusqu'à un certain point, avant de les acquérir.

Il y a des volumes cartonnés et d'autres brochés.

Après de nombreuses et pressantes sollicitations, nous nous sommes décidés à publier une nouvelle édition de notre *Traité des Remises* et nous la mettons en vente aujourd'hui. Nous avons naturellement tenu compte des diverses modifications survenues dans la matière depuis la première apparition de cet ouvrage. Plusieurs autres améliorations y ont été apportées qui ne manqueront pas d'être appréciées.

Aussi nous espérons que les comptables feront un accueil empressé à notre seconde édition.

Les *Cartons relieurs* que l'on fabrique aujourd'hui présentent tant de facilité et de commodité pour collectionner et relier les publications périodiques, au fur et à mesurer de leur apparition, que nous engageons vivement nos lecteurs à s'en munir. Pour amener chaque abonné à posséder le sien, nous les livrons au prix de revient, qui est de 3 fr. 50 c *franco* (envoyer le montant avec la demande).

DEMANDES D'EMPLOI.

Un fondé de pouvoirs de Trésorerie Générale, ayant 18 ans de service et ayant dirigé comme chef de bureau diverses Recettes Générales, désire trouver un emploi.

— Un jeune homme marié, connaissant parfaitement le service de la perception, ayant été employé trois ans dans une recette, et muni de très-bons certificats, désirerait trouver un emploi dans une recette particulière de 3e classe ; appointements de 1200 à 1400 francs.

— Un jeune homme, âgé de 18 ans, convenablement au courant du service des contributions, de la Recette municipale et du travail des Mutations, désirerait se placer de suite comme commis chez un Percepteur du département de l'Allier ou des départements voisins. Il peut fournir les certificats nécessaires.

S'adresser à M. le Percepteur de Bellenaves (Allier).

Correspondance.

Nous mettons encore sous les yeux de nos lecteurs la lettre suivante.

« Olby (Puy-de-Dôme) le 9 novembre 1867.

« Monsieur le Directeur,

« Je m'empresse de vous accuser réception du Coffre-« Fort que je vous avais demandé, il est arrivé en très « bon état, parce qu'il avait été très bien emballé. Je « suis très satisfait de m'être adressé à vous pour ce « meuble, qui, quoique simple, remplit toutes les condi-« tions de sûreté et de solidité que j'en attendais.

« Recevez, je vous prie, Monsieur, l'assurance de mes « sentiments très distingués.

« H. Cisternes,
« Percepteur. »

Directeur, H. GALLETIER, à Fontenay-aux-Roses (Seine)

JOURNAL DES PERCEPTEURS,

DES RECEVEURS DES FINANCES, ET DES RECEVEURS DES COMMUNES, HOSPICES, ETC.;
DES SURNUMÉRAIRES, ET DES ASPIRANTS.

2e Série. — 10 fr. par an. Un numéro toutes les semaines. 12e année. — No 48.

SOMMAIRE.

CIRCULAIRES DES CHEFS DE SERVICE.

CIRCULAIRE DE M. LE PRÉFET DE LA SEINE-INFÉRIEURE *relative aux certificats de payement pour travaux à délivrer aux entrepreneurs.*

18 octobre 1867.

A Messieurs les Maires,

L'Instruction générale du 20 juin 1859 sur le service et la comptabilité des finances contient (article 1542) la nomenclature des pièces justificatives à produire aux Receveurs des communes et des établissements de bienfaisance à l'appui des mandats des ordonnateurs.

Pour les travaux de construction et de grosses réparations (§ 59), il doit être fourni, entre autres pièces, pour le payement des à-comptes aux entrepreneurs, un certificat de l'architecte visé par le Maire, constatant l'avancement des ouvrages et le montant de la somme à payer.

Rien, ni dans l'Instruction de 1859, ni dans les arrêtés réglementaires relatifs aux travaux communaux ne prescrit de soumettre ces certificats à l'approbation du Préfet. Vous pourrez donc vous dispenser à l'avenir de remplir cette formalité qui n'est pas obligatoire. Il vous suffira, pour que les intérêts de votre commune soient sauvegardés, de veiller à ce que les dépenses constatées n'excèdent jamais celles régulièrement autorisées, et que les payements ne dépassent pas le maximum déterminé, soit par le cahier des charges, soit par mon arrêté du 14 novembre 1850.

Vous voudrez bien veiller également à ce que les certificats des architectes soient toujours conformes au modèle annexé à ma circulaire du 19 septembre 1856, inséré au recueil de cette année, page 179 (1).

Agréez, Messieurs les Maires, l'assurance de ma considération très-distinguée.

Note de la Rédaction. La circulaire que nous venons de reproduire est conçue dans un esprit tellement large, et répond tellement au désir unanime de tous, ordonnateurs et comptables, de voir les formes réduites à leur plus simple expression, que nous nous empressons de la publier aussitôt qu'elle parvient à notre connaissance.

Combien d'autres formes, exigées dans la pratique, ne sont prescrites, comme le dit cette circulaire, ni par les instructions générales ni par des arrêtés réglementaires, et cependant viennent à chaque instant entraver le prompt et facile payement des créanciers des communes! Nous désirons vivement que l'initiative prise par M. le Sénateur, Préfet de la Seine-Inférieure, soit suivie non-seulement par tous les Préfets, mais aussi par l'administration supérieure des finances. Nous sommes persuadé que si les exigences de la comptabilité communale n'excédaient pas, comme elles les excèdent souvent, les formes de la comptabilité privée, on verrait, sinon disparaître entièrement toutes les gestions occultes, au moins leur nombre être considérablement réduit.

JURISPRUDENCE SPECIALE.

TRIBUNAL CIVIL DE LYON.

DON MANUEL. — DOCUMENT D'ORDRE INTÉRIEUR. DROIT EN SUS. — SERVICES PIEUX. — NATURE DE CES SERVICES.

La délibération approuvée par laquelle un hospice accepte une offre de donation de sommes contenues dans une lettre ne constitue pas le contrat même de cette donation. Mais elle renferme un acte de reconnaissance de don manuel justifiant la demande de droit proportionnel d'enregistrement.

Cette reconnaissance n'est pas assujettie à l'enregistrement dans un délai déterminé.

On doit appliquer le tarif de la donation et non celui du marché ou de la constitution de rente : 1° à la remise d'un capital à un établissement religieux sous la condition qu'il sera célébré des services pieux dont la dépense est inférieure au revenu de ce capital ; 2° à la

(1) Voir *Journal* de 1867, page 148.

remise à un hospice d'un capital destiné à la fondation d'un lit dont le donateur aura la disposition.

Quelle est en général la nature des conventions relatives à la célébration des services religieux ?

Attendu que, suivant les opposants, les délibérations ne seraient que des mesures d'ordre intérieur et non des actes réguliers au sens des lois fiscales, notamment des lois des 15 mai 1818 et 1850, que tout au moins les fondations Bernard et Mortemart devraient être considérées comme des contrats à titre onéreux, renfermant ou une obligation de faire, ou une constitution de rente, et ne devant donner lieu qu'au droit de 1 ou 2 pour 100 ;

Attendu qu'il n'est pas possible de voir dans lesdites délibérations des actes de donation réguliers ou équivalents ; que les éléments essentiels de l'acte de donation manquent, qu'ainsi l'acte n'est pas notarié comme l'exige l'art. 931 C. N. ; que les donateurs ne sont pas présents ; que, dans l'espèce Mortemart, la tradition et par conséquent la transmission de propriété a été effectuée antérieurement à la délibération et en est absolument indépendante ; que, d'autre part, dans l'intention des intéressés comme dans celle de l'autorité préfectorale, on a voulu certainement opérer un simple don manuel ; que ce terme a été expressément employé soit dans les offres et délibérations, soit dans les arrêts approbatifs ;

Attendu toutefois que les délibérations constituent, au point de vue des lois fiscales et particulièrement de celle du 18 mai 1850, un acte donnant naissance à une perception ; que cette loi par son art. 6 a disposé que les actes renfermant la déclaration par le donateur ou ses représentants d'un don manuel seraient sujets au droit de donation, et que ce droit est aujourd'hui le même pour les meubles et les immeubles ;

Attendu que les délibérations dont il s'agit sont évidemment des actes administratifs empruntant le caractère d'une déclaration émanée du donataire ; que si on ne peut leur assigner en raison de l'absence du donateur la portée et l'effet d'une convention bilatérale, on ne saurait mieux y voir une simple mesure d'ordre intérieur ; qu'on y surprend une acceptation en forme régulièrement approuvée par le Préfet, qu'il y a dans une telle acceptation autre chose qu'un fait de comptabilité, que c'est bien une constatation d'un consentement donné, et par suite, un titre, un acte, un *instrumentum* (1) ;

Attendu que les arrêtés préfectoraux qualifient la transmission des sommes versées ou offertes de don manuel et lui impriment son vrai caractère ; que vainement les hospices insistent sur l'importance des charges imposées par les donateurs ; que pour la fondation Bernard, l'écart entre la somme à dépenser chaque année et celle produite par le capital placé en rente sur l'Etat est de plus de moitié, que la gratuité domine donc notablement ; qu'en ce qui concerne la fondation Mortemart, le droit réservé au donateur de désigner dans une hypothèse prévue le malade à recevoir n'influe pas sur le résultat du don ; que les hospices ont un lit de plus, qu'ils atteignent ainsi le but de leur institution et par conséquent s'enrichissent et bénéficient ;

Attendu que le double droit n'est pas dû ; que, d'autre part, s'il y a eu usage de l'acte par sa présentation à l'approbation préfectorale, cette approbation était un complément indispensable de l'acte qui n'a pris naissance régulière et définitive qu'à dater de cette formalité ; que par suite l'enregistrement ne pouvait être exigé que préalablement. (JUGEMENT du 11 mai 1867).

CONSEIL D'ÉTAT.

COMMUNES. SECTIONS. RECONSTRUCTION D'ÉGLISE. PARTICIPATION DE LA SECTION A LA DÉPENSE.

Lorsque le Conseil municipal d'une commune a décidé la reconstruction d'une église paroissiale, une section de la commune ne peut se dispenser de participer à la dépense qu'entraînent ces travaux, en se fondant sur ce qu'elle possède une église sur son propre territoire, et qu'ainsi la construction de l'église paroissiale n'a pas le caractère d'une dépense générale. La jurisprudence du Conseil d'Etat est aujourd'hui définitivement arrêtée en ce sens (1).

Mais, d'un autre côté, la section ne doit supporter la dépense que dans la proportion de ses facultés contributives, et si, pour subvenir aux frais des travaux, le Conseil municipal vote l'aliénation des biens appartenant à la section, il ne doit employer aux dépenses des travaux qu'une portion du prix de vente correspondant au contingent dû par la section, en raison de ses facultés contributives. C'est aussi l'application d'une règle posée par la jurisprudence. (DÉCR. du 13 mars 1867. — *Section de Nonères*).

OBSERVATIONS. — Cette décision confirme ce que nous avons déjà dit des compensations que les administrateurs des communes et leurs créanciers veulent souvent faire entre les créances et les dettes de ces derniers. C'est un principe absolu en matière de comptabilité publique, qu'aucune compensation de

(1) *Acte administratif de donation.* — L'Administration de l'Enregistrement avait invoqué devant le tribunal, au soutien de sa demande, un système différent. Ecartant l'application de la loi de 1850, elle prétendait que la délibération jointe à la lettre du donateur formait un contrat de donation ordinaire soumis à l'enregistrement dans le délai de vingt jours. Le principe de cette théorie ne manquait pas d'exactitude. Il est certain, en effet, qu'une convention ou un traité administratif peut aussi bien résulter de la réunion de deux écrits que d'un seul. *Il suffit* à la validité du contrat que le consentement des deux parties soit constaté dans un acte destiné à servir de titre à l'autre partie. C'est ainsi qu'on a reconnu le caractère d'un marché administratif à plusieurs délibérations de Conseils municipaux suivies de la soumission des entrepreneurs (Cass., 22 janvier 1845. — Inst. 1743, § 6 ; — Rennes, 18 mars 1848). Mais il faut pour cela que les deux actes aient été rédigés dans le but de former le contrat. Or, au cas particulier, on ne pouvait guère soutenir avec chance de succès que les lettres missives écrites par les donateurs pour annoncer soit la remise des fonds au Trésorier, soit leur intention de les délivrer, étaient destinées à commencer un contrat de donation : les circonstances relevées par le Tribunal nous semblent suffisantes pour le démontrer.

(1) Voir une décision sur ce même point, à la page 113 ci-dessus.

cette nature ne peut avoir lieu : Le débiteur d'une commune doit se libérer de l'intégralité des sommes portées sur les titres que la commune possède contre lui, et il ne pourrait pas en retarder le payement à l'échéance, sous prétexte qu'il est créancier de celle-ci d'une somme égale ou supérieure au montant de sa dette. Il a seulement le droit de faire auprès de l'administration locale et auprès de l'autorité supérieure les démarches nécessaires pour obtenir le payement de sa créance. Il peut exister, au moment de la libération des deux parties, une compensation fictive, mais jamais de plein droit. Le Receveur donne quittance régulière des sommes dues par le créancier de la commune, et il retire de celui-ci sa quittance et toutes les pièces justificatives de sa créance sur la commune.

COMMUNES. — BIENS INDIVIS ENTRE COMMUNES. — COMMISSION SYNDICALE D'ADMINISTRATION — ÉLECTION DES DÉLÉGUÉS. — VOIX DU MAIRE PRÉPONDÉRANTE. — CONTESTATIONS. — COMPÉTENCE.

Le Conseil de préfecture est-il compétent pour connaître des contestations qui s'élèvent à l'occasion de la nomination, par les conseillers municipaux, en vertu de l'art. 70 de la loi du 18 juillet 1837, des délégués pour la formation d'une commission syndicale chargée de l'administration des biens possédés par indivis par plusieurs communes? — Rés. nég. — Le Maire peut-il, dans ce cas, en vertu de sa voix prépondérante, et par application de l'art. 19 de la loi du 5 mai 1855, proclamer membre de la commission syndicale le plus jeune de deux candidats qui ont obtenu un égal nombre de suffrages? — Rés. aff.

Vu la requête présentée par le sieur Forcamidan... tendant à ce qu'il nous plaise : — attendu que le Conseil de préfecture des Hautes Pyrénées n'aurait pas statué sur sa protestation contre l'élection que le Conseil municipal de Luz avait faite du sieur Fabas comme délégué de la commune dans la commission chargée de l'administration des biens indivis de la vallée de Baréges, — statuer immédiatement sur ladite protestation ; — Ce faisant, annuler, pour excès de pouvoir, la désignation qui a été faite du sieur Fabas, et proclamer le requérant à sa place, par le motif que ledit requérant avait obtenu autant de suffrages que le sieur Fabas et devait, dès lors, être proclamé comme plus âgé que ce dernier, aux termes de l'art. 44 de la loi du 5 mai 1855 ;

Vu le mémoire en défense présenté par le sieur Fabas..., tendant au rejet de la requête par le motif qu'il s'agissait, dans l'espèce, d'une simple délibération par laquelle le Conseil municipal devait désigner le délégué chargé de le représenter dans la commission syndicale de la vallée de Baréges ; que, dès lors, aux termes de l'art. 19 de la loi du 5 mai 1855, la voix du président était prépondérante pour décider de cette désignation ;

Vu la loi du 18 juillet 1837 et celle du 5 mai 1855 ;

Sur les conclusions tendant à ce qu'il soit statué par nous, en l'absence d'une décision du Conseil de préfecture par application de l'art. 45, § 4, de la loi du 5 mai 1855 : — Considérant que les élections par lesquelles les Conseils municipaux procèdent, en vertu de l'art. 70 de la loi du 18 juillet 1837, à la nomination de délégués pour la formation d'une commission syndicale chargée de l'administration des biens possédés par indivis par plusieurs communes, ne peuvent être assimilées aux élections que les citoyens sont appelés à faire pour la nomination des Conseils municipaux, et qu'au cas où il s'élève des contestations à l'occasion de la nomination de ces délégués, aucune disposition législative n'attribue aux Conseils de préfecture la connaissance de ces contestations ;

En ce qui touche l'excès de pouvoirs reproché au Maire, et qui résulterait de ce qu'il aurait proclamé le sieur Fabas comme délégué, en vertu de sa voix prépondérante, par application de l'art. 19 de la loi du 5 mai 1855 : — Considérant que la disposition de l'art. 19 de la loi du 5 mai 1855 est générale, et qu'il n'y a pas été dérogé pour le cas où les Conseils municipaux agissent en vertu de l'art. 70 de la loi du 18 juillet 1837; que, dès lors, le Maire de la commune de Luz n'a pas commis un excès de pouvoirs, en déclarant, en vertu de sa voix prépondérante, le sieur Fabas membre de la commission syndicale de la vallée de Baréges ;

Art. 1er. La requête du sieur Forcamidan est rejetée. (DÉCR. 3 juill. 1867. — *Com. de Luz.*)

COMMUNES. — COMPTABILITÉ. — DÉFICIT CONSTATÉ DANS LA CAISSE D'UN RECEVEUR MUNICIPAL QUI N'EST PAS PERCEPTEUR. — ACTION EN RESPONSABILITÉ CONTRE LE RECEVEUR D'ARRONDISSEMENT. — SIMPLE RETENUE DU TRAITEMENT IMPOSÉE DISCIPLINAIREMENT.

L'art. 67 de la loi du 18 juillet 1837 est ainsi conçu : — « La responsabilité des receveurs municipaux et les formes de la comptabilité des communes seront déterminées par des règlements d'administration publique. Les receveurs municipaux seront assujettis, pour l'exécution de ces règlements, à la surveillance des receveurs des finances. — Dans les communes où les fonctions de receveur municipal et de Percepteur sont réunies, la gestion du comptable est placée sous la responsabilité du receveur des finances de l'arrondissement.

Le receveur des finances d'un arrondissement (dans l'espèce, un receveur général) peut-il être déclaré responsable du déficit constaté dans la gestion du receveur municipal d'une commune qui ne réunit pas à ces fonctions celles de Percepteur? — Rés. nég. — (Si, aux termes de l'art. 67 de la loi du 18 juillet 1837, en cas de déficit constaté dans la gestion du comptable d'une commune, le receveur des finances de l'arrondissement peut être déclaré responsable de ce déficit, ce n'est qu'autant que ce comptable réunit les fonctions de Percepteur à celles de receveur municipal).

En conséquence, lorsque le comptable d'une commune n'a que la qualité de receveur municipal, cette commune n'est pas, en cas de déficit constaté dans la caisse de ce comptable, recevable à attaquer devant le Conseil d'Etat, statuant au contentieux, une décision par laquelle le Ministre des finances s'est borné, par application de l'art. 17 du décret du 9 novembre 1853, à imposer disciplinairement au receveur des finances, à raison de la négligence apportée par lui dans la surveillance de la gestion du comptable, une retenue sur son traitement.

Vu la requête... pour la ville de Vernon... tendant à ce qu'il nous plaise réformer — une décision du 11 février 1865, par laquelle notre Ministre des finances a décidé que le sieur de Matharel, ancien receveur général du département de l'Eure, supporterait, par application de l'art. 17 du décret du 9 novembre 1853, une retenue de 1200 fr. sur son traitement, à raison de la négligence apportée par lui dans la surveillance de la gestion du sieur Duval, receveur municipal de la ville de Vernon. — Ce faisant, déclarer les sieurs de Matharel, Pilvois et Dorient de Bellegarde, anciens receveurs généraux du département de l'Eure, solidairement responsables et débiteurs envers la commune demanderesse du déficit constaté dans la caisse dudit sieur Duval, et montant à la somme de 33 345 fr. 36 c. avec les intérêts de ladite somme ; — Subsidiairement, les condamner chacun séparément au payement du déficit constaté dans la caisse municipale au jour où il a cessé ses fonctions, — et les condamner, en tous cas, aux dépens;

Vu le mémoire en défense présenté pour le sieur de Matharel, receveur général du département du Gard, ledit mémoire tendant à ce qu'il nous plaise rejeter le pourvoi de la ville de Vernon, par le motif qu'aucune disposition de loi n'impose aux receveurs des finances la responsabilité de la gestion des receveurs municipaux dans les cas où ces derniers ne sont pas, en même temps, Percepteurs, et condamner la ville de Vernon aux dépens ;

Vu le nouveau mémoire présenté par le sieur de Matharel, tendant au rejet du pourvoi comme non recevable, par le motif qu'aucune disposition de loi n'attribue compétence au Ministre des finances pour statuer sur la demande de la ville de Vernon, et que la décision par laquelle ce Ministre a soumis le défendeur à une retenue sur son traitement est une mesure disciplinaire contre laquelle ladite ville n'a pas qualité pour se pourvoir;

Vu le nouveau mémoire par lequel la ville de Vernon reconnaît qu'aucune faute n'est imputable aux receveurs généraux qui ont précédé le sieur de Matharel dans le département de l'Eure, et conclut à ce que celui-ci soit condamné à lui payer une somme de 32 588 fr. 27 c., montant du déficit constaté officiellement dans la caisse du sieur Duval ;...

Vu la loi du 18 juillet 1837, art. 67 ;

Considérant que, si aux termes de l'art. 67 de la loi du 18 juillet 1837, en cas de déficit constaté dans la gestion du comptable d'une commune, le receveur des finances de l'arrondissement peut être déclaré responsable de ce déficit, ce n'est qu'autant que ce comptable réunit les fonctions de Percepteur à celles de receveur municipal ;

Considérant que le sieur Duval n'avait que cette dernière qualité, et que, dès lors, la ville de Vernon n'est pas recevable à attaquer devant nous, par la voie contentieuse, la décision par laquelle notre Ministre des finances s'est borné, par application de l'art. 17 du décret du 9 novembre 1853, à soumettre le sieur de Matharel à une retenue sur son traitement, par mesure disciplinaire ;

Art. 1er. La requête de la ville de Vernon est rejetée. — Art. 2. La ville de Vernon est condamnée aux dépens. (Décr. 22 nov. 1866. — *Ville de Vernon*).

CONTRIBUTIONS DIRECTES. — RÉCLAMATION. — DEMANDE EN REMBOURSEMENT DU TIMBRE PAR SUITE DE RÉDUCTION DE COTE AU-DESSOUS DE TRENTE FRANCS.

Le remboursement des droits de timbre payés pour une réclamation relative à une cote supérieure à 30 fr., *doit-il être ordonné lorsque cette cote est réduite au-dessous de ce chiffre?* Rés. nég. (Le Conseil de préfecture n'est pas autorisé à ordonner ce remboursement).

Vu la requête présentée par le sieur Jeanson, tendant à ce qu'il nous plaise réformer — un arrêté du 19 janvier 1866, par lequel le Conseil de préfecture de la Meurthe, en lui accordant une réduction sur les droits de patente auxquels il avait été imposé, pour l'exercice de la profession de notaire, sur le rôle de la com. de Rosières-en-Haye, ne lui a pas accordé le remboursement des droits de timbre qu'il avait dû acquitter pour présenter sa réclamation ;— Ce faisant, attendu que le requérant, indûment imposé à une cote supérieure à 30 fr., a été forcé, par le fait de l'administration, de supporter les frais de timbre, ordonner que la somme par lui payée à cet effet, lui sera restituée ;

Vu la loi du 21 avril 1832, art. 28, et celle du 25 avril 1844;

Considérant que la loi a assujetti au droit de timbre les réclamations des contribuables qui ont pour objet une cote de 30 fr. et au-dessus, et qu'au cas où les réclamations sont admises, les Conseils de Préfecture ne sont pas autorisés à ordonner le remboursement des droits de timbre ;... (Rejet.)

(Décr 14 juin 1867. — *Jeanson.*)

POURSUITES CONTRE LES CONTRIBUABLES. — PRIVILÉGE DU TRÉSOR. — ÉTAT DES COTES INDUEMENT IMPOSÉES ET IRRÉCOUVRABLES.

RESTITUTION DES FRAIS DE POURSUITES. — Lorsque le contribuable qui a cessé d'habiter la commune antérieurement au 1er janvier a acquitté le montant de la contribution contestée, aussitôt qu'il a eu connaissance de son imposition, il y a lieu à restitution des frais de poursuites faits contre lui avant cette époque.

ÉTATS DES COTES INDUEMENT IMPOSÉES. — Faut-il nécessairement que les états des cotes indûment imposées, formés par les Percepteurs, aient été enregistrés à la sous-préfecture dans les trois mois de la publication des rôles? *Rés. nég.*—Il suffit qu'ils aient été adressés dans ce délai au receveur des finances.

ALGÉRIE.

ANALYSE DE TOUS LES DÉCRETS DU CONSEIL D'ÉTAT
RENDUS PENDANT L'ANNÉE 1860
CONCERNANT L'ALGÉRIE.

PROPRIÉTÉS DE L'ÉTAT. *Actions immobilières. Partage et licitation. Compétence judiciaire. Moyen soulevé d'office.*

Aux termes de l'art. 13 de la loi du 16 juin 1851, les actions immobilières relatives à des biens situés en Algérie, intentées par le domaine de l'Etat ou contre lui, doivent être portées devant les tribunaux civils : — Résulte-t-il de cette disposition qu'il appartient exclusivement à l'autorité judiciaire de statuer sur les actions en partage ou en licitation des immeubles indivis entre l'Etat et des particuliers?— *Rés. aff.* — Dès lors, en ordonnant le partage d'une propriété indivise entre le domaine de l'Etat et plusieurs autres propriétaires français et indigènes, le Conseil de préfecture excède les limites de sa compétence.

(On objecterait vainement, dans le sens de la compétence du Conseil de préfecture, les dispositions du décret impérial du 2 avril 1854, modifiant celles de la loi du 16 juin 1851 : — Voir la réponse faite à cette objection par M. le commissaire du gouvernement, qui a soulevé d'office le moyen d'incompétence.)

CONTRIBUTIONS DIRECTES. *Délai de réclamation.*

Les lois des 21 avril 1832, et 4 août 1844, d'après lesquelles les demandes en décharge ou réduction des contributions directes doivent, à peine de déchéance, être formées dans les trois mois de la publication des rôles, sont-elles applicables en Algérie?

CONTRIBUTIONS DIRECTES. *Pourvoi sur papier non timbré.*

Application de l'art. 30 de la loi du 21 avril 1832 et de l'art. 26 de l'arrêté du 4 novembre 1848, d'après lesquels est non recevable un pourvoi ayant pour objet une cote supérieure à 30 fr. et présentée sur papier non timbré.

ACHOUR. *Délai de réclamation. Déchéance. Erreur matérielle rectifiée par le Conseil d'Etat nonobstant la non-recevabilité de la réclamation.*

Application, en matière de contribution de l'achour, de la déchéance, pour non réclamation dans les trois mois de la publication des rôles.

— Nonobstant la non-recevabilité de la réclamation, le Conseil d'Etat saisi par un recours du Ministre de la guerre contre l'arrêté du Conseil de préfecture qui avait accordé décharge, ordonne la rectification d'une erreur de calcul commise au préjudice du contribuable, erreur matérielle et reconnue par l'administration.

PATENTES. *Fruitier-oranger. Simple fruitier.*

Le tableau A annexé à l'ordonnance du 31 juillet 1847 impose à un droit de patente de 6e classe la profession de fruitier-oranger (tandis que celle de simple fruitier n'est imposée qu'à la 7e classe) : — Un fruitier d'Algérie qui se borne à vendre les fruits du pays (parmi lesquels se trouvent les oranges) doit-il être imposé à la 6e classe? — *Rég. nég.*

— (L'ordonnance en imposant à la 6e classe la profession de *fruitier-oranger*, a voulu atteindre le contribuable qui, par la vente des fruits exotiques et des primeurs, est présumé avoir un commerce plus important que le simple fruitier. — Dès lors, *cette dénomination ne peut s'appliquer en Algérie* à celui qui se borne à vendre les fruits du pays).

PATENTES. *Loueur en garni. Non valeurs dans les locations.*

Une réduction du droit proportionnel de patente auquel a été imposé un loueur en garni peut-elle être prononcée à raison des non valeurs dans ses locations? — *Rés. nég.* — (Nulle disposition législative spéciale actuellement en vigueur n'autorise les Conseils de préfecture à prononcer une telle réduction).

PATENTES. *Représentant de commerce.*

Un contribuable — qui, pendant l'année dont il s'agit, a occupé, dans une ville d'Algérie, un appartement pour lequel il a été imposé à la taxe des loyers, — qui, pendant cette même année, a vendu des marchandises dans différentes villes de l'Algérie pour le compte de plusieurs maisons de commerce, moyennant des remises proportionnelles au prix des ventes, — doit être imposé à la patente comme représentant de commerce. — (Contribuable prétendant être seulement un commis voyageant pour une maison de France).

TAXE SUR LES LOYERS. *Société maçonnique.*

Une société maçonnique peut-elle réclamer l'exemption de la taxe des loyers pour le local où elle se réunit, en se fondant — sur ce que ce local ne sert en aucune façon à l'habitation des membres de la société (lesquels ne s'y réunissent qu'une fois par semaine) — et sur ce que, ne renfermant que les meubles nécessaires à la tenue des réunions, il ne saurait être considéré comme une habitation meublée dans le sens de l'art. 14 de l'arrêté du chef du pouvoir exécutif du 4 novembre 1848? — *Rés. nég.*

— (Ce local est tenu à la disposition de la société, affecté à ses réunions et meublé conformément à sa destination.

TAXE SUR LES LOYERS. *Officier avec troupes. Logement en ville.*

Décidé que le logement occupé en ville par le

capitaine réclamant n'avait pas une valeur locative supérieure à celle des locaux que cet officier aurait été dans le cas d'obtenir, comme capitaine, pour son habitation dans les bâtiments de l'Etat; — d'où la conséquence, qu'il ne pouvait être considéré comme ayant une habitation particulière et ne devait pas être imposé à la taxe des loyers.

TAXE SUR LES LOYERS ET PRESTATIONS. *Gardien de batterie.*

Un gardien de batterie doit-il être soumis, en Algérie, aux taxes municipales des loyers et des prestations? — *Rés. aff.* — (Il n'appartient à aucun corps de troupes et il ne se trouve dans aucun cas d'exemption prévu par la loi. — L'arrêt vise le décret du 14 février 1854 sur l'organisation des gardiens de batterie, et les art. 14 et 15 de la loi du 21 avril 1832 relatifs aux contributions personnelle et mobilière).

COURS D'EAU. *Irrigations. Constitution d'un syndicat. Accord des intéressés. Arrêté préfectoral. Excès de pouvoirs.*

Aux termes du décret du 27 octobre 1858, sur l'organisation administrative de l'Algérie (art. 11 et tableau B, n° 33), le Préfet, en Conseil de Préfecture, a le droit de constituer en association syndicale les propriétaires intéressés à l'exécution et à l'entretien des canaux d'arrosage: — Mais c'est seulement lorsque les propriétaires sont d'accord pour l'exécution des travaux et la répartition des dépenses.

— Lorsqu'au contraire, l'accord des intéressés sur les conditions essentielles d'organisation de l'association syndicale n'a pas été constaté, lorsque des réclamations se sont produites dans les enquêtes, contre les dispositions principales des statuts projetés de l'association, le Préfet excède ses pouvoirs en constituant cette association.

TRAVAUX PUBLICS. *Réclamations de l'entrepreneur. Territoire militaire. Conseil de Préfecture. Compétence.*

En Algérie, les Conseils de Préfecture sont-ils compétents pour statuer sur les difficultés qui s'élèvent entre les entrepreneurs de travaux publics et l'administration concernant l'exécution des clauses du marché, alors même qu'il s'agit d'un travail exécuté en territoire militaire? *Rés. aff.* (D'après l'article 26 du décret du 7 juillet 1864, la juridiction des Conseils de Préfecture de l'Algérie comprend, dans chaque province, non-seulement le territoire civil, mais encore le territoire militaire.)

VARIÉTÉS.

CONTRIBUTION DES PATENTES.

CONTRIBUTIONS PERSONNELLE ET MOBILIÈRE.

Vœu du Conseil général de la Seine-Inférieure.

Le Conseil général de la Seine-Inférieure persiste à renouveler le vœu précédemment émis: 1° que les dispositions de l'article 9 de la loi du 4 juin 1858 soient modifiées, de manière à ne plus donner lieu à l'interprétation par suite de laquelle les fabricants qui vendent leurs produits à la halle de Rouen ou dans les magasins de la ville, et non ailleurs, ont pu être imposés à un second droit de patente comme marchands en gros;

2° Qu'il soit remédié aux inconvénients qui résultent du mode actuel d'assiette de la contribution personnelle et mobilière dans les communes rurales où le rôle est définitivement établi avant l'époque ordinaire des changements de domicile, c'est-à-dire avant le 29 septembre (1) [Séance du 30 août 1867].

QUESTIONS DIVERSES

TRAITEMENT DE L'INSTITUTEUR. RÉTRIBUTIONS SCOLAIRES DES ÉLÈVES FORAINS.

Lorsqu'une commune vote un traitement fixe à l'instituteur, celui-ci a-t-il droit en sus au montant de la rétribution scolaire des élèves forains? NON.

Que signifient ces termes de l'article 1035 de l'Instruction générale : « L'Instituteur recouvre de plein droit, etc. ? »

Les articles 9 et 10 de la nouvelle loi (page 235 ci-dessus) sur l'instruction primaire rappellent les dispositions de la loi du 10 mars 1850, aux termes desquelles l'instituteur a droit à un traitement fixe de 200 francs et au montant intégral de la rétribution scolaire de tous les élèves qui fréquentent son école. Si ces bases n'atteignent pas le minimum qui lui est assuré (article 9), l'instituteur reçoit un supplément de traitement garanti par l'État pour compléter ce minimum. Mais, lorsque ces deux bases donnent un chiffre supérieur au minimum auquel il a droit, l'article 13 de la loi du 10 avril 1867 accorde aux Conseils municipaux la faculté de remplacer ce traitement variable par un traitement fixe. C'est alors le cas d'appliquer l'article 1034 de l'Instruction générale. La perception de la rétribution scolaire, même celle des élèves forains, est faite exclusivement pour le compte de la commune, soit par le Receveur municipal (art. 1033), soit par l'instituteur à ce autorisé sur sa demande, en ce qui concerne la rétribution des élèves de la commune, et par ce dernier, de plein droit et sans demande d'autorisation, en ce qui concerne la rétribution des élèves des communes voisines non réunies pour l'entretien de l'école. C'est là une obligation imposée à l'instituteur, plutôt qu'un droit à lui accordé. En effet, en autorisant le recouvrement de la rétribution scolaire pour le compte personnel de l'instituteur, l'administration n'a pas voulu imposer ce concours au Receveur municipal, pour le recouvrement de la rétribution due par des élèves dont les parents se trouvaient souvent hors de l'action de ce comptable. Ce recouvrement reste donc une affaire personnelle à l'instituteur, tant que les ressources qui doivent composer son traite-

(1) Voir *Journal des Percepteurs* de 1863, pages 155, 238 et 285. — 1865, page 205. — 1866, page 37.

ment s'élèvent au-dessus du minimum légal. Cependant il est entré dans la pratique, depuis que le système d'abonnement annuel s'est généralisé, de comprendre dans un même rôle les deux catégories de rétribution scolaire, lorsque le Receveur municipal se charge volontairement du recouvrement de la rétribution des élèves des communes voisines. On comprend ce que cette pratique aura de juste, lorsque le traitement de l'instituteur sera déclaré fixe, et principalement lorsque ce traitement se trouvera réduit au minimum. Car il est évident que, dans ces deux cas, l'instituteur ne doit pas supporter les cotes irrecouvrables sur la rétribution des élèves forains, puisque la nouvelle loi porte en termes catégoriques, que son traitement ne pourra pas être inférieur au minimum déterminé ni au traitement moyen par lui touché pendant les trois dernières années (art. 11). L'irrécouvrabilité de ces cotes pouvant exister indépendamment de la volonté de l'instituteur, la commune et, à son défaut, l'État sont toujours tenus de lui assurer le minimum légal, et la commune seule, le traitement fixe supérieur à ce minimum, là où il a été établi.

Il est dû naturellement des remises au Receveur municipal sur la rétribution scolaire des élèves forains directement recouvrée par lui, attendu que, dans cette circonstance, le recouvrement et le paiement de cette rétribution constituent une opération réelle de recette et de dépense intéressant directement le service de la commune.

TRAITEMENT DE L'INSTITUTEUR. RESSOURCES SPÉCIALES.

Le payement du traitement d'un instituteur doit-il être refusé, si les ressources spécialement affectées à ce payement ne sont pas suffisantes ?

Que faire, lorsque les fonds existant dans la caisse municipale ont une affectation spéciale ?

Nous avons traité très-longuement ces deux questions à la page 295 ci-dessus. Nous prions le comptable qui nous les soumet aujourd'hui, de vouloir bien s'y reporter.

Avant de refuser formellement l'acquittement d'un mandat de traitement d'un instituteur ou institutrice, le comptable doit se concerter avec le Maire, pour savoir si une autre dépense ayant ses ressources propres peut être ajournée sans inconvénient pour le service municipal. Lorsque le Maire n'est pas d'avis que ces ressources soient momentanément détournées de leur destination spéciale, pour servir à acquitter le traitement de l'instituteur, ce dernier ne peut pas exiger qu'on lui paye une somme supérieure au montant des ressources spéciales de l'instruction primaire déjà réalisées. L'intervention du Préfet auprès du Maire ne peut avoir, dans ces circonstances, qu'un caractère officieux et tout de persuasion.

Le mode de calcul des sommes revenant à un instituteur, a été indiqué aux pages 207, 217, 235, 245, 249 et 281 ci-dessus.

INSCRIPTIONS HYPOTHÉCAIRES. MAINLEVÉE.

La radiation d'une inscription hypothécaire peut-elle être faite en vertu d'un acte dressé par le Maire ?

Nous avons établi à la page 157 ci-dessus (*Rentes sur particuliers. Libération des débiteurs*), que la radiation des inscriptions hypothécaires prises en faveur d'une commune créancière, ne peut être consentie que par le Maire autorisé à cet effet par une délibération du Conseil municipal, approuvée par un arrêté du Préfet pris en Conseil de Préfecture. Nous montrerons dans la 2e édition du *TRAITÉ DES POURSUITES* que la mainlevée d'une inscription hypothécaire ne peut être donnée que par un acte notarié, parce que les notaires sont des fonctionnaires publics établis par la loi du 25 ventôse an XI, pour donner de l'authenticité aux actes (Décret du 26 mai 1811). Or, dans la circonstance, le Maire dressant lui-même l'acte de mainlevée, agirait comme représentant de la commune, par conséquent, comme partie intéressée et non comme délégué du pouvoir exécutif. Son acte n'aurait donc pas l'authenticité exigée par l'article 2158 du C. Nap. Les frais de l'acte notarié de mainlevée sont à la charge du débiteur. (Voir ci-dessus, page 273.)

Le *Mémorial* enseigne à la page 476 que le Receveur sortant de fonctions avant la clôture de l'exercice doit présenter lui-même et de suite les *justifications des opérations qu'il a complètement effectuées*, et il appuie son opinion sur les dispositions d'une circulaire du 12 juillet 1853, § 8. Il oublie que les dispositions plus récentes de l'Instruction générale du 20 juin 1859 (article 1335) ont complètement modifié le système de justification introduit par la circulaire du 12 juillet 1853. C'est dans ce sens que nous nous sommes prononcé à la page 172 ci-dessus. Notre opinion est confirmée par celle émise dans le supplément à l'Instruction générale *mis en vente par M. P. Dupont* (article 1543), supplément ayant pour auteur feu M. Jules Peletin, dont nous sommes loin de contester l'autorité et que nous considérons comme le principal auteur de l'*Instruction générale de* 1859.

ACHATS ET VENTES DE TITRES DE BOURSE. — En ce moment que l'avilissement des valeurs de Bourse cause un si grand émoi chez beaucoup de gens, plusieurs Employés des Recettes des finances nous demandent des conseils et s'adressent à nous au sujet de la négociation de titres.

Nous ne saurions leur répondre aujourd'hui autrement que nous l'avons toujours fait en pareille matière, c'est-à-dire que nous entendons rester absolument étranger à toutes les opérations de Bourse. Nous nous sommes toujours scrupuleusement abstenu d'aucune intervention dans ces sortes d'affaires. Nous ne pouvons mieux fair que recommander aux Comptables de s'adresser directement aux officiers publics spéciaux, aux Agents de Change; livrer leur confiance à toute autre personne serait imprudent de leur part. *Les Agents de change seu offrent les garanties d'honorabilité et de responsabilité nécessaires.*

NOMINATIONS ET MUTATIONS.

Par arrêté en date du 26 novembre 1867, M. Grillet (Gabriel-André-Léon), chef de bureau à la Direction générale de la Comptabilité publique, a été nommé chef du cabinet du Ministre des Finances ;

M. Stourm (Fortunat-René), sous-chef au Secrétariat général, ancien Inspecteur des Finances, a été nommé sous-chef du cabinet.

RECEVEURS DES FINANCES :

M. Hyrvoix, chef de la police personnelle de l'Empereur, est nommé Trésorier Général du Jura

M. de Saint-Thomas, percepteur de Lignières (Cher), est nommé Receveur particulier à Bourganeuf, en remplacement de M. le comte des Vergers de Sanois, décédé.

ONT ÉTÉ NOMMÉS PERCEPTEURS :

A Orgon (Bouches-du-Rhône), M. Gaillaud, percepteur, a été élevé à la 2e classe;

A Fresselines (Creuse), M. Louis Boudot, surnuméraire;

A Le Sel (Ille-et-Vilaine), M. Lebreton, percepteur de Gaël, en remplacement de M. Escolan, démissionnaire;

A Gaël (Ille-et-Vilaine), M. Monnier, Employé de Préfecture;

A Rimling (Moselle), M. Varin, ancien militaire;

A Longuyon (Moselle), M. Lenoir, percepteur de Rimling, en remplacement de M. Labrut, démissionnaire;

A Faverges (Haute-Savoie), M. Kock, chef de bataillon;

A Angerville-l'Orcher (Seine-Inférieure), M. Curé, Employé de recette.

PERMUTATION.

Un employé de l'Administration Centrale du Ministère des finances, à Paris, au traitement de 1600 francs, désirerait permuter avec le titulaire d'une perception produisant environ 3000 francs par an.

CHRONIQUE.

Nous trouvons dans l'Exposé de la Situation de l'Empire la mention suivante :

« *Contributions directes.* — Les rôles des quatre contributions directes de 1867 comparés à ceux de 1866, présentent une augmentation totale de 8 329 421 fr., qui porte pour 4 079 914 fr. sur le principal des impôts et pour 4 249 507 fr. sur les centimes additionnels. La part que l'Etat prend dans cet accroissement est donc à peu près égale à celle que prennent les départements et les communes. »

On nous demande s'il y avait lieu de percevoir le droit des pauvres au profit des Etablissement de bienfaisance sur les sommes exigées pour l'entrée de l'*Exposition Universelle.* On ne saurait en douter. Les expression de la loi comprennent expressément parmi les divertissements soumis à la perception les *lieux de curiosités* où l'on est admis en payant.

— En effet les lignes qui précèdent étaient à peine composées que la note suivante est arrivée à notre connaissance, par la voie des Journaux : « La commission de l'Exposition universelle vient d'adresser à l'Assistance publique le montant des sommes encaissées aux guichets pendant les trois derniers jours. Ce montant s'élève à 176 000 francs. »

Le 19 de ce mois, en vidant le tronc de la chapelle de l'hospice Saint-Charles, à Rochefort, l'administration de cet établissement charitable a trouvé *seize mille francs* en billets de la Banque, sans aucune indication sur la provenance de ce don magnifique. — On sait que le montant des troncs, comme tous autres dons manuels, produit des remises. — (V. notre nouvelle édition du *Traité des Remises.*)

La cour de cassation vient de rendre le 21 novembre un arrêt important à faire connaître par les temps que nous traversons : elle vient de décider que les Maires ont toujours le droit de fixer la taxe du pain, et que le décret du 22 juin 1863 sur la liberté de la boulangerie ne faisait pas obstacle à ce droit.

Les *Cartons relieurs* que l'on fabrique aujourd'hui présentent tant de facilité et de commodité pour collectionner et relier les publications périodiques, au fur et à mesurer de leur apparition, que nous engageons vivement nos lecteurs à s'en munir. Pour amener chaque abonné à posséder le sien, nous les livrons au prix de revient, qui est de 3 fr. 50 c *franco* (envoyer le montant avec la demande).

Nous prions les comptables qui *changent d'adresse* de ne pas négliger de nous en avertir, afin que le journal continue de leur arriver régulièrement (joindre 40 cent. pour frais d'impression des nouvelles bandes). Nous leur saurons gré de nous faire connaître en même temps le surplus du mouvement dans lequel ils viennent d'être compris.

Avis concernant les Recettes des Finances.

Nous appelons particulièrement l'attention de MM. les *Employés des Recettes* sur nos RÈGLES DE PAYEMENT, ouvrage de la plus grande utilité pour le service d'une Recette des Finances. Néanmoins un certain nombre d'entr'eux ont encore négligé d'en pourvoir la bibliothèque de leur Recette.

Directeur, H.-GALLETIER, à Fontenay-aux-Roses (Seine)

JOURNAL DES PERCEPTEURS,

DES RECEVEURS DES FINANCES, ET DES RECEVEURS DES COMMUNES, HOSPICES, ETC.;

DES SURNUMÉRAIRES, ET DES ASPIRANTS.

2e Série. — 10 fr. par an. Un numéro toutes les semaines. 12e année. — No 49.

SOMMAIRE.

Actes officiels : — Circulaire de M. le Directeur général de la Comptabilité publique, relative à différents points du service. — Circulaire de M. le Directeur général de la Comptabilité publique, relative à l'exécution de la loi du 10 avril 1867 sur l'instruction primaire.
Jurisprudence spéciale : — Communes et hospices. Dons et legs. Autorisation. — Honoraires d'architectes. Traitement annuel. — Projets non exécutés. — Intérêts. Point de départ. — Taux de 7 p. 100. — Pensions civiles. Décrets de liquidation. — Services dans une préfecture.
Questions diverses : — Inscriptions hypothécaires. Bail ou location de biens communaux. — Timbre. Secours aux indigents. Quittance. — Timbre. Mandats pour abonnement à diverses publications excédant 10 fr., mais n'atteignant pas 100 fr. — Cautionnement. Imputation à une nouvelle gestion. — Avancement. Droit à une classe supérieure.
Nominations et Mutations. — Chronique.

ACTES OFFICIELS.

Circulaire de M. le Directeur général de la Comptabilité publique, *relative à différents points du service*. (Extrait.)*

14 août 1867.

II. *Remboursements d'obligations nominatives d'emprunt départemeutal. — Acquit des parties prenantes.* — Le règlement du ministère de l'intérieur, page 290, dispose qu'en cas de remboursement du capital ou du payement d'intérêts d'obligations d'emprunts départementaux, le payement est fait *au porteur* sur la simple remise des obligations ou sur celle des coupons, à la condition d'annuler ces obligations ou coupons au moyen du timbre payé; mais il n'a pas statué sur le cas où ces obligations sont nominatives.

A la suite d'une difficulté qu'a fait naître dans un département le silence du règlement sur ce point, l'administration a reconnu, et le ministère de l'intérieur a partagé cet avis, que les Trésoriers généraux sont fondés à réclamer une quittance du porteur au dos des obligations nominatives, ou par acte séparé, suivant les cas prévus à l'article 709 de l'Instruction générale. Il est de jurisprudence constante, en effet, que la remise du titre, lorsque ce titre est nominatif, peut bien être une présomption de payement, mais qu'elle ne constate pas la libération du débiteur, si ce titre n'est pas revêtu de la décharge de l'ayant-droit.

Les Trésoriers généraux devront prendre note de cette disposition sur la nomenclature qui fait suite au règlement précité du 30 novembre 1840 (1).

III. *Remboursements de fonds communaux. Avis préalable à donner au receveur des finances, lorsque les retraits s'élèvent à 10000 francs.* — Dans la plupart des communes où les comptes courants n'ont qu'une faible importance, les remboursements de fonds placés au trésor (articles 761 et 762 de l'Instruction générale) s'effectuent sans aucune gêne pour le service de trésorerie ; mais il n'en est pas de même en ce qui concerne les communes riches dont les dépenses nécessitent des retraits de fonds fréquents et considérables. En effet, les mandats de remboursements communaux sont la plupart du temps présentés inopinément à la caisse du receveur des finances, et, s'il s'agit d'une grosse somme, il arrive, ou que le comptable n'a pas pris les mesures nécessaires pour se la procurer, ou bien qu'il emploie des fonds destinés à d'autres services prévus, qui ont dès lors à en souffrir.

En matières de dépenses publiques, les différents ordonnateurs ont été de tout temps astreints à communiquer aux comptables les bordereaux de mandats émis sur leurs caisses, et un décret récent (circulaire du 28 mai 1867) (2) a rendu encore plus formelle cette obligation, qui, indépendamment de la vérification préalable de la régularité des pièces produites, a pour but de permettre au Trésorier général d'approvisionner en temps utile sa caisse et celle des receveurs particuliers. Il a donc paru utile de prendre une mesure analogue à l'égard des remboursements de fonds communaux, et il a été en conséquence décidé, de concert avec M. le Ministre de l'intérieur, que, lorsque les retraits de fonds s'élèveront à 10 000 francs et plus, le Maire pourra être tenu d'en aviser le receveur des finances au moins trois jours à l'avance (3).

Je recommande toutefois aux comptables de ne se prévaloir de cette disposition qu'en cas de nécessité. Il convient, en effet, de faciliter le service des communes toutes les fois qu'il pourra se concilier avec celui des recettes des finances.

* Pour les diverses dispositions de cette Circulaire, nous recommandons aux Comptables de se reporter à notre Etude approfondie sur les Règles de Payement.

(1) Les Receveurs de communes et d'établissements de bienfaisance remarqueront que cette disposition s'applique également à la comptabilité communale et hospitalière.

(2) Voir ci-dessus, p. , cette Circulaire du 28 mai 1867 et le décret du 1er mai précédent auquel elle se réfère.

(3) Prescription à noter par les Percepteurs-Receveurs de communes et d'établissements de bienfaisance comme disposition additionnelle à l'article 761 de l'Instruction générale en ce qui les concerne.

VI. *Imprimés concernant le service des rentes. — Sont uniquement à la charge des Trésoriers généraux.* — Quelques trésoreries générales ont cru pouvoir, à raison de l'allocation qui a été récemment accordée aux receveurs particuliers pour les achats de rentes (circulaire du 24 mars 1866), mettre à la charge de ces comptables les frais des imprimés y relatifs Pour cette contestation sur ce point, je crois devoir rappeler aux Trésoriers généraux qu'aux termes de la circulaire du 10 novembre 1864, § 4, ils doivent approvisionner à leurs frais les comptables sous leurs ordres de tous les imprimés, sans exception, relatifs au service des rentes (achats ou ventes et payements d'arrérages) (1).

CIRCULAIRE DE M. LE DIRECTEUR GÉNÉRAL DE LA COMPTABILITÉ PUBLIQUE, *relative à l'exécution de la loi du 10 avril 1867 sur l'instruction primaire; — modification de divers articles de l'Instruction générale concernant ce service.*

15 octobre 1867.

I. — *Rétribution scolaire perçue dans les écoles de filles.* — Monsieur, la loi du 14 juin 1859, en disposant que la rétribution scolaire dans les écoles communales de filles serait perçue par le Receveur municipal, avait cependant conservé à cette ressource le caractère d'un émolument privé, puisque la commune n'était obligée à garantir aucun traitement minimum aux institutrices Il en résultait, au point de vue de la comptabilité, que cette rétribution scolaire figurait, non pas dans le compte de la commune, mais dans les services hors budget (articles 979 et 1107 de l'Instruction générale).

Cet état de choses a été radicalement changé par la loi du 10 avril 1867, concernant l'instruction primaire. On peut dire aujourd'hui que, sous le rapport de la situation qui leur est faite vis-à-vis de la commune, cette loi a placé les instituteurs et les institutrices exactement sur le même pied, sauf, bien entendu, le chiffre du minimum garanti.

La rétribution perçue dans les écoles de filles devra donc désormais cesser de figurer parmi les services hors budget et être portée au compte de la commune (1re section du livre des comptes divers), puisque, sans constituer une ressource communale proprement dite, elle est un des revenus spéciaux qui aident la commune à remplir les obligations que lui impose la loi dans l'intérêt de l'instruction. En résumé, les articles 979, 1107 et 1482 de l'Instruction générale sont purement et simplement abrogés, et la rétribution scolaire due aux institutrices est désormais régie par les dispositions des articles 978 et 1031 à 1041.

Dans cette dernière série d'articles, ceux portant les nos 1032 et 1040 se trouvent sensiblement modifiés par suite soit des dispositions de la loi du 10 avril 1867, soit de dispositions antérieures. La rédaction suivante est destinée à remplacer le texte de l'Instruction générale actuelle :

Instituteurs et instituteurs adjoints. — 1032. Le minimum du traitement des instituteurs est de 600 francs (loi du 15 mars 1850, article 38). Les instituteurs primaires publics comptant cinq ans de service reçoivent à titre de traitement supplémentaire, une indemnité calculée de manière à élever leur revenu scolaire au minimum de 700 francs (décret du 19 avril 1862, article 1er). Un traitement supplémentaire, calculé de manière à élever, après dix ans de services, le revenu scolaire du vingtième des instituteurs au minimum de 800 francs et au minimum de 900 francs après quinze ans de service, peut être accordé par le Ministre de l'instruction publique à ceux qui se distinguent par leurs bons services (même décret, art. 2 et 3).

Il est justifié aux receveurs municipaux des conditions de services donnant droit au supplément de traitement de 700 francs au moyen d'un certificat, dressé par l'inspecteur d'académie, pour chaque instituteur, et qui est visé par le Préfet. Ce certificat, adressé au Trésorier-payeur général, est transmis par lui aux receveurs municipaux (circulaire du Ministre de l'instruction publique du 19 septembre 1863).

Une indemnité fixée par le Ministre de l'instruction publique, après avis du Conseil municipal, et sur la proposition du Préfet, peut être accordée annuellement aux instituteurs dirigeant une classe communale d'adultes, payante ou gratuite, établie en vertu du paragraphe 1er de l'article 2 de la présente loi (loi du 10 avril 1867, art. 7).

Dans les communes où la gratuité est établie en vertu de l'article 8 de la loi du 10 avril 1867, le traitement des instituteurs publics se compose :

1o D'un traitement fixe de 200 francs;

2o D'un traitement éventuel calculé à raison du nombre d'élèves présents, d'après un taux de rétribution déterminé chaque année par le Préfet, sur l'avis du Conseil municipal et du Conseil départemental;

3o D'un supplément accordé à tous les instituteurs dont le traitement fixe, joint au produit de l'éventuel, n'atteint pas les minima déterminés ci-dessus (loi du 10 avril 1867, art. 9).

Dans les autres communes, le traitement des instituteurs se compose :

1o D'un traitement fixe de 200 francs;

2o Du produit de la rétribution scolaire;

3o D'un traitement éventuel calculé à raison du nombre d'élèves gratuits présents à l'école, d'après un taux déterminé chaque année par le Préfet, sur l'avis du Conseil municipal et du Conseil départemental :

4o D'un supplément accordé à tous les instituteurs dont le traitement fixe, joint au produit de la rétribution scolaire et du traitement éventuel, n'atteint pas les minima determinés ci-dessus (même loi, art. 10).

Les instituteurs adjoints sont divisés en deux classes. Le traitement de la première classe ne peut être inférieur à 500 francs et celui de la seconde à 400 francs (art. 34 de la loi du 15 mars 1850 et 5 de la loi du 10 avril 1867).

Le traitement des adjoints tenant une école de hameau est determiné par le Préfet, sur l'avis du Conseil municipal et du Conseil departemental (loi du 10 avril 1867, art. 5).

Dans le cas où plusieurs adjoints sont attachés à une école, le Conseil départemental peut décider, sur la pro-

(1) Voir le § 4 de la Circulaire du 25 mars 1865 pour le concours des Percepteurs au payement des coupons de rentes mixtes et au porteur.

position du Conseil municipal, qu'une partie du produit de la rétribution scolaire servira à former leur traitement (loi du 10 avril 1867, art. 6).

Dans toute école mixte tenue par un instituteur, une femme nommée par le Préfet, sur la proposition du Maire, est chargée de diriger les travaux à l'aiguille des filles; son traitement est fixé par le Préfet, après avis du Conseil municipal (loi du 10 avril 1867, art. 1er.)

Il est pourvu aux dépenses ci-dessus de la manière indiquée aux articles 40 de la loi du 15 mars 1850 et 14 de la loi du 10 avril 1867.

Institutrices et institutrices adjointes. — 1040. Les institutrices communales sont divisées en deux classes.

Le traitement de la première classe ne peut être inférieur à 500 francs et celui de la seconde à 400 francs (loi du 10 avril 1867, art. 4).

Une indemnité fixée par le Ministre de l'instruction publique, après avis du Conseil municipal et sur la proposition du Préfet, peut être accordée annuellement aux institutrices dirigeant une classe communale d'adultes, payante ou gratuite, établie en conformité du paragraphe 1er de l'article 2 de la présente loi (loi du 10 avril 1867, art. 7).

Dans les communes où la gratuité est établie en vertu de l'article 8 de la loi du 10 avril 1867, le traitement des institutrices se compose :

1° D'un traitement fixe de 200 francs ;

2° D'un traitement éventuel calculé à raison du nombre d'élèves présents, d'après un taux de rétribution déterminé chaque année par le Préfet, sur l'avis du Conseil municipal et du Conseil départemental;

3° D'un supplément accordé à toutes les institutrices dont le traitement fixe, joint au produit éventuel, n'atteint pas les minima déterminés ci-dessus.

Dans les autres communes, le traitement des institutrices se compose :

1° D'un traitement fixe de 200 francs;

2° Du produit de la rétribution scolaire.

3° D'un traitement éventuel calculé à raison du nombre d'élèves gratuits présents à l'école d'après un taux déterminé chaque année par le Préfet, sur l'avis du Conseil municipal et du Conseil départemental;

4° D'un supplément accordé à toutes les institutrices dont le traitement fixe, joint au produit de la rétribution scolaire et du traitement éventuel, n'atteint pas les minima déterminés ci-dessus.

Le traitement des institutrices adjointes est fixé à 350 francs (loi du 10 avril 1867, art. 5).

Le traitement des adjointes tenant une école de hameau est déterminé par le Préfet, sur l'avis du Conseil municipal et du Conseil départemental (*idem*).

Dans le cas où plusieurs adjointes sont attachées à une école, le Conseil départemental peut décider, sur la proposition du Conseil municipal, qu'une partie du produit de la rétribution scolaire servira à former leur traitement (même loi, art. 6).

Il est pourvu aux dépenses ci-dessus de la manière indiquée aux articles 40 de la loi du 15 mars 1850 et 14 de la loi du 10 avril 1867.

II. — *Mouvement du traitement des instituteurs.* — Les instructions concertées entre le ministère de l'instruction publique et celui des finances, pour la mise à exécution de la loi du 9 juin 1853 sur les pensions civiles, prescrivent que les receveurs municipaux sont seuls chargés de payer le traitement acquis aux instituteurs, quelle que soit l'origine des rétributions qui le composent. Cependant, il est arrivé dans quelques départements que les allocations supplémentaires accordées en vertu du décret du 19 avril 1862 ont été mandatées directement par le Préfet, au nom de l'instituteur, sur la caisse du Trésorier-payeur général.

Aujourd'hui que la loi du 10 avril 1867 (art. 9 et 10) a remplacé les allocations supplémentaires dont je viens de parler par un supplément de traitement, qui constituera, à partir de 1868, une dépense obligatoire pour les communes, les départements et l'État, il importe plus que jamais de revenir à une mesure indispensable, au point de vue de la perception et de la centralisation des retenues réglementaires pour la caisse des retraites, puisque la pension à laquelle ont droit les instituteurs est basée sur l'ensemble des émoluments qu'ils ont touchés.

M. le Ministre de l'Instruction publique a, en conséquence, invité MM. les Préfets, par une circulaire, en date du 30 août dernier, à mandater les allocations supplémentaires de 1867, qui deviendront des suppléments de traitement à partir de 1868, directement au nom du receveur municipal, chargé seul du payement de l'intégralité du traitement des instituteurs.

III — *Caisse des écoles.* — L'article 15 de la loi du 10 avril 1867 est ainsi conçu :

« Une délibération du Conseil municipal, approu-
« vée par M. le Préfet, peut créer, dans toute com-
« mune, une caisse des écoles destinée à encourager
« et à faciliter la fréquentation de l'école par des
« récompenses aux élèves assidus et par des secours
« aux élèves indigents.

« Le revenu de la caisse se compose de cotisa-
« tions volontaires et de subventions de la commune,
« du département ou de l'État. Elle peut recevoir,
« avec l'autorisation des Préfets, des dons et legs.

« Plusieurs communes peuvent être autorisées à
« se réunir pour la formation et l'entretien de cette
« caisse.

« Le service de la caisse des écoles est fait gra-
« tuitement par le Percepteur. »

Ce nouveau service doit donner lieu à l'ouverture, parmi les services hors budget, d'un compte qui prendra la place de celui de la rétribution scolaire, perçue pour le compte particulier des institutrices, lequel est supprimé ainsi qu'il est dit ci-dessus.

Je fais insérer, à la suite de la présente circulaire, le paragraphe relatif à l'institution dont il s'agit et qui est extrait des instructions adressées aux Préfets par M. le Ministre de l'Instruction publique pour l'exécution de la loi du 10 avril 1867. Les comptables y trouveront d'utiles indications sur les différents cas où ils peuvent avoir à intervenir pour le service de la caisse des écoles.

Les articles suivants sont substitués à ceux qui portent les mêmes numéros dans l'instruction générale du 20 juin 1859 :

1095. § 7. Caisse des écoles.

1107. Les opérations de recette et de dépense concernant la caisse des écoles font partie des services exécutés hors budget. Elles sont constatées dans les écritures des receveurs municipaux à un compte spécial (art. 1482), et elles sont justifiées, savoir : pour la recette, par les ampliations, certifiées par le Maire, président de la commission administrative, des actes par lesquels ont été réglées, soit les subventions de la commune du département et de l'Etat, soit les souscriptions volontaires des particuliers, ou ont été acceptés les dons et legs; pour la dépense, par les mandats du Maire revêtus de l'acquit des parties prenantes.

1482. Les recettes et les dépenses que les Percepteurs-receveurs municipaux ont à effectuer pour le compte de la caisse des écoles (1107) font l'objet d'un compte qui est ouvert à la deuxième partie du livre des comptes divers. Ils y inscrivent, comme titres de perception, les actes qui ont déterminé le montant des subventions de la commune, du département et de l'Etat, ainsi que des souscriptions particulières, ou réglé l'acceptation des dons et legs.

JURISPRUDENCE SPECIALE.

COMMUNES ET HOSPICES. — DONS ET LEGS. — AUTORISATION. — POUVOIR DU PRÉFET. — MISE EN DEMEURE PRÉALABLE DES HÉRITIERS.

Le Conseil d'Etat a déjà décidé plusieurs fois que les Préfets, qui ne sont compétents, en vertu du décret du 25 mars 1852, pour autoriser l'acceptation des dons et legs faits aux communes et aux établissements de bienfaisance, qu'autant qu'il ne s'est pas produit de réclamation des familles, ne peuvent statuer qu'après que les héritiers naturels des testateurs ont été mis en demeure de déclarer s'ils ont à réclamer contre les libéralités faites par leurs auteurs. (Décr. du 22 janvier 1857 — *Brunet*; — 1er mars 1866 — *Barni*.)

Il a fait l'application du même principe dans une affaire où il s'agissait en outre de savoir si la mise en demeure adressée aux héritiers naturels était suffisante.

Une Commission administrative d'hospice, avertie qu'un legs était fait à l'hospice qu'elle gérait, avait demandé au notaire de la testatrice s'il connaissait les héritiers naturels. Le notaire ayant répondu négativement, la Commission, sans faire d'autre recherches, s'était bornée à faire des publications dans les journaux de la localité. A la suite de ces publications, aucune réclamation ne s'étant produite, le Préfet avait autorisé l'acceptation du legs.

Mais quand il s'était agi d'obtenir la délivrance du legs, la Commission administrative avait découvert les héritiers de qui seuls elle pouvait obtenir cette délivrance.

Les héritiers, informés du décès et du testament de leur parente, avaient alors réclamé contre l'acceptation du legs.

Dans ces circonstances, le Conseil d'Etat a décidé que les mesures prises pour mettre les héritiers en demeure de déclarer s'ils s'opposaient à la libéralité étaient insuffisantes, et que, par suite, l'arrêté du Préfet qui autorisait l'acceptation du legs, était irrégulier. (Décr. du 2 août 1867 — *Labrousse*.)

HONORAIRES D'ARCHITECTES.

Traitement annuel. — *Travaux non adjugés.*

Interprétation du contrat intervenu entre un architecte et une ville qui lui avait accordé un traitement fixe en qualité d'architecte municipal : — Décidé — que ce traitement s'appliquait à la surveillance et aux travaux ordinaires d'entretien des édifices communaux — que ce traitement et l'honoraire de 5 p. 100 sur le montant des travaux adjugés publiquement à des entrepreneurs, n'excluaient pas le droit pour les travaux qui n'avaient pas donné lieu à adjudication et ne rentraient pas dans la catégorie de ceux rémunérés par le traitement fixe.

— Ces honoraires particuliers devraient-ils être réglés (comme le demandait l'architecte, en invoquant un arrêté du conseil des bâtiments civils du 12 pluviôse an VIII) à 5 p. 100 sur les travaux exécutés, et 2 fr. 50 c. pour 100 sur les plans et devis non suivis d'exécution — ou bien — devraient-ils être réglés par une appréciation du juge? — *Résolu dans ce dernier sens.*

Projets non exécutés. — *Honoraires.*

Lorsque, faute de précision et à raison de l'absence des détails nécessaires pour une adjudication, des projets rédigés par un architecte n'ont pas été suivis d'exécution, — que postérieurement de nouveaux plans et projets ayant le même objet ont été dressés par le même architecte, ont été exécutés sous sa direction et ont donné lieu à un honoraire (dans l'espèce, 5 p. 100 de la dépense) touché par lui sans réclamation relative aux premiers projets, — il ne peut prétendre que des honoraires lui sont dus à raison de ces premiers projets.

INTÉRÊTS. — Point de départ. — *Demande présentée devant un tribunal compétent.*

La règle — d'après laquelle les intérêts courent du jour où ils ont été demandés, — doit-elle être entendue en ce sens, qu'il s'agit seulement de la demande présentée devant un tribunal compétent sur la contestation? — *Rés. aff.* (Décr. 21 juin 1866. — *Gautheret.*)

Taux de 7 p. 100. — *Commune.*

Une commune peut-elle, — en se fondant sur ce que le taux des honoraires dus aux architectes chargés de dresser les plans et de diriger les constructions des édifices communaux aurait été fixé à 5 p. 100, par un avis du conseil des bâtiments du 12 pluviôse an VIII, — se refuser à acquitter les honoraires de son architecte sur le taux de 7 p. 100, alors que le devis, approuvé par le Conseil municipal, fixe ce taux de 7 p. 100, en y comprenant les frais de voyage et de direction des travaux? — *Rés. nég.*

PENSIONS CIVILES. — DÉCRETS DE LIQUIDATION. — *Délai du pouvoir. Point de départ.*

Les pourvois contre les décrets qui liquident des pensions civiles de retraite doivent être formés dans les trois mois à partir de la notification de ces décrets. — Cette notification peut-elle résulter de lettres par lesquelles le pensionnaire a été invité à plusieurs reprises à retirer le certificat d'inscription de sa pension? — *Rés. nég.* — Mais résulte-t-elle de la remise qui lui a été faite du certificat d'inscription ? — *Rés. aff.*

SERVICES DANS UNE PRÉFECTURE. — *Conditions d'admissibilité. Ancien percepteur. Services militaires.*

L'art. 9 de la loi du 9 juin 1853 est ainsi conçu : — « Les services des employés des préfectures et sous-préfectures rétribués sur les fonds d'abonnement sont réunis, pour l'établissement du droit à pension et pour la liquidation, aux services rémunérés conformément aux dispositions de la présente loi, pourvu que la durée de ces derniers services soit au moins de douze ans dans la partie sédentaire, et de dix ans dans la partie active. » — Pour constituer les douze ans de services dans la partie sédentaire, qui doivent permettre, aux termes de cet article, de compter les services rendus dans les bureaux d'une préfecture, un ancien percepteur peut il réunir ses services militaires à ses services civils soumis à retenue depuis le 1er janvier 1854? — *Rés. nég.* — (Il faut au moment de la mise à la retraite, douze ans complets de services civils soumis à retenue).

TRAVAUX PUBLICS. — *Compétence judiciaire ou administrative. — Souscription pour travaux communaux. — Conflit.*

Les contestations — sur le sens et l'exécution de conventions intervenues entre une ville et des propriétaires qui ont offert de contribuer (dans l'espèce pour une certaine quotité de la dépense et au prorata de leurs contributions) à des travaux publics communaux (dans l'espèce, construction et rectification d'un chemin vicinal) rentrent-elles dans les difficultés dont l'article 4 de la loi du 28 pluv. an VIII a réservé la connaissance au Conseil de préfecture? — *Rés. aff.*

— (Ces conventions avaient pour objet l'exécution d'un travail public.) — (DÉCR. du 21 mai. — *Ville de Nice.*)

QUESTIONS DIVERSES

INSCRIPTIONS HYPOTHÉCAIRES. BAIL OU LOCATION DE BIENS COMMUNAUX.

Le receveur est-il tenu de prendre, dans tous les cas, inscription sur les biens d'un locataire ou fermier de biens communaux ou hospitaliers?

Les clauses contenues dans le cahier des charges et conditions du bail deviennent obligatoires pour le preneur, lorsque le procès-verbal d'adjudication, revêtu de sa signature, mentionne l'engagement par lui pris de se conformer à ces conditions. Le receveur municipal doit exiger de lui l'accomplissement des obligations auxquelles il s'est soumis. En conséquence, il peut contraindre le locataire ou fermier, par les voies judiciaires, à consentir, devant notaire, l'hypothèque sur ses biens qu'il s'est engagé à fournir pour la garantie de son bail. Cette inscription est prise à sa diligence, et sa responsabilité serait engagée, si, tenu de la requérir pour la conservation des droits de la commune ou de l'établissement, l'omission de cette formalité venait à compromettre ces droits (Arrêté du gouvernement du 19 vendémiaire, an XII, art. 1er).

Mais, lorsque la condition de fournir hypothèque n'a pas été expressément prévue par le cahier des charges et ensuite acceptée dans le procès-verbal d'adjudication, le receveur municipal ne serait pas fondé à exiger du fermier ou locataire le consentement d'une hypothèque. Il ne lui est pas loisible d'aggraver les charges du bail. Mais aussi le défaut d'inscription d'hypothèque ne saurait, dans ce cas, engager sa responsabilité.

TIMBRE. SECOURS AUX INDIGENTS. QUITTANCE.

Des mandats libellés pour « Secours aux indigents » ou « Pain aux pauvres » sont-ils soumis au timbre ?

On nous écrit :

« Monsieur le Directeur, permettez-moi de revenir sur la solution que vous avez donnée dans votre numéro 43 du *Journal* de 1867, sur une question de timbre. Votre *Journal* engage, pour éviter les amendes de timbre des quittances relatives aux secours donnés aux indigents, de faire certifier l'indigence des parties prenantes.

« Cette solution ne me paraît pas tout à fait suffisante. En effet, il a été relevé dans mes comptes cinq contraventions, et cependant la condition que vous indiquez me semblait remplie jusqu'à un certain point.

« Les mandats portaient « *Secours aux indigents* ou *Pain aux pauvres.* » Ces mandats étaient ordonnancés au profit du boulanger qui avait fourni le pain.

« Au verso des mandats, on indiquait la quantité de pain fourni à chaque pauvre dénommé et au bas le Maire certifiait la fourniture et l'exactitude de l'énoncé.

« J'ai adressé une demande en décharge à Son Excellence et je la priais de décider si je devais, dans le cas, m'appuyer sur l'article 1009 de l'Instruction générale ou sur l'article 1013 qu'on m'appliquait.

« Veuillez donc me faire connaître votre sentiment par la voie du *Journal*, afin que mes collègues en profitent. »

Réponse. — Dans le numéro 43 de notre *Journal* de 1867, nous avons dit que les quittances pour secours à des indigents ne devaient pas être timbrées, quoique les payements soient faits par des tiers.

Nous avons appuyé notre opinion d'un exemple tiré d'un fait spécial auquel s'applique cette exemption; la remise du secours doit être faite aux indigents sans qu'il y ait intermédiaire tirant profit de ce secours, au moyen de fournitures ou de travaux.

Des secours en pain, délivrés aux indigents, ne peuvent donc donner lieu à exemption de timbre pour la quittance des fournisseurs : les mémoires à produire rentrent évidemment dans les appréciations de l'article 1013 de l'Instruction générale.

TIMBRE. MANDATS POUR ABONNEMENT A DIVERSES PUBLICATIONS EXCÉDANT 10 FR., MAIS N'ATTEIGNANT PAS 100 FR.

Des mandats pour abonnement des communes à des publications dont le prix excède 10 fr. sans atteindre 100 fr. doivent-ils être timbrés?

Voici comment la question est posée par un receveur municipal :

« On me présente des mandats des Maires, pour abonnement des communes, à diverses publications dont le prix excède 10 fr. sans atteindre 100 fr. On fournit à l'appui des susdits mandats des traites sur papier timbré de 5 centimes. La présence de ces traites timbrées dispense-t-elle les mandats du timbre? »

Réponse. — Les quittances d'abonnement à des ouvrages périodiques ou autres s'élevant à plus de 10 fr. sont assujetties au timbre de 50 centimes, aux termes de l'art. 1008 de l'instruction générale.

Cependant, lorsque le prix de l'abonnement à un journal est justifié par des *billets* ou *reconnaissances négociables*, ces billets sont sujets au timbre proportionnel (Sollier, art. 2, § 2, solution du 27 juin 1842. — Rép gén., art. 59, 60).

La forme et le contexte de la pièce présentée sont, dans ce cas, pour le comptable, les règles qui peuvent lui faire connaître si le timbre doit être le timbre proportionnel ou le timbre de quittance ou de dimension, suivant les cas.

CAUTIONNEMENT. — IMPUTATION A UNE NOUVELLE GESTION.

Un Percepteur peut-il faire admettre en compte un cautionnement, avant l'apurement de la gestion pour laquelle il a été versé?

Un Percepteur admis à la retraite cède à son fils, nommé Percepteur, le montant de son cautionnement, afin que celui-ci n'ait à verser que le complément. La gestion du père n'étant pas encore apurée le Receveur des finances exige le versement de la totalité du cautionnement à fournir par le fils, son subordonné. On nous demande si ce dernier n'a pas le droit de faire accepter, en déduction de ce cautionnement, celui versé par son père.

L'article 1235 de l'Instruction générale autorise le Receveur des finances à dispenser le comptable nommé à un autre poste, qui devient son subordonné, du versement intégral d'un nouveau cautionnement; mais il ne lui fait pas une obligation d'accorder cette dispense. Il indique seulement les pièces dont la production est nécessaire pour obtenir du Receveur des finances la faculté de ne verser que le supplément. Les Percepteurs exerçant leurs fonctions sous la responsabilité des Receveurs des finances, ces derniers sont seuls juges de l'opportunité d'accorder la dispense. Ils peuvent, s'ils le jugent à propos, étendre cette autorisation au fils d'un Percepteur admis à la retraite, auquel son père cède son cautionnement, lors même que la gestion de ce dernier ne serait pas définitivement apurée. Mais, dans ce cas, aux pièces qui sont exigées d'un comptable appelé à un autre poste, et afférentes à la gestion du Percepteur en retraite, il faudrait joindre un acte régulier de transport du cautionnement du père en faveur de son fils. Nous pensons que, dans ces conditions, le comptable supérieur ne ferait pas de difficulté pour admettre ce cautionnement, en déduction de celui qui doit être fourni pour la gestion du fils. L'appréciation des circonstances est laissée, nous le répétons, au libre arbitre du supérieur responsable.

Lorsque les comptes de la gestion du père sont définitivement jugés, la question n'offre aucune difficulté, puisque le cautionnement devient alors disponible. Sur la justification faite au Receveur des finances, qu'il n'existe pas d'injonctions ou qu'elles ont été levées, et sur le dépôt d'un acte de transport au nom du fils, le supérieur dispensera ce dernier, sans nul doute, du versement de l'intégralité de son cautionnement, en attendant qu'il puisse obtenir l'application définitive à sa gestion du cautionnement qui lui aura été régulièrement cédé.

AVANCEMENT. — DROIT A UNE CLASSE SUPÉRIEURE. CALCUL DU TEMPS NÉCESSAIRE.

Un Percepteur installé le 30 avril 1865 aura-t-il droit, trois ans après, c'est-à-dire le 30 avril 1868, à une classe supérieure, supposé que les remises de l'exercice de 1867 dépassent le maximum de la classe à laquelle il appartient actuellement?

Il est à remarquer que le comptable en question, malgré qu'il ait trois années dans sa classe au 30 avril 1868, ne se trouvera cependant avoir que deux exercices complets (1866 et 1867), plus une partie des exercices 1865 et 1868.

— Oui, le Percepteur a droit à l'avancement le

30 avril 1868, aux termes de l'art. 1206 de l'Instruction générale du 20 juin 1859, parce qu'il compte *trois années d'exercice* dans la classe immédiatement inférieure.

Le mot *exercice* employé par l'Instruction générale s'entend, évidemment, comme action d'exercer, pratique, fonctions de l'emploi, et ne pourrait être interprété dans le sens de l'art. 813 : il ne faut pas que le Percepteur ait géré pendant *trois exercices consécutifs*, soit dans l'espèce 1866, 1867 et 1868 pour obtenir de l'avancement ; il lui suffit d'avoir exercé les fonctions pendant trois années, du 30 avril 1865 au 30 avril 1868, dans la classe immédiatement inférieure.

La Mode illustrée, journal de la famille ; *administration, rue Jacob, n° 56, à Paris.* — Ce journal donne à chaque famille les procédés les plus pratiques pour exécuter tous les genres de travaux, tels que : filets, broderies, crochets, tapisseries, etc

En outre, ses patrons en grandeur naturelle permettent aux Dames de confectionner de leurs mains tous les objets de toilette et les vêtements de leurs enfants.

Les modes les plus nouvelles, les travaux les plus divers, sont représentés dans la *Mode illustrée* par de nombreuses gravures sur bois, et même des gravures coloriées, d'une exécution soignée, auxquelles l'abonnement est facultatif.

Un numéro est envoyé gratis à toute personne qui en fait la demande par lettre affranchie.

Explication des diverses éditions :

1re édition. Un numéro paraissant chaque semaine, avec gravures noires dans le texte. Prix, départements, 14 francs.

2e édition. Un numéro paraissant chaque semaine, avec gravures noires dans le texte, plus une gravure à l'aquarelle par mois. Prix, départements, 17 francs.

3e édition. Un numéro paraissant chaque semaine, avec gravures noires dans le texte, plus deux gravures à l'aquarelle par mois. Prix, départements, 20 francs.

4e édition. Un numéro paraissant chaque semaine, avec gravures noires dans le texte, plus une gravure à l'aquarelle avec chaque numéro. Prix, départements, 25 francs.

Chacune des quatre éditions de la *Mode illustrée* contient en outre 24 patrons.

Patrons illustrés.

Ce supplément de patrons, paraissant quatorze fois dans l'année, ne peut être livré qu'aux abonnées du journal et pour le même laps de temps que l'abonnement. Pour le recevoir il suffit d'ajouter 4 fr. par an ou 1 fr. par trimestre à celle des éditions de la *Mode illustrée* qu'on aura choisie.

On nous demande si c'est un *supplément* que nous avons ajouté à notre Traité des Remises, dont nous annonçons une 2e edition. — Nous n'y avons pas fait de supplément, il s'agit d'un tirage nouveau avec des suppressions, additions et correction rendues nécessaires par les changements survenus dans la matière, et classées au cours du volume à leur place par ordre alphabétique. Nous ajouterons que ce tirage a été fait avec soin sur un papier supérieur

Annuaire de l'Administration française, par Maurice Block, faisant suite au *Dictionnaire de l'Administration française*. — 10e année, 1867. En vente à Paris. chez Mme Vve Berger-Levrault, libraires-éditeurs, rue des Beaux-Arts, 5.

Les *Cartons relieurs* que l'on fabrique aujourd'hui présentent tant de facilité et de commodité pour collectionner et relier les publications périodiques, au fur et à mesure de leur apparition, que nous engageons vivement nos lecteurs à s'en munir. Pour amener chaque abonné à posséder le sien, nous les livrons au prix de revient, qui est de 3 fr. 50 c *franco* (envoyer le montant avec la demande).

Nous prions les comptables qui *changent d'adresse* de ne pas négliger de nous en avertir, afin que le journal continue de leur arriver régulièrement (joindre 40 cent. pour frais d'impression des nouvelles bandes). Nous leur saurons gré de nous faire connaître en même temps le surplus du mouvement dans lequel ils viennent d'être compris

---

Avis concernant les Recettes des Finances.

Nous appelons particulièrement l'attention de MM. les *Employés des Recettes* sur nos Règles de Payement, ouvrage de la plus grande utilité pour le service d'une Recette des Finances. Néanmoins un certain nombre d'entr'eux ont encore négligé d'en pourvoir la bibliothèque de leur Recette.

MANUEL DES PAYEMENTS

PAR LES PERCEPTEURS

DE MANDATS ET ACQUITS DU TRÉSORIER GÉNÉRAL

(ANCIEN SERVICE DU PAYEUR)

1 vol. de 130 pages. — Prix : 3 fr. 50 c.

Cet Ouvrage nous avait été demandé plusieurs fois, car il n'en existe pas d'autre sur cette matière délicate et difficile, dont on est obligé de rechercher, avec beaucoup de peine et de temps, les principes épars en plusieurs endroits différents.

A une époque déjà reculée, il avait été publié un volume sur cet e matière, intitulé *Code des Payeurs*, par M. Fasquel; mais on sait que depuis ce temps les Instructions ont apporté de nombreuses modifications. Ce volume se vendait 10 francs.

Les dernières Instructions ministérielles viennent de donner un nouvel intérêt d'opportunité à cet ouvrage.

Nous croyons devoir rappeler aux comptables qu'il trouveront un *Dépôt de nos Ouvrages dans toutes les Recettes des Finances.* Ils peuvent, par ce moyen, les examiner et s'en rendre compte jusqu'à un certain point, avant de les acquérir.

Il y a des volumes cartonnés et d'autres brochés.

La pétition au Sénat que nous avons publiée à la page ci-dessus est du fils de M Lemaire, Percepteur à Kœnigsmaker, et non de M Lemaire lui même ainsi que nous l'avions mis par erreur.

NOMINATIONS ET MUTATIONS.

RECEVEURS DES FINANCES :

M. Magon de La Balue est nommé Receveur particulier à Saint-Flour ;

M. du Verger de Saint-Thomas est nommé Receveur particulier à Apt ;

M. Alban Silbert, Receveur particulier de Saint-Flour, passe à Montfort ;

M. Gouget-Desfontaines, Receveur particulier de Péronne, passe à Saint-Quentin ;

M. Benedetti, Receveur particulier d'Apt, passe à Péronne.

ONT ÉTÉ NOMMÉS PERCEPTEURS :

A Etréaupont (Aisne), 3e classe, M. Antoine, percepteur de La Ferté-Milon ;

A Autry (Ardennes), 5e classe, M. Piot, percepteur-surnuméraire ;

A Gémeaux (Côte-d'Or), 5e classe, M. Rouget ;

A Morteau (Doubs), 2e classe, M. Mettra, percepteur de Pierrefontaine ;

A Bourdeaux (Drôme), 5e classe, M. Cheysson, percepteur-surnuméraire ;

A Mesnil-Simon (Eure-et-Loir), 5e classe, M. Aveline, percepteur-surnuméraire ;

A Arzano (Finistère), 5e classe, M. Laplace ;

A Saint-Laurent (Haute-Garonne), 4e classe, M. Boquet ;

A Lunas (Hérault), M. Bayssade-Andraud, percepteur-surnuméraire;

A Saint-Sixte (Loire), 4e classe, M. Michel, percepteur de Chévrières, en remplacement de M. Montret, mis en disponibilité sur sa demande;

A Chévrières (Loire), 4e classe, M. Durand, Employé de Recette ;

A Collettes (Loir-et-Cher), 3e classe, M. Golfier, percepteur de Beine ;

A Contigné (Maine-et-Loire), 5e classe, M. de Fouchier;

A Montfaucon (Maine-et-Loire), M. Chastanet, percepteur de Roquesteron (Alpes-Maritimes) ;

A Vertus (Marne), 3e classe, M. Renou, percepteur d'Hermonville;

A Saint-Poix (Mayenne), 5e classe, M. Brillet, percepteur-surnuméraire ;

A Annapes (Nord), M. Taquet a été élevé sur place à la 2e classe;

A Douai (Nord), M. Denabrif est élevé sur place à la 1re classe;

A Couterne (Orne), 4e classe, M. Aguinet, percepteur de Céton ;

A Céton (Orne), 4e classe, M. Pierre, percepteur de Couterne ;

A Ménat (Puy-de-Dôme), 5e classe, M. Teilhac;

Au Mont-Dore (Puy-de-Dôme), 5e classe, M. Vigier;

A Lantenot (Haute-Saône), 5e classe, M. Huttin, percepteur-surnuméraire ;

A Sainte-Foy (Savoie), 5e classe, M Mallinjoud, percepteur de Marignier ;

A Marignier (Haute-Savoie), 5e classe, M. Burlat, percepteur de Lunas ;

A Pantin (Seine), 1re classe, M. Taschereau ;...

A La Charrière (Deux-Sèvres), 5e classe, M. Pillot, percepteur-surnuméraire ;

A Vasles (Deux-Sèvres), 5e classe, M. Cotbereau, percepteur-surnuméraire ;

A Fresnoy-Andainville (Somme), 5e classe, M. Pitié ;

A Milhars (Tarn), 5e classe, M. Pigeron, surnuméraire ;

A Garéoult (Var), M. Rebouillon, percepteur-surnuméraire.

CHRONIQUE.

A MM. les Surnuméraires.

Nous rappelons à MM. les Surnuméraires que nous consentons en leur faveur des *abonnements au prix réduit* de 5 francs par an, à la condition qu'ils nous adressent directement cette somme en timbres-poste ou en mandat-poste.

DEMANDE D'EMPLOI.

Des employés très-capables désirent se placer chez des Percepteurs de Paris ou de la banlieue.

Directeur, H.-GALLETIER, à Fontenay-aux-Roses (Seine)

JOURNAL DES PERCEPTEURS,

DES RECEVEURS DES FINANCES, ET DES RECEVEURS DES COMMUNES, HOSPICES, ETC. ;
DES SURNUMÉRAIRES, ET DES ASPIRANTS.

2e Série. — 10 fr. par an. Un numéro toutes les semaines. 12e année. — N° 50

Toutes les communications concernant LE JOURNAL DES PERCEPTEURS *doivent être adressées nominativement à* M. GALLETIER, DIRECTEUR.

SOMMAIRE.

Questions diverses — : Répartition de l'impôt. Réduction du contingent d'une commune. Droit des contribuables. — Répartition de l'impôt. Communes surchargées. Mode de réclamation.
Nominations et Mutations dans le personnel des Comptables.

QUESTIONS DIVERSES

RÉPARTITION DE L'IMPOT. RÉDUCTION DU CONTINGENT D'UNE COMMUNE.

Lorsque le contingent d'une commune a été réduit sur sa réclamation, les contribuables doivent-ils obtenir la réduction de leur cote?

Cette question nous est exposée par un abonné, dans les termes suivants :

« Le Conseil d'arrondissement, dans sa session de 1866, statuant sur la répartition des contributions de 1867, dégreva neuf cantons d'une somme de 18 100 fr. et les reporta sur deux cantons voisins. Sur la réclamation des communes, le Conseil général a accordé la réduction des sommes imposées en plus pour 1867.

» On demande quelle sera la conséquence de ce vote. Les réclamations donneront-elles lieu au remboursement des sommes payées en trop?

» Le Conseil général n'ayant point manifesté son opinion sur le remboursement, on n'ose guère l'espérer, d'autant plus que M. le Directeur des contributions directes et M. le Préfet ont répondu que *la loi n'ouvre aucune porte* pour contraindre à ce remboursement en faveur des communes surtaxées, le Ministre ayant approuvé la répartition, et les rôles ayant été rendus exécutoires, etc.

» Les contribuables justement alarmés de cet état de choses désirent connaître leurs droits et ce qu'ils auraient à faire pour obtenir le remboursement des sommes objet de la réclamation des communes.

» Je vous serai personnellement obligé de vouloir répondre à ces questions. »

SOLUTION. Ces questions se trouvent résolues dans la 2e édition du *TRAITÉ DES POURSUITES*, édition entièrement refondue et considérablement augmentée, que nous préparons en ce moment. Ce nouveau Traité formera un exposé complet, théorique et pratique, des règles qui régissent l'assiette et le recouvrement des contributions directes et de tous les produits communaux et autres. La part de plus en plus grande que prennent les Percepteurs aux travaux de l'assiette, et la nécessité de pouvoir édifier les contribuables sur leurs droits (Instr. gén. art. 128), leur rendent indispensable la connaissance de tout ce qui se rapporte à la répartition de l'impôt et aux réclamations auxquelles cette répartition peut donner lieu. Cette partie qui n'a été qu'effleurée dans la 1re édition, nous a paru devoir renfermer un Traité spécial rédigé au point de vue du service des Percepteurs : c'est l'objet de la première partie de la 2e édition. Nous en extrayons la solution de la question qui nous est soumise.

CHAPITRE III. RÉCLAMATIONS CONTRE LA FIXATION DES CONTINGENTS.

. . . .

SECTION 3e. — RÉCLAMATIONS DES COMMUNES.

. . . .

SECTION 4e. — EXÉCUTION DES DÉCISIONS.

La justice veut que toute commune et tout contribuable surtaxés obtiennent la décharge des sommes qui leur ont été imposées à tort, dès le moment où la surtaxe est reconnue par l'autorité compétente. Une législation qui se contenterait de déclarer que cette réduction de contribution n'aura d'effet que pour les années suivantes, ne répondrait pas à ce principe de justice. La loi du 2 messidor, an VII, qui règle le droit de réclamation et ses effets, a affirmé ce principe de droit naturel et en a réglementé l'application. Elle s'exprime, sur ce point, comme il suit : « Quand le contingent d'une commune aura été réduit, le montant de la réduction sera porté, la première année, sur les fonds de non-valeur. et réparti, l'année suivante, sur toutes les communes de l'arrondissement *la commune réclamante exceptée* (loi du 2 messidor, an VII, art. 84). Si cependant le montant de la réduction prononcée par le Conseil général, excédait le dixième du montant du rôle en principal, il ne sera point imputé sur les fonds de non-valeur, mais réparti sur les rôles de l'année même des autres communes de l'arrondissement (art. 85).

« Quand le contingent d'un arrondissement aura été réduit, le montant de la réduction accordée sera imputé et réparti de la même manière que les dégrèvements prononcés en faveur d'une commune (Même loi, art. 86 et 87).

« Si le contingent d'un département est réduit, le montant de la réduction sera pris, la première année, sur le fonds de non-valeur, et rejeté l'année suivante sur tous les autres départements. Il n'y a pas, dans ce cas, à faire la distinction prévue par l'article 83 ci-dessus. (Même loi, art. 88.)

« Toute réduction de contributions en principal, emporte réduction proportionnelle des centimes additionnels. Pour faciliter les réductions, le Corps législatif détermine, chaque année, un nombre suffisant de centimes additionnels, pour former un fonds de non-valeur, dont partie est mise à la disposition des Préfets, sous la surveillance du Ministre des finances, et le surplus reste pour les réductions que le Corps législatif aura accordées. (Même loi, art. 89 et 90.) La part de chaque contribuable dans cette répartition sera portée au rôle de l'année même, au moyen d'un rôle spécial et acquittée comme la cote elle-même. (Même loi, art. 87). »

La décision par laquelle le Conseil général réduit le contingent assigné à une commune pour l'année courante, n'emporte pas, de plein droit, la réduction des cotes individuelles dues par les contribuables dans les communes déchargées. C'est un titre, en vertu duquel cette réduction peut-être demandée au Conseil de préfecture, seul compétent pour les réductions individuelles. (Arrêté du gouvernement, 24 floréal, an VIII, art. 4, 5 et 6).

Une décision ministérielle, en date du 23 août 1832, a prescrit les dispositions suivantes, à l'effet de tenir compte aux communes reconnues surtaxées du montant de la réduction prononcée en leur faveur : « Lorsque, malgré toutes les précautions prises, on a négligé de modifier les contingents, en raison des réunions et distractions de certaines portions du territoire, et lorsque quelques communes se trouvent surchargées au profit de quelques autres, l'erreur peut-être rectifiée ainsi qu'il suit : Le Directeur des contributions expose les faits dans un rapport, indique les sommes auxquelles doit être réduite la contribution, tant en principal qu'en centimes additionnels et propose la décharge de l'excédant au profit des communes dont le contingent a été réduit, et la réimposition sur les rôles des autres communes de l'arrondissement. Cette décharge et cette réimposition sont prononcées par le Conseil de Préfecture. Le directeur rédige ensuite gratis un état individuel dans la forme des ordonnances de décharge, présentant pour chaque contribuable la somme imposée et celle à laquelle la cotisation eût dû être fixée et doit être réduite, et celle tombant en décharge. Cet état de restitution, après avoir été arrêté par le Préfet, est transmis au Maire, qui veille à ce que les sommes accordées en dégrèvement soient émargées sur les rôles par le Percepteur à la décharge des contribuables, ou restituées à ceux qui auraient acquitté leur cote. L'émargement des sommes remboursées est justifié dans une colonne disposée à cet effet, par la signature des contribuables ou, à défaut, par celle du Maire. L'erreur commise ou toute autre cause donnant droit à réduction se trouvant ainsi réparées à l'égard des communes surchargées, il est ouvert sur les fonds de réimposition un crédit pour le paiement des ordonnances, dont le montant est réimposé l'année suivante dans les rôles des autres communes qui ont profité de l'erreur ou d'une répartition illégale ; et, au moyen de cette réimposition, le trésor se trouve couvert de l'avance qu'il a faite. »

Les dispositions qui précèdent nous semblent faire une juste interprétation des prescriptions de la loi du 2 messidor, an VII. Nous pensons aussi, que si le Directeur des Contributions directes négligeait de soumettre au Conseil de Préfecture une demande en décharge des contributions afférentes au montant de la réduction accordée par le Conseil général, le Maire de la commune intéressée aurait qualité pour réclamer cette décharge en faveur de ses administrés. La loi du 2 messidor le chargeant de faire les démarches nécessaires pour obtenir la réduction des surtaxes imposées à sa commune, il en découle pour lui le droit de poursuivre auprès du Conseil de Préfecture l'exécution de la décision par laquelle le Conseil général a réduit le contingent de la commune.

Cette nouvelle demande ne sera, comme le mémoire de réduction de contingent, qu'un acte administratif exempt de timbre. Le Maire produira à l'appui la décision du Conseil général.

Il pourrait être formé appel au Conseil d'Etat, par la voie contentieuse, contre l'arrêt du Conseil de Préfecture, s'il rejetait une réclamation fondée sur les dispositions des articles 84 et suivants de la loi du 2 messidor, an VII.

L'exposé qui précède répond pleinement à la question qui nous a été soumise. L'argument invoqué par le Préfet et par le Directeur des contributions directes pour refuser aux communes déchargées le remboursement de la surtaxe, argument tiré de ce que le Ministre a approuvé la répartion, et de ce que les rôles ont été rendus exécutoires et mis en recouvrement, nous paraît dénué de toute valeur. Ces circonstances ne peuvent être opposées aux réclamations individuelles des contribuables ; elles n'ont jamais été considérées comme un motif de rejet. Or, l'article 84 de la loi du 2 messidor an VII donne aux communes dont le contingent a été réduit, le même droit au remboursement des sommes illégalement imposées, que celui accordé par l'article 83 de la même loi aux contribuables ayant obtenu la réduction de leur cote sur leur réclamation individuelle.

On nous objectera que l'exécution pratique des dispositions de l'article 84 est plus difficile que celle de l'article 83. Cette exécution peut être difficile, mais elle n'est pas impossible : c'est une question de travail, question qui ne doit jamais nuire à la pratique de la justice ; et nous avons vu que le Directeur des contributions directes est tenu d'exécuter ce travail, d'après la décision précitée du 23 août 1832 et en conformité des articles 14 et suivants de l'arrêté du gouvernement, du 24 floréal an VIII.

RÉPARTITION DE L'IMPOT. COMMUNES SURCHARGÉES. MODE DE RÉCLAMATION.

Quelles sont les formalités à remplir par les communes qui se prétendent surchargées dans la répartition du contingent des contributions directes?

Cette question, soumise par un de nos abonnés, nous donne occasion de compléter celle traitée ci-dessus relativement à l'exécution des décharges accordées par le Conseil général sur la réclamation des communes intéressées. C'est encore dans notre nouveau TRAITÉ DES POURSUITES que nous puiserons cette solution.

CHAPITRE III. RÉCLAMATIONS CONTRE LA FIXATION DES CONTINGENTS.

. . . .

SECTION 3e. RÉCLAMATIONS DES COMMUNES.

§ 1er. Droit de Réclamation.

Aussitôt que les tableaux de répartement et de sous-répartement ont été arrêtés par les Conseils généraux et les Conseils d'arrondissement, le Préfet adresse à chaque municipalité le mandement contenant la fixation des contingents de sa commune, en principal et en centimes additionnels généraux, départementaux et communaux (loi 3 frimaire an VII, art. 30). Le Maire de chaque commune, ou l'adjoint à son défaut, ne pourra, à peine de responsabilité personnelle et même de contrainte pour le premier terme de la contribution assignée à la commune en principal et en centimes additionnels, se dispenser de publier le mandement qui lui aura été adressé dans les dix jours qui suivront sa réception (loi 2 messidor an VII, art. 14).

Toute commune a droit a une *réduction* lorsque sa part dans les contingents se trouve portée au-dessus de la proportion générale déterminée par la loi entre ces contingents et les bases de la répartition (loi 2 messidor an VII, art. 3). Chaque commune a pareillement droit, dans le cas où elle serait surtaxée comparativement aux autres communes, de demander le *rappel à l'égalité* proportionnelle, sauf les exemptions d'impôt déterminées par la loi pour l'encouragement de l'agriculture ou pour l'intérêt général de la société (même loi, art. 4).

Le revenu imposable ou la valeur locative des maisons, pris par les Conseils généraux et les Conseils d'arrondissement pour bases de leur répartition de la contribution foncière et de la contribution mobilière, se déterminent d'après les baux et les ventes. En conséquence, une commune qui se prétend surtaxée doit naturellement s'appuyer, d'abord sur les erreurs matérielles qui auraient été commises à son préjudice, sur le rejet de certains actes qui auraient pu lui être favorables, ou sur l'emploi qui aurait été fait de baux exagérés, ou d'autres éléments fautifs. Mais rien n'empêche qu'elle invoque en même temps, soit les résultats du cadastre, soit tout autre point de comparaison, enfin tout ce qui lui paraît propre à établir la justice de sa réclamation (déc. min. 23 mai 1833).

Lorsque des communes croient avoir à se plaindre du contingent qui leur a été assigné par le Conseil d'arrondissement, elles ne peuvent demander la réformation des décisions de ce Conseil qu'au Conseil général du département. La répartition faite par le Conseil d'arrondissement entre les communes est une opération administrative qui n'est pas de nature à donner lieu à un recours, de la part de ces communes, ni devant le Conseil de préfecture, ni devant le Conseil d'Etat, par la voie contentieuse, ni devant le Ministre des finances. Il n'y a d'autre voie de recours que d'en appeler au Conseil général, mieux informé (arrêts C. d'Etat, 26 décembre 1834 et 11 juin 1837). Et si, malgré le dégrèvement prononcé par le Conseil général sur la réclamation des communes, le Conseil d'arrondissement rehausse, l'année suivante, le contingent de ces communes sous prétexte qu'il a procédé par voie de répartition générale et nouvelle entre toutes les communes de la circonspection, et que ces communes contestent la légalité de cette répartition, c'est encore devant le Conseil général qu'elles doivent réclamer. Celui-ci décide, après avoir pris préalablement l'avis du Conseil d'arrondissement, si ladite répartition a été faite d'autorité légale, conformément à l'art. 159 de la loi du 2 messidor an VII, et si elle doit avoir son effet malgré les décisions antérieures.

Les réclamations des communes ayant pour objet de faire statuer sur la réduction du contingent qui leur a été assigné par le Conseil d'arrondissement sont soumises aux formalités que nous allons énumérer dans les deux derniers paragraphes de la présente section. La commission des répartiteurs remplissant à l'égard de la commune les mêmes fonctions que les Conseils généraux et les Conseils d'arrondissement à l'égard des départements et des arrondissements, le soin de réclamer contre la fixation des contingents est dévolu à cette commission et non au Conseil municipal (loi 2 messidor an VII, art. 47 et 136).

S'il s'élève des difficultés relativement à la catégorie dans laquelle une commune devra être rangée par suite d'un nouveau recensement de la population pour l'application de l'augmentation ou diminution à faire subir au contingent assigné au département, la réclamation du Conseil général du département ou de la commune, ou celle de l'administration des contributions directes, sera instruite et jugée conformément aux dispositions de l'art. 22 du 28 avril 1816 (loi du 4 août 1844, art. 4).

§ 2. Demandes en réduction ou en rappel à l'égalité proportionnelle.

1° Demandes en réduction.

Il y a demande en réduction, lorsque la commune réclamante se plaint d'être imposée au-dessus de la proportion générale de toutes les communes du même arrondissement, sans désigner spécialement comme terme de comparaison une ou plusieurs communes de cet arrondissement. Le Maire d'une commune qui la croit fondée à demander réduction des contingents en principal qui lui ont été assignés, convoque les répartiteurs, et leur propose d'en délibérer. (Loi 2 messidor an VII, art. 46). Si les répartiteurs délibèrent, à la majorité des suffrages, (voir ci dessus, chapitre II, section 1re, § 1er, 4°), que le contingent de la commune leur paraît au-dessus de la proportion générale déterminée par la loi, et qu'il est de son intérêt de se pourvoir, ils expriment à quelle somme ils estiment que s'élèvent en totalité les forces contributives de la commune dans chaque impôt de répartition. (Voir ci-dessus, chapitre II, section 1re, § 1er, 2°). La délibération sera rédigée en double minute par le Maire ou son adjoint, et signée par tous ceux qui y auront assisté, ou mention y sera faite de la cause pour laquelle quelqu'un d'entre eux ne l'aura point signée. (Même loi, art. 47. Voir ci-dessus, chapitre II, section 1re, § 1er, 4°). Ces conditions remplies, le Maire adresse au Préfet, au nom de la commune, un mémoire en réduction (sur papier libre) : il y joint les pièces au soutien, s'il y en a, et l'une des deux minutes de la délibération des répartiteurs; l'autre minute sera déposée, en même temps, au secrétariat de la sous-préfecture, et mention du dépôt sera faite sur le registre d'ordre. (Même loi, art. 48). Toute demande de la part d'une commune devra être formée et le mémoire adressé au sous-Préfet, *dans les deux mois* de l'envoi du mandement fait au Maire de cette commune. Passé ce délai, les demandes ne seront pas admises. (Même loi, art. 152).

Les mémoires de demande en réduction sont communiqués au Directeur des contributions directes pour avoir son avis. (Arrêté 24 floréal an VIII). Son rapport motivé sur chaque réclamation est communiqué au Conseil d'arrondissement, lors de sa première réunion, pour avoir son avis (circ. 20 mai 1827).

Après avoir vérifié qu'on a rempli les formalités prescrites, le sous-Préfet soumet au Conseil d'arrondissement les demandes formées par les communes de l'arrondissement. (Loi 2 messidor an VII, art. 49). Dans la première partie de sa session, le Conseil d'arrondissement délibère sur les demandes en réduction de contributions présentées par les communes. (Loi 10 mai 1838, art. 40). Quand le Conseil d'arrondissement aura reconnu la justice de la demande, le Conseil général prononcera la réduction demandée. (Loi 2 messidor an VII, art. 51). Si le Conseil d'arrondissement est d'avis que la demande n'est fondée qu'en partie, il expliquera à quelle somme la réduction lui paraîtra devoir être réglée. Le Maire de la commune, à qui cet avis sera communiqué, en donnera connaissance aux répartiteurs qui délibéreront, à la majorité des suffrages, s'ils y adhèrent ou non, de la manière indiquée à l'article 47 déjà cité : Cette délibération sera envoyée au sous-Préfet et jointe aux pièces; un double en sera déposé à la sous Préfecture. En cas d'adhésion à l'avis du Conseil d'arrondissement, la réduction que celui-ci aura consentie sera prononcée par le Conseil général. S'il y a, au contraire, refus d'adhérer à l'avis du Conseil d'arrondissement, ou lorsque celui ci aura délibéré que la réclamation n'est pas fondée, le sous-Préfet fera procéder à une expertise sur l'évaluation du revenu foncier imposable et du taux des loyers des habitations de la commune réclamante (Même loi, art. 52 à 57).

Le Conseil général *prononce définitivement* sur les demandes en réduction de contingent formées par les communes, et préalablement soumises au Conseil d'arrondissement (Loi 10 mai 1838, art. 2), La loi veut que le Conseil d'arrondissement donne son avis motivé sur les demandes formées par les communes; mais lorsque ce Conseil a refusé de s'expliquer sur le mérite de la réclamation qui lui a été communiquée, le Conseil général doit passer outre au jugement, puisque autrement un Conseil d'arrondissement pourrait, par son silence, paralyser l'action et le pouvoir du Conseil général (Décis. 28 oct. 1829). Les décisions du Conseil général n'ont pas d'effet rétroactif (Décis. min. 10 avril 1833). Cette jurisprudence est fondée sur ce que ces mêmes Conseils ne peuvent, dans leurs sessions, s'occuper que des réclamations sur les contributions afférentes à l'exercice objet de leur convocation. Elle est aussi en accord avec les dispositions des articles 158 et 190 de la loi du 2 messidor an VII, d'après lesquelles le rappel à l'égalité proportionnelle ne doit point profiter aux communes pour les années antérieures à celle pour laquelle il a été réclamé, et qu'il *ne peut être demandé que pour l'année dont il s'agit au mandement dont les communes contestent la légalité* (Déc. 11 septembre 1838). En statuant sur la réclamation d'une commune, le Conseil général doit se borner à réduire le contingent assigné à la commune réclamante, et laisser au Conseil d'arrondissement le soin de répartir entre les autres communes de l'arrondissement le montant de la réduction prononcée par le Conseil général. Il empiéterait sur les attributions du Conseil d'arrondissement, s'il procédait lui-même à cette nouvelle répartition (Décis., 1er décembre 1838. — Voir ci-dessus, chapitre II, section 1re, § 1er, 3°).

Toutes les fois que, sur la demande formée par une commune en réduction de son contingent, il aura été procédé par experts à l'évaluation de son revenu imposable et de ses autres forces contributives, cette commune ne pourra être cotisée qu'en conformité de ladite évaluation pendant les vingt-cinq années suivantes, à moins qu'avant la fin de ce temps il ne soit procédé par experts à l'évaluation générale des bases de cotisation de toutes les communes de l'arrondissement. (Loi 2 messidor an VII, art. 59.)

Voir ci-après section 4e. Exécution des décisions.

2° Demandes en rappel à l'égalité proportionnelle.

Quand un Maire prétendra qu'il y a inégalité, au préjudice de sa commune, dans la répartition des contingents assignés à l'arrondissement, par *comparaison de la valeur* des bases de l'impôt de sa commune à la valeur des mêmes bases de toute nature d'une ou de plusieurs autres communes du même arrondissement qu'il désigne, il convoquera les répartiteurs et leur proposera d'en délibérer. (Loi 2 messidor an VII, art. 135.) Si les répartiteurs délibèrent, à la majorité des suffrages, qu'il leur paraît comme au Maire, leur président, que l'inégalité dans la répartition présumée par lui existe réellement, et qu'il est de l'intérêt de leur commune de se pourvoir, ils exprimeront :

1° A quelle somme ils évaluent, pour la contribution foncière, le revenu total imposable de leur commune; pour la contribution personnelle-mobilière, le montant des taxes personnelles et le produit total de la valeur des loyers d'habitation dans la même commune; et pour la contribution des portes et fenêtres, le nombre et le produit, d'après le tarif, de toutes les ouvertures imposables qui existent dans leur commune;

2° A quelle somme ils évaluent les mêmes bases de cotisation de chacune des communes qu'ils entendent prendre en comparaison.

La délibération sera rédigée par le Maire ou par son adjoint délégué, et signée par tous ceux qui y auront assisté, ou mention y sera faite de la cause pour laquelle quelqu'un d'entre eux n'aurait point signé. Il sera fait autant de minutes de cette délibération qu'il y aura de communes à prendre en comparaison, et une de plus. (Loi 2 messidor an VII, art. 136. — Voir ci-dessus, chapitre II, section 1re, § 1er, 4°.) Ces conditions remplies, le Maire adresse, au nom de la commune, un mémoire (non timbré) au Préfet, en rappel à l'égalité proportionnelle entre sa commune et celles que les répartiteurs auront délibéré de prendre en comparaison. Il joint à ce mémoire : 1° les pièces au soutien, s'il en a ; 2° la délibération des répartiteurs; 3° un relevé des matrices des rôles de la commune réclamante, et de celles des rôles de chaque commune prise en comparaison ; ledit relevé certifié par le Maire et portant que, dans ces diverses matrices, les revenus imposables et autres bases de cotisation de la commune réclamante sont évalués à... ; les bases de telle autre commune prise en comparaison à... ; celles de telle autre à..., etc. Le mémoire de la commune réclamante, les pièces à l'appui et le relevé des matrices de rôle, adressés au Préfet, seront en tel nombre d'expéditions qu'il y aura de communes prises en comparaison. On y joindra pareil nombre de minutes de la délibération des répartiteurs de la commune réclamante ; une autre minute de cette délibération sera déposée au secrétariat de la sous-préfecture, et mention y sera faite sur le registre d'ordre. (Même loi, art. 137.) Toutes demandes en rappel à l'égalité proportionnelle de la part des communes devront être formées et les mémoires être adressés au sous-Préfet, dans les deux mois de l'envoi du mandement fait aux Maires en exécution de l'art. 30 de la loi du 3 frimaire an VII. Passé ce délai, les demandes ne seront pas admises. (Même loi, art. 152.)

Lorsque dans la même année et dans le temps prescrit, plusieurs communes auront formé demande en rappel à l'égalité proportionnelle, et qu'elles auront pris en comparaison la même ou les mêmes communes, le Préfet, avant d'envoyer les mémoires en rappel au Conseil d'arrondissement, déclarera, par arrêté, ces diverses demandes réunies. Il enverra ensuite son arrêté de réunion et les divers mémoires et pièces à ce Conseil, par l'intermédiaire du Sous-Préfet. La comparaison, dans le présent cas, aura lieu tant de la commune ou des communes prises en comparaison, d'une part, à chaque commune réclamante, d'autre part, que de chaque commune réclamante à chaque autre commune réclamante. (Même loi, art. 149). Lorsque dans la même année, et dans le temps prescrit, plusieurs communes auront formé demande en rappel à l'égalité proportionnelle, et que, l'une ou plusieurs d'entre elles auront pris en comparaison, non-seulement la même ou les mêmes communes que les autres réclamantes, mais d'autres communes encore, ces dernières seront aussi comparées avec chaque commune réclamante (art. 150). Quand une commune aura formé demande en rappel à l'égalité proportionnelle, si, la même année et dans le temps prescrit, une autre commune la prend elle-même en comparaison, le Préfet réunira les demandes comme il est dit à l'article 149 ci-dessus; et la comparaison, en ce cas, aura lieu tant entre la commune seconde réclamante et la première réclamante, qu'entre chacune de ces deux communes et chacune de celles qui auront été prises en comparaison, soit par l'une, soit par l'autre desdites communes réclamantes (Même loi, art. 151).

Nulle demande en rappel à l'égalité proportionnelle entre communes d'un même arrondissement ne sera admise : 1° Si elle a pour objet unique, de la part de la commune réclamante, de faire réduire son contingent au taux de la proportion générale établie par la loi entre chaque contribution et les bases qui servent à son établissement. (Voir, ci-dessus, chap. II, section Ire, § 1er, 2° et 3°); 2° Si les communes prises en comparaison se trouvent elles-mêmes imposées dans cette proportion, ou plus fortement taxées : sauf, *en ces deux cas*, à la commune réclamante, à former *demande en réduction* de contribution. (Même loi, art. 154). Elle ne sera pas non plus admise dans le cas où il ne se trouverait point, entre le contingent de contribution de la commune réclamante et le contingent de la commune comparée, une différence proportionnelle d'un vingtième au moins (art. 155). Si la commune réclamante étant comparée à plusieurs autres, il se trouve entre son contingent de contribution et le contingent de l'une de ces communes une différence proportionnelle d'un vingtième ou de plus d'un vingtième, mais point de différence proportionnelle ou seulement une différence de moins d'un vingtième entre son contingent et celui des autres communes comparées, la demande en rappel à l'égalité proportionnelle ne sera point admise vis-à-vis de ces dernières communes; mais le rappel sera ordonné relativement à la première (art. 156). L'effet de ce rappel entre les communes d'un même arrondissement, ne pourra jamais être de faire porter le contingent d'une ou de plusieurs communes prises en comparaison, au-delà du taux de la proportion générale établie par la loi entre les trois impôts de répartition et les bases de leur établissement (art. 157).

Le rappel à l'égalité proportionnelle ne profitera point à la commune réclamante, pour les années antérieures à celle pour laquelle il aura été demandé; et il ne pourra être demandé que pour l'année dont il s'agira dans le mandement envoyé aux Maires et contre lequel il est réclamé. (Article 158). Toutes les fois qu'il y aura eu rappel à l'égalité proportionnelle entre communes du même arrondissement, la commune réclamante et chacune de celles qui lui auront été comparées, resteront entre elles, pendant vingt-cinq ans au moins, dans la proportion où les aura placées ce rappel, à moins qu'avant la fin de de ce temps il ne soit procédé, d'autorité légale, à l'évaluation générale des revenus fonciers imposables et des bases des autres contributions de toutes les communes de l'arrondissement (Art. 159). Lorsqu'il y aura eu rappel à l'égalité proportionnelle entre deux ou plusieurs communes du même arrondissement, si l'une de ces communes, soit la réclamante ou autre, est prise en comparaison les années suivantes par quelque autre commune du même ressort, elle ne pourra se dispenser de subir l'épreuve d'une nouvelle comparaison avec cette autre commune. (Art. 160.) Dans ce cas, si le rappel a lieu, le reversement qui pourra être ordonné par suite de ce rappel, sera fait non-seulement sur la commune prise en comparaison et vis-à-vis de laquelle les formalités pour y parvenir que nous allons indiquer auront été remplies, mais encore sur toutes les autres communes comparées avec elle les années précédentes; en telle sorte qu'après ce dernier reversement, l'égalité proportionnelle reste établie tant entre chacune de ces communes comparées les années précédentes et la commune nouvellement prise en comparaison, qu'entre celle-ci et la commune réclamante. (Art. 161.)

Le Sous-Préfet fait inscrire par extrait, à son secrétariat, sur le registre d'ordre, tous les mémoires en rappel à l'égalité proportionnelle, à mesure qu'ils lui sont adressés, après avoir vérifié que les formalité prescrites par les articles 136 et 137 ci-dessus mentionnés ont été remplies. Il transmet à la Préfecture une des expéditions du mémoire et des pièces y jointes ainsi qu'une des minutes de la délibération des répartiteurs de la commune réclamante. Il envoie sans délai les mêmes pièces au Maire de chaque commune prise en comparaison : celui-ci convoquera les répartiteurs pour donner leur avis; il renverra ensuite au Sous-Préfet toutes les pièces qui lui auront été communiquées et la délibération des répartiteurs de sa commune. (Même loi du 2 messidor, an VII; art. 138 et 139.)

Si les répartiteurs des communes prises en comparaison conviennent, chacun au nom de sa commune, de l'inégalité de répartition au préjudice de la commune réclamante, et évaluent cette inégalité au même taux qu'elle, ils le déclareront dans leurs délibérations respectives. Ils y déclareront aussi, en cas qu'ils ne s'accordent point avec la prétention de la commune réclamante, qu'elle est sur cette prétention la différence de leur opinion à la sienne. (Même loi, art. 140.)

Les mémoires et pétitions doivent être communiqués au Directeur des Contributions directes (arrêté du 24 floréal an VIII). Le Directeur fait recueillir au besoin, de nouveaux renseignements sur les lieux mêmes par l'inspecteur ou par les contrôleurs, il examine et discute l'opinion émise par les réclamants sur la force respective de chaque commune, et il rédige un rapport circonstancié qui met le Conseil général en mesure de statuer, en connaissance de cause, sur les réclamations. Le rapport motivé du Directeur sur chaque réclamation est communiqué au Conseil d'arrondissement, lors de sa première réunion, pour avoir son avis. (Circ. 20 mai 1827.)

Quand les répartiteurs des communes prises en comparaison auront avoué qu'il y a inégalité de répartition au préjudice de la commune réclamante, et auront évalué l'inégalité au même taux qu'elle, le Conseil général chargera le Conseil d'arrondissement de rappeler l'égalité proportionnelle entre la commune réclamante et les communes prises en comparaison, en reversant sur celles-ci, dans une juste proportion entre elles, et selon qu'il sera convenu qu'elles sont plus ou moins chargées comparativement, le trop imposé relatif que la commune réclamante éprouve; de telle manière qu'après ce reversement, la commune en réclamation se trouve en proportion avec chaque commune comparée (même loi, art. 141). Il en sera de même, lorsque les communes prises en comparaison auront avoué qu'il y a inégalité de répartition au préjudice de la commune réclamante, mais auront porté l'inégalité à un taux moindre qu'elle, si les répartiteurs de celle-ci, appelés en délibération sur les avis exprimés par les répartiteurs des communes comparées, *déclarent se contenter au nom de la commune*, du taux d'inégalité reconnu par ces derniers répartiteurs (article 142). Pour faciliter, dans ce cas, la nouvelle délibération des répartiteurs de la commune réclamante, le Sous-Préfet communiquera au Maire, sur son récépissé écrit, les délibérations des répartiteurs des communes prises en comparaison. Le Maire convoquera alors les répartiteurs, leur présentera ces délibérations, les requerra d'en prendre en considération le contenu, et de faire, dans l'intérêt de la commune, affirmativement ou négativement, et d'une manière précise, la déclaration dont il est question à l'article précédent. Il rédigera cette délibération et la remettra au Sous-Préfet, ainsi que les délibérations communiquées. Mais quand les répartiteurs de la commune réclamante *auront refusé de se contenter* du taux auquel les communes prises en considération auront porté l'inégalité avouée par elles, ou que celles-ci auront déclaré la réclamation sans fondement, le Sous-Préfet fera procéder à une expertise sur l'évaluation du revenu foncier imposable et du taux des loyers d'habitation, tant dans la commune réclamante que dans les communes prises en comparaison (article 144).

Les deux experts nommés par le Sous-Préfet prennent, sous leur récépissé, le mémoire en réclamation et toutes les pièces ; ils peuvent prendre aussi, sous leur récépissé, les matrices des rôles de la commune réclamante et des communes prises en comparaison. Le Sous-Préfet fixe le jour et l'heure de la descente des experts sur les lieux, les en informe dix jours au moins à l'avance, et en donne avis sans délai au Maire de chaque commune intéressée. Le Maire de la commune réclamante nommera deux commissaires, et le Maire de la commune prise en comparaison en nommera deux autres, pour donner aux experts les renseignements qu'ils demanderont. S'il a été appelé plusieurs communes en comparaison, le Maire de chacune d'elles ne nommera qu'un commissaire pour donner, concurremment avec les deux qu'aura nommés le Maire de la commune réclamante, les indications et renseignements qui pourront être demandés par les experts. A défaut par les commissaires, ou par quelqu'un d'eux, de se rendre sur les lieux aux jour et heure indiqués, les experts procéderont nonobstant l'absence des non-comparants (même loi, du 2 messidor an VII, articles 145 et 146).

Les mémoires des Maires et les délibérations et avis des répartiteurs sont dispensés de la formalité du timbre, par application de l'article 16 de la loi du 13 brumaire an VII. Mais les procès-verbaux des experts rentrant dans la classe des actes qui doivent faire titre ou être produits pour décharge, justification, demande ou défense, doivent être sur papier timbré, conformément à l'article 12 de cette loi.

Après le dépôt du procès-verbal des experts, des pièces relatives à la réclamation et du rapport du Directeur des contributions directes, le Sous-Préfet soumettra au Conseil d'arrondissement, dans la première partie de sa session, les demandes en rappel à l'égalité proportionnelle formées par les communes de l'arrondissement. Le Conseil d'arrondissement délibérera sur ces demandes (loi du 10 mai 1838, art. 40). L'affaire arrivera, en cet état, au Conseil général qui prononcera, dans sa session, sur le mérite de la réclamation. Selon qu'il y aura lieu, il chargera le Conseil d'arrondissement de rappeler l'égalité proportionnelle entre la commune réclamante et les communes prises en comparaison, ou il rejettera la demande en rappel, et, dans tous les cas, sa décision sera adressée au Maire de chaque commune intéressée (loi du 2 messidor an VII, articles 147 et 148). Le Conseil général prononce définitivement, ainsi que nous l'avons déjà dit à la première partie de ce paragraphe. Le Conseil général décide si la diminution accordée devra être répartie sur tout le département, ou seulement sur l'arrondissement auquel appartient la commune réclamante, et le Conseil d'arrondissement doit se conformer à la décision du Conseil général. S'il en était autrement, il conviendrait de rectifier d'office son travail (déc. min., 23 mai 1833. Voir le § 2, 1° du présent chapitre).

NOMINATIONS ET MUTATIONS.

ONT ÉTÉ NOMMÉS PERCEPTEURS :

A La Ferté Milon (Aisne), 4e classe, M. Daguin, percepteur de Biesle;

A L'Argentière (Hautes-Alpes), 5e classe, M. Laurier, percepteur de Saint-Eusèbe;

A Saint-Eusèbe (Hautes-Alpes), 5e classe, M. Maigre, percepteur de l'Argentière;

A Roquestron (Alpes-Maritimes), 4e classe, M. Taigny;...

A Faissault (Ardennes), 4e classe, M. Boulet, percepteur d'Autry;

A Mouzon (Ardennes), 3e classe, M. Jousseaume, percepteur de Cravant;

A Launois (Ardennes), 5e classe, M. Oudart, surnuméraire;

A Laissac (Aveyron), 3e classe, M. Alary, percepteur de Marcillac;

A Marcillac (Aveyron), 4e classe, M. Combes, percepteur de Loupiac;

A Loupiac (Aveyron), 5e classe, M. Pougens, surnuméraire;

A Curcy (Calvados), 5e classe, M. Vallée;

A Saint-Martin-de-Bienfaite (Calvados), 5e classe, M. Girault, percepteur-surnuméraire;

A Honfleur (Calvados), 3e classe, M. Desbois, percepteur d'Illiers (Eure);

A Chamberet (Corrèze), 5e classe, M. Plagne, percepteur de Bugeat;

A Binges (Côte-d'Or), 4e classe, M. Miniac, percepteur de Gémeaux;

A Saint-Seyne-l'Abbaye (Côte-d'Or), classe, M. Driesles, percepteur de Mont Saint-Vincent (Saône-et-Loire);

A Saint-Pardoux (Creuse), 4e classe, M. Legland;

A Moras (Drôme), 3e classe, M. Bouvarel, percepteur de Châteauneuf;

A Châteauneuf (Drôme), 4e classe, M. Pize, percepteur de Bourdeaux;

A Etréville (Eure), 5e classe, M. Dantan, surnuméraire;

A Souancé (Eure-et-Loir), 5e classe, M. Hazon, surnuméraire;

A Concarneau (Finistère), 4e classe, M. Gilles, percepteur de Plogastel;

A Plogastel (Finistère), 5e classe, M. Lecoq, percepteur d'Arzano;

A Gaël (Ille-et-Vilaine), 5e classe, M. Mounier;

A Buzançais (Indre), M. Brunet a été élevé à la 2e classe;

A Mottinges (Jura), 5e classe, M. Guyennet, surnuméraire;

A Sainte-Marie (Landes), 5e classe, M. Prevost-Leygonie percepteur-surnuméraire dans la Dordogne;

A Saint-Symphorien-de-Lay (Loire), 4e classe, M. Theuraud, percepteur de Saint-Germain-Laval;

A Saint Polgues (Loire), 5e classe, M. Deville;

A Herbaut (Loir-et-Cher), M. Baboin est élevé à la 3e classe;

A Ambillou (Maine-et-Loire), 5e classe, M. Roy, surnuméraire;

A Montfaucon (Maine-et-Loire), 4e classe, M. Chastenet, percepteur de Roquestron (Alpes-Maritimes);

A Passavant (Marne), 5e classe, M. Migeon, surnuméraire;

A Pressigny (Haute-Marne), 5e classe, M. Brocard, surnuméraire;

A Juvigné (Mayenne), 4e classe, M. Duval, percepteur de Javron;

A Aulhetupt (Meurthe), 4e classe, M. Clouet, percepteur de Toul;

A Bannoncourt (Meuse), M. Martel, percepteur de Buzy;

A Mortey (Meuse), 4e classe, M. Verneau;

A Rimeling (Moselle), 5e classe, M. Varin;

A Chérencet (Orne), 5e classe, M. Baratte;

A Parvenchères (Orne), 4e classe, M. Chemin, percepteur de Crulay;

A Olby (Puy-de-Dôme), 4e classe, M. Cisterne, percepteur de Mont-Dore;

A Saint-Germain-Lembron (Puy-de-Dôme), 4e classe, M. Fournial, percepteur de Menat;

A Mont-Saint-Vincent (Saône-et-Loire), M. Collard, percepteur de Saint-Seyne-l'Abbaye (Côte-d'Or);

A Vincennes (Seine), 1re classe, M. Clogenson;

A Argenteuil (Seine-et-Oise), 2e classe, M. Quendray;

A Meulers (Seine-Inférieure), 4e classe, M. Waurechin;

A Saint-Christophe (Deux-Sèvres), M. Monteille, surnuméraire;

A Saint-Maixent (Deux-Sèvres), 1re classe, M. Moricet, percepteur de Thouars;

A Toulon (Var), 1re classe, M. Latrobe, percepteur de Caen;

A Moutiers (Vendée), 4e classe, M. Pelleton, percepteur de Ronsenac (Charente);

A Fontenay-le-Comte (Vendée), 3e classe, M. Bory, percepteur de Moutiers;

A Olonne (Vendée), 5e classe, M. de Courcy.

DEMANDE D'EMPLOI.

Des employés très-capables désirent se placer chez des Percepteurs de Paris ou de la banlieue.

A MM. les Surnuméraires.

Nous rappelons à MM. les Surnuméraires que nous consentons en leur faveur des *abonnements au prix réduit* de 5 francs par an, lorsqu'ils nous adressent directement cette somme en timbres-poste ou en mandat-poste.

AVIS IMPORTANT.

Notre prochain N° contiendra la Table du présent Volume *dressée avec soin par ordre analytique; nos lecteurs pourront ainsi faire brocher ou relier immédiatement notre année de* **1867** *sans éprouver aucun retard. Sur diverses représentations, nous nous sommes décidés à rédiger une Table générale des* **12** *volumes de notre Recueil, depuis sa fondation — janvier* **1856** *— jusqu'au* **1er** *janvier* **1868**, *où toutes les matières de ces* **12** *volumes seront analysées et classées par ordre alphabétique. Nous avons déjà entrepris et avancé cette besogne, pénible mais dont l'utilité est saisissante.*

= *Nous prions instamment nos abonnés de vouloir bien nous adresser directement (en timbres-poste ou en mandat-poste) le montant de leur abonnement pour* **1868**, *ainsi que la plupart d'entre eux l'ont fait l'année dernière. Pour nos Abonnés, ce petit acte d'obligeance ne les grèvera pas, tandis que pour nous, il nous déchargera d'une besogne désagréable et onéreuse. Nous comptons donc que tous ceux qui ne souscrivent pas par l'intermédiaire de notre correspondant à la recette, répondront sans faute à notre appel.*

Table des Matières

DU 2e VOLUME

(2e Série)

DU JOURNAL DES PERCEPTEURS

(TOME XII DE LA COLLECTION)

29 décembre 1867. ANNEE 1867 **12e année. N° 52.**

Actes officiels.

Lois.

Décrets.

Lettre de l'Empereur.

Lettre du Ministre des Finances.

Circulaires du Ministre de l'Intérieur.

Note du Ministre de l'Intérieur.

Rapport du Ministre de l'Intérieur à l'Empereur.

Circulaires du Ministre de l'Instruction publique.

Instructions du Ministre de l'Instruction publique.

Circulaires du Directeur général de la Comptabilité publique.

Circulaire du Directeur du Mouvement général des Fonds.

Circulaires du Directeur général des Contributions directes.

Circulaires des Chefs de service.

Décisions et Solutions administratives.

Jurisprudence.

Études sur le service et Travaux divers.

Variétés.

Questions diverses.

Fin du volume de 1867.

FORME EXACTE DES COFFRES-FORTS

Fournis par le JOURNAL DES PERCEPTEURS.

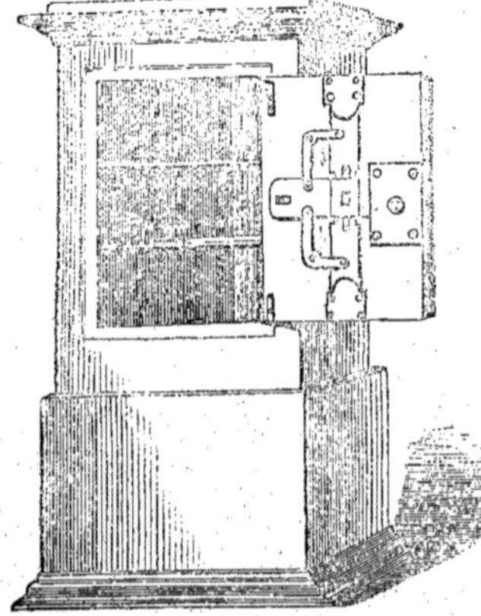

INCOMBUSTIBLES : conservent les titres intacts pendant 12 heures d'incendie.

INCROCHETABLES : serrures à secret, quatre combinaisons, et doubles clefs.

CAISSE ISOLÉE EN FER A L'INTÉRIEUR. — TIROIR DANS LE SOCLE, AVEC SERRURE ET PORTE EN FER. — DESSUS DE CORNICHE EN FER.

DIMENSIONS des modèles.	Hauteur totale.	Hauteur entre socle et corniche.	Largeur extérieure.	Profondeur extérieure.	PRIX :
N° 1...........	105	60	58	37	130 fr.
N° 2...........	115	70	64	40	150 »
N° 3...........	125	80	70	42	200 »
N° 4...........	134	90	75	44	225 »

(Le n° 1 n'a pas de tiroir à l'intérieur.)

Tôles de 7 millimètres d'épaisseur.

ON PEUT SCELLER CES CAISSES DANS LE MUR. — IL SUFFIT DE PRÉVENIR EN ÉCRIVANT.

CONDITIONS :

On peut prendre six mois de délai pour le payement ; à l'expiration, l'administration du Journal fera traite sans frais.

On accorde *cinq francs de remise*, en cas de payement comptant, dans la quinzaine de la réception.

Les frais d'Emballage sont compris dans le prix. — Le coût du Transport est seul à la charge de l'acquéreur. (On expédie par petite vitesse.)

Paris. — Typ. Gaittet, rue du Jardinet, 1.

www.ingramcontent.com/pod-product-compliance
Ingram Content Group UK Ltd.
Pitfield, Milton Keynes, MK11 3LW, UK
UKHW022324190726
13856UKWH00001B/203

9 782011 936011